선지의 패러프레이징과
지문의 대립구도를 꿰뚫는
Real 독해 언어이해

Real 독해 언어이해

박어령 저
황혜진 감수

기본편

도서출판 이매진P&M

목 차

CONTENTS

Part 1 » 독해 이론

Part 2 » 주제 영역별 LEET 기출

Part 3 »» 기출 해설

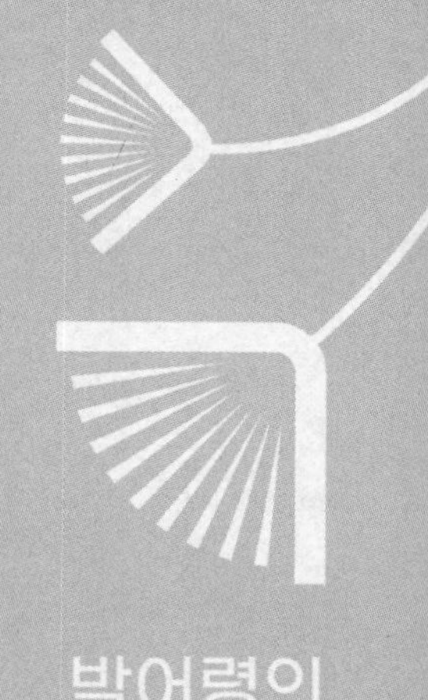

박어령의
Real 독해
언어이해

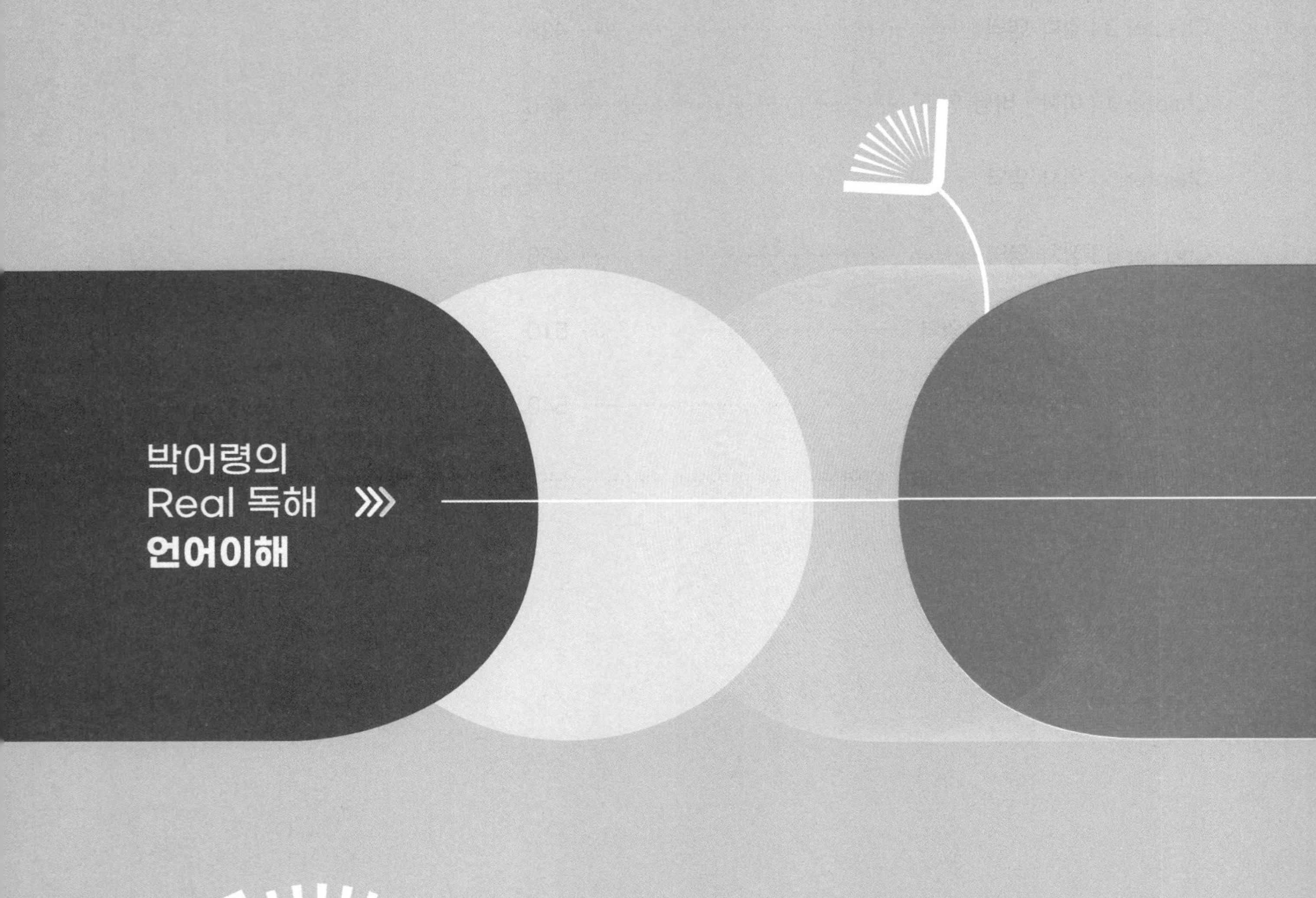
박어령의
Real 독해 »
언어이해

PART ≫ 01

독해 이론

CHAPTER 1

LEET 언어이해의 성격

1 LEET형 언어 문제 vs PSAT형 언어 문제

수능 시험을 경험한 수험생들에게 LEET 언어이해는 크게 생소한 느낌으로 다가가지는 않을 것입니다. 그만큼 언어이해는 수능 국어 시험의 비문학 독해(독서) 영역의 문제 스타일과 유사한 측면을 지니고 있습니다. 하지만 비슷한 측면이 많다고 해서 수능과 동일한 수준에서 문제가 출제된다고 보고 쉽게 대하다간 큰 낭패를 볼 가능성이 높은 시험이기도 합니다.

자 이제 본격적으로 언어이해의 비문학형 문제나 수능 독서 시험의 비문학형 문제를 어떤 방식으로 접해야 효율적인 정복이 가능할지 이야기해 봅시다. 먼저 언어형・독해형 시험 가운데 유사한 시험으로 언급되는 PSAT 언어논리 문제와 비교를 해 보겠습니다. PSAT 언어논리 시험의 독해형 문제들은 기본적으로 1지문 1문항의 형식을 취합니다. 지문의 길이 역시 수능이나, 특히 LEET 언어이해와 비교했을 때 절반 정도에 불과한 경우가 대부분입니다. 뿐만 아니라 지문에서 다루는 내용의 전개 방식 등에서도 LEET와는 분명한 차이가 존재합니다. 이러한 구조가 불러일으키는 접근 방식상의 차이점은 생각보다 큽니다.

다음 페이지에서부터는 이러한 차이점을 크게 세 가지 측면으로 구분하여 분석함으로써, LEET 언어이해의 고득점에 필요한 필수 요소가 무엇인지를 차근차근 정리해 나가보도록 하겠습니다.

지문 정보 처리 방식의 차이

PSAT 언어논리 시험과 같이 하나의 지문에 하나의 문제가 출제될 경우, 독해력이 어느 정도 갖춰진 수험생은 지문을 1회독 후에 바로 선택지의 정오 판단을 하는 것이 가능합니다. 독해력이 조금 약한 수험생이라고 해도 1회독 이후 선지의 진술 내용이 포함된 문단 및 문장을 빠르게 찾아 해당 진술이 선택지에 제대로 반영되었는지를 판단하는 식으로 풀어나간다면 큰 시간 차이 없이 비슷한 수준에서 문제를 해결할 수 있습니다.

이에 비해 수능이나 LEET의 언어형 지문은 상대적으로 길이가 길고 내용도 복잡하며, 문제도 한 지문당 최소 3개 이상이 출제되기 때문에 1회독만 한 상태에서 모든 문제를 그 자리에서 바로 해결하기는 사실상 불가능에 가깝습니다. 실제로 언어이해에서 고득점을 했던 수험생 제자들도 1회독 이후 각각의 문제를 풀 때 선택지에 대응되는 지문의 문단–문장을 찾아 진술을 비교・검토하는 방식의 정보 처리 과정을 거친 경우가 대부분이었습니다. 그만큼 우리의 단기 기억력은 생각보다 높지 않으며 선지와 지문의 정보 사이를 왕복하는 과정을 거치는 것이 문제풀이에서 필수 과정이라 할 수 있습니다.

그렇기 때문에 언어이해 지문을 독해하는 우리의 자세도 이러한 시험의 성격에 맞춰 형성되어야 합니다. 언어이해의 지문을 독해하고 문제를 하나씩 해결할 때는 지문 전체의 정보 전개 흐름을 개괄적으로 파악하고 개별 문제의 선택지를 판단할 때 해당 내용이 지문의 어느 부분에 등장했던 것인지를 빠르게 떠올리고 해당하는 지문 내용으로 돌아가 대조하는 작업이 순식간에 이루어져야 합니다. 이를 위해서는 생소한 주제가 등장하고, 정보량도 많고, 구조도 복잡한 글을 처음 접하더라도 지문의 논지나 화두가 무엇인지, 가령 글이 크게 4등분 되어 전개된다고 가정한다면 각 부분이 어떤 하위 주제를 다루고 있는지 등을 정확하게 기억할 수 있는 독해력을 길러야 합니다.

구체적으로 PSAT 지문과 LEET 지문을 비교하여 우리의 기억력이 얼마만큼 많은 정보를 단기간에 저장해 놓을 수 있는지 비교해 보도록 합시다.

기출예제 2015년 5급공채 PSAT 언어논리

지문

[1] 그리스의 대표적 도시국가인 스파르타는 어떤 정치체제를 가지고 있었을까? 정치체제의 형성은 단순히 정치 이념뿐만 아니라 어떤 생활방식을 선택하느냐의 문제와도 연결되어 있다. 기원전 1200년경 남하해온 도리아 민족이 선주민을 정복하여 생긴 것이 스파르타이다. 지배계급과 피지배계급이 스파르타만큼 확실히 분리되고 지속된 도시국가는 없었다. 스파르타에서 지배계급과 피지배계급의 차이는 권력의 유무 이전에 민족의 차이였다.

[2] 우선, 지배계급은 '스파르타인'으로 1만 명 남짓한 자유 시민과 그 가족뿐이다. 순수한 혈통을 가진 스파르타인들의 유일한 직업은 군인이었고, 참정권도 이들만이 가지고 있었다. 두 번째 계급은 상공업에만 종사하도록 되어 있는 '페리오이코이'라고 불리는 자유인이다. 이들은 도리아인도, 선주민도 아니었으며, 도리아 민족을 따라와 정착한 타지방 출신의 그리스인이었다. 이들은 시민권을 받지 못했으므로 참정권과 선거권이 없었지만, 병역 의무는 주어졌다. 그리스의 도시국가들에서는 일반적으로 병역에 종사하는 시민에게 참정권이 주어졌다. 하지만, 페리오이코이는 일개 병졸로만 종사했으므로, 스파르타인이 갖는 권리와는 차이가 있었다. 스파르타의 세 번째 계급은 '헬로트'라고 불리는 농노들로, 도리아인이 침략하기 전에 스파르타 지역에 살았던 선주민이다. 이들의 유일한 직업은 스파르타인이 소유한 농장에서 일하는 것으로, 비록 노예는 아니었지만 생활은 비참했다. 이들은 결혼권을 제외하고는 참정권, 사유재산권, 재판권 같은 시민의 권리를 전혀 가지지 못했고, 병역의 의무도 없었다.

[3] 스파르타인과 페리오이코이와 헬로트의 인구 비율은 1대 7대 16 정도였다. 스파르타인이 농업과 상공업을 피지배계급들에게 맡기고 오직 군무에만 종사한 것은, 전체의 24분의 1밖에 안 되는 인구로 나머지를 지배해야 하는 상황이 낳은 방책이었을 것이다. 피지배계급들 중에서도 특히 헬로트는 스파르타인에게 적대적인 태도를 보이고 있었다. 이 때문에 스파르타는 우선 내부의 잠재적인 불만세력을 억압해야 할 필요성이 있었고, 군사대국으로 불리는 막강한 군사력을 가진 나라가 되었던 것이다.

선택지

① 스파르타에서는 구성원의 계급에 따라 직업 선택이 제한되어 있었다.
② 스파르타에서는 병역 의무를 이행한 사람들에게는 참정권을 부여하였다.
③ 스파르타가 막강한 군사대국이 될 수 있었던 것은 농업과 상공업을 발전시켰기 때문이다.
④ 스파르타에서는 페리오이코이에게 병역 의무를 부여함으로써 지배층의 인구를 늘리려 하였다.
⑤ 스파르타에서 시민권을 가지지 못한 헬로트는 의무만 있었으므로, 실질적으로는 노예나 마찬가지였다.

제시된 PSAT 언어논리 기출은 평균적인 수준의 길이에 해당하는 기출 문제입니다. 지문의 글자 수는 1,000자가 조금 넘으며 총 3개 문단으로 구성된 지문의 내용은 1문단에서 제시된 주제나 화두를 2문단 및 3문단에서 구체화하는 흐름으로 이어지고 있습니다. 실제로 각 문단의 소주제를 간략하게 정리하면 다음과 같습니다.

1문단 – 스파르타에서 민족적 차이와 계급적 차이의 관계
2문단 – 1문단의 '지배계급과 피지배계급이 스파르타만큼 확실히 분리되고 지속된 도시국가는 없었다.'는 진술에 대한 구체화(스파르타인, 페리오이코이, 헬로트의 구분)
3문단 – 각 계급의 인구 비율 및 이로 인해 생겨난 군사대국화 경향

내용상으로 큰 반전을 보이는 논쟁적 구도는 드러나지 않으며 전체적인 내용이 스파르타의 계급 구조에 대한 설명에 집중하는 형상을 보이고 있습니다. 그렇기 때문에 우리는 지문을 한 번 정독하면 각 선택지의 진술을 지문으로 다시 돌아가지 않더라도 어느 정도는 바로 판단하는 것이 가능합니다. 그나마 조금 복잡한 구조 및 세부적인 내용이 제시된 것이 2문단인데 선택지 ⑤를 판단하는 과정에서 헬로트가 다른 권리는 대부분 박탈당했지만, '결혼권'은 가졌었다는 마지막 문장의 진술을 다시 확인하는 작업 정도가 필요했을 것입니다.

이제 다음 페이지에서는 LEET 언어이해 기출 지문을 살펴보도록 합시다.

기출예제 2018학년도 LEET 언어이해

1989년 냉전 체제가 해체되면서 동유럽사, 특히 폴란드의 역사 서술은 더 복잡해졌다. 예컨대 소련–폴란드 전쟁을 거론하지 않을 만큼 강했던, '사회주의 모국'을 비판해서는 안 된다는 금기는 사라졌다. 미래보다 과거가 더 변화무쌍하고 예측하기 힘들다는 농담은 실로 그럴듯했다. 당시 동유럽의 '벨벳 혁명'은 가까운 과거에 대한 사회적 이해를 크게 바꾸었기 때문이다. '사회주의 형제애'라는 공식적 기억의 장막이 걷히자, 개인사와 가족사의 형태로 사적 영역에 숨어 있던 기억들이 양지로 나왔다.

이 현상은 폴란드 연대 노조의 민주화 운동이 시작된 1980년부터 지하 출판되었던 역사서들에서 이미 찾아볼 수 있다. 그 역사 해석은 다양했는데, 특히 전투적 반공주의 역사가들은 민족주의를 내세우며 사회주의가 외래 이데올로기라는 점을 강조했다. 그들은 폴란드 공산당 특히 국제주의 분파를 소련의 이익을 위해 민족을 판 배반자라고 하여 주공격 대상으로 삼았다. 이 분파 지도부의 상당수가 유대계임을 감안하면, 전투적 반공주의가 반유대주의로 이어지는 것은 자연스러웠다. 흥미롭게도 이들의 입장과 1968년을 전후한 폴란드 공산당의 공식적 입장은 공통분모를 가진다. 당시 권력을 장악한 애국주의 분파 역시 민족주의와 반유대주의를 내세웠기 때문이다. 그러나 '사회주의 모국'에 대한 공격을 용납할 수 없는 것은 국제주의 분파와 마찬가지였다. 그들은 반독일 감정을 키워 소련에 대한 대중적 반감을 해소하려 했다.

이 시기 ⓐ <u>공산당의 공식적 역사 서술</u>과 ⓑ <u>전투적 반공주의 역사 서술</u>을 엮는 끈이 민족주의와 반유대주의였다면, 19세기부터 21세기 초까지 좌우를 막론하고 폴란드의 역사 문화를 아우르는 집단 심성은 희생자 의식이었다. 폴란드 낭만주의가 처음 내세운 '십자가에 못 박힌 민족'이라는 이미지는 폴란드인이 공유하는 역사 문화 코드였다. 그리고 이차 대전에서 독일의 침공에 의해 오백여만 명이 희생된 사실은 이 의식을 강화했다. 하지만 그중 삼백여만 명이 유대계였다는 것은 공식적으로 언급되지 않았다.

이 코드가 본격적으로 흔들린 분기점은 2000년의 스톡홀름 선언이었다. 여기에 참여한 유럽 정상들은 홀로코스트 교육의 의무화에 합의했고, 이는 동유럽 국가들이 나토에 가입하는 전제 조건이 되었다. 이 시기 동유럽에서 때늦은 홀로코스트 책임론이 제기된 것도 이와 무관하지 않다. 동유럽 국가들은 나토와 유럽 연합에 가입함으로써 서구화를 추진했다. 정치적 서구화는 문화적 서구화를 낳고, 문화적 서구화는 역사학의 경우 전 유럽적 기억의 공간에 과거를 재배치하는 것을 의미했다. 이를 전통적인 역사 서술 단위인 민족과 국가를 넘어선다는 의미에서 ⓒ '트랜스내셔널 역사 서술'이라고 부를 수 있다. 이제 트랜스내셔널 역사와 충돌하는 민족적, 국가적 기억은 재구성되거나 수정되어야 했다.

폴란드의 경우, 일방적으로 희생당했다는 의식이 재검토되어야 했다. 나치 점령 당시 폴란드인의 협력이나 방관, 유대인에 대한 공격 등은 어느 정도 자발적이었기 때문이다. 실제로 아우슈비츠 등지에서의 유대인 희생은 공산 정권 시기에 비판적 자기 성찰의 계기는 고사하고 아예 '말소된 기억'이었다. 유대인의 비극을 강조하다가 다른 이들의 고통을 소홀히 할 수 있다는 것이 한 가지 구실이었고, 일부 서구 자본가들의 나치 지지가 더 중요하다는 것이 또 다른 구실이었다. 더구나 빨치산의 반파시즘 투쟁을 강조하는 데 홀로코스트 가담 혹은 방관 문제는 방해가 되는 주제였다.

그러나 폴란드에서 과거에 대한 자기반성이 자동적으로 나타나지는 않았다. 1941년 같은 마을에 살았던 유대인들을 폴란드인 주민들이 학살했던 사건을 다룬 「이웃들」이 2000년에 출간되자, 민족의 명예가 손상되었다고 느낀 민족주의자들의 분노가 확산되었다. 그리고 학살의 주체가 나치 비밀경찰이었다거나, 생존자의 증언만으로는 신뢰성이 부족하다는 등의 민족주의에 입각한 반론들이 나타났다. 이와 함께 독일 극우파들이 연합군의 독일 민간인 폭격 등을 역사적 맥락에서 분리하여 강조함으로써 민족주의를 정당화할 때마다, 역설적으로 폴란드에서의 자기 성찰은 약화되었다. 상충하는 민족적 기억들이 적대적 갈등 관계를 유지함으로써 서로의 존재 이유를 정당화해 주는 '민족주의의 적대적 공존 관계'가 형성되었던 것이다.

위 LEET 언어이해 기출 지문은 2,000자가 넘는 평균적 지문 길이에, 여러 견해가 복합적으로 제시되는 전형적인 LEET식 구조를 취하고 있습니다. 각 문단의 정보도 하나의 화두를 단순히 구체화하는 형태가 아닙니다. 1989년을 전후로 하여 소련에 대한 역사학적 태도가 어떻게 달라졌는지를 비교하는 전체적 구도 속에서(2-3문단 vs 4-5문단), 1989년 이전까지의 관점은 다시 '전투적 반공주의', '애국주의 분파', '국제주의 분파'의 3강 구도 속에서 세분화하여 비교하고 있습니다(2~3문단).

이제 구체적으로 이 지문에 포함된 문제와 선택지 일부를 살펴보겠습니다.

기출예제 2014년 5급공채 PSAT 언어논리

01 윗글에 대한 이해로 가장 적절한 것은?

① 1960년대 후반에 폴란드가 소련에 대한 반감을 반독일 감정으로 해소하려 한 것은 '민족주의의 적대적 공존 관계'를 보여주는 사례이다.

② 1980년대에 나타난 폴란드의 다양한 역사 해석은 냉전 체제가 해체되면서 일원화되었다.

02 윗글을 바탕으로 〈보기〉의 사건들에 대한 ⓐ ~ ⓒ의 서술 방향을 추론한 것으로 가장 적절한 것은?

보기

㉠ 1943년 나치 점령하에 있던 폴란드 바르샤바의 유대인 게토에서 나치에 저항하는 봉기가 일어났다.

㉡ 1979년 폴란드 출신 교황이 비르케나우 강제수용소 자리에서 미사를 집전한 것을 계기로 1984년 가스 저장실 터의 끝자락에 세운 카르멜 수도원은 폴란드 국민의 자부심의 장소가 되었다.

② ⓑ는 강제수용소 자리를 역사적 교육의 터로 온전히 활용해야 한다고 보아, ㉡에 대해 비판적으로 서술했을 것이다.

④ ⓐ와 ⓒ는 모두 정치적인 이유에서 ㉠에 대해서는 사실을 왜곡하여 서술하고, ㉡에 대해서는 찬성하는 논조로 서술했을 것이다.

지문의 정보가 복합적이고 서로 얽혀 있기 때문에 선택지의 진술 내용도 단편적 접근만으로 해결하기 어려운 형태를 취할 수밖에 없게 됩니다. 예를 들어 4번 문항의 선택지 ①의 경우, 진술 전반부의 '1960년대 후반에 폴란드가 소련에 대한 반감을 반독일 감정으로 해소하려 한 것'은 2문단 후반부에 진술된 애국주의 분파의 조치를 의미하며 진술 후반부의 '민족주의의 적대적 공존 관계'는 마지막 문단 후반부에 진술된 폴란드 민족주의와 독일 극우파 민족주의 사이의 공존 관계를 의미합니다. 선택지를 정오를 올바르게 판단하려면

ⓐ 먼저 '민족주의의 적대적 공존 관계'가 구체적으로 어떤 양상으로 나타나는 것인지를 이해하고

ⓑ 1960년대 후반에 나타난 애국주의 분파의 조치가 이러한 양상에 해당하는 것인지를 판단하여야 합니다.

이외에 나머지 선택지들도 지문의 특정 구절의 단편적 반영이 아닌 경우가 많기 때문에 대부분의 경우 첫 번째 독해 이후에도 개별 선택지를 볼 때 지문의 해당 부분들로 다시 돌아가 진술 내용을 상호 비교하는 방식의 풀이 과정이 나타나는 게 일반적입니다.

그렇기 때문에 LEET 언어이해 지문에 대한 독해 과정은 1회독으로 모든 것을 끝장낸다는 극단적 정독의 자세보다는 50~70% 사이의 정보에 대한 파악을 1회독에서 완료하고 나머지는 각각의 선택지를 판단할 때 채워나간다는 전략이 유효한 편입니다. 그리고 이러한 과정이 불필요한 시간 낭비 없이 원활하게 이루어지기 위해서는 1회독 직후에도 지문이 어떤 대립적 구도 속에서 전개되었는가가 머릿속에 남아 있는 구조 독해가 필요합니다. 즉 지문 정보에 대한 맵핑(Mapping)이 순간적으로 이루어져야 하는 것입니다. 이와 같은 구조 독해의 구체적인 방법론은 차후에 본격적으로 설명드리게 될 것입니다.

지문의 정보가 선택지에 표현되는 방식의 차이 - 패러프레이징의 수준 차이

앞선 말씀드린 LEET 언어이해의 특징이 지문과 문제 사이의 거시적 속성에 대한 것이었다면, 지금부터 말씀드리려는 것은 상대적으로 미시적 측면의 독해력에 대한 것이라 할 수 있습니다. LEET 언어이해나 수능 국어나 PSAT 언어논리나, 모든 언어형 시험은 지문에 제시된 정보 내용과 선택지에 진술된 표현 사이의 내용적 매칭 여부를 따지는 것이 가장 기본적인 접근 방식이라 할 수 있습니다. 즉 선택지에 진술된 내용이 지문의 특정 부분에 언급된 정보를 제대로 반영한 것인지를 판단하는 것이 가장 중요한 문제 풀이 스킬인 것입니다. 하지만 이렇게 동일한 선지 구성 방식이 반영된 시험들이라 하더라도, 선택지의 정오 판단에 필요한 독해 수준은 크게 차이가 납니다.

먼저, PSAT 언어논리의 독해형 문제나 수능 국어의 비문학 문제는 지문의 정보 내용과 선택지에 표현된 진술 내용 사이에는 큰 간극이 존재하지 않는 경우가 대부분입니다. 여기서 말한 간극이란 소위 말하는 **패러프레이징**의 수준을 의미하는 것으로, 지문에 언급된 문장의 형태나 구조가 크게 바뀌지 않고 등장한 어휘도 크게 달라지지 않는 수준에서 선택지의 진술이 만들어진다는 것입니다. 구체적인 예로 아래 PSAT 언어논리의 지문-선지의 패러프레이징 수준을 확인해 보도록 합시다.

기출예제 2014년 5급공채 PSAT 언어논리

지문

아날로그 연산에서는 회로를 구성하는 소자 자체가 연산자이므로 온도 변화에 따르는 소자 특성의 변화, 소자 간의 특성 균질성, 전원 잡음 등의 외적 요인들에 의해 연산 결과가 크게 달라질 수 있다. 그러나 디지털 연산에서는 회로의 동작이 0과 1을 구별할 정도의 정밀도만 유지하면 되므로 회로를 구성하는 소자 자체의 특성 변화에 거의 영향을 받지 않는다.

선택지

디지털 연산은 소자 자체의 특성 변화에 크게 영향을 받지 않는다.

문맥적 이해를 위해 지문의 두 문장을 발췌하였지만, 실제로 선택지의 정오를 판단하는 데에는 마지막 문장만으로도 충분합니다. 먼저 지문의 표현과 선택지의 표현을 비교해 보면

지 문 : "디지털 연산에서는 회로의 동작이 0과 1을 구별할 정도의 정밀도만 유지하면 되므로 회로를 구성하는 소자 자체의 특성 변화에 거의 영향을 받지 않는다."

선택지 : "디지털 연산은 소자 자체의 특성 변화에 크게 영향을 받지 않는다."

라고 되어 있습니다. 다들 큰 어려움 없이 선택지의 진술이 옳다는 것을 판단할 수 있었을 것인데, 선택지는 사실상 지문의 마지막 문장에서 중간 부분의 진술 내용(이유에 해당하는 '회로의 동작이 0과 1을 구별할 정도의 정밀도만 유지하면 되므로')을 생략하고 전반부와 후반부를 그대로 이어붙인 것이나 다름이 없습니다. 바뀐 것이 있다면 '거의'가 '크게'로 바뀐 것 정도인데, 이 역시 고교 졸업 수준의 언어 감각이라면 충분히 문제가 없는 단어 치환이라고 판단할 수 있을 정도의 수준입니다.

비슷한 예로 수능 국어 비문학 기출문제를 살펴보겠습니다.

2016학년도 수능 A형

지문

귀납은 현대 논리학에서 연역이 아닌 모든 추론, 즉 전제가 결론을 개연적으로 뒷받침하는 모든 추론을 가리키는 것으로서, 이는 기존의 정보나 관찰 증거 등을 근거로 새로운 사실을 추가하는 지식 확장적 특성을 지닌다.

선택지

귀납의 지식 확장적 특성은 이미 알고 있는 사실을 근거로 아직 알지 못하는 사실을 추론하는 데에서 비롯된다.

앞선 PSAT 기출에 비해서는 조금 더 강화된 수준이긴 하지만, 결과적으로 지문의 내용은 선택지에 큰 변화 없이 반영된 것을 확인할 수 있습니다. 지문에서 쉼표 다음의 내용을 정리하면 "귀납은 (…) 기존의 정보나 관찰 증거 등을 근거로 새로운 사실을 추가하는 지식 확장적 특성을 지닌다"입니다. 그리고 선택지는 이와 같은 귀납의 지식 확장적 특성이 '이미 알고 있는 사실(← 기존의 정보)을 근거로 / 아직 알지 못하는 사실(← 새로운 사실)을 / 추론하는(← 추가하는) 것에서 비롯된다'고 하여 사실상 지문의 내용을 표현만 일부 바꾼 형태로 반영한 것에 불과합니다.

물론 앞서 살펴본 PSAT 기출에 비해 어휘 수준에서 달라진 정도는 조금 더 큰 편이긴 합니다. '기존의 정보 → 이미 알고 있는 사실'로, '새로운 사실 → 아직 알지 못하는 사실'로, '추가하는 → 추론하는'으로 바뀐 것이 그것이죠. 하지만 이 정도 수준의 말바꾸기라면 고등학교 수준의 언어적 독해 감각을 지닌 분들이라면 정말 무리 없이, 동일하거나 유사한 표현이라 판단할 수 있는 정도의 패러프레이징에 불과합니다. 간혹 PSAT나 수능 국어에서도 문제에 따라 보다 고도의 패러프레이징이 반영된 선택지들이 등장하기도 합니다. 하지만 그 빈도는 LEET 언어이해에 비해 높지 않은 편이며 대부분은 지문의 진술 표현이 비슷한 구조로 반영되는 경우들입니다.

이에 비해 LEET 언어이해의 지문 – 선택지의 패러프레이징은 훨씬 정교하고 고도화된 수준으로 등장합니다. 단순히 진술의 구조를 바꾸는 형태에서 시작하여, 구체적으로 서술된 내용을 압축적으로 전달하는 추상적 개념을 사용해 내용을 반영하는 수준까지 다양한 패러프레이징이 적용되는 것입니다. 이 역시 다음 페이지에서 구체적인 사례를 통해 살펴보도록 하겠습니다.

기출예제 2022학년도 LEET 언어이해

지문

이성은 세계의 모든 것에 선행하면서 동시에 그 모든 것을 가능케 하는 조건, 즉 '삼라만상의 선험적인 논리적 구조 내지 원리'라는 절대적 위상을 지니며, 이에 모든 자연사와 인간사는 이러한 절대적 이성이 시공간의 차원으로 외화한 현상적 실재로 설명된다.

선택지

설령 반이성으로 보이는 어떤 것이 있다 하더라도, 이는 궁극적으로 이성의 영역에 포섭된다고 말할 수 있다.

지문의 내용을 쉼표 이후의 진술에 집중해 정리하면 '모든 자연사와 인간사는 절대적 이성이 시공간의 차원으로 외화한 현상적 실재이다'라는 것입니다. 다음으로 선택지는 '반이성으로 보이는 것도 궁극적으로는 이성의 영역에 포섭된다'라고 말하고 있습니다.

지문에서 '모든' 자연사와 인간사가 절대적 이성이 외화한 것이라 하였으므로, 선택지의 사례처럼 설령 반이성적인 것으로 보이는 현상이 있다고 해도 이는 어디까지나 이성이 외화한 결과물이라 할 것입니다. 그리고 선택지는 이러한 관계 즉 '반이성적인 것으로 보이는 현상 = 이성이 외화한 결과물'이라는 관계를 다시 한 번 표현을 바꿔 '반이성적인 것으로 보이는 현상 = 이성의 영역에 포섭되는 것'이라고 진술하고 있습니다. 이성이 외화한 결과물이라는 것과 이성의 영역에 포섭된다는 것이 동일한 의미로 설정되어 있는 것이죠. 이때 '포섭되다'의 사전적 의미는 '상대편이 자기편으로 감싸져 끌어들여지다'이지만, 일상적 언어 사용의 맥락에서 어떤 대상이 이성에 의한 결과물이라면 이를 '이성의 영역에 포섭된다'고 표현해도 의미상으로 문제될 것이 없다는 것을 알고 있어야 이 선택지가 옳은 것임을 정확히 판단할 수 있을 것입니다.

LEET 언어이해에서 추상적 개념어 등을 이용한 고난도 패러프레이징은 철학이나 사회과학 분야의 글들에서만 등장하는 것은 아닙니다. 생물학이나 물리학 등 자연과학 분야의 글들에도 패러프레이징은 등장할 수 있습니다. 다음 페이지에서는 LEET 언어이해의 과학 분야의 지문과 선택지를 통해, 과학 분야에 등장하는 패러프레이징의 형태와 수준에 대해 살펴보도록 하겠습니다.

기출예제 2016학년도 LEET 언어이해

지문

세포 운명을 결정하는 다양한 방법이 존재하지만, 가장 간단한 방법은 어떤 특정 형태로 분화하게 하는 형태발생물질의 농도 구배를 이용하는 것이다. 형태발생물질은 세포나 특정 조직으로부터 분비되는 단백질로서 대부분의 경우에 그 단백질의 농도 구배에 따라 주변의 세포 운명이 결정된다. 예를 들어 뇌의 발생 초기 형태인 신경관의 위쪽에서 아래쪽으로 지붕판세포, 사이신경세포, 운동신경세포, 신경세포, 바닥판세포가 순서대로 발생하게 되는데, 이러한 서로 다른 세포로의 예정된 분화는 신경관 아래쪽에 있는 척색에서 분비되는 형태발생물질인 Shh의 농도 구배에 의해 결정된다. 척색에서 Shh가 분비되기 때문에 척색으로부터 멀어질수록 Shh의 농도가 점차 낮아지게 되어서 (…)
하지만 최근의 연구 결과에 의하면 일부의 형태발생물질이 단순한 확산에 의하여 농도 구배를 형성하지 않고 특정 형태의 매개체를 통하여 이동한다는 사실이 보고되었다.

선택지

단순 확산으로 전달되는 형태발생물질의 농도는 형태발생물질 분비 조직과의 물리적 거리에 반비례한다.

과학 분야의 글은 기본 개념에 대한 이해가 필요한 경우가 많기 때문에 부득이 앞선 사례들보다는 더 긴 내용을 발췌하였습니다. 먼저 지문 첫 번째 문단의 전반부에서 형태발생물질의 개념을 이해한 후 후반부를 보면, 척색에서 분비된 형태발생물질(여기서는 Shh)의 농도는 척색으로부터 멀어질수록 점차 낮아지게 된다고 하였습니다. 한편 선택지의 경우, '단순 확산으로'라는 진술은 일단 배제하고 보면, 형태발생물질의 농도는 이 물질을 분비하는 조직(여기서는 척색)과의 물리적 거리에 반비례한다고 말하는데, 지문에서 형태발생물질이 척색으로부터 멀어질수록 농도가 점차 낮아진다 하였으므로 이를 '반비례한다'라고 말을 바꾼 것은 문제가 없음을 알 수 있을 것입니다. 다음으로, 발췌된 지문의 첫 번째 문단에는 '단순 확산'이란 표현이 없지만, 이후 등장하는 문단의 진술을 통해 첫 번째 문단에 소개된 형태발생물질의 확산 방식이 '단순 확산'이라는 것을 파악할 수 있을 것입니다. 그리고 이를 통해 선택지 전반부의 진술인 '단순 확산으로 전달되는 형태발생물질의 농도'가 첫 번째 문단의 내용에 대한 것임을 확인할 수 있습니다.

이 지문과 선택지의 경우는 '멀어질수록 감소한다 → 거리에 반비례한다' 정도의 패러프레이징이 등장하고 있기 때문에 진술의 정오 판단에 큰 어려움은 없었을 것으로 예상됩니다. 하지만 이를 통해 우리는 과학기술 분야의 지문이 등장할 경우에도 인문이나 사회 영역에서와 마찬가지로 패러프레이징은 늘 등장할 수 있다는 것을 알 수 있습니다.

지문 주제의 전문성 및 빈출 분야의 차이

앞에서 우리는 LEET 언어이해와 수능 국어 그리고 PSAT 언어논리의 핵심적 차이점을 지문의 길이에 따른 독해 방식, 지문 정보와 선택지 진술 사이의 패러프레이징 정도 이 두 가지에 초점을 맞춰 살펴보았습니다. 마지막으로 언급할 수 있는 차이점은 지문에서 다루는 정보 영역 즉 주제의 전문성과 자주 등장하는 분야의 차이입니다.

세 시험 모두 다양한 분야의 이론이나 견해들이 지문으로 등장한다는 점에서는 비슷합니다. 하지만 보다 구체적으로 살펴보면 생각보다 큰 차이가 존재합니다. PSAT 언어논리 역시 다양한 주제를 다루고 있지만, 상대적으로 역사적 소재(조선이나 고려, 서양의 중세 시대 등 특정 시기의 역사적, 정치적, 문화적 흐름에 대한 진술)나 논리철학적 주제가 등장하는 경우가 많으며, 과학 분야에서는 주로 생물학적 이론을 기반으로 하는 추론형 문제가 등장할 때가 많습니다. 이 밖에도 사회 현상을 이론적으로 다룬 글 등이 등장하는데, 상대적으로 LEET나 수능에 출제되는 지문과 비교하면 학문적 전문성보다는 상식적 수준에서의 소개 정도로 그치는 글들이 많습니다.

이에 비해 수능 국어나 LEET 언어이해는 철학 분야만 하더라도 윤리학, 실체론적 철학, 분석 철학 등 다양한 분과적 주제가 등장하며(수능은 LEET에 비해 동양철학이 등장하는 빈도가 높다는 차이가 있기도 합니다), 법학은 법철학적 논의에서부터 법해석론, 구체적인 개별 법리의 형성과 적용 방식 등을 다룬 실무적 법학 영역까지 다양하게 등장합니다. 정치학 분야는 민주주의나 공화주의 담론을 다룬 글들이 자주 등장했으며 구체적인 통치제도나 의회제도 등 정치적 동학(메커니즘)을 다룬 글들도 종종 등장하는 편입니다. 과학은 생물학뿐만 아니라 물리학(고전 물리학 및 양자역학), 천체학, 지구과학, 기술공학 등 다양한 하위 분야가 지문의 주제로 다루어집니다.

PSAT와의 차이점은 이뿐만이 아닙니다. 이렇게 제시된 지문의 전문성 역시 상대적으로 LEET나 수능이 PSAT에 비해 깊은 편이며 글의 길이로 인해 더욱 복잡한 원리와 이론에 대한 진술이 이루어지거나 여러 견해를 상호 비교하여 제시되는 경향이 강합니다. 예를 들어 동일하게 경제학 영역을 다룬 지문이라 해도 다음의 사례와 같이 두 시험이 다루는 내용의 수준은 꽤나 크게 차이가 나는 편입니다.

기출예제 2021년 5급공채 PSAT 언어논리

주식회사의 이사는 주주총회에서 선임된다. 1주 1의결권 원칙이 적용되는 주주총회에서 주주는 본인이 보유하고 있는 주식 비율에 따라 의결권을 갖는다. 예를 들어 5%의 주식을 가진 주주는 전체 의결권 중에서 5%의 의결권을 갖는다.

주주총회에서 이사를 선임할 때에는 각 이사 후보자별 의결이 별도로 이루어진다. 예를 들어 2인의 이사를 선임하는 주주총회에서 3인의 이사 후보가 있다면, 각 후보를 이사로 선임하는 세 건의 안건을 올려 각각 의결한다. 즉, 총 세 번의 의결 후 찬성 수를 가장 많이 얻은 2인을 이사로 선임하는 것이다. 이를 단순투표제라 한다. 단순투표제에서 발행주식 총수의 50%를 초과하는 지분을 가진 주주는 모든 이사를 자신이 원하는 사람으로 선임할 수 있게 되고, 그럴 경우 50% 미만을 보유하고 있는 주주는 자신이 원하는 사람을 한 명도 이사로 선임하지 못하게 된다.

집중투표제는 이러한 문제를 해결하기 위해 고안된 방안이다. 이는 복수의 이사를 한 건의 의결로 선임하는 방법으로 단순투표제와 달리 행사할 수 있는 의결권이 각 후보별로 제한되지 않는다. 예를 들어 회사의 발행주식이 100주이고 선임할 이사는 5인, 후보는 8인이라고 가정해 보자. 집중투표제를 시행한다면 25주를 가진 주주는 선임할 이사가 5인이기 때문에 총 125개의 의결권을 가지며 75주를 가진 지배주주는 총 375개의 의결권을 가진다. 각 주주는 자신의 의결권을 자신이 원하는 후보에게 집중하여 배분할 수 있다. 125개의 의결권을 가진 주주는 자신이 원하는 이사 후보 1인에게 125표를 집중 투표하여 이사로 선임될 가능성을 높일 수 있다. 최종적으로 5인의 이사는 찬성 수를 많이 얻은 순서에 따라 선임된다.

주주가 집중투표를 청구하기 위해서는 주식회사의 정관에 집중투표를 배제하는 규정이 없어야 한다. 이러한 방식을 옵트아웃 방식이라고 한다. 정관에서 명문으로 규정해야 제도를 시행할 수 있는 옵트인 방식과는 반대되는 것이다. 하지만 현재 우리나라 전체 상장회사의 90% 이상은 집중투표를 배제하는 정관을 가지고 있어 집중투표제의 활용이 미미한 상황이다.

기출예제 2020학년도 LEET 언어이해

'좋은 세금'의 기준과 관련하여 조세 이론은 공정성과 효율성을 거론하고 있다. 경제주체들이 경제적 능력 혹은 자신이 받는 편익에 따라 세금을 부담하는 경우 공정한 세금이라는 것이다. 또한 조세는 경제주체들의 의사 결정을 왜곡하여 조세 외에 추가로 부담해야 하는 각종 손실 또는 비용, 즉 초과 부담이라는 비효율을 초래할 수 있는데 이러한 왜곡을 최소화하는 세금이 효율적이라는 것이다.

19세기 말 ㉠ 헨리 조지가 제안했던 토지가치세는 이러한 기준에 잘 부합하는 세금으로 평가되고 있다. 그는 토지 소유자의 임대소득 중에 자신의 노력이나 기여와는 무관한 불로소득이 많다면, 토지가치세를 통해 이를 환수하는 것이 바람직하다고 주장했다. 토지에 대한 소유권은 사용권과 처분권 그리고 수익권으로 구성되는데, 사용권과 처분권은 개인의 자유로운 의사에 맡기고 수익권 중 토지 개량의 수익을 제외한 나머지는 정부가 환수하여 사회 전체를 위해 사용하자는 것이 토지가치세의 기본 취지이다. 조지는 토지가치세가 시행되면 다른 세금들을 없애도 될 정도로 충분한 세수를 올려줄 것이라고 기대했다. 토지가치세가 토지단일세라고도 지칭된 것은 이 때문이다. 그는 토지단일세가 다른 세금들을 대체하여 초과 부담을 제거함으로써 경제 활성화에 크게 기여할 것으로 보았다. 토지단일세는 토지를 제외한 나머지 경제 영역에서는 자유 시장을 옹호했던 조지의 신념에 잘 부합하는 발상이었다.

토지가치세는 불로소득에 대한 과세라는 점에서 공정성에 부합하는 세금이다. 조세 이론은 수요자와 공급자 중 탄력도가 낮은 쪽에서 많은 납세 부담을 지게 된다고 설명한다. 토지는 세금이 부과되지 않는 곳으로 옮길 수 없다는 점에서 비탄력적이며 따라서 납세 부담은 임차인에게 전가되지 않고 토지 소유자가 고스란히 떠안게 된다는 점에서 토지가치세는 공정한 세금이 된다. 한편 토지가치세는 초과 부담을 최소화한다는 점에서 효율적이기도 하다. 통상 어떤 재화나 생산요소에 대한 과세는 거래량 감소, 가격 상승과 함께 초과 부담을 유발한다. 예를 들어 자동차에 과세하면 자동차 거래가 감소하고 부동산에 과세하면 지역 개발과 건축업을 위축시켜, 초과 부담이 발생하게 된다. 그러나 토지가치세는 토지 공급을 줄이지 않아 초과 부담을 발생시키지 않는다. 토지가치세 도입에 따른 여타 세금의 축소가 초과 부담을 줄여 경제를 활성화한다는 G7 대상 연구에 따르면, 이러한 세제 개편으로 인한 초과 부담의 감소 정도가 GDP의 14~50%에 이른다.

하지만 토지가치세는 일부 국가를 제외하고는 현실화되지 못했는데, 여기에는 몇 가지 이유가 있다. 토지가치세는 이론적인 면에서 호소력이 있으나 현실에서는 복잡한 문제가 발생한다. 토지에 대한 세금이 가공되지 않은 자연 그대로의 토지에 대한 세금이어야 하나 이러한 토지는 현실적으로 찾기 어렵다. 토지 가치 상승분과 건물 가치 상승분의 구분이 쉽지 않다는 것도 어려움을 가중한다. 토지를 건물까지 포함하는 부동산으로 취급하여 그에 과세하는 국가에서는 부동산 거래에서 건물을 제외한 토지의 가격이 별도로 인지되는 것이 아니므로, 건물을 제외한 토지의 가치 평가가 어렵다. 조세 저항도 문제가 된다. 재산권 침해라는 비판이 거세지면 토지가치세를 도입하더라도 세율을 낮게 유지할 수밖에 없어, 충분한 세수가 확보되지 않을 수 있다. 토지가치세는 빈곤과 불평등 문제에 대한 조지의 이상을 실현하는 데에도 적절한 해법이 되지 못한다는 비판에 직면하고 있다. 백 년 전에는 부의 불평등이 토지에서 비롯되는 부분이 컸지만, 오늘날 전체 부에서 토지가 차지하는 비중이 19세기 말에 비해 크게 감소했다. 토지 소유의 집중도 또한 조지의 시대에 비해 낮다. 따라서 토지가치세의 소득 불평등 해소 능력에도 의문이 제기된다.

오늘날 토지가치세는 새롭게 주목받고 있는데, 이는 '외부 효과'와 관련이 깊다. 첨단산업 분야의 대기업들이 자리를 잡은 지역 주변에는 인구가 유입되고 일자리가 늘어난다. 하지만 임대료가 급등하고 혼잡도 또한 커진다. 이 과정에서 해당 지역의 부동산 소유자들은 막대한 이익을 사유화하는 반면, 임대료 상승이나 혼잡비용 같은 손실은 지역민 전체에게 전가된다. 이러한 상황에서 높은 세율의 토지가치세가 본격적으로 실행에 옮겨질 수 있다면 불로소득에 대한 과세를 통해 외부 효과로 인한 피해를 보상하는 방안이 될 수 있다.

이와 같은 지문 주제의 전문성과 범위의 차이는 상대적으로 LEET 수험 과정에서 수험생의 평소 학습 분야나 전공과의 거리감이 큰 영역에 대한 독해력의 편차를 발생시키는 요인으로 작용하기도 합니다. 예를 들어 경영이나 경제학 전공 수험생 제자의 경우, 상대적으로 과학기술 분야나 철학 분야의 주제가 등장했을 때 본인이 익숙한 분야에 비해 지문을 독해하는 시간 및 이해 정도에 있어서 차이가 발생하는 것을 자주 볼 수 있었습니다. 이는, LEET 출제진이 전공 분야에 따른 유불리를 최소화한다는 출제 방침을 내세우고 있음에도 불구하고, 실제 수험생의 입장에서는 지문으로 등장하는 학문 분야에 대한 선제적 이해가 있고 없음에 따라 지문 독해의 효율성에 유의미한 차이가 나타나게 된다는 것을 의미합니다.

그렇다고 해서 LEET 언어이해를 위해 필요 이상으로 많은 배경지식과 이론을 별도로 학습하는 것 역시 효율적인 수험 전략이라 할 수는 없습니다. 예를 들어 경제학 지문의 전문성이 높다고 해서, 실제로는 출제된 적도 없는 미시 경제학의 전문 이론들을 익히기 위해 비경제학도가 경제학 전공서를 들여다보거나 하는 식의 접근은 그야말로 견문발검(見蚊拔劍) 즉 모기를 잡기 위해 칼을 꺼내 드는 우를 범하는 것이나 마찬가지입니다. 수험생에게 실질적으로 필요한 것은 역대 기출 지문들의 출제 경향을 반영하여 자주 다루어진 분과 학문 분야의 핵심 개념과 이론을 익숙하게 만드는 수준이면 충분합니다.

예를 들어 생물학 분야에서 가장 출제 빈도가 높은 개체의 발생 과정이나 DNA, mRNA 등 유전자와 관련된 프로세스의 기본을 익히고 자주 등장하는 용어의 정확한 용법을 익혀두는 정도면 지문을 독해하는 데 무리가 없습니다. 매년 등장하는 추세에 있는 법철학이나 법해석론의 경우에도 법실증주의적 관점이 어떤 주장을 주로 펼치는지, 법문의 의미라는 것이 어떤 것인지, 계약의 자유를 강조한다는 것이 어떤 내용을 의미하는 것인지 등 비법학도 입장에서 생소할 수 있는 용어나 견해를 출제된 범위 내에서 확실하게 정리하고 이를 바탕으로 출제 가능성이 높은 주제와 관련된 개념을 정리하는 정도가 적절한 것입니다. 중요한 것은 글의 친숙도를 높여 새로 마주하게 될 지문의 전반적 정보 구조를 파악하고(지문 분석) 특정 구절에 대한 문맥적 의미를 빠르고 정확하게 이해하는(선택지 분석) 데 도움을 줄 수 있는 수준에서의 '친숙함'을 익히는 것입니다.

이 교재 및 향후 진행될 수업은 이와 같은 준비 과정의 일환으로 그동안 출제된 수능 및 LEET 와 M·DEET 지문들을 주제 영역별로 분류해 그동안 언어형 적성 시험들이 어떤 주제에 주로 주목하였는지까지 함께 정리하고, 향후 LEET에도 출제 가능한 주제들에 대해 추가로 정리해 볼 수 있는 기회를 제공하고자 하였습니다. 그리고 향후 별도의 교재 및 특강을 통해 배경지식이나 개념이 취약한 수험생을 위한 '친숙함 향상 프로젝트'를 진행할 계획입니다.

2 언어이해 정복을 위한 핵심 요소

지금까지 우리는 LEET 언어이해를 PSAT나 수능과 비교하면서 언어이해만의 차별성, 수험생을 힘들게 만드는 요소에 대해 살펴보았습니다. LEET를 본격적으로 대비하는 수험생의 입장에서도 이러한 LEET의 차별화된 요소들에 맞춘 전략적 접근이 필요할 것입니다.

당연히 언어이해에 가장 중요한 요소는, 흔히들 말하는 독해력입니다. 물론 이러한 독해력은 하루 아침에 형성될 수 있는 것은 아닙니다. 그렇다고 선천적 독해력의 차이가 수험 기간 내내 변하지 않는 것도 아닙니다. 실제로 과거 수험생 제자들 중에는 전년도 시험에서 평균 이하의 점수를 받았다가 꾸준한 훈련을 통해 20개 중후반의 점수를 안정적으로 확보하게 된 경우가 비일비재합니다. 그만큼 언어이해 역시 독해력 향상을 통한 점수 상승이 충분히 가능한 시험이라고 위안을 삼으셔도 됩니다.

하지만 이 '독해력'이라는 것을 막연하게 사용하고 접근할수록 우리의 수험 전략도 체계성을 잃고 우왕좌왕하는 모습을 보이기 쉽다고 생각합니다. LEET에 필요한 독해력의 향상은 단순히 많은 책을 꾸준히 읽는다고 해서 이루어지는 것도 아니고, 모든 수험생에게 똑같이 적용될 수 있는 하나의 완벽한 독해 방법론이 존재한다고 말하는 것도 불가능할 것입니다. 어떤 수험생은 지문을 읽을 때 흐름을 정리하기보다는 글자나 단어 하나하나에 매몰되는 경향이 강할 수도 있고, 어떤 수험생은 지문 정보 처리는 잘하지만 선택지의 진술과 지문의 진술 사이의 간극을 쉽게 넘지 못하는 패러프레이징의 덫에 빠지는 게 문제일 수도 있습니다.

그렇기에 저는 '독해력의 향상'이라는 핵심 목표를 이루기 위한 과정으로 언어이해의 독해에 필요한 3대 요소를 다음과 같이 나누어 이를 하나씩 공략하는 방식으로 전체 커리큘럼의 전반부를 진행하려고 합니다. 이미 앞선 분석에서도 어느 정도 윤곽이 드러난 것처럼 여기서 말하는 언어이해 독해의 3요소란 아래와 같은 '선지', '지문', '주제' 이 세 가지입니다.

선지 분석의 **정확성**	LEET 언어이해는 고도로 패러프레이징된 선지가 등장 ↓ 다양한 방식으로 패러프레이징된 선지를 즉각적으로 파악할 수 있는 문장 해독력 & 어휘력 향상
지문 정보 구조 파악의 **신속성**	1회독만으로 선지를 판단하기 어려운 언어이해 지문의 정보량과 복잡함 ↓ 언어이해를 관통하는 대립 구도 중심의 정보 구조 분석을 바탕으로 정보 위치에 대한 신속한 맵핑(정보 위치 파악) 능력 향상
주제별 개념과의 **친밀성**	지문 내용에 친숙한 수험생이 정보 파악에서 더 빠른 것이 현실 ↓ 역대 기출에서 빈출되었던 영역별 주제 중 핵심 개념&지식에 대한 선이해를 통해 독해 속도 향상

선지 구성과 패러프레이징

1 선지 구성의 원리와 패턴

본격적인 LEET 언어이해 공략의 첫 번째 순서는 문장 수준의 독해 방법론을 정립하는 것입니다. 일반적으로 언어형 적성시험의 선택지들은 대부분 공통된 선지 구성의 원리・패턴에 따라 만들어집니다. 여기서는 대표적인 선지 구성의 패턴을 일차적으로 확인하고, 각 패턴에 해당하는 구체적 기출 사례를 통해 실제 선지 구성의 양상을 체험해 보도록 할 것입니다.

LEET 언어이해, 수능 국어, PSAT 언어논리 등의 독해 문제에 등장하는 선택지들은 주로 다음과 같은 패턴의 선지 구성 원리에 입각해 제작됩니다.

맞는 선지	틀린 선지
동일・유사 외연의 다른 표현으로 바꾸기	의미・내용이 다른 표현으로 바꾸기
개념 간의 관계성(인과, 선후, 포함, 대소, 비례 등)을 적절하게 표현하기	개념 간의 관계성을 어긋나게 표현하기
정보 계열(큰 범주의 개념에 속한 하위 개념이나 특징)을 적절하게 연결하기	정보 계열을 어긋나게 연결하기
지문 내용을 바탕으로 적절한 수준의 추론하기 또는 사례 찾기	지문 내용으로부터 도출될 수 없는 추론하기 또는 사례 찾기
지문의 논지, 근거 등에 대해 적절하게 비판하기	지문의 논지, 근거에 부합하지 않는 비판하기, 화두를 벗어난 비판하기

다음 페이지들에서는 이와 같은 선지 구성의 원리를 실제로 확인할 수 있는 사례들을 구체적인 패턴별로 하나씩 분석해 나가면서 적절한 선지와 부적절한 선지가 구성되는 방식을 정리해 나가도록 하겠습니다.

(1) 동일 · 유사 외연의 다른 표현으로 바꾸기

기출예제 2011년 5급공채 PSAT 언어논리

지문

원자의 화학적 성질은 양성자의 개수와 전자의 개수에 의해 결정되므로 두 원자의 양성자 개수가 같으면 '같은 원소'라고 한다. 양성자의 개수는 같고 중성자의 개수가 다르면, 원자번호는 같고 원자량이 다르게 되는데, 이러한 원소들을 '동위원소'라고 부른다. 동위원소는 화학적 성질은 같지만 물리적 성질이 다르다.

선택지

'같은 원소'인 두 원자의 물리적 성질은 이 두 원자가 각각 갖는 중성자의 개수에 따라 다를 수 있다.

→ **[분석]** 지문에서는 '동위원소'가 화학적 성질은 같지만 물리적 성질이 다르다고 말합니다. 여기서 동위원소는 양성자의 개수는 같으면서 중성자의 개수가 다른 원소들을 지칭합니다. 선택지는 이러한 동위원소의 기본적인 특징을, '같은 원소' 사이의 물리적 성질이 중성자의 개수에 따라 다를 수 있다는 표현으로 바꾸어 설명하고 있을 뿐, 지문의 정보 구도를 그대로 반영하고 있습니다. 한편 위 지문과 선지의 경우, 표현상의 패러프레이징은 크게 나타나지 않습니다. 이는 다음에 볼 LEET 문제와의 차이점이라 할 수 있을 것입니다.

기출예제 2011학년도 LEET 언어이해

지문

많은 나라들은 지속적인 경제 성장을 위해 요소 투입형 성장에서 혁신 주도형 성장으로 전환을 모색하였다. 이는 지역적 차원에서도 경쟁력 강화를 위한 발전 모델의 변화를 가져오는데, 혁신 주도형 지역 발전 모델의 중심 개념으로 제시되고 있는 것들로는 클러스터, 지역혁신체계, 사회자본 등이 있다. (…) 지역혁신체계는 지역의 제도, 문화, 규범, 분위기 등의 상부구조와 교통망이나 통신망 같은 물리적 하부구조 및 대학, 연구소, 기업, 지방 정부 등 사회적 하부구조로 구성되는 것으로, 새로운 기술과 지식을 생산하고 이를 상품화하는 상・하부구조 간 네트워크 체계를 말한다.

선택지

지역혁신체계는 기술과 지식의 창출과 응용을 위한 혁신 지향적 연결망이다.

→ **[분석]** 지역혁신체계에 대한 구체적 특징 설명은 중략 이후 부분부터 나오고 있습니다. 이 가운데 새로운 기술과 지식을 '생산하고'가 '창출'로, '이를 상품화하는'이 '응용'으로 개념화되고 있음을 확인할 수 있습니다. 또한 '상・하부구조 간 네트워크 체계'는 '연결망'이라는 단어로 치환되었습니다. 한편 선지의 '혁신 지향적'이란 표현은 지역혁신체계가 혁신 주도형 지역 발전 모델의 하나라는 점에서 문제될 것이 없는 패러프레이징이 이루어진 것으로 볼 수 있습니다.

(2) 인과 · 선후 · 포함(속성) · 대소 · 비례 등의 관계성을 다르게 표현하기

기출예제 2012학년도 LEET 언어이해

지문

자기 냉장고에서 열역학적 순환 과정은 다음의 Ⅰ, Ⅱ, Ⅲ, Ⅳ 네 과정을 거치면서 진행된다. 과정Ⅰ에서는, 자기 쌍극자들이 무질서하게 배열되어 있던, 온도가 T인 작용물질에 외부와의 열 출입이 차단된 상태에서 자기장을 가하면 작용물질의 쌍극자들이 자기장의 방향으로 정렬하면서 열이 발생하고 작용물질의 온도가 상승한다. 이때 자기장이 강할수록 작용물질에서 더 많은 열이 발생한다. 과정Ⅱ에서는, 외부 자기장을 그대로 유지한 상태로 작용물질과 외부와의 열 출입을 허용하면 이 작용물질은 열을 방출하고 차가워진다. 과정Ⅲ에서는, 다시 작용물질과 외부와의 열 출입을 차단한 상태에서 외부의 자기장을 제거하면 쌍극자의 배열이 무질서해지면서 작용물질의 온도가 하강한다. 과정Ⅳ에서는, 작용물질과 외부와의 열 출입을 허용하면 이 작용물질은 열을 흡수하고 온도가 상승하여 초기 온도 T로 복귀하면서 1회의 순환이 마무리된다.

선택지

과정Ⅰ~Ⅳ의 1회 순환에서 자기장의 변화 폭이 클수록 방출되는 열량은 크다.

→ **[분석]** 과정 Ⅰ~Ⅳ 가운데 열(열량)이 방출되는 과정은 Ⅱ입니다. 이 과정에서 방출되는 열은 과정 Ⅰ에서 자기장에 의해 자기물질 내부에서 발생된 열입니다. 과정 Ⅰ에 해당하는 부분의 마지막 문장에 의하면 걸어준 자기장이 강할수록 자기물질에서 더 많은 열이 발생합니다. 따라서 과정 Ⅰ에서 가해주는 자기장의 변화 폭이 클수록 과정 Ⅱ에서 방출되는 열량도 크다고 하는 것은 적절합니다. 이러한 두 항목 사이의 관계는 지금처럼 '하나가 클수록 다른 하나도 크다'와 같은 직접적 진술로도 가능하지만, '하나는 다른 하나에 비례한다'와 같이 비례/반비례를 직접 드러내는 표현으로도 충분히 등장할 수 있습니다.

기출예제 2012학년도 LEET 언어이해

지문

자본 구조가 기업의 가치와 무관하다는 명제로 표현되는 모딜리아니-밀러 이론은 완전 자본 시장 가정, 곧 자본 시장에 불완전성을 가져올 수 있는 모든 마찰 요인이 전혀 없다는 가정에 기초한 자본 구조 이론이다. 이 이론에 따르면, 기업의 영업 이익에 대한 법인세 등의 세금이 없고 거래 비용이 없으며 모든 기업이 완전히 동일한 정도로 위험에 처해 있다면, 기업의 가치는 기업 내부 여유 자금이나 주식 같은 자기 자본을 활용하든지 부채 같은 타인 자본을 활용하든지 간에 어떤 영향도 받지 않는다. 모딜리아니-밀러 이론은 현실적으로 타당한 이론을 제시했다기보다는 현대 자본 구조 이론의 출발점을 제시하였다는 데 중요한 의미가 있다.

선택지

자본 구조 이론은 기업의 가치가 부채 비율에 미치는 영향을 연구하는 이론이다.

→ **[분석]** 모딜리아니-밀러 이론에서부터 출발한 '자본 구조 이론'은 부채와 같은 타인 자본의 활용 여부가 기업의 가치에 어떤 영향을 미치는지에 대해 다루고 있습니다. 발췌된 내용에서 등장하는 모딜리아니-밀러 이론은 이러한 부채의 비율이 기업의 가치에 어떤 영향도 미치지 않는다고 주장하고 있는데, 다른 자본 구조 이론에 대한 설명은 아직 나와 있지 않지만 이들 역시 부채(타인 자본) 비율이 기업의 가치에 미치는 영향을 논하는 것이지, 반대로 기업의 가치가 부채 비율에 미치는 영향을 연구하는 것이 아니라는 것을 충분히 짐작할 수 있습니다. 따라서 이 선택지는 부적절합니다.

(3) 지문 내용 기반의 추론하기 · 사례 찾기

기출예제  2016학년도 LEET 언어이해

지문

한편 탈산업사회의 도래와 함께 환경, 인권, 교육 등에서 좀 더 나은 삶의 질을 추구하는 탈물질주의가 등장함에 따라 새로운 정당의 출현에 대한 압박이 생겨났다. 이는 기득권을 유지해온 기성 정당들을 위협했다. 이에 정당들은 자신의 기득권을 유지하기 위해 공적인 정치 자원의 과점을 통해 신생 혹은 소수 정당의 원내 진입이나 정치 활동을 어렵게 하는 카르텔 정당 체계를 구성하기도 했다. 다양한 정치 관계법은 이런 체계를 유지하는 대표적인 수단으로 활용되었다. 정치관계법과 관련된 선거제도의 예를 들면, 비례대표제에 비해 다수대표제는 득표 대비 의석 비율을 거대정당에 유리하도록 만들어 정당의 카르텔화를 촉진하는 데 활용되기도 한다.

선택지

B당이 선거 경쟁력을 향상시키기 위해 의석수에 비례해 배분했던 선거보조금의 50%를 전체 의석의 30% 이상의 의석을 지닌 정당에게 우선적으로 배분하고, 나머지는 각 정당의 의석수에 비례해 배분하자고 제안한 사례는 카르텔 정당 모형으로 가장 잘 설명될 수 있다.

→ **[분석]** 지문에서는 기존의 기득권 정당들이 자신의 기득권을 유지하기 위해 공적인 정치 자원의 과점을 통해 신생 혹은 소수 정당의 원내 진입이나 정치 활동을 어렵게 하는 전략을 카르텔 정당 체계의 구성이라 정의내리고 있습니다. 선택지에서 선거보조금을 의석수에 비례해 배분하던 방식에서 절반을 거대 정당에 우선 배분하고 나머지 절반을 의석수에 비례해 배분하는 것은 거대 정당들이 의석수 가운데 절반을 선점하고 나머지 절반에 대해서만 소수 정당들에게 돌아갈 몫을 남겨두는 방식이기 때문에 거대 정당이 공적 정치 자원을 과점하는 방식으로의 제도 변화라 할 수 있습니다. 이는 지문에서 살펴보았던 카르텔 정당 체계와 관련된 정치관계법의 하나라 할 수 있습니다.

기출예제 2016학년도 LEET 언어이해

지문

하지만 이러한 '욕구 충족 이론'도 다음과 같은 문제점을 갖고 있다. 첫째, 욕구의 충족과 복지가 어느 정도 연관성이 있기는 하지만 모든 욕구의 충족이 복지에 기여하는 것은 아니라는 문제가 있다. 사람들이 정보의 부족이나 잘못된 믿음으로 자신에게 나쁜 것을 욕구할 수 있으며, ㉠ 타인의 삶에 대해 내가 원하는 것이 이루어졌다고 할지라도 그것이 나의 복지 증진과는 무관할 수 있기 때문이다. 둘째, 사람들이 타인에 대한 가학적 욕구와 같은 반사회적인 욕구를 추구하는 경우도 문제가 된다. 셋째, ㉡ 개인이 일관된 욕구 체계를 갖고 있지 않아서 욕구들 사이에 충돌이 발생할 때 이를 해결하기 어렵다는 문제가 있다.

[〈보기〉 및 선택지]

보기

(가) '갑'은 기차에서 우연히 만난 낯선 사람의 질병이 낫기를 간절히 원하였는데, 그 후에 그를 다시 만난 적이 없어서 그의 질병이 나았다는 것을 전혀 모른다. 그래서 그의 질병이 나았다는 사실은 갑에게 아무런 영향도 주지 않았다.

선택지

(가)는 '욕구 충족 이론'의 문제점과 관련하여 ㉠의 사례로 활용할 수 있겠군.

→ **[분석]** 지문에서 ㉠으로 제시된 욕구 충족 이론의 문제점은 타인의 삶에 대해 원하는 것의 성취가 나의 복지 증진과는 아무런 관련이 없는 경우가 발생할 수도 있다는 것입니다. 〈보기〉 (가)에서 갑은 타인의 질병이 낫기를 원했고 그 바람이 실현되었지만(타인의 삶에 대해 원하는 것의 성취), 그와 같은 사실은 갑에게 아무런 영향도 주지 않았습니다(갑의 복지 증진과는 무관함). 즉 (가)의 사례는 타인의 삶에 대한 원함이 성취되더라도 그것이 나의 복지 증진과 무관할 수 있다는 ㉠의 문제점을 잘 보여주는 것임. 따라서 ㉠의 사례로 활용되기에 충분합니다.

(4) 지문의 핵심 논지, 근거 등에 대해 비판하기

기출예제  2015학년도 LEET 언어이해

지문

예술사를 양식의 특수하고 자족적인 역사가 아니라 거시적 차원의 보편적 정신사 및 그 발전 법칙에 의거한다고 본 점에서 헤겔의 예술론은 구체적 작품들에 대한 풍부하고 수준 높은 진술을 포함하고 있음에도 전형적인 철학적 미학에 속한다. 그는 예술사를 '상징적', '고전적', '낭만적'이라고 불리는 세 단계로 구분한다. 유의할 것은 이 단어들이 특정 예술 유파를 일컫는 일반적 용법과는 사뭇 다르게 사용된다는 점이다. 즉 이 세 용어는 지역 개념을 수반하는 문명사적 개념으로서 일차적으로는 태고의 오리엔트, 고대 그리스, 중세부터의 유럽에 각각 대응하며, 좀 더 심층적인 차원에서는 '자연 종교', '예술 종교', '계시 종교'라는 종교의 유형적 단계에 각각 대응한다. 나아가 이러한 대응 관계의 단계적 설정은 신이라는 '내용'과 그것의 외적 구현인 '형식'의 일치 정도에 의거하며, 가장 근본적으로는 순수한 개념적 사유를 향해 점증적으로 발전하는 지성 일반의 발전 법칙에 의거한다. 게다가 이 세 범주는 장르들에도 적용되어, 첫째 건축, 둘째 조각, 셋째 회화·음악·시문학이 차례로 각 단계에 대응한다. 장르론과 결합된 예술사론을 통해 헤겔은 역사의 특정 단계에 여러 장르가 공존하는 것을 인정하면서도 각 단계에 대응하는 전형적 장르는 특정 장르로 한정한다.
(…) 상징적 단계에서는 제대로 된 정신적 내용이 아직 형성조차 되지 않았지만, 낭만적 단계에서는 감각적 형식으로는 담을 수 없을 정도의 고차적 내용이 지배하기 때문이다. 나아가 이 단계는 새로운 더 높은 단계가 존재하지 않는, 정신과 역사의 최종 지점이기 때문에, 이후에 벌어지는 국면들은 모두 '낭만적'이라고 불릴 수 있다.

[문제 및 선택지]

Q. 윗글에 나타난 헤겔의 예술론을 평가한 것으로 가장 적절한 것은?

㉠ 개념에 주로 의존하는 전형적인 철학적 미학이기 때문에 논증적 수준은 높지만 실질적 사례를 언급한 경우는 많지 않다.

㉡ 당대 유럽 이외의 문화를 상대적으로 미성숙한 지성적 단계에 위치시킴으로써 이론적으로 근대 서구의 자기 우월적 태도를 드러내고 있다.

→ **[분석]** 지문에 등장하는 견해에 대해 평가하라는 것은 넓게 보아 해당 견해에 대한 비판적 접근을 요구하는 것이라 할 수 있습니다. 이때 비판의 대상은 해당 견해의 핵심 논지가 될 수도 있고, 부분적으로 진술한 내용들이나 근거로 제시한 사례, 사실 등에 대한 것이 될 수도 있습니다.

㉠: 지문의 첫 번째 문장에서 확인할 수 있듯이, 헤겔의 예술론은 구체적 작품들에 대한 풍부하고 수준 높은 진술을 포함하고 있습니다. 따라서 실질적 사례를 언급한 경우가 많지 않다는 선택지의 비판은 제대로 된 평가라 할 수 없습니다.

㉡: 지문에서 헤겔은 정신사의 가장 미성숙한 단계를 태고 오리엔트 문명으로, 정신사의 가장 성숙한 단계는 자신이 살고 있던 근대 서구 유럽으로 설정하고 있습니다. 즉 근대 서구를 우월한 문명으로 놓고 이에 비해 고대 그리스나 태고 오리엔트를 열등한 문명으로 간주한다는 점에서 자기 우월적인 태도가 학문적 이론에 반영된 것이라 할 수 있습니다. 따라서 이를 바탕으로 선지와 같이 비판하는 것은 적절한 평가라 할 수 있습니다.

기출예제 2012학년도 LEET 언어이해

지문

강한 가치 평가의 기준이 되는 상위선은 역사적으로 형성되어 자리 잡은 것으로 사회나 문화에 따라 다를 수 있다. 예를 들어 효가 상위선인 사회도 있고, 자유가 상위선인 사회도 있다. 각 사회의 상위선은 명시적 또는 암시적으로 그 사회에 살고 있는 구성원들의 도덕적 판단이나 직관, 반응의 배경이 되기 때문에, 그 상위선이 무엇인지 규명하면 각 사회에서 이루어지는 도덕적 판단이나 반응을 제대로 이해할 수 있다. 도덕 철학의 주요 과제들 중의 하나는 도덕적 판단들의 배후에 있는 가치, 즉 상위선을 탐구하여 밝히는 것이다.

[문제 및 선택지]

Q. 위 글의 주장에 대한 비판으로 가장 적절한 것은?

㉠ 사회마다 좋은 삶의 모습이 다르면 도덕적 판단의 기준도 달라지기 때문에 도덕 자체에 대한 회의에 빠질 수 있다.

㉡ 최고의 가치 평가 기준을 근거로 도덕적 판단을 함으로써 상충하는 가치관이 한 사회에서 공존하는 것에 대해 부정적 태도를 취할 수 있다.

→ **[분석]** ㉠ 지문에 의하면 사회나 문화에 따라 상위선이 다르면 좋은 삶의 모습도 달라질 수 있으며 이에 따라 도덕적 판단의 기준도 달라질 수 있을 것입니다. 그런데 ㉠의 진술처럼 사회마다 도덕적 판단의 기준이 달라진다고 해서 도덕 자체에 대한 회의에 빠질 수 있다고 보는 것은 비약에 가깝습니다. 만약 어떤 한 사회 내부에서 사람마다 가지고 있는 도덕적 판단의 기준이 서로 완전히 다르다면 어떤 도덕적 판단 기준도 실제로는 다른 사람에게 적용될 수 없으므로 이때는 도덕이라는 것 자체에 대한 회의가 나타날 수 있을 것입니다. 하지만 선지에서 말한 상황은 어디까지나 '사회마다' 즉 A라는 사회와 B라는 사회 사이에서 도덕적 판단의 기준이 달라지는 수준입니다. 즉 한 사회 내부에서는 여전히 하나의 도덕적 판단 기준이 작용하는 것이기 때문에 그 사회 내에서 도덕에 대한 회의가 나타날 것이라 예측하는 것은 과도한 추론이 됩니다.

㉡ 지문에 따르면 하나의 사회 내에는 하나의 상위선에 의해 도덕적 판단 기준이 설정되는데, 이러한 관점에서는 한 사회 내에서 상충하는 가치관이 공존하는 것을 인정하기 어려울 것입니다. 따라서 이 선지는 글쓴이의 주장에 대한 비판으로 가장 적절합니다.

(5) 정보 계열 비틀기 (A에 해당하는 특징 · 속성을 B에 해당하는 특징 · 속성으로 잘못 연결하기)

기출예제  2010년 5급공채 PSAT 언어논리

지문

15세기 조선은 명(明)의 정치 · 문화 · 군사적 우월성을 인정하고 사대외교(事大外交)를 전개하였다. 그러나 조선이 명에 대해 사대한 것은 어디까지나 신생국인 조선이 강대국인 명으로부터 국제적으로 승인받고, 이를 통해 정치적 안정을 꾀하려는 의도에서 비롯된 것으로 주체성이나 독립성을 방기한 것은 아니었다. (…) 이러한 대외인식은 16세기에 들어와 변화하기 시작한다. 화이론을 옹호하는 사림세력이 집권하고 지배층의 주류를 차지하면서 숭명(崇明)의식이 강해졌다. 이제 사대는 실리적인 외교수단이 아니라 반드시 지켜야 할 도리로서 인식되기 시작했다. 명이 조선에게 아버지의 나라이자 황제국이라는 사실은 이해(利害)와 시세(時勢)를 초월하는 불변의 가치로 자리 잡았다.

선택지

16세기와 비교할 때 15세기 조선의 사대외교는 이해와 시세라는 정치적 실리를 초월하여 전개되었다.

→ **[분석]** 지문은 15세기 조선의 외교 정책 및 대외인식과 16세의 그것을 비교하고 있습니다. 2번째 문장의 진술처럼 15세기 조선의 대외 정책은 정치적 안정을 꾀하고자 한 것이며 주체성을 상실한 것은 아니었습니다. 중반부 이후의 진술 표현을 빌려 표현하자면, 이 시기의 '사대'는 외교수단의 하나였을 뿐이었던 것입니다. 이에 비해 16세기에는 사대를 반드시 지켜야 할 도리로 인식하였고, 명나라가 황제국이라는 사실이 이해와 시세를 초월하는 불변의 가치로 자리 잡게 됩니다.
선택지는 이러한 대립 구도의 정보 계열을 뒤틀어 오답을 만들어내고 있습니다. 즉 16세기의 '사대'가 갖는 특징을 15세기에 연결하여 잘못된 진술을 펼치고 있는 것입니다.

기출예제 2011학년도 LEET 언어이해

지문

클러스터, 지역혁신체계, 사회자본의 개념은 모두 혁신 주도형 지역 발전을 위하여 네트워크를 강조하고 있다. 클러스터와 지역혁신체계에서 네트워크는 구성 요소들 간 연계 체계 그 자체를 의미하며, 이는 지역의 부가가치나 혁신성을 제고하는 원동력이 된다. 사회자본의 네트워크는 사회자본의 구성 요소인 조정, 협력, 신뢰, 규범의 호혜성의 정도에 따라 그 성격이 달라지는 것으로, 네트워크 자체도 중요하지만 구성 요소들의 질적 수준이 더욱 중요하다. 이때 사회자본은 다양한 유형의 네트워크에서 구성 요소들 간 관계를 활성화하는 촉매 역할을 한다.

선택지

㉠ 지역 발전에 있어서 클러스터와 지역혁신체계의 네트워크는 촉매 역할을, 사회자본의 네트워크는 원동력 역할을 한다.

→ **[분석]** 지문 두 번째 문장에 의하면 클러스터와 지역혁신체계의 네트워크는 지역의 부가가치나 혁신성을 제고하는 '원동력'으로 간주되며, 이어지는 문장들에 의하면 사회자본의 네트워크는 구성 요소들 간 관계를 활성화하는 '촉매 역할'을 하는 것으로 구분됩니다. 선택지는 이러한 두 그룹 간 정보 계열을 어긋나게 형성하여 오답을 만들어내고 있습니다.

기출예제 2011학년도 LEET 언어이해

지문

모바일 무선 통신에서 가시광선이나 X선보다 주파수가 낮은 전파를 쓰는 이유는 정보의 원거리 전달에 용이하기 때문이다. 주파수가 높은 전자기파일수록 직진성이 강해져 대기 중의 먼지나 수증기에 의해 흡수되거나 산란되어 감쇠되기 쉽다. 반면, 주파수가 낮은 전파는 회절성과 투과성이 뛰어나 장애물을 만나면 휘어져 나가고 얇은 벽을 만나면 투과하여 멀리 퍼져 나갈 수 있다. 3kHz~3GHz대역의 주파수를 갖는 전파 중 0.3MHz 이하의 초장파, 장파 등은 매우 먼 거리까지 전달될 수 있으므로 해상 통신, 표지통신, 선박이나 항공기의 유도 등과 같은 공공적 용도에 주로 사용된다. 0.3~800MHz대역의 주파수는 단파 방송, 국제 방송, FM 라디오, 지상파 아날로그 TV 방송 등에 사용된다. 800MHz~3GHz 대역인 극초단파가 모바일 무선 통신에 주로 사용되며 '800~900MHz대', '1.8GHz대', '2.1GHz대', '2.3GHz대'의 네 가지 대역으로 나뉜다. 스마트폰 시대에 들어서면서 극초단파 대역의 효율적인 주파수 관리의 중요성이 더욱 커지고 있다. 3GHz 이상 대역의 전파는 직진성이 매우 강해져 인공위성이나 우주 통신 등과 같이 중간에 장애물이 없는 특별한 경우에 사용된다. / 모바일 무선 통신에서 극초단파를 사용하는 이유는 0.3~800MHz 대역에 비해 단시간에 더 많은 정보의 전송이 가능하기 때문이다. (…)

선택지

직진성이 약한 전파일수록 단위 시간당 정보 전송량은 많아진다.

→ **[분석]** 역시 전형적인 정보 계열 비틀기형 오답 선택지가 등장합니다. 발췌된 지문의 첫 번째 문단에 의하면 전자기파(전파)는 주파수가 높을수록 직진성이 강해진다고 하였고, 이어서 전파의 주파수 대역을 0.3MHz 이하, 0.3MHz~800MHz, 800MHz~3GHz의 세 구역을 나누어 각 구역별 용도를 소개하고 있습니다. 그리고 이어지는 문단의 첫 번째 문장에서는 극초단파 영역(800MHz~3GHz의 고주파수 영역)은 주파수가 낮은 대역에 비해 더 많은 정보 전송이 가능하다고 말합니다. 즉 주파수가 낮은 대역(파장 개념으로는 장파 대역)은 직진성이 약하고 정보 전송량이 적으며, 주파수가 높은 대역(극초단파 대역)은 직진성이 강하고 정보 전송량이 많다는 대립 구도의 정보 계열이 형성되는 것입니다.

그런데 선택지는 직진성이 약한 전파일수록 즉 주파수가 낮은 대역의 전파일수록 단위 시간당 정보 전송량이 많아진다고 합니다. 이는 주파수의 고/저에 따른 정보 계열을 비틀어 잘못되게 연결하는 패턴의 오답에 해당합니다.

(6) 관계없는 내용 끼워넣기, 정보 계열 잘못 연결하기

기출예제 2010년 5급공채 언어논리

지문

17세기에 들어 명이 망하고 만주족이 세운 청(淸)이 중원을 차지한 이후에도 조선의 대외정책은 화이론과 소중화 의식의 틀을 벗어나지 못하였다. 오히려 이적인 청이 중화인 명을 멸망시키고 황제국을 칭하였기 때문에 현실에서 중화의 담지자는 조선뿐이라는 '조선 중화주의'가 새롭게 대두하기 시작하였다. (…) 조선이 청을 오랑캐라 멸시하며 명의 복수를 명분으로 '북벌론'을 주창하였던 것은 '조선 중화주의'가 근본적으로 화이론·소중화론으로부터 벗어난 것이 아니었음을 잘 보여준다.

선택지

㉠ '조선 중화주의'는 문화적 자존의식과 정치적 이해를 앞세웠기 때문에 청과의 정치적 긴장을 야기하였다.

→ **[분석]** 지문 마지막 문장에서 '조선 중화주의'로 인해 조선이 청을 오랑캐라 멸시하며 북벌론을 주창하였다는 진술로부터 '조선 중화주의'가 청과의 정치적 긴장을 야기하였다는 선택지의 진술이 도출되는 데에는 문제가 없습니다. 그리고 '조선 중화주의'가 이러한 결과를 불러일으킨 데에 '현실에서 중화의 담지자는 조선뿐이라는' 생각이 자리잡고 있었다는 점에서 '문화적 자존의식'이 그 이유라고 보는 것 역시 타당합니다.

하지만 지문에 제시된 정보로부터 '정치적 이해'를 앞세웠던 것이 또 다른 이유 가운데 하나였다는 점을 확인하는 것은 불가능합니다. 이처럼 이 선택지는 전반적으로 지문의 정보를 잘 반영한 가운데, 확인이 불가능하거나 부적절한 내용을 중간에 끼워넣어 오답을 만들어내고 있습니다.

기출예제 2011년 5급공채 PSAT 언어논리

지문

어떤 동위원소들은 우라늄처럼 붕괴하여 다른 원소가 되기도 한다. 이와 달리 붕괴하지 않는 동위원소를 '안정적 동위원소'라고 한다. 원소들 중에 안정적 동위원소를 갖지 않는 것은 20가지인데 자연에 존재하는 전체 원소의 약 4분의 1에 해당한다.

선택지

㉠ 자연에 존재하는 안정적 동위원소와 불안정한 동위원소의 비율은 약 3:1이다.

→ **[분석]** 위 선택지는 3:1의 비율 관계를 이루는 대상을 잘못 연결시키고 있습니다. 지문에 의하면 원소들 가운데 안정적 동위원소를 갖지 않는 원소가 전체 원소의 1/4이라 하였습니다. 이를 정리하면 전체 원소 가운데 안정적 동위원소를 갖는 것이 3/4이고, 안정적 동위원소를 갖지 않는 것이 1/4인 것입니다. 따라서 3:1의 비율 관계로 정리할 수 있는 것은 이들 '안정적 동위원소를 갖는 원소'와 '안정적 동위원소를 갖지 않는 원소'의 비율입니다.

그런데 선택지는 안정적 동위원소와 불안정한 동위원소들 사이의 비율을 묻는 것으로 오답이 되었습니다.

기출예제 2015년 LEET 언어이해

지문

남극 대륙에는 모두 녹을 경우 해수면을 57미터 높일 정도의 얼음이 쌓여 있다. 그 중에서 빙붕(iceshelf)이란 육지를 수 킬로미터 두께로 덮고 있는 얼음 덩어리인 빙상(icesheet)이 중력에 의해 해안으로 밀려 내려가다가 육지에 걸친 채로 바다 위에 떠 있는 부분을 말한다. 남극 대륙에서 해안선의 약 75%가 빙붕으로 덮여 있는데, 그 두께는 100~1,000미터이다. 시간에 따른 빙붕 질량의 변화는 지구 온난화와 관련하여 기후학적으로 매우 중요한 요소이다. 빙붕에서 얼음의 양이 줄어드는 요인으로서 빙산으로 조각나 떨어져 나오는 얼음의 양은 비교적 잘 측정되고 있지만, 빙붕 바닥에서 따뜻한 해수의 영향으로 얼음이 얼마나 녹아 없어지는가는 그동안 잘 알려지지 않았다. 빙붕 아래쪽은 접근하기가 어려워 현장 조사가 제한적이기 때문이다. 더구나 최근에는 남극 대륙 주변의 바람의 방향이 바뀌면서 더 따뜻한 해수가 빙붕 아래로 들어오고 있어서 이에 대한 정확한 측정이 요구된다. 빙붕 바닥에서 얼음이 녹는 양은 해수면 상승에 영향을 미치기 때문이다.

[〈보기〉 및 선택지]

보기

최근의 한 연구에서 서남극에서 녹는 얼음이 몇 세기에 걸쳐 멈출 수 없는 해수면 상승을 일으킬 가능성이 높은 것으로 나타났다. 이 지역에는 모두 녹으면 해수면을 5미터 상승시킬 얼음이 분포한다. 이곳에 위치한 아문센 해는 해저 지형이 해수가 진입하기 좋게 형성되어 있어서 해수가 빙붕을 녹이는 데 용이한 조건을 구비하고 있다. 더구나 이곳에는 빙붕의 진행을 막아 줄 섬도 없어 미끄러져 내려오는 빙상을 저지하지 못하기 때문에 해수에 녹아 들어가는 빙붕의 양은 계속 많아질 전망이다.

선택지

서남극의 얼음 총량이 다른 남극 지역보다 더 많기 때문에 해수면 상승 효과가 더 클 것이다.

→ **[분석]** 위 선택지를 분석할 때는 이유와 결과 모두 적절하게 진술된 것인지 판단해야 합니다. 먼저 서남극의 해수면 상승 효과가 다른 남극 지역에 비해 더 클 것이라는 결과 예측은 맞습니다. 지문에 의하면 빙붕에서 얼음의 양이 줄어드는 것이(빙산으로 떨어져 나가는 것과 빙붕 바닥에서 녹는 것 모두) 해수면 상승에 영향을 미친다고 하였는데, 〈보기〉에 의하면 서남극이 빙붕이 녹기 좋은 조건을 갖추고 있기 때문에 타 지역에 비해 해수면 상승 효과가 더 클 것이라고 보는 것이 타당합니다.

하지만 그 이유는 서남극의 빙붕들에서 얼음이 녹는 양이 타 지역보다 훨씬 많기 때문이지 이 지역의 얼음 총량이 다른 남극 지역보다 더 많기 때문은 아닙니다. 1문단을 보면 남극 대륙의 얼음이 모두 녹으면 해수면이 57미터 높아지게 됩니다. 〈보기〉에서는 서남극에는 모두 녹을 경우 해수면을 5미터 상승시킬 얼음이 분포한다고 하였으므로 서남극에 존재하는 얼음의 총량은 전체의 9% 정도에 불과하다는 것을 알 수 있습니다. 따라서 선택지는 이유에 대한 설명을 부적절한 정보로 끼워넣음으로써 잘못된 진술이 된 것입니다.

2 선지 패러프레이징 분석 훈련

LEET 언어이해는 수능의 국어(언어영역) 시험과 유사한 측면이 있지만 분명 다른 점도 존재합니다. 실제 수강생 지도를 하면서 가장 많이 느낀 두 시험 사이의 차이점은 바로 선택지의 진술 수준이라 할 수 있습니다. 즉 LEET 언어이해는 수능에 비해 선택지의 진술이 훨씬 압축적인 경우가 많았는데, 이는 그만큼 수능에 비해 선택지의 패러프레이징 수준이 높다는 것을 의미한다고도 할 수 있습니다.

이러한 선택지 패러프레이징은 많은 수험생을 괴롭힌 주범 가운데 하나입니다. 패러프레이징이란 쉽게 말해 말 바꾸기인데, 그렇게 바뀐 표현의 정도가 직관적으로는 바로 파악하기 힘든 한자어나 구절 수준에서 이루어지기 때문에 지문을 잘 독해하고서도 선택지에서 시간을 잡아먹거나 잘못된 판단을 내리는 경우가 많았던 것입니다.

따라서 저자는 이러한 선택지 패러프레이징을 효과적으로 파악하여 진술의 정오 판단을 빠른 시간 내에 이룰 수 있는 능력이 무엇보다도 중요하다고 생각하고 언어이해 독해의 첫걸음으로 지문-선택지 패러프레이징 분석 훈련부터 수행하고자 하는 것입니다.

(1) 선지 패러프레이징 분석 1단계 - 일차원적 수준의 말바꾸기

먼저 아래 예제들을 통해 1차원적 수준의 선택지화 과정을 분석해 보도록 합시다.

기출예제 2016학년도 고3 6월 모의평가

지문

그런데 우리나라에서는 기업의 불법 행위에 대해 손해 배상 소송이 제기되거나 벌금이 부과되는 사례는 드물어서, 과징금 등 행정적 제재 수단이 억제 기능을 수행하는 경우가 많다.

선택지

㉠ 과징금은 불법 행위를 행정적으로 제재하는 수단에 해당된다.

먼저 선택지를 봅시다. 선택지는 과징금에 대한 정의 형식의 진술로 되어 있습니다. 하지만 관련된 지문의 진술은 온전한 정의 형식을 취하고 있진 않습니다. 그럼에도 불구하고 우리는 지문의 “기업의 불법 행위에 대해 … 과징금 등 행정적 제재 수단이 억제 기능을 수행”이라는 의미 연결을 통해 ‘과징금 = 불법 행위를 대상으로 하는 행정적 제재 수단’임을 어렵지 않게 이끌어낼 수 있습니다.

이러한 수준의 패러프레이징은 지문의 표현을 그대로 가져오되 조사만 바꾼 수준의 원초적 패러프레이징에 비해서는 더 고차원적이지만, 특별한 훈련이 없이도 충분히 양자 간의 동일성이나 유사성을 확인할 수 있는 수준일 것입니다.

비슷한 수준의 예제를 하나 더 살펴보도록 합시다.

기출예제 | 2019학년도 고3 6월 모의평가

지문

최한기의 인체관을 함축하는 개념 중 하나는 '몸기계'였다. 그는 이 개념을 본격적으로 사용하기에 앞서 인체를 형태와 내부 장기로 구성된 일종의 기계로 파악하고 있었다. 이러한 생각은 「전체신론」 등 홉슨의 저서를 접한 후 더 분명해져서 (…)

선택지

㉠ 최한기는 홉슨의 저서를 접하기 전부터 인체를 일종의 기계로 파악하였다.

하나의 문장이 하나의 선택지로 1:1 대응되는 구조는 아니지만 두세 문장 수준의 정보를 한 문장 길이의 선택지로 만든 것이기 때문에 분석이 어렵지는 않은 수준일 것입니다. 먼저 지문의 1~2번째 문장에 의하면 최한기는 인체를 일종의 기계(몸기계)로 파악하는 관점을 지니고 있었는데, 3번째 문장에서 이러한 생각이 홉슨의 저서를 접한 후 '더' 분명해졌다고 하였으므로 최한기가 이러한 관점을 홉슨의 저서를 접하기 이전부터 지니고 있었음을 확인할 수 있습니다. 선택지는 이러한 세 문장의 정보를 종합하여 만들어진 것인데 특별히 추상적 용법의 어휘를 사용하거나 구체화된 사례를 드는 형태로 패러프레이징이 된 것은 아닌, 평범한 수준에서의 패러프레이징이 적용되었습니다.

이처럼 수능이나 LEET에서 난도가 높지 않은 선택지들은 지문에 진술된 표현을 살짝 다듬거나 수정하는 정도로 만들어지기도 합니다. 그리고 이러한 선택지들은 해당 내용이 지문의 어느 부분에 언급된 것인지만 빠르게 찾아낸다면 순식간에 정오 판단을 할 수 있는 것들이기도 합니다.

하지만 고난도 수능 문제나 LEET 문제들은 이러한 평범한 수준의 패러프레이징을 넘어서는 추상화, 구체화 과정을 거친 선택지들로 이루어지곤 합니다. 실제로 많은 수험생들이 좋은 점수를 얻는 데 실패하는 것도 이러한 고난도의 패러프레이징이 적용된 선택지들을 정확히 분석하지 못했기 때문인 경우가 많습니다. 지문의 내용을 어찌어찌 이해하고 정리했는데, 정작 선택지에 제시된 진술 내용이 지문에 진술된 내용과 같은 의미인지 다른 의미인지 정확하게 파악하지 못해 시간을 허비하거나 잘못된 선택을 하는 경우가 많이 발생하는 것입니다. 따라서 언어이해 고득점을 위해서는 지문의 표현과 선택지의 표현 사이의 간극을 넘어 양자의 동일성 또는 차이를 빠르게 파악할 수 있는 분석 능력이 갖춰져야 합니다.

물론 LEET 언어이해 시험은 적지 않은 정보가 등장하는 긴 글을 읽고 연속으로 세 개의 문제를 풀어야 하기 때문에 실제 시험장에서 이루어지는 분석 작업의 출발점은 지문 전체에 대한 논리적 독해라 할 수 있습니다. 하지만 이러한 논리적 독해보다 더 중요하다고 생각하는 것이 바로 지문-선택지 사이의 패러프레이징을 파악하는 작업이라고 보기 때문에 본 교재에서는 이에 대한 분석과 훈련을 먼저 진행하고자 하는 것입니다.

(2) 선지 패러프레이징 분석 2단계 - 복합적, 추상적 수준의 말바꾸기

이제 본격적으로 지문과 선택지 사이에 고차원적 패러프레이징이 이루어진 사례를 대상으로 패러프레이징 분석 훈련을 해 나가도록 하겠습니다. 아래에 등장하는 기출 지문에 대해 각각의 선택지들이 지문의 내용을 온전하게 반영한 것인지 아니면 잘못 반영한 것인지를 판단해 보시기 바랍니다.

훈련의 순서는 수능 기출 → LEET 기출 → M/DEET 기출 순서로 진행해 나갈 것입니다.

예제 1 2015학년도 고3 9월 모의평가

지문

서구 중세의 신학에서는 자연법을 인간 이성에 새겨진 신의 법이라고 이해하여 자연법의 파악에 있어서 종교적 권위를 중시하였으나, 이후 근대의 자연법 사상에서는 신학의 의존으로부터 독립하여 자연법을 오직 이성으로써 확인할 수 있다고 보았다.

선택지

㉠ 중세 신학과 근대 자연법 사상은 자연법의 근원에 대한 이해에서 대립한다.
㉡ 중세 신학은 인간의 이성이 신의 법과 일치한다고 보았다.

예제 2 2019학년도 고3 6월 모의평가

지문

법률상으로 규정되어 있더라도 당사자가 자유롭게 계약 내용을 정할 수 있는 법률 규정을 '임의 법규'라고 한다. 이에 비해 체결된 계약 내용이 법률에 정해진 내용과 어긋날 때 법적 불이익이 있지만 계약의 효력 자체는 그대로 두는 경우가 있는데, 이에 해당하는 법조문을 '단속 법규'라고 한다.

선택지

㉠ 임의 법규가 단속 법규에 비해 계약 자유의 원칙에 더 부합한다.

예제 3 2016학년도 고3 9월 모의평가

지문

어떤 설명 이론이라도 인과 개념을 도입하는 순간 하나의 철학적 문제에 직면하게 되는데, 예를 들어 소크라테스가 죽게 된 원인은 독을 마신 것이지만, 독을 마시게 된 원인은 사형 선고를 받은 것이고, 사형 선고를 받게 된 원인도 여러 가지를 떠올릴 수 있다. 이에 결과를 일으킨 원인을 골라내는 문제는 결국 원인과 결과가 시공간적으로 어떻게 연결되는가에 대한 철학적 분석을 필요로 한다.

선택지

㉠ 인과 개념의 도입에 따라 직면하는 철학적 문제는 결과를 야기한 정확한 원인을 확정하기 어렵다는 문제라 할 수 있다.
㉡ 인과 개념의 도입에 따라 직면하는 철학적 문제는 원인과 결과의 시공간적 연결이 본질적으로 불가능하다는 문제라 할 수 있다.

예제 4 2021학년도 수능

지문

3D 애니메이션의 모델링은 물체의 모양과 크기를 주로 3개의 정점으로 형성되는 삼각형을 활용해 표현하는데, 물체 표면을 구성하는 이들 각 삼각형의 면에는 고유의 색과 질감 등을 나타내는 표면 특성이 하나씩 지정된다.

선택지

㉠ 하나의 작은 삼각형에는 다양한 색상의 표면 특성들이 함께 부여된다.
㉡ 각 정점에는 고유의 질감이 하나씩 설정된다.

예제 5 2020학년도 고3 9월 모의평가

지문

물건의 소유권이 양도되려면 소유자가 양도인이 되어 양수인과 유효한 양도 계약을 하고 이에 더하여 소유권 양도를 공시해야 하는데, 점유로 소유권이 공시되는 동산의 소유권 양도는 점유를 넘겨주는 점유 인도로 공시된다.

선택지

㉠ 가방과 같은 동산의 소유권이 유효한 계약으로 이전되려면 점유 인도가 있어야 한다.

예제 6 2019학년도 고3 9월 모의평가

지문

우리나라의 신용 평가 제도에서는 원화로 이자와 원금의 지급을 약속한 채권 가운데 발행자의 지급 능력이 최상급인 채권에 AAA라는 최고 신용 등급이 부여되고, 신용 위험이 커지는 순서에 따라 AA, A, BBB, BB 등 점차 낮아지는 등급 범주를 부여한다. 다른 조건이 일정한 가운데 신용 위험이 커지면 채권 시장에서 해당 채권의 가격은 떨어진다.

선택지

㉠ 다른 조건이 일정할 경우, 어떤 채권의 신용 등급이 낮아지면 해당 채권의 가격은 하락한다.
㉡ 어떤 채권의 신용 위험이 줄어들 경우 채권의 가격은 상승한다.

예제 7 2020학년도 고3 9월 모의평가

지문

고가의 재산에 대해 선의취득을 허용하게 되면 원래 소유자의 의사에 반하는 소유권 박탈이 일어나게 되며, 이것은 거래 안전에만 치중하고 원래 소유자의 권리 보호를 경시한 것이 되어 바람직하지 않다고 볼 수 있다.

선택지

㉠ 고가의 재산은 원래 소유자의 권리 보호를 거래 안전보다 중시하는 대상 영역이다.

예제 8 2021학년도 고3 6월 모의평가

지문

특허 보호 정도와 국민 소득의 관계를 보여 주는 한 연구에서는 국민 소득이 일정 수준 이상인 상태에서는 국민 소득이 증가할수록 특허 보호 정도가 강해지는 경향이 있지만, 가장 낮은 소득 수준을 벗어난 국가들은 그들보다 소득 수준이 낮은 국가들보다 오히려 특허 보호가 약한 것으로 나타났다.

선택지

㉠ 국민 소득 수준과 특허 보호 정도 사이에는 비례 관계가 나타난다.
㉡ 만약 S국의 특허 보호 정도가 가장 낮은 수준이라면, S국보다 국민 소득이 높은 T국의 특허 보호 정도가 S국보다 국민 소득이 낮은 R국의 특허 보호 정도에 비해 높을 것이다.

예제 9 2018학년도 수능

지문

장기의 환율은 자국 물가 수준을 외국 물가 수준으로 나눈 비율로 나타나는데, 국내 통화량이 증가하여 유지될 경우 장기에서는 자국 물가도 높아져 장기의 환율은 상승한다. 이때 통화량을 물가로 나눈 실질 통화량은 변하지 않는다.

선택지

㉠ 국내 통화량이 증가하여 유지될 경우 장기에는 실질 통화량이 변하지 않고 그로 인해 장기의 환율은 변화할 것이다.

예제 10 2018학년도 수능

지문

국내 통화량이 증가하여 유지될 경우, 물가가 경직적이어서 실질 통화량은 증가하고 이에 따라 시장 금리는 하락한다. 국가 간 자본 이동이 자유로운 상황에서 이와 같은 시장 금리 하락은 단기성 외국인 투자 자금이 해외로 빠져나가거나 신규 해외 투자 자금 유입을 위축시키는 결과를 낳는다. 한편, 통화량 증가로 인한 효과는 물가가 신축적인 경우에 예상되는 환율 상승에, 금리 하락에 따른 자금의 해외 유출이 유발하는 추가적인 환율 상승이 더해진 것으로 나타난다. 이러한 추가적인 상승 현상이 환율의 오버슈팅이며, 오버슈팅의 정도 및 지속성은 물가 경직성이 클수록 더 크게 나타난다.

선택지

㉠ 환율의 오버슈팅이 발생한 상황에서 외국인 투자 자금이 국내 시장 금리에 민감하게 반응할수록 오버슈팅 정도는 더 커질 것이고 기존 환율로 수렴되는 데 걸리는 시간은 길어질 것이다.

예제 11 2015학년도 수능

지문

'세계'는 개념으로는 낱낱이 밝힐 수 없는 무한한 것이기 때문에, 객관적 타당성은 이성의 미덕인 동시에 한계가 되기도 한다.

선택지

㉠ 이성에 의한 지식은 개념의 한계로 인해 객관적 타당성을 결여한다.

예제 12 2019학년도 고3 9월 모의평가

지문

CDS 거래를 통해 채권의 신용 위험은 보장 매입자로부터 보장 매도자로 이전된다. 보장 매도자는 '기초 자산(여기서는 채권)'의 신용 위험을 부담하는 것에 대한 보상으로 보장 매입자로부터 일종의 보험료를 받는데, 이것의 요율이 CDS 프리미엄이다. 다른 요인이 동일한 경우, 기초 자산의 신용 위험이 크면 CDS 프리미엄도 크고, 보장 매도자의 지급 능력이 우수할수록 보장 매입자는 유사시 손실을 보다 확실히 보전받을 수 있으므로 보다 큰 CDS 프리미엄을 기꺼이 지불하는 경향이 있다. 다른 요인이 동일한 경우, 보장 매도자가 발행한 채권의 신용 등급이 높으면 CDS 프리미엄은 크다.

선택지

㉠ 두 개의 CDS 거래 ⓐ와 ⓑ를 비교하는 과정에서, 다른 요인은 동일하고 기초 자산의 신용 등급은 ⓐ가 낮고 각각의 CDS 거래의 보장 매도자가 발행한 채권의 신용 위험은 ⓑ가 낮은 경우, CDS 프리미엄은 ⓐ가 더 높다.

예제 13 2020학년도 수능

지문

레트로바이러스는 역전사를 통해 특정한 종류의 세포를 감염시킨다. 그런데 정자, 난자와 같은 생식 세포가 레트로바이러스에 감염되고도 살아남는 경우가 있는데, 이런 세포로부터 유래된 자손의 모든 세포가 갖게 된 것이 내인성 레트로바이러스이다. 이러한 내인성 레트로바이러스는 바이러스의 활성을 가지지 않으며 사람을 포함한 모든 포유류에 존재한다.

선택지

㉠ 내인성 레트로바이러스는 레트로바이러스와 달리 자신이 속해 있는 생명체의 모든 세포의 DNA에 존재한다.
㉡ 포유동물은 과거에 어느 조상이 레트로바이러스에 의해 감염된 적이 있다.

예제 14 2016학년도 고3 9월 모의평가

지문

일반적으로 지방질은 사슬 모양을 이루고 있으며 지방질 한 분자에는 글리세롤 한 분자와 지방산 세 분자가 결합되어 있다. 지방산에서 탄소끼리의 결합은 대부분 단일결합이지만 이중결합인 경우도 있는데, 이중결합이 없으면 포화 지방산, 한 개 이상의 이중결합이 있으면 불포화 지방산이라고 한다. 산화작용에 의한 산패는 이중결합의 수가 많을수록 잘 일어난다.

선택지

㉠ 포화 지방산 사슬에 이중결합의 수가 많을수록 산패가 더 잘 일어난다.
㉡ 글리세롤 분자와 지방산 분자의 결합 구조가 모두 단일결합인 경우 포화 지방산으로 분류된다.

예제 15 2020학년도 수능

지문

진핵세포는 세포질에 막으로 둘러싸인 핵이 있고, 세포질에는 세포핵 이외에도 막으로 둘러싸인 여러 종류의 세포 소기관이 있는데 그중 미토콘드리아는 세포 활동에 필요한 생체 에너지를 생산하는 기관이다. 미토콘드리아에서 일어나는 대사 과정에 필요한 단백질은 세포핵의 DNA로부터 합성된다.

선택지

㉠ 미토콘드리아의 대사 과정에 필요한 단백질은 미토콘드리아의 막을 통과하여 세포질로 이동해야 한다.

예제 16 2021학년도 수능 국어

지문

박제가는 중화 관념의 절대성을 인정하였기 때문에 당시 조선은 나름의 독자성을 유지하기보다 중화와 합치되는 방향으로 나아가야 한다는 생각이 그의 북학론의 밑바탕이 되었다. 그리고 청 문물제도의 수용이 가져다주는 이익을 논하며 북학론의 당위성을 설파하였다.

선택지

㉠ 박제가는 청의 문물을 도입하는 것이 중화를 이루는 방도라고 간주하였다.

예제 17 2021학년도 고3 9월 모의평가

지문

글루타르 알데하이드와 같은 알킬화제가 알킬 작용기를 단백질에 결합시키면 단백질을 변성시켜 기능을 상실하게 하고, 핵산의 염기에 결합시키면 핵산을 비정상 구조로 변화시켜 유전자 복제와 발현을 교란한다.

선택지

㉠ 알킬화제는 병원체 내 핵산의 염기에 알킬 작용기를 결합시켜 유전자의 발현을 방해한다. (o)
→ 변형: 알킬화제가 병원체 내 핵산의 염기에 알킬 작용기를 결합시키면 단백질의 변성으로 인해 유전자 복제가 교란된다.

예제 18 2020학년도 수능

지문

레트로바이러스는 자신의 유전 정보를 RNA에 담고 있고 역전사 효소를 갖고 있는 바이러스로서, 다른 생명체의 세포에 들어간 후 역전사 과정을 통해 자신의 RNA를 DNA로 바꾸고 그 세포의 DNA에 끼어 들어 감염시킨다.

선택지

㉠ 레트로바이러스는 자신의 역전사 효소를 이용하여 감염시킬 대상 세포의 RNA를 DNA로 바꾼다.

예제 19 2011학년도 LEET 언어이해

지문

호펠드는 이러한 근본 개념들 간에 존재하는 미묘한 차이와 관계적 특성을 분명히 함으로써 권리 문장이 지켜야 할 가장 기초적인 문법을 완성하고 있다.

선택지

㉠ 호펠드는 권리 개념들 간의 관계적 특성을 반영한 권리의 일반 이론을 모색하였다.

예제 20 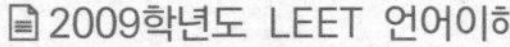
2009학년도 LEET 언어이해

지문

RVOD 방식은 사용자의 요청마다 각각의 채널을 생성하여 서비스하는 방법인데, 동시 접속 사용자의 수에 비례하여 서버가 전송해야 하는 전체 데이터의 양이 증가한다.

* 대역 : 단위 시간당 전송하는 데이터의 양

선택지

㉠ RVOD에서 콘텐츠 전송에 필요한 대역의 총합은 동시 접속 사용자의 수에 반비례한다.

예제 21 2010학년도 LEET 언어이해

지문

최초의 국전인 〈경제육전〉이 편찬된 이후 새로운 수교가 쌓이자 이 수교들을 모아서 〈속육전〉을 편찬하였다.

선택지

㉠ 〈경제육전〉에 수록된 수교와 〈속육전〉에 수록된 수교는 입법 시기가 겹치지 않았다.

예제 22 2010학년도 LEET 언어이해

지문

〈대명률〉은 외국의 형법이었기 때문에 국전의 편찬과 맞물려 다양한 수용 양태를 보였는데, 예컨대 죄질에 상관없이 칼을 씌우고 있던 조선의 행형 관행이 장형 이상의 범죄에만 칼을 씌우는 것으로 변경되었다.

선택지

㉠ 〈대명률〉을 기준으로 조선의 관행이 변경되기도 하였다.

㉡ 〈대명률〉의 수용에 따라 칼을 씌우는 대상의 범주가 기존에 비해 확대되었다.

예제 23 2022학년도 LEET 언어이해

지문

현대의 환경 위기는 신유형의 독재나 제국주의를 유발함으로써 자유, 인권, 평등의 가치에 근거한 민주주의나 세세계 시민주의 등의 이념들을 위기에 처하게 할 수 있다는 점에서도 문제인 것이다.

선택지

㉠ 현대의 환경 위기는 새로운 억압적 정치 체제의 대두와 함께 도래하였다.

예제 24 2011학년도 LEET 언어이해

지문

국가의 채무불이행에 대한 법적 제재나 구제 절차가 매우 제한적임에도 불구하고 국가 채무가 상환되는 이유에 대해, 이튼의 '고전적 가설'은 GDP가 감소할 때 채무국이 해외 차입 이외의 방식으로는 GDP 감소에 대비하기 위한 자금을 확보할 수 없고 채무불이행이 신용시장에서의 영구적인 배제를 의미하는 것이라면, 신용시장에 다시 접근할 수 없게 된다는 위협이 채무 상환의 충분한 이유가 된다고 보았다.

선택지

㉠ '고전적 가설'은 채무국이 무조건적으로 채무를 상환하는 것은 아니라고 본다.
㉡ '고전적 가설'은 국가의 채무불이행에 대한 법적 제제가 실제로는 충분히 실효성이 있음을 보여줌으로써 채무가 상환되는 이유를 설명한다.

예제 25 2010학년도 LEET 언어이해

지문

현상에 대한 실증적 자료를 통해 그 타당성이 판정되는 경험과학과는 달리, 철학은 현상 너머의 메타원리를 알고자 한다.

선택지

㉠ 철학적 텍스트는 진술 내용에 대한 실증적인 자료를 제시하기 어렵다.

예제 26 2010학년도 LEET 언어이해

지문

어떤 텍스트에 '철학적'이라는 수식어가 붙을 수 있는지는 그 내용 기술이 엄밀한 논증의 형태로 존립해야 한다는 조건을 충족하는지에 따라 결정될 수 있으므로, 그것이 구체적으로 어떤 양식으로 작성되는가 하는 것은 단순한 사적 취향의 문제에 그치는 것이 아니라 어떤 양식이 철학의 학적 건강도를 얼마나 높일 수 있느냐 하는 문제와 연관된 쉽지 않은 사안이다.

선택지

㉠ 철학적 텍스트의 기술에 있어서 어떤 양식을 선택하느냐에 따라 주장의 타당성이 결정된다.
㉡ 철학적 텍스트로 불리는 글이라면 그 내용을 기술하는 양식 선택의 과정에서 사적 취향은 개입하지 않았다고 볼 수 있다.

예제 27 2010학년도 LEET 언어이해

지문

제헌 국회가 구성한 헌법기초위원회에서 심의의 기준안으로 채택된 헌법안은 법원 측 인사들의 강력한 요청에 의해 사법 심사제를 채택하고 있었으나, 정작 헌법기초위원회의 심의에 들어가자 국회의원들로서는 자신들이 제정한 법률을 법원이 무효화할 수 있다는 사실이 탐탁지 않았기 때문에 유진오의 헌법위원회 구상이 의외로 쉽게 부활하였다.

선택지

㉠ 헌법기초위원회의 심의 기준안은 국회의원들의 입지를 좁힐 수 있다는 판단으로 인해 반대에 부딪혔다.
㉡ 유진오의 헌법위원회 구상은 헌법기초위원회 심의의 기준안으로 채택되었다.

예제 28 2010학년도 LEET 언어이해

지문

1789년 프랑스 혁명 초기에 제정된 중간집단 금지에 관한 법들은 개인의 활동에 장애가 된다고 판단되는 동업조합, 상인조합은 물론 정당 활동까지 금지하였는데, 루소는 이미 국가에서 특수의지를 표명하는 부분 집단의 존재를 제거하고 각개의 시민들이 자신의 의견만을 말하게 함으로써 일반의지가 자연스럽게 형성될 것으로 기대했다.

선택지

㉠ 루소는 일반의지 형성에 방해가 되는 중간집단의 제거를 원하였다.
㉡ 루소는 개인의 특수의지는 일반의지의 형성에 있어서 장애 요소가 된다고 판단하였다.

예제 29 2021학년도 LEET 언어이해

지문

(…) 이들이 바로 각각 문언을 넘은 해석과 문언에 반하는 해석이 시도되는 경우라 할 수 있다. 양자는 모두 이른바 판단하기 어려운 사안이라는 점에서는 공통적이지만, 전자를 판단하기 어려운 까닭은 문언의 언어적 불확정성에 기인하는 것인 반면, 후자는 문언이 언어적 확정성을 갖추었음에도 불구하고 그것이 제공하는 답을 올바른 것으로 받아들일 수 없어 보이는 탓에 판단하기 어려운 것이라는 점에서 서로 구별되어야 한다.

선택지

㉠ 법률의 문언이 극도로 명확한 경우에는 판단하기 어려운 사안이 발생하지 않는다.

예제 30 2010학년도 LEET 언어이해

지문

합리적인 행위란 그 행위 자체의 가치에 대한 판단의 결과를 행위의 근거로 삼는 것인 반면, 권위에 따른 행위는 행위 자체의 가치와 무관하게 '단지 명령이 있었기 때문에' 그 행위로 나아가는 것이라는 점에서 두 개념이 전제하는 실천적 추론의 구조, 즉 해야 할 바가 무엇인지, 그리고 그것을 어떤 이유에서 결정할 것인지에 관한 사고의 구조는 상호 모순적이다.

선택지

㉠ 권위가 실천적 추론의 과정에 개입하는 것은 합리적일 수 없다.

예제 31 2022학년도 LEET 언어이해

지문

〈아동복리법 시행령〉은 부랑아 보호시설의 목적을 '부랑아를 일정 기간 보호하면서 개인의 상황을 조사·감별하여 적절한 조치를 취함'이라 규정했으나, 전문적인 감별 작업이나 개별적 특성과 필요를 고려한 조치는 드물었고 규정된 보호 기간이 임의로 연장되기도 했다.

선택지

㉠ 부랑아 관련 법령은 명시된 목적과는 달리 자의적으로 운영되었다.
㉡ 부랑아 관련 법령에는 부랑아의 시설 수용 기간에 한도를 두는 규정이 결여되어 있었다.

예제 32 2021년 LEET 언어이해

지문

작가 나쓰메 소세키는 '문학이란 무엇인가'라는 질문을 던졌을 때, 자신이 참고해 온 문학책들이 자신의 통념을 만들고 강화했을 뿐이라는 사실을 깨닫고는 책들을 전부 가방에 넣어 버렸다. "문학 서적을 읽고 문학이 무엇인가를 알려고 하는 것은 피로 피를 씻는 일이나 마찬가지라고 생각했기 때문"이다. 고진은 소세키야말로 자신이 풍경에 갇혀 있다는 사실을 자각했던 것이라 본다. 일단 고정된 시점이 생기면 그에 포착된 모든 것은 좌표에 따라 배치되며 이윽고 객관적 세계의 형상을 취한다.

선택지

④ 나쓰메 소세키는 문학 서적을 통해서 문학을 연구하는 작업이 자기 반복이라고 보았다.

예제 33 2008학년도 M/DEET 언어추론

지문

호메로스의 서사시는 트로이 전쟁이라는 과거의 사건을 다루지만, 오늘날 그것은 '엄밀한 의미의 역사'라는 범주로 분류되지 않는다. 시인은 문자 이전의 사회에서 축적된 집단 기억의 신화적 표상, 즉 신으로부터의 영감에 '사로잡혀' 노래하기 때문이다.

선택지

㉠ 호메로스 서사시는 공유된 집단 기억의 신화적 표상에 근거하고 있다.

예제 34 2007학년도 M/DEET 언어추론

지문

어떠한 저항 행위도 용납되지 않았던 극단적 폭압 체제에서도 대중들의 일탈적 행위, 정치에 대한 무관심, 사적 영역에의 몰입, 노골적 불복종 등과 같은 다양한 형태의 저항 행위들은 발견되었다.

선택지

㉠ 근대 국가 권력이 일상 세계의 미세한 영역에까지 미쳐서 자율 영역은 점차 사라진다.

예제 35 2007학년도 M/DEET 언어추론

지문

행위자가 구조에 동조하거나 따를 때에도, 반대로 억압되거나 강제될 때에도, 그들이 독자적으로 행동하고 미세한 차이를 표현하며 변화를 가져올 수 있는 정도는 일상에 나타나는 구체적 행위를 묘사하는 언어들이 암시하는 것보다 언제나 커 보인다.

선택지

㉠ 소시민의 일상 세계는 다층적 일상성의 유형을 법칙화함으로써 역사화된다.

예제 36

2007학년도 M/DEET 언어추론

지문

전체주의적 지배가 대중의 일상을 철저히 종속시켰던 나치 시대에 관한 여러 일상사가들의 연구 결과는 근대 이래 대중들의 행위가 장기적으로는 점점 더 구조에 종속되고 있다는 카린 하우젠의 관점을 뒷받침한다. 철저한 조직화와 빈틈없는 통제, 게르만 종족 공동체 이상과 반(反)유대주의의 결합, 그리고 이미지를 통한 대중 동원은 '사생활(私生活)의 정치화'를 가져왔다는 것이다.

선택지

㉠ '사생활의 정치화'를 통해 일상 세계의 전면적인 식민화가 이루어진다.

예제 37

PEET 예비시험 언어추론

지문

상징적 상호 작용론은 특정한 상황 속에서 서로의 역할을 취해 상호 작용하는 구체적인 행위자를 탐구한다. 어떤 규범이 요구되는지 명확하지 않은 상황에서의 사회 질서는 그 상황을 정의하는 행위자들의 상호 작용 과정에서 출현한다. 이처럼 상징적 상호 작용론은 규범 그 자체로 환원되지 않는 사회 질서의 출현적 속성에 주로 관심을 가진다.

선택지

㉠ 상징적 상호 작용론은 사회 질서의 유연성을 강조한다.

예제 38

PEET 예비시험 언어추론

지문

오늘날 상당수의 민주주의 국가에서 권력 및 자원 배분상의 불합리로 권력 남용과 사회적·경제적 불평등이 만연하여 갈등과 긴장이 조성되고 있는 것은 이를 방증한다. 그러므로 국민의 참여와 선택에서 연유하는 정치적 대표성이 보다 확고히 보장되기 위해서는 사회적으로 취약한 집단들이 정치 과정에 참여하고 대표될 수 있는 실질적인 장치가 확보되어야 한다.

선택지

㉠ 민주주의로의 이행은 정치적 대표성을 보장한다.

예제 39 2008학년도 M/DEET 언어추론

지문 (변형)

일반적으로 자제력 없음은 스스로 최선이라고 이성적 판단을 내린 것과 반대되는 행동을 하는 것이라고 정의된다. 그런데 소크라테스에 따르면 사람은 어떤 것이 나쁘다는 것을 알면서도 그것을 할 수는 없기 때문에 모든 악행은 무지의 탓일 뿐이다. 그러니 소크라테스의 견해에서 보면 ⓐ 통상의 의미에서의 자제력 없음이란 소크라테스의 견해에서 보면 성립하지도 않는다.

[문제 및 선택지]

Q. 밑줄 친 ⓐ에 대한 진술로 옳지 않은 것은?

㉠ 아크라시아는 '둥근 사각형'처럼 일종의 모순이라는 생각을 표현하고 있다. (o)

예제 40 2010학년도 M/DEET 언어추론

지문

법학적 해석은 법이 어떻게 이해되어야 하는지를 확정하는 것이지, 어떤 의도에서 만들어졌는지를 확정하는 것은 아니다. 이는 문헌학적 해석과 비교할 때 분명해진다. 문헌학적 해석은 인식된 것에 대한 인식이다. 이것은 텍스트 생산자가 주관적으로 의도한 의미를 확정하는 것이며, 해석의 대상인 작품의 밑바닥에 존재하는, 현실적 인간이 현실에서 생각한 사상을 확정하려 한다.

선택지

㉠ 문헌학적 해석은 주관적인 의사의 다의적인 해석을 추구한다.

외적 패러프레이징 분석 훈련 예제 문항별 O/X

예제 번호	㉠	㉡	예제 번호	㉠	㉡
1	×	×	21	○	
2	○		22	○	×
3	○	×	23	×	
4	×	×	24	○	×
5	○		25	○	
6	○	×	26	×	×
7	○		27	○	×
8	×	×	28	○	×
9	×		29	×	
10	○		30	○	
11	×		31	○	×
12	×		32	○	
13	○	○	33	○	
14	×	×	34	×	
15	×		35	×	
16	○		36	○	
17	×		37	○	
18	×		38	○	
19	○		39	○	
20	×		40	×	

CHAPTER 3

문단 · 지문과 패러프레이징

1 문단 · 지문 수준의 패러프레이징 (1) - 지칭 표현 바꾸기

개별 선택지에 대한 패러프레이징 분석 과정이 적은 양의 정보를 독해하고 이루어지는 작업이었다면, 언어이해 정복을 위한 두 번째 단계의 작업은 한 문단 혹은 여러 문단 수준으로 등장하는 글을 독해하고 지문의 정보 구조를 빠르게 파악하는 훈련입니다. 이러한 지문 정보 구조 파악 단계의 훈련에서는 '내적 패러프레이징'에 대한 정리가 핵심이 될 것입니다.

'내적 패러프레이징'이라는 명칭은 제가 만들어 낸 용어로, 정식 명칭은 아닙니다. 하지만 수험생 입장에서도 완전히 생소한 개념은 아닐 것입니다. 수능이나 LEET 지문들을 보면 글 전반부에 소개된 이론이나 개념이 지문의 중후반부로 가면서 다른 용어나 표현으로 지칭되는 경우 혹은 하위 속성들을 계속 추가하게 되는 경우를 본 적이 있을 것입니다. 내적 패러프레이징은 바로 이와 같이 지문 내에서도 동일 대상을 말바꾸기를 통해 다르게 표현하거나, 포함되는 속성 및 특징을 계열화해 나가는 것을 지칭하는 것입니다.

그런데 LEET는 이러한 내적 패러프레이징을 통해 선택지를 구성하는 경우가 다른 언어형 적성 시험에 비해 훨씬 많으며, 이로 인해 선택지의 진술 내용이 상대적으로 복잡한 양상을 띠는 경우가 비일비재하게 발생합니다. 그렇기에 수험생 입장에서는 앞서 분석하였던 것처럼 1) 지문의 진술 내용과 선택지의 내용이 다르게 표현되었더라도 실질적으로는 동일한 대상이나 의미를 지닌 것임을 파악해야 하는 동시에 2) 지문 내에서 특정 이론이나 주장, 개념 등이 문단을 넘어가며 다른 표현으로 등장하거나 속성이 추가되며 일정한 정보 계열을 형성하는 것을 파악해야 하는 것입니다.

이제 몇 가지 사례를 통해 이러한 내적 패러프레이징이 이루어지는 방식 및 선택지가 이를 활용하는 패턴을 분석해 보도록 하겠습니다. 내적 패러프레이징은 크게 다음과 같은 두 가지 패턴을 취한다고 정리할 수 있을 것입니다.

- 특정 대상을 지칭하는 표현 바꾸기

- 특정 대상에 관한 속성, 특징 등의 정보 계열 추가하기

예제 1 2010년 LEET 언어이해, 16~18번 지문

[3문단] 혁명이 급진화되면서 '수'로 표상되는 인민의 민주주의적 실천이 등장하였다. 외국과의 혁명 전쟁이 시작되면서 조국의 위기가 선언되고, 공적 영역에서 배제되었던 상퀼로트들도 국민방위대에 들어갔다. 나아가 그들은 자신들의 대표자를 선출하여 그들에게 권한을 위임하는 것으로 만족하지 않았으며, 자신들이 승인하지 않은 법을 거부하고 주권을 직접 행사하기를 원했다.

[4문단] 하지만 상퀼로트들의 힘을 통해 권력을 장악한 로베스피에르는 인민의 민주주의적 실천을 '덕성'의 이름으로 제한하였다. 로베스피에르의 공포정치는 공화국의 안전을 확보하고 인민이 공적 영역에 지나치게 개입하는 것을 막기 위해 '덕성'을 필요조건으로 제시하면서 공화국의 제도 안에서만 인민의 정치적 실천이 이루어지도록 한정하였다. 덕성이란 '조국과 법에 대한 사랑이며, 개인적 이익을 일반 이익에 종속시키는 숭고한 자기 희생'이었다. 덕성에 대한 강조는 민주주의의 제한과 대표의 절대화 — 대표와 국민의 일치를 통한 대표의 절대 권력 — 를 정당화하기 위한 수단이었다.

먼저 발췌된 부분과 관련된 문제의 선택지를 보겠습니다.

선택지 : "로베스피에르는 민주주의적 실천을 공화국의 제도 내에 한정하였다."

선택지에는 '민주주의적 실천'이 로베스피에르에 의해 한정되었다는 내용이 등장하는데, 관련된 4문단의 진술을 보면(2번째 문장) 로베스피에르의 공포정치가 공화국의 제도 안에서만 '인민의 정치적 실천'이 이루어지도록 한정하였다고 되어 있습니다. 이렇게 2번째 문장만 놓고 보면 '인민의 정치적 실천'이 선택지에서 말한 '민주주의적 실천'과 동일한 것인지 불분명한 측면이 있지만, 같은 문단의 1번째 문장을 보면 "로베스피에르는 인민의 민주주의적 실천을 '덕성'의 이름으로 제한하였다"라고 되어 있으므로 선택지에서 이야기한 '민주주의적 실천'이 '인민의 정치적 실천'과 동일한 의미임을 쉽게 알 수 있습니다.

한편 3문단의 마지막 진술을 의하면 '인민의 정치적(민주주의적) 실천'은 구체적으로는 자신들이 승인하지 않은 법을 거부하고 주권을 직접 행사하는 행위까지 포함하는 것이라 할 수 있습니다.

이번에는 앞선 지문보다 더 어려운 지문을 살펴보겠습니다. 아래 제시된 기출 지문을 온전히 파악하기 위해서는 2문단에 서술된 '명령', '금지', '적극적 허용', '소극적 허용' 사이의 벤 다이어그램식 관계를 정확히 이해해야 하지만, 여기서는 그와 관련된 분석은 생략하도록 하겠습니다.

2문단에 소개된 '19세기 분석법학'이라는 관점이 이어지는 문단들에서 어떤 표현으로 재등장하며 이와 대립하는 법학적 방법론·관점은 어떤 명칭으로 등장하는지를 일차적으로 분석하고, 관련하여 이들 두 입장의 특징·속성이 어떻게 계열을 이루며 형성되어 나가는지를 살펴보시기 바랍니다.

예제 2 2012년 LEET 언어이해, 21~23번 지문

[2문단] 19세기 분석법학의 연구 성과는 이들 규범 양상들이 서로 일정한 의미론적 관계 및 논리적 관계를 맺고 있음을 보여주고 있다. 이에 따르면 명령은 소극적 허용의 부정이지만 적극적 허용을 함축하며, 금지는 적극적 허용의 부정이지만 소극적 허용을 함축한다. 소극적 허용은 금지를 함축하지는 않으며, 적극적 허용은 명령을 함축하지는 않는다. 또한 소극적 허용과 적극적 허용은 서로 배제하거나 함축하지 않는다. 그리고 이들 네 가지 규범 양상은 행위 지도의 모든 경우를 포괄한다.

[3문단] 이러한 규범 양상들의 상호 관계에 대한 분석은 주로 입법 기술의 차원에서 그 실천적 의의를 찾을 수 있다. 즉 그러한 분석은 법을 명확하고 체계적으로 정립하기 위해 준수해야 하거나, 법의 과잉을 방지하기 위해 고려해야 할 원칙들을 제공해 준다. 가령 법의 한 조항에서 어떤 행위를 하지 않을 수 있도록 허용했다면 다른 조항에서 그 행위를 명령해서는 안 된다는 것이나, 어떤 행위를 할 수 있도록 허용하는 방법이 반드시 그 행위를 명령하는 것일 필요는 없다는 것 등이 그러한 예가 될 것이다.

[4문단] 이러한 분석이 법 현상을 제대로 반영하고 있는 것인지에 대해서는 다소 의문이 제기되고 있다. 법체계가 폐쇄적일 경우에는 이러한 분석이 통용될 수 있겠지만, 개방적일 경우에는 그렇지 못하다는 것이다. 가령 개방적 법체계 내에서는 금지되지 않은 것이 곧 허용된 것이라고 말할 수는 없기 때문에, 적극적 허용이 금지를 부정한다는 명제는 성립하지 않는다. 한 사람을 지탱할 수 있을 뿐인 나뭇조각을 서로 붙잡으려는 두 조난자에게 각자 자신을 구할 수 있는 행위를 하는 것이 금지되지 않았다고 해서, 곧 서로 상대방을 밀쳐 내어 죽게 할 수 있도록 허용되어 있다고 말할 수는 없다는 것이다.

[5문단] 나아가 그러한 분석은 폐쇄적 법체계를 전제함으로써 결과적으로 인간의 자유가 가지는 의미를 약화시킨다는 지적도 있을 수 있다. 개방적 법체계에서는 법 그 자체로부터 자유로운 인간 활동의 고유한 영역이 존재할 수 있지만, 폐쇄적 법체계 내에서 인간의 자유란 단지 소극적 허용과 적극적 허용이 동시에 주어져 있는 상태, 즉 명령도 금지도 존재하지 않는 상태에 놓여 있음을 뜻할 뿐이다. 따라서 인간의 자유란 게으른 법의 침묵 덕에 어쩌다 누리게 되는 반사적인 이익에 불과할 뿐 규범적 질량을 가지는 권리일 수는 없게 된다.

(중략)

[7문단] 비록 일도양단의 논리적인 선택만을 인정함으로써 현실의 변화에 유연하게 대처하지 못하고, 자칫 부당한 법 상태를 옹호하게 될 수 있다는 한계도 있지만, 19세기 분석법학이 추구한 엄밀성은 전통적인 법에 내재해 있는 모순과 은폐된 흠결을 간파하고 이를 적극 제거하거나 보완함으로써 자유의 영역을 선제적으로 확보하는 데 기여해 온 것으로 평가할 수 있다. 나아가 그러한 엄밀성은 사법 통제의 차원에서도 의의를 지닐 수 있다. 이른바 결과의 합당성을 고려해야 한다는 이유를 들어 명시적인 규정에 반하는 자의적 판결을 내리려는 시도에 대하여, 판결은 법률의 문언에 충실해야 한다는 점을 일깨우고 있기 때문이다.

먼저 2문단에서 처음으로 소개된 '19세기의 분석 법학'이 어떤 명칭으로 내적 패러프레이징되고 있는지를 보면, 일차적으로 3문단에서 '규범 양상들의 상호 관계에 대한 분석'으로 불리며, 4문단부터는 법체계의 개방성과 폐쇄성이라는 대립 구도 하에서 '법체계가 폐쇄적일 경우' 혹은 '폐쇄적 법체계하에서'의 분석으로 불리고 있습니다.

그리고 이러한 폐쇄적 법체계하에서의 분석이 갖는 특징·속성으로 ① 법의 명확하고 체계적인 정립을 위해 준수해야 할 원칙 또는 법의 과잉을 방지하기 위한 원칙 제공(4문단), ② 인간의 자유를 규범적 질량을 가지지 않는 파생적 결과물로 설정(5문단), ③ 자유의 영역을 선제적으로 확보(6문단), ④ 현실 변화에 유연하게 대처하지 못함(7문단), ⑤ 법률의 문언에 충실해야 함을 강조하며 엄밀성을 추구(7문단) 등을 소개하고 있습니다.

이러한 19세기 분석 법학의 대척점에 놓인 것은 법체계를 개방적인 것으로 전제하는 관점(4문단)으로 이에 연결되는 특징·속성은 ⑥ 법 자체로부터 자유로운 인간 고유의 영역(자유의 영역)이 존재한다고 간주(5문단), ⑦ 현실 변화에 유연하게 대처할 수 있음(7문단 전반부에 함축된 정보), ⑧ 결과의 합당성을 강조하며 명시적 규정에 반하는 자의적 판결을 허용(7문단) 등으로 정리할 수 있습니다.

여기서 ⑧의 특징을 파악하는 데는 약간의 문맥적 독해가 필요합니다. 7문단의 마지막 문장에서는 '결과의 합당성을 고려해야 한다는 ~ 자의적 판결을 내리려는 시도'가 개방적 법체계를 전제하는 분석 관점의 특징이라고 직접 서술한 것은 아닙니다. 하지만 이러한 시도에 대해 19세기의 분석 법학이 '판결은 법률의 문언에 충실해야 함을 일깨우고' 있다 하였으므로 결과의 합당성을 중시하는 관점은 19세기 분석 법학이 아니라 그 대척점에 있는 개방적 법체계를 전제하는 분석 관점이라고 보는 것이 타당합니다.

이상의 분석 내용을 도식화하면 다음과 같이 정리할 수 있습니다.

지시대상	19세기 분석 법학 = 폐쇄적 법체계를 전제한 분석 = 글쓴이가 지향하는 관점	개방적 법체계를 전제한 분석
특징 및 속성	• 법의 과잉 방지 등을 위한 원칙 제공 • 자유를 파생적 결과물로 간주 • 자유의 영역을 선제적으로 확보 • 현실 변화에 유연하게 대처하지 못함 • 법률 문언에 충실한 엄밀성 추구	• 자유를 인간 고유의 영역으로 간주 • 결과의 합당성 강조, 자의적 판결 허용 • (현실 변화에 유연하게 대처함)

이와 같은 내적 패러프레이징 분석 및 대립 구도의 계열화를 바탕으로 실제 선택지 일부를 분석해 보겠습니다. 다음 선택지들은 이 글의 글쓴이의 견해에 부합하는 것을 묻는 문제에 포함된 것들입니다.

㉠ 명확한 법을 갖는 것보다 유연한 법을 갖는 것이 중요하다.

㉡ 분석적 엄밀성을 추구하는 것이 결과의 합당성을 보장하는 것은 아니다.

㉠은 앞서 도식화한 정보 계열을 바탕으로 글쓴이의 견해에 부합하지 않는 것임을 쉽게 확인할 수 있을 것입니다. 이에 비해 ㉡은 분석적 엄밀성은 폐쇄적 법체계하의 분석이 추구하는 것이고 결과의 합당성은 개방적 법체계하의 분석이 추구하는 것이라는 정보 계열화를 통해 글쓴이의 견해에 부합하는 관점임을 알 수 있습니다.

이번에는 최근 기출인 2021학년도 지문을 단계별로 분석해 보도록 하겠습니다. 먼저 아래 발췌된 2문단을 읽고 다음 선택지의 진위 여부를 판단할 수 있는지 고민해 봅시다.

예제 3 2021년 LEET 언어이해, 28~30번 지문

지문

[2문단] 전통적인 법학방법론은 이 문제를 법률 문언의 한계 내에서 이루어지는 해석 외에 '법률의 문언을 넘은 해석'이나 '법률의 문언에 반하는 해석'을 인정할지 여부와 관련지어 다루고 있다. 학설에 따라서는 이들을 각각 '법률내재적 법형성'과 '초법률적 법형성'이라 부르며, 전자를 특정 법률의 본래적 구상 범위 내에서 흠결 보충을 위해 시도되는 것으로, 후자를 전체 법질서 및 그 지도 원리의 관점에서 수행되는 것으로 파악하기도 한다. 하지만 이러한 설명이 완전히 만족스러운 것은 아니다. 형식상 드러나지 않는 법률적 결함에 대처하는 것도 일견 흠결 보충이라 할 수 있지만, 이는 또한 법률이 제시하는 결론을 전체 법질서의 입장에서 뒤집는 것과 별반 다르지 않기 때문이다.

선택지

㉠ 문언을 넘은 해석은 문언이 해석자를 전혀 이끌어 주지 못할 때 비로소 시도될 수 있다.

㉠에서 '문언을 넘은 해석'은 2문단에 등장하는 '법률의 문언을 넘은 해석'을 지시하는 것임은 쉽게 파악할 수 있을 것입니다. 문제는 2문단의 내용만으로는 이 '문언을 넘은 해석'이 문언이 해석자를 전혀 이끌어 주지 못할 때에야 비로소 시도될 수 있다(조건을 설정한 것이나 마찬가지)는 진술의 진위 여부를 판단하기 어려워 보인다는 것입니다.

그렇다면 이제 다음처럼 2문단에 이어지는 후속 내용들을 연결해 파악한 뒤 다시 위 선택지의 진위 여부에 대해 판단해 보도록 합시다.

예제 4 2021년 LEET 언어이해, 28~30번 지문

[2문단] 전통적인 법학방법론은 이 문제를 법률 문언의 한계 내에서 이루어지는 해석 외에 '법률의 문언을 넘은 해석'이나 '법률의 문언에 반하는 해석'을 인정할지 여부와 관련지어 다루고 있다. 학설에 따라서는 이들을 각각 '법률내재적 법형성'과 '초법률적 법형성'이라 부르며, 전자를 특정 법률의 본래적 구상 범위 내에서 흠결 보충을 위해 시도되는 것으로, 후자를 전체 법질서 및 그 지도 원리의 관점에서 수행되는 것으로 파악하기도 한다. 하지만 이러한 설명이 완전히 만족스러운 것은 아니다. 형식상 드러나지 않는 법률적 결함에 대처하는 것도 일견 흠결 보충이라 할 수 있지만, 이는 또한 법률이 제시하는 결론을 전체 법질서의 입장에서 뒤집는 것과 별반 다르지 않기 때문이다.

(중략)

[5문단] 최근에는 기존의 법학방법론적 논의와 법철학적 논의를 하나의 연결된 구성으로 제시함으로써 각각의 논의에서 드러났던 난점을 극복하려는 시도가 이루어지고 있다. 이에 따르면 문언이 합당한 답을 제공하는 표준적 사안 외에 아무런 답을 제공하지 않는 사안이나 부적절한 답을 제공하는 사안도 있을 수 있는데, 이들이 바로 각각 문언을 넘은 해석과 문언에 반하는 해석이 시도되는 경우라 할 수 있다. 양자는 모두 이른바 판단하기 어려운 사안이라는 점에서는 공통적이지만, 전자를 판단하기 어려운 까닭은 문언의 언어적 불확정성에 기인하는 것인 반면, 후자는 문언이 언어적 확정성을 갖추었음에도 불구하고 그것이 제공하는 답을 올바른 것으로 받아들일 수 없어 보이는 탓에 판단하기 어려운 것이라는 점에서 서로 구별되어야 한다.

[6문단] 그렇다면 판단하기 어려운 사안에서는 더 이상 문언을 신경 쓰지 않아도 되는 것일까? 그렇지는 않다. 문언이 답을 제공하지 않기 때문에 해석을 통한 보충이 필요한 경우라 하더라도 규칙의 언어 그 자체가 해석자로 하여금 규칙의 목적을 가늠하도록 인도해 줄 수 있으며, 문언이 제공하는 답이 부적절하고 어리석게 느껴질 경우라 하더라도 그러한 평가 자체가 어디까지나 해석자의 주관이라는 한계 속에서 이루어지는 것임을 부정할 수 없기 때문이다. 뻔히 부적절한 결과가 예상되는 경우에도 문언에 구속될 것을 요구하는 것은 일견 합리적이지 않아 보일 수 있다. 그럼에도 불구하고 문언을 강조하는 입장은 '재량'이 연상시키는 '사람의 지배'에 대한 우려와, 민주주의의 본질에 대한 성찰을 배경으로 하는 것임을 이해할 필요가 있다.

(중략)

이러한 입장에서는 법률 적용의 결과가 부적절한지 여부보다 그것이 부적절하다고 결정할 수 있는 권한을 특정인에게 부여할 것인지 여부가 더 중요한 문제일 수 있다. 요컨대 해석자에게 그러한 권한을 부여하는 것이 바람직하지 않다고 생각하는 한, 비록 부적절한 결과가 예상되는 경우라 하더라도 여전히 문언에 구속될 것을 요구하는 편이 오히려 합리적일 수도 있는 것이다.

5문단 및 6문단의 진술을 보면 2문단에서 구분한 '문언을 넘은 해석(법률내재적 법형성)'과 '문언에 반하는 해석(초법률적 법형성)'의 의미 차이를 보다 분명히 알 수 있습니다. 전자는 '문언이 아무런 답을 제공하지 않는' 사안에 해당하며, 후자는 '문언이 부적절한 답을 제공하는' 사안에 해당합니다. 이어서 5문단 마지막 문장의 진술을 연결하면 전자는 '문언의 언어적 불확정성'에 기인하는 것이고 후자는 '문언이 언어적 확정성은 갖췄지만 그것이 제공하는 답을 올바른 것으로 받아들이기 어려움'에 기인합니다. 이제 문제가 된 선택지를 다시 봅시다.

㉠ 문언을 넘은 해석은 문언이 해석자를 전혀 이끌어 주지 못할 때 비로소 시도될 수 있다.

선택지와 관련해 마지막 6문단의 전반부를 보면, 전자(문언을 넘은 해석)의 상황과 관련해서는 문언이 답을 제공하지 않아 해석을 통한 보충이 필요한 경우(즉 '문언을 넘은 해석'이 이루어지는 경우)라 해도, 규칙의 '언어' 그 자체가 해석자로 하여금 규칙의 '목적'을 가늠하도록 '인도'해 줄 수 있습니다. 즉 '문언을 넘은 해석'은 방금 살펴본 6문단의 진술처럼 문언이 해석자를 규칙의 목적을 가늠하도록 인도해 주는 방식으로 이루어질 수도 있는 것입니다. 따라서 문언이 해석자를 전혀 이끌어 주지 못 할 때에야 비로소 문언을 넘은 해석이 시도될 수 있다는 선택지의 진술은 부적절한 것을 확인할 수 있습니다.

2 문단 · 지문 수준의 패러프레이징 (2) - 대립 구도 정보의 계열화

앞서 살펴본 내적 패러프레이징이 주로 동일한 대상을 지칭하는 표현, 용어가 지문 내에서 변주되는 것에 초점을 맞추었다면, 여기서 살펴볼 내적 패러프레이징은 지문에서 크게 대립하는 두 개념이나 견해의 하위 속성, 특징들이 지문의 흐름 속에서 계속 추가되거나 가지치기 되는 것을 의미합니다. 즉 대립되는 상위 개념/견해 각각에 대한 정보의 계열화 작업이 이루어지는 분석이라 할 수 있습니다.

LEET 언어이해에는 다른 언어형 시험들에 비해 특히 대립적 정보 구도가 자주 등장하기 때문에 이러한 정보 계열화 작업을 목표로 하는 독해 방식이 더욱 유용합니다. 문제들의 질문 내용 역시 이러한 대립되는 정보 계열들을 바탕으로 앞서 살펴보았던 선지 구성 원리에 따라 각각의 선택지들이 만들어지는 경우가 대부분이기 때문에 이러한 계열화된 정보를 처리하는 작업은 언어이해 문제 풀이의 가장 핵심적인 파트라 할 수 있습니다.

아래에서는 몇 개의 기출 지문을 대상으로 대립적 정보 계열화가 구체적으로 어떻게 이루어지는지 분석하고 선택지까지 판단하는 훈련을 해 보도록 하겠습니다.

예제 1

2022년 LEET 언어이해, 19~21번 지문

[지문]

[1문단] 김춘수와 김수영은 대척되는 위치에서 한국 시의 현대성을 심화시킨 시인들이다. 김춘수는 순수시론의 일종인 ㉠ 무의미시론으로 새로운 해체시를 열어젖혔고, 김수영은 '온몸의 시학'으로 알려진 ㉡ 참여시론으로 현실참여시의 태두가 되었다. 비슷한 시기에 태어나 활동했던 두 시인은 개인의 자유와 실존이 위협을 받던 1960년대의 시대 현실을 비판적으로 인식하고 각자의 실존의식과 윤리관을 예각화하면서 시적 언어와 창작 방법에 대한 성찰을 제시하였다. 하지만 두 모더니스트가 선택한 미학적 실험은 그 방향이 사뭇 달랐다.

[2문단] 김춘수는 「꽃」과 같은 자신의 1950년대 시가 '관념에의 기갈'에 사로잡혀 있었다고 진단한다. 그 결과 시적 언어는 제 구실의 가장 좁은 한계, 즉 관념과 의미 전달의 수단에 한정되었고 시는 대상의 재현과 모방에 머물렀다는 것이다. 추상적인 관념을 전달하는 이미지 · 비유 · 상징과 같은 수사에 대한 집착은 이런 맥락과 관련이 깊다. 하지만 김춘수는 말의 피안에 있는 관념이나 개인의 실존을 짓누르는 이데올로기로 인해 공포를 느꼈다. 이 공포에서 벗어나 자아를 보존하려는 충동이 그를 '생의 구원'으로서의 시 쓰기로 이끈 것이다. 그 방법으로 김춘수는 언어와 이미지의 유희, 즉 기의(記意) 없는 기표(記標)의 실험을 시도하였다. 기의에서 해방된 기표의 유희는 시와 체험, 시와

현실의 연속성을 끊는 것은 물론 역사 현실과 화해할 수 없는 자율적인 시를 만드는 원천이라고 믿었기 때문이다. 이 믿음은 비유와 상징은 물론 특정한 대상을 떠올리게 하는 이미지까지 시에서 배제하는 기법 및 형식 실험으로 이어졌다.

[3문단] 구체적으로 그는 이미지를 끊임없이 새로운 이미지로 대체하여 의미를 덧씌울 중심 대상을 붕괴시키고, 마침내 대상이 없는 이미지 그 자체가 대상이 되게 함으로써 무의미 상태에 도달하고자 했다. 물론 대상의 구속에서 벗어나 자유를 얻는 과정에는 창작자의 의식과 의도가 개입해야 한다. 이 점에서 무의미시는 인간의 무의식을 강조한 초현실주의와 차이가 있지만 자유연상 혹은 자동기술과 예술적 효과가 흡사한 결과를 얻을 수 있었다. 한편 김춘수는 언어 기호를 음소 단위로까지 분해하거나 시적 언어를 주문이나 염불 소리 같은 리듬 혹은 소리 이미지에 근접시키기도 하였다. 김춘수의 「처용단장」 제2부는 이런 시적 실험들의 진면목을 드러낸 작품이다.

[4문단] 김춘수에게 시 쓰기란 현실로 인해 빚어진 내면의 고뇌와 개인적 실존의 위기를 벗어던지고 자신의 생을 구원하는 현실 도피의 길이었다. 이와 달리 김수영에게 시 쓰기란 자유를 억압하는 군사정권과 대결하고 정치적 자유의 이행을 촉구하며 공동체의 운명을 노래하는 것이었다. 4·19 직후의 풍자시는 참여시 실험을 알리는 신호탄이었던 셈이다. 참여시론의 핵심은 진정한 자유의 이행을 위해 ⓐ '온몸으로 온몸을 밀고나가는 것'이란 모순어법으로 집약된다. 이는 내용과 형식은 별개가 아니며 시인의 사상과 감성을 생활(현실) 속에서 언어로 표현할 때 그것이 바로 시의 형식이 된다는 의미이다. 그런 까닭에 시의 현대성은 실험적 기법의 우열보다는 현실에 대해 고민하는 시인의 양심에서 찾아야 한다.

[5문단] 물론 김수영도 김춘수가 추구한 무의미시의 의의를 일부 인정했다. 그 역시 '무의미'란 의미 너머를 지향하는 욕망, 즉 우리 눈에 보이는 것 이상을 보려는 것이고 시와 세계의 화해 불가능성을 드러내려는 것이라고 생각했다. 하지만 그는 김춘수가 시의 무의미성에 도달하기 위해 선택한 방법을 너무 협소한 것이라고 여겼다. 이런 점에서 "'의미'를 포기하는 것이 무의미의 추구도 되겠지만, '의미'를 껴안고 들어가서 그 '의미'를 구제함으로써 무의미에 도달하는 길"도 있다는 김수영의 말은 주목된다. 그는 김춘수처럼 시어의 무의미성에 대한 추구로 시의 무의미성에 도달하는 것도 현대시가 선택할 수 있는 유효한 실험이라고 보았다. 하지만 그는 시어의 의미성을 적극적으로 수용함으로써 마침내 시의 무의미성에 도달하는 것이 더 바람직한 시인의 태도라고 생각했던 것이다. 김수영은 김춘수의 궁극적인 꿈이기도 했던 시와 예술의 본질 혹은 존재 방식으로서의 무의미성까지 도달하기 위해 오히려 시어의 범위를 적극적으로 확대하고 시와 현실의 접촉을 늘려 세계 변혁을 꾀하는 현실 참여의 길로 나아갔던 것이다. 실제로 그의 참여시는 시와 산문의 언어적 경계를 허물어 산문적 의미까지 시에 담아내려 했다. 이를 통해 그는 일상어·시사어·관념어, 심지어 비속어와 욕설까지 폭넓게 시어로 활용하여 세계의 의미를 개진하고 당대 현실을 비판할 수 있었다.

[6문단] 사실 김춘수의 시적 인식은 김수영의 그것에 대한 대타 의식의 소산이다. 김춘수는 김수영을 시와 생활을 구별하지 못한 '로맨티스트'였지만 자신의 죽음까지도 시 쓰기의 연장선상에 있었던 훌륭한 시인이라고 평가했다. 김춘수는 세계에 대한 허무감에서 끝내 벗어날 수 없었던 자신과 달리 김수영이 현대 사회의 비극적 운명에 '온몸'으로 맞서는 시인의 윤리를 실천한 점에 압박감을 느끼고 있었지만, 김수영의 시와 시론에서 시와 예술에 대한 공유된 인식을 발견했던 것이다.

선택지

Q1 ㉠과 ㉡에 대한 설명으로 적절하지 않은 것은?

① ㉠은 언어유희를 활용하여 세계에 대한 허무 의식을 극복했다.
④ ㉡은 시어의 범위와 시의 내용을 확장하여 시의 현실성을 강화했다.

Q2 김춘수와 김수영의 공유된 인식에 해당하지 않는 것은?

① 공동체적인 삶의 지향을 통한 자아의 보존
② 개인의 실존을 억압하는 현실의 부조리성
③ 의미가 제거된 시어의 활용 가능성

김춘수와 김수영은 서로 공유하는 사고나 의식이 존재하지만, 보다 세부적으로는 대립각을 형성합니다. 김춘수의 경우는 무의미시를 추구하면서 시의 내용보다는 형식이나 기교에 집중한 반면 김수영은 시어를 일상어의 영역으로 확대하여 시와 현실의 관련성을 더욱 적극적으로 추구해 나갔습니다. 두 사람이 개인의 자유의 실존이 위협받던 1960년대의 시대 현실에 대해 비판적으로 바라본다는 점에서 시작 활동이 전개되었다는 공통점을 지니면서도, 김춘수는 개인의 실존을 짓누르는 공포로부터 벗어나 '자아'를 보존하려는 노력의 일환으로 무의미시를 추구한 것에 비해 김수영은 군사정권과의 대결 속에서 정치적 자유의 이행을 촉구하며 공동체의 운명을 노래하였다는 점에서도 차이가 있습니다. 물론 이러한 대립 속에서도 김수영은 김춘수가 추구한 무의미성이나 시와 세계의 화해 불가능성에 대해 인정하고 있다는 공통점도 드러납니다. 선택지는 이러한 공통점과 대립점을 기반으로 접근하도록 구성되어 있습니다.

이러한 정보 계열을 바탕으로 문제를 살펴보겠습니다. 먼저 첫 번째 문제의 ①에서, ㉠이 언어유희를 활용했다는 것은 쉽게 확인되지만, 이를 통해 세계에 대한 허무 의식을 극복했다는 진술은 마지막 문단의 김춘수에 대한 평가(김춘수는 세계에 대한 허무감에서 끝내 벗어날 수 없었던 자신과 달리)로 인해 부적절한 것임을 알 수 있습니다. 다음으로 ④의 경우, 김수영의 참여시론은 시어의 범위와 시의 내용을 확장한 것이 맞으며 이를 통해 시의 현실성을 추구했다는 점에서 시의 현실성을 강화했다는 진술은 적절함을 알 수 있습니다.

다음으로 두 번째 문제의 경우, 두 시인의 공유된 인식은 1문단에 언급된 두 시인의 시작 활동의 배경, 5문단에 언급된 김수영 시인이 김춘수 시인의 무의미시론에 대해 인정한 부분 등에서 확인할 수 있습니다. 1문단의 언급처럼 두 시인 모두 개인의 자유와 실존을 위협하는 시대적 상황 속에서 이에 비판적 관점에서 시작 활동을 전개했다는 점에서 ②의 내용은 공유된 인식이라 할 수 있습니다. 또한 5문단에서 김춘수의 무의미시론 가운데 일부(시어의 무의미성에 대한 추구가 현대시가 선택할 수 있는 유효한 실험이라는 언급)는 인정하고 있기 때문에 ③의 내용도 공유된 인식이라 할 수 있습니다. 하지만 앞서 분석한 것처럼 공동체적 삶의 지향은 김수영의 목표 의식이고 자아의 보존은 김춘수의 목표 의식이었기 때문에, 이를 수단과 결과의 관계로 묶은 ①의 진술은 부적절한 것이 됩니다.

이번에는 2017학년도 기출 지문을 통해 정보의 계열화 흐름을 분석해 나가도록 하겠습니다.

예제 2 2017학년도 LEET 언어이해, 27~29번 지문

지문

[1문단] 우리는 빨갛게 잘 익은 사과를 보고서, "그래, 저 사과 맛있겠으니 가족과 함께 먹자."라는 판단을 내린다. 이때 우리는 빨간 사과에 대한 감각 경험을 먼저 한다. 그러고 나서, "저기 빨간 사과가 있네."라거나, "사과가 잘 익었으니 함께 먹으면 좋겠다."라는 판단을 내린다. 이것은 보는 것이 믿는 것에 대한 선행 조건임을 의미한다. 감각 경험에 대한 판단과 추론은 고차원의 인지 과정이며 개념적 절차이고, 판단과 추론이 개입하기 이전의 감각 경험은 비개념적 내용을 가질 뿐이다. 이와 같이 비개념적인 감각 경험이 먼저 주어진 후에 판단과 추론이 이어지는 것을 정상적인 과정으로 보는 견해를 '비개념주의'라고 부른다.

[2문단] 비개념주의는 우리가 알아채는 것보다 실제로 더 많은 것을 본다는 점에 주목한다. 예를 들어 우리는 퇴근 후 아내와 즐겁게 대화를 나누며 저녁 식사를 하면서도 아내가 그날 노랗게 염색한 것을 알아채지 못할 수 있다. 아내의 핀잔을 들은 후 염색한 사실을 새삼스럽게 깨닫고서 어떻게 이를 모를 수 있었는지 의아해 한다. 이렇게 현저한 변화를 알아보지 못하는 현상을 변화맹(change blindness)이라고 부른다. 우리가 이러한 특징적인 변화를 정말 보지 못했다고 생각하긴 어렵다. 새로운 시각 경험이 주어졌으나 이 경험을 인지하지 못했으며, 따라서 판단과 추론으로 이어지지 못했다는 설명이 자연스럽다. 우리는 아내의 노란 머리를 단지 알아차리지 못했을 뿐이지 보지 못했다고 말할 수는 없다.

[3문단] 그러나 '개념주의'는 시각 경험과 판단·추론이 별개의 절차가 아니라고 본다. 우리가 무엇인가를 볼 때 여기에는 배경 지식이나 판단 및 추론 같은 고차원의 인지적 요소들이 이미 개입하고 있다는 것이다. 개념주의에서는 우리가 빨간 사과를 지각할 때 일종의 인지 작용으로서 해석이 일어난다고 여긴다. 식탁에 놓인 것을 '빨간 사과'로 보는 것 자체가 일종의 해석이다. 우리가 이 해석 작용 자체를 인식하는 것은 아니지만, 이 작용은 두뇌 곳곳에서 분산되어 일어나는데 이것도 일종의 판단이나 추론이라는 것이다.

[4문단] 개념주의는 베르나르도 벨로토가 그린 ㉠ <u>〈엘베 강 오른편 둑에서 본 드레스덴〉</u>을 통해서도 설명된다. 미술관에 걸려 있는 이 그림을 적당한 거리에서 바라볼 때, 원경으로 그려진 다리 위에는 조금씩 다른 모습의 여러 사람들이 보인다. 우리는 작가가 아마도 확대경을 이용하여 그 사람들을 매우 정교하게 그렸을 것이라 생각할지도 모른다. 그런데 그 티끌같이 작은 사람들이 정말 사람의 형태를 하고 있을까? 이 그림의 다리 위 부분을 확대해서 보면 놀랍게도 사람들은 사라지고, 물감 방울과 얼룩과 터치만이 드러난다. 어떻게 보면 작가는 다리를 건너는 사람들을 직접 그렸다기보다는 단지 암시했을 뿐이지만, 우리의 두뇌는 사람과 비슷한 암시를 사람이라고 해석하여 경험한다. 이와 같은 과정을 비유적으로 '채워 넣기'라고 부를 수 있다. 두뇌는 몇몇 단서를 가지고서 세부 사항을 채워 넣으며 이를 통해 다채로운 옷을 입고 여러 동작을 하면서 다리를 건너는 사람들을 보게 되는 것이다. 채워 넣기도 일종의 판단 작용이다. 우리의 시각 경험에 이미 판단 작용이 들어와 있기 때문에, 시각 경험과 판단 작용은 구분되지 않는다. 우리가 이 그림에서 사람들을 지각할 때 이는 이미 해석을 전제한다.

(중략)

[문제 및 선택지]

Q1 '비개념주의'와 '개념주의'가 모두 동의하는 주장은?

① 알아채지 못하는 감각은 불가능하다.
② 판단 과정에 개념적 내용이 들어간다.
③ 무엇인가를 본 뒤에야 믿는 것이 가능하다.
④ 판단 및 추론에 대해 오류를 범하지 않는다.
⑤ 감각 경험이 판단 작용으로 전환될 때 정보의 손실이 발생한다.

Q2 '비개념주의'가 ㉠을 설명한다고 할 때 가장 적절한 것은?

① 사람임을 알고서 확대경으로 들여다보면 여전히 사람으로 보인다.
② 다리 위의 사람과 달리 물감 방울과 얼룩은 비개념적으로 인지해야 한다.
③ 해석이 되지 않은 감각 경험이 다리 위 무엇인가를 사람으로 인지하는 데 필요하다.
④ 가까이서 본 것과 멀리서 본 것의 차이를 통해 다리 위의 사람들을 사람으로 알아차린다.
⑤ 다리 위 무엇인가를 사람으로 인지하기 위해서는 그것이 물감 방울과 얼룩으로 이루어진 것임을 알아차려야 한다.

위 지문은 시각 인식과 같은 '감각 경험'과 이성적인 '판단'이나 '추론'이라는 인지 과정 사이의 관계를 바라보는 두 가지 대립적 견해를 소개하고 있습니다. '감각 경험'이 먼저 있고 이에 대한 '판단 및 추론' 과정이 이어진다는 주장은 "비개념주의"로, 이에 비해 '감각 경험'과 '판단 및 추론'이 동시적으로 이루어진다는 주장은 "개념주의"로 구분됩니다.

이 글은 1문단에서 비개념주의의 주장을 먼저 소개하고, 3문단에서 이에 대립하는 개념주의의 주장을 후술하고 있습니다. 대립의 핵심은, 우리의 감각 경험이 과연 판단이나 추론과 같은 고차원적이고 개념적인 작용과 별개로 이루어지는 것인지 아니면 동시에 이루어지는 것인지에 있습니다.

먼저 1문단과 2문단에 서술된 비개념주의의 입장에 따르면, ① 감각 경험(보는 것)에 대비해 판단과 추론(믿는 것)은 고차원의 인지 과정이자 개념적 절차이며, ② 비개념적인 감각 경험이 먼저 주어진 후에 개념적인 판단과 추론이 이어지는 것이 정상적입니다. 그리고 2문단의 변화맹 사례를 통해 ③ 알아채는 것(개념적 과정)보다 실제로 더 많은 것을 본다는(감각 경험) 주장까지를 비개념주의의 계열어 혹은 요소들로 판단할 수 있습니다. 다음으로 3문단에서는 비개념주의에 대립하는 개념주의를 소개하고 있습니다. 개념주의에서는 우리의 보는 행위에 이미 판단 및 추론과 같은 고차원의 인지적 요소가 개입하고 있다고 주장합니다. 즉 본다는 것과 아는 것은 함께 일어나는 것입니다. 그리고 이로부터 개념주의에서는 감각 경험 가운데 알아차리지 못한 것은 있을 수 없다고 본다는 점까지 추론해 낼 수 있습니다.

이처럼 이 글은 비개념주의와 개념주의를 대비시켜놓고 있는데, 이는 다음과 같은 형태로 각 주장에 해당하는 계열어 쌍으로 정리할 수 있습니다.

비개념주의	개념주의
• 감각 경험(선) → 판단 및 추론(후) • 감각 경험은 발생했지만, 인지하지 못한 경우가 존재할 수 있음 [변화맹 사례]	• 감각 경험 = (동시 작용) = 판단 및 추론 • 감각 경험이 발생했는데도 인지하지 못한 경우는 존재할 수 없음
[공통 전제/요소] '판단 및 추론'이 '고차원'의 '인지'적 과정/요소라는 점은 두 입장 모두 인정	

이러한 대립 구도에 입각한 계열어 분석을 바탕으로 첫 번째 문제를 풀어보도록 하겠습니다.

앞서 분석한 것처럼, 두 이론은 '감각 경험(보는 것)'과 '판단 및 추론(믿는 것)'의 관계에 대해 선후 관계로 보느냐 아니면 동시적 관계로 보느냐로 대립합니다. 하지만 3문단에서 확인한 것처럼 '감각 경험'에 비해 '판단 및 추론'이 고차원의 인지적 과정이라는 점은 두 이론 모두 공통 전제로 인정하고 있습니다. 따라서 이러한 공통 요소를 적절하게 반영한 선택지 ②가 두 이론 모두가 동의할 수 있는 주장으로 부합하는 것입니다. 나머지 선택지 가운데 ⑤를 보면, 개념주의에서는 감각 경험과 동시에 판단 작용이 일어나므로 양자 사이에서 정보의 손실, 즉 감각 경험을 한 대상 가운데 판단 및 추론이 이루어지지 않는 대상은 나타날 수 없으므로 ⑤의 주장은 개념주의에서는 동의할 수 없다는 것을 알 수 있습니다.

이제, 4문단의 정보까지 읽은 후 두 번째 문제를 살펴보도록 하겠습니다.

4문단에는 개념주의가 ㉠의 그림을 감상할 때 나타나는 인간의 감각-판단 작용을 '채워넣기'라는 개념으로 설명하는 것을 소개하고 있습니다. 28번 문항은 이에 대비되는 비개념주의의 입장에서 ㉠을 어떻게 해석할 것인가를 묻고 있습니다. 이 문제 역시 앞서 분석한 비개념주의와 개념주의의 대립 구도에 따른 계열어 분석을 바탕으로 접근하면 정답을 비교적 쉽게 찾아낼 수 있습니다.

비개념주의의 핵심 주장은 보는 것(감각 경험)이 판단 및 추론 작용에 선행한다는 것이었으며, 이때의 보는 행위인 감각 경험은 비개념적 과정으로서 해석이 개입되기 이전의 단계입니다. 따라서 비개념주의가 ㉠을 설명할 때도 이러한 기본 주장을 바탕으로, 해석이 되지 않은 '비개념적 시각 경험'이 선행되고 그 이후에야 다리 위 무엇인가를 사람으로 '인지하는 해석 작용'이 나타나게 된다고 할 것입니다. 선택지 ③은 이러한 선후 구도를 그대로 표현하지는 않았지만, '인지 작용'에 '해석이 되지 않은 감각 경험'이 필요하다고 즉 선행되어야 한다고 진술한 것이므로 비개념주의의 주장에 부합하는 설명입니다. 추가로 선택지 ②를 살펴보면, 이 선택지에서는 물감 방울과 얼룩을 '비개념적'으로 '인지'해야 한다고 하였는데, 앞서 살펴본 것처럼 판단 및 추론에 해당하는 인지 작용은 어디까지나 '개념적' 과정입니다. 즉 서로 양립할 수 없는 다른 계열어를 연결한 것이 되어 오답이 됩니다.

지문 대립 구도의 유형

1 지문의 정보 대립 구도 유형별 분석

앞서도 살펴본 것처럼, LEET 언어이해는 수능 언어영역/국어 시험과 마찬가지로 다양한 주제 영역의 글들을 제시하고 이로부터 여러 질문을 던지는 형식을 취하고 있습니다. 하지만 언어이해에는 수능 시험의 지문보다 훨씬 전문적인 소재를 밀도 있는 정보 구조를 통해 제시하는 글들이 등장하며, 제시된 정보들을 얼마나 정확하고 효율적으로 〈비교·대조〉하여 파악하였는가를 묻는 문제들이 주로 출제됩니다. 즉, 수능에서는 단순히 'A는 B이다'라는 개념 정의 형태의 정보 구조로 답이 도출되는 경우가 많은 것에 비해, 언어이해 시험에서는 'A의 구성 요소 가운데 X는 B의 구성 요소 가운데 하나인 Y와 비교했을 때 Z라는 측면에서 서로 다르다'와 같은 복합적 분석 능력을 묻는 문제가 대부분을 차지한다고 보셔야 합니다. 따라서 수험생으로서 본격적으로 LEET 기출문제를 분석할 때는 단순히 문제를 푸는 것에만 초점을 두어서는 안 되며, 하나하나의 기출 지문이 어떤 방식으로 특정 학문 주제에 대한 논증적 대립 구도를 전개해 나가는지 정확하게 파악하는 것이 중요합니다.

본격적인 대립 구도의 패턴들에 대한 분석에 앞서서, 먼저 언어이해에 등장하는 각 주제 영역별로 어떠한 개념적·이론적 대립 구도가 주로 등장하였는지 살펴보도록 하겠습니다.

(1) 주제 영역별 대립 구도의 대표 사례 – 정치학, 윤리학, 생물학 영역을 중심으로

정치학 영역에서는 크게 세 가지 세부 테마를 중심으로 그동안 출제된 지문들을 분류할 수 있습니다. 먼저, 현대 정치론에서 가장 중요한 키워드인 민주주의 및 민주주의의 꽃으로 불리는 선거와 정당에 관한 지문들입니다. 이미 예비시험 때부터 민주주의의 성숙에 필요한 토대를 다룬 글이 등장한 바 있었고, 현대 민주주의에서 시민들의 정치적 의사가 결집되는 창구이자 권력 견제의 기능까지 수행하는 정당에 대한 분석 그리고 이러한 정당(정치인)을 선택하는 유권자들의 투표 행위에 작동하는 프로세스에 대한 분석 등이 민주주의와 정당이라는 세부 테마로서 아래의 표와 같이 등장한 바 있습니다.

주제 – 민주주의와 정당	출제연도
권위주의에서 민주주의로의 이행을 위한 장치들	LEET 예비시험
정당의 이념 분포 분석을 위한 정당수 산정 방식들	LEET 2009학년도
책임정당 정부 개념과 이후의 현대적 정당 형태들	LEET 2016학년도
유권자의 정당 선택에 대한 공간이론적 분석	LEET 2012학년도

앞선 지문들이 주로 정당의 선택 및 정당의 작동 방식 등에 대한 이론을 다루고 있다면, 정치학적으로 또 하나 중요한 테마는 **민주주의와 자유주의의 긴장 관계**라 할 수 있습니다. 실제로 민주공화정이 일반화된 현대 사회에서 민주주의적 요소와 자유주의적 요소는 자유민주주의라는 이름으로 동거 관계를 유지하고 있지만, 실제로 이들 두 요소 또는 이념은 상호 대립적인 방향성을 지닌 탓에 늘 긴장 관계에 놓여있기도 합니다. 출제위원들은 이러한 민주주의와 자유주의의 긴장 관계를 정치학 영역의 주요 테마로 설정하고, 실제로 아래와 같이 연관성이 높은 지문들을 출제하고 있습니다.

주제 – 민주주의와 자유주의의 긴장 관계	출제연도
프랑스 혁명 이후 민주주의에 대한 자유주의적 견제	LEET 2010학년도
프랑스 제3공화국 시기 노동자 정당의 의회체계 흡수 과정에서 나타난 행정부와 의회주의의 대립	LEET 2011학년도
관료기구 등 비선출권력의 권한 발생에 대한 기능주의 이론과 정치적 거래비용 이론의 대립	LEET 2014학년도
헌법에 대한 공화주의적 이해와 자유주의적 이해의 대립	LEET 2017학년도

마지막으로 등장하는 테마는 **'입법 전쟁'**이라는 이름으로 분류할 수 있습니다. 현대 정치의 핵심은 정당이나 정치 세력의 이념, 정책 방향에 부합하는 법을 제정하는 작업이라고도 할 수 있습니다. 이는 법학적성 시험으로서 LEET 언어이해와 관련성이 높은 주제일 수밖에 없는데, 실제 입법이 이루어지는 과정은 정치적 경쟁 관계에 있는 주체들 사이의 협력 또는 갈등이 빈번합니다. 그렇기 때문에 최근 기출에서는 다음과 같이 의회 내의 세력 간 입법을 둘러싼 갈등, 의회와 행정부 사이의 입법을 둘러싼 갈등, 민주주의의 제도적 분류에 따른 두 시스템 사이에서 입법의 난이도 차이 등을 다룬 글들이 출제된 바 있습니다.

주제 – 입법 전쟁 : 정치세력 간 입법을 둘러싼 갈등	출제연도
미국 하원의 입법 프로세스와 입법 과정에 대한 3가지 이론	LEET 2013학년도
행정부와 의회 간 입법 전쟁(교착)의 요인들	LEET 2015학년도
합의제 민주주의(권력의 분산・공유)와 다수제 민주주의(권력 집중)	LEET 2018학년도

윤리학, 도덕철학 영역 역시 대립 구도 중심의 지문 구조가 자주 등장합니다. 개인 행위의 가치 평가 기준으로서 윤리적 이론은 규범 영역이라는 주제상 법학과 가장 관련성이 높기 때문에 거의 매해 출제되는데, 2012학년도 시험부터 2018학년도 시험까지 언어이해에는 다음과 같은 윤리학, 도덕철학적 소재가 출제된 바 있습니다.

주제 – 윤리학	출제연도
상위선 기반 도덕철학 vs 보편적 윤리론의 대립	LEET 2012학년도
칸트의 도덕철학 및 정언명령 체계 vs 들뢰즈의 비판	LEET 2013학년도
쾌락주의(에피쿠로스, 벤담, 밀)에 대한 오해 vs 진짜 문제점	LEET 2014학년도
인격체 살해의 비도덕성에 대한 공리주의 vs 자율성론 대립	LEET 2015학년도
선의 객관성에 대한 객관주의 vs 주관주의 대립	LEET 2016학년도
개인의 복지 수준을 측정 기준에 대한 고전적 쾌락주의 vs 선호 쾌락주의 vs 객관적 목록 이론 대립	LEET 2017학년도
칸트의 도덕철학 vs 헤겔의 윤리 이론 대립	LEET 2018학년도

결국 이와 같은 윤리학 영역에서는 **칸트로 대표되는 의무론적 도덕이론 vs 공리주의로 대표되는 결과론적 도덕이론**의 큰 줄기를 중심으로 파생되는 쟁점들을 주된 대상으로 대립 구도를 형성해 왔음을 확인할 수 있습니다. 그리고 2018학년도 기출에서는 그동안 미학 영역에서 주로 다뤄졌던 헤겔의 철학을 윤리론에 초점을 맞춰 칸트의 도덕철학과 대비해 보여주는 글이 출제되었습니다.

앞서 살펴보았던 정치학이나 윤리학 등의 인문, 사회 영역뿐만 아니라 **과학기술 영역에서도 대립 구도는 빠지지 않고 등장합니다.** 특히 생물학 영역은 과학기술 지문 중에서도 대립 구도가 비교적 명확하게 드러나는 영역에 해당합니다.

주제 – 생물학 (생식 및 세포성장)	출제연도
상실배아 단계에서 속세포덩어리 vs 영양외배엽의 분화 차이	LEET 2013학년도
세포의 형태발생과정에서 대칭 구조 형성 vs 비대칭 구조 형성	LEET 2016학년도
성체장줄기세포의 분열 vs 분화	LEET 2017학년도
생식기관 형성에 있어서 남성 vs 여성 차이	LEET 2018학년도

생물학 영역에서 주된 대립 구도는 공간적 방향성의 차이나 성별 차이로 등장하는 경우가 많습니다. 2013학년도 기출의 경우, 수정란이 만들어지고 배아 단계의 성장을 거치는 동안 일어나는 속세포덩이리와 영양외배엽의 분리 과정을 안 vs 밖의 대립 구도로 설명하고 있으며, 2017학년도 기출의 경우에는 작은창자의 융모에 존재하는 성체장줄기세포가 자신과 똑같은 세포를 복제하는 '분열'의 단계와 새로운 상피세포로 변화하는 '분화'의 단계를 구분하고 있습니다.

LEET 언어이해에는 이처럼 대립하는 개념이나 견해가 비교적 분명하게 제시될 가능성이 높은 주제 영역 이외의 지문들에서도 형태는 다를지언정 나름의 대립 구도를 형성하며 글이 전개됩니다. 이러한 대립 구도에 대한 파악은 지문 전체에 대한 독해 단계에서 가장 중요한 공략 지점입니다. 앞서 대립 구도 정보의 계열화에 대한 기출 분석에서도 살펴보았던 것처럼 이러한 대립 구도는 결국 대립하는 개념이나 이론 간 정보들의 계열화를 만들어 내고, 이를 바탕으로 각 문제의 선택지들에 대한 정오 판단이 이루어지는 흐름으로 문제 풀이가 진행됩니다. 따라서 다음에서는 이러한 지문 전체의 대립 구도로 등장하는 주요 4대 패턴을 기출 문제에 대한 풀이와 함께 익혀 나가는 훈련을 해 나가도록 하겠습니다.

(2) 대립 구도의 유형들 - 비교, 변화, 절차, 논증

LEET 언어이해는 대부분의 지문들이 대립 구도를 중심으로 정보가 구조화되어 있지만, 좀 더 세부적으로 들어가면 이러한 대립 구도의 양상이나 흐름을 몇 가지 유형으로 나누어볼 수 있습니다. 앞서 살펴본 2017학년도 기출의 〈비개념주의와 개념주의의 대립〉 지문의 경우, 이원적 대립 구도에서 두 이론의 공통점을 비교하고 차이점을 대조하는 독해가 필요했던 것처럼, 상당수의 지문은 1) 기본적인 비교/대조 설명 구조를 취하고 있습니다. 비교/대조의 대립 구도는 단순히 이항 대립 구도로 끝나지 않고 절충적 견해가 등장하는 식으로 삼항 대립 구도를 취하거나, 크게 두 견해가 대립하는 와중에 다시 각 견해의 하위에 차이가 나는 세부 견해의 이항 대립이 존재하는 방식으로 사항 대립까지 나타날 수도 있습니다.

이러한 기본 구도의 변형태로서 2) 시대적 변화 흐름을 중심으로 처음, 중간, 끝 등으로 시간대를 구분해 정보를 구성하는 변화 관계 중심의 설명 구조를 취하고 있는 글들도 상당한 비중을 차지합니다. 그리고 수험생들이 가장 어려워하는 과학기술 소재 지문들의 경우 3) 특정 대상이나 원리의 구성 요소를 나누고 특정 기능이 진행되는 절차를 설명하는 구조를 취하기도 합니다. 마지막으로 4) 논증적 구도에서 특정 주장과 반론의 대립을 다루는 글들도 등장하곤 합니다.

지금부터는 이러한 대립 구도의 유형별로 대표 지문을 분석해 보고, 각 유형별로 어떤 대표 문제가 출제되는지 분석해 보도록 하겠습니다.

① 대립 구도 1 - 비교·대조

예제 1 2009학년도 M/DEET 언어추론

[1문단] 퀴비에, 조프루아, 라마르크는 19세기 프랑스를 대표하는 생물학자들이다. 이들의 이론이 가진 공통점은 '조직화(organization)'라는 개념을 사용했다는 것이다. 조직화는 당시 생물 이론에서 주목하던 구조, 기능, 환경 간의 관계를 연결하는 개념으로 유용하게 사용되었다. 이들은 생물의 조직화 과정에서 구조와 기능이 차지하는 중요성을 달리 평가했으며, 이에 따라 이들이 주장한 생물 이론도 달라졌다.

[2문단] 퀴비에는 생물의 조직화 과정에서 구조보다 기능을 중시했다. 생물은 주어진 환경에 가장 적합하게 창조되었으며, 각 기관의 기능은 창조 당시에 부여되었다고 믿었다. 그 기능에 따라 각 기관의 구조가 결정되고 기관들은 기능적으로 상호 긴밀하게 연관된다. 퀴비에는 이를 '부분들의 상호 연관성'이라고 불렀다. 그는 생물체가 독립된 부분들의 단순한 집합이 아니라 하나의 통합된 전체이며, 부분은 전체의 흔적을 담고 있다고 생각했다. 이러한 통합성으로 인해 생물체의 어느 한 부분에라도 변화가 발생하면 몸 전체가 치명적 손상을 입으며, 한 종에서 다른 종으로의 변화는 불가능하다. 이전의 생물학자들은 어떤 생물이라도 부분들의 무작위적 집합을 통해 만들어질 수 있다고 생각했다. 하지만 퀴비에는 통합적 전체로서의 생물이 환경이 요구하는 생존 조건을 만족시켜야 하기 때문에, 동물의 경우 그 기능을 중심으로 네 가지 제한된 유형만이 만들어진다고 보았다. 네 가지 유형은 척추, 연체, 체절, 방사형 동물 문으로, 퀴비에는 이들을 바탕으로 불연속적이고 변하지 않는 기본 체계를 세우고 분류의 기초로 삼았다.

[3문단] 반면, 조프루아는 생물의 조직화 과정에서 기능보다는 구조를 중시했다. 그는 생물이 가장 하등한 것에서 인간에 이르기까지 단일 선상에서 연속적으로 이어졌다는 '존재의 연쇄'를 믿었으며, 이를 '단일 도안(plan)' 개념과 연결시켰다. 그에 따르면, 생물의 구조는 단일 도안에 기초하여 통일성을 갖지만 생물이 서식하는 환경에 따라 존재의 연쇄 위에서 조금씩 다르게 연속적으로 배열되고, 이러한 생물의 구조는 시간이 흘러도 변하지 않는다. 다만 시간에 따라 환경이 변하면 기능과 외관이 변화함으로써 생물은 달라진 환경에 적응할 수 있다. 조프루아는 골격 구조는 같으나 기능과 외관이 다른 기관을 '상동기관'으로 불렀으며, ㉠ 이의 형성을 자신의 체계로는 설명할 수 있지만 퀴비에의 불연속적 분류 체계로는 설명할 수 없다고 주장하였다.

[4문단] 라마르크는 생물의 조직화 과정에서 구조를 중시했으며, 이 면에서 조프루아와 비슷한 생각을 가졌다. 하지만 그는 한 걸음 더 나아가 조직화가 생물과 무생물을 구분 짓는 광범위한 원리라고 생각했다. 그는 기본적으로 생물이든 무생물이든 동일한 물질로 구성되어 있다고 보았다. 이를 바탕으로 하여 라마르크는 초자연적인 힘을 통해 생명을 설명하고자 했던 당시의 생각과는 달리, 자신의 체계에 물리적 법칙을 따르는 조직화 개념을 도입하였다. 예를 들어 동물은 세포 등의 '내부조직', 혈액 등의 '내부유체', 전기·자기 등의 '자유유체'로 구성되어 있다. 생물은 무기물로부터 점진적인 조직화 과정을 통해 형성되며, 이 과정에서 조직과 유체들은 상호 작용하여 기관을 형성한다. 그에게는 일정한 방향으로 사물의 질서를 통제해 생물을 형성하는 조직화가 생물을 무생물과 구분하는 핵심 개념이 되었다. 이러한 생물관에 기초하여 라마르크는 동물, 식물, 광물의 삼분법을 동식물을 합한 생물계와 무기계의 이분법으로 재구성함으로써 생물학의 정체성을 확고히 했다.

먼저 1문단에서는 퀴비에, 조프루아, 라마르크 세 생물학자를 조직화를 공통요소로 두고 구조, 기능, 환경 간 관계라는 핵심 개념들을 중심으로 대비시킬 것임을 예고하고 있습니다. 특히 마지막 문장을 통해 이들을 구분하는 핵심 기준이 '구조'와 '기능'이 상대적 비중 차이임을 알 수 있습니다. 따라서 이어지는 문단을 독해할 때도 각 인물별로 '구조'와 '기능' 가운데 어디에 비중을 두는지를 중심으로 정보를 파악해 나가야 합니다.

2문단의 핵심 개념을 중심으로 퀴비에의 입장을 정리하면 '구조〈기능'이라 할 수 있습니다. 이어지는 '부분들의 상호 연관성'은 다른 용어로는 '통합성'이라 할 수 있는데, 생명체는 하나의 통합된 전체이기 때문에 한 종에서 다른 종으로의 변화, 진화는 불가능하다는 것이 퀴비에의 주장에 해당하는 또 다른 계열어라 할 수 있습니다. 한편 퀴비에 이전의 생물학자들에 대한 설명을 통해 이 글에는 1문단에서 언급한 세 명의 생물학자들 이외에 이전 시기 생물학자들의 견해도 비교/대조의 한 축을 이룬다는 것을 확인할 수 있습니다.

3문단에 의하면 퀴비에와 달리 조프루아는 '구조〉기능'을 강조한 것을 알 수 있습니다. 그리고 조프루아는 '단일 도안'이라는 개념에 따라 생물의 '구조'는 통일성을 갖지만 각 생물이 서식하는 '환경'에 따라 '기능(및 외관)'이 변화할 수 있다고 봅니다. 즉 퀴비에가 변화 개념을 배제했던 것과는 달리, 조프루아는 환경의 변화에 따라 기능의 변화가 나타날 수 있다고 본 것입니다. 여기까지 정리된 내용을 핵심 계열어 중심으로 정리하면 다음과 같습니다.

이전의 학자들	생명체 = 독립된 부분들의 무작위적 집합
퀴비에	구조 〈 기능, 통합성(부분들의 상호 연관성), 유형 간 불연속, 불변
조프루아	구조 〉 기능, 유형 간 연속성, 환경 변화에 따른 기능 변화

마지막으로 4문단에서 라마르크는 '구조〉기능'이라는 점에서 조프루아와 공통점을 지니지만, 초자연적인 힘을 통해 생명을 설명하는 대신 조직화를 무생물과 생물을 구분하는 핵심 기준으로 삼았다는 점에서 이전의 학자들과 차이를 보입니다.

지금까지 분석한 학자들 간 대립 요소를 주요 계열어 중심으로 최종 정리하면 다음과 같습니다.

이전의 학자들	생명체 = 독립된 부분들의 무작위적 집합
퀴비에	구조 〈 기능, 통합성(부분들의 상호 연관성), 유형 간 불연속, 불변
조프루아	구조 〉 기능, 유형 간 연속성, 환경 변화에 따른 기능 변화
라마르크	구조 〉 기능, 조직화를 생물과 무생물의 구분 기준으로 확장

이제 이렇게 정리한 계열어 분류를 바탕으로 문제를 풀어보도록 하겠습니다.

05 **위 글을 바탕으로 가상의 대화를 꾸몄을 때, 대화 내용으로 적절하지 않은 것은?**

① 퀴 비 에: 조직화는 생물체의 각 부분들이 무작위적 집합을 통해 몸을 구성하는, 생물의 고유한 원리야.
조프루아: 아니야. 조직화는 무생물적 요소까지 포함하는 더 포괄적인 원리야.

② 퀴 비 에: 동물의 각 기관은 기능적으로 상호 연결되어 있고 기관의 구조는 기능에 따라 형성되었다.
라마르크: 아니야. 기능보다는 구조가 더 본질적이야.

③ 조프루아: 생물의 연속성을 생각해 볼 때 퀴비에 당신의 분류 체계는 자의적이야.
퀴 비 에: 아니야. 나의 분류는 환경이 요구하는 생존 조건을 바탕으로 체계화한 거야.

④ 조프루아: 환경이 변하면 생물 종도 변해.
퀴 비 에: 아니야 환경이 변하면 생물 종은 멸종할 수는 있어도 변화하지는 않아.

⑤ 라마르크: 탐사 팀이 지난번 발견한 공룡 다리뼈 몇 개로 전체 골격을 재구성할 수 있을까?
퀴 비 에: 부분은 전체에 통합되고 전체는 부분에 흔적을 남겨. 그래서 이 흔적만으로도 충분히 재구성할 수 있어.

각 선택지별로 해당 인물의 계열어들이 제대로 연결되어 있는지 살펴봅시다.

① 생물체의 구성을 각 부분들의 무작위적 집합으로 파악하는 것은 퀴비에 이전의 학자들이 보여준 견해이므로, 이를 퀴비에의 계열어로 제시한 첫 번째 대사는 잘못된 것임을 알 수 있습니다. 또한 조직화를 무생물적 요소까지 포함하는 원리로 간주한 것은 조프루아가 아닌 라마르크이므로 두 번째 대사도 잘못된 것입니다. 따라서 선지 ①이 정답입니다.

② 퀴비에에 대해 '부분들의 상호 연관성' 및 '구조〈기능'의 계열어가 적절히 연결되어 있습니다. 또한 라마르크에 대해서도 '구조〉기능'의 계열어가 제대로 연결되어 있습니다.

③ 생물의 연속성을 주장하는 조프루아의 입장에서, 생물의 불연속성을 주장하는 퀴비에의 분류 체계는 자의적이라는 비판이 충분히 나올 수 있습니다. 또한 퀴비에는 환경이 요구하는 생존 조건을 바탕으로 네 가지 유형을 분류하였으므로 퀴비에의 답변도 적절함을 알 수 있습니다.

④ 조프루아의 핵심 계열어인 '환경 변화에 따른 기능 변화'가 적절하게 연결되어 있으며, 퀴비에의 계열어인 '불변'도 제대로 연결되어 있습니다.

⑤ 라마르크의 질문은 그의 핵심 계열어와 무관한 것이지만, 어디까지나 질문을 던진 것이므로 첫 번째 대사는 충분히 가능하다고 할 수 있습니다. 그리고 퀴비에의 답변은 통합성(부분들의 상호 연관성)이라는 계열어가 적절히 반영된 것입니다.

이처럼 비교/대조 중심의 설명형 글에서는 각 이론, 인물, 견해 등의 핵심 근거나 주장을 계열어로 분석한 후, 선택지가 이를 제대로 연결하였는지 파악하는 방식으로 문제를 해결하는 것이 일반적입니다. 다음 두 번째 문제 역시 이와 같이 대립 구도의 계열어를 기반으로 접근하면 어렵지 않게 정답을 도출할 수 있을 것입니다.

06 ㉠의 설명에 필요한 조프루아의 논거만을 〈보기〉에서 있는 대로 고른 것은?

보기

ㄱ. 구조는 환경에 맞게 변한다.
ㄴ. 기능은 구조에 의해 결정된다.
ㄷ. 환경이 변하면 기능과 외관이 변한다.
ㄹ. 단일 도안에 기초한 구조적 유사성은 항상 유지된다.

① ㄱ, ㄴ　② ㄴ, ㄹ　③ ㄷ, ㄹ
④ ㄱ, ㄴ, ㄹ　⑤ ㄴ, ㄷ, ㄹ

예제 2 2011학년도 LEET 언어이해

[1문단] 민간의 채무 계약은 법원에 의해 강제된다. 만약 기업이 채무 상환을 거부한다면 법원의 재판을 통해 자산의 강제 매각 절차나 청산 절차를 밟게 된다. 국가 채무의 경우는 어떠할까? 전통적으로 국가는 스스로의 동의 없이 외국의 법정에서 재판을 받지 않는다는 주권 면제 원리에 의해 채무의 강제 집행으로부터 보호되어 왔다. 국가의 상업적 거래에는 주권 면제가 적용되지 않는 것이 오늘날의 추세이지만, 여전히 국가 채무의 이행은 법원을 통해 강제하기가 쉽지 않다.

[2문단] 이러한 까닭에 많은 경제학자들은 국가의 채무불이행에 대한 법적 제재나 구제 절차가 매우 제한적임에도 불구하고 국가 채무가 상환되는 이유에 대해 관심을 갖고 그 답을 찾고자 하였다. 이에 대한 논의의 출발은 이튼의 고전적 가설이다. 그는 GDP가 감소할 때 채무국이 해외 차입 이외의 방식으로는 GDP 감소에 대비하기 위한 자금을 확보할 수 없고 채무불이행이 신용시장에서의 영구적인 배제를 의미하는 것이라면, 신용시장에 다시 접근할 수 없게 된다는 위협이 채무 상환의 충분한 이유가 된다고 보았다.

[3문단] 이후 이 가설은 두 가지 점에서 강한 비판을 받았다. 하나는 GDP가 감소할 때 해외 차입이 총수요를 유지할 수 있는 유일한 대비책이라는 가정에 대한 비판이었다. 불황에 대비할 수 있는 다른 수단이 존재할 경우에는 불황 시 총수요 유지를 위한 해외 차입의 필요성이 감소하게 되므로 신용시장에서 배제하겠다는 위협의 효과가 약화되기 때문이다. 다른 하나는 채무불이행 시 신용 시장에서 영구적으로 배제된다는 가정에 대한 비판이었다. 일단 채무불이행이 일어난 후에는 채권국의 입장에서도 영구 배제보다 신용거래 재개가 더 유리하기 때문이다. 실증 자료도 이튼 가설을 뒷받침하고 있지 않다. 지난 30년 동안 채무불이행을 경험한 국가들은 빠른 시간 내에 국제자본시장에 다시 접근할 수 있었다. 채무불이행 이후 자본시장 접근이 배제되는 기간은 1980년대에는 평균 4년이었으며, 이후에는 2년 이내로 더 짧아졌다.

[4문단] 이튼 이후의 연구자들은 이튼 가설의 가정을 사용하지 않는 방식으로 새로운 가설을 구축하려고 하였다. 이 가설들은 대략 세 가지로 분류된다. 첫째 가설은 채무 상환의 이유를 무역 제재나 자산 동결 같은 채권국의 직접적인 제재에서 찾는다. 둘째 가설은 차입 비용의 상승 같은 신용시장의 반향을 우려해 채무를 상환한다는 논리에 기초한다. 셋째 가설은 채무불이행으로 인해 채무국의 국내 경제에 나타나게 될 피해에 주목한다.

[5문단] 이를 확인하기 위한 실증 작업은 채무불이행 이후 가해진 제재의 효과와 국내 경제적 피해에 대한 계량적 분석을 통해 간접적으로 이루어진다. 먼저 채권국의 직접적 제재 효과는 주로 무역량의 감소 정도를 측정함으로써 알 수 있다. 실제로 채무불이행을 선언한 국가들에서 무역량이 감소한 사례가 다수 발견된다. 하지만 무역량 감소 기간이 3~4년 정도로 길지 않은 것으로 나타나고 있어 무역 제재 위협이 채무 이행의 이유라고 단정하기 어렵다.

[6문단] 다음으로 신용시장에서의 평판 효과는 차입 금리의 높낮이를 측정함으로써 알 수 있다. 1997~2004년의 자료에 기초한 한 실증 연구에 따르면, 채무불이행 이후 1년 동안은 가산 금리가 4% 포인트 상승했지만 2차년도에는 2.5% 포인트로 낮아졌으며, 3차년도 이후에는 통계적 유의미성을 찾기 어려운 수준이 되었다. 채무불이행 선언 이후의 짧은 기간을 제외하면 가산 금리가 크지 않을 뿐 아니라 빠르게 하락한다는 점에서 신용시장 평판 하락이 채무 이행의 이유라고 단정하기는 어렵다.

[7문단] 끝으로 채무불이행으로 인한 국내 경제적 피해 여부는 GDP 증가율의 변화를 측정함으로써 알 수 있다. 최근의 실증 연구들에 따르면, 채무불이행은 GDP 증가율을 약 0.6% 포인트, 은행 위기를 동반할 경우에는 2.2% 포인트나 감소시키는 것으로 나타났다. 비록 채무불이행 발생 1면 이후부터는 채무불이행이 GDP 증가율에 미치는 효과가 통계적 유의미성을 찾을 수 없을 정도로 감소하는 것으로 나타나기도 하지만, 일시적 GDP 증가율 하락도 영구적인 손실인 것은 분명하다. 따라서 채무불이행이 GDP 감소를 초래하는 구체적 경로가 밝혀진다면 이 가설의 설명력은 더 커질 것이다.

이 글은 앞서 살펴본 3인의 생물학자들 간 비교/대조 설명형 지문과 마찬가지로 여러 이론들 사이의 비교/대조 중심의 대립 구도로 구성되어 있습니다. 특히 1~2문단에서 고전적 가설부터 셋째 가설까지 총 4가지 가설 모두 "국가의 채무불이행에 대한 법적 제재나 구제 절차가 매우 제한적임에도 불구하고 국가 채무가 상환되는 이유"를 해명한 것들이라는 것을 알 수 있는데, 이는 네 이론의 공통 전제라 할 수 있습니다.

2문단 후반부부터 등장하는 고전적 가설과 이에 대한 비판을 거쳐 등장한 세 가지 가설을 채무불이행에 따른 결과 중심으로 핵심 계열어를 정리하면 다음과 같습니다.

고전적 가설	신용시장에서의 영구 배제, 해외 차입이 GDP 감소에 대비하기 위한 유일한 방법
고전적 가설에 대한 비판	• GDP 감소시 '해외 차입' 이외에도 다른 대안 존재할 수 있음 • 신용 시장에서의 영구 배제가 채권국의 입장에서 결코 유리하지 않음
첫째 가설	채권국의 직접적인 제재 (무역 제재, 자산 동결)
둘째 가설	신용시장에서의 불이익 (차입 비용 상승)
셋째 가설	채무국의 국내 경제에 피해

이제 이렇게 정리한 대립 구도 중심의 계열어 분류를 바탕으로 문제를 풀어보도록 하겠습니다.

04 위 글에 제시된 가설들에 대한 설명으로 옳지 않은 것은?

① 모든 가설은 채무불이행으로 인한 경제적 손실을 고려하고 있다.
② 모든 가설은 국가 채무의 이행이 법적으로 강제되기 어렵다는 것을 전제하고 있다.
③ 고전적 가설은 신용시장에서 채무국을 배제하는 것이 채권국에 영향을 끼친다고 가정하고 있다.
④ 가설 중 일부는 채무불이행에 대한 경제적인 직접 제재 수단이 존재한다고 가정하고 있다.
⑤ 가설 중 일부는 채무국의 신용 상태가 반영될 수 있는 시장 메커니즘이 존재한다고 가정하고 있다.

선택지 ①과 ②는 네 가설 전체에 대한 진술입니다. 1문단과 2문단의 서술에서 네 가설의 공통 전제를 확인하였듯이, 이들은 모두 국가 채무의 이행이 법적으로 강제되기 어려움에도 불구하고(전제) 현실에서는 채무 이행이 나타나는 이유를 설명하고 있습니다. 따라서 선택지 ②는 옳은 설명임을 알 수 있습니다. 그리고 고전적 가설의 GDP 감소, 첫째 가설은 무역 제재나 자산 동결, 둘째 가설의 차입 비용 상승, 셋째 가설의 GDP 감소 모두 경제적 손실이라 할 수 있으므로 선택지 ① 역시 네 가설의 공통 요소를 잘 설명한 것입니다.

한편 선택지 ③에서는 고전적 가설이 신용시장에서의 채무국 배제가 채권국에 영향을 끼친다고 가정하였다 서술하였는데, 채권국 입장에서 채무국을 영구 배제하는 것보다는 신용거래를 재개하는 것이 더 유리하다고 보면서 채권국에의 영향을 고려 요소로 삼은 것은 고전적 가설에 대한 비판의 핵심 계열어였습니다. 따라서 선택지 ③이 정답입니다. 마지막으로 선택지 ④와 ⑤는 각각 첫째 가설과 둘째 가설의 계열어에 대한 진술임을 알 수 있습니다.

5문단~7문단에서는 고전적 가설 이후 제기된 세 가지 가설들의 타당성에 대한 실증 작업을 소개하고 있습니다. 세 가설은 모두 채무국의 채무 불이행으로 인해 일정한 경제적 불이익이 발생한다는 것을 근거로 삼았는데, 이에 대해 실증 작업을 수행함으로써 이들 가설이 현실에 부합하는 것인지를 검토하는 것입니다. 3문단 후반부에 제시된 고전적 가설에 대한 실증 작업의 결과까지 포함해 각 가설의 주장에 대한 실증 결과를 정리하면 다음과 같습니다.

	주장 (채무불이행에 따른 결과)	실증 (실제 현상 검토)
첫째 가설	신용시장에서의 영구 배제	빠른 시간 내에 국제자본시장에 다시 접근
첫째 가설	무역량 감소	무역량 감소 기간이 길지 않음
둘째 가설	신용시장에서의 차입 비용 상승	가산 금리가 빠른 시간 내에 정상으로 회복
셋째 가설	국내 경제에 피해	GDP 증가율 하락 (GDP의 감소)

이제 이렇게 정리된 실증 결과를 토대로 두 번째 문제를 풀어보도록 하겠습니다.

05 채무불이행을 선언한 어느 국가에 경제 변수들의 추이가 아래와 같다고 할 때, 위 글의 내용에 기초하여 이를 바르게 해석한 것만을 〈보기〉에서 있는 대로 고른 것은?

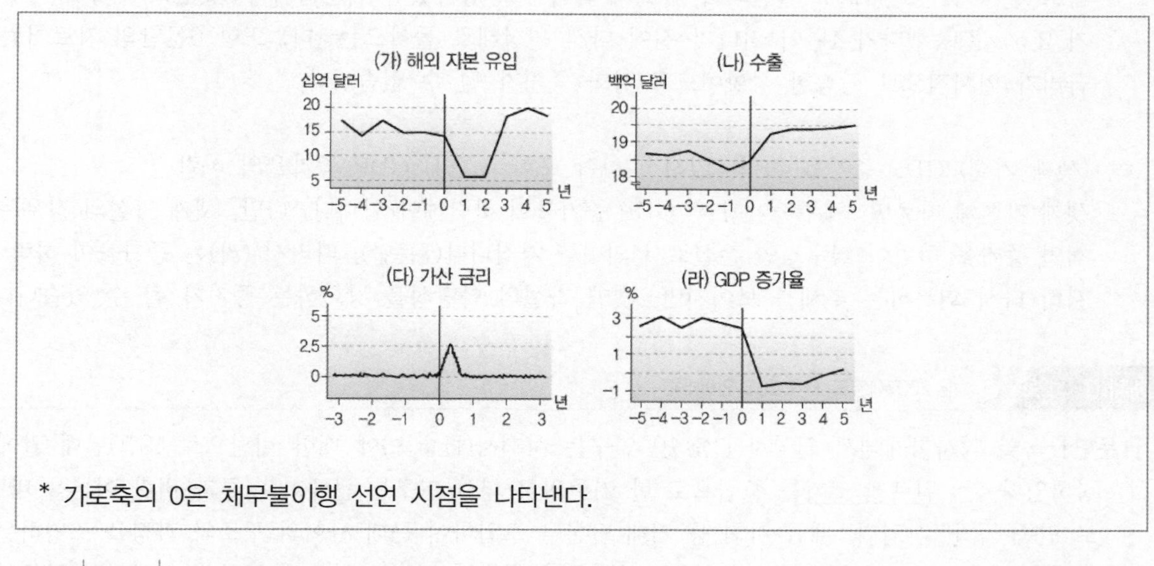

* 가로축의 0은 채무불이행 선언 시점을 나타낸다.

보기

ㄱ. (가)는 고전적 가설의 타당성을 약화하는 증거가 될 수 있다.
ㄴ. (나)는 첫째 가설의 타당성을 약화하는 증거가 될 수 있다.
ㄷ. (다)는 둘째 가설의 타당성을 강화하는 증거가 될 수 있다.
ㄹ. (라)는 셋째 가설의 타당성을 강화하는 증거가 될 수 있다.

① ㄱ, ㄴ ② ㄱ, ㄷ ③ ㄷ, ㄹ
④ ㄱ, ㄴ, ㄹ ⑤ ㄴ, ㄷ, ㄹ

5~7문단의 정보 독해를 통해 정리 가설 간 차이를 바탕으로 각 선지를 분석해 보겠습니다.

ㄱ. (고전적 가설) 영구적으로 해외 차입 불가 ≠ (가) 2년 후 해외 차입 재개
고전적 가설에 따르면, 채무불이행은 채무국의 신용시장 영구 퇴출을 가져와 결국 채무국은 해외 차입이 영구적으로 불가능하게 됩니다. 그러나 (가)에서는 채무불이행 발생 후 2년이 지나면서부터 채무국의 해외 차입이 늘어나 과거 수준을 회복하고 있습니다. 따라서 채무불이행이 해외 차입을 영구적으로 불가능하게 한다는 고전적 가설과 어긋나므로 (가)는 고전적 가설의 타당성을 약화시키는 증거가 됩니다.

ㄴ. (첫째 가설) 무역량 감소 ≠ (나) 수출량 증가
첫째 가설에 따르면, 채무불이행 이후 무역량은 감소해야 하지만, (나)에서는 채무불이행 발생 후 수출이 오히려 늘어나고 있습니다. 따라서 (나)는 첫째 가설의 타당성을 약화시키는 증거가 됩니다.

ㄷ. (둘째 가설) 가산 금리의 상승, 일시적 상승 미포함 ≠ (다) 가산 금리의 일시적 상승
둘째 가설에 따르면, 채무불이행 이후 가산 금리가 상승해야 합니다. 그러나 (다)와 같은 가산 금리

의 일시적 상승은 둘째 가설을 강화하는 증거가 될 수 없습니다. 왜냐하면 채무불이행 이후 가산 금리가 4% 상승하고 3년이 지난 후 다시 원상태로 돌아온 자료를 보고 글쓴이는 가산 금리의 변동폭이 작고 일시적 변화이므로 가설의 근거로 부족하다고 평가했기 때문입니다(6문단). 따라서 가산 금리가 2.5% 상승했다가 1년이 지나기 전에 다시 원상태로 돌아오는 (다) 또한 6문단의 자료처럼 가산 금리가 일시적으로 상승한 상황이므로 강화 증거가 될 수 없습니다.

ㄹ. (셋째 가설) GDP 증가율 하락, 일시적 하락 포함 = (라) GDP 증가율의 하락
셋째 가설에 따르면, 채무불이행 후 GDP 증가율이 하락해야 합니다. 다만, 셋째 가설의 경우는 일시적인 증가율 하락이 영구적인 손실로서 의미를 가집니다(7문단). 따라서 (라)는 증가율이 하락 후 서서히 다시 회복하는 추세를 보이지만, 셋째 가설의 타당성을 강화하는 증거가 될 수 있습니다.

예제 3 2007학년도 M/DEET 언어추론

[1문단] 독일 역사학계에서 일상사(日常史) 연구는 사회사(社會史)에 대한 비판으로 1970년대 말에 등장하였다. ㉠ 위르겐 코카를 중심으로 한 기존의 사회사 연구는 근대화 이론과 비판 이론을 바탕으로 민족 국가, 산업화, 계급 사회 등 거대 담론을 도입하여 근대 사회의 구조와 과정을 조명하는 데 초점을 맞추었다. 반면에 일상사가들은 근대화가 초래한 희생과 부담에 주목하여 익명의 구조와 과정보다는 살아 숨쉬는 사람들의 주체성과 경험을 강조하였다. 특히 그들은 역사의 주체와 해방자로서 서민들의 생활과 행동 양식에 대한 연구를 주창했다. 그 후 일상사 연구는 점차 그 연구 대상과 관점을 다양화하며 풍부한 연구 영역을 개척해 왔다.

[2문단] 오늘날 일상사적 역사 이해 및 서술과 관련하여 '종속'의 관점과 '자율'의 관점이라는 두 관점이 있다. ㉡ 카린 하우젠은 사례 연구를 통해 근대 이래 대중들의 행위가 장기적으로는 점점 더 구조에 종속되고 있다는 사실을 입증하였다. 1960년 무렵 대도시 근교의 고층 건물에 거주했던 사람들은 '복잡한 기술적 시설과 장치들'의 정상적 작동에 종속되어 있었으며 그것들을 조정할 수 있는 가능성은 극도로 제한되어 있었다. 그들은 복잡한 집합체 안에서 자신의 일상을 살아가고 형성하며 해석한다. 본질적인, 어쩌면 실제로 결정적인 조치는 ⓐ '등 뒤'에서 이루어졌던 것이다. 전체주의적 지배가 대중의 일상을 철저히 종속시켰던 나치 시대에 관한 여러 일상사가들의 연구 결과도 하우젠의 관점을 뒷받침한다. 철저한 조직화와 빈틈없는 통제, 게르만 종족 공동체 이상과 반(反)유대주의의 결합, 그리고 이미지를 통한 대중 동원은 '사생활(私生活)의 정치화'를 가져왔다는 것이다.

[3문단] 그러나 ㉢ 크리스토퍼 브라우닝은 제2차 세계 대전 당시 독일군이 점령했던 폴란드 지역에서 전개된 유대인 학살의 일상을 치밀하게 추적한 결과, 이와 다른 사실을 발견하였다. 학살 작전에 관련되었던 관료 조직, 방위군, 나치 친위대와 평범한 독일인들로 구성된 경찰 특수 기동대 등이 보인 참여도와 동기는 기관뿐 아니라 내부 구성원 사이에서도 매우 커다란 차이를 보였다. 그들은 '몰살 정책'을 언제나 충실히 따른 것도 아니었으며, 잦은 과잉 학살에서 보듯이 '합리적인' 세부 지침을 위반하여 문제가 발생한 경우조차 있었다. 여러 일상사 연구에 의해 밝혀진 자발적 밀고, 폭력에 대한 방관, 혹은 노골적 약탈과 같이 통제되지 않은 폭력 등 많은 평범한 독일인들이 나치 체제에 적극 동참하고 협조한 사실 또한 브라우닝의 연구 결과와 유사한 함의를 지닌다. 게다가 어떠한 저항 행위도 용납되지 않았던 극단적 폭압 체제에서도 대중들의 일탈적 행위, 정치에 대한 무관심, 사적 영역에의 몰입, 노골적 불복종 등과 같은 다양한 형태의 저항 행위들은 발견되었다. ㉣ 데틀레프 포이케르트는 이러한 현상들을 '정치의 사생활화'로 명명하였다.

[4문단] 그럼에도 불구하고 일상 속에 나타나는 종속 구조와 자율 행동 사이의 경계는 그리 명료하지 않다. 지배자와 피지배자, 구조와 일상적 실천을 명확하게 가르는 인습적인 양분법은 문제를 드러내고 만다. '사생활의 정치화'와 '정치의 사생활화'는 동시적이며 동전의 양면과 같은 것이다. ⓜ 반 라크가 예시했듯이 일상에서 벌어지는 인간의 행위들은 체제와 구조 자체를 변화시키거나 때로는 스스로 구조를 형성하기도 하는데, 일상사 연구는 이러한 역관계(力關係)의 동시구조 긴장을 읽어냄으로써 근대 사회 구조와 지배의 성격을 새롭게 해명하려는 기획이기도 하다. 나아가 구조와 지배의 틀 속에서 단일한 정체성으로 규정된 주체를 해체함으로써 다중적 정체성을 가진 사람들의 행위를 역사화하고, 이를 통해 거대 역사 담론에 의해 짓눌리고 가려진 사회적 약자들의 존재와 가능성을 가시화할 수도 있게 된다.

[5문단] 그렇다면 동시대인과 행위자 자신은 물론, 훗날 자취와 흔적을 통해 그들의 행위를 재구성하고자 하는 사람들에게도 불분명하게 나타나는 일상성 속의 다양한 층위와 복합성을 어떻게 서술할 것인가? 행위자가 구조에 동조하거나 따를 때에도, 반대로 억압되거나 강제될 때에도, 그들이 독자적으로 행동하고 미세한 차이를 표현하며 변화를 가져올 수 있는 정도는 일상에 나타나는 구체적 행위를 묘사하는 언어들이 암시하는 것보다 언제나 커 보인다. 일상성에 관한 논의 결과는 '주어진 것'과 '스스로 만든 것'의 배합 비율에 기술적으로 좀 더 섬세하게 접근할 것을 요구한다. 여기에 일상사 서술의 풍부한 가능성이 있다.

28 글쓴이의 견해에 부합하는 것은?

① 사회사는 일상 세계의 심층 구조를 해체한 후 입체적으로 재구성한다.
② 소시민의 일상 세계는 다층적 일상성의 유형을 법칙화함으로써 역사화된다.
③ 근대 국가 권력이 일상 세계의 미세한 영역에까지 미쳐서 자율 영역은 점차 사라진다.
④ 소외되었던 서민들의 일상을 계층적으로 역사화하면 근대 사회 구조가 새롭게 규명된다.
⑤ 일상의 세밀한 묘사를 통해 거대 담론이 왜곡한 노동자들의 다중적 정체성이 회복된다.

29 ⓐ'등 뒤'의 함축적 의미로 적절한 것은?

① 감지할 수 없는 구속성
② 검증할 수 없는 인과성
③ 예측할 수 없는 우연성
④ 저항할 수 없는 절대성
⑤ 회피할 수 없는 숙명성

30 '사생활의 정치화'와 '정치의 사생활화'에 관한 설명으로 적절한 것은?

① '사생활의 정치화'는 '정치의 사생활화'의 집적을 통해 실현된다.
② '사생활의 정치화'는 체제 비판적이고, '정치의 사생활화'는 체제 순응적이다.
③ '사생활의 정치화'란 개개인이 자신의 일상 영역을 자율적으로 통제하는 현상을 말한다.
④ '정치의 사생활화'란 일상 행위 일반에서 정치성을 배제하는 것을 이른다.
⑤ '사생활의 정치화'를 통해 일상 세계의 전면적인 식민화가 이루어진다.

31 나치 시대에 일어난 사실들에 대해 ㉠~㉤이 제시한 해석을 추론한 것으로 적절한 것은?

① ㉠ 코카: 나치 시대 말기, 군수 공장에서 나타난 근무 태만과 불량품 증가는 노동자의 도덕관념이 해이해진 데에서 비롯하였다.
② ㉡ 하우젠: 유대인 '몰살 정책' 집행 과정에서 발생한 많은 과잉 학살 사례들은 '합리적' 집행 계획에 대한 불만의 표현이었다.
③ ㉢ 브라우닝: 민간인의 폭력이 통제되지 않고 증가한 것은 나치 체제의 결함 때문이었다.
④ ㉣ 포이케르트: 지하 서클, 재즈 클럽과 같은 청소년 하위문화는 나치 체제에 대한 저항의 한 표현이었다.
⑤ ㉤ 라크: 평범한 독일인들이 유대인들에 가한 잔학 행위는 전체주의 지배 구조가 조장한 반유대주의의 결과였다.

정답 및 해설은 다음 페이지에

정답 및 해설

28 정답 ⑤

⑤ 본문에서 글쓴이는 현대의 일상사 연구에 있어서 '종속'의 관점과 '자율'의 관점을 각각 검토한 후 4문단에서부터 자신의 견해를 주로 피력하고 있다. 이에 따르면 일상사 연구는 구조와 지배의 틀 속에서 단일한 정체성으로 규정된 주체를 해체하여 다중적 정체성을 가진 사람들의 행위를 역사화하는 역할을 수행한다. 선택지 가운데 이와 같은 글쓴이의 견해와 가장 유사한 내용을 담고 있는 선택지는 ⑤이다.

[오답해설]

① 일상 세계의 심층 구조를 파악하고자 하는 것은 사회사가 아니라 일상사 연구이다.

② 일상 세계에 대한 서술과 관련한 설명은 마지막 문단에 제시되어 있다. 특히 "그들이 독자적으로 행동하고 미세한 차이를 표현하며 변화를 가져올 수 있는 정도는 일상에 나타나는 구체적 행위를 묘사하는 언어들이 암시하는 것보다 언제나 커 보인다."는 구절에서 다층적인 일상성의 유형을 '언어'를 통해 법칙화하는 것이 힘들다는 것을 확인할 수 있다. 또한 4문단에서 '사생활의 정치화'와 '정치의 사생활화'가 별개의 것이 아니며 일상에서 벌어지는 인간의 행위들이 체제와 구조 자체를 변화시킬 수도 있음을 지적한 데에서 일상 세계의 다층성을 하나의 원리나 이론으로 법칙화하는 것이 어려움을 지적하고 있다.

③ 3문단에서 "어떠한 저항 행위도 용납되지 않았던 극단적 폭압 체제에서도 대중들의 일탈적 행위 … 등과 같은 다양한 형태의 저항 행위들은 발견되었다"는 구절에서 자율 영역이 쉽게 사라지지 않고 있음을 확인할 수 있다.

④ 서민들의 일상에 대한 계층적인 역사화는 계층에 따라 일상성의 양상이 다르게 정리될 수 있다는 것인데, 이는 ②의 법칙화와 마찬가지로 하나의 일정한 기준에서 일상성을 파악할 수 있다는 의미이다. 따라서 ④ 역시 글쓴이의 견해와는 부합하지 않는다.

29 정답 ①

① 비유적인 문장이나 표현의 내적 의미는 그 문장이나 표현이 속한 부분 앞뒤의 문맥을 파악함으로써 추론이 가능하다. ⓐ가 속한 문단에서 중점적으로 서술하고 있는 것은 일상사적 역사 이해와 관련한 '종속'의 관점이다. 이는 사회 구성원들이 점점 구조에 종속되고(구속성), 복잡한 기술적 시설이나 장치들을 조정할 수 있는 가능성은 극도로 제한되는 상황(통제 가능성의 상실, 자신을 구속하는 대상에 대한 인지 불능 상태)을 의미한다. 이를 종합하여 표현한 것으로 가장 적절한 것은 '감지할 수 없는 구속성'이다.

30 정답 ⑤

⑤ '사생활의 정치화'와 '정치의 사생활화'가 각각 종속의 관점과 자율의 관점에 포함된 개념들임을 파악하고 그 의미를 보다 구체화하는 것이 중요하다. '사생활의 정치화'는 대중들이 전체적인 지배 구조 속에 종속되어 통제됨을, '정치의 사생활화'는 전체주의적인 폭압이나 통제 속에서도 대중들의 일탈적 행위나 정치에 대한 무관심 등 자율적인 개인이 존재함을 보여준다. 선택지 가운데 이와 같은 구분에 입각하여 적절한 설명을 하고 있는 것은 '사생활의 정치화'가 일상 세계의 전면적인 식민화를 불러온다고 한 ⑤이다.

[오답해설]

① 두 개념은 서로 반대되는 방향성을 띠고 있으며, 적어도 본문의 내용상 '정치의 사생활화'는 사생활이 거대한 정치 체제나 구조에 종속되는 것에 대한 저항의 성격을 띠고 있으므로 '정치의 사생활화'의 집적이 '사생활의 정치화'로 나아가는 것은 불가능하다. 물론 반대 방향, 즉 '사생활의 정치화'가 심화됨에 따라 정치에 환멸을 느끼거나 소극적으로나마 저항하려는 개인들이 '정치의 사생활화'를 단행할 수는 있다. 그러나 이러한 흐름 역시 당위적으로 일어나는 것이라 보기는 어렵다.

② 본문의 맥락상 '사생활의 정치화'가 체제 순응적이고 '정치의 사생활화'가 체제 비판적이라 보는 것이 적절하다.
③ '사생활의 정치화'는 개개인이 자신의 일상 영역을 거대한 구조나 체제에 구속당한 상태를 의미한다.
④ 일탈적 행위나 노골적인 불복종 등까지도 모두 정치성이 배제된 것으로 파악하는 것은 무리가 있다.

31 정답 ④

④ 각 인물들이 속한 입장을 파악하는 것이 중요하다. 위르겐 코카(㉠)는 사회사 연구의 입장을, 카린 하우젠(㉡)은 종속적 일상사 연구의 관점을, 크리스토퍼 브라우닝(㉢)과 데틀레프 포이케르트(㉣)는 자율적 일상사 연구의 관점을, 반 라크(㉤)는 종속적 관점과 자율적 관점을 종합적으로 보는 입장을 취하고 있다. 이들 각각의 입장을 파악한 상태에서 선택지의 설명이 이들이 취하고 있는 입장, 관점과 일치하는지 여부를 판단하여야 한다. ④에서, 포이케르트는 자율적 일상사 연구의 관점을 취한 인물이므로 청소년들의 하위문화를 전체주의적인 집단성에 대한 저항의 하나로 보았다는 설명은 적절하다.

[오답해설]
① 사회사 연구의 관점에서는 개인의 문제를 중요시하지 않는다.
② 과잉 학살의 사례는 자율적 일상사 연구의 사례에 해당한다.
③ 나치 체제의 결함이라는 구조가 민간인의 폭력 증가라는 현상을 낳았으므로 종속적 일상사 연구의 사례에 해당한다.
⑤ 라크는 종속과 자율의 균형적 입장을 취하고 있으므로 전체 지배 구조에 의한 현상 발생뿐만 아니라 개개인의 자율적 선택 문제를 함께 다루고자 할 것이다.

예제 4 2020학년도 고3 9월 모의평가

[1문단] 과거는 지나가 버렸기 때문에 역사가가 과거의 사실과 직접 만나는 것은 불가능하다. 역사가는 사료를 매개로 과거와 만난다. 사료는 과거를 그대로 재현하는 것은 아니기 때문에 불완전하다. 사료의 불완전성은 역사 연구의 범위를 제한하지만, 그 불완전성 때문에 역사학이 학문이 될 수 있으며 역사는 끝없이 다시 서술된다. 매개를 거치지 않은 채 손실되지 않은 과거와 만날 수 있다면 역사학이 설 자리가 없을 것이다. 역사학은 전통적으로 문헌 사료를 주로 활용해 왔다. 그러나 유물, 그림, 구전 등 과거가 남긴 흔적은 모두 사료로 활용될 수 있다. 역사가들은 새로운 사료를 발굴하기 위해 노력한다. 알려지지 않았던 사료를 찾아내기도 하지만, 중요하지 않게 여겨졌던 자료를 새롭게 사료로 활용하거나 기존의 사료를 새로운 방향에서 파악하기도 한다. 평범한 사람들의 삶의 모습을 중점적인 주제로 다루었던 미시사 연구에서 재판 기록, 일기, 편지, 탄원서, 설화집 등의 이른바 '서사적' 자료에 주목한 것도 사료 발굴을 위한 노력의 결과이다.

[2문단] 시각 매체의 확장은 사료의 유형을 더욱 다양하게 했다. 이에 따라 역사학에서 영화를 통한 역사 서술에 대한 관심이 일고, 영화를 사료로 파악하는 경향도 나타났다. 역사가들이 주로 사용하는 문헌 사료의 언어는 대개 지시 대상과 물리적·논리적 연관이 없는 추상화된 상징적 기호이다. 반면 영화는 카메라 앞에 놓인 물리적 현실을 이미지화하기 때문에 그 자체로 물질성을 띤다. 즉, 영화의 이미지는 닮은꼴로 사물을 지시하는 도상적 기호가 된다. 광학적 메커니즘에 따라 피사체로부터 비롯된 영화의 이미지는 그 피사체가 있었음을 지시하는 지표적 기호이기도 하다. 예를 들어 다큐멘터리 영화는 피사체와 밀접한 연관성을 갖기 때문에 피사체의 진정성에 대한 믿음을 고양하여 언어적 서술에 비해 호소력 있는 서술로 비춰지게 된다.

[3문단] 그렇다면 영화는 역사와 어떻게 관계를 맺고 있을까? 역사에 대한 영화적 독해와 영화에 대한 역사적 독해는 영화와 역사의 관계에 대한 두 축을 이룬다. 역사에 대한 영화적 독해는 영화라는 매체로 역사를 해석하고 평가하는 작업과 연관된다. 영화인은 자기 나름의 시선을 서사와 표현 기법으로 녹여내어 역사를 비평할 수 있다. 역사를 소재로 한 역사 영화는 역사적 고증에 충실한 개연적 역사 서술 방식을 취할 수 있다. 혹은 역사적 사실을 자원으로 삼되 상상력에 의존하여 가공의 인물과 사건을 덧대는 상상적 역사 서술 방식을 취할 수도 있다. 그러나 비단 역사 영화만이 역사를 재현하는 것은 아니다. 모든 영화는 명시적이거나 우회적인 방법으로 역사를 증언한다. 영화에 대한 역사적 독해는 영화에 담겨 있는 역사적 흔적과 맥락을 검토하는 것과 연관된다. 역사가는 영화 속에 나타난 풍속, 생활상 등을 통해 역사의 외연을 확장할 수 있다. 나아가 제작 당시 대중이 공유하던 욕망, 강박, 믿음, 좌절 등의 집단적 무의식과 더불어 이상, 지배적 이데올로기 같은 미처 파악하지 못했던 가려진 역사를 끌어내기도 한다.

[4문단] 영화는 주로 허구를 다루기 때문에 역사 서술과는 거리가 있다고 보는 사람도 있다. 왜냐하면 역사가들은 일차적으로 사실을 기록한 자료에 기반해서 연구를 펼치기 때문이다. 또한 역사가는 ㉠ <u>자료에 기록된 사실이 허구일지도 모른다는 의심을 버리지 않고 이를 확인하고자 한다.</u> 그러나 문헌 기록을 바탕으로 하는 역사 서술에서도 허구가 배격되어야 할 대상만은 아니다. 역사가는 ㉮ <u>허구의 이야기 속에서 그 안에 반영된 당시 시대적 상황을 발견하여 사료로 삼으려고 노력하기도 한다.</u> 지어낸 이야기는 실제 있었던 사건에 대한 기록이 아니지만 사고방식과 언어, 물질문화, 풍속 등 다양한 측면을 반영하며, 작가의 의도와 상관없이 혹은 작가의 의도 이상으로 동시대의 현실을 전달해 주기도 한다. 어떤 역사가들은 허구의 이야기에 반영된 사실을 확인하는 것에서 더 나아가 ㉯ <u>사료에 직접적으로 나타나지 않은 과거를 재현하기 위해 허구의 이야기를 활용하여 사료에 기반</u>

한 역사적 서술을 보완하기도 한다. 역사가가 허구를 활용하는 것은 실제로 존재했던 과거에 접근하고자 하는 고민의 결과이다.

[5문단] 영화는 허구적 이야기에 역사적 사실을 담아냄으로써 새로운 사료의 원천이 될 뿐 아니라, 대안적 역사 서술의 가능성까지 지니고 있다. 영화는 공식 제도가 배제했던 역사를 사회에 되돌려 주는 '아래로부터의 역사'의 형성에 기여한다. 평범한 사람들의 회고나 증언, 구전 등의 비공식적 사료를 토대로 영화를 만드는 작업은 빈번하게 이루어지고 있다. 그리하여 영화는 하층 계급, 피정복 민족처럼 역사 속에서 주변화된 집단의 묻혀 있던 목소리를 표현해 낸다. 이렇듯 영화는 공식 역사의 대척점에서 활동하면서 역사적 의식 형성에 참여한다는 점에서 역사 서술의 한 주체가 된다.

22 윗글에 대한 이해로 가장 적절한 것은?

① 개인적 기록은 사료로 활용하기에 적절하지 않다.
② 역사가가 활용하는 공식적 문헌 사료는 매개를 거치지 않은 과거의 사실이다.
③ 기존의 사료를 새로운 방향에서 파악하는 것은 사료의 발굴 이라고 할 수 있다.
④ 문헌 사료의 언어는 다큐멘터리 영화의 이미지에 비해 지시 대상에 대한 지표성이 강하다.
⑤ 카메라를 매개로 얻어진 영화의 이미지는 지시 대상과 닮아 있다는 점에서 상징적 기호이다

23 ㉮, ㉯의 사례로 적절한 것만을 〈보기〉에서 있는 대로 찾아 바르게 짝지은 것은?

보기

ㄱ. 조선 후기 유행했던 판소리를 자료로 활용하여 당시 음식 문화의 실상을 파악하고자 했다.
ㄴ. B. C. 3세기경에 편찬된 것으로 알려진 경전의 일부에 사용된 어휘를 면밀히 분석하여, 그 경전의 일부가 후대에 첨가되었을 가능성을 검토했다.
ㄷ. 중국 명나라 때의 상거래 관행을 연구하기 위해 명나라 때유행한 다양한 소설들에서 상업 활동과 관련된 내용을 모아 공통된 요소를 분석했다.
ㄹ. 17세기의 사건 기록에서 찾아낸 한 평범한 여성의 삶에 대한 역사서를 쓰면서 그 여성의 심리를 묘사하기 위해 같은 시대에 나온 설화집의 여러 곳에서 문장을 차용했다.

	㉮	㉯
①	ㄱ, ㄷ	ㄹ
②	ㄱ, ㄹ	ㄴ
③	ㄴ, ㄷ	ㄱ
④	ㄷ	ㄴ, ㄹ
⑤	ㄹ	ㄱ, ㄴ

24 ㉠에 나타난 역사가의 관점에서 [A]를 비판한 내용으로 가장 적절한 것은?

① 영화는 많은 사실 정보를 담고 있기 때문에 사료로서의 가능성을 가지고 있다.
② 하층 계급의 역사를 서술하기 위해서는 영화와 같이 허구를 포함하는 서사적 자료에 주목해야 한다.
③ 영화가 늘 공식 역사의 대척점에 있는 것은 아니며, 공식 역사의 입장에서 지배적 이데올로기를 선전하는 수단으로 활용되곤 한다.
④ 주변화된 집단의 목소리는 그 집단의 이해관계를 반영하기 때문에 그것에 바탕을 둔 영화는 주관에 매몰된 역사 서술일 뿐이다.
⑤ 기억이나 구술 증언은 거짓이거나 변형될 가능성이 있기 때문에 다른 자료와 비교하여 진위 여부를 검증한 후에야 사료로 사용이 가능하다.

25 윗글을 바탕으로 〈보기〉를 이해한 내용으로 적절하지 않은 것은?

보기

1982년 작 영화 「마르탱 게르의 귀향」은 16세기 중엽 프랑스 농촌의 보통 사람들 간의 사건에 관한 재판 기록을 토대로 한다. 당시 사건의 정황과 생활상에 관한 고증을 맡은 한 역사가는 영화 제작 이후 재판 기록을 포함한 다양한 문서들을 근거로 동명의 역사서를 출간했다. 1993년, 영화 「마르탱 게르의 귀향」은 19세기 중엽 미국을 배경으로 하여 허구적 인물과 사건으로 재구성한 영화 「서머스비」로 탈바꿈되었다. 두 작품에서는 여러 해 만에 귀향한 남편이 재판 과정에서 가짜임이 드러난다. 전자는 당시 생활상을 있는 그대로 복원하는 데 치중했다. 반면 후자는 가짜 남편을 마을에 바람직한 변화를 가져온 지도자로 묘사하면서 미국 근대사를 긍정적으로 평가하고자 하는 대중의 욕망을 반영했다.

① 「서머스비」에 반영된, 미국 근대사를 긍정적으로 평가하려는 대중의 욕망은 영화가 제작된 당시 사회의 집단적 무의식에 해당하는군.
② 실화에 바탕을 둔 영화 「마르탱 게르의 귀향」을 가공의 인물과 사건으로 재구성한 「서머스비」에서는 영화에 대한 역사적 독해를 시도하기 어렵겠군.
③ 영화 「마르탱 게르의 귀향」은 실제 사건의 재판 기록을 토대로 제작됐지만, 그 속에도 역사에 대한 영화인 나름의 시선이 표현 기법으로 나타났겠군.
④ 영화 「마르탱 게르의 귀향」은 역사적 고증에 바탕을 두고 당시 사건과 생활상을 충실히 재현하기 위해 노력했다는 점에서 개연적 역사 서술 방식에 가깝겠군.
⑤ 역사서 「마르탱 게르의 귀향」은 16세기 프랑스 농촌의 평범한 사람들의 삶의 모습을 서사적 자료에 근거하여 다루었다는 점에서 미시사 연구의 방식을 취했다고 볼 수 있군.

정답 ③, ①, ⑤, ②

예제 5 2019학년도 수능

[1문단] 17세기 초부터 유입되기 시작한 서학(西學) 서적에 담긴 서양의 과학 지식은 당시 조선의 지식인들에게 적지 않은 지적 충격을 주며 사상의 변화를 이끌었다. 하지만 ㉠ 19세기 중반까지 서양 의학의 영향력은 천문·지리 지식에 비해 미미하였다. 일부 유학자들이 서양 의학 서적들을 읽었지만, 이에 대해 논평을 남긴 인물은 극히 제한적이었다.

[2문단] 가운데 18세기 실학자 이익은 주목할 만한 인물이다. 그는 「서국의(西國醫)」라는 글에서 아담 샬이 쓴 「주제군징(主制群徵)」의 일부를 채록하면서 자신의 생각을 제시하였다. 「주제군징」에는 당대 서양 의학의 대변동을 이끈 근대 해부학 및 생리학의 성과나 그에 따른 기계론적 인체관은 담기지 않았다. 대신 기독교를 효과적으로 전파하기 위해 신의 존재를 증명하려 했던 로마 시대의 생리설, 중세의 해부 지식 등이 실려 있었다. 한정된 서양 의학 지식이었지만 이익은 그 우수성을 인정하고 내용을 부분적으로 수용하였다. 뇌가 몸의 운동과 지각 활동을 주관한다는 아담 샬의 설명에 대해, 이익은 몸의 운동을 뇌가 주관한다는 것은 긍정하였지만, 지각 활동은 심장이 주관한다는 전통적인 심주지각설(心主知覺說)을 고수하였다.

[3문단] 이익 이후에도 서양 의학이 조선 사회에 끼친 영향은 두드러지지 않았다. 당시 유학자들은 서양 의학의 필요성을 느끼지 못하였고, 의원들의 관심에서도 서양 의학은 비껴나 있었다. 당시에 전해진 서양 의학 지식은 내용 면에서도 부족했을 뿐 아니라, 지구가 둥글다거나 움직인다는 주장만큼 충격적이지는 않았다. 서양 해부학이 야기하는 윤리적 문제도 서양 의학의 영향력을 제한하는 요인으로 작용하였으며, 서학에 대한 조정(朝廷)의 금지 조치도 걸림돌이었다. 그러던 중 19세기 실학자 최한기는 당대 서양에서 주류를 이루고 있던 최신 의학 성과를 담은 홉슨의 책들을 접한 후 해부학 전반과 뇌 기능을 중심으로 문제의식을 본격화하였다. 인체에 대한 이전 유학자들의 논의가 도덕적 차원에 초점이 있었던 것과 달리, 그는 지각적·생리적 기능에 주목하였다.

[4문단] 최한기의 인체관을 함축하는 개념 중 하나는 '몸기계'였다. 그는 이 개념을 본격적으로 사용하기에 앞서 인체를 형체와 내부 장기로 구성된 일종의 기계로 파악하고 있었다. 이러한 생각은 「전체신론(全體新論)」 등 홉슨의 저서를 접한 후 더 분명해져서 인체를 복잡한 장치와 그 작동으로 이루어진 몸기계로 형상화하면서도, 인체가 외부 동력에 의한 기계적 인과 관계에 지배되는 것이 아니라 그 자체가 생명력을 가지고 자발적인 운동을 한다고 보았다. 이는 인체를 '신기(神氣)'와 결부하여 이해한 결과였다. 기계적 운동의 인과 관계를 설명하려면 원인을 찾는 과정이 꼬리에 꼬리를 물고 이어지게 된다. 따라서 이러한 무한 소급을 끝맺으려면 운동의 최초 원인을 상정해야만 한다. 이 문제를 해결하기 위해 의료 선교사인 홉슨은 창조주와 같은 질적으로 다른 존재를 상정하였다. 기독교적 세계관을 부정했던 최한기는 인체를 구성하는 신기를 신체 운동의 원인으로 규정하여 이 문제를 해결하려 하였다.

[5문단] 최한기는 「전체신론」에 수록된, 뇌로부터 온몸에 뻗어 있는 신경계 그림을 접하고, 신체 운동을 주관하는 뇌의 역할과 중요성을 인정하였다. 하지만 뇌가 운동뿐만 아니라 지각을 주관한다는 홉슨의 뇌주지각설(腦主知覺說)에 관심을 기울이면서도, 뇌주지각설은 완전한 체계를 이루기에 불충분하다고 보았다. 뇌가 지각을 주관하는 과정을 창조주의 섭리로 보고 지각 작용과 기독교적 영혼 사이의 연관성을 부각하려 한 「전체신론」의 견해를 부정하고, 대신 '심'이 지각 운용을 주관한다는 심주지각설이 더 유용하다고 주장하였다.

[6문단] 그러나 종래의 심주지각설을 그대로 수용한 것은 아니었다. 기존의 심주지각설이 '심'을 심장으로 보았던 것과 달리 그는 신기의 '심'으로 파악하였다. 그에 따르면, 신기는 신체와 함께 생성되고

소멸되는 것으로, 뇌나 심장 같은 인체 기관이 아니라 몸을 구성하면서 형체가 없이 몸속을 두루 돌아다니는 것이다. 신기는 유동적인 성질을 지녔는데 그 중심이 '심'이다. 신기는 상황에 따라 인체의 특정 부분에 더 높은 밀도로 몰린다. 그래서 특수한 경우에는 다른 곳으로 중심이 이동하는데, 신기가 균형을 이루어야 생명 활동과 지각이 제대로 이루어질 수 있다. 그는 경험 이전에 아무런 지각 내용을 내포하지 않고 있는 신기가 감각 기관을 통한 지각 활동에 의해 외부 세계의 정보를 받아들여 기억으로 저장한다고 파악하였다. 신기는 한 몸을 주관하며 그 자체가 하나로 통합되어 있기 때문에 감각을 통합할 수 있으며, 지각 내용의 종합과 확장, 곧 스스로의 사유를 통해 지각 내용을 조정하고, 그러한 작용에 적응하여 온갖 세계의 변화에 대응할 수 있다고 보았다.

[7문단] 최한기의 인체관은 서양 의학과 신기 개념의 접합을 통해 새롭게 정립된 것이었다. 비록 양자 사이의 결합이 완전하지는 않았지만, 서양 의학을 맹신하지 않고 주체적으로 수용하여 정합적인 체계를 이루고자 한 그의 시도는 조선 사상사에서 주목할 만한 성취라 평가할 수 있을 것이다.

17 윗글에 대한 이해로 적절하지 않은 것은?

① 최한기는 홉슨의 저서를 접하기 전부터 인체를 일종의 기계로 파악하였다.
② 아담 샬과 달리 이익은 심장을 중심으로 인간의 지각 활동을 이해하였다.
③ 이익과 홉슨은 신체의 동작을 뇌가 주관한다는 것에서 공통적인 견해를 보였다.
④ 아담 샬과 홉슨은 각자가 활동했던 당시에 유력했던 기계론적 의학 이론을 동양에 소개하였다.
⑤ 「주제군징」과 「전체신론」에는 기독교적인 세계관이 투영된 서양 의학 이론이 포함되어 있었다.

18 윗글을 참고할 때, ㉠의 이유로 적절하지 않은 것은?

① 조선에서 서양 학문을 정책적으로 배척했기 때문이다.
② 전래된 서양 의학이 내용 면에서 불충분했기 때문이다.
③ 당대 의원들이 서양 의학의 한계를 지적했기 때문이다.
④ 서양 해부학이 조선의 윤리 의식에 위배되었기 때문이다.
⑤ 서양 의학이 천문 지식에 비해 충격적이지 않았기 때문이다.

19 〈보기〉는 인체에 관한 조선 시대 학자들의 견해이다. 윗글에 제시된 '최한기'의 견해와 부합하는 것을 〈보기〉에서 고른 것은?

보기

ㄱ. 심장은 오장(五臟)의 하나이지만 한 몸의 군주가 되어 지각이 거기에서 나온다.
ㄴ. 귀에 쏠린 신기가 눈에 쏠린 신기와 통하여, 보고 들음을 합하여 하나로 만들 수 있다.
ㄷ. 인간의 신기는 온몸의 기관이 갖추어짐에 따라 생기고, 지각 작용에 익숙해져 변화에 대응하는 것이다.
ㄹ. 신기는 대소(大小)로 구분되어 있는 것이니, 한 몸에 퍼지는 신기가 있고 심장에서 운용하는 신기가 있다.

① ㄱ, ㄴ ② ㄱ, ㄷ ③ ㄴ, ㄷ
④ ㄴ, ㄹ ⑤ ㄷ, ㄹ

20 윗글의 '최한기'와 〈보기〉의 '데카르트'를 비교하여 이해한 내용으로 적절하지 않은 것은?

보기

서양 근세의 철학자 데카르트는 물질과 정신을 구분하여, 물질은 공간을 차지한다는 특징을 갖는 반면 정신은 사유라는 특징을 갖는다고 보았다. 물질의 기계적 운동을 옹호했던 그는 정신이 깃든 곳은 물질의 하나인 두뇌이지만 정신과 물질은 서로 독립적이라고 주장하였다. 그러나 정신과 물질이 영향을 주고받음을 설명할 수 없다는 비판을 받았다.

① 데카르트의 '정신'과 달리 최한기의 '신기'는 신체와 독립적이지 않겠군.
② 데카르트와 최한기는 모두 인간의 사고 작용이 일어나는 곳은 두뇌라고 보았겠군.
③ 데카르트의 '정신'과 최한기의 '신기'는 모두 그 자체로는 형체를 갖지 않는 것이겠군.
④ 데카르트와 달리 최한기는 인간의 사고가 신체와 영향을 주고받음을 설명할 수 없다는 비판을 받지는 않겠군.
⑤ 데카르트의 견해에서도 최한기에서처럼 기계적 운동의 최초 원인을 상정하면 무한 소급의 문제를 해결할 수 있겠군.

정답 ④, ③, ③, ②

② 대립 구도 2 - 변화

변화 관계 중심의 대립 구도는 크게 보아 비교/대조 중심의 대립 구도의 확장형이라 할 수 있습니다. 변화 관계의 대립 구도에서도 기본이 되는 것은 서로 다른 시기·시대 사이의 차이점이기 때문에 분석의 틀은 크게 달라지지 않습니다. 하지만 시기의 흐름에 따라 달라지는 것 외에 변하지 않고 유지되는 것도 있기 때문에 비교/대조형 설명글에 비해 대립 구도가 보다 복잡해질 가능성이 높습니다. 특히 2015학년도 헤겔의 미학사에 대한 글이나 2013학년도 조선시대의 수령제도의 변천 양상에 대한 글은 시기별 대립 지점이 두 개 이상의 요소들로 다층화되어 있기 때문에 정보 구조가 복잡해져 상대적 난도도 높게 설정되어 있습니다. 따라서 이러한 글들을 독해할 때는 변화의 핵심 요소를 결과 중심으로 먼저 파악하고, 각각에 대한 세부적인 사례나 부연 설명은 문제에서 질문을 던질 경우 다시 지문으로 돌아와 내용을 분석하는 형태로 독해의 강약을 적절히 조절하여야 합니다. 이제 몇 개의 예제 지문을 통해 변화 관계 중심의 대립 구도를 파악하는 훈련을 해 보도록 하겠습니다.

예제 1 2011학년도 M/DEET 언어추론

[1문단] 조선 시대의 조의(朝儀)는 군신(君臣)이 만나는 유교적 의식을 총칭했다. 조의의 참석자는 예를 받는 국왕과 예를 행하는 행례자(行禮者)로 구분되는데, 행례자는 조선의 관품 체제에 편성된 사람이었다. 조의에서 국왕의 자리는 근정전 내부에 남향으로 준비됐고, 행례자 자리는 마당에 북향으로 설치됐다. 가운데 길을 기준으로 동쪽에 위치하는 문관을 동반, 서쪽에 위치하는 무관을 서반이라 했다. 동·서반에는 각각 관품별로 별도의 반열(班列)이 있었는데, 높은 관품의 반열이 앞줄이었고, 낮은 관품은 뒷줄이었다. 같은 반열 내에서의 서열은 동·서반 모두 가운데 길에 가까울수록 높았다. 동쪽은 양(陽)을 의미하므로 우위에 있는 동반을 배치한 것이고, 반열 및 반열 내에서의 서열은 국왕과의 거리를 기준으로 한 것이다. 이런 배치는 유교의 일반 원칙에 따른 것으로 조선 시대 내내 고정된 것이었다.

[2문단] 또한 조선은 조의 절차를 조정하여 국왕을 유교적 군주로 부각시키고자 했는데, 그 과정에서 이상적 형식과 현실적 편의성 사이의 적절한 절충점을 찾기 위해 고심했다. 천명(天命)을 받은 유교적 군주는 모든 것의 기준이 되는 북극성과 같은 존재여야 했다. 조의에서 이를 드러내기 위해서는 국왕은 움직이지 않고, 관원이 국왕을 찾아가서 뵙고 나오는 형식을 갖춰야 했다. 태조 때는 전체 관원이 입장하여 예를 행하고 퇴장하는 과정까지 국왕이 지켜보는 형태였다. 이는 유교적 군주상을 잘 반영한 형식이었으나, 고려 이래의 관행인 승려의 범패(梵唄) 연주와 아라비아 사람의 축송 순서가 있는 등 비유교적인 절차도 포함하고 있었다. 태종 때는 관원이 모두 입장한 상태에서 국왕이 입장하고, 행례 절차가 끝난 후에는 국왕이 먼저 퇴장했는데, 이는 국왕의 편의를 최대한 고려한 것이었다.

[3문단] 세종 13년 정월 초하루에 진행된 ㉠ <u>정삭조하의(正朔朝賀儀)</u>부터 조의는 조선적인 면모를 갖추게 됐다. 관원이 나뉘어 입장했던 당(唐)의 의식을 참조하여, 유교적 군주상을 드러내면서 번거로운 절차를 줄였다. 종전과는 달리 3품 이하 관원이 미리 입장하고, 이어 국왕이 어좌에 앉고, 마지막으로 2품 이상의 관원이 입장한 후, 전체 관원이 함께 행례했다. 국왕은 2품 이상 관원의 퇴장을 지켜봤고, 이들의 퇴장과 동시에 행례의 종료를 의미하는 예필(禮畢)이 선언됐다. 이것은 2품 이상의 입·퇴장으로 전체 관원의 입·퇴장을 상징적으로 나타내려는 의도였다. 이런 구성은 2품 이상의 관원에게 전체 관원을 대표하는 행례 역할을 담당하게 한 것으로, 여타 관원과 구분되는 2품 이상 재상급 관원의 특별한 지위를 반영한 것이기도 했다.

[4문단] 왕세자의 행례 절차도 이때 함께 정비했다. 왕세자가 일반 관원을 이끌고 행례할지는 논란이었다. 3품 이하 관원이 있는 상태에서 왕세자가 자신의 관속을 이끌고 입장하여 행례하고 퇴장한 후, 2품 이상의 관원이 입장하여 전체 관원이 행례하는 것으로 정리됐다. 또한 승려나 아라비아계가 담당했던 비유교적 요소도 배제했고, 일본인과 여진인 자리도 고정시켰다. 일본인은 동쪽, 여진인은 서쪽으로 했는데, 각각 조선에서 인정한 관품에 따라 해당되는 문무 관원의 반열 안에 가장 서열이 낮은 자리가 배정됐다. 동북아시아를 포괄하는 조선적 질서를 규정한 것이다. 수정된 틀 위에서 다양한 절차가 구성됐다. 단순한 의식에서는 네 번 절하는 사배(四拜)만 있었지만, 정삭조하의에서는 여러 절차가 추가됐다. 의례 공간에는 국왕을 나타내는 다양한 의장물이 배치됐고, 국왕의 임재(臨在)는 제후를 상징하는 홍·청색 의장으로 표시됐다. 사배에 이어, 축하 인사와 이마를 땅에 대는 고두(叩頭), 천세(千歲)를 외치는 산호(山呼) 등이 행해졌다.

[5문단] 세종 13년의 의식은 「세종실록」의 '오례' 조의에서 부분적으로 수정됐다. 이 조의에서는 예필이 선언된 후, 관원이 지켜보는 가운데 국왕이 먼저 퇴장했다. 이러한 방식은 황제권이 극대화된 명(明)의 제도를 수용한 것으로, 국왕의 편의가 더 고려된 형태로 조정된 것이었다. 이런 수정을 거친 후, 세종 13년의 의식은 성종 때 간행된 「국조오례의」에서 정형화된 의식으로 자리 잡고, 이후 그대로 시행됐다.

1문단에서는 조선 시대의 '조의'가 무엇인지, 어떤 공간적 구성을 취하고 있는지에 대해 먼저 설명하고 있습니다. 아직까지 시기 변화 중심의 대립 구도가 본격적으로 등장할 것이란 언급은 없지만, 조선 시대를 다룬 대부분의 글들이 시기별 변화 흐름을 주된 구조로 취하고 있다는 것을 고려하면 2문단부터 본격적인 대립 구도가 등장할 것을 예측할 수 있습니다. 한편 1문단 후반부에 언급된 공간적 위계에 대한 규정들은 조선 시대 내내 고정된 것이라 하였으므로, 이는 모든 시대를 관통하는 대전제라 할 수 있습니다.

2문단 첫 번째 문장을 통해 이 글이 '이상적 형식'과 '현실적 편의성'이라는 두 요소를 중심으로 각 시대를 고찰할 것임을 알 수 있습니다. 앞서 살펴보았던 퀴비에, 조프루아, 라마르크의 대비 글에서처럼, 두 요소 가운데 어느 쪽에 강조점을 두었는가를 중심으로 각 시대의 계열어를 정리해 나가면 되는 것입니다. 이때, 지문에서 '이상적 형식'은 유교적 군주상을 강조하는 것으로, '현실적 편의성'은 국왕의 편의를 고려하는 것으로 말바꾸기가 되어 있음에 유의해야 합니다.

태조	'이상적 형식' / 비유교적 절차 O
태종	'현실적 편의성' (최대)

세종 13년의 정삭조하의는 두 요소의 절충을 시도한 것인데 이는 3문단 두 번째 문장의 후반부(유교적 군주상을 드러냄 + 번거로운 절차는 줄임)를 통해 알 수 있습니다. 3문단 후반부에서는 구체적인 조의 절차를 상세하게 설명하고 있는데 여기서 핵심은 2품 이상의 관원이 퇴장하는 것이 예필 즉 예의 마침을 의미하도록 했다는 것입니다. 4문단에서는 왕세자가 3품 이하 관원을 대표하는 존재로 설정되었다는 것을 확인할 수 있으며, 태조 때에 대한 설명에서 언급되었던 비유교적 절차가 세종 대에 이르러 배제되었다는 것까지 알 수 있습니다.

태조	'이상적 형식' / 비유교적 절차 O
태종	'현실적 편의성' (최대)
세종 13년 정삭조하의	'이상적 형식'과 '현실적 편의성'의 절충 / 비유교적 절차 X 2품 이상 관원의 퇴장 = 예필(예의 종료) / 왕세자는 3품 이하를 대표

5문단에서는 세종 13년의 정삭조하의와 달라진 새로운 조의로 '오례' 조의가 소개되고 있습니다. 이 '오례' 조의는 국왕의 편의가 더 고려된 것이며, 이렇게 수정된 절차가 「국조오례의」까지 유지되었습니다.

태조	'이상적 형식' / 비유교적 절차 O
태종	'현실적 편의성' (최대)
세종 13년 정삭조하의	'이상적 형식'과 '현실적 편의성'의 절충 / 비유교적 절차 X 2품 이상 관원의 퇴장 = 예필(예의 종료) / 왕세자는 3품 이하를 대표
'오례' 조의 = 국조오례의	상대적으로 '현실적 편의성'을 더 고려

이제 이러한 시대별로 정리된 계열어를 바탕으로 문제를 풀어보시기 바랍니다.

08 입 · 퇴장 절차를 기준으로 조의의 특성을 비교한 것으로 옳은 것은?

① 태조 때 조의는 「국조오례의」 조의보다 국왕의 편의성이 더 고려됐다.
② 태종 때 조의는 「세종실록」 '오례' 조의보다 유교적 군주상이 더 고려됐다.
③ 세종 13년 정삭조하의는 태종 때 조의보다 국왕의 편의성이 더 고려됐다.
④ 「세종실록」 '오례' 조의는 「국조오례의」 조의보다 유교적 군주상이 더 고려됐다.
⑤ 「국조오례의」 조의는 세종 13년 정삭조하의보다 국왕의 편의성이 더 고려됐다.

09 ㉠에 대한 설명으로 옳은 것은?

① 국왕의 지위를 드러내기 위해 시각적 요소를 이용했다.
② 국왕의 행사장 퇴장 여부를 기준으로 예필의 시점을 정했다.
③ 동 · 서반 반열 중 가운데 길에 인접한 자리에 외국인을 배정했다.
④ 중국 의례 형식과 비유교적 의례 전통을 종합하여 의식을 구성했다.
⑤ 왕세자가 전체 관원을 대표하여 행례함으로써 특별한 지위를 드러냈다.

10 위 글에서 〈보기〉의 ⓐ의 예를 찾은 것으로 적절하지 않은 것은?

보기

유교적 통치는 상징을 반영한 의례의 구성을 통해 드러났고, 의례는 상호 간의 합의를 바탕으로 참석자를 현존하는 질서 내로 통합하는 기능을 수행했다. 의례의 현장은 특정 질서 체제 내에서의 우열 관계를 반영하여 ⓐ 사회적 차등화를 하나의 공간에 담아내는 기능을 했다.

① 국왕 자리의 북쪽 배치
② 음양에 따른 반열 배정
③ 관품에 따른 행례 구분
④ 범패 연주 절차의 수용
⑤ 사배 · 고두 · 산호 시행

정답 및 해설

08 정답 ⑤

⑤ 5문단에 따르면 세종 13년의 의식(정삭조하의)을 국왕의 편의가 더 고려된 형태로 조정한 것이 「세종실록」 '오례' 조의이며 이것이 정형화된 것이 「국조오례의」 조의이다. 따라서 ⑤는 옳은 설명입니다.

[오답해설]

① 태조 때의 조의는 유교적 군주상을 잘 반영한 형식이었던 반면(2문단), 「국조오례의」 조의는 세종 13년의 의식이 국왕의 편의가 더 고려된 형태로 수정되어 자리 잡게 된 것입니다(5문단). 따라서 태조 때의 조의보다 「국조오례의」 조의가 국왕의 편의성을 더 고려한 것입니다.

②, ③ 태종 때의 조의는 국왕의 편의를 최대한 고려한 것이므로 다른 시대의 조의에 비해 유교적 군주상이 가장 덜 고려된 형태라 할 수 있습니다. 또한 태종 때의 조의가 국왕의 편의성이 가장 고려된 것이므로 선지 ③의 진술 역시 잘못되었음을 알 수 있습니다.

④ 세종 13년의 정삭조하의가 「세종실록」 '오례' 조의에서 수정을 거친 후 정형화된 것이 「국조오례의」 조의이므로 「세종실록」 '오례' 조의와 「국조오례의」 조의는 그 성격이나 절차상의 특징에 있어서 차이가 없다고 보아야 합니다.

09 정답 ①

① 5문단에서 의례 공간에 국왕을 나타내는 다양한 의장물을 배치하고, 국왕의 임재는 제후를 상징하는 홍색과 청색 의장으로 표시했음을 지적하고 있습니다. 따라서 ①은 옳은 설명입니다.

[오답해설]

② 3문단에 의하면 2품 이상 관원들이 퇴장함과 동시에 예필이 선언되었습니다.

③ 1문단에 의하면 같은 반열 내에서의 서열은 가운데 길에 가까울수록 높으며, 4문단에 의하면 일본인이나 여진인 등의 외국인은 해당되는 문무 관원의 반열 안에서 가장 서열이 낮은 자리에 배정되었습니다. 따라서 외국인이 배정된 자리는 가운데 길에서 먼 자리입니다.

④ 4문단에서 승려나 아라비아계가 담당했던 비유교적 요소는 배제했음을 지적하고 있습니다.

⑤ 4문단에 따르면 전체 관원을 대표하는 행례 역할을 담당한 것은 2품 이상의 관원들이었습니다.

10 정답 ④

왕이 북쪽에 오도록 하여 왕의 자리와 관원들의 자리를 분리해 놓은 것(①), 우위에 있는 동반이 양(陽)의 자리인 동쪽에 위치한 것(②), 높은 관품 · 서열인 관원이 앞줄 가운데 자리에 위치하고 낮은 관품 · 서열인 관원이 가운데 길에서 멀리 떨어진 뒷줄 자리에 위치한 것(③) 등은 모두 공간적 분할을 통해 신분의 높낮이를 표현한 것으로 '사회적 차등화'가 구현된 것이라 할 수 있습니다. 그리고 사배, 고두, 산호 등은 관원들이 왕을 향해 예를 행하는 것들로서 이 역시 왕과 관원 사이의 우열 관계를 나타내는 상징적 절차들이라 할 수 있습니다(⑤).

그러나 ④에서 이야기하는 승려들의 범패 연주는 비유교적인 절차였으며 세종 13년의 정삭조하의부터는 조의 과정에서 아예 배제되었으므로 이를 사회적 차등화의 구현 수단으로 보는 것은 부적절합니다.

예제 2 　2009학년도 LEET 언어이해

[1문단] 오늘날 우리는 법적인 문제에 있어서 사람들 사이에 합의가 있으면 당사자가 합의의 내용에 구속될 뿐 아니라 합의가 이행되지 않을 경우에는 당연히 소송을 통해 그 이행을 강제할 수 있다고 생각하는 경향이 있다. 하지만 합의에 관한 이러한 이해는 비교적 최근에야 생겨난 것으로 보인다.

[2문단] 로마의 법률가들이나 중세 영국의 판사들은 단순히 합의가 있었다고 해서 당사자가 합의의 내용에 구속된다고 보지는 않았다. 그뿐 아니라 합의가 지켜지지 않으면 곧 소송을 통해서 그 이행을 강제할 수 있어야 한다는 생각도 그들에게는 매우 낯선 것이었다. 왜냐하면 그들이 보기에 합의의 불이행으로 인한 손해를 구제하는 것과 합의의 이행을 강제하는 것은 확연히 구분되는 일이었으며, 소송은 기본적으로 전자를 위한 수단이었지 후자를 위한 수단은 아니었기 때문이다. 예컨대 로마의 법률가들은, 만일 당사자가 어떤 노예를 해방하기로 하고 돈을 받아 놓고도 그 노예를 해방하지 않고 있다면 받은 돈을 되돌려 주도록 하는 것으로 충분하며 굳이 그 노예를 해방하도록 강제할 필요는 없다고 보았다. 그들은 합의는 준수되어야 한다는 선험적인 전제로부터 출발하여 사태를 해결하려 했던 것이 아니라 단지 구체적인 분쟁에 대한 만족스러운 해결책은 무엇인가라고 하는 지극히 현실적인 물음에서 출발했던 것이다.

[3문단] 합의의 구속력에 대한 이 같은 인식에 변화가 발생하게 된 원인에 대해서는 여러 가지 설명이 있을 수 있다. 우선 합의를 하고 그것을 이행하는 과정에서 소송을 통해 구제될 필요가 있는 손해의 발생 가능성이 현저하게 증가했다는 점에 주목할 필요가 있다. 경제사 학자들의 연구 성과에 따르면, 16세기 중반까지 대체로 안정적이었던 영국의 물가가 16세기 후반 갑자기 상승 국면으로 바뀌었는데, 이러한 경제 지표의 변화 시점은 영국의 판사들이 소송을 통한 합의의 이행 강제도 가능하다고 입장을 바꾼 시점과 거의 일치하고 있다. 예를 들어 매매 계약을 체결하고도 매도인이 그 계약을 이행하지 않는 경우를 생각해 보자. 계약을 체결한 시점과 이행할 시점 사이에 목적물의 가격이 변하지 않았다면 매수인은 같은 가격에 다른 사람과 계약을 체결할 수 있지만, 가격이 상승했다면 비싼 가격에 계약을 다시 체결해야 하므로 가격 차이는 고스란히 손해로 이어지게 된다. 따라서 학자들은 경제 여건의 변화가 소송 제도의 변화에 영향을 미쳤을 것이라 해석한다.

[4문단] 그러나 경제 여건의 변화만으로 모든 것을 설명할 수는 없다. ㉠ <u>'형식의 옷을 입지 않은 합의만으로는 소권(訴權)이 생기지 않는다'</u>는 로마법 이래의 원칙을 파기하려면 법리적 정당화가 수반되어야 했기 때문이다. 하지만 중세의 세속법 학자들은 그러한 정당화가 불가능하다고 여겼다. 다수의 영국 판사들이 소송을 통한 합의의 이행 강제에 반대했던 것도 비슷한 이유 때문이었다. 그들의 이러한 형식법적 사고방식을 과감히 뛰어넘는 데 필요한 힘은 교회로부터 나왔다. 중세의 교회법은 자연법적 색채가 강했으며, 교회의 윤리 신학자들은 오직 해야 할 것과 해서는 안 되는 것 그 자체를 양심의 법정에서 실질적으로 판단하고자 했다. 이러한 실질법적 사고방식은 이미 13세기 교황 그레고리우스 9세의 훈령 속에 ㉡ <u>'합의는 어떠한 형식의 것이든 준수되어야 한다'</u>는 조항으로 규정되었고, 결국 16세기 후반 영국 세속법의 변화에도 법리적인 정당화를 제공해 주었다. 이후 합의의 형식적 측면보다는 실질적 측면이 더 강조되었다. 즉 합의는 내용적으로 문제가 없는 한 당사자를 구속하며 그 이행은 강제될 수 있는 것으로 인식되기 시작했다.

[5문단] 16세기 후반 우여곡절 끝에 영국 법원의 공식적 입장이 전환되기는 했지만 판사들 간의 논란은 종식되지 않았다. 과거의 전통을 지지하는 판사들은 여전히 형식의 옷을 중요하게 생각했던 것이다. 합의의 구속력이 논란의 여지없이 당연한 것으로 받아들여지기까지는 200년 이상의 시간이 더 필요했다. 경제적 여건의 변화에 주목하는 학자들은 16세기 후반 이후 약 200년간 물가 상승이 지속

적으로 이어지면서 합의의 이행을 강제하는 법 제도가 점차 당연하고도 정의로운 것으로 여겨지게 되었다고 주장한다. 하지만 우리는 19세기의 법률가들이 인간 중심적인 근대 철학에 기초하여 합의의 구속력의 근거를 새로운 관점에서 설명하고자 했다는 점에도 주목해야 할 것이다. 19세기의 법률가들은 합의의 구속적 성격이 인간의 자율성에서 도출된다고 보았다. 인간은 자율적 존재이기 때문에 스스로 합의한 바에 구속되는 것은 당연하다는 것이다.

05 위 글의 내용과 일치하지 않는 것은?

① 로마 시대의 법률가들은 원칙에 따른 일관성보다는 현실적인 고려를 중시하였다.
② 중세 영국의 판사들은 기본적으로 소송을 손해의 구제 수단으로 여겼다.
③ 16세기 후반의 영국 판사들은 소송을 통한 합의의 이행 강제를 당연한 것으로 여겼다.
④ 중세의 윤리 신학자들은 윤리적인 관점에서 합의 준수 의무를 인정하였다.
⑤ 19세기의 법률가들은 근대 철학이 합의의 구속력을 설명하는 논리를 제공해 줄 수 있다고 보았다.

06 위 글의 문맥에 따를 때 ㉠, ㉡으로부터 추론한 내용으로 적절하지 않은 것은?

① ㉠은 합의의 내용에 따라 그것의 구속력 여부가 결정됨을 뜻한다.
② ㉠은 합의의 불이행만으로는 소권이 부여되기에 충분하지 않았음을 보여 준다.
③ ㉡은 19세기에도 통용된 법 원칙이다.
④ ㉡은 합의의 형식에 따라 그것의 구속력 여부가 결정되지는 않음을 의미한다.
⑤ ㉠과 ㉡은 합의의 구속력 여부에 대한 판단 기준을 제공한다는 점에서 일치한다.

07 위 글에 대한 설명으로 가장 적절한 것은?

① 제도 변화의 원인을 경제적 변인을 중심으로 설명하고 있다.
② 중심 개념에 대한 이해의 변화를 역사적 측면에서 기술하고 있다.
③ 중심 개념의 분석을 통해 그 단점을 보완한 새로운 개념을 제안하고 있다.
④ 중심 개념에 대한 오늘날의 통념적인 이해가 타당하지 않음을 논증하고 있다.
⑤ 과거의 사례에서 전범(典範)을 찾아 문제를 해결하기 위한 대안으로 제시하고 있다.

정답 및 해설

05 정답 ③

① 2문단에서 로마 시대의 법률가들이 현실적인 고려를 더 중시하였음을 확인할 수 있습니다.

② 2문단에 의하면 중세 영국의 판사들은 소송이 기본적으로 합의의 불이행으로 인한 손해를 구제하기 위한 수단으로 여겼습니다.

③ 지문에서는 합의가 있으면 당사자가 합의의 내용에 구속될 뿐만 아니라 그 합의가 이루어지지 않을 경우에 그 이행을 강제할 수 있다는 생각이 비교적 최근에 생겨났다는 것을 설명하고 있습니다. 로마의 법률가들이나 16세기 후반의 영국까지도 형식의 옷을 입지 않은 합의만으로는 소권이 생기지 않는다는 원칙을 따르고 있었습니다. 4문단과 마지막 문단에서도 16세기 후반부터 영국에서 합의의 형식적 측면보다 실질적 측면이 더 강조되었지만 실제로 합의의 구속력이 논란의 여지없이 당연한 것으로 받아들여지기까지 200년 이상의 시간이 필요했음을 지적하고 있습니다. 따라서 ③번처럼 16세기 후반의 영국판사들이 소송을 통한 이행 강제를 당연한 것으로 여겼다는 진술은 부적절합니다.

④ 4문단에서 교회의 윤리 신학자들이 해야 할 것과 해서는 안 되는 것 그 자체를 양심의 법정에서 실질적으로 판단하고자 하였다 했는데, 이는 달리 말하면 합의 준수 의무를 윤리적인 관점에서 판단하고자 한 것이라 할 수 있습니다.

⑤ 마지막 문단에 의하면 19세기의 법률가들은 근대 철학에 기초하여 합의의 구속력의 근거를 설명하고자 하였습니다.

06 정답 ①

① ㉠에서 '형식의 옷을 입지 않은 합의만으로는 소권(訴權)이 생기지 않는다'는 말의 의미는 소권이 발생하기 위해서는 당사자 간의 합의만으로는 부족하고 일정한 형식을 갖추어야 한다는 것입니다. 따라서 ㉠의 관점에서 보면 당사자들이 어떠한 내용으로 합의를 했건 간에 그 자체로서 구속력이 발생하는 것은 아니며, 일정한 형식적 요건을 갖추어야만 합의의 구속력이 발생합니다. 따라서 ①의 추론은 부적절합니다.

② 합의에 형식적 요건이 갖추어져야 소권이 발생하듯이, 합의의 불이행에 있어서도 일정한 형식의 옷이 입혀져야 소권이 발생합니다.

③ ㉡은 형식을 갖추었는지 여부와는 상관없이 합의의 이행을 강제할 수 있다는 입장을 대변합니다. 한편, 마지막 문단에 의하면 19세기의 법률가들도 합의에는 구속적 성격이 있다고 파악하고 있습니다. 따라서 ㉡은 19세기에도 통용된 법 원칙에 해당합니다.

④ ㉡은 합의의 형식에 상관없이 구속력이 생긴다는 의미이므로 적절한 추론입니다.

⑤ ㉠의 입장에서는 합의가 형식적 요건을 갖추었을 때 구속력을 가지게 됩니다. 이에 비해 ㉡의 입장에서는 형식적 요건과 상관없이 합의 자체가 구속력을 갖습니다. 즉 ㉠과 ㉡ 모두, 각자 합의의 구속력 여부를 가르는 판단 기준은 다르게 설정하였지만, 합의의 구속력 여부에 대한 판단 기준을 갖고 있다는 점은 공통적입니다.

07 정답 ②

② 1문단에서 법적인 문제에 있어서의 합의에 대한 오늘날의 인식이 비교적 최근에 나타난 것이라 지적하고 다음 문단부터는 로마시대부터 중세, 근대에 이르는 시대별 인식의 변화를 살펴보고 있습니다. 따라서 '핵심 개념의 변화에 대한 통시적 서술' 이 주된 전개 방식임을 알 수 있습니다.

[오답해설]

① ①에서도 변화의 원인에 대한 설명처럼 통시적 전개 유형을 제시하고 있기는 합니다. 그러나 ①은 제도의 변화 자체를 대상으로 삼은 반면 지문은 그와 같은 제도에 대한 인식의 변화 과정을 주된 대상으로 삼고 있습니다. 또한 지문에서 경제적 여건의 변화 양상만으로 모든 것을 설명할 수 없다고 한 것에서 ①은 부적절한 설명임을 알 수 있습니다.

예제 3 2018학년도 LEET 언어이해

[1문단] 사유재산 제도에서 개인은 자기 재산을 임의로 처분할 수 있다. 다만 생전의 제한 없는 재산 처분은 유족의 생존을 위협할 수 있다. 이에 재산 처분의 자유와 상속인 보호를 조화시키기 위해 최소한의 몫이 상속인에게 유보되도록 보호할 필요가 있는데, 이를 위한 제도가 유류분(遺留分) 제도이다.

[2문단] 프랑스는 대혁명을 거치면서도 예전처럼 유언에 의한 재산 처분의 자유를 크게 인정하는 것이 일반적인 사회 관념이었다. 그러나 가부장의 전횡을 불러오는 이런 자유는 가정불화의 원인이 되기도 했다. 이로 인해 혁명기의 입법자는 유언의 자유에 대해 적대적인 태도를 취했다. 입법자는 피상속인의 재산을 임의처분이 가능한 자유분과 상속인들을 위해 유보해야 하는 유류분으로 구분하여 자유분을 최소한으로 규정했다.

[3문단] 1804년의 나폴레옹 민법전에서는 배우자와 형제자매를 제외하고 직계비속 및 직계존속에 한해 유류분권을 인정했다. 유류분은 상속인의 자격과 수에 따라 달라지게 했다. 피상속인의 생전 행위 또는 유언에 의한 무상처분은 자녀를 한 명 남긴 경우에는 재산의 절반을, 두 명을 남기는 경우에는 1/3을 초과할 수 없도록 했다. 상속을 포기한 자녀는 유류분권자에서 배제되지만 유류분 계산 시 피상속인의 자녀 수에는 포함되도록 하여, 상속 포기가 있어도 자유분에는 변동이 없었다. 유류분권은 피상속인이 가족에 대한 의무를 이행하는 것이었으며, 특히 직계비속을 위한 유류분 제도는 젊은 상속인의 생활을 위한 것이었다.

[4문단] 2006년에는 큰 변경이 있었다. 피상속인의 생전 처분이 고령화로 인해 장기에 걸쳐 진행되므로, 유류분 부족분을 상속 재산 자체로 반환하는 방식을 고수할 경우 영향 받는 제삼자가 그만큼 더 많아졌다. 상속 개시 시기가 늦어졌어도 상속인들이 생활 기반을 갖춘 경우가 일반화되었다. 또 이혼이나 재혼으로 가족이 재편되는 경우도 많아졌다. 이를 배경으로 유류분의 사전 포기를 허용하고, 직계존속에 대한 유류분을 폐지했다. 피상속인의 처분의 자유도 증대시켰다. 상속을 포기한 자녀는 유류분 계산 시 피상속인의 자녀 수에서 제외되어 상속 포기가 있으면 자유분이 증가하도록 했다. 유류분 반환 방식도 제삼자를 고려하여 유류분 부족액만큼을 금전으로 반환하는 방식으로 변경하였다.

[5문단] 우리의 유류분 제도는 1977년에 신설되었다. 우리 민법은 상속을 포기하지 않고 상속 결격 사유도 없는 한, 피상속인의 직계비속과 배우자, 직계존속, 형제자매까지를 유류분권자의 범주에 포함하되 최우선 순위인 상속권자를 유류분권자로 인정한다. 그리고 직계비속은 1순위, 직계존속은 2순위, 형제자매는 3순위, 배우자는 직계 비속•직계존속과는 동일 순위이지만 형제자매에 대해서는 우선순위의 상속인으로 인정한다. 유류분권자가 된 상속인의 법정 상속분 중 일정 비율을 유류분 비율로 정한다. 법정 상속분은 직계 비속들 사이에서는 균분이고, 이들의 유류분 비율은 법정 상속분의 반이다. 구체적 유류분액을 확정하여 실제 받은 상속 재산이 이에 미달하는 경우에 그 부족분 한도에서 유증(遺贈) 또는 증여 받은 자에게 부족분에 해당하는 상속재산 자체의 반환을 청구하게 된다.

[6문단] 최근 우리의 유류분 제도에 대해서도 개정 필요성이 제기되고 있다. 도입 당시에는 호주 상속인만의 재산 상속 풍조가 만연한 탓에 다른 상속인의 상속권을 보장해 주어야 한다는 점이 강조되었고, 법 적용에서도 배우자와 자녀들에게 유류분권을 보장하는 점이 중시되었다. 하지만 현재는 호주제가 폐지되고 장자 단독 상속 현상이 드물어졌다. 이와 관련하여 대법원도 판례를 통해 유류분 제도가 상속인들의 상속분을 보장한다는 취지 아래 피상속인의 자유의사에 따른 재산 처분을 제한하는 것인 만큼, 제한 범위를 최소한으로 그치게 하는 것이 피상속인의 의사를 존중하는 의미에서 바람직하다고 보았다.

33 윗글의 내용과 일치하지 않는 것은?

① 프랑스 혁명기 입법자의 유언의 자유에 대한 태도는 자유분의 최소화로 나타났다.
② '1804년 나폴레옹 민법전'은 젊은 상속인의 생활을 보장하는 것이 피상속인의 의무라는 점을 들어 생전 재산 처분의 자유에 대한 제한을 정당화했다.
③ '2006년 프랑스 민법전'은 고령화 및 이혼·재혼 가정의 증가 현상에 대처하기 위해 피상속인의 재산 처분의 자유를 강화했다.
④ 우리 민법에 따르면 직계비속 및 배우자가 유류분권을 주장할 수 있는 경우에는 형제자매도 유류분권을 주장할 수 있다.
⑤ 우리의 유류분 제도 입법 취지는 호주 상속인이 단독으로 재산을 상속하여 배우자 등 상속인들의 권익이 보호받지 못하는 문제에 대처하기 위한 것이었다.

34 윗글에 제시된 각 입장에 따라 우리의 유류분 제도에 대한 개정 방향을 논의할 때, 추론의 내용으로 가장 적절한 것은?

① 프랑스 혁명기의 사회 관념에 따를 경우, 유류분권자의 권익은 현재보다 강화될 것이다.
② '1804년 나폴레옹 민법전'의 입장에 따를 경우, 배우자가 지니는 유류분권자로서의 권익은 현재보다 강화될 것이다.
③ '2006년 프랑스 민법전'의 입장에 따를 경우, 직계존속이 지니는 유류분권자로서의 권익은 현재보다 강화될 것이다.
④ '2006년 프랑스 민법전'의 입장에 따를 경우, 피상속인의 생전 처분으로 증여받은 제삼자의 권익은 현재보다 강화될 것이다.
⑤ 우리 대법원의 판례에 따를 경우, 상속 개시 전에 이해관계를 형성했던 제삼자가 고려해야 하는 유류분권자의 권익이 현재보다 강화될 것이다.

35 윗글을 바탕으로 〈보기〉에 대해 평가할 때, 적절한 것을 고른 것은?

보기

A가 사망했고 장남 B, 차남 C, A의 동생 D가 남아 있다. B는 사업에 실패하여 극심한 생활 곤란을 겪고 있고, C는 경제능력을 갖추고 있으며, D는 고령으로 인해 생활 위기에 직면해 있다.

ㄱ. '1804년 나폴레옹 민법전'에 의하면, B가 상속을 포기할 경우 B는 유류분 계산시 A의 자녀 수에서 제외되지 않는다.
ㄴ. '1804년 나폴레옹 민법전'에 의하면, D는 유류분권을 주장할 수 없다.
ㄷ. '2006년 프랑스 민법전'에 의하면, C가 상속을 포기하더라도 자유분에는 변동이 없다.
ㄹ. 우리 현행 민법에 의하면, B와 C가 모두 유류분권자라고할 때 두 사람의 유류분 비율은 동일하지 않다.

① ㄱ, ㄴ　② ㄱ, ㄷ　③ ㄴ, ㄷ
④ ㄴ, ㄹ　⑤ ㄷ, ㄹ

정답 및 해설

33 정답 ④

① 2문단에 의하면 프랑스 혁명기의 입법자들은 자유분을 최소화하는 방향으로 나아갔습니다.

② 3문단에서 확인하였듯이, 나폴레온 민법전은 혁명기 입법자들의 연장선상에서 피상속인의 생전 재산 처분의 자유를 제한하였는데 이는 젊은 상속인들의 생활을 위한 것이었습니다.

③ 4문단에서 확인하였듯이, 2006년의 프랑스 민법전은 바뀐 사회 분위기(고령화 등)에 발맞추는 맥락에서 직계존속에 대한 유류분을 폐지하는 등 나폴레옹 민법전과는 달리 자유분의 크기를 증가시켜 피상속인의 재산 처분 권한을 강화하였습니다.

④ 직계비속 및 배우자는 1순위 상속인이고 형재자매는 3순위이므로, 직계비속 및 배우자가 유류분권을 주장할 수 있는 경우라고 해도 형제자매는 유류분권을 주장할 수 없을 수도 있습니다.

⑤ 입법 취지를 묻는 것이므로 법률 도입 당시의 사회 분위기에 초점을 맞춰야 합니다. 도입 당시에는 호주 상속인에게만 재산이 상속되는 풍조로 인해 다른 상속인들이 피해를 보는 것을 막기 위한 필요성이 중시되었다고 하였습니다.

34 정답 ④

크게는 피상속인과 상속인(유류분권자)의 권익 크기를 대소비교하는 구도의 문제입니다.

① 혁명기의 사회 관념과 입법자의 관념은 다른 것입니다. 당시의 사회 관념은 피상속인의 재산 처분의 자유를 크게 인정하고 있었으므로 상속인들의 권리 즉 유류분권자의 권익은 경시될 수밖에 없었습니다. 따라서 이에 따를 경우 유류분권자의 권인은 현재보다 오히려 약화될 것입니다.

② 1804년 민법전은 배우자를 유류분권자로 포함시키지 않았습니다. 따라서 배우자가 지니는 유류분권자로서의 권익은 현재보다 더 약화될 것입니다.

③ 2006년 민법전은 유류분권자보다 피상속인의 권익을 더 보호해주고 있습니다.

④ 2006년 민법전은 제삼자를 고려해, 피상속인으로부터 재산을 증여받은 제삼자가 유류분 부족분을 상속 재산 자체로 반환할 필요 없이 금전으로 반환하도록 변경하였습니다. 이는 제삼자의 권익을 강화하는 조치라 할 수 있습니다.

⑤ 우리 대법원은 과거와는 달리 유류분권자의 권익보다 피상속인의 권익을 더 존중하고 보호해야 한다고 주장하였습니다. 따라서 대법원의 판례에 따른다면 유류분권자의 권익은 오히려 약화될 것입니다.

35 정답 ①

ㄱ. 1804년의 민법전은 상속을 포기한 상속인도 유류분 계산시 포함시킵니다.

ㄴ. 1804년의 민법전은 배우자와 형제자매의 유류분권을 인정하지 않고 있으므로 동생인 D는 유류분권을 주장할 수 없습니다.

ㄷ. 2006년의 민법전은 유류분권자가 상속을 포기하는 만큼 자유분이 증가하도록 하였으므로 직계비속인 C가 상속을 포기할 경우 자유분도 증가하게 됩니다.

ㄹ. 우리의 현행 민법은 직계비속들 사이에의 법정 상속분을 균분하고, 이에 대한 1/2을 유류분으로 삼고 있으므로 동일한 1순위 상속인인 직계비속 B와 C의 유류분 비율은 동일합니다.

③ 대립 구도 3 - 구성 및 절차

구성 및 절차 유형은 주로 경제학이나 과학기술 영역에서 등장하는 대립 구도입니다. 생물학 소재의 경우 생식 기능과 관련해 각 기관의 호르몬 분비 메커니즘 및 호르몬별 기능을 설명한 글이 등장하거나 인체의 성장과 유지에 필수적인 세포 분열에 있어서 DNA와 RNA의 관계 및 세포 분열의 구체적 프로세스를 다룬 글이 등장하는 경우가 많습니다. 한편 물리학은 최근 기출에서는 물리학 이론 자체보다는 모바일 무선통신에 사용되는 전파나 레이저 냉각 기술이나 전자 현미경에 사용되는 광자/전자빔을 소재로 주파수와 파장, 운동량 등의 비례/반비례 관계를 설정하는 구도의 글이 주로 등장하고 있습니다. 소재가 낯설고 복잡한 인과 관계를 포함하는 경우가 많은 만큼 수험생들에게는 가장 까다로운 대립 구도에 해당한다고 볼 수 있습니다.

이와 같은 구성 및 절차 중심의 대립 구도를 정복하기 위해서는 경제학이나 생물학, 물리학에서 자주 다뤄지는 주요 개념과 개념들 간의 관계를 미리 숙지해 두는 것이 좋습니다. 특히 생물학에서는 생식 및 인체의 항상성 유지와 관련된 주요 기관들과 호르몬들, 세포 복제의 핵심인 DNA와 mRNA 전사 등에 대한 지식이 있다면 글을 대하기가 훨씬 수월해집니다. 또한 물리학에서는 빛이나 전파의 파동성을 기반으로 주파수, 파장, 운동량 등의 비례/반비례 관계를 기출문제들을 통해 정확히 정리해 두는 것이 좋습니다.

구체적으로 이 영역에 해당하는 지문을 대했을 때는 '~은 ~과 ~의 곱으로 이루어진다', '~할수록 ~한다'와 같은 구성 요소, 비례/반비례 관계 중심의 정보를 우선적으로 파악하는 것이 중요합니다. 낯선 용어가 많이 등장하지만, 결국 문제에서 묻는 것은 이들 비례/반비례 혹은 인과적 증가/감소 관계인 경우가 많기 때문에 지엽적인 내용이나 사례에 매몰되지 말고 가장 핵심적인 인과관계를 중심으로 정보를 파악하는 습관을 길러야 합니다.

예제 1 2016학년도 수능

[1문단] 광통신은 빛을 이용하기 때문에 정보의 전달은 매우 빠를 수 있지만, 광통신 케이블의 길이가 증가함에 따라 빛의 세기가 감소하기 때문에 원거리 통신의 경우 수신되는 광신호는 매우 약해질 수 있다. 빛은 광자의 흐름이므로 빛의 세기가 약하다는 것은 단위 시간당 수신기에 도달하는 광자의 수가 적다는 뜻이다. 따라서 광통신에서는 적어진 수의 광자를 검출하는 장치가 필수적이며, 약한 광신호를 측정이 가능한 크기의 전기신호로 변환해 주는 반도체 소자로서 애벌랜치 광다이오드가 널리 사용되고 있다.

[2문단] 애벌랜치 광다이오드는 크게 흡수층, ㉠ 애벌랜치 영역, 전극으로 구성되어 있다. 흡수층에 충분한 에너지를 가진 광자가 입사되면 전자(−)와 양공(+) 쌍이 생성될 수 있다. 이때 입사되는 광자 수 대비 생성되는 전자−양공 쌍의 개수를 양자 효율이라 부른다. 소자의 특성과 입사광의 파장에 따라 결정되는 양자 효율은 애벌랜치 광다이오드의 성능에 영향을 미치는 중요한 요소 중 하나이다.

[3문단] 흡수층에서 생성된 전자와 양공은 각각 양의 전극과 음의 전극으로 이동하며, 이 과정에서 전자는 애벌랜치 영역을 지나게 된다. 이곳에는 소자의 전극에 걸린 역방향 전압으로 인해 강한 전기장이 존재하는데, 이 전기장은 역방향 전압이 클수록 커진다. 이 영역에서 전자는 강한 전기장 때문에 급격히 가속되어 큰 속도를 갖게 된다. 이후 충분한 속도를 얻게 된 전자는 애벌랜치 영역의 반도체 물질을 구성하는 원자들과 충돌하여 속도가 줄어들며 새로운 전자−양공 쌍을 만드는데, 이 현상을 충돌 이온화라 부른다. 새롭게 생성된 전자와 기존의 전자가 같은 원리로 전극에 도달할 때까지 애벌랜치 영역에서 다시 가속되어 충돌 이온화를 반복적으로 일으킨다. 그 결과 전자의 수가 크게 늘어나는 것을 '애벌랜치 증배'라고 부르며 전자의 수가 늘어나는 정도, 즉 애벌랜치 영역으로 유입된 전자당 전극으로 방출되는 전자의 수를 증배 계수라고 한다. 증배 계수는 애벌랜치 영역의 전기장의 크기가 클수록, 작동 온도가 낮을수록 커진다. 전류의 크기는 단위 시간당 흐르는 전자의 수에 비례한다. 이러한 일련의 과정을 거쳐 광신호의 세기는 전류의 크기로 변환된다.

[4문단] 한편 애벌랜치 광다이오드는 흡수층과 애벌랜치 영역을 구성하는 반도체 물질에 따라 검출이 가능한 빛의 파장 대역이 다르다. 예를 들어 실리콘은 300~1,100nm*, 저마늄은 800~1,600nm 파장 대역의 빛을 검출하는 것이 가능하다. 현재 다양한 사용자의 요구와 필요를 만족시키기 위해 여러 종류의 애벌랜치 광다이오드가 제작되어 사용되고 있다.

* nm : 나노미터. 10억 분의 1미터.

1문단에서는 원거리 통신 환경에서 신호가 약해진 광자의 흐름을 증폭시켜주는 애벌랜치 광다이오드를 소개하고 있습니다. 가장 추상적인 수준에서의 원리만 나와 있을 뿐 구체적인 작동 원리는 다음 문단부터 등장할 것임을 알 수 있습니다.

2문단에 의하면 애벌랜치 광다오이드의 구성요소는 흡수층, 애벌랜치 영역, 전극으로 구분됩니다. 이러한 정보를 대할 때에는 순서 관계를 놓치지 말아야 하며, 앞선 글들에서도 대립 구도에 따라 계열어를 분류했듯이 특정 기능이 어떤 기관에서 일어나는 것인지를 정확히 구분해야 합니다. 먼저 소개되는 흡수층은 광자를 전자와 양공(양자)으로 분리하는 기능을 담당합니다. 이때 입사된 모든 광자가 전자와 양공 쌍으로 분리되는 것은 아니며, 입사된 광자 수 대비 생성된 전자−양공쌍의 개수를 양자 효율이라 부릅니다. 즉, 흡수층의 계열어는 양자효율인 것입니다.

3문단에서는 애벌랜치 영역과 전극 영역을 소개하고 있습니다. 애벌랜치 영역은 흡수층에서 넘어온 전자를 가속하는 기능을 담당하는데, 여기서 핵심 인과관계인 '역방향 전압⇧ → 자기장⇧ → 전자의 속도⇧'를 놓치지 말아야 합니다. 가속된 전자는 애벌랜치 영역의 반도체 물질과 충돌해 새로운 전자-양공 쌍을 만들어 내며 이를 충돌 이온화라 합니다. 이때 애벌랜치 영역에 들어온 전자 수 대비 늘어난 전자 수(유입된 전자당 전극으로 방출되는 전자의 수)를 증배 계수라 부릅니다. 즉 증배 계수는 애벌랜지 영역의 계열어인 것입니다. 한편 첫 번째 문장에 나와 있듯이 전자는 양의 전극으로, 양공은 음의 전극으로 이동합니다.

흡수층	양자효율, 광자 → 전자/양공으로 분리
애벌랜치 영역	증배계수, 역방향 전압⇧ → 자기장⇧ → 전자의 속도⇧, 전자의 수 증가

4문단에서는 애벌랜치 광다이오드에 사용되는 반도체 물질의 종류에 따라 검출 가능한 빛의 파장 대역이 달라진다는 것을 소개하고 있습니다. 실리콘과 저마늄의 검출 가능한 파장 대역에 차이가 있다는 정도만 파악하면 됩니다.

이제 이렇게 분석한 내용을 바탕으로 문제를 풀어보시기 바랍니다.

19 윗글의 내용과 일치하는 것은?

① 애벌랜치 광다이오드의 흡수층에서 생성된 양공은 애벌랜치 영역을 통과하여 양의 전극으로 이동한다.
② 저마늄을 사용하여 만든 애벌랜치 광다이오드는 100nm 파장의빛을 검출할 때 사용 가능하다.
③ 입사된 광자의 수가 크게 늘어나는 과정은 애벌랜치 광다이오드의 작동에 필수적이다.
④ 애벌랜치 광다이오드의 흡수층에서 전자-양공 쌍이 발생하려면 광자가 입사되어야 한다.
⑤ 애벌랜치 광다이오드는 전기 신호를 광신호로 변환해 준다.

20 ㉠에 대한 이해로 적절하지 않은 것은?

① 흡수층에서 ㉠으로 들어오는 전자의 수가 늘어나면 충돌 이온화의 발생 횟수가 증가한다.
② ㉠에서 충돌 이온화가 많이 일어날수록 전극에서 측정되는 전류가 증가한다.
③ ㉠에 유입된 전자가 생성하는 전자 - 양공 쌍의 수는 양자 효율을 결정한다.
④ ㉠에 형성된 강한 전기장은 충돌 이온화가 일어나는 데 필수적이다.
⑤ ㉠에서 전자는 역방향 전압의 작용으로 속도가 증가한다.

21 윗글을 바탕으로 〈보기〉의 '본 실험' 결과를 예측한 것으로 적절하지 않은 것은?

보기

- 예비 실험 : 일정한 세기를 가지는 800nm 파장의 빛을 길이가 1m인 광통신 케이블의 한쪽 끝에 입사시키고, 다른 쪽 끝에 실리콘으로 만든 애벌랜치 광다이오드를 설치하여 전류를 측정하였다. 이때 100nA의 전류가 측정되었고 증배 계수는 40이었다. 작동 온도는 0℃, 역방향 전압은 110V였다. 제품 설명서에 따르면 750~1,000nm 파장 대역에서는 파장이 커짐에 따라 양자 효율이 작아진다.
- 본 실험 : 동일한 애벌랜치 광다이오드를 가지고 작동 조건을 하나씩 달리하며 성능을 시험한다. 이때 나머지 작동 조건은 예비 실험과 동일하게 유지한다.

① 역방향 전압을 100V로 바꾼다면 증배 계수는 40보다 작아지겠군.
② 역방향 전압을 120V로 바꾼다면 더 약한 빛을 검출하는 데 유리하겠군.
③ 작동 온도를 20℃로 바꾼다면 단위 시간당 전극으로 방출되는 전자의 수가 늘어나겠군.
④ 광통신 케이블의 길이를 100m로 바꾼다면, 측정되는 전류는 100nA보다 작아지겠군.
⑤ 동일한 세기를 가지는 900nm 파장의 빛이 입사된다면 측정되는 전류는 100nA보다 작아지겠군.

예제 1 – 2016 수능 국어 A형	19	20	21
	②	③	③

예제 2 2017학년도 수능

[1문단] 인간의 신경 조직을 수학적으로 모델링하여 컴퓨터가 인간처럼 기억·학습·판단할 수 있도록 구현한 것이 인공 신경망 기술이다. 신경 조직의 기본 단위는 뉴런인데, ⓐ 인공 신경망에서는 뉴런의 기능을 수학적으로 모델링한 퍼셉트론을 기본 단위로 사용한다.

[2문단] ⓑ 퍼셉트론은 입력값들을 받아들이는 여러 개의 ⓒ 입력 단자와 이 값을 처리하는 부분, 처리된 값을 내보내는 한 개의 출력 단자로 구성되어 있다. 퍼셉트론은 각각의 입력 단자에 할당된 ⓓ 가중치를 입력값에 곱한 값들을 모두 합하여 가중합을 구한 후, 고정된 ⓔ 임계치보다 가중합이 작으면 0, 그렇지 않으면 1과 같은 방식으로 ⓕ 출력값을 내보낸다.

[3문단] 이러한 퍼셉트론은 출력값에 따라 두 가지로만 구분하여 입력값들을 판정할 수 있을 뿐이다. 이에 비해 복잡한 판정을 할 수 있는 인공 신경망은 다수의 퍼셉트론을 여러 계층으로 배열하여 한 계층에서 출력된 신호가 다음 계층에 있는 모든 퍼셉트론의 입력 단자에 입력값으로 입력되는 구조로 이루어진다. 이러한 인공 신경망에서 가장 처음에 입력값을 받아들이는 퍼셉트론들을 입력층, 가장 마지막에 있는 퍼셉트론들을 출력층이라고 한다.

[4문단] ㉠ 어떤 사진 속 물체의 색깔과 형태로부터 그 물체가 사과인지 아닌지를 구별할 수 있도록 인공 신경망을 학습시키는 경우를 생각해 보자. 먼저 학습을 위한 입력값들 즉 학습 데이터를 만들어야 한다. 학습 데이터를 만들기 위해서는 사과 사진을 준비하고 사진에 나타난 특징인 색깔과 형태를 수치화해야 한다. 이 경우 색깔과 형태라는 두 범주를 수치화하여 하나의 학습 데이터로 묶은 다음, '정답'에 해당하는 값과 함께 학습 데이터를 인공 신경망에 제공한다. 이때 같은 범주에 속하는 입력값은 동일한 입력 단자를 통해 들어가도록 해야 한다. 그리고 사과 사진에 대한 학습 데이터를 만들 때에 정답인 '사과이다'에 해당하는 값을 '1'로 설정하였다면 출력값 '0'은 '사과가 아니다'를 의미하게 된다.

[5문단] 인공 신경망의 작동은 크게 학습 단계와 판정 단계로 나뉜다. 학습 단계는 학습 데이터를 입력층의 입력 단자에 넣어 주고 출력층의 출력값을 구한 후, 이 출력값과 정답에 해당하는 값의 차이가 줄어들도록 가중치를 갱신하는 과정이다. 어떤 학습 데이터가 주어지면 이때의 출력값을 구하고 학습 데이터와 함께 제공된 정답에 해당하는 값에서 출력값을 뺀 값 즉 오차 값을 구한다. 이 오차 값의 일부가 출력층의 출력 단자에서 입력층의 입력 단자 방향으로 되돌아가면서 각 계층의 퍼셉트론별로 출력 신호를 만드는 데 관여한 모든 가중치들에 더해지는 방식으로 가중치들이 갱신된다. 이러한 과정을 다양한 학습 데이터에 대하여 반복하면 출력값들이 각각의 정답 값에 수렴하게 되고 판정 성능이 좋아진다. 오차 값이 0에 근접하게 되거나 가중치의 갱신이 더 이상 이루어지지 않게 되면 학습 단계를 마치고 판정 단계로 전환한다. 이때 판정의 오류를 줄이기 위해서는 학습 단계에서 대상들의 변별적 특징이 잘 반영되어 있는 서로 다른 학습 데이터를 사용하는 것이 좋다.

06 윗글에 따를 때, ⓐ~ⓕ에 대한 설명으로 적절하지 않은 것은?

① ⓑ는 ⓐ의 기본 단위이다.
② ⓒ는 ⓑ를 구성하는 요소 중 하나이다.
③ ⓓ가 변하면 ⓔ도 따라서 변한다.
④ ⓔ는 ⓕ를 결정하는 기준이 된다.
⑤ ⓐ가 학습하는 과정에서 ⓕ는 ⓓ의 변화에 영향을 미친다.

07 윗글에 대한 이해로 적절하지 않은 것은?

① 퍼셉트론의 출력 단자는 하나이다.
② 출력층의 출력값이 정답에 해당하는 값과 같으면 오차 값은 0이다.
③ 입력층 퍼셉트론에서 출력된 신호는 다음 계층 퍼셉트론의 입력값이 된다.
④ 퍼셉트론은 인간의 신경 조직의 기본 단위의 기능을 수학적으로 모델링한 것이다.
⑤ 가중치의 갱신은 입력층의 입력 단자에서 출력층의 출력단자 방향으로 진행된다.

08 윗글을 바탕으로 ㉠에 대해 추론한 것으로 적절하지 않은 것은?

① 학습 데이터를 만들 때는 색깔이나 형태가 다른 사과의 사진을 선택하는 것이 좋겠군.
② 학습 데이터에 두 가지 범주가 제시되었으므로 입력층의 퍼셉트론은 두 개의 입력 단자를 사용하겠군.
③ 색깔에 해당하는 범주와 형태에 해당하는 범주를 분리하여 각각 서로 다른 학습 데이터로 만들어야 하겠군.
④ 가중치가 더 이상 변하지 않는 단계에 이르면 '사과'인지 아닌지를 구별하는 학습 단계가 끝났다고 볼 수 있겠군.
⑤ 학습 데이터를 만들 때 사과 사진의 정답에 해당하는 값을 0으로 설정하였다면, 출력층의 출력 단자에서 0 신호가 출력되면 '사과이다'로, 1 신호가 출력되면 '사과가 아니다'로 해석해야 되겠군.

09 윗글을 바탕으로 〈보기〉를 이해한 내용으로 가장 적절한 것은?

보기

아래의 [A]와 같은 하나의 퍼셉트론을 [B]를 이용해 학습시키고자 한다.

[A]
- 입력 단자는 세 개(a, b, c)
- a, b, c의 현재의 가중치는 각각 Wa = 0.5, Wb = 0.5, Wc = 0.1
- 가중합이 임계치 1보다 작으면 0을, 그렇지 않으면 1을 출력

[B]
- a, b, c로 입력되는 학습 데이터는 각각 Ia = 1, Ib = 0, Ic = 1
- 학습 데이터와 함께 제공되는 정답 = 1

① [B]로 학습시키기 위해서는 판정 단계를 먼저 거쳐야 하겠군.
② 이 퍼셉트론이 1을 출력한다면, 가중합이 1보다 작았기 때문이겠군.
③ [B]로 한 번 학습시키고 나면 가중치 Wa, Wb, Wc가 모두 늘어나 있겠군.
④ [B]로 여러 차례 반복해서 학습시키면 퍼셉트론의 출력값은 0에 수렴하겠군.
⑤ [B]의 학습 데이터를 한 번 입력했을 때 그에 대한 퍼셉트론의 출력값은 1이겠군.

예제 2 – 2017 수능 6월 국어 모의평가	6	7	8	9
	③	⑤	③	③

예제 3 PEET 예비시험 언어추론

[1문단] 세균은 염색체에 유전 물질인 DNA의 형태로 자신의 유전 정보를 대부분 보관한다. 효소 등 생명 활동에 필요한 단백질은 DNA로부터 해당 정보를 넘겨받는 곳이자 세포 내 유일한 단백질 합성 기관인 리보솜에서 생성된다. 생명 유지에 필수적인 단백질들은 일정량씩 항상 유지되는 반면 긴급 상황에 대처하는 데 필요한 단백질은 신속하게 다량 합성되기도 한다.

[2문단] 세균성 질병에 효과적인 치료약인 항생 물질은 곰팡이, 토양 세균 등에서 발견되면서부터 본격적으로 개발되었다. 항생 물질은 세균의 세포막, 세포벽 또는 세포 내 여러 물질과 결합함으로써 DNA 복제나 각종 효소의 활성을 저해하는 등 다양한 작용을 통해 세균을 죽이거나 발육을 저지한다. 그런데 항생 물질들이 널리 사용되면서 항생 물질에 내성을 가진 세균들이 나타나기 시작했다. 그리고 내성 세균의 비율이 크게 높아진 것은 인간의 항생 물질 오남용에 따라 내성 세균이 선택된 결과이다.

[3문단] 내성이 발현되는 방법에는 여러 가지가 있다. 세균은 세포막을 통해 각종 물질들을 흡수하고 불필요한 물질들은 배출하는 생체 활동을 하는데, 항생 물질은 세포막에 있는 특정 수송계를 이용해 세균 내부로 침투하여 작용한다. 어떤 내성 세균은 해당 수송계의 작동을 부분적으로 방해하여 항생 물질이 쉽게 흡수되지 못하도록 함으로써 생존력을 증가시킨다. 그러나 이런 능력은 고용량의 항생 물질 사용으로 무력화된다. 침투한 항생 물질을 에너지를 사용하여 세포 밖으로 빠르게 배출하는 내성 세균도 있는데, 이런 내성 세균은 고용량의 항생 물질에 노출되어도 살아남을 수 있다.

[4문단] 한편 항생 물질을 화학적으로 변형하거나 파괴하는 효소를 생성하여 내성을 보이는 세균도 있다. 이런 효소들은 특정 항생 물질에 대해 선택적으로 작용한다. 그런데 이런 방식의 내성은 유인 물질의 동시 사용에 의해 무력화될 수 있다. 즉, 내성 세균의 효소가 유인 물질을 항생 물질로 오인하여 그것을 주로 상대하는 사이에 진짜 항생 물질의 작용에 노출된 세균은 사멸되는 것이다.

[5문단] 또 다른 내성의 형태는 세균이 항생 물질의 표적이 되는 자신의 효소나 세포의 여러 부위를 변화시켜 항생 물질의 작용을 무력화하는 것이다. 표적이 되는 효소의 구조 일부를 변화시켜 항생 물질에 대한 반응성을 없애거나, 리보솜의 일부 구조를 변형함으로써 단백질 생산 능력은 그대로 유지하면서도 항생 물질과 결합하는 부위만 없애 생명 활동을 지속하는 것이 이런 예가 된다. 한편세균은 표적 효소를 변형하는 대신 그 유사 단백질을 다량으로 만들어 내어 항생 물질과 대신 결합하게 함으로써 고용량의 항생 물질에 노출되어도 생존에 중요한 효소들을 보호하기도 한다.

[6문단] 세균들 사이에서 내성과 관련된 유전자가 전달됨으로써 내성이 전파되기도 한다. 세균은 염색체와는 별도로 플라스미드라는 작은 고리형 DNA에 유전자를 추가로 가지기도 한다. 이 플라스미드를 복제하여 전달하는 것이 내성 유전자 전달의 주요 방법이다. 페니실린 내성 세균 B1과 세팔로스포린 내성 세균 B2를 예로 들어 이 과정을 살펴보도록 한다. 우선 B1은 내성 유전자가 포함된 플라스미드 전달을 위하여 ㉠ <u>플라스미드 복제본을 만들고</u>, 접합용 ㉡ <u>'선모(線毛)'를 구성하는 단백질을 다량 합성</u>한다. 선모가 완성되면 B2와 ㉢ <u>접합부를 형성</u>하여 B1이 준비한 플라스미드 복제본이 B2 내부로 전달된다. 이 경우, B2는 두 항생 물질에 대한 내성 유전자가 포함된 플라스미드를 둘 다 가지게 되는데, 이 두 플라스미드가 하나로 결합되기도 한다. 즉, 둘 중 하나에서 내성 유전자에 해당되는 ㉣ <u>DNA 조각이 분리</u>되고, 다른 쪽 플라스미드의 적절한 부분에서도 고리가 열려, 열린 한쪽 부분에 미리 준비된 ㉤ <u>DNA 조각이 연결</u>된다. 다른 쪽 끝도 연결되어 다시 고리 모양이 되면 두 항생 물질에 대한 ⓐ <u>복합 내성을 지닌 플라스미드</u>가 완성된다. 이 플라스미드는 다시 복제되어 또 다른 세균에게 전달될 수 있다.

[7문단] 내성 전파에 환경이 중요한 역할을 할 수 있다. 사용된 항생 물질 일부는 분해되어 제거되기 전까지는 그 활성을 유지한 채로 주위 환경에 잔류하며, 이 잔류 약물은 내성 세균들을 선별하는 역할을 한다. 항생 물질이 오남용되는 환경, 실험실 환경, 감염 조직 등에서는 플라스미드 교환이 비교적 쉽게 이루어지기 때문에, 항생 물질 내성 정보가 세균들 사이에 쉽게 퍼지게 된다. 이러한 현상이 지속될 경우 여러 항생 물질에 모두 저항하는 복합 약물 내성 세균이 출현할 가능성은 더욱 커질 것이다.

10 세균이 항생 물질에 저항하는 방법이 아닌 것은?

① 항생 물질이 작용하는 세포 부위의 구조를 변경한다.
② 항생 물질의 화학 구조에 변화를 가져오는 효소를 발현한다.
③ 항생 물질이 결합되는 효소 단백질의 일부 구조를 변화시킨다.
④ 항생 물질의 유입량보다 배출량이 더 큰 세포막 수송계를 이용한다.
⑤ 항생 물질이 결합되는 리보솜을 변형하여 그 항생 물질을 분해한다.

11 리보솜의 기능을 억제하는 어떤 항생 물질이 있다고 할 때, ⓐ의 형성 과정 중 이 항생 물질이 직접 차단하는 단계를 ㉠~㉤에서 고른 것은?

① ㉠ ② ㉡ ③ ㉢
④ ㉣ ⑤ ㉤

12 다음의 상황에서 X의 증식을 억제하는 방법으로 가장 적절한 것은?

세균 X는 효소 E1과 E2를 순서대로 사용하여 생명 활동에 필수적인 물질을 생성하는 것으로 알려져 있다. 항생 물질 A1~A3을 시험관의 X에 시험하였을 때 아래와 같이 관찰되었다.

- A1
  - X에서 분리된 E1을 A1과 혼합하면 서로 강하게 결합함.
  - X는 에너지를 사용하여 A1을 세포 밖으로 빠르게 배출함.
- A2
  - X에서 분리된 E2와 A2를 혼합하면 서로 강하게 결합함.
  - X는 E2와 유사한 구조의 단백질 P를 다량 생성하며 A2와 P는 서로 강하게 결합함.
- A3
  - X의 세포 내부에 A3을 주입하면 리보솜과 A3은 서로 강하게 결합함.
  - X는 A3이 자신의 세포막을 통해서 쉽게 흡수되지 않도록 함.

① 고용량의 A1과 일반 용량의 A2를 함께 사용
② 일반 용량의 A1과 고용량의 A2를 함께 사용
③ 고용량의 A1과 일반 용량의 A3을 함께 사용
④ 고용량의 A2와 일반 용량의 A3을 함께 사용
⑤ 일반 용량의 A2와 고용량의 A3을 함께 사용

정답 및 해설

10 정답 ⑤

⑤ 3문단에서부터 5문단에 걸쳐 언급된 내성 유형을 정리하면 다음과 같다.
ㄱ. 세포막 특정 수송계의 작동을 부분적으로 방해하여 항생 물질의 흡수를 막는 내성 세균
ㄴ. 침투한 항생 물질을 세포 밖으로 빠르게 배출하여 항생 물질의 효과를 막는 내성 세균
ㄷ. 항생 물질을 화학적으로 변형하거나 파괴하는 효소를 생성하는 내성 세균
ㄹ. 항생 물질의 표적이 되는 자신의 효소나 세포 부위를 변화시켜 항생 물질의 작용을 무력화시키는 내성 세균
ㅁ. 표적 효소와 유사한 단백질을 다량으로 생산하여 항생 물질과 대신 결합하게 하는 내성 세균
이를 선택지와 비교하면 ①은 ㄹ에, ②는 ㄷ에, ③은 ㄹ에, ④는 ㄴ에 각각 대응된다.
⑤는 리보솜을 변형한다는 점에서 ㄹ에 대응하는 것처럼 보이지만, ㄹ은 항생 물질과 결합하는 부위를 미리 없애 항생 물질의 작용을 무력화하는 것이지 항생 물질을 직접 분해하는 것은 아니다.

11 정답 ②

② 1문단에서 지적하고 있듯이 리보솜은 세포 내의 유일한 단백질 합성 기관이다. 한편 ⓐ가 형성되는 과정에서 단백질 합성이 이루어지는 부분은 ⓒ뿐이다. 따라서 리보솜의 기능을 억제하는 항생 물질이 직접 작용하는 단계는 ⓒ이다.

12 정답 ⑤

먼저 항생 물질 A1에 대한 반응을 보면, X는 에너지를 사용하여 A1을 세포 밖으로 빠르게 배출한다고 하였는데 이는 본문의 3문단 후반부에서 언급한 내성 유형(문제 10번 해설의 ㄴ)에 해당한다. 이 유형의 내성 세균은 고용량의 항생 물질에 노출되어도 살아남는다 하였으므로 A1을 사용해 X의 활동을 무력화시키기는 어렵다는 것을 알 수 있다.
다음으로 A2에 대한 반응을 보면, X는 항생 물질의 표적이 되는 자신의 효소와 유사한 구조의 단백질 P를 생성하는 방식으로 항생 물질에 대응하는데 이는 본문의 5문단 후반부에서 언급한 내성 유형(문제 10번 해설의 ㅁ)에 해당한다. 이 유형의 내성 세균 역시 고용량의 항생 물질에 노출되어도 살아남으므로 A2만으로 X의 활동을 무력화시키기는 어렵다. 하지만 유사 단백질 P의 생성을 억제할 수 있다면 일반적인 용량의 A2만으로도 X를 무력화시킬 수 있다.
그러므로 핵심은 A3에 대한 반응이라 할 수 있다. A3은 세균의 세포 내부에 존재하는 리보솜에 직접 작용하는 항생 물질이다. 이에 대해 X는 A3이 세포막을 통해 쉽게 흡수되지 않도록 한다 하였으므로 이는 본문 3문단 전반부에서 언급한 내성 유형(문제 10번 해설의 ㄱ)에 해당한다. 그런데 이 유형의 세균은 고용량의 항생 물질을 사용할 경우 무력화된다. 그러므로 다량의 A3을 사용하면 A3이 X의 세포막을 뚫고 들어가 리보솜의 단백질 생성 기능을 억제할 수 있으며, 그 결과 단백질 P의 생성이 억제되면 일반적인 용량의 A2만으로도 효소 E2에 작용하여 X의 증식을 억제하는 것이 가능하다.
따라서 X의 증식을 억제하는 방법으로 가장 적절한 것은 일반 용량의 A2와 고용량의 A3을 함께 사용하는 ⑤이다.

예제 4 2014학년도 LEET 언어이해

[1문단] 스마트폰이 등장하면서 모바일 무선 통신은 우리의 삶에서 없어선 안 될 문명의 이기가 되었다. 모바일 무선 통신에 사용되는 전파는 눈에 보이지 않아 실감하기 어렵지만, 가시광선과 X선이 속하는 전자기파의 일종이다. 전파는 대기 중에서 초속 30만 km로 전해지는데, 이는 빛의 속도(c)와 정확히 일치한다. 전파란 일반적으로 '1초에 약 3천~3조 회 진동하는 전자기파'를 말한다. 1초 동안의 진동수를 '주파수(f)'라 하며, 1초에 1회 진동하는 것을 1Hz라고 한다. 따라서 전파는 3kHz에서 3THz의 주파수를 갖는다. 주파수는 파동 한 개의 길이를 의미하는 '파장(λ)'과 반비례 관계에 있다. 즉, 주파수가 높을수록 파장은 짧아지며, 낮을수록 파장은 길어진다. 전자기파의 주파수와 파장을 곱한 수치(c=fλ)는 일정하며, 빛의 속도와 같다.

[2문단] 모바일 무선 통신에서 가시광선이나 X선보다 주파수가 낮은 전파를 쓰는 이유는 정보의 원거리 전달에 용이하기 때문이다. 주파수가 높은 전자기파일수록 직진성이 강해져 대기 중의 먼지나 수증기에 의해 흡수되거나 산란되어 감쇠되기 쉽다. 반면, 주파수가 낮은 전파는 회절성과 투과성이 뛰어나 장애물을 만나면 휘어져 나가고 얇은 벽을 만나면 투과하여 멀리 퍼져 나갈 수 있다. 3kHz~3GHz대역의 주파수를 갖는 전파 중 0.3MHz이하의 초장파, 장파 등은 매우 먼 거리까지 전달될 수 있으므로 해상 통신, 표지통신, 선박이나 항공기의 유도 등과 같은 공공적 용도에 주로 사용된다. 0.3~800MHz대역의 주파수는 단파 방송, 국제 방송, FM 라디오, 지상파 아날로그 TV 방송 등에 사용된다. 800MHz~3GHz 대역인 극초단파가 모바일 무선 통신에 주로 사용되며 '800~900MHz대', '1.8GHz대', '2.1GHz대', '2.3GHz대'의 네 가지 대역으로 나뉜다. 스마트폰 시대에 들어서면서 극초단파 대역의 효율적인 주파수 관리의 중요성이 더욱 커지고 있다. 3GHz 이상 대역의 전파는 직진성이 매우 강해져 인공위성이나 우주 통신 등과 같이 중간에 장애물이 없는 특별한 경우에 사용된다.

[3문단] 모바일 무선 통신에서 극초단파를 사용하는 이유는 0.3~800MHz 대역에 비해 단시간에 더 많은 정보의 전송이 가능하기 때문이다. 예로 1비트의 자료를 전송하는 데 4개의 파동이 필요하다고 하자. 1kHz의 초장파는 초당 1,000개의 파동을 발생시키기 때문에 매초 250비트의 정보만을 전송할 수 있지만, 800MHz초단파의 경우 초당 8억 개의 파동을 발생시키므로 매초 2억 비트의 정보를, 1.8GHz극초단파는 초당 4.5억 비트에 해당하는 대량의 정보를 전송할 수 있다.극초단파의 원거리 정보 전송 능력의 취약성을 극복하기 위해 모바일 무선 통신에서는 반경 2~5km 정도의 좁은 지역의 전파만을 송수신하는 무선 기지국들을 가능한 한 많이 설치하고, 이 무선 기지국들을 다시 유선으로 연결하여 릴레이 형식으로 정보를 전송함으로써 통화 사각지대를 최소화한다. 모바일 무선 통신과 더불어 극초단파를 사용하는 지상파 디지털 TV 방송에서도 가능한 한 높은 위치에 전파 송신탑을 세워 전파 진행 경로상의 장애물을 최소화하려고 노력한다.

[4문단] 모바일 무선 통신에서 극초단파를 사용함으로써 통신 기기의 휴대 편의성도 획기적으로 개선되었다. 전파의 효율적 수신을 위한 안테나의 유효 길이는 수신하는 전파 파장의 1/2~1/4 정도인데, 극초단파와 같은 높은 주파수를 사용하면서 손바닥 크기보다 작은 길이의 안테나만으로도 효율적인 전파의 송수신이 가능해졌기 때문이다.

* 1THz=1,000GHz, 1GHz=1,000MHz, 1MHz=1,000kHz, 1kHz=1,000Hz

33 위 글에 따를 때, 옳지 않은 것은?

① 전파의 파장이 길수록 주파수가 낮다.
② 극초단파는 가시광선보다 주파수가 낮다.
③ 직진성이 약한 전파일수록 단위 시간당 정보 전송량은 많아진다.
④ 800MHz대의 안테나 유효 길이는 2.3GHz대 것의 약 3배에 해당한다.
⑤ 1.8GHz대 전파는 800~900MHz대 전파보다 회절성과 투과성이 약하다.

34 위 글을 바탕으로 전파의 활용에 대해 진술한 것으로 옳은 것만을 〈보기〉에서 있는 대로 고른 것은?

보기

ㄱ. 3GHz 이상 대역은 정보의 원거리 전송 능력이 커서 우주 통신에 이용된다.
ㄴ. 모바일 무선 통신에서 낮은 주파수를 사용할수록 더 많은 기지국이 필요하다.
ㄷ. 지상파 디지털 TV 방송은 지상파 아날로그 TV 방송보다 높은 주파수 대역을 사용한다.

① ㄴ ② ㄷ ③ ㄱ, ㄴ
④ ㄱ, ㄷ ⑤ ㄱ, ㄴ, ㄷ

35 위 글을 바탕으로 〈보기〉를 읽고 판단한 것으로 적절하지 않은 것은?

보기

• '황금 주파수' 대역의 변화
초기 모바일 무선 통신 시대에는 800~900MHz대역의 주파수가 황금 주파수였으나, 모바일 무선 통신 기술의 발달과 더불어 오늘날의 4세대 스마트폰 시대에는 1.8GHz 대와 2.1GHz대가 황금 주파수로 자리 잡게 되었다.
• 주파수 관리 방식
– 정부 주도 방식 : 주파수의 분배와 할당에 있어서 경제적 효율성만으로 평가할 수 없는 표현의 자유, 민주적 가치, 공익 보호 등을 고려하여 전적으로 시장에 일임하지 않고 정부가 직접 관리하는 방식.
– 시장 기반 방식 : 주파수의 효율적 이용에 적합하도록 시장 기능을 통해, 예를 들어 경매와 같은 방식으로 주파수를 분배하고 할당하는 방식.

① 황금 주파수 대역의 변화는 모바일 무선 통신 기술의 발달뿐 아니라, 4세대 스마트폰 시대에 전송해야 하는 정보량의 급격한 증가와도 관계가 있을 것이다.
② 모바일 무선 통신 기술의 지속적인 발달과 함께 소형화된 통신 기기에 대한 소비자의 욕구가 커질수록 황금 주파수는 더 높은 대역으로 옮겨갈 것이다.
③ 0.3MHz 이하 대역은 공익 보호의 목적보다는 경제적 효율성의 가치가 더 중요하므로 정부 주도 방식이 아닌 시장 기반 방식으로 관리될 것이다.
④ 1.8GHz 대와 2.1GHz 대의 주파수를 차지하기 위한 경쟁이 심화되어 이에 대한 주파수 관리의 중요성이 부각될 것이다.
⑤ 방송의 공공성을 고려한다면, 0.3~800MHz대역의 주파수 관리에는 정부 주도 방식이 적합할 것이다.

정답 및 해설

33 정답 ③

① 파장과 주파수는 반비례 관계이므로 파장이 길수록 주파수는 낮아집니다.

② 2문단에서 살펴본 것처럼, 모바일 무선 통신에 이용되는 극초단파는 가시광선이나 X선보다 주파수가 낮은 전파입니다.

③ 직진성이 약한 전파라는 것은 상대적으로 회절성이 높은 저주파수 대역의 전파라는 것을 의미하는데, 이러한 저주파수(장파/초장파) 전파일수록 정보 전송 능력을 떨어집니다. 따라서 ③이 정답입니다.

④ 4문단에 의하면 사용되는 전파의 파장과 안테나의 유효 길이는 비례 관계에 있습니다. 800MHz대 전파와 2.3GHz대 전파는 주파수 비율로 보면 1:3 정도이지만, 파장의 비율로 변환해서 보면 3:1 정도의 길이 비율이 됩니다. 따라서 800MHz대의 안테나 유효 길이가 2.3GHz대의 안테나 유효 길이보다 3배 정도 된다는 것을 알 수 있습니다.

⑤ 1.8GHz대 전파는 800~900MHz대 전파보다 더 높은 주파수 대역에 해당하므로 회절성과 투과성은 상대적으로 더 낮고 직진성 및 정보 전송 능력은 더 뛰어납니다.

34 정답 ②

ㄱ. 2문단의 첫 번째 문장에서는 주파수가 낮은 전파일수록 정보의 원거리 전달에 용이하다고 하였습니다. 그리고 2문단 마지막 문장에서는 3GHz 이상 대역의 전파는 인공위성이나 우주 통신 등과 같은 특별한 경우에만 사용한다고 하였는데, 첫 번째 문장의 정보를 바탕으로 본다면 3GHz 이상 대역의 전파를 우주 통신에 이용하는 이유는 정보의 원거리 전송 능력이 커서가 아니라 우주 공간에는 중간에 장애물이 없기 때문에 직진성이 높은 고주파수 대역의 전파를 사용하기 용이하기 때문이라 할 수 있습니다.

ㄴ. 3문단에 의하면 모바일 무선 통신에 이용되는 전파는 다른 통신용 전파에 비해 주파수 대역이 높고(극초단파) 이에 따라 통화 사각지대를 해소하기 위해 많은 기지국을 필요로 하는 것입니다. 낮은 주파수를 사용할수록 정보의 원거리 전송 능력이 높아지고 장애물을 만나도 휘어져 나갈 수 있으므로 기지국을 지을 필요성이 줄어들게 됩니다.

ㄷ. 3문단 후반부의 정보에 의하면 지상파 디지털 TV 방송은 극초단파(고주파)를 사용하는 반면, 2문단 중반부의 정보에 의하면 지상파 아날로그 TV 방송은 0.3MHz ~ 800MHz 대역의 단파(중주파)를 사용합니다.

35 정답 ④

〈보기〉에서는 먼저 모바일 무선 통신 시대를 초기와 후기로 나누어 초기에는 800~900MHz 대역을, 최근에는 1.8GHz와 2.1GHz 대역의 주파수를 사용한다는 정보가 제시되어 있습니다.

한편, 주파수 관리 방식 가운데 정부 주도 방식은 공익 보호 등을 고려하는 방식이므로 적용 대상은 상대적으로 3kHz ~ 0.3MHz의 저주파수(초장파/장파) 대역의 전파라 예측할 수 있습니다.

① 3문단에서 확인하였듯이 고주파수 대역은 저주파수 대역에 비해 상대적으로 단위시간당 정보 전송량이 높습니다. 따라서 〈보기〉에 나타난 4세대 스마트폰 시대로의 변화는 전송해야 하는 정보량의 급격한 증가에 부응하는 변화라 할 수 있습니다.

② 4문단에서 확인하였듯이 고주파수 대역 전파 즉 극초단파일수록 안테나를 소형화하는 것이 가능합니다. 따라서 소형화된 통신 기기에 대한 소비자의 욕구가 커질수록 황금 주파수는 더 높은 대역으로 옮겨갈 것이라는 예측은 타당합니다.

③ 0.3MHz 이하의 저주파수(초장파/장파) 대역은 해상통신이나 표지통신 등과 같이 공공적 용도로 주로 사용되고 있습니다. 따라서 이 대역은 공익 보호의 목적에 따라 정부 주도 방식으로 관리하는 것이 타당합니다.

④ 2문단 후반부에서 스마트폰 시대에 들어서면서 극초단파 대역의 효율적인 주파수 관리의 중요성이 더욱 커지고 있다고 하였습니다. 〈보기〉에 의하면 오늘날에는 1.8GHz와 2.1GHz 대역이 황금 주파수로 자리 잡았으므로 이들 주파수를 차지하기 위한 경쟁이 심화되고 이에 따라 주파수 관리의 중요성이 부각될 것이라 예측할 수 있습니다.

⑤ 0.3MHz ~ 800MHz 대역은 주파수는 지상파 디지털 TV 방송을 제외한 기존의 방송용 대역입니다. 방송의 공공성을 고려한다면 이들 대역의 주파수 관리에도 저주파수 대역과 마찬가지로 정부 주도 방식이 적합하다고 보는 것이 타당합니다.

예제 5 2016학년도 수능

[1문단] 지레는 받침과 지렛대를 이용하여 물체를 쉽게 움직일 수 있는 도구이다. 지레에서 힘을 주는 곳을 힘점, 지렛대를 받치는 곳을 받침점, 물체에 힘이 작용하는 곳을 작용점이라 한다. 받침점에서 힘점까지의 거리가 받침점에서 작용점까지의 거리에 비해 멀수록 힘점에 작은 힘을 주어 작용점에서 물체에 큰 힘을 가할 수 있다. 이러한 지레의 원리에는 돌림힘의 개념이 숨어 있다.

[2문단] 물체의 회전 상태에 변화를 일으키는 힘의 효과를 돌림힘이라고 한다. 물체에 회전 운동을 일으키거나 물체의 회전 속도를 변화시키려면 물체에 힘을 가해야 한다. 같은 힘이라도 회전축으로부터 얼마나 멀리 떨어진 곳에 가해 주느냐에 따라 회전 상태의 변화 양상이 달라진다. 물체에 속한 점 X와 회전축을 최단 거리로 잇는 직선과 직각을 이루는 동시에 회전축과 직각을 이루도록 힘을 X에 가한다고 하자. 이때 물체에 작용하는 돌림힘의 크기는 회전축에서 X까지의 거리와 가해 준 힘의 크기의 곱으로 표현되고 그 단위는 N・m(뉴턴미터)이다.

[3문단] 동일한 물체에 작용하는 두 돌림힘의 합을 알짜 돌림힘이라 한다. 두 돌림힘의 방향이 같으면 알짜 돌림힘의 크기는 두 돌림힘의 크기의 합이 되고 그 방향은 두 돌림힘의 방향과 같다. 두 돌림힘의 방향이 서로 반대이면 알짜 돌림힘의 크기는 두 돌림힘의 크기의 차가 되고 그 방향은 더 큰 돌림힘의 방향과 같다. 지레의 힘점에 힘을 주지만 물체가 지레의 회전을 방해하는 힘을 작용점에 주어 지레가 움직이지 않는 상황처럼, 두 돌림힘의 크기가 같고 방향이 반대이면 알짜 돌림힘은 0이 되고 이때를 돌림힘의 평형이라고 한다.

[4문단] 회전 속도의 변화는 물체에 알짜 돌림힘이 일을 해 주었을 때에만 일어난다. 돌고 있는 팽이에 마찰력이 일으키는 돌림힘을 포함하여 어떤 돌림힘도 작용하지 않으면 팽이는 영원히 돈다. 일정한 형태의 물체에 일정한 크기와 방향의 알짜 돌림힘을 가하여 물체를 회전시키면, 알짜 돌림힘이 한 일은 알짜 돌림힘의 크기와 회전 각도의 곱이고 그 단위는 J(줄)이다.

[5문단] 가령, 마찰이 없는 여닫이문이 정지해 있다고 하자. 갑은 지면에 대하여 수직으로 서 있는 문의 회전축에서 1m 떨어진 지점을 문의 표면과 직각으로 300N의 힘으로 밀고, 을은 문을 사이에 두고 갑의 반대쪽에서 회전축에서 2m 만큼 떨어진 지점을 문의 표면과 직각으로 200N의 힘으로 미는 상태에서 문이 90° 즉, 0.5π 라디안을 돌면, 알짜 돌림힘이 문에 해 준 일은 50π J이다.

[6문단] 알짜 돌림힘이 물체를 돌리려는 방향과 물체의 회전 방향이 일치하면 알짜 돌림힘이 양(+)의 일을 하고 그 방향이 서로 반대이면 음(−)의 일을 한다. 어떤 물체에 알짜 돌림힘이 양의 일을 하면 그만큼 물체의 회전 운동 에너지는 증가하고 음의 일을 하면 그만큼 회전 운동 에너지는 감소한다. 형태가 일정한 물체의 회전 운동 에너지는 회전 속도의 제곱에 정비례한다. 그러므로 형태가 일정한 물체에 알짜 돌림힘이 양의 일을 하면 회전 속도가 증가하고, 음의 일을 하면 회전 속도가 감소한다.

16 윗글의 내용과 일치하지 않는 것은?

① 물체에 힘이 가해지지 않으면 돌림힘은 작용하지 않는다.
② 물체에 가해진 알짜 돌림힘이 0이 아니면 물체의 회전 상태가 변화한다.
③ 회전 속도가 감소하고 있는, 형태가 일정한 물체에는 돌림힘이 작용한다.
④ 힘점에 힘을 받는 지렛대가 움직이지 않으면 돌림힘의 평형이 이루어져 있다.
⑤ 형태가 일정한 물체의 회전 속도가 2배가 되면 회전 운동 에너지는 2배가 된다.

17 [가]에서 문이 90°회전하는 동안의 상황에 대한 이해로 적절한 것은?

① 알짜 돌림힘의 크기는 점점 증가한다.
② 문의 회전 운동 에너지는 점점 증가한다.
③ 문에는 돌림힘의 평형이 유지되고 있다.
④ 알짜 돌림힘과 갑의 돌림힘은 방향이 같다.
⑤ 갑의 돌림힘의 크기는 을의 돌림힘의 크기보다 크다.

18 윗글을 바탕으로 할 때, 〈보기〉의 '원판'의 회전 운동에 대한 이해로 적절하지 않은 것은?

> 보기
>
> 돌고 있는 원판 위의 두 점 A, B는 그 원판의 중심 O를 수직으로 통과하는 회전축에서 각각 0.5R, R 만큼 떨어져 O, A, B의 순서로 한 직선 위에 있다. A, B에는 각각 $\overline{OA}$, $\overline{OB}$와 직각 방향으로 표면과 평행하게 같은 크기의 힘이 작용하여 원판을 각각 시계 방향과 시계 반대 방향으로 밀어준다. 현재 이 원판은 시계 반대 방향으로 회전하고 있다. 단, 원판에는 다른 힘이 작용하지 않고 회전축은 고정되어 있다.

① 두 힘을 계속 가해 주는 상태에서 원판의 회전 속도는 증가한다.
② A, B에 가해 주는 힘을 모두 제거하면 원판은 일정한 회전 속도를 유지한다.
③ A에 가해 주는 힘만을 제거하면 원판의 회전 속도는 증가한다.
④ A에 가해 주는 힘만을 제거한 상태에서 원판이 두 바퀴 회전하는 동안 알짜 돌림힘이 한 일은 한 바퀴 회전하는 동안 알짜 돌림힘이 한 일의 4배이다.
⑤ B에 가해 주는 힘만을 제거하면 원판의 회전 운동 에너지는 점차 감소하여 0이 되었다가 다시 증가한다.

예제 5 – 2016학년도 수능	16	17	18
	⑤	②	④

예제 6 2020학년도 수능

[1문단] 국제법에서 일반적으로 조약은 국가나 국제기구들이 그들 사이에 지켜야 할 구체적인 권리와 의무를 명시적으로 합의하여 창출하는 규범이며, 국제 관습법은 조약 체결과 관계없이 국제 사회 일반이 받아들여 지키고 있는 보편적인 규범이다. 반면에 경제 관련 국제기구에서 어떤 결정을 하였을 경우, 이 결정 사항 자체는 권고적 효력만 있을 뿐 법적 구속력은 없는 것이 일반적이다. 그런데 국제결제은행 산하의 바젤위원회가 결정한 BIS 비율 규제와 같은 것들이 비회원의 국가에서도 엄격히 준수되는 모습을 종종 보게 된다. 이처럼 일종의 규범적 성격이 나타나는 현실을 어떻게 이해할지에 대한 논의가 있다. 이는 위반에 대한 제재를 통해 국제법의 효력을 확보하는 데 주안점을 두는 일반적 경향을 되돌아보게 한다. 곧 신뢰가 형성하는 구속력에 주목하는 것이다.

[2문단] BIS 비율은 은행의 재무 건전성을 유지하는 데 필요한 최소한의 자기자본 비율을 설정하여 궁극적으로 예금자와 금융 시스템을 보호하기 위해 바젤위원회에서 도입한 것이다. 바젤위원회에서는 BIS 비율이 적어도 규제 비율인 8%는 되어야 한다는 기준을 제시하였다. 이에 대한 식은 다음과 같다.

$$\text{BIS 비율}(\%) = \frac{\text{자기자본}}{\text{위험가중자산}} \times 100 \geq 8(\%)$$

[3문단] 여기서 자기자본은 은행의 기본자본, 보완자본 및 단기후순위 채무의 합으로, 위험가중자산은 보유 자산에 각 자산의 신용 위험에 대한 위험 가중치를 곱한 값들의 합으로 구하였다. 위험 가중치는 자산 유형별 신용 위험을 반영하는 것인데, OECD 국가의 국채는 0%, 회사채는 100%가 획일적으로 부여되었다. 이후 금융 자산의 가격 변동에 따른 시장 위험도 반영해야 한다는 요구가 커지자, 바젤위원회는 위험가중자산을 신용 위험에 따른 부분과 시장 위험에 따른 부분의 합으로 새로 정의하여 BIS 비율을 산출하도록 하였다. 신용 위험의 경우와 달리 시장 위험의 측정 방식은 감독 기관의 승인하에 은행의 선택에 따라 사용할 수 있게 하여 '바젤 I' 협약이 1996년에 완성되었다.

[4문단] 금융 혁신의 진전으로 '바젤 I' 협약의 한계가 드러나자 2004년에 '바젤 II' 협약이 도입되었다. 여기에서 BIS 비율의 위험가중자산은 신용 위험에 대한 위험 가중치에 자산의 유형과 신용도를 모두 고려하도록 수정되었다. 신용 위험의 측정 방식은 표준 모형이나 내부 모형 가운데 하나를 은행이 이용할 수 있게 되었다. 표준 모형에서는 OECD 국가의 국채는 0%에서 150%까지, 회사채는 20%에서 150%까지 위험 가중치를 구분하여 신용도가 높을수록 낮게 부과한다. 예를 들어 실제 보유한 회사채가 100억 원인데 신용 위험 가중치가 20%라면 위험가중자산에서 그 회사채는 20억 원으로 계산된다. 내부 모형은 은행이 선택한 위험 측정 방식을 감독 기관의 승인하에 그 은행이 사용할 수 있도록 하는 것이다. 또한 감독 기관은 필요시 위험가중자산에 대한 자기자본의 최저 비율이 규제 비율을 초과하도록 자국 은행에 요구할 수 있게 함으로써 자기자본의 경직된 기준을 보완하고자 했다.

[5문단] 최근에는 '바젤 III' 협약이 발표되면서 자기자본에서 단기후순위 채무가 제외되었다. 또한 위험가중자산에 대한 기본자본의 비율이 최소 6%가 되게 보완하여 자기자본의 손실 복원력을 강화하였다. 이처럼 새롭게 발표되는 바젤 협약은 이전 협약에 들어 있는 관련 기준을 개정하는 효과가 있다.

[6문단] 바젤 협약은 우리나라를 비롯한 수많은 국가에서 채택하여 제도화하고 있다. 현재 바젤위원회에는 28개국의 금융 당국들이 회원으로 가입되어 있으며, 우리 금융 당국은 2009년에 가입하였다. 하지만 우리나라는 가입하기 훨씬 전부터 BIS 비율을 도입하여 시행하였으며, 현행 법제에도 이것이 반영되어 있다. 바젤 기준을 따름으로써 은행이 믿을 만하다는 징표를 국제 금융 시장에 보여 주어야 했던 것이다. 재무 건전성을 의심받는 은행은 국제 금융 시장에 자리를 잡지 못하거나, 심하면 아예 발을 들이지 못할 수도 있다.

[7문단] 바젤위원회에서는 은행 감독 기준을 협의하여 제정한다. 그 헌장에서는 회원들에게 바젤 기준을 자국에 도입할 의무를 부과한다. 하지만 바젤위원회가 초국가적 감독 권한이 없으며 그의 결정도 법적 구속력이 없다는 것 또한 밝히고 있다. 바젤 기준은 100개가 넘는 국가가 채택하여 따른다. 이는 국제기구의 결정에 형식적으로 구속을 받지 않는 국가에서까지 자발적으로 받아들여 시행하고 있다는 것인데, 이런 현실을 ㉠ 말랑말랑한 법(soft law)의 모습이라 설명하기도 한다. 이때 조약이나 국제 관습법은 그에 대비하여 딱딱한 법(hard law)이라 부르게 된다. 바젤 기준도 장래에 딱딱하게 응고될지 모른다.

38 **윗글에서 알 수 있는 내용으로 적절하지 않은 것은?**

① 조약은 체결한 국가들에 대하여 권리와 의무를 부과하는 것이 원칙이다.
② 새로운 바젤 협약이 발표되면 기존 바젤 협약에서의 기준이 변경되는 경우가 있다.
③ 딱딱한 법에서는 일반적으로 제재보다는 신뢰로써 법적 구속력을 확보하는 데 주안점이 있다.
④ 국제기구의 결정을 지키지 않을 때 입게 될 불이익은 그 결정이 준수되도록 하는 역할을 한다.
⑤ 세계 각국에서 바젤 기준을 법제화하는 것은 자국 은행의 재무 건전성을 대외적으로 인정받기 위해서이다.

39 **BIS 비율에 대한 이해로 가장 적절한 것은?**

① 바젤 I 협약에 따르면, 보유하고 있는 회사채의 신용도가 낮아질 경우 BIS 비율은 낮아지는 경향이 있다.
② 바젤 II 협약에 따르면, 각국의 은행들이 준수해야 하는 위험 가중자산 대비 자기자본의 최저 비율은 동일하다.
③ 바젤 II 협약에 따르면, 보유하고 있는 OECD 국가의 국채를 매각한 뒤 이를 회사채에 투자한다면 BIS 비율은 항상 높아진다.
④ 바젤 II 협약에 따르면, 시장 위험의 경우와 마찬가지로 감독 기관의 승인하에 은행이 선택하여 사용할 수 있는 신용 위험의 측정 방식이 있다.
⑤ 바젤 III 협약에 따르면, 위험가중자산 대비 보완자본이 최소 2%는 되어야 보완된 BIS 비율 규제를 은행이 준수할 수 있다.

40 윗글을 참고할 때, 〈보기〉에 대한 반응으로 적절하지 않은 것은?

보기

갑 은행이 어느 해 말에 발표한 자기자본 및 위험가중자산은 아래 표와 같다. 갑 은행은 OECD 국가의 국채와 회사채만을 자산으로 보유했으며, 바젤 II 협약의 표준 모형에 따라 BIS 비율을 산출하여 공시하였다. 이때 회사채에 반영된 위험 가중치는 50%이다. 그 이외의 자본 및 자산은 모두 무시한다.

항목	자기자본		
	기본자본	보완자본	단기후순위채무
금액	50억 원	20억 원	40억 원

항목	위험 가중치를 반영하여 산출한 위험가중자산		
	신용 위험에 따른 위험가중자산		시장 위험에 따른 위험가중자산
	국채	회사채	
금액	300억 원	300억 원	400억 원

① 갑 은행이 공시한 BIS 비율은 바젤위원회가 제시한 규제 비율을 상회하겠군.
② 갑 은행이 보유 중인 회사채의 위험 가중치가 20%였다면 BIS 비율은 공시된 비율보다 높았겠군.
③ 갑 은행이 보유 중인 국채의 실제 규모가 회사채의 실제 규모보다 컸다면 위험 가중치는 국채가 회사채보다 낮았겠군.
④ 갑 은행이 바젤 I 협약의 기준으로 신용 위험에 따른 위험 가중자산을 산출한다면 회사채는 600억 원이 되겠군.
⑤ 갑 은행이 위험가중자산의 변동 없이 보완자본을 10억 원 증액 한다면 바젤 III 협약에서 보완된 기준을 충족할 수 있겠군.

41 ㉠에 해당하는 사례로 가장 적절한 것은?

① 바젤위원회가 국제 금융 현실에 맞지 않게 된 바젤 기준을 개정한다.
② 바젤위원회가 가입 회원이 없는 국가에 바젤 기준을 준수하도록 요청한다.
③ 바젤위원회 회원의 국가가 준수 의무가 있는 바젤 기준을 실제 로는 지키지 않는다.
④ 바젤위원회 회원의 국가가 강제성이 없는 바젤 기준에 대하여 준수 의무를 이행한다.
⑤ 바젤위원회 회원이 없는 국가에서 바젤 기준을 제도화하여 국내에서 효력이 발생하도록 한다.

예제 6 – 2020학년도 수능	38	39	40	41
	③	④	⑤	⑤

④ 대립 구도 4 - 논증

논증적 주장 및 반론의 대립 구도는 특정 주장 및 이에 대한 반박의 형태라는 점에서 기본적으로 비교·대조 설명형 대립 구도와 유사한 측면이 있습니다. 하지만 언어이해나 언어추론 기출에 등장하는 주장 및 반론 유형은 단순히 두 이론을 평면적으로 소개하는 정도로 대립 구도를 만드는 것에서 그치지 않고, 형식 논리적 논증 과정을 거쳐 상대방의 주장을 비판하거나 반박하는 형태를 취한다는 점에서 별도의 접근 방법을 요구하는 유형이라 할 수 있습니다.

이러한 유형을 정확히 분석하고 해결하기 위해서는 추리논증 과목에도 등장하는 모순 관계, 반대 관계, 함축 관계 등 형식 논리적 이론 틀을 어느 정도 숙지해 두어야 하며, 추리논증의 논증 비판형 문제에서 자주 등장하는 매력적 오답의 한 패턴으로서 논의의 대전제를 벗어난 반례 제시의 형태에도 익숙해져 있어야 합니다.

한편 과학 영역에서도 논증적 구도가 등장하곤 하는데, 특히 천체 우주론 지문이 그러합니다. 지구에서 거리가 먼 천체에 대해서는 직접적인 관찰과 분석이 어렵기 때문에 연구 초기에는 특정 천체가 보이는 현상에 대해 여러 가설이 대립할 수 있습니다. 이러한 가설 대립이 후속 관찰 결과물들에 의해 해소되는 과정에서 하나의 가설은 폐기되고 나머지 가설이 정론으로 자리 잡는 구도가 만들어지게 될 것인데, 이와 관련해 문제를 풀 때는 최종적으로 살아남은 가설이 일반론으로서의 지위를 지닌다고 생각하고 접근해야 합니다. 이는 다음에 등장할 두 번째 예제를 통해 살펴볼 수 있을 것입니다.

예제 1 2018학년도 LEET 언어이해

[1문단] 결혼을 하면 자연스럽게 아이를 낳지만, 아이들은 이 세상에 태어남으로써 해를 입을 수도 있다. 원하지 않는 병에 걸릴 수도 있고 험한 세상에서 살아가는 고통을 겪을 수도 있다. 이렇게 출산은 한 인간 존재에게 본인의 동의를 얻지 않은 부담을 지운다. 다른 인간을 존재하게 하여 위험에 처하게 만들 때는 충분한 이유를 가져야 할 도덕적 책임이 있다. 출산이 윤리적인가 하는 문제에 대해, 아이를 낳으면 아이를 기르는 즐거움과 아이가 행복 하게 살 것이라는 기대가 있어 아이를 낳아야 한다고 주장하는 사람도 있고, 반면에 아이를 기르는 것은 괴로운 일이며 아이가 이 세상을 행복하게 살 것 같지 않다는 생각으로 아이를 낳지 말아야 한다고 주장하는 사람도 있다. 그러나 이것은 개인의 주관적인 판단에 따른 것이니 이런 근거를 가지고 아이를 낳는 것과 낳지 않는 것 중 어느 한쪽이 더 낫다고 주장할 수는 없다. 철학자 베나타는 이렇게 경험에 의거하는 방법 대신에 쾌락과 고통이 대칭적이지 않다는 논리적 분석을 이용하여, 태어나지 않는 것이 더 낫다고 주장하는 논증을 제시한다.

[2문단] 베나타의 주장은 다음과 같은 생각에 근거한다. 어떤 사람의 인생에 좋은 일이 있을 경우는 그렇지 않은 인생보다 풍요로워지긴 하겠지만, 만일 존재하지 않는 경우라도 존재하지 않는다고 해서 잃을 것은 하나도 없을 것이다. 무엇인가를 잃을 누군가가 애초에 없기 때문이다. 그러나 그 사람은 존재하게 됨으로써 존재하지 않았더라면 일어나지 않았을 심각한 피해로 고통을 받는다. 이 주장에 반대하고 싶은 사람이라면, 부유하고 특권을 누리는 사람들의 혜택은 그들이 겪게 될 해악을 능가할 것이라는 점을 들 것이다. 그러나 베나타의 반론은 선의 부재와 악의 부재 사이에 비대칭이 있다는 주장에 의존하고 있다. 고통 같은 나쁜 것의 부재는 곧 선이다. 그런 선을 실제로 즐길 수 있는 사람이 있을 수 없더라도 어쨌든 그렇다. 반면에 쾌락 같은 좋은 것의 부재는 그 좋은 것을 잃을 누군가가 있을 때에만 나쁘다. 이것은 존재하지 않음으로써 나쁜 것을 피하는 것은 존재함에 비해 진짜 혜택인 반면, 존재하지 않음으로써 좋은 것들이 없어지는 것은 손실이 결코 아니라는 뜻이다. 존재의 쾌락은 아무리 커도 고통을 능가하지 못한다. 베나타의 이런 논증은 아래 〈표〉가 보여 주듯 시나리오 A 보다 시나리오 B가 낫다고 말한다. 결국 이 세상에 존재하지 않는 것이 훨씬 더 낫다.

〈표〉

시나리오 A : X가 존재한다	시나리오 B : X가 존재하지 않는다
(1) 고통이 있음 (나쁘다)	(2) 고통이 없음 (좋다)
(3) 쾌락이 있음 (좋다)	(4) 쾌락이 없음 (나쁘지 않다)

[3문단] 베나타의 주장을 반박하려면 선의 부재와 악의 부재 사이에 비대칭이 있다는 주장을 비판해야 한다. ㉠ <u>첫 번째 비판</u>을 위해 천만 명이 사는 어떤 나라를 상상해 보자. 그중 오백만 명이 끊임없는 고통에 시달리고 있고, 다른 오백만 명은 행복을 누리고 있다. 이를 본 천사가 신에게 오백만 명의 고통이 지나치게 가혹하다고 조치를 취해 달라고 간청한다. 신도 이에 동의하여 시간을 거꾸로 돌려 불행했던 오백만 명이 고통에 시달리지 않도록 다시 창조했다. 하지만 베나타의 논리에 따르면 신은 시간을 거꾸로 돌려 천만 명이 사는 나라를 아예 존재하지 않게 할 수도 있다. 그러나 신이 천만 명을 아예 존재하지 않게 하는 식으로 천사의 간청을 받아들이면 천사뿐만 아니라 대부분의 사람들은 공포에 질릴 것이다. 이 사고 실험은 베나타의 주장과 달리 선의 부재가 나쁘지 않은 것이 아니라 나쁠 수 있다는 점을 보여 준다. 생명들을 빼앗는 것은 고통을 제거하기 위한 대가로는 지나치게 크다.

1문단에서 확인할 수 있는 화두는 출산을 통해 아이를 낳는 것이 과연 윤리적으로 올바른 행위인가라 할 수 있습니다. 이에 대해 기존의 견해들을 먼저 소개한 후 베나타라는 철학자의 주장을 제시하고 있습니다. 기존의 견해들이 개인의 주관적 판단을 근거로 아이를 낳거나 낳지 않는 것 가운데 어느 한 쪽이 더 올바르다는 주장을 펼쳤던 것이라면, 베나타는 아이가 얻게 될 쾌락과 고통을 비교형량하여 판단을 내려야 한다는 입장을 취하고 있습니다.

2문단은 1문단에 말미에서 확인한 베나타의 주장이 어떤 논증을 거쳐 귀결된 것인지를 해명하는 부분으로서, 이 글에서 독해하기에 가장 까다로운 부분입니다. 1문단 마지막 문장에서 확인하였듯이, 베나타 논증의 핵심은 쾌락과 고통이 대칭적이지 않다는 것입니다. 2문단에서는 이러한 비대칭성을 보다 구체적으로 설명하고 있는데, 선의 부재(쾌락이 없음)와 악의 부재(고통이 없음) 사이에 비대칭이 있다는 것이 핵심입니다. 이러한 핵심 근거를 도출하는 데 필요한 전제는 다음과 같이 구체화됩니다.

㉠ : 악의 부재(고통의 부재)는 쾌락이나 선을 향유(경험)하는 주체가 없어도 선함(좋음)

㉡ : 하지만, 선의 부재는 그것을 향유(경험)하는 주체가 있을 때에만 악함(나쁨)

즉 〈표〉에서 시나리오 B의 (2)에서 '고통이 없음' 상태는 그 자체로 좋은 것인데 비해, (4)에서 '쾌락이 없음' 상태는 나쁘지 않은 것 즉 좋지도 나쁘지도 않은 중립적 상태일 수도 있고 좋은 상태일 수도 있는 것입니다. 그렇기 때문에 시나리오 B 즉 존재하지 않는 상태(아이가 태어나지 않는 것)는 어떠한 경우든 좋은 상태라 할 수 있습니다. 베나타는 여기에 다음과 같은 추가 전제를 제시함으로써 시나리오 A 즉 존재하는 상태(아이가 태어나는 것)와의 비교형량을 수행하는 것입니다.

㉢ : 살아 있는 존재에게 쾌락은 그 크기가 아무리 커도 고통의 크기보다는 작음

시나리오 A에서 (1)과 (3) 역시 태어난 존재에게 쾌락과 고통으로 주어질 것인데, 전제 ㉢에 따라 시나리오 A에서 X가 얻는 쾌락은 고통보다 작을 수밖에 없기 때문에 쾌락(좋음)과 고통(나쁨)의 총합은 나쁜 상태가 됩니다. 이러한 논리적 비교형량을 바탕으로 베나타는 세상에 존재하지 않는 것(시나리오 B)이 존재하는 것(시나리오 A)보다 더 낫다는 결론을 도출하게 된 것입니다.

결국 베나타의 주장을 뒷받침하는 핵심 근거인 쾌락과 고통의 비대칭성은 〈표〉의 네 가지 항목 가운데 (4) 즉 존재하지 않는 상황에서는 쾌락의 부재가 나쁘지 않다는 전제로부터 도출된 것입니다. 따라서 첫 번째 문제를 풀 때도 이처럼 베나타 주장의 핵심 근거를 우선적으로 살펴보는 것이 효율적입니다. 이러한 방향성 아래에서 아래의 첫 번째 문제를 풀어보시기 바랍니다.

22 베나타의 생각과 일치하지 않는 것은?

① 누군가에게 해를 끼치는 행위에는 윤리적 책임을 물을 수 있다.
② 아이를 기르는 즐거움은 출산을 정당화하는 근거가 되지 못한다.
③ 태어나지 않는 것보다 태어나는 것이 더 나은 이유가 있어야 한다.
④ 고통보다 행복이 더 많을 것 같은 사람도 태어나게 해서는 안 된다.
⑤ 좋은 것들의 부재는 그 부재를 경험할 사람이 없는 상황에서조차도 악이 될 수 있다.

이미 말씀드린 것처럼 선택지 ⑤의 '좋은 것들의 부재'라는 진술은 〈표〉의 표현으로 보면 '(4) 쾌락이 없음'에 해당합니다. 베나타는 그러한 부재(없음)를 경험할 X가 존재하지 않는 (4)의 상황은 나쁘지 않다고 하였으며, 나쁘지 않다는 것은 다른 표현으로 악이 될 수 없다는 것과 같습니다. 따라서 선택지 ⑤가 정답임을 알 수 있습니다.

이제 이어지는 3문단의 내용을 분석한 후 두 번째 문제를 살펴보도록 하겠습니다.

첫 번째 비판은 가상의 세계에서 벌어지는 사건을 통해, 결론적으로는 베나타 논증의 대전제 가운데 우리가 ㉡으로 정리한 전제에 대한 반례를 제시하는 형태로 비판을 가하고 있습니다. 이를 구체화해보면,

- 신이 이미 존재하고 있던 사람들을 존재하지 않게 만들어 버릴 경우 대부분의 사람들은 극도의 공포를 느끼게 될 것이며
- 이를 통해서 봤을 때, 향유(경험) 주체가 사라짐에 의한 선의 부재(쾌락이 사라짐)는 베나타 논증의 전제 ㉡과 달리 충분히 나쁠 수 있다는 것입니다.

즉 첫 번째 비판은 이미 존재하고 있던 사람들이 존재하지 않게 될 지도 모른다는 것을 알게 되고 실제로 그렇게 될 때 느낄 공포감이 일종의 고통으로 작용할 수 있다는 점을 들어 베나타의 주장을 비판하고 있습니다. 즉 첫 번째 비판은 고통이 큰 삶을 살아오던 사람들이라 하더라도, 그렇게 지속되던 삶이 일순간 중단되고 자신이 존재하지 않게 되는 것이 '나쁘다'는 가치평가를 내리고 있는 것입니다.

여기서 우리는 언어이해의 논증적 주장 및 반론 유형과 추리논증의 논증 비판형 문제의 접점을 만나게 됩니다. 추리논증의 비판 문제에서도 논점을 벗어난 비판이나 반례 제시는 부적절한 비판으로 간주하는 형태가 등장하곤 하는데, 이 글의 첫 번째 비판 역시 그와 같은 오류에 해당하는 것입니다. 즉, 베나타의 논증은 어디까지나 사람이 태어나는 것이 과연 그만큼의 이유가 있는가에 대한 물음에 대답하는 과정이라 할 수 있으며, 이는 달리 말하자면 삶을 새로 시작할 가치가 있는지에 대한 물음입니다. 하지만 첫 번째 비판은 그동안 지속해 오던 삶을 계속 지속할 가치가 있는지에 대한 물음에 대한 답에 해당합니다. 이렇게 논의의 범주가 다르다면, 첫 번째 비판이 제기한 베나타 논증의 전제 ㉡에 대한 반례는 실제로는 논점을 벗어난 것이 됩니다. 이러한 분석을 바탕으로 두 번째 문제를 살펴보면 어떤 선택지가 정답인지 쉽게 판단이 이루어질 것입니다.

23 **베나타가 ㉠에 대해 할 수 있는 재반박으로 가장 적절한 것은?**

① 전적으로 고통에 시달리는 사람도, 전적으로 행복을 누리는 사람도 없다.
② 쾌락으로 가득 찬 삶인지 고통에 시달리는 삶인지 구분할 객관적인 방법이 없다.
③ 삶을 지속할 가치가 있는지 묻는 것은 삶을 새로 시작할 가치가 있는지 묻는 것과 다르다.
④ 경험할 개인이 존재하지 않는 까닭에 부재하게 된 쾌락은 이미 존재하는 인간의 삶에 부재하는 쾌락을 능가한다.
⑤ 어떤 사람이 다른 잠재적 인간에게 존재에 따를 위험을 안겨주는 문제와 어떤 사람이 그런 위험을 스스로 안는가 하는 문제는 동일한 문제가 아니다.

예제 2 2013학년도 LEET 언어이해

[1문단] 수성은 태양계에서 가장 작은 행성으로 반지름이 2,440km이며 밀도는 지구보다 약간 작은 5,430kg/m^3이다. 태양에서 가장 가까운 행성인 수성은 금성, 지구, 화성과 더불어 지구형 행성에 속하며, 딱딱한 암석질의 지각과 맨틀 아래 무거운 철 성분의 핵이 존재할 것으로 추측되나 좀 더 정확한 정보를 알기 위해서는 탐사선을 이용한 조사가 필수적이다. 그러나 강한 태양열과 중력 때문에 접근이 어려워 현재까지 단 두 기의 탐사선만 보내졌다.

[2문단] 미국의 매리너 10호는 1974년 최초로 수성에 근접해 지나가면서 수성에 자기장이 있음을 감지하였다. 비록 그 세기는 지구 자기장의 1% 밖에 되지 않았지만 지구형 행성 중에서 지구를 제외하고는 유일하게 자기장이 있음을 밝힌 것이었다. 지구 자기장이 전도성 액체인 외핵의 대류와 자전 효과로 생성된다는 다이나모 이론에 근거하면, 수성의 자기장은 핵의 일부가 액체 상태임을 암시한다. 그러나 수성은 크기가 작아 철로만 이루어진 핵이 액체일 가능성은 희박하다. 만약 그랬더라도 오래전에 식어서 고체화 되었을 것이다. 따라서 지질학자들은 철 성분의 고체 핵을 철 - 황 - 규소 화합물로 이루어진 액체 핵이 감싸고 있다고 추측하였다. 하지만 감지된 자기장이 핵의 고체화 이후에도 암석 속에 자석처럼 남아 있는 잔류자기일 가능성도 있었다.

[3문단] 2004년 발사된 두 번째 탐사선 메신저는 2011년 3월 수성을 공전하는 타원 궤도에 진입한 후 중력, 자기장 및 지형 고도 등을 정밀하게 측정하였다. 중력 자료에서 얻을 수 있는 수성의 관성 모멘트는 수성의 내부 구조를 들여다보는 데 중요한 열쇠가 된다. 관성모멘트란 물체가 자신의 회전을 유지하려는 정도를 나타낸다. 물체가 회전축으로부터 멀리 떨어질수록 관성모멘트가 커지는데, 이는 질량이 같을 경우 넓적한 팽이가 홀쭉한 팽이보다 오래 도는 것과 같다.

[4문단] 질량 M인 수성이 자전축으로부터 반지름 R만큼 떨어져 있는 한 점에 위치한 물체라고 가정한 경우의 관성모멘트는 MR^2이다. 수성 전체의 관성모멘트 C를 MR^2으로 나눈 값인 정규관성모멘트 (C/MR^2)는 수성의 밀도 분포를 알려 준다. 행성의 전체 크기에서 핵이 차지하는 비율이 클수록 정규관성모멘트가 커진다. 메신저에 의하면 수성의 정규관성모멘트는 0.353으로서 지구의 0.331보다 크다. 따라서 수성 핵의 반경은 전체의 80% 이상을 차지하며, 55%인 지구보다 비율이 더 크다.

[5문단] 행성은 공전 궤도의 이심률로 인하여 미세한 진동을 일으키는데, 이를 '경도칭동'이라 하며 그 크기는 관성모멘트가 작을수록 커진다. 이는 홀쭉한 팽이가 외부의 작은 충격에도 넓적한 팽이보다 크게 흔들리는 것과 같다. 조석고정 현상으로 지구에서는 달의 한쪽 면만 관찰할 수 있는 것으로 보통은 알려져 있으나, 실제로는 칭동 현상 때문에 달 표면의 59%를 볼 수 있다. 만약 수성이 삶은 달걀처럼 고체라면 수성 전체가 진동하겠지만, 액체 핵이 있다면 그 위에 놓인 지각과 맨틀로 이루어진 '외곽층'만이 날달걀의 껍질처럼 미끄러지면서 경도칭동을 만들어 낸다. 따라서 액체 핵이 존재할 경우 경도칭동의 크기는 수성 전체의 관성모멘트 C가 아닌 외곽층 관성모멘트 Cm에 반비례한다. 현재까지 알려진 수성의 경도칭동 측정값은 외곽층의 값 Cm을 관성모멘트로 사용한 이론값과 일치하고 있어, 액체 핵의 존재 가설을 강력히 뒷받침하고 있다.

[6문단] 과학자들은 메신저에서 얻어진 정보를 이용하여 수성의 모델을 제시하였다. 이에 따르면 핵의 반경은 2,030km이고 외곽층의 두께는 410km이다. 지형의 높낮이는 9.8km로서 다른 지구형 행성에 비해 작은데, 이는 지각의 평균 두께가 50km인 것을 고려할 때 맨틀의 두께가 360km로 비교적 얇아서 맨틀 대류에 의한 조산 운동이 활발하지 않기 때문으로 해석된다. 외곽층의 밀도(ρm)는 3,650kg/m^3로 지구의 상부 맨틀(3,400kg/m^3)보다 높다. 그러나 메신저의 엑스선 분광기는 수성의 화산 분출물에 무거운 철이 거의 없음을 밝혀냈는데 이는 매우 이례적인 결과이다. 왜냐하면 이

는 맨틀에도 철의 양이 적다는 것이고, 그렇다면 외곽층의 높은 밀도를 설명할 길이 없기 때문이다. 이를 보완하기 위해 과학자들은 하부 맨틀에 밀도가 높은 황화철로 이루어진 반지각(anticrust)이 존재하며 그 두께는 지각보다 더 두꺼울 것이라는 새로운 가설을 제기하고 있다.

19 수성의 내부 구조를 나타내는 아래 그림에서 ㉠~㉤에 대한 설명으로 옳지 않은 것은?

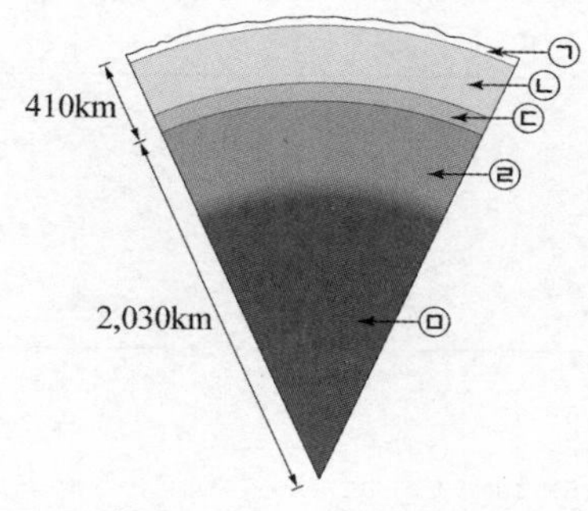

① ㉠의 표면은 지구에 비해 높낮이가 작다.
② ㉠, ㉡의 밀도는 지구의 상부 맨틀보다 높다.
③ ㉢의 존재는 메신저의 탐사로 새롭게 제기되었다.
④ ㉢, ㉣은 황 성분을 포함하고 있다.
⑤ ㉢, ㉣, ㉤은 철 성분을 포함하고 있다.

20 위 글에서 수성에 액체 상태의 핵이 존재한다는 가설을 지지하지 않는 것은?

① 자기장의 존재
② 전도성 핵의 존재
③ 철 – 황 – 규소 층의 존재
④ 암석 속 잔류자기의 존재
⑤ 현재 알려진 경도칭동의 측정값

21 〈가정〉에 따라 수성의 모델을 바르게 수정한 것만을 〈보기〉에서 있는 대로 고른 것은?

가정

2019년 수성에 도착한 베피콜롬보 탐사선의 새로운 관측을 통해 현재의 측정값이 다음과 같이 변화된다.
- 수성 전체의 정규관성모멘트(C/MR^2) 증가
- 외곽층의 관성모멘트(Cm) 감소
- 외곽층의 밀도(ρm) 증가
(단, 수성의 질량 M과 반지름 R는 변화가 없다.)

보기

ㄱ. 핵이 더 클 것이다.
ㄴ. 경도칭동이 더 작을 것이다.
ㄷ. 반지각이 더 두꺼울 것이다.

① ㄱ　　② ㄴ　　③ ㄱ, ㄷ
④ ㄴ, ㄷ　　⑤ ㄱ, ㄴ, ㄷ

정답 및 해설

19 정답 ②

① ㉠은 가장 바깥쪽에 위치한 '지각'입니다. 6문단 세 번째 문장에서 확인할 수 있듯이 수성의 지형 높낮이는 다른 지구형 행성에 비해 작습니다. 따라서 선지의 진술은 적절합니다.

② ㉠~㉢의 전체 두께는 410km입니다. 6문단에 의하면 외곽층이 410km이므로 ㉠부터 ㉢까지가 외곽층에 해당합니다. 그런데 6문단 후반에서는 수성의 맨틀에 높은 밀도의 원인으로 작용하는 철의 양이 적음에도 불구하고 외곽층(㉠~㉢전체)의 밀도가 지구의 상부 맨틀보다 높은 것을 설명하기 위해 하부 맨틀(외곽층에 포함된 층입니다)에 황화철로 이루어진 반지각(㉢)이 존재한다는 가설을 제기하였습니다. 즉 ㉢은 반지각이며 이 영역의 밀도가 매우 높기 때문에 외곽층 전체의 밀도가 지구의 상부 맨틀보다 높게 나타나는 것입니다. 따라서 ㉠, ㉡이 아니라 ㉢의 밀도가 지구의 상부 맨틀보다 높다고 해야 적절한 진술이 됩니다.

③ 반지각(㉢)의 존재는 메신저호의 엑스선 분광기가 수성의 화산 분출물에 무거운 철이 거의 없다는 사실을 밝혀낸 이후, 지구의 상부 맨틀보다 수성 외곽층의 밀도가 더 높은 것을 해명하기 위해 새롭게 설정된 층입니다. 따라서 선지의 진술은 적절합니다.

④, ⑤ 이 두 선지를 해결하기 위해서는 지문 전체에 흩어져 있는 성분 정보를 모두 파악해야 합니다. 먼저 2문단에 소개된 액체 핵 가설은 수성의 가장 안쪽에 철 성분의 고체 핵(내핵)이 존재하고, 이를 철 - 황 - 규소 화합물로 이루어진 액체 핵(외핵)이 감싸고 있다고 하였는데, 그림에서 ㉤이 내핵이고 ㉣은 외핵이라는 사실과 연결하면 ㉣, ㉤은 철 성분을 포함하고 있음을 알 수 있습니다. 다음으로 6문단에서 반지각 ㉢의 성분이 황화철이라 하였으므로 ㉢에도 철 성분이 포함되어 있으며, 더불어 ㉢과 ㉣에는 황 성분도 포함되어 있다는 것을 알 수 있습니다. 따라서 선지 ④와 ⑤의 진술은 모두 적절합니다.

20 정답 ②

① 자기장의 존재로부터 액체 핵 가설이 옳은 것이라고 직접 도출된 것은 아니지만(액체 핵 가설 이외에 잔류자기 가설도 제기되었으므로), 이로 인해 액체 핵 가설이 제기된 것은 사실이므로 지지하는 정보라 할 수 있습니다.

②, ③ 2문단에 의하면 전도성 핵이나 철-황-규소 층은 모두 액체 상태의 핵을 지칭하는 것입니다. 따라서 이들은 액체 핵 가설을 지지하는 것들입니다.

④ 암석 속 잔류자기는 잔류자기설에 따른 자기장 설명에 필요한 정보이지 액체 핵 가설을 지지하는 정보는 아닙니다.

⑤ 5문단에서 경도칭동의 측정값이 외곽층 관성모멘트의 이론값과 일치하기 때문에 액체 핵의 존재 가설을 뒷받침할 수 있었습니다.

21 정답 ③

4문단과 5문단의 핵심 비례/반비례 관계를 정리하면 다음과 같습니다.

- 정규관성모멘트↑ → 핵이 차지하는 비율↑ (비례 관계)
- 외곽층 관성모멘트↑ → 경도칭동↓ (반비례 관계)

〈가정〉에서는 수성의 정규관성모멘트가 기존보다 증가한 것으로 관측되었으므로 수성의 전체 크기에서 핵이 차지하는 비율이 더 클 것이며(ㄱ은 적절), 외곽층 관성모멘트가 감소하였으므로 경도칭동 측정값은 더 커질 것입니다(ㄴ은 부적절). 한편 외곽층의 밀도가 증가했다는 것은 외곽층 전체에서 밀도가 높은 반지각이 차지하는 비율이 더 커졌다는 것을 의미합니다. 따라서 반지각이 더 두꺼울 것이라고 모델이 수정되어야 합니다(ㄷ은 적절).

예제 3 2009학년도 M/DEET 언어추론

[1문단] 두 개의 진술이 동시에 옳을 수 없는 경우가 종종 있다. 이 경우 두 진술은 서로 대립한다고 말한다. 그 진술들이 대립하는 방식에는 두 가지가 있다. 하나는 '모순 관계'이며, 다른 하나는 '반대 관계'이다. 모순 관계는 어느 한 진술이 옳으면 다른 진술은 그를 수밖에 없는 관계이고, 반대 관계는 둘 다 옳을 수는 없지만 둘 다 그를 수는 있는 관계이다.

[2문단] 이 모순 관계와 반대 관계를 이해하지 못하여 혼란에 빠지는 경우가 있다. '자유 의지'와 '결정론'의 문제가 한 예이다. 대다수의 사람들은 의지의 자유를 믿는다. 내가 먹고 싶은 음식을 주문할 때, 또 내가 지지하는 후보에게 투표할 때 나는 내가 스스로의 의지를 가지고 행동했다고 생각한다. 그런 자유 의지가 없다면 나는 로봇과 다름없는 존재이고, 따라서 어떤 행동을 하든지 나에게는 책임을 물을 수 없다.

[3문단] 결정론은 이 세상의 모든 일이 선행 원인에 의해서 결정된다고 본다. 결정론이 옳으면 우리의 모든 행동도 앞선 원인의 결과이므로 사람들은 자유 의지가 없다고 생각할 수밖에 없다. 그러나 이것은 세상에 일어나는 일이 신이나 운명에 의해 미리 정해져 있다는 주장과는 다르다. 결정론에서는 현재 상태가 달라지면 미래도 바뀐다고 주장한다.

[4문단] 반면, 비결정론은 인과적으로 결정되는 사건들도 있지만, 적어도 사람의 행동은 선행 원인에 의해 결정되지 않는다고 주장한다. 그래서 비결정론은 그런 행동은 자유롭다고 주장하고 싶어한다. 그러나 인과적으로 결정되지 않는 것이 있다고 해도, 여전히 자유의지는 불가능하다는 비판이 제기된다. 왜냐하면 원인이 없는 사건은 나의 통제를 벗어나 있고 그것은 나의 자유 의지에 의한 것이 아니기 때문이다. 결국 ㉠ 결정론이 성립하든 성립하지 않든 자유 의지가 없다는 딜레마가 나타난다. 자유의지는 결정론과 비결정론 어느 쪽과도 양립할 수 없다는 것이다.

[5문단] 이 딜레마를 어떻게 해결할 수 있을 것인가? 해결책 중 하나는 결정론과 비결정론 이외에 제3의 길이 있어서 그리로 피해 갈 수 있다는 점을 보여주는 것이다. 그러나 이 방법은 성공하지 못한다. 결정론과 비결정론은 서로 모순 관계에 있는 주장이므로 두 이론 중 하나는 반드시 옳을 수밖에 없기 때문이다.

[6문단] 그러면 자유 의지가 있다는 것을 증명할 방법은 없을까? 결정론을 '엄격한 결정론'과 '온건한 결정론'으로 구분하면 된다. 엄격한 결정론은 결정론과 자유 의지가 양립 불가능하다고 생각하는 반면, 온건한 결정론은 양립 가능하다고 본다. 결정론과 자유 의지가 불가능하다고 판단한 이유는 행동에 원인이 있으면 그 행동에는 자유의지가 없을 것이라고 생각했기 때문이다. 그러나 원인이 있다고 해서 꼭 자유의지가 없다고 해야 할까? 그 원인이 외부의 강제 때문에 생긴 것이라면 자유 의지가 없는 것은 당연하다. 나는 다른 식으로 행동할 수 없었기 때문이다. 반면에 원인이 있다고 해도 내가 다른 식으로 행동할 수 있었다면 자유 의지는 있는 것이다. 나는 다른 식으로 행동할 수도 있었지만 그렇게 행동했기 때문이다. 그렇다고 해서 그 경우에 행동의 원인이 없는 것은 아니다. 결국 온건한 결정론자들은 자유 의지 주장과 모순 관계인 것은 결정론이 아니라 강제라고 주장하는 셈이다. 이러한 견해를 받아들인다면 자유 의지와 결정론은 얼마든지 양립할 수 있다.

20 위 글의 내용과 일치하는 것은?

① 비결정론자는 결정론과 비결정론이 모순 관계가 아니라고 생각한다.
② 비결정론자는 자유 의지가 있기 위해서는 세상의 모든 일에 원인이 없어야 한다고 주장한다.
③ 엄격한 결정론자는 강제에 의한 행동에는 원인이 없다고 생각한다.
④ 온건한 결정론자는 원인이 있다는 것과 강제는 양립불가능하다고 생각한다.
⑤ 온건한 결정론자는 어떤 행동에 대해서는 도덕적 책임을 물을 수 있다고 주장한다.

21 ㉠의 추론 과정을 〈보기〉와 같이 정리해 보았다. 위 글의 내용에 비추어 볼 때, 〈보기〉에 대한 설명으로 잘못된 것은?

보기

(가) 결정론이 성립되거나 비결정론이 성립한다.
(나) 결정론이 성립한다면 사람은 자유 의지를 갖지 못한다.
(다) 비결정론이 성립한다면 사람은 자유 의지를 갖지 못한다.
(라) 따라서 사람은 자유 의지를 갖지 못한다.

① 〈보기〉의 '비결정론' 자리에 결정론과 반대 관계가 되는 이론을 대입하면 딜레마는 성립하지 않는다.
② (가)가 필연적으로 옳은 진술이기 때문에 이 딜레마가 성립할 수 있다.
③ 온건한 결정론자들은 (나)의 진술이 옳지 않다고 주장하며 딜레마에서 빠져나온다.
④ 진술 (가), (나), (다)가 옳다면 (라)를 받아들일 수밖에 없다.
⑤ (라)가 도출되는 것은 진술 (나)와 (다)가 서로 반대 관계이기 때문이다.

22 온건한 결정론자에 대한 반박으로 타당하지 않은 것은?

① 어디까지가 자유의지에 의한 것이고 어디까지가 강제에 의한 것인지 그 경계가 모호한데, 당신은 자유 의지와 강제를 구별한다.
② 당신의 논리대로라면 어떤 노력을 하든 결과는 전혀 달라지지 않는데, 그것은 다른 식으로 행동할 수 있는 것이 아니므로 자유의지가 없게 된다.
③ 내가 자유롭게 선택했다고 생각한 행동도 나쁜 결과에 대해 위협을 느껴 결정했다고 볼 수 있으므로, 모든 행동은 외부의 힘에 의해 강제된 것으로 볼 수 있다.
④ 나는 자유 의지에 의해 행동한다고 생각하지만 사실은 나도 모르게 다른 식으로 행동할 수 없는 경우가 있으므로, 자유 의지가 있다는 당신의 주장은 옳지 않다.
⑤ 행동의 원인이 되는 사건들의 연쇄를 내가 태어나기 이전가지 따라갈 수 있고 그러면 다른 식으로 행동할 수 없으므로, 원인이 있다는 것은 여전히 자유롭지 않은 것이다.

정답 및 해설

20 정답 ⑤

⑤ 온건한 결정론자들의 견해에 의하면 강제적 원인에 의한 행위가 아닌 경우에, 도덕적 책임의 문제가 발생할 수 있다. 왜냐하면 이 경우에는 다른 식으로 행동할 수 있는 자유 의지를 가지고 있기 때문이다. 이런 자유 의지에 의해 행동하는 경우, 그 행동의 결과가 비도덕적이라면 당연히 도덕적 책임을 물을 수 있게 된다.(6문단)

[오답해설]

① 21번 문제와도 관련된 선택지로서, 이 글에 따르면 결정론과 비결정론은 서로 모순 관계이기 때문에 ㉠과 같은 딜레마가 나타나게 되는 것이다. 따라서 비결정론자가 모순 관계를 부정한다고 보는 것은 부적절하다.

② 비결정론자라고 해서 모든 일에 원인이 없어야 한다고 주장하는 것은 아니다. 이들은 사람의 행동이 선행 원인에 의해 결정되지는 않는다고 주장할 따름이다.(4문단)

③ 강제와 원인 간의 관계에 대한 엄격한 결정론의 입장은 구체적으로 언급되어 있지 않다. 그러나 온건한 결정론자가 강제에 의한 행동에 원인이 있다고 보는 만큼, '엄격한' 결정론자는 강제에 의한 행동뿐만 아니라 모든 행동에 원인이 있다고 볼 것이라 추론할 수 있다.(6문단)

④ 온건한 결정론자는 원인이 외부의 강제 때문에 생겼다면 자유 의지가 없다고 보는 것이지 원인과 강제를 서로 양립불가능한 관계로 보는 것은 아니다. 이들이 보기에 양립불가능한 관계에 있는 것은 자유 의지와 강제이다(6문단).

21 정답 ⑤

⑤ (라)가 도출되어 ㉠과 같은 딜레마가 나타나게 되는 것은 (나)와 (다)가 둘 다 성립하기 때문, 즉 둘 다 옳은 진술이기 때문이다. 결정론과 비결정론은 모순 관계에 있지만 (나)와 (다)는 이러한 모순(혹은 반대) 관계에 있는 진술들이 아니다.

[오답해설]

1문단에서 모순 관계와 반대 관계를 구분한 것에서도 짐작할 수 있듯이, 결정론과 비결정론의 관계는 모순 관계에 기초해 있으며 이에 따라 〈보기〉와 같은 논리적 추론 과정을 거쳐 ㉠과 같은 딜레마가 도출되는 것이다. 만약 결정론과 비결정론이 서로 반대 관계이거나, 비결정론 대신 결정론과 반대 관계에 있는 이론이 대입될 경우, 〈보기〉의 (가)가 필연적으로 참이라 말할 수 없게 된다(결정론이 성립하거나 비결정론이 성립하거나 혹은 제 3의 이론이 성립할 수 있으므로). 이는 곧 ㉠의 딜레마 자체가 성립하지 않게 되는 것을 의미한다. ①, ②, ④는 이러한 〈보기〉의 딜레마가 지닌 기본 구조와 관련된 내용을 다루고 있다. 한편 온건한 결정론자들은 결정론의 입장이면서도 인간이 자유 의지를 가질 수 있다고 보는데 이는 〈보기〉의 (나)를 부정하는 것이다(③).

22 정답 ②

② 온건한 결정론자에 의하면 원인에 따른 행동이 있다고 해서 반드시 자유 의지가 부정되는 것은 아니다. 여전히 다른 행동을 할 수 있는 가능성은 있는 것이고, 행동은 선택의 문제가 될 따름이다. 그리고 이러한 행동에 따른 결과가 언제나 동일하다고 주장한 바가 없기 때문에 ②는 온건한 결정론자의 주장을 올바로 파악한 것으로 볼 수 없다.

[오답해설]

온건한 결정론자는 자유 의지에 따른 행동이 가능하다고 보며 이를 강제에 의한 행동과 구분하고 있다. 따라서 이들의 입장에 대한 반박은 자유 의지와 강제를 엄밀하게 구분할 수 없다거나(①), 자유 의지에 따른 행동이라 여겨졌던 것들도 실은 강제에 다름 아니었다는(③, ④) 방식으로 이루어질 수 있다. ⑤는 원인의 범위를 과거의 모든 연쇄적 인과 관계로까지 확장하여 다른 식의 행동을 할 수 있다는 가능성을 차단하고 있으므로 역시 온건한 결정론자에 대한 반박에 해당한다.

MEMO

수능 기출로 기초 다지기

지문 01 2022학년도 수능 예시

※ 다음 글을 읽고 물음에 답하시오.

인간은 이 세상에서 정신과 물질을 동시에 지닌 유일한 존재로 여겨진다. 정신은 과연 물질, 곧 육체와 별도로 존재하는 것일까? ㉠ <u>컴퓨터와 같은 완전히 물리적인 체계는 정신을 가질 수 없는가?</u> 오래전부터 정신을 비물리적 대상으로 간주하는 사람이 많았고 지금도 크게 다르지 않다. 이렇게 육체는 원자로 이루어져 있으며 화학적 조성을 띠지만 정신은 비물리적 대상이라고 주장하는 이론이 이원론이다. 이에 견줘 동일론은 정신은 육체, 그중에서 두뇌의 물리적 상태와 동일한 것으로 존재하지, 육체와 독립되어 존재하지 않는다고 주장한다. 무엇인가가 독립되어 존재하지 않는다는 것을 증명하기 위해서는 그것이 독립적으로 존재할 모든 가능성을 들여다보며 "여기도 없군. 저기도 없네." 하며 철저히 점검할 필요는 없다. 다만 그것이 존재한다고 말하는 주장들을 조목조목 반박해 나가면 된다. 그런 식으로 동일론은 이원론을 반박한다.

원자나 엑스선은 눈으로 볼 수 없지만 그것을 가정함으로써 다양한 현상들을 가장 잘 설명할 수 있다. 이원론자는 정신도 눈에 보이지 않지만 그것을 가정해야만 설명할 수 있는 특성들이 있다고 주장한다. 라이프니츠는 만일 X와 Y가 동일하다면 이들이 똑같은 특성을 갖는다는 '동일자 식별 불가능성 원리'를 제시했는데, 어떠한 물리적 대상도 갖지 못할 특성을 정신이 갖는다면, 이 원리에 따라 정신은 물리적 대상과는 다를 것이다.

[A] 대표적 이원론자인 데카르트는 그런 특성으로 언어와 수학적 추론을 제시한다. 그는 완전히 물리적인 체계가 사람처럼 언어를 사용하거나 수학적인 추론을 해낼 수는 없으리라고 보았다. 그러나 이런 주장은 그 힘이 처음 생각했던 것보다 약하다. 먼저 컴퓨터 언어라는 개념은 이제 상식적인 것이 되었다. 컴퓨터 언어는 인간이 쓰는 언어에 비해서 구조와 내용의 면에서 단순하지만 그 차이라 하는 것은 종류의 차이가 아니라 정도의 차이이다. 한편 데카르트의 저술이 나타난 이래로 수 세기 동안 여러 학자들은 수학적 추론의 일반적 원리들을 이럭저럭 찾아낼 수 있게 되었고, 컴퓨터 기술자들은 그런 원리를 바탕으로 하여 데카르트를 깜짝 놀라게 했을 법한 기계를 만들어 내게 되었다. 독립적인 정신을 가정하지 않고서도 언어와 수학적 추론을 설명할 수 있는 가능성이 생긴 것이다. 이와 같이 더 복잡한 것을 끌어들이지 않고 무언가를 충분히 설명할 수 있다면, 그것을 끌어들이지 말라는 '단순성의 원리'에 의해 독립적인 정신을 가정할 필요가 없다.

데카르트는 동일자 식별 불가능성 원리로 이원론을 지지하는 또 다른 논증으로, 육체의 존재는 얼마든지 의심할 수 있지만 정신은 의심할 수 없다는 것을 든다. 의심하기 위해서는 내 정신이 또렷하게 존재해야 하기 때문이다. 그렇다면 육체와 정신 중 하나는 의심 가능하다는 특성을 갖지만 다른 하나는 갖지 않으므로 그 둘은 동일하지 않다는 결론이 나온다. 이 논증을 평가하기 위해 사실은 같은 사람인 정약용과 다산을 생각해 보자. 「목민심서」를 정약용이 썼다는 것을 의심하지 않더라도 다산이 썼다는 것은 얼마든지 의심할 수 있다. 다산이 썼어도 쓰지 않았다고 의심하는 것은 논리적으로 모순된 것이 아니기 때문이다. 그렇다고 해서 정약용과 다산이 동일한 존재가 아닌 것은 아니다. 동일자 식별 불가능성 원리는, 식별하는 데 사용되는 특성이 의심이나 생각 같은 것을 포함한 경우에는 적용되지 않는 것이다.

01 윗글을 통해 알 수 있는 내용으로 가장 적절한 것은?

① 현실에서 발생한 일이라도 발생하지 않았다고 의심은 할 수 있다.
② 이원론은 완전히 물리적인 체계에도 정신이 독립적으로 있다고 본다.
③ 원자나 엑스선은 눈에 보이지 않는다는 점에서 물리적 대상이 아니다.
④ 라이프니츠는 물리적 대상이 정신과 똑같은 특성을 갖더라도 그 둘은 다르다고 보았다.
⑤ 데카르트는 언어를 사용하거나 수학적 추론을 할 수 있는 기계가 출현하리라고 예상했다.

02 ㉠에 대한 동일론자의 대답으로 가장 적절한 것은?

① 기술이 발달하면 컴퓨터도 인간과 같은 정신을 가질 것이다.
② 기술이 발달하면 컴퓨터는 인간과 달리 정신을 가질 것이다.
③ 기술이 발달하면 컴퓨터는 인간과 종류가 다른 정신을 가질 것이다.
④ 기술이 발달하더라도 컴퓨터는 인간과 달리 정신을 가지지 않을 것이다.
⑤ 기술이 발달하더라도 컴퓨터도 인간과 같이 정신을 가지지 않을 것이다.

03 윗글을 참고하여 〈보기〉를 이해한 내용으로 적절하지 않은 것은?

보기

(가) 악령의 존재를 가정할 필요 없이 병원체의 존재를 가정함으로써 감염병의 발생을 가장 잘 설명할 수 있다.

(나) '하늘에 태양이 존재하면서 동시에 존재하지 않는다'고 생각할 수 없지만, '왼손은 있다'고 생각하면서 '오른손은 사라졌다'고 생각할 수 있다.

① (가)에서는 단순성의 원리에 의해 악령을 끌어들일 필요가 없는 것이겠군.
② (가)에서 '악령이 존재한다'는 주장을 반박하기 위해서 악령이 존재할 모든 가능성을 들여다볼 필요는 없겠군.
③ (가)에서 병원체의 존재가 감염병을 가장 잘 설명해 주기 때문에 병원체가 존재한다고 판단하겠군.
④ (나)에서 왼손과 오른손은 동일자 식별 불가능성 원리에 따라 동일한 대상이 아니겠군.
⑤ (나)에서 생각의 가능성에 차이가 있는 까닭은 논리적으로 모순인 것과 아닌 것의 차이 때문이겠군.

04 [A]에 드러난 동일론의 주장에 대해 이원론이 비판한다고 할 때, 비판의 내용으로 적절하지 않은 것은?

① 인간과 같은 수준의 언어를 사용하는 기계가 있을 수 있다고 하는데, 있다고 하더라도 정말로 그 뜻을 이해하고 사용하는 것은 아니다.
② 인간과 같은 수준의 언어를 사용하는 기계가 있을 수 있다고 하는데, 있다고 하더라도 그것은 행동적인 측면만 따라할 뿐이고 사랑이나 두려움 같은 감성적 측면은 따라할 수 없다.
③ 수학적 추론을 하는 기계가 있을 수 있다고 하는데, 기계가 정신을 가지지 못한다고 말하면서도 수학적 추론을 한다는 것은 성립할 수 없다.
④ 수학적 추론을 하는 기계가 있을 수 있다고 하는데, 있다고 하더라도 그것은 프로그램에 따라 작동하는 것에 불과하지 선택에 따른 행동이라고 볼 수 없다.
⑤ 수학적 추론을 하는 기계가 있을 수 있다고 하는데, 비행 시뮬레이션이 실제 비행의 모방에 불과한 것처럼 기계의 수학적 추론은 인간의 수학적 추론을 모방한 것에 불과하다.

지문 02 2018학년도 수능

※ 다음 글을 읽고 물음에 답하시오.

자연에서 발생하는 모든 일은 목적 지향적인가? 자기 몸통보다 더 큰 나뭇가지나 잎사귀를 허둥대며 운반하는 개미들은 분명히 목적을 가진 듯이 보인다. 그런데 가을에 지는 낙엽이나 한밤중에 쏟아지는 우박도 목적을 가질까? 아리스토텔레스는 모든 자연물이 목적을 추구하는 본성을 타고나며, 외적 원인이 아니라 내재적 본성에 따른 운동을 한다는 목적론을 제시한다. 그는 자연물이 단순히 목적을 갖는 데 그치는 것이 아니라 목적을 실현할 능력도 타고나며, 그 목적은 방해받지 않는 한 반드시 실현될 것이고, 그 본성적 목적의 실현은 운동 주체에 항상 바람직한 결과를 가져온다고 믿는다. 아리스토텔레스는 이러한 자신의 견해를 "자연은 헛된 일을 하지 않는다!"라는 말로 요약한다.

근대에 접어들어 모든 사물이 생명력을 갖지 않는 일종의 기계라는 견해가 강조되면서, 아리스토텔레스의 목적론은 비과학적이라는 이유로 많은 비판에 직면한다. 갈릴레이는 목적론적 설명이 과학적 설명으로 사용될 수 없다고 주장하며, 베이컨은 목적에 대한 탐구가 과학에 무익하다고 평가하고, 스피노자는 목적론이 자연에 대한 이해를 왜곡한다고 비판한다. 이들의 비판은 목적론이 인간 이외의 자연물도 이성을 갖는 것으로 의인화한다는 것이다. 그러나 이런 비판과는 달리 아리스토텔레스는 자연물을 생물과 무생물로, 생물을 식물・동물・인간으로 나누고, 인간만이 이성을 지닌다고 생각했다.

일부 현대 학자들은, 근대 사상가들이 당시 과학에 기초한 기계론적 모형이 더 설득력을 갖는다는 일종의 교조적 믿음에 의존했을 뿐, 아리스토텔레스의 목적론을 거부할 충분한 근거를 제시하지 못했다고 비판한다. 이런 맥락에서 볼로틴은 근대 과학이 자연에 목적이 없음을 보이지도 못했고 그렇게 하려는 시도조차 하지 않았다고 지적한다. 또한 우드필드는 목적론적 설명이 과학적 설명은 아니지만, 목적론의 옳고 그름을 확인할 수 없기 때문에 목적론이 거짓이라 할 수도 없다고 지적한다.

17세기의 과학은 실험을 통해 과학적 설명의 참・거짓을 확인할 것을 요구했고, 그런 경향은 생명체를 비롯한 세상의 모든 것이 물질로만 구성된다는 물질론으로 이어졌으며, 물질론 가운데 일부는 모든 생물학적 과정이 물리・화학 법칙으로 설명된다는 환원론으로 이어졌다. 이런 환원론은 살아 있는 생명체가 죽은 물질과 다르지 않음을 함축한다. 하지만 아리스토텔레스는 자연물의 물질적 구성 요소를 알면 그것의 본성을 모두 설명할 수 있다는 엠페도클레스의 견해를 반박했다. 이 반박은 자연물이 단순히 물질로만 이루어진 것이 아니며, 또한 그것의 본성이 단순히 물리・화학적으로 환원되지도 않는다는 주장을 내포한다.

첨단 과학의 발전에도 불구하고 생명체의 존재 원리와 이유를 정확히 규명하는 과제는 아직 진행 중이다. 자연물의 구성 요소에 대한 아리스토텔레스의 탐구는 자연물이 존재하고 운동하는 원리와 이유를 밝히려는 것이었고, 그의 목적론은 지금까지 이어지는 그러한 탐구의 출발점이라 할 수 있다.

01 윗글에 나타난 아리스토텔레스의 견해에 대한 이해로 가장 적절한 것은?

① 개미의 본성적 운동은 이성에 의한 것으로 설명된다.
② 자연물의 목적 실현은 때로는 그 자연물에 해가 된다.
③ 본성적 운동의 주체는 본성을 실현할 능력을 갖고 있다.
④ 낙엽의 운동은 본성적 목적 개념으로는 설명되지 않는다.
⑤ 자연물의 본성적 운동은 외적 원인에 의해 야기되기도 한다.

02 윗글에 나타난 목적론에 대한 논의를 적절하게 진술한 것은?

① 갈릴레이와 볼로틴은 목적론이 근대 과학에 기초한 기계론적 모형이라고 비판한다.
② 갈릴레이와 우드필드는 목적론적 설명이 과학적 설명이 아니라는 데 동의한다.
③ 베이컨과 우드필드는 목적론적 설명이 교조적 신념에 의존했다고 비판한다.
④ 스피노자와 볼로틴은 목적론이 자연에 대한 이해를 확장한다고 주장한다.
⑤ 스피노자와 우드필드는 목적론이 사물을 의인화하기 때문에 거짓이라고 주장한다.

03 윗글을 바탕으로 〈보기〉를 이해한 내용으로 가장 적절한 것은?

보기

생물학자 마이어는 생명체의 특징을 보여주는 이론으로 창발론을 제시한다. 그는 생명체가 분자, 세포, 조직에서 개체, 개체군에 이르기까지 단계적으로 점점 더 복잡한 체계를 구성하며, 세포 이상의 단계에서 각 체계의 고유 활동은 미리 정해진 목적을 수행한다고 생각한다. 창발론은 복잡성의 수준이 한 단계씩 오를 때마다 구성 요소에 관한 지식만으로는 예측할 수 없는 특성들이 나타난다는 이론이다. 마이어는 여전히 생명체가 물질만으로 구성된다고 보지만, 물리·화학적 법칙으로 모두 설명되지는 않는다고 본다.

① 마이어는 아리스토텔레스처럼, 엠페도클레스의 물질론적 견해가 적절하다고 보겠군.
② 마이어는 아리스토텔레스처럼, 자연물이 물질만으로 구성된다는 물질론에 동의하겠군.
③ 마이어는 아리스토텔레스처럼, 생명체의 특성들은 구성 요소 들에 관한 지식만으로 예측할 수 없다고 보겠군.
④ 마이어는 아리스토텔레스와 달리, 모든 자연물이 목적 지향적으로 운동한다고 보겠군.
⑤ 마이어는 아리스토텔레스와 달리, 모든 자연물의 본성에 대한 물리·화학적 환원을 인정하겠군.

지문 03 2019학년도 수능 6월 모평

※ 다음 글을 읽고 물음에 답하시오.

17세기 초부터 유입되기 시작한 서학(西學) 서적에 담긴 서양의 과학 지식은 당시 조선의 지식인들에게 적지 않은 지적 충격을 주며 사상의 변화를 이끌었다. 하지만 ㉠ 19세기 중반까지 서양 의학의 영향력은 천문・지리 지식에 비해 미미하였다. 일부 유학자들이 서양 의학 서적들을 읽었지만, 이에 대해 논평을 남긴 인물은 극히 제한적이었다.

이런 가운데 18세기 실학자 이익은 주목할 만한 인물이다. 그는 「서국의(西國醫)」라는 글에서 아담 샬이 쓴 「주제군징(主 制群徵)」의 일부를 채록하면서 자신의 생각을 제시하였다. 「주제군징」에는 당대 서양 의학의 대변동을 이끈 근대 해부학 및 생리학의 성과나 그에 따른 기계론적 인체관은 담기지 않았다. 대신 기독교를 효과적으로 전파하기 위해 신의 존재를 증명하려 했던 로마 시대의 생리설, 중세의 해부 지식 등이 실려 있었다. 한정된 서양 의학 지식이었지만 이익은 그 우수성을 인정하고 내용을 부분적으로 수용하였다. 뇌가 몸의 운동과 지각 활동을 주관한다는 아담 샬의 설명에 대해, 이익은 몸의 운동을 뇌가 주관한다는 것은 긍정하였지만, 지각 활동은 심장이 주관 한다는 전통적인 심주지각설(心主知覺說)을 고수하였다.

이익 이후에도 서양 의학이 조선 사회에 끼친 영향은 두드러지지 않았다. 당시 유학자들은 서양 의학의 필요성을 느끼지 못하였고, 의원들의 관심에서도 서양 의학은 비껴나 있었다. 당시에 전해진 서양 의학 지식은 내용면에서도 부족했을 뿐 아니라, 지구가 둥글다거나 움직인다는 주장만큼 충격적이지는 않았다. 서양 해부학이 야기하는 윤리적 문제도 서양 의학의 영향력을 제한하는 요인으로 작용하였으며, 서학에 대한 조정(朝廷)의 금지 조치도 걸림돌이었다. 그러던 중 19세기 실학자 최한기는 당대 서양에서 주류를 이루고 있던 최신 의학 성과를 담은 홉슨의 책들을 접한 후 해부학 전반과 뇌 기능을 중심으로 문제의식을 본격화하였다. 인체에 대한 이전 유학자들의 논의가 도덕적 차원에 초점이 있었던 것과 달리, 그는 지각적・생리적 기능에 주목하였다.

최한기의 인체관을 함축하는 개념 중 하나는 '몸기계'였다. 그는 이 개념을 본격적으로 사용하기에 앞서 인체를 형체와 내부 장기로 구성된 일종의 기계로 파악하고 있었다. 이러한 생각은 「전체신론(全體新論)」 등 홉슨의 저서를 접한 후 더 분명해져서 인체를 복잡한 장치와 그 작동으로 이루어진 몸기계로 형상화하면서도, 인체가 외부 동력에 의한 기계적 인과 관계에 지배되는 것이 아니라 그 자체가 생명력을 가지고 자발적인 운동을 한다고 보았다. 이는 인체를 '신기(神氣)'와 결부하여 이해한 결과였다. 기계적 운동의 인과 관계를 설명하려면 원인을 찾는 과정이 꼬리에 꼬리를 물고 이어지게 된다. 따라서 이러한 무한 소급을 끝맺으려면 운동의 최초 원인을 상정해야만 한다. 이문제를 해결하기 위해 의료 선교사인 홉슨은 창조주와 같은 질적으로 다른 존재를 상정하였다. 기독교적 세계관을 부정했던 최한기는 인체를 구성하는 신기를 신체 운동의 원인으로 규정하여 이 문제를 해결하려 하였다.

최한기는 「전체신론」에 수록된, 뇌로부터 온몸에 뻗어 있는 신경계 그림을 접하고, 신체 운동을 주관하는 뇌의 역할과 중요성을 인정하였다. 하지만 뇌가 운동뿐만 아니라 지각을 주관한다는 홉슨의 뇌주지각설(腦主知覺說)에 관심을 기울이면서도, 뇌주지각설은 완전한 체계를 이루기에 불충분하다고 보았다. 뇌가 지각을 주관하는 과정을 창조주의 섭리로 보고 지각 작용과 기독교적 영혼 사이의 연관성을 부각하려 한 「전체신론」의 견해를 부정하고, 대신 '심'이 지각 운용을 주관한다는 심주지각설이 더 유용하다고 주장하였다.

그러나 종래의 심주지각설을 그대로 수용한 것은 아니었다. 기존의 심주지각설이 '심'을 심장으로 보았던 것과 달리 그는 신기의 '심'으로 파악하였다. 그에 따르면, 신기는 신체와 함께 생성되고 소멸되는 것으로, 뇌나 심장 같은 인체 기관이 아니라 몸을 구성하면서 형체가 없이 몸속을 두루 돌아다니는 것이다. 신기는 유동적인 성질을 지녔는데 그 중심이 '심'이다. 신기는 상황에 따라 인체의 특정 부분에 더 높은 밀도로 몰린다. 그래서 특수한 경우에는 다른 곳으로 중심이 이동하는데, 신기가 균형을 이루어야 생명 활동과 지각이 제대로 이루어질 수 있다. 그는 경험 이전에 아무런 지각 내용을 내포하지 않고 있는 신기가 감각 기관을 통한 지각 활동에 의해 외부 세계의 정보를 받아들여 기억으로 저장한다고 파악하였다. 신기는 한 몸을 주관하며 그 자체가 하나로 통합되어 있기 때문에 감각을 통합할 수 있으며, 지각 내용의 종합과 확장, 곧 스스로의 사유를 통해 지각 내용을 조정하고, 그러한 작용에 적응하여 온갖 세계의 변화에 대응할 수 있다고 보았다.

최한기의 인체관은 서양 의학과 신기 개념의 접합을 통해 새롭게 정립된 것이었다. 비록 양자 사이의 결합이 완전하지는 않았지만, 서양 의학을 맹신하지 않고 주체적으로 수용하여 정합적인 체계를 이루고자 한 그의 시도는 조선 사상사에서 주목할 만한 성취라 평가할 수 있을 것이다.

01 윗글에 대한 이해로 적절하지 않은 것은?

① 최한기는 홉슨의 저서를 접하기 전부터 인체를 일종의 기계로 파악하였다.
② 아담 샬과 달리 이익은 심장을 중심으로 인간의 지각 활동을 이해하였다.
③ 이익과 홉슨은 신체의 동작을 뇌가 주관한다는 것에서 공통적인 견해를 보였다.
④ 아담 샬과 홉슨은 각자가 활동했던 당시에 유력했던 기계론적 의학 이론을 동양에 소개하였다.
⑤ 「주제군징」과 「전체신론」에는 기독교적인 세계관이 투영된 서양 의학 이론이 포함되어 있었다.

02 윗글을 참고할 때, ㉠의 이유로 적절하지 않은 것은?

① 조선에서 서양 학문을 정책적으로 배척했기 때문이다.
② 전래된 서양 의학이 내용 면에서 불충분했기 때문이다.
③ 당대 의원들이 서양 의학의 한계를 지적했기 때문이다.
④ 서양 해부학이 조선의 윤리 의식에 위배되었기 때문이다.
⑤ 서양 의학이 천문 지식에 비해 충격적이지 않았기 때문이다.

03 〈보기〉는 인체에 관한 조선 시대 학자들의 견해이다. 윗글에 제시된 '최한기'의 견해와 부합하는 것을 〈보기〉에서 고른 것은?

보기

ㄱ. 심장은 오장(五臟)의 하나이지만 한 몸의 군주가 되어 지각이 거기에서 나온다.
ㄴ. 귀에 쏠린 신기가 눈에 쏠린 신기와 통하여, 보고 들음을 합하여 하나로 만들 수 있다.
ㄷ. 인간의 신기는 온몸의 기관이 갖추어짐에 따라 생기고, 지각 작용에 익숙해져 변화에 대응하는 것이다.
ㄹ. 신기는 대소(大小)로 구분되어 있는 것이니, 한 몸에 퍼지는 신기가 있고 심장에서 운용하는 신기가 있다.

① ㄱ, ㄴ ② ㄱ, ㄷ ③ ㄴ, ㄷ
④ ㄴ, ㄹ ⑤ ㄷ, ㄹ

04 윗글의 '최한기'와 〈보기〉의 '데카르트'를 비교하여 이해한 내용으로 적절하지 않은 것은?

보기

서양 근세의 철학자 데카르트는 물질과 정신을 구분하여, 물질은 공간을 차지한다는 특징을 갖는 반면 정신은 사유라는 특징을 갖는다고 보았다. 물질의 기계적 운동을 옹호했던 그는 정신이 깃든 곳은 물질의 하나인 두뇌이지만 정신과 물질은 서로 독립적이라고 주장하였다. 그러나 정신과 물질이 영향을 주고받음을 설명할 수 없다는 비판을 받았다.

① 데카르트의 '정신'과 달리 최한기의 '신기'는 신체와 독립적이지 않겠군.
② 데카르트와 최한기는 모두 인간의 사고 작용이 일어나는 곳은 두뇌라고 보았겠군.
③ 데카르트의 '정신'과 최한기의 '신기'는 모두 그 자체로는 형체를 갖지 않는 것이겠군.
④ 데카르트와 달리 최한기는 인간의 사고가 신체와 영향을 주고받음을 설명할 수 없다는 비판을 받지는 않겠군.
⑤ 데카르트의 견해에서도 최한기에서처럼 기계적 운동의 최초 원인을 상정하면 무한 소급의 문제를 해결할 수 있겠군.

지문 04 2018학년도 수능 6월 모평

※ 다음 글을 읽고 물음에 답하시오.

유학은 수기치인(修己治人)을 통해 성인(聖人)이 되기 위한 학문으로 성학(聖學)이라고도 불린다. '수기'는 사물을 탐구하고 앎을 투철히 하고 뜻을 성실하게 하고 마음을 바르게 하여 자신을 닦는 일이며, '치인'은 집안을 바르게 하고 나라를 통치하고 세상을 평화롭게 하는 것을 의미한다. 수기치인을 통해 하늘의 도리인 천도(天道)와 합일되는 경지에 도달한 사람이 바로 '성인'이다. 이러한 유학의 이념을 적극 수용했던 율곡 이이는 수기치인의 도리를 밝힌 「성학집요」(1575)를 지어 이 땅에 유학의 이상 사회가 구현되기를 소망했다.

율곡은 수기를 위한 수양론과 치인을 위한 경세론을 전개하는데, 그 바탕은 만물을 '이(理)'와 '기(氣)'로 설명하는 이기론이다. 존재론의 측면에서 율곡은 '이'를 형체도 없고 시간과 공간의 제약을 받지 않고 존재하는 만물의 법칙이자 원리로 보고, '기'를 시간적인 선후와 공간적인 시작과 끝을 가지면서 끊임없이 변화하며 작동하는 물질적 요소로 본다. '이'와 '기'는 사물의 구성요소로서 서로 다른 성질을 갖지만, '이'는 현실 세계에서 항상 '기'와 더불어 실제로 존재한다. 율곡은 이처럼 서로 구별되면서도 분리됨이 없이 존재하는 '이'와 '기'의 관계를 이기지묘(理氣之妙)라 표현한다.

수양론의 한 가지 기반으로, 율곡은 이통기국(理通氣局)을 주장한다. 이것은 만물이 하나의 동일한 '이'를 공유하지만, 다양한 '기'의 성질로 인해 서로 다른 모습으로 나타날 수 있음을 의미한다. 또한 이러한 이통기국론은, 성인과 일반인이 기질의 차이는 있지만 동일한 '이'를 갖기 때문에 일반인이라도 기질상의 병폐를 제거하고 탁한 기질을 정화하면 '이'의 선한 본성이 회복되어 성인의 경지에 이를 수 있다는 기질 변화론으로 이어진다. 율곡은 흐트러진 마음을 거두어들이는 거경(居敬), 경전을 읽고 공부하여 시비를 분별하는 궁리(窮理), 그리고 몸과 마음을 다스려 사욕을 극복하는 역행(力行)을 기질 변화를 위한 중요한 수양 방법으로 제시한다. 인간에게 내재된 천도를 실현하려는 율곡의 수양론은 사회의 폐단을 제거하여 천도를 실현하려는 경세론으로 이어진다.

대사상가인 동시에 탁월한 경세가였던 율곡은 많은 논설에서 법제 개혁론을 펼쳤는데, 이는 「만언봉사」(1574)에서 잘 나타난다. 선조는 "'이'는 빈틈없는 완전함이 있고, '기'는 변화하는 움직임이 있다."라고 말하면서 근래 하늘과 땅에서 일어난 재앙으로부터 깨우쳐야 할 도리를 신하들에게 물었고, 율곡이 그에 대한 답변을 올린 것이 「만언봉사」이다. 여기서 율곡은 "때에 따라 변할 수 있는 것은 법제이며, 시대를 막론하고 변할 수 없는 것이 왕도요, 어진 정치요, 삼강이요, 오륜입니다."라고 말하면서 법제 개혁의 필요성을 주장한다. 곧, '이'라 할 수 있는 왕도나 오륜을 고치려 하는 것이 아니라, 그것을 구현할 수 있도록 법제를 개혁하여야 한다는 것이다.

조선에서 법전의 기본적인 원천은 '수교(受教)'이다. 어떤 사건이 매우 중대하다고 여겨지면 국왕은 조정의 회의를 열고 처리 지침을 만들어 사건을 해결한다. 이 지침이 앞으로도 같은 종류의 사건을 해결하는 데 적합하겠다고 판단되면, 국왕의 하명 형식을 갖는 법령으로 만들어지는데, 이를 수교라 한다. 그리고 이후의 시행 과정에서 폐단이 없고 유용하다고 확인된 수교들은 다시 다듬어지고 정리되어 '록(錄)'이라는 이름이 붙은 법전에 실린다. 여기에 수록된 규정들 가운데에 지속적인 적용을 거치면서 영구히 시행할 만한 것이라 판정된 것은 마침내 '대전(大典)'이라는 법전에 오르게 된다.

성종 때에 확정된 ≪경국대전≫(1485)은 이 과정을 거친 규정들을 체계적으로 집대성한 통일 법전이다. 꾸준한 정련을 거쳐 '대전'에 오른 이 규정들은 '양법미의(良法美意)'라 하였다. 백성들에게 항구히 시행할 만한 아름다운 규범이라는 의미이다. 실제로 이 ≪경국대전≫은 조선 왕조가 끝날 때까지 국가 기본 법전의 역할을 수행해 왔고, 그 안에 실린 규정들은 개정되지 않았다. 선왕들이 심혈을 기울여 만들고 오랜 시행으로 검증하여 영원토록 시행할 것으로 판정된 규범은 '조종성헌(祖宗成憲)'이라 불렸고, 이는 함부로 고칠 수 없다고 생각되었다. 왕도에 근접하였다고 여긴 것이다. '대전'에 실린 규정은 조종성헌으로 받아들여졌고, 따라서 국왕이라 해도 그것을 어길 수 없었다.

율곡의 법제 개혁론은 조종성헌을 변혁하자는 것이 아니다. 그는 성종을 이은 연산군 때 제정된 조세 법령이 여전히 백성의 삶을 피폐하게 하는데도 고쳐지지 않는 실정을 지적하는 등 폐단이 있는 여러 법령들을 거론한다. 이런 법령들은 고수할 것이 아니라 바꾸어야만 한다고 역설한다. 그래야 오히려 조종성헌이 회복된다는 것이다. 결국 조종성헌에 해당하지 않는 부당한 법령을 오래된 선왕의 법이라며 고칠 수 없다고 고집하는 권세가들에 대하여, 그런 법령은 변하지 않아야 할 '이'의 영역에 속하는 것이 아니라는 이론적인 공박을 펼친 것이다. 자신의 이기론을 바탕으로 더 나은 세상을 이루려 했던 율곡 이이의 노력은 수기치인의 실천이라 할 만하다.

01 윗글의 내용과 일치하지 않는 것은?

① 성학은 하늘의 도리와 합일된 사람이 되기 위한 학문이다.
② 「성학집요」에는 유학의 이념이 조선에서 실현되기를 바라는 마음이 담겨 있다.
③ '수교'는 특정한 사안을 해결하는 과정을 거쳐 제정된다.
④ '대전'에 오르는 규정은 지속적으로 시행되면서 폐단이 없었다는 요건을 갖추어야 한다.
⑤ ≪경국대전≫은 확정된 이후에도 시대에 맞게 규정이 개정되면서 기본 법전으로서의 지위를 유지하였다.

02 '율곡'의 관점에서 '이'와 '기'에 대해 설명한 것으로 적절하지 않은 것은?

① 천재지변은 '기'의 현상으로서 여기에도 '이'가 더불어 존재한다.
② '기'는 만물에 내재된 법칙이라는 점에서, 시공을 초월하는 '이'와 대비된다.
③ 법제는 '이'에 속하지 않지만 '이'를 드러낼 수 있도록 다듬어져야 할 대상이다.
④ 탁한 기질을 깨끗하게 변화시켜 '이'라 할 수 있는 선한 본성이 드러나게 할 수 있다.
⑤ 모든 사물들은 동일한 '이'를 갖지만 서로 다른 '기'로 말미암아 다양한 모습으로 나타난다.

03 윗글에 나타난 '율곡'의 법제 개혁론에 대한 설명으로 적절하지 않은 것은?

① 이기론을 바탕으로 한 경세론의 실천으로서 법제 개혁을 주장한다.
② '이'와 '기'에 대해 잘못된 견해를 제시하는 국왕에게 선왕의 법을 개혁할 것을 건의한다.
③ 조종성헌 존중의 전통을 악용하는 이들에 의해 법제 개혁이 가로막히는 경향을 비판한다.
④ 삼강과 같은 불변적 가치를 거론하는 까닭은 결국 법제 개혁의 방향을 제시하기 위한 것이다.
⑤ ≪경국대전≫이 확정된 이후 연산군 때 제정된 악법들은 개혁 대상이 되어야 한다고 본다.

04 윗글을 바탕으로 〈보기〉의 '숙종'을 이해한 반응으로 가장 적절한 것은?

보기

숙종 25년(1699) 회양부사 갑은 자신이 행차하는데 무례했다는 이유로 선비 을을 잡아 곤장을 쳐서 죽게 하였다. 이 사건에 대해 숙종은 사형에 해당하는 죄라고 보았으나, 대신들은 형벌을 집행하다가 일어난 일이니 사형에 해당 하지는 않는다는 의견을 올렸다. 이에 숙종은 꾸짖었다. "≪경국대전≫은 역대 선왕들께서 만들어 한결같이 시행해온 성스러운 규범이다. 결코 멋대로 적용해서는 아니 된다. 국왕에게 법을 잘못 적용하라고 하는가? 갑이 살아서 나가게 되면 무법의 나라가 된다."

여기서 숙종과 대신들은 아래의 규정들 가운데 어느 규정을 적용할지에 대하여 의견 대립을 보이고 있다.

(가) ≪경국대전≫ "≪대명률≫을 형법으로 적용한다."
(나) ≪경국대전≫ "관리가 형벌 집행을 남용하여 죽음에 이르게 한 경우에는 곤장 100대에 처하고 영구히 관리로 임용하지 않는다."
(다) ≪대명률≫ "사람을 죽인 자는 사형에 처한다."

① 숙종은 갑의 행위에 (다)를 적용하는 것이 조종성헌을 존중하는 것이라고 보고 있군.
② 숙종은 완성된 지 200년이 넘었다는 이유로 ≪경국대전≫의 규정을 적용하지 않으려 하는군.
③ 숙종이 ≪대명률≫의 규정인 (다)를 적용하려는 것은 '대전'의 규정을 따르지 않는 태도라 해야겠군.
④ 숙종이 (나)의 적용을 찬성하지 않는 이유는 (나)가 양법미의가 될 수 없다고 생각하기 때문이군.
⑤ 숙종은 선왕의 법을 적용하는 대신들의 방식에는 불만이지만 갑의 행위가 정당한 형벌 집행이라고 보는 데는 동의하는군.

지문 05 2017학년도 수능

※ 다음 글을 읽고 물음에 답하시오.

㉠ 논리실증주의자와 포퍼는 지식을 수학적 지식이나 논리학 지식처럼 경험과 무관한 것과 과학적 지식처럼 경험에 의존하는 것으로 구분한다. 그중 과학적 지식은 과학적 방법에 의해 누적된다고 주장한다. 가설은 과학적 지식의 후보가 되는 것인데, 그들은 가설로부터 논리적으로 도출된 예측을 관찰이나 실험 등의 경험을 통해 맞는지 틀리는지 판단함으로써 그 가설을 시험하는 과학적 방법을 제시한다. 논리실증주의자는 예측이 맞을 경우에, 포퍼는 예측이 틀리지 않는 한, 그 예측을 도출한 가설이 하나씩 새로운 지식으로 추가된다고 주장한다.

하지만 ㉡ 콰인은 가설만 가지고서 예측을 논리적으로 도출할 수 없다고 본다. 예를 들어 ⓐ 새로 발견된 금속 M은 열을 받으면 팽창한다는 가설만 가지고는 ⓑ 열을 받은 M이 팽창할 것이라는 예측을 이끌어낼 수 없다. 먼저 지금까지 관찰한 모든 금속은 열을 받으면 팽창한다는 기존의 지식과 M에 열을 가했다는 조건 등이 필요하다. 이렇게 예측은 가설, 기존의 지식들, 여러 조건 등을 모두 합쳐야만 논리적으로 도출된다는 것이다. 그러므로 예측이 거짓으로 밝혀지면 정확히 무엇 때문에 예측에 실패한 것인지 알 수 없다는 것이다. 이로부터 콰인은 개별적인 가설뿐만 아니라 ⓒ 기존의 지식들과 여러 조건 등을 모두 포함하는 전체 지식이 경험을 통한 시험의 대상이 된다는 총체주의를 제안한다.

논리실증주의자와 포퍼는 수학적 지식이나 논리학 지식처럼 경험과 무관하게 참으로 판별되는 분석 명제와, 과학적 지식처럼 경험을 통해 참으로 판별되는 종합 명제를 서로 다른 종류라고 구분한다. 그러나 콰인은 총체주의를 정당화하기 위해 이 구분을 부정하는 논증을 다음과 같이 제시한다. 논리실증주의자와 포퍼의 구분에 따르면 "총각은 총각이다."와 같은 동어 반복명제와, "총각은 미혼의 성인 남성이다."처럼 동어 반복 명제로 환원할 수 있는 것은 모두 분석 명제이다. 그런데 후자가 분석 명제인 까닭은 전자로 환원할 수 있기 때문이다. 이러한 환원이 가능한 것은 '총각'과 '미혼의 성인 남성'이 동의적 표현이기 때문인데 그게 왜 동의적 표현인지 물어보면, 이 둘을 서로 대체하더라도 명제의 참 또는 거짓이 바뀌지 않기 때문이라고 할 것이다. 하지만 이것만으로는 두 표현의 의미가 같다는 것을 보장하지 못해서, 동의적 표현은 언제나 반드시 대체 가능해야 한다는 필연성 개념에 다시 의존하게 된다. 이렇게 되면 동의적 표현이 동어 반복 명제로 환원 가능하게 하는 것이 되어, 필연성 개념은 다시 분석 명제 개념에 의존하게 되는 순환론에 빠진다. 따라서 콰인은 종합 명제와 구분되는 분석 명제가 존재한다는 주장은 근거가 없다는 결론에 도달한다.

콰인은 분석 명제와 종합 명제로 지식을 엄격히 구분하는 대신, 경험과 직접 충돌하지 않는 중심부 지식과, 경험과 직접 충돌할 수 있는 주변부 지식을 상정한다. 경험과 직접 충돌하여 참과 거짓이 쉽게 바뀌는 주변부 지식과 달리 주변부 지식의 토대가 되는 중심부 지식은 상대적으로 견고하다. 그러나 이 둘의 경계를 명확히 나눌 수 없기 때문에, 콰인은 중심부 지식과 주변부 지식을 다른 종류라고 하지 않는다. 수학적 지식이나 논리학 지식은 중심부 지식의 한가운데에 있어 경험에서 가장 멀리 떨어져 있지만 그렇다고 경험과 무관한 것은 아니라는 것이다. 그런데 주변부 지식이 경험과 충돌하여 거짓으로 밝혀지면 전체 지식의 어느 부분을 수정해야 할지 고민하게 된다. 주변부 지식을 수정하면 전체 지식의 변화가 크지 않지만 중심부 지식을 수정하면 관련된 다른 지식이 많기 때문에 전체 지식도 크게 변화하게 된다. 그래서 대부분의 경우에는 주변부 지식을 수정하는 쪽을 선택하겠지만 실용적 필요 때문에 중심부 지식을 수정하는 경우도 있다. 그리하여 콰인은 중심부 지식과 주변부 지식이 원칙적으로 모두 수정의 대상이 될 수 있고, 지식의 변화도 더 이상 개별적 지식이 단순히 누적되는 과정이 아니라고 주장한다.

총체주의는 특정 가설에 대해 제기되는 반박이 결정적인 것처럼 보이더라도 그 가설이 실용적으로 필요하다고 인정되면 언제든 그와 같은 반박을 피하는 방법을 강구하여 그 가설을 받아들일 수 있다. 그러나 총체주의는 "A이면서 동시에 A가 아닐 수는 없다."와 같은 논리학의 법칙처럼 아무도 의심하지 않는 지식은 분석 명제로 분류해야 하는 것이 아니냐는 비판에 답해야 하는 어려움이 있다.

01 윗글에 대해 이해한 내용으로 가장 적절한 것은?

① 포퍼가 제시한 과학적 방법에 따르면, 예측이 틀리지 않았을 경우보다는 맞을 경우에 그 예측을 도출한 가설이 지식으로 인정된다.
② 논리실증주의자에 따르면, "총각은 미혼의 성인 남성이다."가 분석 명제인 것은 총각을 한 명 한 명 조사해 보니 모두 미혼의 성인 남성으로 밝혀졌기 때문이다.
③ 콰인은 관찰과 실험에 의존하는 지식이 관찰과 실험에 의존하지 않는 지식과 근본적으로 다르다고 한다.
④ 콰인은 분석 명제가 무엇인지는 동의적 표현이란 무엇인지에 의존하고, 다시 이는 필연성 개념에, 필연성 개념은 다시 분석 명제 개념에 의존한다고 본다.
⑤ 콰인은 어떤 명제에, 의미가 다를 뿐만 아니라 서로 대체할 경우 그 명제의 참 또는 거짓이 바뀌는 표현을 사용할 수 있으면, 그 명제는 동어 반복 명제라고 본다.

02 윗글을 바탕으로 총체주의의 입장에서 ⓐ~ⓒ에 대해 평가한 것으로 적절하지 않은 것은?

① ⓑ가 거짓으로 밝혀지더라도 그것이 ⓐ 때문이라고 단정하지 못하겠군.
② ⓑ가 거짓으로 밝혀지면 ⓒ의 어느 부분을 수정하느냐는 실용적 필요에 따라 달라지겠군.
③ ⓑ는 ⓐ와 ⓒ로부터 논리적으로 도출된다고 하겠군.
④ ⓑ가 거짓으로 밝혀지면 ⓑ는 ⓒ의 주변부에서 경험과 직접 충돌한 것이라고 하겠군.
⑤ ⓑ가 거짓으로 밝혀지면 ⓒ를 수정하는 방법으로는 ⓐ를 받아들일 수 없다고 하겠군.

03 윗글의 총체주의에 대한 비판으로 가장 적절한 것은?

① 가설로부터 논리적으로 도출된 예측이 경험과 충돌하더라도 그 충돌 때문에 가설이 틀렸다고 할 수 없다.
② 논리학 지식이나 수학적 지식이 중심부 지식의 한가운데에 위치한다고 해서 경험과 무관한 것은 아니다.
③ 전체 지식은 어떤 결정적인 반박일지라도 피할 수 있기 때문에 수정 대상을 주변부 지식으로 한정하는 것은 잘못이다.
④ 중심부 지식을 수정하면 주변부 지식도 수정해야 하겠지만, 주변부 지식을 수정한다고 해서 중심부 지식을 수정해야 하는 것은 아니다.
⑤ 중심부 지식과 주변부 지식 간의 경계가 불분명하다 해도 중심부 지식 중에는 주변부 지식들과 종류가 다른 지식이 존재한다.

지문 06 2020년 고3 10월 학평

※ 다음 글을 읽고 물음에 답하시오.

(가) 호펠드는 권리 개념이 생각보다 복잡하기 때문에 엄밀하게 사용되지 않을 경우 잘못된 추론이나 결론으로 이어질 수 있다고 보았다. 그는 'X가 상대방 Y에 대하여 무언가에 관한 권리를 가진다.'는 진술이 의미하는 바를 몇 가지 기본 범주들로 살펴 권리 개념을 이해해야 권리자 X와 그 상대방 Y의 지위를 명확히 파악할 수 있다고 주장했다. 권리의 기본 범주는 다음과 같다.

첫째, 청구권이다. 이는 ㉠ Y가 X에게 A라는 행위를 할 법적 의무가 있다면 X는 상대방 Y에 대하여 A라는 행위를 할 것을 법적으로 청구할 수 있다는 의미이다. 호펠드는 청구가 논리적으로 언제나 의무와 대응 관계를 이룬다고 보았다. 가령 X는 폭행당하지 않을 권리를 가졌는데, Y에게 X를 폭행하지 않을 의무가 부과되지 않았다고 한다면 그 권리는 무의미하기 때문이다. 따라서 청구로서의 권리는 단순히 무언가를 주장하는 것이 아니라 의무 이행 혹은 의무 불이행에 대한 일련의 법적 조치를 포함하고 있다. 또한 의무의 내용이 달라지면 권리의 내용도 달라진다고 볼 수 있다.

둘째, [자유권]이다. 이는 X가 상대방 Y에 대하여 A라는 행위를 하거나 하지 않아야 할 법적 의무가 없다면 X는 Y에 대하여 A를 행하지 않거나 행할 법적 자유가 있다는 의미이다. 이 권리의 특징은 의무의 부정에 있다. 가령 A를 행할 자유가 있다는 것은 A를 하지 않아야 할 법적 의무가 없다는 것이다. 이때 Y는 X가 A를 행하는 것을 방해하지 말아야 할 의무가 있는 것은 아니다. 즉 권리자의 상대방은 권리자의 권리 행사를 방해할 권리를 가질 수 있다는 것이다. 이처럼 자유로서의 권리는 상대방의 '청구권 없음.'과 대응 관계에 있다.

셋째, 권능으로서의 권리이다. 이는 X가 상대방 Y에게 법적 효과 C를 야기하는 것이 인정된다면 X는 Y에게 효과 C를 초래할 수 있는 법적 권능을 가진다는 의미이다. 권능은 법률 행위를 통해서 자신 또는 타인의 법률관계를 창출하거나 변경 또는 소멸시킬 수 있는 힘을 가리킨다. 가령 소송할 권리 등이 이에 해당한다고 볼 수 있다. 이때 권능을 행사하는 자의 상대방은 권능을 가진 자의 처분 아래 놓인 상태에 있다.

넷째, 면제권이다. 이는 X에게 C라는 효과를 야기할 법적 권능이 상대방 Y에게 없다면, X는 Y에 대하여 C라는 법적 효과에 대한 법적 면제를 가진다는 의미이다. 다시 말해 Y가 X 와 관련하여 법률관계를 형성, 변경, 소멸시킬 수 있는 권능을 가지고 있지 않다는 것이다. 면제로서의 권리는 상대방이 그러한 처분을 '할 권능 없음.'과 대응 관계에 있다. 그러므로 면제권의 부정은 권능을 가진 자의 처분 아래 놓여 있음을 의미한다. 가령 토지 소유권자는 자신 이외의 다른 사람에 의해서 토지가 처분되지 않을 권리를 가지고 있다고 할 수 있다.

(나) 근대 이후 개인의 권리가 중시되자 법철학은 권리의 근본적 성격을 법적으로 존중되는 의사에 의한 선택의 관점에서 볼 것인가 아니면 법적으로 보호되는 이익의 관점에서 볼 것인가를 놓고 지속적으로 논쟁해 왔다. 각각 의사설과 이익설로 불리는 두 입장은 권리란 무엇인가에 대해 서로 견해를 달리한다.

의사설의 기본적인 입장은 어떤 사람이 무언가에 대하여 권리를 갖는다는 것은 법률관계 속에서 그 무언가와 관련하여 그 사람의 의사에 의한 선택이 다른 사람의 의사보다 우월한 지위에 있음을 법적으로 인정하는 것이다. 의사설을 지지한 하트는 권리란 그것에 대응하는 의무가 존재한다고 보았다. 그는 의무의 이행 여부를 통제할 권능을 가진 권리자의 선택이 권리의 본질적 요소라고 보았기 때문에 법이 타인의 의무 이행 여부에 대한 권능을 부여하지 않은 경우에는 권리를 가졌다고 말할 수 없다고 주장했다.

의사설은 타인의 의무 이행 여부와 관련된 권능, 곧 합리적 이성을 가진 자가 아니면 권리자가 되지 못하는 난점이 있다. 가령 사람이 동물 보호 의무를 갖는다고 하더라도 동물이 권리를 갖는다고 보기는 어렵다. 왜냐하면 동물은 이성적 존재가 아니기 때문이다. 그래서 의사설은 권리 주체를 제한한다는 비판을 받는다. 또한 의사설은 면제권을 갖는 어떤 사람이 면제권을 포기함으로써 타인의 권능 아래에 놓일 권리, 즉 스스로를 노예와 같

> 은 상태로 만들 권리를 인정해야 하는 상황에 직면한다. 하지만 현대에서는 이런 상황이 인정되기가 어렵다.
>
> 이익설의 기본적인 입장은 권리란 이익이며, 법이 부과하는 타인의 의무로부터 이익을 얻는 자는 누구나 권리를 갖는다는 것이다. 그래서 타인의 의무 이행에 따른 이익이 없다면 권리가 없다고 본다. 이익설을 주장하는 라즈는 권리와 의무가 동전의 양면처럼 논리적으로 서로 대응하는 관계일 뿐만 아니라 권리가 의무를 정당화하는 관계에 있다고 보았다. 즉 권리가 의무 존재의 근거가 된다고 보는 입장을 지지한다고 볼 수 있다. 그래서 누군가의 어떤 이익이 타인에게 의무를 부과할 만큼 중요성을 가지는 것일 때 비로소 그 이익은 권리로서 인정된다고 보았다. 호펠드 식으로 말한다면 법이 개인들에게 이익이 되는 바를 그 중요도나 특성에 따라서 청구권, 자유권, 권능 또는 면제권의 형식으로 보호하는 것이라고 볼 수 있다.
>
> 이익설의 난점으로는 제3자를 위한 계약을 들 수 있다. 가령 갑이 을과 계약하며 병에게 꽃을 배달해 달라고 했다고 하자. 이익 수혜자는 병이지만 권리자는 계약을 체결한 갑이다. 쉽게 말해 을의 의무 이행에 관한 권능을 가진 사람은 병이 아니라 갑이다. 그래서 이익설은 이익의 수혜자가 아닌 권리자가 있는 경우를 설명하기 어렵다는 비판을 받는다. 또한 이익설은 권리가 실현하려는 이익과 그에 상충하는 이익을 비교해야 할 경우 어느 것이 더 우세한지를 측정하기 쉽지 않다.

01 (나)의 '하트'와 '라즈'의 입장에서 ㉠을 설명한 내용으로 적절하지 않은 것은?

① 하트 : X가 권능을 행사할 수 없다고 판단되면 X는 권리자의 지위를 가지고 있지 않다고 볼 수 있다.
② 하트 : X가 Y에 대하여 의무 이행 요청을 포기한다면 X는 자신의 권능을 부정하는 것이다.
③ 하트 : X가 권리자라면 X는 Y의 의무 이행을 면제할 수 있다.
④ 라즈 : X의 이익이 곧 권리이므로 Y의 의무 이행에 따른 이익이 없다면 X에게 권리가 있다고 보기 어렵다.
⑤ 라즈 : X의 이익이 Y에게 의무를 부과할 만큼 중요한 것일 때 X의 권리가 인정될 수 있다.

02 (가)의 [자유권]에 대한 이해로 가장 적절한 것은?

① 만일 내가 담 너머 이웃의 건물을 구경할 권리가 있다면, 그 이웃은 내가 구경하지 못하도록 담을 높게 세울 수 없다는 것이 자유로서의 권리이다.
② 만일 나와 친구가 길가의 낙엽을 보았을 때 내가 낙엽을 주울 권리가 있다면, 그 친구는 낙엽을 주울 수 없다는 것이 자유로서의 권리이다.
③ 만일 내가 내 자동차를 친구에게 빌려주지 않을 권리가 있다면, 그 친구는 나에게 내 자동차를 빌릴 수 없다는 것이 자유로서의 권리이다.
④ 만일 내가 이웃의 가게에 들어갈 권리가 있다면, 그 이웃은 내가 가게에 들어가지 못하도록 막을 수 있다는 것이 자유로 서의 권리이다.
⑤ 만일 내가 원하는 대로 옷 입을 권리가 있다면, 타인은 내가 원하는 대로 옷 입는 것을 허용해야만 하는 것이 자유로서의 권리이다.

03 (나)를 이해한 내용으로 적절하지 않은 것은?

① 의사설은 의무가 있는 곳에는 권리자가 필연적으로 존재한다고 본다.
② 의사설은 권리의 본질을 권리자의 의사에 의한 선택이라고 설명한다.
③ 의사설은 법적 권능을 행사할 수 있는 합리적 이성을 갖춘 자만 권리 주체로 인정한다는 비판을 받는다.
④ 이익설은 권리가 의무 존재의 근거가 된다고 본다.
⑤ 이익설은 권리가 실현하려는 이익과 그에 상충하는 이익을 비교해야 할 경우 어느 것이 더 우세한지 판단하기 어렵다.

04 (가)와 (나)를 바탕으로 할 때, 〈보기〉의 ㉮에 대해 보인 반응으로 가장 적절한 것은?

보기

㉮ 언론 출판의 자유는 모든 국민이 마땅히 누려야 할 기본적 권리이다. 이를 헌법으로 보장한 것은 언론 출판의 자유를 국민에게 부여함으로써 국민이 얻는 이익이 매우 중요하기 때문이다. 언론 출판의 자유는 국가를 비롯하여 다른 누구의 권능에게도 지배받지 않는다고 할 수 있다. 또한 국민은 자신에게 부여된 언론 출판의 자유를 남에게 넘겨줄 수 없으며, 언론 출판의 자유를 보장하도록 국가에 부과된 의무를 국민이 좌지우지할 권한이 없다.

① 호펠드라면 ㉮는 국가의 권능 아래에 있지 않아 ㉮를 면제권으로 설명할 것이고, 하트라면 국민이 국가에 권능을 행사할수 없어 ㉮를 권리로 설명하기 어렵다고 말할 것이다.
② 호펠드라면 국가는 ㉮를 제한하는 법을 제정할 권능이 없어 ㉮를 권능으로서의 권리로 설명할 것이고, 라즈라면 법적으로 보호되는 이익을 국민이 갖게 되어 ㉮는 권리로서 승인된다고 말할 것이다.
③ 호펠드라면 ㉮는 기본적 권리로서 국민이 좌지우지할 권능이 없어 ㉮를 면제권으로 설명할 것이고, 하트라면 ㉮는 국가에 의무를 부과할 만큼 중요성을 가지기 때문에 ㉮는 권리로서 승인된다고 말할 것이다.
④ 호펠드라면 어느 누구도 ㉮에 영향을 미치는 권능을 행사할 수 없어 ㉮를 권능으로서의 권리로 설명할 것이고, 하트라면 ㉮는 어느 누구나 누려야 할 이익에 해당하여 국민 모두가 권리자가 될 것이라고 말할 것이다.
⑤ 호펠드라면 ㉮를 권능으로서의 권리나 면제권 어느 것으로도 설명할 수 있다고 할 것이고, 라즈라면 권리자와 이익의 수혜자가 일치하지 않는 경우에 해당하여 ㉮를 자신의 권리론으로는 설명하기 어렵다고 말할 것이다.

지문 07 2021년 고3 11월 학평

※ 다음 글을 읽고 물음에 답하시오.

유엔해양법협약은 해양의 이용을 둘러싸고 발생하는 국가 간의 상반된 이익을 절충하고 갈등을 해결하는 규범의 역할을 담당하고 있다.

유엔해양법협약에 따르면 해양을 둘러싸고 해당 협약에 대한 해석이나 적용에 관해 국가 간 분쟁이 발생하였을 때, 분쟁 당사국들은 우선 의무적으로 분쟁 해결에 관하여 신속히 의견을 교환해야 하고 교섭이나 조정 절차 등 국가 간 합의에 의한 평화적 수단을 통해 분쟁 해결을 위해 노력해야 한다. 이러한 평화적 분쟁 해결 수단을 거쳐야 할 의무를 당사국에 부과하는 이유는 국제법의 특성상, 분쟁 해결의 원리가 기본적으로 각 국가의 동의를 바탕으로 적용되기 때문이다. 그런데 만약 이러한 방법으로도 분쟁이 해결되지 못할 경우에는 구속력 있는 결정을 수반하는 절차에 들어가게 되는데 이를 강제절차라고 한다.

강제절차란 분쟁 당사국들이 국제적인 분쟁 해결 기구를 통해 분쟁을 해결하는 절차이다. 이때 당사국들은 자국의 이익이나 분쟁 내용 등을 고려해 분쟁 해결 기구를 선택할 수 있는데, 선택 가능한 기구에는 중재재판소, 국제해양법재판소 등 유엔해양법협약에 의해 설립된 분쟁 해결 기구들이 있다. 이 중 중재재판소는 필요할 때마다 분쟁 당사국 간의 합의를 통해 구성되고, 국제해양법재판소는 상설 기구로 재판관 임명이나 재판소 조직 등이 사전에 결정되어 있다. 만약 분쟁 당사국들이 분쟁 해결 기구를 선택하지 않았거나 양국이 동일한 선택을 하지 않은 경우에는 별도의 합의를 하지 않는 한, 사건이 중재재판소에 회부된다.

본안 소송을 담당하는 재판소가 분쟁에 대한 최종 판결을 내리기 위해서는 먼저 본안 소송 관할권의 존재 여부를 판단하여 확정하는 심리* 절차를 거쳐야 한다. 여기서 관할권이란 회부된 사건을 재판소가 다룰 수 있는 권한을 의미하는데, 이후 본안 소송의 관할권이 확정된 사안에 대해 해당 재판소는 재판 과정을 거쳐 분쟁에 대한 최종 판결을 내리게 된다.

그런데 재판의 최종 판결이 내려지기까지 일정 시간이 소요되기 때문에, 해당 재판소는 분쟁 당사국의 요청이 있으면 필요한 경우 잠정조치를 명령할 수 있다. 이때 잠정조치란 긴급한 상황에서 분쟁 당사국의 이익을 보호하거나 해양 환경의 중대한 피해를 방지할 목적으로 내려지는 구속력 있는 임시 조치이다. 잠정조치는 효력이 임시적이므로 본안 소송의 최종 판결이 내려지면 효력이 종료된다.

분쟁 당사국이 소송을 제기하여 재판소에 사건이 회부되면 소송 절차가 개시되고, 그 이후 분쟁 당사국들은 언제든지 잠정조치를 요청할 수 있다. 일반적으로 잠정조치는 사건이 회부된 재판소에서 담당하지만, 본안 소송의 재판소와 잠정조치를 명령하는 재판소가 다른 경우도 있다. 본안 소송과 마찬가지로 잠정조치도 관할권을 필요로 한다.

예를 들어 유엔해양법협약에 의한 중재재판소에 사건이 회부되었지만, 사안이 긴급하여 재판소 구성을 기다릴 수 없는 경우에 국제해양법재판소가 잠정조치를 담당할 수 있다. 이때 본안 소송을 담당하는 중재재판소의 관할권이 확정되지 않았더라도, 잠정조치가 요청된 국제해양법재판소에서 ㉠ <u>본안 소송의 관할권</u>을 심리한 결과, 중재재판소가 관할권을 갖게 될 가능성이 예측되어야 국제해양법재판소는 ㉡ <u>잠정조치의 관할권</u>을 가질 수 있다. 기본적으로 잠정조치에 대한 관할권은 본안 소송을 담당하는 재판소가 관할권을 갖게 될 가능성이 큰 경우에 인정되기 때문이다. 결국 사건이 회부된 중재재판소의 본안 소송의 관할권 존재 가능성이 예측되고, 분쟁 해결이 긴급하여 잠정조치의 필요성이 인정되면, 분쟁 당사국의 이익을 보호하거나 해양 환경의 중대한 피해를 방지하기 위해 국제해양법재판소가 잠정조치 재판을 통해 잠정조치를 명령할 수 있는 것이다.

* 심리: 사실 관계 및 법률관계를 명확히 하기 위하여 증거나 방법 따위를 심사하는 것.

01 윗글에서 알 수 있는 내용으로 적절하지 않은 것은?

① 잠정조치 재판에서 내려진 결정은 구속력이 없는 임시 조치이다.
② 분쟁 당사국들은 자국의 이익을 고려하여 분쟁 해결 기구를 선택할 수 있다.
③ 유엔해양법협약에 따른 분쟁 해결 원리는 각 국가의 동의를 바탕으로 적용된다.
④ 국제해양법재판소는 유엔해양법협약에 의해 설립된 국제적인 분쟁 해결 기구이다.
⑤ 유엔해양법협약은 분쟁 당사국들에게 분쟁 해결에 대한 신속한 의견 교환 의무를 부과하고 있다.

02 〈보기〉는 '유엔해양법협약에 대한 모의재판' 수업에 사용된 사례이다. 윗글을 참고할 때 〈보기〉에 대한 반응으로 적절하지 않은 것은?

보기

유엔해양법협약에 가입된 A국과 B국 간에 해양을 둘러싼 분쟁이 발생하였다. A국은 B국의 공장 건설로 인하여 자국의 인근 바다에 해양 오염 물질이 유출될 것을 우려하여, B국과 교섭을 시도하였으나 B국은 이에 응하지 않았다. 추후 A국은 국제해양법재판소를, B국은 중재재판소를 통한 재판을 원하였으나 합의를 이루지 못했다. 이후 절차에 따라 양국이 제기한 소송은 재판에 회부 되었다. A국은 판결이 내려지기까지 오랜 시일이 걸릴 것을 염려하여 잠정조치를 바로 요청하였다. 이를 받아들여 재판소는 잠정조치를 명령하였다.

① A국이 잠정조치를 요청할 수 있었던 것은 B국과의 사건이 재판에 회부되었기 때문이겠군.
② A국이 요청한 결과 잠정조치 명령이 내려졌으므로 B국과의 본안 소송 재판은 종결되겠군.
③ A국이 B국에게 교섭을 시도한 것은 분쟁 당사국들에게 평화적 해결 수단을 거쳐야 할 의무가 있기 때문이겠군.
④ A국과 B국은 동일한 분쟁 해결 기구를 선택하지 않았으므로 두 국가 간 분쟁은 중재재판소를 통해 해결되겠군.
⑤ A국이 재판에 사건이 회부된 후 바로 잠정조치를 요청한 것은 B국으로 인한 자국의 해양 오염을 시급히 막기 위함이겠군.

03 **다음은 윗글에 제시된 분쟁 해결 절차를 도식화한 것이다. 이를 이해한 것으로 적절하지 않은 것은?**

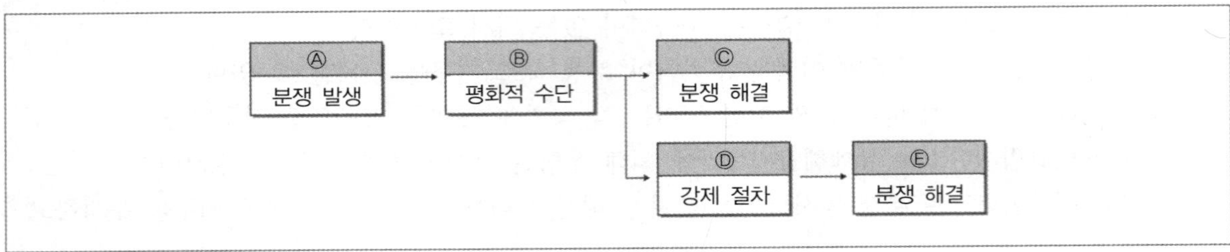

① Ⓐ는 유엔해양법협약의 해석과 적용에 대하여 국가 간 다툼이 있다는 것을 의미한다.
② Ⓓ를 진행하는 모든 분쟁 해결 기구는 분쟁이 발생하기 전에 재판소가 구성되어 있다.
③ Ⓑ를 통해 Ⓒ로 가는 과정은 분쟁 당사국 간 합의에 따라 진행된 것이다.
④ Ⓓ를 통해 Ⓔ로 가는 과정은 국제적 분쟁 해결 기구의 구속력 있는 결정을 통해 이루어진 것이다.
⑤ Ⓓ를 통해 Ⓔ로 가는 과정에서 잠정조치 명령이 내려졌다면 그 효력은 최종 판결 전까지만 유효하다.

04 **㉠, ㉡에 대한 이해로 가장 적절한 것은?**

① ㉠의 존재 가능성이 예측되어야 ㉡은 인정된다.
② ㉠에 대한 판단에 앞서 ㉡의 존재 여부를 판단한다.
③ ㉡이 확정되지 않으면 ㉠은 인정되지 않는다.
④ 본안 소송의 최종 판결 이후 ㉠이 확정된다.
⑤ 본안 소송의 개시 시점은 ㉡의 인정 시점과 일치한다.

지문 08 2019학년도 수능 6월 모평

※ 다음 글을 읽고 물음에 답하시오.

사무실의 방충망이 낡아서 파손되었다면 세입자와 사무실을 빌려 준 건물주 중 누가 고쳐야 할까? 이 경우, 민법 전의 법조문에 의하면 임대인인 건물주가 수선할 의무를 진다. 그러나 사무실을 빌릴 때, 간단한 파손은 세입자가 스스로 해결한다는 내용을 계약서에 포함하는 경우도 있다. 이처럼 법률의 규정과 계약의 내용이 어긋날 때 어떤 것이 우선 적용되어야 하는가, 법적 불이익은 없는가 등의 문제가 발생한다.

사법(私法)은 개인과 개인 사이의 재산, 가족 관계 등에 적용되는 법으로서 이 법의 영역에서는 '계약 자유의 원칙'이 적용된다. 계약의 구체적인 내용 결정 등은 당사자들 스스로 정할 수 있다는 것이다. 따라서 당사자들이 사법에 속하는 법률의 규정과 어긋난 내용으로 계약을 체결한 경우에 계약 내용이 우선 적용된다. 이처럼 법률상으로 규정되어 있더라도 당사자가 자유롭게 계약 내용을 정할 수 있는 법률 규정을 '임의 법규'라고 한다. 사법은 원칙적으로 임의 법규이므로, 사법으로 규정한 내용에 대해 당사자들이 계약으로 달리 정하지 않았다면 원칙적으로 법률의 규정이 적용된다. 위에서 본 임대인의 수선 의무 조항이 이에 해당한다.

그러나 법률로 정해진 내용과 어긋나게 계약을 하면 당사자들에게 벌금이나 과태료 같은 법적 불이익이 있거나 계약의 효력이 부정되는 예외적인 경우도 있다. 우선, 체결된 계약 내용이 법률에 정해진 내용과 어긋날 때 법적 불이익이 있지만 계약의 효력 자체는 그대로 두는 경우가 있다. 이에 해당하는 법조문을 '단속 법규'라고 한다. 공인 중개사가 자신이 소유한 부동산을 고객에게 직접 파는 것을 금지하는 규정은 단속 법규에 해당한다. 따라서 ㉠ 이 규정을 위반하여 공인 중개사와 고객이 체결한 매매 계약의 경우 공인 중개사에게 벌금은 부과되지만 계약 자체는 유효이다. 이 경우 계약 내용에 따른 행동인 급부(給付)를 할 의무가 인정되어, 공인 중개사는 매물의 소유권을 넘겨주고 고객은 대금을 지급해야 하는 것이다.

한편 체결된 계약 내용이 법률에 정해진 내용과 어긋날 때 법적 불이익이 있을 뿐 아니라 체결된 계약의 효력 자체도 인정되지 않아 급부 의무가 부정되는 경우가 있다. 이에 해당하는 법조문을 '강행 법규'라고 한다. 이 경우 계약 당사자들은 상대에게 급부를 하라고 요구할 수는 없다. 이미 급부를 이행하여 재산적 이익을 넘겨주었다면 이 이익은 '부당 이득'에 해당하기 때문에 반환을 요구할 수 있다. 즉 '부당 이득 반환 청구권'이 인정된다. 의사와 의사 아닌 사람의 의료 기관 동업을 금지하는 법률 규정은 강행 법규이다. 따라서 ㉡ 의사와 의사 아닌 사람이 체결한 동업 계약은 계약의 효력이 부정된다. 다만 계약에 따라 이미 동업 자금을 건넸다면 이 돈을 반환하라고 요구하는 것은 가능하다.

그러나 강행 법규에 의해 계약의 효력이 부정되었을 때 부당 이득 반환 청구권이 인정되지 않는 경우도 있다. 급부의 내용이 위조지폐 제작처럼 비도덕적이거나 반사회적인 행동이라면, 계약의 효력이 인정되지 않을 뿐 아니라 이미 넘겨준 이익을 돌려받을 권리도 부정되는 것이 원칙이다. 국가가 개인 간의 계약에 개입하는 것은 국가 안보, 사회 질서, 공공복리 등의 정당한 입법 목적을 달성하기 위해서이다. 이 경우 계약의 자유를 제한하려면 필요한 만큼만 최소로 제한해야 한다는 '비례 원칙'이 적용된다. 이로 인해 국가가 계약 당사자들에게 미치는 영향이 다양하게 나타나는 것이다.

01 윗글에 대한 이해로 적절하지 않은 것은?

① 임의 법규에 해당하는 법률 조항과 이에 어긋난 계약 내용 가운데 계약 내용이 우선 적용된다.
② 임의 법규가 단속 법규에 비해 계약 자유의 원칙에 더 부합 한다.
③ 단속 법규로 국가가 개인 간의 계약에 개입할 때에는 비례 원칙이 적용되지 않는다.
④ 단속 법규로 입법 목적을 달성할 수 있는 계약에 대해 강행 법규로 국가가 개입하는 것은 정당화될 수 없다.
⑤ 강행 법규를 위반한 계약일 때 급부의 내용에 따라 부당 이득 반환 청구권의 인정 여부가 달라진다.

02 윗글을 참고할 때, [A]에 제시된 물음에 대한 답으로 맞는 것을 〈보기〉에서 고른 것은?

보기

ㄱ. 계약서에 방충망 수선에 관한 내용이 없으면 건물주가 수선 의무를 지고, 수선 의무를 계약에 포함하지 않은 것에 대한 법적 불이익은 누구에게도 없다.
ㄴ. 계약서에 방충망 수선에 관한 내용이 없으면 세입자가 수선 의무를 지고, 건물주는 수선 의무를 계약에 포함하지 않은 것에 대해 법적 불이익을 받는다.
ㄷ. 계약서에 세입자가 방충망을 수선한다는 내용이 있으면 세입자가 수선 의무를 지고, 법률 내용과 다르게 계약한 것에 대한 법적 불이익은 누구에게도 없다.
ㄹ. 계약서에 세입자가 방충망을 수선한다는 내용이 있으면 세입자가 수선 의무를 지고, 건물주는 법률 내용과 다르게 계약한 것에 대해 법적 불이익을 받는다.

① ㄱ, ㄴ ② ㄱ, ㄷ ③ ㄱ, ㄹ
④ ㄴ, ㄷ ⑤ ㄴ, ㄹ

03 ㉠과 ㉡의 공통점으로 가장 적절한 것은?

① 법적 불이익을 받는 계약 당사자가 있다.
② 계약 당사자들의 급부 의무가 인정되지 않는다.
③ 계약에 따라 넘어간 재산적 이익을 반환해야 한다.
④ 법률 규정을 위반하였으므로 계약의 효력이 부정된다.
⑤ 계약 당사자가 계약의 구체적인 내용을 결정할 수 없다.

04 윗글을 참고할 때, 〈보기〉에 대한 반응으로 적절한 것은?

> 보기
>
> 농지를 빌리려는 A와 농지 주인인 B는 농지를 용도에 맞지 않게 사용하는 것에 합의하여 농지 임대차 계약을 체결하였다. 그리고 A는 B에게 농지 사용료를 지불하고 1년간 농지를 사용하였다. 농지법을 위반한 이 사안에 대해 대법원이 내린 판결은 다음과 같이 요약된다.
>
> 첫째, 법률을 위반하여 농지를 빌려 준 사람에게는 벌금이 부과된다. 둘째, 이 사건의 농지 임대차 계약은 농지법을 위반한 것이므로 무효이다. 셋째, 농지를 빌려 준 사람은 받은 사용료를 반환해야 한다. 넷째, 농지를 빌린 사람은 농지를 빌려 써서 얻은 이익을 농지를 빌려 준 사람에게 반환해야 한다.

① A와 B가 농지 임대차 계약을 체결할 때에는 사법(私法)의 적용을 받지 않겠군.
② B에게 벌금을 부과하는 것은 A와 B가 맺은 농지 임대차 계약이 효력이 있음을 인정하지 않았기 때문이겠군.
③ B에게 벌금을 부과하는 것만으로는 이 계약의 내용을 규제하는 법률의 입법 목적을 실현하기에 부족하다는 점을 고려하여 계약을 무효로 판결한 것이겠군.
④ A가 농지를 빌려 써서 얻은 이익을 B에게 반환하라고 판결한 것은 급부의 내용이 비도덕적이거나 반사회적인 행동에 해당한다고 판단했기 때문이겠군.
⑤ B가 A에게서 받은 사용료를 반환하라고 판결한 것은 사용료가 부당 이득에 해당하지 않는다고 판단했기 때문이겠군.

지문 09 ▤ 2021학년도 수능

※ 다음 글을 읽고 물음에 답하시오.

채권은 어떤 사람이 다른 사람에게 특정 행위를 요구할 수 있는 권리이다. 이 특정 행위를 급부라 하고, 특정 행위를 해 주어야 할 의무를 채무라 한다. 채무자가 채권을 가진 이에게 급부를 이행하면 채권에 대응하는 채무는 소멸한다. 급부는 재화나 서비스 제공인 경우가 많지만 그 외의 내용일 수도 있다.

민법상의 권리는 여러 가지가 있는데 계약 없이 법률로 정해진 요건의 충족으로 발생하기도 하지만 대개 계약의 효력으로 발생한다. 계약이란 권리 발생 등에 관한 당사자의 합의로서, 계약이 성립하면 합의 내용대로 권리 발생 등의 효력이 인정되는 것이 원칙이다. 당장 필요한 재화나 서비스는 그 제공을 급부로 하는 계약을 성립시켜 확보하면 되지만 미래에 필요할 수도 있는 재화나 서비스라면 계약을 성립시킬 수 있는 권리를 확보하는 것이 유리하다. 이를 위해 '예약'이 활용된다. 일상에서 예약이라고 할 때와 법적인 관점에서의 예약은 구별된다. 기차 탑승을 위해 미리 돈을 지불하고 승차권을 구입하는 것을 '기차 승차권을 예약했다'고도 하지만 이 경우는 예약에 해당하지 않는 계약이다. 법적으로 예약은 당사자들이 합의한 내용대로 권리가 발생하는 계약의 일종으로, 재화나 서비스 제공을 급부 내용으로 하는 다른 계약인 '본계약'을 성립시킬 수 있는 권리 발생을 목적으로 한다.

예약은 예약상 권리자가 가지는 권리의 법적 성질에 따라 두 가지 유형으로 나뉜다. 첫째는 채권을 발생시키는 예약이다. 이 채권의 급부 내용은 '예약상 권리자의 본계약 성립 요구에 대해 상대방이 승낙하는 것'이다. 회사의 급식 업체 공모에 따라 여러 업체가 신청한 경우 그중 한 업체가 선정되었다고 회사에서 통지하면 예약이 성립한다. 이에 따라 선정된 업체가 급식을 제공하고 대금을 받기로 하는 본계약 체결을 요청하면 회사는 이에 응할 의무를 진다. 둘째는 예약 완결권을 발생시키는 예약이다. 이 경우 예약상 권리자가 본계약을 성립시키겠다는 의사를 표시하는 것만으로 본계약이 성립한다. 가족 행사를 위해 식당을 예약한 사람이 식당에 도착하여 예약 완결권을 행사하면 곧바로 본계약이 성립하므로 식사 제공이라는 급부에 대한 계약상의 채권이 발생한다.

예약에서 예약상의 급부나 본계약상의 급부가 이행되지 않는 문제가 생길 수 있는데, 예약의 유형에 따라 발생 문제의 양상이 다르다. 일반적으로 급부가 이행되지 않아 채권자에게 손해가 발생한 경우 채무자는 자신의 고의나 과실에서 비롯된 것이 아님을 증명하지 못하는 한 채무불이행 책임을 진다. 이로 인해 채무의 내용이 바뀌는데 원래의 급부 내용이 무엇이든 채권자의 손해를 돈으로 물어야 하는 손해 배상 채무로 바뀐다.

만약 타인이 고의나 과실로 예약상 권리자가 가진 권리 실현을 방해했다면 예약상 권리자는 그에게도 책임을 물을 수 있다. 법률에 의하면 누구든 고의나 과실에 의해 타인에게 피해를 끼치는 행위를 하고 그 행위의 위법성이 인정되면 불법행위 책임이 성립하여, 가해자는 피해자에게 손해를 돈으로 배상할 채무를 지기 때문이다. 다만 예약상 권리자에게 예약 상대방이나 방해자 중 누구라도 손해 배상을 하면 다른 한쪽의 배상 의무도 사라진다. 급부 내용이 동일하기 때문이다.

01 윗글에 대한 이해로 적절하지 않은 것은?

① 계약상의 채권은 계약이 성립하면 추가 합의가 없어도 발생하는 것이 원칙이다.
② 재화나 서비스 제공을 대상으로 하는 권리 외에 다른 형태의 권리도 존재한다.
③ 예약상 권리자는 본계약상 권리의 발생 여부를 결정할 수 있다.
④ 급부가 이행되면 채무자의 채권자에 대한 채무가 소멸된다.
⑤ 불법행위 책임은 계약의 당사자 사이에 국한된다.

02 ㉠에 대한 이해로 가장 적절한 것은?

① 기차 탑승은 채권에 해당하고 돈을 지불하는 행위는 그 채권의 대상인 급부에 해당한다.
② 기차를 탑승하지 않는 것은 승차권 구입으로 발생한 채권에 대응하는 의무를 포기하는 것이다.
③ 기차 승차권을 미리 구입하는 것은 계약을 성립시키면서 채권의 행사 시점을 미래로 정해 두는 것이다.
④ 승차권 구입은 계약 없이 법률로 정해진 요건을 충족하여 서비스를 제공받을 권리를 발생시키는 행위이다.
⑤ 미리 돈을 지불하는 것은 미래에 필요한 기차 탑승 서비스 이용이라는 계약을 성립시킬 수 있는 권리를 확보한 것이다.

03 다음은 [A]에 제시된 예를 활용하여, 예약의 유형에 따라 예약상 권리자가 요구할 수 있는 급부에 대해 정리한 것이다. ㄱ~ㄷ에 들어갈 내용을 올바르게 짝지은 것은?

구분	채권을 발생시키는 예약	예약 완결권을 발생시키는 예약
예약상 급부	ㄱ	ㄴ
본계약상 급부	ㄷ	식사 제공

	ㄱ	ㄴ	ㄷ
①	급식 계약 승낙	없음	급식 대금 지급
②	급식 계약 승낙	없음	급식 제공
③	급식 계약 승낙	식사 제공 계약 체결	급식 제공
④	없음	식사 제공 계약 체결	급식 제공
⑤	없음	식사 제공 계약 체결	급식 대금 지급

04 윗글을 참고할 때, 〈보기〉의 ㉮에 대한 이해로 적절하지 않은 것은?

보기

특별한 행사를 앞두고 있는 갑은 미용실을 운영하는 을과 예약을 하여 행사 당일 오전 10시에 머리 손질을 받기로 했다. 갑이 시간에 맞춰 미용실을 방문하여 머리 손질을 요구했을 때 병이 이미 을에게 머리 손질을 받고 있었다. 갑이 예약해 둔 시간에 병이 고의로 끼어들어 위법성이 있는 행위를 하여 ㉮ 갑은 오전 10시에 머리 손질을 받을 수 없는 손해를 입었다.

① ㉮가 발생하는 과정에서 을의 과실이 있는 경우, 을은 갑에 대해 채무 불이행 책임이 있고 병은 갑에 대해 손해 배상 채무가 있다.
② ㉮가 발생하는 과정에서 을의 고의가 있는 경우, 을과 병은 모두 갑에게 손해 배상 채무를 지고 을이 배상을 하면 병은 갑에 대한 채무가 사라진다.
③ ㉮가 발생하는 과정에서 을에게 고의나 과실이 있는지 없는지 증명되지 않은 경우, 을과 병은 모두 갑에게 채무를 지고 그에 따른 급부의 내용은 동일하다.
④ ㉮가 발생하는 과정에서 을에게 고의나 과실이 있는지 없는지 증명되지 않은 경우, 을과 병은 모두 채무 불이행 책임을 지므로 갑에게 손해 배상 채무를 진다.
⑤ ㉮가 발생하는 과정에서 을에게 고의나 과실이 없음이 증명된 경우, 을과 달리 병에게는 갑이 입은 손해에 대해 금전으로 배상할 책임이 있다.

지문 10 2021학년도 고3 6월 모평

※ 다음 글을 읽고 물음에 답하시오.

특허권은 발명에 대한 정보의 소유자가 특허 출원 및 담당 관청의 심사를 통하여 획득한 특허를 일정 기간 독점적으로 사용할 수 있는 법률상 권리를 말한다. 한편 영업 비밀은 생산 방법, 판매 방법, 그 밖에 영업 활동에 유용한 기술상 또는 경영상의 정보 등으로, 일정 조건을 갖추면 법으로 보호받을 수 있다. 법으로 보호되는 특허권과 영업 비밀은 모두 지식 재산인데, 정보 통신 기술(ICT) 산업은 이 같은 지식 재산을 기반으로 창출된다. 지식 재산 보호 문제와 더불어 최근에는 ICT 다국적 기업이 지식 재산으로 거두는 수입에 대한 과세 문제가 불거지고 있다.

일부 국가에서는 ICT 다국적 기업에 대해 디지털세 도입을 진행 중이다. [디지털세]는 이를 도입한 국가에서 ICT 다국적 기업이 거둔 수입에 대해 부과되는 세금이다. 디지털세의 배경에는 법인세 감소에 대한 각국의 우려가 있다. 법인세는 국가가 기업으로부터 걷는 세금 중 가장 중요한 것으로, 재화나 서비스의 판매 등을 통해 거둔 수입에서 제반 비용을 제외하고 남은 이윤에 대해 부과하는 세금이라 할 수 있다. ㉠ 많은 ICT 다국적 기업이 법인세율이 현저하게 낮은 국가에 자회사를 설립하고 그 자회사에 이윤을 몰아주는 방식으로 법인세를 회피한다는 비판이 있어 왔다. 예를 들면 ICT 다국적 기업 Z사는 법인세율이 매우 낮은 A국에 자회사를 세워 특허의 사용 권한을 부여한다. 그리고 법인세율이 A국보다 높은 B국에 설립된 Z사의 자회사에서 특허 사용으로 수입이 발생하면 Z사는 B국의 자회사로 하여금 A국의 자회사에 특허 사용에 대한 수수료인 로열티를 지출하도록 한다. 그 결과 Z사는 B국의 자회사에 법인세가 부과될 이윤을 최소화한다. ICT 다국적 기업의 본사를 많이 보유한 국가에서도 해당 기업에 대한 법인세 징수는 문제가 된다. 그러나 그중 어떤 국가들은 ICT 다국적 기업의 활동이 해당 산업에서 자국이 주도권을 유지하는 데 중요하기 때문에라도 디지털세 도입에는 방어적이다.

[A] ICT 산업을 주도하는 국가에서 더 중요한 문제는 ICT 지식 재산 보호의 국제적 강화일 수 있다. 이론적으로 봤을 때 지식 재산의 보호가 약할수록 유용한 지식 창출의 유인이 저해되어 지식의 진보가 정체되고, 지식 재산의 보호가 강할수록 해당 지식에 대한 접근을 막아 소수의 사람만이 혜택을 보게 된다. 전자로 발생한 손해를 유인 비용, 후자로 발생한 손해를 접근 비용이라고 한다면, 지식 재산 보호의 최적 수준은 두 비용의 합이 최소가 될 때일 것이다. 각국은 그 수준에서 자국의 지식 재산 보호 수준을 설정한다. 특허 보호 정도와 국민 소득의 관계를 보여주는 한 연구에서는 국민 소득이 일정 수준 이상인 상태에서는 국민 소득이 증가할수록 특허 보호 정도가 강해지는 경향이 있지만, 가장 낮은 소득 수준을 벗어난 국가들은 그들보다 소득 수준이 낮은 국가들보다 오히려 특허 보호가 약한 것으로 나타났다. 이는 지식 재산 보호의 최적 수준에 대해서도 국가별 입장이 다름을 시사한다.

01 윗글을 읽고 답을 찾을 수 있는 질문에 해당하지 않는 것은?

① 법으로 보호되는 특허권과 영업 비밀의 공통점은 무엇인가?
② 영업 비밀이 법적 보호 대상으로 인정받기 위한 절차는 무엇인가?
③ ICT 다국적 기업의 수입에 과세하는 제도 도입의 배경은 무엇인가?
④ 로열티는 ICT 다국적 기업의 법인세를 줄이는 데 어떻게 이용되는가?
⑤ 이론적으로 지식 재산 보호의 최적 수준은 어떻게 설정하는가?

02 디지털세에 대한 이해로 가장 적절한 것은?

① 지식 재산 보호를 강화할 수 있는 수단이다.
② 이윤에서 제반 비용을 제외한 금액에 부과된다.
③ ICT 산업에서 주도적인 국가는 도입에 적극적이다.
④ 여러 국가에 자회사를 설립하는 방식으로 줄일 수 있다.
⑤ 도입된 국가에서 ICT 다국적 기업이 거둔 수입에 부과된다.

03 〈보기〉는 윗글을 읽은 학생이 수행할 학습지의 일부이다. ㉮에 들어갈 말로 가장 적절한 것은?

보기

• 과제 : '㉠을 근거로 ICT 다국적 기업에 디지털세가 부과되는 것이 타당한가?'를 검증할 가설에 대한 판단

• 가설

ICT 다국적 기업 자회사들의 수입 대비 이윤의 비율은 법인세율이 높은 국가일수록 낮다.

• 판단

가설이 참이라면 ㉮ 고 할 수 있으므로 ㉠을 근거로 디지털세를 부과하는 것을 지지할 수 있겠군.

① ICT 다국적 기업 자회사의 수입이 법인세율이 높은 국가일수록 많다.
② ICT 다국적 기업이 법인세율이 높은 국가의 자회사에 로열티를 지출한다.
③ ICT 다국적 기업 자회사의 수입 대비 제반 비용의 비율이 법인세율이 낮은 국가일수록 높다.
④ ICT 다국적 기업이 법인세율이 높은 국가의 자회사에서 수입에 비해 이윤을 줄이는 방식으로 법인세를 줄이고 있다.
⑤ 법인세율이 높은 국가에 본사가 있는 ICT 다국적 기업 자회사의 수입 대비 이윤의 비율은 법인세율이 낮은 국가일수록 낮다.

04 [A]를 적용하여 〈보기〉를 이해한 내용으로 적절하지 않은 것은?

보기

〈보 기〉 S국은 현재 국민 소득이 가장 낮은 수준의 국가이고 ICT 산업에서 주도적인 국가가 아니다. S국의 특허 보호 정책은 지식 재산 보호 정책을 대표한다.

① ICT 산업에서 주도적인 국가는 S국이 유인 비용을 현재보다 크게 인식하여 지식 재산 보호 수준을 높이기 바라겠군.
② S국에서는 지식 재산 보호 수준이 낮을 때가 높을 때보다 지식 재산 창출 의욕의 저하로 인한 손해가 더 심각하겠군.
③ S국에서 현재의 특허 제도가 특허권을 과하게 보호한다고 판단한다면 지식 재산 보호 수준을 낮춰 접근 비용을 높이고 싶겠군.
④ S국의 국민 소득이 점점 높아진다면 유인 비용과 접근 비용의 합이 최소가 되는 지식 재산 보호 수준은 낮아졌다가 높아지겠군.
⑤ S국이 지식 재산 보호 수준을 높일 때, 지식의 발전이 저해되어 발생하는 손해는 감소하고 다수가 지식 재산의 혜택을 누리지 못하여 발생하는 손해는 증가하겠군.

지문 11 \\ 2019학년도 수능 9월 모평

※ 다음 글을 읽고 물음에 답하시오.

대한민국 정부가 해외에서 발행한 채권의 [CDS 프리미엄]은 우리가 매체에서 자주 접하는 경제 지표의 하나이다. 이 지표를 이해하기 위해서는 채권의 '신용 위험'과 '신용 파산 스와프(CDS)'의 개념을 살펴볼 필요가 있다.

채권은 정부나 기업이 자금을 조달하기 위해 발행하며 그 가격은 채권이 매매되는 채권 시장에서 결정된다. 채권의 발행자는 정해진 날에 일정한 이자와 원금을 투자자에게 지급할 것을 약속한다. 채권을 매입한 투자자는 이를 다시 매도하거나 이자를 받아 수익을 얻는다. 그런데 채권 투자에는 발행자의 지급 능력 부족 등의 사유로 이자와 원금이 지급되지 않을 가능 성인 신용 위험이 수반된다. 이에 따라 각국은 채권의 신용 위험을 평가해 신용 등급으로 공시하는 신용 평가 제도를 도입하여 투자자를 보호하고 있다.

우리나라의 신용 평가 제도에서는 원화로 이자와 원금의 지급을 약속한 채권 가운데 발행자의 지급 능력이 최상급인 채권에 AAA라는 최고 신용 등급이 부여된다. 원금과 이자가 지급되지 않아 부도가 난 채권에는 D라는 최저 신용 등급이 주어진다. 그 외의 채권은 신용 위험이 커지는 순서에 따라 AA, A, BBB, BB 등 점차 낮아지는 등급 범주로 평가된다. 이들 각 등급 범주 내에서도 신용 위험의 상대적인 크고 작음에 따라 각각 '−'나 '+'를 붙이거나 하여 각 범주가 세 단계의 신용 등급으로 세분되는 경우가 있다. 채권의 신용 등급은 신용 위험의 변동에 따라 조정될 수 있다. 다른 조건이 일정한 가운데 신용 위험이 커지면 채권 시장에서 해당 채권의 가격이 떨어진다.

CDS는 채권 투자자들이 신용 위험을 피하려는 목적으로 활용하는 파생 금융 상품이다. CDS 거래는 '보장 매입자'와 '보장 매도자' 사이에서 이루어진다. 여기서 '보장'이란 신용 위험으로부터의 보호를 뜻한다. 보장 매도자는, 보장 매입자가 보유한 채권에서 부도가 나면 이에 따른 손실을 보상하는 역할을 한다. CDS 거래를 통해 채권의 신용 위험은 보장 매입자로부터 보장 매도자로 이전된다. CDS 거래에서 신용 위험의 이전이 일어나는 대상 자산을 '기초 자산'이라 한다.

가령 은행 ㉠ <u>갑은, 기업</u> ㉡ <u>을이 발행한 채권을 매입하면서 그것의 신용 위험을 피하기 위해 보험 회사</u> ㉢ <u>병과 CDS 계약을 체결할 수 있다. 이때 기초 자산은 을이 발행한 채권이다.</u>

보장 매도자는 기초 자산의 신용 위험을 부담하는 것에 대한 보상으로 보장 매입자로부터 일종의 보험료를 받는데, 이것의 요율이 CDS 프리미엄이다. CDS 프리미엄은 기초 자산의 신용 위험이나 보장 매도자의 유사시 지급 능력과 같은 여러 요인의 영향을 받는다. 다른 요인이 동일한 경우, ㉣ <u>기초 자산의 신용 위험</u>이 크면 CDS 프리미엄도 크다. 한편 ㉤ <u>보장 매도자의 지급 능력</u>이 우수할수록 보장 매입자는 유사시 손실을 보다 확실히 보전받을 수 있으므로 보다 큰 CDS 프리미엄을 기꺼이 지불하는 경향이 있다. 만약 보장 매도자가 발행한 채권이 있다면, 그 신용 등급으로 보장 매도자의 지급 능력을 판단할 수 있다. 이에 따라 다른 요인이 동일한 경우, 보장 매도자가 발행한 채권의 신용 등급이 높으면 CDS 프리미엄은 크다.

01 윗글의 내용과 일치하지 않는 것은?

① 정부는 자금을 조달하기 위해 채권을 발행한다.
② 채권 발행자의 지급 능력이 커지면 신용 위험은 커진다.
③ 신용 평가 제도는 채권을 매입한 투자자를 보호하는 장치이다.
④ 다른 조건이 일정할 경우, 어떤 채권의 신용 등급이 낮아지면 해당 채권의 가격은 하락한다.
⑤ 채권 발행자는 일정한 이자와 원금의 지급을 약속하지만, 채권에는 그 약속이 지켜지지 않을 위험이 수반된다.

02 ㉠~㉢에 대한 이해로 가장 적절한 것은?

① ㉠은 기초 자산을 보유하지 않는다.
② ㉠은 기초 자산에 부도가 나면 손실을 보상하는 역할을 한다.
③ ㉡은 신용 위험을 기피하는 채권 투자자이다.
④ ㉢은 신용 위험을 부담하는 보장 매도자이다.
⑤ ㉢은 기초 자산에 부도가 나야만 이득을 본다.

03 〈보기〉의 ㉮~㉶ 중 CDS 프리미엄 이 두 번째로 큰 것은?

보기

윗글의 ㉣과 ㉤을 기준으로 서로 다른 CDS 거래 ㉮~㉶를비교하여 CDS 프리미엄의 크기에 순서를 매길 수 있다. (단, 기초 자산의 발행자와 보장 매도자는 한국 기업이며, ㉮~㉶ 에서 제시된 조건 외에 다른 조건은 동일하다.)

CDS 거래	기초 자산의 신용 등급	보장 매도자 발행 채권의 신용 등급
㉮	BB+	AAA
㉯	BB+	AA−
㉰	BBB−	A−
㉱	BBB−	AA−
㉶	BBB−	A+

① ㉮ ② ㉯ ③ ㉰
④ ㉱ ⑤ ㉶

04 윗글을 바탕으로 〈보기〉를 이해한 내용으로 가장 적절한 것은?

보기

X가 2015년 12월 31일에 이자와 원금의 지급이 완료되는 채권 BX를 2011년 1월 1일에 발행했다. 발행 즉시 BX 전량을 매입한 Y는 BX를 기초 자산으로 하는 CDS 계약을 Z와 체결 하고 보장 매입자가 되었다. 계약 체결 당시 BX의 신용 등급은 A−, Z가 발행한 채권의 신용 등급은 AAA였다. 2011년 9월 17일, X의 재무 상황 악화로 B X 의 신용 위험에 대한 우려가 발생하였다. 2012년 12월 30일, X의 지급 능력이 2011년 8월 시점보다 개선되었다. 2013년 9월에는 Z가 발행한 채권의 신용 등급이 AA+로 변경되었다. 2013년 10월 2일, BX의 CDS 프리미엄은 100 bp*였다. (단, X, Y, Z는 모두 한국 기업이며 신용 등급은 매월 말일에 변경될 수 있다. 이 CDS 계약은 2015년 12월 31일까지 매월 1일에 갱신되며 CDS 프리미엄은 매월 1일에 변경될 수 있다. 제시된 것 외에 다른 요인에는 변화가 없다.)

2011. 1. 1.	2011. 9. 17.	2012. 12. 30.	2013. 9. 30.
CDS 계약	X의 재무 상황 악화	X의 지급 능력 개선	Z가 발행한 채권의 신용 등급 변경

* bp : 1 bp는 0.01%와 같음.

① 2011년 1월에는 BX에 대한 CDS 계약으로 X가 신용 위험을 부담하게 되었겠군.
② 2011년 11월에는 BX의 신용 등급이 A−보다 높았겠군.
③ 2013년 1월에는 BX의 신용 위험으로 Z가 손실을 입을 가능성이 2011년 10월보다 작아졌겠군.
④ 2013년 3월에는 BX에 대한 CDS 프리미엄이 100 bp보다 작았겠군.
⑤ 2013년 4월에는 BX의 신용 등급이 BB−보다 낮았겠군.

지문 12 2018학년도 수능

※ 다음 글을 읽고 물음에 답하시오.

정부는 국민 생활에 영향을 미치는 활동의 총체인 정책의 목표를 효과적으로 달성하기 위해 정책 수단의 특성을 고려하여 정책을 수행한다. 정책 수단은 강제성, 직접성, 자동성, 가시성의 ㉮ 네 가지 측면에서 다양한 특성을 갖는다. 강제성은 정부가 개인이나 집단의 행위를 제한하는 정도로서, 유해 식품 판매 규제는 강제성이 높다. 직접성은 정부가 공공 활동의 수행과 재원 조달에 직접 관여하는 정도를 의미한다. 정부가 정책을 직접 수행하지 않고 민간에 위탁하여 수행하게 하는 것은 직접성이 낮다. 자동성은 정책을 수행하기 위해 별도의 행정 기구를 설립하지 않고 기존의 조직을 활용하는 정도를 말한다. 전기 자동차 보조금 제도를 기존의 시청 환경과에서 시행하는 것은 자동성이 높다. 가시성은 예산 수립 과정에서 정책을 수행하기 위한 재원이 명시적으로 드러나는 정도이다. 일반적으로 사회 규제의 정도를 조절하는 것은 예산 지출을 수반하지 않으므로 가시성이 낮다.

정책 수단 선택의 사례로 환율과 관련된 경제 현상을 살펴보자. 외국 통화에 대한 자국 통화의 교환 비율을 의미하는 환율은 장기적으로 한 국가의 생산성과 물가 등 기초 경제 여건을 반영하는 수준으로 수렴된다. 그러나 단기적으로 환율은 이와 괴리되어 움직이는 경우가 있다. 만약 환율이 예상과는 다른 방향으로 움직이거나 또는 비록 예상과 같은 방향으로 움직이더라도 변동 폭이 예상보다 크게 나타날 경우 경제 주체들은 과도한 위험에 노출될 수 있다. 환율이나 주가 등 경제 변수가 단기에 지나치게 상승 또는 하락하는 현상을 오버슈팅(overshooting) 이라고 한다. 이러한 오버슈팅은 물가 경직성 또는 금융 시장 변동에 따른 불안 심리 등에 의해 촉발되는 것으로 알려져 있다.

여기서 물가 경직성은 시장에서 가격이 조정되기 어려운 정도를 의미한다.

물가 경직성에 따른 환율의 오버슈팅을 이해하기 위해 통화를 금융 자산의 일종으로 보고 경제 충격에 대해 장기와 단기에 환율이 어떻게 조정되는지 알아보자. 경제에 충격이 발생할 때 물가나 환율은 충격을 흡수하는 조정 과정을 거치게 된다. 물가는 단기에는 장기 계약 및 공공요금 규제 등으로 인해 경직적이지만 장기에는 신축적으로 조정된다. 반면 환율은 단기에서도 신축적인 조정이 가능하다. 이러한 물가와 환율의 조정 속도 차이가 오버슈팅을 초래한다. 물가와 환율이 모두 신축적으로 조정되는 장기에서의 환율은 구매력 평가설에 의해 설명되는데, 이에 의하면 장기의 환율은 자국 물가 수준을 외국 물가 수준으로 나눈 비율로 나타나며, 이를 균형 환율로 본다. 가령 국내 통화량이 증가하여 유지될 경우 장기에서는 자국 물가도 높아져 장기의 환율은 상승한다. 이때 통화량을 물가로 나눈 실질 통화량은 변하지 않는다.

[A] 그런데 단기에는 물가의 경직성으로 인해 구매력 평가설에 기초한 환율과는 다른 움직임이 나타나면서 오버슈팅이 발생할 수 있다. 가령 국내 통화량이 증가하여 유지될 경우, 물가가 경직적이어서 ㉠ 실질 통화량은 증가하고 이에 따라 시장 금리는 하락한다. 국가 간 자본 이동이 자유로운 상황에서, ㉡ 시장 금리 하락은 투자의 기대 수익률 하락으로 이어져, 단기성 외국인 투자 자금이 해외로 빠져나가거나 신규 해외 투자 자금 유입을 위축시키는 결과를 초래한다. 이 과정에서 자국 통화의 가치는 하락하고 ㉢ 환율은 상승한다. 통화량의 증가로 인한 효과는 물가가 신축적인 경우에 예상되는 환율 상승에, 금리 하락에 따른 자금의 해외 유출이 유발하는 추가적인 환율 상승이 더해진 것으로 나타난다. 이러한 추가적인 상승 현상이 환율의 오버슈팅인데, 오버슈팅의 정도 및 지속성은 물가 경직성이 클수록 더 크게 나타난다. 시간이 경과함에 따라 물가가 상승하여 실질 통화량이 원래 수준으로 돌아오고 해외로 유출되었던 자금이 시장 금리의 반등으로 국내로 복귀하면서, 단기에 과도하게 상승했던 환율은 장기에는 구매력 평가설에 기초한 환율로 수렴된다.

단기의 환율이 기초 경제 여건과 괴리되어 과도하게 급등락하거나 균형 환율 수준으로부터 장기간 이탈하는 등의 문제가 심화되는 경우를 예방하고 이에 대처하기 위해 정부는 다양한 정책 수단을 동원한다. 오버슈팅의 원인인 물가 경직성을 완화하기 위한 정책 수단 중 강제성이 낮은 사례로는 외환의 수급 불균형 해소를 위해 관련 정보를 신속하고 정확하게 공개하거나, 불필요한 가격 규제를 축소하는 것을 들 수 있다. 한편 오버슈팅에 따른 부정적 파급 효과를 완화하기 위해 정부는 환율 변동으로 가격이 급등한 수입 필수 품목에 대한 세금을 조절함으로써 내수가 급격히 위축되는 것을 방지하려고 하기도 한다.

또한 환율 급등락으로 인한 피해에 대비하여 수출입 기업에 환율 변동 보험을 제공하거나, 외화 차입 시 지급 보증을 제공하기도 한다. 이러한 정책 수단은 직접성이 높은 특성을 가진다. 이와 같이 정부는 기초 경제 여건을 반영한 환율의 추세는 용인하되, 사전적 또는 사후적인 미세 조정 정책 수단을 활용하여 환율의 단기 급등락에 따른 위험으로부터 실물 경제와 금융 시장의 안정을 도모하는 정책을 수행한다.

01 윗글에 대한 이해로 적절하지 않은 것은?

① 국내 통화량이 증가하여 유지될 경우 장기에는 실질 통화량이 변하지 않으므로 장기의 환율도 변함이 없을 것이다.

② 물가가 신축적인 경우가 경직적인 경우에 비해 국내 통화량 증가에 따른 국내 시장 금리 하락 폭이 작을 것이다.

③ 물가 경직성에 따른 환율의 오버슈팅은 물가의 조정 속도보다 환율의 조정 속도가 빠르기 때문에 발생하는 것이다.

④ 환율의 오버슈팅이 발생한 상황에서 외국인 투자 자금이 국내 시장 금리에 민감하게 반응할수록 오버슈팅 정도는 커질 것이다.

⑤ 환율의 오버슈팅이 발생한 상황에서 물가 경직성이 클수록 구매력 평가설에 기초한 환율로 수렴되는 데 걸리는 기간이 길어질 것이다.

02 ㉮를 바탕으로 정책 수단의 특성을 이해한 것으로 가장 적절한 것은?

① 다자녀 가정에 출산 장려금을 지급하는 것은, 불법 주차 차량에 과태료를 부과하는 것보다 강제성이 높다.

② 전기 제품 안전 규제를 강화하는 것은, 학교 급식을 제공하기 위한 재원을 정부 예산에 편성하는 것보다 가시성이 높다.

③ 문화재를 발견하여 신고할 경우 포상금을 주는 것은, 자연 보존 지역에서 개발 행위를 금지하는 것보다 강제성이 높다.

④ 쓰레기 처리를 민간 업체에 맡겨서 수행하게 하는 것은, 정부 기관에서 주민등록 관련 행정 업무를 수행하는 것보다 직접성이 높다.

⑤ 담당 부서에서 문화 소외 계층에 제공하던 복지 카드의 혜택을 늘리는 것은, 전담 부처를 신설하여 상수원 보호 구역을 감독하는 것보다 자동성이 높다.

03 윗글을 바탕으로 할 때, 〈보기〉의 'A국' 경제 상황에 대한 '경제학자 갑'의 견해를 추론한 것으로 적절하지 않은 것은?

> **보기**
>
> A국 경제학자 갑은 자국의 최근 경제 상황을 다음과 같이 진단했다.
>
> 금융 시장 불안의 여파로 A국의 주식, 채권 등 금융 자산의 가격 하락에 대한 우려가 확산되면서 안전 자산으로 인식되는 B국의 채권에 대한 수요가 증가하고 있다. 이로 인해 외환 시장에서는 A국에 투자되고 있던 단기성 외국인 자금이 B국으로 유출되면서 A국의 환율이 급등하고 있다.
>
> B국에서는 해외 자금 유입에 따른 통화량 증가로 B국의 시장 금리가 변동할 것으로 예상된다. 이에 따라 A국의 환율 급등은 향후 다소 진정될 것이다. 또한 양국 간 교역 및 금융 의존도가 높은 현실을 감안할 때, A국의 환율 상승은 수입품의 가격 상승 등에 따른 부작용을 초래할 것으로 예상되지만 한편으로는 수출이 증대되는 효과도 있다. 그러므로 정부는 시장 개입을 가능한 한 자제하고 환율이 시장 원리에 따라 자율적으로 균형 환율 수준으로 수렴되도록 두어야 한다.

① A국에 환율의 오버슈팅이 발생한 상황에서 B국의 시장 금리가 하락한다면 오버슈팅의 정도는 커질 것이다.

② A국에 환율의 오버슈팅이 발생하였다면 이는 금융 시장 변동에 따른 불안 심리에 의해 촉발된 것으로 볼 수 있다.

③ A국에 환율의 오버슈팅이 발생할지라도 시장의 조정을 통해 환율이 장기에는 균형 환율 수준에 도달할 수 있을 것이다.

④ A국의 환율 상승이 수출을 증대시키는 긍정적인 효과도 동반하므로 A국의 정책 당국은 외환 시장 개입에 신중해야 한다.

⑤ A국의 환율 상승은 B국으로부터 수입하는 상품의 가격을 인상시킴으로써 A국의 내수를 위축시키는 결과를 초래할 수 있다.

04 〈보기〉에 제시된 그래프의 세로축 a, b, c는 [가]의 ㉠~㉢과 하나씩 대응된다. 이를 바르게 짝지은 것은?

보기

다음 그래프들은 [가]에서 국내 통화량이 t 시점에서 증가하여 유지된 경우 예상되는 ㉠~㉢의 시간에 따른 변화를 순서 없이 나열한 것이다.

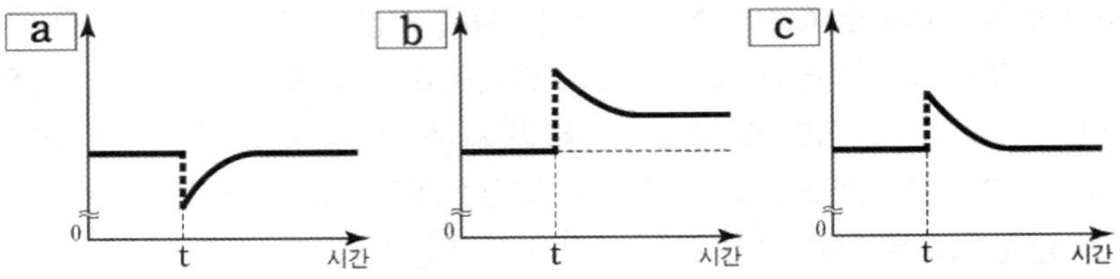

(단, t 시점 근처에서 그래프의 형태는 개략적으로 표현하였으며, t 시점 이전에는 모든 경제 변수들의 값이 일정한 수준에서 유지되어 왔다고 가정한다. 장기 균형으로 수렴되는 기간은 변수마다 상이하다.)

	㉠	㉡	㉢
①	a	c	b
②	b	a	c
③	b	c	a
④	c	a	b
⑤	c	b	a

지문 13 2016학년도 고3 9월 모평

※ 다음 글을 읽고 물음에 답하시오.

암 치료에 사용되는 항암제는 세포 독성 항암제와 표적 항암제로 나뉜다. ㉠ 파클리탁셀과 같은 세포 독성 항암제는 세포 분열을 방해하여 세포가 증식하지 못하고 사멸에 이르게 한다. 그러므로 세포 독성 항암제는 암세포뿐 아니라 정상 세포 중 빈번하게 세포 분열하는 종류의 세포도 손상시킨다. 이러한 세포 독성 항암제의 부작용은 이 약제의 사용을 꺼리게 하는 주된 이유이다. 반면에 표적 항암제는 암세포에 선택적으로 작용하도록 고안된 것이다.

암세포에서는 변형된 유전자가 만들어 낸 비정상적인 단백질이 세포 분열을 위한 신호 전달 과정을 왜곡하여 과다한 세포 증식을 일으킨다. 암세포가 종양으로 자라려면 종양 속으로 연결되는 새로운 혈관의 생성이 필수적이다. 표적 항암제는 암세포가 증식하고 종양이 자라는 과정에서 어느 단계에 개입하느냐에 따라 신호 전달 억제제와 신생 혈관 억제제로 나뉜다.

신호 전달 억제제는 암세포의 증식을 유도하는 신호 전달 과정 중 특정 단계의 진행을 방해한다. 신호 전달 경로는 암의 종류에 따라 다르므로 신호 전달 억제제는 특정한 암에만 치료 효과를 나타낸다. 만성골수성백혈병(CML)의 치료제인 ㉡ 이마티닙이 그 예이다. 만성골수성백혈병은 골수의 조혈 모세포가 혈구로 분화하는 과정에서 발생하는 혈액암이다. 만성골수성백혈병 환자의 95% 정도는 조혈 모세포의 염색체에서 돌연변이 유전자가 형성되어 변형된 형태의 효소인 Bcr-Abl 단백질을 만들어 낸다. 이 효소는 암세포 증식을 유도하는 신호 전달 경로를 활성화하여 암세포를 증식시킨다. 이러한 원리에 착안하여 Bcr-Abl 단백질에 달라붙어 그것의 작용을 방해하는 이마티닙이 개발되었다.

신생 혈관 억제제는 암세포가 새로운 혈관을 생성하는 것을 방해한다. 암세포가 증식하여 종양이 되고 그 종양이 자라려면 산소와 영양분이 계속 공급되어야 한다. 종양이 계속 자라려면 종양에 인접한 정상 조직과 종양이 혈관으로 연결되고, 종양 속으로 혈관이 뻗어 들어와야 한다. 대부분의 암세포들은 혈관내피 성장인자(VEGF)를 분비하여 암세포 주변의 조직에서 혈관내피세포를 증식시킴으로써 새로운 혈관을 형성한다. 이러한 원리에 착안하여 종양의 혈관 생성을 저지할 수 있는 약제인 ㉢ 베바시주맙이 개발되었다. 이 약제는 인공적인 항체로서 혈관내피 성장인자를 항원으로 인식하여 결합함으로써 혈관 생성을 방해한다. 베바시주맙은 대장암의 치료제로 개발되었지만 다른 여러 종류의 암에도 효과가 있다.

01 ㉠~㉢에 대한 이해로 가장 적절한 것은?

① ㉠과 ㉡은 모두 암세포만 선택적으로 공격한다.
② ㉠은 ㉢과 달리 세포의 증식을 방해한다.
③ ㉡과 ㉢은 모두 변형된 유전자를 정상 유전자로 복원한다.
④ ㉢은 ㉡과 달리 한 가지 종류의 암에만 효능을 보인다.
⑤ ㉢은 ㉡과 달리 암세포가 분비하는 성장인자에 작용한다.

02 윗글을 바탕으로 〈보기〉의 ⓐ, ⓑ를 이해한 내용으로 적절하지 않은 것은?

보기

어떤 암세포를 시험관 속의 액체에 넣었다. 액체 속에는 산소와 영양분이 충분함에도 불구하고, ⓐ 액체 속의 암세포는 세포 분열을 하여 1~2mm의 작은 암 덩이로 자란 후 더 이상 증식하지 않았다.

같은 종류의 암세포를 실험동물에게 주입하였다. ⓑ 주입된 암세포는 커다란 종양으로 계속 자라났고, 종양의 일부 조직을 조사해 보니 조직 내부에 혈관이 들어차 있었다.

① ⓐ에서는 혈관내피 성장인자 분비를 통한 혈관 생성이 이루어지지 못했겠군.
② ⓐ와 함께 Bcr-Abl 단백질을 액체에 넣는다면 암세포가 큰 종양으로 계속 자라겠군.
③ ⓑ와 함께 세포 독성 항암제를 주입한다면 암세포의 분열이 억제되겠군.
④ ⓑ가 종양으로 자랄 수 있었던 것은 산소와 영양분이 계속 공급되었기 때문이겠군.
⑤ ⓑ가 종양으로 자라는 과정에서 암세포의 증식을 유도하는 신호 전달 경로에 비정상적인 단백질의 개입이 있었겠군.

지문 14 2015학년도 수능

※ 다음 글을 읽고 물음에 답하시오.

우리 몸은 단백질의 합성과 분해를 끊임없이 반복한다. 단백질 합성은 아미노산을 연결하여 긴 사슬을 만드는 과정인데, 20여 가지의 아미노산이 체내 단백질 합성에 이용된다. 단백질 합성에서 아미노산들은 DNA 염기 서열에 담긴 정보에 따라 정해진 순서대로 결합된다. 단백질 분해는 아미노산 간의 결합을 끊어 개별 아미노산으로 분리하는 과정이다. 체내 단백질 분해를 통해 오래되거나 손상된 단백질이 축적되는 것을 막고, 우리 몸에 부족한 에너지 및 포도당을 보충할 수 있다.

단백질 분해 과정의 하나인, 프로테아솜이라는 효소 복합체에 의한 단백질 분해는 세포 내에서 이루어진다. 프로테아솜은 유비퀴틴이라는 물질이 일정량 이상 결합되어 있는 단백질을 아미노산으로 분해한다. 단백질 분해를 통해 생성된 아미노산의 약 75 %는 다른 단백질을 합성하는 데 이용되며, 나머지 아미노산은 분해된다. 아미노산이 분해될 때는 아미노기가 아미노산으로부터 분리되어 암모니아로 바뀐 다음, 요소(尿素)로 합성되어 체외로 배출된다. 그리고 아미노기가 떨어지고 남은 부분은 에너지나 포도당이 부족할 때는 이들을 생성하는 데 이용되고, 그렇지 않으면 지방산으로 합성되거나 체외로 배출된다.

단백질이 지속적으로 분해됨에도 불구하고 체내 단백질의 총량이 유지되거나 증가할 수 있는 것은 세포 내에서 단백질 합성이 끊임없이 일어나기 때문이다. 단백질 합성에 필요한 아미노산은 세포 내에서 합성되거나, 음식으로 섭취한 단백질로부터 얻거나, 체내 단백질을 분해하는 과정에서 생성된다. 단백질 합성에 필요한 아미노산 중 체내에서 합성할 수 없어 필요량을 스스로 충족할 수 없는 것을 필수아미노산이라고 한다. 어떤 단백질 합성에 필요한 각 필수아미노산의 비율은 정해져 있다. 체내 단백질 분해를 통해 생성되는 필수아미노산도 다시 단백질 합성에 이용되기도 하지만, 부족한 양이 외부로부터 공급되지 않으면 전체의 체내 단백질 합성량이 줄어들게 된다. 그러므로 필수아미노산은 반드시 음식물을 통해 섭취되어야 한다. 다만 성인과 달리 성장기 어린이의 경우, 체내에서 합성할 수는 있으나 그 양이 너무 적어서 음식물로 보충해야 하는 아미노산도 필수아미노산에 포함된다.

각 식품마다 포함된 필수아미노산의 양은 다르며, 필수아미노산이 균형을 이룰수록 공급된 필수아미노산의 총량 중 단백질 합성에 이용되는 양의 비율, 즉 필수아미노산의 이용 효율이 높다. 일반적으로 육류, 계란 등 동물성 단백질은 필수아미노산을 균형 있게 함유하고 있어 필수아미노산의 이용 효율이 높은 반면, 쌀이나 콩류 등에 포함된 식물성 단백질은 제한아미노산을 가지며 필수아미노산의 이용 효율이 상대적으로 낮다.

제한아미노산은 단백질 합성에 필요한 각각의 필수아미노산의 양에 비해 공급된 어떤 식품에 포함된 해당 필수아미노산의 양의 비율이 가장 낮은 필수아미노산을 말한다. 가령, 가상의 P 단백질 1몰*을 합성하기 위해서는 필수아미노산 A와 B가 각각 2몰과 1몰이 필요하다고 하자. P를 2몰 합성하려고 할 때, A와 B가 각각 2몰씩 공급되었다면 A는 필요량에 비해 2몰이 부족하게 되어 P는 결국 1몰만 합성된다. 이때 A가 부족하여 합성할 수 있는 단백질의 양이 제한되기 때문에 A가 제한아미노산이 된다.

* 몰 : 물질의 양을 나타내는 단위.

01 윗글의 내용과 일치하지 않는 것은?

① 체내 단백질의 분해를 통해 오래되거나 손상된 단백질의 축적을 막는다.
② 유비퀴틴이 결합된 단백질을 아미노산으로 분해하는 것은 프로테아솜이다.
③ 아미노산에서 분리되어 요소로 합성되는 것은 아미노산에서 아미노기를 제외한 부분이다.
④ 세포 내에서 합성되는 단백질의 아미노산 결합 순서는 DNA 염기 서열에 담긴 정보에 따른다.
⑤ 성장기의 어린이에게 필요한 필수아미노산 중에는 체내에서 합성할 수 있는 것도 포함되어 있다.

02 윗글을 읽고 이해한 내용으로 적절하지 않은 것은?

① 필수아미노산을 제외한 다른 아미노산도 제한아미노산이 될 수 있겠군.
② 체내 단백질을 분해하여 얻어진 필수아미노산의 일부는 단백질 합성에 다시 이용되겠군.
③ 체내 단백질 합성에 필요한 필수아미노산은 음식물의 섭취나 체내 단백질 분해로부터 공급되겠군.
④ 제한아미노산이 없는 식품은 단백질 합성에 필요한 필수아미노산이 균형 있게 골고루 함유되어 있겠군.
⑤ 체내 단백질 합성과 분해의 반복 과정에서, 외부로부터 필수 아미노산의 공급이 줄어들면 체내 단백질 총량은 감소하겠군.

03 윗글을 바탕으로 할 때, 〈보기〉의 실험에 대한 이해로 적절하지 않은 것은?

보기

가상의 단백질 Q를 1몰 합성하는 데 필수아미노산 A, B, C가 각각 2몰, 3몰, 1몰이 필요하다고 가정하자. 단백질 Q를 2몰 합성하려고 할 때 (가), (나), (다)에서와 같이 A, B, C의 공급량을 달리하고, 다른 조건은 모두 동일한 상황에서 최대한 단백질을 합성하는 실험을 하였다.

(가) : A 4몰, B 6몰, C 2몰
(나) : A 6몰, B 3몰, C 3몰
(다) : A 4몰, B 3몰, C 3몰
(단, 단백질과 아미노산의 분해는 없다고 가정한다.)

① (가)에서는 단백질 합성을 제한하는 필수아미노산이 없겠군.
② (가)에서는 (다)에 비해 단백질 합성에 이용된 필수아미노산의 총량이 많겠군.
③ (나)에서는 (다)에 비해 합성된 단백질의 양이 많겠군.
④ (나)와 (다) 모두에서는 단백질 합성을 제한하는 필수아미노산이 B가 되겠군.
⑤ (나)에서는 (다)에 비해 단백질 합성에 이용되지 않고 남은 필수아미노산의 총량이 많겠군.

지문 15 \\ 2015학년도 수능

※ 다음 글을 읽고 물음에 답하시오.

우리는 가끔 평소보다 큰 보름달인 '슈퍼문(supermoon)'을 보게 된다. 실제 달의 크기는 일정한데 이러한 현상이 발생하는 까닭은 무엇일까? 이 현상은 달의 공전 궤도가 타원 궤도라는 점과 관련이 있다.

타원은 두 개의 초점이 있고 두 초점으로부터의 거리를 합한 값이 일정한 점들의 집합이다. 두 초점이 가까울수록 원 모양에 가까워진다. 타원에서 두 초점을 지나는 긴지름을 가리켜 장축이라 하는데, 두 초점 사이의 거리를 장축의 길이로 나눈값을 이심률이라 한다. 두 초점이 가까울수록 이심률은 작아진다.

달은 지구를 한 초점으로 하면서 이심률이 약 0.055인 타원 궤도를 돌고 있다. 이 궤도의 장축 상에서 지구로부터 가장 먼 지점을 '원지점', 가장 가까운 지점을 '근지점'이라 한다. 지구에서 보름달은 약 29.5일 주기로 세 천체가 '태양 – 지구 – 달'의 순서로 배열될 때 볼 수 있는데, 이때 보름달이 근지점이나 그 근처에 위치하면 슈퍼문이 관측된다. 슈퍼문은 보름달 중 크기가 가장 작게 보이는 것보다 14 % 정도 크게 보인다. 이는 지구에서 본 달의 겉보기 지름이 달라졌기 때문이다. 지구에서 본 천체의 겉보기 지름을 각도로 나타낸 것을 각지름이라 하는데, 관측되는 천체까지의 거리가 가까워지면 각지름이 커진다. 예를 들어, 달과 태양의 경우 평균적인 각지름은 각각 0.5°정도이다.

지구의 공전 궤도에서도 이와 같은 현상이 나타난다. 지구 역시 태양을 한 초점으로 하는 타원 궤도로 공전하고 있으므로, 궤도 상의 지구의 위치에 따라 태양과의 거리가 다르다. 달과 마찬가지로 지구도 공전 궤도의 장축 상에서 태양으로부터 가장 먼 지점과 가장 가까운 지점을 갖는데, 이를 각각 원일점과 근일점이라 한다. 지구와 태양 사이의 이러한 거리 차이에 따라 일식 현상이 다르게 나타난다. 세 천체가 '태양 – 달– 지구'의 순서로 늘어서고, 달이 태양을 가릴 수 있는 특정한 위치에 있을 때, 일식 현상이 일어난다. 이때 달이 근지점이나 그 근처에 위치하면 대부분의 경우 태양 면의 전체 면적이 달에 의해 완전히 가려지는 개기 일식이 관측된다. 하지만 일식이 일어나는 같은 조건에서 달이 원지점이나 그 근처에 위치하면 대부분의 경우 태양 면이 달에 의해 완전히 가려지지 않아 태양 면의 가장자리가 빛나는 고리처럼 보이는 금환 일식이 관측될 수 있다.

이러한 원일점, 근일점, 원지점, 근지점의 위치는 태양, 행성 등 다른 천체들의 인력에 의해 영향을 받아 미세하게 변한다. 현재 지구 공전 궤도의 이심률은 약 0.017인데, 일정한 주기로 이심률이 변한다. 천체의 다른 조건들을 고려하지 않을 때 지구 공전 궤도의 이심률만이 현재보다 더 작아지면 근일점은 현재보다 더 멀어지며 원일점은 현재보다 더 가까워지게 된다. 이는 달의 공전 궤도 상에 있는 근지점과 원지점도 마찬가지이다. 천체의 다른 조건들을 고려하지 않을 때 천체의 공전 궤도의 이심률만이 현재보다 커지면 반대의 현상이 일어난다.

01 윗글을 통해 알 수 있는 내용으로 적절하지 않은 것은?

① 태양의 인력으로 달 공전 궤도의 이심률이 약간씩 변화될 수 있다.
② 현재의 달 공전 궤도는 현재의 지구 공전 궤도보다 원 모양에 더 가깝다.
③ 금환 일식이 일어날 때 지구에서 관측되는 태양의 각지름은 달의 각지름보다 크다.
④ 지구에서 보이는 보름달의 크기는 달 공전 궤도 상의 근지점일 때보다 원지점일 때 더 작게 보인다.
⑤ 지구 공전 궤도 상의 근일점에서 관측한 태양의 각지름은 원일점에서 관측한 태양의 각지름보다 더 크다.

02 윗글을 바탕으로 할 때, 〈보기〉의 ㉠에 들어갈 말로 가장 적절한 것은?

보기

북반구의 A 지점에서는 약 12시간 25분 주기로 해수면이 높아졌다 낮아졌다 하는 현상이 관측된다. 이 현상에서 해수면이 가장 높은 때와 가장 낮은 때의 해수면의 높이 차이를 '조차'라고 한다. 이 조차에 영향을 미치는 한 요인이 지구와 달, 지구와 태양 사이의 '거리'인데, 그 거리가 가까울수록 조차가 커진다. 지구와 태양 사이의 거리가 조차에 미치는 영향만을 고려하면, 조차는 북반구의 겨울인 1월에 가장 크고 7월에 가장 작다.

천체의 다른 모든 조건들은 고정되어 있고, 다만 지구 공전 궤도의 이심률과 지구와 달, 지구와 태양 사이의 거리만이 조차에 영향을 준다고 가정하자. 이 경우에 (㉠)

① 지구 공전 궤도의 이심률에 변화가 없다면, 1월에 슈퍼문이 관측되었을 때보다 7월에 슈퍼문이 관측되었을 때, A 지점에서의 조차가 더 크다.
② 지구 공전 궤도의 이심률에 변화가 없다면, 보름달이 관측된 1월에 달이 근지점에 있을 때보다 원지점에 있을 때, A 지점에서의 조차가 더 크다.
③ 지구 공전 궤도의 이심률에 변화가 없다면, 7월에 슈퍼문이 관측될 때보다 7월에 원지점에 위치한 보름달이 관측될 때, A 지점에서의 조차가 더 크다.
④ 지구 공전 궤도의 이심률만이 더 커지면, 달이 근지점에 있을 때 A 지점에서 1월에 나타나는 조차가 이심률 변화 전의 1월의 조차보다 더 커진다.
⑤ 지구 공전 궤도의 이심률만이 더 커지면, 달이 원지점에 있을 때 A 지점에서 7월에 나타나는 조차가 이심률 변화 전의 7월의 조차보다 더 커진다.

지문 16 2014학년도 수능

※ 다음 글을 읽고 물음에 답하시오.

19세기 중반 화학자 분젠은 불꽃 반응에서 나타나는 물질 고유의 불꽃색에 대한 연구를 진행하고 있었다. 그는 버너 불꽃의 색을 제거한 개선된 버너를 고안함으로써 물질의 불꽃색을 더 잘 구별할 수 있도록 하였다. 하지만 두 종류 이상의 금속이 섞인 물질의 불꽃은 색깔이 겹쳐서 분간이 어려웠다. 이에 물리학자 ㉠ 키르히호프는 프리즘을 통한 분석을 제안했고 둘은 협력하여 불꽃의 색을 분리시키는 분광 분석법을 창안했다. 이것은 과학사에 길이 남을 업적으로 이어졌다.

그들은 불꽃 반응에서 나오는 빛을 프리즘에 통과시켜 띠 모양으로 분산시킨 후 망원경을 통해 이를 들여다보는 방식으로 실험을 진행하였다. 빛이 띠 모양으로 분산되는 것은 빛이 파장이 짧을수록 굴절하는 각이 커지기 때문이다. 이 방법을 통해 그들은 알칼리 금속과 알칼리 토금속의 스펙트럼을 체계적으로 조사하여 그것들을 함유한 화합물들을 찾아내었다. 이 과정에서 그들은 특정한 금속의 스펙트럼에서 띄엄띄엄 떨어진 밝은 선의 위치는 그 금속이 홑원소로 존재하든 다른 원소와 결합하여 존재하든 불꽃의 온도에 상관없이 항상 같다는 결론에 도달하였다. 이로써 화학 반응을 이용하는 전통적인 분석 화학의 방법에 의존하지 않고도 정확하게 화합물의 원소를 판별해 내는 분광 분석법이 탄생하였다. 이 방법의 유효성은 그들이 새로운 금속 원소인 세슘과 루비듐을 발견함으로써 입증되었다.

1859년 키르히호프는 이 방법을 천문학 분야로까지 확장하였다. 그는 불꽃 반응 실험에서 관찰한 나트륨 스펙트럼의 두 개의 인접한 밝은 선과 1810년대 프라운호퍼가 프리즘을 이용하여 태양빛의 스펙트럼에서 발견한 검은 선들을 비교하는 과정에서, 태양빛의 스펙트럼에 검은 선이 타나나는 원인을 설명할 수 있었다. 그는 태양빛의 스펙트럼의 검은 선들 중에서 프라운호퍼의 D선이 나트륨 고유의 밝은 선들과 같은 파장에서 겹쳐지는 것을 확인하고, D선은 태양에서 비교적 차가운 부분인 태양 대기 중에 존재하는 나트륨 때문에 생긴다고 해석했다. 이것은 태양 대기 중의 나트륨이 태양의 더 뜨거운 부분에서 나오는 빛 가운데 D선에 해당하는 파장의 빛들을 흡수하기 때문이다. 태양빛의 스펙트럼을 보면 D선 이외에도 차가운 태양 대기 중의 특정 원소에 의해 흡수된 빛의 파장 위치에 검은 선들이 나타난다. 이 검은 선들은 그 특정 원소가 불꽃 반응에서 나나내는 스펙트럼 상의 밝은 선들과 나타나는 위치가 동일하다.

이후 이러한 원리의 적용을 통해 철과 헬륨 같은 다른 원소들도 태양 대기 중에 존재함이 밝혀졌으며 다른 항성을 연구하는 데도 같은 원리가 적용되었다. 이를 두고 동료 과학자들은 물리학, 화학, 천문학에 모두 적용될 수 있는 분광 분석법이 천체 대기의 화학적 조성을 밝혀냄으로써 우주의 통일성을 드러내었고 우주의 모든 곳에 존재하는 자연의 원리를 인식하게 하는 데 공헌했다고 평가했다.

01 윗글을 바탕으로 할 때, ㉠의 업적으로 볼 수 있는 것은?

① 화학 반응을 이용하는 분석 화학 방법을 확립하였다.
② 태양빛의 스펙트럼에 검은 선이 존재함을 알아냈었다.
③ 물질을 불꽃에 넣으면 독특한 불꽃색이 나타나는 것을 발견하였다.
④ 프리즘을 이용하여 태양빛의 스펙트럼을 얻는 방법을 창안하였다.
⑤ 천체에 가지 않고도 그 대기에 존재하는 원소에 관한 정보를 얻을 수 있는 길을 열었다.

02 윗글을 이해한 내용으로 가장 적절한 것은?

① 루비듐의 존재는 분광 분석법이 출현하기 전에 확인되었다.
② 빛을 프리즘을 통해 분산시키면 빛의 파장이 길수록 굴절하는 각이 커진다.
③ 금속 원소 스펙트럼의 밝은 선의 위치는 불꽃의 온도를 높여도 변하지 않는다.
④ 철이 태양 대기에 존재한다는 사실은 나트륨이 태양 대기에 존재한다는 사실보다 먼저 밝혀졌다.
⑤ 분젠은 두 종류 이상의 금속이 섞인 물질에서 나오는 각각의 불꽃색이 겹치는 현상을 막아 주는 버너를 고안하였다.

03 윗글을 바탕으로 〈보기〉를 해석한 내용으로 적절하지 않은 것은?

보기

우리 은하의 어떤 항성 α와 β의 별빛 스펙트럼을 살펴보니 많은 검은 선들을 볼 수 있었다. 이것들을 나트륨, 리튬의 스펙트럼의 밝은 선들과 비교했을 때, 나트륨 스펙트럼의 밝은 선들은 각각의 파장에서 항성 β의 검은 선들과 겹쳐졌으나, 항성 α의 검은 선들과는 겹쳐지지 않았다. 리튬 스펙트럼의 밝은 선들은 각각의 파장에서 항성 α의 검은 선들과 겹쳐졌으나 항성 β의 검은 선들과는 겹쳐지지 않았다.

① 항성 α는 태양이 아니겠군.
② 항성 α의 별빛 스펙트럼에는 리튬이 빛을 흡수해서 생긴 검은 선들이 있겠군.
③ 항성 β에는 리튬이 존재하지 않겠군.
④ 항성 β의 별빛 스펙트럼에는 D선과 일치하는 검은 선들이 없겠군.
⑤ 항성 β의 별빛 스펙트럼에는 특정한 파장의 빛이 흡수되어 생긴 검은 선들이 있겠군.

지문 17 2014학년도 수능

※ 다음 글을 읽고 물음에 답하시오.

우주에서 지구의 북극을 내려다보면 지구는 시계 반대 방향으로 빠르게 자전하고 있지만 우리는 그 사실을 잘 인지하지 못한다. 지구의 자전 때문에 일어나는 현상 중 하나는 지구상에서 운동하는 물체의 운동 방향이 편향되는 것이다. 이러한 현상의 원인이 되는 가상적인 힘을 전향력이라 한다.

전향력은 지구가 자전하기 때문에 나타난다. 구 모양인 지구의 둘레는 적도가 가장 길고 위도가 높아질수록 짧아진다. 지구의 자전 주기는 위도와 상관없이 동일하므로 자전하는 속력은 적도에서 가장 빠르고, 고위도로 갈수록 속력이 느려져서 남극과 북극에서는 0이 된다.

적도 상의 특정 지점에서 동일한 경도 상에 있는 북위 30도 지점을 목표로 어떤 물체를 발사한다고 하자. 이때 물체에 영향을 주는 마찰력이나 다른 힘은 없다고 가정한다. 적도 상의 발사 지점은 약 1,600km/h의 속력으로 자전하고 있다. 북쪽으로 발사된 물체는 발사 속력 외에 약 1,600km/h로 동쪽으로 진행하는 속력을 동시에 갖게 된다. 한편 북위 30도 지점은 약 1,400km/h의 속력으로 자전하고 있다. 목표 지점은 발사 지점보다 약 200km/h가 더 느리게 동쪽으로 움직이고 있는 것이다. 따라서 발사된 물체는 겨냥했던 목표 지점보다 더 동쪽에 있는 지점에 도달하게 된다. 이때 지구 표면의 발사 지점에서 보면, 발사된 물체의 이동 경로는 처음에 목표로 했던 북쪽 방향의 오른쪽으로 휘어져 나타나게 된다.

이번에는 북위 30도에서 자전 속력이 약 800km/h인 북위 60도의 동일 경도 상에 있는 지점을 목표로 설정하고 같은 실험을 실행한다고 하자. 두 지점의 자전하는 속력의 차이는 약 600km/h이므로 이 물체는 적도에서 북위 30도를 향해 발사했을 때보다 더 오른쪽으로 떨어지게 된다. 이렇게 운동 방향이 좌우로 편향되는 정도는 저위도에서 고위도로 갈수록 더 커진다. 결국 위도에 따른 자전 속력의 차이가 고위도로 갈수록 더 커지기 때문에 좌우로 편향되는 정도는 북극과 남극에서 최대가 되고, 적도에서는 0이 된다. 이러한 편향 현상은 북쪽뿐 아니라 다른 방향으로 운동하는 모든 물체에 마찬가지로 나타난다.

전향력의 크기는 위도뿐만 아니라 물체의 이동하는 속력과도 관련이 있다. 지표를 기준으로 한 이동 속력이 빠를수록 전향력이 커지며, 지표 상에 정지해 있는 물체에는 전향력이 나타나지 않는다. 한편, 전향력은 운동하는 물체의 진행 방향이 북반구에서는 오른쪽으로, 남반구에서는 왼쪽으로 편향되게 한다.

01 윗글을 통해 알 수 있는 내용으로 적절하지 않은 것은?

① 북위 30도 지점과 북위 60도 지점의 자전 주기는 동일하다.
② 운동장에 정지해 있는 축구공에는 위도에 상관없이 전향력이 나타나지 않는다.
③ 남위 50도 지점은 남위 40도 지점보다 자전 방향으로 움직이는 속력이 더 빠르다.
④ 남위 30에서 정남쪽의 목표 지점으로 발사한 물체는 목표 지점보다 동쪽에 떨어진다.
⑤ 우리나라의 야구장에서 타자가 쳐서 날아가는 공의 이동 방향은 전향력에 의해 영향을 받는다.

02 윗글을 바탕으로 〈보기〉를 이해한 내용으로 적절하지 않은 것은?

보기

전향력은 1851년 프랑스의 과학자 푸코가 파리의 팡테옹 사원에서 실시한 진자 실험을 통해서도 확인할 수 있다. 푸코는 길이가 67m인 줄의 한쪽 끝을 천장에 고정하고 다른 쪽 끝에 28kg의 추를 매달아 진동시켰는데, 시간이 지남에 따라 진자의 진동면이 시계 방향으로 회전한다는 사실을 발견하였다. 이는 추가 A에서 B로 이동할 때, 전향력에 의해 C쪽으로 미세하게 휘어져 이동하고, 되돌아올 때는 D쪽으로 미세하게 휘어져 이동한다는 사실과 관련이 있다.

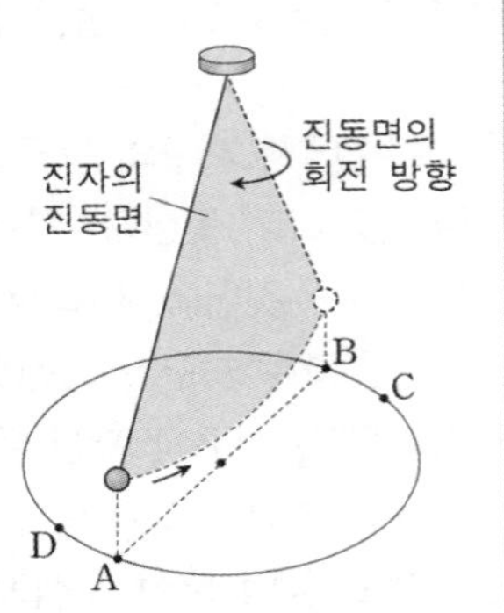

① 남반구에서 이 실험을 할 경우 진자의 진동면은 시계 반대 방향으로 회전하겠군.
② 파리보다 고위도에서 동일한 실험을 할 경우 진자의 진동면은 더 느리게 회전하겠군.
③ 북극과 남극에서 이 진자 실험을 할 경우 진자의 진동면의 회전 주기는 동일하겠군.
④ 적도 상에서 동서 방향으로 진자를 진동시킬 경우 진자의 진동면은 회전하지 않겠군.
⑤ 남위 60도에서 이 진자 실험을 할 경우 움직이는 추는 이동 방향의 왼쪽으로 편향되겠군.

지문 18 2018학년도 수능

※ 다음 글을 읽고 물음에 답하시오.

디지털 통신 시스템은 송신기, 채널, 수신기로 구성되며, 전송할 데이터를 빠르고 정확하게 전달하기 위해 부호화 과정을 거쳐 전송한다. 영상, 문자 등인 데이터는 기호 집합에 있는 기호들의 조합이다. 예를 들어 기호 집합 {a, b, c, d, e, f}에서 기호들을 조합한 add, cab, beef 등이 데이터이다. 정보량은 어떤 기호가 발생했다는 것을 알았을 때 얻는 정보의 크기이다. 어떤 기호 집합에서 특정 기호의 발생 확률이 높으면 그 기호의 정보량은 적고, 발생 확률이 낮으면 그 기호의 정보량은 많다. 기호 집합의 평균 정보량*을 기호 집합의 엔트로피라고 하는데 모든 기호들이 동일한 발생 확률을 가질 때 그 기호 집합의 엔트로피는 최댓값을 갖는다.

송신기에서는 소스 부호화, 채널 부호화, 선 부호화를 거쳐 기호를 부호로 변환한다. 소스 부호화는 데이터를 압축하기 위해 기호를 0과 1로 이루어진 부호로 변환하는 과정이다. 어떤 기호가 110과 같은 부호로 변환되었을 때 0 또는 1을 비트라고 하며 이 부호의 비트 수는 3이다. 이때 기호 집합의 엔트로피는 기호 집합에 있는 기호를 부호로 표현하는 데 필요한 평균 비트 수의 최솟값이다. 전송된 부호를 수신기에서 원래의 기호로 복원하려면 부호들의 평균 비트 수가 기호 집합의 엔트로피보다 크거나 같아야 한다. 기호 집합을 엔트로피에 최대한 가까운 평균 비트 수를 갖는 부호들로 변환하는 것을 엔트로피 부호화라 한다. 그중 하나인 '허프만 부호화'에서는 발생 확률이 높은 기호에는 비트 수가 적은 부호를, 발생 확률이 낮은 기호에는 비트 수가 많은 부호를 할당한다.

채널 부호화는 오류를 검출하고 정정하기 위하여 부호에 잉여 정보를 추가하는 과정이다. 송신기에서 부호를 전송하면 채널의 잡음으로 인해 오류가 발생하는데 이 문제를 해결하기 위해 잉여 정보를 덧붙여 전송한다. 채널 부호화 중 하나인 '삼중 반복 부호화'는 0과 1을 각각 000과 111로 부호화한다. 이때 수신기에서는 수신한 부호에 0이 과반수인 경우에는 0으로 판단하고, 1이 과반수인 경우에는 1로 판단한다. 즉 수신기에서 수신된 부호가 000, 001, 010, 100 중 하나라면 0으로 판단하고, 그 이외에는 1로 판단한다. 이렇게 하면 000을 전송했을 때 하나의 비트에서 오류가 생겨 001을 수신해도 0으로 판단하므로 오류는 정정된다. 채널 부호화를 하기 전 부호의 비트 수를, 채널 부호화를 한 후 부호의 비트 수로 나눈 것을 부호율이라 한다. 삼중 반복 부호화의 부호율은 약 0.33이다.

채널 부호화를 거친 부호들을 채널을 통해 전송하려면 부호들을 전기 신호로 변환해야 한다. 0 또는 1에 해당하는 전기 신호의 전압을 결정하는 과정이 선 부호화이다. 전압의 결정 방법은 선 부호화 방식에 따라 다르다. 선 부호화 중 하나인 '차동 부호화'는 부호의 비트가 0이면 전압을 유지하고 1이면 전압을 변화시킨다. 차동 부호화를 시작할 때는 기준 신호가 필요하다. 예를 들어 차동 부호화 직전의 기준 신호가 양(+)의 전압이라면 부호 0110은 '양, 음, 양, 양'의 전압을 갖는 전기 신호로 변환된다. 수신기에서는 송신기와 동일한 기준 신호를 사용하여, 전압의 변화가 있으면 1로 판단하고 변화가 없으면 0으로 판단한다.

* 평균 정보량 : 각 기호의 발생 확률과 정보량을 서로 곱하여 모두 더한 것.

01 윗글의 '부호화'에 대한 내용으로 적절한 것은?

① 선 부호화에서는 수신기에서 부호를 전기 신호로 변환한다.
② 허프만 부호화에서는 정보량이 많은 기호에 상대적으로 비트 수가 적은 부호를 할당한다.
③ 채널 부호화를 거친 부호들은 채널로 전송하기 전에 잉여 정보를 제거한 후 선 부호화한다.
④ 채널 부호화 과정에서 부호에 일정 수준 이상의 잉여 정보를 추가하면 부호율은 1보다 커진다.
⑤ 삼중 반복 부호화를 이용하여 0을 부호화한 경우, 수신된 부호에서 두 개의 비트에 오류가 있으면 오류는 정정되지 않는다.

02 윗글을 바탕으로, 2가지 기호로 이루어진 기호 집합에 대해 이해한 내용으로 적절하지 않은 것은?

① 기호들의 발생 확률이 모두 1/2인 경우, 각 기호의 정보량은 동일하다.
② 기호들의 발생 확률이 각각 1/4, 3/4인 경우의 평균 정보량이 최댓값이다.
③ 기호들의 발생 확률이 각각 1/4, 3/4인 경우, 기호의 정보량이 더 많은 것은 발생 확률이 1/4인 기호이다.
④ 기호들의 발생 확률이 모두 1/2인 경우, 기호를 부호화하는데 필요한 평균 비트 수의 최솟값이 최대가 된다.
⑤ 기호들의 발생 확률이 각각 1/4, 3/4인 기호 집합의 엔트로피는 발생 확률이 각각 3/4, 1/4인 기호 집합의 엔트로피와 같다.

03 윗글을 바탕으로 〈보기〉를 이해한 내용으로 적절한 것은?

> 보기
>
> 날씨 데이터를 전송하려고 한다. 날씨는 '맑음', '흐림', '비', '눈'으로만 분류하며, 각 날씨의 발생 확률은 모두 같다. 엔트로피 부호화를 통해 '맑음', '흐림', '비', '눈'을 각각 00, 01, 10, 11의 부호로 바꾼다.

① 기호 집합 {맑음, 흐림, 비, 눈}의 엔트로피는 2보다 크겠군.
② 엔트로피 부호화를 통해 4일 동안의 날씨 데이터 '흐림비맑음흐림'은 '01001001'로 바뀌겠군.
③ 삼중 반복 부호화를 이용하여 전송한 특정 날씨의 부호를 '110001'과 '101100'으로 각각 수신하였다면 서로 다른 날씨로 판단하겠군.
④ 날씨 '비'를 삼중 반복 부호화와 차동 부호화를 이용하여 부호화하는 경우, 기준 신호가 양(+)의 전압이면 '음, 양, 음, 음, 음, 음'의 전압을 갖는 전기 신호로 변환되겠군.
⑤ 삼중 반복 부호화와 차동 부호화를 이용하여 특정 날씨의 부호를 전송할 경우, 수신기에서 '음, 음, 음, 양, 양, 양'을 수신 했다면 기준 신호가 양(+)의 전압일 때 '흐림'으로 판단하겠군.

지문 19 2022학년도 수능 예시

※ 다음 글을 읽고 물음에 답하시오.

충전과 방전을 통해 반복적으로 사용할 수 있는 충전지는 충전기를 통해 충전하는데, 충전기는 적절한 전류와 전압을 제어하기 위한 충전 회로를 가지고 있다. 충전지는 양극에 사용되는 금속 산화 물질에 따라 납 충전지, 니켈 충전지, 리튬 충전지로 나눌 수 있다. 충전지가 방전될 때 양극 단자와 음극 단자 간에 전위차, 즉 전압이 발생하는데, 방전이 진행되면서 전압이 감소한다. 이렇게 변화하는 단자 전압의 평균을 공칭 전압이라 한다. 충전지를 크게 만들면 충전 용량과 방전 전류 세기를 증가시킬 수 있으나 전극의 물질을 바꾸지 않는 한 공칭 전압은 변하지 않는다. 납 충전지의 공칭 전압은 2V, 니켈 충전지는 1.2V, 리튬 충전지는 3.6V이다.

충전지는 최대 용량까지 충전하는 것이 효율적이며 이러한 상태를 만충전이라 한다. 최대 용량을 넘어서 충전하는 과충전이나 방전 하한 전압 이하까지 방전시키는 과방전으로 인해 충전지의 수명이 줄어들기 때문에 충전 양을 측정·관리하는 것이 중요하다. 특히 과충전 시에는 발열로 인해 누액이나 폭발의 위험이 있다. 니켈 충전지의 일종인 니켈카드뮴 충전지는 다른 충전지와 달리 메모리 효과가 있어서 일부만 방전한 후 충전하는 것을 반복하면 충·방전할 수 있는 용량이 줄어든다.

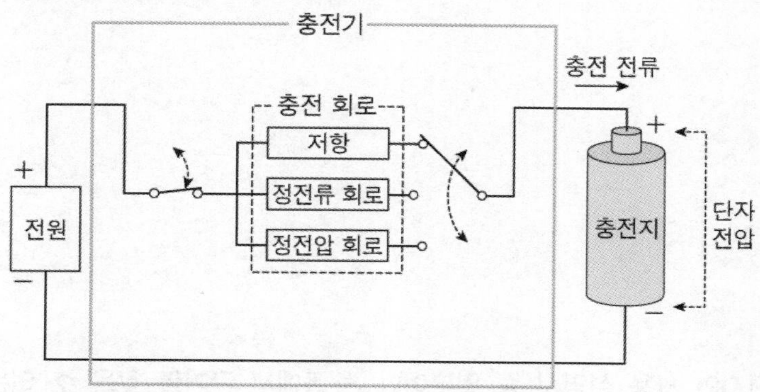

충전에 사용하는 충전기의 전원 전압은 충전지의 공칭 전압보다 높은 전압을 사용하고 충전지로 유입되는 전류를 저항으로 제한한다. 그러나 충전이 이루어지면서 충전지의 단자 전압이 상승하여 유입되는 전류의 세기가 점점 줄어들게 된다. 그러므로 이를 막기 위해 충전기에는 충전 전류의 세기가 일정하도록 하는 정전류 회로가 사용된다. 또한 정전압 회로를 사용하기도 하는데, 이는 회로에 입력되는 전압이 변해도 출력되는 전압이 일정하도록 해 준다. 리튬 충전지를 충전할 경우, 정전류 회로를 사용하여 충전하다가 만충전 전압에 이르면 정전압 회로로 전환하여 정해진 시간 동안 충전지에 공급하는 전압을 일정하게 유지함으로써 충전지 내부에 리튬 이온이 고르게 분포될 수 있게 한다.

충전지의 ㉠ <u>만충전 상태를 추정하여 충전을 중단하는 방식</u>에는 몇 가지가 있다. 최대 충전 시간 방식에서는, 충전이 시작된 후 완전 방전에서 만충전 될 때까지 소요될 것으로 추정되는 시간이 경과하면 무조건 충전 전원을 차단한다. 전류 적산 방식에서는 일정한 시간 간격으로 충전 전류의 세기를 측정하여, 각각의 값에 측정 시간 간격을 곱한 것을 모두 더한 값이 충전지의 충전 용량에 이르면 충전 전원을 차단한다. 충전 상태 검출 방식에서는 충전지의 단자 전압과 충전지 표면의 온도를 측정하여 만충전 여부를 판정한다. 충전지에 충전 전류가 유입되면 충전이 시작되어 단자 전압과 온도가 서서히 올라간다. 충전 양이 만충전 용량의 약 80%에 이르면 발열량이 많아져 단자 전압과 온도가 급격히 올라간다. 만충전 상태에 가까워지면 단자 전압이 다소 감소하는데 일정 수준으로 감소한 시점을 만충전에 도달했다고 추정하여 충전 전원을 차단한다. 니켈 카드뮴 충전지의 경우는 단자 전압의 강하를 검출할 수 있으나 다른 충전지들의 경우는 이러한 전압 강하가 검출이 가능할 만큼 크게 나타나지 않기 때문에 최대 단자 전압, 최대 온도, 온도 상승률 등의 기준을 정하고 측정된 값이 그 기준들을 넘어서지 않도록 하여 과충전을 방지한다.

01 윗글의 내용과 일치하는 것은?

① 과충전은 충전지의 수명에 영향을 끼치지 않는다.
② 방전 시 충전지의 단자 전압은 공칭 전압보다 낮을 수 있다.
③ 정전압 회로에서는 입력되는 전압이 변하면 출력되는 전압이 변한다.
④ 전극의 물질을 바꾸어도 충전지의 평균적인 단자 전압은 변하지 않는다.
⑤ 니켈카드뮴 충전지는 일부만 방전한 후 충전하기를 반복해도 방전할 수 있는 용량이 줄어들지 않는다.

02 다음은 리튬 충전지의 사용 설명서 중 일부이다. 윗글에서 근거를 찾을 수 없는 것은?

유의 사항
• 충전지에 표시된 전압보다 전원 전압이 높은 충전기를 사용해야 합니다. ················· ①
• 충전지에 표시된 충전 허용 전류보다 충전 전류의 세기가 강하면 충전지의 수명이 줄어듭니다. ②
• 충전지의 온도가 과도하게 상승하면 충전을 중지해야 합니다. ················· ③
• 충전지를 사용하다가 수시로 충전해도 무방합니다. ················· ④
• 과도하게 방전시키면 충전지의 수명이 줄어듭니다. ················· ⑤

03 〈보기〉는 윗글을 읽은 발명 동아리 학생들이 새로운 충전기 개발을 위해 진행한 회의의 일부이다. ㉠에 대한 의견으로 적절 하지 않은 것은?

> **보기**
>
> 부장 : 충전기에 적용할 수 있는 충전 중단 방식이 지닌 장점에 대한 의견 잘 들었습니다. 이제 각 방식을 사용할 경우 발생할 수 있는 문제점을 생각해 보시고 의견을 말씀해 주십시오.
>
> 부원 1 : 최대 충전 시간 방식을 사용할 경우, 완전 방전이 되지 않은 상태에서 충전을 시작하면 과충전 상태에 이르는 한계가 있습니다.
>
> 부원 2 : 전류 적산 방식을 사용할 경우, 충전 전류가 변할 때보다 충전 전류가 일정할 경우에, 추정한 충전 양과 실제 충전 양의 차이가 커질 수 있다는 단점이 있습니다.
>
> 부장 : 충전 상태 검출 방식에 대한 의견을 말씀해 주십시오.
>
> 부원 3 : 충전 상태 검출 방식 중 전압 강하를 검출하는 방식은 여러 종류의 충전지를 두루 충전하는 충전기에 사용하기에는 적절하지 않습니다.
>
> 부원 4 : 충전 상태 검출 방식 중 온도로 상태를 파악하는 방식에서는 주변 환경이 충전지 표면 온도에 영향을 준다면 충전 완료 시점을 정확하게 추정하기 어렵습니다.
>
> 부원 5 : 지금까지 논의한 방식은 모두 충전 전원을 차단하는 장치가 없다면 과충전을 방지할 수 없다는 한계가 있습니다.

① 부원 1의 의견
② 부원 2의 의견
③ 부원 3의 의견
④ 부원 4의 의견
⑤ 부원 5의 의견

04 다음은 어떤 충전지를 충전할 때의 단자 전압과 충전 전류를 나타낸 그래프이다. 윗글을 참고할 때, ㉮~㉲에 대한 이해로 적절하지 않은 것은? [3점]

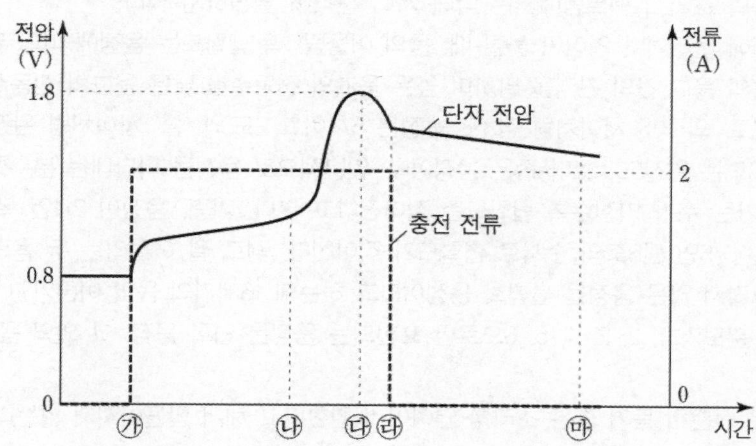

① ㉮ : 단자 전압이 공칭 전압 이하인 상태에서 충전이 시작되는군.
② ㉯ : 충전 전류에 의해 온도가 상승하고 정전류 회로가 작동하고 있군.
③ ㉰ : 단자 전압이 최대에 도달했으므로 만충전에 이르렀군.
④ ㉱ : 정전류 회로가 작동을 멈추고 전원이 차단되었군.
⑤ ㉲ : 충전 전류가 흐르지 않는 상태에서 방전이 되고 있군.

지문 20 🗎2018학년도 고3 6월 모평

※ 다음 글을 읽고 물음에 답하시오.

음악은 소리로 이루어진 예술이다. 예술이 아름다움을 추구한다면 음악 또한 아름다움을 추구해야 할 것이다. 그렇다면 아름다운 음악 작품은 듣기 좋은 소리만으로 만들어질 수 있는 것일까? 음악적 아름다움은 어떻게 구현되는 것일까?

음악에서 사용하는 소리라고 해도 대부분의 사람들은 피아노 소리가 심벌즈 소리보다 듣기 좋다고 생각한다. 이 중 전자를 고른음, 후자를 시끄러운음이라고 한다. 고른음은 주기성을 갖지만 시끄러운음은 주기성을 갖지 못한다. 일반적으로 음악에서 '음'이라고 부르는 것은 고른음을 지칭한다. 고른음은 주기성을 갖기 때문에 동일한 파형이 주기적으로 반복된다. 이때 같은 파형이 1초에 몇 번 반복되는가를 진동수라고 한다. 진동수가 커지면 음높이 즉, 음고가 높아진다. 고른음 중에서 파형이 사인파인 음파를 단순음이라고 한다. 사인파의 진폭이 커질수록 단순음은 소리의 세기가 커진다. 대부분의 악기에서 나오는 음은 사인파보다 복잡한 파형을 갖는데 이런 파형은 진동수와 진폭이 다른 여러 개의 사인파가 중첩된 것으로 볼 수 있다. 이런 소리를 복합음이라고 하고 복합음을 구성하는 단순음을 부분음이라고 한다. 부분음 중에서 가장 진동수가 작은 것을 기본음이라 하는데 귀는 복합음 속의 부분음들 중에서 기본음의 진동수를 복합음의 진동수로 인식한다.

악기가 내는 소리의 식별 가능한 독특성인 음색은 부분음들로 구성된 복합음의 구조, 즉 부분음들의 진동수와 상대적 세기에 의해 결정된다. 현악기나 관악기에서 발생하는 고른음은 기본음 진동수의 정수배의 진동수를 갖는 부분음들로 이루어져 있지만, 타악기 소리는 부분음들의 진동수가 기본음 진동수의 정수배를 이루지 않는다. 이러한 소리의 특성을 시각적으로 보여주는 소리 스펙트럼은 복합음을 구성하는 단순음 성분들의 세기를 진동수에 따라 그래프로 나타낸 것이다. 고른음의 소리 스펙트럼은 〈그림〉처럼 일정한 간격으로 늘어선 세로 막대들로 나타나는 반면에 시끄러운음의 소리 스펙트럼에서는 막대 사이 간격이 일정하지 않다.

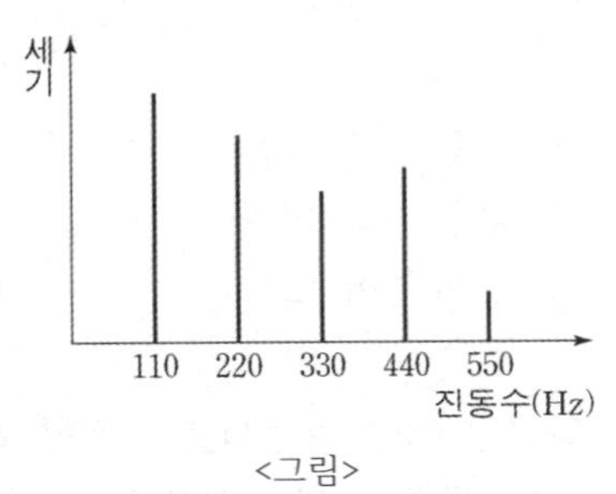

<그림>

[A] 두 음이 동시에 울리거나 연이어 울릴 때, 음의 어울림, 즉 협화도는 음정에 따라 달라진다. 여기에서 음정이란 두 음의 음고 간의 간격을 말하며 높은 음고의 진동수를 낮은 음고의 진동수로 나눈 값으로 표현된다. 가령, '도' 와 '미' 사이처럼 장3도 음정은 5/4이고, '도'와 '솔' 사이처럼 완전5도 음정은 3/2이다. 그러므로 장3도는 완전5도 보다 좁은 음정이다. 일반적으로 음정을 나타내는 분수를 약분했을 때 분자와 분모에 들어가는 수가 커질수록 협화도는 작아진다고 본다. 가령, 음정이 2/1인 옥타브, 3/2인 완전5도, 5/4인 장3도, 6/5인 단3도의 순서로 협화도가 작아진다. 서로 잘 어울리는 두 음의 음정을 협화 음정이라고 하고 그렇지 않은 음정을 불협화 음정이라고 하는데 16세기의 음악 이론가인 차를리노는 약분된 분수의 분자와 분모가 1, 2, 3, 4, 5, 6으로만 표현되는 음정은 협화 음정, 그 외의 음정은 불협화 음정으로 보았다.

아름다운 음악은 단순히 듣기 좋은 소리를 연이어 배열한다고 해서 만들어지지 않는다. 음악은 다양한 음이 조직적으로 연결되고 구성된 형태로, 음악의 매체인 소리가 시간의 진행 속에 구체화된 것이라 할 수 있다. 19세기 음악 평론가인 ⓐ <u>한슬리크</u>에 따르면, 음악의 독자적인 아름다움은 음들이 '울리면서 움직이는 형식'에서 비롯되는데, 음악을 구성하는 음악적 재료들이 움직이며 만들어 내는 형식 그 자체를 말한다. 따라서 음악의 가치는 음악이 환기하는 기쁨이나 슬픔과 같은 특정한 감정이나 정서에서 찾으려 해서는 안 된다는 것이다.

음악에는 다양한 [음악적 요소]들이 사용되는데, 여기에는 리듬, 가락, 화성, 셈여림, 음색 등이 있다. 리듬은 음고 없이 소리의 장단이나 강약 등이 반복될 때 나타나는 규칙적인 소리의 흐름이고, 가락은 서로 다른 음의 높낮이가 지속 시간을 가지는 음들의 흐름이다. 화성은 일정한 법칙에 따라 여러 개의 음이 동시에 울려서 생기는 화음과 또 다른 화음이 시간적으로 연결된 흐름이고, 셈여림은 음악에 나타나는 크고 작은 소리의 세기이며, 음색은 바이올린, 플루트 등 선택된 서로 다른 악기가 만들어 내는 식별 가능한 소리의 특색이다.

작곡가는 이러한 음악적 요소들을 활용해서 음악 작품을 만든다. 어떤 음악 작품에서 자주 반복되거나 변형되면서 등장하는 소재인 가락을 그 음악 작품의 주제라고 하는데, 작곡가는 자신의 음악적 아이디어를 주제로 구현하고 다양한 음악적 요소들을 사용해서 음악 작품을 완성한다. 예컨대 조성 음악*에서는 정해진 박자 내에서 질서를 가지고 반복적으로 움직이는 리듬이 음표나 쉼표의 진행으로 나타나고, 어떤 조성의 음계음들을 소재로 한 가락이 나타나고, 주제는 긴장과 이완을 유발하는 다양한 화성 진행을 통해 반복되고 변화한다. 이렇듯 음악은 다양한 특성을 갖는 음들이 유기적으로 결합한 소리의 예술이라고 볼 수 있다.

* 조성 음악 : 으뜸음 '도'가 다른 모든 음계 음들을 지배하는 음악으로 17세기 이후 대부분의 서양 음악이 이에 해당한다.

01 **음악적 요소에 대한 이해로 적절하지 않은 것은?**

① 리듬은 음높이를 가지는 규칙적인 소리의 흐름으로, 음악에서 질서를 가진 음표나 쉼표의 진행에 활용되는 요소이다.
② 가락은 서로 다른 음높이가 지속 시간을 가지는 음들의 흐름으로, 음악에서 자주 반복되거나 변형되면서 등장하는 소재로 활용되는 요소이다.
③ 화성은 화음과 또 다른 화음이 연결된 흐름으로, 음악에서 긴장과 이완을 유발하는 진행에 활용되는 요소이다.
④ 셈여림은 소리의 세기로, 음악에서 크고 작은 소리가 나타나도록 하는 데 활용되는 요소이다.
⑤ 음색은 식별 가능한 소리의 특색으로, 음악에서 바이올린, 플루트 등 서로 다른 종류의 악기를 선택하는 데 활용되는 요소이다.

02 **음악 작품을 만들기 위한 계획들 중, ⓐ의 입장을 가장 잘 반영한 것은?**

① 장3도로 기쁨을, 단3도로 슬픔을 나타내는 정서적인 음악을 만든다.
② 플루트의 청아한 가락으로 상쾌한 아침의 정경을 연상시키는 음악을 만든다.
③ 낮은 음고의 음들을 여러 번 사용하여 내면의 불안감을 조성하는 음악을 만든다.
④ 첫째 음과 둘째 음의 간격이 완전5도가 되는 음들을 조직적으로 연결하여 주제가 명확한 음악을 만든다.
⑤ 오페라의 남자 주인공이 화들짝 놀라는 장면에 들어갈 매우 강한 시끄러운음이 울리는 음악을 만든다.

03 윗글의 〈그림〉에 대한 이해로 적절한 것은?

① 〈그림〉은 심벌즈의 소리 스펙트럼이다.
② 〈그림〉에 표현된 복합음의 진동수는 550Hz로 인식된다.
③ 〈그림〉에 표현된 소리의 부분음 중 기본음의 세기가 가장 크다.
④ 〈그림〉은 시간의 경과에 따른 부분음의 세기의 변화를 나타낸다.
⑤ 〈그림〉에서 220Hz에 해당하는 막대가 사라져도 음색은 변하지 않는다.

04 [A]를 바탕으로 〈보기〉에 대해 설명한 것으로 적절하지 않은 것은?

보기

바이올린을 연주했을 때 발생하는 네 음 P, Q, R, S의 기본음의 진동수를 측정한 결과가 표와 같았다.

음	P	Q	R	S
기본음의 진동수(Hz)	440	550	660	880

① P와 Q 사이의 음정은 장3도이다.
② P와 Q 사이의 음정은 Q와 R 사이의 음정보다 좁다.
③ P와 R 사이의 음정은 협화 음정이라고 할 수 있다.
④ P와 S의 부분음 중에는 진동수가 서로 같은 것이 있다.
⑤ P와 S 사이의 음정은 Q와 R 사이의 음정보다 협화도가 크다.

〈수능 기출로 기초 다지기〉 지문 번호 및 문항별 정답

지문 번호	문항 번호			
	1	2	3	4
01	①	①	④	③
02	③	②	③	
03	④	③	③	②
04	⑤	②	②	①
05	④	⑤	⑤	
06	②	④	①	①
07	①	②	②	①
08	③	②	①	③
09	⑤	③	①	④
10	②	⑤	④	③
11	②	④	②	③
12	①	⑤	①	④
13	⑤	②		
14	③	①	③	
15	②	④		
16	⑤	③	④	
17	③	②		
18	⑤	②	④	
19	②	②	②	③
20	①	④	③	②

박어령의
Real 독해 »
언어이해

PART 》 02

주제 영역별 LEET 기출

규범(법학) 영역

규범(법학) 지문 01	2011학년도 9-11번	상위 테마 - 법철학, 법사상사
		하위 테마 - 호펠드의 권리 문법 이론

[9~11] 다음 글을 읽고 물음에 답하시오.

20세기 초반 미국의 법률가들은 법철학이 실무에서는 별로 쓸모가 없는 학문이라 평가하고 있었다. 그들이 보기에 법철학자들은 대개 권리나 의무의 본질에 대한 막연한 이론을 늘어놓기만 할 뿐, 그것이 구체적인 법률문제의 해결에 기여해야 한다는 생각은 없는 것 같았기 때문이다. 호펠드의 이론은 당대의 통념을 깨뜨린 전형적인 사례라 할 수 있다. 그는 다의적인 법적 개념의 사용으로 인해 법률가들이 잘못된 논증을 하게 되고 급기야 법적 판단을 그르치기까지 한다고 지적한 뒤, 이 문제를 해결하기 위해 "누가 무언가에 관한 권리를 가진다."라는 문장이 의미하는 바가 무엇인지를 분석하고 권리 개념을 명확히 할 것을 제안했다.

그는 모든 권리 문장이 상대방의 관점에서 재구성될 수 있다고 보았다. 법률가들이 '사람에 대한 권리'와 구별해서 이해하고 있는 이른바 '물건에 대한 권리'도 어디까지나 '모든 사람'을 상대로 주장할 수 있는 권리일 뿐이므로 예외가 될 수 없다고 한다. 또한 그는 법률가들이 권리라는 단어를 서로 다른 네 가지 지위를 나타내는 데 사용하고 있음을 밝힘으로써 권리자와 그 상대방의 지위를 나타내는 네 쌍의 근본 개념을 확정할 수 있었다. 결국 모든 법적인 권리 분쟁은 이들 개념을 이용하여 진술될 수 있을 것이다.

각각의 개념들을 살펴보면 다음과 같다. 첫째, 청구권은 상대방에게 특정한 행위를 요구할 수 있는 권리이며, 상대방은 그 행위를 할 의무를 지게 된다. 둘째, 자유권은 특정한 행위에 대한 상대방의 요구를 따르지 않아도 되는 권리이며, 상대방에게는 그 행위를 요구할 청구권이 없다. 셋째, 형성권은 상대방의 법적 지위를 변동시킬 수 있는 권리인데, 이러한 권리자의 처분이 있으면 곧 지위 변동을 겪게 된다는 것 자체가 바로 상대방이 현재 점하고 있는 지위, 곧 피형성적 지위인 것이다. 넷째, 면제권은 상대방의 처분에 따라 자신의 지위 변동을 겪지 않을 권리이며, 상대방에게는 그러한 처분을 할 만한 형성권이 없다.

호펠드는 이러한 근본 개념들 간에 존재하는 미묘한 차이와 관계적 특성을 분명히 함으로써 권리 문장이 지켜야 할 가장 기초적인 문법을 완성하고 있다. 그에 따르면 청구권이 상대방의 행위를 직접적으로 통제하는 데 비해, 형성권은 상대방과의 법률관계를 통제하는 결과 그의 행위에 대한 통제도 이루게 되는 차이가 있다. 또한 청구권이 상대방을 향한 적극적인 주장이라면 자유권은 그러한 주장으로부터의 해방이며, 형성권이 상대방과의 법률관계에 대한 적극적인 처분이라면 면제권은 그러한 처분으로부터의 해방으로 볼 수 있다. 그리고 두 사람 사이의 단일한 권리 관계 내에서 볼 때 만일 누군가 청구권을 가지고 있다면 그 상대방은 동시에 자유권을 가질 수 없고, 만일 누군가 형성권을 가지고 있다면 그 상대방은 동시에 면제권을 가질 수 없다. 마찬가지로 자유권자의 상대방은 동시에 청구권을 가질 수 없고, 면제권자의 상대방 또한 동시에 형성권을 가질 수 없다.

호펠드는 이러한 [권리의 문법]에 근거하여 '퀸 대(對) 리덤' 사건 판결문의 오류를 지적함으로써 법철학 이론도 법률 실무에 충분히 기여할 수 있음을 보여 주었다. 판결의 취지는 다음과 같았다. "육류 생산업자인 원고에게는 피고가 속해 있는 도축업자 노조의 조합원이 아닌 사람도 고용할 수 있는 자유가 있음에도 불구하고, 피고는 고객들에게 원고와 거래하지 말 것을 종용함으로써 원고의 자유에 간섭하였고, 그 결과 원고의 사업장은 문을 닫게 되었으므로 피고는 원고에게 발생한 손해에 대해 책임이 있다." 호펠드의 분석에 따르면, 판사는 원고에게 자유권이 있다는 전제로부터 곧바로 피고에게는 원고의 자유권 행사를 방해하지 않을 의무가 있다는 결론을 도출하는 우를 범함으로써, 정작 이 자유권의 실효적 보장을 위해 국가가 예외적으로 개입할 필요가 있는지 숙고해 볼 수 있는 기회를 놓치고 있다는 것이다. 호펠드의 희망은 이렇듯 개념의 혼동과 논증의 오류가 정의와 올바른 정책 방향에 대한 법률가들의 성찰을 방해하지 않게 하는 데 자신의 연구가 보탬이 되는 것이었다. 이러한 그의 작업은 훗날 판례 속의 법적 개념과 논증을 비판적으로 탐구하는 미국 법학의 큰 흐름을 낳은 것으로 평가되고 있다.

09 위 글에 나타난 호펠드 법철학의 역할로 볼 수 없는 것은?

① 권리 문장에 사용되는 권리 개념의 다의성 문제를 해소할 수 있는 방안을 제시함.
② 권리에 대한 법률가들의 통념적 구별이 가질 수 있는 개념적 오류를 비판함.
③ 권리 문장의 분석을 통하여 권리들 간에 우선순위가 발생하는 근거를 해명함.
④ 권리 문장을 사용한 법률가들의 추론에 논리의 비약이 내재해 있음을 규명함.
⑤ 권리 개념들 간의 관계적 특성을 반영한 권리의 일반 이론을 모색함.

⊙ 대립 구조 분석

⊙ 필수체크 패러프레이징

10 두 사람 사이의 단일한 권리 관계에서 볼 때, 권리의 문법에 대한 이해로 옳지 않은 것은?

① 누가 어떤 권리를 가지면 상대방이 일정한 의무를 가진다는 판단을 내릴 경우가 있다.
② 누가 어떤 권리를 가지면 동시에 그는 일정한 의무를 가진다는 판단을 내릴 경우가 있다.
③ 누가 어떤 권리를 가지면 상대방이 일정한 권리를 갖지 않는다는 판단을 내릴 경우가 있다.
④ 누가 어떤 권리를 갖지 않으면 동시에 그는 일정한 의무를 가진다는 판단을 내릴 경우가 있다.
⑤ 누가 어떤 권리를 갖지 않으면 상대방이 일정한 의무를 갖지 않는다는 판단을 내릴 경우가 있다.

11 **호펠드의 근본 개념들이 〈보기〉의 상황에 적용된다고 가정했을 때, 이에 대한 설명으로 가장 적절한 것은?(단, 〈보기〉에 제시되지 않은 상황은 고려하지 않는다.)**

보기

경기 도중 득점 기회를 잡은 선수 A를 막으려고 상대 팀 선수 B가 정당하게 몸싸움을 벌였다. 하지만 다음 순간 A는 경기장이 미끄러운 탓에 몸싸움을 이기지 못하고 넘어졌다. 심판 C는 이 상황을 제대로 보지 못하고 B를 퇴장시켰다. 심판은 판정 과정에서 어떠한 영향도 받지 않아야 하는 지위에 있기 때문에, B의 팀은 C의 판정에 따라 한 명이 줄어든 상태에서 경기를 해야 했다. 감독 D는 수비 약화를 우려하여, 뛰고 있던 공격수를 빼고 몸을 풀고 대기 중인 선수 E를 투입했다.

① A는 B에게 몸싸움을 걸지 말라고 요구할 청구권을 가지고 있다.
② A는 C에게 그의 판정이 잘못되었는지 여부를 알려 줄 의무를 위반하고 있다.
③ B는 C의 판정만으로 퇴장당하게 되는 피형성적 지위에 있지 않다.
④ C는 D에 의해 판정의 자율성을 침해 받지 않을 면제권을 가지고 있다.
⑤ D는 E가 시합에 나가지 않을 자유권을 침해하고 있다.

MEMO

규범(법학) 지문 02	2012학년도 21-23번	상위 테마 - 법철학, 법사상사
		하위 테마 - 폐쇄적 법체계와 개방적 법체계

[21~23] 다음 글을 읽고 물음에 답하시오.

법은 인간의 행위를 지도하고 평가하는 공식적인 사회 규범이다. 그리고 법을 통한 행위의 지도는 명령, 금지, 허용 등의 규범 양상으로 이루어진다. 명령은 행위를 해야 하도록 하는 것이며, 금지는 행위를 하지 않도록 하는 것이다. 허용은 행위를 할 수 있도록 하거나, 하지 않을 수 있도록 하는 것인데, 통상 전자를 적극적 허용, 후자를 소극적 허용이라고 부른다.

[A] 19세기 분석법학의 연구 성과는 이들 규범 양상들이 서로 일정한 의미론적 관계 및 논리적 관계를 맺고 있음을 보여주고 있다. 이에 따르면 명령은 소극적 허용의 부정이지만 적극적 허용을 함축하며, 금지는 적극적 허용의 부정이지만 소극적 허용을 함축한다. 소극적 허용은 금지를 함축하지는 않으며, 적극적 허용은 명령을 함축하지는 않는다. 또한 소극적 허용과 적극적 허용은 서로 배제하거나 함축하지 않는다. 그리고 이들 네 가지 규범 양상은 행위 지도의 모든 경우를 포괄한다.

이러한 규범 양상들의 상호 관계에 대한 분석은 주로 입법 기술의 차원에서 그 실천적 의의를 찾을 수 있다. 즉 그러한 분석은 법을 명확하고 체계적으로 정립하기 위해 준수해야 하거나, 법의 과잉을 방지하기 위해 고려해야 할 원칙들을 제공해 준다. 가령 법의 한 조항에서 어떤 행위를 하지 않을 수 있도록 허용했다면 다른 조항에서 그 행위를 명령해서는 안 된다는 것이나, 어떤 행위를 할 수 있도록 허용하는 방법이 반드시 그 행위를 명령하는 것일 필요는 없다는 것 등이 그러한 예가 될 것이다.

이러한 분석이 법 현상을 제대로 반영하고 있는 것인지에 대해서는 다소 의문이 제기되고 있다. 법체계가 폐쇄적일 경우에는 이러한 분석이 통용될 수 있겠지만, 개방적일 경우에는 그렇지 못하다는 것이다. 가령 개방적 법체계 내에서는 금지되지 않은 것이 곧 허용된 것이라고 말할 수는 없기 때문에, 적극적 허용이 금지를 부정한다는 명제는 성립하지 않는다. 한 사람을 지탱할 수 있을 뿐인 나뭇조각을 서로 붙잡으려는 두 조난자에게 각자 자신을 구할 수 있는 행위를 하는 것이 금지되지 않았다고 해서, 곧 서로 상대방을 밀쳐 내어 죽게 할 수 있도록 허용되어 있다고 말할 수는 없다는 것이다.

나아가 그러한 분석은 폐쇄적 법체계를 전제함으로써 결과적으로 인간의 자유가 가지는 의미를 약화시킨다는 지적도 있을 수 있다. 개방적 법체계에서는 법 그 자체로부터 자유로운 인간 활동의 고유한 영역이 존재할 수 있지만, 폐쇄적 법체계 내에서 인간의 자유란 단지 소극적 허용과 적극적 허용이 동시에 주어져 있는 상태, 즉 명령도 금지도 존재하지 않는 상태에 놓여 있음을 뜻할 뿐이다. 따라서 인간의 자유란 게으른 법의 침묵 덕에 어쩌다 누리게 되는 반사적인 이익에 불과할 뿐 규범적 질량을 가지는 권리일 수는 없게 된다.

그러나 이 같은 비판들에 대해서는 다음과 같은 반론을 제시할 수 있을 것이다. 우선 앞의 사례와 같은 경우가 존재한다고 해서 법체계의 개방성을 인정해야 하는 것은 아니다. 상대방을 밀쳐내어 죽게 하는 행위는 허용되지 않지만, 자신을 구하기 위해 불가피한 것이었다는 점에서 비난의 대상이 되지는 않는다고 볼 수 있기 때문이다. 금지와 허용 사이의 역설적 공간이 아니더라도 죽은 자에 대한 애도와 산 자에 대한 위로가 함께할 수 있는 것이다. 또한 금지되지 않은 것이 곧 허용된 것이라고 말할 수 없다면, 변덕스러운 법이 언제고 비집고 들어올 수 있다는 것과 같아서, 인간이 누리게 되는 자유의 질은 오히려 현저히 저하될 수밖에 없을 것이다.

비록 일도양단의 논리적인 선택만을 인정함으로써 현실의 변화에 유연하게 대처하지 못하고, 자칫 부당한 법 상태를 옹호하게 될 수 있다는 한계도 있지만, 19세기 분석법학이 추구한 엄밀성은 전통적인 법에 내재해 있는 모순과 은폐된 흠결을 간파하고 이를 적극 제거하거나 보완함으로써 자유의 영역을 선제적으로 확보하는 데 기여해 온 것으로 평가할 수 있다. 나아가 그러한 엄밀성은 사법 통제의 차원에서도 의의를 지닐 수 있다. 이른바 결과의 합당성을 고려해야 한다는 이유를 들어 명시적인 규정에 반하는 자의적 판결을 내리려는 시도에 대하여, 판결은 법률의 문언에 충실해야 한다는 점을 일깨우고 있기 때문이다.

21 위 글에 제시된 글쓴이의 견해로 옳은 것은?

① 명확한 법을 갖는 것보다 유연한 법을 갖는 것이 중요하다.
② 자유는 법 이전에 존재하는 권리가 실정법에 의해 승인된 것이다.
③ 법의 지배를 강화하려면 법을 형식 논리적으로 적용해서는 안 된다.
④ 분석적 엄밀성을 추구하는 것이 결과의 합당성을 보장하는 것은 아니다.
⑤ 법으로부터 자유로운 영역을 인정하는 입장은 자유의 확보에 기여한다.

22 〈보기〉의 법 조항에 대해 해석한 내용 중 '개방적 법체계'를 전제로 해야 가능한 것으로 볼 수 <u>없는</u> 것은?

보기

누구든지 타인의 생명을 침해해서는 안 된다.

① 출생한 이후부터 사람이므로 태아를 죽게 하는 것은 타인의 생명을 침해하는 것은 아니지만, 허용되지는 않는다.
② 자살은 타인의 생명을 침해하는 것이 아니지만, 타인의 자살을 돕는 것은 타인의 생명을 침해하는 것이므로 허용되지 않는다.
③ 말기 암 환자의 생명 유지 장치를 제거하는 행위는 생명을 침해하는 것이지만, 환자의 존엄성을 지켜 주기 위해 그것을 제거하는 것은 허용된다.
④ 생명이 위태로운 타인을 구해 주어야 한다는 뜻은 아니지만, 아무리 무관한 타인이라도 그의 생명이 침해되는 것을 보고만 있는 것이 허용되지는 않는다.
⑤ 어떤 경우라도 타인의 생명을 침해하는 것은 허용되지 않지만, 두 사람 모두를 구할 수는 없는 상황에서 둘 중 하나라도 살리기 위한 행위는 그것이 곧 나머지 한 사람의 생명을 침해하는 것일지라도 허용된다.

대립 구조 분석

필수체크 패러프레이징

23 [A]의 내용과 일치하지 않는 것은?

① 어떤 행위가 명령의 대상이 된다면 반드시 적극적 허용의 대상이 된다. 그러나 금지의 대상이 된다면 반드시 소극적 허용의 대상이 된다.
② 어떤 행위가 금지의 대상이 된다면 절대로 적극적 허용의 대상이 되지 않는다. 그러나 금지의 대상이 되지 않는다면 반드시 적극적 허용의 대상이 된다.
③ 어떤 행위가 명령의 대상이 된다면 절대로 금지의 대상이 되지 않는다. 그러나 명령의 대상이 되지 않는다고 해서 반드시 금지의 대상이 되는 것은 아니다.
④ 어떤 행위가 명령의 대상이 된다면 절대로 소극적 허용의 대상이 되지 않는다. 그러나 명령의 대상이 되지 않는다고 해서 반드시 소극적 허용의 대상이 되는 것은 아니다.
⑤ 어떤 행위가 적극적 허용의 대상이 된다고 해서 소극적 허용의 대상이 되지 않는 것은 아니다. 그러나 적극적 허용의 대상이 되지 않는다면 반드시 소극적 허용의 대상이 된다.

MEMO

규범(법학) 지문 03	2016학년도 33-35번	상위 테마 - 법철학, 법사상사 하위 테마 - 「로마법대전」의 「학설휘찬」에 대한 라이프니츠의 비판

[33~35] 다음 글을 읽고 물음에 답하시오.

「로마법대전」에 대한 연구는 12세기에 볼로냐를 중심으로 본격적으로 시작되었다. 당시에 이 법서는 '기록된 이성'이라 부를 만큼 절대적인 권위가 인정되었고, 그 가운데 특히 「학설휘찬(Digesta)」 부분이 학자들의 관심을 끌었다. 여기에는 로마 시대의 저명한 법학자들의 저술에서 발췌한 학설들이 수록되어 있다. 초기에 법학은 이를 정확히 이해하는 데 치중하였고, 로마법을 비판적으로 바라보는 것은 금기시되었다. 이러한 학풍은 13세기 중엽 표준 주석서를 집대성하는 성과를 낳았고, 이후로는 로마법을 어떻게 실무에 적용할지의 문제로 법학의 중점이 옮겨 갔다. 16세기에 들어서면서부터는 「학설휘찬」에 대한 맹신에서 벗어나, 그것을 역사적 사료로 보면서 주석서의 해석에 얽매이지 않고 새롭게 접근하는 시도가 나타났으며, 이후에는 이런 경향이 낯설지 않게 되었다. 17세기의 학자인 라이프니츠도 로마법 자료에 대해 비판적으로 접근하여 새로운 논의를 이끌어 내려 하였다. 다음은 「학설휘찬」에 나오는 파울루스의 글이다.

[가] 펠릭스가 자신의 농장에 대해 에우티치아나 (A), 투르보 (B), 티티우스 (C)에게 순차적으로 저당권을 설정해 준 것이 실질적 법률관계이다. 그런데 A는 C와의 소송에서 자신의 순위를 입증하지 못하여 패소하였고, 판결이 확정되었다. 이후 B와 C 사이에 저당권의 순위에 관한 다툼이 생겨 소송을 하게 되었다. 이 경우에 A를 상대로 승소한 C가 B보다 우선한다고 해야 하는가, 아니면 A는 없다고 생각하고 B의 권리를 C보다 앞에 두어야 하는가? ㉠ 어떤 이들은 C가 우선한다고 주장한다. 하지만 ㉡ 나는 그런 결론이 매우 부당하다고 생각한다. A가 방어를 잘못한 탓에 C에게 패소했다고 하자. 그러면 C가 A에게 승소한 판결의 효력이 B에게 미치는가? 이후에 일어난 B와 C 사이의 소송에서 B가 승소하면 그 판결의 효력이 A에게 미치는가? 나는 아니라고 생각한다. 제3순위자는 제1순위자를 배제시켰다고 해서 자기가 제1순위 자가 되는 것은 아니며, 당사자 사이의 판결은 그 소송에 관여하지 않은 이에게 유리하게도 불리하게도 작용하지 않는다. 첫 번째 소송의 판결이 모든 것을 해결하는 것은 아니고, 다른 저당권자의 권리는 손대지 않은 채 남겨져 있는 것이다.

ⓐ 라이프니츠는 '손대지 않은 채 남겨져 있는 것'에 대하여 순위를 따져 보려고 하였다. 그는 우선 위 사안을 다음과 같이 정리하였다. 동일한 부동산에 대한 저당권은 설정한 순서에 따라 우선권이 주어지는 것이 로마법의 원칙이므로, (1) 가장 먼저 설정한 A의 권리는 최우선권을 가지므로 B의 권리에 우선한다. (2) 두 번째로 저당권을 설정한 B의 권리는 C의 권리에 우선한다. 하지만 (3) 판결로 확정된 법률관계는 그것이 진실한 것으로 취급될 수밖에 없으므로 C의 저당권은 A의 저당권에 우선한다. 여기서 (1)과 (3)이 충돌하지만 확정 판결의 효력 때문에 (3)이 우선할 수밖에 없으므로, 유효하게 고려하여야 하는 (2)와 (3)을 가지고 따져보면 순위는 간단히 정리될 수 있다고 보았다.

파울루스는 A가 제1순위를 회복할 수 없다고 하면서, C가 B보다 우선한다고도 B가 A보다 우선한다고도 인정할 수 없다고 하였다. 라이프니츠는 B가 A보다 우위라고 확언할 수 없다는 점에 대해 비판하였다. B가 C보다 앞설 경우에 C가 A보다 앞선다면, B는 A보다 앞서는 것이 당연하다는 것이다. 그리고 B가 C보다 후순위가 된다고 가정하는 것은, 판결의 효력이 소송에 관계하지 않은 이에 영향을 미쳐서는 안 된다는 데 위배되는 상황, 곧 파울루스가 피하고자 하는 것을 피하지 못하게 되는 설정이 되기 때문에, 허용될 수 없다고 하였다. 라이프니츠는 이러한 결론이 한 번의 패소로 순위가 두 개나 밀리게 만들지만 부당한 것은 아니라고 말한다. 소송을 잘못한 이에게 두 번 불이익을 주는 것이 잘못이 없는 이에게 한 번 불이익을 주는 것보다 낫기 때문이라는 것이다. 라이프니츠는 파울루스가 현자라는 사실이 의심된다는 익살까지 부린다.

라이프니츠의 이러한 작업은 로마법이 끼친 영향과 함께 그에 대하여 자유롭게 접근했던 당시의 분위기를 짐작하게 해 준다. 18세기 이후에는 로마법 연구의 전통을 기반으로 하여 새로운 이론과 법체계를 성립시키는 발전이 이어진다.

33 윗글의 내용과 일치하는 것은?

① 12세기의 법학자들은 파울루스의 학설에 대하여 시대적 간극을 초월하여 받아들일 수 있는 이성적인 결과물로 여겼다.
② 13세기에는 「학설휘찬」보다 앞서 편찬된 「로마법대전」이 주요한 연구 대상으로 선택되었다.
③ 17세기 이후의 법학은 당시의 실정에 맞지 않는 로마법에 대한 연구를 버리고 법률 실무를 중심으로 한 새로운 방법론을 추구하였다.
④ 라이프니츠가 활동하던 시기에는 「학설휘찬」에 대한 비판이 금기시되었다.
⑤ 라이프니츠는 로마법을 역사적 사료로 보기보다는 시공을 뛰어넘어 적용할 수 있는 보편적인 법전으로 보았다.

34 [가]에 대한 추론으로 적절하지 않은 것은?

① B와 C 사이의 소송에서 B는 자신이 C보다 먼저 저당권을 설정하였기 때문에 자신이 선순위자라고 주장하였을 것이다.
② B와 C 사이의 소송에서 C는 A가 B보다 먼저 저당권을 설정하였다는 것을 기초로 하여 자신이 B보다 선순위자라고 주장하였을 것이다.
③ ㉠은 C의 순위가 A에 우선한다는 판결이 B에게는 효력이 없다는 입장이다.
④ ㉡은 A와 C 사이에 내려진 판결이 A, B, C 모두의 순위를 바꾸는 것으로 판결한 것은 아니라는 입장이다.
⑤ ㉠과 ㉡ 모두 A와 C 사이에 내려진 판결의 효력은 인정해야 한다고 전제한다.

35 ⓐ가 한 논증 과정에서 나타나지 않은 것은?

① 저당권의 순위는 B, C, A의 순으로 놓인다는 결론을 내렸다.
② 확정 판결의 효력이 실질적 법률관계에 우선한다는 점을 전제로 삼았다.
③ 저당권의 우선순위는 먼저 설정된 순서로 정해진다는 로마법의 원칙이 부당하다는 것을 확인하였다.
④ 파울루스가 논의한 사안을 정리한 결과, A가 제1순위라는 내용과 A가 제1순위가 아니라는 내용의 충돌이 일어나자 그 모순을 해결하였다.
⑤ 권리를 입증하지 못하여 패소한 이가 이후에 자신이 당사자가 아닌 소송의 판결 때문에 거듭 불이익을 받을 수 있다는 결론이 도출되지만, 그것이 부당하지 않다고 보았다.

⊙ 대립 구조 분석

⊙ 필수체크 패러프레이징

규범(법학) 지문 04	2014학년도 30-32번	상위 테마 - 법철학, 법사상사 / 하위 테마 - 계약의 본질에 대한 이해의 변화

[30~32] 다음 글을 읽고 물음에 답하시오.

계약의 본질을 당사자들의 자유로운 의사의 합치로 보는 사비니 이래의 근대적인 계약 이해 방식에 따르면 특정한 내용의 계약을 체결한 당사자들이 그 계약을 준수해야 하는 까닭은 바로 스스로가 그 계약 내용의 실현을 원했기 때문이다. 그렇다면 가령 계약 당사자들이 민법의 규정을 무시하고 선량한 풍속에 위반하는 사항의 실현을 자발적으로 원했을 경우에는 어떻게 할 것인가? 여전히 당사자들 사이에 자유로운 의사의 합치가 있었음을 이유로 그와 같은 계약도 그들을 구속한다고 보아야 할 것인가? 아니면 아무리 당사자들이 원했다 하더라도 법률이 정하고 있는 바에 어긋나는 내용의 계약은 당사자들을 구속할 수 없다고 봄으로써 근대적인 계약 이해 방식을 포기해야 할 것인가?

많은 경우 법률가들은 계약을 당사자들 사이의 자유로운 의사의 합치로 이해하면서도, 다른 한편으로는 선량한 풍속에 위반하는 내용의 계약이 무효인 까닭은 법률이 그렇게 정하고 있기 때문이라는 설명에 만족한다. 그러나 이러한 태도는 딜레마를 이루는 두 축을 동시에 붙들고 있는 것이라 할 수 있다. 이 지점에서 근대적인 계약 이해 방식에 대한 근본적인 문제 제기가 이루어진다.

의사표시 이론의 논쟁과 관련해서도 비슷한 문제를 생각해 볼 수 있다. 전통적인 '의사주의적 관점'은 계약의 핵심을 어디까지나 의사의 합치에서 찾으려 한다. 이에 따르면 내심의 의사 내용과 외부로 표시된 내용이 일치하지 않는 경우에는 전자에 따른 법적 효과를 인정해야 한다. 하지만 이렇게 할 경우 표시된 내용만을 믿고 거래에 응한 상대방은 예기치 못한 손해를 입을 수 있다. 이 점을 고려하여 내심의 의사 내용보다는 외부로 표시된 내용을 기준으로 법적 효과를 인정해야 한다는 '표시주의적 관점'이 등장하게 되었는데, 이는 계약 당사자들 사이의 신뢰와 거래질서의 안정성을 보호하려는 법적 추세와 일맥상통하는 것이었다. 이 관점에 따르면 계약을 준수해야 하는 이유 역시 '표시된 바에 의할 때' 당사자들이 그 내용의 실현을 원했다는 점에서 찾게 된다.

이러한 논란은 결국 당사자들이 진정 무엇을 원했는가보다는 법이 무엇을 승인했는가가 더 중요하다는 사고로 이어짐으로써, 계약을 이해하는 기존의 방식 자체에 문제가 있음을 인정하고, 계약에 따른 책임의 본질을 의사의 내용에 기초한 책임(약정 책임)이 아니라 궁극적으로 법률의 규정에 기초한 책임(법정 책임)일 뿐이라고 보려는 '급진적 관점'의 도래를 예정하게 된다. 예를 들어 불법행위를 저지른 사람이 피해자에게 배상하고 싶지 않다고 해서 면책될 수 없는 것과 마찬가지로, 자신의 의사와 다른 내용의 계약을 체결하거나 이행해야 할 경우가 있다는 것이다. 일부학자들이 이른바 '계약의 죽음'을 이야기하는 이유도 바로 이러한 맥락에서 이해될 수 있을 것이다.

계약을 이해하는 방식의 이와 같은 변화는 자본주의적 경제 체제의 발달과 맞물려 있는 것으로 평가되고 있다. 근대적 법제는 중세의 신분적 제약을 타파하고 만인이 자유롭고 평등한 존재로서 자신이 처하게 될 법률관계를 스스로 결정할 수 있음을 선언했지만, 얼마 지나지 않아 인간의 자유와 평등은 단지 형식적인 전제로 머물러서는 안 되며 실질적인 목표가 되어야 한다는 실천적 반성을 불러일으키게 되었다. '계약 당사자들 사이의 자발적인 의사의 합치'는 취약한 사회·경제적 지위를 갖는 한쪽 당사자의 의사를 자유와 평등의 이름으로 상대방의 의사에 종속시키는 결과를 초래했기 때문이다. 이러한 상황에서 사회 정의와 공정성을 확보하기 위해 출현한 각종 규제 입법들은 결국 계약의 당사자들이 표면적으로 동의했던 바에 구속력을 인정하지 않을 수도 있고, 그들이 미처 생각지도 못했던 바를 강제할 수도 있다는 점을 수용하고 있는 것이다.

30 위 글의 내용과 부합하지 않는 것은?

① 의사주의적 관점은 모든 사람이 자유로운 의사 결정의 권리를 가지고 있음을 전제한다.
② 의사주의적 관점은 의사표시의 주체에게 자신의 의사와 일치된 표시를 할 부담을 부과한다.
③ 표시주의적 관점은 의사표시의 주체보다는 그 의사표시를 신뢰한 상대방을 보호하고자 한다.
④ 표시주의적 관점은 의사주의적 관점이 야기할 수 있는 문제점을 해결하는 과정에서 등장하였다.
⑤ 급진적 관점은 계약상 채무의 불이행으로 인한 책임을 법정 책임의 일종으로 보고자 한다.

대립 구조 분석

필수체크 패러프레이징

31 근대적인 계약 이해 방식의 문제점을 지적한 것으로 옳은 것만을 〈보기〉에서 있는 대로 고른 것은?

보기

ㄱ. 의사와 표시가 일치하지 않는 것이 당연하다는 전제에서 출발하고 있다.
ㄴ. 계약의 자유라는 문제에 비해 계약의 공정성이라는 문제를 소홀히 하고 있다.
ㄷ. 규제 입법을 통해 계약의 자유를 제한해야 할 경우가 있음에도 불구하고 이런 개입을 정당화하기 어렵다.

① ㄱ ② ㄴ ③ ㄱ, ㄷ
④ ㄴ, ㄷ ⑤ ㄱ, ㄴ, ㄷ

32 위 글을 바탕으로 〈보기〉의 주장 A~E를 평가한 것으로 적절하지 않은 것은?

> 보기
>
> 갑은 자기 소유의 토지를 시세에 따라 m^2당 10만원에 팔고자 하였으나, 을과 매매 계약을 체결할 당시 평당 10만원에 팔고자 한다고 말하였다(1평은 3.3m^2). 을은 평당 10만원의 가격이 합당하다고 생각하여 갑과 매매 계약을 체결하였다.
>
> A: 갑은 평당 10만원에 팔고자 하는 의사를 가지고 있지 않았을 것이므로, 평당 10만원에 토지를 넘겨줄 의무는 없다.
> B: 을은 갑이 평당 10만원에 팔고자 한다는 말을 신뢰하여 계약을 체결한 것이므로, m^2당 10만원에 해당하는 대금을 지급할 의무가 없다.
> C: 갑은 평당 10만원에 팔고자 하는 의사를 가지고 있지 않았을 것이지만, 스스로 그렇게 말했으므로 그 가격에 팔아야 한다.
> D: 갑이 평당 10만원에 팔고자 하는 의사를 가지고 있지 않았다는 사실을 스스로 입증한다면, 그 가격에 토지를 넘기지 않아도 된다.
> E: 을은 평당 10만원의 가격이 합당하다고 생각하여 계약을 체결한 것이므로, 폭리 취득을 금지하는 규정의 유무와 상관없이 그 대금만 지급하면 된다.

① A는 의사주의적 관점에 부합한다.
② B는 표시주의적 관점에 부합한다.
③ C는 표시주의적 관점에 부합한다.
④ D는 의사주의적 관점에 부합한다.
⑤ E는 급진적 관점에 부합한다.

MEMO

규범(법학) 지문 05	2011학년도 30-32번	상위 테마 - 법철학, 법사상사 하위 테마 - 동물 재판 관행의 변화

[30~32] 다음 글을 읽고 물음에 답하시오.

1587년 프랑스의 한 마을 주민들이 포도 농사를 망친 곤충 바구미 떼를 인근 교회 법원에 고소했다. ㉠ 주민의 변호인은 성서를 인용하여, 인간은 자연을 지배할 권리를 가지며 자연의 유일한 존재 이유는 인간에게 봉사하고 복종하는 데 있다고 했다. 이에 대해 법원에 의해 선임된 ㉡ 바구미의 변호인은 신은 동물에게 번식과 생존을 명했으며 바구미는 자연법이 인정하는 권리를 행사한 것이라고 변론했다. 결국 주민들은 바구미의 권리를 인정하되 대체 서식지를 증여하는 계약을 바구미와 체결했다.

당시 유럽에서는 이런 식으로 동물이 교회 권력 혹은 국왕이나 영주 등의 세속 권력에 의해 재판을 받는 일이 있었다. 세속 재판에 회부된 동물 피고는 주로 사람을 죽인 가축들이었다. 돼지가 가장 흔했고, 소, 말, 개도 법정에 섰다. 교회 재판에서는 인간에게 해를 끼친 작은 동물이나 곤충들이 피고가 되었다. 재판은 사람에게 적용되는 소송 절차를 엄수하였다. 유죄가 증명되면 세속 법원은 관습법에 따라 사형을, 교회 법원은 교회법에 근거하여 저주와 파문을 선고했다.

동물 재판 관행은 13세기부터 본격화되어 16세기에 정점에 이르렀다. 이 시기 유럽에서는 고대 로마법학의 성과를 바탕으로 세속과 교회에서 법학이 발전하는 등, 근대법을 위한 기반이 다져지고 있었다. 이런 시기에 비합리적으로 보이는 이러한 관행이 어떻게 존재할 수 있었을까? 혹자는 이 물음의 답을 동물과의 충돌이 빈번할 수밖에 없는 생활 조건과 동물을 의인화하는 민중 문화에서 찾기도 하지만, 주목해야 할 점은 당시 성·속의 엘리트들이 이 관행을 이론적·실무적으로 뒷받침하고 있었다는 것이다.

동물 재판은 13세기 이후 공권력의 역할과 권한이 강화된 새로운 재판 제도하에서 이루어졌다. 중세 초기의 재판 제도는 사실상 개인들이 자력 구제를 재판의 형식에 집어넣은 수준에 불과했다. 민사와 형사 재판의 구별도 모호했고, 공적인 형벌 제도도 없었다. 이에 반해 새로운 재판 제도에서는 합리적인 소송 규칙에 따라 법원이 사건의 실체를 규명하고 판결을 내렸다. 이에 따라 공권력이 동물을 상대로 한 소송을 다룰 수 있게 되었다.

동물 재판을 옹호한 엘리트들은 이를 정당화하기 위해 성서에 나오는 뱀에 대한 저주의 사례라든가 사람을 들이받아 죽인 소를 돌로 쳐 죽이게 한 모세의 율법 등을 원용하였다. 그것들은 세속 법원과 교회 법원의 동물 재판 관행에 대한 법리적 비판에 맞설 수 있는 강력한 전거들이었다. 인간을 포함한 만물은 인간을 정점에 둔 위계적 질서 속에서 신이 부여한 본성에 따라 살아간다고 보는 기독교적 자연법론도 이론적 근거를 제공하였다. 우주의 법질서는 신의 섭리로 간주되는 영원법, 그것을 인간 이성으로 파악한 보편타당하고 불변적인 자연법, 그리고 인간이 정한 인정법으로 구성된다. 인간과 자연은 자연법에 구속되며, 자연법에 반하는 인정법은 법적 효력이 없다. 이러한 이론에 근거하여 앞의 바구미 사건에서와 같은 논쟁도 가능했고, 동물이 사물의 자연적 질서를 위반하면 범죄로 보아 처벌할 수 있다는 논리도 성립하였다. 엘리트들의 관점에서 동물 재판은 동물을 영원법과 자연법에 복종시키기 위한 엄숙한 절차였다. 그들은 동물 재판을 통해 자신들의 법과 정의의 개념을 인간 사회뿐만 아니라 자연계에까지 적용하고자 했다. 그런 의미에서 동물 재판은 13세기 이후 등장한 인간 중심적 법 개념에 의한 자연의 영유(領有)를 보여 준다. 이렇게 해서 동물 재판은 엘리트들의 보증하에 민중 문화와 상호 작용하며 현대인의 눈에 기괴하게 보이는 광경을 연출하였던 것이다.

[A] 그 시대에 동물 재판이 가졌던 의미를 이해하기 위해서는 재판이 가진 문화적 퍼포먼스로서의 기능에도 주목할 필요가 있다. 돼지가 아이를 물어 죽이고 수탉이 달걀을 낳는 사태 앞에서 동물 재판은 판결에 이르는 법적 절차를 통해 사태를 설명하는 서사를 구성하고 '본성을 벗어난' 동물을 처벌함으로써, 사람들로 하여금 혼란을 극복하고 평상으로 돌아갈 수 있게 해 주었다. 이를 통해 사람들은 그들의 세계와 질서가 안전하며 정당하다는 것을 확인할 수 있었다.

30 위 글의 동물 재판에 대한 설명으로 적절하지 않은 것은?

① 교회 법원과 세속 법원이 다른 종류의 형벌을 선고하였다.
② 엘리트의 법 관념과 민중 문화 모두에 기초하고 있었다.
③ 공권력의 성장이 재판 관행에 중요한 영향을 미쳤다.
④ 기독교적 자연법에 재판 절차에 관한 규칙이 있었다.
⑤ 성서적 권위를 통해 재판의 정당성을 확보하였다.

31 [A]에서 언급한 동물 재판의 기능을 가장 잘 설명한 것은?

① 사실 관계와 죄책을 규명하여 응보의 근거를 확보하였다.
② 신의 징벌을 대행하는 의례를 통해 교회법의 신성함을 수호하였다.
③ 인격화된 동물에 대한 재판과 처형을 통해 인간의 속죄 의식을 고양하였다.
④ 범죄가 예외 없이 처벌됨을 증명하여 지배 질서의 권위를 과시하였다.
⑤ 인간의 규범을 통해 사태에 대한 통합적 해석을 얻고 질서 회복에 대한 믿음을 공유하게 하였다.

32 〈보기〉는 어떤 소송에서의 원고의 주장과 법원의 판결을 요약한 것이다. 〈보기〉의 (가), (나)와 위 글의 ㉠, ㉡의 주장을 비교하여 서술한 것으로 가장 적절한 것은?

보기

(가) 원고의 주장
자연과 인간은 하나이고 인간은 자연에 대해 특별한 지위를 갖고 있지 않다. 자연물의 고유한 가치를 자연의 권리로 인정하면, 환경 분쟁에서 유효적절하게 기능할 것이다. 현행법이 자연인이 아닌 법인에 법인격을 부여하고 있듯이 자연물에 대해 법적 주체성을 인정하는 법해석이 논리적으로 가능하다. 현행법하에서 도롱뇽은 소송 당사자가 될 수 있다.

(나) 법원의 판결
자연의 권리 및 자연물의 당사자 능력을 인정하는 성문 법률도 없고 그러한 관습법이 통용되고 있지도 않는 이상, 현행법하에서 도롱뇽은 소송 당사자가 될 수 없다.

① 자연에 대한 인간의 지위를 보는 (가)의 관점에 대해서 ㉠은 동의할 것이다.
② 동물이 권리의 주체가 되려면 법의 변경이 필요하다고 본다는 점에서 (가)와 ㉡의 입장은 일치한다.
③ (나)가 언급하는 법에 대해서 ㉠은 자신이 근거로 삼은 법이 상위의 것이라고 볼 것이다.
④ 모든 권리가 인정법에 근거하는가에 대해서 (나)와 ㉡의 입장은 일치한다.
⑤ (가)와 (나)의 논의에 등장하는 자연의 권리라는 주제에 대해 ㉠과 ㉡은 그것을 신의 섭리 밖의 문제라고 볼 것이다.

ⓒ 대립 구조 분석

ⓒ 필수체크 패러프레이징

규범(법학) 지문 06	2016학년도 20-22번	상위 테마 - 개별 법리
		하위 테마 - 법관의 직무상 독립 보장에 대한 국가별 법리

[20~22] 다음 글을 읽고 물음에 답하시오.

현대 사회에서 국가는 개인의 권리와 이익에 영향을 주는 다양한 행정 작용을 한다. 이에 따라 국가 활동으로 인해 손해를 입은 개인을 보호할 필요성이 커지게 되었다. 국가배상 제도는 국가 활동으로부터 손해를 입은 개인을 보호하기 위해 국가에게 손해배상 책임을 지운다. 이 제도는 19세기 후반 프랑스에서 법원의 판결 곧 판례에 의해 도입된 이래, 여러 나라에서 법률 또는 판례에 의해 인정되었다. 우리나라도 국가배상법을 제정하여 공무원의 법을 위반한 직무 집행으로 손해를 입은 개인에게 국가가 그 손해를 배상하도록 하고 있다.

법관이 하는 재판도 국가 활동에 속하는 이상 재판에 잘못이 있을 때 국가가 전적으로 손해배상 책임을 지는 것이 타당하다고 볼 수도 있다. 그러나 재판에는 일반적인 행정 작용과는 다른 특수성이 있어 재판에 대한 국가배상 책임을 제한할 필요성이 인정된다. 그 특수성으로 먼저 생각할 수 있는 것은 재판의 공정성을 위하여 법관의 직무상 독립이 보장되고 있다는 점이다. 만일 법관이 재판을 함에 있어서 사실관계의 파악, 법령의 해석, 사실관계에 대한 법령의 적용에 잘못을 범하였다는 이유로 국가가 손해배상 책임을 지게 되면, 법관은 이러한 손해배상 책임에 대한 부담 때문에 소신껏 재판 업무에 임할 수 없게 될 것이다.

법적 안정성을 위하여 확정 판결에 기판력이 인정된다는 것도 재판의 특수성의 하나이다. 기판력은 당사자가 불복하지 않아서 판결이 확정되거나 최상급 법원의 판단으로 판결이 확정되면, 동일한 사항이 다시 소송에서 문제가 되었을 때 당사자가 이에 저촉되는 청구를 할 수 없고 법원도 이에 저촉되는 판결을 할 수 없게 되는 구속력을 의미한다. 이는 부단히 반복될 수 있는 법적 분쟁을 일정 시점에서 사법권의 공적 권위로써 확정하여 법질서를 유지하고자 하는 것이다. 만약 일단 기판력이 생긴 확정 판결을 다시 국가배상 청구의 대상으로 삼는 것을 허용한다면, 그것만으로도 법적 안정성이 흔들리게 되기 때문이다.

재판에는 심급 제도가 마련되어 있다는 점도 특수성으로 볼 수 있다. 심급 제도는 법원의 재판에 대하여 불만이 있는 경우 상위 등급의 법원에서 다시 재판을 받을 수 있도록 하는 제도이다. 소송 당사자는 법률에 의하여 정해진 불복 절차에 따라 상급심에서 법관의 업무 수행에 잘못이 있음을 주장하여 하급심의 잘못된 결과를 시정할 수 있다. 심급 제도와 다른 방식으로 잘못된 재판의 결과를 시정하는 것은 인정되지 않는다. 재판에 대한 국가배상책임을 넓게 인정하면 심급 제도가 무력화되어 법적 안정성을 해치게 된다.

독일에서는 법관의 직무상 의무 위반이 형사법에 의한 처벌의 대상이 되는 경우에만 국가배상 책임이 인정된다고 법률에 명시하고 있다. 이와 달리 우리나라의 국가배상법에는 재판에 대한 국가배상 책임을 부정하거나 제한하는 명문의 규정이 없다. 따라서 재판에 대한 국가배상법의 적용 자체를 부정할 수는 없다. 그러나 ㉠ <u>우리 대법원</u>은 다음과 같은 방식으로 재판에 대한 국가배상 책임의 인정 범위를 좁히고 있다. 먼저, 대법원은 비록 확정판결이라고 하더라도 법관이 그에게 부여된 권한의 취지에 명백히 어긋나게 이를 행사하였다고 인정할 만한 특별한 사정이 있는 경우에는 재판의 위법성을 인정한다. 뇌물을 받고 재판한 것과 같이 법관이 법을 어길 목적을 가지고 있었다거나 소를 제기한 날짜를 확인하지 못한 것과 같이 법관의 직무 수행에서 요구되는 법적 기준을 현저하게 위반했을 때가 이에 해당한다. 따라서 법관이 직무상 독립에 따라 내린 판단에 대하여 이후에 상급 법원이 다른 판단을 하였다는 사정만으로는 재판의 위법성이 인정되지 않는다. 그리고 대법원에 따르면, 재판에 대한 불복 절차가 마련되어 있는 경우에는 이러한 절차를 거치지 않고 국가배상 책임을 묻는 것은 인정되지 않는다. 불복 절차를 따르지 않은 탓에 손해를 회복하지 못한 사람은 원칙적으로 국가배상에 의한 보호를 받을 수 없다는 것이다. 단, 불복 절차를 거치지 않은 것 자체가 법관의 귀책사유로 인한 것과 같은 특별한 사정이 있으면 예외적으로 국가배상 책임을 물을 수 있다.

20 윗글의 내용과 일치하는 것은?

① 프랑스를 비롯한 여러 나라에서 국가배상 제도가 법률로 도입되었다.
② 최하위 등급의 법원이 한 판결도 국가배상 책임의 대상이 될 수 있다.
③ 사실관계 파악은 법관의 직무가 아니므로 국가배상 책임의 대상이 아니다.
④ 독일은 판례를 통해서만 재판에 대한 국가배상 책임의 인정 범위를 제한한다.
⑤ 우리나라의 국가배상법은 별도의 규정으로 재판에 대한 국가배상 책임을 제한한다.

대립 구조 분석

필수체크 패러프레이징

21 ㉠의 입장에 대해 판단한 것으로 적절하지 않은 것은?

① 국가배상 청구가 심급 제도를 대체하는 불복 절차로 기능하는 것을 허용하지 않는다.
② 법적 절차를 거치지 않은 피해자의 권리를 법적 안정성의 유지를 위해 희생하는 것을 허용한다.
③ 판결이 확정되어 기판력이 발생하면 그 확정 판결로 인해 생긴 손해에 대해서는 국가배상 책임을 인정하지 않는다.
④ 법관이 법을 어기면서 이루어진 재판에 대해서는 법관의 직무상 독립을 보장하는 취지에 어긋나기 때문에 그 위법성을 인정한다.
⑤ 법관의 직무상 독립을 위해, 판결에 나타난 법관의 법령 해석이 상급 법원의 해석과 다르다는 것만으로 재판의 위법성을 인정하지 않는다.

22 〈보기〉의 사례에 대한 아래의 판단 중 적절한 것만을 있는 대로 고른 것은?

보기

A는 헌법재판소에 헌법소원 심판을 청구하였다. A는 적법한 청구 기간 내인 1994년 11월 4일에 심판 청구서를 제출하였으나, 헌법재판소는 청구서에 찍힌 접수 일자를 같은 달 14일로 오인하였다. 헌법재판소는 적법한 청구 기간이 지났음을 이유로 하여 재판관 전원 일치의 의견으로 A의 심판 청구를 받아들이지 않는다는 결정을 하였다. 당시에는 헌법재판소의 결정에 대한 불복 절차가 마련되어 있지 않았기 때문에 A는 위 결정의 잘못을 바로잡을 수 없었다. A는 법을 위반한 헌법재판소 결정으로 인해 손해를 입었다고 하여 1997년에 법원에 국가배상 청구를 하였고, 2003년에 이 청구에 대한 대법원의 판결이 내려졌다.

ㄱ. 법관의 직무상 독립 보장만을 이유로 이 사건에서 국가배상 책임을 부인할 수는 없다.
ㄴ. 법원은 A의 심판 청구서가 적법한 청구 기간 내에 헌법재판소에 제출되었다고 보아 헌법재판소 결정의 위법성을 인정할 수 있다.
ㄷ. 1997년에는 헌법재판소의 결정에 대한 불복 절차가 마련되어 있지 않았기 때문에 A의 국가배상 청구는 법원이 받아들이지 않았을 것이다.

① ㄱ　② ㄴ　③ ㄷ
④ ㄱ, ㄴ　⑤ ㄴ, ㄷ

MEMO

규범(법학) 지문 07	2017학년도 1-3번	상위 테마 - 개별 법리 하위 테마 - 형사법상 범죄 성립 요건에 대한 법리

[1~3] 다음 글을 읽고 물음에 답하시오.

넓은 바다에서 여러 사람을 태운 배가 난파하였다. 바다에 빠진 선원 A는 바다 위에 떠 있는 널판을 발견하였다. 널판은 한 사람을 겨우 지탱할 만큼밖에 되지 않았다. 선원 A가 널판으로 헤엄쳐 갈 때, 마침 미처 붙잡을 만한 것을 찾지 못한 선원 B도 널판 쪽으로 헤엄쳐 왔다. 선원 A와 선원 B는 동시에 그 널판을 붙잡게 되었다. 두 사람이 계속 붙잡고 있다가는 널판이 가라앉을 것이기 때문에 선원 A는 둘 다 빠져 죽을까 걱정하여 선원 B를 널판에서 밀어내었다. 선원 B는 결국 물에 빠져 죽었고 선원 A는 구조되었다. 이는 고대 그리스의 철학자 카르네아데스가 만든 가상의 사건 '카르네아데스의 널'을 바탕으로 재구성한 사례이다. 이 사례는 윤리적으로 허용될 수 있는지도 논란거리가 되지만, 형법상 처벌되어야 하는지도 따져 볼 만하다.

범죄는 '(1) 구성요건에 해당하고, (2) 위법하며, (3) 유책한 행위'라고 정의된다. 이 세 가지 요소 가운데 하나라도 빠지면 범죄는 성립하지 않는다. 이 중 구성요건이란 형벌을 부과할 대상이 되는 위법한 행위를 형법에 유형화하여 기술해 놓은 것을 말한다. 예를 들면, 형법 제250조 제1항은 "사람을 살해한 자는 사형, 무기 또는 5년 이상의 징역에 처한다."라고 규정하는데, 여기서 사람을 살해한다는 것이 구성요건이다. 따라서 구체적인 사실이 구성요건에 해당할 때에는 일반적으로 위법하다.

구성요건에 해당하더라도 위법하다고 볼 수 없을 때가 있다. 잘 알려진 것으로는 정당방위, 긴급피난에 해당하는 경우가 있다. 정당방위는 자기 또는 타인의 법익을 현재의 위법한 침해로부터 방위하기 위하여 상당한 이유가 있는 행위를 하는 것을 말한다. 여기에는 법이 불법에 양보할 필요가 없다는 전제가 깔려 있다. 긴급피난은 자기 또는 타인의 법익에 대한 현재의 위난을 피하기 위하여 상당한 이유가 있는 행위를 하는 것을 말한다. 생명과 같이 대체할 수 없는 큰 법익을 지키기 위해 어쩔 수 없이 재산과 같은 법익을 희생시킨 일을 가지고 사회적인 해악을 일으킨 위법한 행위라 하지 않는 것이다. 긴급피난은 꼭 위법한 침해 행위로 일어난 위난에 대하여만 인정하는 것이 아니라는 점에서 정당방위와 다르다.

앞의 사례에서 선원 A와 선원 B가 동시에 널판을 잡은 행위는 저마다의 생명을 생각할 때 불가피한 일이었다. 이 상황은 선원 A의 입장에서 급박한 위난이었고, 선원 A의 이어진 행위는 위난을 피하는 데 절실한 것이었다. 이러한 선원 A의 행위에 대해 ㉠ <u>정당방위가 인정된다고 생각하는 이</u>나, ㉡ <u>긴급피난이 성립하여 위법성이 없다고 파악하는 이</u>가 있을지 모른다. 그러나 그 어느 쪽도 해당하지 않는다고 해야 한다.

우선 정당방위의 요건을 생각할 때 위난에 빠진 선원 B의 행위에 대한 선원 A의 행위를 정당방위로 볼 수는 없으며, 또한 긴급피난이 성립하려면 보호한 법익이 침해한 법익보다 훨씬 커야 하는데 이 사례는 여기에 해당하지 않는다. 그렇다고 해서 곧바로 선원 A에게 범죄가 성립한다고 단정할 수는 없다. 범죄가 성립하기 위해서는 '책임'이라고 하는 점도 고려해야 하기 때문이다. 범죄는 유책한 행위, 곧 행위자에게 책임을 물을 수 있는 행위여야 성립할 수 있는 것이다. 따라서 유책하지 않은 행위를 들어 형벌을 부과할 수 없다.

위법성은 개인의 행위를 법질서와의 관계에서 판단하는 것이어서, 행위자 개인의 특수성은 위법성 판단의 기준이 되지 않는다. 형법에서 위법한 행위를 한 행위자 개인을 비난할 수 있는가 하는 것이 바로 책임의 문제이다. 형법상 책임은 행위자에 대한 법적 비난 가능성의 문제인 것이다. 이는 구체적인 상황에서 행위자가 위법한 행위 말고 다른 행위를 할 수 있었겠는가 하는 기대 가능성으로 볼 수 있다. 적법한 행위를 할 수 있었는데도 위법한 행위를 한 데에 대하여는 윤리적인 비판뿐만 아니라 법적인 비난이 가해져야 하기 때문이다. '카르네아데스의 널'을 재구성한 사례에서 선원 A가 자신의 목숨을 희생하는 쪽을 선택하였다면 숭고한 선행임에 틀림없지만, 그렇게 하지 않은 데 대하여 윤리적인 비판은 몰라도 법적인 비난을 하기는 어렵다고 보는 것이 일반적이다.

01 사례 에 관한 윗글의 이해로 적절한 것은?

① 선원 A나 선원 B의 행위는 모두 위난을 벗어나고자 한 것이라 할 수 있다.
② 선원 B가 만약 선원 A를 밀어 빠져 죽게 하였다면 그 행위는 범죄가 된다.
③ 선원 A와 선원 B의 행위는 형법상 살인죄의 구성요건에 해당하지 않는다.
④ 선원 B에 대한 선원 A의 행위는 윤리적으로 타당하기 때문에 형법상 비난받지 않는 것이다.
⑤ 선원 A가 선원 B를 살리는 선택을 하였더라도 그것을 윤리적으로 드높은 덕행이라 할 수 없다.

02 ㉠, ㉡에 대해 추론한 내용으로 적절하지 않은 것은?

① ㉠은 선원 B의 행위가 위법한 침해라고 주장할 것이다.
② ㉠은 선원 A의 행위가 현재 자기에게 닥친 침해를 해결하려 한 것이라고 주장할 것이다.
③ ㉡은 선원 B의 행위가 위법한 침해라고 주장하지 않아도 된다.
④ ㉡은 선원 A의 행위에 대한 범죄 성립 여부는 그의 책임에 대한 문제까지 따져야 결정될 것이라고 볼 것이다.
⑤ ㉠과 ㉡은 모두 선원 A의 행위가 현재 직면한 위난을 해결하는 데 상당한 이유가 있는 것이었다고 볼 것이다.

03 윗글에 따를 때, 선원 A의 '책임'에 대한 설명으로 가장 적절한 것은?

① 구성요건에 해당하지 않는 행위는 책임을 따질 필요가 없기 때문에, 선원 A의 책임은 인정되지 않는다.
② 형법상 책임이 있다는 것은 적법한 다른 행위를 할 수 있는 상황임을 전제하기 때문에, 선원 A는 책임이 있다.
③ 선원 A의 책임 유무를 따지는 것은, 자신의 생명에 대한 위난을 피하기 위해 남의 생명을 침해한 행위가 위법하다고 인정되기 때문이다.
④ 유책하지 않은 행위에 대하여는 정당방위가 성립할 수 없기 때문에, 선원 A의 행위에 대하여는 정당방위를 따지지 않고 책임의 문제를 검토하는 것이다.
⑤ 선원 A의 행위가 위법한지는 따져 보지 않아도 되는 것은, 위법성은 행위에 대한 법규범적 판단인 데 반하여 책임은 행위자에 대한 윤리적인 비난 가능성을 검토하는 것이기 때문이다.

⊙ 대립 구조 분석

⊙ 필수체크 패러프레이징

규범(법학) 지문 08	2016학년도 1-3번	상위 테마 - 개별 법리 하위 테마 - 언론 보도의 자유 vs 공정한 형사재판을 받을 피고인의 권리

[1~3] 다음 글을 읽고 물음에 답하시오.

범죄 사건을 다루는 언론 보도의 대부분은 수사기관으로부터 얻은 정보에 근거하고 있고, 공소제기 전인 수사 단계에 집중되어 있다. 따라서 언론의 범죄 관련 보도는 범죄사실이 인정되는지 여부를 백지상태에서 판단하여야 할 법관이나 배심원들에게 유죄의 예단을 심어줄 우려가 있다. 이는 헌법상 적법절차 보장에 근거하여 공정한 형사재판을 받을 피고인의 권리를 침해할 위험이 있어 이를 제한할 필요성이 제기된다. 실제로 피의자의 자백이나 전과, 거짓말탐지기 검사 결과 등에 관한 언론 보도는 유죄판단에 큰 영향을 미친다는 실증적 연구도 있다. 하지만 보도 제한은 헌법에 보장된 표현의 자유에 대한 침해가 된다는 반론도 만만치 않다.

미국 연방대법원은 ㉠ 어빈 사건 판결에서 지나치게 편향적이고 피의자를 유죄로 취급하는 언론 보도가 예단을 형성시켜 실제로 재판에 영향을 주었다는 사실이 입증되면, 법관이나 배심원이 피고인을 유죄라고 확신하더라도 그 유죄판결을 파기하여야 한다고 했다. 이 판결은 이른바 '현실적 예단'의 법리를 형성시켰다. 이후 ㉡ 리도 사건 판결에 와서는, 일반적으로 보도의 내용이나 행태 등에서 예단을 유발할 수 있다고 인정이 되면, 개개의 배심원이 실제로 예단을 가졌는지의 입증 여부를 따지지 않고, 적법절차의 위반을 들어 유죄판결을 파기할 수 있다는 '일반적 예단'의 법리로 나아갔다. ㉢ 셰퍼드 사건 판결에서는 유죄판결을 파기하면서, '침해 예방'이라는 관점을 제시하였다. 즉, 배심원 선정 절차에서 상세한 질문을 통하여 예단을 가진 후보자를 배제하고, 배심원이나 증인을 격리하며, 재판을 연기하거나, 관할을 변경하는 등의 수단을 언급하였다. 그런데 법원이 보도기관에 내린 '공판 전 보도금지명령'에 대하여 기자협회가 연방대법원에 상고한 ㉣ 네브래스카 기자협회 사건 판결에서는 침해의 위험이 명백하지 않은데도 가장 강력한 사전 예방 수단을 쓰는 것은 위헌이라고 판단하였다.

이러한 판결들을 거치면서 미국에서는 언론의 자유와 공정한 형사절차를 조화시키면서 범죄 보도를 제한할 수 있는 방법을 모색하였다. 그리하여 셰퍼드 사건에서 제시된 수단과 함께 형사재판의 비공개, 형사소송 관계인의 언론에 대한 정보제공금지 등이 시행되었다. 하지만 ⓐ 예단 방지 수단들의 실효성을 의심하는 견해가 있고, 여전히 표현의 자유와 알 권리에 대한 제한의 우려도 있어, 이 수단들은 매우 제한적으로 시행되고 있다.

그런데 언론 보도의 자유와 공정한 재판이 꼭 상충된다고만 볼 것은 아니며, 피고인 측의 표현의 자유를 존중하는 것이 공정한 재판에 도움이 된다는 입장에서 네브래스카 기자협회 사건 판결의 의미를 새기는 견해도 있다. 이 견해는 수사기관으로부터 얻은 정보에 근거한 범죄 보도로 인하여 피고인을 유죄로 추정하는 구조에 대항하기 위하여 변호인이 적극적으로 피고인 측의 주장을 보도기관에 전하여, 보도가 일방적으로 편향되는 것을 방지할 필요가 있다고 한다. 일반적으로 변호인이 피고인을 위하여 사건에 대해 발언하는 것은 범죄 보도의 경우보다 적법절차를 침해할 위험성이 크지 않은데도 제한을 받는 것은 적절하지 않다고 보며, 반면에 수사기관으로부터 얻은 정보를 기반으로 하는 언론보도는 예단 형성의 위험성이 큰데도 헌법상 보호를 두텁게 받는다고 비판한다.

미국과 우리나라의 헌법상 변호인의 조력을 받을 권리는 변호인의 실질적 조력을 받을 권리를 의미한다. 실질적 조력에는 법정 밖의 적극적 변호 활동도 포함된다. 따라서 형사절차에서 피고인 측에게 유리한 정보를 언론에 제공할 기회나 반론권을 제약하지 말고, 언론이 검사 측 못지않게 피고인 측에게도 대등한 보도를 할 수 있도록 해야 한다. 이를 위해 우리나라도 미국과 같이 '법원-수사기관-변호사회-보도기관'의 자율 협정을 체결할 필요가 있다.

01 윗글을 이해한 것으로 적절하지 않은 것은?

① 범죄 관련 언론 보도를 접한 사람들은 피의자를 범죄자라고 생각하기 쉽다.
② 언론에 제공된 변호인의 발언은 공정한 형사재판을 침해할 우려가 상대적으로 적다.
③ 공판 전 보도금지명령은 공정한 형사재판을 위한 최소한의 사전 예단 방지 수단이다.
④ 언론의 범죄에 관한 보도가 재판에 영향을 미칠 가능성은 법관 재판의 경우에도 존재한다.
⑤ 소송 당사자 양측에게 보도 기관에 대한 정보 제공 기회를 대등하게 주어 피고인이 공정한 형사재판을 받을 권리를 보장하여야 한다.

02 ㉠~㉣에 대한 진술로 적절하지 않은 것은?

① ㉠과 ㉡ 모두 공정한 형사재판을 통해서 진실이 발견되어야 한다고 보았다.
② ㉡은 예단에 대한 피고인의 입증 책임을 완화하였다.
③ ㉢은 적법절차를 보장하기 위하여 형사절차 내에서 예단의 사전 방지 수단을 제시하였다.
④ ㉡에서 ㉢으로 이행은 공정한 형사재판의 측면에서 보면 후퇴한 것이다.
⑤ ㉣은 표현의 자유에 대한 과도한 제한을 경계한 것이다.

03 ⓐ를 뒷받침하는 경우로 보기 어려운 것은?

① 법원이 배심원을 격리하였으나 격리 전에 보도가 있었던 경우
② 법원이 관할 변경 조치를 취하였으나 이미 전국적으로 보도가 된 경우
③ 법원이 재판을 장기간 연기하였으나 재판 재개에 임박하여 다시 언론 보도가 이어진 경우
④ 검사가 피의자의 진술거부권 행사 사실을 공개하려고 하였으나 법원이 검사에게 그 사실에 대한 공개 금지명령을 내린 경우
⑤ 변호사가 배심원 후보자에게 해당 사건에 대한 보도를 접했는지에 대해 질문했으나 후보자가 정직하게 답변하지 않은 경우

대립 구조 분석

필수체크 패러프레이징

규범(법학) 지문 09	2017학년도 33-35번	상위 테마 - 개별 법리 하위 테마 - 형사절차상 변호사의 조력을 받을 피고인의 권리

[33~35] 다음 글을 읽고 물음에 답하시오.

형사절차에서 변호인은 단순히 '소송대리인'에 그치지 않고 검사에 비하여 열악한 지위에 있는 피고인의 정당한 이익을 보호하는 자이다. 공정한 재판을 위해서는 검사와 피고인이 실질적으로 대등해야 하기 때문에 변호인은 형식적인 존재가 아니라 효과적인 변호를 수행하는 존재이어야 한다. 특히 미국의 형사절차는 당사자인 검사와 피고인이 증거를 신청하지 않는 한 법관이 직권으로 증거 조사를 할 수 없는 등 당사자주의 소송 구조로 되어 있어서 변호인의 역할이 매우 중요하다.

미국의 연방대법원은 이미 1965년 ㉠ 미란다 판결에서, 기소된 피고인뿐 아니라 기소 전에 수사를 받는 피의자도 국선 변호인의 조력을 받을 권리가 있다고 하였다. 하지만 효과적인 변호를 받아야 한다는 데까지는 이르지 않았다. 효과적이지 못해 논란을 일으키는 변호의 유형으로는 (1) 변호인과 피고인의 이익이 충돌하는 변호, (2) 변호가 일정한 기준에 미치지 못하는 불충분하고 불성실한 경우가 있다. (1)의 경우, 미국 판례는 물론 우리 판례도 피고인의 권리 침해를 인정하고 유죄 판결을 파기하였다. 더욱 문제가 되고 있는 것은 (2)의 경우이다.

변호인의 '성실 의무'에는 성실한 업무 처리뿐만 아니라 법률 전문가다운 유능한 업무 수행이 포함된다. 미국에서는 변호인이 불성실한 변호를 하면 징계를 받거나 위임 계약 위반에 따른 배상 책임을 진다. 그런데 성실 의무의 준수 여부에 대한 판단이 주관적이고 성실 의무의 내용도 유동적이어서 그 위반 여부를 사후에 판정하는 것은 곤란하기 때문에 성실 의무 위반이 이른바 효과적인 변호를 받을 피고인의 권리를 침해하는 것인지에 대해서는 논란이 있어 왔다.

1958년 연방대법원은 ㉡ 미첼 판결에서, '변호의 효과'는 변론 기술의 문제이므로 변호를 받을 권리의 내용에 포함되지 않는다고 하였다. 더구나 변호는 고도의 전문성을 발휘하는 임기응변적 기술이기 때문에 변호의 효과는 변호인이 소송 중에 그때그때 상황에 맞추어 적절하게 대응했는지에 따라 결정되는 것이다. 따라서 그 재판이 끝난 후에 변호인의 성실 의무 준수 여부를 다른 재판부가 평가하는 것은 문제가 있다고 하였다.

이후 1984년 연방대법원은 ㉢ 스트릭랜드 판결에서, 변호의 효과를 객관적 합리성의 기준에 따라 판단할 수 있다고 하였다. 다만 변호인이 성실 의무를 위반하였다는 점과 그 위반이 재판의 결과에 영향을 주었다는 점을 피고인이 입증해야 유죄 판결을 파기할 수 있다고 하였다. 나아가 1986년 플로리다 주 대법원은 ㉣ 메이켐슨 판결에서, 변호의 질은 변호인의 보수에 영향을 받는다고 하면서, 정부가 효과적인 변호를 받을 권리를 보장하기 위해 국선 변호인의 보수를 더욱 적극적으로 지원하여야 한다고 하였다.

우리나라의 경우, 헌법재판소는 헌법상 국선 변호인의 조력을 받을 권리가 피고인에게만 인정된다고 좁게 해석하였다. 그리고 변호사법 등에는 변호인의 성실 의무가 규정되어 있다. 따라서 성실 의무를 지키지 않는 것은 윤리 규범뿐만 아니라 실정법을 위반하는 행위이다. 성실 의무의 위반이 재판에 영향을 미치면 형사절차의 공정성과 기본권 보장에 대한 침해가 될 수 있는데도, 우리나라는 이 문제를 변호인 개인에 대한 징계나 손해 배상의 문제로만 취급하고 있다. 이는 변호인의 조력을 받을 권리와 공정한 재판을 받을 권리를 경시하는 태도이다. 헌법이 보장하는 변호인의 조력을 받을 권리는 효과적인 변호를 받을 권리이다. 이제부터 우리나라도 불성실한 변호로 인해 효과적인 변호를 받을 권리가 침해당한 경우 피고인에 대한 유죄 판결을 파기할 수 있어야 한다. 또한 국가는 국선 변호인에 대한 재정 지원도 확대해야 한다. 효과적인 변호의 보장은 국가의 의무이기 때문이다.

33 윗글의 내용과 일치하지 않는 것은?

① 국선 변호인이 받은 보수가 매우 적어서 성실하지 않은 변호를 하였더라도 징계를 받지 않는다.
② 변호인의 성실 의무에는 변호인이 전문가로서 변호 기술을 충분히 발휘하는 것도 포함된다.
③ '변호인의 조력을 받을 권리'는 조력을 받는 대상의 확대에서 변호의 질 보장으로 발전하여 왔다.
④ 형사절차에서 변호인은 피고인이 실질적으로 검사와 대등한 지위에서 재판을 받을 수 있도록 돕는다.
⑤ 당사자주의 소송 구조에서 법관은 검사나 피고인의 증거 신청없이 직권으로 증거 조사를 할 수 없다.

34 ㉠~㉣에 대한 이해로 적절하지 않은 것은?

① ㉠에서는 효과적이지 않은 변호로 피의자가 국선 변호인의 조력을 받을 권리를 침해당하는 것을 방지하려고 하였다.
② ㉡에서는 변호인이 소송 과정에서 성실했는지의 여부를 상급법원의 재판부가 판단하기 어렵다고 보았다.
③ ㉢에서는 변호가 불성실했다는 것을 피고인이 입증하는 것만으로는 유죄 판결이 파기되지 않는다고 하였다.
④ ㉣에서는 변호와 보수의 관계를 고려하여 국선 변호인에 대한 정부의 재정 지원 의무와 노력을 강조하였다.
⑤ ㉢과 ㉣에서 변호인의 조력을 받을 권리라는 말의 '조력'은 효과적인 변호에 따른 조력임을 전제한다.

35 변호에 관한 우리나라와 미국의 공통점으로 가장 적절한 것은?

① 변호인의 불성실한 변호를 이유로 하여 유죄 판결을 파기한 사례가 있다.
② 불성실한 변호를 할 경우 그 변호인은 민사상 손해 배상 책임을 질 수 있다.
③ 기소되기 전의 모든 피의자는 국선 변호인의 조력을 제공받을 권리가 있다.
④ 불성실한 변호는 윤리 규범을 위반한 것이지만 실정법을 위반한 것은 아니다.
⑤ 국선 변호인과 피고인의 이익이 충돌하는 변호의 경우 유죄 판결을 파기할 수 없다.

⊙ 대립 구조 분석

⊙ 필수체크 패러프레이징

규범(법학) 지문 10	2014학년도 11-13번	상위 테마 - 개별 법리
		하위 테마 - 미국과 한국의 카르텔 규제 법리

[11~13] 다음 글을 읽고 물음에 답하시오.

우리나라 「독점규제 및 공정거래에 관한 법률」(이하 '공정거래법')상의 '부당한 공동행위'는 카르텔 혹은 담합이라고 불리는데, 공정거래법에서 가장 핵심적으로 규제하는 행위이다. 경쟁 사업자들이 가격이나 품질 면에서 경쟁하기보다는 담합하여 부당하게 가격을 올릴 경우 시장 기능의 정상적인 작동을 방해하고 소비자의 이익을 저해하기 때문이다. 공정거래법상의 '부당한 공동행위'규제 제도는 미국의 카르텔 규제 제도의 영향을 주로 받아왔다.

미국에서 판례법으로 형성된 카르텔 규제 법리는 '당연 위법의 원칙'과 '합리성의 원칙'으로 나뉜다.'당연 위법의 원칙'은 가격 합의와 같이 부당하게 경쟁을 제한하는 거래 제한 행위가 발생했을 때, 그 목적이나 경제적인 효과에 대한 면밀한 분석 없이 그 자체로 위법하다고 판단하는 원칙이다. 전통적으로 가격 담합, 물량 담합, 입찰 담합, 시장 분할 등이 '당연 위법의 원칙'이 적용되는 행위로 인정되어 왔다. 반면, '합리성의 원칙'은 거래 제한의 목적이나 의도, 경쟁에 미치는 긍정적 효과나 부정적 효과 등을 면밀히 검토한 다음 이를 종합적으로 고려하여 개별적으로 위법 여부를 판단하는 원칙이다. '합리성의 원칙'은 그 자체만으로는 부당성 여부를 판단하기 어려운 합작 투자 협정이나 공동 연구 개발 협정과 같은 행위에 적용될 수 있다.

어떤 행위에 대해 '당연 위법의 원칙'을 적용한다면, 법을 집행하는 정부나 거래 제한으로 인해 피해를 입은 당사자인 원고가 경쟁에 미치는 부정적인 효과를 입증하거나 시장 점유율 등의 시장 지배력을 입증할 필요가 없어, 사법적 자원이 절약될 수 있다. 정부나 원고는 '당연 위법의 원칙'이 적용되지 않는 나머지 유형의 행위에 대해서만 '합리성의 원칙'을 적용하여 그 위법성을 엄밀히 입증하면 된다. 이와 같은 이분법적 구분은 거래 제한의 부당성에 대한 심사 방식을 유형화함으로써 위법성 판단에 대한 뚜렷한 기준을 제시해 주므로 법 집행의 효율성과 예측 가능성을 높여준다.

'당연 위법의 원칙'은 판례법주의를 취하고 있는 미국에서 법적 판단의 기본이 되는 '합리성의 원칙'에 근거한 법 집행 과정을 거치면서 귀납적으로 발전해 나온 것이다. 일정한 유형의 행위들은 거의 예외 없이 위법한 것으로 판단되기 때문에 복잡한 심사 없이 당연히 위법한 것으로 취급하는 것이 바람직하다고 본 것이다. 이 과정에서 예외적인 판단의 오류가 있을 수 있으나, 이는 '합리성의 원칙'에 따라 모든 행위를 분석하는 데 소요되는 막대한 비용을 감안할 때 충분히 감수할 수 있는 것으로 보았다. 성문법주의를 취하고 있는 우리나라는 공정거래법에서, 사업자는 계약·협정·결의 기타 어떠한 방법으로도 다른 사업자와 공동으로 '부당하게 경쟁을 제한'하는 가격의 결정·유지 또는 변경 등과 같은 일정한 행위를 할 것을 합의('부당한 공동행위')해서는 안 되는 것으로 규정하고 있다. 이 경우, 공정거래법 규정의 해석을 통해 미국에서처럼 특정 행위에 대해 '당연 위법의 원칙'을 적용하여 면밀한 검증 없이도 그 위법성을 판단하는 것이 가능한지의 문제가 발생한다. 우리나라의 법 실무에서는 사업자들의 어떤 공동 행위가 '부당한 공동행위'에 해당하는지 여부를 판단할 때 '부당하게 경쟁을 제한하는'이라는 법률요건에 따라 경쟁 제한성을 가지는지 여부를 개별적으로 판단하고 있다. 이는 공정거래법의 규정상 불가피한 것으로 볼 수 있다.

그렇다면 우리나라에서는 미국의 이원적 심사 방식의 장점을 취할 여지가 없는가? 우리나라에서도 사업자들의 공동 행위를 가격담합 등 명백히 경쟁 제한 효과만을 발생시키는 경성(硬性)공동 행위와 시장의 경제적 효율성 증대 효과와 경쟁 제한 효과를 동시에 발생시키는 연성(軟性)공동 행위의 두 유형을 구분하기도 한다. 법 실무에서 공정거래법을 적용할 때, 경성 공동 행위에 대해서는 시장 점유율 분석과 같은 간단한 입증 방식만으로 경쟁 제한성을 판단하지만, 연성 공동 행위에 대해서는 보다 복잡한 분석을 통한 엄격한 입증 방식을 채택하는 경향이 있다. 따라서 우리나라에서도 입증의 엄밀성을 달리하는 두 가지 유형의 공동 행위를 구분한다는 점에서 미국식 카르텔 규제의 이원적 심사 방식을 어느 정도 변형하여 수용하는 것으로 볼 수 있다.

11 위 글에 제시된 미국의 카르텔 규제 법리의 특성으로 옳지 않은 것은?

① 법 집행의 예측 가능성을 높여준다.
② 이원적 심사 방식으로 구성되어 있다.
③ 판례법주의에 기초한 귀납적 결과물이다.
④ 법 집행 시 전체적으로 비용의 소요가 많아진다.
⑤ 정부는 위법성에 대한 입증 책임을 상대적으로 적게 진다.

대립 구조 분석

필수체크 패러프레이징

12 위 글을 바탕으로 추론한 것으로 적절하지 않은 것은?

① '당연 위법의 원칙'은 '합리성의 원칙'보다 시장 경제의 효율성을 더 고려한다.
② '당연 위법의 원칙'의 적용은 법 집행 기관의 자의적 판단의 가능성을 줄여 준다.
③ '당연 위법의 원칙'은 '합리성의 원칙'보다 경제적 환경 변화에 따른 유연성이 부족하다.
④ '당연 위법의 원칙'은 '합리성의 원칙'에서라면 합법으로 판단할 행위를 위법으로 판단할 우려가 있다.
⑤ '당연 위법의 원칙'의 배경에는, 일반적으로 가격 담합 같은 행위가 합작 투자 협정 같은 경우보다 시장에 미치는 해악 여부가 분명히 드러난다는 판단이 깔려 있다.

13 위 글을 바탕으로 〈보기〉에 대해 판단한 것으로 타당한 것은?

보기

(가) 자체 저유 시설을 갖추지 못한 소형 정유사들이 정유하는 즉시 시장에 석유를 내다 팔 수 밖에 없는 상황으로 인해 공급 초과 현상이 나타났고, 3개의 대형 정유사들은 유가 하락을 방지하기 위해 연합하여 소형 정유사의 잉여 석유를 사들였다.

(나) 자동차 부품 개발 사업자들은 과잉 경쟁으로 인한 저가 입찰이 품질의 저하를 초래하고 기술 개발을 방해하여 업계의 경쟁력 향상과 경제적 발전을 저해하게 되자, 프로젝트 수주 시 가격 경쟁을 하지 않기로 결정하고, 이를 실행하였다.

① 미국에서 (가)에 '당연 위법의 원칙'이 적용된다면, 대형 정유사들은 자신들의 시장 점유율이 낮아 경쟁에 영향을 미치지 않았으므로 위법하지 않다고 주장할 수 있게 된다.

② 한국에서 (가)에 경제적 효율성을 증대하는 효과가 없다고 판단되면, 대형 정유사들의 공동 행위는 그 자체로 위법하게 된다.

③ 미국에서 (나)에 '합리성의 원칙'이 적용된다면, 사업자들은 자신들의 행위에 경쟁을 제한할 의도가 없었으므로 위법하지 않다고 주장할 수 있게 된다.

④ 한국에서 (나)의 위법성 여부를 판단한다면, 사업자들의 시장 점유율을 고려하는 것만으로 충분하다.

⑤ 한국에서 (가)는 개별 심사의 대상이 되지 않지만 (나)는 개별심사의 대상으로 분류된다.

MEMO

규범(법학) 지문 11	2015학년도 30-32번	상위 테마 - 개별 법리 하위 테마 - 경업금지약정의 효력 인정 요건에 대한 법리

[30~32] 다음 글을 읽고 물음에 답하시오.

경업(競業)금지약정은 계약의 일방 당사자가 상대방과 경쟁관계에 있는 영업을 하지 못하게 하는 내용의 약정을 말한다. 그 전형적인 예는 근로관계에서의 경업금지약정이다. 근로자가 퇴사 후 사용자와 경쟁관계인 업체에 취업하거나 스스로 경쟁업체를 설립, 운영하는 등의 경쟁행위를 하지 않기로 약정하는 것이다.

경업금지약정의 효력은 지속적으로 논란이 되어온 문제였다. 산업화 초기에는 봉건적인 경쟁제한을 철폐하고 영업의 자유 등 근대적인 경제적 자유를 확립하기 위해 경업금지약정을 일반적으로 무효로 보았다. 그러나 산업화가 본격적으로 진행되고 영업비밀과 같은 기업의 지식 재산 보호, 연구개발 촉진, 공정한 경쟁 등이 중요한 과제로 대두되면서 경업금지약정의 효력을 바라보는 관점도 변화하였다. 예를 들어 영업양도나 가맹계약(franchise)에서 경업금지의 필요성이 인정되었다. 영업의 가치를 이전하는 거래인 영업양도에서 양도인의 경업을 허용하는 것은 계약의 목적에 반할 수 있기 때문에, 심지어 당사자가 따로 약정을 하지 않아도 경업금지 의무가 있는 것으로 보게 되었다. 그리고 가맹계약에서도 권역별로 한 가맹점만 영업하는 내용의 경업금지약정이 필요한 것으로 인정되었다. 브랜드 내 경쟁을 제한함으로써 브랜드 간 경쟁을 촉진하고 가맹점주의 이익을 보호해야 했기 때문이다.

근로관계에 있어서도 경업금지약정의 효력이 인정되었다. 기업이 투자를 통해 확보한 영업비밀의 보호 등을 위해서는 근로자의 퇴사 후 일정 기간 경업을 금지할 필요가 있었던 것이다. 그러나 근로관계에서 경업금지약정이 직업선택의 자유 및 근로권을 제한하거나 자유로운 경쟁을 저해할 수 있다는 점도 꾸준히 지적되어 왔다. 나아가 첨단기술 분야에서는 경업금지약정의 효력을 제한하는 것이 오히려 노동의 자유로운 이동을 통해 지식의 생산과 혁신을 촉진하고 산업 발전과 소비자 이익에 기여할 수 있다는 주장도 활발히 제기되고 있다. 그리고 대부분의 국가에서 경업금지약정의 유효성을 판단할 때에는 경업금지의 합리적인 이유가 있어야 한다는 조건 외에 경업금지의 기간과 범위 등도 필요한 한도 내에 있어야 유효하다는 인식이 확산되었다.

우리나라의 판례도 직업선택의 자유와 근로권, 자유경쟁을 한쪽에, 영업비밀 등 정당한 기업이익을 다른 한쪽에 놓고 ⓐ <u>양자를 저울질하여 경업금지약정의 유효성 여부를 판단하고 있다.</u> 구체적으로는 경업금지약정의 유효성에 대해 판단할 때 보호할 가치가 있는 사용자의 이익, 근로자의 퇴직 전 지위, 경업 제한의 기간・지역・대상 직종, 근로자에 대한 보상조치의 유무, 근로자의 퇴직 경위, 공공의 이익 및 기타 사정 등을 종합적으로 고려한다.

그런데 근로자에 대한 보상조치가 경업금지약정에 반드시 포함되어야 그 약정이 유효한가에 대해서는 논란이 있다. 이와 관련해서는 두 견해가 있다. ㉠ <u>첫 번째 견해</u>는 경업금지의 문제에서는 직업의 자유 등 근로자의 권리와 기업의 재산권이 충돌하는데, 이 두 권리가 조화될 수 있도록 하려면 대가 제공 같은 보상조치가 반드시 필요하다고 본다. 이 견해는 대가가 경업하지 않는 것에 대한 반대급부의 성격을 띤다고 간주하여, 대가액은 쌍무관계를 인정하는 정도의 균형을 고려하여 산정되어야 한다고 하였다.

반면에 ㉡ <u>두 번째 견해</u>는 대가가 주어지지 않는다 하더라도 기간과 장소가 비합리적으로 과도하지 않은 이상, 근로자가 경업금지의 제한을 감수할 수도 있다고 본다. 자신의 희생에 대하여 어느 정도의 대가를 받는 것이 적절한지는 근로자 자신의 결정에 맡겨져 있으므로 경업금지약정의 내용이 객관적으로 균형을 갖추지 못했다는 이유만으로는 무효로 볼 수 없다는 것이다. 그러면서도 이 견해는 당사자 간의 교섭력 차이나 기타 자기결정 능력의 제약이라는 요건도 함께 고려해야 비로소 경업금지약정을 무효로 볼 수 있다고 주장한다. 곧 경제적 약자의 지위에 있는 근로자는 사용자에 비해 교섭력에 차이가 있기 때문에 근로자의 자기 결정이 실제로는 진정 원했던 바가 아닐 가능성이 있고, 나아가 퇴직 이후에 효력이 발생할 경업금지약정에 관하여 계약 당시에는 신중하고도 합리적으로 판단하기가 쉽지 않다는 점들이 고려되어야 한다는 것이다.

30 윗글의 내용에 부합하지 않는 것은?

① 계약의 내용에 따라 경업금지약정의 효력에 대한 해석이 달라질 수 있다.
② 경업을 합법적으로 제한하기 위해서는 계약당사자 간의 경업금지약정이 있어야 한다.
③ 오늘날 경업금지약정은 지식 재산의 창출을 촉진하는 데 장애가 된다는 견해가 있다.
④ 경업금지약정의 효력은 기업의 정당한 이익을 보호할 필요성이 있다면 인정될 수 있다.
⑤ 산업화 초기에는 경제적 자유를 우선시함에 따라 경업금지약정의 효력을 인정하지 않았다.

31 ⓐ를 수행할 때, 경업금지약정의 효력에 부정적인 영향을 주는 경우로 가장 적절한 것은?

① 근로자가 회사의 일방적인 구조조정으로 인해 부득이하게 퇴직한 경우
② 경업금지의 기간이 경쟁 회사의 기술 개발에 소요되는 시간보다 짧게 설정된 경우
③ 근로자가 업무에 필요한 기술 정보를 습득하는 데에 회사가 많은 비용과 노력을 투입한 경우
④ 새로 취업한 경쟁 회사에서 근로자가 수행하게 된 업무가 퇴직 전에 근무하던 회사에서의 업무와 상당히 유사한 경우
⑤ 해당 분야에서 별다른 실적이 없던 경쟁 회사가 퇴직 근로자의 전직을 계기로 그 근로자가 근무했던 회사와 유사한 수준의 기술적 성과를 단기간에 이룬 경우

32 ㉠과 ㉡에 관련된 설명으로 옳지 않은 것은?

① ㉠은 계약 자유의 원칙에 따라 근로자와 회사가 체결한 경업금지약정은 존중되어야 한다고 본다.
② ㉠은 회사의 이익을 위해 퇴사 후 근로자의 취업을 제한하려면 회사는 그에 상응하는 대가를 제공해야 한다고 본다.
③ ㉡은 경업금지약정 체결에서 근로자의 자기 결정 능력이 제한되지 않으면 그 유효성이 인정될 가능성이 높아진다고 본다.
④ ㉡에 따르면, 경업금지약정이 체결된 시점이 퇴직 시인지 아니면 입사 시나 재직 중인지에 따라 그 효력 여부가 달라질 수 있다.
⑤ ㉡에 따르면, 근로자가 경업금지약정의 체결을 거부하였는데도 회사 측이 강하게 주장하여 체결하게 된 경우에는 경업금지약정의 효력이 부정될 수 있다.

ⓒ 대립 구조 분석

ⓒ 필수체크 패러프레이징

규범(법학) 지문 12	2018학년도 1-3번	상위 테마 - 개별 법리 하위 테마 - 차별 금지 법규의 보호 정도에 대한 법리

[1~3] 다음 글을 읽고 물음에 답하시오.

전통적인 의미에서 차별은 성별, 인종, 종교, 사상, 장애, 사회적 신분 등에 따라 특정 집단을 소수자로 낙인 찍고 불리하게 대우하는 것을 말한다. 일반적으로 민주 국가의 헌법 질서에는 인권 보호의 취지에서 위와 같은 사유에 따른 차별을 금지해야 한다는 가치 판단이 포함되어 있다. 이에 따라 우리 헌법도 선언적 의미에서, "누구든지 성별 · 종교 또는 사회적 신분에 의하여 정치적 · 경제적 · 사회적 · 문화적 생활의 모든 영역에 있어서 차별을 받지 아니 한다."라고 규정했다. 특히 고용과 관련된 분야는 소수자에 대한 차별의 문제가 첨예하게 대두하는 대표적인 규범 영역이다. 고용 관계에서의 차별 금지 역시 근로자의 인권 보호가 무엇보다 강조된다. 따라서 노동 시장의 공정한 경쟁과 교환 질서의 확립을 위한 정책적 목적에 의존하더라도, 근로자에 대한 인권 보호의 취지에 부합하지 않는 경우에는 근로자에 대한 차별 금지 입법은 그 정당성이 상실된다.

차별 금지 원칙 내지 평등의 개념은 고용 관계에서도 같은 것을 같게 대우해야 한다는 것이다. 다만 무엇이 같은지를 제시해 주는 구체적인 기준이 존재하지 않는 한, 차별을 금지하는 사유가 어떤 속성을 갖는지에 따라 차별 금지 원칙으로부터 근로자가 보호되는 효과는 달라질 수 있다. 즉 장애인은 그에 대한 차별 금지 법규가 존재함에도 근로의 내용과 관련된 장애의 속성 때문에 근로자로 채용되는 데 차별을 받을 수도 있다. 그리고 구체적인 고용 관계의 근로 조건이 강행 규정에 의하여 제한되는 경우와 당사자의 자유로운 의사에 의거하여 결정되는 경우 중 어디에 해당하는지에 따라, 차별 금지로 인한 근로자의 보호 정도가 달라진다. 강행 규정이 개별 근로자에 대한 임금 차별을 금지하고 있는 경우, 그 차별의 시정을 주장하는 근로자는 비교 대상자와 자신의 근로가 동등하다는 것을 증명함으로써 평등한 대우를 받을 권리를 확인받을 수 있다. 반면 개별 근로자의 임금 차이가 사용자와 근로자 사이의 자유로운 계약에 따른 것이라면, 동일 조건의 근로자에 대한 임금 차별을 금지하는 강행 규정이 없는 한, 그러한 계약이 개별 근로 자에 대한 임금 차이를 정당화하는 합리적 이유가 될 수도 있다.

차별 금지 법규가 강행 규정이어서 근로자에 대한 보호가 강화 되는 영역에서도, 다시 차별 금지 법규의 취지에 따라 근로자에 대한 보호 정도는 달라진다. 예를 들어, 「남녀고용평등과 일 · 가정 양립 지원에 관한 법률」에 있는 '남녀의 동일 가치 노동에 대한 동일 임금 지급 규정'이 사용자가 설정한 임금의 결정 요소 중 단지 여성이라는 이유로 불리하게 작용하는 임금 체계를 소극적으로 수정하기 위한 것이라면, 이는 여성에 대한 차별 금지의 보호 정도가 상대적으로 약하게 적용되는 국면으로 볼 수 있다. 반면 위 규정의 취지가 실제 시장에서 여성 노동자의 가치가 저평가되어 있음을 감안하여, 이에 대한 보상을 상향 조정함으로써 남녀 간 임금의 결과적 평등을 도모하려는 것이라면, 이는 차별 금지 원칙의 보호 정도가 강한 범주에 포함된다고 할 수 있다.

같은 근로관계라도 연령이나 학력 · 학벌에 따른 근로자의 차별 금지는 성별 등 전통적 차별 금지 사유들에 비하여 차별의 금지로 인한 근로자의 보호 정도가 약하다고 보아야 한다. 물론 고령자나 저학력자에 대한 차별 금지 법규나 원칙의 취지 역시 전통적인 차별 금지 사유의 취지와 다를 바 없다. 그러므로 특정 연령대의 근로자를 필요로 하는 사용자의 영업 활동을 과도하게 제한하지 않는 한, 노동 시장의 정책적 목적을 달성하기 위하여 차별 금지 법규를 제정하는 것은 가능하다. 그러나 연령에 따른 노동 능력의 변화는 모든 인간이 피할 수 없는 운명이므로 ㉠ <u>연령을 이유로 한 차별을 금지하는 것은 정당하지 않다는 주장</u>도 있다.

01 윗글의 내용과 부합하는 것은?

① 종교적 신념의 차별을 금지하는 법규가 정당하다면 인권 보호라는 취지를 지닌다.
② 장애를 이유로 하는 차별의 금지는 장애의 유형이 다르더라도 보호되는 효과가 달라지지는 않는다.
③ 사회적 신분을 이유로 하는 차별의 금지는 우리 헌법 질서에서 가치 판단의 대상에 포함되지 않는다.
④ 성별에 대한 차별 금지 법규와 연령에 대한 차별 금지 법규는 근로자에 대한 보호의 정도가 동일하다.
⑤ 여성 근로자에 대한 차별 금지 법규는 여성에 대한 차별을 소극적으로 수정하기 위한 경우에는 적용되지 않는다.

02 윗글을 바탕으로 추론할 때, 적절하지 않은 것은?

① 특정 종교를 갖고 있다는 이유로 기업에서 고용을 거부하는 것은 우리나라의 헌법 질서에 반한다.
② 고령의 전문직 종사자의 노동 시장 참여를 촉진할 목적으로 연령에 대한 차별 금지 법규를 제정하는 것은 가능하다.
③ 동일 조건의 개별 근로자에 대한 임금 차별을 금지하는 강행 규정이 있더라도 당사자들이 자유롭게 계약을 한다면 임금의 차이가 정당화될 수 있다.
④ 근로자에 대한 인권 보호의 취지 및 정책적 목적 없이 연령에 따른 차별을 획일적으로 금지하는 법규는 사용자의 영업에 대한 자유를 침해할 여지가 있다.
⑤ 학력·학벌에 대한 차별 금지 법규가 인권 보호의 취지를 고려하지 않고 특정한 정책적 목적에만 의존하여 제정된 경우에는 그 정당성이 보장되지 않는다.

03 ㉠과 부합하는 진술만을 〈보기〉에서 있는 대로 고른 것은?

보기

ㄱ. 특정 연령층에게 취업 특혜를 부여함으로써 결과적으로 60대 이상 고령자의 취업 기회를 상대적으로 제한하게 된 법규는 국민의 평등권을 침해하지 않을 것이다.
ㄴ. 사용자와 근로자가 자유로운 계약을 통해 정년을 45세로 정했다면 차별 금지 원칙을 위반하지 않을 것이다.
ㄷ. 50세를 넘은 퇴역 군인은 예비군 관련 직책을 맡을 수 없다는 법규를 제정하더라도 차별 금지 원칙에 위배되지 않을 것이다.

① ㄱ ② ㄴ ③ ㄱ, ㄷ
④ ㄴ, ㄷ ⑤ ㄱ, ㄴ, ㄷ

대립 구조 분석

필수체크 패러프레이징

규범(윤리) 영역

규범(윤리학) 지문 01	2012학년도 12-14번	상위 테마 - 규범(윤리학)
		하위 테마 - 상위선의 관점에서 바라본 도덕철학의 과제들

[12~14] 다음 글을 읽고 물음에 답하시오.

어떤 삶이 좋은지에 대한 견해는 사회나 문화에 따라 다르지만 각 사회나 문화 속에는 그 구성원들이 바람직하다고 여기는 좋은 삶의 모습이 존재한다. 그렇다면 각 사회나 문화에서 무엇이 우리의 삶을 좋은 삶으로 만드는가? 좋은 삶을 판단하는 기준은 무엇인가? 이것은 '강한 가치 평가'와 관련된 문제로서 넓은 의미의 도덕적 문제라고 할 수 있다. 그런데 삶의 의미를 부여하거나 삶의 방향을 설정해 주는 이러한 강한 가치 평가의 기준은 '상위선(上位善)'을 배경으로 하고 있다. 상위선은 여러 선들 중에서 최고의 가치를 지닌 선으로 우리들의 일상적인 목적이나 욕구와는 비교할 수 없을 정도로 높은 가치를 지니며 여러 도덕적 가치 평가들의 근거가 된다. 상위선은 우리 자신의 욕구나 성향, 선택에 의해 형성되는 것이 아니라 그것들로부터 독립적으로 주어지며 그 욕구나 선택을 평가하는 기준이 된다. 상위선은 도덕적 판단들의 근거가 되는 도덕적 원천인 것이다.

강한 가치 평가의 기준이 되는 상위선은 역사적으로 형성되어 자리 잡은 것으로 사회나 문화에 따라 다를 수 있다. 예를 들어 효가 상위선인 사회도 있고, 자유가 상위선인 사회도 있다. 각 사회의 상위선은 명시적 또는 암시적으로 그 사회에 살고 있는 구성원들의 도덕적 판단이나 직관, 반응의 배경이 되기 때문에, 그 상위선이 무엇인지 규명하면 각 사회에서 이루어지는 도덕적 판단이나 반응을 제대로 이해할 수 있다. 도덕 철학의 주요 과제들 중의 하나는 도덕적 판단들의 배후에 있는 가치, 즉 상위선을 탐구하여 밝히는 것이다.

그런데 의무론이나 절차주의적 도덕 이론은 좋은 삶의 문제를 다루는 것을 회피하고 있다. 그 이유는 다원주의와 개인주의가 특징적인 근대 사회의 조건에서 좋은 삶의 모습을 제시하여 이를 따를 것을 요구하는 것은 개인의 삶에 간섭하는 것이 되어 다양성과 자율성의 가치를 훼손할 우려가 있다고 보았기 때문이다. 그래서 이와 같은 근대의 도덕 철학은 좋은 삶과 관련된 삶의 목적이나 의미 등에 대해 다루지 않고, 옳음과 관련된 기본적이면서도 보편적인 도덕 규칙이나 정당한 절차 등에 대해서만 다루는 것을 자신의 과제로 삼았다. 이는 사회를 유지하기 위한 기본적인 보편적 도덕규범을 넘어서서 더 많은 것을 개인에게 요구하는 것이 개인의 자율성을 침해할 수 있다고 보았기 때문이다. 이러한 근대의 도덕 철학은 도덕성 개념을 협소화하여 옳음의 문제나 절차적 문제에만 자신의 과제를 제한함으로써, 도덕적 신념의 배경이 되고 있는 상위선을 포착할 수 없게 만들었다.

넓은 시각에서 보면 이러한 근대의 도덕 철학이 추구하거나 전제로 삼고 있는 가치나 권리는 보편적인 것이 아니며 근대라는 특정한 시대적 조건 속에서 형성된 특수한 것이다. 즉 이러한 근대의 도덕 철학 자체도 그 시대의 특정한 상위선을 배경으로 형성된 것이다. 예를 들어 의무론은 자유나 보편주의와 같은 도덕적 이상 즉 상위선을 배경으로 형성된 것이다. 마찬가지로 절차주의적 도덕 이론도 이성적 주체의 자율성 같은 상위선을 배경으로 형성된 것이다. 이러한 근대의 도덕 철학이 옹호하는 도덕 규칙도 근대적 가치나 상위선을 배경으로 형성되었기 때문에 그 도덕 규칙이 보편성을 지닌다는 주장은 타당하지 않다.

도덕 철학의 또 다른 과제는 어떤 삶이 좋은 삶인지에 대해 답하는 것이다. 우리의 삶이나 정체성이 혼란에 빠지거나 위기에 처했을 때, 도덕 철학은 도덕적 판단의 원천이 되는 상위선에 근거하여 문제의 해결 방안이나 나아갈 방향을 제시해야 한다. 그런데 절차주의적 도덕 이론은 도덕적 정당성을 확보하기 위한 형식적 절차에만 관심을 기울이고 있다. 이를테면 그중 한 형태인 담론 윤리학은 규범의 합리적 정초 가능성이나 정당한 절차의 문제만을 다룰 뿐 좋은 삶의 모습과 같은 실질적인 문제는 합리적인 논의의 대상에서 배제한다. 따라서 여기서는 좋은 삶의 문제에 대한 대답이 전적으로 개인에게 맡겨져 있으며 개인들은 스스로 이에 대한 대답을 찾아야 하는 부담을 안게 된다. 삶의 의미와 같은 중요한 문제를 다루기를 포기하는 이러한 태도는 도덕 철학의 전통에서 지나치게 후퇴한 것이다.

어떻게 사는 것이 좋은가, 진정한 자아실현은 무엇인가 하는 문제는 단지 개인의 결단에만 맡겨서는 안 되며, 개인이 속한 사회의 삶의 지평이 되는 상위선을 고려하여 다루어야 한다. 만약 자아실현의 문제를 전적으로 개인의 주관적인 실존적 결단에만 맡긴다면 우리는 이기주의나 나르시시즘에 빠질 우려가 있다. 좋은 삶의 문제는 상위선을 바탕으로 합리적으로 다루어질 수 있으며 도덕 철학은 이를 위해 기여해야 한다.

12 **'상위선'에 대한 위 글의 견해로 보기 어려운 것은?**

① 참된 자아실현의 문제는 보편 가치인 상위선과 독립적이다.
② 상위선은 개인이 자의적으로 선택할 수 있는 것이 아니다.
③ 절차주의적 도덕 이론조차도 상위선을 배경으로 한 것이다.
④ 상위선이 서로 다르면 도덕적 가치 판단도 서로 다를 수 있다.
⑤ 상위선의 문제가 의무론에서는 제대로 다루어지지 못하고 있다.

13 **위 글의 글쓴이가 제시하는 도덕 철학의 과제를 수행하고 있는 예만을 〈보기〉에서 있는 대로 고른 것은?**

보기

ㄱ. 폴리스에서 덕이 있는 삶이란 무엇이며 덕이 왜 삶에서 중요한 가치를 지니는지를 다루는 도덕 철학
ㄴ. 시대를 초월하여 존재하는 보편타당한 도덕규범이 어떤 것인지를 다루는 도덕 철학
ㄷ. 담론 윤리학적 가치 판단이 어떤 도덕적 판단 근거에 바탕을 두고 있는지를 다루는 도덕 철학

① ㄱ　② ㄴ　③ ㄷ
④ ㄱ, ㄷ　⑤ ㄴ, ㄷ

14 **위 글의 주장에 대한 비판으로 가장 적절한 것은?**

① 도덕적 문제의 의미를 협소하게 규정함으로써 도덕 철학의 전통을 계승하지 못할 수 있다.
② 도덕규범의 실질적인 내용을 다루지 않음으로써 현실적인 행위 지침을 제시하지 못할 수 있다.
③ 좋음보다 옳음을 우선시함으로써 정의 개념의 형성 과정을 역사적 맥락 속에서 파악하지 못할 수 있다.
④ 사회마다 좋은 삶의 모습이 다르면 도덕적 판단의 기준도 달라지기 때문에 도덕 자체에 대한 회의에 빠질 수 있다.
⑤ 최고의 가치 평가 기준을 근거로 도덕적 판단을 함으로써 상충하는 가치관이 한 사회에서 공존하는 것에 대해 부정적 태도를 취할 수 있다.

대립 구조 분석

필수체크 패러프레이징

규범(윤리학) 지문 02	2016학년도 11-13번	상위 테마 - 규범(윤리학)
		하위 테마 - 선(善)의 객관성에 대한 이론들

[11~13] 다음 글을 읽고 물음에 답하시오.

윤리학에서는 선(善, good) 즉 좋음과 관련하여 여러 쟁점이 있다. 선이란 무엇인가? 선을 쾌락이라고 간주해도 되는가? 선은 도덕적으로 옳음 또는 정의와 어떤 관계에 있는가? 이러한 쟁점 중의 하나가 바로 "선은 객관적으로 존재하는가?"의 문제이다.

플라톤은 우리가 감각으로 지각하는 현실 세계는 가변적이고 불완전하지만, 우리가 이성으로 인식할 수 있는 이데아의 세계는 불변하고 완전하다고 보았다. 그에 따르면, 현실 세계는 이데아 세계를 모방한 것이기에 현실 세계에서 이루어지는 인간들의 행위도 불완전할 수밖에 없다. 이데아 세계에는 선과 미와 같은 여러 이데아가 존재한다. 그중에서 최고의 이데아는 선의 이데아이며, 인간 이성의 최고 목표는 선의 이데아를 인식하는 것이다. 선은 말로 표현할 수 없고, 신성하며, 독립적이고, 오랜 교육을 받은 후에만 알 수 있는 것이다. 우리는 선을 그것이 선이기 때문에 욕구한다. 이렇게 인간의 관심 여부와는 상관없이 선이 독립적으로 존재한다고 보는 입장을 선에 대한 ㉠ '고전적 객관주의'라고 한다.

이러한 플라톤적 전통을 계승한 무어도 선과 같은 가치가 객관적으로 실재한다고 주장한다. 그에 따르면 선이란 노란색처럼 단순하고 분석 불가능한 것이기에, 선이 무엇인지에 대해 정의를 내릴 수 없으며 그것은 오직 직관을 통해서만 인식될 수 있다. 노란색이 무엇이냐는 질문에 노란색이라고 답할 수밖에 없듯이 선이 무엇이냐는 질문에 "선은 선이다."라고 답할 수밖에 없다는 것이다. 무어는 선한 세계와 악한 세계가 있을 때 각각의 세계 안에 욕구를 지닌 존재가 있는지 없는지와 관계없이 전자가 후자보다 더 가치 있다고 믿었다. 선은 인간의 욕구와는 상관없이 그 자체로 존재하며 그것은 본래부터 가치가 있다는 것이다. 그는 선을 최대로 산출하는 행동이 도덕적으로 옳은 행동이라고 보았다.

반면에 ㉡ '주관주의'는 선을 의식적 욕구의 산물에 불과한 것으로 간주한다. 페리는 선이란 욕구와 관심에 의해 창조된다고 주장한다. 그에 따르면 가치는 관심에 의존하고 있으며, 어떤 것에 관심이 주어졌을 때 그것은 비로소 가치를 얻게 된다. 대상에 가치를 부여하는 것은 관심이며, 인간이 관심을 가지는 대상은 무엇이든지 가치의 대상이 된다. 누가 어떤 것을 욕구하든지 간에 그것은 선으로서 가치를 지니게 된다. 페리는 어떤 대상에 대한 관심이 깊으면 깊을수록 그것은 그만큼 더 가치가 있게 되며, 그 대상에 관심을 표명하는 사람의 수가 많을수록 그것의 가치는 더 커진다고 말한다. 이러한 주장에 대해 고전적 객관주의자는 우리가 욕구하는 것과 선을 구분해야 한다고 비판한다. 만약 쾌락을 느끼는 신경 세포를 자극하여 매우 강력한 쾌락을 제공하는 쾌락 기계가 있다고 해 보자. 그런데 누군가가 쾌락 기계 속으로 들어가서 평생 살기를 욕구한다면, 우리는 그것이 선이 아니라고 말할 수 있다. 쾌락 기계에 들어가는 사람이 어떤 불만도 경험하지 못한다고 하더라도, 그것은 누가 보든지 간에 나쁘다는 것이다.

이러한 논쟁과 관련하여 두 입장을 절충한 입장도 존재한다. ㉢ '온건한 객관주의'는 선을 창발적인 속성으로서, 인간의 욕구와 사물의 객관적 속성이 결합하여 생기는 것이라고 본다. 이 입장에 따르면 물의 축축함이 H2O 분자들 안에 있는 것이 아니라 그 분자들과 우리의 신경 체계 간의 상호 작용을 통해 형성되듯이, 선도 인간의 욕구와 객관적인 속성 간의 관계 속에서 상호 통합적으로 형성된다. 따라서 이 입장은 욕구를 가진 존재가 없다면 선은 존재하지 않을 것이라고 본다. 그러나 일단 그러한 존재가 있다면, 쾌락, 우정, 건강 등이 가진 속성은 그의 욕구와 결합하여 선이 될 수 있을 것이다. 하지만 이러한 입장에서는 우리의 모든 욕구가 객관적 속성과 결합하여 선이 되는 것은 아니기에 적절한 욕구가 중시된다. 결국 여기서는 적절한 욕구가 어떤 것인지를 구분할 기준을 제시해야 하는 문제가 발생한다.

이와 같은 객관주의와 주관주의의 논쟁을 해결하기 위한 한 가지 방법은 불편부당하며 모든 행위의 결과들을 알 수 있는 ⓐ '이상적 욕구자'를 상정하는 것이다. 그는 편견이나 무지로 인한 잘못된 욕구를 갖고 있지 않기에 그가 선택하는 것은 선이 될 것이고, 그가 선택하지 않는 것은 악이 될 것이기 때문이다.

11 윗글의 내용과 일치하지 않는 것은?

① 플라톤은 선의 이데아를 이성을 통해 인식할 수 있다고 본다.
② 플라톤은 인간이 행한 선이 완전히 선한 것은 아니라고 본다.
③ 무어는 선이 단순한 것이어서 그것을 정의할 수 없다고 본다.
④ 무어는 도덕적으로 옳은 행동을 판별할 기준을 제시할 수 없다고 본다.
⑤ 페리는 더 많은 사람이 더 깊은 관심을 가질수록 가치가 증대한다고 본다.

12 ㉠에 대한 ㉡과 ㉢의 공통된 문제 제기로 적절한 것은?

① 사람들이 선호한다고 그것이 항상 선이라고 할 수 있는가?
② 선은 욕구하는 주관에 전적으로 의존하여 형성되지 않는가?
③ 선과 악을 구분할 수 없다면 어떤 행위라도 옳다는 것인가?
④ 사람들이 선을 인식할 수 없다고 보는 것은 과연 타당한가?
⑤ 선을 향유하는 존재가 없다면 그것이 무슨 가치가 있겠는가?

13 ⓐ를 상정한 이유로 가장 적절한 것은?

① 선을 직관할 수 없다고 보는 '고전적 객관주의'의 문제점을 해결하기 위해서이다.
② 욕구의 주체가 없어도 선이 존재한다는 '고전적 객관주의'의 주장을 강화하기 위해서이다.
③ 욕구하는 사람이 존재해야만 선이 형성된다는 '주관주의'의 주장을 약화하기 위해서이다.
④ 무엇을 욕구하더라도 모두 선이라고 간주해야 하는 '주관주의'의 문제점을 해결하기 위해서이다.
⑤ 선의 형성에서 인간과 사물의 상호 통합 작용이 필수적이라는 '주관주의'의 입장을 보완하기 위해서이다.

⊙ 대립 구조 분석

⊙ 필수체크 패러프레이징

규범(윤리학) 지문 03	2014학년도 8-10번	상위 테마 - 규범(윤리학)
		하위 테마 - 쾌락주의에 대한 오해와 진실

[8~10] 다음 글을 읽고 물음에 답하시오.

쾌락주의는 모든 쾌락이 그 자체로서 가치가 있으며 쾌락의 증가와 고통의 감소를 통해 최대의 쾌락을 산출하는 행위를 올바른 것으로 간주하는 윤리설이다. 쾌락주의에 따르면 쾌락만이 내재적 가치를 지니며, 모든 것은 이러한 쾌락을 기준으로 가치 평가되어야 한다. 쾌락주의는 고대의 에피쿠로스에 의해서는 개인의 쾌락을 중시하는 이기적 쾌락주의로, 근대의 벤담과 밀에 의해서는 사회 전체의 쾌락을 중시하는 ㉠ 쾌락주의적 공리주의로 체계화되었다.

그런데 쾌락주의자는 단기적이고 말초적인 쾌락만을 추구함으로써 결국 고통에 빠지게 된다는 오해를 받기도 한다. 하지만 쾌락주의적 삶을 순간적이고 감각적인 쾌락만을 추구하는 방탕한 삶과 동일시하는 것은 옳지 않다. 쾌락주의는 일시적인 쾌락의 극대화가 아니라 장기적인 쾌락의 극대화를 목적으로 하므로 단기적, 말초적 쾌락만을 추구하는 것은 아니다. 예를 들어 사회적 성취가 장기적으로 더 큰 쾌락을 가져다준다면 쾌락주의자는 단기적 쾌락보다는 사회적 성취를 우선적으로 추구한다.

또한 쾌락주의는 쾌락 이외의 것은 모두 무가치한 것으로 본다는 오해를 받기도 한다. 하지만 쾌락주의가 쾌락만을 가치 있는 것으로 보는 것은 아니다. 세상에는 쾌락 말고도 가치 있는 것들이 있으며, 심지어 고통조차도 가치 있는 것으로 볼 수 있다. 발이 불구덩이에 빠져서 통증을 느껴 곧바로 발을 빼낸 상황을 생각해 보자. 이때의 고통은 분명히 좋은 것임에 틀림없다. 만약 고통을 느끼지 못했다면, 불구덩이에 빠진 발을 꺼낼 생각을 하지 못해서 큰 부상을 당했을 수도 있기 때문이다. 물론 이때 고통이 가치 있다는 것은 도구적인 의미에서 그런 것이지 그 자체가 목적이라는 의미는 아니다.

쾌락주의는 고통을 도구가 아닌 목적으로 추구하는 것을 이해할 수 없다고 본다. 금욕주의자가 기꺼이 감내하는 고통조차도 종교적·도덕적 성취와 만족을 추구하기 위한 도구인 것이지 고통 그 자체가 목적인 것은 아니기 때문이다. 대부분의 세속적 금욕주의자들은 재화나 명예와 같은 사회적 성취를 위해 당장의 쾌락을 포기하며, 종교적 금욕주의자들은 내세의 성취를 위해 현세의 쾌락을 포기하는데, 그것이 사회적 성취이든 내세적 성취이든지 간에 모두 광의의 쾌락을 추구하고 있는 것이다.

쾌락주의가 여러 오해로 인해 부당한 비판을 받고 있는 것은 사실이지만 그렇다고 쾌락주의가 어떠한 비판으로부터도 자유로운 것은 아니다. 쾌락주의는 쾌락의 정의나 쾌락의 계산 등과 관련하여 문제점을 갖고 있다. 쾌락의 원천은 다양한데, 과연 서로 다른 쾌락을 같은 것으로 볼 수 있는가? 가령 식욕의 충족에서 비롯된 쾌락과 사회적 명예의 획득에서 비롯된 쾌락은 같은 것인가? 이에 대해 벤담은 이 쾌락들이 질적으로 동일하며 양적으로 다를 뿐이라고 대답함으로써 쾌락주의의 입장을 일관되게 유지할 수 있었으나, 저급한 돼지의 쾌락과 고차원적인 인간의 쾌락을 동일시하여 결국 돼지와 인간을 동등한 존재로 간주하였다는 점에서 비쾌락주의자로부터 '돼지의 철학'이라고 비판받았다. 밀은 만족한 돼지보다 불만족한 인간이 더 낫고, 만족한 바보보다는 불만족한 소크라테스가 더 낫다고 주장하면서 쾌락의 질적 차이를 인정했다. 그런데 이 입장을 취하게 되면, 이질적인 쾌락을 어떻게 서로 비교할 수 있는가 하는 계산의 문제가 발생한다. 밀은 이질적인 쾌락이라고 해도 양자를 모두 경험한 다수의 사람이 선호하는 쾌락을 고급 쾌락이라고 하면서 저급 쾌락과 고급 쾌락을 구분하였다. 인간은 자유롭고 존엄한 삶을 추구하는 존재인데, 이러한 자유와 존엄성의 실현에 기여하는 고급 쾌락이 더 바람직하다는 것이다. 하지만 이와 관련하여 후대의 다른 쾌락주의자들은 ㉡ 밀이 쾌락주의의 입장을 저버렸다는 비판을 하기도 하였다.

08 위 글에 나타난 쾌락주의의 입장이 아닌 것은?

① 고통은 그 자체로서 목적적 가치를 지닌 것은 아니다.
② 단기적이고 말초적인 쾌락은 내재적 가치를 지니지 않는다.
③ 쾌락이 아닌 다른 것도 도구적 의미에서 가치를 지닐 수 있다.
④ 금욕주의자가 고통을 감내하는 것도 결국은 쾌락을 위한 것이다.
⑤ 두 행위 중 결과적으로 더 큰 쾌락을 산출하는 행위가 옳은 것이다.

대립 구조 분석

09 ㉠의 입장에서 〈보기〉에 대해 제시할 수 있는 견해로 가장 적절한 것은?

보기

쾌락주의는 사디스트가 쾌락을 얻기 위해 가학적 행위를 하는 것도 옳다고 보기 때문에 문제가 있다.

① 사디스트의 가학적 행위는 그 동기가 나쁘기 때문에 그른 것이다.
② 사디스트의 가학적 행위는 그 자신의 쾌락을 증진해 주기 때문에 옳은 것이다.
③ 사디스트의 가학적 행위는 그로 인한 피해의 발생 여부와 관계없이 그 자체로 그른 것이다.
④ 사디스트가 가학적 행위로 얻는 쾌락은 타인에게 고통을 주기 때문에 그 자체로서 가치를 지닌 것이 아니다.
⑤ 사디스트가 가학적 행위로 얻는 쾌락보다 그로 인한 희생자의 고통이 더 클 경우에 가학적 행위는 그른 것이다.

필수체크 패러프레이징

10 위 글의 내용으로 미루어 볼 때, ㉡의 이유로 가장 적절한 것은?

① 밀은 쾌락이 도구적 가치를 지닌다는 입장을 포기하였다.
② 밀은 도덕적 가치 평가에서 쾌락 이외의 다른 기준을 도입하였다.
③ 밀은 쾌락의 원천이 단일하지 않고 다양하다는 점을 인정하였다.
④ 밀은 모든 쾌락을 하나의 기준으로 환원하여 계산할 수 있다고 보았다.
⑤ 밀은 질적 차이가 있는 쾌락을 서로 비교하여 평가할 수 없다고 보았다.

규범(윤리학) 지문 04	2015학년도 24-26번	상위 테마 - 규범(윤리학) 하위 테마 - 인격체 살해의 비도덕성에 대한 공리주의와 자율성론의 이론

[24~26] 다음 글을 읽고 물음에 답하시오.

인격체는 인간이나 유인원과 같은 동물처럼 자기의식을 지닌 합리적 존재인데, 이들은 자율적 판단 능력을 가지고 있고 자신의 삶이 미래에도 지속될 것을 인식할 수 있다. 반면에 그러한 인격적 특성을 지니고 있지 않은 물고기와 같은 동물은 비인격체로서 자기의식이 없으며 단지 고통과 쾌락을 느낄 수 있는 감각적 능력만을 갖고 있다. 그렇다면 인격체를 죽이는 것이 비인격체를 죽이는 것보다 더 심각한 문제가 되는 이유는 무엇인가?

사람을 죽이는 행위를 나쁘다고 간주하는 이유들 중의 하나는 그것이 살해당하는 사람에게 고통을 주기 때문이다. 그런데 그 사람에게 전혀 고통을 주지 않고 그 사람을 죽이는 경우라고 해도 이를 나쁘다고 볼 수 있는 근거는 무엇인가? '고전적 공리주의'는 어떤 행위가 불러일으키는 쾌락과 고통의 양을 기준으로 그 행위에 대해 가치 평가를 내린다. 이 관점을 따를 경우에 그러한 살인은 그 사람에게 고통을 주지도 않고 고통과 쾌락을 느낄 주체 자체를 아예 없애기 때문에 이를 나쁘다고 볼 근거는 없다. 따라서 피살자가 겪게 되는 고통의 증가라는 '직접적 이유'를 내세워 그러한 형태의 살인을 비판하기는 어렵다. 고전적 공리주의의 관점에서는 피살자가 아니라 다른 사람들이 겪게 되는 고통의 증가라는 '간접적 이유'를 내세워 인격체에 대한 살생을 나쁘다고 비판할 수 있다.살인 사건이 주변 사람들에게 알려지면 이를 알게 된 사람들은 비인격체와는 달리 자신도 언젠가 살해를 당할 수 있다는 불안과 공포를 느끼게 되고 이로 인해 고통이 증가하는 결과가 발생하므로 살인이 나쁘다는 것이다.

이에 비해 '선호 공리주의'는 인격체의 특성과 관련하여 그러한 살인을 나쁘다고 보는 직접적 이유를 제시한다. 이 관점은 어떤 행위에 의해 영향을 받는 선호들의 충족이나 좌절을 기준으로 그 행위에 대해 가치 평가를 내린다. 따라서 고통 없이 죽이는 경우라고 해도 계속 살기를 원하는 사람을 죽이는 것은 살려고 하는 선호를 좌절시켰다는 점에서 나쁜 것으로 볼 수 있다. 특히 인격체는 비인격체에 비해 대단히 미래 지향적이다. 그러므로 인격체를 죽이는 행위는 단지 하나의 선호를 좌절시키는 것이 아니라 그가 미래에 하려고 했던 여러 일들까지 좌절시키는 것이므로 비인격체를 죽이는 행위보다 더 나쁘다.

'자율성론'은 공리주의와는 다른 방식으로 이 문제에 접근하여 살인을 나쁘다고 비판하는 직접적 이유를 제시한다. 이 입장은 어떤 행위가 자율성을 침해하는지 그렇지 않은지를 기준으로 그 행위에 대해 가치 평가를 내린다. 인격체는 비인격체와는 달리 여러 가능성을 고려하면서 스스로 선택하고, 그 선택에 따라 행동하는 능력을 지닌 자율적 존재이며, 그러한 인격체의 자율성은 존중되어야 한다. 인격체는 삶과 죽음의 의미를 파악하여 그 중 하나를 스스로 선택할 수 있다. 이러한 선택은 가장 근본적인 선택인데, 죽지 않기를 선택한 사람을 죽이는 행위는 가장 심각한 자율성의 침해가 된다. 이와 관련하여 공리주의는 자율성의 존중 그 자체를 독립적인 가치나 근본적인 도덕 원칙으로 받아들이지는 않지만 자율성의 존중이 대체로 더 좋은 결과를 가져온다는 점에서 통상적으로 그것을 옹호할 가능성이 높다.

인격체의 살생과 관련된 이러한 논변들은 인간뿐만 아니라 유인원과 같은 동물에게도 적용되어야 한다. 다만 고전적 공리주의의 논변은 유인원과 같은 동물에게 적용하는 데 조금 어려움이 있을 수도 있다. 왜냐하면 인간에 비해 그런 동물은 멀리서 발생한 동료의 살생에 대해 알기 어렵기 때문이다. 여러 실험과 관찰을 통해 확인할 수 있듯이 침팬지와 같은 유인원은 자기의식을 지닌 합리적 존재로서 선호와 자율성을 지니고 있다. 따라서 이러한 인격적 특성을 지닌 존재를 단지 종이 다르다고 해서 차별적으로 대하는 것은 옳지 않으며, 그런 존재를 죽이는 것은 인간을 죽이는 것과 마찬가지로 나쁜 일이다. 인격체로서의 인간이 특별한 생명의 가치를 가진다면 인격체인 유인원과 같은 동물도 그러한 특별한 생명의 가치를 인정받아야 한다.

24 윗글의 내용과 부합하지 않는 것은?

① 자율성의 존재 여부는 인간과 동물을 구분하는 중요한 기준이다.
② 모든 동물이 인간과 같은 정도의 미래 지향성을 갖는 것은 아니다.
③ 죽음과 관련하여 모든 동물의 생명이 같은 가치를 가지는 것은 아니다.
④ 자기 존재에 대한 의식은 인격체와 비인격체를 구분하는 중요한 기준이다.
⑤ 인격적 특성을 가진 동물의 생명은 인간의 생명과 비교하여 차별되어서는 안 된다.

25 윗글에서 추론한 것으로 적절하지 않은 것은?

① 어떠한 선호도 가지지 않는 존재를 죽이는 행위가 다른 존재에게 아무런 영향도 주지 않는다면, 선호 공리주의는 그 행위를 나쁘다고 비판하기 어렵다.
② 아무도 모르게 고통을 주지 않고 살인을 하는 경우라면 고전적 공리주의는 '간접적 이유'를 근거로 이를 비판하기 어렵다.
③ 아무런 고통을 느낄 수 없는 존재를 죽이는 행위에 대해 고전적 공리주의는 '직접적 이유'를 근거로 비판하기 어렵다.
④ 인격체 살생에 대한 찬반 문제에서 공리주의와 자율성론은 상반되는 입장을 취할 가능성이 높다.
⑤ 자율성론에서는 불치병에 걸린 환자가 죽기를 원하는 경우에 안락사가 허용될 수 있다.

26 〈보기〉의 갑과 을의 행위에 대한 아래의 평가 중 적절한 것만을 있는 대로 고른 것은?

보기

- 갑은 미래에 대한 다양한 기대, 삶의 욕망 등을 갖고 행복하게 살던 고릴라를 약물을 사용하여 고통 없이 죽였다. 이 죽음은 다른 고릴라들에게 커다란 슬픔과 죽음의 공포를 주었으며, 그 이외의 영향은 없다.
- 을은 눈앞에 있는 먹이를 먹으려는 욕구만을 지닌 채 별 어려움 없이 살아가던 물고기를 고통을 주는 도구를 사용하여 죽였으며, 그 죽음에 의해 영향을 받는 존재는 없다.

ㄱ. 고전적 공리주의는 갑의 행위는 나쁘지만 을의 행위는 나쁘지 않다고 본다.
ㄴ. 선호 공리주의는 갑의 행위가 을의 행위에 비해 더 나쁘다고 본다.
ㄷ. 자율성론은 갑의 행위와 을의 행위가 모두 나쁘다고 본다.

① ㄱ　② ㄴ　③ ㄱ, ㄴ
④ ㄱ, ㄷ　⑤ ㄴ, ㄷ

◎ 대립 구조 분석

◎ 필수체크 패러프레이징

규범(윤리학) 지문 05	2017학년도 4-6번	상위 테마 - 규범(윤리학)
		하위 테마 - 개인 복지 수준 측정 지표로서 3가지 도덕철학적 입장

[4~6] 다음 글을 읽고 물음에 답하시오.

개인의 복지 수준이 향상되었다거나 또는 한 개인의 복지 수준이 다른 사람들보다 높다고 할 때, 이는 무엇을 의미하는가? 이 물음에 대한 답변은 인간 복지의 본성이나 요건에 대한 이해를 요구하는데, 이와 관련된 대표적인 도덕철학적 입장은 다음과 같다.

첫째, '쾌락주의적 이론'은 긍정적인 느낌으로 구성된 심리 상태인 쾌락의 정도가 복지 수준을 결정한다고 본다. 어떤 개인이 느끼는 쾌락이 증진될 때 그의 복지가 향상된다는 것이다. 둘째, '욕구 충족 이론'은 개인이 욕구하는 것이 충족되는 정도에 따라 복지 수준이 결정된다고 본다. 어떤 개인이 지닌 욕구들이 좌절되지 않고 더 많이 충족될 때 그의 복지가 향상된다는 것이다. 셋째, '객관적 목록 이론'은 개인의 삶을 좋게 만드는 목록을 기준으로 그것이 실현되는 정도에 따라 복지 수준이 결정된다고 본다. 그러한 목록에는 통상적으로 자율적 성취, 지식, 친밀한 인간관계, 미적 향유 등이 포함되는데, 그것의 내재적 가치는 그것이 개인에게 쾌락을 주는지 또는 그것이 개인에 의해 욕구되는지 여부와는 직접적 관련이 없다. 이 중에서 '쾌락주의적 이론'과 '객관적 목록 이론'은 어떤 것들이 내재적 가치가 있는지를 말해 준다는 점에서 실질적인 복지 이론이며, '욕구 충족 이론'은 사람들에게 좋은 것들을 찾아내는 방법을 알려주지만 그것들이 무엇인지를 말해 주지 않는다는 점에서 형식적인 복지 이론이라고 할 수 있다.

이러한 복지 이론들 중에서 많은 경제학자들의 지지를 받는 것은 '욕구 충족 이론'이다. 그들은 이 이론을 바탕으로 복지 수준의 높고 낮은 정도를 평가할 수 있다고 본다. 그리고 우리가 직관적으로 복지의 증가에 해당한다고 믿는 모든 활동과 계기들이 쾌락이라는 심리 상태를 항상 동반하는 것은 아니기 때문에 '쾌락주의적 이론'은 복지에 관해서 너무 협소하다고 비판하면서 더 개방적인 입장을 가져야 한다고 주장한다. 욕구의 대상이 현실에서 구현되는 것이 중요하지 그 구현 사실이 인식되어 개인들이 어떤 느낌을 갖게 되는 것이 필수적이지는 않다고 보기 때문이다. 그 이론의 옹호자들은 '객관적 목록 이론'도 한계를 지니고 있다고 비판한다. 복지 목록에 있는 항목들이 대체로 개인들의 복지에 기여한다는 점은 인정할 수 있지만 그 항목들이 복지에 기여하는 이유에 대해서는 제대로 해명하지 못하고 있다는 것이다. 또한 개인들이 실제로 욕구하는 것들 중에는 그 목록에 포함되지 않지만 복지에 기여하는 경우도 있다는 것이다.

하지만 이러한 '욕구 충족 이론'도 다음과 같은 문제점을 갖고 있다. 첫째, 욕구의 충족과 복지가 어느 정도 연관성이 있기는 하지만 모든 욕구의 충족이 복지에 기여하는 것은 아니라는 문제가 있다. 사람들이 정보의 부족이나 잘못된 믿음으로 자신에게 나쁜 것을 욕구할 수 있으며, ㉠ <u>타인의 삶에 대해 내가 원하는 것이 이루어졌다고 할지라도 그것이 나의 복지 증진과는 무관할 수 있기 때문이다.</u> 둘째, 사람들이 타인에 대한 가학적 욕구와 같은 반사회적인 욕구를 추구하는 경우도 문제가 된다. 셋째, ㉡ <u>개인이 일관된 욕구 체계를 갖고 있지 않아서 욕구들 사이에 충돌이 발생할 때 이를 해결하기 어렵다</u>는 문제가 있다.

이러한 문제들에 대응하는 방식으로는 '욕구 충족 이론'을 버리고 다른 복지 이론을 수용하는 방식도 있지만 그 이론을 변형하는 방식도 있다. '욕구 충족 이론'과 구별되는 '합리적 욕구 충족 이론'은 개인들이 가진 모든 욕구들의 충족이 아니라, 관련된 정보에 입각하여 타인이 아닌 자기에게 이익이 되는 합리적인 욕구의 충족만이 복지에 기여한다고 본다. 이것은 사람들이 욕구하는 것이 합리적이라면 그것이 바로 좋은 것이라는 입장이다. 이 이론은 '욕구 충족 이론'이 봉착한 난점들을 상당히 해결해 준다는 점에서 장점을 갖고 있다. 하지만 이 이론은 어떤 욕구가 합리적 인지에 대해 답변을 해야 하는 부담을 안고 있다. 만약 이 이론의 옹호자가 이에 대한 답변을 시도한다면 이 이론은 형식적 복지 이론에서 실질적 복지 이론으로 한 걸음 나아가게 된다.

04 윗글에서 이끌어낼 수 있는 내용으로 적절하지 않은 것은?

① '쾌락주의적 이론'은 개인의 쾌락이 감소하면 복지도 감소한다고 본다.
② '욕구 충족 이론'은 개인들 간의 복지 수준을 서로 비교할 수 없다고 본다.
③ '객관적 목록 이론'은 쾌락이 증가하더라도 복지 수준은 불변할 수 있다고 본다.
④ '객관적 목록 이론'은 내재적 가치를 지닌 것들이 복지를 증진할 수 있다고 본다.
⑤ '합리적 욕구 충족 이론'은 모든 욕구의 충족이 복지에 기여하는 것은 아니라고 본다.

대립 구조 분석

필수체크 패러프레이징

05 '욕구 충족 이론'의 관점과 부합하는 주장만을 〈보기〉에서 있는 대로 고른 것은?

보기

ㄱ. 욕구를 충족하는 것은 복지 증진의 필요조건이기는 하지만 충분조건은 아니다.
ㄴ. 복지에 기여하는 행위는 그 전후로 개인의 심리 변화를 유발하지 않아도 된다.
ㄷ. 미적 향유가 복지에 기여한다면 그 자체가 좋은 것이기 때문이 아니라 그것이 내가 원하는 것이기 때문이다.

① ㄱ ② ㄴ ③ ㄷ
④ ㄱ, ㄴ ⑤ ㄴ, ㄷ

06 〈보기〉의 사례들에 대한 반응으로 적절하지 않은 것은?

보기

(가) ‘갑’은 기차에서 우연히 만난 낯선 사람의 질병이 낫기를 간절히 원하였는데, 그 후에 그를 다시 만난 적이 없어서 그의 질병이 나았다는 것을 전혀 모른다. 그래서 그의 질병이 나았다는 사실은 갑에게 아무런 영향도 주지 않았다.

(나) ‘을’은 A학점을 받기 위해 시험 전날 밤에 밤새워 공부하기를 원하면서도, 친구들과 어울리는 것이 좋아 밤늦게까지 파티에 참석하기도 원한다. 그래서 그는 어떻게 해야 할지 갈등하고 있다.

(다) ‘병’은 인종 차별적 성향 때문에, 의약품이 더 필요한 흑인보다는 그렇지 않은 백인에게 의약품을 분배하기를 원한다. 그래서 그는 백인에게만 그 의약품을 분배하였다.

① (가)는 ‘욕구 충족 이론’의 문제점과 관련하여 ㉠의 사례로 활용할 수 있겠군.

② (가)는 ‘쾌락주의적 이론’과 ‘합리적 욕구 충족 이론’ 모두의 관점에서는 갑의 복지가 증진된 사례로 활용할 수 없겠군.

③ (나)는 ‘욕구 충족 이론’의 문제점과 관련하여 ㉡의 사례로 활용할 수 있겠군.

④ (나)에 나타난 갈등은 항목들 간의 우선순위를 설정하지 않은 ‘객관적 목록 이론’에서는 해결하기 어렵겠군.

⑤ (다)는 ‘욕구 충족 이론’의 관점에서는 병의 복지가 증진된 사례가 될 수 없겠군.

MEMO

CHAPTER

3 철학 영역

철학 지문 01	2011학년도 6-8번	상위 테마 - 칸트와 헤겔의 철학/윤리학 하위 테마 - 독일 관념론의 전개에서 감성주의의 등장과 후퇴

[6~8] 다음 글을 읽고 물음에 답하시오.

일반적으로 철학적 근대는 감성의 영역으로부터 완전히 벗어난 이성적 자아를 정초한 데카르트에서 출발하여, 주체뿐 아니라 객체의 세계까지도 선험적 이성의 현상태로 규정한 독일 관념론에 이르러 완결된다고 일컬어진다. 그러나 시작과 끝만 보고 이 시대 전체를 이성지상주의의 단선적 질주로 일반화하는 것은 성급한 판단이다. 왜냐하면 근대 철학의 진행 과정에는 이성의 독주에 맞서 감성에 적극적인 의미와 가치를 부여하고자 한 다양한 사조들 역시 유의미한 반대 노선으로 등장했기 때문이다. 그렇다면 철학적 근대는 어떤 곡절을 거쳤기에 그러한 귀결에 이르렀을까?

이 물음에 대한 답을 얻는 데 하나의 중요한 단서를 제공하는 것이 바로 '새로운 신화학'이라는 사상 운동이다. 그중 1913년에 발견된 후, 후일 「독일 관념론의 가장 오래된 체계 강령」(이하 「강령」)으로 명명된 18세기 말의 작자 미확정 텍스트는 단연 흥미를 끈다. 왜냐하면 이성지상주의의 결정판으로 불리는 것이 독일 관념론인데, 그 사조의 출발점에 위치하는 이 글에서는 오히려 사뭇 다른 입장이 개진되고 있기 때문이다.

「강령」을 이해하기 위해서는 먼저 이 글에서 강하게 감지되는 ㉠ 실러의 정치 미학에 대한 이해가 필요하다. 왜냐하면 "아름다운 세계여, 그대는 어디에 있는가? 다시 오라!"라고 외치는 실러처럼 「강령」의 저자도 고대 그리스에 견줄 수 있는 충만한 미적 차원의 문화를 소망하기 때문이다. 실러의 이러한 생각은 일차적으로는 공포 정치로 극단화된 프랑스 혁명과 인간의 소외가 만연한 시민 사회에 대한 실망에서 나왔으며, 근본적으로는 혁명의 사상적 모태인 계몽주의에 대한 강한 비판 의식에서 비롯된다. 그가 보기에, 계몽주의는 추상적 지성의 계몽에만 경도되어 인간의 소중한 정신 능력들의 조화를 파괴했기 때문에 혁명의 과격화는 필연적이다. 반면 고대 그리스 사람들은 자신이 속한 공동체와 유기적 조화를 이루고 있었는데, 이는 그들의 심성이 감성과 이성의 조화로운 미분리를 유지했기 때문이다. 이에 실러는 현실 정치 영역에서 참된 인륜적 공동체를 구현하기 위해서는 미적 차원의 문화 건설이 선행 조건이라고 생각하며, 이에 따라 인간 심성 자체의 미적 교육, 즉 감성적 충동과 이성적 충동을 화해시키는 '유희 충동'의 계발을 구체적인 전략으로 제시한다.

㉡ 「강령」의 저자는 이러한 정치 미학적 노선을 발전시켜 새로운 신화학이라는 모델을 제안한다. '새로운'이라는 표현이 시사하듯, 그가 지향하는 이상은 계몽을 원천 무효화하는 신화학이 아니라 이성과 감성의 화해, 즉 신화학을 통해 참된 모습으로 변용된 계몽이다. 실러가 소망하는 아름다운 세계의 재림처럼 그가 지향하는 신화학 역시 계몽의 미적 고양을 핵심으로 한다. 더 나아가 「강령」의 저자는 이러한 노선을 무정부주의적 방향으로까지 극단화하여, 신화학이라는 미적 차원의 문화를 참된 현실 정치의 선행 조건으로서가 아니라, 아예 국가의 종식을 통해 이르러야 할 궁극적인 목표 지점으로 구상한다.

그러나 이렇게 미적 절대주의로까지 극단화된 노선에서 출발한 독일 관념론은 이후 사상가들이 다다른 ⓐ 그 최종판에서는 근대 초기보다도 훨씬 강화된 이성지상주의로 전환된다. 이러한 전환은 과거의 신화적 세계와 당대의 국가적 삶의 양식에 대한 새로운 해석에서 비롯된다. 즉 근대의 정치적 양상이 이제는 상실이 아니라 획득으로 평가되는 것이다. 이에 따르면, 일견 아름다워 보이는 고대에서는 오히려 절대 소수의 이익을 위한 절대 다수의 억압이 자행되었고, 시민 사회를 거쳐 형성된 근대의 입헌적 질서에서는 다수의, 나아가 만인의 보편적 자유가 구현된다.

이러한 정치적 입장의 근저에는 세계의 전체 과정이 자유로운 이성의 자기실현 과정에 속한다는 형이상학이 작용하고 있다. 즉 역사란 태초의 근원적 원리인 선험적 이성이 현상계에서 실현되는 거대한 과정에 포함되는 하나의 하위 범주이기 때문에, 감성이 지배하는 신화적 세계가 지양되고 이성이 지배하는 시민 사회와 국가 체제가 출현하는 것은 정당하고도 필연적이라는 것이다. 따라서 신화와 같이 미적 차원에 속하는 것은 정신사의 미발전된 초기에만 인간 심성을 도야하는 매개체가 될 수 있으며, 이성의 전진을 통해 도달한 시대에 다시 미적 이상향을 꿈꾸는 것은 계몽을 고양하는 것이 아니라 오히려 이성의 실현이라는 거대한 흐름에 역행하는 것이라고 보는 것이다.

06 위 글에 따라 철학적 근대의 전개 과정을 가장 잘 요약한 것은?

① 이성지상주의와 그 반대 노선이 충돌하자, 양자가 각각 부분적 타당성을 지닌다는 인식을 통해 다수 이론의 공존을 용인하는 합리적 사상이 강화되었다.
② 이성지상주의에 대해 그 반대 노선이 도전했지만, 도전의 근거로 제시된 현상에 대한 재해석을 통해 더 강화된 이성지상주의가 등장하였다.
③ 이성지상주의의 부적절성이 반대 노선에 의해 입증되자, 애초의 전제에 내재한 오류의 인식을 통해 사상의 방향이 근본적으로 전환되었다.
④ 이성지상주의와 그 반대 노선이 충돌하자, 두 입장 모두의 불완전함을 인식하고 양자의 매개를 추구하는 중립적 이론이 형성되었다.
⑤ 이성지상주의가 반대 노선의 도전에 직면했지만, 이를 물리치고 처음의 입장을 그대로 고수하는 확고한 노선이 유지되었다.

07 ㉠과 ㉡에 대한 설명으로 가장 적절한 것은?

① ㉠은 현실 정치를 위한 미적 교육을, ㉡은 무정부주의적 신화학을 모색한다.
② ㉠은 독일 관념론을 위한, ㉡은 계몽주의를 위한 철학적 기초를 마련한다.
③ ㉠은 계몽주의의 지속적 완성을, ㉡은 계몽주의의 근본적 청산을 지향한다.
④ ㉠과 ㉡은 모두 미적 차원의 문화 건설을 노선의 궁극적 목표로 설정한다.
⑤ ㉠과 ㉡은 모두 미적 절대주의를 통해 참된 인륜적 공동체의 건설을 추구한다.

08 ⓐ의 입장에서 '새로운 신화학'을 비판할 때, 가장 적절한 것은?

① 현실 정치에 등을 돌리고 미적 차원을 지향하는 것은 실질적으로는 근대 사회가 초래한 만인에 대한 억압을 용인하는 것이다.
② 역사가 진행될수록 위축되어 온 인간의 자유를 이성에 의거하여 복원하려는 것은 역사의 대세를 거스르는 부질없는 노력이다.
③ 삶의 근대적 양상을 정치적 차원에서만 고찰하는 것은 그 양상이 이성의 전횡에서 비롯된 결과임을 간과할 위험이 있다.
④ 신화학을 통해 변용된 계몽의 모델을 과거에서 찾는 것은 감성주의적 이상 실현을 위해 바람직한 길이 아니다.
⑤ 당대의 참된 가치를 제대로 인식하지 못하고 오히려 이미 극복된 과거를 모범으로 삼는 것은 퇴행적 발상이다.

대립 구조 분석

필수체크 패러프레이징

철학 지문 02	2013학년도 30-32번	상위 테마 - 칸트와 헤겔의 철학/윤리학 하위 테마 - 칸트의 윤리학에서 정언명령의 위상에 대한 들뢰즈의 비판

[30~32] 다음 글을 읽고 물음에 답하시오.

서양의 지적 전통에서 법은 오랫동안 선에 비해 부차적인 것, 혹은 선을 닮기 위한 수단에 불과한 것으로 이해되었다. 법은 신들이 버린 세계 속에 있는 선의 유사물이자 최상의 원리인 선의 모조품이었다. 플라톤 식으로 표현하면, 선의 이데아를 따르기 위해 현상계의 인간들이 할 수 있는 것은 선의 모방이었으며, 구체적으로 이 모방은 법을 따르는 것이었다.

법과 선의 이와 같은 고전적인 관계는 전통적으로 존재의 본질과 연결된 자연법론의 형태로 정당화되었다. 그러나 자연법론은 존재의 본질에 대하여 어느 정도 동질적인 이해가 확보된 조건하에서만 유용할 수 있다. 만약 서로 다르고 모순적인 세계관들이 충돌하게 되면 자연법론은 보편적 적용 가능성을 얻는 대가로 끊임없이 그 내용을 포기해야만 하는 운명을 피하기 어렵다. 근대적 법 이론가로서 칸트는 인간의 실천이성에 선험적으로 내재하는 도덕법칙에 주목하여 법과 선의 관계를 재규정함으로써 자연법론에 닥친 위기를 돌파하고자 했다.

「실천이성비판」에서 칸트는 인간의 자유를 인격적 자율과 그에 따른 책임으로 이해하면서 윤리적 행위를 규정하는 도덕법칙으로 정언명령을 제시한다. 도덕법칙이 명령으로 등장하는 까닭은 인간의 자연적 경향이 항상 선을 지향하고 있지는 않기 때문이다. 따라서 도덕법칙은 실천이성이 선의 이념에 따라 자기 자신에게 강제적으로 부과하는 규범이며, 무조건적인 준수를 요구하는 명령이다. 하지만 정언명령은 어디까지나 순수 형식의 표상으로서 대상, 지역, 상황들과는 무관하고, 그 속에는 구체적인 행위를 지시하는 내용이 전혀 들어 있지 않다. 그것은 오로지 행위가 순응해야 하는 형식적 법칙만을 무조건적으로 명령할 뿐이다. 「실천이성비판」에서 칸트는 "너의 의지의 준칙이 항상 동시에 보편적 입법의 원리로서 타당할 수 있도록 행위하라."라고 하는 명령을 실천이성의 원칙으로 선언한다.

들뢰즈는 이와 같은 칸트의 주장에서 법이 선의 주위를 맴돈다는 종래의 생각을 전도시켜 오히려 선이 법의 주위를 맴돌게 만들려는 기획을 찾아낸다. 칸트의 이런 기획에 따르면 법은 더 이상 선에 의하여 규정되지 않고 도리어 법의 입장에서 선을 규정한다. 실천이성의 법칙으로서 법은 선이 의무를 부과하기 위해 가지지 않으면 안 되는 보편적인 형식으로 스스로를 정당화한다. 들뢰즈에 따르면, 칸트의 기획을 이끄는 핵심 논리는 정언명령을 유일하고 보편적이며 무조건적인 법으로 내세우면서 이에 대한 복종을 선 그 자체로 규정하는 것이다. 달리 말해, 선을 실현하기 위한 수단으로 법에 대한 복종을 요구하는 것이 아니라 법에 대한 복종 그 자체를 선으로 규정하는 것이다.

근대적 법 이론의 역사에서 법과 선의 관계를 전도시키는 칸트의 기획은 하나의 신기원을 이루었다. 그럼에도 불구하고 그 이면에 특수한 형태의 폭력성이 도사리고 있음을 부인하기는 어렵다. 앞서 말했듯이, 정언명령은 순수 형식이며 그 안에는 구체적인 내용이 없다. 따라서 정언명령은 오로지 구체적인 상황 속에서만 구체적으로 인식될 수 있다. 바로 이 점에 관하여 들뢰즈는 카프카의 소설을 예로 들어 법의 실행 문제를 제기한다. 카프카의 작품 유형지에서 에는 형벌 기계가 나오는데 그 기계 안에서 처형되는 사람은 자신의 죄를 모른 채 처벌을 받는다. 그 처벌은 그 사람의 죄명을 그의 몸뚱이 위에 바늘로 기록하는 것이다. 이는 인간은 법을 위반한 결과로 주어지는 형벌을 통해서 비로소 그 법을 구체적으로 알게 된다는 의미이다.

이처럼 법의 실행을 판결과 집행으로 이해할 경우, 칸트의 기획은 결과적으로 ㉠ '우울증적 법의식'을 초래하는 사태를 피하기 어렵다. 정언명령에 대한 복종은 선 그 자체이므로 정언명령은 선의지를 가질 의무를 부과하는 것이나 다름없다. 그러나 정언명령은 그것을 위반하지 않는 한 구체적으로 인식될 수 없다. 이 때문에 칸트의 기획에서 정언명령은 인간에게 선의지에 대한 무조건적 추궁으로 받아들여지고, 그 앞에서 인간은 자신의 선의지를 입증해야 한다는 강박 관념에 휩싸이게 된다. 이로부터 벗어나기 위해서는 정언명령의 구체적인 내용을 알아야 하지만 정언명령을 위반하지 않는 한 그렇게 할 수 없다. 이와 같이 칸트의 기획은 결과적으로 인간을 죄의식에 시달리게 만든다. 정언명령에 대한 복종 요구에 엄격하게 따를수록 이 죄의식은 더욱 커진다.

근대적 법 이론가로서 칸트는 인간에게 스스로의 내면에서 실천이성이 명령하는 법에 대해 무조건적으로 복종하라고 요구한다. 그러나 들뢰즈에 따르면, 칸트의 기획은 법에 대한 엄격한 복종을 통해 인간에게 죄의식을 증대시키는 과정인 동시에 인간의 자유의 토대인 인격적 자율을 훼손하는 과정이기도 하다. 법의 실행을 다르게 이해하지 않는 한, 우울증적 법의식으로부터 벗어나는 방법은 칸트의 기획을 거부하는 것뿐이다. 이제 인간은 법을 주군의 자리에서 끌어내어 선의 주변부로 돌려보내고 다시 선을 주군으로 삼아 법을 다스리게 해야 할지도 모른다.

30 위 글을 이해한 내용으로 적절하지 않은 것은?

① 칸트의 기획은 존재의 본질에 연결된 고전적 자연법론의 전통을 연장한 것이다.
② 칸트의 기획이 나오기 전까지 법은 선과의 관계에서 독립적으로 정당화될 수 없었다.
③ 법과 선의 고전적인 관계에서 법에 대한 복종은 현상계에서 선을 실현하기 위한 수단이었다.
④ 근대적 법 이론가로서 칸트의 특징은 법의 근거를 객관적 실재가 아니라 선험적 도덕법칙에서 찾았다는 데 있다.
⑤ 서양의 근대 세계에서 자연법론의 위기는 그 보편성을 확보할 수 없게 만드는 다양한 세계관들로 인해 촉발되었다.

31 들뢰즈의 해석에 따라 칸트의 '정언명령'을 이해한 것으로 옳지 않은 것은?

① 법적인 심판 구조 속에서 법의 위반 행위를 사후적으로 단죄한다.
② 선의 형식을 규정하는 보편 법칙으로서 법의 입장에서 선을 규정한다.
③ 오로지 형식적 규칙으로 제시되는 까닭에 구체적인 내용을 알 수 없다.
④ 법을 명령하는 자와 그 명령을 따라야만 하는 자로 인간의 내면을 분열시킨다.
⑤ 인간의 본성이 선을 지향한다고 전제한 뒤 도덕법칙을 준수할 의무를 부과한다.

32 ㉠에 대해 칸트가 취할 수 있는 입장과 상충하는 것은?

① 죄의식은 주관적인 심리 현상일 뿐이므로 인격적 자율과 책임의 문제와는 관련이 없다.
② 정언명령 앞에서 죄의식을 가졌다고 해서 그것에서 벗어나고자 정언명령 자체를 거부해서는 안 된다.
③ 법의 실행을 도덕법칙에 따른 입법 행위로 이해하면 인격적 자율이 더욱 잘 구현되고 죄의식도 예방할 수 있다.
④ 범죄 행위는 그 행위의 준칙을 보편화할 수 없다는 점에서 불법성이 명백하므로 이에 대해서는 죄의식이 아니라 책임감을 느껴야 한다.
⑤ 인간의 실존이 죄의식에 사로잡혀 있음을 알면서도 법에 대한 무조건적 복종을 계속 요구하는 것은 보편적 입법의 원칙에 비추어 정당화되기 어렵다.

대립 구조 분석

필수체크 패러프레이징

철학 지문 03	2018학년도 13-15번	상위 테마 – 칸트와 헤겔의 철학/윤리학 하위 테마 – 칸트의 도덕 철학과 헤겔의 윤리 이론에서 '자유'의 문제

[13~15] 다음 글을 읽고 물음에 답하시오.

서양 근대 윤리학에서 칸트의 도덕 철학과 헤겔의 윤리 이론은 각기 도덕성과 인륜성의 개념으로 대표되며 오늘날에도 여전히 논란거리를 제공하고 있다.

이 가운데 칸트의 도덕 철학이 갖는 우선적 목표는 '보편도덕'을 확립하는 것이다. 그는 신과 같은 초월적 존재의 권위에 기대지 않고, 인간 존재에게 '이성'이 그 자체로 이미 주어졌다는 사실에 의거하여 '보편도덕'을 세운다. 그는 인간과 도덕으로부터 ㉠ 경험 세계의 모든 우연적 요소들을 제거한다. 인간이 피와 살을 가진 물리적 세계의 존재이고, 감정이나 취향과 같은 경향성을 가지며, 다른 사람들과 함께 살아가는 존재라는 사실을 모두 소거한다. 이로써 인간이 이성적 존재라는 단 하나의 사실에 초점을 맞춘다. '이성' 이외에 그 어떤 것도 필요로 하지 않는 '의지'의 개념을 도출하고 그것을 '이성적 의지'라고 부른다. 이성적 의지는 순수한 의지이며 자유로운 의지이자 자율적 의지이다. 여기서 자유란 스스로 법칙을 제정하고 동시에 자신이 제정한 법칙에 스스로 예속되는 '자기입법'과 '자기예속'으로서 '자율'의 능력을 의미한다. 그리고 행위를 강제하는 의무는 ㉡ '법칙에 대한 존경으로부터 생겨난 행위의 필연성'에서 비롯하며, 도덕적 행위의 유일한 판단 기준이 된다.

'이성적 주체'로서 개인은 인류 전체를 대표하고 나아가서 모든 이성적 존재를 대변할 수 있는 '자기 완결적' 존재이고, 그의 주관적 행위 원리인 준칙이 도덕 세계의 필연적 보편 법칙이 됨으로써 ㉢ 도덕적 주체가 된다. 칸트는 도덕 원리이자 의무를 ㉣ '정언 명법'이라 부르며 다음과 같이 정식화한다. "네 의지의 준칙이 동시에 보편적 입법의 원리로서 타당하도록 행위하라." 이에 따르면 도덕성의 핵심은 ㉤ '보편화 가능성'에 있다.

헤겔은 칸트의 도덕성 개념을 비판하며 '윤리적 삶'의 가치를 높이 평가한다. 윤리적 삶은 진정한 자유의 실현이며, 이는 끝없이 전진하는 자기의식이 도달하는 지점이다. 도덕적 질서와 달리 윤리적 질서는 실재하는 내용을 지닌다. 그리하여 추상적인 또는 형식적인 이성의 원리에 기초하여 무엇이 의무인지 결정할 수 없는 어려움이 윤리의 수준에서는 사라진다. 가족이나 시민사회, 국가와 같은 윤리적 공동체에 참여한다는 것은, 인간 본성의 이성적인 본질이 외적으로 실현되는 것이며, 이 공동체의 구성원으로서 특정 역할을 받아들여 그에 따른 의무와 책임을 인정하게 됨을 의미한다. 그리고 각자가 지닌 특수한 의지가 보편적 의지로서의 윤리적 질서와 일치하게 됨을 확인하기만 하면, 윤리적 질서 안에서 의무와 권리는 하나가 되어 의무는 더 이상 강제가 아니게 된다.

헤겔은 윤리적 삶의 영역을 ⓐ 인륜이라 부른다. 인륜이 발전하는 계기는 세 단계로 이루어진다. 첫 번째 단계는 가족이다. 개인은 가족을 통해서 윤리적 삶으로 들어간다. 가족 안에서 개체성에 대한 자기의식을 비로소 얻게 되며 독립적인 개인이 아니라 가족의 한 구성원임을 알게 되고, 부부 간 그리고 부모와 자식 간에 존재하는 권리와 의무를 받아들이게 된다. 두 번째 단계는 시민 사회이다. 시민사회는 스스로 존재하는 개인들의 필요에 따른 연합과 법률적 체계화 그리고 그들의 특수한 공통 이익을 얻기 위한 외적인 조직체를 통해서 발생한다. 개인은 자기 자신의 실재하는 정신이 시민사회 안에 구체화되어 있음을 발견할 때, 일정 수준의 자유에 도달한다. 시민사회에서 개인은 각자의 사회적 지위에 따라 특수하게 구체화된 존재이지만, 법적 체계에서는 모두 동등한 권리를 지닌 존재이다. 세 번째 단계는 국가이다. 개인의 개체성과 특수한 관심은 자신의 완전한 발전의 성취와 권리의 분명한 인식을 추구한다. 이와 함께 개인은 자기 이익을 넘어서서 보편의 이익과 일치하려 하며, 보편을 인식하고 의욕하려 한다. 개인이 국가 안에서 진정한 개체성을 지니고 보편을 자기 자신의 실재하는 정신으로 인식하며 보편을 자신의 목표로 간주하여 적극적으로 추구할 때, 국가란 그에게 자유의 실현이 된다.

13 ㉠~㉤에 관한 설명으로 가장 적절한 것은?

① ㉠을 제거하기 위해 도덕적 주체는 개인적 취향, 전통과 관행, 추론 능력과 무관하게 도덕 법칙을 정초한다.
② ㉡에 따른 행위란 이성의 요구에 따라 우리가 하여야 할 바를 행하는 것으로 이런 행위만 진정한 도덕적 행위가 된다.
③ ㉢은 외부의 사건이나 다른 행위자가 원인이 되어 행위를 하지 않으며 자신의 경향성을 행위의 동기로 한다.
④ ㉣은 '네가 어떤 목적을 성취하고 싶다면 그 목적에 맞는 수단으로 행위하면 된다'는 뜻이다.
⑤ ㉤을 통해 초월적 존재에 의해 선험적으로 주어진 권위로부터 행위의 도덕성이 확보된다.

14 [비판]의 내용으로 적절하지 않은 것은?

① 이성의 형식에만 호소하기에 이성의 내용을 실질적으로 갖추지 못하고 있다.
② 도덕 원리를 구성할 때 의무와 권리를 함께 고려하지 않고 일방적으로 의무를 부각하고 있다.
③ 인간의 자유를 이성적 존재의 보편성으로 한정하여 윤리적 삶의 구체적인 자유를 설명하지 못하고 있다.
④ 인간에게 본성으로 주어진 이성 능력을 발휘하여 보편의지를 함양하는 과정에 논증이 편중되어 균형을 잃고 있다.
⑤ 고립적인 자기동일성의 차원에 머무름으로써 윤리적 삶의 각 단계를 거쳐 자기의식에 도달하는 자아 형성의 가능성을 도외시하고 있다.

15 ⓐ에 대한 설명으로 적절하지 않은 것은?

① 가족의 단계에서 자녀들은 양육될 권리를 지닌다.
② 시민사회의 단계에서 모든 구성원들의 사회적 지위는 동등하다.
③ 국가의 단계에서 개체성은 사유와 구체적 현실 모두에서 보편성으로 통일된다.
④ 시민사회보다 국가에서 개인의 자유는 고양된 형태로 구현된다.
⑤ 가족, 시민사회, 국가는 이성이 외적으로 발현되는 단계들을 나타낸다.

⊙ 대립 구조 분석

⊙ 필수체크 패러프레이징

철학 지문 04	2010학년도 33-35번	상위 테마 - 개념 철학, 인식론, 논증론 등
		하위 테마 - 회슬레의 철학 장르론

[33~35] 다음 글을 읽고 물음에 답하시오.

철학적 글쓰기 방식에 대한 규정은 철학의 학문적 성격에 대한 규정과 직결된다. 현상에 대한 실증적 자료를 통해 그 타당성이 판정되는 경험과학과는 달리, 철학은 현상 너머의 메타 원리를 알고자 한다. 동시에 그것이 학문인 한 철학은 결코 정당화의 책무에서 자유로울 수 없기에, 주장의 선언이 아닌 엄밀한 논증의 형태로 존립해야 한다. 따라서 어떤 텍스트에 '철학적'이라는 수식어가 붙을 수 있는지는, 그 내용 기술이 이 조건을 충족하는지에 따라 결정될 수 있으므로, 그것이 구체적으로 어떤 양식으로 작성되는가 하는 것은 단순한 사적 취향의 문제에 그치는 것이 아니라, 어떤 양식이 철학의 학적 건강도를 얼마나 높일 수 있느냐 하는 문제와 연관된 쉽지 않은 사안이다.

이 점에서 회슬레의 철학 장르론은 주목을 끈다. 그의 이론은 '객관성', '주관성', '간주관성'이라는 범주를 중심으로 전개되는데, 범주의 이러한 삼분화에는 그 나름의 이유가 있다. 우선 이 세 범주는 각각 존재, 인식, 의사소통이라는 영역을 포섭하는 것으로서, 철학적 주제의 전 영역을 가리킨다. 즉 철학적 진술은 어떤 개성을 지닌 저자가 어떤 입장에서 어떤 주제에 집중하건, 결국 객관적 대상에 관한 진술, 그 대상을 마주하는 주체에 관한 진술, 또는 주체들끼리의 관계에 관한 진술 중 적어도 하나에 속한다.

나아가 이 범주들은 철학적 글쓰기 양식의 유형학적 분류에 유용하다. 즉 철학적 진술은 문제의 주제를 전면에 내세워 다루는 방식, 주제에 대한 자신의 내면적 사유의 흐름을 기술하는 방식, 또는 문제를 둘러싼 여러 주장들을 직접 대결시켜 보는 방식으로 전개될 수 있는데, 이 세 유형의 철학 텍스트 양식을 그는 각각 ⓐ '객관성의 장르', ⓑ '주관성의 장르', ⓒ '간주관성의 장르'라고 부른다. 물론 세 범주에 포섭되는 세 주제 영역과 세 유형의 텍스트 양식 사이에 어떤 필연적인 일대일 대응이 요구되지는 않는다. 즉 하나의 범주에 속하는 주제는 다른 범주에 속하는 글쓰기 양식으로도 기술될 수 있다.

먼저 객관성의 장르에서는 주로 주제 그 자체가 주어로 등장하며, 문체상 저자의 개성이 확연히 드러나는 경우에도 저자 개인이 텍스트에 직접 등장하지는 않는다. 가령 헤겔은 〈논리학〉에서 결코 그 자신에 관해 말하지 않거니와, 이 저작은 철저히 개념들의 논리적 규정 및 그것들 간의 이행 관계 등에 대한 기술로만 구성된다. 이는 진술의 진행이 저자의 자의적 구성에 의해서가 아니라 주제 자체의 논리에 의해 이루어지도록 하기 위함이다. 반면 주관성의 장르에서는 저자 개인 또는 주제와 관련된 그의 사유의 전개 과정이 직접적으로 드러난다. 가령 데카르트의 〈성찰〉에서 대부분의 문장은 1인칭 단수의 동사나 대명사로 구성되어 있다. 이러한 텍스트를 통해 독자는 저자의 사유 과정을 생생하게 따라가며 확인할 수 있다. 끝으로 플라톤의 〈국가〉와 같은, 간주관성의 장르의 전형인 대화편에서는 저자 개인뿐 아니라 타인 또한 명시적 발화 주체로 등장하며, 심지어 저자 자신이 타인의 형태로 등장하기도 한다. 이로써 주장들은 좀 더 생생하게 전달될 뿐 아니라 그것들 간의 대립 및 친화 관계도 잘 드러난다. 회슬레는 특히 대화편이라는 장르에 관심을 보이는데, 이는 간주관성의 범주에 각별한 지위를 부여하기 때문이다. 즉 철학적 주제는 그 자체로는 드러날 수 없으며 발화자인 저자에 의해 비로소 주제로서 표면화된다. 그리고 저자의 발화 행위는 이미 그것을 읽고 이해하고 물음 또는 반론을 던지는 독자의 존재를 전제로 성립한다. 다시 말해 객관성은 주관성을 요청하고, 주관성은 또 다른 주관성과의 관계를 통해 비로소 의미를 얻기 때문에, 결국 앞의 두 범주는 간주관성으로 수렴된다. 이러한 원론적인 측면을 논외로 하더라도 대화편은 철학의 본원적 난제, 즉 메타 차원의 문제에 대한 이론을 정당화된 논변으로 구성하기가 극히 어렵다는 사정을 해소하려는 노력에서 상대적으로 유리하다. 왜냐하면 저자의 주장이 설득력을 지니려면 예상되는 반론들을 견뎌야 하는데, 대화편에서는 저자의 견해를 대변하는 인물뿐 아니라 그에 맞선 반론의 주체 등, 그 나름의 논리로 무장한 다양한 관점의 인물들이 동격의 토론 참여자로 등장하며, 저자는 그 반론들과 자신의 재반론을 지속적으로 경합시키는 과정을 통해 자신의 정당성을 강화해 나아가기 때문이다.

요즘 철학에서 대화편이 저술되는 경우는 드물다. 간주관성의 옹호자 회슬레에게 이는 유감스러울 수밖에 없다. 이러한 상황은 철학적 텍스트의 생명을 좌우하는 논증의 엄밀성은 '주제 그 자체'를 중심으로 개진되는 객관성의 장르에서 잘 성취될 수 있다는 일반적인 확신에서 비롯된 것이다. 그러나 논증의 폭과 반론에 대한 면역성이라는 차원에서 볼 때는 오히려 대화편이 더 유리할 수 있다는 점을 생각하면, 이 장르의 저술이 거의 없다는 현재의 상황에 대한 회슬레의 유감은 이해할 만하다.

33 위 글의 '철학적 텍스트'에 대한 설명으로 옳지 않은 것은?

① 양식의 선택이 주장의 타당성을 결정한다.
② 주장의 정당화 전략에 따라 양식이 선택된다.
③ 반론을 견디는 힘이 주장의 정당성을 강화한다.
④ 양식에 대한 저자의 사적 취향은 부차적 문제이다.
⑤ 진술 내용에 대한 실증적인 자료를 제시하기 어렵다.

34 ⓐ, ⓑ, ⓒ를 바르게 이해한 것만을 〈보기〉에서 있는 대로 고른 것은?

보기

ㄱ. ⓐ와 ⓑ도 '간주관성'을 주제로 다룰 수 있다.
ㄴ. ⓐ와 ⓒ도 저자를 '나'로 전면에 내세울 수 있다.
ㄷ. ⓑ와 ⓒ도 저자의 개성을 드러낼 수 있다.

① ㄱ ② ㄴ ③ ㄱ, ㄴ
④ ㄱ, ㄷ ⑤ ㄴ, ㄷ

35 '회슬레'가 〈보기〉의 '심사위원'이라고 할 때 취할 만한 입장으로 가장 적절한 것은?

보기

철학과의 한 학생이 박사학위 청구논문을 대화편 형식으로 써서 심사위원회에 제출했다. 심사위원들 간에는 이 글이 심사대상 논문으로서 자격을 갖추었는지를 둘러싸고 격렬한 논쟁이 벌어졌다.

① 대화편이라는 양식이 논문의 일차적인 목적인 논증의 정당화에 기여한다면, 이러한 방식의 글쓰기도 용인할 수 있다.
② 논증하기 어려운 고급 문제들을 다루는 것이 철학 논문이므로, 희곡 형식과 유사한 방식의 글쓰기는 용인할 수 없다.
③ 필자가 학생이라면 아직 엄밀한 논증을 전개할 수 있는 능력을 갖추지 못했으므로, 이러한 양식 채택은 용인할 수 없다.
④ 틀에 박힌 글쓰기 양식의 한계를 넘어 철학적 상상력의 무제한적 실험을 감행한 용기 있는 시도이므로, 이러한 양식 채택을 용인할 수 있다.
⑤ 주장들의 대결 구도가 명확히 드러나고 등장인물들 사이의 갈등 관계가 박진감 있게 진행된다면, 이러한 양식 채택을 용인할 수 있다.

⊙ 대립 구조 분석

⊙ 필수체크 패러프레이징

철학 지문 05	2013학년도 28-29번	상위 테마 - 개념 철학, 인식론, 논증론 등 하위 테마 - 사물의 범주 판단 기준에 대한 이론

[28~29] 다음 글을 읽고 물음에 답하시오.

사람들은 새로운 사물을 보고 그것이 무엇인지 어떻게 파악하는가? 이는 그 사물이 어떤 범주에 속하는지 찾아내는 범주 판단에 관한 질문이다. 범주 판단 과정을 설명하는 이론으로 유사성 기반 접근과 설명 기반 접근이 제안되었다.

유사성 기반 접근은 새로운 대상의 범주 판단이 기억에 저장된 심적 표상과 그 대상과의 지각적 유사성에 근거한다고 가정한다. 유사성 기반 접근은 범주 판단에 사용되는 심적 표상을 기준으로 원형 모형과 본보기 모형으로 다시 구분된다. 원형 모형에서는 해당 범주에 속하는 사례들이 갖는 속성들의 평균으로 구성된 추상적 집합체인 단일한 원형이 사용되며, 본보기 모형에서는 구체적 사례가 그대로 기억된 심적 표상인 본보기들이 사용된다. 범주 판단에서 전형적인 사례가 비전형적인 사례보다 빨리 판단되는 전형성 효과는 원형 모형과 잘 부합한다. 반면에 전형성이 맥락에 따라 달라지는 현상은 많은 수의 본보기를 사용하는 본보기 모형이 더 잘 설명한다. 하지만 유사성 기반 접근은 여러 지각적 속성 중 어떤 속성을 범주 판단에 사용할지의 기준을 제시하지 못하는 한계가 있다. 한편 설명 기반 접근은 사람들이 범주에 관한 암묵적 이론이나 규칙 또는 인과적 관계를 바탕으로 사례들을 어떤 설명적 구조에 연결시킨다고 본다. 설명 기반 접근은 범주 판단이 단순히 기억 속의 표상과 사례를 비교하는 데 그치는 것이 아니라 사례들을 하나의 범주로 묶을 수 있는 기저 본질을 기준으로 삼아 이루어진다고 주장한다.

유사성 기반 접근이 옳다면 특정 범주와 사례 간의 지각적 유사성을 비교하는 유사성 판단과 이를 바탕으로 한 범주 판단이 일치해야 하지만, 설명 기반 접근이 옳다면 유사성 판단과 범주 판단이 일치해야 할 이유는 없다. 물론 현실적으로는 대개 기저 본질에 따라 지각적 속성들이 결정되기 때문에 유사성 판단과 범주 판단이 같은 과정인 것처럼 보이는 경우가 많다.

설명 기반 접근을 지지했던 립스는 유사성 판단과 범주 판단이 같은 과정이 아니라는 가설을 입증하려고 가상 동물의 변형에 대한 글을 소재로 한 실험을 했다. 이 실험에서 피험자들은 가상 동물이 외형의 변형을 겪는 내용의 글을 읽은 뒤 그 동물이 어떤 범주와 얼마나 유사한지(유사성 판단) 또 어떤 범주에 속하는지(범주 판단)를 판단하도록 요구받았다.

실험에 쓰인 글은 두 부분으로 만들어졌는데, 첫째 부분은 피험자들이 묘사된 가상 동물을 새의 범주에 속한다고 쉽게 판단할 수 있도록 만들어졌고, 둘째 부분은 가상 동물이 특정한 이유 때문에 외형적으로 곤충과 유사하게 되었다는 내용으로 만들어졌다. 특히 둘째 부분을 만들 때에는 가상 동물의 외형 변화가 일어나는 것을 우연한 환경적 조건 때문인 경우와 올챙이에서 개구리로 변하는 것처럼 자연적인 성숙에 따른 경우로 구분하여 두 종류의 글을 만들었다. 이에 따라 전자의 경우를 제시한 〈글 A〉는 "솔프라는 동물은 두 다리와 깃털이 있는 날개가 있었다. …… 그러나 솔프는 화학폐기물에 노출되어 여섯 개의 다리와 투명한 막 형태로 된 날개를 갖게 되었지만 이후 원래의 솔프와 같은 형태의 새끼를 낳았다."라는 식으로 서술되었고, 후자의 경우를 제시한 〈글 B〉는 "둔은 어릴 때 솔프라고 불리는데 솔프는 두 다리와 깃털이 있는 날개가 있었다. …… 몇 달 지나 솔프는 둔이 되었는데 둔은 여섯 개의 다리와 투명한 막 형태로 된 날개를 갖게 되었다."라는 식으로 서술되었다.

여기에 립스는 또 하나의 조건을 추가하였다. 피험자들을 각각의 글에서 첫째 부분만 읽는 통제 집단과 두 부분을 모두 읽는 실험 집단으로 나눈 것이다. 결과적으로 네 개의 집단으로 나뉜 피험자들은 글을 읽은 후 "솔프는 새와 곤충 중 어느 것과 유사한가?"와 "솔프는 새와 곤충 중 어디에 포함되는가?"라는 질문에 새 10점, 곤충 1점으로 하는 척도에서 한 지점을 택하는 방식으로 답하였다.

그 결과, 〈글 A〉를 읽은 통제 집단과 〈글 B〉를 읽은 통제 집단은 모두 유사성 판단과 범주 판단에서 각각 평균 9.5점을 부여했다. 그리고 〈글 A〉를 읽은 실험 집단은 유사성 판단에서 평균 3.8점, 범주 판단에서 평균 6.5점을 부여했다. 그러나 〈글 B〉를 읽은 실험 집단은 유사성 판단에서 평균 7.6점, 범주 판단에서 평균 5.2점을 부여했다. 이러한 실험 결과는 범주 판단은 외형의 변화보다 기저 본질의 변화에 더 큰 영향을 받지만 유사성 판단은 기저 본질의 변화보다 외형의 변화에 더 큰 영향을 받는다는 것을 알려 준다.

28 위 글의 주요 개념을 이해한 것으로 적절하지 않은 것은?

① 환자를 진단할 때 숙련된 의사는 과거의 유사한 구체적 사례를 활용하여 진단한다. 이는 본보기 모형을 지지하는 예이다.
② 어린이는 얼굴을 가리고 검은 옷을 입은 사람을 겉모습만 보고 도둑으로 판단한다. 이는 유사성 기반 접근을 지지하는 예이다.
③ 사람이 취미로 키울 수 있다는 속성을 기준으로 햄스터와 이구아나는 애완동물이라는 범주에 포함된다. 이는 원형 모형을 지지하는 예이다.
④ 일반적으로 아침 식사라고 하면 밥이 전형적인 사례이지만 설날에는 떡국이 더 전형적인 사례이다. 이는 범주의 전형성이 맥락에 따라 바뀔 수 있음을 보여 주는 예이다.
⑤ 오리의 털이 붉게 변한 경우보다 발에서 물갈퀴 모양이 없어진 경우에 오리로 판단하기가 더 어려운데 이는 발 모양이 헤엄치기라는 기저 본질과 연결되기 때문이다. 이는 설명 기반 접근을 지지하는 예이다.

29 립스의 실험에 대한 서술로 적절하지 않은 것은?

① 일상적 범주 판단이 지각적 유사성에만 기초하는 것인지 알아보려고 설계되었다.
② 통제 집단은 가상 동물이 새와 유사하며 새의 구성원인 것으로 판단하도록 설계되었다.
③ 가상 동물의 외형이 환경 조건에 의해 변한 경우는 기저 본질이 변한 것으로 판단하게 하기 위해 설계되었다.
④ 〈글 B〉를 읽은 통제 집단과 실험 집단에서 유사성 판단의 결과가 다르다는 것은 기저 본질에 대한 지식이 유사성 판단에 영향을 주었다고 해석될 수 있다.
⑤ 실험 집단에서 유사성 판단과 범주 판단의 결과에 차이가 있다는 것은 실험자가 세운 가설을 지지하는 것으로 해석될 수 있다.

⊙ 대립 구조 분석

⊙ 필수체크 패러프레이징

철학 지문 06	2017학년도 27-29번	상위 테마 - 개념 철학, 인식론, 논증론 등 하위 테마 - 감각 경험과 개념적 판단의 관계(비개념주의와 개념주의)

[27~29] 다음 글을 읽고 물음에 답하시오.

우리는 빨갛게 잘 익은 사과를 보고서, "그래, 저 사과 맛있겠으니 가족과 함께 먹자."라는 판단을 내린다. 이때 우리는 빨간 사과에 대한 감각 경험을 먼저 한다. 그러고 나서, "저기 빨간 사과가 있네."라거나, "사과가 잘 익었으니 함께 먹으면 좋겠다."라는 판단을 내린다. 이것은 보는 것이 믿는 것에 대한 선행 조건임을 의미한다. 감각 경험에 대한 판단과 추론은 고차원의 인지 과정이며 개념적 절차이고, 판단과 추론이 개입하기 이전의 감각 경험은 비개념적 내용을 가질 뿐이다. 이와 같이 비개념적인 감각 경험이 먼저 주어진 후에 판단과 추론이 이어지는 것을 정상적인 과정으로 보는 견해를 '비개념주의'라고 부른다.

비개념주의는 우리가 알아채는 것보다 실제로 더 많은 것을 본다는 점에 주목한다. 예를 들어 우리는 퇴근 후 아내와 즐겁게 대화를 나누며 저녁 식사를 하면서도 아내가 그날 노랗게 염색한 것을 알아채지 못할 수 있다. 아내의 핀잔을 들은 후 염색한 사실을 새삼스럽게 깨닫고서 어떻게 이를 모를 수 있었는지 의아해 한다. 이렇게 현저한 변화를 알아보지 못하는 현상을 변화맹(change blindness)이라고 부른다. 우리가 이러한 특징적인 변화를 정말 보지 못했다고 생각하긴 어렵다. 새로운 시각 경험이 주어졌으나 이 경험을 인지하지 못했으며, 따라서 판단과 추론으로 이어지지 못했다는 설명이 자연스럽다. 우리는 아내의 노란 머리를 단지 알아차리지 못했을 뿐이지 보지 못했다고 말할 수는 없다.

그러나 '개념주의'는 시각 경험과 판단・추론이 별개의 절차가 아니라고 본다. 우리가 무엇인가를 볼 때 여기에는 배경 지식이 나 판단 및 추론 같은 고차원의 인지적 요소들이 이미 개입하고 있다는 것이다. 개념주의에서는 우리가 빨간 사과를 지각할 때 일종의 인지 작용으로서 해석이 일어난다고 여긴다. 식탁에 놓인 것을 '빨간 사과'로 보는 것 자체가 일종의 해석이다. 우리가 이 해석 작용 자체를 인식하는 것은 아니지만, 이 작용은 두뇌 곳곳에서 분산되어 일어나는데 이것도 일종의 판단이나 추론이라는 것이다.

개념주의는 베르나르도 벨로토가 그린 ㉠ <u>〈엘베 강 오른편 둑에서 본 드레스덴〉</u>을 통해서도 설명된다. 미술관에 걸려 있는 이 그림을 적당한 거리에서 바라볼 때, 원경으로 그려진 다리 위에는 조금씩 다른 모습의 여러 사람들이 보인다. 우리는 작가가 아마도 확대경을 이용하여 그 사람들을 매우 정교하게 그렸을 것이라 생각할지도 모른다. 그런데 그 티끌같이 작은 사람들이 정말 사람의 형태를 하고 있을까? 이 그림의 다리 위 부분을 확대해서 보면 놀랍게도 사람들은 사라지고, 물감 방울과 얼룩과 터치만이 드러난다. 어떻게 보면 작가는 다리를 건너는 사람들을 직접 그렸다기보다는 단지 암시했을 뿐이지만, 우리의 두뇌는 사람과 비슷한 암시를 사람이라고 해석하여 경험한다. 이와 같은 과정을 비유적으로 '채워 넣기'라고 부를 수 있다. 두뇌는 몇몇 단서를 가지고서 세부 사항을 채워 넣으며 이를 통해 다채로운 옷을 입고 여러 동작을 하면서 다리를 건너는 사람들을 보게 되는 것이다. 채워 넣기도 일종의 판단 작용이다. 우리의 시각 경험에 이미 판단 작용이 들어와 있기 때문에, 시각 경험과 판단 작용은 구분되지 않는다. 우리가 이 그림에서 사람들을 지각할 때 이는 이미 해석을 전제한다.

개념주의는 변화맹을 어떻게 설명할까? 개념주의에 따르면 나의 감각 경험에 주어진 두 장면 사이의 차이를 알아채지 못하는 변화맹은 불합리하다. 비개념주의에서는 판단 및 추론에서 독립된 감각 경험이 존재한다고 주장하는데, 판단이나 추론과 달리 나의 감각에 대해서는 나 자신이 특권을 가지므로 내가 나의 감각에 대해서 오류를 범할 수 없어야 한다. 그런데도 나의 감각의 변화를 내가 알아보지 못한다고 주장하는 것은 말이 되지 않는다. 변화를 알아볼 수 있을 때에야 감각하기 때문이다.

결국 개념주의는 비개념주의가 아는 것보다 실제로 더 많은 것을 본다는 근거 없는 자신감을 가지고 있다고 비판하는 셈이다. 반면에 비개념주의는 개념주의가 실제로는 더 많은 것을 보았는데 보지 못했다고 과소평가한다고 생각할 것이다.

27 '비개념주의'와 '개념주의'가 모두 동의하는 주장은?

① 알아채지 못하는 감각은 불가능하다.
② 판단 과정에 개념적 내용이 들어간다.
③ 무엇인가를 본 뒤에야 믿는 것이 가능하다.
④ 판단 및 추론에 대해 오류를 범하지 않는다.
⑤ 감각 경험이 판단 작용으로 전환될 때 정보의 손실이 발생한다.

28 '비개념주의'가 ㉠을 설명한다고 할 때 가장 적절한 것은?

① 사람임을 알고서 확대경으로 들여다보면 여전히 사람으로 보인다.
② 다리 위의 사람과 달리 물감 방울과 얼룩은 비개념적으로 인지해야 한다.
③ 해석이 되지 않은 감각 경험이 다리 위 무엇인가를 사람으로 인지하는 데 필요하다.
④ 가까이서 본 것과 멀리서 본 것의 차이를 통해 다리 위의 사람들을 사람으로 알아차린다.
⑤ 다리 위 무엇인가를 사람으로 인지하기 위해서는 그것이 물감 방울과 얼룩으로 이루어진 것임을 알아차려야 한다.

29 〈보기〉에 대한 설명으로 적절하지 않은 것은?

보기

(가) 관객이 마술사의 화려한 손동작에 집중하느라 조수가 바뀐 것을 알아차리지 못했다.
(나) 개념적 일반화나 언어적 조작을 하지 못하는 갓난아이나 동물도 감각 경험을 한다.
(다) 오타가 있는 단어를 볼 때 무엇이 잘못되었는지 알아채지 못하고 제대로 읽는다.
(라) 같은 상황에서 변화를 알아차린 사람과 알아차리지 못한 사람의 뇌를 비교했을 때, 뇌의 시각 영역이 유사한 정도로 활성화된 것으로 밝혀졌다.

① 개념주의는 (가)에서 관객이 조수가 바뀌는 것을 보지 못했다고 말할 것이다.
② 개념주의는 (다)에서 제대로 읽은 까닭을 채워 넣기가 있었기 때문이라고 설명할 것이다.
③ 비개념주의는 (나)가 감각 경험에 비개념적 내용이 존재함을 보여주는 사례라고 말할 것이다.
④ 비개념주의는 (다)를 추론 및 판단에서 독립된 감각 경험이 존재한다는 주장을 지지하는 근거로 삼을 것이다.
⑤ 비개념주의는 (라)를 사람들이 실제로는 더 많은 것을 본다는 사례로 활용할 것이다.

ⓒ 대립 구조 분석

ⓒ 필수체크 패러프레이징

철학 지문 07	2009학년도 23-25번	상위 테마 - 개념 철학, 인식론, 논증론 등 하위 테마 - 회의주의와 알베르트의 가류주의

[23~25] 다음 글을 읽고 물음에 답하시오.

철학은 모든 학문 중에서도 최고의 지위를 지닌 제일 학문이라고 자처해 왔다. 이러한 자신감의 근저에는 철학적 앎이 최고의 확실성을 지니는 것이라는 확신이 깔려 있다. 그러나 철학의 자기도취는 종종 철학 자체 안에서도 도전에 직면하거니와, 특히 회의주의가 그 도전의 중심에 있다. 궁극적 진리의 인식이 소명인 철학에서 의심을 생명으로 하는 회의주의가 수행하는 역할은 무엇일까?

철학사 초기에 나타난 고르기아스의 세 명제는 회의주의의 고전적 전형이다. 그에 따르면 첫째, 존재하는 것은 아무것도 없으며, 둘째, 어떤 것이 존재하더라도 우리는 그것을 알 수 없으며, 셋째, 어떤 것을 알더라도 우리는 그 앎을 타인에게 전달할 수 없다. 반지성주의 성향의 사람에게 이 극단적 견해는 꽤 매력적으로 보일 수 있다. 그러나 거기에는 치명적 모순이 있다. 즉 고르기아스는 첫째, 극단적 회의의 주체인 자신이 존재함을, 둘째, 아무것도 알 수 없음을 자신이 알고 있음을, 셋째, 아무것도 전달될 수 없다는 것에 대한 자신의 앎을 타인에게 전달하고 있음을 부정할 수는 없다. 그는 자신이 절대적으로 부정하고자 하는 것을 부정하는 즉시 오히려 자신의 주장을 부정하게 되는 자가당착에 빠진 것이다.

현대의 경우 극단적 회의주의는 알베르트의 '가류주의(可謬主義)'에서 전형적으로 나타난다. 그는 특히 모든 철학적 명제의 생명을 좌우하는 '최종적 정당화'의 가능성을 원천 봉쇄함으로써, 최초의 자명한 명제에서 다른 명제들을 도출시켜 나가는 철학적 지식 체계를 무의미한 것으로 만들고자 한다. 그가 무기로 삼는 것은 뮌히하우젠 트릴레마(Münchhausen-Trilemma)이다. 이 트릴레마는 말을 타고 가다가 수렁에 빠진 뮌히하우젠 남작이 자신의 머리채를 위로 잡아당겨 빠져나오려 했다는 우화를 빗댄 것이다. 알베르트에 따르면 모든 하위 명제들을 정당화할 수 있는 근거가 되는 최초의 확실한 명제를 설정하려는 시도는 다음 세 오류 중 하나를 반드시 범하게 되므로 궁극적으로 실패한다.

[A]
- 무한 소급 : 한 주장을 정당화하는 근거로 다른 상위 명제를 설정하지만, 이 제2의 명제는 제3의 명제를, 제3의 명제는 제4의 명제를 요청할 수밖에 없게 되는 식으로 상위 명제에 대한 요구가 끝도 없이 이어지기 때문에, 최종적 정당화는 원칙적으로 불가능하다.
- 순환 논증 : 한 주장을 정당화하는 근거로 제2의 명제를 끌어들이지만, 이 제2의 명제를 다시 제1의 명제를 통해 정당화하고자 하므로 이 역시 최종적 정당화로 볼 수 없다.
- 절차 단절 : 계속되는 정당화 요구의 충족이 불가능하므로, 정당화 과정의 한 특정 단계에서 모든 논의를 중지시키고 하나의 명제를 절대 도전할 수 없는 도그마로 설정한다. 이는 합리적 논변의 지속을 단절하는 것이므로 최종적 정당화로 볼 수 없다.

이 트릴레마의 위력은 실로 막강해서 그것을 견딜 수 있는 철학적 정당화는 일견 불가능한 것처럼 보인다. 그러나 모든 명제의 불확실성을 절대화하는 알베르트 역시 치명적 오류를 범하고 있음이 드러난다. 즉 그는 이 트릴레마의 '절대적 정당성'에 '최종적으로 근거'하여 자신의 주장을 '확실한' 것이라고 말함으로써 자신의 '명시적 주장'과 '함축적 행위' 사이에서 발생하는 불화, 즉 '수행적 모순'에 빠지게 되는 것이다.

수행적 모순의 발견은 뮌히하우젠 트릴레마에 빠지지 않으면서도 최종적 정당화가 가능함을 보여 주고 있는데, 여기에 사용된 증명 방식이 바로 '귀류법적 증명'이다. 이 증명 방식은 명제 p의 모순 명제인 ~p가 언명되는 순간 ~p는 자신을 부정할 수밖에 없음을 밝힘으로써 p의 타당성을 우회적으로 증명한다. 즉 '확실한 인식은 없다'라는 알베르트의 명시적 주장은 '확실한 인식은 없다는 인식은 확실하다'라는 주장을 함축하므로, 그가 부정하려 한 '확실한 인식은 있다'라는 명제를 이미 전제하고 있는 것이다. 이러한 증명 방식을 통해 우리는 가류주의적 회의에 맞서 확실한 명제들을 설정할 수 있는 가능성을 확보한다.

회의주의는 극단적으로 치달을 경우 오히려 자기 파괴로 귀결되므로 그 자체가 철학의 궁극적 사조가 될 수는 없다. 그러나 자칫 독단론에 빠지기 쉬운 철학에 대해 회의주의는 생산적 역할을 하기도 한다. 왜냐하면 회의주의의 강력한 도전은 철학으로 하여금 거기에 맞설 수 있을 만큼 강한 면역력을 갖춘 정당화 논리를 개발하도록 함으로써 철학의 건강성을 높이는 데 기여하기 때문이다.

23 위 글의 내용과 일치하는 것은?

① '가류주의'는 '수행적 모순'의 문제점을 비판한다.
② '가류주의'는 '최종적 정당화'가 가능하다고 본다.
③ '최종적 정당화'는 '수행적 모순' 때문에 어렵다.
④ '귀류법적 증명'은 '최종적 정당화'의 가능성을 보여 준다.
⑤ '귀류법적 증명'은 '수행적 모순'을 범하고 있다.

24 위 글의 핵심 주장으로 가장 적절한 것은?

① 철학사에 등장한 회의주의는 모두 논박될 수 있다.
② 회의주의는 제일 학문인 철학의 이념을 잘 구현하고 있다.
③ 회의주의는 철학을 혼란에 빠뜨리기 때문에 부정되어야 한다.
④ 회의주의는 역설적 진리를 담고 있기 때문에 정당한 것으로 수용되어야 한다.
⑤ 회의주의는 극단적일 경우 오류이지만 철학 이론의 발전에 기여한 측면도 있다.

25 〈보기〉의 ㄱ, ㄴ을 [A]의 개념으로 바르게 나타낸 것은?

보기

ㄱ. 우리의 마음에는 '완전한 존재'라는 확실한 개념이 있다. 그런데 '완전한 존재'가 개념적으로만 존재한다면 완전한 것이 아니다. 따라서 '완전한 존재'인 신은 개념적으로만 존재하는 것이 아니라 실제로도 존재한다. 그리고 이러한 신의 존재가 우리 마음속에 있는 '완전한 존재'라는 개념의 확실성을 보장해 준다.

ㄴ. 식물이라도 함부로 죽여서는 안 된다. 식물도 생명체이고, 모든 생명체는 '삶에의 의지'가 있기 때문이다. 그리고 '삶에의 의지'를 가지는 존재는 소중하며, 이러한 존재를 소중히 다루어야 한다는 것은 절대적인 자연의 이법(理法)이기 때문이다.

	ㄱ	ㄴ
①	무한 소급	순환 논증
②	무한 소급	절차 단절
③	순환 논증	무한 소급
④	순환 논증	절차 단절
⑤	절차 단절	무한 소급

대립 구조 분석

필수체크 패러프레이징

철학 지문 08	2010학년도 22-24번	상위 테마 – 개념 철학, 인식론, 논증론 등 하위 테마 – 권위의 역설에 대한 라즈의 비판 논증

[22~24] 다음 글을 읽고 물음에 답하시오.

'권위의 역설'은 통상 인간의 도덕적 삶에 필수적이라 여겨지는 두 요소인 '권위'와 '합리성'이 서로 양립할 수 없는 개념들이라는 언명을 말한다. 합리적인 행위란 그 행위 자체의 가치에 대한 판단의 결과를 행위의 근거로 삼는 것인 반면, 권위에 따른 행위는 행위 자체의 가치와 무관하게 '단지 명령이 있었기 때문에' 그 행위로 나아가는 것이라는 점에서 두 개념이 전제하는 실천적 추론의 구조, 즉 해야 할 바가 무엇인지, 그리고 그것을 어떤 이유에서 결정할 것인지에 관한 사고의 구조가 상호 모순적이라는 것이다. 몇몇 학자들은 결국 합리성 개념과 양립할 수 없는 권위 개념을 포기할 수밖에 없다고 한다. 합리적 인간이라면 권위를 자기 행위의 근거로 삼을 수 없을 뿐 아니라 권위를 꼭 필요로 하지도 않을 것이기 때문이다. 만일 권위가 옳은 행위를 명하는 것이라면 굳이 옳은 행위를 하기 위한 근거로서 명령이 필요하지는 않았을 것이며, 그른 행위를 명하는 것이라면 명령에 따르는 행위를 합당하게 근거 지을 수 없다는 것이다.

이러한 주장에 대해 라즈는 다음과 같이 반박하고 있다. 권위의 역설이 담고 있는 논리는, 권위 개념이 전제하는 실천적 추론의 구조(A)가 합리성 개념이 전제하는 실천적 추론의 구조(B)와는 결코 화해될 수 없기 때문에 권위에 따르면서도 합리적인 것이란 마치 '둥근 사각형'과 같다는 것이다. 그런데 이러한 논리가 성립하려면 우선 실천적 추론의 구조가 A이면서도 그 행위 수행 과정이 합리적이라고 판단되는 사례(π)가 없어야 한다. 만일 π 가 제시된다면 "행위 자체의 가치에 대한 판단 결과를 행위의 근거로 삼는다."라는 말로는 B를 적절히 기술하지 못하는 것이 되고, 이에 기초한 '권위의 역설' 자체도 흔들리게 된다. π를 포괄하면서도 역설이 생기지 않도록 B를 적절히 재구성할 여지가 있기 때문이다. 이에 따라 그는 우선 다음과 같은 사례를 제시하고 있다.

> 앤은 온종일 비정상적으로 극심한 업무에 시달린 후 퇴근하였다. 그날 밤 그녀의 친구가 그녀에게 전화를 걸어 그녀가 평소 알아보고 있던 '투자할 건수'를 알려주었다. 이 투자 제안에는 한 가지 조건이 있었는데, 그것은 그날 자정까지 투자 여부를 확답해줘야 한다는 것이었다. 그녀는 너무도 피곤한 나머지 제대로 된 판단을 할 수 없을 것 같다고 생각했다. 그래서 그 제안을 검토하지 않고, 투자를 하지 않기로 했다.

앤은 투자 거절이라는 자신의 행위가 옳은지에 대한 판단을 하지 않고 행위 자체의 가치와는 무관한 이유를 들어 행위하고 있음에도 매우 합리적으로 행동하고 있는 것으로 보인다. 왜 그렇게 보이는 것일까? 이에 대해 라즈는 앤의 행위도 실은 적절한 이유나 근거에 따라 수행되는 행위이기 때문이라고 말한다. 다만 이때의 근거는 '행위 자체의 가치에 대한 판단 결과'를 도출하는 데 영향을 미치는 보통의 행위 근거와는 구별되는 것이다. 일반적으로 어떤 행위를 지지하는 근거와 반대하는 다른 근거 중 어느 근거에 따를 것인지 즉 그 행위를 할 것인지 말 것인지는 행위 근거들의 논리적 강도나 비중의 상대적 크기를 저울질함으로써 결정되지만, 앤의 행위는 그러한 저울 자체를 치워 버리게 하는 독특한 행위 근거에 따라 결정되고 있는 것이다. 이는 보통의 행위 근거들보다 한 단계 위에 존재하면서 그러한 행위 근거들이 행위 여부를 결정하지 않도록 영향력을 행사하는 상위의 행위 근거라 할 수 있는데, 라즈는 이를 '배제적 근거'라 부른다.

그런데 이러한 '배제적 근거에 따른 행위 수행'이야말로 바로 권위에 따른 행위에서의 실천적 추론의 구조(A)라 할 수 있다. 왜냐하면 권위는 그 개념상 명령된 행위가 옳은 것인지에 대한 수명자(受命者)의 판단에 행위 수행 여부의 결정을 맡기지 않으며, 수명자는 행위의 명령이 있었다고 하는, 행위 자체의 가치와는 무관한 이유에서 행위로 나아가야 하기 때문이다. 다시 말해 명령된 행위 그 자체의 가치에 대한 판단 결과를 도출하는 데 영향을 미치는 행위 근거들은 권위에 따른 행위에서의 실천적 추론과정에 영향을 미칠 수 없도록 '배제되고' 있는 것이다.

결국 배제적 근거에 따른 행위 수행 사례가 호소력을 갖는 한, 더 이상 권위 개념이 전제하는 실천적 추론의 구조를 들어 권위와 합리성이 개념적으로 양립 불가능함을 주장할 수는 없게 된다. 권위에 따른 행위가 합리적일 수 있는 개념적 여지가 바로 배제적 근거의 존재에서 생겨나고 있기 때문이다.

22 위 글의 '권위의 역설'이 함축하는 내용이 아닌 것은?

① 누구도 합리적이면서 동시에 권위에 따를 수는 없다.
② 권위가 실천적 추론의 과정에 개입하는 것은 합리적일 수 없다.
③ 합리성 개념과 양립할 수 없는 권위 개념에 기초해서도 합리적 행위에 대한 기술은 가능하다.
④ 합리적인 행위자는 권위에 따라 행위할 수 없지만, 그렇다고 해서 반드시 권위에 반하는 판단을 해야 하는 것은 아니다.
⑤ 명령된 행위를 숙고한 끝에 그것을 하는 것이 좋겠다고 보고 그 행위를 하는 것은 명령자의 권위에 따르는 것이 아니다.

23 위 글에 제시된 '배제적 근거'에 따르는 것으로 볼 수 없는 것은?

① 약속한 일은 그로 말미암아 아무리 큰 손해가 예상되더라도 반드시 지킨다는 입장에서 행동하는 경우
② 설령 도덕에 반하는 법이라 해도 그것이 금지한 것은 하지 말아야 한다는 입장에서 행동하는 경우
③ 설령 오심이라 할지라도 판사의 판결에는 구속되어야 한다는 입장에서 행동하는 경우
④ 옳지 않은 행위는 양심에 비추어 절대로 하지 않는다는 입장에서 행동하는 경우
⑤ 상관이 지시한 일은 이유 불문하고 수행해야 한다는 입장에서 행동하는 경우

24 위 글에 나타난 '라즈의 논증'에 대한 이해로 가장 적절한 것은?

① 행위 근거의 구조적 차원을 재구성하여 권위 개념을 정합성 있게 수정함
② 권위에 따른 행위를 유형화하여 그것이 현실적으로 합리화되기 위한 조건을 도출함
③ 실천적 추론 구조를 분석하여 권위에 따른 행위가 합리적일 수 있는 가능성을 확보함
④ 실천적 추론 구조가 다른 사례를 권위 개념에 유추 적용하여 권위의 역설을 해소함
⑤ 권위의 역설에 대한 반례를 제시하여 권위에 따른 행위가 옳은 행위로 귀결됨을 입증함

대립 구조 분석

필수체크 패러프레이징

철학 지문 09	2018학년도 22-25번	상위 테마 - 개념 철학, 인식론, 논증론 등 하위 테마 - 태어남 혹은 존재함의 가치에 대한 베나타의 논증

[22~25] 다음 글을 읽고 물음에 답하시오.

결혼을 하면 자연스럽게 아이를 낳지만, 아이들은 이 세상에 태어남으로써 해를 입을 수도 있다. 원하지 않는 병에 걸릴 수도 있고 험한 세상에서 살아가는 고통을 겪을 수도 있다. 이렇게 출산은 한 인간 존재에게 본인의 동의를 얻지 않은 부담을 지운다. 다른 인간을 존재하게 하여 위험에 처하게 만들 때는 충분한 이유를 가져야 할 도덕적 책임이 있다. 출산이 윤리적인가 하는 문제에 대해, 아이를 낳으면 아이를 기르는 즐거움과 아이가 행복 하게 살 것이라는 기대가 있어 아이를 낳아야 한다고 주장하는 사람도 있고, 반면에 아이를 기르는 것은 괴로운 일이며 아이가 이 세상을 행복하게 살 것 같지 않다는 생각으로 아이를 낳지 말아야 한다고 주장하는 사람도 있다. 그러나 이것은 개인의 주관적인 판단에 따른 것이니 이런 근거를 가지고 아이를 낳는 것과 낳지 않는 것 중 어느 한쪽이 더 낫다고 주장할 수는 없다. 철학자 베나타는 이렇게 경험에 의거하는 방법 대신에 쾌락과 고통이 대칭적이지 않다는 논리적 분석을 이용하여, 태어나지 않는 것이 더 낫다고 주장하는 논증을 제시한다.

베나타의 주장은 다음과 같은 생각에 근거한다. 어떤 사람의 인생에 좋은 일이 있을 경우는 그렇지 않은 인생보다 풍요로워지긴 하겠지만, 만일 존재하지 않는 경우라도 존재하지 않는다고 해서 잃을 것은 하나도 없을 것이다. 무엇인가를 잃을 누군가가 애초에 없기 때문이다. 그러나 그 사람은 존재하게 됨으로써 존재하지 않았더라면 일어나지 않았을 심각한 피해로 고통을 받는다. 이 주장에 반대하고 싶은 사람이라면, 부유하고 특권을 누리는 사람들의 혜택은 그들이 겪게 될 해악을 능가할 것이라는 점을 들 것이다. 그러나 베나타의 반론은 선의 부재와 악의 부재 사이에 비대칭이 있다는 주장에 의존하고 있다. 고통 같은 나쁜 것의 부재는 곧 선이다. 그런 선을 실제로 즐길 수 있는 사람이 있을 수 없더라도 어쨌든 그렇다. 반면에 쾌락 같은 좋은 것의 부재는 그 좋은 것을 잃을 누군가가 있을 때에만 나쁘다. 이것은 존재하지 않음으로써 나쁜 것을 피하는 것은 존재함에 비해 진짜 혜택인 반면, 존재하지 않음으로써 좋은 것들이 없어지는 것은 손실이 결코 아니라는 뜻이다. 존재의 쾌락은 아무리 커도 고통을 능가하지 못한다. 베나타의 이런 논증은 아래 〈표〉가 보여 주듯 시나리오 A 보다 시나리오 B가 낫다고 말한다. 결국 이 세상에 존재하지 않는 것이 훨씬 더 낫다.

〈표〉

시나리오 A : X가 존재한다	시나리오 B : X가 존재하지 않는다
(1) 고통이 있음 (나쁘다)	(2) 고통이 없음 (좋다)
(3) 쾌락이 있음 (좋다)	(4) 쾌락이 없음 (나쁘지 않다)

베나타의 주장을 반박하려면 선의 부재와 악의 부재 사이에 비대칭이 있다는 주장을 비판해야 한다. ㉠ <u>첫 번째 비판</u>을 위해 천만 명이 사는 어떤 나라를 상상해 보자. 그중 오백만 명이 끊임없는 고통에 시달리고 있고, 다른 오백만 명은 행복을 누리고 있다. 이를 본 천사가 신에게 오백만 명의 고통이 지나치게 가혹하다고 조치를 취해 달라고 간청한다. 신도 이에 동의하여 시간을 거꾸로 돌려 불행했던 오백만 명이 고통에 시달리지 않도록 다시 창조했다. 하지만 베나타의 논리에 따르면 신은 시간을 거꾸로 돌려 천만 명이 사는 나라를 아예 존재하지 않게 할 수도 있다. 그러나 신이 천만 명을 아예 존재하지 않게 하는 식으로 천사의 간청을 받아들이면 천사뿐만 아니라 대부분의 사람들은 공포에 질릴 것이다. 이 사고 실험은 베나타의 주장과 달리 선의 부재가 나쁘지 않은 것이 아니라 나쁠 수 있다는 점을 보여 준다. 생명들을 빼앗는 것은 고통을 제거하기 위한 대가로는 지나치게 크다.

첫 번째 비판은 나쁜 일의 부재나 좋은 일의 부재는 그 부재를 경험할 주체가 없는 상황에서조차도 긍정적이거나 부정적인 가치를 지닐 수 있다는 베나타의 전제를 받아들였지만, ㉡ <u>두 번째 비판</u>은 그 전제를 비판한다. 평가의 용어들은 간접적으로라도 사람을 언급함으로써만 의미를 지닌다. 그렇다면 좋은 것과 나쁜 것의 부재가 그 부재를 경험할 주체와는 관계없이 의미를 지닌다고 말하는 것은 무의미하고 바람직하지도 않다. 베나타의 이론에서는 '악의 부재' 라는 표현이 주체를 절대로 가질 수 없다. 비존재의 맥락에서는 나쁜 것을 피할 개인이 있을 수 없기 때문이다.

만일 베나타의 주장이 옳다면 출산은 절대로 선이 될 수 없으며 출산에 관한 도덕적 성찰은 반드시 출산의 포기로 이어져야 한다. 그리고 우리는 이 세상에 태어나게 해 준 부모에게 감사할 필요가 없게 된다. 따라서 그 주장의 정당성은 비판적으로 논의되어야 한다.

22 베나타의 생각과 일치하지 않는 것은?

① 누군가에게 해를 끼치는 행위에는 윤리적 책임을 물을 수 있다.
② 아이를 기르는 즐거움은 출산을 정당화하는 근거가 되지 못한다.
③ 태어나지 않는 것보다 태어나는 것이 더 나은 이유가 있어야 한다.
④ 고통보다 행복이 더 많을 것 같은 사람도 태어나게 해서는 안 된다.
⑤ 좋은 것들의 부재는 그 부재를 경험할 사람이 없는 상황에서조차도 악이 될 수 있다.

23 베나타가 ㉠에 대해 할 수 있는 재반박으로 가장 적절한 것은?

① 전적으로 고통에 시달리는 사람도, 전적으로 행복을 누리는 사람도 없다.
② 쾌락으로 가득 찬 삶인지 고통에 시달리는 삶인지 구분할 객관적인 방법이 없다.
③ 삶을 지속할 가치가 있는지 묻는 것은 삶을 새로 시작할 가치가 있는지 묻는 것과 다르다.
④ 경험할 개인이 존재하지 않는 까닭에 부재하게 된 쾌락은 이미 존재하는 인간의 삶에 부재하는 쾌락을 능가한다.
⑤ 어떤 사람이 다른 잠재적 인간에게 존재에 따를 위험을 안겨주는 문제와 어떤 사람이 그런 위험을 스스로 안는가 하는 문제는 동일한 문제가 아니다.

24 ㉡이 〈표〉에 대해 생각하는 것으로 가장 적절한 것은?

① (2)와 (4) 모두 좋다고 생각한다.
② (2)와 (4) 모두 좋지도 않고 나쁘지도 않다고 생각한다.
③ (2)는 좋지만 (4)는 좋기도 하고 나쁘기도 하다고 생각한다.
④ (2)는 좋지만 (4)는 좋지도 않고 나쁘지도 않다고 생각한다.
⑤ (2)는 좋기도 하고 나쁘기도 하다고 생각하지만 (4)는 나쁘다고 생각한다.

대립 구조 분석

필수체크 패러프레이징

25 〈보기〉와 같은 주장의 근거로 가장 적절한 것은?

보기

다음 두 세계를 상상해 보자. 세계 1에는 갑과 을 단 두 사람만 존재하는데, 갑은 일생 동안 엄청난 고통을 겪고 쾌락은 조금만 경험한다. 반대로 을은 고통을 약간만 겪고 쾌락은 엄청나게 많이 경험한다. 그러나 세계 2에는 갑과 을 모두 존재하지 않는데, 그들의 고통이 없다는 것은 좋은 반면, 그들의 쾌락이 없다는 것은 나쁘지 않다. 베나타에 따르면 세계 2가 갑에게만 아니라 을에게도 언제나 분명히 더 좋다. 그러나 나는 적어도 을에게는 세계 1이 훨씬 더 좋다고 생각한다.

① 나쁜 것이라면 그것이 아무리 작아도 언제나 좋은 것을 능가할 수 있기 때문이다.
② 쾌락은 단순히 고통을 상쇄하는 것이 아니라 고통을 훨씬 능가할 수 있기 때문이다.
③ 고통의 없음은 좋기는 해도 매우 좋지는 않지만 쾌락의 없음은 매우 좋기 때문이다.
④ 인간은 고통이 쾌락에 의해 상쇄되지 않아 고통이 쾌락을 능가하는 시점이 있기 때문이다.
⑤ 고통의 없음은 매우 좋지만 쾌락의 없음은 나쁘기는 해도 매우 나쁜 것은 아니기 때문이다.

MEMO

CHAPTER

4 미학 · 비평 영역

미학/비평 지문 01	2015학년도 7-10번	상위 테마 - 미학 하위 테마 - 헤겔 미학에서 정신사적 발전 과정에 따른 예술의 역할 변화

[7~10] 다음 글을 읽고 물음에 답하시오.

예술사를 양식의 특수하고 자족적인 역사가 아니라 거시적 차원의 보편적 정신사 및 그 발전 법칙에 의거한다고 본 점에서 헤겔의 예술론은 구체적 작품들에 대한 풍부하고 수준 높은 진술을 포함하고 있음에도 전형적인 철학적 미학에 속한다. 그는 예술사를 '상징적', '고전적', '낭만적'이라고 불리는 세 단계로 구분한다. 유의할 것은 이 단어들이 특정 예술 유파를 일컫는 일반적 용법과는 사뭇 다르게 사용된다는 점이다. 즉 이 세 용어는 지역 개념을 수반하는 문명사적 개념으로서 일차적으로는 태고의 오리엔트, 고대 그리스, 중세부터의 유럽에 각각 대응하며, 좀 더 심층적인 차원에서는 '자연 종교', '예술 종교', '계시 종교'라는 종교의 유형적 단계에 각각 대응한다. 나아가 이러한 대응 관계의 단계적 설정은 신이라는 '내용'과 그것의 외적 구현인 '형식'의 일치 정도에 의거하며, 가장 근본적으로는 순수한 개념적 사유를 향해 점증적으로 발전하는 지성 일반의 발전 법칙에 의거한다. 게다가 이 세 범주는 장르들에도 적용되어, 첫째 건축, 둘째 조각, 셋째 회화 · 음악 · 시문학이 차례로 각 단계에 대응한다. 장르론과 결합된 예술사론을 통해 헤겔은 역사의 특정 단계에 여러 장르가 공존하는 것을 인정하면서도 각 단계에 대응하는 전형적 장르는 특정 장르로 한정한다.

'상징적' 단계는 인간 정신이 아직 절대자를 어떤 구체적 실체로서 의식하지 못한 채, 절대적인 '무엇'을 향한 막연한 욕구만 지닐 뿐인 상태를 가리킨다. 오리엔트 자연 종교로 대표되는 이 단계에는 '신적인 것의 구체적 상을 찾아 헤맴'만 있을 뿐이다. 감관을 압도하는 거대 구조물이 건립되지만 그것은 그저 신을 위한 공간의 구실만 하지, 정작 신이 놓일 자리에는 신의 특정한 덕목(예컨대 '강함')을 어렴풋이 표현할 수 있는 자연물(예컨대 사자)의 형상이 대신 놓인다. 미약한 내용을 거대한 형식이 압도함으로써 미의 실현에는 아직 미치지 못한 이 단계의 전형적 장르는 신전으로 대표되는 건축이다.

'고전적' 단계에서는 내용과 형식의 이러한 불일치가 극복된다. 고대 그리스 인들은 신들을 근본적으로 인간적 특질을 지닌 존재로 분명하게 의식했기 때문에, 이제 절대자는 어떤 생소한 자연물이 아니라 삼차원적 인체가 그대로 형상화되는 방식으로 제시되며, 이 단계를 대표하는 장르는 조각이다. 내용과 형식의 완전한 일치를 이룸으로써 그리스의 조각은 더 이상 재연될 수 없는 미의 극치로 평가된다. 나아가 예술 그 자체가 신성의 직접적 구현이기 때문에 이 단계의 예술은 그 자체가 이미 종교이며, 이에 따라 예술 종교라고 불린다.

그런데 인간의 지성은 이러한 미적 정점에 안주하지 않는다. 즉 지성은 절대자를 인간의 신체를 지닌 것으로 믿는 단계를 넘어 순수한 정신적 실체로 여기는 계시 종교로 나아가는데, 이로써 정신적 내면성이 감각적 외면성을 압도하는 '낭만적' 단계가 도래한다. 그리고 조각의 삼차원성을 탈피한 회화를 시작으로 음악과 시문학이 차례로 대표적 장르가 됨으로써, 예술 또한 감각적 요소가 아닌 정신적 요소에 의거하는 방향으로 발전한다. 이 때문에 내용과 형식의 부조화가 다시 일어나지만, 그럼에도 이 단계는 상징적 단계와는 질적으로 다르다. 상징적 단계에서는 제대로 된 정신적 내용이 아직 형성조차 되지 않았지만, 낭만적 단계에서는 감각적 형식으로는 담을 수 없을 정도의 고차적 내용이 지배하기 때문이다. 나아가 이 단계는 새로운 더 높은 단계가 존재하지 않는, 정신과 역사의 최종 지점이기 때문에, 이후에 벌어지는 국면들은 모두 '낭만적'이라고 불릴 수 있다.

주목할 것은 헤겔이 순수 미학적 차원에서는 출발–완성–하강의 순서로 진행되는 이행 모델을, 그리고 근본적인 정신사적 차원에서는 출발–상승–완성의 순서로 진행되는 이행 모델을 따른다는 점이다. 즉 세 단계의 순서적 배열은 전자의 차원에서는 예술미의 정점이 두 번째 단계에서 이루어지도록, 그리고 후자의 차원에서는 지성의 정점이 세 번째 단계에서 이루어지도록 구성된다. 나아가 일견 불일치를 보일 법한 이 두 모델을 절묘하게 조화시킨 그의 이론은 이중적 기능을 수행한다. 즉 정신사적 차원에서의 정점이 예술미의 차원에서는 오히려 퇴보를 의미하도록 구성된 이 이론은 한편으로는 '추(醜)'도 새로운 미적 가치로 인정되기 시작한 당시의 상황은 물론, '개념적'이라고까지 일컬어질 만큼 예술의 지성화가 진행된 오늘날의 상황까지 예견하여 설명할 수 있는 포섭력을 가지며, 다른 한편으로는 절대자의 제시라는 과제를 예술이 수행할 수 있는 가능성을 고대 그리스로 한정하고 철학이라는 최고의 지적 영역에 그 과제를 이관시키는, 곧 '예술의 종언' 명제라 불리는 미학적 결론에 이른다.

07 윗글에 제시된 헤겔의 입장에 부합하는 것은?

① 예술은 내용과 형식의 합일이라는 구체적 방식으로 구현되므로, 작품의 해석에서 가장 중요한 것은 일반 개념에 앞선 개별 작품의 파악이다.
② 예술의 단계적 변천은 인간 정신의 보편적 발전에 의해 추동되므로, 작품들의 미적 수준의 차이는 그것들의 장르적 상이성과 무관하다.
③ 문명의 모든 단계적 이행은 인간 정신의 발전 논리에 따라 이루어지므로, 예술의 역사는 다른 영역의 역사와 연계되어 기술되어야 한다.
④ 예술은 인간 정신의 심층적 차원을 표출한 것이므로, 예술미의 성취 여부는 형식이 아니라 내용에 의해 판단되어야 한다.
⑤ 예술 양식 변화의 근원은 인간 내면의 보편적인 정신적 욕구에 있으므로, 모든 시대의 작품들은 동등한 가치를 지닌다.

08 윗글에 따라 각 시대의 장르를 설명한 것으로 적절하지 않은 것은?

① 태고 오리엔트의 조각은 상징적 단계의 전형적인 예술이 아니다.
② 고대 그리스의 서사시는 고전적 단계의 전형적인 예술이 아니다.
③ 중세의 기독교 회화는 낭만적 단계의 전형적인 예술이 아니다.
④ 근대의 고전주의 음악은 낭만적 단계의 전형적인 예술이다.
⑤ 현대의 건축은 낭만적 단계의 전형적인 예술이 아니다.

09 윗글을 바탕으로 추론할 수 있는 것으로 적절한 것은?

① 가장 앞 단계의 예술이 가장 아름다운 예술이다.
② 가장 뒷단계의 예술이 가장 아름다운 예술이다.
③ 가장 아름다우면서도 가장 지성적인 예술은 없다.
④ 가장 비지성적인 예술이 가장 아름다운 예술이다.
⑤ 가장 추한 예술이 오히려 가장 아름다운 예술이다.

10 윗글에 나타난 헤겔의 예술론을 평가한 것으로 가장 적절한 것은?

① 개념에 주로 의존하는 전형적인 철학적 미학이기 때문에 논증적 수준은 높지만 실질적 사례를 언급한 경우는 많지 않다.
② 당대까지의 예술 현상에 대한 제한된 경험에 기초하기 때문에 이후 시대의 예술적 상황에 대해서는 설명력을 결여하고 있다.
③ 정신사적 차원에서의 설명과 종교사적 차원에서의 설명을 분리함으로써 양자 간에 발생한 결론상의 모순을 해결하지 못하였다.
④ 예술사의 시대 구분과 각 예술 장르에 대한 설명이 서로 무관한 논리와 개념에 의거하기 때문에 이론의 전체적 정합성이 떨어진다.
⑤ 당대 유럽 이외의 문화를 상대적으로 미성숙한 지성적 단계에 위치시킴으로써 이론적으로 근대 서구의 자기 우월적 태도를 드러내고 있다.

대립 구조 분석

필수체크 패러프레이징

미학/비평 지문 02	2009학년도 29-31번	상위 테마 - 미학
		하위 테마 - 헤겔 미학과 체계이론 미학

[29~31] 다음 글을 읽고 물음에 답하시오.

오늘날 우리는 온갖 행위들이 '예술'로 인정되는 경우를 자주 본다. 그리고 이 경우 대상의 순수한 예술적 가치 이외의 다른 가치들은 논외로 하는 것이 일반적이다. 즉 예술만의 고유하고 독자적인 존립을 인정하고 타 영역의 간섭을 원칙적으로 거부하는 인식이 보편화되어 있는 것이다. 이러한 인식을 대변하는 대표적 예술론의 하나가 바로 체계 이론 미학이다. 루만에 의해 개척된 체계 이론은 사회 각 영역이 고유한 자립성을 확보하면서 하나의 '체계'로 분리 독립되는 과정을 분석하는데, 이 이론을 미학에 적용하여 예술을 독자적 체계로 기술하려는 이들은 헤겔의 미학을 자신들의 주장을 정당화하는 중요한 단서로 활용하곤 한다.

흥미로운 것은 그들이 예술에 대한 호의적인 결론을 도출하려고 끌어들인 헤겔의 예술론이 본래는 오히려 예술에 대한 부정적 결론, 즉 '예술의 종언' 명제로 요약된다는 점이다. 따라서 이 명제가 어떻게 예술 옹호론을 위한 실마리로 전용될 수 있는지를 따져 볼 필요가 있다.

헤겔 미학의 핵심은 두 가지이다. 첫째, 그는 예술을 '이념의 감성적 현현(顯現)', 즉 절대적 진리의 구체적 형상화로 규정한다. 그는 지고의 가치인 진리를 예술의 내용으로 규정함으로써 예술을 종교, 철학과 함께 인간 정신의 최고 영역에 포함시킨다. 이는 예술이 헛된 가상이거나 감성적 도취 또는 광기의 산물이어서 정신의 최고 목표인 진리 매개가 절대 불가능하다는 플라톤의 판정으로부터 예술을 방어할 수 있는 매력적인 논변일 수 있다. 둘째, 그럼에도 헤겔의 최종적인 미학적 결론은 오히려 이와 모순되는 것처럼 보인다. 그는 "우리에게 예술은 더 이상 진리가 실존하는 최고의 방식이 아니다. …… 물론 우리는 예술이 더 융성하고 완전하게 되기를 바랄 수 있다. 그러나 예술의 형식은 더 이상 정신의 최고 욕구가 아니다."라고 말한다.

중요한 것은 이 두 주장이 묘한 인과관계에 있다는 것이다. 즉 이 둘을 하나로 묶으면 ㉠ '예술은 진리 매개가 그것의 과제이기 때문에 종말을 맞는다'가 된다. 다분히 역설적으로 보이는 이러한 예술관을 이해하기 위한 열쇠는 헤겔이 예술의 내용과 형식으로 각각 설정한 '진리'와 '감성'의 상관관계에 있다. 객관적 관념론자인 그는 진리란 '우주의 근본 구조로서의 순수하고 완전한 논리', 즉 '이념'이므로, 그것을 참되게 매개하는 정신의 형식은 바로 그 순수 논리에 대응하는 '순수한 이성적 사유'라고 생각한다. 따라서 그 본질상 감성을 형식으로 하는 예술이 이념을 매개할 수 있는 가능성은 인간 정신의 작동 방식이 근본적으로 감성적이어서 아직 이성적 사유 능력이 제대로 발휘될 수 없었던 먼 과거의 역사적 유년기에 국한되며, 예술이 담당했던 과제가 근대에는 철학으로 이관되었다고 한다. 더욱이 헤겔은 이러한 발전의 방향이 영원히 불가역적이라고 여긴다.

체계 이론가들은 바로 헤겔의 결론인 '더 이상 기대할 수 없는, 예술의 진리 매개 가능성'에서 역전을 위한 힌트를 얻는다. 즉 헤겔이 예술의 종언을 선언하는 바로 그 지점에서 이들은 예술의 진정한 실존 근거를 찾거니와, 예술을 진리 영역으로부터 '퇴출'시킨 헤겔의 전략은 이들에게는 오히려 오래도록 그것을 짓눌러 왔던 중책으로부터 예술을 '해방'시키는 것을 뜻한다. 그 때문에 근대 이후에 존속하는 예술은 헤겔에게는 '무의미한 잔여물'인 반면, 이들에게는 '비로소 예술이 된 예술'이다. 모든 외적 연관들이 차단됨으로써, 즉 일체의 예술 외적 요구로부터 자유로운 자족적 체계로 분리 독립됨으로써, 무엇을 어떻게 표현할 것인가의 선택권은 전적으로 예술에게 주어지며, 이에 따라 예술은 예전에는 상상도 할 수 없던 많은 것을 내용과 형식으로 삼을 수 있게 된다.

그런데 체계 이론의 이러한 예술 해방 전략에는 석연찮은 점이 남아 있다. 왜냐하면 ⓐ 일부 예술가와 예술 애호가들은 예술의 고유한 자립성을 인정하면서도 여전히 진리와 예술의 긍정적 연관을 매력 있게 정당화하는 담론을 미학에서 기대하기 때문이다. 따라서 이들에게 ⓑ 체계 이론 미학은 '절반의 성공'에 불과한 것으로 평가된다. 이렇게 평가되는 원인은 체계 이론 미학이 헤겔 미학을 전거로 삼으면서 그 원래의 핵심 주제를 방기(放棄)한 데 있다. 따라서 예술계의 중요한 요구를 충족하는 좀 더 의미 있는 예술론이 되려면 체계 이론 미학은 진리와 연관된 예술의 가치를 묻는 물음에 대해서도 긍정적 답변을 줄 수 있는 이론으로 성숙해져야 한다.

29 ㉠에 대한 설명으로 가장 적절한 것은?

① 예술이 진리 매개라는 목적을 달성하고자 하더라도 정신의 작동 방식이 감성적 단계를 넘어선 시대에는 그 실현 가능성이 없다.
② 예술의 본질은 순수한 심미적 가치의 구현이지만, 진리 매개라는 이질적 목적이 개입함으로써 예술의 자율성이 훼손된다.
③ 예술이 진리 매개를 그것의 유일한 과제로 삼음으로써 주제의 다양화가 원천적으로 불가능하게 된다.
④ 예술이 진리 매개를 추구하여 매우 난해한 행위로 변함으로써 대중과의 소통이 불가능해진다.
⑤ 예술이 진리 매개를 지나치게 지향함으로써 양식적 쇠퇴라는 부정적 결과를 초래한다.

30 ⓐ가 ⓑ를 평가한 것으로 가장 적절한 것은?

① 고전적인 학설을 활용했지만, 그것의 핵심적 논점에서 벗어났다.
② 체계적인 이론을 정립했지만, 그것의 현실적 실용화는 미흡했다.
③ 유의미한 주제를 제시했지만, 그것의 대중적 공론화가 어려웠다.
④ 흥미로운 현상을 발견했지만, 그것의 인과적 규명에는 실패했다.
⑤ 매력적인 가설을 수립했지만, 그것의 경험적 검증에는 실패했다.

31 〈보기〉의 주장에 대한 '헤겔'의 평가로 가장 적절한 것은?

보기

근대에 새로이 출현한 장르인 오페라는 기존의 모든 예술적 요소를 하나의 장르로 통합한 것으로, 고대 그리스의 비극에 견줄 수 있을 만큼 완전성을 갖춘 종합 예술이다. 오페라의 이러한 통합성은 그 근본 원리 면에서 다음 시대에 이루어질 영화와 뮤지컬의 탄생을 예고한다.

① 오페라의 양식적 장대함은 고대 그리스 비극의 현대적 재현이다.
② 오페라가 절대적 진리를 담으려면 종합적 기법의 완성도를 더 높여야 한다.
③ 오페라의 완성도 높은 양식이 예술의 본래적 가치의 구현을 의미하지는 않는다.
④ 오페라의 통합적 성격은 오히려 예술에 더 이상의 양식적 발전이 불가능함을 보여 준다.
⑤ 오페라가 가치 있는 장르가 되려면 앞으로 화려한 양식 속에 이성적 사유를 담아내야 한다.

대립 구조 분석

필수체크 패러프레이징

미학/비평 지문 03	2010학년도 13-15번	**상위 테마 - 미학** **하위 테마 - 미술사학 VS 신미술사학**

[13~15] 다음 글을 읽고 물음에 답하시오.

19세기에 독립된 학문으로 출발한 미술사학은 작품의 형식 분석에 몰입하거나 도상해석학을 이용해 작품의 상징을 파악했다. 이러한 작업은 작품의 의미와 조형적 특징을 이해하는 데 도움을 주었을 뿐만 아니라, 선대부터 대가로 평가된 작가들의 배타적 지위를 공고히 하거나 새로운 걸작을 발견하고 재조명하는 데 유용한 이론적 뒷받침을 할 수 있었다는 점에서 이후 미술사 연구의 주류를 이루게 되었다. 라파엘로의 ㉠ 〈작은 의자 위의 성모〉(1514)에 등장하는 성모와 아기 예수, 세례자 요한을 기독교적 도상에 따라 이해하고, 그 주제를 담아내는 형식 — 안정된 구도, 그림에 활력을 주는 삼원색의 대비, 적색과 녹색의 보색 대비 등 — 의 완벽함을 밝힘으로써 작가와 작품의 미술사적 의의를 서술하는 것이 그 한 예가 될 수 있을 것이다. 그렇다면 이러한 방식은 현대 미술 작품의 해석과 평가에도 유용한 것일까?

심장이 몸 밖으로 드러난 채 가는 핏줄로 연결되어 있는 두 여인을 그린 프리다 칼로의 ㉡ 〈2인의 프리다〉(1939)를 살펴보자. 왼편의 여인은 오른손에 가위를 쥔 채 지혈을 하고 있다. 오른편 여인은 한 소년이 그려진 동그란 형태의 작은 물건을 왼손에 쥐고 있는데, 숨긴 듯 그려진 이 소년은 남편 리베라의 모습이다. 전통적인 도상해석학은 이 그림의 의미 파악에 별다른 도움을 주지 못한다. 전통적인 성화 속의 피 흘리는 양이 예수 그리스도의 희생으로, 17세기 정물화 속의 양초와 해골이 인생의 덧없음으로 해석될 수 있도록 도와주었던 관례적인 상징 체계는 이 그림 속의 요소들과는 깊은 관련이 없어 보이기 때문이다. 이러한 해석의 난점을 풀기 위해 어떤 미술사학자는 정신분석학의 이론을 빌려와, 칼로가 무의식적으로 남편 리베라를 아버지로 대체하였고, 그런 심리적 과정이 그의 자화상 속에 드러난다고 해석하였다. 기이한 분위기와 생경한 색채로 인해 초현실주의적인 그림으로 주목을 받았던 칼로의 작품은 이와 같은 새로운 해석에 의해 그 가치에 대한 평가가 높아지고 있다.

칼로의 경우에서 알 수 있듯이 현대 미술가들이 과거의 전통적 주제나 상징 체계에 의거해 그림을 그리지 않는다는 점으로 볼 때, 도상해석학이 한계를 지닌다는 사실은 분명해 보인다. 고상한 주제나 지적 유희를 즐겼던 미술 후원자의 주문에 따라 그림을 그리던 방식에서 벗어나 화가 자신의 자유로운 상상력과 의지에 따라 그림을 그리게 된 현대 미술의 흐름을 고려한다면 미술사를 바라보는 미술사가들의 태도도 자연히 바뀌어야 했다.

새로운 미술 환경에 맞는 미술사학의 관점과 이론을 모색하는 일군의 이론가들이 1980년대에 등장하기 시작했는데, 그들의 경향은 '신미술사학'이라고 불린다. 신미술사학의 대표적인 연구자 중의 한 명인 프리치오시는 탈구조주의 철학에 기초하여, 기존의 미술사학을 지배했던 주도적인 이데올로기, 즉 미술사는 예술적 천재에 대한 찬양과 미적 보편성에 전념해야 한다는 믿음을 반성한다. 한편 다른 이론가들은 기존의 미술사의 주체가 서양 백인 남성이었다는 점과 방법론이 도상해석학과 형식 분석에 제한되었다는 점을 반성한다. 이에 따라 신미술사가들은 여성 미술가, 흑인 미술가 등으로 표상되는 사회 계급, 젠더, 섹슈얼리티라는 다층적 정체성에 대한 관심을 표명하고 마르크스주의, 페미니즘, 정신분석학 등 다양한 방법론을 자신의 것으로 적극 수용하고 있다.

이러한 관점과 기준의 다양화는 동시대의 그림뿐 아니라 과거의 미술에 대해서도 새로운 해석과 가치 평가를 가능케 한다. [A] **[그려질 당시 크게 주목받지 못했던 젠틸레스키의 ㉢ 〈유디트〉(1620)가 재평가되는 것도 신미술사학의 방법론을 통해서이다.]** '유디트'는 서양 미술사에 많이 등장하는 주제 중의 하나인데, 이스라엘을 침공한 아시리아 장수 홀로페르네스, 나라를 지키기 위해 그의 목을 베는 젊은 미망인 유디트와 하녀가 등장한다. 젠틸레스키의 그림에서는 죽음에 저항하는 남자와 목적을 이루려는 두 여인의 동작과 표정이 명암과 색채 대비를 통해 사실적으로 생생하게 표현되었다. 가치 있는 주제를 극적인 방식으로 표현했음에도 좋은 평가를 받지 못했던 이 작품은 페미니즘의 관점을 통해 폭넓게 이해되었고 그에 따라 새로운 평가를 받게 되었다. 이처럼 신미술사학은 미술을 역사와 사회 상황 같은 다양한 맥락과 굳게 연대시킴으로써 우리에게 풍요로운 작품 해석과 평가의 가능성을 제공한다.

13 위 글에 비추어 볼 때, 기존의 미술사학에 대한 신미술사학의 비판으로 적절하지 않은 것은?

① 미적 가치의 기준이 상대적이라고 전제함으로써, 다양한 방법론을 수용하기 어렵다.
② 예술적 천재에 대한 믿음에 근거함으로써, 계급, 젠더, 섹슈얼리티 등 다층적 정체성에 대한 해석이 어렵다.
③ 작품의 해석에서 상징을 고정된 의미로 풀이함으로써, 전통적 상징 체계를 따르지 않는 현대 미술 작품의 해석에 어려움이 많다.
④ 작품 생산의 다양한 외적 요인들을 고려하지 않음으로써, 화가의 내면 세계나 작품의 사회적 맥락 등에 대한 고려가 필요한 작품의 이해와 해석이 어렵다.
⑤ 주제를 담아내는 형식의 완벽성을 중요한 평가 기준으로 삼음으로써, 자유로운 상상력 등 형식 이외의 가치 역시 중시하는 현대 미술가를 평가하기 어렵다.

14 ㉠, ㉡, ㉢에 대한 위 글의 서술을 설명한 것으로 옳지 않은 것은?

① ㉠에 대한 서술에는 종교적 도상이 언급되어 있다.
② ㉡에 대한 서술에는 작가의 사적인 삶이 언급되어 있다.
③ ㉠, ㉡에 대한 서술에는 작품에 대한 당시의 반응이 언급되어 있다.
④ ㉡, ㉢에 대한 서술에는 해석이 필요한 남성의 존재가 언급되어 있다.
⑤ ㉠, ㉡, ㉢에 대한 서술에는 색채의 효과가 언급되어 있다.

대립 구조 분석

필수체크 패러프레이징

15 〈보기〉를 통해 [A]에 대해 추론할 때, 적절하지 않은 것은?

보기

서양 미술사에서 '유디트'는 연약한 여인이 나라를 구한다는 교훈적인 측면과 함께, 유디트의 아름다움이 주는 시각적 즐거움, 미색의 탐닉이 불러올 파국에 대한 경계라는 측면에서 남성 미술 애호가들이 즐겨 주문한 주제였다. 수많은 화가들이 그린 '유디트' 중에서 카라바조의 〈유디트〉(1598)가 많은 주목을 받았는데, 화가는 이 그림에서 유디트를 소녀로 묘사하여 그 아름다움을 부각시키고 있다.

여성은 남성의 벗은 몸을 볼 수 없다는 당시 사회 통념 때문에 정규 미술 학교 교육을 받을 수 없었던 젠틸레스키는 타고난 재능을 거의 독학에 가까운 노력을 통해 발현할 수 있었다. 그녀는 카라바조의 〈유디트〉에 등장하는 인물들의 비현실적인 자세와 구도를 비판하며 보다 현장감 넘치는 그림을 그렸다. 당시 기록에 의하면, 젠틸레스키의 〈유디트〉에 등장하는 주인공은 화가 자신이며, 그녀를 겁탈한 개인교사가 홀로페르네스로 그려졌다고 한다.

① 당시의 미술 애호가들은 젠틸레스키의 그림에 등장하는 여성 이미지가 이상화되지 않았다는 점에서 저평가했을 것이다.
② 당시 미술계는 남성의 벗은 몸을 볼 수 없었던 젠틸레스키가 홀로페르네스의 신체 표현에 서툴렀기 때문에 저평가했을 것이다.
③ 당시 미술계는 정규 미술 교육도 받지 못한 여성인 젠틸레스키가 주목받던 선배 화가 카라바조의 방식을 따르지 않았기 때문에 저평가했을 것이다.
④ 페미니스트 연구자들은 젠틸레스키의 그림으로부터 능동적인 여성상을 읽을 수 있기 때문에 높이 평가했을 것이다.
⑤ 페미니즘적 미술 비평은 젠틸레스키의 그림이 여성 화가의 자화상이고 그녀의 아픈 상처가 이 그림의 창작 동인이 되었다는 점 때문에 새롭게 평가했을 것이다.

MEMO

미학/비평 지문 04	2011학년도 21-23번	상위 테마 - 미학
		하위 테마 - 선율음악에서 조성음악으로의 변화

[21~23] 다음 글을 읽고 물음에 답하시오.

음악에서 개별적인 음 하나하나는 단순한 소리일 뿐 의미를 갖지 못한다. 이 음들이 의미를 가지려면 음들은 조화로운 방식으로 결합된 맥락 속에서 파악되어야 한다. 그렇다면 그 맥락은 어떻게 형성되는가? 이를 알기 위해서는 음악의 기본적인 요소인 음정과 화음, 선율과 화성의 개념을 이해할 필요가 있다.

떨어진 두 음의 거리를 '음정'이라고 한다. 음정의 크기(1도~8도)와 성질(완전, 장, 단 등)은 두 음의 어울리는 정도를 결정하는데, 그에 따라 음정은 세 가지, 곧 완전음정(1도, 8도, 5도, 4도), 불완전음정(장3도, 단3도, 장6도, 단6도), 불협화음정(장2도, 단2도, 장7도, 단7도 등)으로 나뉜다. 여기서 '한 음의 중복'인 완전1도가 가장 협화적이며, 완전4도 〈도-파〉는 완전5도 〈도-솔〉보다 덜 협화적이다. 불완전음정은 협화음정이기는 하나 완전음정보다는 덜 협화적이다.

중세와 르네상스 시대에는 수직적인 음향보다는 수평적인 선율을 중시하는 선법 음악이 발달했다. 선법 음악은 음정의 개념에 근거한 다성부 짜임새를 사용했는데, 이는 두 개 이상의 선율이 각각 서로 독립성을 유지하면서도 선율과 선율 사이의 조화가 음정에 따라 이루어지는 대위적 개념에 근거한 것이었다. 따라서 각각의 선율은 모두 동등하게 중요했으며, 그에 반해 그 선율들이 만들어 내는 수직적인 음향은 부차적이었다.

중세의 선법 음악에서는 완전하게 어울리는 음정을 즐겨 사용했다. 그래서 기본적으로 완전음정만을 협화음정으로 강조하면서 불완전음정과 불협화음정을 장식적으로만 사용했다. 하지만 르네상스 시대에 이르러 불완전음정인 3도와 6도를 더 적극적으로 사용하기 시작했다. 특히 16세기 대위법의 음정 규칙에서는 악보 (가)의 예가 보여 주듯이 음정의 성질에 따라 그 진행이 단계적으로 이루어지도록 했다. 예를 들면 7도의 불협화적인 음향이 '매우' 협화적인 음향인 8도로 진행하기 전에 '적당히' 협화적인 음향인 6도를 거치도록 했는데, 이를 통해 선법 음악이 추구하는 자연스러운 음향을 표현할 수 있도록 했다. 이는 2도-3도-1도의 진행에서도 확인할 수 있다.

한편 불완전음정 3도가 완전5도를 분할하는 음정으로 사용되면서 '화음'의 개념이 출현하게 되는데, 이러한 변화는 음의 결합을 두 음에서 세 음으로 확장한 것이다. 예컨대 〈도-미-솔〉을 음정의 개념에서 보면 〈도-솔〉, 〈도-미〉, 〈미-솔〉로 두 음씩 묶은 음정들이 결합된 소리로 판단되지만, 화음의 개념에서는 이 세 음을 묶어 하나의 단위, 곧 3화음으로 본다. 이와 같이 세 음의 구성을 한 단위로 취급하는 3화음에서는 맨 아래 음이 화음의 근음(根音)으로서 중요하며, 그 음으로부터 화음의 이름이 정해진다. 또한 이 근음 위에 쌓는 3도 음정이 장3도인지 단3도인지에 따라 화음의 성격을 각각 장3화음, 단3화음으로 구별한다. 예를 들면 완전5도 〈도-솔〉에 장3도 〈도-미〉를 더한 〈도-미-솔〉은 '도 장3화음'이며, 단3도 〈도-미♭〉을 더한 〈도-미♭-솔〉은 '도 단3화음'이다. 화성적 음향이 발달해 3화음 위에 3도를 한 번 더 쌓으면 네 개의 음으로 구성된 화음이 생기는데, 이것을 '7화음'이라고 부른다. 예를 들어, 위의 〈도-미-솔〉의 경우 〈도-미-솔-시〉가 7화음이다.

조성 음악은 이러한 화음의 개념에 근거해서 발달한 것이다. 수평적인 선율보다 수직적인 화음을 중시하는 양식으로 르네상스 시대 이후 등장한 조성 음악에서는 복합층으로 노래하던 다성부의 구조가 쇠퇴하는 대신 선율과 화성으로 구성된 구조가 등장하였다. 이러한 구조에서는 선율이 화음에 근거하여 만들어지기 때문에, 수평적인 선율 안에 화음의 구성음들이 '내재'한다.

조성 음악에서 화음들의 연결을 '화성'이라 한다. 말하자면 화성은 화음들이 조화롭게 연결되어 만들어 내는 맥락을 뜻한다. 악보 (나)가 보여 주듯이 조성 음악에서는 5도 관계에 놓인 세 화음이 화성적 맥락을 형성하는 근본적인 역할을 한다. '도'를 중심으로 해서 이 음보다 5도 위의 '솔', 5도 아래의 '파'를 정하면, '도'가 으뜸음이 되며 '솔'은 딸림음, '파'는 버금딸림음이 된다. 이 세 음을 근음으로 하여 그 위에 쌓은 3화음이 '주요 3화음'이 되는데, 이를 각각 으뜸화음, 딸림화음, 버금딸림화음이라고 한다. 이 세 화음은 으뜸화음으로 향하는 화성 진행을 만든다.

21 위 글의 내용과 일치하지 않는 것은?

① 완전음정 〈도-솔〉은 완전음정 〈도-도〉보다 덜 협화적이다.
② 르네상스 시대보다 중세 시대에 협화적인 음정을 더 많이 사용하였다.
③ 2도-3도-1도의 진행은 불협화음정-불완전음정-완전음정의 단계적 진행이다.
④ 장3화음과 단3화음은 근음 위에 쌓은 3도 음정의 성질에 따라 구별된다.
⑤ 화음의 개념에 근거한 선율만으로는 곡의 주요 3화음을 알 수 없다.

22 선법 음악에서 조성 음악으로의 변화를 바르게 설명한 것은?

① 음의 재료가 협화적 음정에서 불협화적 음정으로 바뀌었다.
② 대위적 양식에서 추구하던 선율들의 개별적인 독립성이 쇠퇴하였다.
③ 수직적인 음향을 강조하던 것이 수평적인 선율을 중시하는 것으로 바뀌었다.
④ 화성적 맥락으로 전환되면서 3도 관계의 화음들이 근본적인 화성 진행을 만들었다.
⑤ "화성은 선율의 결과이다."라는 사고가 발달하면서 선율과 화성의 구조를 사용하였다.

23 〈조건〉에 따라 〈보기〉의 곡을 작곡했다고 할 때, 이에 대한 설명으로 적절하지 않은 것은?

조건

- 선율은 '도'를 으뜸음으로 한다.
- 한 마디에는 하나의 화음을 사용한다.

보기

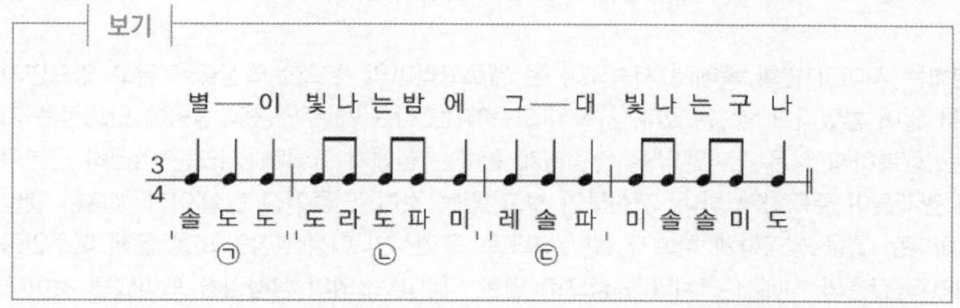

① ㉠의 화음에는 '미'가 내재되어 있다.
② ㉡에는 버금딸림 7화음이 사용되었다.
③ ㉢에는 딸림 7화음이 사용되었다.
④ 으뜸화음에서 시작하여 으뜸화음으로 끝난다.
⑤ 각 마디의 첫 음은 그 마디에 사용된 화음의 근음이다.

대립 구조 분석

필수체크 패러프레이징

미학/비평 지문 05	2012학년도 33-35번	상위 테마 - 미학
		하위 테마 - 멜로드라마의 등장과 변화

[33~35] 다음 글을 읽고 물음에 답하시오.

'멜로드라마'는 18세기 프랑스에서 대중의 관심을 끄는 통속적 이야기를 화려한 볼거리와 음악을 통해 보여 주는 대중 연극에서 시작된 것으로 알려져 있다. 초기 멜로드라마에서는 대개 사악한 봉건 귀족에게 핍박받는 선하되 약한 부르주아의 이야기가 부르주아의 관점에서 전개되었다. 하지만 사회적 모순을 적극적으로 타개하는 데에는 이르지 못한 채 다만 비약이나 우연 같은 의외성에 기대어 부르주아의 덕행과 순결함이 어떻게든 승리하도록 만들려고 했다.

19세기 자본주의 발달과 더불어 멜로드라마의 인물 구도에는 변화가 생겼다. 봉건 귀족의 자리는 악하되 강한 인물이 대신하고 그에 의해 고통 받는 선량하지만 가난한 사람이 주인공으로 등장하였다. 이에 따라 멜로드라마에서는 가족의 위기, 불가능한 사랑, 방해받는 모성, 불가피한 이별 등으로 주인공이 고통을 겪다가 행복해지는 과정이 다루어졌고, 선악 대립보다는 파토스(pathos)의 조성이 부각되었다. 곧 약자가 겪는 고통과 슬픔을 과장되게 보여 주면서 감성을 자극하는 것이 주된 관심사가 되었던 것이다. 하지만 사회 어디에도 말할 수 없었던 약자들의 고통과 슬픔이 표출되었다는 점에서 보면, 이러한 파토스의 과잉은 그 나름의 의의를 지녔다고 할 만하다.

20세기에 들어서 멜로드라마는 영화로 중심을 옮겨 갔다. 영화는 클로즈업을 통해 관객들이 인물에 감정 이입을 하게 하기 쉬웠고, 통속성과 스펙터클을 만들어 내기에도 적절했으며, 음악을 통해 과잉된 정서를 표현하기에 효과적이었기 때문이다. 멜로드라마 영화는 악인에게 괴롭힘을 당하는 약자로부터가 아니라 사회적 모순에 따른 억압적 상황에서 고통 받는 약자, 특히 여성들로부터 파토스를 이끌어 냈다. 이들은 가부장제나 계층적인 차이로 고통 받으면서도 허락되지 않은 삶의 지평을 갈망하는 '어찌할 수 없음'의 상황에 놓인 존재들이다. 일례로 비더의 ㉠ <u>〈스텔라 달라스〉</u>(1937)에는 상류 계급의 문화 장벽을 넘지 못하고 남편과 헤어져야 했던 하층민 여성이 주인공으로 등장한다. 그녀는 딸을 곁에 두고 싶어 하면서도 딸이 더 나은 삶을 누리기 바라는 가운데 마음 깊이 고통을 겪는다. 이러한 어찌할 수 없는 상황에서 그녀가 결국 딸을 상류층의 전남편에게 보내는 선택을 하는 것은 희생적 모성이라는 이데올로기와 타협한 것이라고 할 수 있겠지만, 딸의 결혼식을 창밖에서 바라보던 어머니가 입가에 미소를 띤 채 눈물을 흘리는 마지막 장면에서 관객들은 고통 어린 만족을 선택한 모성에 공감의 눈물을 흘리게 된다.

1950년대에 할리우드는 '가족 멜로드라마'라는 또 다른 멜로드라마의 흐름을 만들어 냈다. 이제 멜로드라마는 통속적 서사의 틀을 유지하면서도 사회적 갈등의 축도와도 같은 미국 중산층 핵가족에 주목하게 되는데, 그것은 가족이 자본이나 가부장제 같은 사회 권력이 작동하는 무대이기 때문이다. 예컨대 서크의 ㉡ <u>〈천국이 허락한 모든 것〉</u>(1955)은 유복한 과부와 연하의 정원사의 사랑과 시련, 그리고 재회의 과정을 보여 주는데, 여기에는 그들의 결합을 반대하는 자식들이 가족의 이름으로 등장한다. 이제 가족은 더 이상 애틋한 유대의 단위가 아니라 개인의 삶을 관리하는 제도가 된다. 따라서 자식들의 반대로 사랑을 포기했던 그녀가 거듭된 우연 끝에 병상의 정원사와 재회하게 되는 결말은 의미심장하다.

가족 멜로드라마로서 이 영화는 시대의 변화 속에서 지속되어 온 멜로드라마의 주요한 특징들을 담고 있으면서도 멜로드라마의 또 다른 가능성을 열어 놓았다고 할 수 있다. 사회적 모순에 눈 감은 채 주인공의 성공에 안도하는 기존의 '행복한 결말'과는 구별되는 '행복하지 않은 해피엔딩'을 경험하게 한다는 점에서 그렇다. 서크는 여전히 근본적인 갈등이 해소되지 않은 결말에 관객들이 주목하게 하여, 자신들이 보고 있는 것이 '만들어진 현실'이며 행복한 결말은 인위적인 허구 안에서만 가능하다는 것을 생각하게 하고자 했다. 고도로 표현적인 미장센(장면화)을 통해 여주인공이 누리는 삶의 풍요로움이 오히려 중산층의 지배적 가치와 규범으로 인한 억압과 소외의 상황임을 드러냈던 것이다.

멜로드라마는 '부적절한 리얼리즘'이니 '여성용 최루물'이니 하는 등의 비하하는 말로 언급되곤 한다. 하지만 서크의 영화에서처럼 멜로드라마는 사회적 약자의 말할 수 없는 슬픔과 이루어질 수 없는 꿈을 전달하는 서사이면서 사회적 모순에 대한 아이러니한 반응으로도 읽힐 수 있다. ⓐ <u>현실에 종속되면서도 그 현실을 넘어서려는 절박한 요구</u>는 영화라는 재현 체계 속에서 대중들과 끊임없이 교감하면서 멜로드라마를 생산하도록 했다는 것이다.

33 '멜로드라마'에 대한 진술로 적절하지 않은 것은?

① 갈등을 낳은 사회적 모순을 적극적으로 극복하려는 내용은 없었다.
② 통속성이 점차 사라졌고 정서 표출보다는 현실 묘사에 치중하게 되었다.
③ 영화에 나타난 가정이나 개인의 문제는 사회적 문제가 전환되어 표현된 것이다.
④ 작위적인 서사를 통해 인물이 처한 문제를 해소하려는 방향으로 이야기가 전개되었다.
⑤ 인물들의 선악 대립이 차츰 약해지고 사회적 상황으로 인한 고통과 희생의 파토스가 형상화되었다.

34 ㉠과 ㉡에 대한 이해로 적절하지 않은 것은?

① ㉠과 ㉡ 모두 음악을 사용하여 인물의 고통과 슬픔을 극적으로 표현했을 것이다.
② ㉠은 ㉡에 비해 관객들이 여성 인물과 자신을 동일시하는 정도가 더 강했을 것이다.
③ ㉠에 비해 ㉡은 결말에서 관객들에게 더 능동적인 감상을 이끌어내려 했을 것이다.
④ ㉠과 ㉡ 모두 현실적 억압에도 불구하고 소망을 성취하고자 하는 약자를 그렸을 것이다.
⑤ ㉠과 ㉡ 모두 위기에 빠진 중산층 가족의 가치 회복이라는 주제 의식을 담았을 것이다.

35 한국의 대표적인 멜로드라마에 대해 ⓐ에 주목하여 감상한 것으로 가장 적절한 것은?

① 〈장한몽〉에서 돈 많은 악인 김중배로 인해 심순애가 변심하고 가난한 애인 이수일이 정신적인 파탄에 이르는 모습은 돈과 사랑을 대립적으로 생각했던 당시 사람들의 가치관을 보여 준다.
② 〈검사와 여선생〉에서 살인범의 누명을 쓴 여선생 앞에 검사가 된 제자가 나타나 사건을 해결하지만, 작품의 초점은 세상 누구에게도 호소하지 못한 약자의 사정을 보여 주는 데 있다.
③ 〈자유부인〉에서 사회 활동을 갈망했던 가정주부 오선영이 고작 할 수 있었던 것은 춤바람이 났다가 집으로 돌아오는 것이었지만, 실상 이 춤바람은 권위적인 가부장제에 대한 반발로도 볼 수 있다.
④ 〈미워도 다시 한 번〉에서 사랑하는 아이를 친아버지의 집으로 보내야 하는 어머니와 어머니 곁에 있고 싶지만 떠나야 하는 아이가 처한 상황은 인간 운명의 어찌할 수 없음을 보여 준다.
⑤ 〈별들의 고향〉에서 도시에 진입했다가 이기적인 남성들에 의해 버림받고 점점 타락해 가는 경아라는 여성은 도시화와 산업화로 인한 인간 소외를 사실적으로 보여 준다.

⊙ 대립 구조 분석

⊙ 필수체크 패러프레이징

미학/비평 지문 06	2014학년도 14-16번	상위 테마 - 미학 / 하위 테마 - 재현적 음악의 성립 조건에 대한 논의

[14~16] 다음 글을 읽고 물음에 답하시오.

재현적 회화란 사물의 외관을 실제 대상과 닮게 묘사하여 보는 이가 그림을 보고 그것이 어떤 대상을 그린 것인지 알아 볼 수 있는 그림을 말한다. 음악은 어떨까? 회화가 재현적이 되기 위한 조건들을 음악도 가져야 재현적 음악이 될 수 있다면, 본질적으로 추상적인 모든 음악은 결코 대상을 재현할 수 없다고 해야 하는가?

흔히 논의되는 회화적 재현의 핵심적 조건은 그림의 지각 경험과 그림에 재현된 대상을 실제로 지각할 때의 경험 사이에 닮음이 존재해야 한다는 것이다. 음악이 이 요건을 만족시키지 못한다는 주장은 음악 작품의 이른바 순수하게 음악적인 부분이 재현 대상에 대한 즉각적인 인식을 불러일으키지 못한다는 데에 주목한다. 예를 들어 사과를 재현한 회화에서 재현된 대상인 사과는 작품의 제목이 무엇이든 상관없이 그림 속에서 인식이 가능한데, 음악의 경우는 그럴 수 없기 때문에 음악은 재현적일 수 없다는 것이다. 바다를 재현했다고 하는 드뷔시의 〈바다〉의 경우라도, 표제적 제목을 참조하지 않는다면 감상자는 이 곡을 바다의 재현으로 듣지 못한다는 것이다. 하지만 이러한 주장은 일반화되기 어렵다. 모래 해안의 일부를 극사실주의적으로 묘사한 그림은 재현적 회화이지만 그 제목을 모르면 비재현적으로 보이기 십상일 것이다. 몬드리안의 〈브로드웨이 부기우기〉의 경우, 제목을 알 때 감상자는 그림에 그어진 선과 칠해진 면을 뉴욕 거리를 내려다 본 평면도로 볼 수 있지만 제목을 모를 때는 추상화로 보게 될 것이다.

그러나 이에 대해, 회화적 재현에서 〈브로드웨이 부기우기〉와 같은 사례는 비전형적인 반면 음악의 경우에는 이것이 전형적이라는 점을 지적하는 학자들이 있다. 물론 음악에서는 제목에 대한 참조 없이도 명백히 재현으로 지각되는 사례, 예를 들어 베토벤의 〈전원 교향곡〉의 새소리 같은 경우가 드문 것이 사실이다. 하지만 이것이 음악의 재현 가능성을 부정해야 할 이유가 될까? 작품에서 제목이 담당하는 역할을 고려해 보면 반드시 그렇지만은 않다.

오늘날 많은 학자들은 음악 작품의 가사는 물론 작품의 제목이나 작품의 모티브가 되는 표제까지도 작품의 일부로 본다. ㉠ <u>이 입장</u>을 근거로 할 때, 작품의 내용이 제목의 도움 없이도 인식 가능해야만 재현이라는 것은 지나친 주장이다. 제목이 작품의 일부인 한, 예술작품의 재현성은 제목을 포함하는 전체로서의 작품을 대상으로 판단해야 하기 때문이다. 슈베르트의 〈물레질하는 그레첸〉의 주기적으로 반복되는 단순한 반주 음형은 제목과 더불어 감상될 때 물레의 반복적 움직임을 효과적으로 묘사한 것으로 들린다.

음악이 재현의 조건을 만족시키지 못한다고 생각하는 학자들은 작품 이해와 관련된 또 다른 문제를 제기한다. 재현적 그림의 특징 중 하나는 재현된 대상에 대한 인식이 작품의 이해를 위해 필수적이라는 점이다. 그러나 재현적이라 일컬어지는 음악 작품은 이러한 특징을 가지지 않는다는 것이 ㉡ <u>이들의 입장</u>이다. 감상자는 작품이 재현하고자 하는 것이 무엇인지 몰라도 그 음악을 충분히 이해할 수 있다는 것이다. 예를 들어 감상자는 〈바다〉가 바다의 재현으로서 의도되었다는 사실을 모르고도 이 곡을 이루는 음의 조합과 구조를 파악할 수 있는데, 이것이 곧 〈바다〉를 음악적으로 이해한 것이 된다는 것이다.

그러나 ㉢ <u>이에 대한 반대의 입장</u>도 제시될 수 있다. 작품의 제목이나 표제가 무시된 채 순수한 음악적 측면만이 고려된다면 작품의 완전한 이해가 불가능한 경우가 있기 때문이다. 표제적 제목과 주제를 알지 못하는 감상자는 차이콥스키의 〈1812년 서곡〉에서 왜 '프랑스 국가'가 갑작스럽게 출현하는지, 베를리오즈의 〈환상 교향곡〉의 말미에 왜 '단두대로의 행진'이 등장하는지 이해할 수 없을 것이다. 실로 이들 작품에서 그러한 요소들의 출현을 설명해 줄 순수하게 음악적인 근거란 없으며, 그것은 오직 음악이 재현하고자 하는 이야기에 의해서만 해명될 수 있다.

14 위 글의 내용과 일치하지 않는 것은?

① 〈바다〉는 표제적 제목 없이는 재현으로 볼 수 없다.
② 〈브로드웨이 부기우기〉는 제목과 함께 고려할 때 재현으로 볼 수 있다.
③ 〈전원 교향곡〉에서 자연의 소리를 닮은 부분은 제목과 함께 고려해야만 재현으로 볼 수 있다.
④ 〈물레질하는 그레첸〉의 주기적으로 반복되는 반주 음형은 제목과 함께 고려할 때 재현으로 볼 수 있다.
⑤ 〈1812년 서곡〉에 포함된 '프랑스 국가'는 순수하게 음악적인 관점에서는 그 등장을 이해할 수 없는 부분이다.

15 글쓴이의 견해와 일치하는 것은?

① 순수한 음악적 측면만으로 재현 대상에 대한 인식을 불러일으킬 수 있는 음악 작품이 흔히 존재한다.
② 음악의 재현 가능성을 옹호하려면 회화적 재현을 판단하는 기준을 대신할 별도의 기준이 마련되어야 한다.
③ 제목의 도움 없이는 재현 여부를 알 수 없다는 점이 음악과 전형적인 회화에서 공통적으로 발견되는 특성이다.
④ 음악적 재현이 가능하기 위해서는 음악 작품의 의도를 전혀 모르는 감상자가 작품을 충분히 이해하는 경우가 전형적이라야 한다.
⑤ 재현에 대한 지각적 경험과 재현 대상에 대한 지각적 경험 사이에 닮음이 존재해야 한다는 조건을 만족시키는 음악 작품이 존재한다.

16 〈보기〉에 대한 ㉠~㉢의 견해를 추론한 것으로 옳지 않은 것은?

> 보기
>
> 슈만은 멘델스존의 교향곡 〈스코틀랜드〉를 들으면서 멘델스 존의 다른 교향곡 〈이탈리아〉를 듣고 있다고 착각한 적이 있었다. 이탈리아의 풍경을 떠올리며 〈스코틀랜드〉를 들었을 슈만은 아마도 듣고 있는 곡의 2악장의 주제에 왜 파, 솔, 라, 도, 레의 다섯 음만이 사용되었는지 이해할 수 없었을 것이다. 멘델스존의 의도는 스코틀랜드 전통 음악의 5음 음계를 제시하려는 것이었다.

① ㉠은 이것을 예술 작품의 일부로서 제목이 갖는 중요성을 입증하는 사례로 이용할 수 있다고 할 것이다.
② ㉡은 슈만이 자신이 듣고 있는 곡의 재현 대상을 몰랐더라도 곡의 전체적인 조합만큼은 이해할 수 있었다고 할 것이다.
③ ㉡은 5음 음계가 사용된 이유에 대한 정보가 그 곡이 교향곡으로서 지니는 순수한 음악적 구조를 이해하는 데에 꼭 필요한 것은 아니라고 할 것이다.
④ ㉢은 슈만이 자신이 듣고 있는 곡의 제목을 잘못 알았기 때문에 그 음악을 완전히 이해하지는 못했다고 할 것이다.
⑤ ㉢은 이탈리아 풍경과는 이질적인 5음 음계로 인해 슈만이 자신이 듣고 있는 곡의 음악적 구조 파악에 실패했다고 할 것이다.

대립 구조 분석

필수체크 패러프레이징

미학/비평 지문 07	2016학년도 23-25번	상위 테마 - 미학 / 하위 테마 - 컨스터블의 풍경화

[23~25] 다음 글을 읽고 물음에 답하시오.

건초 더미를 가득 싣고 졸졸 흐르는 개울물을 건너는 마차, 수확을 앞둔 밀밭 사이로 양 떼를 몰고 가는 양치기 소년과 개, 이른 아침 농가의 이층 창밖으로 펼쳐진 청록의 들녘 등, 이런 평범한 시골 풍경을 그린 컨스터블(1776~1837)은 오늘날 영국인들에게 사랑을 받는 영국의 국민 화가이다. 현대인들은 그의 풍경화를 통해 영국의 전형적인 농촌 풍경을 떠올리지만, 사실 컨스터블이 활동하던 19세기 초반까지 이와 같은 소재는 풍경화의 묘사 대상이 아니었다. ㉠ 그렇다면 평범한 농촌의 일상 정경을 그린 컨스터블은 왜 영국의 국민 화가가 되었을까?

컨스터블의 그림은 당시 풍경화의 주요 구매자였던 영국 귀족의 취향에서 어긋나 그다지 인기를 끌지 못했다. 당시 유행하던 픽처레스크 풍경화는 도식적이고 이상화된 풍경 묘사에 치중했지만, 컨스터블의 그림은 평범한 시골의 전원 풍경을 사실적으로 묘사한 것처럼 보인다. 이 때문에 그의 풍경화는 자연에 대한 과학적이고 객관적인 관찰을 바탕으로, 아무도 눈여겨보지 않았던 평범한 농촌의 아름다운 풍경을 포착하여 표현해 낸 결과물로 여겨져 왔다. 객관적 관찰과 사실적 묘사를 중시하는 관점에서 보면 컨스터블은 당대 유행하던 화풍과 타협하지 않고 독창적인 화풍을 추구한 화가이다.

그러나 1980년대에 들어서면서 이와 같은 관점에 대해 의문을 제기하는 ⓐ 비판적 해석이 등장한다. 새로운 해석은 작품이 제작될 당시의 구체적인 사회적 상황을 중시하며 작품에서 지배 계급의 왜곡된 이데올로기를 읽어내는 데 중점을 둔다. 이 해석에 따르면 컨스터블의 풍경화는 당시 농촌의 모습을 있는 그대로 전달해 주지 않는다. 사실 컨스터블이 활동하던 19세기 전반 영국은 산업혁명과 더불어 도시화가 급속히 진행되어 전통적 농촌 사회가 와해되면서 농민 봉기가 급증하였다. 그런데 그의 풍경화에 등장하는 인물들은 거의 예외 없이 원경으로 포착되어 얼굴이나 표정을 알아보기 어렵다. 시골에서 나고 자라 복잡한 농기구까지 세밀하게 그릴 줄 알았던 컨스터블이 있는 그대로의 자연을 포착하려 했다면 왜 농민들의 모습은 구체적으로 표현하지 않았을까?

이는 풍경의 관찰자인 컨스터블과 풍경 속 인물들 간에는 항상 일정한 심리적 거리가 유지되고 있기 때문이다. 수정주의 미술사학자들은 컨스터블의 풍경화에 나타나는 인물과 풍경의 불편한 동거는 바로 이러한 거리 두기에서 비롯한다고 주장하면서, 이 거리는 계급 간의 거리라고 해석한다. 지주의 아들이었던 그는 19세기 전반 영국 농촌 사회의 불안한 모습을 애써 외면했고, 그 결과 농민들은 적당히 화면에서 떨어져 있도록 배치하여 결코 그들의 일그러지고 힘든 얼굴을 볼 수 없게 하였다는 것이다.

여기서 우리는 위의 두 견해가 암암리에 공유하는 기본 전제에 주목할 필요가 있다. 두 견해는 모두 작품이 가진 의미의 생산자를 작가로 보고 있다. 유행을 거부하고 남들이 보지 못한 평범한 농촌의 아름다움을 발견한 '천재' 컨스터블이나 지주 계급 출신으로 불안한 농촌 현실을 직시하지 않으려 한 '반동적' 컨스터블은 결국 동일한 인물로서 작품의 제작자이자 의미의 궁극적 생산자로 간주된다. 그러나 생산자가 있으면 소비자가 있게 마련이다. 기존의 견해는 소비자의 역할에 주목하지 않았다. 하지만 ㉡ 소비자는 생산자가 만들어낸 작품을 수동적으로 수용하는 존재가 아니다. 미술 작품을 포함한 문화적 텍스트의 의미는 그 텍스트를 만들어 낸 생산자나 텍스트 자체에 내재하는 것이 아니라 텍스트를 수용하는 소비자와의 상호 작용에 의해 결정된다. 다시 말해 수용자는 이해와 수용의 과정을 통해 특정 작품의 의미를 끊임없이 재생산하는 능동적 존재인 것이다. 따라서 앞에서 언급한 해석들은 컨스터블 풍경화가 함축한 의미의 일부만 드러낸 것이고 나머지 의미는 그것을 바라보는 감상자의 경험과 기대가 투사되어 채워지는 것이라고 할 수 있다. 즉 컨스터블의 풍경화가 지니는 가치는 풍경화 그 자체가 아니라 감상자의 의미 부여에 의해 완성되는 것이다. 이런 관점에서 보면 컨스터블의 풍경화에 담긴 풍경이 실재와 얼마나 일치하는가는 크게 문제가 되지 않는다.

23 **컨스터블의 풍경화에 대한 설명으로 적절한 것은?**

① 목가적인 전원을 그려 당대에 그에게 큰 명성을 안겨 주었다.
② 사실적 화풍으로 제작되어 당시 영국 귀족들에게 선호되지 못했다.
③ 서정적인 농촌 정경을 담고 있는 전형적인 픽처레스크 풍경화이다.
④ 세부 묘사가 결여되어 있어 그가 인물 표현에는 재능이 없었음을 보여준다.
⑤ 객관적 관찰에 기초하여 19세기 전반 영국 농촌의 현실을 가감없이 그려 냈다.

대립 구조 분석

24 **㉡을 바탕으로 ㉠에 대해 답한 내용으로 가장 적절한 것은?**

① 현대 영국인들은 컨스터블의 풍경화에 담긴 농민의 구체적인 삶에 대해 연대감을 느꼈기 때문이다.
② 컨스터블이 풍경화를 통해 당대의 농촌 현실을 비판적으로 그려 내려 했던 의도에 공감했기 때문이다.
③ 컨스터블의 풍경화는 화가가 인물과 풍경에 대해 심리적 거리를 제거하여 고향의 모습을 담아냈기 때문이다.
④ 컨스터블의 풍경화에 나타난 재현의 기법이 현대 풍경화의 기법과는 달리 감상자가 이해하기 쉽기 때문이다.
⑤ 고향에 대한 향수를 지닌 도시인들이 컨스터블의 풍경화에서 자신이 마음속에 그리는 고향의 모습을 발견했기 때문이다.

필수체크 패러프레이징

25 **ⓐ의 시각에 따른 작품 해석과 가장 가까운 것은?**

① 시민들의 희생을 추도할 목적으로 제작된 것으로 알려진 로댕의 조각 〈칼레의 시민〉은 인간의 내면적 고뇌를 독창적으로 표현하려는 작가 정신의 소산이다.
② 원시에의 충동을 잘 표현한 것으로 알려진 고갱의 그림 〈타히티의 여인〉은 그 밑바탕에 비서구 식민지에 대한 서구인의 우월적 시각이 자리 잡고 있다.
③ 바로크 양식을 충실하게 구현하였다고 알려진 렌의 〈세인트 폴 대성당〉 설계는 건물의 하중을 지탱하는 과학적 원리의 도입에 중점을 두고 있다.
④ 팬 포커스와 같은 탁월한 촬영 기법을 창안한 것으로 알려진 웰스의 영화 〈시민 케인〉은 내용과 형식의 완벽한 조화를 추구한 결과이다.
⑤ 레오나르도 다빈치의 〈모나리자〉를 모방한 것으로 알려진 뒤샹의 사진 〈모나리자〉는 원전에 대한 풍자의 의도가 깔려 있다.

미학/비평 지문 08	2015학년도 17-20번	상위 테마 - 비평 하위 테마 - 김소월 시의 낭만적 허무주의

[17~20] 다음 글을 읽고 물음에 답하시오.

김소월은 낭만적인 슬픔을 소박하고 서정적인 시구로 가장 아름답게 노래한 시인이다. 그러나 김소월의 슬픔은「불놀이」의 슬픔과 그 역학을 달리한다. 주요한의「불놀이」에는 슬픔에 섞여 생(生)의 잠재적 가능성에 대한 갈망이 강력하게 표현되었다가 곧 사라지고 만다. 이러한 주요한의 슬픔이 실현되지 아니한 가능성의 슬픔이라면, 소월의 슬픔은 차단되어 버린 가능성을 깨닫는 데서 오는 슬픔이다. 그는 쓰고 있다.

살았대나 죽었대나 같은 말을 가지고 사람은 살아서 늙어서야 죽나니, 그러하면
그 역시 그럴 듯도 한 일을, 하필코 내 몸이라 그 무엇이 어째서 오늘도 산마루에 올라서서 우느냐.

김소월에게서 우리는 생에 대한 깊은 허무주의를 발견한다. 이 허무주의는 소월이 보다 큰 시적 발전을 이루는 데 커다란 장애물이 된다. 허무주의는 그로 하여금 보다 넓은 데로 향하는 생의 에너지를 상실하게 하고, 그의 시로 하여금 한낱 자기 탐닉의 도구로 떨어지게 한다. 소월의 슬픔은 말하자면 자족적인 것이다. 그것은 그것 자체의 해결이 된다. 슬픔의 표현은 그대로 슬픔으로부터의 해방이 되는 것이다.

시에서의 부정적인 감정의 표현은 대개 이러한 일면을 갖는다. 문제는 그것의 정도와 근본적인 지향에 있다. 그것은 자기 연민의 감미로움과 체념의 평화로써 우리를 위로해 준다. 그렇다고 해서 모든 시가 멜로드라마의 대단원처럼 분명한 긍정을 제시해야 한다는 말은 아니다. 우리는 소월의 경우보다 더 깊이 생의 어둠 속으로 내려간 인간들을 안다. 횔덜린이나 릴케의 경우가 그렇다. 이들에게 있어서 고통은 깊은 절망이 된 다음 난폭하게 다시 세상으로 튕겨져 나온다. 그리하여 절망은 절망을 만들어내는 세계에 대한 맹렬한 반항이 된다. 이들이 밝음을 긍정했다면, 어둠을 거부하는 또는 어둠을 들추어내는 행위 그 이상의 것으로서 긍정한 것은 아니다. 앞에서 말한 바와 같이 소월의 부정적 감정주의의 잘못은 그것이 부정적이라는 사실보다 밖으로 향하는 에너지를 가지고 있지 않다는 데에 있다.

안으로 꼬여든 감정주의의 결과는 시적인 몽롱함이다. 밖에 있는 세계나 정신적인 실체의 세계는 분명한 현상으로 파악되지 아니한다. 모든 것은 감정의 안개 속에 흐릿한 모습을 띠게 된다. 앞에서 우리는 부정적인 감정주의가 밖으로 향하는 에너지를 마비시킨다는 사실을 언급하였는데, 이 밖으로 향하는 에너지란 '보려는' 에너지와 표리일체를 이룬다. 시에서 가장 중요한 것은 바르게 보는 것이며, 여기서 바르게 본다는 것은 가치의 질서 속에서 본다는 것이다. 그러니까 시는 거죽으로 그렇게 나타나지 않을 경우에 있어서도 인간에 대한 신념을 전제로 가지고 있다. 따라서 완전히 수동적인 허무주의가 시적 인식을 몽롱한 것이 되게 하는 것은 있을 수 있는 일인 것이다. 가령 랭보에게 있어서 어둠에로의 하강은 '보려는' 에너지와 불가분의 것이며, 이 에너지에 있어서 이미 수동적인 허무주의는 부정되어 있다고 할 수 있다.

소월의 경우를 좀 더 일반화하여 우리는 여기에서 ㉠ <u>한국 낭만주의</u>의 매우 중요한 일면을 지적할 수 있다. 서구의 낭만 시인들이 감정으로 향해 갔을 때, 그들은 감정이 주는 위안을 찾고 있었다기보다는(그런 면이 없지 않아 있었지만), 리얼리티를 인식하는 새로운 수단을 찾고 있었던 것이다. 다시 말하여 그들에게는 이성이 아니라 감정과 직관이 진실을 아는 데 보다 적절한 수단으로 느껴졌던 것이다. 그러니까 ㉡ <u>서구 낭만주의</u>의 가장 근원적인 충동의 하나는 영국의 영문학자 허버트 그리슨 경의 말을 빌면, 형이상학적 전율이었다. 이 전율은 감정의 침례(浸禮)를, 보다 다양하고 새로운 가능성에 관한 직관으로 변용시킨다. 한국의 낭만주의가 결하고 있는 것은 이 전율, 곧 사물의 핵심에까지 꿰뚫어 보고야 말겠다는 형이상학적 충동이었다. 이 결여가 성급한 허무주의와 불가분의 관계에 있다는 것은 위에서 말한 바 있다.

그러면 소월의 허무주의의 밑바닥에 있는 것은 무엇인가? 시인의 개인적인 기질이나 자전적인 사실이 거기에 관여되었음을 생각할 수도 있다. 그러나 그 원인이 된 것은 무엇보다도 한국인의 정신적 지평에 장기(瘴氣)*처럼 서려 있어 그 모든 활동을 힘없고 병든 것이게 한 일제 점령의 중압감이었을 것이다. 소월은 산다는 것이 무엇을 위한 것인가 하고 되풀이하여 묻는다. 그러나 이 물음은 진정한 물음이 되지 못한다. 그는 이 물음을 진정한 탐구의 충동으로 변화시키지 못한다. 그는 이미 산다는 것은 죽는다는 것과 같다는 답을, "잘 살며 못 살며 할 일이 아니라 죽지 못해 산다는 ……"(「어버이」) 답을 가지고 있다.

그러나 그는 또 한 번 물을 수가 있었을 것이다. 무엇이 "죽지 못해 사는" 인생의 원인인가 하고. 앞에서도 말한 바와 같이 그에게는 '보려는' 에너지, '물어보는' 에너지가 결여되어 있다. 그는 너무나 수동적으로 허무주의적인 것이다. 그러나 질문의 포기는 이해할 만한 것이다. "죽지 못해 사는" 인생의 첫째 원인은 누구나 알면서 말로 표현할 수 없는 것이기 때문이다. 소월이 그의 절망의 배경에 있는 것을 분명하게 이야기할 수 있을 때, 그의 시는 조금 선명해진다. 「바라건대는 우리에게 우리의 보습 대일 땅이 있었더면」은 그의 절망에 정치적인 답변을 준 드문 시 가운데 하나이다.

*장기 :축축하고 더운 땅에서 생기는 독한 기운

17 윗글에 나타난 김소월 시에 대한 설명으로 적절한 것은?

① 어둠에 대한 합리적 인식을 통하여 삶의 의미를 탐구하고 있다.
② 시대상황 때문에 어둠의 세계 바깥으로 나가는 것을 포기하고 있다.
③ 자기 연민과 체념의 감미로움을 부정하고 어둠 자체를 지향하고 있다.
④ 어둠의 세계에 대한 깊은 절망을 생의 에너지로 전환하여 표출하고 있다.
⑤ 생의 잠재적 가능성을 통해 밝음이 사라진 세계의 슬픔을 극복하고 있다.

18 ㉠과 ㉡의 관계에 대한 설명으로 적절한 것은?

① ㉠과 ㉡은 모두 내적인 고통과 절망에서 벗어나지 못하고 있다.
② ㉠이 ㉡처럼 성공하지 못한 것은 목표를 향한 조급한 열정 때문이다.
③ ㉡은 ㉠과 달리 선명한 시적 인식에 도달하고 있다.
④ ㉡은 ㉠과 마찬가지로 허무주의에서 벗어날 수 있는 가능성을 포기하고 있다.
⑤ ㉠은 밖으로 향하는 에너지를 가지고 있고,㉡은 보려는 에너지를 가지고 있다.

대립 구조 분석

필수체크 패러프레이징

19 형이상학적 전율 에 대한 진술로 적절하지 않은 것은?

① 이상세계에 대한 뚜렷한 전망을 제시한다.
② 리얼리티에 대한 새로운 인식을 지향한다.
③ 자기 밖으로 향하는 의지가 전제되어야 한다.
④ 가능성의 세계에 대한 직관적 통찰을 가능하게 한다.
⑤ 가치와 의미에 대한 진정한 탐구의 충동을 바탕으로 한다.

20 필자가 지향하는 바에 가장 가까운 시는?

① 시각적 이미지를 통해 일상을 명징하게 표현한 시
② 세계에 대해 인식하고 정치적으로 반항하는 시
③ 한(恨)을 통해 직접적으로 감정을 위로하는 시
④ 현실의 진면모를 파악하려는 열의를 담은 시
⑤ 집단적 슬픔으로써 개인적 슬픔을 초월한 시

MEMO

미학/비평 지문 09	2016학년도 7-10번	상위 테마 - 비평 하위 테마 - 김춘수와 김수영의 모더니즘 시세계

[7~10] 다음 글을 읽고 물음에 답하시오.

김춘수와 김수영은 대척되는 위치에서 한국 시의 현대성을 심화시킨 시인들이다. 김춘수는 순수시론의 일종인 ㉠ 무의미시론으로 새로운 해체시를 열어젖혔고, 김수영은 '온몸의 시학'으로 알려진 ㉡ 참여시론으로 현실참여시의 태두가 되었다. 비슷한 시기에 태어나 활동했던 두 시인은 개인의 자유와 실존이 위협을 받던 1960년대의 시대 현실을 비판적으로 인식하고 각자의 실존의식과 윤리관을 예각화하면서 시적 언어와 창작 방법에 대한 성찰을 제시하였다. 하지만 두 모더니스트가 선택한 미학적 실험은 그 방향이 사뭇 달랐다.

김춘수는 「꽃」과 같은 자신의 1950년대 시가 '관념에의 기갈'에 사로잡혀 있었다고 진단한다. 그 결과 시적 언어는 제 구실의 가장 좁은 한계, 즉 관념과 의미 전달의 수단에 한정되었고 시는 대상의 재현과 모방에 머물렀다는 것이다. 추상적인 관념을 전달하는 이미지・비유・상징과 같은 수사에 대한 집착은 이런 맥락과 관련이 깊다. 하지만 김춘수는 말의 피안에 있는 관념이나 개인의 실존을 짓누르는 이데올로기로 인해 공포를 느꼈다. 이 공포에서 벗어나 자아를 보존하려는 충동이 그를 '생의 구원'으로서의 시 쓰기로 이끈 것이다. 그 방법으로 김춘수는 언어와 이미지의 유희, 즉 기의(記意) 없는 기표(記標)의 실험을 시도하였다. 기의에서 해방된 기표의 유희는 시와 체험, 시와 현실의 연속성을 끊는 것은 물론 역사 현실과 화해할 수 없는 자율적인 시를 만드는 원천이라고 믿었기 때문이다. 이 믿음은 비유와 상징은 물론 특정한 대상을 떠올리게 하는 이미지까지 시에서 배제하는 기법 및 형식 실험으로 이어졌다.

구체적으로 그는 이미지를 끊임없이 새로운 이미지로 대체하여 의미를 덧씌울 중심 대상을 붕괴시키고, 마침내 대상이 없는 이미지 그 자체가 대상이 되게 함으로써 무의미 상태에 도달하고자 했다. 물론 대상의 구속에서 벗어나 자유를 얻는 과정에는 창작자의 의식과 의도가 개입해야 한다. 이 점에서 무의미시는 인간의 무의식을 강조한 초현실주의와 차이가 있지만 자유연상 혹은 자동기술과 예술적 효과가 흡사한 결과를 얻을 수 있었다. 한편 김춘수는 언어 기호를 음소 단위로까지 분해하거나 시적 언어를 주문이나 염불 소리 같은 리듬 혹은 소리 이미지에 근접시키기도 하였다. 김춘수의 「처용단장」 제2부는 이런 시적 실험들의 진면목을 드러낸 작품이다.

김춘수에게 시 쓰기란 현실로 인해 빚어진 내면의 고뇌와 개인적 실존의 위기를 벗어던지고 자신의 생을 구원하는 현실 도피의 길이었다. 이와 달리 김수영에게 시 쓰기란 자유를 억압하는 군사정권과 대결하고 정치적 자유의 이행을 촉구하며 공동체의 운명을 노래하는 것이었다. 4・19 직후의 풍자시는 참여시 실험을 알리는 신호탄이었던 셈이다. 참여시론의 핵심은 진정한 자유의 이행을 위해 ⓐ '온몸으로 온몸을 밀고나가는 것'이란 모순어법으로 집약된다. 이는 내용과 형식은 별개가 아니며 시인의 사상과 감성을 생활(현실) 속에서 언어로 표현할 때 그것이 바로 시의 형식이 된다는 의미이다. 그런 까닭에 시의 현대성은 실험적 기법의 우열보다는 현실에 대해 고민하는 시인의 양심에서 찾아야한다.

물론 김수영도 김춘수가 추구한 무의미시의 의의를 일부 인정했다. 그 역시 '무의미'란 의미 너머를 지향하는 욕망, 즉 우리 눈에 보이는 것 이상을 보려는 것이고 시와 세계의 화해 불가능성을 드러내려는 것이라고 생각했다. 하지만 그는 김춘수가 시의 무의미성에 도달하기 위해 선택한 방법을 너무 협소한 것이라고 여겼다. 이런 점에서 "'의미'를 포기하는 것이 무의미의 추구도 되겠지만, '의미'를 껴안고 들어가서 그 '의미'를 구제함으로써 무의미에 도달하는 길"도 있다는 김수영의 말은 주목된다. 그는 김춘수처럼 시어의 무의미성에 대한 추구로 시의 무의미성에 도달하는 것도 현대시가 선택할 수 있는 유효한 실험이라고 보았다. 하지만 그는 시어의 의미성을 적극적으로 수용함으로써 마침내 시의 무의미성에 도달하는 것이 더 바람직한 시인의 태도라고 생각했던 것이다. 김수영은 김춘수의 궁극적인 꿈이기도 했던 시와 예술의 본질 혹은 존재 방식으로서의 무의미성까지 도달하기 위해 오히려 시어의 범위를 적극적으로 확대하고 시와 현실의 접촉을 늘려 세계 변혁을 꾀하는 현실 참여의 길로 나아갔던 것이다. 실제로 그의 참여시는 시와 산문의 언어적 경계를 허물어 산문적 의미까지 시에 담아내려 했다. 이를 통해 그는 일상어・시사어・관념어, 심지어 비속어와 욕설까지 폭넓게 시어로 활용하여 세계의 의미를 개진하고 당대 현실을 비판할 수 있었다.

사실 김춘수의 시적 인식은 김수영의 그것에 대한 대타 의식의 소산이다. 김춘수는 김수영을 시와 생활을 구별하지 못한 '로맨티스트'였지만 자신의 죽음까지도 시 쓰기의 연장선상에 있었던 훌륭한 시인이라고 평가했다. 김춘수는 세계에 대한 허무감에서 끝내 벗어날 수 없었던 자신과 달리 김수영이 현대 사회의 비극적 운명에 '온몸'으로 맞서는 시인의 윤리를 실천한 점에 압박감을 느끼고 있었지만, 김수영의 시와 시론에서 시와 예술에 대한 공유된 인식을 발견했던 것이다.

07 ㉠과 ㉡에 대한 설명으로 적절하지 않은 것은?

① ㉠은 언어유희를 활용하여 세계에 대한 허무 의식을 극복했다.
② ㉠은 시에서 중요한 것은 내용이나 의미가 아니라 형식이나 기법이라고 여겼다.
③ ㉡은 해체시 실험에 치중하면 현실 극복이 불가능하다고 인식했다.
④ ㉡은 시어의 범위와 시의 내용을 확장하여 시의 현실성을 강화했다.
⑤ ㉠과 ㉡은 모더니스트였던 시인의 예술관과 현실 대응 방식을 보여준다.

⊙ 대립 구조 분석

⊙ 필수체크 패러프레이징

08 윗글의 김수영에 대한 서술을 근거로 ⓐ를 설명할 때, 적절하지 않은 것은?

① ⓐ는 동일한 존재가 행위의 수단이자 행위의 대상이 됨을 의미한다.
② ⓐ는 현실 도피 대신에 현실 참여를 시인의 윤리로 받아들이는 태도를 보인다.
③ ⓐ는 정치 현실로 인해 억압된 자유를 되찾으려 했던 시인의 고뇌를 담고 있다.
④ ⓐ의 행위 자체가 형식인 시에서 내용은 시인이 느끼는 사상과 감성에 관련된다.
⑤ ⓐ는 실험적 기법이 시의 현대성을 성취하는 근본 요건이라는 인식을 담고 있다.

09 **김춘수와 김수영의 공유된 인식에 해당하지 않는 것은?**

① 공동체적인 삶의 지향을 통한 자아의 보존
② 개인의 실존을 억압하는 현실의 부조리성
③ 의미가 제거된 시어의 활용 가능성
④ 시의 존재 방식으로서의 무의미성
⑤ 시와 세계의 화해 불가능성

10 **윗글에 비추어 〈보기〉의 시 쓰기 방법을 평가할 때, 가장 적절한 것은?**

보기

불러다오, 멕시코는 어디 있는가
사바다는 사바다, 멕시코는 어디 있는가,
사바다의 누이는 어디 있는가,
말더듬이 일자무식 사바다는 사바다,
멕시코는 어디 있는가,
사바다의 누이는 어디 있는가,
불러다오
멕시코 옥수수는 어디 있는가

– 김춘수, 「처용단장」 제2부에서 –

① 김춘수는 〈보기〉에 외래어와 관념어를 사용하면 시적 언어를 확장하고 시와 산문의 경계를 허물 수 있다고 보았을 것이다.
② 김춘수는 〈보기〉의 염불 소리 같은 강렬한 청각 영상과 리듬감은 현실이 초래했던 고뇌와 공포를 상징한다고 여겼을 것이다.
③ 김수영은 〈보기〉가 '사바다'를 비하하여 '말더듬이 일자무식'에 비유함으로써 당대 현실을 풍자한다고 평가했을 것이다.
④ 김수영은 〈보기〉의 무의미성이 시어의 의미를 포기한 결과이므로 진정한 자유의 이행이 어려울 것으로 평가했을 것이다.
⑤ 김춘수와 김수영은 모두 〈보기〉가 의미를 덧씌울 대상을 붕괴시킴으로써 새로운 내용적 요소를 담을 여지가 생겼다고 평가했을 것이다.

MEMO

미학/비평 지문 10	2018학년도 10-12번	상위 테마 - 비평
		하위 테마 - 황매천, 이육사, 윤동주 시세계에 나타난 비극적 황홀

[10~12] 다음 글을 읽고 물음에 답하시오.

예이츠는 어느 편지에서 "내게 지상 목표는 비극 한가운데서 사람을 환희하게 만드는 신념과 이성에서 우러나오는 행위"라고 하면서, "동양은 언제나 해결이 있고, 그러므로 비극에 대해선 아무것도 모르오. 영웅적인 절규를 발해야 하는 것은 우리지 동양은 아니오."라고 말한 바 있다. 이러한 대조는 기실 동서 양분론에 기초를 둔 흔한 관념 이상의 것은 아니다. 이 대조가 어떤 진실을 담고 있음을 인정하면서도 우리는 예이츠의 견해를 다시 검토할 필요가 있는 것이다. 근대 한국시의 몇몇 순간들은 비극적 황홀을 볼 수 있는 예이츠의 만년의 시 「유리」에 비길 만하기 때문이다.

햄릿과 리어는 즐겁다 / 두려움을 송두리째 변모시키는 즐거움
모든 사람들이 노리고 찾고 그리곤 놓쳤다 / 암흑, 머릿속으로 타들어 오는 천국
비극이 절정에 달할 때

근대 한국시사에서 황매천과 이육사와 윤동주가 보여주는 비극적 황홀의 순간들은 그들이 상황에 참여한 방식에 따라 그 성격이 다소 다르다. 유생이며 전통적 원칙주의자인 황매천은 소극적 저항의 삶을 살면서 비극적인 최후를 선택한다. 그는 일제의 국권 강탈에 항거하여, "난리를 겪어 나온 허여센 머리 / 죽재도 못 죽는 게 몇 번이더뇨. / 오늘에는 어찌할 길이 없으니 / 바람 앞의 촛불이 창공 비추네."라는 절명시를 남기고 자결했다. '바람 앞의 촛불'의 이미지로 자신이 성취한 비극적 황홀의 순간을 표현했던 것이다.

어려서 한학을 배운 이육사의 시는 겉으로는 형식적인 균형과 절제에 바탕을 둔 고전적인 풍격을 보여준다. 동시에 그의 시는 현대적인 혁명가로서의 이상주의를 품고 있다. 혁명가로서의 삶을 가장 힘차게 나타낸 작품 「절정」에서 시인은 자신이 부딪치게 된 식민지 상황을 한계상황으로 표현한다. 시인은 자신이 비극 한가운데 놓여 있음을 깨닫고 '겨울' 즉 '매운 계절'을 '강철로 된 무지개'로 본 것이다. 이 비극적인 비전은 또 하나의 비극적 황홀의 순간을 나타내거니와 여기서 우리는 시인이 자기가 놓인 상황에서 거리를 두고 하나의 객관적인 이미지를 발견함을 본다.

기독교 집안에서 자란 윤동주는 비록 비극적인 종말을 맞기는 했지만, 황매천처럼 가차 없는 비평가도 아니었고, 이육사처럼 두려움을 모르는 투사도 아니었다. 그 대신 그는 자신의 시대를 괴롭게 살다 죽어간 외롭고 양심적인 문학도였다. 그의 생애의 수동적인 외관과는 달리 그는 그리스도와 같은 죽음을 일종의 황홀 가운데서 꿈꿀 정도로 민족주의적이었다. 그의 소원이 실현될 때까지 "모가지를 드리우고 / 꽃처럼 피어나는 피"(「십자가」)를 흘림으로써 비극적인 상황에서 놓여나기까지 때를 기다리는 것이다.

그러나 이 시인들의 비극적인 비전은 공통된 특징을 가지고 있다. 그 비전은 사유와 관조 또는 명상의 산물이었다. 말을 바꾸면 그것은 시인이 상황을 객관적으로 바라봄으로써 얻은 충분히 자각된 비전이다. 그런데 이것을 가능케 한 것은 동양인의 정신에 특유한 초연함과 달관의 상태로 생각된다. 동양에서 비극적인 순간은 흔히 주인공의 신념에 찬 행위보다 초연한 관조 속에서 드러났던 것이다. 예이츠가 생각한 것처럼 동양에는 비극이 없는 것이 아니라 서양처럼 열정적이거나 야단스럽지는 않을지라도 그 나름의 비극을 가지고 있는 셈이다.

우리가 다룬 모든 시인에게 공통된 또 하나의 특징은 시인이 그러한 비극적 순간의 작자일 뿐만 아니라 그들 자신이 비극의 주인공이라는 점이다. 이것은 동양에 있어서 시의 전통적인 개념 및 성질과 무관하지 않은 듯하다. 중국에서 시에 관한 오래된 정의는 '마음속에 있는 바의 발언', 즉 ㉠ '언지(言志)'이다. 이러한 뜻에서의 시는 작품과 시인 사이의 구별을 용납하지 않는 개인적 이며 서정적인 시이다. 허구로서의 '포에시스'의 개념과는 반대로 동양에서 시는 시인 자신의 삶과 하나가 되어 있었다. 그것은 전통적으로 수양의 일부이며 내면생활의 직접적인 음성으로 생각되었다.

그러므로 동양에서는 비극이 허구적인 세계에 형상화된 경우로 존재하지 않고, 비극이 있다면 시인 자신이 주인공이 되는 비극으로 존재한다. 이것은 분명 예이츠가 만년에 시적 계획으로뿐만 아니라 또한 개인적인 이상으로서 매우 골몰했던 바이다. 그것은 그의 '지상 목표'였으며, 그가 "모든 사람들이 노리고 찾고 그리곤 놓쳤다"라고 말하고 있는 것으로 보아 지극히 달성하기 어려운 목표이기도 했다. 그러나 우리가 살펴 본 세 사람의 한국 시인들은 이 어려운 이상을 그들의 삶과 시에서 실현했으며, 적어도 황매천과 이육사의 경우 그들의 비극적 황홀의 시적 가치는 기이하게도 예이츠의 인식과 흡사했다.

10 윗글의 내용과 일치하는 것은?

① 황매천은 시대 현실에 초연한 덕분에 시적 성취에 성공했다.
② 이육사는 전통적인 것과 현대적인 것의 갈등을 자신의 한계상황으로 인식했다.
③ 황매천과 이육사는 예이츠가 추구했던 시적 계획을 실제 삶에서 구현했다.
④ 황매천과 윤동주는 원칙과 신념에 따라 능동적으로 죽음을 맞이했다.
⑤ 황매천, 이육사, 윤동주는 모두 종교로 인해 빚어지는 내적 갈등을 창작에 담아냈다.

⊙ 대립 구조 분석

11 ㉠에 대한 설명으로 가장 적절한 것은?

① 시를 시인의 도야된 인격을 담는 언어적 구성물로 본다.
② 시를 시인의 개인적인 서정을 담은 허구적 표현물로 본다.
③ 시를 현실을 초월하려는 시인의 의지를 표현한 정신적 생산물로 본다.
④ 시를 세련된 언어를 통해 독자들에게 즐거움을 주는 심미적 구조물로 본다.
⑤ 시를 시인이 살고 있는 현실을 사실적으로 형상화한 문화적 창조물로 본다.

⊙ 필수체크 패러프레이징

12 비극적 황홀에 대한 글쓴이의 입장으로 가장 적절한 것은?

① 시인의 비극적 삶은 시에서의 비극적 황홀에 도달하기 위한 필수 조건이다.
② 비극적 황홀은 작품 속에 등장하는 주인공의 삶 외에 작품을 창작하는 작자의 삶에서도 발견할 수 있다.
③ 비극적 상황에 놓인 주인공의 비극적 황홀을 통해 독자들의 현실 참여를 이끌어내는 것이 이상적인 서정시이다.
④ 비극적 황홀은 주인공의 신념에 찬 행위에 바탕을 두고 있기 때문에 상황에 대한 관조만으로는 도달할 수 없다.
⑤ 햄릿이나 리어 같은 주인공이 도달한 비극적 황홀은 절망적 상황을 극적으로 해결함으로써 얻어지는 체험이다.

역사 영역

역사 지문 01	2010학년도 7-9번	상위 테마 - 제도사 하위 테마 - 조선시대 전율 체제의 성립과 변천

[7~9] 다음 글을 읽고 물음에 답하시오.

조선시대의 실정법 체계는 한편으로 〈대명률(大明律)〉과 또 한편으로 〈경국대전(經國大典)〉, 〈속대전(續大典)〉 등 국전(國典)의 양대 지주로 편성되어 있었다. 이를 전율(典律) 체제라고 한다. 이러한 체제는 어떻게 형성되었을까? 당초에 조선의 건국자들은 조선을 성문법에 의하여 전일적(全一的)으로 통치하고자 하였다. 그에 따라 국전 편찬을 시작하려 했지만 그 완비까지는 시일이 걸리므로 가장 시급한 과제부터 처리하려 했다. 그것은 형사 사법 체계 혼란의 극복이었다. 조선의 건국자들은 그 해결책으로 기성의 형법을 그대로 가져와 쓰는 방안을 택하였다. 그리하여 명나라에서 만든 형사법인 〈대명률〉이 수용되었는데, 태조의 즉위 교서는 이를 언급하고 있다. 이 〈대명률〉은 보편적인 범죄의 다양한 양상을 일관된 체계 하에 규정하면서도 신분의 차등을 기반으로 하고 있었다.

그런데 〈대명률〉은 그것이 외국의 형법이었기 때문에 국전의 편찬과 맞물려 다양한 수용 양태를 보였다. 첫째, 〈대명률〉에 따라 조선의 관행이 변경되는 것이었다. 예컨대 죄질에 상관없이 칼[枷]을 씌우고 있던 조선의 행형 관행이 장형(杖刑) 이상의 범죄에만 칼을 씌우는 것으로 변경되었다. 둘째, 〈대명률〉의 규정이 조선의 실정에 맞추어 적용되는 경우가 있었다. 예컨대 처제와 형부 간의 간통의 경우 〈대명률〉에 의하면 일반 간통으로 처벌되나, 조선에서는 데릴사위제를 취하던 전통에 따라 일반 간통보다 가중하여 처벌하였다. 둘째의 경우 중 국전에 수록되는 경우도 있었다. 예컨대 자식이 부모를 고발한 경우 〈대명률〉은 무고(誣告)가 아닌 이상 사형보다 낮은 형벌로 규정하였지만, 국전은 사형으로 규정하였다. 셋째, 〈대명률〉에는 없었지만 형사 사법 운영을 위해 필요한 절차적 규정을 국전에 두기도 하였다. 예컨대 지방의 관찰사가 사형 판결을 직접 내릴 수 없게 한 규정이 그것이다.

한편 전 국토에 동일하게 적용되는 성문 법전의 완비에는 시일이 걸렸다. 그 이유는 조선 후기까지 이어진 독특한 법전 편찬 과정에 있었다. 조선시대 제정법의 원천은 왕명이었는데 이를 통상 '수교(受敎)'라고 한다. 보통 관청이 사무 처리에 필요한 사항을 왕에게 보고하고 왕이 이를 승인하면 이것은 당해 관청에 대해서 유효한 입법으로 성립하였다. 그런데 수교는 계속하여 쌓여갔고, 전후의 수교 간에 그리고 서로 다른 관청에 내려진 수교 간에 충돌하는 문제가 발생하였다. 따라서 법전 편찬은 전 국토의 전일적 지배와 함께 수교 간의 충돌을 해결하기 위하여 필수적으로 요청되는 것이기도 하였다. 각 관청에 내려진 수교 중에서 계속하여 적용할 것을 선택하고 수정하여 육조(六曹)의 행정체계에 따라 이를 편찬하였다. 이 작업의 최초 결과물은 〈경제육전(經濟六典)〉으로 이것이 최초의 국전이었다. 그 뒤 새로운 수교가 쌓이자 이 수교들을 모아서 〈속육전(續六典)〉을 편찬하였는데 〈경제육전〉과의 충돌 문제가 발생하였다. 이 문제는 고법(古法)인 〈경제육전〉과 모순되는 내용을 삭제하는 것으로 해결하였다. 또한 일시 시행되는 수교를 따로 수록한 국전인 '등록(謄錄)'을 별도로 발간하였다. 그리고 이 두 방식을 이후 법전 편찬의 원칙으로 삼았다. 그러나 〈속육전〉의 증보와 등록의 발간만으로는 수교 간의 충돌 문제가 완전히 해결될 수 없었다. 그리하여 전대의 국전들을 모아서 수정하고 산삭(刪削)하여 이들을 대체하는 법전을 편찬하게 되는데 이것이 〈경국대전〉이다.

〈경국대전〉 중의 형전(刑典)은 〈대명률〉 수용 과정의 산물이었다. 일반적인 범죄의 처벌은 〈대명률〉에 따르고, 조선의 특별한 사정에 관련된 규정은 따로 만들어 〈경국대전〉 형전에 수록하였던 것이다. 이러한 전율의 관계는 "〈경국대전〉에 의하여 〈대명률〉을 쓰되, 〈경국대전〉, 〈속대전〉에 해당하는 규정이 있는 경우에는 이전(二典)에 따른다."라고 한 〈속대전〉 형전의 용률조(用律條)에서 확인된다.

07 위 글의 서술과 일치하는 것은?

① 〈경제육전〉과 〈속육전〉은 〈경국대전〉을 보완하였다.
② '등록'에 수록된 수교는 〈경국대전〉에 포함되지 않았다.
③ 〈경국대전〉의 편찬 이후에 수교는 법전 편찬에 사용되지 않았다.
④ 〈경국대전〉에 수록되지 않은 수교가 '등록'에 수록되어 있기도 하였다.
⑤ 〈경제육전〉에 수록된 수교는 〈속육전〉에 수록된 수교와 입법 시기가 겹치기도 하였다.

08 위 글로부터 조선시대의 법 제도에 관하여 추론한 것으로 적절하지 않은 것은?

① 중앙집권화를 위한 한 방편으로 외국 형법의 도입이 이루어졌다.
② 국전들 간의 충돌 문제로 전율 체제의 출현이 지연되었다.
③ 법 적용 기간을 고려해 법전 종류를 달리하여 편찬하였다.
④ 성문법주의를 취하였으나 관습이 고려되기도 하였다.
⑤ 법전을 편찬할 때 고법이 존중되고 있었다.

09 위 글로 보아 타당한 것만을 〈보기〉에서 있는 대로 고른 것은?

보기

조건 : 〈대명률〉, 〈경국대전〉, 〈속대전〉을 적용한다.
ㄱ. 상민(常民)의 살인 사건에서 관찰사는 〈대명률〉과 국전의 관련 규정 중 후자를 적용하였지만 직접 사형 판결을 내리지 못하였다.
ㄴ. 자식이 아버지를 폭행으로 고발한 사건에서 〈대명률〉과 〈경국대전〉의 관련 규정 중 후자를 적용하였다.
ㄷ. 처가 남편의 원수를 살해한 사건에서 〈대명률〉과 〈속대전〉의 관련 규정 중 전자를 적용하였다.
ㄹ. 양반의 절도 사건에서 〈대명률〉에 관련 규정이 있으나 국전에는 없어 처벌하지 못하였다.

① ㄱ, ㄴ
② ㄱ, ㄷ
③ ㄷ, ㄹ
④ ㄱ, ㄴ, ㄹ
⑤ ㄴ, ㄷ, ㄹ

⊙ 대립 구조 분석

⊙ 필수체크 패러프레이징

역사 지문 02	2013학년도 22-24번	상위 테마 - 제도사 하위 테마 - 조선시대 지방 수령 제도의 변천

[22~24] 다음 글을 읽고 물음에 답하시오.

조선 건국 무렵 태조는 전국을 330여 개의 군현으로 편제하고 중앙에서 직접 수령을 파견하면서 그 직급을 6품 참상관으로 높여 자질과 권위를 확보하려 하였다. 이는 근무 연한을 채우면 7~9품의 관직에 진출할 수 있었던 서울의 이전(吏典)들이 지방 수령으로 진출하는 것을 봉쇄하는 조처였다. 이에 따라 부족한 수령 자원은 6품 이상의 관원에게 천거하게 하였고 관찰사에게는 지방관 평가뿐 아니라 지방 사족 출신자들을 대상으로 한 적임자 발탁 권한을 주었다. 이렇게 하여 30개월 임기로 공명(公明), 염근(廉謹) 등 덕행 항목에 우선권을 두어 평가하는 지방 수령 평가·임용 제도가 시행되었다.

태종이 즉위한 이후 수령의 업무가 표준화되었다. 이때 수령 7사가 제정되어 인구 증가와 농업 생산성 향상, 공정한 조세 부과, 학교 발전, 아전 농간 차단 등의 업무가 규정되었다. 일 년에 두 번 정기 평가가 실시되었고, 5회의 평가에서 2회 '중' 평가를 받으면 파면되는 원칙도 마련되었다. 수령의 업무는 수치화된 결과와 실적만으로 평가되었고, 이후 이러한 원칙은 「경국대전」에 명문화될 때까지 지속적으로 강화되었다.

한편 수령들의 전문성이 떨어진다는 이유에서 덕행에 의한 평가와 관찰사에 의한 현지 발탁은 폐지되었다. 그 대신 근무 기한을 채운 서울의 이전 중 10% 정도의 인원을 선발하여 잡직에 임명될 수 있게 하고, 그 임기가 만료되면 종6품의 수령직 대기자가 되도록 하였다. 이전 출신의 수령 진출을 통제하는 장치였지만, 한편으로 행정 능력을 갖춘 이전 출신자에게 수령 진출 기회를 부여한 것이었다.

세종에 이르러서는 수령의 지방 실정 파악을 어렵게 한다는 점에서 수령의 잦은 교체가 문제로 대두되었다. 그에 따라 수령의 임기가 60개월로 늘었으며 현지민의 수령 고소도 금지되었다. 임기 전 사임한 수령이 남은 임기 동안 다른 관직에 서용될 수 없게 하는 조치도 시행되었다. 자질 있는 수령의 확보를 위해 수령직 대기자인 이전 및 잡직자를 대상으로 수령취재법이 시행되어 사서와 삼경, 법전을 시험 보게 하였다. 또한 무관이 배정되었던 약 80여 곳의 수령 자리 중 국방상 중요한 50여 곳을 제외한 지역에는 행정 능력과 인품을 고려하도록 하였다.

평가 방식도 보완되었는데, 10회로 늘어난 평가 중 3~5회 '상'을 받으면 등급을 올려 주고, 5회 '중'을 받더라도 관품을 유지하게 하였으며, 연속으로 '중'을 받은 경우라도 10회의 평가를 받게하여 임기를 채우도록 조처하였다. 이는 평가 방식을 포상 위주로 변경하여 수령의 업무 의욕을 고취하고 부정을 방지하도록 하는 것이었다.

하지만 지방 수령의 장기 근무로 인하여 지방 수령의 자질 저하와 경·외관(京外官)의 분화라는 부작용이 나타났다. 이는 조정이 원하는 방향은 아니었기 때문에, 공신 및 대신의 자제를 수령으로 파견하여 이 문제를 해결하려고 하였다. 그럼에도 불구하고 수령직이 과거를 통해 문반직에 진출하지 못한 세력가 자제의 관직 진출로로 활용되면서 수령직의 열등화는 오히려 더욱 분명해졌다. ㉠ <u>문과 출신의 우수한 인재를 수령으로 파견하는 조치</u>가 단행된 것은 경·외관의 분화를 보완하기 위한 또 다른 방안이었다. 분화 현상 자체를 막을 수는 없지만, 우수한 자원을 일정 기간 외직으로 파견함으로써 중요 거점에라도 유능한 수령을 확보하려는 의도였다. 이들은 수령직을 성공적으로 수행했을 뿐 아니라, 통상적으로 대간을 역임하기도 하였기에 주변의 수령들에 대한 비리 예방 효과가 있었다. 재판과 같은 전문적 업무나 대규모 토목 공사 등이 발생할 때, 이들은 관찰사가 활용할 수 있는 유용한 자원이 되었다.

지방 수령의 장기 근무는 심각한 적체 현상을 낳기도 했다. 이에 따라 세조는 이전의 제도를 계승하면서도 수령의 임기는 30개월로 단축하였다. 그와 함께 우수한 평가를 받은 수령을 파격적으로 승진시키는 한편, 불법 행위를 한 수령은 즉각 징계하는 정책을 시행하였다. 이러한 평가 방식은 일시적인 효과는 기대할 수 있어도 안정적인 관직 운영 방식으로 정착되지 못했다.

성종 때 「경국대전」이 편찬되면서 관련 사항들이 명확히 정비되었다. 수령 7사가 규정으로 자리 잡고, 근무 기간도 60개월로 환원되었다. 평가에서 10회 '상'이면 품계를 올려 주고, 3회 '중'이면 파직, 2회 '중'은 녹봉이 없는 관직으로 임명하도록 명시하였다. 또한 4품의 관직에 승진하려면 외관직을 거쳐야 한다고 규정하여 서울과 지방 관원의 교류 원칙도 분명히 하였다. 이들 규정은 지방 세력가를 억제하면서 백성을 안집(安集)시키고 중앙의 덕화(德化)를 관철하고자 한 오랜 노력의 산물이었다.

22 수령에 대한 각 시기별 평가 방식을 정리한 것으로 가장 적절한 것은?

① 태조: 지역 출신 수령을 대상으로 한 실적 위주의 평가
② 태종: 현지 파견 관리에 의한 덕성과 전문성 평가
③ 세종: 지방 수령들 간의 수치화된 기준에 따른 상호 평가
④ 세조: 관례와 연공서열에 따른 연도별 평가
⑤ 성종: 표준화된 고과 시행에 근거한 정기 평가

23 ㉠에 대한 이해로 적절하지 않은 것은?

① 임기 연장의 후속 조치로 시행되었다.
② 중요 거점의 효율적 통치를 의도하였다.
③ 관찰사가 책임지는 주요 업무에 유용하였다.
④ 인근 수령의 공정한 업무 수행을 유도하였다.
⑤ 서울과 지방 관원의 차별화 현상을 해소하였다.

24 위 글을 통해 알 수 있는 지방관 제도의 변화상으로 가장 적절한 것은?

① 지방 수령의 출신 배경별 구성이 다양화되었다.
② 중앙 이전의 지방관 진출이 지속적으로 확대되었다.
③ 고위직 자제의 수령 진출로 수령직의 위상이 높아졌다.
④ 중앙과 지방의 관리에 대한 인사 제도가 이원화되었다.
⑤ 문·무 관원의 지방관 임명 비율이 균형을 이루게 되었다.

⊙ 대립 구조 분석

⊙ 필수체크 패러프레이징

역사 지문 03	2014학년도 17-19번	상위 테마 - 역사학 하위 테마 - 근대 역사학의 역사주의적 사유 방식

[17~19] 다음 글을 읽고 물음에 답하시오.

제국주의는 식민지의 영토만이 아니라 서구 중심주의적 이데올로기들을 통해 식민지의 문화와 정신까지 수탈했다. 그 이데올로기들은 식민 지배의 과정에서 '과학적인' 지식의 형태로 전파되었다. 역사학 분야도 예외는 아니어서 '근대 역사학' 또한 식민 지배 정당화의 도구 역할을 하였다. 근대 역사학은 서구의 역사적 경험을 토대로 생산된 담론들을 식민지의 근대적 교육 기관을 통해 유포했으며, 이를 바탕으로 식민지의 역사를 구성하여 역사에 관한 식민지인의 사유 방식까지 지배했다.

하지만 제국주의가 남긴 정신적 상흔들에 대한 비판이 제기된 결과, 이제 서구의 역사 역시 세계사의 '중심'이 아니라, 한 부분에 불과하다는 인식이 공유되고 있다. 비서구 문명도 서구 문명과 동등한 가치를 지니며, 서구 문명의 여러 요소는 오히려 비서구 지역에서 전파되었다는 점 등이 새로이 강조되고 있는 것이다. 그렇지만 이로써 서구 중심주의가 근본적으로 극복되었는지에 대해서는 의문의 여지가 있다. 그런 점에서 문명 담론에 대해, 그리고 그 담론에 수반하는 '근대성'과 '진보'라는 개념을 중심으로 한 역사적 사유 방식에 대해 근원적 재성찰을 할 필요가 있다.

근대 역사학의 핵심에는 역사주의적 사유 방식이 깔려 있다. 역사주의의 핵심은 '진보'라는 개념, 그리고 진보의 과정에 일정한 시간이 필요하다는 인식이다. 즉 역사는 시간과 함께 진보한다는 것이다. 그러므로 역사주의적 사유에 따르면, 시간은 늘 역사적 진보로 채워지기를 기다리고 있는 '동질적이고 비어 있는 시간'이다. 그리하여 근대 역사학은 '공간의 시간화' 전략을 사용하여 이질적인 지역의 다양한 역사적 현상들에 대한 연구를 동질적인 시간상의 위치 측정 기술로 만들었다. 그리고 '이전'의 시간(전근대)과 '지금'의 시간(근대)을 '진보'라는 개념으로 연속시키면서 각각의 시간에 비서구의 역사와 서구의 역사를 배치했다. 즉 서구 사회가 비서구 사회를 문명 상태로 전환할 사명을 가진다는 제국주의의 '문명화 사명' 주장의 바탕에는 서구와 비서구 모두 단선적 시간 위에서 동일한 역사적 진보 과정을 밟는다는 역사주의적 사유 방식이 깔려 있는 것이다.

그리고 역사적 시간의 이 위계적 구조로 인해 서구와 비서구 사이에서만이 아니라, 각 국가와 사회 내부에서 물리적으로 동일한 '지금'의 시간을 살아가는 사회 집단들 간에 '발전의 불균등'이 재생산되었다. 즉 한 사회 내부에서도 이른바 근대적인 발전에 뒤쳐져 있다고 규정된 집단 – 예를 들어 제국주의 시대의 식민지 농민 – 은 여전히 전근대를 살아가는 후진적 존재로 간주되면서 주변화되고 배제되지만, 다른 한편으로는 끊임없이 근대적인 시간 안으로 편입될 것을 강제당해 왔던 것이다.

그러면 서구 중심주의적 근대 역사학을 어떻게 극복해야 하는가? 단순히 비서구적 공간도 문화적 고유성을 갖고 있음을 강조하거나, 사회적, 경제적 측면에서 서구와 동일한 역사적 진보 과정을 밟아나갈 수 있음을 강조하는 것은 본질적 대책이 되지 못한다. 중요한 것은 상이하고 이질적이며 '환원 불가능한' 역사적 시간들이 '지금 그리고 같이' 존재한다는 것을 인식하는 것이다. '지금 그리고 같이' 존재하는 역사들은 근대의 서사와 권력 관계에 편입되지 않는 역사들을 의미한다. 따라서 근대적 시간으로 포섭할 수 없는 '이질성'이 역사적으로 현존함을 인정하고, 근대가 갖는 보편성이나 동질성을 균열시킬 수 있는 그 이질성을 적극적으로 끌어안아야 한다.

17 위 글의 내용과 부합하는 것은?

① 근대 역사학의 한계를 극복하려는 시도는 한 사회 내부의 전근대적 계층을 주변화하고 배제하는 결과를 가져왔다.
② 근대 역사학의 '공간의 시간화'전략은 서로 다른 지역의 역사적 사건들을 단선적으로 비교한다.
③ 근대 역사학은 일반적으로 통용되는 객관적 합리성이라는 특징이 있기에 이데올로기와 무관하다.
④ 역사주의적 사유는 공간의 차이와 시간의 추이를 환원 불가능한 별개의 것으로 상정한다.
⑤ 역사적 시간을 위계적으로 보는 시각에 대한 반성으로 '문명화 사명' 이론이 등장하였다.

18 위 글로 미루어 볼 때,〈보기〉의 ⓐ의 이유로 가장 적절한 것은?

보기

인도의 차토파다야이는 타자에 의해 전유되거나 강탈당한 과거를 거부하고 인도인에 의한 과거의 재현을 강조함으로써 인도 민족주의 역사학의 디딤돌을 놓았다. 그는 조상의 영광스러운 과거를 '과학적으로' 연구할 필요성을 제기하였다. 아울러 인도는 서구적 합리성이 결여되어 식민지가 되었으나, 후진적 문화를 변형하여 진보의 길로 나아갈 힘도 있다고 주장하였다. 차토파다이 이후 민족을 능동적 역사 주체로 내세운 인도의 민족주의 역사학은 인도 역사가 인류의 보편적 진보의 과정을 따라왔지만 식민 지배가 이 과정의 완성을 가로막고 있다고 보았다. 그리고 독립이 된다면 즉시 자력으로 근대화할 수 있다고 주장하며 식민 지배의 정당화 논리를 비판하려 했다. 이 같은 주장은 정치적으로는 식민 정부에 맞서는 것이었지만, ⓐ 역사주의적 사유를 극복하는 데에는 성공적이지 않았다.

① 인도 역사에 대한 과학적 연구를 구체화하지 못했기 때문이다.
② 인도 민족을 변혁하기 위해 과거의 재구성을 내세웠기 때문이다.
③ 인도가 추구할 역사적 미래는 근대화에 있다고 간주했기 때문이다.
④ 인도의 정신적 자주성을 강조하기 위해 서구 문명과 인도 문명이 다름을 주장했기 때문이다.
⑤ 인도 문화의 비합리성을 부정하고 자체적 문제 해결이 가능하다고 주장했기 때문이다.

대립 구조 분석

필수체크 패러프레이징

19 글쓴이의 주장으로 적절한 것만을 〈보기〉에서 있는 대로 고른 것은?

보기

ㄱ. 비서구 지역에 대해 근대성 담론이 강요하는 강압적 획일화를 받아들이지 말아야 한다.
ㄴ. 전근대적이라고 간주되었던 역사 주체들을 기반으로 하는 역사적 시간을 승인해야 한다.
ㄷ. 보편적 기준을 바탕으로 이질적인 역사적 시간들을 치환하여 객관적으로 제시해야 한다.

① ㄱ ② ㄷ ③ ㄱ, ㄴ
④ ㄴ, ㄷ ⑤ ㄱ, ㄴ, ㄷ

MEMO

역사 지문 04	2015학년도 21-23번	상위 테마 - 역사학 하위 테마 - 아우슈비츠의 일상에 대한 회색 지대 이론

[21~23] 다음 글을 읽고 물음에 답하시오.

삶은 언제나, 어디서나 계속된다. 아우슈비츠에서도 일상은 있었다. 수감자들은 적어도 어떻게 살고 죽을 것인지 선택할 수 있었으며, 그 선택의 폭은 상당히 다양했다. 그곳에서도 인간은 행위 주체였던 것이다. 그들은 극한 상황을 그들 나름의 방식으로 경험했고, 전유했으며, 행동에 옮겼다. 따라서 얼핏 모순적으로 보이는 '아우슈비츠의 일상'은 존재했으며, '아우슈비츠의 일상사(日常史)' 또한 가능하다. 대체로 역사 서술의 주 대상은 사회 전체나 개인을 움직이는 구조와 힘이지만, 일상사의 관심은 사람이 어떻게 행동하는지, 사람들 사이의 상호 작용이 어떤 역사적 구체(具體)를 생산하고 변형하는지에 맞추어져 있기 때문이다. 아우슈비츠에서 살아남은 프리모 레비는 '극한 상황 속의 일상', 즉 '비상한 일상'에 관심을 가졌다. 그는 공격당하며 무너지고 파멸로 치달아 가는 인간성을, 또 어떻게 인간성이 살아남고 소생할 수 있는지를 낱낱이 기록하고 분석하였다.

레비는 '회색 지대'라는 용어를 사용하였다. 가해자와 피해자라는 이분법적 구분으로는 '비상한 일상'속의 삶의 양태를 제대로 묘사할 수 없었기 때문이다. 그에 따르면, 대부분의 사람들이 택한 삶의 방식은 포기와 순응이었다. 그들 중 살아남은 이는 극소수였다. 그는 이들을 '끊임없이 교체되면서도 늘 똑같은, 침묵 속에 행진하고 힘들게 노동하는 익명의 군중/비인간'이라고 묘사했다. 그러면 살아남은 사람들의 대다수는 누구인가? 먼저 친위대의 선택을 받아 권한을 얻어 '특권층'이 된 사람들이 있다. 이 '특권층'은 수감자 중 소수였지만, 가장 높은 생존율을 보여 주었다. 기본적으로 배급량이 턱없이 부족한 상황에서 살아남기 위해서는 음식이 더 필요했고, 이를 위해 크든 작든 '특권'을 얻어야 했다. 그리고 특권은 그 정의상 특권을 방어하고 보호한다. 예를 들어 막 도착한 '신참'을 기다리는 것은 동료의 위로가 아니라, '특권층'의 고함과 욕설, 그리고 주먹이었다. 그는 '신참'을 길들이려 하고, 자신은 잃었지만 상대는 아직 간직하고 있을 존엄의 불씨를 꺼뜨리고자 했다. 또 다른 방식으로 살아남은 사람들도 있다. '특권층'이 아니면서도 생존 본능에 의지한 채 '정글'에 적응했던 사람들이다. 체면과 양심을 돌보지 않은 그들의 삶은 만인에 맞선 단독자의 고통스럽고 힘든 투쟁을 함축했고, 따라서 도덕률에 대한 적지 않은 일탈과 타협이 있을 수밖에 없었다.

이처럼 '회색 지대'는 가해자와 희생자, 주인과 노예가 갈라지면서도 모이는 곳, 우리의 판단을 그 자체로 혼란하게 할 가능성이 농후한 곳이다. 그리하여 '회색 지대'는 이분법적 사고 경향에 문제를 제기한다. 어떤 의미에서는 모호성이 '회색 지대'의 본질이라고 할 수 있다. 이 모호성의 원천은 다양하다. 먼저 악과 무고함이 뒤섞여 있다. 수감자들은 기본적으로 무고하다. 하지만 그들은 어느 정도 자발적으로 다른 이에게 악을 행할 수 있다. '회색인'의 행위는 무고하면서 무고하지 않다는 역설은 여기서 성립한다. 물론 그가 행하는 악과 나치가 행하는 악은 분명 차원이 다르다. 또 다른 원천은 행위자의 동기에 있다. 예컨대 구역장은 '특권층'으로 일정한 권한을 가진다. 겉으로는 협력하면서도 실은 저항 운동에 참여하는 소수는 이 권한을 이용하기도 했다. 그러나 그들은 저항 조직을 위해 또 다른 무고한 사람을 희생시키기도 했다.

그렇다면 무엇이 '회색 지대'를 만들었는가? 첫째, 나치는 인력의 부족 때문에 피억압자의 도움을 받아야 했다. 그 협력자들은 한때 적이었으므로, 이들을 장악하는 최선의 길은 그들을 더럽혀 공모의 유대를 확립하는 것이다. 둘째, 억압이 거셀수록 그만큼 피억압자 사이에서 기꺼이 협력하려는 경향이 늘어난다는 것이다. 엄혹한 상황 속에서 사람들은 다양한 동기로 '회색인'이 된다. 그런데 '회색 지대'의 이런 모호성은 심각한 혼란과 곡해의 원천이 되기도 한다. 가해자와 희생자가 뒤바뀌고 또 뒤섞이는 상황을 보며, 누구에게도 책임의 소재를 묻기 어렵다고 강변할 수 있는 것이다. 하지만 레비가 우리에게 던지는 화두는 다른 것이다. 그는 인간과 인간성에 대한 끊임없는 성찰을 요구한다. 가해자인 나치는 악하며 피해자인 수감자는 무고하다는 단순한 이분법은 아우슈비츠의 기억을 그저 수동적인 것으로, 통념이 된 화석으로만 만들기 때문이다. 중요한 것은 확실한 답변을 얻기 어려운 문제들을 끊임없이 되묻고 통념을 토대에서부터 문제시하는 데 있다. '괴물'의 얼굴을 정면으로 마주 보고 얼굴을 돌리지 않을 때, 비로소 사람은 괴물이 되지 않기 때문이다.

21 윗글의 내용과 부합하지 않는 것은?

① 아우슈비츠에서 '신참'에 대한 가혹 행위는 상황에 적응하게 하려는 위악적 행동이었다.
② 아우슈비츠 수감자 중 일부는 일정한 특권을 가지면서 동시에 저항 운동을 하였다.
③ 생환자 중 일부는 생존이라는 목적을 위해 비윤리적 행동을 하는 것도 감수하였다.
④ 생존 투쟁을 포기한 사람들은 침묵하는 익명의 군중이 되어 거의 다 사망하였다.
⑤ 아우슈비츠 수감자 중 일부는 무고한 자이면서 가해자이기도 하였다.

22 '회색 지대' 개념이 가지는 의의로 가장 적절한 것은?

① 통념에 의문을 제기하여 인간 존재와 본성에 대한 성찰을 유도한다.
② 억압자와 피억압자의 심리를 규명하여 책임의 소재를 분명하게 한다.
③ 피해자들 간에 공모의 유대가 있음을 드러내어 역사적 진실을 규명한다.
④ 역사적 구체들을 분석하고 정의하여 사회적 합의를 이끌어 내는 데 기여한다.
⑤ 이분법적 분류를 넘어서게 하여 적극적 협력자에 대한 능동적 단죄를 요청한다.

23 〈보기〉를 바탕으로 레비의 글에 대해 제기할 수 있는 비판으로 가장 적절한 것은?

보기

- 레비의 글은 아우슈비츠 문제의 본질을 왜곡했다는 이유로 이탈리아의 여러 출판사에서 출판이 거부되었다.
- 레비의 글을 읽은 학생들에게서 가장 많이 나온 질문은 "당신은 독일인들을 용서했나요?"였다.
- 아우슈비츠 생존자 중 하나인 비젤은 레비의 글에 대해 "레비는 생존자들에게 너무 많은 죄의식을 강요하고 있다."라고 평했다.

① 수용소 단위에서의 가혹 행위에만 집중함으로써 역사를 거시적으로 보지 못하게 한다.
② 극한 상황에서의 일상에만 집중하게 함으로써 일상사가 갖는 본연의 의미를 왜곡한다.
③ 다층적 차원에서 수감자들에 대해 분석함으로써 그들에 대한 역사적 평가를 유보하게 한다.
④ 피해자들 내부의 관계에만 주목하게 하여 가해자와 피해자의 관계를 부차적 문제로 만든다.
⑤ 관리자와 수감자의 관계로만 접근하여 유태인에 대한 유럽의 민족 감정 문제를 외면하게 한다.

◎ 대립 구조 분석

◎ 필수체크 패러프레이징

역사 지문 05	2018학년도 4-6번	상위 테마 - 역사학
		하위 테마 - 폴란드 역사학계의 역사 서술 논의

[4~6] 다음 글을 읽고 물음에 답하시오.

1989년 냉전 체제가 해체되면서 동유럽사, 특히 폴란드의 역사 서술은 더 복잡해졌다. 예컨대 소련–폴란드 전쟁을 거론하지 않을 만큼 강했던, '사회주의 모국'을 비판해서는 안 된다는 금기는 사라졌다. 미래보다 과거가 더 변화무쌍하고 예측하기 힘들다는 농담은 실로 그럴듯했다. 당시 동유럽의 '벨벳 혁명'은 가까운 과거에 대한 사회적 이해를 크게 바꾸었기 때문이다. '사회주의 형제애'라는 공식적 기억의 장막이 걷히자, 개인사와 가족사의 형태로 사적 영역에 숨어 있던 기억들이 양지로 나왔다.

이 현상은 폴란드 연대 노조의 민주화 운동이 시작된 1980년부터 지하 출판되었던 역사서들에서 이미 찾아볼 수 있다. 그 역사 해석은 다양했는데, 특히 전투적 반공주의 역사가들은 민족주의를 내세우며 사회주의가 외래 이데올로기라는 점을 강조했다. 그들은 폴란드 공산당 특히 국제주의 분파를 소련의 이익을 위해 민족을 판 배반자라고 하여 주공격 대상으로 삼았다. 이 분파 지도부의 상당수가 유대계임을 감안하면, 전투적 반공주의가 반유대주의로 이어지는 것은 자연스러웠다. 흥미롭게도 이들의 입장과 1968년을 전후한 폴란드 공산당의 공식적 입장은 공통분모를 가진다. 당시 권력을 장악한 애국주의 분파 역시 민족주의와 반유대주의를 내세웠기 때문이다. 그러나 '사회주의 모국'에 대한 공격을 용납할 수 없는 것은 국제주의 분파와 마찬가지였다. 그들은 반독일 감정을 키워 소련에 대한 대중적 반감을 해소하려 했다.

이 시기 ⓐ <u>공산당의 공식적 역사 서술</u>과 ⓑ <u>전투적 반공주의 역사 서술</u>을 엮는 끈이 민족주의와 반유대주의였다면, 19세기부터 21세기 초까지 좌우를 막론하고 폴란드의 역사 문화를 아우르는 집단 심성은 희생자 의식이었다. 폴란드 낭만주의가 처음 내세운 '십자가에 못 박힌 민족'이라는 이미지는 폴란드 인이 공유하는 역사 문화 코드였다. 그리고 이차 대전에서 독일의 침공에 의해 오백여만 명이 희생된 사실은 이 의식을 강화했다. 하지만 그중 삼백여만 명이 유대계였다는 것은 공식적으로 언급되지 않았다.

이 코드가 본격적으로 흔들린 분기점은 2000년의 스톡홀름 선언이었다. 여기에 참여한 유럽 정상들은 홀로코스트 교육의 의무화에 합의했고, 이는 동유럽 국가들이 나토에 가입하는 전제 조건이 되었다. 이 시기 동유럽에서 때늦은 홀로코스트 책임론이 제기된 것도 이와 무관하지 않다. 동유럽 국가들은 나토와 유럽 연합에 가입함으로써 서구화를 추진했다. 정치적 서구화는 문화적 서구화를 낳고, 문화적 서구화는 역사학의 경우 전 유럽적 기억의 공간에 과거를 재배치하는 것을 의미했다. 이를 전통적인 역사 서술 단위인 민족과 국가를 넘어선다는 의미에서 ⓒ <u>'트랜스내셔널 역사 서술'</u>이라고 부를 수 있다. 이제 트랜스내셔널 역사와 충돌하는 민족적, 국가적 기억은 재구성되거나 수정되어야 했다.

폴란드의 경우, 일방적으로 희생당했다는 의식이 재검토되어야 했다. 나치 점령 당시 폴란드 인의 협력이나 방관, 유대인에 대한 공격 등은 어느 정도 자발적이었기 때문이다. 실제로 아우슈비츠 등지에서의 유대인 희생은 공산 정권 시기에 비판적 자기 성찰의 계기는 고사하고 아예 '말소된 기억'이었다. 유대인의 비극을 강조하다가 다른 이들의 고통을 소홀히 할 수 있다는 것이 한 가지 구실이었고, 일부 서구 자본가들의 나치 지지가 더 중요하다는 것이 또 다른 구실이었다. 더구나 빨치산의 반파시즘 투쟁을 강조하는 데 홀로코스트 가담 혹은 방관 문제는 방해가 되는 주제였다.

그러나 폴란드에서 과거에 대한 자기반성이 자동적으로 나타나지는 않았다. 1941년 같은 마을에 살았던 유대인들을 폴란드 인 주민들이 학살했던 사건을 다룬 「이웃들」이 2000년에 출간되자, 민족의 명예가 손상되었다고 느낀 민족주의자들의 분노가 확산되었다. 그리고 학살의 주체가 나치 비밀경찰이었다거나, 생존자의 증언만으로는 신뢰성이 부족하다는 등의 민족주의에 입각한 반론들이 나타났다. 이와 함께 독일 극우파들이 연합군의 독일 민간인 폭격 등을 역사적 맥락에서 분리하여 강조함으로써 민족주의를 정당화할 때마다, 역설적으로 폴란드에서의 자기 성찰은 약화되었다. 상충하는 민족적 기억들이 적대적 갈등 관계를 유지함으로써 서로의 존재 이유를 정당화해 주는 '민족주의의 적대적 공존 관계'가 형성되었던 것이다.

04 윗글에 대한 이해로 가장 적절한 것은?

① 1960년대 후반에 폴란드가 소련에 대한 반감을 반독일 감정으로 해소하려 한 것은 '민족주의의 적대적 공존 관계'를 보여주는 사례이다.
② 1980년대에 나타난 폴란드의 다양한 역사 해석은 냉전 체제가 해체되면서 일원화되었다.
③ 1980년대 말의 벨벳 혁명을 계기로 폴란드 역사 서술에서는 소련과의 관계 재설정이 본격화되었다.
④ 1989년 이후에도 사회주의 종주국에 대한 폴란드의 신뢰 관계는 나토 가입 시기까지 이어졌다.
⑤ 2000년에 출간된 「이웃들」에 대한 폴란드 민족주의자들의 반응은 전 유럽적 기억 공간으로의 기억 재배치 작업이 완료되었음을 보여준다.

05 희생자 의식에 대한 글쓴이의 견해로 적절하지 않은 것은?

① 폴란드 인은 '희생자 의식'을 벗어나 비판적으로 자기 성찰을 해야 한다.
② 전투적 반공주의 역사가들은 지하 출판한 역사서를 통해 '희생자 의식'을 전복하려 했다.
③ '희생자 의식'을 수정하기 위해서는 나치에 대한 자발적 협력을 역사 서술의 대상으로 삼아야 한다.
④ 이차 대전 시기의 폴란드 인의 희생 중 과반수가 유대계였다는 사실의 공표는 '희생자 의식'을 약화시킬 수 있었다.
⑤ 19세기와 20세기의 폴란드 인의 정서적 기저에는 자신들이 '십자가에 못 박힌 민족'이라는 '희생자 의식'이 자리 잡고 있었다.

대립 구조 분석

필수체크 패러프레이징

06 윗글을 바탕으로 〈보기〉의 사건들에 대한 ⓐ～ⓒ의 서술 방향을 추론한 것으로 가장 적절한 것은?

보기

㉠ 1943년 나치 점령 하에 있던 폴란드 바르샤바의 유대인 게토에서 나치에 저항하는 봉기가 일어났다.
㉡ 1979년 폴란드 출신 교황이 비르케나우 강제수용소 자리에서 미사를 집전한 것을 계기로 1984년 가스 저장실 터의 끝자락에 세운 카르멜 수도원은 폴란드 국민의 자부심의 장소가 되었다.

① ⓐ는 국제주의 분파와의 협력이 필요하다고 보아, 유대계 폴란드 인이 ㉠에서 나치에 대한 투쟁을 선도했다고 서술했을 것이다.
② ⓑ는 강제수용소 자리를 역사적 교육의 터로 온전히 활용해야 한다고 보아, ㉡에 대해 비판적으로 서술했을 것이다.
③ ⓒ는 홀로코스트 교육에 필요하다고 보아, ㉠의 봉기 지역이 유대인 구역이라는 점을 객관적으로 서술했을 것이다.
④ ⓐ와 ⓒ는 모두 정치적인 이유에서 ㉠에 대해서는 사실을 왜곡 하여 서술하고, ㉡에 대해서는 찬성하는 논조로 서술했을 것이다.
⑤ ⓐ, ⓑ, ⓒ는 모두 역사 서술의 기본 원칙을 준수하기 위하여, ㉠, ㉡에 대해서 있는 그대로 서술했을 것이다.

MEMO

CHAPTER

6 정치 영역

정치 지문 01	2010학년도 16-18번	상위 테마 - 정치사상사 / 민주주의론 / 국민국가론
		하위 테마 - 프랑스 혁명 이후 민주주의와 자유주의의 대립

[16~18] 다음 글을 읽고 물음에 답하시오.

1789년 프랑스 혁명 초기에 제정된 중간집단 금지에 관한 법들은 개인의 활동에 장애가 된다고 판단되는 동업조합, 상인 조합은 물론 정당 활동까지 금지함으로써 합리적이고 이성적인 주체로서의 개인만을 사회에 남겼다. 루소는 이미 국가에서 특수의지를 표명하는 부분 집단의 존재를 제거하고 각개의 시민들이 자신의 의견만을 말하게 함으로써 일반의지가 자연스럽게 형성될 것으로 기대했다. 이는 이성을 가진 개인의 합리적인 사회적 행위를 통해 일반 이익을 실현하는 국가 권력을 확립하고자 한 것이었다. 하지만 과연 모든 개인이 이성을 가지고 있다고 확신할 수 있는지에 대한 회의가 있었고, 공공질서의 문제에 있어서 개인들의 산술적 합으로서의 '수'가 이성적인 결과를 가져오리라는 현실적인 보장도 없었다. 이러한 '이성'과 '수'의 긴장은 혁명 시기와 이후 프랑스 정치사에서 '이성'에 의해 표상되는 자유주의와 '수'에 의해 표상되는 민주주의의 갈등으로 표현되었다.

우선 혁명 시기 '수'에 대한 '이성'의 우위가 드러난 대표적인 예는 '수'의 정치적 권리에 대한 제한이었다. 자유주의자들은 선거를 개인의 '권리'가 아니라 공적인 '기능'으로 간주하였다. 선거권의 제한은 공적인 결정을 합리화하고 민주주의라는 '수'가 갖는 위험을 제거하기 위한 방안으로 정당화되었다. 그들에게 선거는 자신들의 이해를 대변하는 대표자를 뽑는 것이 아니라 시민들의 의지를 해석하고 일반 이익을 잘 인식할 수 있는 능력 있는 사람들을 지명하는 행위였다.

혁명이 급진화되면서 '수'로 표상되는 인민의 민주주의적 실천이 등장하였다. 외국과의 혁명 전쟁이 시작되면서 조국의 위기가 선언되고, 공적 영역에서 배제되었던 상퀼로트들도 국민방위대에 들어갔다. 나아가 그들은 자신들의 대표자를 선출하여 그들에게 권한을 위임하는 것으로 만족하지 않았으며, 자신들이 승인하지 않은 법을 거부하고 주권을 직접 행사하기를 원했다.

하지만 상퀼로트들의 힘을 통해 권력을 장악한 로베스피에르는 인민의 민주주의적 실천을 '덕성'의 이름으로 제한하였다. 로베스피에르의 공포정치는 공화국의 안전을 확보하고 인민이 공적 영역에 지나치게 개입하는 것을 막기 위해 '덕성'을 필요조건으로 제시하면서 공화국의 제도 안에서만 인민의 정치적 실천이 이루어지도록 한정하였다. 덕성이란 '조국과 법에 대한 사랑이며, 개인적 이익을 일반 이익에 종속시키는 숭고한 자기 희생'이었다. 덕성에 대한 강조는 민주주의의 제한과 대표의 절대화 — 대표와 국민의 일치를 통한 대표의 절대 권력 — 를 정당화하기 위한 수단이었다.

1789년 이후 19세기 동안 '이성', '수' 그리고 '덕성' 사이의 긴장 속에서 프랑스는 정치적 혼란의 위협에 시달렸다. 중간집단의 부재를 그 주요 원인으로 들었던 토크빌이 지적했듯이, 민주주의는 혁명을 통해 절대왕정을 무너뜨렸지만 동시에 중앙집권화에 기반한 거대 권력에 의존함으로써 '이성'과 '덕성'이 약화되어 전제정으로 귀결되었다. 민주주의자이면서 동시에 귀족정에 대한 미련을 가지고 있었던 토크빌은 귀족정 시대 중간집단의 역할에 다시 주목하였다. 혁명과 함께 그것들이 사라지면서 개인들은 시민적 덕성을 함양할 기회를 박탈당했고, 국가는 그 권력을 제어할 견제 세력을 잃어버렸다는 것이다. 그러한 의미에서 토크빌은 ㉠ <u>민주주의 시대 중간집단</u>이 정치적 자유가 실현될 공간을 제공함으로써 시민적 덕성을 함양하고 권력에 대한 견제 역할을 할 것으로 기대했다.

자유주의와 민주주의의 갈등을 해소하면서 프랑스 혁명을 종결지었던 자유민주주의 체제로서 제3 공화국은 새로운 사회적 필요에서 중간집단을 다시 허용하였다. 뒤르켐은 분업이 급속하게 진행된 당시 사회에서 직업적 도덕을 형성하고 나아가 국가와 개인 사이의 의사소통을 위한 대표의 기능을 수행하는 독자적인 직업 집단이 필요함을 강조하였다. 프랑스 혁명이 발생한 후 백여년의 시간을 거치면서 중간집단이 새로운 역할을 부여받은 것이다. 또한 19세기 말 정착되기 시작한 정당 체제는 새로운 엘리트충원 구조이자 여론의 형성자로서 자리 매김 된다. 다양한 이데올로기적 색채를 드러내는 정당 체제는 시민과 국가권력을 매개하는 역할을 수행하였고, 그것은 민주주의를 부정하지 않으면서 민주주의를 통제하는 방식이 되었다.

16 위 글의 내용을 이해한 것으로 적절하지 않은 것은?

① 루소는 일반의지 형성에 방해가 되는 중간집단의 제거를 원하였다.
② 혁명 초기 자유주의자들은 대의제를 민주주의 실현을 위한 장치로 간주하였다.
③ 상퀼로트들은 혁명이 급진화된 시기에 등장하여 정치적 권리를 요구하였다.
④ 로베스피에르는 민주주의적 실천을 공화국의 제도 내에 한정하였다.
⑤ 뒤르켕은 직업 집단이 국가와 개인 사이의 의사소통을 매개하는 역할을 할 것이라고 기대하였다.

17 위 글에 등장하는 '수', '이성', '덕성'의 관계에 대한 이해로 적절하지 않은 것은?

① '이성'과 '덕성'이 '수'를 통제할 장치를 마련하면서 자유민주주의체제가 성립되었다.
② '이성', '덕성'의 견제 능력이 위축되면서 '수'의 민주주의는 전제정으로 귀결되었다.
③ '이성'과 '덕성'을 갖추게 됨으로써 '수'는 대표 없이 주권의 직접행사를 통한 자신들의 민주주의를 실현하였다.
④ '이성'이나 '덕성'은 '수'의 공적 영역으로의 진입 여부를 결정함으로써 '수'의 민주주의를 제한하는 역할을 하였다.
⑤ '덕성'을 매개로 하여 '수'와 '이성'을 일치시키려는 시도는 국민과 대표의 동일시를 가져와 절대 권력이 출현하기도 하였다.

18 ㉠에 대한 '토크빌'의 기대를 실현시킬 수 있는 중간집단으로 보기 어려운 것은?

① 교육 정책에 대한 비판과 대안 제시를 통해 교육의 질 향상을 도모하는 학부모 단체
② 현대 사회의 문제에 대한 의미 있는 견해들을 수렴하고 정부에 압력을 행사하는 시민 사회 단체
③ 노동자 정당과의 연계 속에서 조합원들의 이익 옹호와 국가 권력에 대한 견제의 역할을 수행하는 노동조합
④ 경제 현안의 해결과 사회 갈등 해소를 위해 담당 공무원과 관련 전문가로 구성된 경제 문제 대책 위원회
⑤ 사회적 영향력의 확대를 통해 공론을 주도하고 시민 의식을 함양하며 권력에 대해 비판하는 지식인·학자들의 독자적 집단

대립 구조 분석

필수체크 패러프레이징

정치 지문 02	2011학년도 24-26번	상위 테마 - 정치사상사 / 민주주의론 / 국민국가론 하위 테마 - 프랑스 제3공화국의 수립과 노동자 정당의 체제 내 포섭 과정

[24~26] 다음 글을 읽고 물음에 답하시오.

제3공화국(1875~1940)이 수립된 지 얼마 되지 않아 노동자 정당이 의회에 진출하여 세력화한 사건은 프랑스 정치사에서 매우 흥미로운 관찰 대상이다. 강력한 노동조합 세력을 기반으로 하고 있었던 노동자 정당은 의회주의 노선을 취하면서도 한편으로는 여전히 공화국 체제를 넘어서려는 혁명적 성격을 지니고 있었기 때문이다. 제3공화국으로서는 가장 강력한 위협 세력이 될 수 있는 노동자 정당의 문제 제기를 적극 수용하면서 대의제를 핵심으로 한 체제를 안정화해야 할 이중의 과제를 안고 있었다. 그런데 이 과제의 수행은 의회와 행정부 사이의 권력 분립의 원칙 및 국가의 역할에 매우 중대한 변화를 야기하였다.

우선 노동자 정당의 세력화는 기왕의 의회주의적 대의제 개념에 균열을 가져왔다. 투표함 앞에서 모두가 한 표씩의 권리를 행사하는 평등한 시민의 이익만이 아닌, 특정한 집단들의 특수 이익들을 어떻게 설정하고 이해할 것인가를 둘러싼 논의가 시작되었다. 개인뿐 아니라 직업 집단이나 조합 등까지도 대표의 단위로 설정해야 할 필요성이 제기된 것이다. 이에 따라 평등한 개인들을 대표한 입법부의 절대적 지위에 변화가 생겼다. 그 대신 행정부가 이익들을 대표하는 기능을 수행하면서 역할과 권한을 확대하였다. 예를 들어 1890년에 정부 내에 노동자 대표가 참여하는 노동 위원회가 설치되었고, 1906년에는 이것이 노동부로 개편되었다.

행정부는 특화된 분야에서의 전문성과 경험을 장점으로 지닌 다양한 자문 위원회의 설치를 통해 대의적 기관으로서의 정당성을 확보해 갔다. 나아가 대의제를 다양한 이익들을 적극적으로 인식하고 수용하는 것이라는 새로운 개념으로 재정립하면서 사회의 거의 모든 영역을 포괄하는 대표로서 기능하였다. 이를 통해 사회와의 적극적인 대화자라는 국가의 상(像)이 정립되었다. 제3공화국은 78개에 이를 정도로 많은 위원회를 만들어 운영했다. 그 절정은 국가 경제 위원회(1916)였다. 국가 경제 위원회는 37개 직업 집단으로 구분된 대표 체제를 형성하여 국가 경제 활동의 충실한 대표가 되었다. 국가는 전문적인 기술과 장치들을 통해 사회의 다양한 특수 이익들을 파악하고 그것들의 조정과 소통을 통해 일반 이익을 형성하며, 나아가 일반 이익의 형성을 통해 권력의 정당성을 확보하는 주체가 된 것이다.

한편 노동자 정당의 세력화는 사회적 연대의 형성과 강화에도 영향을 끼쳤다. 제3공화국 초기에 정부는 노동자와 사용자 간의 공정한 중재자 역할을 하는 것으로 스스로를 국한했다. 그렇기 때문에 자신의 역할을 직업 단체 결성의 자유 보장, 교육의 확대, 극빈자의 보호 등에 한정하면서 사회 문제에는 적극적으로 개입하지 않았다. 정부의 대책도 생활 능력이 없는 자에 대한 시혜적 성격의 부조에 머물렀다. 하지만 노동자 정당이 세력화하면서 국가는 사회 문제에 대한 좀 더 근본적이고 적극적인 해결책으로 사회 정의를 위한 정치를 지향하는 연대주의를 제시했다. 개인들 간의 자유로운 계약에 앞서 모두가 자유로운 사회 계약 능력을 갖출 수 있도록 하는 연대주의는, 경제적 자유주의와 마르크스주의 모두로부터 거리를 두는 복지 국가를 개념화한 것이기도 했다. 그 단적인 예가 실업을 국가적 차원에서 관리하는 실업 보험 제도의 도입(1914)이었다. '실업'과 '실업자'라는 개념을 고안해 낸 국가는 이 문제를 개인의 무능과 게으름이 아닌, 사회적 원인에 의해 만들어진 사회적 실재로서 인정하고, 이를 체계적으로 관리하기 시작하였다. 이 과정에서 만들어진 복지 정책이 노동자 정당의 요구에 따라 시작된 사회적 연대의 결실이었던 것은 분명하다. 하지만 이러한 연대를 통해 국가는 시민의 권리를 확장하면서 노동자 계급을 자신의 구성원으로 포섭하였다.

노동자 정당의 출현과 함께 일어난 대의제 개념의 변동 그리고 사회적 연대의 형성은 프랑스 민주주의의 새로운 틀을 마련하였다. 그것은 대표 기관으로서의 국가의 정당성 확보와 시민 권리의 확장이라는 두 요소가 확장된 대의제를 통하여 순환적으로 영향을 주고받는 민주주의의 원환(圓環)을 형성하였음을 의미한다. 이 원환 속에서, 민주주의 체제를 부정하려 했던 노동자 정당은 체제 내에 안정적으로 자리 잡게 되었다.

하지만 이 과정에서 국가의 역할이 지속적으로 확대되었던 점을 놓쳐서는 안 될 것이다. 국가는 개인의 자유를 외부의 위협으로부터 지키는 수준을 넘어 시민의 교육자, 나아가 적극적인 보호자로서 등장하면서 시민들의 삶 자체를 관리하는 거대 권력이 되었다. 국가 권력에 대한 강력한 비판자로 등장하였던 노동자 정당마저도 그 거대 권력 속에 포섭되어 권력기관화되었다. 이 점에서 오늘날 국가를 민주주의적으로 제어하는 것은 ㉠ <u>민주주의의 새로운 과제</u>가 되고 있다.

24 위 글의 내용과 일치하지 않는 것은?

① 행정부 내의 위원회들은 거의 모든 공적 영역을 포괄하였다.
② 노동 위원회의 설치는 행정부의 권한과 역할 강화에 기여하였다.
③ 행정부는 권력의 정당성을 공적 기능의 확대를 통해 획득하고자 하였다.
④ 제3공화국 초기에 정부는 사회 문제 해결에 적극적으로 개입하지 않았다.
⑤ 복지 국가의 개념이 확립된 이후 부조가 사회 문제를 해결하는 국가의 기본 대책이 되었다.

⊙ 대립 구조 분석

25 제3공화국에서 민주주의의 변동 과정을 보여주는 것으로 적절하지 않은 것은?

① 사회적 연대를 통한 국가 구성원으로서의 소속감 강화
② 사회 문제를 인식하기 위한 국가의 기능 확대
③ 의회주의를 통한 특수 이익 대표 체계의 강화
④ 사회 정의를 위한 국가의 적극적 역할 요구
⑤ 노동자 정당의 성장과 체제 내 포섭

⊙ 필수체크 패러프레이징

26 ㉠으로 가장 적절한 것은?

① 정부 내 위원회 확충을 통한 행정의 전문성 제고
② 사회적 불평등을 해소하기 위한 국가 역할의 강화
③ 정책 감시와 같은 시민의 정치 참여 통로의 다양화
④ 효율적인 여론 수렴 방식을 통한 정책의 정당성 확보
⑤ 특수 이익들로부터 간섭받지 않는 국가 자율성의 확보

정치 지문 03	2017학년도 11-13번	상위 테마 - 정치사상사 / 민주주의론 / 국민국가론 하위 테마 - 미국 연방주의자의 공화주의와 헌정주의적 수단

[11~13] 다음 글을 읽고 물음에 답하시오.

공화주의란 공동선을 추구하는 시민의 정치 참여에 기초하여 공동체적 삶에서 자의적 권력에 의한 지배를 배제하고 자치를 실현하고자 하는 사상이다. 이에 적합한 형태의 공동체에 관해서는 주로 그 규모와 관련하여 오랫동안 논의가 이어져 왔다. 시민적 덕성이 제대로 발휘되어 파벌이 통제되기 위해서는 공화국의 크기가 작아야 하지만, 외세의 침략 위험에 맞서 충분한 안전을 시민에게 제공하기 위해서는 그 크기가 커야 할 것이다. 미국 헌법 제정기의 연방주의자인 「페더럴리스트 페이퍼」(1787.10~1788.8)의 저자들은 바로 연방 공화국의 형태가 공동체 내부의 부패와 대외적 취약성을 둘러싼 공화주의의 딜레마를 해결해 줄 수 있다고 보았다. 그것은 파벌 지도자의 영향력이 확산되지 못하게 막는 분할의 이익과, 한데 뭉쳐 외부의 적에 대항하도록 하는 결집의 이익을 함께 가져다준다는 것이다.

공동체에 대한 시민들의 이해관계가 복잡해지는 것을 나쁘게 볼 것만은 아니지만, 가까이 있어서 서로를 잘 아는 사람들보다 불가피하게 소원한 거리에 놓인 사람들이 우정과 연대의 공적 정신을 유지하기란 더 어려울 수 있다. 광대한 영토 위에서 공화주의 정부가 유지되기 위해서는 시민들로 하여금 사익의 추구를 자제하고 공동선을 지향하도록 하는 보다 강력한 조치가 필요할 것이다. 결국 연방주의자들은 대의제와 권력분립 등 헌정주의의 요소를 가미함으로써 이성과 법의 지배를 통하여 파벌과 전제적(專制的) 다수의 출현을 방지하고자 했다. 자치에 대한 시민들의 열정이 사그라지거나 폭주하지 않도록 헌법의 틀을 씌웠던 것이다.

그런데 헌법이라는 것에 대한 공화주의자들의 이해는 오늘날의 지배적인 견해와는 매우 다른 것이었다. 오늘날 헌법은 주로 정치 공동체의 실질적인 가치 기준과 운영 원칙을 정하는 견고한 문서로 이해되고 있다. 여기서 헌법은 헌법적 논쟁들에 대해 판단해 줄 누군가를 필요로 하게 된다. 그의 해석과 판단에 따라 헌법과 충돌하는 것으로 보이는 행정작용이나 법률은 그 효력을 잃게 될 것이다. 이처럼 지극히 법적인 의미로 이해된 헌법과는 달리, 공화주의자들이 생각하고 있던 헌법이란 단순히 정치 공동체 내에서 권력이 분할되는 방식을 나타내거나 그렇게 구성된 특수한 정부 형태를 지칭하는 정치적인 의미의 것이었다. 통치자의 선출과 정치적 지분의 할당을 통해 경쟁적 사회 집단 사이에 이해관계의 균형을 도모하는 것은 로마의 혼합정체 이래 지속 가능한 공화국의 골자를 이루게 되었다고 할 수 있다. 따라서 18세기 후반에 비로소 등장한 법적 의미의 헌법 개념은 당시 미국의 공화주의적 헌법을 구상하는 과정에서조차 의도되었던 바가 아니며, 성문의 헌법을 채택하면서도 여전히 그것은 사법적 헌장이라기보다는 시민의 헌장을 갖는다는 의미였을 것이다.

공화주의와 관련하여 우리가 헌법의 의미에 주목해야 하는 이유는 법적 의미의 헌법 개념을 과거의 공화주의 사상가들이 알지 못했기 때문만은 아니다. 그것은 오히려 헌법을 법적인 의미로 이해하는 전제에서 공화주의를 위하여 제안되는 이른바 ㉠ <u>헌정주의적 수단</u>들이 역으로 공화주의의 핵심적 목적과 충돌하게 된다는 문제 때문이다. 예컨대, 그러한 수단의 하나로 제안되는 법률의 헌법 기속 개념은 기본적으로 시민의 대표들이 다수결로 도출하는 합의를 불신한다는 면에서 공동체적 삶의 향배를 시민들의 손에 맡기고자 하는 공화주의의 이상에 반하는 것이며, 그보다는 차라리 국가로부터 개인의 권리를 보호하고자 하는 자유주의적 사고의 장치에 가깝다는 비판을 받고 있다. 바꿔 말해서 소수의 현자들에 의한 사법 심사의 과정으로 뒷받침되는 헌법은 더 이상 공화주의적이지 않으며, 나아가 미국의 민주정치가 발전하는 데도 방해가 되어 왔다는 것이다.

그러나 현대 민주정치의 상황에서 시민의 정치 참여는 통치자의 선출이나 할당된 지분의 행사에서처럼 투표 과정을 중심으로 이루어져야 하는 것은 아니며, 오히려 공적인 토론의 과정을 중심으로 이루어질 수도 있다. 만약 사법 심사의 장이 그와 같은 토론의 과정을 촉발시키고 이끎으로써 궁극적으로 법의 지배에 기여하는 것이라면 그에 대한 평가는 달라질 것이다. 무엇보다 여기서 민주주의의 가치를 공동선에 관한 이성적 숙의에서 찾고자 했던 공화주의자들의 관점을 다시 발견할 수 있기 때문이다.

11 윗글의 내용과 일치하는 것은?

① 공화국의 광대한 영토는 대외적 방어에 불리하다.
② 공화주의자는 시민으로서의 삶보다 개인으로서의 삶을 중시한다.
③ 「페더럴리스트 페이퍼」의 저자들은 안전보다 연대를 추구하였다.
④ 연방주의자는 공화주의의 딜레마가 지닌 정치적 함의를 간과하였다.
⑤ 로마의 혼합정체는 공화국의 대내적 균형을 확보해 주는 장치였다.

12 연방주의자의 생각으로 적절하지 않은 것은?

① 연방 공화국의 정부 형태를 출범시키기 위해서 헌법의 개념이 변해야 하는 것은 아니다.
② 선출된 대표가 파벌 지도자로 변질되는 것을 연방이라는 헌정체제를 통해 견제할 수 있다.
③ 공화국에 대한 내부 위협은 소규모의 파벌이 광대한 영역 기반의 대규모 파벌로 커질 때 오히려 줄어들게 된다.
④ 규모가 커진 공화국은 구성원들의 사회적 다양성도 커져서 정치적 분열이 초래되어 전제적 다수가 형성되기 어렵다.
⑤ 인간 본성에 자리하고 있는 파벌의 싹은 근절될 수 없으므로 그것의 발호를 통제하는 제도적 장치를 갖추어 대응해야 한다.

13 ㉠에 대한 진술로 적절하지 않은 것은?

① 공적인 토론의 과정을 정치적 대표를 선출하는 투표 과정으로 대체한다.
② 헌법적 가치의 선언을 통해 의회의 결정 권한에 대한 제한을 공식화한다.
③ 성문화된 헌법은 최고법적 효력으로 인해 민주주의와 긴장 관계에 놓일 수 있다.
④ 대통령의 법률안 거부권을 인정하여 상호 견제를 통한 권력의 제한을 꾀한다.
⑤ 법의 지배는 그 누구의 지배도 아니라는 점에서는 자의적 권력의 지배를 거부하는 공화주의 이념과 연결된다.

© 대립 구조 분석

© 필수체크 패러프레이징

정치 지문 04	2017학년도 24-26번	상위 테마 - 정치사상사 / 민주주의론 / 국민국가론 하위 테마 - 국민국가 시대의 전쟁과 이후의 전쟁 양상

[24~26] 다음 글을 읽고 물음에 답하시오.

근대 민주주의는 국민국가라는 정치 공동체 속에서 민족주의, 국민적 정체성, 국적에 수반되는 시민권 등을 중심으로 발전해 왔다. 하지만 최근의 세계화는 국민국가를 기반으로 하는 민주주의와 국제 관계의 질서에 변화를 가져오고 있다. 이 과정에서 국민국가 시대의 전쟁과는 다른 모습의 '새로운 전쟁'이 나타나고 있으며, 그 전쟁은 국민국가의 질서를 동요시키고 있다.

새로운 전쟁은 우선 경계가 불분명한 양상을 띤다. 국민국가 시기처럼 국가들 간에 전쟁이 발생하고 전쟁이 끝난 후 국제법을 통해 평화를 안착시키는 것이 아니라, 전후방 구분 없이 전투가 발생하고 전투원과 민간인, 공과 사의 구분이 사라지며 전쟁의 시작과 끝이 불명확해진 경우가 많다. 또한 현대 사회에서의 용병이라고 할 수 있는 민간 군사 기업이 군사 훈련에서 전후 처리까지 거의 모든 군사 서비스를 제공한다.

이와 함께 정치적, 이데올로기적 원인이 아닌 다양한 원인에 의해 전쟁이 발발하기도 한다. 동유럽에서는 사회주의 체제가 붕괴한 이후 종교, 언어, 문자, 민족 문제가 부각되고, 중동에서는 종교 갈등이 다양한 문제를 발생시키며, 아프리카에서는 부족과 식민지, 신생국들이 얽히고 자원 문제가 개입된다.

그리고 네트워크전, 비대칭전, 게릴라전, 테러 등의 전쟁 형태가 나타나고 있다. 네트워크전은 관료적 명령보다는 공유된 가치나 목표 속에서 움직이는 수평적 조정 메커니즘에 의존하며, 게릴라전은 전선이 불분명하지만 정교하게 조직된다. 1990년대 초 제1차 걸프전에서 보았듯이 미국의 공격으로 이라크 정부의 신경체계가 몇 시간 만에 무력화되었지만 정작 이라크군은 연합군이 어디에 있는지조차 알지 못한 것에서도 새로운 전쟁의 양상을 알 수 있다.

마지막으로 전쟁 경제도 새로운 양상을 드러낸다. 새로운 전쟁은 국가의 통제 하에 놓이는 공식 경제와 조세를 통한 국가 수입뿐만 아니라 비공식 경제를 통해서도 전쟁 자금을 조달한다. 생산이 붕괴되고 징세가 어려운 상황에서 전투 집단은 약탈, 납치 등과 무기·마약·자원 등의 불법 거래, 국외 이주자의 송금, 인도적 원조에 대한 '과세', 타국 정부의 후원 등을 통해 자금을 조달한다.

이러한 새로운 전쟁에서 '새롭다'고 제시되는 현상들이 결코 새로운 것이 아니라, 기존 전쟁에서도 존재했지만 주목되지 않았을 뿐이라고 ㉠ <u>비판하는 이들</u>도 있다. 비판자들은 새로운 전쟁론을 펴는 이들이 그러한 현상에 초점을 맞추고, 미디어 발달로 전쟁의 다양한 측면들이 부각되고 있을 뿐이라고 말한다. 또한 '새로운 전쟁'을 주장하는 연구들이 경험 자료가 불명확하고 자료의 양도 부족한데도 유리한 예만 선택하고 있을 뿐이라고 비판하면서, 오히려 1992년 이래 내전은 감소했으며 '새로운' 현상이 나타난 정도도 제2차 세계대전과 비교할 때 통계적으로 유의미하지 않다고 주장한다.

그럼에도 '새로운 전쟁' 개념은 국제정치의 새로운 위협 요소와 최근 변화를 인식할 수 있게 한다. 왜냐하면 '새로운 전쟁'은 국가를 만들기보다는 해체하는 경향을 갖기 때문이다. 전쟁으로 인해 '실패한 국가'의 예로 거론되는 소말리아의 경우를 보면 국가 붕괴 이후에도 우려되었던 무질서는 나타나지 않았으며, 오히려 사람들의 삶이 개선되어 가는 조짐마저 보인다. 국가 대신 국제협력, 전통 경제 등을 통해 공공재를 공급하고, 관습법과 부족 네트워크 등이 사회 질서 유지에 도움을 주고 있다. 한편, 중동에서는 종교나 부족 같은 요소가 부각된 새로운 민족주의의 양상도 나타난다. 이는 민족주의가 반드시 국가와 결합해야만 작동하는 것이 아님을 보여 준다. 그렇게 본다면 국민국가란 특정한 시기에 한정된 유럽 중심의 모델이며, 역사가 보여주듯이 다양한 정치체들이 존재하며 그것들의 공존도 가능하다. 아프리카나 중동에서 빈발하는 새로운 전쟁은 세계를 도시공동체·국가·제국 등 다양한 공동체가 공존하던 근대 이전의 혼란스러운 유럽과 같은 모습으로 회귀시키는 듯하다.

[A] 하지만 이는 새로운 공동체의 다양한 가능성을 구체화하기 위한 계기가 될 수 있다. 민주주의는 극우민족주의처럼 국민국가를 강화시키는 방향보다는 국민국가의 한계와 틀을 벗어나 그것들을 가로지르는 방향으로 추구되어야 한다. 다중적 정체성을 지닌 세계시민들이 동등한 시민권을 바탕으로 공존하는 글로벌 시티와 그 네트워크, 그리고 EU와 같은 초국가적 공동체에 이르는 다층적 공간은 민주주의를 위한 새로운 공간이 될 수 있다. 국민국가 시대에 성취한 민주주의는 이제 새로운 공동체들에서 보존되고 동시에 전환되어 새로운 시민과 그들이 만들어 내는 공동체 속에서 더욱 확장되어야 한다.

24 '새로운 전쟁'의 양상으로 적절하지 않은 것은?

① 민간 군사 업체들이 전쟁 수행에 관여하는 정도가 높아진다.
② 전쟁의 원인이 다양해지고 전쟁 행위자들은 전투원에 한정되지 않는다.
③ 전쟁의 시작과 끝이 불분명해지면서 국제법을 통한 평화 안착이 어려워진다.
④ 전쟁 수행을 위해 국가 공식 경제 이외에도 다양한 재원 마련 방식이 동원된다.
⑤ 전후방이 없는 전투와 게릴라전 등으로 네트워크에 의존하면서 비조직적으로 전개된다.

25 ㉠이 활용할 수 있는 근거로 적절하지 않은 것은?

① 근대 국가의 경우에도 이민족 용병을 활용한 전쟁의 사례가 있었다.
② 근대 이전의 국가는 물론 근대 국가의 경우에도 내전이 빈번하게 발생하였다.
③ 게릴라전은 제2차 세계 대전 이전에 중국 공산당에 의해 전쟁의 형태로 활용되었다.
④ 국가에 의해 총력전 형태로 수행되는 전쟁이 이미 제1차 세계대전 당시부터 보편화되었다.
⑤ 최근 IS가 벌인, 민간인과 전투원을 구별하지 않는 무차별 공격의 사례가 기존 전쟁에서도 이미 있었다.

대립 구조 분석

필수체크 패러프레이징

26 [A]의 주장과 〈보기〉의 입장들을 비교한 내용으로 가장 적절한 것은?

보기

(가) 절대적 환대, 즉 어디에서 온 누구인지를 묻지 않고 보답을 요구하지 않으며, 상대방의 적대에도 불구하고 지속되는 환대에 기초한 사회를 상상해야 한다.
(나) 새로 이주한 사람이 본래 따르는 특정한 종교적 관습이 이주한 국가의 보편적인 가치를 해칠 우려가 있다고 판단될 경우, 공공장소에서 그 관습을 표출하는 것을 금지해야 한다.
(다) 새로운 시대의 애국주의는 민주주의적 헌정 질서의 가치와 원리 및 제도에 대한 사랑과 충성에서 성립해야 규범적으로 정당하며, 결코 기존의 사례처럼 지배적인 문화 양식이나 특정한 윤리적 지향과 결합되어서는 안 된다.

① [A]와 달리 (가)는 특정 공동체가 자기 사회에 새로 편입된 이주민의 정체성을 어떻게 동화시킬 것인지를 중요한 요소로 고려한다.
② [A]와 (나)는 모두 공동체의 유지와 발전을 위해서는 공동체의 구성원들이 단일한 문화적 정체성을 가져야 한다고 판단한다.
③ [A]와 달리 (다)는 기존에 명확하게 정해져 있는 정치적 규범과 질서를 준수하는 것이 민주주의 실현의 전제 조건이라고 판단한다.
④ [A]와 (가)는 새로운 공동체는 정체성을 근거로 사람을 차별하지 않는다는 점에서 공통되며, [A]와 (다)는 공동체에서 국가를 대하는 관점이 바뀌어야 한다고 보는 점에서 공통된다.
⑤ [A]와 (나)는 이주민의 종교적 관습을 존중한다는 점에서 공통되며, [A]와 (다)는 구성원들이 지닌 윤리적 지향의 차이를 용납하지 않는다는 점에서 공통된다.

MEMO

정치 지문 05	2012학년도 9-11번	상위 테마 - 정당정치론 / 입법 전쟁 하위 테마 - 유권자의 정치적 선택에 관한 이론

[9~11] 다음 글을 읽고 물음에 답하시오.

선거에서 유권자의 정치적 선택을 설명하는 이론은 사회심리학 이론과 합리적 선택 이론으로 대별된다. 먼저 초기 사회심리학 이론은 유권자 대부분이 일관된 이념 체계를 지니고 있지 않다고 보았다. 그럼에도 유권자들이 투표 선택에서 특정 정당에 대해 지속적인 지지를 보내는 현상은 그 정당에 대한 심리적 일체감 때문이라고 주장했다. 곧 사회화 과정에서 사회 구성원들이 혈연, 지연 등에 따른 사회 집단에 대해 지니게 되는 심리적 일체감처럼 유권자들도 특정 정당을 자신과 동일시하는 태도를 지니는데, 이에 따라 유권자들은 정당의 이념이 자신의 이해관계에 유리하게 작용할 것인지 합리적으로 따지기보다 정당 일체감에 따라 투표한다는 것이다. 이에 반해 합리적 선택 이론은 유권자를 정당이 제시한 이념이 자신의 사회적 요구에 얼마나 부응하는지 그 효용을 계산하는 합리적인 존재로 보았다. 공간 이론은 이러한 합리적 선택 이론을 대표하는 이론으로, 근접 이론과 방향 이론으로 나뉜다.

초기의 근접 이론과 방향 이론은 유권자의 선택에 대해 다음과 같이 설명한다. 우선 이념 공간을 일차원 공간인 선으로 표시하고, 보수적 유권자 X, 진보 정당 A, 보수 정당 B의 이념적 위치를 그 선에 표시한다고 가정하자. 근접 이론은 X와 A, B 간의 이념 거리를 각각 '|X−A|'와 '|X−B|'로 계산한 다음, 만약 X와 A의 이념 거리가 X와 B의 경우보다 더 가깝다면 X는 A에 더 큰 효용을 느끼고 투표할 것이라고 본다. 이는 유권자 분포의 중간 지점인 중위 유권자의 위치가 양당의 선거 경쟁에서 득표 최대화 지점임을 의미한다. 그러나 과연 X가 이념 거리가 더 가깝다는 것만으로 자신과 이념이 다른 A를 지지할까? 이에 대해 방향 이론은 진보와 보수를 구분하는 이념 원점을 상정하고, 이를 기준으로 정당의 이념이 유권자의 이념과 같은 방향이되 이념 원점에서 더 먼 쪽에 위치할수록 그 정당에 대한 유권자의 효용이 증가하며, 반대로 정당의 이념이 유권자의 이념과 다른 방향일 경우에는 효용이 감소한다고 본다. 가령 이념 원점이 5라고 한다면, X의 A와 B에 대한 효용은 각각 '−|5−X|×|5−A|'와 '|5−X|×|5−B|'로 계산되는데, 이때 X는 이념 거리로는 비록 A가 가깝다 할지라도 B에 투표하게 된다. 따라서 방향 이론에서 정당에 대한 유권자의 효용은 그 정당이 유권자와 같은 이념 방향의 극단에 있을 때 최대화된다.

두 이론은 이념에 기초한 효용 계산을 통해 초기 사회심리학 이론의 '어리석은 유권자' 가설을 비판했지만 한계도 있었다. 근접 이론은 미국의 정당들이 실제 중위 유권자의 지점에 위치하지 않고 있다는 비판에, 방향 이론은 유럽 국가들에서 이념적 극단에 있는 정당이 실제로 수권한 경우가 드물다는 비판에 각각 직면했다. 이에 근접 이론은 정당이 정당 일체감을 지닌 유권자(정당일체자)들로부터 멀어질 경우 지지가 감소할 수 있다는 점을 고려해서 실제로는 중위로부터 다소 벗어난 지점에 위치하게 된다고 이론적 틀을 보완했다. 또 방향 이론은 유권자들이 심리적으로 허용할 수 있는 이념 범위인 관용 경계라는 개념을 도입하여 정당이 관용 경계 밖에 위치하면 오히려 유권자의 효용이 감소한다는 점을 이론에 반영했다.

이러한 후기 공간 이론의 발전은 이념적 중위나 극단을 득표 최대화 지점으로 보았던 초기 공간 이론의 문제점을 극복하려 한 결과였다. 그러나 이는 정당 일체감이나 그 밖의 심리학적 개념들을 그대로 수용한 결과이기도 하였다. 그럼에도 공간 이론은 초기 사회심리학 이론에서 비관적으로 전망했던 '세련된 유권자' 가설을 무리 없이 입증해 왔다. 다양한 국가에서 유권자들이 이념에 기초해 후보자나 정당을 선택한다는 것을 실증적으로 보여주었던 것이다.

한편 공간 이론의 두 이론은 유권자의 효용 계산과 정당의 득표 최대화 예측에서 이론적 경쟁 관계를 계속 유지했을 뿐만 아니라 현실 설명력에서도 두드러진 차이를 보였다. 의회 선거를 예로 들면, 근접 이론은 미국처럼 ㉠ 양당제 아래 소선거구제로 치러지는 선거를 더 잘 설명해 왔다. 반면에 방향 이론은 유럽 국가들처럼 ㉡ 다당제 아래 비례대표제로 치러지는 선거를 더 잘 설명해 왔다. 한 연구는 영국처럼 ㉢ 다당제 아래 소선거구제로 치러지는 선거에서 유권자가 여당에 대해 기대하는 효용은 근접 이론이 더 잘 설명하고, 유권자가 야당에 대해 기대하는 효용은 방향 이론이 더 잘 설명한다고 밝혔다. 이는 정치 환경에 따라 정당들의 득표 최대화 전략이 다를 수 있음을 뜻한다.

09 위 글의 내용으로 가장 적절한 것은?

① 초기 사회심리학 이론은 유권자의 투표 선택이 심리적 요인 때문에 일관성이 없다고 보았다.
② 공간 이론은 유권자와 정당 간의 이념 거리를 통해 효용을 계산하여 유권자의 투표 선택을 설명하였다.
③ 후기 공간 이론의 등장으로 득표 최대화에 대한 초기의 근접 이론과 방향 이론 간의 이견이 해소되었다.
④ 후기 공간 이론에서는 유권자의 투표 선택을 설명하는 데 있어서 이념의 비중이 커졌다.
⑤ 후기 공간 이론은 정당 일체감을 합리적인 것으로 인정하여 세련된 유권자 가설을 입증했다.

10 ㉠~㉢에서 득표 최대화를 위한 정당의 선거 전략을 공간 이론의 관점에서 설명한 것으로 바르지 않은 것은?

① 초기 근접 이론은 ㉠에서 지지율 하락을 경험한 여당이 중위 유권자의 위치로 이동함을 설명할 수 있다.
② 후기 근접 이론은 ㉠에서 정당 일체자의 이탈을 우려한 야당이 중위 유권자의 위치로 이동하지 못함을 설명할 수 있다.
③ 후기 방향 이론은 ㉡에서 정당 일체자의 이탈을 우려한 여당이 중위 유권자의 위치로 이동함을 설명할 수 있다.
④ 초기 근접 이론은 ㉢에서 중도적 유권자의 이탈을 우려한 여당이 중위 유권자의 위치로 이동함을 설명할 수 있다.
⑤ 후기 방향 이론은 ㉢에서 중도적 유권자의 관용 경계를 의식한 야당이 이념적 극단 위치로 이동하지 못함을 설명할 수 있다.

대립 구조 분석

필수체크 패러프레이징

11 〈보기〉의 선거 상황을 가정하여 위 글의 이론들을 적용한 것으로 타당하지 않은 것은?

보기

아래의 그림은 좌우 동형으로 이루어진 N국의 A당과 B당의 정당 일체자 분포와 여기에 무당파 유권자가 포함된 전체 유권자의 분포를 나타낸다. N국은 1) A당과 B당의 정당 일체자가투표자인 예선을 통해 각 당의 후보를 결정한 후, 2) 전체 유권자가 투표자인 본선을 통해 최종 대표자를 선출한다.

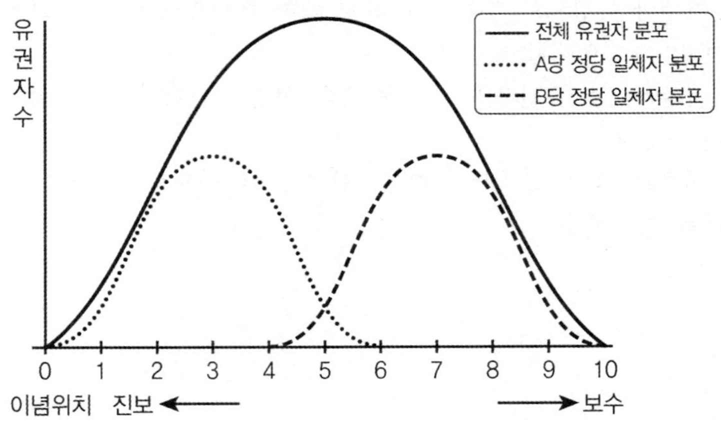

ㄱ. 후보자 이념 위치: A당(A1 = 0, A2 = 4), B당(B1 = 7, B2 = 9)
ㄴ. 중위 유권자 위치: A당 = 3, B당 = 7, 전체 유권자 = 5
ㄷ. 이념 원점 = 5
ㄹ. 관용 경계: 두 후보자가 동시에 유권자 위치의 ±2를 초과하면 유권자는 기권한다고 가정함.
ㅁ. 두 후보자에 대한 효용이 같다면 유권자는 기권한다고 가정함.
ㅂ. A당과 B당의 정당 일체자 분포의 규모는 같음.

① 초기 근접 이론은 B1이 예선을 통과할 것으로 예측할 것이다.
② 초기 근접 이론은 A2가 본선에서 승리할 것으로 예측할 것이다.
③ 초기 방향 이론은 본선에서 승자가 없을 것으로 예측할 것이다.
④ 후기 근접 이론은 A2가 본선에서 승리할 것으로 예측할 것이다.
⑤ 후기 방향 이론은 A1이 본선에서 승리할 것으로 예측할 것이다.

MEMO

정치 지문 06	2013학년도 10-12번	상위 테마 - 정당정치론 / 입법 전쟁 하위 테마 - 의회 내 입법 과정에 존재하는 역동성에 대한 세 가지 이론

[10~12] 다음 글을 읽고 물음에 답하시오.

의회는 국가 정책을 결정하는 대의제 민주주의의 주요 기관이다. 미국 하원을 예로 들어 의회의 입법 과정을 설명하면 다음과 같다.

[A] 발의된 의안은 본회의 의장이 관련 상임위원회에 회부한다. 이때 의장은 의안 회부를 거부할 수 있는 문지기 권한을 지닌다. 소관 상임위원회에 상정된 의안은 수정안 제출을 포함한 심사 과정을 거쳐 합의에 이르면 과반 표결로 의결되는데, 합의에 이르지 못하면 사장된다. 상임위원회를 통과한 의안은 규칙위원회를 통과해야 한다. 규칙위원회는 본회의 의결 과정에서 수정을 전혀 허용하지 않는 수정불가 규칙 또는 무제한 수정을 허용하는 수정허용 규칙을 부여한다. 단, 규칙이 부여되지 않으면 의안은 사장된다. 본회의에 의안이 상정되면 수정불가 규칙이 부여된 경우는 가부 표결만 하며, 수정허용 규칙이 부여된 경우는 수정안이 제출되면 심사 활동을 거쳐 일반적으로 최종 수정안부터 제출된 순서의 역순으로 가부 표결을 하게 된다. 표결은 대개 과반 표결로 한다.

입법 과정은 의원들의 정치적 대표 체계의 다중성 때문에 역동적으로 나타난다. 예를 들어, 소선거구제에서 선출된 의원들은 국민 전체의 대표이자 지역구민의 대표이고, 정당의 구성원으로서 소속 정당 지지자의 대표이기도 하다. 이러한 상황은 입법 과정의 각 단계에서 교차 압력으로 작용하여 입법 과정을 설명하거나 예측하기 어렵게 만든다. 이 같은 역동성을 상임위원회를 중심으로 설명하는 이론에는 다음 세 가지가 있다.

첫째, 이익분배 이론은 의원들의 지역구 대표성에 주목한다. 일반적으로 의원들은 자신의 지역구 이해관계를 가장 잘 대변하는 상임위원회를 자율적으로 선택하는데, 이로써 각 상임위원회는 이해관계가 유사한 지역구 의원들이 모이게 되어 강한 정책적 동질성을 가진다. 그러나 정작 상임위원회들 사이는 이해관계가 다르게 되므로 갈등 상황에 놓이게 된다. 이익분배 이론은 이러한 갈등을 해소하는 주요한 기제로 의원들 간의 지지의 교환을 든다. 가령, 지역구 이해의 강한 수요자로 서로 다른 상임위원회에 소속된 갑과 을 의원의 경우를 생각해 보자. 본회의에서 다른 상임위원회 소속 의원들의 지지를 받아야 하는 처지인 갑 의원은 을 의원에게 지원을 약속하며 그 대가로 자신의 지역구를 위한 정책을 지지해 줄 것을 요청할 것이다. 이는 상임위원회 간에 혜택의 상호 교환이 발생함을 의미하며, 결국 본회의는 상임위원회 간 혜택 교환의 약속이 투표 거래로 실현되는 장이 된다. 이 과정에서 의회 다수나 다수당의 영향력은 상당히 축소된다.

둘째, 정보확산 이론은 의회 다수의 정책 선호를 강조한다. 의회는 지역구 수요를 위한 이익의 할당 차원을 넘어 국민 전체를 위한 본회의 중심의 입법 활동을 원활하게 할 목적을 지닌다. 이를 위해 정보확산 이론은 상임위원회가 입법 과정의 주요한 원칙인 다수주의에 의거하여 의회 다수가 원하는 방향으로 조직되어야 한다고 본다. 이 경우 상임위원회 배정 단계에서부터 본회의주도로 각 정당의 협조를 이끌어 내는 정당 간 협의회의 역할이 중요해진다. 그리하여 각 상임위원회는 본회의의 대리인이 되어 본회의에서 의결할 정책에 대한 구체적인 정보를 생산한다. 발의된 의안이 입법화되어 집행된다면 국민 전체의 이익에 어떤 영향을 미칠지 매우 불확실한데, 상임위원회는 그러한 불확실성을 줄이기 위해 축적된 전문적 정보를 본회의의 심사 과정에 제공하는역할을 한다.

셋째, 정당이익 이론은 의원이 정당 지지자를 대표하게 하는 정당의 역할을 중시한다. 입법 활동에 따른 정책 결과는 정당의 미래 선거에 큰 영향을 미친다. 정당은 의정 활동 결과를 최대화해 자신의 입법 성과로 지지자들에게 제시함으로써 대표성을 실현하고자 한다. 이는 동일 정당에 소속된 의원들로 하여금 다가올 선거에서 운명을 공유할 수밖에 없도록 만든다. 공동 이익의 추구는 정당 지도부의 권한을 강화하는 유인이 되며, 이는 다수당에 더욱 중요하다. 상임위원회 활동은 입법 과정 초기에 일어나는 반면, 본회의에서는 소수당의 수정안 제출 등 반대 활동이 활발하게 제기될 수 있으므로, 정당 지도부는 상임위원회 구성과 운영에서부터 주도권을 행사하려 한다. 즉 당내 의원 총회에서 의원들을 각 상임위원회에 배정하는 과정에 적극 관여하며 정당의 핵심 프로그램을 담당하는 상임위원회의 활동을 지속적으로 감독한다. 여기서 정당 지도부는 지역구의 이해관계에 민감하거나 본회의에서 소수당에 동조하는 다수당 의원들의 이탈을 방지하는 안정자 기능을 하며, 결국 상임위원회를 다수당의 대리인으로 만든다.

이처럼 상호 경쟁하는 세 가지 이론은 대의제 민주주의가 생산해 내는 정책의 본질과 성격에 대한 이해를 넓혀 주고 있다.

10 위 글의 내용과 일치하지 않는 것은?

① 본회의 의결 과정에서 이익분배 이론은 정당 간의 투표 거래를 강조하나 정보확산 이론은 의회 다수의 정책 선호를 강조한다.
② 상임위원회의 기능에서 이익분배 이론은 이해관계의 수요자 측면을 강조하나 정보확산 이론은 정책 정보의 공급자 측면을 강조한다.
③ 의원의 상임위원회 배정 문제에 있어 이익분배 이론은 의원들의 자율적 선택을 강조하나 정보확산 이론은 정당 간 협의회의 역할을 강조한다.
④ 의원의 정치적 대표성에서 이익분배 이론은 지역구 대표성을 강조하나 정당이익 이론은 정당 지지자 대표성을 강조한다.
⑤ 상임위원회 활동에 있어 정보확산 이론은 정책의 불확실성을 줄이는 것을 강조하나 정당이익 이론은 정당의 입법 성과를 최대화하는 것을 강조한다.

11 '규칙위원회'의 규칙 부여와 관련한 〈보기〉의 추론 중 적절한 것만을 있는 대로 고른 것은?

보기

ㄱ. 이익분배 이론의 관점에서, 수정허용 규칙은 수정불가 규칙에 비해 본회의에서 상임위원회 간 투표 거래를 활성화하여 지역구에 혜택을 주는 정책을 더 많이 생산하게 만들 수 있다.
ㄴ. 정보확산 이론의 관점에서, 수정허용 규칙은 수정불가 규칙에 비해 본회의에서 지역구에 대한 혜택을 줄이고 국민 전체를 위한 정책을 더 많이 생산하게 만들 수 있다.
ㄷ. 정당이익 이론의 관점에서, 수정불가 규칙은 수정허용 규칙에 비해 상임위원회를 다수당의 대리인으로 만들어 본회의에서 다수당 지지자들을 위한 정책을 더 많이 생산하게 만들 수 있다.

① ㄱ　② ㄴ　③ ㄱ, ㄷ
④ ㄴ, ㄷ　⑤ ㄱ, ㄴ, ㄷ

대립 구조 분석

필수체크 패러프레이징

12 〈보기〉와 같은 경우를 가정할 때, 위 글의 [A]에 따라 정리한 〈그림〉의 각 단계에서 결정될 정책을 바르게 나열한 것은?

보기

아래 〈표〉와 같이 구성된 의회에서 의원 갑이 '정책1'을 발의했다. 현재는 '정책2'가 시행되고 있으며 본회의 의장은 '정책2'를 선호한다. 의원들은 기권 없이 자신의 정책 선호와 가장 가까운 의안에 투표한다.

〈표〉 정책 선호에 따른 통상위원회와 본회의의 구성

			통상위원회	본회의
무역 규제	강화	정책1	13명	50명
	유지	정책2	6명	70명
	완화	정책3	6명	125명
합계			25명	245명

보기

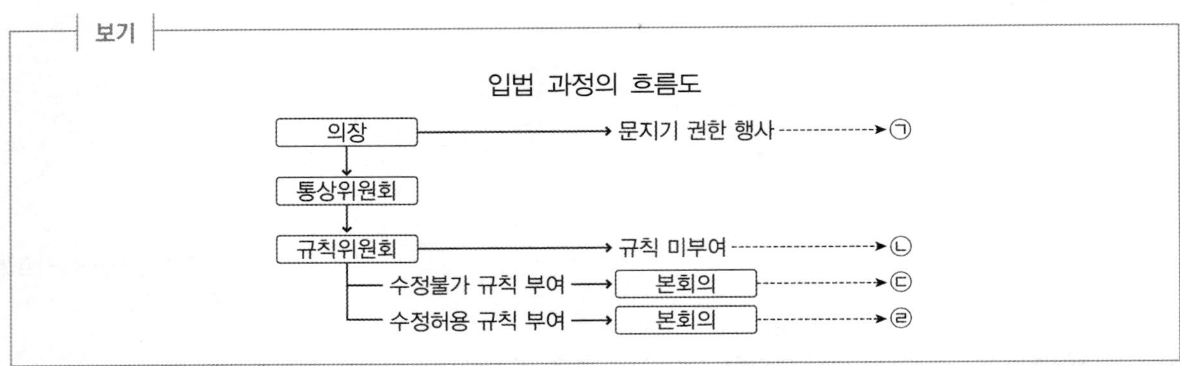

	㉠	㉡	㉢	㉣
①	정책 1	정책 1	정책 1	정책 3
②	정책 1	정책 1	정책 2	정책 1
③	정책 2	정책 1	정책 1	정책 2
④	정책 2	정책 2	정책 2	정책 3
⑤	정책 2	정책 2	정책 3	정책 2

MEMO

정치 지문 07	2016학년도 17-19번	상위 테마 - 정당정치론 / 입법 전쟁 하위 테마 - 책임정당정부 이론과 그 이후의 논의들

[17~19] 다음 글을 읽고 물음에 답하시오.

대의 민주주의에서 정당의 역할에 대한 대표적인 설명은 책임정당정부 이론이다. 이 이론에 따르면 정치에 참여하는 각각의 정당은 자신의 지지 계급과 계층을 대표하고, 정부 내에서 정책결정 및 집행 과정을 주도하며, 다음 선거에서 유권자들에게 그 결과에 대해 책임을 진다. 유럽에서 정당은 산업화 시기 생성된 노동과 자본 간의 갈등을 중심으로 다양한 사회 경제적 균열을 이용하여 유권자들을 조직하고 동원하였다. 이 과정에서 정당은 당원 중심의 운영 구조를 지향하는 대중정당의 모습을 띠었다. 당의 정책과 후보를 당원 중심으로 결정하고, 당내 교육과정을 통해 정치 엘리트를 충원하며, 정치인들이 정부 내에서 강한 기율을 지니는 대중정당은 책임정당정부 이론을 뒷받침하는 대표적인 정당 모형이었다.

대중정당의 출현 이후 정당은 의회의 정책 결정과 행정부의 정책 집행을 통제하는 정부 속의 정당 기능, 지지자들의 이익을 집약하고 표출하는 유권자 속의 정당 기능, 그리고 당원을 확충하고 정치 엘리트를 충원하고 교육하는 조직으로서의 정당 기능을 갖추어 갔다. 그러나 20세기 중반 이후 발생한 여러 원인으로 인해 정당은 이러한 기능에서 변화를 겪게 되었다.

산업 구조와 계층 구조가 다변화됨에 따라 정당들은 특정 계층이나 집단의 지지만으로는 집권이 불가능해졌고 이에 따라 보다 광범위한 유권자 집단으로부터 지지를 획득하고자 했다. 그 결과 정당 체계는 특정 계층을 뛰어넘어 전체 유권자 집단에 호소하여 표를 구하는 포괄정당 체계의 모습을 띠게 되었다. 선거 승리라는 목표가 더욱 강조될 경우 일부 정당은 외부 선거 전문가로 당료들을 구성하는 선거전문가정당 체계로 전환되기도 했다. 이 과정에서 계층과 직능을 대표하던 기존의 조직 라인은 당 조직의 외곽으로 밀려나기도 했다.

한편 탈산업사회의 도래와 함께 환경, 인권, 교육 등에서 좀 더 나은 삶의 질을 추구하는 탈물질주의가 등장함에 따라 새로운 정당의 출현에 대한 압박이 생겨났다. 이는 기득권을 유지해온 기성 정당들을 위협했다. 이에 정당들은 자신의 기득권을 유지하기 위해 공적인 정치 자원의 과점을 통해 신생 혹은 소수 정당의 원내 진입이나 정치 활동을 어렵게 하는 카르텔정당 체계를 구성하기도 했다. 다양한 정치관계법은 이런 체계를 유지하는 대표적인 수단으로 활용되었다. 정치관계법과 관련된 선거제도의 예를 들면, 비례대표제에 비해 다수대표제는 득표 대비 의석 비율을 거대정당에 유리하도록 만들어 정당의 카르텔화를 촉진하는 데 활용되기도 한다.

이러한 정당의 변화 과정에서 정치 엘리트들의 자율성은 증대되었고, 정당 지도부의 권력이 강화되어 정부 내 자당 소속의 정치인들에 대한 통제력이 증가되었다. 하지만 반대로 평당원의 권력은 약화되고 당원 수는 감소하여 정당은 지지 계층 및 집단과의 유대를 잃어가기 시작했다.

뉴미디어가 발달하면서 정치에 관심은 높지만 정당과는 거리를 두는 '인지적' 시민이 증가함에 따라 정당 체계는 또 다른 도전에 직면하게 되었다. 정당 조직과 당원들이 수행했던 기존의 정치적 동원은 소셜 네트워크 내 시민들의 자기 조직적 참여로 대체되었다. 심지어 정당을 우회하는 직접 민주주의의 현상도 나타났다. 이에 일부 정당은 카르텔 구조를 유지하면서도 공직후보 선출권을 일반 국민에게 개방하는 포스트카르텔정당 전략이나, 비록 당원으로 유입시키지 못할지라도 온라인 공간에서 인지적 시민과의 유대를 강화하려는 네트워크정당 전략으로 위기에 대응하고자 했다. 그러나 이러한 제반의 개혁 조치가 대중정당으로의 복귀를 의미하지는 않았다. 오히려 당원이 감소되는 상황에서 선출권자나 후보들을 정당 밖에서 충원함으로써 고전적 의미의 정당 기능은 약화되었다.

물론 이러한 상황에서도 20세기 중반 이후 정당 체계들이 여전히 책임정당정치를 일정하게 구현하고 있다는 주장이 제기되기도 했다. 예를 들어 국가 간 비교를 행한 연구는 최근의 정당들이 구체적인 계급, 계층 집단을 조직하고 동원하지는 않지만 일반 이념을 매개로 정치 영역에서 유권자들을 대표하는 기능을 강화했음을 보여 주었다. 유권자들은 좌우의 이념을 통해 정당의 정치적 입장을 인지하고 자신과 이념적으로 가까운 정당에 정치적 이해를 표출하며, 정당은 집권 후 이를 고려하여 책임정치를 일정하게 구현하고 있다는 것이다. 이때 정당은 포괄정당에서 네트워크정당까지 다양한 모습을 띨 수 있지만, 이념을 매개로 유권자의 이해와 정부의 책임성 간의 선순환적 대의 관계를 잘 유지하고 있다는 것이다.

이와 같이 정당의 이념적 대표성을 긍정적으로 평가하는 주장에 대해 몇몇 학자 및 정치인들은 대중정당론에 근거한 반론을 제기하기도 한다. 이들은 여전히 정당이 계급과 계층을 조직적으로 대표해야 하며, 따라서 ㉠ <u>정당의 전통적인 기능과 역할을 복원하여 책임정당정치를 강화해야 한다는 주장</u>을 제기하고 있다.

17 20세기 중반 이후 정당 체계에서 발생한 정당 기능의 변화로 볼 수 없는 것은?

① 정부 속의 정당 기능의 강화
② 유권자 속의 정당 기능의 약화
③ 조직으로서의 정당 기능의 강화
④ 유권자를 정치적으로 동원하는 기능의 약화
⑤ 유권자의 일반 이념을 대표하는 기능의 강화

18 〈보기〉에 제시된 진술 가운데 적절한 것만을 있는 대로 고른 것은?

보기

ㄱ. 지난 총선에서 지나치게 진보적인 노선을 제시해 패배했다고 판단한 A당이 차기 선거의 핵심 전략으로 중도 유권자도 지지할 수 있는 노선을 채택한 사례는 선거전문가정당 모형으로 가장 잘 설명될 수 있다.
ㄴ. B당이 선거 경쟁력을 향상시키기 위해 의석수에 비례해 배분했던 선거보조금의 50%를 전체 의석의 30% 이상의 의석을 지닌 정당에게 우선적으로 배분하고, 나머지는 각 정당의 의석수에 비례해 배분하자고 제안한 사례는 카르텔 정당 모형으로 가장 잘 설명될 수 있다.
ㄷ. 다당제 아래 원내 의석을 과점하며 집권했던 C당이 지지율이 급감해 차기 총선의 전망이 불투명해지자 이에 대처하기 위해 개방형 국민참여경선제를 도입한 사례는 네트워크정당모형으로 가장 잘 설명될 수 있다.

① ㄱ ② ㄴ ③ ㄷ
④ ㄱ, ㄴ ⑤ ㄴ, ㄷ

19 ㉠의 내용으로 적절하지 않은 것은?

① 당원의 자격과 권한을 강화하면 탈산업화 시대에 다변화된 계층적 이해를 제대로 대표하지 못하게 된다.
② 공직후보 선출권을 일반 시민들에게 개방하면 당의 노선에 충실한 정치 엘리트를 원활하게 충원할 수 없다.
③ 신생 정당의 원내 진입을 제한하는 규칙은 대의제를 통해 이익을 집약하고 표출할 수 없는 유권자들을 발생시킨다.
④ 정당이 유권자의 일반 이념을 대표한다고 할지라도 정당의 외연을 과도하게 확장하면 당의 계층적 정체성을 약화한다.
⑤ 온라인 공간에서 인지적 시민들과 유대를 강화하는 것에 지나치게 집중하면 당의 근간을 이루는 당원 확충에 어려움을 겪게 된다.

⊙ 대립 구조 분석

⊙ 필수체크 패러프레이징

정치 지문 08	2014학년도 23-25번	상위 테마 - 정당정치론 / 입법 전쟁 하위 테마 - 비선출 위임 권력의 발생에 대한 두 가지 이론

[23~25] 다음 글을 읽고 물음에 답하시오.

대의 민주주의는 유권자가 대표자에게 주권의 일부를 위임하고, 선출된 대표자는 관료 또는 기타 독립 기구에 권한의 일부를 다시 위임하는 연쇄적인 권한의 위임에 기초하여 작동한다. 그런데 후자의 위임은 선출되지 않은 권력을 창출한다는 점에서 대의 민주주의와 충돌할 소지가 있다. 그렇다면 왜 후자와 같은 위임 행위가 발생하는가?

이에 대해 기능주의 이론은 주인-대리인 모델에 의거하여 답한다. 주인, 즉 정치 행위자들이 대리인에게 권한을 위임하는 것을, 정보의 불완전성과 집합 행동의 딜레마로부터 발생하는 거래 비용을 절감하려는 합리적 선택으로 설명하는 것이다. 거래 비용에 정보비용과 신뢰 비용이 포함된다는 점에서 이 이론은 둘로 나뉜다. 위임을 전문 지식과 정보 부족을 해결하기 위한 선택으로 이해하는 ㉠ 정보의 논리와, 위임을 주인들의 집합 행동의 딜레마, 즉 주인들이 상호 불신으로 인해 전체의 합의에 따른 공동의 장기적 이익 대신 자신의 단기적 이익을 추구하기 위해 합의를 이행하지 않게 되는 문제를 해결하기 위한 대안으로 이해하는 ㉡ 신뢰의 논리가 그것이다.

그런데 권한 위임에는 대리인이 주인의 이익에 반해 행동할 위험이 있다. 이 때문에 위임의 문제는 대리인에게 기대하는 효용을 극대화하고 대리인의 배반을 최소화하기 위한 제도를 설계하는 문제로 압축된다. 이때 두 논리의 해법은 상이하다. 정보의 논리는 대리인이 더 많은 전문 지식과 정보를 가질수록, 또 주인과 대리인의 선호가 일치할수록 대리인에게 보다 많은 권한을 위임하는 방향으로 제도를 설계한다고 본다. 반면 신뢰의 논리는 주인들로부터 독립된 선호를 가진 대리인에게 보다 많은 권한을 위임하는 것이 바람직하다고 본다. 이 때 위임은 주인들의 집합 행동 문제를 해결하기 위한 수단으로 이해된다.

하지만 이 두 논리에 대해 다음과 같은 비판이 가능하다. 정보의 논리는 대리인의 선호와 배반이 사후적으로만 관찰된다는 점에서 위임의 설계 단계에서 적용하기 어렵고, 신뢰의 논리는 주인들이 단기적 선호를 포기하고 대리인을 임명할 수 있다고 보는데, 그렇다면 집합 행동 문제는 애초에 존재하지 않았던 것이 된다. 따라서 위임의 문제를 제대로 다루기 위해서는 기능주의 이론이 아니라 정치적 거래 비용 이론의 관점에서 접근해야 한다.

정치적 거래 비용 이론은 위임의 설계 과정에서 일어나는 경쟁과 갈등에 주목하면서 위임을 정치적 불확실성과 분배의 갈등에 기초한 정치적 경쟁의 산물로 이해한다. 민주주의의 특징은 어떤 정치 행위자도 공공 정책을 수립하고 집행하는 권한을 안정적으로 갖지 않는다는 데 있다. 이러한 정치적 불확실성으로 인해 현재정책이 미래의 정치 권력에 의해 합법적으로 바뀔 수 있다. 정치적 불확실성하에서 정책의 지속성을 보장하는 방안은 해당 정책을 정치 행위자들의 간섭과 각축에서 분리, 독립시키는 것이다. 위임은 이러한 목적으로 이루어지며, 그 과정에서 새로운 형태의 거래 비용, 즉 '정치적 거래 비용'이 창출된다. 정치적 거래 비용이란 대리인에게 위임된 정책의 방향이나 내용을 변경하거나 대리인을 감시하는 데 소요되는 모든 비용을 일컫는데, 이 비용이 커질수록 대리인은 정치적 간섭으로부터 자유로워지고 정책이 역전될 가능성은 줄어든다.

정치적 거래 비용을 매개로 한 위임의 제도적 설계는 정치 행위자들에게 정책의 안정성과 대리인에 대한 통제 가능성 간의 맞교환을 요구한다. 위임을 설계하는 세력은 대리인에 대한 정치적 간섭을 배제하고 정책 안정성을 보장할 수 있도록 하면서 정치적 거래 비용의 증가를 발생시킴으로 인해 대리인에 대한 통제 가능성을 스스로 봉쇄하게 된다. 정치 권력을 중심으로 각축하는 정치 세력들 사이의 정책 선호의 차이가 현저할수록, 그리고 정치 권력 교체가 빈번하거나 경합을 벌이는 정치 세력이 다수일수록, 정책이 바뀔 가능성은 높아지고 정책의 안정성을 위해 정치적 거래 비용이 증가할 수밖에 없다. 정치적 거래 비용 이론은 위임을 정치 행위자들의 간섭과 통제로부터 분리하여 정책의 안정성을 얻는 행위로 이해함으로써 정책 결정을 추동하는 조건과 그로부터 야기되는 새로운 문제들에 대한 이론적 분석을 가능하게 하였다.

23 '위임'에 대한 위 글의 주장으로 적절하지 않은 것은?

① 위임은 정치적 경쟁 구조의 산물이다.
② 위임은 정치적 불확실성으로부터 발생한다.
③ 위임을 주인-대리인 모델로 설명하는 데에는 한계가 있다.
④ 위임은 정치적 거래 비용의 절감을 위한 합리적 선택의 결과이다.
⑤ 위임은 대의 민주주의의 기본 작동 방식이지만 그 원리와 충돌할 소지가 있다.

24 ㉠과 ㉡에 대한 설명으로 타당하지 않은 것은?

① ㉠은 선호하는 결과를 낳기 위한 주인들의 전문 지식이 부족할수록 대리인에게 많은 권한이 위임된다고 본다.
② ㉡은 주인들 각자의 단기적 이익과 공동의 장기적 이익 사이에서 발생하는 딜레마를 해결하기 위해 권한을 위임한다고 본다.
③ ㉠과 ㉡ 모두 합리성과 효율성의 관점에 기초하지만, 거래 비용의 상이한 측면에 주목한다.
④ ㉠과 ㉡ 모두 위임 제도 설계 단계에서 정치적 경쟁 속에 있는 정치 행위자들의 관계를 고려하지 못하고 있다.
⑤ ㉠에서 발생하는 대리인의 배반과 ㉡에서 발생하는 집합 행동의 딜레마는 위임 설계 후에 확인된다.

25 정치적 거래 비용 이론을 적용한 설명으로 보기 어려운 것은?

① 정치인들은 독립적인 중앙은행으로 통화 정책의 권한을 위임한다. 이는 그들이 긴축적인 통화 정책이 갖는 장기적인 효용에 대해 모두 동의함에도 불구하고 급격한 통화 팽창을 통해 단기적으로 정치적 이익을 극대화하려는 유혹에 빠지는 것을 막기 위해서이다.
② 각국의 정치 행위자들이 특정 사안에 대한 초국가적 기구를 만들어 그 기구에 정책 결정 및 집행의 권한을 많이 위임하는 현상이 발생한다. 이는 그들 간의 정책적 선호의 차이가 큰데도 불구하고 정책의 안정성과 지속성을 확보하기 위한 것이다.
③ 미국 행정부는 의회로부터 위임된 일정한 재량권을 항상 확보하고 있다. 이는 의회와 행정부 간의 정책 선호의 불일치가 증가할 가능성에도 불구하고 위임의 설계 단계에서 의회 내 세력 변화 가능성이라는 요인이 작동하기 때문이다.
④ 유럽중앙은행은 유럽연합의 통화 정책의 결정 및 집행에 있어 거의 전권을 행사한다. 이는 그 과정에서 민주주의의 결핍을 야기할 위험에도 불구하고 각 회원국 정치 행위자들의 간섭을 봉쇄하기 위한 정치적 행위의 결과이다.
⑤ 국제 협력을 위한 초국가적 기구를 구성할 때는 국내 반대자들에 대한 보상 방안도 협상 의제에 포함한다. 이는 국내 반대자들의 반론으로 인한 논란을 예방하여 국제 협력의 안정성을 제고하기 위한 것이다.

◎ 대립 구조 분석

◎ 필수체크 패러프레이징

정치 지문 09	2015학년도 14-16번	상위 테마 - 정당정치론 / 입법 전쟁 하위 테마 - 행정부와 입법부의 교착

[14~16] 다음 글을 읽고 물음에 답하시오.

우리는 정치 과정에서 정치 세력이 충돌하는 교착 상태를 종종 보게 된다. 교착이란 행정부(집행부)와 의회가 각각 정책 변화를 원함에도 불구하고 ㉠ 양자의 선호가 일치하지 않는 상태로 인해 입법에 실패하여 기존 정책이 그대로 유지되기까지의 정치 과정을 가리킨다. 교착이 일어나는 주요 원인으로는 통치형태의 주요 특징이 지적되었다.

대통령제에서 대통령과 의회가 따로 선출되고 고정된 임기 안에 서로 불신임의 대상이 되지 않는다는 점과 대통령이 내각 운영에서 전권을 발휘한다는 점은 대통령과 의회 간의 마찰을 유발하는 조건이 된다. 특히 법안발의권 등 대통령의 입법 권한이 강할수록 대통령이 의회와 마찰할 가능성이 커진다. 교착은 단점정부보다는 분점정부일 때,즉 대통령의 소속 당이 의회에서 과반 의석을 얻지 못했을 때 많이 발생한다.

한편 의회 다수당이 내각을 구성하며 의회가 내각에 대한 불신임권을 가지는 내각제에서는 교착의 발생이 훨씬 줄어든다. 가령 다수당이 과반 의석을 얻지 못해도, 다른 소수당과 연립정부를 구성하여 의회의 과반을 형성하거나, 총리와 내각이 의회 다수파에 의해 교체되거나, 총리가 의회를 해산하고 조기 총선을 치러 새 내각을 구성한다면 교착을 피할 수 있다. 내각제가 제대로 작동하기 위해서는 연립정부 구성과 해체 등의 과정에서 대체로 정당 기율이 강할 것이 요구된다.

대통령제에서의 교착을 해소하기 위해 제도적 변형을 시도한 것으로 프랑스의 이원집정부제가 있다. 이원집정부제는 고정된 임기의 대통령을 직접 선거로 선출한다는 점에서 대통령제와 같지만, 대통령의 소속 당이 의회의 과반을 갖지 못하면 대통령은 의회에서 선출된 야당 대표를 총리로 임명하고 총리가 정국 운영을 주도한다는 점이 다르다. 동거정부라 불리는 이 경우에 정부는 내각제처럼 운영된다. 단, 대통령과 총리 사이의 권한을 둘러싼 분쟁으로 교착이 발생하기도 한다. 반대로 단점정부의 경우에는 대통령제와 유사하게 운영된다. 의회는 원내 양당제를 유도하는 결선투표제로 구성된다.

대통령제에서 정당 체계와 선거 제도는 교착에 영향을 준다. 정당 체계에서 비례대표제는 다당제를 유도하는데, 다당제는 의회다수파 형성을 어렵게 한다. 양원제에서는 상원 다수당과 하원 다수당 중 하나가 대통령의 소속 당과 다를 때 분점정부가 나타난다. 정당의 기율을 강하게 하는 제도적 장치가 있거나 정당이 이념적으로 양극화될 때도 분점정부 상황에서는 대통령이 의회 과반의 지지를 확보하기 어려울 수 있다.한편 의회와 대통령 선거를 동시에 실시하는 경우, 대통령 당선 유력 후보의 후광효과가 일어나 분점정부의 발생 가능성을 낮추는 효과가 생긴다. 아울러 분점정부라도 야당이 대통령의 거부권을 막을 수 있는 의석수를 확보하고 있다면 교착이 발생하지 않을 수 있다.

다양한 의회제도 또한 교착에 영향을 미친다. 의사진행을 촉진하는 의장의 권한이 강하다면, 분점정부 상황에서는 대통령의 거부권 행사 가능성으로 인해 교착이 발생할 수 있다. 그리고 교섭단체 제도처럼 원내 다수당과 소수당 간의 합의를 강조하는 제도가 있으면 심지어 단점정부 상황이라고 해도 교착이 생길 수 있다. 이는 다수당이 강행하려는 의제를 소수당이 지연시킬 수 있기 때문이다. 또 소수당이 입법 지연을 목적으로 활용하는 필리버스터(의사진행 방해 발언)도 교착을 발생시킬 수 있다. 필리버스터의 종결에 요구되는 의결정족수까지 높게 규정되어 있으면, 교착은 잘 해소되지 않는다. 그밖에 사회적 합의가 어려운 쟁점이 법안으로 다루어질 경우도 교착이 일어날 확률이 높다.

대통령제 아래 분점정부 상황의 교착을 완화하는 제도적 방안으로는 남미 국가들의 경험처럼 연립정부를 구성하는 것도 있다. 대통령제를 내각제처럼 운영하려는 이 대안은 소수파 대통령이 야당들과의 협상을 통해 공동 내각을 구성하여 의회 과반의 지지를 확보할 수 있다는 점에 착안한 것이다. 이 경우 정당의 기율이 강하다면 협상 과정에서 이탈자를 줄일 수 있으며, 대통령의 강한 권한도 연립정부의 유지에 긍정적 역할을 할 수 있다. 이 과정에서 비례대표제를 의회선거에, 결선투표제를 대통령선거에 각각 적용해 동시에 선거를 치르면, 연립정부 구성이 쉬워진다는 연구 결과도 있다. 두 선거를 같은 시기에 치르면 정당 난립을 억제하는 효과가 있고, 대통령선거가 결선투표로 갈 때 일차 선거와 결선투표 시기 사이에 연립내각을 구성하기 위한 정당 간 협상이 활발하게 일어날 수 있기 때문이다.

한편 교착 완화를 위해 미국처럼 대통령이 야당 의원들을 설득하여 법안마다 과반의 지지를 확보하는 방안도 있다. 이는 정당의 기율이 약하고 의회선거 제도가 단순다수 소선거구제일 때 주로 적용된다. 이런 경우에는 의회가 양당제로 구성되고 의원들의 정치적 자율성이 높으므로 대통령이 의원들을 설득하기 쉬워진다. 특히 대통령의 입법 권한이 약하기 때문에 대통령은 의회에 로비할 필요성을 더 느끼게 된다. 이 방법들은 대통령이 의회에서 새로운 과반의 지지를 얻는 데 목적이 있다.

14 ㉠을 해결하기 위한 시도로 적절하지 않은 것은?

① 대통령제에서 대통령이 의회 다수당과 연립정부를 구성하려는 경우
② 대통령제에서 대통령이 의회 과반의 지지를 얻으려고 의회에 로비를 하려는 경우
③ 내각제에서 총리가 소수당과 연립정부를 구성하려는 경우
④ 내각제에서 총리가 조기 총선을 요구해 새로운 내각을 구성하려는 경우
⑤ 이원집정부제에서 동거정부일 때 대통령이 정국을 주도하려는 경우

15 윗글에 따라 대통령제에서 정치 환경의 변화를 추론한 것으로 적절한 것은?

① 다수당이지만 필리버스터를 종결할 만큼 의석을 차지하지 못한 야당에 소속된 의장이 갈등 법안을 본회의에 직권상정하면, 교착이 완화될 것이다.
② 비례대표제를 채택한 의회선거를 대통령선거와 동시에 치르면, 시기를 달리해 두 선거를 치를 때보다 분점정부가 발생할 확률이 낮아질 것이다.
③ 양원제 의회를 모두 비례대표제로 구성하면, 단순다수 소선거구제로 구성할 때보다 분점정부가 발생할 확률이 낮아질 것이다.
④ 야당이 대통령의 거부권 행사를 무력화할 만큼의 의석을 가진다면, 교착이 악화될 것이다.
⑤ 양극화된 정당 체계에서 교섭단체 간의 합의 요건을 강화하면, 교착이 완화될 것이다.

16 윗글을 바탕으로 〈보기〉에 대해 추론한 것으로 적절한 것은?

보기

행정부와 의회 간의 빈번한 교착으로 정치 불안이 심각한 상태인 A국의 정치학자 K가 ㉮~㉰의 제도를 설계하여 제안했다. 현재 대통령제 국가인 A국은 양당제로 분점정부 상태이다. 대통령은 법안발의권 등 강한 권한을 지니고 있다. 대통령은결선투표제로 선출한다. 의회는 단순다수 소선거구제로 구성한다. 정당의 기율은 강하다.

	대통령의 입법 권한	의회선거 제도	정당 기율 관련 법제
㉮	축소	결선투표제로 변경	유지
㉯	유지	비례대표제로 변경	유지
㉰	축소	유지	약화

① K는 ㉮를 설계하면서 미국식 대통령제를 염두에 두었을 것이다.
② K는 ㉮를 설계하면서 프랑스식 이원집정부제를 염두에 두었을 것이다.
③ K는 ㉯를 설계하면서 미국식 대통령제를 염두에 두었을 것이다.
④ K는 ㉰를 설계하면서 남미식 대통령제를 염두에 두었을 것이다.
⑤ K는 ㉰를 설계하면서 프랑스식 이원집정부제를 염두에 두었을 것이다.

대립 구조 분석

필수체크 패러프레이징

정치 지문 10	2018학년도 30-32번	상위 테마 - 정당정치론 / 입법 전쟁 하위 테마 - 합의제 민주주의와 다수제 민주주의의 긴장 관계

[30~32] 다음 글을 읽고 물음에 답하시오.

민주주의 체제는 권력의 집중과 분산 혹은 공유의 정도에 따라 ㉠ 합의제 민주주의와 ㉡ 다수제 민주주의로 분류된다. 전자는 주로 권력을 공유하는 정치 주체를 늘려 다수를 최대화하고 그들 간의 동의를 기반으로 정부를 운영하는 제도이다. 이에 반해 후자는 주로 과반 규칙에 의해 집권한 단일 정당 정부가 배타적인 권력을 행사하며 정부를 운영하되 책임 소재를 분명하게 하는 제도이다.

레이파트는 민족, 종교, 언어 등으로 다원화되고 이를 대표하는 정당들에 의한 연립정부가 일상화된 국가들을 대상으로 합의제 민주주의에 대해 연구했다. 그는 '당-집행부(행정부)' 축과 '단방제-연방제' 축을 적용해 권력이 집중되거나 분산되는 양상을 측정했다. 전자의 경우 정당 체계, 선거 제도, 정부 구성 형태, 입법부-행정부 관계, 이익집단 체계가 포함되고 후자의 경우 지방 분권화 정도, 단원제-양원제, 헌법 개정의 난이도, 위헌 재판 기구의 독립성 유무, 중앙은행의 존재가 고려되었다. 각 요인들은 제도 내에 내포된 권력의 집중과 분산 정도에 따라 대조적인 경향성을 띤다. 예를 들면, 정당 수가 상대적으로 많고, 의회 구성에서 득표와 의석 간의 비례성이 높고, 연립정부의 비율이 높고, 행정부의 권한이 약하며, 지방의 이익집단들의 대표 체계가 중앙으로 집약된 국가는 합의제적 경향을 더 많이 띤다고 평가된다. 반대로 단방제와 같이 중앙 정부로의 권력이 집중되고, 의회가 단원제이고, 헌법 개정의 난이도가 일반 법률 개정과 유사하고, 사법부의 독립적 위헌 심판 권한이 약하며, 중앙은행의 독립성이 약한 국가는 다수제적 경향을 더 많이 띤다고 평가된다.

두 제도는 정책 성과에서 차이를 보였다. 합의제는 경제 성장에서는 의미 있는 차이를 보이지 않지만 사회・경제적 평등, 정치 참여, 부패 감소 등에서는 우월하다는 평을 받고 있다. 자칫 불안정해 보일 수 있는 권력 공유가 오히려 민주주의 본연의 가치에 더 충실하다는 경험적 발견은 관심을 끌었다. 합의제 정치 제도를 채택하기 위한 시도가 사회 분열이 심한 신생 독립 국가나 심지어 다수제 민주주의로 분류되던 선진 국가에도 다양하게 나타났다.

그러나 권력의 분산과 공유가 권력의 집중보다 반드시 나은 것은 아니다. 오히려 한 나라의 정치 제도를 설계할 때 각 제도들이 내포한 권력의 원심력과 구심력 그리고 제도들의 상호 작용 효과를 고려해야 한다. 대통령제에서의 헌정 설계를 예로 들어 살펴보자. 여기에서는 '대통령의 단독 권한'이라는 축과 대통령과 의회 간의 '목적의 일치성/분리성'이라는 축이 주요하게 고려된다. 첫째, 대통령의 (헌)법적 권한은 의회와의 협력에 영향을 미친다. 권한이 강할수록 대통령이 최후의 정책 결정권자임을 의미하고 소수당의 입장에서는 권력 공유를 통해 정책 영향력을 확보하기 어렵게 된다. 반면, 권한이 약한 대통령은 효율적 정책 집행을 위해 의회의 협력을 구하는 과정에서 소수당도 연합의 대상으로 고려하게 된다.

둘째, 목적의 일치성/분리성은 대통령과 의회의 다수파가 유사한 정치적 선호를 지니고 사회적 다수의 요구에 함께 반응하며 책임을 지는 정도를 의미한다. 의회의 의석 배분 규칙, 대통령과 의회의 선거 주기 및 선거구 규모의 차이, 대통령 선거 제도 등이 대표 적인 제도적 요인으로 거론된다. 예를 들어, 의회의 단순 다수 소선거구 선거 제도, 동시선거, 대통령과 의회의 지역구 규모의 일치, 대통령 결선투표제 등은 목적의 일치성을 높이는 경향을 지니며, 상호 결합될 때 정부 권력에 다수제적 구심력을 강화한다. 결과적으로 효율적인 책임정치가 촉진되지만 단일 정당에 의한 배타적인 권력 행사가 증가되기도 한다. 반면, 비례대표제, 분리선거, 대통령과 의회 선거구 규모의 상이함, 대통령 단순 다수제 선거 제도 등은 대통령이 대표하는 사회적 다수와 의회가 대표하는 사회적 다수를 다르게 해 목적의 분리성을 증가시키며, 상호 결합될 때 정부 권력의 원심력은 강화된다. 이 경우 정치 주체들 간의 합의를 통한 권력 공유의 필요성이 증가하나 과도한 권력 분산으로 인해 거부권자의 수를 늘려 교착이 증가할 위험도 있다.

기존 연구들은 대체로 목적의 분리성이 높을 경우 대통령의 권한을 강화할 것을, 반대로 목적의 일치성이 높을 경우 대통령의 권한을 축소할 것을 권고하고 있다. 그러나 제도들의 결합이 낳은 효과는 어떤 제도를 결합시키는지와 어떤 정치적 환경에 놓여 있는지에 따라 다르게 나타날 수 있다.

30 ㉠을 ㉡과 비교하여 설명할 때, 가장 적절한 것은?

① 다당제 국가보다 양당제 국가에서 더 많이 발견된다.
② 선진 국가보다 신생 독립 국가에서 더 많이 주목받고 있다.
③ 사회 평등 면에서는 유리하나 경제 성장 면에서는 불리하다.
④ 권력을 위임하는 유권자의 수를 가능한 한 최대화할 수 있다.
⑤ 거부권자의 수가 늘어나서 정치적 교착 상태가 빈번해질 수 있다.

대립 구조 분석

필수체크 패러프레이징

31 '합의제'를 촉진하는 효과를 지닌 제도 개혁으로 가장 적절한 것은?

① 의회가 지닌 법안 발의권을 대통령에게도 부여한다.
② 의회 선거 제도를 비례대표제에서 단순 다수 소선거구제로 변경한다.
③ 이익집단 대표 체계의 방식을 중앙 집중에서 지방 분산으로 전환한다.
④ 헌법 개정안의 통과 기준을 의회 재적의원 2/3에서 과반으로 변경한다.
⑤ 의회와 대통령이 지명했던 위헌 심판 재판관을 사법부에서 직선제로 선출한다.

32 윗글을 바탕으로 〈보기〉의 A국 상황을 개선하기 위한 방안을 추론한 것으로 적절하지 않은 것은?

보기

A국은 4개의 부족이 35%, 30%, 20%, 15%의 인구 비율로 구성되어 있으며, 각 부족은 자신이 거주하는 지리적 경계 내에서 압도적 다수이다. 과거에는 국가 통합을 위해 대통령제를 도입하고 대통령은 단순 다수제로 선출하되 전체 부족을 대표하게 했으며, 의회 선거는 전국 단위의 비례대표제로 대통령 임기 중반에 실시했었다. 아울러 대통령에게는 내각 구성권, 법안 발의권, 대통령령 제정권 등의 권한을 부여했고, 의회는 과반 규칙을 적용해 정책을 결정했었다.

그런데 부족들 간의 갈등이 증가하면서 각 부족들은 자신의 부족을 대표하는 정당을 압도적으로 지지하는 경향을 보였다. 이에 따라 정책 결정과 집행 과정에서 의회 내 정당 간, 그리고 행정부와 의회 간에 교착 상태가 일상화되었다. 이를 극복하기 위해 정치 개혁이 요구되었고 정치 주체들도 서로 협력하기로 했지만 현재는 대통령제의 유지만 합의한 상태이다.

① 의회의 과반 동의로 선출한 총리에게 내치를 담당하게 하면, 의회 내 정당 연합을 유도해 교착 상태를 완화할 수 있겠군.
② 대통령령에 법률과 동등한 효력을 부여하면, 의회와의 교착에도 불구하고 대통령이 국가 차원에서 책임정치를 효율적으로 실현할 수 있겠군.
③ 의회 선거를 대통령 선거와 동시에 실시하면, 대통령 당선자의 인기가 영향을 끼쳐 여당의 의석이 증가해 정책 결정과 집행에 있어 효율성이 증가하겠군.
④ 상위 두 후보를 대상으로 한 대통령 결선투표제를 도입하면, 결선투표 과정에서 정당 연합을 통해 연립정부가 구성되어 정치적 갈등을 완화할 수 있겠군.
⑤ 비례대표제를 폐지하고 부족의 거주 지역에 따라 단순 다수 소선거구제로 의회를 구성하면, 목적의 일치성이 증가해 정책 결정이 신속하게 이루어질 수 있겠군.

MEMO

CHAPTER 7

경제 · 사회 영역

경제/사회 지문 01	2010학년도 4-6번	상위 테마 - 경제학 (기업이론)
		하위 테마 - 기업 가치와 주가의 일치성에 대한 논의

[4~6] 다음 글을 읽고 물음에 답하오.

오늘날 경제학은 법적 판단을 내리는 데에도 적극 활용되고 있다. 그 한 사례가 주주들의 집단소송에서 경제 이론을 주요한 근거로 하여 판결이 내려졌던 '베이식 사 대(對) 레빈슨' 사건이다. 베이식 사는 컴버스천 사와의 인수합병을 진행하는 과정에서 이를 공개적으로 부인하다가 결국 컴버스천 사에 합병이 되었다. 그 후, 합병 발표 이전에 주식을 처분했던 일부 주주들은 베이식 사의 부인으로 인해 재산상의 큰 손실을 입었다며 집단소송을 제기했다. 원고 측과 피고 측 사이에 뜨거운 논쟁이 오간 끝에 1988년 미국연방 대법원은 ㉠ <u>원고 측의 손을 들어 주는 판결</u>을 하였다.

당시 경제학에서는 "사람들은 기업의 진정한 가치를 염두에 두고 주식 투자를 하며, 해당 기업의 진정한 가치에 관한 모든 정보는 주가에 반영되므로, 기업의 진정한 가치와 주가는 일치한다."라는 전통적 이론이 힘을 발휘하고 있었다. 이 이론이 현실에서 항상 성립하는지 아니면 오랜 기간에 걸쳐 근사적으로만 성립하는지에 대해서는 논란이 있었지만 기본 취지는 많은 학자들의 동의를 얻었다. 연방 대법원은 주식시장이 모든 이에게 열려 있다면 이 이론을 법적 판단에 적용할 수 있다고 보았다. 이러한 상황에서는 사람들이 주가만 가지고도 투자 결정을 내린다고 볼 수 있으므로, 베이식 사가 합병 과정을 공개하지 않음으로써 투자자들로 하여금 잘못된 결정을 하게 하여 재산상의 손실을 입게 했다고 추정할 만한 충분한 합리적 근거가 있다는 것이 연방 대법원의 판단이었다. 이 판결은 이후 부정 공시 관련 집단소송의 판단 기준으로 자리 잡게 되었다. 이는 결국 기업의 진정한 가치에 관한 중요한 정보의 공시와 관련된 분쟁에서 부정 공시로 인한 피해 여부를 어떻게 입증할 것인가 하는 어려운 문제를 해결할 확실한 논리를 경제학이 제공했다는 것을 의미한다.

하지만 ㉡ <u>전통적 이론의 정당성을 약화시킬 논의</u>들도 적지 않다. 우선, "주식 투자자들의 진정한 관심은 기업의 가치에 있는 것이 아니라 주식을 얼마에 팔아넘길 수 있는가에 있다."라는 케인스의 주장은 전통적 이론의 근본 전제를 뒤흔드는 비판으로 해석될 수 있다. 그리고 1980년대 초부터는 전통적 이론에 대해 더욱 직접적으로 문제가 제기되었다. 주가가 진정한 가치를 반영한다는 전통적 이론이 성립하려면 진정한 가치에 관심을 기울이는 사람과 그렇지 않은 사람 사이에 끊임없는 매수와 매도의 상호작용이 있어야만 한다. 그리고 이것이 가능하려면 진정한 가치에 관심을 갖는 전문적인 주식 투자자들이 정보가 부족한 투자자들을 상대로 미래 주가의 향방에 대한 상반되는 예상 위에서 매매차익을 얻을 여지가 있어야만 한다. 그런데 매매 차익을 얻을 기회란 주가와 진정한 가치가, 적어도 단기적으로는, 일치하지 않을 때에만 발생한다는 점에서, 이는 전통적 이론의 또 다른 약점으로 해석될 수 있다.

최근 들어 경제학계에서 새롭게 주목받고 있는 행동경제학은 주식시장의 정보 전달 메커니즘에 관한 전통적 이론의 문제점을 보다 통렬하게 비판하고 있다. 이들은 심리학의 연구 성과를 적극적으로 받아들여 전통적인 견해와는 다른 방식으로 행동하는 인간의 모습을 제시한다. 이들에 따르면, 인간은 자신의 미래를 통제할 수 있다고 과신하는 반면, 남들이 성공할 때 자신만 뒤처지는 것을 지나치게 두려워하는 존재이다. 이러한 비합리적 특성이 주식시장에서 발현되면 심지어 전문적인 투자자들까지도 주가와 진정한 가치의 괴리를 키우는 역설적인 행동을 하게 된다. 이들은 주가가 진정한 가치와 괴리되어 있다고 확신하더라도, 주가가 어느 시점에서 진정한 가치와 일치할지를 정확하게 알 수 없으므로, 현재의 추세가 반전되기 직전에 빠져나갈 수 있다고 자신하며, 다수에 맞서는 대신 대세에 편승하는 선택을 할 것이기 때문이다.

법적 문제의 해결 과정에서 경제학의 다양한 영역 중 그동안 상대적으로 주목을 받지 못했던 연구 성과들을 적극적으로 수용한다면, 연방 대법원의 판결은 이론적 근거도 취약할 뿐더러 기업의 진정한 가치에 관심을 갖는 투자자들을 보호한다는 본래의 취지 또한 제대로 반영하지 못한다는 비판에 직면할 가능성이 높다.

04 ㉠에 담긴 판단 내용으로 보기 어려운 것은?

① 인수합병을 부인한 공시로 인해 주가가 기업의 진정한 가치를 반영하지 못했다.
② 인수합병을 부인한 공시로 인해 주식 투자자들에게 재산상의 손실이 발생했다.
③ 인수합병이 진행 중이라는 정보가 주식시장에 유포되었다면 주가가 상승했을 것이다.
④ 인수합병 진행이 공시되었다면 주식 투자자들은 이것이 반영된 주가를 근거로 투자 결정을 했을 것이다.
⑤ 인수합병을 부인한 공시를 보았던 주식 투자자들이 그동안 공시자료를 근거로 주식 투자를 해 왔다는 사실이 입증되어야 한다.

05 위 글의 맥락에서 볼 때, ㉡에 포함되는 것으로 보기 어려운 것은?

① 주식 투자자들은 기업에 대한 정보의 진위 여부를 판단하기 쉽지 않다.
② 주가가 기업의 진정한 가치에 대한 정보를 신속하게 반영하지 못하고 있다.
③ 주식 투자자들은 기업의 진정한 가치보다는 타인의 선택에 더 큰 영향을 받는다.
④ 주식 투자자들은 대부분 미래의 주가 등락 추세에 대해 같은 방향으로 예상한다.
⑤ 전문적인 주식 투자자는 그렇지 않은 주식 투자자에 비해 기업의 진정한 가치에 대한 더 많은 정보를 가지고 시장에 참여한다.

06 주식시장의 정보 전달 메커니즘과 관련한 다음의 진술 중 위 글의 '행동경제학'이 동의하지 않을 것은?

① 주식 투자자들은 남들이 돈을 벌 때 자신만 돈을 벌지 못하는 상황을 두려워하여 주식 매매에서 다수의 편에 선다.
② 주식 투자자들은 스스로의 능력을 과신하므로 기업의 진정한 가치에 관한 어떠한 정보에도 관심을 기울이지 않는다.
③ 주식 투자자들은 비합리적인 특성을 띠기 때문에, 주식시장에 더 많은 정보가 제공되더라도 주가가 이를 반영하기는 쉽지 않다.
④ 전문적인 주식 투자자는 주식시장의 정보 전달 메커니즘 내에서 주요한 행위자로 참여한다.
⑤ 미래 주가의 불확실성으로 인해 전문적인 주식 투자자도 기업의 진정한 가치에 근거한 주식 매매를 하기 어렵다.

▶ 대립 구조 분석

▶ 필수체크 패러프레이징

경제/사회 지문 02	2012학년도 18-20번	상위 테마 - 경제학 (기업이론)
		하위 테마 - 기업 가치와 자본 구조의 관계에 대한 논의

[18~20] 다음 글을 읽고 물음에 답하시오.

자본 구조가 기업의 가치와 무관하다는 명제로 표현되는 ㉠ 모딜리아니-밀러 이론은 완전 자본 시장 가정, 곧 자본 시장에 불완전성을 가져올 수 있는 모든 마찰 요인이 전혀 없다는 가정에 기초한 자본 구조 이론이다. 이 이론에 따르면, 기업의 영업 이익에 대한 법인세 등의 세금이 없고 거래 비용이 없으며 모든 기업이 완전히 동일한 정도로 위험에 처해 있다면, 기업의 가치는 기업 내부 여유 자금이나 주식 같은 자기 자본을 활용하든지 부채 같은 타인 자본을 활용하든지 간에 어떤 영향도 받지 않는다. 모딜리아니-밀러 이론은 현실적으로 타당한 이론을 제시했다기보다는 현대 자본 구조 이론의 출발점을 제시하였다는 데 중요한 의미가 있다.

모딜리아니-밀러 이론이 제시된 이후, 완전 자본 시장 가정의 비현실성에 주안점을 두어 세금, 기업의 파산에 따른 처리 비용(파산 비용), 경영자와 투자자, 채권자 같은 경제 주체들 사이의 정보량의 차이(정보 비대칭) 등을 감안하는 자본 구조 이론들이 발전해 왔다. 불완전 자본 시장을 가정하는 이러한 이론들 중에는 상충 이론과 자본 조달 순서 이론이 있다.

상충 이론이란 부채의 사용에 따른 편익과 비용을 비교하여 기업의 최적 자본 구조를 결정하는 이론이다. 이러한 편익과 비용을 구성하는 요인들에는 여러 가지가 있지만, 그중 편익으로는 법인세 감세 효과만을, 비용으로는 파산 비용만 있는 경우를 가정하여 이 이론을 설명해 볼 수 있다. 여기서 법인세 감세 효과란 부채에 대한 이자가 비용으로 처리됨으로써 얻게 되는 세금 이득을 가리킨다. 이렇게 가정할 경우 상충 이론은 부채의 사용이 증가함에 따라 법인세 감세 효과에 의해 기업의 가치가 증가하는 반면, 기대 파산 비용도 증가함으로써 기업의 가치가 감소하는 효과도 나타난다고 본다. 이 상반된 효과를 계산하여 기업의 가치를 가장 크게 하는 부채 비율 곧 최적 부채 비율이 결정되는 것이다.

이와는 달리 자본 조달 순서 이론은 정보 비대칭의 정도가 작은 순서에 따라 자본 조달이 순차적으로 이루어진다고 설명한다. 이 이론에 따르면, 기업들은 투자가 필요할 경우 내부 여유 자금을 우선적으로 쓰며, 그 자금이 투자액에 미달될 경우에 외부 자금을 조달하게 되고, 외부 자금을 조달해야 할 때에도 정보 비대칭의 문제로 주식의 발행보다 부채의 사용을 선호한다는 것이다.

상충 이론과 자본 조달 순서 이론은 기업들의 부채 비율 결정과 관련된 이론적 예측을 제공한다. 기업 규모와 관련하여 상충 이론은 기업 규모가 클 경우 부채 비율이 높을 것이라고 예측한다. 대기업은 소규모 기업에 비해 사업 다각화의 정도가 높아 파산할 위험이 낮으므로 기대 파산 비용도 낮아서 부채 수용 능력이 높은데다가 법인세 감세 효과를 극대화하기 위해서도 더 많은 부채를 차입하려 할 것이기 때문이다. 그러나 자본 조달 순서 이론은 기업 규모가 클 경우 부채 비율이 낮을 것이라고 예측한다. 기업 규모가 클 경우 기업 회계가 투명해지는 등 투자자들에게 정보 비대칭으로 발생하는 문제가 적기 때문에 금융 중개 기관을 이용하여 자본을 조달하기보다는 주식 시장을 통해 자본을 조달할 것이기 때문이다. 성장성이 높은 기업들에 대하여, 상충 이론은 법인세 감세 효과보다는 기대 파산 비용이 더 크기 때문에 부채 비율이 낮을 것이라고 예측하는 반면, 자본 조달 순서 이론은 성장성이 높을수록 더 많은 투자가 필요할 것이므로 부채 비율이 높을 것이라고 예측한다.

불완전 자본 시장을 가정하는 자본 구조 이론들이 모딜리아니-밀러 이론을 비판한 것에 대하여 밀러는 모딜리아니-밀러 이론을 수정 보완하는 자신의 이론을 제시하였다. 그는 자본 구조의 설명에 있어 파산 비용이 미치는 영향이 미약하여 이를 고려할 필요가 없다고 보았다. 이와 함께 법인세의 감세 효과가 기업의 자본 구조 결정에 크게 반영되지는 않는다는 점에 착안하여 자본 구조 결정에 세금이 미치는 효과에 대한 재정립을 시도하였다. 현실에서는 법인세뿐만 아니라 기업에 투자한 채권자들이 받는 이자 소득에 대해서도 소득세가 부과되는데, 이러한 소득세는 채권자의 자산 투자에 영향을 미침으로써 기업의 자금 조달에도 영향을 미칠 수 있다. 밀러는 이러한 현실을 반영하고 채권 시장에서 투자자들의 수요 행태와 기업들의 공급 행태를 정형화하여 경제 전체의 최적 자본 구조 결정 이론을 제시하였다. ㉡ 밀러의 이론에 의하면, 경제 전체의 자본 구조가 최적일 경우에는 법인세율과 이자 소득세율이 정확히 일치함으로써 개별 기업의 입장에서 보면 타인 자본의 사용으로 인한 기업 가치의 변화는 없다. 결국 기업의 최적 자본 구조는 결정될 수 없고 자본 구조와 기업의 가치는 무관하다는 것이다.

18 위 글의 내용과 일치하는 것은?

① 경제 주체들 사이의 정보 비대칭만으로는 자본 시장의 불완전성을 논할 수 없다.
② 자본 구조 이론은 기업의 가치가 부채 비율에 미치는 영향을 연구하는 이론이다.
③ 자본 조달 순서 이론에 의하면, 기업은 내부 여유 자금, 주식, 부채의 순으로 투자 자금을 조달한다.
④ 상충 이론과 자본 조달 순서 이론은 기업 규모가 부채 비율에 미치는 효과와 관련하여 상반된 해석을 한다.
⑤ 불완전 자본 시장을 가정하는 자본 구조 이론들은 모딜리아니-밀러 이론이 가진 결론의 비현실성은 비판했지만 이론적 전제에는 동의했다.

19 ㉠과 ㉡의 관계를 설명한 것 중 가장 적절한 것은?

① 파산 비용이 없다고 가정한 ㉠의 한계를 극복하기 위해 ㉡은 파산 비용을 반영하였다.
② 개별 기업을 분석 단위로 삼은 ㉠과 같은 입장에서 ㉡은 기업의 최적 자본 구조를 분석하였다.
③ 기업의 가치 산정에 법인세만을 고려한 ㉠의 한계를 극복하기 위해 ㉡은 법인세 외에 소득세도 고려하였다.
④ 현실 설명력이 제한적이었던 ㉠의 한계를 극복하기 위해 ㉡은 기업의 가치 산정에 타인 자본의 영향이 크다고 보았다.
⑤ 자본 시장의 마찰 요인을 고려한 ㉡은 자본 구조와 기업의 가치가 무관하다는 ㉠의 명제를 재확인하였다.

20 위 글에 따라 〈보기〉의 상황에 대해 바르게 판단한 것은?

보기

기업 평가 전문가 A씨는 상충 이론에 따라 B 기업의 재무구조를 평가해 주려고 한다. B 기업은 자기 자본 대비 타인 자본 비율이 높으며 기업 규모가 작으나 성장성이 높은 기업이다. 최근에 B 기업은 신기술을 개발하여 생산 시설을 늘려야 하는 상황이다.

① A씨는 B 기업의 규모가 작기 때문에 부채 비율이 높은 것이라고 평가할 것이다.
② A씨는 B 기업의 이자 비용에 따른 법인세 감세 효과는 별로 없을 것이라고 평가할 것이다.
③ A씨는 B 기업의 높은 자기 자본 대비 타인 자본 비율이 그 기업의 가치에 영향을 미칠 것이라고 평가할 것이다.
④ A씨는 B 기업이 기대 파산 비용은 낮고 투자로부터 기대되는 수익은 매우 높기 때문에 투자 가치가 높다고 평가할 것이다.
⑤ A씨는 B 기업의 생산 시설 확충을 위한 투자 자금은 자기 자본보다 타인 자본으로 조달하는 것이 더 낫다고 평가할 것이다.

⊙ 대립 구조 분석

⊙ 필수체크 패러프레이징

경제/사회 지문 03	2018학년도 26-29번	상위 테마 - 경제학 (기업이론)
		하위 테마 - 기업의 자체 생산에 대한 논의

[26~29] 다음 글을 읽고 물음에 답하시오.

주어진 조건에서 자신의 이익을 최대화하는 합리적인 경제 주체들의 선택에서 출발하여 경제 현상을 설명하는 신고전파 경제학의 방법론은 오랫동안 경제학에서 주류의 위치를 지켜 왔다. 신고전파 기업 이론은 이 방법론에 기초하여 생산의 주체인 기업이 주어진 생산 비용과 기술, 수요 조건에서 이윤을 극대화하는 생산량을 선택한다고 가정하여 기업의 행동과 그 결과를 분석한다. 그런데 이런 분석은 한 사람의 농부의 행동과, 생산을 위해 다양한 역할을 담당하는 사람들이 참여하는 기업의 행동을 동일한 것으로 다룬다. 이에 대해 여러 의문들이 제기되었고 이를 해결하기 위해 다양한 기업 이론이 제시되었다.

㉠ 코즈는 가격에 기초하여 분업과 교환이 이루어지는 시장 시스템과 권위에 기초하여 계획과 명령이 이루어지는 기업 시스템은 본질적으로 다르다고 보았다. 이 때문에 그는 모든 활동이 시장에 의해 조정되지 않고 기업이라는 위계 조직을 필요로 하는 이유를 설명해야 한다고 생각했다. 예를 들어 기업이 생산에 필요한 어떤 부품을 직접 만들어 조달할 것인지 아니면 외부에서 구매할 것인지 결정한다고 생각해 보자. 생산 비용 개념만 고려하는 신고전파 기업 이론에 따르면, 분업에 따른 전문화나 규모의 경제를 생각할 때 자체 생산보다 외부 구매가 더 합리적인 선택이다. 생산에 필요한 모든 활동에 이런 논리가 적용된다면 기업이 존재해야 할 이유를 찾기 어렵다. 따라서 기업이 존재하는 이유는 생산 비용이 아닌 ㉡ 거래 비용에서 찾아야 한다는 것이 코즈의 논리이다.

코즈는 거래 비용을 시장 거래에 수반되는 어려움으로 정의했다. 그리고 수요자와 공급자가 거래할 의사와 능력이 있는 상대방을 만나기 위해 탐색하거나, 서로 가격을 흥정하거나, 교환 조건을 협상하고 합의하여 계약을 맺거나, 계약의 이행을 확인하고 강제하는 모든 과정에서 겪게 되는 어려움을 그 내용으로 들었다. 거래 비용이 너무 커서 분업에 따른 이득을 능가하는 경우에는 외부에서 구매하지 않고 기업 내부에서 자체 조달한다. 다시 말해 시장의 가격이 아니라 기업이라는 위계 조직의 권위에 의해 조정이 이루어진다는 것이다. 코즈가 제시한 거래 비용 개념은 시장 시스템으로만 경제 현상을 이해하지 않는 새로운 방법론의 가능성을 제공했다. 그러나 코즈의 설명은 거래 비용의 발생 원리를 명확하게 제시하지 않았고, 주류적인 경제학 방법론도 '권위'와 같은 개념을 수용할 준비가 되어 있지 않았다.

윌리엄슨은 거래 비용 개념에 입각한 기업 이론을 발전시키기 위해 몇 가지 새로운 개념들을 제시했다. 먼저 '합리성'이라는 가정을 '기회주의'와 '제한적 합리성'이라는 가정으로 대체했다. 경제 주체들은 교활하게 자기 이익을 최대화하고자 하지만, 정보의 양이나 정보 처리 능력 등의 이유로 항상 그렇게 할 수 있는 것은 아니라는 것이다. 그리고 코즈가 시장 거래라고 뭉뚱그려 생각한 것을 윌리엄슨은 현물거래와 계약으로 나누어 설명하면서 계약의 불완전성이란 개념을 제시했다. 계약은 현물거래와 달리 거래의 합의와 이행 사이에 상당한 시간이 걸린다. 그런데 제한적 합리성으로 인해 사람들은 미래에 발생할 수 있는 모든 상황을 예측할 수 없고, 예측한 상황에 대해 모든 대비책을 계산할 수도 없으며, 언어는 원래 모호할 수밖에 없다. 따라서 계약의 이행 정도를 제삼자에게 입증할 수 있는 방식으로 사전에 계약을 맺기 어렵기 때문에 통상적으로 계약에는 빈구석이 있을 수밖에 없다.

상대방이 계약을 이행하지 않을 경우에는, 그가 계약을 이행할 것이라고 신뢰하고 행했던 준비, 즉 관계특수적 투자의 가치는 떨어질 것이다. 이 때문에 윌리엄슨은 계약 이후에는 계약 당사자들 사이의 관계에 근본적인 전환이 일어난다고 말했다. 그 가치가 많이 떨어질수록, 즉 관계특수성이 클수록 계약 후에 상대방이 변화된 상황을 기회주의적으로 활용할 가능성에 대한 우려가 커져 안전장치가 마련되지 않을 경우 관계특수적 투자가 이루어지기 어렵다. 윌리엄슨은 이를 '관계특수적 투자에 따른 속박 문제'라고 부르고, 계약의 불완전성으로 인해 통상적인 수준의 단순한 계약을 통해서는 사전에 이 문제를 방지하기 어렵다고 보았다. 따라서 이 문제가 심각한 결과를 초래하는 경우에는 단순한 계약과는 다른 복잡한 계약을 통해 안전장치를 강구할 것이고, 그런 방식으로도 해결할 수 없다면 아예 자체 조달을 선택할 것이라고 보았다.

이렇게 본다면 안전장치가 필요 없는 거래만 존재하는 상황이 신고전파 경제학이 상정하는 세계이고, 다양한 안전장치를 고려하지 않고 기업의 자체 생산만 대안으로 존재하는 상황이 코즈가 상정하는 세계라고 할 수 있다. [윌리엄슨의 기업 이론]이 거둔 성과 덕분에 거래 비용 경제학이 서서히 경제학 방법론의 주류적 위치를 넘볼 수 있게 되었다.

26 ㉠이 신고전파 기업 이론의 비판을 통해 해결하려고 한 의문으로 가장 적절한 것은?

① 누가 기업의 의사 결정을 담당하는 것이 바람직한가?
② 분석해야 할 기업의 행동에는 생산량의 선택밖에 없는가?
③ 기업에 참여하는 모든 사람들이 기업의 이윤 극대화를 추구하는가?
④ 왜 어떤 활동은 기업 내부에서 일어나고 어떤 활동은 외부에서 일어나는가?
⑤ 다수가 참여하는 기업과 한 사람의 생산자 사이에 생산량의 차이는 없는가?

◎ 대립 구조 분석

27 ㉡에 대한 진술로 가장 적절한 것은?

① 거래량과 반비례 관계이다.
② 현물거래의 경우에는 발생하지 않는다.
③ 계약 제도의 발달을 통해 줄일 수 있다.
④ 기업 내부에서 권위의 행사에 수반되는 비용이다.
⑤ 거래되는 재화의 시장 가치가 확실할수록 더 커진다.

◎ 필수체크 패러프레이징

28 윌리엄슨의 기업 이론에 대한 평가로 적절하지 않은 것은?

① 권위의 원천에 대한 설명을 제시하는 데까지 나아가지는 못했다.
② 경제 주체의 합리성을 대체하는 새로운 가정을 제시하는 수준으로 나아갔다.
③ 현물거래와 자체 생산 이외에도 다양한 계약들이 존재하는 현실을 이해하게 해주었다.
④ 관계특수성이나 계약의 불완전성이 큰 거래일수록 거래 비용이 적어진다는 것을 알게 해주었다.
⑤ 시장 거래를 현물거래와 계약으로 구분하여 새로운 측면에서 거래 비용의 속성을 이해하게 해주었다.

29 윗글을 바탕으로 〈보기〉의 조사 결과를 해석할 때, 적절하지 않은 것은?

보기

화력 발전소의 설비는 특정 종류의 석탄에 맞춰 설계되며, 여러 종류의 석탄을 사용하려면 추가적인 건설 비용이 많이 소요된다. 한편 탄전(炭田) 근처에 발전소를 건설한 전력 회사는 송전 비용을 많이 부담해야 하고, 소비지 근처에 발전소를 세운 전력 회사는 석탄 운반 비용을 많이 부담해야 한다. 다음은 1980년대 초에 미국에서 화력 발전 전력 회사들의 석탄 조달 방법을 조사한 결과이다.

[조사 결과]

ⓐ 미국 화력 발전에 쓰인 석탄 가운데 15% 정도는 전력 회사가 자체 조달한 것이었다.

ⓑ 전체 계약 건수 가운데 1년 미만의 초단기 계약은 10%에 못 미쳤고, 1년 이상의 계약 건수 가운데 6년 이상의 장기 계약이 83%였고, 21년 이상의 계약도 34%였다.

ⓒ 특정 탄광에 접한 곳에 발전소를 건설한 경우에는 예외 없이 자체 조달 또는 복잡한 장기 계약을 통한 조달이었는데, 이 경우 평균 계약 기간은 35년, 최대 계약 기간은 50년이었다.

ⓓ ⓒ에서 복잡한 장기 계약의 경우, 품질과 가격에 관한 조건은 매우 복잡하게 설정하면서도 최소 공급 물량은 단순하게 명시했다.

① ⓐ는 탄광의 직접 경영에 따르는 문제보다 복잡한 장기 계약으로도 대처하기 어려운 문제에 대한 우려가 더 커서 거래 비용을 줄이는 방안을 모색한 결과이겠군.

② ⓑ에서 1년 미만의 초단기 계약은, 거래 당사자들 간의 신뢰가 형성되지 않아서 관계특수적 투자에 따른 속박이 심각한 문제를 초래할 가능성이 가장 높은 경우에 맺은 것이겠군.

③ ⓒ는 특정 탄광으로부터 석탄을 공급받을 것을 전제하고 행한 투자의 가치가 떨어질 가능성을 우려하여 특정 탄광과의 계속적인 거래를 보장받고자 한 것이겠군.

④ ⓓ에서 품질과 가격의 계약 조건이 복잡한 것은, 공급되는 석탄의 품질과 가격에 관련된 기회주의적 행동을 제삼자가 판단하기 어렵다고 우려했기 때문이겠군.

⑤ ⓓ에서 최소 공급 물량의 계약 조건이 단순한 것은, 공급 물량의 경우에는 예측 가능성이나 언어의 모호성에 따른 문제가 크지 않아서 계약을 이행하지 않았을 때 법원과 같은 제삼자에게 쉽게 입증할 수 있다고 생각했기 때문이겠군.

MEMO

경제/사회 지문 04	2017학년도 14-17번	상위 테마 - 경제학 (금융위기론) 하위 테마 - 금융위기에 대한 4가지 원인 분석

[14~17] 다음 글을 읽고 물음에 답하시오.

과거에 일어난 금융위기에 대해 많은 연구가 진행되었어도 그 원인에 대해 의견이 모아지지 않는 경우가 대부분이다. 이것은 금융위기가 여러 차원의 현상이 복잡하게 얽혀 발생하는 문제이기 때문이기도 하지만, 사람들의 행동이나 금융 시스템의 작동 방식을 이해하는 시각이 다양하기 때문이기도 하다. 은행위기를 중심으로 금융위기에 관한 주요 시각을 다음과 같은 네 가지로 분류할 수 있다. 이들이 서로 배타적인 것은 아니지만 주로 어떤 시각에 기초해서 금융위기를 이해하는가에 따라 그 원인과 대책에 대한 의견이 달라진다고 할 수 있다.

우선, 은행의 지불능력이 취약하다고 많은 예금주들이 예상하게 되면 실제로 은행의 지불능력이 취약해지는 현상, 즉 ㉠ '자기 실현적 예상'이라 불리는 현상을 강조하는 시각이 있다. 예금주들이 예금을 인출하려는 요구에 대응하기 위해 은행이 예금의 일부만을 지급준비금으로 보유하는 부분준비제도는 현대 은행 시스템의 본질적 측면이다. 이 제도에서는 은행의 지불능력이 변화하지 않더라도 예금주들의 예상이 바뀌면 예금 인출이 쇄도하는 사태가 일어날 수 있다. 예금은 만기가 없고 선착순으로 지급하는 독특한 성격의 채무이기 때문에, 지불능력이 취약해져서 은행이 예금을 지급하지 못할 것이라고 예상하게 된 사람이라면 남보다 먼저 예금을 인출하는 것이 합리적이기 때문이다. 이처럼 예금 인출이 쇄도하는 상황에서 예금 인출 요구를 충족시키려면 은행들은 현금 보유량을 늘려야 한다. 이를 위해 은행들이 앞다투어 채권이나 주식, 부동산과 같은 자산을 매각하려고 하면 자산 가격이 하락하게 되므로 은행들의 지불능력이 실제로 낮아진다.

둘째, ㉡ 은행의 과도한 위험 추구를 강조하는 시각이 있다. 주식회사에서 주주들은 회사의 모든 부채를 상환하고 남은 자산의 가치에 대한 청구권을 갖는 존재이고 통상적으로 유한책임을 진다. 따라서 회사의 자산 가치가 부채액보다 더 커질수록 주주에게 돌아올 이익도 커지지만, 회사가 파산할 경우에 주주의 손실은 그 회사의 주식에 투자한 금액으로 제한된다. 이러한 ⓐ 비대칭적인 이익 구조로 인해 수익에 대해서는 민감하지만 위험에 대해서는 둔감하게 된 주주들은 고위험 고수익 사업을 선호하게 된다. 결과적으로 주주들이 더 높은 수익을 얻기 위해 감수해야 하는 위험을 채권자에게 전가하는 것인데, 자기자본비율이 낮을수록 이러한 동기는 더욱 강해진다. 은행과 같은 금융 중개 기관들은 대부분 부채비율이 매우 높은 주식회사 형태를 띤다.

셋째, ㉢ 은행가의 은행 약탈을 강조하는 시각이 있다. 전통적인 경제 이론에서는 은행의 부실을 과도한 위험 추구의 결과로 이해해왔다. 하지만 최근에는 은행가들에 의한 은행 약탈의 결과로 은행이 부실해진다는 인식도 강해지고 있다. 과도한 위험 추구는 은행의 수익률을 높이려는 목적으로 은행의 재무 상태를 악화시킬 위험이 큰 행위를 은행가가 선택하는 것이다. 이에 비해 은행 약탈은 은행가가 자신에게 돌아올 이익을 추구하여 은행에 손실을 초래하는 행위를 선택하는 것이다. 예를 들어 은행가들이 자신이 지배하는 은행으로부터 남보다 유리한 조건으로 대출을 받는다거나, 장기적으로 은행에 손실을 초래할 것을 알면서도 자신의 성과급을 높이기 위해 단기적인 성과만을 추구하는 행위 등은, 지배 주주나 고위 경영자의 지위를 가진 은행가가 은행에 대한 지배력을 사적인 이익을 위해 사용한다는 의미에서 약탈이라고 할 수 있다.

넷째, ㉣ 이상 과열을 강조하는 시각이 있다. 위의 세 가지 시각과 달리 이 시각은 경제 주체의 행동이 항상 합리적으로 이루어지는 것은 아니라는 관찰에 기초하고 있다. 예컨대 많은 사람들이 자산 가격이 일정 기간 상승하면 앞으로도 계속 상승할 것이라 예상하고, 일정 기간 하락하면 앞으로도 계속 하락할 것이라 예상하는 경향을 보인다. 이 경우 자산 가격 상승은 부채의 증가를 낳고 이는 다시 자산 가격의 더 큰 상승을 낳는다. 이러한 상승작용으로 인해 거품이 커지는 과정은 경제 주체들의 부채가 과도하게 늘어나 금융 시스템을 취약하게 만들게 되므로, 거품이 터져 금융 시스템이 붕괴하고 금융위기가 일어날 현실적 조건을 강화시킨다.

14 ㉠~㉣에 대한 설명으로 적절하지 않은 것은?

① ㉠은 은행 시스템의 제도적 취약성을 바탕으로 나타나는 예금주들의 행동에 주목하여 금융위기를 설명한다.

② ㉡은 경영자들이 예금주들의 이익보다 주주들의 이익을 우선한다는 전제 하에 금융위기를 설명한다.

③ ㉢은 은행의 일부 구성원들의 이익 추구가 은행을 부실하게 만들 가능성에 기초하여 금융위기를 이해한다.

④ ㉣은 경제 주체의 행동에 대한 귀납적 접근에 기초하여 금융위기를 이해한다.

⑤ ㉠과 ㉣은 모두 경제 주체들의 예상이 그대로 실현된 결과가 금융위기라고 본다.

15 ⓐ와 관련한 설명으로 적절하지 않은 것은?

① 파산한 회사의 자산 가치가 부채액에 못 미칠 경우에 주주들이 져야 할 책임은 한정되어 있다.

② 회사의 자산 가치에서 부채액을 뺀 값이 0보다 클 경우에, 그 값은 원칙적으로 주주의 몫이 된다.

③ 회사가 자산을 다 팔아도 부채를 다 갚지 못할 경우에, 얼마나 많이 못 갚는지는 주주들의 이해와 무관하다.

④ 주주들이 선호하는 고위험 고수익 사업은 성공한다면 회사가 큰 수익을 얻지만, 실패한다면 회사가 큰 손실을 입을 가능성이 높다.

⑤ 주주들이 고위험 고수익 사업을 선호하는 것은, 이런 사업이 회사의 자산 가치와 부채액 사이의 차이가 줄어들 가능성을 높이기 때문이다.

대립 구조 분석

필수체크 패러프레이징

16 윗글에 제시된 네 가지 시각으로 〈보기〉의 사례를 평가할 때 가장 적절한 것은?

보기

1980년대 후반에 A국에서 장기 주택담보 대출에 전문화한 은행인 저축대부조합들이 대량 파산하였다. 이 사태와 관련하여 다음과 같은 사실들이 주목받았다.

- 1970년대 이후 석유 가격 상승으로 인해 부동산 가격이 많이 오른 지역에서 저축대부조합들의 파산이 가장 많았다.
- 부동산 가격의 상승을 보고 앞으로도 자산 가격의 상승이 지속될 것을 예상하고 빚을 얻어 자산을 구입하는 경제 주체들이 늘어났다.
- A국의 정부는 투자 상황을 낙관하여 저축대부조합이 고위험채권에 투자할 수 있도록 규제를 완화하였다.
- 예금주들이 주인이 되는 상호회사 형태였던 저축대부조합들 중 다수가 1980년대에 주식회사 형태로 전환하였다.
- 파산 전에 저축대부조합의 대주주와 경영자들에 대한 보상이 대폭 확대되었다.

① ㉠은 위험을 감수하고 고위험채권에 투자한 정도와 고위 경영자들에게 성과급 형태로 보상을 지급한 정도가 비례했다는 점을 들어, 은행의 고위 경영자들을 비판할 것이다.
② ㉡은 부동산 가격 상승에 대한 기대 때문에 예금주들이 책임질 수 없을 정도로 빚을 늘려 은행이 위기에 빠진 점을 들어, 예금주의 과도한 위험 추구 행태를 비판할 것이다.
③ ㉢은 저축대부조합들이 주식회사로 전환한 점을 들어, 고위험채권 투자를 감행한 결정이 궁극적으로 예금주의 이익을 더욱 증가시켰다고 은행을 옹호할 것이다.
④ ㉢은 저축대부조합이 정부의 규제 완화를 틈타 고위험채권에 투자하는 공격적인 경영을 한 점을 들어, 저축대부조합들의 행태를 용인한 예금주들을 비판할 것이다.
⑤ ㉣은 차입을 늘린 투자자들, 고위험채권에 투자한 저축대부조합들, 규제를 완화한 정부 모두 낙관적인 투자 상황이 지속될 것이라고 예상한 점을 들어, 그 경제 주체 모두를 비판할 것이다.

17 ㉠~㉣에 따른 금융위기 대책에 대한 설명으로 적절하지 않은 것은?

① 은행이 파산하는 경우에도 예금 지급을 보장하는 예금 보험 제도는 ㉠에 따른 대책이다.
② 일정 금액 이상의 고액 예금은 예금 보험 제도의 보장 대상에서 제외하는 정책은 ㉠에 따른 대책이다.
③ 은행들로 하여금 자기자본비율을 일정 수준 이상으로 유지하도록 하는 건전성 규제는 ㉡에 따른 대책이다.
④ 금융 감독 기관이 은행 대주주의 특수 관계인들의 금융 거래에 대해 공시 의무를 강조하는 정책은 ㉢에 따른 대책이다.
⑤ 주택 가격이 상승하여 서민들의 주택 구입이 어려워질 때 담보가치 대비 대출 한도 비율을 줄이는 정책은 ㉣에 따른 대책이다.

MEMO

경제/사회 지문 05	2014학년도 1-3번	상위 테마 - 경제학 (금융위기론) 하위 테마 - 2008년 미국발 금융위기의 원인 분석

[1~3] 다음 글을 읽고 물음에 답하시오.

지난 2008년의 미국발 금융 위기와 관련해 '증권화'의 역할이 재조명되었다. 증권화란 대출채권이나 부동산과 같이 현금화가 쉽지 않은 자산을 시장성이 높은 유가증권으로 전환하는 행위이다. 당시 미국의 주택담보 대출기관, 곧 모기지 대출기관들은 대출채권을 유동화해 이를 투자은행, 헤지펀드, 연기금, 보험사 등에 매각하고 있었다. 이들은 이렇게 만들어진 모기지 유동화 증권을 통해 오랜 기간에 걸쳐 나누어 들어올 현금을 미리 확보할 수 있었고, 원리금을 돌려받지 못할 위험도 광범위한 투자자들에게 전가할 수 있었다. 증권화는 위기 이전까지만 해도 경제 전반의 리스크를 줄이고 새로운 투자 기회를 제공하며 금융시장의 효율성을 높여주는 금융 혁신으로 높게 평가되었다.

하지만 금융 위기가 일어나면서 증권화의 부정적 측면이 부각되었다. 당시 모기지 대출기관들은 대출채권을 만기 때까지 보유해야 한다는 제약으로부터 벗어남에 따라 대출 기준을 완화했다. 이 과정에서 신용 등급이 아주 낮은 사람들을 대상으로 했거나 집값 대비 대출금액이 높았던 비우량(subprime)모기지 대출이 늘어났는데, 그동안 계속 상승해 왔던 부동산 가격이 폭락하고 채무 불이행 사태가 본격화되면서 서브프라임 모기지 사태가 발생했다. 이때 비우량 모기지의 규모 자체는 크지 않았지만 이로부터 파생된 신종 유가증권들이 대형 투자은행 등 다양한 투자자들에 의해 광범위하게 보유·유통되었다는 점에 특히 주목할 필요가 있다. 이들은 증권화로 인해 보다 안전해졌다는 과신 속에서 과도한 차입을 통해 투자를 크게 늘렸는데, 서브프라임 모기지 사태를 기점으로 유가증권들의 가격이 폭락함에 따라 금융기관들의 연쇄 도산 사태가 일어났던 것이다.

이에 따라 증권화를 확대한 금융기관과 이를 허용한 감독당국에 비판이 집중되었다. 하지만 일각에서는 금융 위기의 원인이 증권화가 아니라 정부의 잘못된 개입에 있다는 상반된 주장도 제기되었다. 시장의 자기 조정 능력을 긍정하는 이 '정부 주범론'은 소득분배의 불평등 심화 문제를 포퓰리즘으로 해결하려던 것이 금융위기를 낳았다고 주장한다. 이들에 따르면, 불평등 심화의 근본원인은 기술 변화와 세계화이므로 그 해법 또한 저소득층의 교육기회 확대 등의 정책에서 찾아야 했다. 그럼에도 정치권은 저소득층의 불만을 무마하기 위해 저소득층이 빚을 늘려 집을 보유할 수 있게 해주는 미봉책을 펼쳤는데, 그로 인해 주택 가격 거품이 발생했고 마침내는 금융 위기로 연결되었다는 것이다. 이 문제와 관련해 대표적인 정책 실패로 거론된 것이 바로 지역재투자법이다.

지역재투자법이란 저소득층의 금융 이용 기회를 확대할 목적으로 은행들로 하여금 낙후 지역에 대한 대출이나 투자를 늘리도록 유도하는 제도이다. '정부 주범론'은 이 법으로 인해 은행들이 상환능력이 떨어지는 저소득층들에게로까지 주택 자금 대출을 늘려야 했고, 이것이 결국 서브프라임 모기지 사태로 이어졌다고 주장한다. '정부 주범론'은 여기에 더해 지역재투자법의 추가적인 파급효과에도 주목한다. 금융기관들은 지역재투자법에 따라 저소득층에 대한 대출을 늘리는 과정에서 심사 관련 기강이 느슨해졌고 지역재투자법과 무관한 대출에 대해서까지도 대출 기준을 전반적으로 완화함으로써 주택 가격 거품을 키우게 되었다는 것이다.

최근 미국에서는 '정부 주범론'의 목소리가 높아지면서 이 주장이 현실에 얼마나 부합하는지에 대한 많은 연구가 진행되었다. 이 과정에서 ㉠ <u>'정부 주범론'을 반박하는 다양한 논거들</u>이 '규제 실패론'의 이름으로 제시되었고, '정부 주범론'의 정치적 맥락도 새롭게 조명되었다. '규제 실패론'은 금융기관들의 무분별한 차입 및 증권화가 이들의 적극적인 로비에 따른 결과임을 강조하며, 이러한 흐름이 실물 경제의 안정적 성장도 저해했다고 주장한다. '규제 실패론'은 또한 지난 삼십 년 동안 소득 분배가 계속 불평등해지는 과정에서 보다 많은 소득을 얻게 된 부유층이 특히 금융에 대한 투자와 감세를 통해 부를 한층 키워 왔던 구조적 특징과 이들의 정치적 영향력에도 주목한다. 저소득층의 부채란 정치권의 온정주의가 아니라 부유층과 금융권이 자신들의 이익을 극대화하는 과정에서 늘어났던 것이라는 이 지적은 불평등의 심화와 금융 위기 사이의 관계에 대한 새로운 시각을 제시한다.

01 위 글에 나타난 입장들에 관한 진술 중 타당하지 않은 것은?

① '정부 주범론'은 정부의 시장 개입이 경제 주체들의 판단을 오도했다고 본다.
② '정부 주범론'은 정치권이 지역재투자법으로 저소득층의 표를 얻으려 했다고 본다.
③ '규제 실패론'은 금융과 정치권의 유착 관계를 비판한다.
④ '규제 실패론'은 가계 부채 증가가 고소득층의 투자 기회 확대와 관련이 있다고 본다.
⑤ '정부 주범론'과 '규제 실패론'은 소득 불평등 문제를 해결하려는 과정에서 금융 위기가 발생했다는 점에 대해서는 의견을 같이 한다.

02 '증권화'와 관련한 다음의 추론 중 타당하지 않은 것은?

① 증권화에서 서브프라임 모기지에 연계된 증권의 투자자는 고수익을 추구하는 일부 투자자에 한정되었을 것이다.
② 증권화는 개별 금융기관의 위험을 낮추어 주는 혁신처럼 보였지만 실제로는 전체 금융권의 위험을 높였을 것이다.
③ 모기지 채권의 증권화는 보다 많은 자금이 주택시장에 유입되도록 함으로써 주택 가격의 거품을 키웠을 것이다.
④ 부동산 시장과 유동화 증권의 현금화 가능성에 대한 투자자들의 낙관적 전망으로 인해 증권화가 확대되었을 것이다.
⑤ 증권화에 대한 규제를 강화해야 할지 판단하기 위해서는 금융위기를 발생시켰던 대출기준 완화의 원인을 규명하는 것이 중요하다.

03 ㉠에 포함되는 것으로 보기 어려운 것은?

① 지역재투자법에는 저소득층에 대해 다른 계층보다 집값 대비 대출 한도를 더 높게 설정하도록 유도하는 내용이 있다.
② 서브프라임 모기지 대출의 연체율은 지역의 소득 수준에 상관없이 일반 대출의 연체율보다 높았다.
③ 부동산 가격 거품을 가져온 주된 요인은 주택 가격의 상승보다는 상업용 부동산 가격의 상승이었다.
④ 지역재투자법의 적용을 받는 대출들 중 서브프라임 모기지 대출의 비중은 낮았다.
⑤ 지역재투자법과 유사한 규제가 없는 나라에서도 금융 위기가 발생하였다.

⊙ 대립 구조 분석

⊙ 필수체크 패러프레이징

경제/사회 지문 06	2013학년도 7-9번	상위 테마 - 경제학 (국제 경제) 하위 테마 - 최적통화지역 달성에 필요한 조건들

[7~9] 다음 글을 읽고 물음에 답하시오.

최적통화지역은 단일 통화가 통용되거나 여러 통화들의 환율이 고정되어 있는 최적의 지리적인 영역을 지칭한다. 여기서 최적이란 대내외 균형이라는 거시 경제의 목적에 의해 규정되는데, 대내 균형은 물가 안정과 완전 고용, 대외 균형은 국제수지 균형을 의미한다.

최적통화지역 개념은 고정환율 제도와 변동환율 제도의 상대적 장점에 대한 논쟁 속에서 발전하였다. 변동환율론자들은 가격과 임금의 경직성이 있는 국가에서 대내외 균형을 달성하기 위해서는 변동환율 제도를 택해야 한다고 주장했다. 반면 최적통화지역 이론은 어떤 조건에서 고정환율 제도가 대내외 균형을 효과적으로 이룰 수 있는지 고려했다.

초기 이론들은 최적통화지역을 규정하는 가장 중요한 경제적 기준을 찾으려 하였다. 먼델은 노동의 이동성을 제시했다. 노동의 이동이 자유롭다면 외부 충격이 발생할 때 대내외 균형 유지를 위한 임금 조정의 필요성이 크지 않을 것이고 결국 환율 변동의 필요성도 작을 것이다. 잉그램은 금융시장 통합을 제시하였다. 금융시장이 통합되어 있으면 지역 내 국가들 사이에 경상수지 불균형이 발생했을 때 자본 이동이 쉽게 일어날 수 있을 것이며 이에 따라 조정의 압력이 줄어들게 되므로 지역 내 환율 변동의 필요성이 감소하게 된다는 것이다. 한편 케넨은 재정 통합에 주목하였다. 초국가적 재정 시스템을 공유하는 국가들은 일부 국가의 경제적 어려움에 재정 지출로 대응할 수 있다는 점에서 역시 환율 변동의 필요성이 감소한다. 이러한 주장들은 결국 고정환율 제도 아래에서도 대내외 균형을 달성할 수 있는 조건들을 말해 주고 있는 것이다.

이후 최적통화지역 이론은 위의 조건들을 종합적으로 판단하여 단일 통화 사용에 따른 비용–편익 분석을 한다. 비용보다 편익이 크다면 최적통화지역의 조건이 충족되며 단일 통화를 형성할 수 있다. 단일 통화 사용의 편익은 화폐의 유용성이 증대된다는 데 있다. 거래 비용이 줄고, 환율 변동의 위험이 없어지며, 가격 비교가 쉬워진다는 점에서 단일 화폐의 사용은 시장 통합에 따른 교환의 이익을 증대시킨다는 것이다. 반면에 통화정책 독립성의 상실이 단일 통화 사용에 따른 주요 비용으로 간주된다. 단일 통화의 유지를 위해 대내 균형을 포기해야 하는 경우가 발생하기 때문이다. 이 비용은 가격과 임금이 경직될수록, 전체 통화지역 중 일부 지역들 사이에 서로 다른 효과를 일으키는 비대칭적 충격이 클수록 증가한다. 가령 한 국가에는 실업이 발생하고 다른 국가에는 인플레이션이 발생하면, 한 국가는 확대 통화정책을, 다른 국가는 긴축 통화정책을 원하게 되는데, 양 국가가 단일 화폐를 사용한다면 서로 다른 통화정책의 시행이 불가능하기 때문이다. 물론 여기서 노동 이동 등의 조건이 충족되면 비대칭적 충격을 완화하기 위한 독립적 통화정책의 필요성은 감소한다. 반대로 두 국가에 유사한 충격이 발생한다면 서로 다른 통화정책을 택할 필요가 줄어든다. 이 경우에는 독립적 통화정책을 포기하는 비용이 감소한다.

최근 ㉠ <u>유로 지역의 경제 위기</u>는 최적통화지역 조건을 충족하지 못한 유로 지역 내 국가 간 불균형을 분명히 드러내는 계기가 되었다. 유로 지역 내 노동 이동이 일국 내의 이동만큼 자유롭지 않다는 점 등을 이유로 유로 지역은 최적통화지역이 되지 못한다는 지적이 이미 오래 전부터 제기되었다. 더욱이 유로화 등장 이후 유로 지역 내에서 해외 투자 리스크가 사라지면서 유럽의 핵심국에서 유럽의 주변국으로 엄청난 자본 이동이 발생하였고, 그 때문에 주변국에는 경기 과열이 발생했다. 그러나 글로벌 금융 위기 이후 자본 이동이 중단되자 주변국은 더 이상 호황을 지탱하지 못하고 경제 상황이 악화되면서 실업과 경상수지 적자를 경험하게 되었다. 환율 조정 수단을 상실한 유로 지역은 핵심국과 주변국 사이의 불균형을 쉽게 해결하지 못하는 모습을 보여 주게 된 것이다.

더구나 최적통화지역 이론이 큰 관심을 보이지 않았던 은행 문제까지 부각되었다. 은행 채무를 국가가 떠맡으면서 GDP 대비 공공 부채의 비율이 증가하였고, 이로 인하여 국가 채무 불이행에 대한 불안이 가속되었으며 이는 다시 국채를 보유하고 있는 민간 은행의 신뢰까지 손상을 입혔다. 이들 은행이 보유한 국채를 매각하려 함에 따라 국채 가격이 더욱 하락하는 악순환이 이어지고 있다.

07 위 글에서 '최적통화지역 이론'과 관련하여 고려하지 않은 것은?

① 시장 통합으로 인한 편익의 계산 방식
② 환율 변동을 배제한 경상수지 조정 방식
③ 화폐의 유용성과 시장 통합 사이의 관계
④ 단일 화폐 사용에 따른 비용을 증가시키는 조건
⑤ 독립적 통화정책 없이 대내 균형을 달성하는 조건

08 위 글에 따를 때, ㉠에 대한 해결 방안으로 보기 어려운 것은?

① 주변국의 임금을 인하한다.
② 장기적으로 주변국의 공공 부채 비율을 줄여 나간다.
③ 유로 지역 전체에 초국가적 재정 시스템을 구축한다.
④ 핵심국으로부터 주변국으로의 자본 이동을 활성화한다.
⑤ 유로 지역 외부로부터 핵심국으로 노동 이동을 활성화한다.

09 〈보기〉와 같은 상황을 설명한 것으로 적절하지 않은 것은?

보기

A, B, C, D 국가로만 이루어진 세계를 상정하고, 이들 국가에서 노동만을 생산 요소로 사용한다고 가정한다. A국은 x통화, B국은 y통화, C, D국은 z통화를 사용한다. A와 B국 사이에만 노동 이동이 가능하다. 국가들 사이에 금융시장과 재정은 통합되어 있지 않다. A, C국은 목재를, B, D국은 자동차를 생산하여 수출한다. 이 세계에서 자동차 수요가 증가하고 목재 수요가 감소하였다. 가격과 임금의 경직성이 존재할 때 A, C국에서 실업이 발생하고, B, D국에서 인플레이션이 발생한다.

① A와 B국에는 비대칭적 충격이 발생하였으나 노동의 이동이 가능하므로 최적통화지역의 조건을 충족한다.
② A와 C국에는 서로 유사한 충격이 발생하였으므로 노동의 이동 여부와 무관하게 최적통화지역의 조건을 충족하지 못한다.
③ A와 D국에는 비대칭적 충격이 발생하였고 노동의 이동도 불가능하므로 최적통화지역의 조건을 충족하지 못한다.
④ B와 D국에는 서로 유사한 충격이 발생하여 독립적 통화정책의 포기에 따른 비용이 없으므로 최적통화지역의 조건을 충족한다.
⑤ C와 D국은 단일 통화를 사용하고 있으나 비대칭적 충격을 해소할 수 없으므로 최적통화지역의 조건을 충족하지 못한다.

대립 구조 분석

필수체크 패러프레이징

경제/사회 지문 07	2015학년도 4-6번	상위 테마 - 경제학 (국제 경제)
		하위 테마 - 파레토 최적과 차선의 문제

[4~6] 다음 글을 읽고 물음에 답하시오.

가장 효율적인 자원배분 상태, 즉 '파레토 최적'상태를 달성하려면 모든 최적 조건들이 동시에 충족되어야 한다. 파레토 최적 상태를 달성하기 위해 n개의 조건이 충족되어야 하는데, 어떤 이유로 인하여 어떤 하나의 조건이 충족되지 않고 n-1개의 조건이 충족되는 상황이 발생한다면 이 상황이 n-2개의 조건이 충족되는 상황보다 낫다고 생각하기 쉽다. 그러나 립시와 랭커스터는 이러한 통념이 반드시 들어맞는 것은 아님을 보였다. 즉 하나 이상의 효율성 조건이 이미 파괴되어 있는 상태에서는 충족되는 효율성 조건의 수가 많아진다고 해서 경제 전체의 효율성이 더 향상된다는 보장이 없다는 것이다. 현실에서는 최적 조건의 일부는 충족되지만 나머지는 충족되지 않고 있는 경우가 일반적이다.이 경우 경제 전체 차원에서 제기되는 문제는 현재 충족되고 있는 일부의 최적 조건들을 계속 유지하는 것이 과연 바람직한가 하는 것이다. 하나의 왜곡을 시정하는 과정에서 새로운 왜곡이 초래되는 것이 일반적 현실이기 때문에, 모든 최적 조건들을 충족시키려고 노력하는 것보다 오히려 최적 조건의 일부가 항상 충족되지 못함을 전제로 하여 그러한 상황에서 가장 바람직한 자원배분을 위한 새로운 조건을 찾아야 한다는 과제가 제시된다. 경제학에서는 이러한 문제를 [차선(次善)의 문제]라고 부른다.

차선의 문제는 경제학 여러 분야의 논의에서 등장한다. 관세동맹 논의는 차선의 문제에 대한 중요한 사례를 제공하고 있다. 관세동맹이란 동맹국 사이에 모든 관세를 폐지하고 비동맹국의 상품에 대해서만 관세를 부과하기로 하는 협정이다. 자유무역을 주장하는 이들은 모든 국가에서 관세가 제거된 자유무역을 최적의 상황으로 보았고, 일부 국가들끼리 관세동맹을 맺을 경우는 관세동맹을 맺기 이전에 비해 자유무역의 상황에 근접하는 것이므로, 관세동맹은 항상 세계 경제의 효율성을 증대시킬 것이라고 주장해왔다. 그러나 ⓐ <u>바이너</u>는 관세동맹이 세계 경제의 효율성을 떨어뜨릴 수 있음을 지적하였다. 그는 관세동맹의 효과를 무역창출과 무역전환으로 구분하고 있다.전자는 동맹국 사이에 새롭게 교역이 창출되는 것을 말하고 후자는 비동맹국들과의 교역이 동맹국과의 교역으로 전환되는 것을 의미한다. 무역창출은 상품의 공급원을 생산비용이 높은 국가에서 생산비용이 낮은 국가로 바꾸는 것이기 때문에 효율이 증대되지만, 무역전환은 공급원을 생산비용이 낮은 국가에서 생산비용이 높은 국가로 바꾸는 것이므로 효율이 감소한다. 관세동맹이 세계 경제의 효율성을 증가시키는가의 여부는 무역창출 효과와 무역전환 효과 중 어느 것이 더 큰가에 달려 있다. 무역전환 효과가 더 크다면 일부 국가들 사이의 관세동맹은 세계 경제의 효율성을 떨어뜨리게 된다.

차선의 문제는 소득에 부과되는 직접세와 상품 소비에 부과되는 간접세의 상대적 장점에 대한 오랜 논쟁에서도 등장한다. 경제학에서는 세금이 시장의 교란을 야기하여 자원배분의 효율성을 떨어뜨린다는 생각이 일반적이다. 아무런 세금도 부과되지 않는 것이 파레토 최적 상태이지만, 세금 부과는 불가피하므로 세금을 부과하면서도 시장의 왜곡을 줄일 수 있는 방법을 찾고자 했다. 이와 관련해, 한 가지 상품에 간접세가 부과되었을 경우 그 상품과 다른 상품들 사이의 상대적 가격에 왜곡이 발생하므로, 이 상대적 가격에 영향을 미치지 않는 직접세가 더 나을 것이라고 주장하는 ㉠ <u>핸더슨</u>과 같은 학자들이 있었다. 그러나 이는 직접세가 노동시간과 여가에 영향을 미치지 않는다는 가정 아래서만 성립하는 것이라고 ㉡ <u>리틀</u>은 주장하였다. 한 상품에 부과된 간접세는 그 상품과 다른 상품들 사이의 파레토 최적 조건의 달성을 방해하게 되지만, 직접세는 여가와 다른 상품들 사이의 파레토 최적 조건의 달성을 방해하게 되므로, 직접세가 더 효율적인지 간접세가 더 효율적인지를 판단할 수 없다는 것이다. 나아가 리틀은 여러 상품에 차등적 세율을 부과할 경우, 직접세만 부과하는 경우나 한 상품에만 간접세를 부과하는 경우보다 효율성을 더 높일 수 있는 가능성이 있음을 언급했지만 정확한 방법을 제시하지는 못했다. ㉢ <u>콜레트와 헤이그</u>는 직접세를 동일한 액수의 간접세로 대체하면서도 개인들의 노동 시간과 소득을 늘릴 수 있는 조건을 찾아냈다. 그것은 여가와 보완관계가 높은 상품에 높은 세율을 부과하고 경쟁관계에 있는 상품에 낮은 세율을 부과하는 것이었다. 레저 용품처럼 여가와 보완관계에 있는 상품에 상대적으로 더 높은 세율을 부과하여 그 상품의 소비를 억제시킴으로써 여가의 소비도 줄이는 것이 가능해진다.

04 차선의 문제에 대한 이해로 적절하지 않은 것은?

① 파레토 최적 조건들 중 하나가 충족되지 않을 때라면, 나머지 조건들이 충족된다고 하더라도 차선의 효율성이 보장되지 못한다.
② 전체 파레토 조건 중 일부가 충족되지 않은 상황에서 차선의 상황을 찾으려면 나머지 조건들의 재구성을 고려해야 한다.
③ 주어진 전체 경제상황을 개선하는 과정에서 기존에 최적 상태를 달성했던 부문의 효율성이 저하되기도 한다.
④ 차선의 문제가 제기되는 이유는 여러 경제부문들이 독립적이지 않고 서로 긴밀히 연결되어 있기 때문이다.
⑤ 경제개혁을 추진할 때 비합리적인 측면들이 많이 제거될수록 이에 비례하여 경제의 효율성도 제고된다.

대립 구조 분석

필수체크 패러프레이징

05 A, B, C 세 국가만 있는 세계에서 A국과 B국 사이에 관세동맹이 체결되었다고 할 때, ⓐ의 입장을 지지하는 사례로 활용하기에 적절한 것은?

① 관세동맹 이전 A, B국은 X재를 생산하지 않고 C국에서 수입하고 있었다. 관세동맹 이후에도 A, B국은 X재를 C국에서 수입하고 있다.
② 관세동맹 이전 B국은 X재를 생산하고 있었고 A국은 최저비용 생산국인 C국에서 수입하고 있었다. 관세동맹 이후 A국은 B국에서 X재를 수입하게 되었다.
③ 관세동맹 이전 A, B국은 모두 X재를 생산하고 있었고 C국에 비해 생산비가 높았다. 관세동맹 이후 A국은 생산을 중단하고 B국에서 X재를 수입하게 되었다.
④ 관세동맹 이전 B국이 세 국가 중 최저비용으로 X재를 생산하고 있었고 A국은 X재를 B국에서 수입하고 있었다. 관세동맹 이후에도 A국은 B국에서 X재를 수입하고 있다.
⑤ 관세동맹 이전 A, B국 모두 X재를 생산하고 있었고 A국이 세 국가 중 최저비용으로 X재를 생산하는 국가이다. 관세동맹 이후 B국은 생산을 중단하고 A국에서 X재를 수입하게 되었다.

06 〈보기〉의 상황에 대한 ㉠~㉢의 대응을 추론한 것으로 적절하지 않은 것은?

보기

일반 상품을 X와 Y, 여가를 L이라고 하고, 두 항목 사이에 파레토 최적 조건이 성립한 경우를 '⇔', 성립하지 않은 경우를 '⇎'라는 기호로 표시하기로 하자.

㉮	㉯	㉰	㉱
세금이 부과되지 않은 상황	X에만 간접세가 부과된 상황	직접세가 부과된 상황	X, Y에 차등 세율의 간접세가 부과된 상황
X ⇔ Y X ⇔ L Y ⇔ L	X ⇎ Y X ⇎ L Y ⇔ L	X ⇔ Y X ⇎ L Y ⇎ L	X ⇎ Y X ⇎ L Y ⇎ L

① ㉠은 직접세가 여가에 미치는 효과를 고려하지 않고 ㉰가 ㉯보다 효율적이라고 본다.
② ㉡은 ㉮와 ㉰의 효율성 차이를 보임으로써 립시와 랭커스터의 주장을 뒷받침한다.
③ ㉡은 ㉯와 ㉰의 효율성을 비교할 수 없다는 점을 보임으로써 ㉠을 비판한다.
④ ㉢은 ㉱가 ㉰보다 효율적일 수 있다는 것을 보임으로써 립시와 랭커스터의 주장을 뒷받침한다.
⑤ ㉢은 ㉱가 ㉰보다 효율적일 수 있다는 것을 보임으로써 이를 간접세가 직접세보다 효율적인 사례로 제시한다.

MEMO

경제/사회 지문 08	2016학년도 26-28번	상위 테마 - 경제학 (경제 일반)
		하위 테마 - 미국 소득 불평등도 변화에 대한 '교육과 기술의 경주 이론'

[26~28] 다음 글을 읽고 물음에 답하시오.

지난 세기 미국 경제는 확연히 다른 시기들로 나뉠 수 있다. 1930년대 이후 1970년대 말까지는 소득 불평등이 완화되었다. 특히 제2차 세계 대전 직후 30년 가까이는 성장과 분배 문제가 동시에 해결된 황금기로 기록되었다. 그러나 1980년 이후로는 소득 불평등이 급속히 심화되었고, 경제 성장률도 하락했다. 이러한 변화와 관련해 많은 경제학자들은 기술 진보에 주목했다. 기술 진보는 성장과 분배의 두 마리 토끼를 한꺼번에 잡을 수 있는 만병통치약으로 칭송되기도 하지만, 소득 분배를 악화시키고 사회적 안정성을 저해하는 위협 요인으로 비난받기도 한다. 그러나 어느 쪽을 선택한 연구든 20세기 미국 경제의 역사적 현실을 통합적으로 해명하는 데는 한계가 있다.

기술 진보의 중요성을 놓치지 않으면서도 기존 연구의 한계를 뛰어넘는 대표적인 연구로는 골딘과 카츠가 제시한 '교육과 기술의 경주 이론'이 있다. 이들에 따르면, 기술이 중요한 것은 맞지만 교육은 더 중요하며, 불평등의 추이를 볼 때는 더욱 그렇다. 이들은 우선 신기술 도입이 생산성 상승과 경제 성장으로 이어지려면 노동자들에게 새로운 기계를 익숙하게 다룰 능력이 있어야 하는데, 이를 가능케 하는 것이 바로 정규 교육기관 곧 학교에서 보낸 수년간의 교육 시간들이라는 점을 강조한다. 이때 학교를 졸업한 노동자는 그렇지 않은 노동자에 비해 생산성이 더 높으며 그로 인해 상대적으로 더 높은 임금, 곧 숙련 프리미엄을 얻게 된다. 그런데 학교가 제공하는 숙련의 내용은 신기술의 종류에 따라 다르다. 20세기 초반에는 기본적인 계산을 할 줄 알고 기계 설명서와 도면을 읽어내는 능력이 요구되었고, 이를 위한 교육은 주로 중・고등학교에서 제공되었다. 기계가 한층 복잡해지고 IT 기술의 응용이 중요해진 20세기 후반부터는 추상적으로 판단하고 분석할 수 있는 능력의 함양과 함께, 과학, 공학, 수학 등의 분야에 대한 학위 취득이 요구되고 있다.

골딘과 카츠는 기술을 숙련 노동자에 대한 수요로, 교육을 숙련 노동자의 공급으로 규정하고, 기술의 진보에 따른 숙련 노동자에 대한 수요의 증가 속도와 교육의 대응에 따른 숙련 노동자 공급의 증가 속도를 '경주'라는 비유로 비교함으로써, 소득 불평등과 경제 성장의 역사적 추이를 해명한다. 이들에 따르면, 기술은 숙련 노동자들에 대한 상대적 수요를 늘리는 방향으로 변화했고, 숙련 노동자에 대한 수요의 증가율 곧 증가 속도는 20세기 내내 대체로 일정하게 유지된 반면, 숙련 노동자의 공급 측면은 부침을 보였다. 숙련 노동자의 공급은 전반부에는 크게 늘어나 그 증가율이 수요 증가율을 상회했지만, 1980년부터는 증가 속도가 크게 둔화됨으로써 대졸 노동자의 공급 증가율이 숙련 노동자에 대한 수요 증가율을 하회하게 되었다. 이들은 기술과 교육, 양쪽의 증가 속도를 비교함으로써 1915년부터 1980년까지 진행되었던 숙련 프리미엄의 축소는 숙련 노동자들의 공급이 더 빠르게 늘어난 결과, 곧 교육이 기술을 앞선 결과임을 밝혔다. 이에 비해 1980년 이후에 나타난 숙련 프리미엄의 확대, 곧 교육에 따른 임금 격차의 확대는 대졸 노동자의 공급 증가율 하락에 의한 것으로 보았다. 이러한 분석 결과에 소득 불평등의 많은 부분이 교육에 따른 임금 격차에 의해 설명되었다는 역사적 연구가 결합됨으로써, 미국의 경제 성장과 소득 불평등은 교육과 기술의 '경주'에 의해 설명될 수 있었다.

그렇다면 교육을 결정하는 힘은 어디에서 나왔을까? 특히 양질의 숙련 노동력이 생산 현장의 수요에 부응해 빠른 속도로 늘어나도록 한 힘은 어디에서 나왔을까? 골딘과 카츠는 이와 관련해 1910년대를 기점으로 본격화되었던 중・고등학교 교육 대중화운동에 주목한다. 19세기 말 경쟁의 사다리 하단에 머물러 있던 많은 사람들은 교육이 자식들에게 새로운 기회를 제공해 주기를 희망했다. 이러한 염원이 '풀뿌리 운동'으로 확산되고 마침내 정책으로 반영되면서 변화가 시작되었다. 지방 정부가 독자적으로 재산세를 거둬 공립 중등 교육기관을 신설하고 교사를 채용해 양질의 일자리를 얻는 데 필요한 교육을 무상으로 제공하게 된 것이다. 이들의 논의는 새로운 대중 교육 시스템의 확립에 힘입어 신생 국가인 미국이 부자 나라로 성장하고, 수많은 빈곤층 젊은이들이 경제 성장의 열매를 향유했던 과정을 잘 보여 준다.

교육과 기술의 경주 이론은 신기술의 출현과 노동 수요의 변화, 생산 현장의 필요에 부응하는 교육기관의 숙련 노동력 양성, 이를 뒷받침하는 제도와 정책의 대응, 더 새로운 신기술의 출현이라는 동태적 상호 작용 속에서 성장과 분배의 양상이 어떻게 달라질 수 있는가에 관한 중요한 이론적 준거를 제공해 준다. 그러나 이 이론은 ㉠ 한계도 적지 않아 성장과 분배에 대한 다양한 논쟁을 촉발하고 있다.

26 윗글에 제시된 미국 경제에 대한 이해로 적절하지 않은 것은?

① 20세기 초에는 강화된 공교육이 경제 성장에 기여했다.
② 20세기 초에는 숙련에 대한 요구가 계산 및 독해 능력에 맞춰졌다.
③ 20세기 초에는 미숙련 노동자가, 말에는 숙련 노동자가 선호되었다.
④ 20세기 말에는 숙련 노동자의 공급이 대학 이상의 고등교육에 의해 주도되었다.
⑤ 20세기 말에는 소득 분배의 악화 및 경제 성장의 둔화 현상이 동시에 발생했다.

⊙ 대립 구조 분석

27 '교육과 기술의 경주 이론'에 대한 진술로 적절하지 않은 것은?

① 숙련 프리미엄은 숙련 노동자가 미숙련 노동자에 비해 더 기여한 생산성 부분에 대한 보상의 성격을 지닌다.
② 기술 진보가 경제 성장에 미치는 효과를 높이기 위해서는 신기술에 적합한 숙련 노동자의 공급이 필요하다.
③ 숙련은 장비를 능숙하게 다룸으로써 생산성을 높일 수 있도록 연마된 능력을 뜻한다.
④ 숙련 프리미엄의 변화는 소득 불평등 변화의 주요 지표가 된다.
⑤ 교육의 속도가 기술의 속도를 앞서면 소득 불평등은 심화된다.

⊙ 필수체크 패러프레이징

28 ㉠을 보여주는 사례로 적절하지 않은 것은?

① 숙련이 직장 내에서 이루어지는 경우
② 임금이 생산성 이외의 요인에 의해서도 결정되는 경우
③ 대학 졸업자의 증가로 노동자 간의 임금 격차가 줄어든 경우
④ 직종과 연령대가 유사한 대학 졸업자 간에 임금 격차가 큰 경우
⑤ 신기술에 의한 자동화로 숙련 노동력에 대한 수요가 줄어든 경우

경제/사회 지문 09	2014학년도 20-22번	상위 테마 - 경제학 (경제 일반) 하위 테마 - 빈곤 산업에 대한 비판

[20~22] 다음 글을 읽고 물음에 답하시오.

대부분의 서구 열강 식민지들이 독립한 20세기 중반 이후, 빈곤에 대한 국제적 개입은 주로 '개발'이라는 패러다임하에 진행되어 왔다. 식민본국과 식민지의 관계가 선진국과 저개발국의 관계로 재편되면서, 전자가 개발 원조를 통해 후자를 돕는 방식이 주를 이루었던 것이다. 그러나 냉전 체제가 종식되고 시장의 '글로벌'화가 급속히 진행되면서, 빈곤에 대한 대응 역시 '글로벌'화하고 있다. 빈곤에 대한 개입은 정부 차원을 넘어 다국적 기업, 국제기구, NGO와 대학, 종교 단체가 참여하는 전 지구적 교류의 장이 되었고, 그 목표도 세계 각지의 빈곤을 개선하려는 전 지구적 프로젝트로 확장되고 있다. 또한 인터넷을 통한 국제적 모금활동도 활발해지면서 빈곤에 대한 대중의 관심도 '글로벌'화하고 있다.

빈곤에 대한 전 지구적 대응은 규모의 확대 혹은 활동 주체의 다양성을 놓고 볼 때 정부 차원에 치우친 기존 방식보다 진일보한 것처럼 보인다. 그러나 이러한 개입 방식에도 받는 자의 입장을 고려하지 않는 억압적 증여 관계를 낳는다는 문제가 여전히 남아 있다. '주는 자'중심으로 만들어진 일방적 증여 관계에서 과연 양자 간의 수평적 연대가 가능할까? 되갚을 능력 없이 일방적 증여 관계에 편입된 '받는 자'가 갖게 되는 부담감과 무력감은 빈곤 퇴치 활동의 주 무대가 된 저개발 지역 주민들 사이에서 쉽게 발견된다. 문제는 이러한 고충에도 불구하고 해당 지역민들은 비대칭적 증여 관계를 단절시킬 수 없다는 것이다. 당장의 생활을 걱정해야 하는 지역민들이 대규모 원조를 단번에 뿌리치는 것은 결코 쉽지 않다.

한편 비대칭적 증여 관계를 단절할 수 없는 것은 빈곤에 대한 개입을 구체적으로 담당하는 실무자들도 마찬가지이다. 빈곤에 대한 개입의 빈도와 규모가 커지면서 복잡한 실무 과정을 담당하는 이들의 역할이 교류의 필수불가결한 부분이 되었으며, 이는 '빈곤 산업'(poverty industry)을 대두시키는 결과를 낳았다. 그러나 문제는 빈곤 산업이 그 종사자들의 생활을 일정 수준 이상 유지해 주고, 마치 그들을 위해 존재하는 것 같은 양상을 띠게 되었다는 점이다. 애초의 빈민 구제라는 순수한 목적을 실현하기 위한 수단으로 성립되었던 국제적 네트워크나 조직 등이 그 자체의 유지나 확장을 위해 빈민 구제를 내세우는 본말 전도의 형국을 드러내게 된 것이다. 그렇기에 이미 '주는'역할이 직업이 된 '빈곤 산업'의 실무자가 거대한 '빈곤 산업'의 그물을 스스로 잘라내는 것은 어려운 일일 수밖에 없다.

그런데 이와 같은 빈곤 개입의 문제에 대한 학계와 정부 기관, 민간 단체의 비판은 '빈곤 산업'의 무분별한 확대보다는 '받는 자'의 '원조 의존성'에 중점을 두고 있다. 이를 잘 보여 주는 것이 '임파워먼트'(empowerment)를 둘러싼 최근의 논의들이다. 이러한 논의들은 서구 사회가 지난 50년 동안 2조 3천억 달러의 해외 원조를 제공하고도 빈곤의 문제를 해결하지 못한 것에 대한 반성을 담고 있다. 스스로 사회경제적, 정치적 역량을 강화함으로써 빈곤을 해결할 가능성이 있는 빈곤 지역을 선별하여 원조하거나 좀 더 효율적인 역량 강화를 위해 각 빈곤 지역의 문화적 특성에 걸맞은 원조 방식을 개발하는 데 초점이 맞추어져야 한다는 것이다. ㉠ <u>이러한 원조 방식</u>은 흔한 비유대로 '물고기 잡는 방법'을 가르치겠다는 취지에서 나온 것이다. 장기적으로는 빈곤 지역에서 자체적으로 빈곤 문제를 해결할 수 있도록 외부 원조의 역할을 부수적인 것으로 국한해야 한다는 것이다.

그러나 이러한 논의에 앞서 '주는 자'가 주도하는 '빈곤 산업'의 무분별한 확대를 가져온 구조적 문제에 의문을 제기하는 것이 더 필요할 것으로 보인다. 빈민들이 잡을 물고기가 과연 남아 있기나 한가? 자기 어장을 뺏긴 사람들에게 낚싯대를 쥐어 주는 것이 과연 어떤 의미가 있는가? 이 의문은 '주는 자'와 '받는 자'라는 일방적 증여 관계가 고착된 전 지구적 차원의 정치경제적 구조와 국제정치적 편제 구조에 대한 좀 더 근본적인 문제 제기라고 할 수 있다. 이 관점에서 보면 '빈곤 산업'은 빈민들이 끊임없이 양산되는 구조적이고 근원적인 문제를 은폐하거나 고착한다는 또 다른 차원의 문제를 보여 준다.

20 위 글의 내용과 일치하지 않는 것은?

① 오늘날 매체의 발달에 따라 빈곤에 대한 대응 양상도 변화하고 있다.
② 전지구화에 따라 빈곤에 대한 국제적 대응의 규모는 확대되는 경향이 있다.
③ 식민본국과 식민지의 관계는 개발 원조에서 '주는 자'와 '받는 자'의 관계로 이어졌다.
④ '임파워먼트'에 대한 논의는 원조 의존성의 해결책을 강구하기 위하여 시작되었다.
⑤ 빈곤에 대한 개입이 다각화되면서 '주는 자'와 '받는 자'의 비대칭적 증여 관계는 점차 줄어들고 있다.

21 글쓴이의 문제의식으로 적절하지 않은 것은?

① 빈곤이 일어나는 사회 구조에 대한 근본적인 문제 제기가 이루어지지 않는다면 빈곤의 양산과 고착화 문제를 해결하기 어렵다.
② 현재 전 지구적 차원으로 진행되고 있는 빈곤 퇴치 활동이 산업화되어 가는 것 자체가 새로운 문제를 일으킨다는 것을 직시해야 한다.
③ 빈곤 퇴치 활동의 대상이 되는 저개발 지역 주민들과 원조 제공자 사이의 억압적 증여 관계를 개선하는 것이 긴요하다는 것을 인식해야 한다.
④ 전 지구적 차원의 빈민 구제 사업이 펼쳐질 수밖에 없는 데 대한 원인과 책임은 부유한 '주는 자'와 빈곤한 '받는 자' 모두에게 비슷한 수준으로 있다.
⑤ 전 지구적 차원의 반(反)빈곤 활동을 제대로 평가하기 위한 출발점은 '받는 자'의 자생력을 키울 기반을 '주는 자'가 이미 빼앗았다는 것을 인식하는 데서 시작해야 한다.

22 ㉠에 해당하는 사례로 가장 거리가 먼 것은?

① 중앙아프리카 지역 주민들에게 주식인 옥수수보다 수확량이 더 많은 밀을 재배하도록 홍보하고 개량된 다수확 밀 품종을 보급한다.
② 빈곤 퇴치를 위해 적극적 노력을 기울이지 않는 짐바브웨보다 광물 자원의 판매 수입을 사회적 인프라에 투자하는 보츠와나에 원조를 집중한다.
③ 빈민 구제 활동을 자생적으로 펼쳐 온 태국의 사원(寺院)을 국제 원조 기구가 지원하여 빈민을 대상으로 직업 교육 및 아동 교육 프로그램을 운영한다.
④ 책임감이 강한 사람들을 선별하여 돈을 빌려줌으로써 지속 가능한 서민 금융으로 자리 잡은 방글라데시의 소액 대출 사업을 유지하고 확산하기 위한 프로그램을 지원한다.
⑤ 빈민이 일방적 수혜자가 아니라 기업가 정신을 지닌 적극적인 경제 활동 주체가 될 가능성을 보여 준 인도의 저소득층 시장 개발 사업을 지원하고 필요한 경제 교육을 실시한다.

⊙ 대립 구조 분석

⊙ 필수체크 패러프레이징

경제/사회 지문 10	2012학년도 24-26번	상위 테마 - 사회학
		하위 테마 - 인간 인지 발달에 대한 비고츠키의 이론

[24~26] 다음 글을 읽고 물음에 답하시오.

인간 의식의 사회 문화적인 측면을 강조한 비고츠키의 이론이 소개되면서, 인간의 인지 발달에 대한 새로운 해석이 가능하게 되었다. 비고츠키는 인간의 인지 발달을 설명하면서 '고등 정신 기능의 사회적 기원'을 강조하였다. 인간의 심리는 본성적으로 사회적 관계들의 총체를 내면적으로 표상한다. 따라서 표상의 대상은 개인이 인식하기 이전에 이미 사회적으로 존재한 것이다. 개인은 심리적 도구인 기호의 매개를 통해 사회적 관계 속에 존재하는 고등 정신 기능을 내면화한다. 고등 정신 기능은 두 국면에서 나타나는데, 먼저 사회적 국면은 심리 간 범주인 사람 사이에서 나타나고, 다음으로 심리적 국면은 심리 내 범주인 인간의 내부에서 나타난다. 여기서 심리 간 범주는 고등 정신 기능의 발달을 위해 구체적인 사회적 상호 작용에서 타인의 도움을 받는 과정을 뜻하며, 심리 내 범주는 그것이 개인 내부에서 습득되는 과정을 말한다.

여기서 중요한 것은 심리 간 범주에서 일어나는 상호 작용의 내용이 심리 내 범주로 있는 그대로 옮겨 가는 것이 아니라는 점이다. 즉 인식의 주체인 개인은 자기 조절 과정을 거치면서 심리 간 범주의 상호 작용의 내용을 스스로 의미 있게 이해해 간다. 예를 들어, 성인과 아동이 어떤 대상이나 사건에 대해 서로 다른 표상을 갖고 있다고 하자. 아동은 처음에는 아무 의미 없이 성인이 표상을 사용하는 방식을 모방할 수 있지만, 곧 성인과의 상호작용을 통해 표상이 사용되는 맥락과 의미를 깨닫게 된다. 자신의 이해를 바탕으로, 아동은 스스로 다시 표상을 사용하며 성인과 상호 작용하게 된다. 이런 과정을 반복하면서 아동은 표상의 맥락과 의미를 점차 알아가게 되고, 최종적으로는 성인의 도움 없이 혼자 힘으로 맥락과 의미에 맞게 표상을 사용할 수 있게 된다.

이런 내면화 과정은 근접 발달 영역에서 일어난다. 근접 발달 영역은 실제적 발달 수준과 잠재적 발달 수준 사이의 간격이다. 실제적 발달 수준은 아동이 혼자서 문제를 해결하는 능력에 의해 결정되고, 잠재적 발달 수준은 성인의 안내 혹은 더 유능한 동료와의 협동을 통해서 문제를 해결할 수 있는 능력에 의해 결정된다. 근접 발달 영역 안에 존재하는 정신 기능은 미래에 성숙할 것이지만 현재는 미성숙 상태에 있는 정신 기능이다. 실제적 발달 수준은 이미 이루어진 정신 발달 수준을 나타내는 반면, 잠재적 발달 수준은 앞으로 기대되는 정신 발달 수준을 나타낸다. 비고츠키는 실제적 발달 수준보다 잠재적 발달 수준이 아동의 발달 수준을 더 잘 보여준다고 하면서, 아동의 근접 발달 영역 안에서 성인이나 더 유능한 동료가 교수・학습적인 도움을 제공해 줌으로써 발달을 촉진할 수 있다고 하였다.

그렇다면 근접 발달 영역에서 교수・학습은 구체적으로 어떻게 이루어질 수 있을까? 1단계는 학습자가 더 유능한 타인의 도움을 받아 학습 과제를 수행하는 단계이다. 학습자는 성취해야 할 학습 목표에 대한 이해가 거의 없는 상태에서 교수자의 도움을 받아 학습 과제를 수행한다. 이때 교수자의 역할이 매우 중요하다. 학습자가 주어진 학습 과제를 점차 이해하게 됨에 따라 수행 보조자로서 교수자는 도움의 양을 점차 줄여 간다. 2단계는 학습자 스스로 학습 과제를 수행하는 단계이다. 학습자는 이제 교수자의 도움을 받지 않거나 적은 도움으로 학습 과제를 수행할 수 있게 된다. 그러나 학습자의 과제 수행이 완수된 단계는 아니다. 3단계는 학습 과제 수행이 완수되어 학습 목표가 성취된 단계이다. 이 단계에서 학습자는 더 이상 교수자의 도움을 받을 필요 없이 혼자 힘으로 학습 과제를 수행하게 된다. 마지막 4단계는 학습자가 혼자서 해결할 수 없는 또 다른 새로운 성취 목표에 직면하게 됨에 따라 다음 근접 발달 영역으로 나아가는 단계를 말한다.

24 위 글의 내용과 일치하지 않는 것은?

① 기호를 매개로 한 심리적 활동이 사고 발달을 견인한다.
② 표상의 대상은 학습 이전에 이미 개인의 내면에 존재하던 것이다.
③ 교수·학습의 과정은 심리 간 범주와 심리 내 범주에서 일어난다.
④ 현재의 잠재적 발달 수준은 미래의 실제적 발달 수준이 될 수 있다.
⑤ 인지 발달에서 사회적 국면의 활동은 심리적 국면의 활동으로 전환된다.

25 위 글에 제시된 비고츠키의 이론에 기초한 학습 원리를 가장 잘 드러낸 것은?

① 반복적 강화를 통한 사회적 태도의 숙달
② 개인적 경험을 통한 선험적 관념의 확인
③ 단계적 설명을 통한 사실적 지식의 주입
④ 교수적 소통을 통한 개념의 능동적 형성
⑤ 성찰적 숙고를 통한 원리의 직관적 통찰

26 위 글에 제시된 비고츠키의 이론을 지지하는 가설을 수립하고 이를 검증하기 위한 실험을 〈보기〉와 같이 설계하였다. 이 과정에서 잘못된 항목이 하나 발견되었다고 할 때, 이를 바르게 수정한 것은?

보기

중학교 1학년 학생들로 실험 집단 A와 B를 구성하고 학습지 형식으로 구성된 학습 과제를 부여하여 학습하게 한 후, 집단 간 학습 효과를 비교한다.

ㄱ. 학습 집단: A, B 집단 모두 하위 수준 학생으로 동질한 집단을 구성한다.
ㄴ. 학습 과제: A, B 집단 모두에게 해당 학년에서 성취해야 할 학습 목표에 부합하는 학습지 형식의 학습 과제를 부여한다.
ㄷ. 학습 방법: A, B 집단 모두 협동적 상호 작용을 통해 학습 과제를 수행하게 한다.
ㄹ. 학습 시간: A, B 집단 모두 총 20시간 동안 학습을 수행하게 한다.
ㅁ. 학습 평가: 학습 수행 후, A, B 집단의 학습 목표 도달 여부를 판단할 수 있는 평가 문제를 풀게 한 다음, 집단 간 점수를 비교한다.

① ㄱ : A 집단은 상위 수준 학생으로, B 집단은 하위 수준 학생으로 구성한다.
② ㄴ : A, B 집단 모두에게 해당 학년의 고난도 학습 과제를 부여한다.
③ ㄷ : A 집단에는 이미 학습 목표에 도달한 상위 수준 학생을 투입하여 하위 수준 학생과 협동적으로 학습 과제를 수행하게 하고, B 집단은 개별적으로 학습 과제를 수행하게 한다.
④ ㄹ : A 집단은 총 10시간, B 집단은 총 20시간 동안 학습을 수행하게 한다.
⑤ ㅁ : 학습 수행 후, A 집단에게는 저난도 평가 문제를, B 집단에게는 고난도 평가 문제를 제시하여 풀게 한 다음, 집단 간 점수를 비교한다.

대립 구조 분석

필수체크 패러프레이징

경제/사회 지문 11	2013학년도 33-35번	상위 테마 - 사회학
		하위 테마 - 대중문화 연구 이론

[33~35] 다음 글을 읽고 물음에 답하시오.

아도르노는 문화산업론을 통해서 대중문화의 이데올로기를 비판하였다. 그는 지배 관계를 은폐하거나 정당화하는 허위의식을 이데올로기로 보고, 대중문화를 지배 계급의 이데올로기를 전파하는 대중 조작 수단으로, 대중을 이에 기만당하는 문화적 바보로 평가하였다. 또한 그는 대중문화 산물의 내용과 형식이 표준화 · 도식화되어 더 이상 예술인 척할 필요조차 없게 되었다고 주장했다. 그러나 그의 이론은 구체적 비평 방법론의 결여와 대중문화에 대한 극단적 부정이라는 한계를 보여 주었고, 이후의 연구는 대중문화 텍스트의 의미화 방식을 규명하거나 대중문화의 새로운 가능성을 찾는 두 방향으로 발전하였다. 전자는 알튀세를 수용한 스크린 학파이며 후자는 수용자로 초점을 전환한 피스크이다.

초기 스크린 학파는 주체가 이데올로기 효과로 구성된다는 알튀세의 관점에서 허위의식으로서의 이데올로기 개념을 비판하고 어떻게 특정 이데올로기가 대중문화 텍스트를 통해 주체 구성에 관여하는지를 분석했다. 이들은 이데올로기를 개인들이 자신의 물질적 상황을 해석하고 경험하는 개념틀로 규정하고, 그것이 개인을 자율적 행위자로 오인하게 하여 지배적 가치를 스스로 내면화하는 주체로 만든다고 했다. 특히 그들은 텍스트의 특정 형식이나 장치를 통해 대중문화 텍스트의 관점을 자명한 진리와 동일시하게 하는 이데올로기 효과를 분석했다. 그러나 그 분석은 텍스트의 지배적 의미가 수용되는 기제의 해명에 집중되어, 텍스트가 규정하는 의미에 반하는 수용자의 다양한 해석 가능성은 충분히 설명하지 못했다.

이 맥락에서 피스크의 수용자 중심적 대중문화 연구가 등장한다. 그는 수용자의 의미 생산을 강조하여 정치 미학에서 대중 미학으로, 요컨대 대중문화 산물이 “정치 투쟁을 발전 또는 지연시켰는가?”에서 “왜 인기가 있는가?”로 초점을 전환했다. 그는 대중을 사회적 이해관계에 따라 다양한 주체 위치에서 유동하는 행위자로 본다. 상업적으로 제작된 대중문화 텍스트는 그 자체로 대중문화가 아니라 그것을 이루는 자원일 뿐이며, 그 자원의 소비 과정에서 대중이 자신의 이해에 따라 새로운 의미와 저항적 · 도피적 쾌락을 생산할 때 비로소 대중문화가 완성된다. 피스크는 지배적, 교섭적, 대항적 해석의 구분을 통해 대안적 의미 해석 가능성을 시사했던 홀을 비판하면서, 그조차 텍스트의 지배적 의미를 그대로 수용하는 선호된 해석을 인정했다고 지적한다. 그 대신 그는 텍스트가 규정한 의미를 벗어나는 대중들의 게릴라 전술을 강조했던 드 세르토에 의거하여, 대중문화는 제공된 자원을 활용하는 과정에서 그 힘에 복종하지 않는 약자의 창조성을 특징으로 한다고 주장한다.

피스크는 대중문화를 판별하는 대중의 행위를 아도르노 식의 미학적 판별과 구별한다. 텍스트 자체의 특질에 집중하는 미학적 판별과 달리, 대중적 판별은 일상에서의 적절성과 기호학적 생산성, 소비 양식의 유연성을 중시한다. 대중문화 텍스트는 대중들 각자의 상황에 적절하게 기능하는, 다양한 의미 생산 가능성이 중요하다. 따라서 텍스트의 구조에서 텍스트를 읽어 내는 실천 행위로, “무엇을 읽고 있는가?”에서 “어떻게 읽고 있는가?”로 문제의식을 전환해야 한다는 것이다.

피스크는 이를 설명하기 위해 퀴즈 쇼의 여성 수용자를 예로 든다. 상품 가격을 맞히는 [퀴즈 쇼]인 〈The Price Is Right〉에서는 남성의 돈벌이에 비해 하찮게 여겨졌던 여성의 소비 기술이 갈채를 받고 공적 재미의 대상이 되는데, 이를 보는 여성들은 자신의 일상 지식과 기술의 가치를 확인하고 기존 체제의 경제적, 성적 억압에 주목하게 된다. 특히 피스크는 여성 방청객에게서 바흐친의 카니발적 요소를 읽어 낸다. 방청객의 열광은 일상 규범으로부터의 일탈 욕망을 가상적으로 충족하게 함으로써 기존 질서의 유지에 일조한다. 하지만 그것은 또한 가부장제가 규정한 여성다움에서 벗어나고 사회 규범을 폭로하는 파괴성을 지닌다. 퀴즈 쇼는 자본주의의 가부장적 담론을 중심 코드로 사용하지만, 대중의 소비 과정에서 생겨난 저항적 · 회피적 의미와 쾌락은 그것을 폭로하고 와해하는 계기가 될 수 있다는 것이다. 피스크는 대중문화가 일상의 진보적 변화를 위한 것이지만, 이를 토대로 해서 이후의 급진적 정치 변혁도 가능해진다고 주장한다.

그러나 피스크는 대중적 쾌락의 가치를 지나치게 높이 평가하고 사회적 생산 체계를 간과했다는 비판을 받았다. 켈러에 따르면, 수용자 중심주의는 일면적인 텍스트 결정주의를 극복했지만 대중적 쾌락과 대중문화를 찬양하는 문화적 대중주의로 전락했다. 특히 수용자 자체도 문화 생산 체계의 산물이기 때문에, 그들의 선호와 기대 또한 대중문화의 효과를 통해 생겨날 수 있다는 점을 간과했다는 것이다.

33 위 글에 대한 이해로 가장 적절한 것은?

① 아도르노는 대중문화 산물에 대한 질적 가치 판단을 통해 그것이 예술로서의 지위를 가지지 않는다고 간주했다.
② 알튀세의 이데올로기론을 수용한 대중문화 연구는 텍스트가 수용자에게 미치는 일면적 규정을 강조하는 시각을 지양하였다.
③ 피스크는 대중문화의 긍정적 의미가 대중 스스로 자신의 문화자원을 직접 만들어 낸다는 점에 있다고 생각했다.
④ 홀은 텍스트의 내적 의미가 선호된 해석을 가능하게 한다고 주장함으로써 수용자 중심적 연구의 관점을 보여 주었다.
⑤ 정치 미학에서 대중 미학으로의 발전은 대중문화를 이른바 게릴라 전술로 보는 시각을 극복할 수 있었다.

대립 구조 분석

필수체크 패러프레이징

34 퀴즈 쇼에 대한 피스크의 논의로 가장 적절한 것은?

① 퀴즈 쇼는 기존 질서의 유지와 전복이라는 이중적 기능을 지닐 수 있다.
② 퀴즈 쇼의 방청객은 여성과 관련된 집안일의 하찮음을 깨닫고 이를 부정하려는 의지를 가질 수 있다.
③ 퀴즈 쇼에 설정된 중심적 코드는 기존의 여성상을 넘어서 새로운 의미를 지닌 여성상을 보여 주는 것이다.
④ 퀴즈 쇼는 일상으로부터의 일탈 욕망을 가상적으로 만족시킴으로써 여성 수용자가 정치 변혁에 참여하게 한다.
⑤ 퀴즈 쇼의 카니발적 특성은 여성들이 스스로를 자율적 행위자로 여겨 지배적 가치를 내면화하는 주체로 만들 수 있다.

35 위 글에 따를 때, 〈보기〉에 대한 각 입장의 평가로 적절하지 않은 것은?

보기

큰 인기를 얻었던 뮤직 비디오 〈Open Your Heart〉에서 마돈나는 통상의 피프 쇼 무대에서 춤추는 스트립 댄서 역할로 등장하였다. 그러나 그녀는 유혹적인 춤을 추는 대신에 카메라를 정면으로 응시하며 힘이 넘치는 춤을 추면서 남성의 훔쳐보는 시선을 조롱한다. 이 비디오는 몇몇 남성에게는 관음증적 쾌락의 대상으로, 소녀 팬들에게는 자신의 섹슈얼리티를 적극적으로 표출하는 강한 여성의 이미지로, 일부 페미니스트들에게는 여성 신체를 상품화하는 성차별적 이미지로 받아들여졌다.

① 아도르노는 마돈나의 뮤직 비디오에서 수용자가 얻는 쾌락이 현실의 문제를 회피하게 만드는 기만적인 즐거움이라고 설명했을 것이다.

② 초기 스크린 학파는 마돈나의 뮤직 비디오에서 텍스트의 형식이 다층적인 기호학적 의미를 생산한다는 점을 높게 평가했을 것이다.

③ 피스크는 모순적 이미지들로 구성된 마돈나의 뮤직 비디오가 서로 다른 사회적 위치에 있는 수용자들에게 다른 의미로 해석된 점에 주목했을 것이다.

④ 피스크는 마돈나의 뮤직 비디오가 갖는 의의를 수용자가 대중문화 자원의 지배적 이데올로기로부터 벗어날 수 있는 가능성에서 찾았을 것이다.

⑤ 켈러는 마돈나의 뮤직 비디오에서 수용자들이 느끼는 쾌락이 대중문화에 대한 경험과 문화 산업의 기획에 의해 만들어진 결과라고 분석했을 것이다.

MEMO

경제/사회 지문 12	2015학년도 33-35번	상위 테마 - 사회학 하위 테마 - 고고학의 유형론 vs 개체군론

[33~35] 다음 글을 읽고 물음에 답하시오.

근대적 의미의 고고학이 시작된 이래, 고고학자들은 수집과 발굴 조사를 거쳐 유물들을 분류하고, 유물들 사이의 시공간적 관계와 그 변화 과정을 추정하여, 이를 과거 인간의 행위와 관련지어 해석하려 했다. 이때, 유물 분류를 바라보는 시각은 크게 보아 '유형론'과 '개체군론'으로 나눌 수 있다.

초기 고고학 연구를 주도하며 기본적인 분류 체계를 세운 이들은 유형론자들이다. 이들은 분류를 위해 먼저 유물이 가지고 있는 인지 가능한 형태적 특질을 검토하여 그룹을 짓는다. '형식'이라는 용어로 개념화되는 본질적이고 형태적인 특징, 혹은 중심적 경향을 찾으면 이를 바탕으로 하나의 '유형'이 만들어진다. 이 작업은 특정한 하나의 형식을 공통적으로 가진 여러 유물 가운데, 원형이 되는 유물을 확인하고 이 유물을 이상적인 기준으로 삼아 다른 유물들과 비교하는 과정을 거쳐 이루어진다. 각각의 유형 안에는 개별 유물 간의 차이, 즉 '변이'가 있기 마련이지만 그것이 새 유형을 설정할 수 있을 정도로 본질적이라고 판단되지 않는 한, 유형론자들은 그것을 편차 정도로만 인식하여 설명할 가치가 없다고 본다. 그러므로 이들은 유물의 모든 변화를 한 유형에서 다른 유형으로 바뀌는 '변환'이라고 인식한다. 이러한 관점은 유형의 구분, 유형 사이의 경계 설정 및 순서 지움을 통해 시간적 연쇄나 뚜렷한 문화적·공간적 경계를 가진 집단을 구별할 수 있는 근거를 마련하는 데 결정적으로 기여하였다. 그렇지만 실제 관찰되는 개별 유물의 형태 변화는 연속적인 경우가 많다. 또한 유형론자들은 유형의 변화를 단속적이라고 파악하여 자체적이고 내부적인 진화의 과정에 대한 고려를 배제한 채, 외부로부터의 유입이나 새로운 발명 등의 요인으로만 설명하려고 하였다. 더구나 유형론적 접근 방식을 취할 경우 발굴 조사된 유물들 사이의 상사성과 상이성만을 단순 비교할 수밖에 없다는 단점도 있었다.

이러한 문제점들 때문에 고고학자들은 또 다른 시각에서 유물 분류를 시도하였다. 이것이 개체군론적 사고에 의한 방식이다. 개체군론자들은 유물의 본질적 특징이란 실재하는 것이 아니며, 중심적인 경향 또한 경험적 관찰의 결과일 뿐이라고 주장한다. 이들은 특히 중심적인 경향은 유물의 수와 기준에 따라 언제든지 바뀔 수 있다고 본다. 따라서 이들은 유형이 유물 자체에 고유한 본질에 따라 존재하는 것이 아니라, 관찰을 통해 추론된 것이며 연구자가 자신의 연구 목적에 따라 고안한 도구일 뿐이라고 주장한다. 존재하는 것은 사물의 상태를 의미하는 현상과 변이뿐이라는 것이다. 개체군론자들에 따르면 특정한 유형 내에서 그 유형을 대표할 수 있는 형식의 유물, 즉 원형은 실재하지 않는다. 따라서 이들은 변이에 관심을 집중한다. 이 변이는 다양하게 나타나는데, 최초로 등장한 이후 점차적으로 많아지다가 서서히 소멸해간다. 그들은 이런 식으로 변화가 연속적으로 일어난다고 파악한다. 즉 변이의 빈도는 시공간에 따라 다르게 나타나며, 변화는 변이들이 시공간에 따라 얼마나 분포되어 있는지에 의해 결정된다고 보아 그러한 변이들의 빈도 변화와 특정 변이들의 차별적인 지속을 강조한다. 개체군론자들은 이러한 변이의 빈도 변화와 차별적인 지속을 '유동성'과 '선택'이라는 개념으로 설명한다. 유동성은 하나의 유물군 내에서 예측 불가능한 변이들을 가진 유물들이 지속적으로 등장하면서 변이들의 빈도에서 무작위적 변화가 일어나게 되는 현상을 의미한다. 선택은 그러한 변이들 가운데 특정 환경에 잘 적응한 변이들이 그렇지 못한 변이들에 비해 양적으로 증가하는 것이다.

이러한 시각의 차이가 실제 조사 과정에서 어떻게 적용되는지 살펴보면 흥미로운 사실을 발견할 수 있다. 일반적으로 고고학자들은 새로운 유물들이 발견되었을 경우, 그 중 일부에 대한 직접적 관찰을 통해 형태적 특징을 파악하고 기존의 사례를 검토하여 유형의 배정이나 설정에 필요한 중요 속성들을 선별한다. 이를 바탕으로 모든 유물들이 그러한 중요 속성을 가지고 있는지를 다시 관찰하여 속성의 유무에 따라 분류하고 이에 따라 유형을 배정 또는 설정한다. 이때 유형이 둘 이상이라면, 확인된 복수의 유형들을 일단 시공간적으로 배열하여 그 의미의 해석을 시도한다. 여기서 만약 연구자가 대상 유물들의 시간적 선후 관계나 사용 집단의 차이를 확인하고 싶다면 유형의 설정과 배열에 주목한다. 반면에 각 유형 간의 변화 과정을 구체적으로 확인하고 싶다면, 이렇게 시공간 상에 배열된 유형 내 변이들에 주목하여 그 변이들의 빈도와 그 빈도들 사이의 상대적인 비율을 측정하고, 여러 변이들 가운데 어떤 변이들이 선택되어 지속적으로 사용되는지에 주목한다. 고고학자는 유물의 분류에 대한 입장의 차이에도 불구하고 이처럼 실제로는 자신들이 해결하고자 하는 문제에 따라 양자의 방식 중 어느 하나를 선택하거나 적절히 혼용하여 사용한다.

33 윗글의 내용과 부합하지 않는 것은?

① 유형론적 사고에서는 유형이 본질적이라고 생각한다.
② 유형론적 사고에서는 변화를 본질이 바뀌는 것으로 파악한다.
③ 유형론적 사고에서 편차는 유형을 설정할 때 중요시되지 않는다.
④ 개체군론적 사고는 실재하는 형식을 발견해 내고자 노력한다.
⑤ 개체군론적 사고에서 '선택'은 특정한 변이의 빈도수 증가를 의미한다.

34 윗글의 글쓴이가 동의할 만한 것은?

① 유형론적 사고는 개체군론적 사고보다 경험적 증거를 더 중시하는 이론이다.
② 실제 조사 과정에서는 유형론적 기준과 개체군론적 기준이 상보적으로 활용되고 있다.
③ 개체군론적 사고의 등장에도 불구하고 유형론적 사고는 여전히 지배적인 연구 태도이다.
④ 유물 분류에 있어서 개체군론자의 기준이 유형론자의 기준을 포괄하도록 보완되어야 한다.
⑤ 유물의 시간적 선후관계를 보여주기 위해서는 개체군론적 사고 대신 유형론적 사고를 적용해야 한다.

35 윗글을 바탕으로 〈보기〉에 대해 추론한 것으로 적절하지 않은 것은?

보기

특정 지역에서 발견된 토기들은 입구의 형태와 손잡이의 유무에 따라 A유형과 B유형으로 구분되고, A유형에서 B유형으로 변화했다는 것이 현재까지의 통설이다. A유형 토기는 각진 입구에 손잡이가 없고 바닥이 편평하며, B유형 토기는 둥근 입구에 두 개의 손잡이가 있고 바닥이 뾰족하다. 그런데 그 지역에서 각진 입구에 손잡이 한 개가 있고 바닥이 둥근 토기들이 새로 발견되고 있다.

① 어떤 유형론자는 새로 발견된 토기의 각진 입구에 주목하여 A유형 토기로 분류하거나 손잡이가 있는 것에 주목하여 B유형 토기로 분류할 것이다.
② 어떤 유형론자는 새로 발견된 토기의 바닥 형태에 주목하여 새로운 유형의 설정을 고려할 것이다.
③ 어떤 유형론자는 새로 발견된 토기의 특이성에 주목하여 외부에서 들어온 이주민들이 썼던 것이라고 추정할 것이다.
④ 어떤 개체군론자는 새로 발견된 토기를 A유형에서 B유형으로의 점진적인 변이를 보여주는 사례들로 판단할 것이다.
⑤ 어떤 개체군론자는 새로운 토기의 발견 빈도수가 충분히 많지 않다면 중요한 의미가 없다고 보아 새로운 토기를 A유형과 B유형 중 한쪽으로 분류할 것이다.

대립 구조 분석

필수체크 패러프레이징

8 과학(생물학) 영역

과학(생물) 지문 01	2018학년도 19-21번	상위 테마 - 생물학 (개체의 발달과 세포 분열)
		하위 테마 - 수정란 발달과정에 있어서 생식기관의 성별 발달 과정

[19~21] 다음 글을 읽고 물음에 답하시오.

사람의 성염색체에는 X와 Y 염색체가 있다. 여성의 난자는 X 염색체만을 갖지만, 남성의 정자는 X나 Y 염색체 중 하나를 갖는다. 인간의 성은 여성의 난자에 X 염색체의 정자가 수정되는지, 아니면 Y 염색체의 정자가 수정되는지에 따라 결정된다. 전자의 경우는 XX 염색체의 여성으로, 후자의 경우는 XY 염색체의 남성으로 발달할 수 있게 된다.

인간과 같이 두 개의 성을 갖는 동물의 경우, 하나의 성이 성 결정의 기본 모델이 된다. 동물은 종류에 따라 기본 모델이 되는 성이 다르다. 조류의 경우 대개 수컷이 기본 모델이지만, 인간을 포함한 포유류의 경우 암컷이 기본 모델이다. ㉠ <u>기본 모델이 아닌 성은 성염색체 유전자의 지령에 의해 조절되는 일련의 단계를 거쳐, 개체 발생 과정 중에 기본 모델로부터 파생된다.</u> 따라서 남성의 형성에는 여성 형성을 위한 기본 프로그램 외에도 Y 염색체에 의해 조절되는 추가적인 과정이 필요하다. Y 염색체의 지령에 의해 생성된 남성 호르몬의 작용이 없다면 태아는 여성이 된다.

정자가 난자와 수정된 초기에는 성 결정 과정이 억제되어 일어나지 않는다. 약 6주가 지나면, 고환 또는 난소가 될 단일성선(單一性腺) 한 쌍, 남성 생식 기관인 부고환・정관・정낭으로 발달할 볼프관, 여성 생식 기관인 난관과 자궁으로 발달할 뮐러관이 모두 생겨난다. 볼프관과 뮐러관은 각기 남성과 여성 생식 기관 일부의 발생에만 관련이 있으며, 두 성을 구분하는 외형적인 기관들은 남성과 여성 태아의 특정 공통 조직으로부터 발달한다. 이러한 공통 조직이 남성의 음경과 음낭이 될지, 아니면 여성의 음핵과 음순이 될지는 태아의 발생 과정에서 추가적인 남성 호르몬 신호를 받느냐 받지 못하느냐에 달려 있다.

임신 7주쯤에 Y 염색체에 있는 성 결정 유전자가 단일성선에 남성의 고환 생성을 명령하는 신호를 보내면서 남성 발달 과정의 첫 단계가 시작된다. 단일성선이 고환으로 발달하고 나면, 이후의 남성 발달 과정은 새로 형성된 고환에서 생산되는 호르몬에 의해 조절된다. 적절한 시기에 맞춰 고환에서 분비되는 호르몬 신호가 없다면 태아는 남성의 몸을 발달시키지 못하며, 심지어 정자를 여성에게 전달하는 데 필요한 음경조차 만들어내지 못한다.

고환이 형성되고 나면 고환은 먼저 항뮐러관형성인자를 분비 하여 뮐러관을 없애라는 신호를 보낸다. 이 신호에 반응하여 뮐러관이 제거될 수 있는 때는 발생 중 매우 짧은 시기에 국한되기 때문에 이 신호의 전달 시점은 매우 정교하게 조절된다. 그 다음에 고환은 남성 생식기의 발달을 촉진하기 위해 볼프관에 또 다른 신호를 보낸다. 주로 대표적인 남성 호르몬인 테스토스테론이 이 역할을 담당하는데 이 호르몬이 수용체에 결합하면 볼프관은 부고환・정관・정낭으로 발달한다. 이들은 모두 고환에서 음경으로 정자를 내보내는 데 관여하는 기관이다. 만약 적절한 시기에 고환으로부터 이와 같은 호르몬 신호가 볼프관에 전달되지 않으면 볼프관은 임신 후 14주 이내에 저절로 사라진다. 이외에도 테스토스테론이 효소의 작용에 의하여 변화되어 생긴 호르몬인 디하이드로테스토스테론은 전립선, 요도, 음경, 음낭 등과 같은 남성의 생식 기관을 형성하도록 지시한다. 형성된 음낭은 임신 후기에 고환이 복강에서 아래로 내려오면 이를 감싼다.

여성 태아에서 단일성선을 난소로 만드는 변화는 남성 태아보다 늦은 임신 3~4개월쯤에 시작한다. 이 시기에 남성의 생식 기관을 만드는 데 필요한 볼프관은 호르몬 신호 없이도 퇴화되어 사라진다. 여성 신체의 발달은 남성에서처럼 호르몬 신호에 전적으로 의존하지는 않지만, 여성 호르몬인 에스트로젠이 난소의 적절한 발달과 정상적인 기능 수행에 필수적인 요소로 작용한다고 알려져 있다.

19 윗글의 내용과 일치하는 것은?

① 포유류는 X 염색체가 없으면 수컷이 된다.
② 사람의 고환과 난소는 각기 다른 기관으로부터 발달한다.
③ 항뮐러관형성인자의 분비는 테스토스테론에 의해 촉진된다.
④ Y 염색체에 있는 성 결정 유전자가 없으면 볼프관은 퇴화된다.
⑤ 뮐러관이 먼저 퇴화되고 난 후 Y 염색체의 성 결정 유전자에 의해 고환이 생성된다.

20 윗글을 바탕으로 〈보기〉의 '사람'에 대해 추론한 것으로 가장 적절한 것은?

보기

'남성 호르몬 불감성 증후군'을 가진 사람은 XY 염색체를 가지고 있어 항뮐러관형성인자와 테스토스테론을 만들 수 있다. 하지만 이 사람은 남성 호르몬인 테스토스테론과 디하이드로테 스토스테론이 결합하는 수용체에 돌연변이가 일어나 남성 호르몬에 반응하지 못하여 음경과 음낭을 만들지 못한다. 그리고 부신에서 생성되는 에스트로젠의 영향을 받아 음핵과 음순이 만들어져 외부 성징은 여성으로 나타난다.

① 몸의 내부에 고환을 가지고 있다.
② 부고환과 정관, 정낭을 가지고 있다.
③ 난소가 생성되어 발달한 후에 배란이 진행된다.
④ Y 염색체의 성 결정 유전자가 발현하지 않는다.
⑤ 뮐러관에서 발달한 여성 내부 생식기관을 가지고 있다.

21 ㉠의 이론을 강화하는 내용으로 볼 수 있는 것은?

① 한 마리의 수컷과 여러 마리의 암컷으로 이루어진 물고기 집단에서 수컷을 제거하면 암컷 중 하나가 테스토스테론을 에스트로젠으로 전환하는 효소인 아로마테이즈 유전자의 발현을 줄여 수컷으로 성을 전환한다.
② 붉은귀거북의 경우 28℃ 이하의 온도에서는 수컷만, 31℃ 이상의 온도에서는 암컷만 태어나고 그 중간 온도에서는 암컷과 수컷이 50 : 50의 비율로 태어난다.
③ 제초제 아트라진에 노출된 수컷 개구리는 테스토스테론이 에스트로젠으로 전환되어 암컷 개구리로 성을 전환한다.
④ 생쥐의 수컷 성 결정 유전자를 암컷 수정란에 인위적으로 삽입하면 고환과 음경을 가진 수컷 생쥐로 발달한다.
⑤ 피리새 암컷에 테스토스테론을 인위적으로 투여하면 수컷처럼 노래한다.

대립 구조 분석

필수체크 패러프레이징

과학(생물) 지문 02	2016학년도 14-16번	상위 테마 - 생물학 (개체의 발달과 세포 분열)
		하위 테마 - 생명체의 비대칭적 형태발생 원리

[14~16] 다음 글을 읽고 물음에 답하시오.

생명체가 다양한 구조와 기능을 갖는 기관을 형성하기 위해서는 수많은 세포들 간의 상호 작용을 통해 세포의 운명을 결정하는 과정이 필요하다. 사람의 경우 눈은 항상 코 위에, 입은 코 아래쪽에 위치한다. 이렇게 되기 위해서는 특정 세포군이 위치 정보를 획득하고 해석한 후 각 세포가 갖고 있는 유전 정보를 이용하여 자신의 운명을 결정함으로써 각 기관을 정확한 위치에 형성되게 하는 과정이 필수적이다. 세포 운명을 결정하는 다양한 방법이 존재하지만, 가장 간단한 방법은 어떤 특정 형태로 분화하게 하는 형태발생물질(morphogen)의 농도 구배(concentrationgradient)를 이용하는 것이다. 형태발생물질은 세포나 특정 조직으로부터 분비되는 단백질로서 대부분의 경우에 그 단백질의 농도 구배에 따라 주변의 세포 운명이 결정된다. 예를 들어 뇌의 발생 초기 형태인 신경관의 위쪽에서 아래쪽으로 지붕판세포, 사이신경세포, 운동신경세포, 신경세포, 바닥판세포가 순서대로 발생하게 되는데, 이러한 서로 다른 세포로의 예정된 분화는 신경관 아래쪽에 있는 척색에서 분비되는 형태발생물질인 Shh의농도 구배에 의해 결정된다(〈그림 1〉). 척색에서 Shh가 분비되기 때문에 척색으로부터 멀어질수록 Shh의 농도가 점차 낮아지게 되어서, 그 농도의 높고 낮음에 따라 척색 근처의 신경관에 있는 세포는 바닥판세포로, 그 다음 세포는 신경세포 및 운동신경세포로 세포 운명이 결정된다.

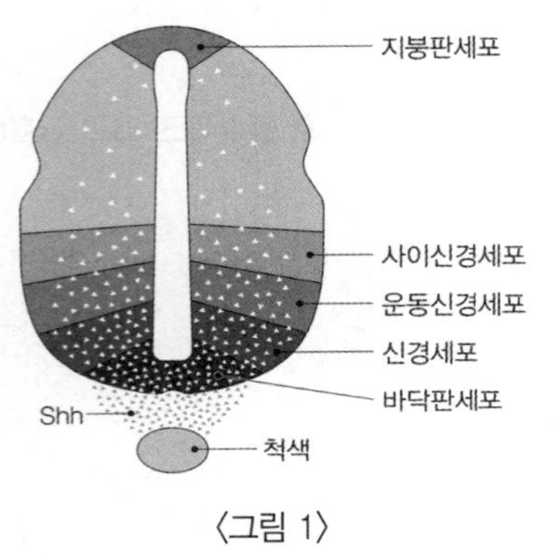

〈그림 1〉

한 개체의 세포가 모두 동일한 유전자를 갖고 있음에도 불구하고 서로 다른 세포 운명을 택하게 되는 것은 농도 구배에 대응하여 활성화되는 전사인자의 종류가 다른 것으로 설명할 수 있다. 전사인자는 유전정보를 갖고 있는 DNA의 특이적인 염기 서열을 인식하여 특정 부분의 DNA로부터 mRNA를 만드는 작용을 하고, 이 mRNA의 정보를 바탕으로 단백질이 만들어진다. 예를 들어 Shh의 농도가 특정 역치 이상이 되면 A 전사인자가 활성화되고 역치 이하인 경우는 B 전사인자가 활성화되면, A 전사인자에 의해 바닥판세포의 형성에 필요한 mRNA와 단백질이 합성되고, B 전사인자에 의해 운동신경세포로 분화하는 데 필요한 mRNA와 단백질이 만들어지게 되어 서로 다른 세포 운명이 결정될 수 있는 것이다.

하지만 최근의 연구 결과에 의하면 일부의 형태발생물질이 단순한 확산에 의하여 농도 구배를 형성하지 않고 특정 형태의 매개체를 통하여 이동한다는 사실이 보고되었다. 가령 초파리 배아의 특정 발생 단계에서 합성되는 Wg라는 형태발생물질은 합성되는 장소를 기점으로 앞쪽으로만 비대칭적으로 전달된다(〈그림2-1〉). 만약 단순한 확산에 의해 농도 구배가 형성된다면 Wg형태발생물질이 합성되는 곳의 앞쪽 및 뒤쪽으로 농도 구배가 형성될 것을 예상할 수 있지만(〈그림 2-2〉), 실제로 〈그림 2-1〉에서 보이는 바와 같이 Wg가 뒤쪽으로는 이동하지 않고 앞쪽으로만 분포하는 현상이 관찰되었다.

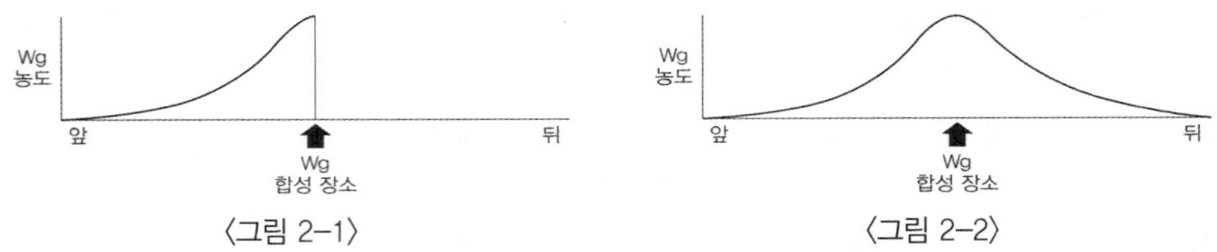

〈그림 2-1〉 〈그림 2-2〉

여러 가지 실험 결과를 바탕으로 초파리 배아에서 이러한 비대칭적인 전달을 설명하는 모델로서 아래와 같은 가설이 제시되었다.

(1) 수용체에 의한 전달 : 형태발생물질을 분비하는 세포 옆에 있는 세포의 표면에 있는 수용체가 형태발생물질을 인식하고 그 다음 세포의 수용체에 형태발생물질을 넘겨준다고 보는 가설이다. 이때 수용체의 양이 이미 비대칭적으로 분포하고 있다면 수용체에 부착된 형태발생물질의 농도 구배가 이루어질 수 있다.

(2) 세포막에 둘러싸인 소낭의 흡수에 의한 전달 : 형태발생물질을 분비하는 세포에서 형태발생물질이 소낭, 즉 작은 주머니에 싸여 앞쪽의 세포로만 단계적으로 전달된다고 보는 가설이다. 이 과정에서 형태발생물질의 일부만이 다음 세포로 전달되면 비대칭적 농도 구배가 이루어질 수 있다.

우리 몸을 구성하는 각 기관의 세포 조성이 다르고 서로 다른 발생 단계에서 각 세포가 처해 있는 환경이 다르므로 위에서 제시한 형태발생물질 농도 구배의 형성을 한 가지 모델로만 설명하는 것은 불가능하다. 특정 발생 단계에서는 단순한 확산에 의해서 농도 구배를 형성하고, 다른 환경이나 발생 단계에서는 위에서 기술한 비대칭적 이동에 의해 형태발생물질의 농도 구배가 형성된다고 설명하는 것이 타당하다. 하지만 어떤 방법에 의해서든지 형태발생물질의 농도 구배의 형성은 각각의 농도에 따른 서로 다른 유전자의 발현을 촉진함으로써 다양한 세포 및 기관의 형성 결정에 기여한다.

14 윗글의 내용과 일치하지 않는 것은?

① 구형의 수정란은 형태발생물질의 도움으로 신체 구조의 전후좌우가 비대칭적인 성체로 발생하게 된다.

② 단순 확산으로 전달되는 형태발생물질의 농도는 형태발생물질 분비 조직과의 물리적 거리에 반비례한다.

③ 모든 세포는 동일한 유전자를 가지고 있지만 특정 전사인자의 활성화 여부에 따라 서로 다른 단백질을 만들어낸다.

④ 형태발생물질의 비대칭적 확산을 위해서는 형태발생물질 분비 조직의 주변 세포에 있는 수용체 또는 소낭의 역할이 필요하다.

⑤ 형태발생물질은 척색이 있는 동물의 발생에서는 단순 확산의 형태로, 초파리와 같은 무척추 동물의 발생에서는 비대칭적 확산의 형태로 주로 쓰인다.

ⓒ 대립 구조 분석

ⓒ 필수체크 패러프레이징

15 윗글을 바탕으로 추론한 것으로 타당한 것을 〈보기〉에서 고른 것은?

보기

ㄱ. 신경관을 이루는 세포들의 운명이 결정되기 전에 척색을 제거하면 바닥판세포가 형성되지 않을 것이다.
ㄴ. 신경관을 이루는 세포들의 운명이 결정되기 전에 척색을 다른 위치로 이동하면 그 위치와 가장 가까운 곳에서 지붕판세포가 생길 것이다.
ㄷ. 분화되지 않은 신경관에 있는 세포들을, 바닥판세포를 형성하는 Shh의 역치보다 높은 농도의 Shh와 함께 배양하면 사이신경세포보다 바닥판세포가 더 많이 형성될 것이다.
ㄹ. 운동신경세포를 결정짓는 Shh 농도의 역치는 사이신경세포를 결정짓는 Shh 농도의 역치보다 낮을 것이다.

① ㄱ, ㄷ ② ㄱ, ㄹ ③ ㄴ, ㄷ
④ ㄴ, ㄹ ⑤ ㄷ, ㄹ

16 초파리 배아의 발생 과정에 관하여 추론한 것으로 타당한 것은?

① Wg 수용체의 비대칭적 분포는 Wg의 농도 구배에 기인한다.
② Wg를 발현하는 세포로부터 앞쪽으로 멀어질수록 Wg 수용체의 농도는 높다.
③ 소낭에 의해 전달되는 Wg의 양은 Wg를 발현하는 세포에서 멀어질수록 많다.
④ Wg 합성 장소에서 앞쪽과 뒤쪽으로 같은 거리만큼 떨어진 두 세포에서 만들어지는 mRNA는 동일하다.
⑤ Wg 수용체 유전자 또는 소낭을 통해 Wg 수송을 촉진하는 유전자는 Wg 합성 장소 앞쪽에서 발현한다.

MEMO

과학(생물) 지문 03	2013학년도 25-27번	상위 테마 - 생물학 (개체의 발달과 세포 분열)
		하위 테마 - 상실배아 단계에서 속세포덩어리의 분화 메커니즘

[25~27] 다음 글을 읽고 물음에 답하시오.

우리 몸의 수많은 세포들은 정자와 난자가 수정하여 형성된 단일 세포인 접합체가 세포 분열을 하여 만들어진 것이다. 포유류의 경우, 접합체의 세포 분열로 형성되는 초기 배반포 단계에서 나중에 태반의 일부가 되는 영양외배엽 세포와 그에 둘러싸인 속세포덩어리가 형성되는데, 이 속세포덩어리는 나중에 태아를 이루는 모든 세포로 분화되는 다능성(多能性)을 지닌다. 그렇다면 속세포덩어리는 어떻게 만들어질까?

접합체는 3회의 세포 분열을 통해 8개의 구형(球形) 세포로 구성된 8-세포가 된 후, 형태를 변화시키는 밀집 과정을 통해 8-세포 상실배아가 된다. 다음으로, 8-세포 상실배아는 세포의 보존 분열과 분화 분열로 16-세포 상실배아가 되는데, 보존 분열은 분열 후 두 세포의 성질이 같은 경우이며, 분화 분열은 분열 후 두 세포의 성질이 서로 다른 경우이다. 8-세포 상실배아의 일부 세포는 보존 분열로 16-세포 상실배아의 표층을 형성하는 세포들이 되고, 나머지 세포는 분화 분열로 16-세포 상실배아의 표층에 1개, 내부에 1개로 갈라져서 분포함으로써, 16-세포 상실배아는 표층 세포와 내부 세포로 구분되는 모습을 처음으로 띠게 된다. 한편 이 두 갈래의 세포 분열은 16-세포 상실배아에서도 일어나서 32-세포 상실배아가 형성된다. 32-세포 상실배아의 표층 세포들은 이후 초기 배반포의 영양외배엽 세포들로 분화되고 내부 세포들은 속세포덩어리 세포들로 분화된다.

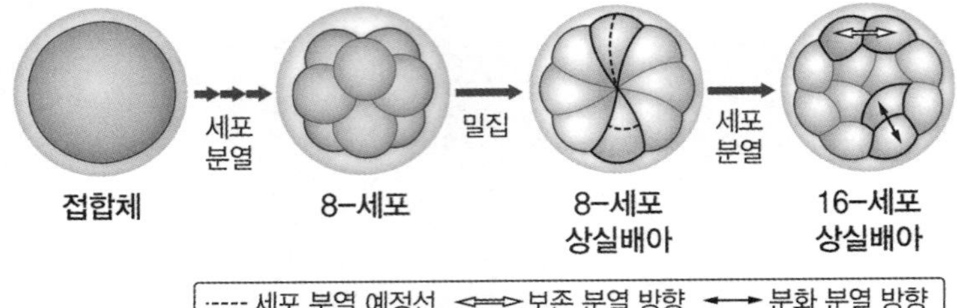

여기서 문제는 16-세포 상실배아와 32-세포 상실배아의 세포가 어떻게 서로 다른 성질을 가진 세포로 분화되는가이다. 이에 대해 두 개의 가설이 제시되었다. 먼저 '내부-외부 가설'은 하나의 세포가 주변 세포와의 접촉 정도와 외부 환경에의 노출 여부에 따라 서로 다르게 분화된다고 보았다. 곧 상실배아의 내부 세포는 표층 세포보다 주변 세포와의 접촉 정도가 더 크고 바깥 환경과 접촉하지 못하므로 내부 세포와 표층 세포는 서로 다른 세포로 분화된다는 것이다.

그러나 8-세포 상실배아 상태에서 특정 물질들의 분포에 따라 한 세포가 성질이 다른 두 부분으로 구분된다는 것이 발견되면서, '양극성 가설'이 새로 제시되었다. 8-세포 단계에서 세포 내에 고르게 분포했던 어떤 물질들이 밀집 과정에서 바깥이나 안쪽 중 한쪽으로 쏠려 분포하게 되어 결과적으로 8-세포 상실배아의 각 세포는 두 부분으로 구분된다. 이 물질들을 양극성 결정 물질이라고 부르며, 이 물질의 분포에 따라 서로 다른 성질의 세포로 분화된다는 것이 '양극성 가설'이다. 이 가설에 따르면 8-세포 상실배아의 세포가 분화 분열되면서 형성된 16-세포 상실배아의 표층 세포는 원래 가지고 있던 양극성 결정 물질의 분포를 유지하지만, 분열로 만들어진 내부 세포에는 분열 이전에 바깥쪽에 쏠려 분포했던 양극성 결정 물질이 없다. 표층 세포와 내부 세포의 이런 차이 때문에 분화될 세포의 유형이 다르게 된다는 것이다.

과학자들은 상실배아의 표층 세포와 내부 세포의 분화와 관련하여 다능성-유도 물질 OCT4와 영양외배엽 세포 형성 물질 CDX2를 주목하였다. 8-세포 상실배아의 모든 세포에서 OCT4는 고르게 분포하지만, CDX2는 그렇지 않다. 이는 양극성 결정 물질 중 세포의 바깥 부분에만 있는 물질이 CDX2를 세포 바깥쪽에 집중적으로 분포하게 하기 때문이다. 이후 16-세포 상실배아가 되면, 표층 세포에서는 OCT4가 점차 없어지는 반면, 내부 세포에서는 잔류 CDX2가 점차 없어지는데, 이는 표층 세포에서는 CDX2가 OCT4의 발현을 억제하고, 내부 세포에서는 OCT4가 CDX2의 발현을 억제하기 때문이다. 한편 CDX2를 발현시키는 물질의 기능을 억제하는 '히포' 신호 전달 기전 또한 관련 현상으로 연구되었다. 이에 따르면, 16-세포 상실배아의 모든 세포에 존재하는 이 기전은 주변 세포와의 접촉이 커지면 활성화되어 CDX2의 양이 감소한다. 이러한 연구 결과들은 CDX2와 OCT4의 상호 작용이 분화 분열로 만들어진 두 세포가 달라지는 원인임을 말해 준다.

25 속세포덩어리의 형성과 관련하여 위 글을 통해 알 수 없는 것은?

① 속세포덩어리로 세포가 분화되는 과정
② 속세포덩어리로 분화될 세포의 양극성 존재 여부
③ 속세포덩어리로 분화될 세포가 최초로 형성되는 시기
④ 속세포덩어리가 될 세포의 수를 결정하는 물질의 종류
⑤ 속세포덩어리가 될 세포를 형성하기 위한 세포 분열의 방법

대립 구조 분석

필수체크 패러프레이징

26 16-세포 상실배아기 동안 일어나는 현상으로 옳은 것은?

① 내부 세포에서 CDX2를 발현시키는 물질의 기능이 활성화된다.
② 보존 분열에 의해 형성된 세포에서 '히포' 신호 전달 기전이 활성화된다.
③ 표층 세포의 바깥쪽 부분에서 CDX2의 발현을 억제하는 OCT4의 영향력이 증가한다.
④ 분화 분열에 의해 형성된 내부 세포에서 CDX2 양에 대한 OCT4 양의 비율이 감소한다.
⑤ 표층 세포와 내부 세포 간에 CDX2의 분포를 결정하는 양극성 결정 물질의 양에 차이가 생긴다.

27 〈보기〉는 여러 단계의 상실배아에 있는 세포에 조작을 가하여 배양한 결과를 정리한 것이다. 실험 결과가 해당 가설을 지지할 때, ㉠, ㉡, ㉢으로 알맞은 것은?

보기

대상 세포	가해진 조작	배양된 세포유형	가설
32-세포 상실배아의 내부에 있는 세포	인위적인 방법을 사용하여 표층으로 옮겨 배양	㉠	내부-외부가설
16-세포 상실배아의 내부에 있는 세포	채취하여 단독으로 배양	㉡	내부-외부가설
8-세포 상실배아에 있는 세포	채취하여 바깥쪽에 쏠려 있는 양극성 결정 물질의 기능을 억제하는 물질을 주입한 후 단독으로 배양	㉢	양극성가설

	㉠	㉡	㉢
①	영양외배엽	영양외배엽	영양외배엽
②	영양외배엽	영양외배엽	속세포덩어리
③	영양외배엽	속세포덩어리	속세포덩어리
④	속세포덩어리	속세포덩어리	영양외배엽
⑤	속세포덩어리	속세포덩어리	속세포덩어리

MEMO

과학(생물) 지문 04	2017학년도 30-32번	상위 테마 - 생물학 (개체의 발달과 세포 분열)
		하위 테마 - 소장의 성체장줄기세포의 분열과 분화

[30~32] 다음 글을 읽고 물음에 답하시오.

양분을 흡수하는 창자의 벽은 작은 크기의 수많은 융모로 구성되어 있다. 융모는 창자 내부의 표면적을 넓혀 영양분의 효율적인 흡수를 돕는다. 융모는 아래의 그림에서 볼 수 있듯이, 한 층으로 연결된 상피세포로 이루어져 있다. 이 상피세포들은 융모의 말단 부위에서 지속적으로 떨어져 나가고, 이 공간은 융모의 양쪽 아래에서 새롭게 만들어져 밀고 올라오는 세포로 채워진다. 새로운 세포를 만드는 역할은 융모와 융모 사이에 움푹 들어간 모양으로 존재하는 소낭의 성체장줄기세포가 담당한다. 소낭의 성체장줄기세포는 판네스세포를 비롯한 주변 세포로부터 자극을 받아 지속적으로 자신과 동일한 성체장줄기세포를 복제하거나, ㉠ <u>새로운 상피세포로 분화하는 과정</u>을 거친다.

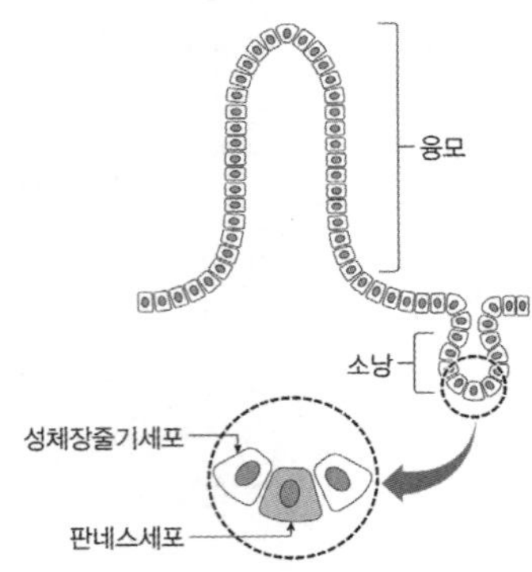

세포의 복제나 분화 과정에서 세포는 주변으로부터 다양한 신호를 받아서 처리하는 신호전달 과정을 거쳐 그 운명이 결정된다. 세포가 외부로부터 받는 신호의 종류와 신호전달 과정은 초파리에서 인간에 이르기까지 대부분의 동물에서 동일하다. 세포 내 신호전달의 일종인 'Wnt 신호전달'은 배아 발생 과정과 성체 세포의 항상성 유지에 중요한 역할을 한다. 이 신호전달의 특이한 점은 세포에서 분비되는 단백질의 하나인 Wnt를 분비하는 세포와 그 단백질에 반응하는 세포가 서로 다르다는 것이다. Wnt 분비 세포 주변의 세포들 중 Wnt와 결합하는 'Wnt 수용체'를 가진 세포는 Wnt 신호전달을 통해 여러 유전자를 발현시켜 자신의 분열과 분화를 조절한다. 그런데 Wnt 신호전달에 관여하는 유전자에 돌연변이가 생길 경우 다양한 종류의 질병이 발생할 가능성이 있다. 만약 Wnt 신호전달이 비정상적으로 활성화되면 세포 증식을 촉진하여 암을 유발하며, 이와 달리 지나치게 불활성화될 경우 뼈의 형성을 저해하여 골다공증을 유발한다.

Wnt 분비 세포의 주변 세포가 Wnt의 자극을 받지 않을 때, APC 단백질이 들어 있는 단백질 복합체 안에서 GSK3β가 β-카테닌에 인산기를 붙여 주는 인산화 과정이 그 주변 세포 내에서 수행된다. 이렇게 인산화된 β-카테닌은 분해되어 세포 내의 β-카테닌의 농도를 낮게 유지하는 기능을 한다. 이와는 달리, Wnt 분비 세포의 주변에 있는 세포 표면의 Wnt 수용체에 Wnt가 결합하게 되면 GSK3β의 활성이 억제되어 β-카테닌의 인산화가 더 이상 일어나지 않는다. 인산화되지 않은 β-카테닌은 자신을 분해하는 단백질과 결합할 수 없으므로 β-카테닌이 분해되지 않아 세포 내의 β-카테닌의 농도가 높게 유지된다. 이렇게 세포 내에 축적된 β-카테닌은 핵 안으로 이동하여 여러 유전자의 발현을 촉진하게 된다. 이런 식으로 유전자 발현이 촉진되면 암이 발생할 수도 있는데, 예를 들어 대장암 환자들은 APC 단백질을 만드는 유전자에 돌연변이가 생긴 경우가 많다. β-카테닌을 인산화하는 복합체가 형성되지 않아 β-카테닌이 많아지고, 그에 따라 세포 증식이 과도하게 일어나기 때문에 암이 생기는 것이다.

한편, 창자의 융모와 융모 사이에 존재하는 소낭에서도 Wnt 신호전달이 일어난다. 판네스세포는 Wnt를 분비하고 그 주변에 있는 성체장줄기세포는 Wnt 수용체를 가진다. 판네스세포에 가장 인접한 성체장줄기세포가 Wnt를 인식하면, 세포 내 β-카테닌의 농도가 높아져 이 단백질에 의존하는 유전자가 발현됨으로써 자신과 똑같은 세포를 지속적으로 복제하도록 한다. 반면에 성체장줄기세포가 분열하면서 생긴 세포가 나중에 생긴 세포에 밀려 판네스세포에서 멀어지면, 상대적으로 Wnt 자극을 덜 받아서 낮은 농도의 β-카테닌을 갖게 된다. 그 결과 자신과 똑같은 세포를 지속적으로 복제하는 데 관여하는 유전자는 더 이상 발현하지 않게 되어 성체장줄기세포가 분열하면서 생긴 세포는 상피세포로 분화한다.

30 윗글의 내용과 일치하는 것은?

① 창자 내부의 표면적은 융모의 개수와 반비례한다.
② 성체장줄기세포의 위치는 소낭에서 융모로 바뀐다.
③ 성체장줄기세포는 Wnt를 분비하여 상피세포로 분화한다.
④ 융모를 이루는 세포는 소낭의 성체장줄기세포가 분화하여 만들어진다.
⑤ 융모에서 만들어지는 세포는 소낭 쪽으로 이동하여 성체장줄기세포로 전환된다.

31 ㉠을 유도하는 현상이 아닌 것은?

① 판네스세포에 돌연변이가 생겨 Wnt 분비가 중단된다.
② 판네스세포와 성체장줄기세포의 물리적 거리가 멀어진다.
③ 성체장줄기세포에서 β-카테닌의 인산화가 활발하게 일어난다.
④ 성체장줄기세포에 GSK3β의 활성을 억제하는 물질을 첨가한다.
⑤ 성체장줄기세포의 Wnt 수용체에 돌연변이가 생겨 Wnt와 결합하지 못한다.

32 윗글에서 추론한 내용으로 가장 적절한 것은?

① 성체장줄기세포의 수가 감소하면 창자에서 양분의 흡수가 증가하게 될 것이다.
② Wnt 신호전달을 조절하여 골다공증을 치료하는 약물은 β-카테닌의 양을 증가시킬 것이다.
③ GSK3β의 활성을 위해 필요한 APC 단백질은 인산화된 β-카테닌 단백질의 분해를 막을 것이다.
④ APC에 돌연변이가 일어난 대장암 세포에 Wnt를 처리하면 β-카테닌 단백질의 양이 줄어들 것이다.
⑤ β-카테닌 유전자에 돌연변이가 일어나서 β-카테닌 단백질에 GSK3β에 의한 인산화가 일어나지 않으면 성체장줄기세포의 수가 감소하게 될 것이다.

과학(생물) 지문 05	2010학년도 10-12번	상위 테마 - 생물학 / 하위 테마 - 생물의 계통유연관계

[10~12] 다음 글을 읽고 물음에 답하시오.

다윈 이전의 시대에는 따개비를 연체동물에 속하는 삿갓조개류와 계통상 가깝다고 생각했다. 따개비는 해안가 바위의 부착 생물로 패각을 가지며 작은 분화구 모양을 띠고 있어 외견상 삿갓조개류와 유사하다. 하지만 오늘날에는 따개비가 절지동물 중 게, 새우와 계통상 가까운 것으로 보고 있다. 조류의 경우에도 깃털과 날개의 존재, 이빨의 부재 등 파충류와는 외형상 극명한 차이가 있어 계통상 거리가 먼 것으로 보았다. 그러나 최근의 계통분류학적 연구 결과들은 가슴쇄골이 작고 두 발로 뛰어다녔던 공룡의 일족으로부터 조류가 진화했다는 파충류 기원설을 지지하고 있다.

이와 같이 생물의 계통유연관계가 바뀐 예들을 찾는 것은 그리 어려운 일이 아니다. 그 변화는 주로 계통수(系統樹) 작성 시 이용되는 자료의 종류와 계통수 작성법의 차이에 기인한다. 인접학문의 발전에 힘입어 분자 정보나 초미세 구조와 같은 새로운 정보들이 추가되면서 계통수 작성 시 이용되는 자료가 양적으로 풍부해지고 질적으로 향상되었다. 더불어 새로운 계통수 작성법의 개발과 기존 방법의 지속적 개선이 계통유연관계의 변화를 촉발시키는 동인이 되어 왔다.

오늘날 사용되는 계통수 작성법들은 '거리 행렬'이나 '최대 단순성 원리', 또는 '확률'에 기반을 두고 있다. 수리분류학자들은 분류군 간의 형질 차이를 나타내는 거리 행렬을 이용하여 계통수를 작성한다. 이들은 관찰된 모든 분류학적 형질을 이용하며, 주관성과 임의성을 배제하기 위해 수리적 기법을 도입하여 사용한다. 계통수 작성을 위해 먼저 분류군 간 형질 비교표(〈표 1〉)를 만들고, 분류군 간 형질 차이를 측정한다. 분류군 A와 B 사이는 조사된 5개의 형질 중 2개의 형질이 다르므로 둘 사이의 거리는 2/5, 즉 0.4가 되고, A와 C 사이, B와 C 사이의 거리는 각각 4/5로서 0.8이 된다. 이 중 가장 작은 거리 값을 갖는 A와 B를 먼 저 묶어 준다(〈그림 1〉). 이어서 묶인 A와 B를 하나의 분류군 A-B로 간주하고 거리를 다시 계산한다. 이때 A-B와 C 사이의 거리는 A와 C 사이 거리와 B와 C 사이 거리의 산술 평균값인 0.8이 된다. 네 종 이상의 분류군을 대상으로 할 경우 이 단계에서 여러 개의 거리 값이 나오므로 가장 작은 거리 값을 찾아 해당 분류군을 묶어 주어야 하지만, 이 예에서는 값이 하나이므로 C를 A-B에 묶어 주면 된다(〈그림 2〉).

〈표1〉 세 분류군 간 형질 비교표 〈그림 1〉 〈그림 2〉

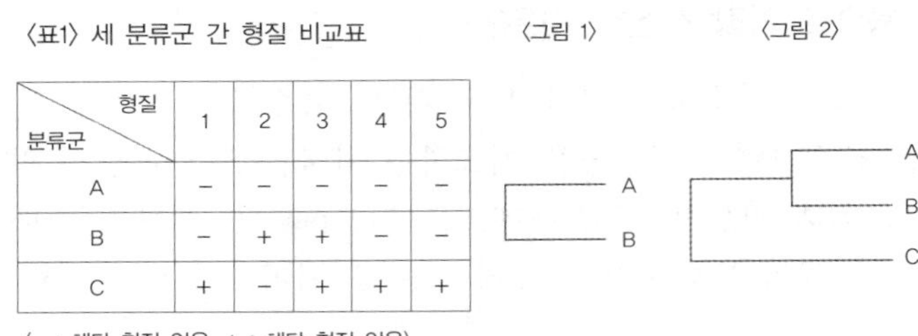

분류군 \ 형질	1	2	3	4	5
A	−	−	−	−	−
B	−	+	+	−	−
C	+	−	+	+	+

(− : 해당 형질 없음, + : 해당 형질 있음)

한편, 가장 단순한 것이 최선이라는 최대 단순성 원리에 근거해 계통수를 작성하는 분기론자들은 두 분류군 이상에서 공통으로 나타나는 파생형질, 즉 공유파생형질만을 계통수 작성에 이용한다. 원시형질이나 단 하나의 분류군에서만 나타나는 파생형질인 자가파생형질은 타 분류군과의 유연관계 규명에 도움을 주지는 못한다. 어떤 형질이 파생형질인지 확인하기 위해서는 계통진화학적 정보가 필요하다. 곤충의 예에서, 화석에 나타난 초기 곤충은 날개가 없었는데 진화 과정에서 날개가 출현했다는 것을 알고 있어야만 '날개 없음'이 원시형질이고 '날개 있음'이 파생형질임을 알 수 있다. 이때 '날개 있음'은 날개 있는 곤충들을 한 그룹으로 묶어 주는 공유파생형질이 될 수 있다(〈그림 3〉(A) 참조). 〈그림 3〉과 같이 세 종의 곤충에 대한 계통수 작성 시 서로 다른 세 종류의 계통수가 가능한데, 최대 단순성 원리에 근거하여 단 한 번의 날개 출현 사건만을 가정하는 〈그림 3〉(A)가 두 번의 가정을 필요로 하는 〈그림 3〉(B)나 〈그림 3〉(C)보다 더 신뢰할 만한 계통수로 간주된다.

<그림 3>

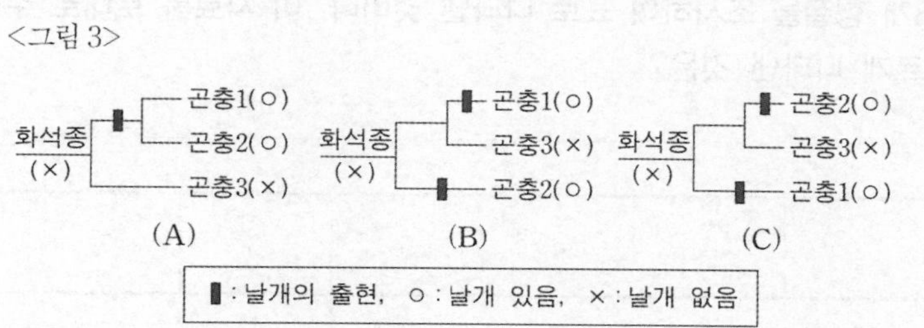

확률 기반의 계통수 작성법은 전술한 두 방법에 비해 신뢰성 면에서 상대적 우위를 가진다. 이 방법은 엄청난 계산 시간이 소요되어 대량의 자료 분석에서는 그 이용에 한계를 드러내는 단점이 있으나 컴퓨터 계산 능력이 향상되면서 점차 그 유용성이 증대되고 있다.

현재 계통분류학자들은 지구상의 모든 생물을 아우르는 거대 계통수 작성에 심혈을 기울이고 있다. 따라서 기존에 알려진 계통유연관계는 머지않은 장래에 상당한 변화를 겪게 될 것이다. 생물의 계통유연관계는 고정불변의 사실이 아닌 미완의 가설로서 지금도 끊임없이 재구성되고 있는 것이다.

10 위 글의 내용과 일치하지 않는 것은?

① 최근의 연구를 통해 조류의 새로운 계통적 위치가 제시되었다.
② 타 학문의 발달이 계통수 작성 시 사용할 수 있는 자료의 다양성을 증가시켰다.
③ 수리분류학자의 계통수는 개별 형질의 특성을 잘 드러내는 장점이 있다.
④ 분기론자는 이전의 계통진화학적 정보에 근거해 얻은 정보를 바탕으로 계통수를 작성한다.
⑤ 컴퓨터 과학의 발달로 대량의 자료를 이용한 계통수 작성법이 용이해지고 있다.

11 〈표 1〉의 '－'를 원시형질로, '＋'를 파생형질로 가정하고 분기론자의 입장에서 분류군 A, B, C의 계통유연관계를 규명하고자 할 때, 고려해야 할 내용으로 옳은 것만을 〈보기〉에서 있는 대로 고른 것은?

보기

ㄱ. 1, 4, 5번 형질은 분류군 A와 B를 묶어 주는 형질이다.
ㄴ. 2번 형질은 분류군 B의 자가파생형질이다.
ㄷ. 3번 형질은 분류군 B와 C를 묶어 주는 공유파생형질이다.
ㄹ. 최선의 계통수 선택에는 최대 단순성 원리를 적용한다.

① ㄱ, ㄴ ② ㄱ, ㄹ ③ ㄷ, ㄹ
④ ㄱ, ㄴ, ㄹ ⑤ ㄴ, ㄷ, ㄹ

대립 구조 분석

필수체크 패러프레이징

12 〈보기〉는 네 분류군 A~D의 8개 형질을 조사하여 표로 나타낸 것이다. 이 자료를 토대로 수리분류학자가 파악한 계통유연관계를 바르게 나타낸 것은?

보기

분류군 \ 형질	1	2	3	4	5	6	7	8
A	−	−	+	−	−	+	−	−
B	+	+	+	−	+	+	+	−
C	−	−	+	+	−	−	−	+
D	−	−	−	−	−	−	−	−

(− : 해당 형질 없음, + : 해당 형질 있음)

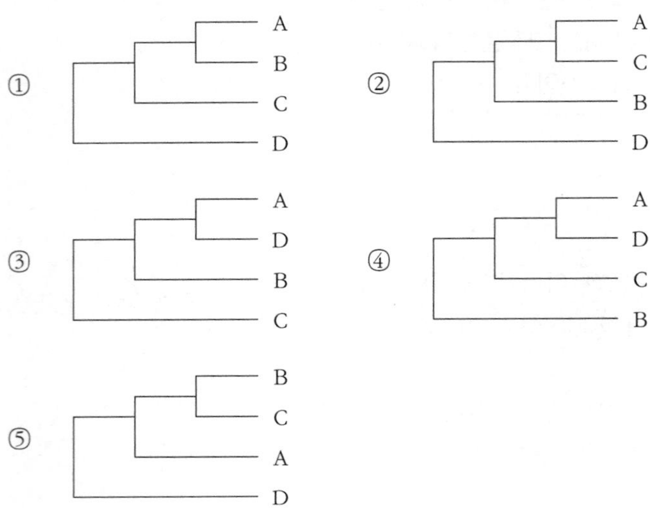

MEMO

과학(생물) 지문 06	2012학년도 15-17번	상위 테마 - 생물학 하위 테마 - 지방의 분해 및 호르몬에 의한 작용 프로세스

[15~17] 다음 글을 읽고 물음에 답하시오.

신체 내에 지방이 저장되는 과정과 분해되는 과정은 많은 연구들을 통해 명확히 알려져 있다. 지방은 지방세포 속에 중성지방의 형태로 축적된다. 이 과정을 살펴보면, 음식물 형태로 섭취된 지방은 소화 과정에서 효소들의 작용에 의해 중성지방으로 전환되어 작은창자에서 흡수되고 혈액에 의해 운반된 후 지방 조직에 저장된다. 이 과정에서 중성지방은 작은창자의 세포 내로 직접 흡수되지 못하기 때문에 췌장에서 분비된 지방 분해 효소인 리파아제에 의해 지방산과 글리세롤로 분해되어 흡수된다. 이렇게 작은 창자의 세포에 흡수된 지방산과 글리세롤은 에스테르화라는 화학 반응을 통해 다시 합쳐져서 중성지방이 된다. 이 중성지방은 작은 창자의 세포 내에서 혈관으로 방출되어 신체의 여러 부위로 이동한다. 중성지방이 지방세포 근처의 모세혈관에 도달하였을 때, 모세혈관 세포의 세포막에 붙어 있는 리파아제에 의해 다시 지방산과 글리세롤로 분해된 후 지방세포 내로 흡수된다. 이때의 리파아제는 지방 흡수를 위해 지방세포에서 분비되어 옮겨진 것이다.

지방세포는 흡수된 지방산과 글리세롤을 다시 에스테르화하여 중성지방의 형태로 저장한다. 만약 혈액 내에 중성지방의 양이 너무 많아서 기존의 지방세포가 커지는 것만으로는 더 이상 저장할 수 없을 경우, 지방세포의 수가 늘어나서 초과된 양을 저장한다. 지방세포에 저장된 중성지방은 다시 지방산과 글리세롤로 분해된 후 혈액으로 분비되어 신체 기관에 필요한 에너지를 만드는 데 중요한 에너지원이 된다. 이러한 중성지방의 분해는 카테콜아민이라는 신경 전달 물질에 의한 지방세포 내 호르몬-민감 리파아제의 활성화를 통해 일어나는 카테콜아민-자극 지방 분해와 카테콜아민의 작용 없이 일어나는 기초 지방 분해로 나뉜다. 이 가운데 기초 지방 분해는 특별히 많은 에너지가 필요 없는 평상시에 일어나며, 카테콜아민-자극 지방 분해는 격한 운동을 할 때와 같이 에너지가 많이 필요할 때 일어난다. 일반적으로 기초 지방 분해 과정에 의한 중성지방의 분해 속도는 지방세포의 크기가 클수록 빨라진다.

따라서 지방세포 내로 중성지방이 저장되는 것을 조절하거나 지방세포 내 중성지방의 분해를 조절하는 것이 체내 지방의 축적을 조절하는 방법이 된다. 이러한 지방 축적의 조절에는 성장 호르몬이나 성 호르몬 같은 내분비 물질이 관여한다. 이 가운데 성장 호르몬은 카테콜아민-자극에 대한 민감도를 증가시켜 지방 분해를 촉진하는 동시에, 지방세포가 분비한 리파아제의 활성을 감소시켜 지방세포 내 중성지방의 저장을 줄이는 것으로 알려져 있다. 이러한 이유로 성장 호르몬의 분비량이 많은 사춘기보다 분비량이 줄어드는 성인기에 지방세포 내 중성지방의 축적이 증가하게 되는 것이다.

한편 성 호르몬의 혈중 농도는 사춘기에 증가하며 성인기에 일정 수준 이상으로 유지되다가 노년기에 이르러 감소한다. 성 호르몬이 지방의 축적과 분해에 관여하는 기전은 아직 정확히 알려져 있지 않지만, 최근 연구들은 여성의 경우 둔부와 대퇴부의 피부 조직 아래의 피하 지방세포에 지방이 더 많이 축적되는 데 비해 남성의 경우 복부 창자의 내장 지방세포에 더 많이 축적된다는 사실로부터 지방 축적에 대한 성 호르몬의 기능을 설명하려고 한다.

성별 지방 축적의 차이를 밝히려는 이러한 시도들은 두 가지 부면으로 나누어 이해될 수 있다. 먼저 성별에 따른 지방의 축적 및 분해 양상의 차이이다. 성인의 내장 지방세포의 경우, 카테콜아민-자극 지방 분해 속도는 여성이 남성보다 빠르며, 지방세포에서 분비된 리파아제의 활성은 남성이 여성보다 더 높다. 반면에 성인의 둔부와 대퇴부의 피하 지방세포의 경우, 카테콜아민-자극 지방 분해 속도는 남성이 여성보다 빠르며, 에스테르화되는 중성지방의 양은 여성이 남성보다 더 많다. 다음은 신체 부위에 따른 지방 분해 양상의 차이이다. 여성의 경우는 카테콜아민-자극 지방 분해가 둔부와 대퇴부 피하 지방세포보다 내장 지방세포에서 더 빠르게 일어나는 반면, 남성의 경우는 그 속도가 비슷하다.

이처럼 성별 및 부위별 지방세포에 따라 중성지방의 저장과 분해 능력이 서로 다르다는 것은 성 호르몬이 지방세포에서 일어나는 중성지방의 저장과 분해 과정의 조절에 매우 복잡한 방법으로 관여하고 있음을 시사한다.

15 위 글의 내용과 일치하지 않는 것은?

① 카테콜아민은 지방세포 내에서 지방산과 글리세롤의 에스테르화 반응을 일으킬 수 있다.
② 중성지방이 에너지원으로 작용하기 위해서는 지방산과 글리세롤로 분해되어야 한다.
③ 신체 내에 지방세포가 다른 부위보다 더 잘 축적되는 부위는 성별에 따라 다르다.
④ 음식물 형태의 지방은 작은창자에서 흡수되기 위해 효소의 작용이 필요하다.
⑤ 지방세포의 크기와 지방세포에서 일어나는 기초 지방 분해 속도는 비례한다.

16 '리파아제'에 관한 설명으로 적절하지 않은 것은?

① 성장 호르몬은 호르몬-민감 리파아제의 활성을 증가시킨다.
② 지방세포에서 분비된 리파아제는 지방세포에서 지방산 분비를 감소시킨다.
③ 췌장에서 분비된 리파아제의 활성이 억제되면, 체내에 지방 축적이 감소된다.
④ 신체에서 많은 에너지가 요구되면, 지방세포 내 호르몬-민감 리파아제의 활성이 증가한다.
⑤ 모세혈관 세포의 세포막에 붙어 있는 리파아제의 활성이 증가하면, 지방세포 내에서 에스테르화되는 지방산과 글리세롤의 양은 증가한다.

대립 구조 분석

필수체크 패러프레이징

17 〈보기〉와 같은 실험을 수행한다고 할 때, 위 글의 내용으로 미루어 지방량 증가가 예상되는 것만을 있는 대로 고른 것은?

보기

아래와 같은 피험자들을 대상으로 일정 기간 동안 약물을 투여한 후, 투여 전후의 내장지방 또는 대퇴부 피하지방의 양을 비교하였다. (단, 약물 투여 전후의 기초 지방 분해량에는 차이가 없다고 가정하고, 투여 약물이 지방 조직을 제외한 다른 조직에 작용하여 지방 조직에 미치는 영향은 고려하지 않는다.)

	피험자	투여 약물	측정 부위
ㄱ	정상 체중의 32세 남성	여성 성 호르몬	대퇴부 피하
ㄴ	혈중 여성 성 호르몬 농도가 매우 낮은 70세 여성	남성 성 호르몬	내장
ㄷ	성장 호르몬이 분비되지 않는 35세 남성	성장 호르몬	내장
ㄹ	혈중 여성 성 호르몬 농도가 매우 낮은 35세 여성	여성 성 호르몬	내장

① ㄱ, ㄴ
② ㄱ, ㄴ, ㄷ
③ ㄱ, ㄷ, ㄹ
④ ㄴ, ㄷ
⑤ ㄴ, ㄷ, ㄹ

MEMO

과학(물리학 · 공학) 영역

물리학/공학 지문 01	2011학년도 15-17번	상위 테마 - 물리학/화학/지구과학
		하위 테마 - 고전물리학과 양자역학의 관계

[15~17] 다음 글을 읽고 물음에 답하시오.

20세기에 들어서면서 물리학은 크게 변모했다. 특히 특수상대성이론과 양자역학의 등장은 가히 혁명적인 변화를 가져왔다. 그런데 이 두 예는 과학의 진보가 어떤 방식으로 이루어지는가 하는 물음의 관점에서 볼 때 상이한 특징을 드러낸다.

1905년 발표된 특수상대성이론은 시간과 공간 같은 물리학의 개념들을 변화시켰을 뿐만 아니라, 물리학에 등장하는 여러 공식들을 고쳐 쓰게 만들었다. 오랫동안 상대 운동에 관한 유효한 공식으로 승인되었던 속도의 덧셈 법칙도 이에 해당한다. 이 법칙은 시속 150km로 달리는 기차 안에서 반대 방향으로 시속 150km로 달리는 옆 선로의 기차를 볼 때 그것이 시속 300km로 도망가는 듯 보인다는 상식적인 사실을 설명해 주지만, 특수상대성이론에 따르면 이와 같은 덧셈 법칙은 정확하지 않다.

그렇다고 해서 고전물리학이 새 이론에 의해 완전히 부정된 것은 아니다. 특수상대성이론의 관점에서 보더라도 고전물리학의 식들은 대부분의 상황에서 아무 문제가 없을 만큼 정확한 설명과 예측을 제공하기 때문이다. 예컨대 앞에서 말한 기차가 만일 초속 15만km로 달린다면 새 이론과 고전물리학의 계산에 뚜렷한 차이가 나겠지만, 음속을 넘는 시속 1,500km 정도에서도 두 계산의 결과는 충분히 훌륭한 근사를 보여 준다. 특수상대성이론은 고전물리학의 설명력을 고스란히 포섭하는 반면, 고전물리학은 특수상대성이론이 설명할 수 있는 영역 중 '속도가 그다지 크지 않다면'이라는 조건으로 제한되는 영역에서 여전히 유효하다. 이렇게 볼 때 특수상대성이론은 고전물리학을 포섭하면서 설명과 예측의 영역을 확장시켰다는 점에서 물리학의 진보를 이루었다고 확언할 수 있다.

양자역학의 경우는 어떠한가? 1910년대에 물리학자들은 원자에 속한 전자들의 동역학적 상태를 설명하려 했지만 고전물리학으로는 그런 설명이 불가능했다. 결국 물리학자들은 고전물리학과 양립 불가능한 전제들을 토대로 삼아 양자역학의 체계를 구축함으로써 비로소 문제의 현상에 대한 정확하고도 일관성 있는 설명을 제공할 수 있었다. 원자에 구속되지 않은 자유로운 전자의 운동은 고전물리학으로 설명되는 반면, 원자 안의 전자를 설명하는 데는 양자역학이 필요하다. 원자 안의 전자가 충분한 에너지를 얻으면 자유로운 전자가 되는데, 마치 그렇게 풀려나면서 양자역학의 영토로부터 고전물리학의 영토로 건너오는 꼴이었다.

문제는 양자역학의 식들이 고전물리학이 효과적으로 설명해 온 현상들을 설명하는 데 힘을 발휘하지 못한다는 점이다. 이 때문에 양자역학의 등장이 물리학의 진보를 의미한다고 확신할 수 없다는 의견도 있을 수 있다. 양자역학만으로는 설명할 수 없는 당구공의 충돌 같은 현상이 고전물리학 고유의 영역에 버티고 있기 때문이다. 1980년대부터 발달한 혼돈이론의 경우는 두 이론 간 관계의 또 다른 면을 보여 준다. 혼돈이론은 아주 미세하게 다른 두 초기 상태가 시간의 흐름 속에서 어떻게 발달해 가는지를 살피는데, 양자역학에서는 '아주 미세하게 다른 두 초기 상태'라는 개념의 의미가 명확히 규정될 수 없는 경우가 존재한다. 이는 혼돈 이론이 고전물리학의 토대 위에서만 성립할 수 있음을 의미한다.

그러나 양자역학과 고전물리학은 절묘하게 서로 연결된다. 원자에서 막 풀려나오는 순간의 전자에 대응되는 극한 조건을 가정하면 신통하게도 양자역학의 식은 고전물리학이 내놓는 식과 일치하는 형태를 띤다. 이는 각기 다른 현상 영역을 맡아 설명하고 있는 두 이론이 극한 조건 아래 두 영역의 경계에서 만나 매끄러운 이음매를 만들며 연결되고 있음을 의미한다. 이런 연결을 통해 고전물리학과 양자역학은 물리학을 구성하는 상보적인 부분들로 자리를 잡는다.

만일 고전물리학이 폐기되어 사라졌거나 고전물리학과 양자역학이 매끄럽게 하나로 연결되지 못했다면, 20세기 물리학의 진보에 대한 평가는 논쟁거리가 될 수 있을 것이다. 그러나 우리가 가진 물리학 전체를 놓고 볼 때 분명해진 사실은 ㉠ <u>양자역학의 등장 역시 물리학의 진보로 귀결되었다</u>는 것이다. 고전물리학과 특수상대성이론과 양자역학 덕분에 우리는 '다채로우면서도 하나로 연결된 세계'에 대한 '다채로우면서도 하나로 연결된 물리학'을 가지고 있다.

15 위 글의 내용을 바르게 이해한 것은?

① 혼돈 현상을 설명하는 데는 양자역학이 적용된다.
② 원자에 속한 전자의 운동을 설명하는 데는 고전물리학이 적용된다.
③ 고전물리학에 등장하는 모든 개념은 특수상대성이론에서도 유지된다.
④ 특수상대성이론에서 속도의 덧셈 법칙은 고전물리학에서와 동일한 식으로 표현된다.
⑤ 음속과 비슷한 속력의 운동은 고전물리학과 특수상대성이론 중 어느 것으로 설명하든 거의 차이가 없다.

16 ㉠의 판단을 가능하게 하는 위 글의 시각과 일치하지 않는 것은?

① 과학의 진보를 평가할 때는 이미 한계를 드러낸 옛 이론도 고려해야 한다.
② 물리학의 진보는 물리학으로 설명할 수 있는 현상의 범위가 확장되는 것을 의미한다.
③ 두 이론의 영역이 만나는 경계에서 두 이론의 식이 일치한다면 두 이론은 하나로 연결될 수 있다.
④ 두 이론이 기초하고 있는 전제가 서로 양립 불가능하다면 두 이론은 서로 매끄럽게 연결될 수 없다.
⑤ 옛 이론으로 풀 수 없던 문제를 새 이론이 해결했다고 해도 그것으로 과학의 진보가 보장되는 것은 아니다.

대립 구조 분석

필수체크 패러프레이징

17 위 글의 관점을 〈보기〉의 사례에 적용한 설명으로 가장 적절한 것은?

> 보기
>
> 갈릴레오 낙하 법칙 $s = \frac{1}{2}gt^2$은 자유롭게 낙하하는 물체의 낙하거리(s)와 낙하시간 (t)의 관계를 나타낸다. 뉴턴 역학의 중력 법칙과 운동 방정식을 쓰면 갈릴레오의 법칙이 왜 성립하는지 설명할 수 있지만, 뉴턴 역학의 관점을 엄격히 적용하면 갈릴레오의 법칙은 정확한 진술이 아니다. 물체가 낙하함에 따라 물체와 지구 중심 사이의 거리가 변하고 그에 따라 둘 사이의 중력도 변하기 때문에, 낙하 법칙에서 상수로 가정된 중력 가속도 g는 사실 상수가 아니다. 그러나 우리가 경험하는 낙하 운동은 지구의 반지름에 비해 아주 작은 구간에서 일어나기 때문에 낙하하는 동안 중력이 일정하다고 간주할 수 있다.

① 특수상대성이론이 고전물리학의 식들을 포섭하는 것처럼 뉴턴 역학은 충분히 훌륭한 근사를 통해 갈릴레오의 법칙을 포함한다.

② 고전물리학과 양자역학의 영토가 매끄럽게 하나로 연결되고 있는 것처럼 갈릴레오의 법칙이 유효한 범위는 뉴턴 역학의 영토와 잇닿아 있다.

③ 갈릴레오의 법칙은 뉴턴 역학의 관점에서 상수가 아닌 g를 상수로 간주한다는 점에서 뉴턴 역학과 '하나로 연결된 물리학'을 형성할 수 없다.

④ 혼돈이론이 고전물리학과 양자역학을 연결하는 것과 마찬가지로 갈릴레오의 법칙은 뉴턴 이전의 역학과 뉴턴 역학을 연결하는 이음매 역할을 한다.

⑤ 갈릴레오의 법칙과 뉴턴 역학은 서로 상충하는 이론적 전제 위에 구축되었지만, 전자로 후자를 근사적으로 설명할 수 있기 때문에 한 이론의 상보적 부분들이 된다.

MEMO

물리학/공학 지문 02	2010학년도 27-29번	상위 테마 - 물리학/화학/지구과학
		하위 테마 - 양자화학을 통해 본 화학과 물리학의 관계

[27~29] 다음 글을 읽고 물음에 답하시오.

화학과 물리학은 어떤 관계에 있고, 양자의 관계는 두 학문의 발전에 어떤 영향을 미치나? 두 학문은 오랫동안 따로 따로 발달했지만 100년 전쯤부터 급속히 서로 가까워졌다. 첫 접촉 지점은 분광 스펙트럼이었다. 스펙트럼 분석법은 1870년대부터 화학자들에게 유용한 도구였다. 미량의 시료만 있어도 분광 스펙트럼에 나타나는 색 띠들의 패턴이 거기 어떤 물질들이 포함되어 있는지 어김없이 알려주었기 때문이다. 그러나 왜 그런 색 띠들이 나타나고 그 패턴이 원소마다 고유한지 화학자들은 설명하지 못했다. 그런데 원자의 구조와 씨름하던 물리학자들이 이 선들이 원자 안의 전자들이 방출하는 전자기파에 의한 것임을 알아냈고, 원소마다 고유한 전자 배치가 스펙트럼의 고유한 패턴의 근거라는 설명을 제공해 주었다. 1913년 물리학자 보어는 원자 이론을 토대로 수소 원자의 스펙트럼을 거의 정확히 설명해 냈다. 그의 이론은 수소 이외에 다른 원소의 스펙트럼에 대해서는 눈감아 줄 수 없는 오차를 낳았지만, 그런 이유로 인해 폐기된 것이 아니라 오히려 더 많은 원소들의 스펙트럼을 설명할 수 있는 세련된 이론의 형성을 촉발하여 현대 물리학의 중심 이론인 양자역학의 발달에 초석이 되었다.

이처럼 한 분야가 필요로 하는 이론이나 방법론을 다른 분야가 제공할 때 두 분야 간에는 일종의 비대칭적 의존 관계가 형성되는데, 화학과 물리학 사이에는 광범위하게 이런 의존의 관계가 있는 것처럼 보인다. 이 때문에 적지 않은 이들이 화학은 물리학으로 환원 가능하다고 주장한다. 전자의 설명력을 후자로 흡수 통합시킬 수 있다는 얘기다. 이런 주장이 정당화되려면 화학적 문제가 요구하는 설명과 예측을 물리학이 빠짐없이 제공할 수 있어야 할 것이다.

최근 화학에는 양자화학이라는 분야가 발달해 화학적 현상을 현대 물리학의 핵심 이론인 양자역학의 기반으로 환원시켜 다루는 프로그램을 실행하고 있다. 양자화학은 양자역학의 도구인 슈뢰딩거 방정식을 써서 분자 내 전자들의 정밀한 배치 구조를 계산한다. 양자화학에서 '순이론적 방법'은 주어진 계(system)에 대한 슈뢰딩거 방정식을 세우고 그 해를 구한 뒤에 그것을 화학적 문제에 적용하려 한다. 예컨대 수소 원자의 경우 슈뢰딩거 방정식 $\hat{H}\Psi = E\Psi$는 다음과 같은 형태를 띤다.

$$\left(-\frac{\hbar^2}{2m}\nabla^2 - \frac{Ze^2}{r}\right)\Psi = E\Psi$$

다른 경우에도 그 계의 퍼텐셜 에너지를 고려하여 슈뢰딩거 방정식을 세우고 그 방정식을 풀어 파동함수 Ψ를 구하면 그것을 가지고 과학자는 계의 상태에 대한 여러 가지 계산을 해낼 수 있다.

그러나 슈뢰딩거 방정식을 풀어 해를 구할 수 있는 것은 기껏해야 원자핵과 전자 한 개로 구성된 수소 원자의 경우뿐이다. 헬륨 원자나 수소 분자까지 포함해서 화학자들이 관심을 갖는 사실상 모든 경우에 슈뢰딩거 방정식의 정확한 해는 구할 수 없다. 이런 경우 해의 근사적 형태를 구하지만, 아주 비슷한 것이라도 '진짜 그것'은 아니다. 환원의 장애물은 이뿐만이 아니다. 수소 원자의 경우라도 외부 자기장의 영향이 있으면 정확한 해를 구할 수 없다. 이 때문에 양자화학에서는 근사와 보정의 기법을 적극 활용하는 '보정된 방법'이 많이 쓰인다. 이러한 근사의 기법은 양자역학의 수학적 기법의 발달에도 영향을 미쳤다. '보정된 방법'에서는 실험에서 옳다고 판명된 해를 문제 상황의 이론적 접근에 활용한다. 파동함수 Ψ가 취할 수 있는 여러 형태 가운데 하나를 택할 때나 근사의 세부 방식을 정할 때, 화학자들은 이미 확보된 경험적 자료의 관점에서 가장 그럴 듯한 것을 택한다. 또 그러한 시도 끝에 얻은 화학 실험의 결과는 다시 이론 쪽에 투입되어 처음에 놓았던 이론적 가정을 수정하는 데 쓰인다. 화학자들은 이 과정을 반복하면서 출발점에 놓을 이론을 수정해간다. 이는 환원하는 이론이 환원될 대상인 화학의 방식으로 산출된 자료에 의지할 수밖에 없음을 뜻하고, 이로써 ㉠ 양자화학에서 의도된 환원은 성립하지 않는다는 사실이 다시 한 번 드러난다.

그러나 분광 스펙트럼과 원자 이론의 관계에서와 마찬가지로 이 경우에도 현재의 환원 가능성만이 의미 있는 것은 아니다. 오히려 불완전한 환원을 완성하려고 애쓰는 과정에서 환원의 토대가 되는 이론과 그것으로부터 설명을 제공받는 이론이 모두 발전의 계기를 얻는다. 분야 간의 환원 가능성을 둘러싼 토론은 현재 상태에서 환원이 성공하는가의 여부가 아니라 두 분야의 발전 방향을 지시한다는 역동성의 관점에서 중요하다.

27 '양자화학'에 대한 위 글의 서술과 부합하지 않는 것은?

① '보정된 방법'에서도 양자역학의 이론적 도구가 활용된다.
② '순이론적 방법'은 '보정된 방법'보다 적용 가능한 범위가 좁다.
③ 양자화학의 방법론은 물리학과 화학의 비대칭적 의존 관계를 보여 준다.
④ 화학 실험의 정밀한 결과 없이는 이론적 예측의 정확도도 높이기 어렵다.
⑤ 슈뢰딩거 방정식을 써서 계의 퍼텐셜 에너지를 파악하려면 파동함수를 알아야 한다.

28 ㉠의 주장을 약화시키는 진술만을 〈보기〉에서 있는 대로 고른 것은?

보기

ㄱ. 이론으로 실험 결과를 설명했다고 하려면 이론이 실험 결과를 반영하여 조정된 것이어서는 안 된다.
ㄴ. 슈뢰딩거 방정식의 해의 근삿값은 그것의 참값에 못지않은 정확한 설명과 예측을 가능케 한다.
ㄷ. 동일한 외부 자기장의 영향이 있을 경우, 둘 이상의 원자로 이루어진 분자보다 수소 원자에서 해의 근삿값 구하기가 더 쉽다.

① ㄱ ② ㄴ ③ ㄷ
④ ㄱ, ㄴ ⑤ ㄴ, ㄷ

29 위 글에 나타난 '양자화학에서 물리학과 화학의 관계'에 대응시켜 DNA 연구에서 화학과 생물학의 관계를 파악할 때 가장 적절한 것은?

① 현재로서는 유기체의 생활상 같은 거시적 차원을 화학적 탐구대상인 DNA의 수준으로 환원시켜 설명할 수 없는 것이 사실이지만, 환경 역시 분자로 구성된 체계일 뿐이므로 생물학은 결국 DNA 연구를 통해 화학으로 환원될 것이다.
② DNA 연구는 생명 현상 전부를 설명하지는 못하지만 광범위한 현상에 대해 DNA 기반의 일관성 있는 설명을 가능케 하는 한편, DNA 수준의 복잡한 분자 구조를 분석하는 화학적 기법의 발달을 촉진하고 있다.
③ 이제는 유전학에서 발달생물학에 이르기까지 생명과학의 전 영역이 DNA의 분자적 구조라는 기반 위에서 설명 가능하게 되었다. 생물학의 탐구에서 화학적 방법론은 필수 불가결의 요소라고 보아야 한다.
④ 유기체의 생활상은 다양한 환경적 요인에 의해 좌우되기 때문에 DNA 구조를 화학적으로 아무리 면밀히 분석해도 충분히 설명할 수가 없다. 화학적 탐구로는 생명 현상을 포괄적으로 설명할 수 없다.
⑤ DNA 연구는 불완전하게나마 생명 현상을 화학적인 수준에서 일관성 있게 설명할 수 있는 틀을 만들어 냈으며, 장차 학문 융합을 통해 생물학과 화학을 대체할 수 있는 새 분야를 탄생시킬 것이다.

ⓒ 대립 구조 분석

ⓒ 필수체크 패러프레이징

물리학/공학 지문 03	2014학년도 4-7번	상위 테마 - 물리학/화학/지구과학
		하위 테마 - 상전이 이론의 사회학적 응용

[4~7] 다음 글을 읽고 물음에 답하시오.

상전이(相轉移)는 아주 많은 수의 입자로 구성된 물리계에서 흔하게 나타나는 현상이다. 물 같은 액체 상태의 물질에 열을 가하면, 그 물질은 밀도가 천천히 감소하다가 어느 단계에 이르면 갑자기 기체 상태로 변하기 시작하면서 밀도가 급격히 감소한다. 이처럼 특정 조건에서 계의 상태가 급격하게 변하는 현상이 상전이이다. 1기압하의 물이 0℃에서 얼고 100℃에서 끓듯이 상전이는 특정한 조건에서, 즉 전이점에서 일어난다. 그런데 불순물이 전혀 없는 순수한 물은 1기압에서 온도가 0℃ 아래로 내려가도 얼지 않고 계속 액체 상태에 머무르는 경우가 있다. 응결핵 구실을 할 불순물이 없는 경우 물이 어는점 아래에서도 어느 온도까지는 얼지 않고 이른바 과냉각 상태로 존재할 수 있는 것이다.

더 흥미로운 것은 어는점보다 훨씬 높은 온도에서까지 고체 상태가 유지되는 경우다.우뭇가사리를 끓여서 만든 우무는 실제로 어는점과 녹는점이 뚜렷이 다르다. 액체 상태의 우무는 1기압에서 온도가 대략 40℃ 이하로 내려가면 응고하기 시작하는 반면, 고체 상태의 우무는 80℃가 되어야 녹는다. 우무 같은 물질의 이런 성질을 '이력 특성'이라고 부른다. 직전에 어떤 상태에 있었는가 하는 '이력'이 현재 상태에 영향을 준다는 의미에서 붙인 이름이다. 어는점과 녹는점이 사실상 똑같이 0℃인 물의 경우는 이에 해당하지 않지만, 많은 물질의 상전이 현상에서 이력 특성이 나타난다.

경제학자인 캠벨과 오머로드는 물리학 이론인 상전이 이론을 적용하여 범죄율의 변화 같은 사회 현상을 설명하는 모형을 제시했다. 이 모형은 일종의 유비적 사고를 보여 준다. 그런데 사회가 수많은 개체들과 그것들 간의 상호 작용으로 구성된 계라는 점에서 수많은 입자들과 그것들 간의 상호 작용으로 구성된 물질계와 유사한 구조를 지녔음을 고려한다면, 그것은 임의적인 유비가 아니라 의미 있는 결론을 낳을 만한 시도이다.

두 경제학자는 물질의 상태가 일반적으로 온도와 압력에 의해 영향을 받듯이 한 사회의 범죄율이 대개 그 사회의 궁핍의 정도와 범죄 제재의 강도라는 두 요소에 의해 좌우된다고 가정한다. 재산도 직장도 없는 빈곤한 구성원의 비율이 높을수록 범죄율이 높아지는 반면, 사회가 범죄를 엄중하게 제재할수록 범죄율이 낮아진다는 것이다. 그런데 여러 연구 조사에 따르면 사회적, 경제적 궁핍의 정도가 완화되거나 범죄에 대한 제재가 강화된다고 해서 그 사회의 범죄율이 곧장 감소하지는 않는다. 캠벨과 오머로드는 이와 같은 사실을 설명하기 위해, 물질이 고체, 액체, 기체 같은 특정한 상태에 있을 수 있는 것처럼 사회도 높은 범죄율 상태와 낮은 범죄율 상태에 있을 수 있다고 가정한다.

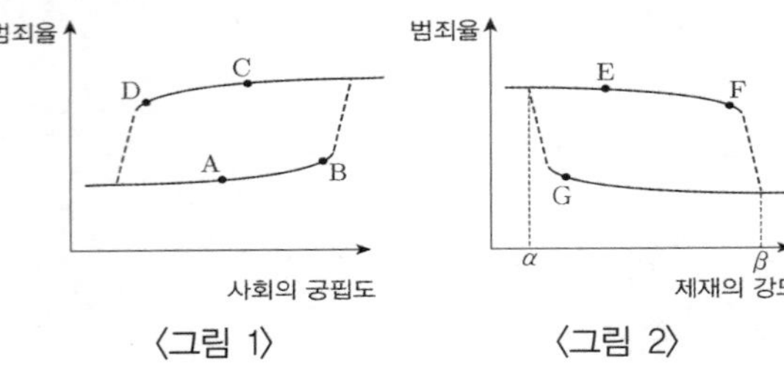

〈그림 1〉 〈그림 2〉

〈그림 1〉과 〈그림 2〉에서 각각 아래쪽의 실선은 낮은 범죄율 상태를 나타내고 위쪽의 실선은 높은 범죄율 상태를 나타낸다. 예를 들어 〈그림 1〉에서 사회가 점 A에 해당하는 상태에 있다면 이 사회는 낮은 범죄율 상태에 있는 것이고, 이 경우 사회의 궁핍도가 어느 정도 더 커져도 범죄율은 별로 증가하지 않는다. 하지만 궁핍이 더 심해져 B 지점에 이르면 궁핍이 조금만 더 심화되어도 범죄율의 급격한 상승, 즉 그림의 점선 부분에 해당하는 상전이가 일어나게 된다. 또 사회가 C처럼 높은 범죄율 상태에 있을 경우 궁핍의 정도가 완화되어도 범죄율은 완만하게 감소할 뿐이지만, D 지점에 도달해 있는 경우 궁핍의 정도가 조금만 줄어도 범죄율이 급격히 감소하는 또 한 번의 상전이가 일어나게 된다. 이와 같은 범죄율의 변화는 이력 특성을 보여준다. 다시 말해, 사회의 궁핍도에 대한 정보만으로는 범죄율을 추정할 수 없고, 그것이 직전에 높은 범죄율 상태였는지 낮은 범죄율 상태였는지에 대한 정보가 필요하다.

중요한 것은 이들이 제시한 모형이 실제 통계 자료에 나타난 사회 현상을 잘 설명해 준다는 점이다. 이는 한 사회의 범죄 제재 강도와 범죄율의 상관관계에 대해서도 마찬가지다. 사회의 궁핍도를 비롯한 다른 조건이 동일한 상황에서, 범죄에 대한 사회적제재의 강도가 변하는 경우 범죄율은 〈그림 2〉와 같은 형태로 이력 특성을 포함한 상전이의 패턴을 나타낸다.

04 위 글의 견해가 아닌 것은?

① 한 사회의 특성은 특정 조건에서는 다른 조건에서와 달리 급격하게 변화한다.
② 물리적 현상을 설명하는 이론을 응용하여 사회 현상을 설명하는 것이 가능하다.
③ 유비적 사고의 타당성은 유비를 통해 연결되는 두 대상의 구조가 서로 유사할 때 강화된다.
④ 한 계의 상태가 어떤 조건에서 급격한 변화를 나타낼 것인지는 계를 구성하는 요소의 종류와 무관하게 결정된다.
⑤ 하나의 계가 드러내는 특성은 현재 그것을 제약하는 변수들만으로 결정되지 않고 그것이 지나온 역사적 경로에 의해서 좌우될 때가 많다.

⊙ 대립 구조 분석

⊙ 필수체크 패러프레이징

05 위 글에서 알 수 있는 것만을 〈보기〉에서 있는 대로 고른 것은?

보기

ㄱ. 상전이에서 이력 특성이 나타나지 않는 물질이 과냉각 상태의 액체로 존재할 수 있다.
ㄴ. 이력 특성을 갖는 물질은 온도와 압력을 알아도 그 물질의 상태를 알 수 없는 경우가 있다.
ㄷ. 불순물이 전혀 포함되지 않은 순수한 물에서는 온도 변화에 따른 상전이 현상이 일어나지 않는다.

① ㄴ ② ㄷ ③ ㄱ, ㄴ
④ ㄱ, ㄷ ⑤ ㄱ, ㄴ, ㄷ

06 〈그림 2〉에 대한 분석으로 옳지 않은 것은?

① E 상태에서 범죄에 대한 제재가 어느 정도 강화되더라도 범죄율의 변화는 미미할 것이다.
② F 상태에서 범죄에 대한 제재를 조금 더 강화하면 범죄율은 급감할 것이다.
③ G 상태에서 범죄에 대한 제재가 조금 더 약해질 경우 범죄율이 급증할 소지가 있다.
④ α는 높은 범죄율 사회를 낮은 범죄율 사회로 변화시킬 수 있는 제재의 강도에 해당한다.
⑤ 범죄에 β보다 더 강한 제재가 가해지는 사회에서 범죄율은 낮은 상태를 유지할 것이다.

07 〈보기〉의 ⓐ를 반박할 근거 자료로 가장 적절한 것은?

> 보기
>
> A: 캠벨과 오머로드의 모형으로 범죄율의 변화를 설명할 수 있다고 해서 다른 사회 현상도 비슷한 방식으로 설명되리라고 생각할 이유는 없어. 예를 들어 출산율만 해도 범죄율과는 전혀 다른 문제지.
>
> B: 아니, 출산율의 변화도 이 모형으로 설명할 수 있어. 자녀 양육 수당이나 다자녀 세금 감면 같은 경제적 유인이 출산율을 증가시키는 반면, 교육비 부담 같은 경제적 압박의 심화는 출산율을 감소시키지. 중요한 것은, ⓐ 출산율의 이런 변화에서도 이력 특성이 나타난다는 점이야.

① 실제로 어느 고출산율 사회에서 정부가 육아 지원을 30%나 축소했음에도 불구하고 출산율의 변화는 미미하였다.
② 저출산율 사회를 탈피하게 하는 육아 지원의 규모가 고출산율 사회에서 저출산율 사회로 이행하는 시점의 육아 지원 규모와 일치하였다.
③ 정부의 육아 보조금 같은 긍정적 요인보다 양육비와 교육비의 증가 같은 부담 요인이 출산율에 훨씬 더 뚜렷한 영향을 미치는 것으로 드러났다.
④ 자녀 양육 수당의 증액은 출산율 변화에 눈에 띄는 영향을 미쳤던 데 반하여 다자녀 세금 감면 혜택의 강화는 출산율에 거의 영향을 미치지 않았다.
⑤ 자녀 교육에 드는 비용의 증대가 출산율의 급격한 변화를 야기한 것으로 나타났지만 그러한 변화를 야기한 교육비 수준은 명확한 금액으로 제시하기 어려웠다.

MEMO

물리학/공학 지문 04	2011학년도 33-35번	상위 테마 - 물리학/화학/지구과학 하위 테마 - 전자기파를 이용한 지표 원격탐사

[33~35] 다음 글을 읽고 물음에 답하시오.

지구 주위를 돌고 있는 수많은 인공위성에는 지표를 세밀히 관측할 수 있는 다양한 영상 센서가 탑재되어 있다. 1960년대 초반부터 주로 군사적 목적으로 개발되기 시작한 위성 영상 센서는 근래에는 지구 환경의 이해를 위한 과학적 목적으로도 광범위하게 사용되고 있다. 원격탐사학은 이러한 센서 시스템을 통하여 비접촉 방식으로 물체에 대한 정보를 취득하고 분석하는 학문이다. 이를 바르게 이해하기 위해서는 원격탐사에 사용되는 에너지와 물체 간의 복잡한 상호 작용을 살펴보아야 한다.

태양으로부터 방출된 복사 에너지는 전자기파의 형태로 우주 공간을 빛의 속도로 진행한 후 지구 대기를 통과하여 지표면에서 반사된 다음 다시 대기를 거쳐 위성 센서에 도달하는 방식으로 측정된다. 물체에 입사하는 에너지와 반사되는 에너지의 비를 반사율이라 하는데, 원격탐사는 파장에 따른 반사율인 분광 반사율을 이용하여 물체의 성질을 알아낸다.

물체는 다양한 파장의 복사 에너지를 방출하는데, 그중 에너지가 최대인 파장을 '최대 에너지 파장'이라 한다. 표면의 절대 온도가 약 6,000K인 태양의 최대 에너지 파장은 0.48㎛이다. 이에 맞추어 초기의 위성 영상은 가시광선(0.4~0.7㎛)만을 이용했는데, 근래에는 기술의 발달로 사람의 눈으로는 볼 수 없는 근적외선, 중적외선, 열적외선 등 다양한 파장 대역을 이용할 수 있게 되어 원격탐사의 유용성이 더욱 커졌다.

예를 들어 우리 눈에는 천연 잔디와 인공 잔디가 똑같이 녹색으로 보이지만, 근적외선(0.7~1.2㎛)을 사용하면 두 물체는 확연히 구별된다. 녹색의 잎은 이 대역에서 약 50%의 강한 반사를 일으켜 위성 영상에서 밝게 보이는 반면, 인공 잔디는 약 5%만을 반사하여 어둡게 보이기 때문이다.

중적외선(1.2~3.0㎛)은 잎의 수분 함량에 대한 민감도가 가시광선보다 뛰어나 작물의 생육 상태와 관련된 중요한 정보를 얻는 데 사용된다. 또한 중적외선은 광물이나 암석의 고유한 분광 반사 특성을 이용한 자원 탐사에도 활용된다. 도자기의 원료인 고령토는 2.17, 2.21, 2.32, 2.58㎛의 중적외선을 흡수하는데, 어떤 물체의 분광 반사율이 이와 같은 특성을 가진다면 이는 고령토로 판단할 수 있다.

지구에서 방출되는 지구 복사 에너지가 집중되어 있는 열적외선(3~14㎛)은 지표면의 온도 분포에 대한 정보를 제공한다. 물체가 방출하는 복사 에너지의 최대 에너지 파장은 물체의 절대 온도에 반비례하므로, 산불(온도 약 800K, 최대 에너지 파장 3.62㎛) 감시나 지표면의 토양, 물, 암석 등(온도 약 300K, 최대 에너지 파장 9.67㎛)의 온도 감지에는 열적외선 센서가 유용하다.

여기서 전자기파는 지표에 도달하기 전과 반사된 후에 각각 대기 입자에 의해 산란·흡수된다는 점에 유의해야 한다. 대기 중에 먼지, 안개, 구름이 없는 청명한 날에도 산소나 질소 입자와 같이 입사파의 파장보다 월등히 작은 유효 지름을 가지는 대기 입자에 의하여 산란이 발생한다. 이를 레일리 산란이라 하는데, 그 강도는 파장의 4제곱에 반비례한다. 예를 들어 파장이 0.32㎛인 자외선은 파장이 0.64㎛인 적색광에 비하여 약 16배 강한 산란을 보인다. 레일리 산란은 대기의 조성과 밀도를 알려 주는 중요한 지시자가 되기도 하지만, 지표를 촬영한 위성 영상의 밝기와 대비를 감쇠시키므로 이 점을 고려해야 한다. 일부 원격탐사 시스템 중에는 레일리 산란의 영향이 큰 청색을 배제하고 녹색, 적색, 근적외선 센서들로만 구성하여, 천연색 영상의 획득을 포기하는 경우도 있다.

대기 중 전자기파의 흡수는 물질의 고유한 공명 주파수에 따라 특정한 파장 대역에서 발생하는데, 수증기, 탄소, 산소, 오존, 산화질소 등 여러 대기 물질의 흡수 효과가 중첩되므로 일부 파장 대역의 전자기파는 맑은 날에도 지구 대기를 거의 통과하지 못한다. 다행히 가시광선을 비롯한 여러 전자기파 대역은 에너지가 매우 효율적으로 통과되는 '대기의 창'에 속한다. 위성 센서는 반드시 대기의 창에 해당하는 파장 대역에 맞추어 설계되어야 한다. 이 때문에 중적외선 센서는 대기 수분에 의한 강한 흡수 파장인 1.4, 1.9, 2.7㎛를 제외하고 설계하며, 열적외선 센서는 주로 3~5㎛와 8~14㎛ 대역만을 사용한다.

33 위 글의 내용과 일치하지 않는 것은?

① 원격탐사는 다양한 파장의 전자기파를 사용한다.
② 원격탐사를 통해 식물의 분포뿐 아니라 생육 상태도 알아낼 수 있다.
③ 광물이나 암석의 전자기파 흡수는 지표 관측 원격탐사의 방해 요소이다.
④ 대기에 의한 전자기파의 산란과 흡수로 인해 지표 관측 원격 탐사에서 보정의 필요성이 생긴다.
⑤ 지표 관측에 사용되는 태양 복사 에너지는 대기를 두 번 통과하여 인공위성 원격탐사 센서에 도달한다.

대립 구조 분석

필수체크 패러프레이징

34 아래 그림은 지표상의 두 물체 A, B의 분광 반사율과 전자기파의 대기 흡수율을 나타내는 그래프이다. A, B의 위성 영상에 대해 바르게 설명한 것은?

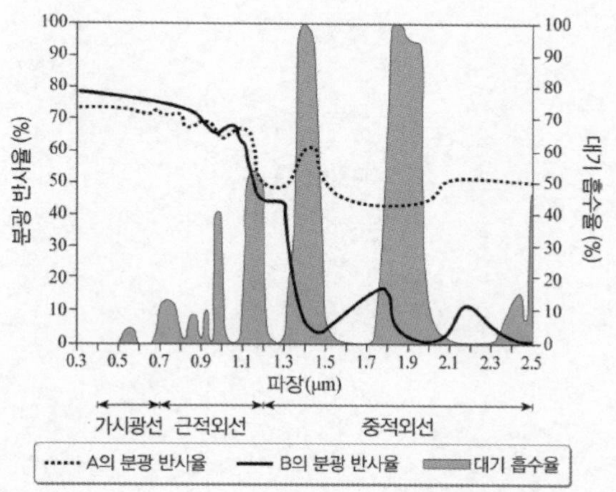

① A는 중적외선 대역 중에서는 약 1.4㎛에서 가장 밝게 보인다.
② B는 가시광선보다 중적외선에서 밝게 보인다.
③ A와 B를 모두 관측할 수 있는 '대기의 창'은 1.9㎛이다.
④ A와 B를 구별하려면 중적외선보다 가시광선 대역이 유리하다.
⑤ A와 B는 1.4㎛보다는 2.2㎛에서 더 효과적으로 구별된다.

35 위 글을 바탕으로 〈보기〉의 표에서 〈기초 정보〉와 〈계획〉이 바르게 짝지어진 것만을 있는 대로 고른 것은?

보기

2099년, 우리 은하에서 발견된 한 외계 행성의 자원 탐사를 위하여 행성 주변 궤도를 돌며 지속적으로 행성 표면을 관측할 인공위성의 영상 센서를 아래와 같이 설계하고자 한다. 이 외계 행성은 아래의 〈기초 정보〉를 제외하고는 모든 조건이 지구와 동일하다.

	〈기초 정보〉	〈계획〉
ㄱ	행성 표면의 평균 온도는 지구보다 낮다.	행성 복사 에너지의 최대 에너지 파장이 지구보다 짧아서 열적외선 센서에 사용되는 파장을 더 짧게 한다.
ㄴ	행성의 대기 밀도는 지구보다 낮다.	레일리 산란이 지구보다 더 강할 것이므로 청색 센서는 제외한다.
ㄷ	행성의 수증기량은 지구보다 적다.	대기의 창이 지구보다 더 확대될 것으로 보이므로, 보다 다양한 파장의 중적외선을 사용한다.

① ㄱ
② ㄷ
③ ㄱ, ㄴ
④ ㄴ, ㄷ
⑤ ㄱ, ㄴ, ㄷ

MEMO

물리학/공학 지문 05	2017학년도 18-20번	상위 테마 - 물리학/화학/지구과학 하위 테마 - 성운의 거리에 대한 천문학적 논의들

[18~20] 다음 글을 읽고 물음에 답하시오.

우주의 크기는 인류의 오랜 관심사였다. 천문학자들은 이를 알아내기 위하여 먼 별들의 거리를 측정하려고 하였다. 18세기 후반에 허셜은 별의 '고유 밝기'가 같다고 가정한 뒤, 지구에서 관측되는 '겉보기 밝기'가 거리의 제곱에 비례하여 어두워진다는 사실을 이용하여 별들의 거리를 대략적으로 측정하였다. 그 결과 별들이 우주 공간에 균질하게 분포하는 것이 아니라, 전체적으로 납작한 원반 모양이지만 가운데가 위아래로 볼록한 형태를 이루며 모여 있음을 알게 되었다. 이 경우, 원반의 내부에 위치한 지구에서 사방을 바라본다면 원반의 납작한 면과 나란한 방향으로는 별이 많이 관찰되고 납작한 면과 수직인 방향으로는 별이 적게 관찰될 것인데, 이는 밤하늘에 보이는 '은하수'의 특징과 일치한다. 이에 착안하여 천문학자들은 지구가 포함된 천체들의 집합을 '은하'라고 부르게 되었다. 별들이 모여 있음을 알게 된 이후에는 그 너머가 빈 공간인지 아니면 또 다른 천체가 존재하는 공간인지 의문을 갖게 되었으며, '성운'에 대한 관심도 커졌다.

성운은 망원경으로 보았을 때, 뚜렷한 작은 점으로 보이는 별과는 다르게 얼룩처럼 번져 보인다. 성운이 우리 은하 내에 존재하는 먼지와 기체들이고 별과 그 주위의 행성이 생성되는 초기 모습인지, 아니면 우리 은하처럼 수많은 별들이 모인 또 다른 은하인지는 오랜 논쟁거리였다. 앞의 가설을 주장한 학자들은 성운이 은하의 납작한 면 바깥에서는 많이 관찰되지만 정작 그 면의 안에서는 거의 관찰되지 않는다는 사실을 근거로 내세웠다. 그들에 따르면, 성운이란 별이 형성되는 초기의 모습이므로 이미 별들의 형성이 완료되어 많은 별들이 존재하는 은하의 납작한 면 안에서는 성운이 거의 관찰되지 않는다. 반면에 이들과 반대되는 가설을 주장한 학자들은 원반 모양의 우리 은하를 멀리서 비스듬한 방향으로 보면 타원형이 되는데, 많은 성운들도 타원 모양을 띠고 있으므로 우리 은하처럼 독립적인 은하일 것이라고 생각하였다. 그들에 따르면, 성운이 우주 전체에 고루 퍼져 있음에도 우리 은하의 납작한 면 안에서 거의 관찰되지 않는 이유는 납작한 면 안의 수많은 별과 먼지, 기체들에 의해 약한 성운의 빛이 가려졌기 때문이다.

두 가설 중 어느 것이 맞는지는 지구와 성운 사이의 거리를 측정하면 알 수 있다. 이 거리를 측정하는 방법은 밝기가 변하는 별인 변광성의 연구로부터 나왔다. 주기적으로 밝기가 변하는 변광성 중에는 쌍성이 있는데, 밝기가 다른 두 별이 서로의 주위를 도는 쌍성은 지구에서 볼 때 두 별이 서로를 가리지 않는 시기, 밝은 별이 어두운 별 뒤로 가는 시기, 어두운 별이 밝은 별 뒤로 가는 시기마다 각각 관측되는 밝기에 차이가 생긴다. 이 경우에 별의 밝기는 시간에 따라 대칭적으로 변화한다. 한편, 또 다른 특성을 지닌 변광성도 존재하는데, 이 변광성의 밝기는 시간에 따라 비대칭적으로 변화한다. 이와 같은 비대칭적 밝기 변화는 두 별이 서로를 가리는 경우와 다른 것으로, 별의 중력과 복사압 사이의 불균형으로 인하여 별이 팽창과 수축을 반복할 때 방출되는 에너지가 주기적으로 변화하며 발생한다. 이러한 변광성을 세페이드 변광성이라고 부른다.

1910년대에 마젤란 성운에서 25개의 세페이드 변광성이 발견되었다. 이들은 최대 밝기가 밝을수록 밝기의 변화 주기가 더 길고, 둘 사이에는 수학적 관계가 있음이 알려졌다. 이러한 관계가 모든 세페이드 변광성에 대해 유효하다면, 하나의 세페이드 변광성의 거리를 알 때 다른 세페이드 변광성의 거리는 그 밝기 변화 주기로부터 고유 밝기를 밝혀내어 이를 겉보기 밝기와 비교함으로써 알 수 있다. 이를 바탕으로 ㉠ <u>어떤 성운에 속한 변광성을 찾아 거리를 알아냄으로써 그 성운의 거리도 알 수 있게 되었는데</u>, 1920년대에 허블은 안드로메다 성운에 속한 세페이드 변광성을 찾아내어 그 거리를 계산한 결과 지구와 안드로메다 성운 사이의 거리가 우리 은하 지름의 열 배에 이른다고 밝혔다. 이로부터 성운이 우리 은하 바깥에 존재하는 독립된 은하임이 분명해지고, 우주의 범위가 우리 은하 밖으로 확장되었다.

18 윗글에서 알 수 있는 사실로 적절하지 않은 것은?

① 성운은 우주 전체에 고루 퍼져 분포한다.
② 안드로메다 성운은 별 주위에 행성이 생성되는 초기의 모습이다.
③ 밤하늘을 관찰할 때 은하수 안보다 밖에서 성운이 더 많이 관찰된다.
④ 밤하늘에 은하수가 관찰되는 이유는 우리 은하가 원반 모양이기 때문이다.
⑤ 타원 모양의 성운은 성운이 독립된 은하라는 가설을 뒷받침하는 증거이다.

19 ㉠과 같이 우리 은하 밖의 어떤 성운과 지구 사이의 거리를 알아내는 데 이용되는 사실만을 〈보기〉에서 있는 대로 고른 것은?

보기

ㄱ. 성운의 모양이 원반 형태이다.
ㄴ. 별의 겉보기 밝기는 거리가 멀수록 어둡다.
ㄷ. 밝기가 시간에 따라 대칭적으로 변하는 변광성이 성운 안에 존재한다.

① ㄱ ② ㄴ ③ ㄷ
④ ㄱ, ㄴ ⑤ ㄴ, ㄷ

20 두 변광성 A와 B의 시간에 따른 밝기 변화를 관측하여 〈보기〉와 같은 결과를 얻었다. 이에 대한 설명으로 가장 적절한 것은?

보기

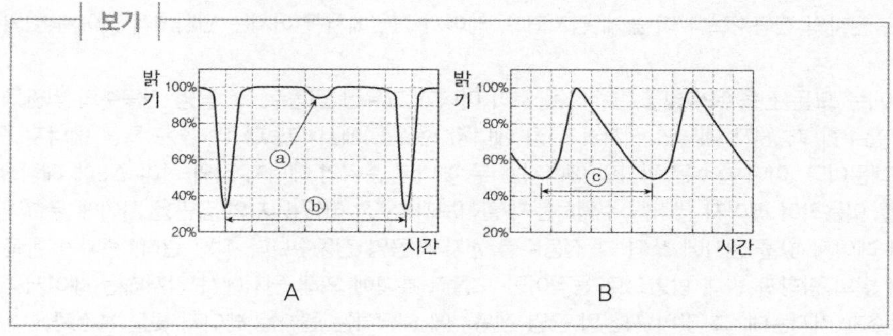

① A는 세페이드 변광성이다.
② B는 크기와 밝기가 비슷한 두 별로 이루어져 있다.
③ ⓐ는 밝은 별이 어두운 별을 가리고 있는 시기이다.
④ ⓑ를 측정하여 A의 거리를 알 수 있다.
⑤ ⓒ를 알아야만 B의 최대 겉보기 밝기를 알 수 있다.

© 대립 구조 분석

© 필수체크 패러프레이징

물리학/공학 지문 06	2016학년도 29-32번	상위 테마 - 물리학/화학/지구과학 하위 테마 - 레이저 냉각 기술의 원리

[29~32] 다음 글을 읽고 물음에 답하시오.

이론적으로 존재하는 가장 낮은 온도는 −273.16℃이며 이를 절대 온도 0K라고 한다. 실제로 0K까지 물체의 온도를 낮출 수는 없지만 그에 근접한 온도를 얻을 수는 있다. 그러한 방법 중 하나가 '레이저 냉각'이다.

레이저 냉각을 이해하기 위해 우선 온도라는 것이 무엇인지 알아보자. 미시적으로 물질을 들여다보면 많은 수의 원자가 모인 집단에서 원자들은 끊임없이 서로 충돌하며 다양한 속도로 운동한다. 이때 절대 온도는 원자들의 평균 운동 속도의 제곱에 비례하는 양으로 정의된다. 따라서 어떤 원자의 집단에서 원자들의 평균 운동 속도를 감소시키면 그 원자 집단의 온도가 내려간다. 레이저 냉각을 사용하면 상온(약 300K)에서 대략 200m/s의 평균 운동 속도를 갖는 기체 상태의 루비듐 원자의 평균 운동 속도를 원래의 약 1/10000까지 낮출 수 있다.

그렇다면 레이저를 이용하여 어떻게 원자의 운동 속도를 감소시킬 수 있을까? 날아오는 농구공에 정면으로 야구공을 던져서 부딪히게 하면 농구공의 속도가 느려진다. 마찬가지로 빠르게 움직이는 원자에 레이저 빛을 쏘아 충돌시키면 원자의 속도가 줄어들 수 있다. 이때 속도와 질량의 곱에 해당하는 운동량도 작아진다. 빛은 전자기파라는 파동이면서 동시에 광자라는 입자이기도 하기 때문에 운동량을 갖는다. 광자는 빛의 파장에 반비례하는 운동량을 가지며 빛의 진동수에 비례하는 에너지를 갖는다. 또한 빛의 파장과 진동수는 반비례의 관계에 있다. 레이저 빛은 햇빛과 같은 일반적인 빛과 달리 일정한 진동수의 광자로만 이루어져 있다. 레이저 빛을 구성하는 광자가 원자에 흡수될 때 광자의 에너지만큼 원자의 내부 에너지가 커지면서 광자의 운동량이 원자에 전달된다. 실례로 상온에서 200m/s의 속도로 다가오는 루비듐 원자에 레이저 빛을 쏘아 여러 개의 광자를 연이어 루비듐 원자에 충돌시키면 원자를 거의 정지시킬 수 있다. 하지만 이때 문제는 원자가 정지한 순간 레이저를 끄지 않으면 원자가 오히려 반대 방향으로 밀려날 수도 있다는 데 있다. 그런데 원자를 하나하나 따로 관측할 수 없고 각 원자의 운동 속도에 맞추어 각 원자와 충돌하는 광자의 운동량을 따로 제어할 수도 없으므로 실제 레이저를 이용해 원자의 온도를 내리는 것은 간단하지 않아 보인다. 이를 간단하게 해결하는 방법은 도플러 효과와 원자가 빛을 선택적으로 흡수하는 성질을 이용하는 것이다.

사이렌과 관측자가 가까워질 때에는 사이렌 소리가 원래의 소리보다 더 높은 음으로 들리고, 사이렌과 관측자가 멀어질 때에 는 더 낮은 음으로 들린다. 이처럼 빛이나 소리와 같은 파동을 발생시키는 파동원과 관측자가 멀어질 때는 파동의 진동수가 더 작게 감지되고, 파동원과 관측자가 가까워질 때는 파동의 진동수가 더 크게 감지되는 현상을 도플러 효과라고 한다. 이때 원래의 진동수와 감지되는 진동수의 차이는 파동원과 관측자가 서로 가까워지거나 멀어지는 속도에 비례한다. 이것을 레이저와 원자에 적용하면 레이저 광원은 파동원이고 원자는 관측자에 해당한다. 그러므로 레이저 광원에 다가가는 원자에게 레이저 빛의 진동수는 원자의 진동수보다 더 높게 감지되고, 레이저 광원에서 멀어지는 원자에게 레이저 빛의 진동수는 더 낮게 감지된다.

한편 정지해 있는 특정한 원자는 모든 진동수의 빛을 흡수하는 것이 아니고 고유한 진동수, 즉 공명 진동수의 빛만을 흡수한다. 이것은 원자가 광자를 흡수할 때 원자 내부의 전자가 특정 에너지 준위 E1에서 그보다 더 높은 특정 에너지 준위 E2로 옮겨가는 것만 허용되기 때문이다. 이때 흡수된 광자의 에너지는 두 에너지 준위의 에너지 값의 차이 ΔE에 해당한다.

그러면 어떻게 도플러 효과를 이용하여 레이저 냉각을 수행하는지 알아보자. 우선 어떤 원자의 집단을 사이에 두고 양쪽에서 레이저 빛을 원자에 쏘되 그 진동수를 원자의 공명 진동수보다 작게 한다. 원자가 한쪽 레이저 빛의 방향과 반대 방향으로 움직이면 도플러 효과에 의해 원자에서 감지되는 레이저 빛의 진동수가 커지는데, 그 값이 자신의 공명 진동수에 해당하는 원자는 레이저 빛을 흡수하게 된다. 이때 흡수된 광자의 에너지는 ΔE보다 작지만(〈그림〉의 a), 원자는 도플러 효과 때문에 공명 진동수를 갖는 광자를 받아들이는 것처럼 낮은 준위 E1에 있던 전자를 허용된 준위 E1에 올려놓는다. 그러면 불안정해진 원자는 잠시 후에 ΔE에 해당하는 에너지를 갖는 광자를 방출하면서 전자를 E2에서 E1로 내려놓는다(〈그림〉의 b). 이 과정이 반복되는 동안, 원자가 광자를 흡수할 때에는 일정한 방향에서 오는 광자와 부딪쳐 원자의 운동 속도가 계속 줄어들지만, 원자가 광자를 내놓을 때에는 임의의 방향으로 방출하기 때문에 결국 광자의 방출은 원자의 속도 변화에 영향을 미치지 못하게 된다. 그러므로 원자에서 광자를 선택적으로 흡수하고 방출하는 과정이 반복되면, 원자의 속도가 줄어들면서 원자의 평균 운동 속도가 줄고 그에 따라 원자 집단 전체의 온도가 내려가게 된다.

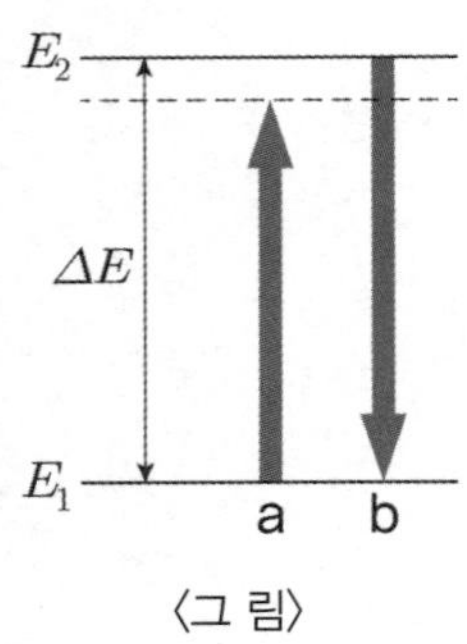

〈그 림〉

29 윗글의 내용과 일치하는 것은?

① 움직이는 원자의 속도는 도플러 효과로 인해 더 크게 감지된다.
② 레이저 냉각은 광자를 선택적으로 흡수하는 원자의 성질을 이용한다.
③ 레이저 냉각은 원자와 레이저 빛을 충돌시켜 광자를 냉각시키는 것이다.
④ 레이저 빛을 이용하여 원자 집단을 절대 온도 0K에 도달하게 할 수 있다.
⑤ 개별 원자의 운동 상태를 파악하여 각각의 원자마다 적절한 진동수의 레이저 빛을 쏠 수 있다.

⊙ 대립 구조 분석

⊙ 필수체크 패러프레이징

30 윗글의 〈그림〉을 이해한 것으로 적절하지 않은 것은?

① 다가오는 원자에 공명 진동수의 레이저 빛을 쏘면 원자 내부의 전자가 E_1에서 E_2로 이동한다.
② 원자의 공명 진동수와 일치하는 진동수를 갖는 광자는 ΔE의 에너지를 갖는다.
③ 원자가 흡수했다가 방출하는 광자의 에너지는 ΔE로 일정하다.
④ 정지한 원자가 흡수하는 광자의 에너지는 ΔE와 일치한다.
⑤ E_2에서 E_1로 전자가 이동할 때 광자가 방출된다.

31 윗글에 따를 때, 〈보기〉에서 공명이 일어나는 것만을 있는 대로 고른 것은?

보기

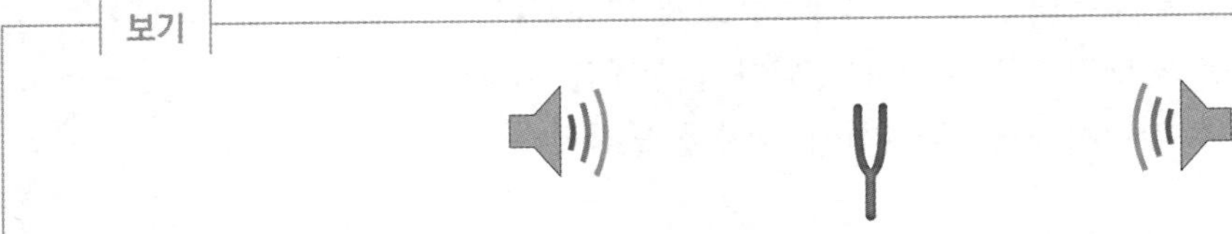

소리굽쇠는 고유한 공명 진동수를 가져서, 공명 진동수와 일치하는 소리를 가해 주면 공명하고, 공명 진동수에서 약간 벗어난 진동수의 소리를 가해 주면 공명하지 않는다. 그림과 같이 마주 향한 고정된 두 스피커에서 진동수 498Hz의 음파를 발생시키고, 공명 진동수가 500Hz인 소리굽쇠를 두 스피커 사이의 중앙에서 오른쪽으로 v의 속도로 움직였더니 소리굽쇠가 공명했다. 그 후에 다음과 같이 조작하면서 소리굽쇠의 공명 여부를 관찰했다. 단, 소리굽쇠는 두 스피커 사이에서만 움직인다.

ㄱ. 소리굽쇠를 중앙에서 왼쪽으로 v의 속도로 움직였다.
ㄴ. 소리굽쇠를 중앙에서 오른쪽으로 2v의 속도로 움직였다.
ㄷ. 왼쪽 스피커를 끄고 소리굽쇠를 중앙에서 왼쪽으로 v의 속도로 움직였다.

① ㄱ ② ㄴ ③ ㄷ
④ ㄱ, ㄷ ⑤ ㄴ, ㄷ

32 윗글에 비추어 〈보기〉의 리튬 원자의 레이저 냉각에 대해 설명한 것으로 적절하지 않은 것은?

보기

	루비듐	리튬
원자량(원자의 질량)	85.47	6.94
정지 상태의 원자가 흡수하는 빛의 파장	780 nm	670 nm

① 리튬의 공명 진동수는 루비듐의 공명 진동수보다 크다.
② 원자가 흡수하는 광자의 운동량은 리튬 원자가 루비듐 원자보다 작다.
③ 같은 속도로 움직일 때 리튬 원자의 운동량이 루비듐 원자의 운동량보다 작다.
④ 루비듐 원자에 레이저 냉각을 일으키는 레이저 빛은 같은 속도의 리튬 원자에서는 냉각 효과가 없다.
⑤ 리튬 원자에 레이저 냉각을 일으킬 때에는 레이저 빛의 파장을 670 nm보다 더 큰 값으로 조정한다.

MEMO

물리학/공학 지문 07	2015학년도 11-13번	상위 테마 - 물리학/화학/지구과학 하위 테마 - 남극 대륙 빙붕의 소멸량 측정 방식

[11~13] 다음 글을 읽고 물음에 답하시오.

남극 대륙에는 모두 녹을 경우 해수면을 57미터 높일 정도의 얼음이 쌓여 있다. 그 중에서 빙붕(iceshelf)이란 육지를 수 킬로미터 두께로 덮고 있는 얼음 덩어리인 빙상(icesheet)이 중력에 의해 해안으로 밀려 내려가다가 육지에 걸친 채로 바다 위에 떠 있는 부분을 말한다. 남극 대륙에서 해안선의 약 75%가 빙붕으로 덮여 있는데, 그 두께는 100~1,000미터이다. 시간에 따른 빙붕 질량의 변화는 지구 온난화와 관련하여 기후학적으로 매우 중요한 요소이다. 빙붕에서 얼음의 양이 줄어드는 요인으로서 빙산으로 조각나 떨어져 나오는 얼음의 양은 비교적 잘 측정되고 있지만, 빙붕 바닥에서 따뜻한 해수의 영향으로 얼음이 얼마나 녹아 없어지는가는 그동안 잘 알려지지 않았다. 빙붕 아래쪽은 접근하기가 어려워 현장 조사가 제한적이기 때문이다. 더구나 최근에는 남극 대륙 주변의 바람의 방향이 바뀌면서 더 따뜻한 해수가 빙붕 아래로 들어오고 있어서 이에 대한 정확한 측정이 요구된다. 빙붕 바닥에서 얼음이 녹는 양은 해수면 상승에 영향을 미치기 때문이다.

육지에서 흘러내려와 빙붕이 되는 얼음의 질량(A)과 빙붕 위로 쌓이는 눈의 질량(B)은 빙붕의 얼음을 증가시키는 요인이 된다. 반면에 빙산으로 부서져 소멸되는 질량(C)과 빙붕의 바닥에서 녹는 질량(D)은 빙붕의 얼음을 감소시킨다. 이 네 가지 요인으로 인하여 빙붕 전체 질량의 변화량(E)이 결정된다. 남극 빙붕에서 생성되고 소멸되는 얼음의 질량에 대한 정확한 측정은 인공위성 관측 자료가 풍부해진 최근에야 가능하게 되었다.

A는 빙붕과 육지가 만나는 경계선에서 얼음의 유속과 두께를 측정하여 계산한다. 얼음의 유속은 일정한 시간 간격을 두고 인공위성 레이더로 촬영된 두 영상 자료의 차이를 이용하여 수 센티미터의 움직임까지 정확하게 구할 수 있다.얼음의 두께는 먼저 인공위성 고도계를 통해 물 위에 떠 있는 얼음의 높이를 구하고, 해수와 얼음의 밀도 차에 따른 부력을 고려하여 계산한다. B는 빙붕 표면에서 시추하여 얻은 얼음 코어와 기후 예측 모델을 통해 구할 수 있는데, 그 정확도는 비교적 높다. C는 떨어져 나오는 빙산의 면적과 두께를 이용하여 측정할 수도 있으나, 빙산의 움직임이 빠를 경우 그 위치를 추적하기 어렵고 해수의 작용으로 빙산이 빠르게 녹기 때문에 이 방법으로는 정확한 측정이 쉽지 않다. 따라서 보다 정밀한 측정을 위해 빙붕의 끝 자락에서 육지 쪽으로 수 킬로미터 상부에 위치한 임의의 기준선에서 측정된 얼음의 유속과 두께를 통해 구하는 방식으로 장기적으로 신뢰할 만한 값을 구한다. E는 빙붕의 면적과 두께를 통해 구하며, 이 모든 요소를 고려하여 D를 계산한다.

연구 결과, 남극 대륙 전체의 빙붕들에서 1년 동안의 A는 2조 490억 톤, B는 4,440억 톤, C는 1조 3,210억 톤, D는 1조 4,540억 톤이며, E는 −2,820억 톤인 것으로 나타났다. 남극 대륙 빙붕의 질량 감소 요인 중에서 D가 차지하는 비율인 R 값을 살펴보면, 남극 대륙 전체의 평균은 52%이지만, 지역에 따라 10%에서 90%에 이르는 극명한 차이를 보인다. 남극 대륙 전체 해역을 경도에 따라 4등분할 때, 서남극에 위치한 파인 아일랜드 빙붕과 크로슨 빙붕 같은 소형 빙붕들에서 R 값의 평균은 74%를 보였고, 그 외 지역에서는 40% 내외였다. 특히 남극에서 빙산의 3분의 1을 생산해 내는 가장 큰 빙붕으로 북남극과 서남극에 걸친 필크너-론 빙붕, 남남극의 로스 빙붕에서 R 값은 17%밖에 되지 않았다.

남극 전체 빙붕의 91%의 면적을 차지하는 상위 10개의 대형 빙붕에서는 남극 전체 D 값 중 50% 정도밖에 발생하지 않으며, 나머지는 9% 면적을 차지하는 소형 빙붕들에서 발생한다. 이는 소형 빙붕들이 상대적으로 수온이 높은 서남극 해역에 많이 분포하고 있기 때문이다. 따라서 대형 빙붕들 위주로 조사한 데이터를 면적 비율에 따라 남극 전체에 확대 적용해 온 기존의 연구 결과에는 남극 전체의 D 값이 실제와 큰 ㉠ <u>오차</u>가 있었을 것이다.

빙붕의 단위 면적당 D 값인 S 값을 살펴보면, 남극 전체에서 1년에 약 0.81미터 두께의 빙붕 바닥이 녹아서 없어지는 것으로 나타났으며, 지역적으로는 0.07~15.96미터로 편차가 컸다. 특히 서남극의 소형 빙붕에서는 매우 큰 값을 보여 주었으나, 다른 지역의 대형 빙붕은 작은 값을 보였다. 이는 빙붕 바닥에서 육지와 맞닿은 곳 근처에서는 얼음이 녹고, 육지에서 멀리 떨어진 곳에서는 해수의 결빙이 이루어지기 때문이다.

11 A~E를 구하는 과정에 대한 설명으로 옳지 않은 것은?

① A는 수면 위의 빙붕의 높이에 관한 정보를 활용하여 구한다.
② B는 빙붕에서 직접 채취한 시료를 이용하여 추정한 값으로 구한다.
③ C는 떨어져 나온 빙산 양을 추적하는 방식으로는 정확하게 구하기 쉽지 않다.
④ D는 해수의 온도와 해수 속에서 녹는 얼음의 양을 직접 측정하여 구한다.
⑤ E는 빙붕의 두께 변화에 대한 정보를 얻어야 측정할 수 있다.

12 ㉠과 관련하여 추론한 것으로 적절하지 않은 것은?

① 남극 전체의 S값이 실제 값보다 작게 파악되는 결과를 초래했다.
② 남극 전체의 R 값이 실제 값보다 작게 파악되는 결과를 초래했다.
③ 파인 아일랜드 빙붕의 R 값이 실제 값보다 작게 파악된 것과 같은 이유 때문에 발생했다.
④ 크로슨 빙붕의 S 값이 실제 값보다 작게 파악된 것과 같은 이유 때문에 발생했다.
⑤ 로스 빙붕의 R 값이 실제 값보다 작게 파악된 것과 같은 이유 때문에 발생했다.

13 윗글을 바탕으로 〈보기〉에 대해 논의한 것으로 옳은 것은?

보기

최근의 한 연구에서 서남극에서 녹는 얼음이 몇 세기에 걸쳐 멈출 수 없는 해수면 상승을 일으킬 가능성이 높은 것으로 나타났다. 이 지역에는 모두 녹으면 해수면을 5미터 상승시킬 얼음이 분포한다. 이곳에 위치한 아문센 해는 해저 지형이 해수가 진입하기 좋게 형성되어 있어서 해수가 빙붕을 녹이는 데 용이한 조건을 구비하고 있다. 더구나 이곳에는 빙붕의 진행을 막아 줄 섬도 없어 미끄러져 내려오는 빙상을 저지하지 못하기 때문에 해수에 녹아 들어가는 빙붕의 양은 계속 많아질 전망이다.

① 아문센 해 인근의 해안에는 대형 빙붕들이 많이 분포할 것이다.
② 아문센 해에서는 빙붕의 두께가 줄어드는 속도가 남극 대륙의 평균값보다 클 것이다.
③ 아문센 해 인근의 빙붕의 바닥이 빠르게 녹으면서 인접한 빙상이 수년 내에 고갈될 것이다.
④ 서남극의 얼음 총량이 다른 남극 지역보다 더 많기 때문에 해수면 상승 효과가 더 클 것이다.
⑤ 서남극에서 빙상의 이동 속도가 증가하는 것은 떨어져 나가는 빙산의 양을 통해 알 수 있을 것이다.

대립 구조 분석

필수체크 패러프레이징

물리학/공학 지문 08	2012학년도 30-32번	상위 테마 - 기술공학
		하위 테마 - 자기 열량 냉장고의 원리

[30~32] 다음 글을 읽고 물음에 답하시오.

19세기 후반에 발견된 자기(磁氣) 열량 효과는 20세기 전반에 이르러 자기 냉각 기술에 활용될 수 있음이 확인되었고 이로부터 자기 냉각 기술은 오늘날 극저온을 만드는 고급 기술로 발전하였다. ㉠ 일반 냉장고는 가스 냉매가 압축될 때 열을 방출하고 팽창될 때 열을 흡수하는 열역학적 순환 과정을 이용하여 냉장고 내부의 열을 외부로 방출시킨다. 그러나 가스 냉매는 일정한 온도 이하로 내려가면 응고되어 냉매로서 기능을 할 수 없게 되거나 누출되었을 때 환경오염을 유발하는 문제점이 있다. 최근 자기 냉각 기술은 일반 냉장고를 대신할 수 있는 냉장고의 개발에 이용될 수 있음이 확인되었다. 자기 냉각 기술에 사용되는 자기 물질의 자기적 특성에 따라 냉장고가 작동되는 온도 범위가 달라지기 때문에 자기 냉각 기술에 사용하기 적합한 자기 물질의 개발이 매우 중요한데, 최근 실온에서 작동 가능한 실온 자기 냉장고를 만들 수 있는 새로운 자기 물질의 개발이 활발하게 이루어지고 있다.

자기 물질은 자화(磁化)되는 물질을 의미한다. 물질의 자화는 외부에서 가하는 자기장의 세기 및 자기 물질에 들어 있는 단위 부피당 자기 쌍극자의 수에 비례한다. 여기서 자기 쌍극자는 자기물질 속에 존재하는 초소형 자석을 의미한다. 자기 물질은 강자성체와 상자성체로 구분된다. 강자성체는 외부의 자기장이 제거되었을 때에도 자기적 성질을 유지하는 물질이며, 상자성체는 외부의 자기장이 제거되면 자기적 성질을 잃어버리는 물질이다. 강자성체는 온도를 올리면 일정 온도에서 상자성체로 상전이를 하는데, 이때 자기 물질의 엔트로피는 증가한다.

자기 열량 효과는 자기 물질에 외부에서 자기장을 가했을 때 그 물질이 열을 발산하는 현상에서 비롯된다. ㉡ 자기 냉장고는 이 효과를 이용한 열역학적 순환 과정을 통해 냉장고 내부의 열을 외부로 방출한다. 이 순환 과정은 열 출입이 없는 두 과정과 자기장이 일정한 두 과정으로 구성된다. 여기서 열 출입이 없는 열역학적 과정에서는 엔트로피 변화가 없다. 자기 냉장고에서 열역학적 순환 과정은 다음의 Ⅰ, Ⅱ, Ⅲ, Ⅳ 네 과정을 거치면서 진행된다. 과정Ⅰ에서는, 자기 쌍극자들이 무질서하게 배열되어 있던, 온도가 T인 작용물질에 외부와의 열 출입이 차단된 상태에서 자기장을 가하면 작용물질의 쌍극자들이 자기장의 방향으로 정렬하면서 열이 발생하고 작용물질의 온도가 상승한다. 이때 자기장이 강할수록 작용물질에서 더 많은 열이 발생한다. 과정Ⅱ에서는, 외부 자기장을 그대로 유지한 상태로 작용물질과 외부와의 열 출입을 허용하면 이 작용물질은 열을 방출하고 차가워진다. 과정Ⅲ에서는, 다시 작용물질과 외부와의 열 출입을 차단한 상태에서 외부의 자기장을 제거하면 쌍극자의 배열이 무질서해지면서 작용물질의 온도가 하강한다. 과정Ⅳ에서는, 작용물질과 외부와의 열 출입을 허용하면 이 작용물질은 열을 흡수하고 온도가 상승하여 초기 온도 T로 복귀하면서 1회의 순환이 마무리된다. 이러한 순환 과정에서 작용물질이 열을 흡수할 때는 작용물질을 냉장고 내부와 접촉시키고 열을 방출할 때에는 냉장고 외부와 접촉시킨다. 이를 반복하면 작용물질은 냉장고의 내부에서 외부로 열을 퍼내는 열펌프의 역할을 하게 된다.

효율이 좋은 자기 냉장고를 만들기 위해서는 특정 온도에서 외부에서 가하는 자기장의 변화에 따른 엔트로피 변화량이 큰 자기물질을 작용물질로 사용해야 한다. 자기 냉장고에서 1회의 순환 과정에서 빠져 나가는 열량은 외부 자기장을 가하기 전과 후의 엔트로피 변화와 밀접한 관련이 있다. 엔트로피는 물질의 자기 상태가 변하는 임계온도에서 가장 큰 폭으로 변한다. 그러므로 작용물질이 상전이하는 임계온도가 냉장고의 작동 온도 근처에 있을 때 그것의 자기 냉각 효과가 크다. 최근에는 임계온도가 실온에 가까운 물질들이 많이 발견되고 있으며, 이것을 이용한 실온 자기 냉장고의 개발이 활발히 진행되고 있다.

30 ㉠과 ㉡을 비교한 것으로 적절하지 않은 것은?

① ㉠에서 작용물질의 부피 변화는 ㉡에서 작용물질의 온도 변화와 같은 작용을 한다.
② ㉠에서 압력의 변화는 ㉡에서 자기장의 변화에 대응한다.
③ ㉠에서 냉매가 하는 역할을 ㉡에서는 자기 물질이 한다.
④ ㉠과 ㉡은 모두 열역학적 순환 과정을 이용한다.
⑤ ㉠과 ㉡에는 모두 열펌프의 기능이 있다.

⊙ 대립 구조 분석

31 '과정 Ⅰ~Ⅳ'에 대한 설명으로 옳지 않은 것은?

① 과정Ⅰ에서 작용물질의 자화는 증가한다.
② 과정Ⅱ에서는 작용물질의 온도가 내려간다.
③ 과정Ⅲ에서는 작용물질의 엔트로피가 증가한다.
④ 과정Ⅳ에서는 작용물질을 냉장고 내부와 접촉시킨다.
⑤ 과정Ⅰ~Ⅳ의 1회 순환에서 자기장의 변화 폭이 클수록 방출되는 열량은 크다.

⊙ 필수체크 패러프레이징

32 위 글의 내용으로 보아 〈보기〉의 A~E 중 실온 자기 냉장고에 사용될 작용 물질로 가장 적합한 것은?

보기

자기 물질 A~E 각각의 임계온도에서 자기 물질에 자기장을 걸어 주었을 때 감소한 엔트로피에 대한 자료이다.

자기 물질	임계온도(℃)	걸어 준 자기장(T)	엔트로피 감소량 (J/kgK)
A	−5	5	2.75
B	10	1	1.52
C	18	1	2.61
D	21	5	2.60
E	42	5	1.80

① A ② B ③ C
④ D ⑤ E

물리학/공학 지문 09	2015학년도 27-29번	상위 테마 - 기술공학 / 하위 테마 - CPU의 논리상태 저장과 변화

[27~29] 다음 글을 읽고 물음에 답하시오.

컴퓨터의 CPU가 어떤 작업을 수행하는 것은 CPU의 '논리 상태'가 시간에 따라 바뀌는 것을 말한다. 가령, Z=X+Y의 연산을 수행하려면 CPU가 X와 Y에 어떤 값을 차례로 저장한 다음, 이것을 더하고 그 결과를 Z에 저장하는 각각의 기능을 순차적으로 진행해야 한다. CPU가 수행할 수 있는 기능은 특정한 CPU의 논리 상태와 일대일로 대응되어 있으며, 프로그램은 수행하고자 하는 작업의 진행에 맞도록 CPU의 논리 상태를 변경한다. 이를 위해 CPU는 현재 상태를 저장하고 이것에 따라 해당 기능을 수행할 수 있는 부가 회로도 갖추고 있다. 만약 CPU가 가지는 논리 상태의 개수가 많아지면 한 번에 처리할 수 있는 기능이 다양해진다. 따라서 처리할 데이터의 양이 같다면 이를 완료하는 데 걸리는 시간이 줄어든다.

논리 상태는 2진수로 표현되는데 논리 함수를 통해 다른 상태로 변환된다. 논리 소자가 연결된 조합 회로는 논리 함수의 기능을 가지는데, 조합 회로는 논리 연산은 가능하지만 논리 상태를 저장할 수는 없다. 어떤 논리 상태를 '저장'한다는 것은 2진수 정보의 시간적 유지를 의미하는데, 외부에서 입력이 유지되지 않더라도 입력된 정보를 논리 회로 속에 시간적으로 가둘 수 있어야 한다.

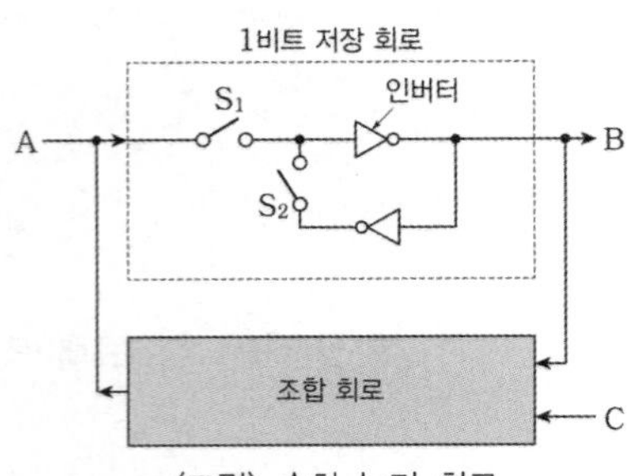

〈그림〉 순차 논리 회로

인버터는 입력이 0일 때 1을, 1일 때 0을 출력하는 논리 소자이다. 〈그림〉의 점선 내부에 표시된 '1비트 저장 회로'를 생각해 보자. 이 회로에서 스위치 S1은 연결하고 스위치 S2는 끊은 채로 A에 정보를 입력한다. 그런 다음 S2를 연결하면 S1을 끊더라도 S2를 통하는 ㉠ <u>피드백 회로</u>에 의해 A에 입력된 정보와 반대되는 값이 지속적으로 B에 출력된다. 따라서 이 회로는 0과 1중 1개의 논리 상태, 즉 1비트의 정보를 저장할 수 있다. 이러한 회로가 2개가 있다면 00, 01, 10, 11의 4가지 논리 상태, n개가 있다면 2n가지의 논리 상태 중 1개를 저장할 수 있다.

그렇다면 논리 상태의 변화는 어떻게 일어날까? 이제 〈그림〉과 같이 1비트 저장 회로와 조합 회로로 구성되는 '순차 논리 회로'를 생각해보자. 이 회로에서 조합 회로는 외부 입력 C와 저장 회로의 출력 B를 다시 입력으로 되받아, 내장된 논리 함수를 통해 논리 상태를 변환하고, 이를 다시 저장 회로의 입력과 연결하는 ㉡ <u>피드백 회로</u>를 구성한다. 예를 들어 조합 회로가 두 입력이 같을 때는 1을, 그렇지 않을 경우 0을 출력한다고 하자. 만일 B에서 1이 출력되고 있을 때 C에 1이 입력된다면 조합 회로는 1을 출력하게 된다. 이때 외부에서 어떤 신호를 주어 S2가 열리자마자 S1이 닫힌 다음 다시 S2가 닫히고 S1이 열리는 일련의 스위치 동작이 일어나도록 하면, 조합 회로의 출력은 저장 회로의 입력과 연결되어 있으므로 B에서 출력되는 값은 0으로 바뀐다. 그런 다음 C의 값을 0으로 바꾸어주면, 일련의 스위치 동작이 다시 일어나더라도 B의 값은 바뀌지 않는다. 하지만 C에 다시 1을 입력하고 일련의 스위치 동작이 일어나도록 하면 B의 출력은 1로 바뀐다. 따라서 C에 주는 입력에 의해 저장 회로가 출력하는 논리 상태를 임의로 바꿀 수 있다.

만일 이 회로에 2개의 1비트 저장 회로를 병렬로 두어 출력을 2비트로 확장하면 00~11의 4가지 논리 상태 중 1개를 출력할 수 있다. 조합 회로의 외부 입력도 2비트로 확장하면 조합 회로는 저장 회로의 현재 출력과 합친 4비트를 입력받게 된다. 이를 내장된 논리 함수에 의해 다시 2비트 출력을 만들어 저장 회로의 입력과 연결한다. 이와 같이 2비트로 확장된 순차 논리 회로에서 외부 입력을 주고 스위치 동작이 일어나도록 하면, 저장 회로의 출력은 2배로 늘어난 논리 상태 중 하나로 바뀐다.

이 회로에 일정한 시간 간격으로 외부 입력을 바꾸고 스위치 동작 신호를 주면, 주어지는 외부 입력에 따라 특정한 논리 상태가 순차적으로 출력에 나타나게 된다. ⓐ <u>이런 회로가 N비트로 확장된 대표적인 사례가 CPU</u>이며 스위치를 동작시키는 신호가 CPU 클록이다. 회로 외부에서 입력되는 정보는 컴퓨터 프로그램의 '명령 코드'가 된다. 명령 코드를 CPU의 외부 입력으로 주고 클록 신호를 주면 CPU의 현재 논리 상태는 특정 논리 상태로 바뀐다. 이때 출력에 연결된 회로가 바뀐 상태에 해당하는 기능을 수행하게 된다. CPU 클록은 CPU의 상태 변경 속도, 즉 CPU의 처리 속도를 결정한다.

27 윗글의 내용과 일치하지 않는 것은?

① CPU가 수행할 수 있는 기능과 그에 해당하는 논리 상태는 정해져 있다.
② 인버터는 입력되는 2진수 논리 값과 반대되는 값을 출력하는 논리 소자이다.
③ 순차 논리 회로에서 저장 회로의 출력은 조합 회로의 출력 상태와 동일하다.
④ CPU는 프로그램 명령 코드에 의한 논리 상태 변경을 통해 작업을 수행한다.
⑤ 조합 회로는 2진수 입력에 대해 내부에 구현된 논리 함수의 결과를 출력한다.

대립 구조 분석

28 ㉠과 ㉡에 대한 이해로 적절한 것은?

① ㉠은 조합 회로를 통해서, ㉡은 인버터를 통해서 피드백 기능이 구현된다.
② ㉠과 ㉡의 각 회로에서 피드백 기능을 위해 입력하는 정보의 개수는 같다.
③ ㉠과 ㉡은 모두 외부에서 입력되는 논리 상태를 그대로 저장하는 기능이 있다.
④ ㉠은 정보를 저장하기 위한 구조이며, ㉡은 논리 상태를 변경하기 위한 구조이다.
⑤ ㉠은 스위치 S1이 연결될 때, ㉡은 스위치 S2가 연결될 때 피드백 기능이 동작한다.

필수체크 패러프레이징

29 ⓐ에서 N을 증가시켰을 때의 변화를 이해한 것으로 적절하지 않은 것은?

① 프로그램에서 사용 가능한 명령 코드의 종류가 증가한다.
② 조합 회로가 출력하는 논리 상태의 가짓수가 증가한다.
③ CPU가 가질 수 있는 논리 상태의 가짓수가 증가한다.
④ CPU에서 진행되는 상태 변경의 속도가 증가한다.
⑤ 동일한 양의 데이터를 처리하는 속도가 증가한다.

물리학/공학 지문 10	2018학년도 7-9번	상위 테마 - 기술공학
		하위 테마 - DNA 컴퓨팅의 원리

[7~9] 다음 글을 읽고 물음에 답하시오.

한 가닥의 DNA는 아데닌(A), 구아닌(G), 시토신(C), 티민(T)의네 종류의 염기를 가지고 있는 뉴클레오티드가 선형적으로 이어진 사슬로 볼 수 있다. 보통의 경우 〈그림 1〉과 같이 두 가닥의 DNA가 염기들 간 수소 결합으로 서로 붙어 있는 상태로 존재하는데, 이를 '이중나선 구조'라 부른다. 이때 A는 T와, G는 C와 상보적으로 결합한다. 온도를 높이면 두 가닥 사이의 결합이 끊어 져서 각각 한 가닥으로 된다.

〈그림 1〉 염기들 간 상보적 결합의 예

정보과학의 관점에서는 DNA도 정보를 표현하는 수단으로 볼수 있다. 한 가닥의 DNA 염기서열을 4진 코드로 이루어진 특정 정보로 해석할 수 있기 때문이다. 즉, 'A', 'G', 'C', 'T'만을 써서 순서가 정해진 연속된 n개의 빈칸을 채울 때, 총 4n 개의 정보를 표현할 수 있고 이 중 특정 연속체를 한 가지 정보로 해석할 수 있다.

DNA로 정보를 표현한 후, DNA 분자들 간 화학 반응을 이용 하면 연산도 가능하다. 1994년 미국의 정보과학자 에이들먼은 「사이언스」에 DNA를 이용한 연산에 대한 논문을 발표했고, 이로써 'DNA 컴퓨팅'이라는 분야가 열리게 되었다. 이 논문에서 에이들먼이 해결한 것은 정점(예 : 도시)과 간선(예 : 도시 간 도로) 으로 이루어진 그래프에서 시작 정점과 도착 정점이 주어졌을 때 모든 정점을 한 번씩만 지나는 경로를 찾는 문제, 즉 '해밀턴 경로 문제(HPP)'였다. HPP는 정점의 수가 많아질수록 가능한 경로의 수가 급격하게 증가하기 때문에 소위 '어려운 문제'에 속한다.

DNA 컴퓨팅의 기본 전략은, 주어진 문제를 DNA를 써서 나타내고 이를 이용한 화학 반응을 수행하여 답의 가능성이 있는 모든 후보를 생성한 후, 생화학적인 실험 기법을 사용하여 문제 조건을 만족하는 답을 찾아내는 것이다. 에이들먼이 HPP를 해결한 방법을 〈그림 2〉의 그래프를 통해 단순화하여 설명하면 다음과 같다. 〈그림 2〉는 V0이 시작 정점, V4가 도착 정점이고 화살표로 간선의 방향을 표시한 그래프를 보여 준다. 즉, V0에서 V1로는 갈 수 있으나 역방향으로는 갈 수 없다. 먼저 그래프의 각 정점을 8개의 염기로 이루어진 한 가닥 DNA 염기서열로 표현한다. 그리고 각 간선을 그 간선이 연결하는 정점의 염기서열로부터 취하여 표현 한다. 즉, V0(〈CCTTGGAA〉)에서 출발하여 V1(〈GGCCAATT〉)에 도달하는 간선의 경우는 V0의 뒤쪽 절반과 V1의 앞쪽 절반을 이어 붙인 염기서열 〈GGAAGGCC〉의 상보적 코드 〈CCTTCCGG〉로 나타낸다. 이렇게 6개의 간선 각각을 DNA 코드로 표현한다.

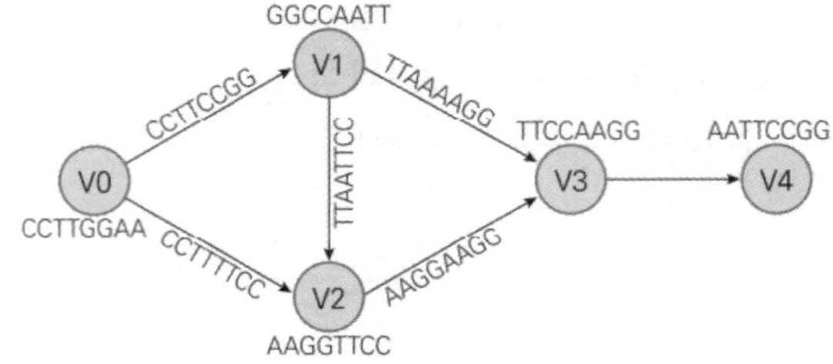

〈그림 2〉 정점 5개로 구성된 그래프

이제 DNA 합성 기술을 사용하여 이들 코드를 종류별로 다량 합성한다. 이들을 하나의 시험관에 넣고 서로 반응을 시키면 DNA 가닥의 상보적 결합에 의한 이중나선이 형성되는데, 이것을 '혼성화 반응(hybridization)'이라 한다. 혼성화 반응의 결과로 경로, 즉 정점들의 연속체가 생성된다. 시험관 안에는 코드별로 막대한 수의 DNA 분자들이 있기 때문에, 이들 사이의 이러한 상호 작용은 대규모로 일어난다. ㉠ <u>이상적인 실험을 가정한다면, 혼성화 반응을 통해 〈그림2〉 그래프의 가능한 모든 경로에 대응하는 DNA 분자들이 생성된다.</u> 경로의 예로 (V0, V1), (V1, V2), (V0, V1, V2) 등이 있다. 이와 같이 생성된 경로들로부터 해밀턴 경로를 찾아 나가는 절차는 다음과 같다.

[1단계] V0에서 시작하고 V4에서 끝나는지 검사한 후, 그렇지 않은 경로는 제거한다.
[2단계] 경로에 포함된 정점의 개수가 5인지 검사한 후, 그렇지 않은 경로는 제거한다.
[3단계] 경로에 모든 정점이 포함되었는지 검사한다.
[4단계] 지금까지의 과정을 통해 취한 경로들이 문제에 대한 답이라고 결정한다.

에이들먼은 각 단계를 적절한 분자생물학 기법으로 구현했다. 그런데 DNA 분자들 간 화학 반응은 시험관 내에서 한꺼번에 순간적으로 일어난다는 특성을 갖고 있다. 요컨대 에이들먼은 기존 컴퓨터의 순차적 연산 방식과는 달리, 대규모 병렬 처리 방식을 통해 HPP의 해결 방법을 제시한 것이다. 이로써 DNA 컴퓨팅은 기존의 소프트웨어 알고리즘이나 하드웨어 기술로는 불가능했던 문제들의 해결에 대한 잠재적인 가능성을 보여 주었다.

⊙ 대립 구조 분석

⊙ 필수체크 패러프레이징

07 DNA 컴퓨팅에 대한 설명으로 적절하지 않은 것은?

① 창시자는 미국의 정보과학자 에이들먼이다.
② DNA로 정보를 표현하고 이를 이용하여 연산을 하는 것이다.
③ 기본적인 해법은 가능한 모든 경우를 생성한 후, 여기서 답이 되는 것만을 찾아내는 것이다.
④ 기존 컴퓨터 기술의 발상을 전환하여 분자생물학적인 방법으로 접근함으로써 정보 처리 방식의 개선을 모색했다.
⑤ DNA 컴퓨팅을 이용하여 HPP를 풀 때, 간선을 나타내는 DNA의 염기 개수는 정점을 나타내는 DNA의 염기 개수의 두 배다.

08 ㉠에 대한 설명으로 적절하지 않은 것은?

① (V1, V2, V3, V4)는 정점이 네 개이지만, 에이들먼의 해법 [1단계]에서 걸러진다.
② V3에서 V4로 가는 간선으로 한 가닥의 DNA 〈TTCCTTAA〉가 필요하다.
③ 정점을 두 개 이상 포함하고 있는 경로는 두 가닥 DNA로 나타내어진다.
④ 정점을 세 개 포함하고 있는 경로는 모두 네 개이다.
⑤ 해밀턴 경로는 (V0, V1, V2, V3, V4)뿐이다.

09 〈보기〉의 ⓐ에 대한 설명으로 적절한 것만을 있는 대로 고른 것은?

보기

DNA 컴퓨팅의 실용화를 위해서는 여러 기술적인 문제점들을 해결해야 한다. 그중 하나는 정보 처리의 정확도다. DNA 컴퓨팅은 화학 반응에 기반을 두는데, ⓐ 반응 과정상 오류가 발생할 경우 그릇된 연산을 수행하게 된다.

ㄱ. ⓐ가 발생하지 않는다면, 〈그림 2〉 그래프에서는 에이들먼의 [3단계]가 불필요하다.
ㄴ. 혼성화 반응에서 엉뚱한 분자들이 서로 붙는 것을 방지할수 있도록 DNA 코드를 설계하는 것은 ⓐ를 최소화하기 위한 방법이다.
ㄷ. DNA 컴퓨팅의 원리를 적용한 소프트웨어를 개발하면, ⓐ를 방지하면서도 대규모 병렬 처리를 통한 문제 해결이 기존 컴퓨터에서 가능하다.

① ㄱ ② ㄴ ③ ㄱ, ㄴ
④ ㄱ, ㄷ ⑤ ㄴ, ㄷ

MEMO

박어령의
Real 독해 »»
언어이해

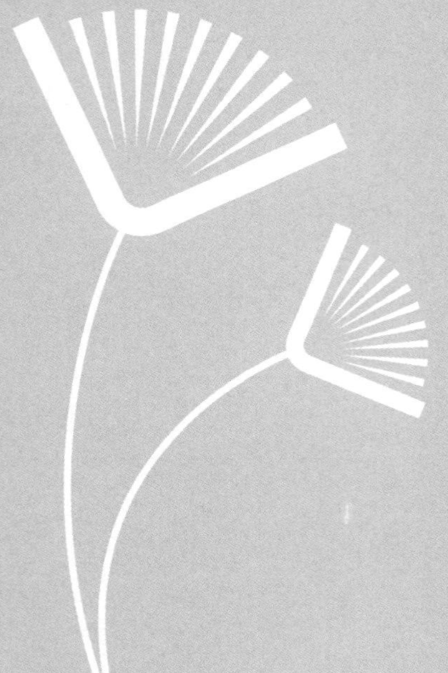

PART 03

기출 해설

CHAPTER

1 규범 영역

규범(법학) 지문 01	2011학년도 9-11번	상위 테마 - 법철학, 법사상사
		하위 테마 - 호펠드의 권리 문법 이론

문항별 선택지 분석

09 정답 ③

① 호펠드는 다의적인 법적 개념의 사용으로 인해 법률가들이 잘못된 논증을 하게 되는 문제를 해결하기 위해 권리 개념을 명확히 할 것을 제안했습니다(1문단). 즉, 권리 개념의 다의성 문제를 해소할 수 있는 방안으로 권리 개념을 명확히 분석할 것을 제시한 것이므로, 적절한 설명입니다.

② 법률가들은 '사람에 대한 권리'와 '물건에 대한 권리'를 구별해서 이해하고 있지만, 호펠드는 '물건에 대한 권리'도 어디까지나 '모든 사람'을 상대로 주장할 수 있는 권리일 뿐이므로 예외가 될 수 없다고 하였습니다(2문단). 이는 법률가들의 권리 구별이 잘못되어 있다고 지적한 것이며, 따라서 법률가들의 권리 구별의 개념적 오류를 비판했다는 설명은 적절합니다.

③ 호펠드의 이론에서 권리들 간에 우선순위가 있다고 볼 근거는 제시되어 있지 않습니다. 우선순위가 설정되어 있다면 제시된 4가지 권리들 사이의 서열관계, 예를 들어 청구권이 다른 모든 권리보다 우선한다는 설정이 나타나야 합니다. 하지만 호펠드가 주장한 것은 어떤 특정한 권리를 지닌 존재는 단일 권리관계에서 상대방으로 하여금 대응되는 다른 권리를 갖지 못하게 된다는 것일 뿐입니다.

④ '퀸 대 리덤' 사건 판결문의 오류를 지적하는 내용을 보면, 자유권이 있다는 전제로부터 자유권 행사를 방해하지 않아야 한다는 결론을 도출하는 오류를 범하고 있다고 지적하고 있습니다(5문단). 이는 법률가들이 전제로부터 도출되지 않는 결론을 도출하는 오류를 범하고 있음을 지적한 것이며, 따라서 법률가들의 추론에 논리의 비약이 내재해 있음을 규명했다는 설명은 적절합니다.

⑤ 호펠드는 권리 개념들 간의 관계적 특성을 분명히 함으로써 권리의 문법을 완성하고 있습니다(4문단). 이 권리의 문법을 권리의 일반 이론으로 부를 수 있으므로 권리 개념들 간의 관계적 특성을 반영한 권리의 일반 이론을 모색했다는 설명 역시 적절합니다.

〈이의 제기에 대한 출제기관의 답변〉

이 문항은 지문에 나타난 호펠드 법철학의 역할을 확인할 수 있는지를 평가하고 있습니다. 이에 대해 가령 A가 B에 대해 X에 관한 청구권을 가질 때 B는 A에 대해 X에 관한 자유권을 가지지 않는다는 점으로부터 청구권이 자유권에 우선하는 것으로 볼 수 있으므로 호펠드 법철학이 권리들 간의 우선순위에 대해 논하고 있다고 볼 수 있다는 이의 제기가 있었습니다. 호펠드의 분석에 따르면, A가 청구권을 가질 때 B가 자유권을 가지지 않는 것은 의무와 자유권이 논리적으로 양립할 수 없기 때문이지, A의 청구권이 B의 자유권보다 우선하기 때문이 아닙니다. 논리적으로 양립할 수 없는 두 개념 중 어느 하나가 '존재'하여 다른 하나가 '존재하지 않는' 경우, 두 개념 사이에 '우선순위'가 있다고 말할 수 없습니다. 따라서 정답에 이상이 없습니다.

10 정답 ②

'두 사람 사이의 단일한 권리 관계'라는 전제를 놓치지 말아야 합니다. 만약 A, B, C 세 명이 존재하고, A가 B에 대해 청구권을 가지면서, B는 C에 대해 형성권을 가질 경우 선지 ③과 같이 A가 어떤 권리를 가진다고 해서 상대방이 B가 일정한 권리를 갖지 않는다고 단언할 수는 없게 됩니다. 하지만 A와 B 두 사람 사이의 단일한 권리 관계에서는 청구권과 자유권, 형성권과 면제권이 서로 배타적 관계에 놓여 있으므로 선지 ③과 같은 판단이 자연스럽게 도출될 수 있습니다.

① 다른 권리와 달리, 청구권은 상대방에게 일정한 의무를 지도록 만드는 권리입니다. 따라서 권리자가 청구권을 가질 경우 그 상대방은 일정한 의무를 지게 됩니다.

② 권리 관계에서 의무가 발생하는 경우는 권리자가 청구권을 가질 때 상대방이 의무를 갖는 경우밖에는 없습니다. 그런데 단일한 권리 관계에서는 한쪽이 권리를 가지면 다른 쪽은 권리를 박탈당하므로, A가 어떤 권리를 가지면서 동시에 A가 일정한 의무도 지게 되는 경우는 발생할 수 없습니다.

③ 권리자가 자유권이나 면제권을 가지게 되면, 그 상대방은 청구권이나 형성권을 가지지 못합니다.

④ A가 B에 대한 청구권을 가지고 있는 경우, B에게는 자유권이 없으며 특정한 행위를 할 의무만 지게 됩니다.

⑤ 권리자가 청구권을 갖지 않으면 그 상대방은 일정한 의무를 갖지 않게 됩니다.

11 정답 ④

〈보기〉에서 심판은 판정 과정에서 어떠한 영향도 받지 않아야 하는 지위에 있습니다. 즉, 심판은 스스로 판정을 내릴 수 있는 지위에 있고 이 지위는 어떤 영향에도 변동되지 않습니다. 그런데 호펠드의 근본 개념들에서 면제권이란 상대방의 처분에 따라 자신의 지위 변동을 겪지 않을 권리입니다. 따라서 심판은 모든 상대방에 대해 이러한 지위가 변동되지 않을 권리, 즉 면제권을 가진다고 볼 수 있습니다. 그러므로 심판은 감독에 의해 판정의 자율성을 침해 받지 않을 면제권을 가지고 있다는 ④의 설명은 적절합니다.

규범(법학) 지문 02	2012학년도 21-23번	상위 테마 - 법철학, 법사상사
		하위 테마 - 폐쇄적 법체계와 개방적 법체계

1. 제시문 정보 구조 분석

※ 2012학년도 21-23번 제시문은 역대급 난이도라는 평가를 받는 지문입니다. 추리논증 과목에서 주로 다루게 될 논리적 부정, 함축 관계를 알고 있어야 2문단에 제시된 규범 양상들 사이의 논리적 관계를 정확히 파악할 수 있다는 점에서 사전적 이론/지식을 요구하는 지문이기도 합니다. 최근의 기출에서도 추리논증 과목에서 자주 등장하는 논증형 문제 풀이의 패턴, 특히 반례를 제시해 상대방을 비판하는 방법이나 반례처럼 보이지만 실제로는 논점 일탈에 해당하는 오답 만들기가 활용되고 있으므로 논증 구조 분석 및 논증 비판의 체계에 대해서는 확실하게 학습해 두시기 바랍니다.

[1문단 : 화두 제시]

법을 통한 인간 행위의 지도 양상을 다음과 같이 명령, 금지, 적극적 허용, 소극적 허용의 4가지로 구분하고 있습니다.

(1) 명령 : 행위를 해야 하도록 함
(2) 금지 : 행위를 하지 않도록 함
(3) 적극적 허용 : 행위를 할 수 있도록 함
(4) 소극적 허용 : 행위를 하지 않을 수 있도록 함

일상적 감각으로도 (1)이 (3)에 비해, (2)가 (4)에 비해 강제성이 강하다는 것을 파악할 수 있을 것이며, 이러한 감각에서 2문단([A])의 논리적 진술들을 독해해야 이들 네 가지 규범 양상 사이의 관계를 정확하게 설정할 수 있습니다.

[2문단 : 4가지 규범 양상 사이의 관계에 대한 분석법학(논리적)의 견해]

2문단을 독해할 때는 첫 번째 문장의 의미를 정확하게 파악해야 합니다. 즉, 분석법학은 앞서 살펴본 4가지 규범 양상들 사이의 의미론적이고 논리적인 관계를 정리한 이론입니다. 따라서 두 번째 문장부터의 진술은 논리적 관계 구도를 나타내는 진술들로 해석해야 합니다. 즉 '부정'과 '함축'이라는 용어를 '벤 다이어그램'식 포함관계로 이해해야 하는 것입니다.

(1) 명령은 소극적 허용의 부정이지만 적극적 허용을 함축한다.

☞ 논리적으로 부정은 양립불가능한 관계, 다시 말해 교집합이 존재하지 않는 모순관계를 의미합니다. 따라서 명령이 아니면 소극적 허용이고 소극적 허용이 아니면 명령인 관계가 형성됩니다.

명령	소극적 허용

(교집합 없음)

한편 명령은 적극적 허용을 함축합니다. 일상적 용법과 다르게 논리학에서의 함축, 예를 들어 A가 B를 함축한다고 하면 A가 B의 개념 범위 내에 존재한다는 것을 의미합니다.

(2) 금지는 적극적 허용의 부정이지만 소극적 허용을 함축한다.

☞ (1)과 마찬가지입니다. 금지와 적극적 허용은 양립할 수 없는 모순관계이고, 금지는 소극적 허용의 범위 내부에 존재해야 합니다.

(3) 소극적 허용은 금지를 함축하지는 않으며, 적극적 허용은 명령을 함축하지는 않는다.

☞ 함축하지 않는다는 것은 소극적 허용(적극적 허용)이 금지(명령)의 범위 내부에 온전히 존재하는 형태가 아니라는 것을 의미합니다. 이 진술만 가지고는 정확한 범위 설정을 하기 어렵습니다.

(4) 소극적 허용과 적극적 허용은 서로 배제하거나 함축하지 않는다.

☞ 배제하지 않는다는 것은 부정하지 않는다는 것과 마찬가지이고(모순관계가 아님) 또한 함축하지도 않는다는 것은 하나가 다른 하나의 범위 내에 온전히 포함되는 관계가 아니라는 것을 의미하므로, 결국 소극적 허용과 적극적 허용의 영역 사이에는 교집합이 존재하는 관계가 됩니다.

이제 (1)~(4)의 논리를 바탕으로 4가지 규범 양상의 관계를 이미지화하면 다음과 같이 나타낼 수 있습니다.

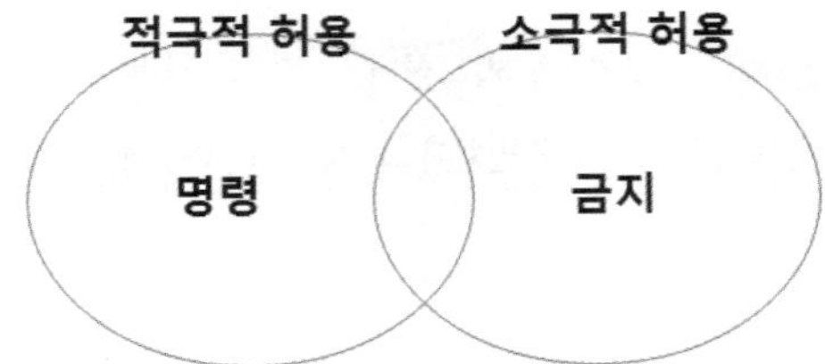

[3문단 : 분석법학의 의의]

분석법학에 의한 규범 양상들의 상호 관계는 법의 명확성을 높이고 법의 과잉(법의 자의적 해석 및 적용)을 방지하는 데 기여한다고 합니다. 예를 들어 법의 한 조항에서 어떤 행위를 하지 않을 수 있도록 허용했다면(소극적 허용), 똑같은 행위에 대해 다른 조항에서 명령해서는 안 되는 것입니다(명령과 소극적 허용은 양립불가능한 관계이므로). 혹은 어떤 행위를 할 수 있도록 허용하는(적극적 허용) 방법이 꼭 그 행위를 명령하는 것일 필요는 없게 됩니다(위 그림에서 적극적 허용과 소극적 허용의 교집합 부분에 해당할 수도 있으므로).

[4문단 : 분석법학에 대한 비판 1]

당연히 이러한 분석법학 이론에 대해 비판이 제기될 것입니다. 첫 번째 비판의 맥락은 법체계가 폐쇄적이라고 단언할 수 없다는 것입니다. 즉 위의 벤 다이어그램으로 만들어진 범위 바깥에 어떠한 규범 양상도 존재하지 않는다면(폐쇄적 법체계) 3문단에서 든 사례와 같은 관계를 확정할 수 있지만, 바깥 영역에 또 다른 규범 양상이 존재한다면(개방적 법체계) 그렇게 단언할 수 없게 됩니다. 이러한 맥락에서 두 조난자에게 자신을 구할 수 있는 행위(상대방을 밀쳐 내어 죽게 하는 행위)를 하는 것이 금지되지 않았다고 해서 상대방을 죽게 할 수 있도록 허용(적극적 허용)되어 있다고 단정할 수는 없다는 사례가 제시되는 것입니다.

[5문단 : 분석법학에 대한 비판 2]
두 번째 비판은 분석법학의 체계가 인간의 자유가 가지는 의미를 협소하게 만든다는 것입니다. 개방적 법체계에서는 위 그림의 규범 영역 이외에 자유로운 인간 활동의 고유한 영역이 존재할 수 있습니다. 하지만 폐쇄적 법체계에서는 명령도 하지 않았고 금지도 하지 않은 상태, 즉 위 그림에서 소극적 허용과 적극적 허용이 동시에 주어져 있는 교집합 부분만이 자유에 해당한다는 것입니다. 법이 명령도 금지도 하지 않은 덕분에(게으른 법의 침묵) 반사적으로만 누리게 되는 이익으로서 자유가 설정된다는 점에서 분석법학 체계에서의 자유는 온전한 권리라고 보기 어렵다는 비판인 것입니다.

[6문단 : 두 가지 비판에 대한 반박]
(1) 첫 번째 비판에 대한 반박 : 두 조난자의 사례에서, 굳이 개방적 법체계를 인정하지 않더라도 문제 해결 가능
☞ 상대방을 밀쳐내어 죽게 하는 행위는 허용되지 않지만(적극적 허용의 부정 = 금지), 자신의 목숨을 구하기 위해 불가피한 것이었다는 점에서 이러한 금지된 행위를 했다는 것만으로 비난의 대상이 되지 않는다는 판단을 충분히 이끌어 낼 수 있다는 것입니다.
(2) 두 번째 비판에 대한 반박 : 자유의 의미 재설정
☞ 3문단에서 살펴보았듯이, 분석법학은 법을 명확하게 체계적으로 정립하기 위해 준수해야 할 원칙들을 제공해 줍니다. 이러한 맥락에서, 폐쇄적 법체계를 취하는 것은 변덕스러운 법이 비집고 들어올 수 없도록 만들고(금지되지 않은 것이 곧 허용된 것이 아닌 것이 될 수도 있는 경우), 이에 따라 인간이 누리게 되는 자유의 질이 더 저하되는 것을 막을 수 있다는 것입니다. 이 부분을 조금 더 풀어서 이해하자면, 분석법학의 폐쇄적 법체계에서 자유는 아래 그림의 X(교집합)에 해당하는데, 개방적 법체계가 되면 이러한 X의 영역이 들쑥날쑥 할 수 있기 때문에 어떤 것이 자유인지 명확하게 규정할 수 없게 되어 오히려 자유의 질이 저하될 수 있다는 것입니다.

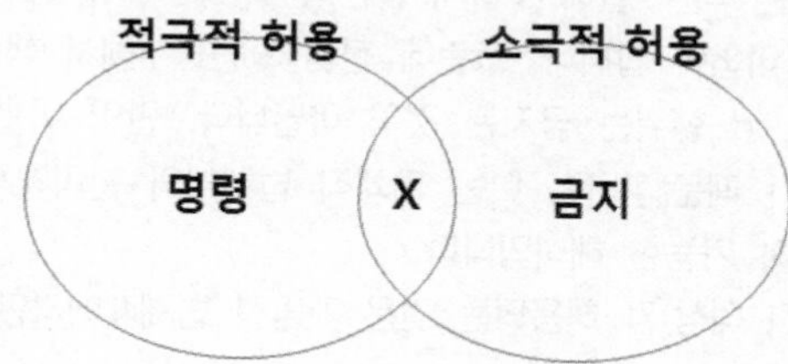

[7문단 : 분석법학의 현대적 의의]
글쓴이는 분석법학이 추구한 엄밀성이 전통적인 법에 내재한 모순 등을 간파하고 제거함으로써 자유의 영역을 선제적으로(흔들리지 않는 확고함) 확보하는 데 기여하였고, 명시적인 규정에 반하는 자의적 판결을 내리려는 시도를 배제하는 데 기여한다는 점에서 충분히 의의가 있다고 판단합니다.

2. 문항별 선택지 분석

21 정답 ④
글쓴이는 분석법학의 폐쇄적 법체계의 의의를 높게 평가합니다. 따라서 개방적 법체계의 의미론적 유사어들로서 명확성에 대비되는 유연성(①), 법에 의해 규정되는 것이 아닌 법 이전에 존재하는 권리로서의 자유(②), 법으로부터 자유로운 영역의 인정(⑤) 등은 모두 개방적 법체계의 관점에서 도출되는 진술들입니다. 또한 분석법학은 법을 형식 논리적으로 적용하려는 입장이므로 선지 ③ 역시 개방적 법체계의 관점에서 도출되는 진술입니다.
④ 7문단에서 글쓴이는 결과의 합당성을 고려해야 한다는 이유로 자의적 판결을 내리려는 시도에 대해, 판결은 법률의 문언에 충실해야 한다는 점을 들어 비판적인 관점을 드러내고 있습니다. 즉 중요한 것은 분석적 엄밀성을 추구해 명확하고 엄밀한 판결을 이끌어내는 것이지 결과의 합당성이 갖춰지도록 하기 위해 자의적 판결을 내리는 것은 옳지 못하다고 보는 것입니다. 따라서 분석적 엄밀성의 추구가 필연적으로 결과의 합당성을 보장할 필요는 없다는 선지의 진술은 적절합니다.

22 정답 ②

이 문제를 해결하기 위해서는 먼저 〈보기〉가 어떤 행위 규범인지 파악하여야 합니다. 타인의 생명을 침해하는 행위에 대해 '안 된다'고 명시하였으므로, 타인의 생명 침해는 금지의 대상입니다. 즉 이 문장은 '금지'의 규범 양상을 제시한 것입니다.
두 번째로, 문제의 의도를 정확히 이해해야 합니다. 개방적 법체계를 전제로 해야 가능한 것으로 볼 수 없다는 것은 결국 폐쇄적 법체계로만 설명될 수 있는 선지를 찾으라는 것입니다. 〈보기〉에 제시된 규범 양상이 금지이므로, 선지에서 어떤 행위가 금지로 주어졌을 때 이에 대해 (적극적으로) 허용되지 않는다는 판단이 나오거나, 금지되지 않은 행위이므로 적극적 허용이 가능하다는 판단이 나와야 합니다.
세 번째로, 각 선지에서 어떤 행위가 '타인의 생명을 침해하는' 행위인지 명확하게 가려내야 합니다. 예를 들어, 정답인 ②에서 '타인의 자살을 돕는 행위(a)'는 타인의 생명을 침해하는 것이라 하였으므로 이 a 행위는 금지의 대상인데, 폐쇄적 법체계에서 금지의 대상인 것은 적극적 허용이 되지 않습니다. 따라서 선지 ②에서 이 a 행위에 대해 허용되지 않는다고 진술하는 것은 폐쇄적 법체계를 전제해야 나올 수 있는 것입니다.

① 태아를 죽게 하는 행위(b)가 타인의 생명을 침해하는 것이 아니므로, 이 b 행위는 금지의 대상이 아닙니다. 폐쇄적 법체계에서는 금지의 대상이 아니면 적극적으로 허용되는 행위여야 하는데, 허용되지 않는다 하였으므로 이는 개방적 법체계를 전제로 해야 가능한 해석입니다.
③ 타인의 생명 유지 장치를 제거하는 행위(c)는 그 사람의 생명을 침해하는 것이므로, 이 c 행위는 금지의 대상입니다. 폐쇄적 법체계에서는 금지의 대상이면 적극적 허용이 불가능한데, c 행위가 허용된다고 하였으므로 이는 개방적 법체계를 전제로 해야 가능한 해석입니다.
④ 생명이 위태로운 타인이 있고, 이 타인의 생명이 침해되고 있는 것을 보고만 있는 행위가 나와 있습니다. 이 선지에서는 대상이 되는 행위가 타인의 생명을 침해하는 것인지 명시적이지 않기 때문에 역 추론이 필요합니다. 우선 타인의 생명이 침해되는 것을 보고만 있는 행위, 다시 말해 구하지 않는 행위(d)는 허용되지 않는다고 하였으므로, 폐쇄적 법체계에 따르면 이 d 행위는 금지의 대상이어야 합니다. 그런데 선지의 전반부에서 생명이 위태로운 타인을 구해 주어야 한다는 뜻은 아니라고 하였습니다. 즉, d 행위는 금지된 것이 아닙니다. 만약 이 행위가 금지되었다면 생명이 위태로운 타인을 무조건 구해주어야 할 것이기 때문입니다. 이는 폐쇄적 법체계의 논리에서는 도출될 수 없는 판단이므로 선지 ④ 역시 개방적 법체계를 전제로 해야 가능한 해석입니다.
⑤ 한 사람의 생명을 침해하는 행위(금지 대상)가 허용되는 것은 개방적 법체계에서만 가능한 해석입니다.

23 정답 ④

2문단 분석에서 도출한 벤 다이어그램을 통해 파악할 수 있습니다.

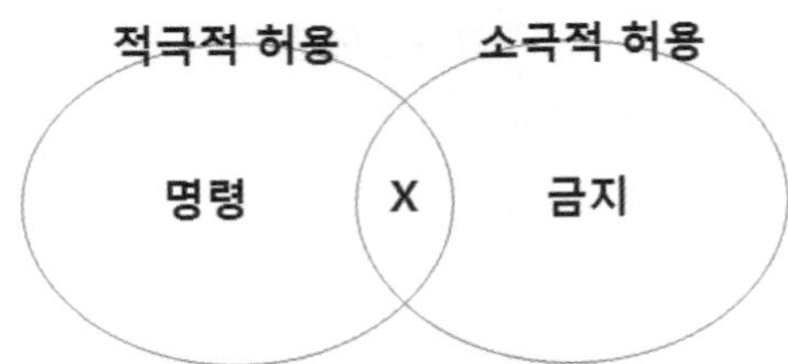

① 명령은 적극적 허용을 함축하므로 어떤 행위가 명령의 대상이 되면 이는 반드시 적극적 허용의 대상이 됩니다. 마찬가지로 금지의 대상이 되면, 금지는 소극적 허용을 함축하므로 반드시 소극적 허용의 대상이 됩니다.
② 금지와 적극적 허용은 부정 관계임을 통해 옳은 진술임을 쉽게 파악할 수 있습니다.
③ 명령과 금지 사이에는 교집합이 없으므로 명령의 대상이 되면 절대로 금지의 대상이 되지 않습니다. 한편 명령의 대상이 되지 않으면 소극적 허용인데, 소극적 허용에는 금지가 아닌 X 영역도 있으므로 반드시 금지의 대상이 되는 것은 아니라는 진술 역시 옳습니다.
④ 명령은 소극적 허용과 부정 관계이므로 첫 번째 문장은 옳은 진술입니다. 하지만 명령이 아니면 반드시 소극적 허용이 되므로, 두 번째 문장을 틀린 진술입니다.
⑤ 적극적 허용의 대상이 되는 행위가 X 영역의 행위라면, 이는 소극적 허용도 될 수 있으므로 첫 번째 진술은 옳습니다. 그리고 적극적 허용의 대상이 되지 않는다면 이는 금지의 대상이 되고, 금지는 소극적 허용을 함축하므로 반드시 소극적 허용의 대상이 됩니다. 따라서 두 번째 진술도 옳습니다.

규범(법학) 지문 03	2016학년도 33-35번	상위 테마 - 법철학, 법사상사
		하위 테마 - 「로마법대전」의 「학설휘찬」에 대한 라이프니츠의 비판

1. 제시문 정보 구조 분석

[1문단 : 화두 제시]

「로마법대전」에 대한 연구, 특히 「학설휘찬」 부분에 대한 연구 관점을 크게 초기와 후기로 나누어 구분하고 있습니다. 초기에는 로마법을 비판적으로 바라보는 것이 금기시되었고, 이에 따라 13세기 중엽 표준 주석서가 집대성되었습니다. 그리고 이후에는 로마법을 어떻게 실무에 적용할지의 문제로 법학의 중심이 옮겨졌는데, 이 과정에서 「학설휘찬」을 맹신하기보다는 그것을 역사적 사료로 보면서 새로운 해석을 시도하는 흐름이 라이프니츠를 대표로 나타나게 되었습니다.

[2문단 : 「학설휘찬」의 파울루스의 글]

파울루스의 글에는 두 가지 법률 관계가 설정되어 있습니다.

(1) 실질적 법률관계 : 저당권 설정 순위는 A(1순위) 〉 B(2순위) 〉 C(3순위)

(2) A와 C 사시의 소송 : A가 패소, 즉 C 〉 A

이제 문제가 되는 것은 B와 C 사이에 저당권 순위에 관한 다툼이 생겨 소송이 진행될 경우 A를 상대로 승소한 C가 B보다 우선한다고 해야 하는지(ㄱ), 아니면 A는 없다고 생각하고 B의 권리를 C보다 앞에 두어야 하는지(ㄴ) 하는 것입니다.

여기서 ㄱ은 (2)의 소송 결과를 제3자인 B의 소송에도 적용되는 것으로 보는 견해이고

ㄴ은 (2)의 소송 결과는 배제하고 (1)의 실질적 법률관계에만 입각해 B와 C 사이의 권리를 검토해야 한다는 견해입니다.

파울루스는 C가 우선한다는 견해 즉 ㄱ의 논리를 부당하다고 봅니다. 왜냐하면 그는 C가 A에게 승소한 (2)의 판결 효력이 B에게 미치는 것은 아니라고 보기 때문입니다. 즉 당사자 사이의 판결은 그 소송에 관여하지 않은 이에게 유리하게도 불리하게도 작용하지 않는다는 것입니다. 지문은 이에 대해 첫 번째 소송의 판결이 있더라도 '다른 저당권자의 권리는 손대지 않은 채 남겨져 있는 것'이라고 표현합니다.

[3문단 : 파울루스에 대한 라이프니츠의 비판 1 - 법리적 전제 검토]

라이프니츠는 파울루스와 달리 '손대지 않고 남겨져 있는 것' 즉 B의 저당권 순위에 대해 논리적으로 따져 봅니다. 그의 논증은 우선 다음과 같은 세 가지 전제로부터 시작합니다.

(1) 저당권은 설정한 순서에 따라 우선권이 주어지므로(로마법) : A(최우선권자) 〉 B

(2) 역시 저당권 설정 순서에 따라(로마법) : B 〉 C

(3) 판결로 확정된 법률관계에 따라(소송 결과) : C 〉 A

여기서 A가 최우선권자라는 (1)과, A보다 C가 우선권자라는 (3)이 충돌하게 되는데, 라이프니츠는 확정 판결의 효력으로 인해 (3)이 우선할 수밖에 없다고 보고 (2)와 (3)만 고려하면 된다고 봅니다.

[4문단 : 파울루스에 대한 라이프니츠의 비판 2]

4문단에서 라이프니츠의 논증은 두 번째 문장부터 본격적으로 시작합니다. 먼저 라이프니츠는 B가 A보다 우위라고 확언할 수 없다는 파울루스의 주장에 대해 비판하는데, 이는 세 번째 문장의 논리를 통해 뒷받침됩니다. 즉, 'B가 C보다 앞설 경우에[(2)에 따라] C가 A보다 앞선다면[(3)에 따라], B는 A보다 앞서는 것이 당연'하다는 결론이 도출됩니다.

두 번째로, B가 C의 관계에 대해서는 귀류법적 논증을 전개합니다. 즉, 만약 B가 C보다 후순위가 된다고 가정하면 이로 인해 파울루스가 피하고자 하는 것을 피하지 못하는 상황이 되기 때문에, 이는 모순이 되므로 애초의 가정인 B가 C보다 후순위가 되는 순위 설정은 허용될 수 없다는 것입니다.

이와 같은 두 가지 결과를 종합하면 B 〉 C 〉 A 의 순위 관계가 설정됩니다. 여기서 A는 애초의 로마법에 따른 법률관계의 우선순위보다 2단계나 밀리게 된 것이지만, 라이프니츠는 소송을 잘못한 이에게 두 번의 불이익을 주는 것이 차라리 낫

다는 이유에서 충분히 합당한 결론이라고 봅니다.
앞선 1문단의 논의와 연결해서 보면, 결국 라이프니츠는 로마법의 법리를 있는 그대로 실무에 적용한 것이 아니라 이를 비판한 것입니다.

[5문단 : 별다른 내용이 없으므로 생략합니다.]

2. 문항별 선택지 분석

33 정답 ①

① 1문단에 의하면 12세기는 로마법 연구의 초기에 해당하는 시기로 이때까지는 「로마법대전」에 포함된 파울루스의 학설에 대해 절대적 권위를 인정하였습니다. 따라서 시대적 간극을 초월해 받아들일 수 있는 이성적 결과물로 여겼다는 진술은 적절합니다.
② 「로마법대전」의 일부가 「학설휘찬」인 것입니다. 「로마법대전」이 「학설휘찬」보다 앞서 편찬되었다는 진술은 부적절합니다.
③ 16세기에 들어서면서부터 로마법을 맹신하지 않고 비판적으로 실무에 활용하는 법학 연구 풍토가 생겨난 것이지, 로마법에 대한 연구 자체를 버린 것은 아닙니다.
④ 라이프니츠 이전의 16세기부터 「로마법대전」 및 「학설휘찬」에 대한 비판이 시작되었습니다.
⑤ 라이프니츠는 로마법을 역사적 사료로 보는 입장에 서 있는 인물입니다.

34 정답 ③

①, ② B와 C 사이의 소송에서 소송 당사자 각각은 자신의 저당권이 우선한다고 주장할 것입니다. 먼저, B는 2문단에서 살펴본 실질적 법률관계(1)에 따라 자신이 C보다 먼저 저당권을 설정하였다고 주장하는 것이 유리합니다.
이에 비해 C는 A가 B보다 먼저 저당권을 설정하였다는 것을 기초로(A〉B), 여기에 자신과 A 사이의 소송에서 자신이 승소한 판결 효력을 적용하여(C〉A) 결과적으로 자신이 B보다 선순위자라고(C〉A〉B) 주장하는 것이 유리합니다. 선지 ②에는 이와 같은 A와 C 사이의 소송에 따른 판결 효력의 적용 여부가 구체적으로 언급되지 않았기 때문에 추론 과정을 재구성하는 것이 필요합니다.
③ ㉠은 B와 C의 소송에서 C가 우선한다는 주장입니다. 이는 선지 ②에서 살펴본 C의 주장과 일맥상통하는 것이므로 이와 같은 주장을 위해서는 C〉A라는 소송의 판결 효력이 B에게 효력이 있다는 전제가 필요합니다. 따라서 선지 ③이 정답입니다.
④ ㉡은 파울루스의 견해로서, 2문단([가])의 후반부에서 서술하고 있듯이 A와 C 사이에 내려진 판결의 효력이 해당 소송에 관여하지 않은 B에게 어떠한 유불리도 끼치지 않는다는, 다시 말해 A와 B와 C 모두의 순위를 파꾸는 것으로 판결한 것은 아니라는 입장에 해당합니다.
⑤ ㉠은 A와 C 사이에 내려진 판결의 효력을 인정하고, 더 나아가 이를 B에게도 적용해야 한다는 것입니다. 이에 비해 ㉡은 A와 C 사이에 내려진 판결의 효력은 인정하되 이를 B에게 적용해서는 안 된다는 차이를 보입니다. 즉 양자는 A와 C 사이에 내려진 판결의 효력 그 자체는 인정해야 한다고 보는 것입니다.

35 정답 ③

① 4문단의 논증 분석을 통해 최종적으로 B 〉 C 〉 A의 순위가 됨을 확인하였습니다.
② 3문단의 (1)과 (3)의 충돌에서 확정 판결의 효력인 (3)이 실질적 법률관계에 따른 두 인물 간 권리 관계인 (1)보다 우선한다는 것으로 결론이 났습니다.
③ 저당권의 우선순위가 먼저 설정된 순서로 정해진다는 로마법의 원칙이 부당하다면 3문단에서 (2)의 권리 관계가 도출될 수 없습니다. 라이프니츠는 어디까지나 구체적인 소송이 진행될 경우 그에 따른 판결의 효력을 우선시해 (1) vs (3)의 구도에서 (3)이 우선한다고 본 것이지, 로마법의 원칙 자체를 부당하다고 본 것이 아닙니다. (2)가 도출되기 위해서는 역시 로마법의 원칙이 인정되어야 하는 것입니다.

④ 3문단에서 확인한 것처럼, 로마법의 원칙(실질적 법률관계)에 따르면 A가 1순위이지만, A와 C 사이의 소송의 판결 효력에 따르면 A가 1순위가 아니게 되는 모순이 발생하는데, 라이프니츠는 이러한 모순적 상황을 4문단까지 이어지는 논증을 통해 B 〉 C 〉 A의 순위 관계로 정리함으로써 해소하였습니다.

⑤ 권리를 입증하지 못하여 패소한 이가 이후에 자신이 당사자가 아닌 소송에 의해 거듭 불이익을 받은 것은 본문의 A에 해당하는 진술이며, 라이프니츠는 이러한 경우 소송을 잘못한 이에게 두 번 불이익을 주는 것이 잘못이 없는 이에게 한 번 불이익을 주는 것보다 낫다고 하여 충분히 합당한 결과라고 주장합니다.

규범(법학) 지문 04	2014학년도 30-32번	상위 테마 - 법철학, 법사상사
		하위 테마 - 계약의 본질에 대한 이해의 변화

1. 제시문 정보 구조 분석

[1문단 : 화두 제시]

근대적 계약 이해 방식으로 인해 발생하는 문제를 보여주고 있습니다. 민법 규정을 무시하고 선량한 풍속에 위반하는 사항의 계약 내용에 대해,

(1) 당사자들 사이의 자유로운 의사 합치가 있었으므로 계약이 당사자를 구속한다고(계약 유효) 봐야 하는지

(2) 당사자들이 원했어도 법에 위반되는 계약 내용은 인정할 수 없다고(계약 무효) 봐야 하는지의 대립이 그것입니다.

[2문단 : 법률가 일반의 통념적 접근]

1문단에서 살펴본 것처럼, (1)과 (2)의 태도는 딜레마의 두 극단이라 할 수 있습니다. 글쓴이는 대부분의 법률가들이 (1)의 관점을 부정하지 않으면서도 결국 (2)의 태도를 취하는 것은('딜레마를 이루는 두 축을 동시에 붙들고 있는 것') 문제의 본질을 회피하는 것이라 비판합니다.

[3문단 : 의사표시 이론 논쟁]

앞서 소개한 화두와 관련해 의사표시 이론 논쟁을 소개하고 있습니다. 이 논쟁에서 화두가 되는 것은 '내심의 의사 내용'과 '외부로 표시된 내용'이 일치하지 않는 경우 어떤 것을 판단 기준으로 설정할 것인가라 할 수 있습니다. 즉, 의사내용과 표시 내용이 일치할 때에는 문제될 것이 없지만, 양자가 서로 일치하지 않을 때 어느 것을 더 우선할 것인가의 대립인 것입니다.

의사주의적 관점 : 내심의 의사 내용을 기준으로 법적 효과를 인정
⇩ (계약에 임한 상대방의 신뢰를 훼손한다는 비판이 제기됨)
표시주의적 관점 : 표시된 내용을 기준으로 법적 효과를 인정

[4문단 : 급진적 관점으로의 이행]

의사표시 이론 논쟁을 거치면서, 결론적으로는 당사자들이 원한 것보다 법이 무엇을 승인했는가가 더 중요하다는(기준이 되는) 사고가 자리 잡게 됩니다. 이는 계약에 따른 책임의 본질은 법률 규정에 기초한 '법정 책임'이라고 보는 '급진적 관점'으로 불립니다.

[5문단 : 계약 이해 방식의 변화에 영향을 미친 경제적 요인]
글쓴이는 앞서 살펴본 것과 같은 '당사자 중심의 계약 이해 → 법률에 규정된 기준에 따른 계약 이해'로의 이행이 나타나게 된 외적 요인으로 자본주의적 경제 체제의 발달을 들고 있습니다. 중세를 부정하고 등장한 근대적 법제(근대적 계약 이해 방식)에서는 만인이 자유롭고 평등하며 자신이 처하게 될 법률 관계를 스스로 결정할 수 있음을 선언했지만, 이러한 형식적 법률 관계가 얼마 지나지 않아 취약한 사회・경제적 지위를 갖는 한쪽 당사자에게 불공정한 결과를 불러일으킨다는 반성이 나타나게 됩니다. 이에 따라 각종 규제 입법들이 등장하였고, 앞서 살펴본 급진적 관점에 따라 계약을 이해하는(당사자의 의사보다도 법률 규정에 부합하는가가 더 중요한 기준으로 작용) 방식이 등장하게 된 것입니다.

2. 문항별 선택지 분석

30 정답 ②

① 3문단에 소개된 의사주의적 관점에 대한 진술 자체에서 선지 ①을 직접 도출하는 것은 어렵습니다. 대신 5문단에서 살펴본 것처럼 의사표시 이론 논쟁의 두 축을 이루었던 의사주의와 표시주의 모두 근대적 계약 이해의 방식에 속하며, 이러한 근대적 관점은 만인이 자유롭고 평등하며 자신이 처하게 될 법률 관계를 스스로 결정할 수 있음을 선언했다는 점에서 만인이 자유로운 의사 결정의 권리를 가지고 있음을 전제했다는 서술이 도출될 수 있습니다.

② 의사주의적 관점은 의사표시의 주체가 지닌 내심의 내용이 기준이므로 내심의 의사와 표시된 내용이 다를 때에도 내심의 의사를 기반으로 계약을 이해하면 된다는 입장입니다. 그런데 의사표시의 주체가 자신의 의사와 일치된 표시를 할 부담을 지게 된다는 것은 표시된 내용에 어떻게든 내심의 의사를 일치시켜야 한다는 것이므로 이는 의사주의적 관점에서 도출될 수 없는 주장입니다.

③, ④ 3문단에서 표시주의적 관점이 등장하게 된 배경을 통해 쉽게 확인할 수 있습니다.

⑤ 4문단에서 '급진적 관점'은 계약에 따른 책임의 본질을 약정 책임이 아닌 법정 책임으로 보려는 태도임을 확인하였습니다.

31 정답 ④

먼저 지문 내에서 '근대적 계약 이해 방식'에 포함되는 구체적인 항목 또는 유사 항목이 무엇인지부터 정확하게 범위를 설정해야 합니다. 1~2문단의 딜레마적 상황의 두 극단에 대한 진술에서 확인할 수 있었듯이, 당사자들 사이에 자유로운 의사의 합치가 있었다면 그 자체로(법률에 위배되는지 여부는 상관 없이) 계약을 유효한 것으로 바라보는 관점이 '근대적 계약 이해 방식'이며, 이는 3문단에 등장하는 의사표시 이론 논쟁의 두 관점인 의사주의적 관점과 표시주의적 관점 모두 포괄하는 상위 개념입니다. 따라서 표시주의적 관점에서 의사주의적 관점을 비판한 것을 '근대적 계약 이해 방식'에 대한 문제 지적으로 간주해서는 안 됩니다.

ㄱ. 3문단에서 언급한 의사주의와 표시주의 모두 계약 당사자의 의사 내용을 중심에 놓는다는 점에서 큰 틀에서는 근대적인 계약 이해 방식에 해당하는 것으로 볼 수 있습니다. 그리고 이와 같은 의사표시 이론 논쟁에서 문제가 되었던 것은 의사와 표시가 일치하지 않는 상황일 때 무엇을 기준으로 삼을 것인가이지, 애초부터 의사와 표시가 일치하지 않는 것이 당연함을 전제했다고 단정지을 만한 진술은 지문에서 확인이 불가능합니다.

ㄴ. 5문단에서 확인하였듯이, '근대적 계약 이해 방식'이 형식적인 측면에서만 만인의 자유와 평등을 전제함에 따라 발생한 불공정성을 극복하기 위해 급진적 관점(법률에 기초한 책임)이 등장하게 된 것입니다. 따라서 '근대적 계약 이해 방식'이 계약의 자유는 강조하면서, 계약의 공정성은 소홀히 하였다는 비판은 적절합니다.

ㄷ. 규제 입법을 통한 제한은 결국 법률에 의한 계약의 제한이라 할 것인데, 이는 5문단 후반부에서 확인한 것처럼 급진적 관점이 등장함에 따라 가능하게 된 법적 강제성입니다. 즉 급진적 관점이 등장하기 이전의 '근대적 계약 이해 방식'에서는 계약의 자유를 강조하기 때문에 규제 입법을 통한 계약의 자유 제한을 정당화하기 어렵다는 문제점이 존재했던 것입니다. 따라서 ㄷ 역시 비판으로 적절합니다.

32 정답 ⑤

- 계약의 주체인 갑의 의사 내용 : m^2당 10만원에 판매
- 계약에 표시된 내용 : 3.3m^2당(평당) 10만원에 판매
- 계약의 상대방인 을이 인지한 내용 : 3.3m^2당(평당) 10만원에 판매

① 표시된 내용이 아니라 갑의 의사 내용을 기준으로 삼는 관점이므로 의사주의적 관점에 부합합니다.
② 갑의 의사 내용이 아니라 표시된 내용을 신뢰한 을을 보호하고자 하는 관점이므로 표시주의적 관점에 부합합니다.
③ 갑의 내심의 의사 내용이 아니라 겉으로 드러난 표시 내용을 기준으로 삼는 관점이므로 표시주의적 관점에 부합합니다.
④ 평당 10만원에 팔고자 하는 의사를 가지고 있지 않았다는 사실이라는 것은 결국 내심의 의사 내용을 지칭하는 것이며, 이러한 내심의 의사 내용을 입증하면 이를 기준으로 '그 가격'(평당 10만원)에 팔지 않아도 된다는 것이므로 의사를 기준으로 삼는 의사주의적 관점에 부합합니다.
⑤ 폭리 취득을 금지하는 법률 규정이 있건 없건 상관없이, 을이 인지한 표시 내용을 기준으로 삼고 있으므로 이는 급진적 관점이 아니라 표시주의적 관점에 부합합니다.

규범(법학) 지문 05	2011학년도 30-32번	상위 테마 - 법철학, 법사상사
		하위 테마 - 동물 재판 관행의 변화

문항별 선택지 분석

30 정답 ④

① 2문단에서 동물이나 곤충들의 유죄가 증명될 경우 세속 법원은 관습법에 따라 사형을, 교회 법원은 교회법에 근거하여 저주와 파문을 선고하였음을 지적하고 있습니다.
② 5문단에서 동물 재판이 엘리트들의 보증 하에 민중 문화와 상호 작용하면서 본격적으로 시행될 수 있었음을 지적하고 있습니다.
③ 4문단에서 동물 재판이 13세기 이후 공권력의 역할과 권한이 강화된 새로운 재판 제도 하에서 이루어진 것임을 지적하고 있습니다.
④ 5문단에서 기독교적 자연법론이 동물 재판의 이론적 근거를 제공하였다고 지적하고는 있지만, 기독교적 자연법에 동물 재판 절차에 관한 규칙이 있었음을 보여주는 내용은 지문에 나타나 있지 않습니다. 동물 재판의 절차는 두 번째 단락을 통해 확인할 수 있는데, 이에 따르면 동물 재판은 사람에게 적용되는 소송 절차를 엄수하였습니다. 동물 재판의 절차는 자연법이 아니라, 5문단의 세 가지 법의 구분에 따르면 인간이 만든 인정법상에 존재하였던 것이라 보는 것이 타당합니다.
⑤ 5문단에서 성서의 여러 사례나 모세의 율법, 기독교적 자연법론 등이 동물 재판의 정당성과 이론적 근거를 제공하였음을 지적하고 있습니다.

31 정답 ⑤

⑤ 5문단의 지적처럼, 동물 재판은 인간 중심적 법 개념에 의한 자연의 영유(점령해 차지함)라 할 수 있습니다. 한편 [A]에 따르면 동물 재판은 일차적으로는 법적 절차를 통해 사태를 설명하는 서사를 구성함으로써 동물에 의해 발생한 비정상적 사태를 해석할 수 있는 관점을 제공하고, 이러한 비정상적 사태를 일으킨 동물을 처벌함으로써 사람들이 혼란을 극복하고 안정을 되찾을 수 있도록 하는 기능을 합니다. 이러한 동물 재판의 성격 및 기능을 가장 적절하게 반영하고 있는 것은 ⑤ '인간의 규범을 통해(인간 중심적 법 개념에 의한) 사태에 대한 통합적 해석을 얻고 질서 회복에 대한 믿음을 공유하게 하였다(비정상적 사태의 회복, 세계와 질서가 안전하며 정당하다는 것의 확인)이다.'입니다.

32 정답 ③

① ㉠은 자연에 대한 인간의 우위를 강조하는 반면 (가)는 자연과 인간의 법적 지위를 동등한 것으로 간주하고 있으므로, 자연에 대한 인간의 지위를 보는 (가)의 관점에 ㉠은 동의하지 않을 것입니다.
② 동물이 권리의 주체가 될 수 있다는 점에 대해 (가)와 ㉡ 모두 동의하고 있지만, (가)는 현행법하에서도 법관의 법해석을 통해(법의 변경 없이도) 이것이 가능하다고 봅니다. 또한 ㉡은 자연법을 근거로 바구미가 권리 행사의 주체가 될 수 있음을 인정하고 있으므로 역시 현행법의 변경 없이도 동물이 권리의 주체가 될 수 있다고 보는 입장입니다.
③ ㉠은 성서 곧 신의 섭리를 근거로 인간의 자연 지배를 정당화하고 있으며 ㉡은 바구미 떼의 행위에 대해 자연법이 인정하는 권리를 행사한 것으로 간주하고 있습니다. 다시 말해 ㉠과 ㉡ 모두 인정법 차원에서가 아니라 적어도 자연법 차원에서 사건을 바라보며 자신들의 주장을 펼치고 있는 것입니다. 이에 비해 (나)에서 언급하고 있는 성문 법률이나 관습법, 현행법 등은 인정법에 속합니다. 이 글의 맥락에서 보면 ㉠이 근거로 삼은 영원법은 (나)에서 언급하는 인정법들에 비해 상위의 것이므로 ③은 적절한 추론에 해당합니다.
④ ㉡은 인정법보다 상위의 자연법을 근거로 자연과 자연물의 권리를 인정하는 반면, (나)는 인정법만을 근거로 자연과 자연물의 당사자 능력을 부인하고 있습니다.
⑤ ㉠과 ㉡ 모두 신의 섭리 차원에서 자연의 권리라는 주제에 대해 접근하고 있습니다.

규범(법학) 지문 06	2016학년도 20-22번	상위 테마 - 개별 법리
		하위 테마 - 법관의 직무상 독립 보장에 대한 국가별 법리

1. 제시문 정보 구조 분석

[1문단 : 화두 제시]
국가 활동으로 인해 손해를 입은 개인을 보호하기 위한 국가배상 제도의 기원, 국가별 도입 현황 등을 먼저 소개하고 있습니다. 19세기 후반 프랑스에서 '판례'에 의해 도입된 것이 시초이고, 우리나라도 국가배상'법'을 제정해 공무원이 법을 위반하면서 직무를 집행한 결과 손해를 입은 개인이 있다면 국가가 그 손해를 배상하도록 해주고 있습니다. 법학 텍스트이고, 구체적인 법률을 먼저 소개하며 시작했으므로, 일반 대 예외의 구도로 지문 정보가 구조화될 가능성이 높다는 예측을 할 수 있습니다.

[2문단 : 법관의 재판이 갖는 특수성 1 - 직무상 독립 보장]
국가배상법과 관련해 문제가 되는 것은 법관의 재판으로 인한 손해가 발생한 경우입니다. 법관의 재판도 국가 활동에 속하므로 손해배상의 대상이 된다고 볼 여지도 있지만, 일반적으로 재판에는 다른 행정 작용과는 차별화되는 특수성이 있기 때문에 재판에 대한 국가배상 책임은 제한되는 것이 원칙입니다.
그와 같은 특수성의 첫 번째로 언급된 특수성은 직무상 독립의 보장입니다. 사실관계의 파악이나 법령의 해석 등에 있어서 잘못을 범했다는 이유로 국가가 손해배상 책임을 지게 될 경우 소신 재판이 어려워질 수 있다는 것이 핵심입니다.

[3문단 : 법관의 재판이 갖는 특수성 2 - 법적 안정성]
두 번째 특수성은 법적 안정성을 위해 확정 판결에 기판력이 인정된다는 점입니다. 일단 기판력이라는 것은 재판 당사자가 불복하지 않아 판결이 1심이나 2심에서 확정되거나, 최상급 법원의 판단으로 판결이 확정될 때 발생합니다. 이렇게 기판력이 생긴 확정 판결을 다시 국가배상 청구의 대상으로 삼게 되면, 이 자체로도 법적 안정성이 흔들리게 된다는 것입니다.

[4문단 : 법관의 재판이 갖는 특수성 3 – 심급 제도]
세 번째 특수성은 심급 제도가 존재한다는 점입니다. 하위심 재판에서 패소하더라도 법률에 정해진 불복 절차에 따라 상급심에서 법관의 업무 수행에 잘못이 있음을 주장해 이를 시정할 수 있는 장치가 마련되어 있는데, 재판에 대한 국가배상책임을 넓게 인정하게 되면 이러한 심급 제도가 무력화되어 역시 법적 안정성을 해치게 된다는 것입니다.

[5문단 : 우리나라의 재판에 대한 국가배상 책임 이론]
2문단부터 4문단까지의 내용이 재판에 대한 국가배상 책임을 인정하기 어렵다는 것에 대한 이론적 뒷받침이라면, 5문단에서는 구체적으로 우리나라의 법률이 이에 대해 어떻게 규정하고 있는지를 검토합니다. 먼저 독일의 경우는 법관의 직무상 의무 위반이 형사법에 의한 처벌의 대상이 되는 경우에만 국가배상 책임이 인정됨을 법률에 명시하고 있습니다.
이와 달리 우리나라는 국가배상법에 이러한 명문의 규정이 없기 때문에 대법원의 판례를 통해 원칙과 예외를 정리해야 합니다. 대법원은 확정 판결이라 하더라도,
1) 법관이 뇌물을 받고 재판한 것과 같이 법을 어길 목적을 가지고 있었던 것이나,
2) 소를 제기한 날짜를 확인하지 못한 것
과 같이 법관의 직무 수행에서 요구되는 법적 기준을 현저히 위반했을 경우 재판의 위법성을 인정합니다. 즉, 2문단에서 언급된 법관의 직무(사실관계의 파악, 법령의 해석, 사실관계에 대한 법령의 적용)에 따라 법관이 독립된 판단을 내려 이루어진 판결에 대해, 이후 상급 법원이 이와 다른 판단을 내렸다는 것만으로는 재판의 위법성이 인정되지 않는 것입니다.
또한 재판에 대한 불복절차가 마련되어 있는 경우 이 절차를 거치지 않고 국가배상 책임을 묻는 것도 인정되지 않습니다. 다만, 이렇게 불복 절차를 거치지 않은 것 자체가 2)의 경우처럼 법관의 잘못으로 인한 것이라면 예외적으로 국가배상 책임을 물을 수 있게 됩니다.

2. 문항별 선택지 분석

20 정답 ②

① 1문단에서 살펴보았듯이 프랑스는 국가배상 제도를 법률이 아닌 판례에 의해 도입하였습니다.
② 우리나라의 경우, 최하위 등급의 법원이 한 판결이 뇌물을 받고 부당하게 재판을 법관에 의한 결과라고 한다면 재판의 위법성이 인정되며, 이에 따라 해당 판결이 국가배상 책임의 대상이 될 수도 있게 됩니다. 프랑스의 경우도, 법관이 형사법에 의한 처벌의 대상이 되는 직무상 의무 위반을 하였다면 해당 법원이 최하위 등급의 법원이든 아니든 국가배상 책임이 인정됩니다.
③ 2문단에서 사실관계 파악이 법관의 직무 가운데 하나임을 분명히 언급하였습니다. 제대로 된 진술이 되려면, “사실관계 파악은 법관의 직무상 독립이 보장되는 영역에 속하므로 국가배상 책임의 대상이 아니다”가 되어야 할 것입니다.
④ 독일은 판례가 아니라 법률로서 국가배상 책임의 인정 범위를 제한하고 있습니다.
⑤ 우리나라의 국가배상법에는 재판에 대한 국가배상 책임을 부정하거나 제한하는 명문 규정이 없습니다.

21 정답 ③

대번원의 판단, 특히 재판의 위법성을 인정하지 않음으로써 국가배상 책임을 부정하는 원칙에는 2문단부터 4문단까지 언급된 재판의 특수성에 대한 인정이 전제되어 있습니다.
①, ② 불복 절차가 마련되어 있는 경우 이 절차를 거치지 않고 국가배상 책임을 묻는 것은 인정하지 않으며, 불복 절차를 따르지 않은 탓에 손해를 회복하지 못한 사람은 국가배상에 의한 보호를 원칙적으로 받을 수 없다는 5문단 후반부의 진술에서 확인할 수 있습니다.
③ 5문단 마지막의 예외처럼, 당사자가 불복 절차를 거치지 않아 판결이 확정된 것이 법관의 귀책 사유로 인한 것이라면 (22번 문제 〈보기〉의 상황처럼), 그 확정 판결로 인해 생긴 손해에 대해 국가배상 책임을 물을 수 있습니다. 또는 판사가 뇌물을 받고 재판을 해 판결이 확정된 경우도 역시 국가배상 책임을 물을 수 있는 대상입니다.

④ 역시 5문단에서, 뇌물을 받고 재판을 한 것에 대해서는 직무 수행에서 요구되는 법적 기준을 현저하게 위반한 것으로 간주하여, 즉 직무상 독립 보장의 취지에 어긋나기 때문에 위법성을 인정한다고 하였습니다.
⑤ 역시 5문단 중반부에서 확인한 내용입니다.

22 정답 ④

ㄱ. 헌법재판소가 접수 일자를 오인하여 A의 심판 청구를 받아들이지 않은 것이므로 이는 법관의 귀책 사유가 존재하는 경우라 보아야 합니다. 따라서 단순히 법관의 직무상 독립 보장만을 이유로 국가배상 책임이 부인된다고 단정할 수는 없습니다.
ㄴ. 소를 제기한 날짜를 확인하지 못한 것은 직무 수행에 요구되는 법적 기준을 현저하게 위반한 것으로서 이 경우에는 재판의 위법성을 인정할 수 있게 됩니다.
ㄷ. 우리 대법원은 불복 절차가 마련되어 있음에도 불구하고 이를 거치지 않고 곧장 국가배상 책임을 묻는 경우에 대해서는 인정하지 않고 있습니다. 그런데 〈보기〉에서 1997년에는 헌법재판소의 결정에 대한 불복 절차가 마련되어 있지 않았기 때문에 A는 이 경우에는 해당하지 않습니다. 따라서 불복 절차가 마련되어 있지 않다는 이유에서 국가배상 청구를 받아들이지 않을 것이라는 추론은 부적절합니다. 이미 ㄱ이나 ㄴ에서 살펴본 것처럼 〈보기〉의 사건은 법관에게 부여된 권한의 취지에 명백히 어긋난 권한 행사(소 제기 날짜를 제대로 확인 못함)에 해당하므로 재판의 위법성이 인정될 가능성이 높습니다.

규범(법학) 지문 07	2017학년도 1-3번	상위 테마 - 개별 법리 하위 테마 - 형사법상 범죄 성립 요건에 대한 법리

1. 제시문 정보 구조 분석

[1문단 : 화두 제시]

1문단에서는 카르네아데스의 널을 재구성한 〈사례〉를 소개하면서, 선원 B를 널판에서 밀어내어 죽게 만든 선원 A의 행위가 과연 형법상 처벌 대상으로서 범죄가 되는 것인지에 대해 검토해 갈 것임을 예고합니다.

[2문단 : 형법상 범죄 성립의 세 가지 요소]

2문단은 형법상 범죄 성립의 세 가지 요소인 (1) 구성요건 해당성 (2) 위법성 (3) 유책성을 소개하고, 일반적으로 첫 번째 요소인 구성요건에 해당할 경우 위법성도 함께 인정됨(일반론)을 언급하고 있습니다. 〈사례〉와 관련해서 보면, 선원 A의 행위는 사람을 살해한 것이기 때문에 형법 제250조 제1항의 구성요건을 충족합니다. 물론 이에 대한 명시적인 언급은 없지만, 이를 처음부터 인지하지 못하면 이어지는 내용 및 문제의 선택지에 대한 판단에 혼란이 발생할 수 있습니다.

[3문단 : 위법성 조각 사유 - 정당방위, 긴급피난]

2문단 마지막의 일반론에 대한 예외로서 정당방위나 긴급피난에 해당할 경우에는 위법성이 인정되지 않음을 설명하고 있습니다. 우리 형법상 위법성 조각사유에는 이 두 가지 이외에도 정당행위, 자구행위, 피해자의 승낙 등이 있지만, 지문은 정당방위와 긴급피난만을 대상으로 선원 A의 행위가 이러한 위법성 조각사유에 해당하는지 검토하고 있습니다.
두 조각사유의 구체적인 요건에 있어서 차이가 나는 것은
  (1) 정당방위는 '위법한 침해'로부터 자신이나 타인의 법익을 방위하는 것인데 비해,
  (2) 긴급피난은 천재지변과 같은 '현재의 위난'을 피하기 위함
이라는 점에서 차이가 있습니다.

[4문단 + 5문단 : 선원 A의 행위에 있어서 위법성 조각사유 판단]

4문단에서는 선원 A의 행위를 정당방위나 긴급피난으로 파악하는 이도 있을지 모른다고 운을 뗀 이후, 5문단에서는 이러한 생각이 잘못된 것임을 하나씩 비판하고 있습니다.

먼저, 위난에 빠진 선원 B가 널판을 잡은 행위는 위법한 침해라 볼 수 없으므로 B를 밀어낸 선원 A의 행위는 정당방위라 볼 수 없으며, 다음으로 선원 A의 행위로 인해 보호된 법익(선원 A의 목숨)이 침해한 법익(선원 B의 목숨)보다 크다고 할 수 없으므로 긴급피난이라고도 볼 수 없습니다. 즉, 선원 A의 행위는 정당방위도 긴급피난도 아니기 때문에 위법성이 인정되는 것입니다.

그렇다고 해서 선원 A의 행위가 곧바로 범죄가 된다고 볼 수는 없는데, 바로 유책성이 인정되는지 검토해야하기 때문입니다.

[6문단 : 선원 A의 행위에 있어서 유책성 판단]

전반부에서 위법한 행위를 한 행위자 개인을 비난할 수 있는가(특히 법적 비난이 가능한가) 여부가 책임의 문제임을 소개하고 있습니다. 이러한 법적 비난 가능은 적법한 행위를 할 수 있었는데도 위법한 행위를 한 경우, 즉 충분한 대안이 있었는데도 그 대안을 선택하지 않은 경우 성립합니다.

이러한 기준에서 봤을 때 선원 A가 선원 B를 밀어내지 않고 선택할 수 있는 유일한 대안인 자신의 목숨을 희생하는 행위는, '윤리적 차원'에서는 숭고한 선행이라 볼 수 있지만, '법적 차원'에서는 적법한 대안이라 볼 수 없으므로 그가 스스로를 희생하지 않고 B를 밀어낸 행위를 법적으로 비난하는 것은 불가능합니다.

그러므로, 비록 지문에 명시되어 있진 않지만 선원 A의 행위는 구성요건에 해당하고 위법성도 인정되지만 유책성이 인정되지 않기 때문에 범죄로 성립하지 않는다는 추가 결론이 도출될 수 있습니다.

2. 문항별 선택지 분석

01 정답 ①

① 5문단에서는 선원 B가 위난에 빠진 상황이었고 이를 벗어나기 위해 그가 널판을 붙잡은 것이고, 선원 A 역시 현재의 위난을 피하기 위해 B를 밀어낸 것으로 파악하고 있습니다. 다만 선원 A가 위난을 피하려고 한 행위로 인해 보호된 법익이 희생된 법익보다 결코 크다고 할 수 없기 때문에 긴급피난으로 인정되지 않는 것입니다.

② 선원 B가 선원 A를 밀어 빠져 죽게 하였더라도 선원 A에게 유책성이 인정되지 않았던 것처럼, 선원 B의 행위 역시 유책성이 없다는 이유에서 범죄가 되지 않을 것입니다.

③ 선원 B의 행위는 A가 먼저 붙잡고 있던 널판을 붙잡은 것이므로 사람을 살해한 것이 아니며, 따라서 살인죄의 구성요건에 해당하지 않는 것이 당연합니다. 하지만 선원 A의 행위는 B를 죽게 만든 것이므로 살인죄의 구성요건인 '사람을 살해한' 행위에 해당합니다.

④ 6문단 마지막 문장에 언급되어 있듯이, 선원 A의 행위는 윤리적으로는 비판받을 수 있지만 법적인 비난을 받기는 어렵습니다. 따라서 선원 A의 행위가 윤리적으로 타당하기 때문에 형법상으로도 비난을 받지 않는다는 선지의 진술은 부적절합니다.

⑤ 6문단에서 살펴보았듯이, 선원 A가 자신의 목숨을 희생하였다면 그에 대해서는 숭고한 선행임에 틀림없을 것이란 평가를 내리고 있습니다.

02 정답 ④

①, ② 선원 A의 행위가 정당방위로 인정되려면 선원 B의 행위가 A의 법익에 대한 위법한 침해여야 합니다. 따라서 ㉠은 선원 B의 행위가 위법한 침해라고 주장할 것이며(①), 선원 A의 행위는 이러한 B의 현재의 위법한 침해를 방위(해결)하기 위한 것이라고 주장할 것입니다(②).

③ 선원 A의 행위가 긴급피난으로 인정되려면 선원 A가 현재 위난에 처했고, 이로부터 벗어나기 위해 선택한 행위로 인해 보호된 법익이 희생된 법익보다 상당히 크다는 점이 인정되어야 합니다. 따라서 ㉡은 굳이 선원 B의 행위가 위법한 침해라고 주장하지 않다도 되는 것입니다.

④ ⓒ의 주장대로 선원 A의 행위가 긴급피난으로 인정된다면, 선원 A의 행위는 위법성이 없는 것이 되므로 굳이 책임에 대한 문제까지 따지지 않아도 범죄 성립이 안 된다는 결론을 도출할 수 있습니다.
⑤ 3문단에서 확인할 수 있듯이, 정당방위나 긴급피난으로 최종적으로 인정되려면 상당한 이유가 있는 행위여야 합니다. ㉠과 ⓒ 모두 선원 A의 행위를 정당방위 혹은 긴급피난으로 인정하였으므로, 현재 직면한 위난을 해결하는 데 상당한 이유가 있는 것이었다고 판단하였을 것입니다.

03 정답 ③

6문단에 대한 분석에서 정리하였듯이, 글쓴이는 선원 A의 행위가 구성요건에 해당하고 위법하지만, 유책성이 없기 때문에 범죄 성립이 안 된다는 잠정적 결론을 내리고 있습니다.
① 선원 A의 행위는 구성요건에 해당하는 것으로 보고 있습니다.
② 선원 A는 형법상의 책임(법적 비난 가능성)은 없다고 보고 있습니다.
③ 선원 A의 유책성을 따진 마지막 단계의 검토가 필요했던 것은 앞서 그의 행위가 위법한 것으로 판명이 났기 때문입니다.
④ 정당방위의 성립과 유책성의 성립은 별개의 문제로서, 유책하지 않은 행위에 대해 정당방위가 성립할 수 없다고 단언하는 것은 부적절합니다.
⑤ 선원 A의 행위가 위법한지를 따진 결과 책임성의 문제를 검토하는 단계까지 가게 된 것입니다.

규범(법학) 지문 08	2016학년도 1-3번	상위 테마 - 개별 법리
		하위 테마 - 언론 보도의 자유 vs 공정한 형사재판을 받을 피고인의 권리

1. 제시문 정보 구조 분석

[1문단 : 화두 제시]
범죄 사건을 다룬 언론의 보도가 과연 공정한 형사재판을 받을 피고인의 권리를 침해하는 것인지 논란의 여지가 있다는 것을 보여주고 있습니다. 논쟁의 큰 구도는,
1) 언론의 범죄 관련 보도가 법관 등에게 유죄의 예단을 심어줄 우려가 있다는 주장

vs

2) 언론 보도를 제한하는 것이 헌법에 보장된 표현의 자유에 대한 침해가 된다는 주장의 대립입니다.

[2문단 : 언론의 범죄 사건 보도에 대한 미국의 판결 흐름]
(1) 어빈 사건 판결 - 언론 보도가 지나쳐 실제로(현실적으로) 재판에 영향을 주었음이 입증될 경우, 유죄판결까지 파기하여야 함 [현실적 예단의 법리]
(2) 리도 사건 판결 - 보도의 내용이나 행태 자체에서 예단을 유발할 수 있다는 점이 인정되면(즉, 실제로 재판에 영향을 주었음이 입증되지 않더라도), 적법절차의 위반을 들어 유죄판결을 파기할 수 있음 [일반적 예단의 법리]
(3) 셰퍼드 사건 판결 - 리도 사건 판결의 흐름을 유지하면서, 추가로 배심원 선정 절차에서 예단을 가진 후보자 배제, 배심원이나 증인을 격리, 재판 연기(사건 보도가 있을 경우, 보도로 인해 현재의 판결에 영향을 미칠 가능성이 있으므로), 관할 변경(재판 연기와 비슷한 맥락, 해당 지역 배심원들에게 예단을 심어줄 수 있으므로) 등의 수단이 필요함을 언급 [일반적 예단의 법리 + 침해 예방 수단 고려]
(4) 네브래스카 기자협회 사건 판결 - '공판 전 보도금지명령'에 대한 기자협회의 비판을 수용해, 침해의 위험이 명백하지 않은데도 가장 강력한 사전 예방 수단(보도금지)을 쓰는 것은 위헌이라 판단함

▶ 어빈 사건 판결의 '현실적 예단의 법리'와 리도 사건 판결의 '일반적 예단의 법리'의 대비는 2014학년도 11-13번 지문에서 살펴볼 미국의 카르텔 규제 법리에서 '합리성의 원칙' 대 '당연 위법의 원칙' 사이의 대비와 유사한 구도를 취하고 있습니다.

[3문단 : 현재 미국의 제도와 이에 대한 우려]

2문단에서 언급된 판결들을 거쳐, 현재 미국에서는 '셰퍼드 사건에서 제시된 수단 + 형사재판의 비공개, 형사소송 관계인(주로 검사)의 언론에 대한 정보제공금지 등'이 시행되고 있는 상태입니다. 하지만 이러한 수단들의 실효성에 대한 의문이 크고, 알 권리 제한 우려가 있어(즉 1문단에서 살펴본 언론 보도를 제한하는 것이 헌법에 보장된 표현의 자유에 대한 침해가 된다는 주장) 이 수단들의 시행은 제한적으로만 이루어지고 있는 실정입니다.

[4문단 + 5문단 : 변호인의 실질적 조력을 받을 피고인의 권리 보호의 일환으로서 변호인의 법정 밖 변호 활동 허용 주장(글쓴이의 견해)]

글쓴이는 언론 보도의 자유라는 방향과 공정한 재판이라는 방향이 늘 상충하는 것은 아니라는 견해들을 수용하면서, 변호인이 적극적으로 피고인 측의 주장을 보도기관에 전해, 보도가 수사기관의 입장에서 일방적으로 편향되는 것을 방지하는 것이 더 바람직하다고 주장합니다. 이를 뒷받침하는 것으로는 미국과 우리나라 모두 헌법상 변호인의 조력을 받을 피고인의 권리를 보장하고 있으며 이 권리는 변호인의 실질적 조력을 받을 권리를 의미한다는 것입니다. 이에 따라 우리나라에서도 피고인 측에게 유리한 정보를 언론에 제공할 기회나 반론권을 제한하지 말고, 언론 역시 피고인 측에게도 대등한 보도를 할 수 있도록 정보 제공을 해야 한다는 주장으로 마무리되고 있습니다.

2. 문항별 선택지 분석

01 정답 ③

① 1문단에서 확인할 수 있습니다. 범죄 사건을 다룬 언론 보도가 법관이나 배심원들에게 유죄의 예단을 심어줄 우려가 있다는 것은 곧 해당 범죄 관련 언론 보도를 접한 사람들이 피의자를 범죄자라고 생각하기 쉽다는 것을 의미합니다.

② 4문단에서 글쓴이는 변호인이 피고인을 위해 사건에 대해 하는 발언 즉 언론에 제공되는 변호인의 발언이 범죄 보도보다 적법절차 즉 공정한 형사재판을 침해할 위험성이 크지 않다고 봅니다.

③ 3문단의 네브래스카 기자협회 사건 판결에서 확인할 수 있듯이 공판 전 보도금지명령은 최소한이 아니라 가장 강력한 사전 예단 방지 수단에 해당합니다.

④ 1문단에서 법관이나 배심원들에게 유죄 예단을 심어줄 우려가 있다고 하였습니다. 즉 법관 재판의 경우에도 언론의 범죄 보도로부터 영향을 받을 가능성이 있는 것입니다.

⑤ 글쓴이의 주장으로서, 변호인에게도 피고인 측의 주장을 언론에 제공할 수 있는 기회를 제공하는 것이 공정한 재판을 위해서 필요한 조치에 해당합니다.

02 정답 ④

① ㉠에서 요건으로 제시한 언론 보도가 예단을 형성시켜 실제 재판에 영향을 주었다는 사실의 입증이나 ㉡에서 요건으로 제시한 보도의 내용이나 행태 등에서 예단을 유발할 수 있다는 사실의 인정 등은 모두 진실이 발견되는 것에 해당하며, 이러한 진실이 발견될 경우 피고인에게 잘못 적용된 유죄판결은 파기해야 합니다. 이는 적법절차 보장에 근거한 공정한 형사재판을 위한 조치에 해당합니다.

② 2문단에 대한 분석에서 살펴보았듯이, ㉠과 달리 ㉡에 이르러서는 보도 내용이나 행태 등에서 예단을 유발할 수 있다는 점이 인정만 되면 피고인 측이 이러한 언론보도로 인해 실제 재판에서 불이익을 받았다는 것을 입증할 필요 없이 유죄 파기가 가능하도록 하였습니다. 이는 피고인의 입증 책임을 완화한 것에 해당합니다.

③ 역시 2문단 분석에서 확인한 내용입니다. ㉢은 ㉡의 견해를 유지하면서, 추가로 형사절차 내에서 예단의 사전 방지 수단으로서 배심원이나 증인의 격리, 재판 연기 등을 제시하였습니다.

④ 배심원이나 증인의 격리, 재판 연기 등의 예단 사전 방지 수단들은 모두 언론 보도로 인한 예단이 형성되어 적법절차에 의해 공정한 형사재판을 받을 피고인의 권리가 침해되는 것을 방지하기 위한 조치들입니다. 따라서 ㉡에서 ㉢으로의 이행은 오히려 공정한 형사재판의 측면에서 보면 진보한 것이라 보는 것이 타당합니다.

⑤ ㉣은 공판 전 보도금지명령이 침해의 위험이 명백하지 않은데도 가장 강력한 사전 예방 수단을 사용한 것이라 보고 이를 위헌으로 규정하였습니다. 이는 표현의 자유(언론사의 알 권리)에 대한 과도한 제한을 경계한 조치에 해당합니다.

03 정답 ④

ⓐ의 예단 방지 수단들은 ⓒ 판결에서 제시된 다양한 조치들 및 3문단에 언급된 형사재판의 비공개, 형사소송 관계인의 언론에 대한 정보제공금지 등입니다.

① 배심원 격리 전에 보도가 있었다면 배심원은 격리 된 후에도 예단이 이미 형성된 상태일 수 있으므로 이는 예단에 대한 사전 방지 조치의 실효성을 떨어뜨리게 될 것입니다.

② 전국적으로 보도가 된 상태에서는 관할이 변경되더라도 변경된 지역의 배심원들 등이 예단을 가진 상태일 것이므로 역시 실효성이 떨어질 것입니다.

③ 재판 연기는 사건 보도가 현재의 재판 판결에 영향을 미칠 가능성을 차단하기 위한 것인데, 재판 재개에 임박해 다시 언론 보도가 이어진다면 피고인에 대한 예단이 형성될 가능성이 높아지므로 역시 실효성이 떨어지게 될 것입니다.

④ 선지의 내용은 예단 방지 수단의 하나로서 '형사소송 관계인(검사)의 언론에 대한 정보제공금지' 조치 그 자체에 해당합니다.

⑤ 배심원 후보자가 정직하게 답변하지 않는다면 배심원 선정 절차에서 예단을 가진 후보자를 배제하는 조치의 실효성이 떨어지게 될 것입니다.

규범(법학) 지문 09	2017학년도 33-35번	상위 테마 - 개별 법리 하위 테마 - 형사절차상 변호사의 조력을 받을 피고인의 권리

1. 제시문 정보 구조 분석

[1문단 : 화두 제시]

형사절차상 변호인이 피고인의 정당한 이익 보호를 위해 '효과적인 변호'를 수행해야 하는 존재라는 성격 규정을 하고 있습니다. 이어질 내용들에서 이러한 효과적인 변호 수행의 의무 즉 피고인 입장에서는 효과적인 변호를 받을 권리가 법적으로 보장되는 것인지에 대한 논의가 소개될 것임을 예고하고 있는 것입니다. 한편, 미국의 경우 당사주주의 소송 구조로 인해 변호인의 역할이 매우 중요함을 강조하면서 이어지는 문단부터는 우선 미국의 법리가 소개될 것임을 예고하고 있습니다.

[2문단 : (미국) 효과적이지 못한 변호의 유형]

2문단부터는 미국의 경우 각각의 판결별로 어떤 법리적 변화가 이루어졌는지를 검토하고 있습니다. 먼저 1965년의 미란다 판결은 기소된 피고인뿐만 아니라 기소 이전에 수사를 받고 있는 상태의 피의자도 국선 변호인의 조력을 받을 권리를 인정하였습니다. 하지만 해당 판결은 이처럼 국선 변호인의 조력을 받을 권리가 인정되는 대상은 확장하였지만, 이들 피고인이나 피의자가 효과적인 변호를 받아야 한다는 것까지 주장하지는 않았습니다.
아울러, 미국에서는 효과적이지 못한 변호의 유형을 다음과 같이 두 가지로 구분합니다.

(1) 변호인과 피고인의 이익이 충돌하는 변호	☞ 미국뿐 아니라 우리나라의 판례도 이 경우에는 유죄 판결을 파기하는 조치를 취함, 즉 논란의 여지가 없음
(2) 변호가 일정한 기준에 미치지 못해 불충분하고 불성실한 경우	☞ 이러한 경우는 논란의 여지가 있음

[3문단~5문단 : (미국) 불성실한 변호의 판단 기준에 대한 판례들]

미국에서는 변호인이 불성실한 변호를 했을 경우 징계뿐만 아니라 위임 계약 위반에 따른 (민사상의) 배상 책임까지 질 수 있습니다. 그렇기 때문에 불성실한 변호의 판단 기준이 중요한데, 이는 그동안 논란이 있어 왔습니다. 핵심은 성실 의무 위반이 효과적인 변호를 받을 피고인의 권리를 침해하는 것인가 하는 문제입니다.

1958년의 미첼 판결은 변호를 받을 권리에 변호의 효과는 포함되지 않는다고 보았습니다. 이 판결은 변호인의 성실 의무 준수 여부를 다른 재판부가 사후에(즉 상급심 법원이) 평가하는 것도 문제가 있다고 지적합니다.

그러다가 1984년의 스트릭랜드 판결은 변호의 효과를 객관적 합리성의 기준에 따라 판단할 수 있다고 봅니다. 이에 따르면 변호인이 성실 의무를 위반하였고, 그 위반이 재판의 결과에 영향을 주었다는 점을 피고인이 모두 입증하면(즉 두 가지 요건 모두 충족되면) 유죄 판결을 파기하는 것이 가능합니다.

1986년의 메이켐슨 판결은 국선 변호인의 보수를 더욱 적극적으로 지원해야 변호의 질이 높아지고 결과적으로 효과적인 변호를 받을 권리가 보장될 수 있다고 봅니다.

[6문단 : 우리나라의 경우]

우리나라에서는 헌법재판소 판례상 국선 변호인의 조력을 받을 권리를 피고인에게만 인정해주고 있습니다. 또한 변호사법에 변호인의 성실 의무가 규정되어 있는 만큼, 성실 의무를 지키지 않는 것은 실정법을 위반하는 행위이기도 합니다. 하지만 우리나라는 성실 의무 위반시 이 문제를 변호인 개인에 대한 징계나 손해 배상의 문제로만 취급하고 있을 뿐 유죄 판결 파기의 근거로까지 간주하지는 않는 실정이라는 것이 소개되어 있습니다.

2. 문항별 선택지 분석

33 정답 ①

① 미국(3문단)과 우리나라(6문단) 모두 판례상 국선 변호인이 받는 보수와 상관없이 성실하지 않은 변호를 하였을 경우 징계를 받거나 배상 책임을 지게 됩니다.

② 3문단에 의하면 변호인의 성실 의무에는 변호인이 법률 전문가다운 유능한 업무 수행을 할 것이 포함됩니다. 이는 전문가로서 변호 기술을 충분히 발휘하는 것이라 할 수 있습니다.

③ 미국의 경우 초기 판례는 조력을 받는 대상의 확대에 국한되었다가, 이후 1980년대의 판결들을 통해 변호의 질을 보장해야 한다는 것으로 '변호인의 조력을 받을 권리'에 관한 기준이 발전해 왔습니다.

④ 1문단에 나와 있듯이, 형사절차에서 피고인은 단순히 소송대리인이 아니라 피고인이 실질적으로 검사와 대등한 지위에서 재판을 받도록 함으로써 피고인의 정당한 이익을 보호하는 존재입니다.

⑤ 1문단에서 확인하였듯이 당사자주의 소송 구조인 미국에서는 당사자인 검사와 피고인의 증거 신청이 없으면 법관이라 해도 직권으로 증거 조사를 할 수 없도록 되어 있습니다.

34 정답 ①

① ㉠의 판결은 기소 후의 피고인뿐만 아니라 기소 전의 피의자도 국선 변호인을 선임할 수 있는 권리를 부여했다는 점에 의의가 있다고만 나와 있을 뿐, 효과적이지 않은 변호로 인한 피해를 방지하기 위한 조치는 화두가 아니었습니다.

② ㉡의 판결에서 '변호의 효과'를 변호를 받을 권리의 내용에 포함되지 않는 것으로 간주한 핵심 이유는 변호인의 성실의무 준수 여부를 해당 재판이 끝난 후에 다른 재판부 즉 상급심 법원이 평가하는 것은 문제가 있기 때문입니다.

③ ⓒ의 판결에서 법원의 유죄 판결이 파기될 수 있는 요건으로 제시된 것은 두 가지였습니다. 선지에서 변호가 불성실했다는 것을 입증한 것은 그 가운데 한 가지 요건만 충족된 것입니다.
④ ⓓ의 판결은 변호의 질에 변호인이 받는 보수가 영향을 미친다는 전제하에 국선 변호인에 대한 정부의 재정 지원의 필요성을 강조하였습니다.
⑤ 1958년의 미첼 판결에서는 변호의 효과가 변호를 받을 권리의 내용에 포함되지 않는다고 보다가, ⓒ의 판결 이후로 변호의 효과 즉 효과적인 변호를 변호인의 변호를 받을 권리에 포함되는 것으로 간주하게 되었습니다. 즉 ⓒ과 ⓓ은 변호인의 조력을 받을 권리라는 말의 조력을 효과적인 변호에 따른 조력이라고 전제한 것입니다.

35 정답 ②
① 6문단에서, 우리나라에서는 변호인의 불성실한 변호에 대해 징계나 손해 배상의 문제로만 취급하고 있을 뿐, 이를 이유로 유죄 판결을 파기한 사례는 없다고 하였습니다.
② 33번의 선지 ①에서도 확인하였듯이, 미국과 우리나라 모두 불성실한 변호를 한 변호인에 대해서는 민사상 손해 배상 책임을 부과할 수도 있습니다.
③ 미국에 대한 진술로는 맞지만, 6문단에서 확인하였듯이 우리나라의 경우에는 피고인만 국선 변호인의 조력을 받을 권리가 보장되고 있습니다.
④ 우리나라의 경우는 6문단에서 실정법을 위반하는 행위라고 명시하였으며, 미국의 경우에도 위임 계약 위반에 따른 손해배상의 책임을 질 수도 있다는 것은 결국 실정법을 위반한 행위라는 것을 의미합니다. 따라서 미국과 우리나라 모두에서 불성실한 변호라는 성실 의무 위반 행위는 실정법을 위반한 것이 될 수도 있습니다.
⑤ 2문단에서 확인하였듯이, 변호인과 피고인의 이익이 충돌하는 변호의 경우에는 미국과 우리나라 모두 피고인의 권리 침해를 인정하고 유죄 판결을 파기하였습니다.

규범(법학) 지문 10	2014학년도 11-13번	상위 테마 - 개별 법리 하위 테마 - 미국과 한국의 카르텔 규제 법리

1. 제시문 정보 구조 분석

[1문단 : 화두 제시]
공정거래법상 가장 핵심적 규제 대상인 '부당한 공동행위(=카르텔=담합)'에 대해 소개하고 있습니다. 미국의 카르텔 규제 제도가 공정거래법상 규제 제도에 영향을 미쳤다는 점에서, 두 국가의 제도적 차이점을 구체적으로 비교해 나갈 것임을 예측할 수 있습니다.

[2문단 + 3문단 : 미국의 카르텔 규제 법리]
미국 카르텔 규제 법리의 두 가지 원칙을 소개하고 있습니다. 두 원칙의 차이점은 다음과 같습니다.

당연 위법의 원칙	합리성의 원칙
• 주로 담합, 시장 분할 등에 적용 • 부당하게 경쟁을 제한하는 행위(가격 합의 등)만 나타나도 → 그 자체로 위법하다고 판단	• 합작 투자 협정 등 부당성 여부를 직관적으로 판단하기 어려운 행위에 적용 • 거래 제한의 목적, 의도, 경쟁에의 긍/부 효과 등을 검토하여 → 위법 여부를 개별적으로 판단
• 국가나 원고의 입증 부담 ↓	• 국가나 원고의 입증 부담 ↑

미국은 이와 같은 두 가지 원칙을 통해, 부당한 공동행위임이 명백한 경우에 대해서는 곧장 위법성에 대한 책임을 묻고, 그렇지 않은 경우만 엄밀한 심사를 거쳐 위법성 여부를 판단하는 이원적 심사 방식을 취하고 있습니다. 이러한 이원적 방식을 취하고 있기 때문에 모든 공동행위에 대해 면밀한 분석을 거칠 필요 없이, 필요한 경우에만 합리성 원칙을 적용해 엄밀한 심사를 함으로써 사법 자원을 절약하는 것이 가능해지게 된 것입니다.

[4문단 : 미국과 한국의 제도 비교(1)]

'당연 위법의 원칙'은 '합리성의 원칙'에 근거해 집행되었던 다양한 판례들이 누적됨에 따라 특정 행위들이 예외 없이 위법하다는 판단이 내려진 것을 근거로 만들어진 법리입니다.

하지만 성문법주의를 취하고 있는 우리나라의 경우에는 공정거래법상의 규정에 대한 해석에 있어서 기본적으로 '부당하게 경쟁을 제한하는'이라는 법률요건을 기준으로 특정 행위가 경쟁 제한성을 가지는지 여부를 개별적으로 판단하는 방식을 취하고 있습니다. 이렇게만 보면 우리나라의 '부당한 공동행위' 규제 제도는 미국의 '합리성의 원칙' 방식만을 취한 것으로 볼 여지가 있습니다.

[5문단 : 미국과 한국의 제도 비교(2) - 우리나라에서의 이원적 심사 방식 가능성]

하지만 우리나라도 사업자들의 공동행위를 다음과 같이 두 가지로 구분함으로써, 미국과 완벽히 동일하지는 않지만 미국식 카르텔 규제의 이원적 심사 방식을 어느 정도 수용한 것으로 볼 수 있는 법리를 취하고 있습니다.

유형	경성 공동 행위	연성 공동 행위
정의	경쟁 제한 효과만을 발생시키는 행위	경쟁 제한 효과 + 경제적 효율성 증대 효과를 동시에 발생시키는 행위
처리 방식	시장 점유율 분석과 같은 간단한 입증만으로도 경쟁 제한성 판단 (입증 부담↓)	보다 복잡한 분석을 통해 경쟁 제한성을 엄격하게 입증해야 함 (입증 부담↑)

미국의 '당연 위법의 원칙'은 사업자들의 담합 등의 행위가 적발만 되면 그 자체로 위법하다는 판단을 내립니다. 하지만 우리나라의 이원적 구조에서 경성 공동 행위에 대한 판단은 시장 점유율 분석과 같이, 간단하긴 하지만 별도의 위법성 입증 절차를 거쳐야 합니다. 이 점이 미국과 우리나라의 제도상 차이점의 핵심이라 할 수 있습니다.

2. 문항별 선택지 분석

11 정답 ④

①, ② 3문단 마지막 문장에서도 이야기하고 있듯이 미국의 이원적 심사 방식은 법 집행의 효율성과 예측 가능성을 높여줍니다.

③ 4문단에서 확인하였듯이, 미국의 이원적 심사 방식은 처음에는 '합리성의 원칙'만 적용되다가 누적된 판례를 기반으로 일정한 유형의 행위에 대해 당연히 위법하다는 판단을 내리는 '당연 위법의 원칙'이 새롭게 형성된 결과입니다. 따라서 판례법주의에 기초한 귀납적 결과물이라 할 수 있습니다.

④ '당연 위법의 원칙'이 적용되는 경우는 상대적으로 사법 자원이 절약되므로, 법 집행 시 전체적 비용의 소요가 많아지는 것이 아니라 오히려 줄어든다고 보는 것이 타당할 것입니다.

⑤ 3문단에서 확인하였듯이, '당연 위법의 원칙'이 적용되는 경우에는 국가(정부)가 해당 기업들의 시장 지배력 등을 입증할 필요가 없으므로 위법성에 대한 입증 책임을 상대적으로 적게 진다고 볼 수 있습니다.

12 정답 ①

① 먼저 지문 내에 '시장 경제의 효율성'이라는 개념이 직접 등장하지는 않는다는 점을 인지해야 합니다. 이와 가장 유사한 표현은 2문단 중반부에 등장하는 "반면, '합리성의 원칙'은 거래 제한의 목적이나 의도, 경쟁에 미치는 긍정적 효과나 부정적 효과 등을 면밀히 검토한 다음 이를 종합적으로 고려하여 개별적으로 위법 여부를 판단하는 원칙"이라는 문장

정도입니다. 즉 여기서의 경쟁에 미치는 긍정적 혹은 부정적 효과가 시장 경제에 있어서의 효율성이라 할 수 있는 것입니다. 따라서 이러한 시장 경제의 효율성을 위법성 심사 과정에서 더 고려하는 것은 '합리성의 원칙'이지 '당연 위법의 원칙'이 아닙니다.

② '당연 위법의 원칙'이 적용되는 상황은 가격 합의와 같이 부당하게 경쟁을 제한하는 거래 제한 행위가 명백히 발생하였고, 추가적인 입증을 거칠 필요 없이 법에 규정된 바에 따라 이러한 행위가 곧바로 위법하다는 판단을 내리면 그만인 상황입니다. 즉, 이 경우는 법관이 거래 제한의 목적이나 의도, 경쟁에 미치는 긍/부 효과 등을 검토할 때 자의적인 판단을 내릴 가능성이 차단되어 있습니다. 따라서 법 집행 기관의 자의적 판단을 가능성을 줄여 준다는 진술은 적절합니다.

③, ④ '당연 위법의 원칙'은 가격 합의와 같이 특정 행위가 발생하기만 하면 이를 경쟁을 제한하는 거래 제한 행위로 간주해 위법하다는 판단을 내리게 됩니다. 그런데 경제적 환경이 변화하여 해당 행위가 더 이상 경쟁을 제한하는 거래 제한 행위라 볼 수 없게 된 상황에서도, '당연 위법의 원칙'에 따르면 가격 합의가 발생했다는 사실만으로 위법하다는 판단을 내려야 합니다. 이에 비해 '합리성의 원칙'은 특정 행위가 경쟁에 미치는 긍정과 부정의 효과를 면밀히 검토하여 판단하기 때문에 이와 같은 문제점은 상대적으로 적게 나타날 것입니다. 따라서 선지와 같은 비판은 적절합니다.

⑤ 2문단과 3문단에서 살펴보았듯이, '당연 위법의 원칙'은 가격 담합 등의 행위에 주로 적용됩니다. 그리고 4문단에서는 미국에서 가격 담합과 같은 특정 행위들이 누적된 판례들에서 거의 예외 없이 위법한 것으로 판단되었기 때문에 '당연 위법의 원칙'이 별도로 설정되었다고 하였습니다. 따라서 선지와 같은 분석은 적절합니다.

13 정답 ③

(가)와 (나)가 어떠한 유형의 '부당한 공동행위'인가를 분류하는 것이 중요한 게 아니라, 미국이나 한국의 구체적인 법리가 적용되었을 때 입증 책임이 있는지 없는지 등 법리의 정확한 적용이 이루어졌는지를 분석하는 것이 핵심인 문제입니다.

① '당연 위법의 원칙'이 적용될 경우, (가)의 행위는 그 자체로 위법한 것으로 판단이 내려집니다. 이와 달리 '합리성의 원칙'이 적용된다면 법 집행 기관은 거래 제한의 목적, 의도 등을 면밀히 검토해 위법성 여부를 개별적으로 판단해야 합니다. 그런데 이러한 목적, 의도를 검토 대상으로 삼는다는 것은 사업자들이 자신들의 주장을 펼칠 기회를 얻는다는 것이기도 합니다. 즉 '합리성의 원칙'이 적용될 경우 사업자들은 자신들이 거래 제한 행위를 한 목적이나 의도가 무엇이었는지 항변할 권리를 얻지만, '당연 위법의 원칙'이 적용될 경우에는 이러한 가능성이 원천적으로 차단되는 것입니다. 따라서 (가)의 대형 정유사들이 어떠한 주장을 할 수 있게 된다는 진술은 부적절합니다.

② (가)에서 경제적 효율성을 증대하는 효과가 없다고 한 것은 다르게 표현하면 경쟁 제한 효과만이 존재한다고 이해할 수 있습니다. 즉 (가)의 행위는 '경성 공동 행위'에 해당하게 됩니다. 하지만 우리나라에서는 '경성 공동 행위'라 하더라도 그 자체로 위법하다는 판단을 내릴 수는 없으며, 반드시 시장 점유율 분석과 같은 간단한 입증을 거쳐야 합니다. 따라서 (가)의 대형 정유사들의 행위가 그 자체로 위법하게 된다는 진술은 부적절합니다.
[만약, 경제적 효율성을 증대하는 효과가 없다고 한 것이 경쟁 제한 효과만이 존재한다는 것을 의미하지는 않는다 하더라도 선지의 판단은 부적절합니다.]

③ 선지 ①에서 설명한 것처럼, '합리성의 원칙'이 적용될 경우 사업자들은 자신들이 거래 제한 행위를 한 목적이나 의도가 무엇이었는지 항변할 기회를 얻게 됩니다. 따라서 미국에서 (나)에 '합리성의 원칙'이 적용될 경우에는 사업자들이 자신들의 의도는 부정한 것이 아니었다는 주장을 할 수 있게 됩니다.

④ 만약 한국에서 (나)의 행위가 '경성 공동 행위'에 해당하는 것으로 확정이 되었다면, 선지의 진술처럼 사업자들의 시장 점유율을 고려하는 것 정도로도 입증은 충분할 것입니다. 하지만 현재 선지에는 과연 (나)의 행위가 '경성 공동 행위'에 해당하는 것인지 확정할 근거가 없습니다.
[※ 법학 공부를 오래 한 수험생들 가운데는 (나)의 행위가 가격 경쟁을 하지 않기로 한 것이므로 가격 담합이라고 판단하여 이를 경성 공동 행위로 바로 단정하고 선택지를 이해하는 경우도 있었습니다. 하지만 앞선 ①과 ③에서 살펴본 것처럼 (가)의 행위도 선지에 따라 '당연 위법의 원칙'이 적용될 수도 있고 '합리성의 원칙'이 적용될 수도 있는 열린 구조를 취하고 있습니다. 따라서 철저히 선택지에 제시된 조건에 따라 옳고 그름을 판단해야 합니다.]

⑤ 4문단 후반부에서 확인하였듯이, 한국에서는 개별 심사 방식을 취합니다. 다만 해당 행위가 경성인지 연성인지에 따라 입증 책임의 경중이 달라지는 것입니다.

규범(법학) 지문 11	2015학년도 30-32번	상위 테마 - 개별 법리 / 하위 테마 - 경업금지약정의 효력 인정 요건에 대한 법리

1. 제시문 정보 구조 분석

[1문단 : 화두 제시]
경업금지약정의 정의를 소개한 후, 대표적인 경우로 근로자가 퇴사 후 사용자와 경쟁관계인 업체에 취업, 경쟁업체 설립 등을 하지 않기로 약정하는 것을 들고 있습니다. 즉 이 글은 경업금지약정 전반에 대한 분석보다는 근로관계에서 이뤄지는 경업금지약정의 원칙과 예외를 다룰 것임을 예상할 수 있습니다.

[2문단 : 경업금지약정의 효력에 대한 시대별 견해 차이]
산업화 초기에는 영업의 자유에 초점을 맞췄기 때문에 경업금지약정은 일반적으로 무효로 간주되었습니다.
하지만 산업화가 본격화된 후 영업비밀 보호, 연구개발 촉진, 공정한 경쟁 등의 사회적 가치가 부각되면서, 영업양도나 가맹계약 등에서는 경업금지의 필요성이 인정되었습니다. 특히 영업양도의 경우는 그 필요성이 더욱 강하게 요구되는데, 그 결과 영업양도에서는 당사자가 따로 약정을 하지 않아도 경업금지 의무가 있는 것으로 봅니다. 원래 약정이란 두 주체 사이의 계약관계인데, 영업양도의 경우에서는 이와 같은 당사자 간 약정이 없어도 법으로 경업을 금지하는 강제성이 강한 것입니다.

[3문단 : 근로관계에 있어서 경업금지약정의 효력을 둘러싼 논란]
앞서 살펴본 영업양도나 가맹계약 분야뿐 아니라 근로관계에 있어서도 기업 영업비밀의 보호 등을 위한 경업금지약정의 효력은 인정됩니다. 하지만 근로관계상 경업금지약정은 약정 당사자 가운데 하나인 근로자의 직업선택의 자유 및 근로권을 제한하는 등의 문제점을 발생시킬 수 있다는 점에서, 또한 첨단기술 분야에서는 경업금지약정 효력을 제한하는 것이 더 큰 이익이 된다는 점에서 근로관계상 경업금지약정의 효력을 당연하게 인정하는 것은 문제가 있다는 비판이 존재합니다. 따라서 경업금지약정의 유효성을 판단할 때는 그러한 경업금지에 합리적 이유가 있어야 하고, 그 기간과 범위 등도 필요 한도 내에 있어야 유효하다는 인식이 지배적입니다.

[4문단 : 우리나라 판례상 경업금지약정 효력 판단 기준]
3문단 후반부에서 살펴본 세계적 추세와 마찬가지로, 우리나라의 판례도
(1) 직업선택의 자유, 근로권, 자유경쟁 vs (2) 영업비밀 등 정당한 기업이익이라는 비교형량 구도에서 경업금지약정의 유효성을 판단합니다. 여기에 근로자의 퇴직 전 지위, 경업 제한의 기간, '근로자에 대한 보상조치'의 유무 등도 종합적으로 고려 대상이 됩니다.

[5문단 + 6문단 : 근로자에 대한 보상조치의 의무 규정화에 대한 찬반 논의]
논란이 되는 것은 근로자에 대한 보상조치를 필수적으로 약정에 포함시켜야 하는가의 문제입니다. 첫 번째 견해는 보상조치가 반드시 필요하다는 견해로서, 이에 따르면 보상조치와 같은 대가는 경업을 하지 않는 것에 대한 반대급부의 성격을 띱니다.
이에 비해 두 번째 견해는 약정의 유효성 판단 시 고려 대상이 되는 기간과 장소가 비합리적으로 과도하지 않은 이상, 보상조치와 같은 대가가 주어지지 않더라도 근로자는 경업금지의 제한을 감수할 수 있다고 봅니다. 그리고 법학 지문 대다수가 그러하듯이, 이 견해에서도 이와 같은 일반론과 함께 예외 상황을 설정합니다. 즉, 당사자 간 교섭력 차이나 기타 자기결정능력의 제약이라는 요건도 함께 고려해, 만약 경제적 약자의 지위에 있는 근로자가 내린 결정이 실제로는 사용자와의 교섭력의 차이에 의해 강제된 측면이 있다면 이는 경업금지약정의 유효성을 판단하는 데 충분히 고려되어야 한다고 봅니다. 즉 교섭력의 차이로 인해 강제적으로 약정을 체결한 것이라면 해당 약정은 유효성이 없다는 판단을 내릴 수도 있는 것입니다.

2. 문항별 선택지 분석

30 정답 ②

① 2문단에서 살펴본 것처럼, 계약의 내용이 영업양도인지 가맹계약인지 등에 따라 경업금지의 필요성 인정 여부가 달라지고 이에 따라 계약의 효력을 달리 판단하게 됩니다.

② 경업을 합법적으로 제한하는 것은 지문의 맥락상 경업금지의 효력을 인정한다는 것을 의미합니다. 따라서 이 선지는 경업금지의 효력을 인정하려면 계약당사자 간 약정이 무조건 있어야 한다는 것입니다. 하지만 2문단에서 살펴본 것처럼 영업양도의 경우에는 당사자가 따로 약정을 하지 않아도 경업금지 의무가 있는 것으로 즉 금지 효력을 인정하는 것으로 판단합니다. 따라서 계약당사자 간의 경업금지약정이 (무조건) 있어야 한다는 진술은 부적절합니다.

③ 3문단에서 확인한 것처럼, 오늘날 첨단기술 분야에서는 경업금지약정의 효력을 제한하는 것이 지식의 생산과 혁신을 촉진해 산업 발전과 소비자 이익에 더 기여한다는 주장이 제기되기도 합니다. 즉, 경업금지약정이 오히려 지식 재산의 창출에 방해가 된다는 견해가 있는 것입니다.

④ 4문단에서 기업의 정당한 기업이익이 보호될 필요성을 경업금지약정의 유효성을 판단하는 기준 가운데 한 축으로 놓고 있습니다. 따라서 기업의 정당한 이익을 보호할 필요성이 있다면 경업금지약정의 효력은 인정될 수 있는 것입니다. 물론 이러한 판단이 도출되려면 그에 비해 제한되는 근로자의 직업선택의 자유와 근로권이 미미해야 할 것입니다.

⑤ 2문단 전반부에서 쉽게 확인할 수 있습니다. 산업화 초기에는 경제적 자유를 확립하기 위해 경업금지약정의 효력을 일반적으로 무효로 보았습니다.

31 정답 ①

3, 4문단의 내용에 따르면, 기본적으로 경업금지약정으로 인해 직업선택의 자유와 근로권이 침해되는 정도가 크고, 반대로 영업비밀 등 정당한 기업이익의 보호 정도가 작다면 경업금지약정의 효력은 인정되기 어렵게 됩니다. 경업금지의 기간이나 범위도 고려 대상인데, 만약 경업금지의 기간이 지나치게 길다면 이 또한 직업선택의 자유를 침해하는 것이 될 수 있습니다. 문제에서 묻고 있는 것은 바로 이러한 방향성을 지닌 부정적 사례를 찾으라는 것입니다.

① 일방적 구조조정으로 인한 퇴직은 근로자의 퇴직 경위와 관련된 고려 항목으로서, 근로자의 근로권을 침해하는 방식의 퇴직이었으므로 약정의 효력을 인정하지 않는 방향성으로 작용하게 될 것입니다.

② 경업금지의 기간이 상대적으로 경쟁 회사의 기술 개발에 소요되는 시간보다 짧다는 것은 경업금지의 기간이 지나치게 길지는 않는 경우에 해당합니다. 이는 근로자의 권리 침해가 미약한 경우에 해당하므로 경업금지약정의 효력을 인정하는 방향성으로 작용하게 될 것입니다.

③ 근로자의 업무 능력 향상을 위해 기업이 많은 비용과 노력을 들였다는 것은 그만큼 사용자의 이익이 보호할 가치가 있는 경우라 할 수 있습니다. 따라서 이는 경업금지약정의 효력을 인정하는 방향성으로 작용하게 될 것입니다.

④ 업무 내용이 상당히 유사하다면 근로자가 원래 있던 기업의 영업비밀을 자신도 모르게 경쟁 회사에 유출할 가능성이 높아질 것입니다. 이는 근로자의 퇴직 전 지위 등과 관련해 경업금지약정의 효력을 인정하는 방향성으로 작용하게 될 것입니다.

⑤ 이 역시 근로자의 이직으로 인해 영업비밀이 유출된 사례나 마찬가지이므로 이 역시 경업금지약정의 효력을 인정하는 방향성으로 작용할 것입니다.

32 정답 ①

① 계약 자유의 원칙을 강조해 경업금지약정을 존중한다면, 당사자들이 맺은 계약의 내용을 제3자나 국가기관이 왈가왈부할 수 없게 됩니다. 근로자에 대한 보상조치를 당사자들의 합의 하에 경업금지약정에 포함시키지 않더라도 문제가 없게 되는 것입니다. 이는 해당 보상조치를 필수적으로 약정에 포함시켜야 한다는 첫 번째 견해와 배치될 수 있습니다.

② 회사의 이익을 위해 퇴사 후 근로자의 취업을 제한한다는 것은 결국 경업금지약정을 맺는 것에 해당하며, 이미 살펴본 것처럼 첫 번째 견해는 이를 위해서는 상응하는 대가 즉 보상조치를 제공'해야'한다고 봅니다.

③ 두 번째 견해는 당사자 특히 근로자의 자기 결정 능력이 제약된 상황에서 이루어진 약정은 무효일 가능성을 열어두고 있습니다. 따라서 두 번째 견해에서는 경업금지약정 체결 과정에서 근로자의 자기 결정 능력이 제한되지 않았다면 해당 약정은 유효한 것으로 인정될 가능성이 높다고 판단할 것입니다.
④ 두 번째 견해는 보상조치가 없더라도, 경업금지의 기간과 장소(범위)가 비합리적으로 과도하지 않으면 충분히 효력을 인정할 수 있다고 봅니다. 따라서 경업금지약정이 체결된 시점이 퇴직 시인지 아니면 입시 시나 재직 중인지 여부는 이러한 두 번째 견해에서는 경업금지약정의 효력을 인정하는 중요한 판단 기준으로 작용할 것입니다.
⑤ 이 경우는 두 번째 견해도 인정한 예외적 경우로서, 자기 결정 능력이 현저하게 제약된 상황에서 이루어진 경업금지약정이므로 이에 대해서는 두 번째 견해도 무효라고 볼 가능성이 높습니다.

규범(법학) 지문 12	2018학년도 1-3번	상위 테마 - 개별 법리
		하위 테마 - 차별 금지 법규의 보호 정도에 대한 법리

1. 제시문 정보 구조 분석

[1문단 : 화두 제시]

1문단에서는 차별 금지 원칙의 의의 및 적용 영역에 대해 언급하고 있습니다. 성별, 인종, 종교, 장애 등에 따른 차별의 금지는 인권 보호의 취지를 가지며, 고용 분야도 이러한 차별 금지가 적용되는 분야에 해당합니다.
여기에서는 마지막 문장의 요건 구조가 중요한데, 특정한 차별 금지 입법이 인권 보호의 취지에 부합하지 않는다면, 그것이 노동 시장의 공정한 경쟁 등 정책적 목적에 의존하는 것이라 해도 정당화될 수 없습니다.

[2문단 : 차별 금지 원칙에 의한 보호 정도의 다양성]

2문단은 차별 금지 원칙이 일률적으로 적용되어 보호 효과를 불러일으키는 것이 아니라, 동등한 대우의 구체적인 기준이 존재하지 않는 한 근로자의 보호 정도는 달라질 수 있다는 가변적 모델을 제시하고 있습니다.
이에 따르면,
① 장애인은 차별 금지 법규의 존재에도 불구하고 장애의 속성으로 인해 애초부터 근로자로서 채용되는 데 차별을 받을 수 있고,
② 구체적인 고용 관계의 근로 조건이 강행 규정에 의해 제한되는지 vs 당사자의 자유로운 의사에 의거해 결정되는지에 따라 역시 보호 정도가 달라질 수 있습니다.
②와 관련해, 만약 개별 근로자의 임금 차이가 자유로운 계약에 따른 것이라면, 임금 차별을 금지하는 강행 규정이 없는 한 그 계약에 따라 임금이 차등적으로 지급되는 것도 정당화될 수 있게 됩니다. (▶ 이는 뒤집어 생각하면 아무리 자유로운 계약이 성립되었다 해도 임금 차별을 금지하는 강행 규정이 있다면 그 계약에 따른 임금의 차등 지급은 정당화될 수 없다는 것을 의미합니다.)

[3문단 : 강행 규정이 존재하는 상황에서 보호 정도의 다양성]

2문단만 놓고 보면 강행 규정(즉 법규)이 존재할 때는 근로자에 대한 보호 정도가 일률적일 것이라 예측하기 쉽지만, 실제로는 동일한 강행 규정 하에서도 보호 정도가 다를 수 있다는 것을 3문단에서 다루고 있습니다.
이에 따르면, 해당 차별 금지 법규의 취지에 따라 보호 정도가 달라질 수 있게 됩니다. 「남녀고용평등과 일·가정 양립 지원에 관한 법률」의 사례를 통해, 규정의 취지가 소극적인지 적극적인지에 따라 그에 따른 보호 정도가 약한지 강한지가 나뉨을 확인할 수 있습니다.

[4문단 : 같은 근로관계에서 보호 정도의 다양성]
4문단에서는 같은 근로관계에서조차도 어떤 차별에 대한 금지인가에 따라 근로자에 대한 보호 정도가 역시 달라질 수 있음을 보여주고 있습니다.
구체적으로 살펴보면, 연령이나 학력에 따른 차별 금지는 성별 등의 전통적 차별 금지에 비해 보호 정도가 약합니다. 다만 여기서도 견해가 두 가지로 나뉘어 대립하는데,
〈견해1〉 글쓴이의 견해로서, 연령 차별 금지나 성별 차별 금지의 법규 모두 그 취지는 동일하므로, 과도한 경영 제한이 아닌 한 정책적 목적을 위한 차별 금지 법규의 제정이 가능하다는(정당화될 수 있다는) 견해와
〈견해2〉 인간은 필연적으로 나이를 먹게 되므로, 연령을 이유로 한 차별의 금지는 정당화될 수 없다는 견해가 대립하고 있습니다.

2. 문항별 선택지 분석

01 정답 ①
① 1문단에 의하면 종교도 차별 금지의 대상에 포함되며, 앞선 문단별 정보 구조 분석에서 살펴보았듯이 이러한 차별 금지 입법(법규)이 정당화되려면 인권 보호의 취지가 존재해야 합니다. 따라서 이 법규가 정당하다면, 인권 보호라는 취지를 이미 지니고 있었다는 것을 알 수 있습니다.
② 2문단에 의하면 차별 금지 법규가 존재하더라도 근로 내용과 관련된 장애의 속성(유형)에 따라 채용상 차별을 받을 수 있음을 지적하였습니다. 즉 장애의 유형이 다를 경우에는 보호되는 효과가 달라질 수 있는 것입니다.
③ 1문단에 의하면 우리 헌법의 명문에는 사회적 신분에 의한 차별을 금지하고 있으며, 이러한 차별 금지는 인권 보호의 취지라는 가치 판단이 포함되어 있는 것입니다.
④ 4문단에 의하면 성별에 비해 연령이 해당 차별 금지에 의한 근로자 보호 정도가 약한 것이 일반적입니다.
⑤ 3문단에서 이야기한 것은 차별 금지 법규가 어떤 취지를 갖느냐에 따라 보호 정도가 상대적으로 강하거나 약하다는 것일 뿐, 해당 법규가 아예 적용되지 않는다고 말한 것이 아닙니다.

02 정답 ③
① 1문단에서 확인하였듯이, 종교에 따른 차별도 우리 헌법이 금지하고 있는 영역입니다.
② 4문단의 〈견해1(글쓴이의 입장)〉로 살펴보았듯이 특정 정책적 목적을 위해, 사용자의 영업에 대한 과도한 제한이 아닌 선에서, 연령에 따른 차별 금지 법규를 제정하는 것은 충분히 가능합니다.
③ 2문단 후반부에서 확인하였듯이, 당사자 사이의 자유로운 계약이 존재하더라도 임금 차별을 금지하는 강행 규정이 있을 경우에는 이러한 임금 차이가 정당화될 수는 없습니다.
④ 4문단에서 확인하였듯이, 인권 보호라는 기본 취지를 지니면서, 노동 시장의 정책적 목적 달성이라는 요건이 갖춰져야 연령에 따른 차별을 금지하는 법규를 제정하는 것이 가능합니다. 따라서 인권 보호의 취지 및 정책적 목적이 없는 차별 금지 법규는 해당 법규가 적용되는 대상 영역 사용자의 영업에 대한 자유 침해의 가능성을 지니게 됩니다.
⑤ 앞선 선택지들에서 살펴보았듯이, 특정 차별 금지 법규가 정당성을 인정받으려면 인권 보호의 취지가 기본적으로 갖춰져야 합니다.

03 정답 ⑤
㉠의 "연령을 이유로 한 차별을 금지하는 것은 정당하지 않다"는 주장을 다르게 표현하면 "연령을 이유로 한 차별은 정당하다"가 될 것입니다.
여기서 '정당하다'는 평가는 〈보기〉의 각 선지들에서 다른 표현으로 변주되고 있지만 판단하는 것은 어렵지 않을 것입니다.
ㄱ. 60대 이상 고령자의 취업 기회를 상대적으로 박탈하게 된 것이므로 연령을 이유로 한 차별 법규라 할 것이며, 국민의 평등권을 침해하지 않을 것이라 하였으므로 이 법규에 의한 차별은 정당하다는 평가를 보여주고 있는 사례입니다.

ㄴ. 45세를 넘는 연령은 퇴사를 해야 하는 것이므로 연령을 이유로 한 차별 규정이라 할 수 있으며, 이것이 차별 금지 원칙을 위반하지 않을 것이라 하였으므로 정당하다는 평가를 보여주는 사례입니다.

ㄷ. 50세를 기준으로 예비군 관련 직책을 맡을 수 없게 만다는 법규이므로 연령을 이유로 한 차별 규정이라 할 수 있으며, 역시 차별 금지 원칙에 위배되지 않는다 하였으므로 정당하다는 평가를 내리고 있는 사례입니다.

윤리학 영역

규범(윤리학) 지문 01	2012학년도 12-14번	상위 테마 - 규범(윤리학) 하위 테마 - 상위선의 관점에서 바라본 도덕철학의 과제들

1. 제시문 정보 구조 분석

[1문단 : 화두 제시]
각 사회나 문화에서 무엇이 우리의 삶을 좋은 삶으로 만드는가라는 질문에 대해, 상위선이 그 기준으로 작용한다고 대답하고 있습니다. 여기서 상위선은 여러 선들 중에서 최고의 가치를 지닌 선으로서, 인간의 욕구나 성향, 선택에 의해 형성되는 것이 아니라 이로부터 독립적으로 주어지며, 그 욕구나 선택이 좋은 것인지 나쁜 것인지 평가하는 기준으로 작용합니다.

[2문단 : 상위성의 상대적 속성 및 도덕 철학의 주요 과제]
상위선은 역사적으로 형성된 것이기 때문에 사회/문화에 따라 다를 수 있습니다. 그리고 각 사회의 상위선은 명시적이건 암시적이건 그 사회의 구성원들의 도덕적 판단이나 반응 등의 배경이 되기 때문에, 도덕 철학의 과제들 중의 하나(첫 번째 과제)는 바로 이러한 상위선을 탐구하여 밝히는 것이 됩니다.

[3문단 : 도덕 철학의 첫 번째 과제와 관련된 의무론, 절차주의적 도덕 이론의 한계]
상위선 개념과는 달리, 의무론이나 절차주의적 도덕 이론과 같은 근대의 도덕 철학은 '좋은 삶'과 관련된 삶의 목적이나 의미에 대해서는 다루지 않고 '옳음'과 관련된 기본적·보편적인 도덕 규칙(의무론)이나 정당한 절차(절차주의적 도덕 이론)에 대해서만 다룹니다. 이러한 근대의 도덕 철학은 도덕의 개념을 옳음의 문제나 절차적 문제로만 국한시킴으로써 도덕적 신념의 배경이 되고 있는 상위선을 포착하는 것을 불가능하게 만듭니다.

[4문단 : 의무론, 절차주의적 도덕 이론의 보편성 주장에 대한 비판]
글쓴이는 '이러한 근대의 도덕 철학' 즉 의무론이나 절차주의적 도덕 이론이 추구하거나 전제로 삼는 가치나 권리 역시 보편적인 것이 아니라 특수한 역사 상황에서 형성된 상대적인 것이라 비판합니다. 구체적으로 살펴보면, 의무론은 자유나 보편주의와 같은 도덕적 이상이라는 상위선을, 절차주의적 도덕 이론은 이성적 주체의 자율성이라는 상위선을 배경으로 형성되었다는 것입니다.

[5문단 : 도덕 철학의 두 번째 과제와 관련된 의무론, 절차주의적 도덕 이론의 한계]
도덕 철학의 두 번째 과제는 어떤 삶이 좋은 삶인지에 대해 답하는 것입니다. 도덕 철학은 삶이 혼란에 빠졌을 때 상위선에 근거하여 문제의 해결 방안이나 나아갈 방향을 제시해야 한다는 것입니다. 그런데 이와 달리 절차주의적 도덕 이론(대표적으로 담론 윤리학)은 도덕적 정당성 확보를 위한 형식적 절차에만 관심을 기울이기 때문에 좋은 삶의 모습과 같은 실질적인 문제는 다루지 않습니다. 즉 절차주의적 도덕 이론의 태도는 좋은 삶은 문제에 대한 해답을 전적으로 개인들 스스로에게 맡기는 것이므로 이는 도덕 철학의 전통에서 지나치게 후퇴한 것이라고 글쓴이는 비판합니다.

[6문단 : 도덕 철학의 과제 재확인]
글쓴이는 좋은 삶의 방향성, 진정한 자아실현의 대상에 대해 상위선을 고려하여 다루어야 한다고 주장합니다. 도덕 철학은 이와 같은 좋은 삶의 문제를 상위선을 바탕으로 합리적으로 다룰 수 있어야 한다는 것입니다.

2. 문항별 선택지 분석

12 정답 ①

① 4문단과 5문단에서 확인하였듯이, 참된(진정한) 자아실현의 문제는 상위선을 고려해 다루어져야 한다는 것이 글쓴이의 주장입니다. 따라서 이 문제가 상위선과 독립적이라는 진술은 부적절합니다. 또한 이 글에서 상위선은 사회나 문화에 따라 다를 수 있는 것이기 때문에 상위선을 보편 가치라고 하는 것 역시 부적절합니다.

② 1문단 후반부에서 확인하였듯이, 상위선은 개인의 욕구나 성향, 선택과는 독립적으로 '주어지는' 것입니다.

③ 4문단에서 살펴본 것처럼 글쓴이가 보기에는 의무론이나 절차주의적 도덕 이론도 특정 상위선을 배경으로 형성된 것들입니다.

④ 1문단에서 살펴보았듯이 상위선은 일상에서의 구체적인 도덕적 가치 판단의 근거가 됩니다. 따라서 상위선이 달라지면 도덕적 가치 판단도 달라질 수 있습니다.

⑤ 3문단에서 살펴보았듯이 의무론이나 절차주의적 도덕 이론은 상위선의 문제는 제대로 다루지 않았습니다.

13 정답 ④

글쓴이가 제시한 도덕 철학의 과제는 (1) 상위선이 무엇인가를 탐구하여 밝히는 것과 (2) 어떤 삶이 좋은 삶인지에 대해 답하는 것(구체적으로는 삶의 의미를 밝히는 문제) 두 가지입니다.

ㄱ. 삶의 의미를 밝히고 어떻게 사는 것이 좋은 삶인지를 다루는 것이므로 두 번째 과제를 수행하는 사례라 할 수 있습니다.

ㄴ. 시대를 초월해 존재하는 보편타당한 도덕규범을 규명하려는 것은 의무론에서 추구하는 것입니다.

ㄷ. 담론 윤리학 자체는 절차주의적 도덕 이론의 한 형태이지만, 이러한 담론 윤리학적 가치 판단이 어떤 도덕적 판단 근거에 바탕을 두고 있는지 다루는 것은 담론 윤리학의 배경에 놓인 상위선이 무엇인지를 탐구하는 것이므로 첫 번째 과제를 수행하는 사례에 해당합니다.

14 정답 ⑤

①, ② 선지 ①과 ②의 내용은 글쓴이가 의무론이나 절차주의적 도덕 이론에 대해 비판한 내용이지, 글쓴이에 대한 비판으로는 부적절합니다.

③ 글쓴이가 강조하는 상위선 기반의 도덕 철학은 옳음의 문제보다 좋음의 문제에 더 초점을 맞추고 있습니다. 따라서 좋음보다 옳음을 우선시한다는 점을 지적하며 비판하는 것은 글쓴이의 주장에 대한 사실관계 파악에서부터 잘못된 것입니다.

④ 사회마다 상위선이 다르면 좋은 삶의 모습도 달라질 수 있으며 이에 따라 도덕적 판단의 기준도 달라질 수 있을 것입니다. 사회마다 도덕적 판단의 기준이 달라진다고 해서 도덕 자체에 대한 회의에 빠질 수 있다고 보는 것은 비약에 가깝습니다. 만약 어떤 한 사회 내부에서 사람마다 가지고 있는 도덕적 판단의 기준이 서로 완전히 다르다면 어떤 도덕적 판단 기준도 실제로는 다른 사람에게 적용될 수 없으므로 이때는 도덕이라는 것 자체에 대한 회의가 나타날 수 있을 것입니다. 하지만 선지에서 말한 상황은 어디까지나 사회와 사회 사이에 도덕적 판단의 기준이 달라지는 수준입니다. 즉 한 사회 내부에서는 여전히 하나의 도덕적 판단 기준이 작용하는 것이기 때문에 그 사회 내에서 도덕에 대한 회의가 나타날 것이라 예측하는 것은 부적절합니다.

⑤ 선지 ④와 유사한 맥락에서, 한 사회 내에는 하나의 상위선에 의해 도덕적 판단 기준이 설정되는데, 이러한 관점에서는 한 사회 내에서 상충하는 가치관이 공존하는 것을 인정하기 어려울 것입니다. 따라서 선지 ⑤가 글쓴이의 주장에 대한 비판으로 가장 적절합니다.

규범(윤리학) 지문 02	2016학년도 11-13번	상위 테마 - 규범(윤리학)
		하위 테마 - 선(善)의 객관성에 대한 이론들

1. 제시문 정보 구조 분석

[1문단 : 화두 제시]

선(善)과 관련된 윤리학적 쟁점들 가운데 "선은 객관적으로 존재하는가?"의 문제에 대한 논의들(견해들)이 비교될 것임을 예고하고 있습니다.

[2문단 : 고전적 객관주의 - 플라톤]

플라톤은 이데아 세계와 현실 세계를 구분하면서

- 이데아 세계 : 이성으로 인식 가능, 불변하고 완전
- 현실 세계 : 가변적이고 불완전, 현실세계에서 이뤄지는 인간 행위 역시 불완전하다고 규정합니다.

플라톤은 오랜 교육을 받은 인간은 '이성'을 통해 선의 이데아를 인식할 수 있다고 보며(☞ 3문단에서 소개될 무어와의 차이점), 선은 인간의 관심 여부와는 상관없이 독립적으로 존재한다고 봅니다. 이러한 선의 독립적 존재성을 주장하는 입장은 고전적 객관주의로 분류됩니다.

[3문단 : 고전적 객관주의의 후계자 - 무어]

무어 역시 선은 객관적으로 실재한다고 본다는 점에서 고전적 객관주의자에 속합니다. 하지만 무어는 플라톤과는 달리 선을 단순하고 분석 불가능한 것으로 파악하여 선은 직관을 통해서만(이성적 분석이 불가능하므로) 인식할 수 있다고 주장합니다. 그리고 무어는 선을 최대로 산출하는 행동이 도덕적으로 옳은 행동이라고 보아, 도덕적으로 옳은 행위임을 판단할 수 있는 기준을 제시합니다.

[4문단 : 주관주의 - 페리]

선의 객관적 존재성을 주장하는 객관주의자들을 소개한 앞 문단들에서 이미 예상할 수 있었겠지만, 4문단에서는 선을 주관적 산물로, 즉 의식적 욕구의 산물에 불과한 것으로 간주하는 주관주의가 등장합니다. 주관주의자인 페리는 선이 욕구와 관심에 의해 '창조'되는 것이라고 봅니다. 즉 어떤 것에 관심이 주어졌을 때 그 대상은 비로소 가치를 얻게 되는데, 이때의 가치는 선으로서의 가치입니다. 그리고 어떤 대상에 대한 관심이 깊으면 깊을수록, 그 대상에 관심을 표명하는 사람의 수가 많을수록 그 대상의 가치는 더 커지게 됩니다.

객관주의자의 입장에서는 이와 같은 페리의 주장에 대해 당연히 반박할 것입니다. 반박의 핵심은 우리가 욕구하는 것과 선은 구분해야 한다는 것입니다. 쾌락 기계 속에 들어가 사는 사람이 늘 강력한 쾌락을 향유하고 있다고 할지라도, 객관적으로 이러한 상황은 나쁘다고 볼 수 있다는 것입니다.

[5문단 + 6문단 : 객관주의와 주관주의의 절충 - 온건한 객관주의]

앞선 두 입장의 절충안으로서 온건한 객관주의가 소개됩니다. 이에 따르면, 물의 축축함이 물분자와 인간의 신경 체계 간의 상호 작용에 의해 형성되듯이, 선도 인간의 욕구와 객관적인 속성 간의 관계에서 상호 통합적으로 형성되는 것입니다. 이는 선이 형성되기 위해서는 욕구를 가진 존재 즉 인간이 있어야 함을 전제한다는 점에서 실제로는 주관주의적 방향성을 더 강하게 띈 것으로 보입니다. 어쨌건, 이러한 입장을 받아들일 경우 인간의 모든 욕구가 다 선을 형성한다고 얘기해야 하는데 이는 현실적으로는 인정하기 어렵기 때문에 결국 어떤 욕구가 선을 형성하는 적절한 욕구인지를 구분할 기준을 설정해야 하는 문제가 발생합니다. 이에 대해 글쓴이가 제시하는 대안은 '이상적 욕구자'를 상정하는 것입니다. 이러한 이상적 욕구자는 편견이나 무지로 인한 잘못된 욕구를 가지지 않기 때문에 그의 선택은 늘 선이 될 것입니다.

2. 문항별 선택지 분석

11 정답 ④

① 2문단에서 확인하였습니다. 플라톤은 이성을 통해 선의 이데아를 인식하는 것이 가능하다고 보았습니다.
② 인간이 선을 행하는 것은 현실 세계에서 이루어지는 행위입니다. 플라톤은 현실 세계에서 인간의 행위는 어떠한 경우든 완전할 수 없다고 보았으므로, 인간이 행한 선 역시 완전히 선한 것은 아니라고 볼 것입니다.
③ 무어는 선을 직관을 통해서만 인식할 수 있는, 단순하고 분석 불가능하고 정의를 내릴 수 없는 무엇으로 규정합니다.
④ 3문단에서 확인하였듯이, 무어는 선을 최대로 산출하는 행동이 도덕적으로 옳은 행동이라 하여 도덕적으로 옳은 행동을 판별할 기준을 제시하였습니다.
⑤ 4문단에서 확인하였습니다. 페리에 따르면 관심이 깊어질수록, 관심을 표명하는 사람의 수가 많을수록 그 대상의 가치는 더 커지게 됩니다.

12 정답 ⑤

온건한 객관주의(㉢)는 객관주의라는 명칭을 달고 있지만, 실제로는 인간의 욕구가 선을 형성하는 근본 요소라고 본다는 점에서는 주관주의(㉡)와 유사한 입장을 취합니다. 따라서 ㉡과 ㉢이 ㉠에 대해 공통된 문제 제기를 한다면 선이 객관적으로 존재하는 것이 아니라 선을 향유하는 인간 존재의 중요성을 강조한 ⑤가 될 것입니다.
① 선호(욕구) 대상이 늘 선이라고 할 수는 없다는 점에서, ㉠이 ㉡이나 ㉢에 대해 제기할 수 있는 비판입니다.
② 선지의 물음은 결국 '선은 욕구하는 주관에 전적으로 의존하여 형성되는 것'이라는 긍정형 진술로 해석할 수 있습니다. 이러한 주장을 펼치는 것은 ㉡입니다. ㉢은 객관적 속성이라는 요소가 함께 결합해 선이 형성된다고 봅니다.
③ ㉢에 대해 가해질 수 있는 비판에 해당합니다.
④ ㉠의 플라톤이나 무어는 인식 방법은 서로 차이가 있지만 결과적으로는 선을 인식하는 것이 가능하다고 봅니다. 따라서 ④의 비판은 ㉠에 대한 잘못된 분석에서 이루어진 것입니다.

13 정답 ④

정답의 방향성이 하나로 정해진 문제입니다. ⓐ를 상정하게 된 이유는 온건한 객관주의(㉢)로부터 파생되는 문제 즉 인간의 어떤 욕구도 객관적 속성과 결합함으로써 선이 되어버리는 문제점을 해결하기 위해서입니다. 따라서 정답은 ④입니다.
① 고전적 객관주의자에 속하는 무어는 선을 직관할 수 있다고 보았습니다.
②, ③ ⓐ는 온건한 객관주의의 문제점을 해결하기 위한 조치입니다.
⑤ 선의 형성에서 인간과 사물의 상호 통합 작용이 필수적이라고 보는 것은 주관주의가 아니라 고전적 객관주의입니다.

규범(윤리학) 지문 03	2014학년도 8-10번	상위 테마 - 규범(윤리학)
		하위 테마 - 쾌락주의에 대한 오해와 진실

1. 제시문 정보 구조 분석

[1문단 : 화두 제시]

쾌락주의의 핵심 주장을 소개하고 있습니다. 첫 번째는 모든 쾌락이 그 자체로서 가치가 있다는 주장인데, 이에 따르면 쾌락은 다른 목적이나 존재로부터 파생된 산물이 아니라 그 자체에 내재하는 가치를 지닌 것입니다. 두 번째는 쾌락의 증가와 고통의 감소를 통해 최대의 쾌락을 산출하는 것이 도덕적으로 옳은 것이라는 주장으로서, 이러한 주장은 쾌락주의에 관한 일반적 상식으로 이미 알고 있는 것입니다. 이러한 주장을 전제로, 쾌락주의는 모든 것을 쾌락을 기준으로 가치 평가해야 한다고 봅니다. 후반부에서는 개인의 쾌락을 중시하는 고대의 쾌락주의와 사회 전체의 쾌락을 중시하는 근대의 '쾌락주의적 공리주의'를 구분하고 있습니다.

[2문단 : 쾌락주의에 대한 오해 1]

2문단부터 쾌락주의에 대한 오해를 소개하고 있습니다. 오해는 진실 된 비판과 다른 부정확한 인식에 의한 것이므로, 이 글은 쾌락주의에 대한 오해를 먼저 소개하고 이후 진실 된 비판을 소개할 것임을 예측해 볼 수 있습니다.

쾌락주의에 대한 오해는 크게 두 가지로 나뉩니다. 첫 번째는 쾌락주의가 단기적, 말초적 쾌락만을 추구한다는 것인데, 글쓴이는 이에 대해 쾌락주의는 장기적 쾌락의 극대화를 목적으로 하므로 단기적, 말초적 쾌락'만'을 추구한다고 보는 것은 부적절하다고 주장합니다. 즉 쾌락주의는 단기적이고 말초적인 쾌락도 추구하지만, 그보다 더 근본적으로 추구하는 것은 장기적 쾌락의 극대화인 것입니다.

[3문단 + 4문단 : 쾌락주의에 대한 오해 2]

쾌락주의에 대한 두 번째 오해는 쾌락주의가 쾌락만을 가치 있는 것으로 보고 이외의 것은 모두 무가치한 것으로 본다는 것입니다. 이에 대해서도 글쓴이는 가치는 쾌락이 아닌 다른 것에도 존재하며, 금욕주의자들이 감내하는 고통도 도구적인 의미에서 가치를 지닐 수 있다고 소개합니다. 물론 여기서 고통과 같은 것들이 지닌 가치는 어디까지나 수단으로서의 가치이며, 1문단에서 확인한 것처럼 그 자체로 내재적 가치를 지닌 것은 쾌락뿐이므로 쾌락만이 목적으로서의 가치를 지닌다고 보아야 합니다.

[5문단 : 쾌락주의에 대한 비판]

2~4문단에서 쾌락주의에 대한 잘못된 오해를 소개하고 해명하였다면, 5문단에서는 쾌락주의가 지닌 진정한 문제점에 대한 비판을 가하고 있습니다. 두 번째 문장의 지적처럼 쾌락주의는 쾌락의 정의에 관한 문제와 쾌락의 계산에 관한 문제점을 지닙니다. 먼저 정의에 관한 문제는 주로 벤담과 관련된 것으로서, 벤담은 쾌락들이 질적으로 동일하며 양적으로만 다를 뿐이라고 주장하는데 이로 인해 저급한 돼지의 쾌락과 고차원적인 인간의 쾌락을 동일시하게 되는 문제(쾌락에 대한 정의의 불분명함)가 나타납니다. 이에 비해 밀은 이들 두 쾌락 사이의 질적 차이를 인정하는데, 이러한 이질성을 인정할 경우 이질적인 두 쾌락을 어떻게 서로 비교할 수 있는가 하는 계산의 문제가 발생합니다. 이에 대해 밀은 인간의 자유와 존엄성의 실현에 기여하는 고급 쾌락이 더 바람직하다는 주장을 하지만, 이는 1문단에서 확인한 쾌락주의의 대전제 즉 모든 것은 오로지 쾌락만을 기준으로 가치 평가되어야 한다는 것에 위배되는 주장이므로 밀이 쾌락주의의 입장을 저버렸다는 비판을 받게 되는 것입니다.

2. 문항별 선택지 분석

08 정답 ②

① 쾌락주의에 대한 두 번째 오해에 관해 살펴본 것처럼, 쾌락주의는 고통이 차후의 쾌락을 추구하기 위한 도구로서 가치가 있는 것이지 그 자체로서 목적적 가치를 지닌 것은 아니라고 판단합니다.

② 쾌락주의에 대한 첫 번째 오해에 대한 해명에 따르면, 쾌락주의에서는 단기적이고 말초적인 쾌락만을 추구하는 것이 아니라 장기적인 쾌락의 극대화를 목적으로 합니다. 하지만 그렇다고 해서 단기적이고 말초적인 쾌락을 쾌락이 아닌 것으로 판단하는 것은 아닙니다. 즉 이들 단기적, 말초적 쾌락도 어디까지나 쾌락인 만큼 1문단에서 살펴본 대전제에 따라 내재적 가치를 지닌 것으로 판단될 것입니다. 따라서 선택지 ②의 진술은 부적절합니다.

③ 4문단에서 쾌락이 아닌 고통과 같은 것은 도구적 의미에서 가치를 지닌다고 하였습니다.

④ 역시 4문단에서 금욕주의자가 감내하는 고통이 다른 종교적, 도덕적 만족을 추구하기 위한 도구로 기능한다고 하였는데, 이러한 것들은 광의의 쾌락으로 규정되고 있습니다. 즉 금욕주의자가 고통을 감내하는 것도 쾌락을 위한 수단적 행위라 할 수 있는 것입니다.

⑤ 1문단에서 고통의 감소를 통해 최대의 쾌락을 산출하는 행위를 옳은 행위로 규정하였습니다. 따라서 쾌락주의에서는 두 행위가 있을 때, 결과적으로 더 큰 쾌락을 산출하는 행위를 옳은 것으로 판단할 것입니다.

09 정답 ⑤

㉠은 개인적 쾌락을 중시하는 이기적 쾌락주의와 달리 사회 전체의 쾌락을 중시하므로 여러 사람들에게 발생하는 쾌락과 고통의 총량을 종합해 판단하여야 합니다. 〈보기〉에는 사디스트의 가학적 행위에 대한 쾌락주의의 판단이 나와 있는데, 사디스트의 행위는 단독으로 이루어질 수 없고 가학적 행위를 당하는 대상이 존재해야 합니다. 즉 사디스트는 가학적 행위를 통해 쾌락을 얻지만, 그 상대방은 이로 인해 고통을 겪게 되는 사회적 관계가 존재하는 것입니다. ㉠의 쾌락주의적 공리주의는 사회 전체의 쾌락의 양을 옳고 그름의 판단 기준으로 삼기 때문에 사디스트가 얻는 쾌락의 양과 상대방이 겪는 고통의 양을 비교하여 전자가 더 크면 옳은 행위로, 후자가 더 크면 그른 행위로 판단할 것입니다. 이러한 양자 간 관계 구도에 따라 정확한 판단을 내린 것은 ⑤입니다.

① 쾌락주의는 행위 동기의 좋고 나쁨을 기준으로 삼는 것이 아니라 쾌락만으로 옳고 그름을 판단합니다.

②, ③ 이미 살펴본 것처럼 쾌락주의적 공리주의는 사회 전체의 쾌락의 총합을 기준으로 옳고 그름을 판단하는 것이지, 어느 한 개인의 쾌락만을 기준으로 삼거나 피해(고통)을 무시하고 쾌락만을 기준으로 삼는 판단과는 거리가 멉니다.

④ 사디스트의 가학적 행위로 인해 타인이 겪을 고통을 고려한 진술이지만, 쾌락을 그 자체로 가치를 지닌 것이 아니라는 판단은 쾌락주의의 대전제에 어긋나는 진술입니다.

10 정답 ②

5문단에 대한 분석 파트에서 살펴본 것처럼, 밀이 쾌락주의의 입장을 저버렸다는 비판을 받게 된 것은 그가 쾌락 자체를 도덕적 판단 기준으로 삼는 쾌락주의 본연의 입장에서 더 나아가 인간의 자유와 존엄성의 실현이라는 쾌락 외적 기준을 도입하였기 때문입니다. 이에 부합하는 진술은 선지 ②입니다.

① 쾌락이 도구적 가치를 지닌다는 입장은 쾌락주의와 관련이 없습니다.

③ 4문단에서 확인할 수 있듯이, 밀 이전의 쾌락주의에서도 쾌락이 재화나 명예뿐만 아니라 사회적 성취나 내세적 성취로부터 얻어질 수 있다고 보았습니다. 즉 쾌락의 원천이 단일하지 않고 다양하다는 점은 밀뿐만 아니라 다른 쾌락주의 일반에서도 이미 인정하고 있던 것입니다.

④ 모든 쾌락을 하나의 기준으로 환원한다는 것은 모든 쾌락이 질적으로 동일하다는 것을 의미합니다. 이러한 관점에서 쾌락의 양적 차이만 존재한다고 판단한 것은 밀이 아닌 벤담입니다.

⑤ 밀은 질적으로 차이가 있는 쾌락을 저급 쾌락과 고급 쾌락으로 구분할 수 있다고 하였는데, 이는 질적 차이가 있는 쾌락을 서로 비교하여 가치 평가를 내린 것입니다.

규범(윤리학) 지문 04	2015학년도 24-26번	상위 테마 - 규범(윤리학) 하위 테마 - 인격체 살해의 비도덕성에 대한 공리주의와 자율성론의 이론

1. 제시문 정보 구조 분석

[1문단 : 화두 제시]

인격체(사람이나 유인원)와 비인격체(물고기 등)의 구분 하에서, 어떤 이유에서 인격체를 죽이는 것이 비인격체를 죽이는 것보다 더 심각한 문제가 되는 것인지를 화두로 제시하고 있습니다. 1문단에 의하면 인격체와 비인격체는 다음과 같이 구분됩니다.

인격체	비인격체
자기의식, 합리적 존재, 자율적 판단 능력, 미래에 대한 인식 가능	인격체의 특성을 지니고 있지 않음

[2문단 : 인격체(사람) 살해 행위에 대한 고전적 공리주의의 판단]

일반적으로 사람을 죽이는 행위는 살해당하는 사람에게 고통을 주기 때문에 나쁘다는 판단을 하게 됩니다. 문제는, 그 사람에게 전혀 고통을 주지 않으면서 살해하는 것도 나쁘다고 할 수 있냐는 것입니다. 이에 대해 고전적 공리주의는 피살자가 겪게 되는 고통의 증가가 없기 때문에, 이러한 '직접적 이유'를 내세워서 그와 같은 고통 없는 살해를 비난하기는 어렵다고 봅니다. 대신 살인으로 인해 주변 사람들이 자신도 언젠가 살해를 당할 수 있다는 불안과 공포를 느끼게 되므로 이와 같은 주변인들의 고통 증가가 살해가 나쁘다는 '간접적 이유'라고 봅니다.

[3문단 : 인격체(사람) 살해 행위에 대한 선호 공리주의의 판단]

고전적 공리주의와 달리 선호 공리주의는 직접적 이유를 제시합니다. 선호 공리주의에서는 어떤 행위에 의해 영향을 받는 선호들의 충족 또는 좌절을 기준으로 행위에 대한 가치 평가를 내리는데, 고통 없이 죽이는 살인이라도 피살자가 계속 살기를 원하는 사람이었을 것이고 당연히 살려고 하는 선호가 좌절된 것이므로 직접적 이유에서 나쁘다는 평가를 할 수 있다는 것입니다. 그리고 인격체는 1문단에서 비교한 것처럼 비인격체에 비해 미래 지향적인 존재이므로 인격체 살해는 실제로는 미래에 하려고 했던 여러 일들 즉 다수의 선호를 좌절시키는 것이기 때문에 비인격체 살해보다 더 나쁘다고 평가합니다.

[4문단 : 인격체(사람) 살해 행위에 대한 자율성론의 판단]

자율성론은 어떤 행위가 자율성을 침해하는지 그렇지 않은지를 기준으로 행위에 대해 가치 평가를 내립니다. 이에 따라 인격체 살해는 피살자의 자율성을 심각하게 침해한다는 점에서 나쁘다는 평가가 나오게 됩니다. 즉 자율성론도 인격체 살해가 나쁘다는 직접적 이유를 들어 평가하는 것입니다.

[5문단 : 유인원 살해에 대한 각 이론별 판단]

- 고전적 공리주의 : 동물은 멀리서 발생한 동료의 살생에 대해 알기 어렵기 때문에 간접적 이유를 들어 유인원 살해가 나쁘다고 말하기 어려움
- 선호 공리주의와 자율성론 : 유인원도 자기의식을 지닌 합리적 존재로서 선호와 자율성을 지님. 따라서 이들 두 이론에 의하면 유인원 살해는 인간 살해와 마찬가지로 직접적 이유에서 나쁘다고 평가됨

2. 문항별 선택지 분석

24 정답 ①

① 1문단에서 확인하였듯이, 자율성은 인격체의 특징인데 동물 가운데 유인원은 인간과 마찬가지로 인격체로 분류됩니다. 따라서 자율성의 존재 여부를 기준으로 인간과 동물을 구분한다고 단정할 수는 없습니다.

② 선지 ①과 마찬가지로 유인원과 같은 동물은 인격체로서 인간과 유사한 미래 지향성을 갖지만 물고기와 같은 동물은 미래 지향적이지 못한 존재입니다. 따라서 모든 동물이 인간과 같은 정도의 미래 지향성을 갖는 것은 아니라고 보는 것은 타당합니다.

③ 1문단 마지막 문장에서 확인할 수 있듯이, 지문에 소개된 세 이론 모두 물고기와 같은 비인격체에 대한 살해는 인격체 살해보다 덜 나쁘다고 보고 있습니다. 따라서 모든 동물의 생명이 죽음과 관련해 같은 가치를 가지는 것은 아니라는 진술은 적절합니다.

④ 1문단에서 확인하였듯이 자기 존재에 대한 의식 곧 자기의식은 인격체와 비인격체를 구분하는 주요 기준 가운데 하나입니다.

⑤ 마지막 문단에서 인격체로서 유인원 역시 인간과 마찬가지로 함부로 죽여서는 안 된다는 평가를 내리고 있습니다.

25 정답 ④

① 선호 공리주의의 판단이므로 선호의 존재 여부 및 충족과 좌절의 비교 형량만 판단하면 됩니다. 선호 공리주의에서 도덕적 판단의 기준은 선호의 충족이나 좌절인데, 어떠한 선호도 가지지 않는 존재라면 그를 죽이더라도 선호의 충족이나 좌절의 변화가 없을 것이므로 죽이는 행위에 대해 나쁘다는 평가를 내리기 어려울 것입니다.

② 고통을 주지 않고 살인을 했으므로 직접적 이유를 제시하기는 어려우며, 아무도 모르게 이루어진 살인이므로 고전적 공리주의에서는 주변 존재들의 고통 증가라는 간접적 이유를 제시하기도 어려울 것입니다.
③ 고통을 느낄 수 없는 존재라면 고통의 증가라는 '직접적 이유'도 발생할 수 없으므로, 고전적 공리주의에서는 직접적 이유를 근거로 이와 같은 존재를 죽이는 행위에 대해 비판하기 어려울 것입니다.
④ 사람을 죽이는 행위에 대해 선호 공리주의와 자율성론 모두 직접적 이유를 들어 나쁘다고 평가하였고(3, 4문단), 5문단에서는 유인원과 같은 인격체를 살해하는 것에 대해서도 두 이론 모두 나쁘다는 평가를 내린다고 하였으므로, 이들이 인격체 살생에 대해 상반되는 입장을 취할 것이라는 예측은 부적절합니다.
⑤ 4문단에 의하면 자율성론에서는 인격체의 자율성을 존중해야 한다고 봅니다. 따라서 자율성론에 따르면 불치병에 걸린 환자가 죽기를 원하는 경우 이러한 자율적 판단을 존중하여 안락사가 허용될 수 있다고 볼 것입니다.

26 정답 ②

ㄱ. 갑이 죽인 고릴라는 고통 없이 죽었지만 다른 고릴라들에게 커다란 슬픔과 죽음의 공포를 주었으므로 고전적 공리주의에서는 간접적 이유를 들어 갑의 행위를 나쁘다고 볼 것입니다. 하지만 을은 고통을 주는 도구를 사용해 물고기를 죽였으므로, 고전적 공리주의에서는 피살자가 겪게 되는 고통의 증가라는 직접적 이유를 들어 을의 행위도 나쁘다고 볼 것입니다.
ㄴ. 고릴라는 인격체이고 물고기는 비인격체인데, 3문단 후반부에서 확인할 수 있듯이 선호 공리주의에서는 인격체 살해가 비인격체 살해보다 더 나쁘다고 봅니다.
ㄷ. 자율성론에서는 자율성을 지닌 인격체인 고릴라를 죽이는 행위는 나쁘다고 볼 것이지만, 자율적 판단 능력이 없는 비인격체인 물고기를 죽이는 행위에 대해 나쁘다고 할 이유는 없습니다.

규범(윤리학) 지문 05	2017학년도 4-6번	상위 테마 - 규범(윤리학)
		하위 테마 - 개인 복지 수준 측정 지표로서 3가지 도덕철학적 입장

1. 제시문 정보 구조 분석

[1문단 : 화두 제시]
개인의 복지 수준을 측정하는 지표로서, 인간 복지의 본성이나 요건에 대한 이해를 기반으로 하는 세 가지 도덕철학적 입장을 소개할 것임을 예고하고 있습니다.

[2문단 : 세 가지 입장]
쾌락주의적 이론 - 쾌락의 정도가 복지 수준을 결정
욕구 충족 이론 - 개인이 욕구하는 것이 충족되는 정도에 따라 복지 수준이 결정됨
객관적 목록 이론 - 이미 존재하는 객관적 기준(자율적 성취, 지식, 미적 향유 등)이 구체적으로 실현되는 정도에 따라 복지 수준이 결정됨
글쓴이는 이들 세 가지 이론 가운데 쾌락주의적 이론과 객관적 목록 이론은 무엇이 내재적 가치가 있는지 말해준다는 점에서 즉 구체적으로 무엇이 복지 향상도를 측정하는 기준인지 말해준다는 점에서 실질적 복지 이론으로 분류하고, 욕구 충족 이론은 방법만 알려줄 뿐 구체적으로 무엇이 좋은 것인지를 알려주지 않는다는 점에서 형식적 복지 이론으로 분류합니다.

[3문단 : 경제학적 관점에서 세 가지 이론 비교]

글쓴이는 경제학적으로 가장 지지를 받는 것은 욕구 충족 이론이라고 소개합니다. 이는 다른 이론들에 대한 비판의 구도에서 제시됩니다. 먼저, 복지 증가에 해당한다고 믿는 모든 활동과 계기들이 늘 쾌락이라는 심리상태를 동반하는 것은 아니라는 점에서 쾌락주의적 이론은 협소하다고 판단합니다. 객관적 목록 이론 역시 비판받는데, 이 이론에서 제시한 복지 목록에 있는 항목들이 왜 복지에 기여하는지에 대한 이유를 설명하지 못하며 또한 목록 이외의 욕구 대상도 복지에 기여하는 경우가 있다는 것이 비판 지점입니다.

[4문단 : 욕구 충족 이론의 한계]

욕구 총족 이론도 한계가 있음을 소개하고 있습니다.

(1) 첫 번째는 모든 욕구의 충족이 복지에 기여하는 것은 아니라는 점입니다. 즉 나쁜 욕구를 충족하는 경우도 있을 수 있으며, 나 자신이 아닌 타인의 삶에 대해 내가 원하는 것이 충족되었다고 해도(즉 이타적 욕구) 이것이 나의 복지 증진과 무관할 수 있다는 것이 문제입니다.

(2) 두 번째는 반사회적 요구도 존재한다는 것이며,

(3) 세 번째는 개인의 욕구 체계가 일관되지 않아 욕구들 사이의 충돌을 해결할 명확한 기준이 불분명하다는 것입니다.

[5문단 : 욕구 충족 이론의 한계 극복으로서 합리적 욕구 충족 이론]

선호 최대 충족 원리의 한계를 극복하기 위해 계몽된 선호를 기준으로 설정한 추리논증 기출문제와 마찬가지로, 욕구 충족 이론의 한계를 극복하기 위한 방안으로 제시된 것은 욕구 가운데 합리적인 욕구의 충족만을 복지 증진의 기준으로 삼는 합리적 욕구 충족 이론입니다. 이때의 합리적이라는 성격은 타인이 아닌 자기에게 이익이 되는 욕구를 가리킵니다. 물론 여기서도 어떤 욕구가 합리적인 것인지에 대해 명확한 설명이 어렵다는 것이 문제로 제기될 수 있습니다.

2. 문항별 선택지 분석

04 정답 ②

① 쾌락주의적 이론에서는 쾌락이 증감하면 복지도 증감한다고 주장합니다. 따라서 개인의 쾌락이 감소하면 복지도 감소한다고 볼 것입니다.

② 욕구 충족 이론 역시 개인들 사이의 복지 수준을 비교/평가하는 기준으로 제시된 것입니다. 따라서 개인들 간의 복지 수준을 서로 비교할 수 없다는 진술은 부적절합니다.

③ 객관적 목록 이론은 제시된 목록에 포함된 요소만을 복지 증진의 기준으로 삼기 때문에, 단순히 쾌락이 증가했다는 것만으로 복지 수준이 바뀌지 않는 상황이 나타날 수 있습니다.

④ 2문단 후반부에서 살펴봤듯이, 쾌락주의적 이론과 객관적 목록 이론은 내재적 가치가 있는 것이 복지 증진의 기준이 된다고 봅니다.

⑤ 합리적 욕구 충족 이론은 욕구 가운데 합리적인 성격의 것만을 복지에 기여하는 것으로 간주합니다.

05 정답 ⑤

ㄱ. 충분조건과 필요조건의 기본 개념을 알고 있어야 하는 선지입니다. 추리논증 공부를 같이 하는 것이 일반적이므로 이 개념은 대부분 알고 있을 것입니다. 욕구 충족 이론에서는 개인의 욕구가 충족될 때 복지가 향상된다고 봅니다. 즉 욕구가 충족되면 → 복지가 증진되는 것이므로 전자는 충분조건, 후자는 필요조건의 관계가 됩니다.

ㄴ. 선지에서 말한 개인의 심리 변화는 쾌락과 관련된 심리라 할 수 있습니다. 3문단에서 확인하였듯이, 욕구 충족 이론은 쾌락이라는 심리 상태가 복지 증가에 늘 동반되는 것은 아니라고 하였습니다. 따라서 이 이론에서는 복지에 기여한 행위의 전후로 반드시 개인의 심리 변화가 유발되어야 하는 것은 아니라고 볼 것입니다.

ㄷ. 욕구 충족 이론의 복지 증진 기준은 어디까지나 개인의 욕구기 충족되는 정도이지, 대상 자체가 갖는 좋고 나쁨의 성질이 영향을 미치는 것은 아닙니다.

06 정답 ⑤

① 〈보기〉 (가)에서 갑은 타인의 질병이 낫기를 원했고 그 바램(욕구)이 실현되었지만, 그와 같은 사실은 갑에게 아무런 영향도 주지 않았습니다. 즉 (가)의 사례는 타인의 삶에 대한 원함이 성취되더라도 그것이 나의 복지 증진과 무관할 수 있다는 ㉠의 문제점을 보여주는 것입니다.

② 낯선 사람의 병이 나은 사실이 갑에게 아무런 영향도 주지 않았으므로 어떤 쾌락도 발생하지 않은 것이라 할 수 있으며, 쾌락주의적 이론에 따르면 이는 복지 증진의 사례라 볼 수 없습니다. 합리적 욕구 충족 이론은 타인이 아닌 자기에게 이익이 되는 욕구만이 복지에 기여한다고 보므로, 역시 갑의 복지는 증진되지 않았다고 볼 것입니다.

③ (나)에서는 친구들과 어울리고 싶은 욕구와 밤새 공부하고 싶다는 욕구가 경합을 벌이고 있습니다. 이는 욕구 사이의 충돌 발생 시 이를 해결하기 어렵다고 한 ㉢의 사례라 할 수 있습니다.

④ (나)의 상황은 두 개의 욕구 사이에 우선순위를 설정하지 못해 발생한 것인데, 항목들 간 우선순위를 설정하지 않은 객관적 목록 이론이라면 이 역시 어떤 욕구가 더 우선되어야 하는지 알려주지 못하므로 문제 해결이 어렵다는 평가를 내리는 것은 타당합니다.

⑤ 욕구 충족 이론에서는 욕구 내용의 옳고 그름에 상관없이, 자신의 욕구가 충족되기만 하면 복지가 증진된 것으로 간주합니다. (다)의 병은 일상적 시각으로 올바르지 못한 욕구를 지니고 이를 실현시켰지만, 그가 실제로 원하는 것은 백인에게 의약품을 분배하는 것이며 이를 실제로 실현하였습니다. 따라서 이는 욕구가 충족되어 복지가 증진된 사례로 보아야 합니다.

CHAPTER 3

철학 영역

철학 지문 01	2011학년도 6-8번	상위 테마 - 칸트와 헤겔의 철학/윤리학 하위 테마 - 독일 관념론의 전개에서 감성주의의 등장과 후퇴

문항별 선택지 분석

06 정답 ②

① 이성지상주의와 그 반대 노선의 충돌 결과, 합리적 사상이 강화되었다는 설명은 적절합니다. 그러나 합리적 사상이 다수 이론의 공존을 용인하기 때문에 합리적 사상이 강화된 것은 아닙니다. 합리적 사상이 강화된 것은 고・근대에 대한 새로운 해석 때문이며, 더구나 후기 독일관념론에서는 감성 중심의 신화적 세계를 지양하고 있습니다. 따라서 적절하지 못한 설명입니다.

② 철학적 근대의 전개 과정이란 지문의 문제제기이고 글 전체에서 설명되고 있는 핵심내용입니다. 따라서 제시문의 세부적 내용보다 전체적 흐름을 파악하는 것이 중요합니다. 특히 새로운 신화학에서 시작된 독일관념론이 후기에 어떻게 변화되었는지를 파악해야 하는데, 이를 정리해보면 다음과 같습니다.

이성 중심 (데카르트)	⇨	감성 중심의 새로운 신화학 (초기 독일관념론)	⇨ 고・근대에 대한 새로운 해석	강화된 이성지상주의 (후기 독일관념론)

②에서 ‘이성지상주의에 대한 반대 노선이 도전했다.’는 감성 중심의 새로운 신화학이 등장했다는 제시문의 내용과 부합합니다. 그리고 ‘도전의 근거로 제시된 현상에 대한 재해석을 통해 강화된 이성지상주의가 등장했다.’는 고대 그리스 사회에 대한 부정적 해석을 통해 후기 독일관념론이 강화된 이성지상주의로 전환되었다는 제시문의 내용과 역시 부합합니다.

③ 독일 관념론의 최종 단계는 이성지상주의의 강화입니다. 따라서 종국에는 감성 중심주의로 전환되었다는 진술은 부적절합니다.

④ 중립적 이론이 형성되었다는 내용은 지문에서 찾을 수 없습니다.

⑤ 독일관념론에서 새로운 신화학이 등장했다 다시 이성지상주의로 전환된 이후 이성지상주의는 이전보다 더욱 강화되었습니다. 따라서 처음의 입장을 그대로 고수한 노선이 유지되었다는 설명은 부적절합니다.

07 정답 ①

① 실러와 강령의 저자 모두 감성 중심의 사상을 전개하고 있다는 점과 강령의 저자는 실러의 사상을 발전시켜 무정부주의적 방향으로 극단화했다는 점에 중심을 두고 세부적 내용을 살펴야 합니다. 실러는 현실 정치 영역에서 참된 인륜적 공동체를 구현하기 위해 미적 차원의 문화 건설이 선행되어야 하고, 이를 위한 전략으로 인간 심성 자체의 미적 교육을 제시합니다. 따라서 실러가 현실 정치를 위한 미적 교육을 모색한다는 설명은 적절합니다. 또한 강령의 저자는 신화학을 국가의 종식을 통해 이르러야 할 궁극적인 목표 지점으로 구상합니다. 따라서 강령의 저자가 무정부주의적(국가의 종식을 추구하므로) 신화학을 모색한다는 설명 역시 적절합니다.

② 독일 관념론의 기초를 마련한 것은 실러가 아니라 강령의 저자입니다. 또한 감성 중심의 사상을 가진 강령의 저자가 이성중심의 계몽주의를 위한 철학적 기초를 세웠다는 설명도 부적절합니다.

③ 실러는 계몽주의에 대한 비판의식을 가지고 있었으며, 강령의 저자는 이성과 감성의 화해를 추구했다는 점에서 계몽의 원천 무효화를 추구했다고 볼 수 없습니다.

④ 강령의 저자는 신화학이라는 미적 차원의 문화를 궁극적 목표로 삼았지만, 실러에게 미적 차원의 문화 건설은 그 자체가 궁극적 목적이 아니라 참된 인륜적 공동체를 구현하기 위한 선행 조건에 해당합니다.
⑤ 참된 인륜적 공동체의 건설을 추구한 것은 실러입니다.

08 정답 ⑤

①, ③ ⓐ는 근대를 긍정적으로 해석하며, 만인에 대한 억압이 자행되었던 시기는 근대가 아니라 고대라고 주장합니다. 따라서 근대 사회가 만인에 대한 억압을 초래했다는 진술이나 근대적 양상이 이성의 전횡에서 비롯되었다고 말하는 것은 ⓐ의 관점으로 부적절합니다.
② ⓐ에 따르면 고대는 만인에 대한 억압이 자행되었다는 점에서 부정적으로 해석되고 근대는 보편적 자유가 구현된다는 점에서 긍정적으로 해석됩니다. 즉, 인간의 자유 추구를 긍정적으로 보고 있습니다. 따라서 인간의 자유 복원을 부질없는 노력으로 평가하는 것은 ⓐ의 관점에 부합하지 않습니다.
④ 감성주의적 이상 실현은 '새로운 신화학'에서 추구하는 것입니다. ⓐ는 감성주의적 이상 실현이 시대에 역행하는 것이므로 지향되어야 한다고 봅니다.
⑤ 지문에 따르면, '새로운 신화학'은 ⓐ에서 강화된 이성지상주의로 전환되었는데, 그 이유는 고대와 근대에 대한 새로운 해석 때문입니다. ⓐ는 '새로운 신화학'과 달리 고대를 부정적으로 해석하고 지향해야 할 것으로 인식하며, 이러한 신화적 세계를 추구하는 것은 이성의 실현이라는 거대한 흐름에 역행하는 것으로 봅니다. 이와 달리 새로운 신화학은 고대를 이성과 감성이 조화를 이루고 있는 이상향으로 해석한다. 그러나 ⓐ는 고대를 소수를 위한 다수의 억압이 자행되던 시기로 해석합니다. 따라서 ⓐ의 관점에서는 새로운 신화학에 대해 근대의 가치를 제대로 인식하지 못하고 고대를 모범으로 삼는 것은 시대를 퇴행하는 발상이라고 비판할 것입니다.

철학 지문 02	2013학년도 30-32번	상위 테마 - 칸트와 헤겔의 철학/윤리학
		하위 테마 - 칸트의 윤리학에서 정언명령의 위상에 대한 들뢰즈의 비판

1. 제시문 정보 구조 분석

[1문단 : 화두 제시]

법과 선의 관계에 대한 서구의 전통적 시각을 소개하고 있습니다. 이러한 시각에서는 법이 선에 비해 부차적인 것, 수단, 모조품 등으로 이해되어 왔으며, 이를 대표하는 인물이 바로 플라톤입니다.

[2문단 : 자연법론에 닥친 위기]

법(수단)-선(목적)의 관계는 자연법론에서도 유지됩니다. 하지만 서로 다르고 모순적인 세계관들이 충돌함에 따라 자연법론은 보편적인 적용이라는 형식을 유지하기 위해, 그동안 지켜왔던 '선'의 내용을 포기할 수밖에 없는 상황에 처하게 됩니다. 이러한 상황에서 칸트는 실천이성에 선험적으로 내재하는 도덕법칙에 주목하여 자연법론에 닥친 위기 즉 보편적 적용 가능성을 유지하기 위해 '선'의 내용을 계속해서 포기해야만 하는 위기를 극복하고자 합니다.

▶ 2문단의 진술은 윤리학사의 커다란 흐름을 지나치게 압축한 탓에 제시된 내용만으로 상황을 이해하기 어려울 수 있습니다. 이와 관련해서는 2018학년도 기출로 제시되었던 칸트의 도덕철학과 헤겔의 윤리학 텍스트가 도움이 될 수 있습니다. 간단하게 정리하자면, 자연법론은 인간이 사회를 구성해 만든 법률 이전에 자연법으로 존재하는 올바름의 내용이 있다고 전제하고 이를 바탕으로 구체적인 규정과 법이 만들어진다고 보는데, 신대륙의 발견 등 다양한 세계관이 충돌하는 세계사적 흐름 속에서 기존에는 너무나 자연스럽게 보편적 선이라 믿어왔던 내용들이 보편적으로 적용되기 어려운 상황에 직면하게 됩니다. 바로 이와 같은 상황에서, 칸트는 인간의 바깥에 존재하는(플라톤이 제시한 이데아와 같이 인간 세계 외부에 존재하는) '선'의 형태가 아니라, 인간이라면 누구나 지니고 있는 내재적 요소로서의 도덕법칙(다음 문단에 등장하는 용어로는 '정언명령')의 형태로 보편적 적용 가능성을 지닌 '선'을 재구성하고자 하였던 것입니다.

[3문단 : 칸트의 정언명령 체계]

칸트는 인간의 자유를 인격적 자율 및 그에 따른 책임으로 이해합니다(여기서 언급된 자유의 문제는 2018학년도 기출 '칸트와 플라톤의 도덕철학 및 윤리론'에서 보다 자세하게 다뤄집니다). 칸트에게 있어서 인간이라면 누구나 지니게 되는 도덕법칙은 정언명령의 형태로 존재합니다. 인간이 항상 선을 지향하지는 않기 때문에 도덕법칙은 정언'명령'의 형태를 취할 수밖에 없는데, 이 정언명령은 순수 형식의 표상이어서 구체적인 행위를 지시하는 내용은 전혀 포함하지 않고 있습니다. 바로 이 점이 다음 문단부터 등장하는 들뢰즈의 주된 비판 대상이 됩니다.

[4~6문단 : 들뢰즈가 분석한 칸트의 기획과 이에 대한 비판]

들뢰즈가 보기에, 칸트의 정언명령 체계는 이전까지 이어져 온 선(주)-법(종)의 관계를 전도시키는 기획 하에 있습니다. 즉, 정언명령이야말로 유일하고 보편적이며 무조건적인 법(명령)으로 위치하게 되고, 이에 대한 절대 복종이 이제 '선'의 이름으로 불리게 됩니다. 즉 법에 대한 복종 그 자체가 선이 되는 것입니다.

들뢰즈는 이와 같은 칸트의 기획에 폭력성이 도사리고 있다고 분석합니다. 왜냐하면 정언명령은 순수 명령의 형식이기 때문에 구체적인 생활 속에서 어떤 행위를 해야 하고 하지 말아야 할지 제대로 알려주지 않으며, 죄를 저질러 처벌을 받게 될 때에야 비로소 자신의 범죄 행위와 관련된 구체적인 법의 내용을 알게 됩니다. 그러다 보니, 6문단에 등장하는 '우울증적 법의식'이라는 용어처럼, 칸트의 기획은 사람들로 하여금 정언명령에 무조건 복종하도록 추동하고 이에 따라 사람들은 자신의 선의지를 입증해야 한다는 강박 관념에 휩싸이게 됩니다. 일상 속에서 '혹시 나의 행위가 죄를 저지른 것은 아닌가' 하며 의심하게 되는 죄의식은, 이러한 강박 관념의 다른 형태라 할 수 있습니다.

[7문단 : 들뢰즈의 제안]

들뢰즈가 보기에, 칸트의 기획은 인간에게 죄의식을 증대시키는 과정이면서, 동시에 칸트가 목표로 했던 인간 자유의 핵심 토대인 인격적 자율을 오히려 훼손하는 과정입니다. 즉, 칸트는 정언명령을 통해 인간이 인격적 자율성을 획득할 수 있다고 보고 이를 바탕으로 인간이 자유를 누리게 된다고 생각했지만, 들뢰즈가 보기에는 이러한 정언명령 체계가 오히려 인격적 자율성을 훼손함으로써 칸트의 기획이 목표로 하였던 자유의 구현을 불가능하게 만든다는 것입니다. 따라서 들뢰즈의 관점에서는 칸트의 기획 자체를 거부하고, 법을 선의 주변부로 돌려보내는 것밖에는 이러한 문제를 해결할 방법이 없게 됩니다.

2. 문항별 선택지 분석

30 정답 ①

① 고전적 자연법론은 법이 선의 수단이라는 고전적 관점을 이어받은 것입니다. 이에 비해 칸트의 기획은 법이 주가 되고 선은 이에 종속되도록 만든다는 것이 들뢰즈 및 글쓴이의 견해입니다. 따라서 칸트의 기획이 고전적 자연법론의 전통을 '연장'했다는 진술은 부적절합니다.

② 칸트의 기획 이전까지 법은 선에 대해 부차적인 것, 수단에 불과한 것으로 설정되어 왔습니다. 일반저긍로 부차적이고 수단에 불과한 것은 주가 되는 것이나 목적이 되는 것이 있어야만 그 존재 역할이 부여되는 만큼, 이는 법이 선과의 관계에서 독립적으로 정당화될 수는 없었다는 진술은 적절합니다.

③ 법과 선의 고전적인 관계는 1문단에서 소개한 플라톤 이래의 지적 전통을 의미하며, 이러한 시각에서는 법에 대한 복종이 어디까지나 선의 실현을 위한 수단에 불과했습니다.

④ 칸트가 법의 근거를 선험적 도덕법칙(정언명령)에서 찾았다는 점은 쉽게 확인할 수 있습니다. 문제는 '객관적 실재'라는 표현인데, 이는 칸트가 정언명령을 실천이성에 '선험적으로 내재하는' 도덕법칙으로 설정했다는 점에서 우회적으로 도출될 수 있습니다. 즉, 칸트는 실제 현실에 존재하는 관습이나 문화 등의 규범이 아니라, 인간의 이성에 선험적으로 내재하는 요소를 도덕법칙의 근거로 삼았던 것입니다.

⑤ 2문단의 내용으로부터 쉽게 확인할 수 있습니다.

31 정답 ⑤

들뢰즈가 파악한 칸트의 정언명령 체계에 대해서는 4문단~6문단에서 확인하였습니다.

① 카프카의 형벌 기계의 예에서 확인할 수 있습니다. 법을 위반한 행위가 있은 후에야 형벌을 통해 법의 구체적인 내용을 알게 된다는 점에서 법의 위반 행위를 사후적으로 단죄하는 시스템임을 알 수 있습니다.

② 4문단 후반부에서 칸트의 기획에 대한 들뢰즈의 분석 부분에서 확인할 수 있습니다.

③ 3문단 후반부에서 확인할 수 있습니다.

④ 선지 ①~③에 비해 직관적 판단이 어려운 선지입니다. 3문단의 세 번째 문장을 보면, 도덕법칙(정언명령)은 자기 자신에게 강제적으로 부과하는 규범이며, 무조건적인 준수를 요구하는 명령이라 하였습니다. 즉 인간은 하나의 단일한 존재로 머무는 것이 아니라, 정언명령의 형태로 인간에게 규범을 강제하는 실천이성과 이에 복종해야만 하는 자아로 분열되는 것입니다.

⑤ 3문단에서 확인하였듯이, 칸트가 보기에 인간의 자연적 경향은 항상 선을 지향하지는 않으며, 그렇기 때문에 도덕법칙이 명령의 형태를 취할 수밖에 없었던 것입니다. 따라서 인간의 본성이 선을 지향한다고 전제하였다는 진술이 부적절합니다.

32 정답 ⑤

'우울증적 법의식(죄의식)'은 칸트가 정언명령 체계를 설계하며 기획했던 것에서 의도하지 않았던 부정적 결과물에 해당합니다(논증 비판 구조로 본다면 일종의 반례에 해당). 따라서 칸트가 이러한 '우울증적 법의식'에 대해 취할 수 있는 입장은,

- ③이나 ④처럼, 죄의식의 발생 자체를 부정하거나 사전에 예방할 수 있다고 대응하거나
- ①처럼 죄의식이 나타나는 것 자체는 부정하지 않되, 다만 그러한 죄의식이 인격적 자율을 훼손하지는 않는다고 하여 죄의식에 따른 부정적 결과를 부정하거나
- ②처럼 죄의식 자체를 부정하지 않되, 들뢰즈가 제시한 정언명령 체계 자체의 부정으로까지 나아가서는 안 된다고 대응하는 것 등을 생각해 볼 수 있을 것입니다.

하지만 ⑤는, 죄의식이 발생함에도 법에 대한 무조건적인 복종을 강요하는 것(즉 정언명령 체계를 고수하는 것)은 그가 자연법론에 닥친 위기를 극복하고 다시 세우고자 했던 보편적 적용 가능성의 확보라는 목적에 어긋난다는 비판으로서, 이는 오히려 칸트에 대한 비판에 해당합니다.

철학 지문 03	2018학년도 13-15번	상위 테마 - 칸트와 헤겔의 철학/윤리학
		하위 테마 - 칸트의 도덕 철학과 헤겔의 윤리 이론에서 '자유'의 문제

1. 제시문 정보 구조 분석

[1문단 : 화두 제시]

일상적으로는 같은 의미로 사용하는 도덕과 윤리라는 개념을 각각 칸트와 헤겔의 이론으로 대응시켜 구분하고 있습니다. 헤겔의 윤리 이론이 칸트의 도덕 철학과 어떤 점에서 차이가 나는지 비교해가며 독해해야 함을 예상할 수 있습니다.

[2문단 + 3문단 : 칸트의 도덕 철학과 자유]

모든 인간이 지켜야 할 보편도덕을 확립하는 것을 목표로 하는 칸트의 도덕 철학은 과거 기출들에서도 이미 여러 차례 다뤄진 바 있기 때문에 큰 줄기를 이해하는 것은 어렵지 않을 것입니다. 이 글에서는 그 연장선상에서 '자유' 개념에 집중하고 있습니다.

먼저 칸트는 신과 같은 초월적 존재가 아니라 순수하게 인간의 '이성' 능력으로 보편도덕을 세우려 합니다. 그렇기 때문에 그에게 인간의 육체성(물리성), 감정이나 취향(경향성), 타인과의 공존 등은 모두 우연적 요소로서 배제되어야 할 것들입니다.

두 번째로, 헤겔과는 다른 칸트의 '자유' 개념에 대한 이해입니다. 칸트는 인간이 이성적 의지에 의해 스스로 법칙을 제정하고(자기입법) 이에 스스로 예속되는 것(자기예속)이 자율이라 봅니다. 개인에게 이미 주어진 이성의 능력으로 자유의 상태가 성취되는 것이자, 이러한 개인이 인류 전체를 대표하므로 이는 자기 완결적(14번 문제 선지의 표현으로는 '자기동일') 상태라 할 수 있습니다. 그리고 이렇게 만들어진 도덕 원리이자 의무가 '정언 명법'입니다.

[4문단 : 헤겔의 윤리 이론]

헤겔은 칸트와 달리 윤리적 삶을 강조합니다. 헤겔에게도 윤리적 삶의 최종 목표는 자유의 실현이지만 본질적인 내용에서는 칸트와 차이가 있습니다. 헤겔에게 자유의 실현은 자기의식이 가족, 시민사회, 국가에 참여하는 과정을 통해 끝없이 전진해 도달하는 지점입니다. 그런 점에서 추상적이고 형식적인 탓에 무엇이 의무인지 알려주지 않는 칸트의 도덕 질서와 달리 윤리적 질서는 실재하는 내용을 지닙니다.

[5문단 : 헤겔의 인륜 개념 및 자유의 실현 과정]

그렇다면 윤리적 질서는 구체적으로 어떠한 내용을 담고 있는 것일까요? 자유의 실현으로서 윤리적 삶이 이루어지는 영역을 헤겔은 인륜이라 부르며, 앞서 언급한 가족, 시민사회, 국가가 그 구체적인 단계들에 해당합니다. 가족은 첫 번째 인륜으로서, 개인은 가족 내에서 자신의 개체성에 대한 자기의식을 획득하고, 부부 간이나 부모 자식 간 존재하는 권리와 의무를 수용하게 됩니다.

두 번째는 시민사회로서, 개인은 자기 자신의 실재하는 정신(개체성에 대한 자기의식)이 시민사회 안에 구체화되어 있음을 발견할 때 '일정 수준'의 자유에 도달합니다. 당연히 이 단계에서 얻게 되는 자유는 아직 완벽한 자유라고 할 수는 없을 것입니다.

마지막은 국가로서, 이 단계에서 개인은 자신의 완전한 발전의 성취와 권리 인식을 추구하고, 개별적 이익을 넘어서서 보편의 이익과 일치하려 하며, 보편을 인식·의욕하려는 모습을 보이게 됩니다. 이러한 노력과 추구의 결과, 국가는 이제 개인에게 자유의 실현이 됩니다.

2. 문항별 선택지 분석

13 정답 ②

① ㉠을 제거하는 과정에는 물리적 존재성, 감정이나 취향 등의 경향성, 타인과 함께 존재함 등의 속성을 소거하는 작업이 포함됩니다. 하지만 '추론 능력'은 감정이나 관행과 무관하게 이성으로부터 비롯되는 능력이라 할 수 있으므로 이러한 이성의 능력까지 제거하는 것은 ㉠의 제거에 해당하지 않습니다.

② ㉡은 개인이 이성의 힘에 의해 스스로 정초한 법칙에 종속되는 것을 의미하며 이러한 의무에 따르는 것이 도덕적 행위의 유일한 판단 기준이라 하였습니다.

③ ㉢의 도덕적 주체는 자신에게 주어진 이성에 의해 법칙을 세우고 이에 스스로 예속되므로 외부 사건이나 타인에 의해 행위를 하지 않는다는 진술은 옳습니다. 그러나 그와 같은 행위의 동기가 자신의 경향성이라는 진술은 잘못된 것입니다. 감정, 취향과 같은 경향성은 도덕으로부터 제거되어야 할 대상입니다.

④ ㉣은 개인의 주관적 행위 원리로서의 준칙이 보편 법칙이 될 수 있도록 해야 한다는 지침이자 명령이지, 특정한 목적을 성취하기 위해 그에 맞는 수단을 선택해야 한다는 목적-수단 간 관계에 관한 지침을 이야기한 것은 아닙니다.

⑤ 2문단 전반부에서 확인하였듯이, 칸트는 도덕성을 확보하는 과정에서 신과 같은 초월적 존재의 권위에 기대지 않고 있습니다.

14 정답 ④

① 4문단에서 확인하였듯이, 헤겔은 칸트의 도덕적 질서가 의무를 강조하면서도 정작 무엇이 의무인지 결정해주지 못함을 비판하며 윤리적 질서를 내세웠습니다. 따라서 이성의 형식에만 호소해 실질적 내용을 갖추지 못했다는 지적은 〈비판〉에 해당합니다.

② 칸트의 정언명법은 도덕 원리이자 의무로서, 어떻게 행위 해야 하는지 명령은 있지만 그에 따라 얻을 수 있는 반사이익 혹은 권리에 대해서는 아무런 언급이 없습니다. 이에 비해 헤겔의 윤리 이론에서는 개인의 특수한 의지가 보편적 의지로서의 윤리적 질서와 일치함을 확인함으로써 의무와 권리가 하나가 됩니다.

③ 헤겔은 최종적으로 국가 안에서 진정으로 보편을 추구할 때 자유의 실현이 이루어진다고 주장합니다. 이에 비해 칸트는 이성적 존재가 그 이성에 의해 스스로 법칙을 세우고 동시에 자신이 제정한 법칙에 스스로 예속되는 것이 자유라고 규정합니다. 따라서 인간의 자유를 한정적으로만 규정하였다는 선지의 비판 내용은 〈비판〉으로 적절합니다.

④ 인간에게 본성으로 주어진 이성 능력의 발휘를 강조한 것은 칸트의 견해에 해당하는 것이지만, 선지의 후반부의 진술은 헤겔의 사유에 해당합니다. 즉 개인의 특수한 의지가 점차 보편의지와 부합해 가는 과정(보편의지의 함양 과정)을 가족, 사회, 국가의 단계로 나누어 설명하고 있는 것은 헤겔인 것입니다.

⑤ 헤겔의 윤리 이론에서 개인은 가족, 사회, 국가 공동체로 나아가며 자아를 형성해 갑니다. 이에 비해 칸트의 도덕 이론에서 개인은 처음부터 주어진 이성과 그에 따른 이성적 의지에 의해 자기입법과 자기예속으로서의 자율만 행사할 뿐, 그 다음 단계로의 발전이나 진전은 없는 자기 완결적(자기동일적) 존재로서 그려지고 있습니다.

15 정답 ②

① 가족 단계에서 부모와 자식 간에 존재하는 권리와 의무를 받아들이게 되므로, 자녀들은 이 단계에서 양육될 권리를 지닙니다.

② 시민사회 단계에서 구성원 개개인은 각자의 사회적 지위에 따라 특수하게 구체화된 존재입니다. 즉 개인의 사회적 지위는 동등하지 않고, 다만 법적 체계에서 동등한 권리를 지닌 존재로 규정될 뿐입니다.

③ 국가 단계에서 개인은 이익 측면에서 자기 이익을 넘어 보편의 이익과 일치하려 하고, 사유 측면에서는 보편을 인식하고 의욕합니다.

④ 시민사회 단계에서 얻게 되는 자유는 일정한 수준의 자유에 머물지만, 국가 단계에서는 적극적 추구의 결과 자유의 실현이 이루어지게 됩니다.

⑤ 4문단에서 가족, 시민사회, 국가에의 참여를 인간 본성의 이성적 본질이 외적으로 실현되는 것이라 하였으며, 5문단에서는 이들 공동체를 단계별로 나누어 이성이 더욱 발현되어가는 과정으로 서술하고 있습니다.

철학 지문 04	2010학년도 33-35번	상위 테마 - 개념 철학, 인식론, 논증론 등 하위 테마 - 회슬레의 철학 장르론

문항별 선택지 분석

33 정답 ①

① 1문단에 의하면 철학적 글쓰기 양식의 선택은 '철학의 학적 건강도'와 관련하여 주장을 얼마나 정당화할 수 있느냐에 영향을 미치는 것이지, 주장의 타당성을 결정하는 요인은 아닙니다. 지문에서 타당성 개념은 철학적 글쓰기에 대비되는 경험과학이 추구하는 목적에 해당합니다. 따라서 어떤 장르를 선택하여 철학적 글쓰기를 하느냐가 주장의 타당성을 결정한다는 설명은 부적절합니다.

② 헤겔은 자신의 주장을 정당화하기 위해 진술의 진행이 주제 자체의 논리에 의해 이루어지도록 하는 '객관성의 장르' 양식을 택했고, 데카르트는 자신의 주장을 정당화하기 위해 1인칭 단수의 동사나 대명사로 문장을 구성하는 '주관성의 장르' 양식을 택했으며, 플라톤의 〈국가〉는 저자와 타인의 대화 형태로 문장을 구성하여 주장들이 더 생생하게 전달되도록 '간주관성의 장르' 양식을 택했습니다. 따라서 주장의 정당화 전략에 따라 양식이 선택된다고 할 수 있습니다.

③ 4문단에 따르면 저자의 주장이 설득력을 지니려면 예상되는 반론들을 견뎌야 합니다. 따라서 반론을 견디는 힘이 주장의 정당성을 강화합니다.

④ 1문단에 의하면 철학 텍스트를 구체적으로 어떤 양식으로 작성하는가 하는 것은 단순한 사적 취향의 문제에 그치지 않으며, 철학의 학적 건강도를 높이는 문제와 관련이 있습니다. 따라서 양식에 대한 저자의 사적 취향은 철학의 학적 건강도 문제에 비하면 상대적으로 부차적이라고 말할 수 있습니다.

⑤ 1문단에 의하면 현상에 대한 실증적 자료를 통해 그 타당성이 판정되는 경험과학과 달리 철학은 현상 너머의 메타 원리를 알고자 하는 만큼 진술 내용에 대한 실증적 자료를 제시하기 어렵습니다.

34 정답 ④

ⓐ, ⓑ, ⓒ의 구분은 장르(양식) 상의 구분입니다. ⓐ는 주제 자체가 주어로 등장한다는 점에서 ⓑ, ⓒ와 구분되며, ⓑ와 ⓒ에서는 모두 저자가 발화 주체인데 다만 ⓒ는 타인도 발화 주체로 내세운다는 점에서 ⓑ와 구분됩니다.

ㄱ. 3문단 마지막 문장에 서술되어 있듯이 하나의 범주에 속하는 주제는 다른 범주에 속하는 글쓰기 양식으로도 기술될 수 있습니다. 즉 ⓐ '객관성의 장르'는 '간주관성'을 주제로 삼아 '간주관성' 자체의 논리에 의해 글을 객관적으로 구성할 수 있으며, ⓑ '주관성의 장르' 역시 '간주관성'을 주제로 삼아 그에 대한 저자 자신의 사유를 직접적으로 드러낼 수 있는 것입니다.

ㄴ. ⓐ '객관성의 장르'는 저자 개인이 텍스트에 직접 등장하지 않습니다. 따라서 ⓐ '객관성의 장르'는 저자를 '나'로 전면에 내세울 수 없습니다. 그러나 ⓒ '간주관성의 장르'는 저자 개인이 텍스트에 직접 등장할 수 있습니다.

ㄷ. ⓑ '주관성의 장르'에는 저자 개인 또는 주제와 관련된 그의 사유의 전개 과정이 직접적으로 드러납니다. 그런데 저자 개인은 개성을 지니고 있으므로 '주관성의 장르'는 저자의 개성을 드러낼 수 있습니다. 한편 ⓒ '간주관성의 장르'는 저자 개인뿐 아니라 타인 또한 명시적 발화의 주체로 등장하며, 심지어 저자 자신이 하나의 등장인물로 나타난다고 하였습니다. 따라서 ⓒ '간주관성의 장르'에서도 저자의 개성이 드러날 수 있습니다.

35 정답 ①

회슬레는 대화편 형식의 철학적 텍스트를 지지합니다. 그 이유는 4문단 후반부에 나와 있듯이 메타 차원의 문제에 대한 이론을 정당화된 논변으로 구성하기 어렵다는 철학의 본원적 난제를 해소하는 데 대화편이 유리하기 때문입니다. 따라서 회슬레는 〈보기〉의 학생이 제출한 대화편 양식의 논문이 논증의 논증의 정당화에 기여하는 것이라고 판단한다면 그러한 방식의 글쓰기도 용인할 것입니다. 따라서 회슬레가 취할 만한 입장으로 가장 적절한 것은 선지 ①입니다.

철학 지문 05	2013학년도 28-29번	상위 테마 - 개념 철학, 인식론, 논증론 등
		하위 테마 - 사물의 범주 판단 기준에 대한 이론

1. 제시문 정보 구조 분석

[1문단 : 화두 제시]

새로운 사물이 어떤 범주에 속하는지 판단하는 것이 범주 판단이며, 이를 설명하는 이론에 유사성 기반 접근과 설명 기반 접근이 있음을 소개하고 있습니다.

[2문단 : 유사성 기반 접근과 설명 기반 접근의 차이점]

유사성 기반 접근		설명 기반 접근
원형 모형	본보기 모형	
심적 표상 = 추상적 집합체로서의 단일 원형(단수)	심적 표상 = 구체적 사례가 그대로 기억된 본보기들(복수)	사례들을 심적 표상(이미지)이 아니라, 사례들을 하나의 범주로 묶을 수 있는 설명적 구조(기저 본질)에 연결시켜 범주를 판단한다고 봄
전형적 사례 판단에 유용	비전형적 사례 판단에 유용	
어떤 속성을 범주 판단에 사용할지 기준이 불명확함		

[3문단 + 4문단 : 유사성 기반 접근에 대한 비판]

3문단부터는 논증적 구조가 본격화됩니다. 만약 유사성 기반 접근이 옳다면 새로운 사례가 등장했을 때 이를 특정 범주에 포함시키는 유사성 판단과, 이를 바탕으로 한 범주 판단이 일치해야 할 것입니다. 현실적으로 유사성 판단과 범주 판단이 같은 과정인 것처럼 보이는 경우가 많지만, 설명 기반 접근을 지지했던 립스는 유사성 판단이 곧 범주 판단이라 단언할 수 없다는 판단 하에 특수한 실험을 수행합니다.

[5~7문단 : 립스의 실험]

(1) 실험 설계

실험은 다음과 같은 두 글 A와 B 및 초반부/후반부로 구분되어 있습니다.

	글 A	글 B
초반	두 다리와 깃털이 있는 날개 (새 형태)	두 다리와 깃털이 있는 날개 (새 형태)
후반	화학 폐기물에 노출되어 → 여섯 개의 다리와 투명한 막 형태의 날개를 갖게 됨 (곤충 형태)	자연스러운 성장의 과정을 거쳐 → 여섯 개의 다리와 투명한 막 형태의 날개를 갖게 됨 (곤충 형태)

A에서는 우연한 노출로 인해 곤충 형태가 된 것일 뿐, 이렇게 형태가 변한 솔프의 새끼는 원래의 솔프와 같은 형태로 태어났습니다. 이에 비해 B에서는 가상 동물의 기저 본질이 곤충 형태로 설정되어 있습니다.

(2) 실험 결과 분석

	유사성 판단	범주 판단
통제 집단 A	9.5	9.5
통제 집단 B	9.5	9.5
실험 집단 A	3.8	6.5
실험 집단 B	7.6	5.2

통제 집단은 각 글에서 첫째 부분만 읽은 집단이고, 실험 집단은 각 글의 후반까지 모두 읽은 집단입니다. 위 표에서 확인할 수 있듯이, 각 글의 초반부만 읽은 집단은 두 다리와 깃털이 있는 날개 형태로 인해 솔프라는 가상 동물을 모두 새의 범주에 속하는 것으로(9.5) 판단하였습니다. 하지만 실험 집단의 경우는 A글을 읽은 집단이건 B글을 읽은 집단이건 유사성 판단과 범주 판단의 결과값에 차이가 납니다. 이는 유사성 판단과 범주 판단이 같은 과정이 아니라는 립스의 가설을 뒷받침하는 것입니다.

한편 마지막 문장에서 범주 판단은 기저 본질의 변화에 더 큰 영향을 받는 데 비해 유사성 판단은 외형의 변화에 더 큰 영향을 받는다고 하였는데, 이는 표의 수치 변화를 통해 해명될 수 있습니다. 단순한 외형의 변화로 설정된 A글을 읽은 실험집단이 기저본질의 변화(실제로는 새가 아니라 곤충 형태가 본질이라는 것을 알게 되었으므로)를 인식한 B글을 읽은 실험집단에 비해 유사성 판단의 결과값 변화가 훨씬 크게 나타난다는 점에서 유사성 판단은 외형 변화에 더 큰 영향을 받는다는 것을 알 수 있습니다. 범주 판단에서 결과값의 변화는 A글을 읽은 실험집단보다 B글을 읽은 실험집단에서 더 큰 수치 변화가 나타난다는 점에서 역시 범주 판단은 기저 본질의 변화에 더 큰 영향을 받는다는 결론이 도출된 것입니다.

2. 문항별 선택지 분석

28 정답 ③

① 과거의 유사한 사례이므로 우선은 유사성 기반 접근이며, 구체적 사례를 활용하는 것이므로 본보기 모형을 지지하는 사례입니다.

② 겉모습만 보고 판단한다는 것은 기저 본질과 같은 이론적, 설명적 구조가 아니라 외적 이미지(표상)로 범주 판단을 하는 것입니다. 따라서 제시된 사례는 유사성 기반 접근을 지지합니다.

③ 취미로 키울 수 있다는 속성은 외적으로 드러나는 이미지가 아니라 설명적 구조에 해당합니다. 따라서 이러한 속성을 기준으로 햄스터와 이구아나를 애완동물이라는 범주에 포함시키는 것은 유사성 기반 접근의 하나인 원형 모형이 아니라 설명 기반 접근을 지지하는 사례라 보는 것이 타당합니다.

④ 아침 식사라는 것이 경우에 따라 전형적 사례가 바뀌는 경우입니다. 이는 2문단에서 확인하였듯이 전형성이 맥락에 따라 바뀔 수 있는 본보기 모형을 보여주는 사례에 해당합니다.

⑤ 발 모양을 기저 본질과 연결시키는 것은 설명 기반 접근에 입각한 분석입니다.

29 정답 ③

	유사성 판단	범주 판단
통제 집단 A	9.5	9.5
통제 집단 B	9.5	9.5
실험 집단 A	3.8	6.5
실험 집단 B	7.6	5.2

① 3문단에서 확인하였듯이, 립스는 유사성 판단(지각적 유사성에 기초)과 범주 판단이 같은 과정이 아님을 입증하기 위해 실험을 설계하였습니다.

② 실험에서 통제집단은 각 글의 초반부만 읽도록 제한이 가해진 집단입니다. 그 결과 유사성 판단과 범주 판단 모두 9.5로, 솔프를 새와 유사하면서(유사성 판단 9.5) 새의 구성원인 것으로(범주 판단 9.5) 판단을 내렸습니다.

③ 가상 동물의 외형이 환경 조건에 의해 변한 경우는 글A에 해당합니다. A는 솔프의 기저 본질이 새의 형태라는 점은 그대로 유지되면서 다만 환경적 요인에 의해 일시적으로 곤충 형태가 된 것으로 인식되도록 설정된 글입니다. 따라서 A글이 기저 본질이 변한 것으로 판단하게 하기 위해 설계되었다는 진술은 부적절합니다.

④ 표에서 확인할 수 있듯이 글 B를 읽은 통제 집단과 실험 집단은 유사성 판단에서 9.5와 7.6으로 다른 점수를 매겼습니다. 이는 글 A를 읽은 두 집단 간 결과값 변화에 비해서는 작은 변화(1.9점 감소)이지만, 기저 본질에 대한 지식이 영향을 미쳐 유사성 판단에 변화를 불러왔다고 볼 여지는 충분합니다.

⑤ 실험 집단 A와 B 모두 유사성 판단과 범주 판단 사이에 점수 차이가 존재합니다. 이는 유사성 판단과 범주 판단이 같은 과정이 아니라고 한 립스의 가설을 지지하는 것이라 할 수 있습니다.

철학 지문 06	2017학년도 27-29번	상위 테마 - 개념 철학, 인식론, 논증론 등
		하위 테마 - 감각 경험과 개념적 판단의 관계(비개념주의와 개념주의)

1. 제시문 정보 구조 분석

[1문단 : 비개념주의의 입장 소개]

이 글은 우리의 감각 경험이 과연 판단이나 추론과 같은 고차원적, 개념적 작용과 별개로 이루어지는 것인지 아니면 동시에 이루어지는 것인지를 둘러싼 두 입장 간 대립을 다루고 있습니다. 먼저 비개념주의에 따르면,

- 감각 경험(보는 것)에 대비해 판단과 추론(믿는 것)은 고차원의 인지 과정이자 개념적 절차이며,
- 비개념적인 감각 경험이 먼저 주어진 후 → 개념적인 판단과 추론이 이어지는 것이 정상적인 과정입니다.

[2문단 : 비개념주의를 뒷받침하는 사례 - 변화맹]

알아채는 것(개념적 과정)보다 실제로 더 많은 것을 본다는(비개념적 과정) 비개념주의의 추가 주장이 소개되고 있습니다. 변화맹은 바로 이와 같이 보는 것(감각 경험)과 아는 것(판단 및 추론)의 비대칭성을 보여주는 사례입니다.

[3문단 : 개념주의의 반박]

개념주의에서는 우리의 보는 행위에 이미 판단 및 추론과 같은 고차원의 인지적 요소가 개입하고 있다고 주장합니다. 즉, 비개념주의와는 달리, 본다는 것과 아는 것은 함께 일어나는 것이며, 이는 감각 경험 가운데 알아차리지 못한 것은 있을 수 없다는 주장을 내포합니다.

[4문단 : 개념주의를 뒷받침하는 사례 - 채워넣기]

개념주의는 〈엘베 강 오른편 둑에서 본 드레스덴〉이란 작품을 보는 관람객들이 가까이에서 확대하면 물감 방울과 얼룩 등으로 그려진 부분을 거리를 두고 보면 사람으로 인식하는 것이 '채워 넣기'에 따른 결과라 주장하며 이 역시 보는 행위와 판단 작용이 함께 일어나는 사례라 봅니다. 여기서 채워넣기는 몇몇 단서를 가지고서도 세부 사항을 두뇌가 채워 넣으며 작가나 원작자 등이 의도한 암시를 그대로 해석하고 경험하는 과정을 의미합니다.

[5문단 : 비개념주의의 변화맹 해석에 대한 개념주의의 비판]

시각 경험에 판단 작용이 이미 들어와 있기 때문에 시각 경험과 판단 작용이 구분되지 않는다고 보는 개념주의의 입장에서는 비개념주의를 뒷받침하는 변화맹 사례는 불합리한 것이 될 수밖에 없습니다. 이러한 판단은 다음과 같은 흐름으로 도출됩니다.

(1) 비개념주의에서는 판단 및 추론에서 독립된 감각 경험이 존재한다고 주장함
(2) 하지만 판단이나 추론과 다르게 나의 감각에 대해 나 자신이 오류를 범할 수는 없어야 함
(3) 그럼에도 불구하고 나의 감각 변화를 내가 알아보지 못한다는 것(변화맹)은 말이 되지 않음

[6문단 : 비개념주의와 개념주의의 상호 비판]

보는 것과 아는 것의 대칭성 혹은 비대칭성을 기반으로 양자가 어떻게 상대방을 비판하는지 다시 한 번 정리하고 있습니다.

2. 문항별 선택지 분석

27 정답 ②

① 변화맹의 예처럼, 비개념주의는 알아채지 못한 감각이 존재할 수 있다고 봅니다. 이에 비해 개념주의는 감각 경험시 일종의 판단이나 추론이 동시에 일어나기 때문에 알아채지 못하는 감각은 존재할 수 없습니다. 즉 선지는 개념주의만 동의할 수 있는 진술입니다.

② 비개념주의와 개념주의는 감각 경험과 판단·추론이 시간차를 두고 이뤄지는 것인지 아니면 동시에 이뤄지는 것인지를 두고 대립합니다. 하지만 이 두 이론 모두 판단(또는 추론) 작용은 어디까지나 개념적 절차라는 것을 분명히 하고 있습니다.

③ 본다는 감각 경험이 먼저 있고 나서야 믿는다는 판단 및 추론이 가능하다는 것은 비개념주의의 입장입니다.

④ 비개념주의를 뒷받침하는 사례로 제시된 변화맹은 시각 경험에 대해 판단 및 추론이 이루어지지 않은 오류를 보여주는 대표적 예입니다. 즉 비개념주의에서는 판단 및 추론에 대해 오류를 범할 수 있다고 보는 것입니다. 따라서 선지의 주장은 비개념주의에서 동의할 수 없는 것으로 오답이라는 것은 쉽게 파악할 수 있습니다. 한편, 개념주의는 5문단에서 언급된 것처럼 나의 감각에 대해 오류를 범할 수 없어야 한다고 주장하는데, 이는 판단 및 추론에 대한 오류를 범하지 않는다는 말과 다름없습니다. 따라서 선지 ④의 진술은 개념주의에서는 동의할 수 있는 주장입니다.

⑤ 변화맹의 예에서처럼 비개념주의는 감각 경험 가운데 판단 작용으로 이어지지 못한 것도 있다고 보므로 정보의 손실이 발생한다는 점에 동의할 것입니다. 하지만 개념주의에서는 감각 경험이 판단 작용과 함께 일어나므로 손실되는 정보는 없다고 볼 것입니다.

28 정답 ③

비개념주의의 핵심 주장은 보는 것이 선행된 이후에야 판단 및 추론 작용이 이루어진다는 것입니다. 이때의 보는 행위는 비개념적 과정으로서 해석이 이루어지기 전 단계의 작업입니다. 따라서 비개념주의가 ㉠을 설명할 때는 해석이 되지 않은 비개념적 시각 경험이 먼저 있고, 그 이후에야 다리 위 무엇인가를 사람으로 인지하는 해석 작용이 나타나게 된다고 할 것입니다. 이러한 구도를 그대로 반영한 것은 선지 ③입니다.

① 선지의 진술은, 사람임을 알고서(개념적 해석 작용이 선행) 확대경으로 들여다보면, 실제로 보이는 것은 분명 물감 방울과 얼룩이지만(비개념적 단계의 감각 대상) 이것이 사람으로 인지된다는 것인데, 비개념주의는 시각 경험과 판단 작용의 선후관계만 논했을 뿐 판단(개념)이 시각 경험(비개념)에 미치는 영향이나 왜곡에 대해서는 주장한 바가 없습니다.

② 1문단에서 확인할 수 있듯이 비개념주의도 판단 및 추론을 고차원의 '인지' 작업이라 봅니다. 따라서 물감 방울과 얼룩을 비개념적으로 '인지'해야 한다는 주장은 비개념주의에서 나올 수 없는 것입니다.

④ 원근의 차이를 통해 대상을 알아차리게 된다는 것은 본문의 비개념주의와 관련해 확인이 불가능한 주장입니다. 선지 ③과 관련해 설명하였듯이 비개념주의는 알아차림 이전에 감각 경험이 먼저 있어야 한다는 것, 그리고 감각 경험이 모두 '인지'되는 것은 아니라는 것만을 말해줄 뿐입니다.

⑤ 선지 ⑤는 다리 위 무언가가 물감 방울과 얼룩이라는 것을 이미 알아차린 결과(판단 작용)가 해당 대상을 사람으로 인지(이 역시 판단 작용)하는 데 필요하다는 주장입니다. 이렇게 선행하는 판단 작용이 다른 판단 작용에 어떤 영향을 미치는지에 대한 것은 선지 ①과 마찬가지로 비개념주의와 관련 없는 주장입니다.

29 정답 ④

① 개념주의에서는 알아차리지 못한 것은 감각 경험도 이루어지지 않은 것으로 간주합니다. 따라서 개념주의는 (가)에서 관객들이 조수가 바뀐 것을 알아차리지 못한 것은 감각 경험이 이루어지지 않은 것, 즉 보지 못한 것이라 주장할 것입니다.

② (다)에서 핵심은 오타가 있었음에도 불구하고 결과적으로는 제대로 읽었다는 것입니다. 이는 개념주의와 관련해서 본다면 채워넣기의 일종이라 할 수 있습니다. 〈드레스덴〉 그림에서 사람으로 보이는 것이 실제로는 물감 방울과 얼룩과 터치일 뿐이지만 관람객은 이를 인지하지 못하고 작가의 암시대로 대상을 사람으로 받아들였듯이, (다)에서 단어에 있는 오타를 인지하지 못하고 결과적으로 원래 단어로 제대로 읽는 것은 채워넣기가 작동한 결과라 할 수 있습니다.

③ 개념주의에서는 감각 경험이 개념적 해석 작용과 함께 일어난다고 여기는데, (나)의 갓난아이 등은 개념적 일반화를 못하는 상황임에도 감각 경험을 합니다. 이는 감각 경험이 개념적 절차로서 판단 및 추론 작용과 별개로(이전에) 이루어진다는 비개념주의를 뒷받침하는 사례에 해당합니다.

④ 5문단에서 확인하였듯이 비개념주의에서는 판단 및 추론에서 독립된 감각 경험이 있다고 주장하며, 이에 따라 자신의 감각에 대해 오류를 범할 수 없어야 합니다. 그런데, 분명 오타가 있는 단어를 시각적으로 경험했음에도 불구하고 이를 제대로 읽은 것은 감각 경험에 대해 오류를 저지른 것에 해당합니다. 이는 5문단에서 확인한 비개념주의에 대한 개념주의의 비판에 그대로 부합하는 사례입니다.

⑤ 뇌의 시각 영역이 유사한 정도로 활성화되었다는 것은 두 사람의 감각 경험 정도가 비슷하다는 것을 의미합니다. 그런데 한 사람은 변화를 알아차렸고 다른 사람은 변화를 알아차리지 못했다는 것은 감각 경험이 늘 판단 및 추론과 함께 하는 것은 아니라는 비개념주의의 주장을 뒷받침하는 사례라 할 수 있습니다. 그리고 이는 사람들이 알아차리는 것보다 실제로 더 많은 것을 본다는 비개념주의의 주장을 강화하는 것이기도 합니다.

철학 지문 07	2009학년도 23-25번	**상위 테마 - 개념 철학, 인식론, 논증론 등** **하위 테마 - 회의주의와 알베르트의 가류주의**

문항별 선택지 분석

23 정답 ④

지문에 등장하는 여러 개념들 사이의 관계를 포착하는 것이 핵심 포인트입니다. 즉 '가류주의', '수행적 모순', '귀류법적 증명', '최종적 정당화' 간의 관계를 정확하게 파악해내야 하는 것입니다.

① 5, 6문단에 의하면 알베르트의 '가류주의'는 모든 명제의 불확실성을 절대화함으로써 자기주장을 확실하다고 주장하지만 이 과정에서 스스로 전제한 것에 모순되는 결론이 도출되는 '수행적 모순'에 빠지게 됩니다. 즉 '가류주의'는 '수행적 모순'을 내포하고 있는 것입니다.

② 3문단에 의하면 '가류주의'는 '최종적 정당화'의 가능성을 원천 봉쇄합니다.

③, ⑤ 6문단에 의하면 '수행적 모순'을 발견했기 때문에 '귀류법적 증명'을 통해 '최종적 정당화' 즉 확실한 명제들을 설정할 수 있는 가능성을 확보하게 된 것입니다.

④ 6문단에 의하면 '귀류법적 증명'은 뮌히하우젠 트릴레마에 빠지지 않으면서도 '최종적 정당화'가 가능함을 보여줍니다.

24 정답 ⑤

1문단은 회의주의의 역할에 대한 문제제기의 성격이 강합니다. 또한 가운데 문단들은 고전적 회의주의 및 극단적 회의주의의 개념과 원리, 극단적 회의주의의 자기모순 등을 구체적으로 상술한 부분에 해당합니다. 때문에 이들 문단들에서 필자의 주장을 이끌어내는 것 역시 무리가 있습니다. 필자의 입장이나 관점이 반영되어 구체적인 모습을 띠게 된 핵심 주장은 마지막 문단에 드러나 있습니다.

① 알베르트의 '가류주의'를 논박할 수 있는 가능성에 대해서만 지적하고 있을 뿐, 모든 회의주의를 논박할 수 있다고 보았는지는 알 수 없습니다.

② 마지막 문단에서 확인할 수 있듯이 회의주의가 제기하는 의문에 맞서 정당한 논리를 개발하는 과정에서 철학이 발전해 나간다는 것이지, 회의주의 자체가 철학의 이념을 구현하고 있다고 보는 것은 아닙니다.

③ 역시 마지막 문단에서 글쓴이가 회의주의의 긍정적 역할까지 함께 고려하고 있음을 확인할 수 있습니다.

④ 회의주의에서 제기한 의문을 해결하려는 과정에서 철학이 발전한다는 데에 역설적 진리(바꿔 말하자면 자신을 부정하고 공격하는 외부 대상 때문에 자신이 더욱 발전한다는)가 있는 것이지, 회의주의 자체에 그러한 진리가 담겨져 있는 것은 아닙니다.

⑤ 마지막 문단에서 필자는 회의주의가 독단론에 빠지기도 하지만 다른 한편으론 생산적 역할을 수행하기도 한다고 보았습니다. 이러한 내용에 가장 부합하는 것은 ⑤입니다.

25 정답 ④

④ 〈보기〉의 ㄱ을 분석하면 다음과 같습니다.

1. 우리 마음속에는 '완전한 존재'라는 확실한 개념이 있는데, 그것은 개념적으로뿐만 아니라 실제로도 존재하기 때문에 완전하다고 할 수 있다.
2. 신은 '완전한 존재'이다.
3. 따라서 신은 실제로도 존재한다.
4. 그리고 '실제로 존재하는 신'(명제3)이 '우리 마음속에 있는 완전한 존재의 확실성'(명제1)을 보장해 준다.

명제 3을 증명하기 위해 명제1을 끌어들이고, 명제1의 정당성을 명제3을 통해 확보하려 한다는 점에서 전형적인 '순환 논증'의 사례에 해당합니다.

한편, 〈보기〉의 ㄴ을 분석하면 다음과 같습니다.

1. 식물이라도 함부로 죽여서는 안 된다.
2. 식물도 생명체이고, 모든 생명체는 '삶에의 의지'가 있기 때문이다.
3. 그리고 '삶에의 의지'를 가지는 존재는 소중하다.
4. '삶에의 의지'를 가지는 존재를 소중히 다루어야 한다는 것은 절대적인 자연의 이법(理法)이다.

마지막 명제4가 절대적인 도그마로 작용하고 있으므로 '절차 단절'에 해당합니다.

철학 지문 08	2010학년도 22-24번	상위 테마 - 개념 철학, 인식론, 논증론 등 하위 테마 - 권위의 역설에 대한 라즈의 비판 논증

문항별 선택지 분석

22 정답 ③

'권위의 역설'의 핵심 논리를 정리하면 다음과 같습니다.

1) 합리적 행위는 행위 자체의 가치에 대한 판단 결과를 행위 근거로 삼는 실천적 추론 구조를 갖는 데 비해, 권위에 따른 행위는 행위 자체의 가치와 무관한 명령을 행위 근거로 삼는 실천적 추론 구조를 갖는다.
2) 따라서 합리적 행위와 권위에 따른 행위는 각각 행위 근거를 다른 것으로 삼기 때문에 실천적 추론의 구조 상 상호 모순적이다.
3) 그러므로 '권위'와 '합리성'은 양립할 수 없는 개념이다.

즉 권위의 역설은 합리성과 권위가 양립할 수 없다고 봅니다. 이에 비해 라즈는 합리성 개념과 양립할 수 없는 권위 개념에 기초해서도 합리적 행위에 대한 기술이 가능하다고 봅니다. 따라서 선지 ③의 진술은 권위의 역설이 함축하는 내용이 아니라, '권위의 역설'을 논박했던 라즈가 제기할 수 있는 주장입니다.

[오답해설]

① '권위의 역설'에 따르면 '권위'와 '합리성'은 양립할 수 없는 개념들입니다. 따라서 누구도 합리적이면서 동시에 권위에 따를 수는 없습니다.

② '권위'와 '합리성'이 전제하는 실천적 추론의 구조 역시 상호 모순적입니다. 따라서 권위가 실천적 추론의 과정에 개입했다면 이는 합리적일 수 없습니다.

④, ⑤ 권위가 옳은 행위를 명하는 것이라면 굳이 옳은 행위를 하기 위한 근거로서 명령이 필요하지는 않았을 것이라는 1문단 마지막 문장에서 알 수 있듯이, 권위가 명령하는 '내용' 자체는 도덕적으로나 합리적으로 옳은 것일 수 있습니다. 즉 합리적인 행위자는 권위에 '따라', 다시 말해 권위의 명령에 의해 행위할 수는 없지만 그의 행위 자체는 권위가 명령한 내용과 일치할 수 있는 것입니다. 이 때 합리적 행위자가 옳은 행위를 하는 까닭은 권위의 명령 때문이 아니라 그 행위가 옳기 때문이라고 스스로 숙고하고 판단을 내렸기 때문입니다.

23 정답 ④

④ '배제적 근거'란 보통의 행위 근거들보다 한 단계 위에 존재하면서 그러한 행위 근거들이 행위 여부를 결정하지 않도록 영향력을 행사하는 상위의 행위 근거입니다. 다시 말하면, 행위 자체의 가치에 대한 판단이 행위의 근거가 되지 못하게끔 하는 것이 '배제적 근거'입니다. 그런데 ④에서 옳지 않은 행위를 하지 않는 근거는 양심으로서 양심에 거리낌이 있기 때문에 옳지 않은 행위를 하지 않은 것입니다. 이 때 양심은 그 행위 자체의 가치에 대한 판단 근거가 됩니다. 따라서 양심에 따른 행위 판단은 배제적 근거에 따른 행위로 볼 수 없습니다.

[오답해설]

① 어떤 행동을 했을 때 큰 손해가 예상된다면 그런 행동을 하지 않는 것이 합리적입니다. 그러나 '약속은 반드시 지켜야 한다'는 입장은 큰 손해를 예상하고 그런 행동을 하지 않으려는 것을 가로막습니다. 따라서 '약속은 반드시 지켜야 한다'는 입장은 '배제적 근거'로 작용하고 있는 것입니다.

② 도덕에 반하는 법임을 인지했음에도, '무조건 법에 따라야 한다'는 입장을 받아들이는 것은 여타 고려해야 할 행위 근거를 배제해 버리는 결과를 초래합니다. 따라서 배제적 근거에 따른 행위라 할 수 있습니다.

③ 판사의 판결이 명확한 오심이라면 그의 판결에 구속되어야 할 지 말아야 할지를 따져서 가장 합리적인 방향으로 행동해야 할 것이지만, 판사의 판결에는 무조건 따라야 한다는 입장을 갖고서 오심인 판결에 구속되고 있습니다. 이는 배제적 근거에 따라 행동하는 것입니다.

⑤ 상관이 지시한 일이라고 하더라도 그것이 합리적 근거를 지니고 있지 않다면 그대로 수행해서는 안 될 것이지만, 상관이라는 권위에 따라 행위의 합리적 근거를 불문하고 그대로 명령에 따르고 있으므로 배제적 근거에 따라 행동하는 것입니다.

24 정답 ③

① 행위 근거의 구조적 차원이란 2문단에서 설명한 두 가지 실천적 추론의 구조라 할 수 있습니다. 선지의 진술대로 구조적 차원을 재구성하였다고 하려면, 권위 개념이 전제하는 실천적 추론의 구조 자체를 지문의 내용과는 다른 것으로 교체하거나 수정하는 과정을 거쳐야 합니다. 하지만 라즈의 논증은 권위에 따른 행위에서의 실천적 추론의 구조(A)도 앤의 투자 거절이라는 행위의 사례에서처럼 충분히 합리적인 것으로 간주될 수 있다는 점을 보여주고 있을 뿐, A 자체를 재구성한 것이라 볼 수는 없습니다. 오히려 앤의 사례가 보여주는 것은 합리성 개념이 전제하는 실천적 추론의 구조(B)가 배제적 근거에 의한 것일 수도 있음을 보여줌으로써 '합리성' 개념을 수정한 것이라 할 수 있습니다.

② 권위에 따른 행위를 세분화하여 유형을 분류하는 작업은 나타나 있지 않습니다. 5문단 첫 번째 문장에서 배제적 근거에 따른 행위 수행이야말로 권위에 따른 행위에서의 실천적 추론의 구조라 하여 양자가 사실상 동일하다는 것을 보여주고 있을 뿐, 배제적 근거에 따른 행위 역시 권위에 따른 행위로 포섭되고 있으므로 유형화를 하였다는 진술은 부적절합니다.

③ 라즈가 논증하는 목적은, 권위에 따르면서도 합리적으로 행동하는 사례가 있을 수 있음을 보여주어 '권위의 역설'을 논박하는 것입니다. 그리고 그 방식은 실천적 추론의 구조가 권위를 전제하면서도 행위 수행 과정이 합리적이라고 판단되는 앤의 사례를 보여주는 것이었습니다. 따라서 라즈의 논증은 실천적 추론 구조를 분석하여 권위에 따른 행위가 합리적일 수 있는 가능성을 확보하는 것이라 할 수 있습니다.

④ 선지 ②에서 살펴보았듯이 앤의 사례가 보여주는 배제적 근거에 따른 행위는 결국 권위에 따른 행위입니다. 따라서 실천적 추론 구조가 다른 사례를 유추 적용했다는 진술은 부적절합니다.

⑤ 앤의 사례를 통해 권위의 역설에 대한 반례를 제시했다고 보는 것은 맞지만, 이것이 권위에 따른 행위가 (언제나) 옳은 행위로 귀결됨을 입증한 것은 아닙니다.

철학 지문 09	2018학년도 22-25번	상위 테마 - 개념 철학, 인식론, 논증론 등
		하위 테마 - 태어남 혹은 존재함의 가치에 대한 베나타의 논증

1. 제시문 정보 구조 분석

[1문단 : 화두 제시]

1문단에서 도출되는 화두는 아이를 출산하는 것이 태어난 아이 입장에서는 위험에 처하게 만드는 것이므로 윤리적・도덕적 책임이 있다는 것입니다. 이러한 책임의 문제는 결국 태어난 아이에게 이익이 되는 것(즐거움, 쾌락, 선)과 손해가 되는 것(괴로움, 고통, 악)의 비교형량의 문제로 귀결될 것인데, 1문단에서는 개인의 주관적 판단에 따른 분석들을 먼저 소개한 후, 주관적 판단을 배제한 '베나타'의 논리적 분석을 소개하고 있습니다. 베나타 논증의 결론은 태어나지 않는 것이 더 낫다는 것임을 일차적으로 알 수 있습니다.

[2문단 : 베나타 논증의 구체화]

2문단은 본 제시문에서 가장 독해가 까다로운 부분입니다. 1문단에 말미에서 확인한 베나타의 주장이 어떤 논증을 거쳐 귀결된 것인지를 밝히는 게 목적입니다.

베나타 논증의 핵심 전제는 선의 부재(쾌락이 없음)와 악의 부재(고통이 없음) 사이에 비대칭이 있다는 것입니다. 이러한 전제는 다음과 같이 구체화됩니다.

㉠ 악의 부재(고통의 부재)는 쾌락이나 선을 향유(경험)하는 주체가 없어도 선함(좋음)

㉡ 하지만, 선의 부재는 그것을 향유(경험)하는 주체가 있을 때에만 악함(나쁨)

㉢ 그리고, 살아 있는 존재에게 쾌락은 그 크기가 아무리 커도 고통의 크기보다는 작음

이러한 전제들에 대한 정확한 이해가 바탕이 되어야 〈표〉에 대한 정리가 이루어질 수 있습니다. 베나타가 직면한 화두는 태어나는 것과 태어나지 않는 것 둘 중에서 어느 것이 더 가치 있는가 하는 문제입니다. 즉, 〈표〉에서 시나리오 A의 가치(편익)와 시나리오 B의 가치(편익)가 비교형량 되어야 하는 것입니다.

이러한 방향성 하에서 보다 구체적으로 살펴보면, (1)과 (3)은 현재 살아 있는 존재에게 영향을 미치는 고통과 쾌락인데, 베나타의 전제 ㉢에 따라 시나리오 A에서 X가 얻는 쾌락은 고통보다 작기 때문에 전체적인 편익은 마이너스가 됩니다. 하지만 시나리오 B에서 존재하지 않는 X에게는 (2)의 이익과(고통이 없는 것은 전제 ㉠에 따라 어떤 상황에서건 선하므로) (4)의 나쁘지 않음(다시 말해 이익이 최소한 0이거나 그보다 큼)이 결합되어 전체적인 편익은 언제나 플러스가 됩니다. 이러한 논리적 분석을 바탕으로 베나타는 세상에 존재하지 않는 것(시나리오 B)이 존재하는 것(시나리오 A)보다 더 낫다는 결론을 도출하게 됩니다.

▶ 물론 베나타 논증은 어디까지나 한 개인의 주장이기 때문에 비판의 대상이 될 수 있을 것입니다. 따라서 이어지는 문단들에서는 이러한 베나타 논증에 대해 두 가지 측면에서 비판이 이루어지게 됩니다.

[3문단 : 베나타 논증에 대한 첫 번째 비판]

첫 번째 비판은 가상의 세계에서 벌어지는 사건을 통해, 결론적으로는 베나타 논증의 대전제 가운데 ㉡에 대한 반례를 제시하는 형태로 비판을 가하고 있습니다. 이를 구체화해보면,

- 신이 이미 존재하고 있던 사람들을 존재하지 않게 만들어 버릴 경우 대부분의 사람들은 극도의 공포를 느끼게 될 것이며
- 이를 통해서 봤을 때, 향유(경험) 주체가 사라짐에 의한 선의 부재(쾌락이 사라짐)는 베나타 논증의 전제 ㉡과 달리 충분히 나쁠 수 있다는 것입니다.

▶ 이러한 논증 비판의 구조는 〈추리논증〉 과목에서 숱하게 보게 될 주장의 전제, 근거에 대한 반례 제시형에 해당합니다. 그리고 그 연장선상에서 23번 문제도 이러한 첫 번째 비판에 대한 베나타의 재반박을 묻고 있습니다.

[4문단 : 베나타 논증에 대한 두 번째 비판]

첫 번째 비판이 베나타 논증의 전제 ⓒ에 대한 반례 제시였다면, 두 번째 비판은 베나타 논증의 전제 ㉠을 애초부터 부정하는 방향성으로 전개됩니다. 즉, 상식적으로 어떤 것과 관련된 좋음과 나쁨의 가치 평가를 하려면 그것을 경험할 주체를 떼어놓고는 생각할 수 없는 것인데, 베나타는 이러한 점을 무시한 채 경험의 주체가 없는 상황을 좋음이나 나쁨과 연관시키고 있다는 비판인 것입니다.

따라서 이러한 두 번째 비판에 따르면, 경험할 주체가 없을 때에는 좋은 것이나 나쁜 것의 부재, 특히 〈표〉의 (2)에 해당하는 악의 부재(고통이 없음)를 '좋음'으로 평가할 수는 없게 됩니다.

2. 문항별 선택지 분석

▶ 본격적인 문항별 분석에 앞서서, 본문 정보에 대한 구조 분석에서도 살펴보았듯이 이 글에서는 선-쾌락-좋음과 악-고통-나쁨이 유사한 의미를 지닌 채 혼용되고 있으므로 선택지의 표현에 이러한 의미상 유사 범주를 재빠르게 적용해 가며 정오 판별을 수행해야 합니다.

22 정답 ⑤

① 1문단에 의하면 출산은 태어난 존재를 위험에 처하게 만드는 것이기 때문에, 즉 해를 끼치는 행위이기 때문에 충분한 이유를 가져야 할 도덕적 책임이 있게 된다고 하였습니다. 베나타 역시 이러한 책임의 문제를 분석하였던 것이므로, 누군가에게 해를 끼치는 행위에 윤리적 책임을 물을 수 있다는 견해를 지니고 있을 것입니다.

② 1문단에 의하면 베나타는 아이를 기르는 즐거움이나 괴로움과 같은 부모 입장에서의 근거를 배제하고, 태어날 아이가 얻게 될 쾌락과 고통의 크기에 대한 논리적 분석을 통해 출산은 정당화될 수 없다는 결론을 도출하였습니다.

③ 선택지 표현만 놓고 보면 베나타의 주장과 반대되는 것처럼 보입니다. 실제로 베나타의 주장은 태어나지 않는 것이 더 낫다는 것입니다. 하지만 이러한 주장은 태어나지 않는 것이 태어나는 것보다 더 나은 이유가 있기 때문이었습니다. 즉 출산이 정당화되려면, 태어나지 않는 것보다 태어나는 것이 더 나은 이유가 있어야 하는데, 그렇지 않기 때문에 출산은 정당화될 수 없다는 그의 주장이 나오게 된 것입니다.

④ 2문단의 논증 분석에서 확인하였듯이 베나타는 전제 ⓒ에 따라 태어나지 않는 것이 태어나는 것보다 절대적으로 더 낫다고 주장합니다. 따라서 고통보다 행복이 더 많을 것 같은 사람이라 해도 존재하는 동안에는 쾌락이 고통을 능가하지 못한다는 전제 ⓒ으로 인해 존재하지 않는 것만 못하게 됩니다.

⑤ '좋은 것들의 부재'는 〈표〉의 표현으로 보면 '(4) 쾌락이 없음'에 해당합니다. 베나타는 그러한 부재(없음)를 경험할 X가 존재하지 않는 (4)의 상황은 나쁘지 않다고 하였으며, 나쁘지 않다는 것은 다른 표현으로 악이 될 수 없다는 것과 같습니다.

23 정답 ③

▶ 이 문제는 추리논증에서도 자주 다뤄지는 논증 비판의 구도를 습득한 상태에서 풀어야 답이 쉽게 도출될 수 있습니다. 핵심은, 누군가의 주장/논증에 대해 비판할 때는 해당 논증의 범위, 범주를 벗어나지 않아야 한다는 것입니다. 실제 추리논증 기출이나 각종 모의고사에서도 자주 등장하는 패턴이며, 이 문제 역시 그와 같은 비판의 오류를 역으로 이용한 베나타의 재반박을 묻고 있습니다.

첫 번째 비판은 이미 존재하고 있던 사람들이 존재하지 않게 될 지도 모른다는 것을 알게 되고 실제로 그렇게 될 때 느낄 공포감을 근거로 베나타의 주장을 비판하고 있습니다. 즉 첫 번째 비판은 고통이 큰 삶을 살아오던 사람들이라 하더라도, 그렇게 지속되던 삶이 일순간 중단되고 자신이 존재하지 않게 되는 것이 '나쁘다'는 가치평가를 내리고 있는 것입니다.

그러나 베나타의 논증은 어디까지나 사람이 태어나는 것이 과연 그만큼의 이유가 있는가에 대한 물음에 대답하는 과정이라 할 수 있으며, 이는 달리 말하자면 삶을 새로 시작할 가치가 있는지에 대한 물음입니다. 베나타는 결론적으로 그럴 가치가 없다는 답을 내놓고 있습니다.

즉, 베나타는 삶을 새로 시작할 가치가 있는지 묻고 그에 답한 것인데, 첫 번째 비판은 그동안 지속해 오던 삶을 계속 지속할 가치가 있는지에 대한 물음의 맥락에 있는 것입니다. 이렇게 논의의 범주가 다르다면, 첫 번째 비판이 제기한 베나타 논증의 전제 ㉡에 대한 반례는 실제로는 범주가 다른 이야기이므로 ㉡에 대한 반례로 기능하지 못하게 됩니다.

24 정답 ②

4문단에서 살펴본 것처럼, 두 번째 비판은 경험의 주체가 아예 없는 상황에서 좋음이나 나쁨의 부재를 가치 평가하는 것은 무의미하다고 주장합니다. 따라서 이 관점에서는 〈표〉의 (2)와 (4)는 아무런 가치 평가도 내릴 수 없는 무의미한 것, 즉 좋지도 나쁘지도 않은 것들이 됩니다.

25 정답 ②

25번 문제 역시 23번, 24번 문제와 마찬가지로 베나타 논증에 대한 비판의 맥락에서 출제되었습니다. 2문단에서 베나타가 X가 존재하는 시나리오 1의 세계 즉 태어나는 것이 더 나쁘다고 주장한 결정적인 이유는 제시문 분석 단계에서 살펴본 전제 ㉢ 때문이었습니다. 즉 살아 있는 동안에는 아무리 큰 쾌락도 고통보다는 그 크기가 작기 때문에 해당 존재는 차라리 존재하지 않는 것보다 나쁜 삶(편익이 마이너스인 삶)을 살게 된다는 것이었습니다.

그런데 〈보기〉의 화자는 적어도 을에게는 세계 1, 즉 갑과 을 두 사람이 존재하는 세계가 훨씬 더 좋다고 주장합니다. 이는 베나타 논증의 전제 ㉢에 대한 부정이라 할 수 있습니다. 즉, 베나타는 〈표〉의 (1)의 나쁨이 (3)의 좋음보다 언제나 크기 때문에 존재하는 동안의 편익은 언제나 음의 값을 갖게 된다고 본 것인데, 이와 달리 쾌락이 있음이 고통이 있음보다 더 큰 효용을 불러일으킨다면 존재하는 동안의 편익은 음의 값이 아니라 양의 값을 가지게 될 수도 있게 되며, 그렇다면 존재함이 존재하지 않음보다 더 좋다는 주장을 할 수 있게 됩니다.

MEMO

CHAPTER

4 미학 · 비평 영역

미학/비평 지문 01	2015학년도 7-10번	상위 테마 - 미학
		하위 테마 - 헤겔 미학에서 정신사적 발전 과정에 따른 예술의 역할 변화

1. 제시문 정보 구조 분석

2009학년도 체계이론미학 지문이나 2014학년도 역사주의적 사유 방식 지문에서도 등장한 적이 있는 헤겔의 이론이 예술사의 형태로 제시되어 있는 글입니다.

[1문단 : 화두 제시]
첫 번째 문장에서부터 많은 정보가 제시되고 있습니다. 헤겔은 예술사를 예술 자체의 자족적 역사로서 보지 않고, 예술의 발달과 전개를 인간 정신의 발전과 연계해서 파악하는 철학적 미학을 제시합니다. 여기서 주의할 것은 이러한 철학적 미학의 성격이 강함에도 불구하고 헤겔의 미학에는 구체적인 작품들에 대한 풍부하고 수준 높은 진술이 포함되어 있다는 것입니다.
두 번째 문장부터는 예술사를 상징, 고전, 낭만의 세 단계로 구분한 후 각 단계에 해당하는 특징들 및 현상들을 설명하고 있습니다. 이를 표를 통해 정리하면 다음과 같습니다.

	상징 단계	고전 단계	낭만 단계
지역, 문명	태고 오리엔트	고대 그리스	중세 유럽
종교	자연 종교	예술 종교	계시 종교
내용/형식의 일치성			
지성 일반의 발전 정도	저	중	고
전형적 예술 장르	건축	조각	회화, 음악, 시문학

[2문단 : 상징적 예술 단계]
1문단에서 각 단계의 주요 특징들은 이미 언급된 바 있습니다. 1문단에서 구체적으로 제시되지 않은 것은 위 표의 세 번째 항목으로서 신(또는 절대정신)이라는 '내용'과 그것의 외적 구현인 '형식'의 일치 정도입니다. 2문단부터는 각 예술사 단계별로 이 일치 정도가 진술되고 있는데, 첫 번째 상징 단계는 인간 정신이 아직 절대자를 어떤 구체적 실체로서 의식하지 못하는 미숙한 단계에 머물러 있습니다. 그 결과 '내용〈형식'의 구도가 이 단계 예술의 특징이라 할 수 있습니다.

[3문단 : 고전적 예술 단계]
첫 번째 문장에서 언급하고 있듯이 고전 단계에서는 '내용=형식'으로 양자가 일치하게 됩니다. 그 결과 이 단계에 해당하는 고대 그리스의 조각은 미의 극치로 평가받게 됩니다.

[4문단 : 낭만적 예술 단계]
1문단에서 잠시 언급되었듯이, 인간 지성은 순수한 개념적 사유를 향해 점증적으로 발전하므로 '내용 = 형식'의 단계를 지난 후에도 인간 지성은 계속 발전하게 됩니다. 그 결과 지성은 절대자를 인간의 실체를 지닌 것으로 믿는 단계를 넘어 순수한 정신적 실체로 여기는 단계로 나아갑니다. 즉 '정신적 내면성(내용) 〉 감각적 외면성(형식)'의 단계에 이르게 되는 것입니다.

첫 번째로 등장한 상징 단계와 마지막의 낭만 단계는 내용과 형식이 불일치한다는 점에서는 같지만, 낭만 단계에서는 감각적 형식으로는 담을 수 없는 고차적 내용이 지배한다는 점에서의 불일치라는 것이 결정적인 차이점입니다.

[5문단 : 헤겔 미학의 이원적 모델이 지닌 의의]

이제 1문단에서 정리한 표는 다음과 같이 완성됩니다. 순수 미학적 차원은 아래 표의 5번째 항목처럼 고전 단계의 예술이 정점을 찍지만, 정신사적 차원은 아래표의 4번째 항목처럼 낭만 단계에서 정점을 찍습니다.

	상징 단계	고전 단계	낭만 단계
지역, 문명	태고 오리엔트	고대 그리스	중세 유럽
종교	자연 종교	예술 종교	계시 종교
내용/형식의 일치성	내용〈형식	내용=형식	내용〉형식
지성 일반의 발전 정도	**저**	**중**	**고**
예술의 미적 발전 정도	**낮음**	**최고**	**낮음**
전형적 예술 장르	건축	조각	회화, 음악, 시문학

그리고 이처럼 정신사적 차원에서의 정점이 예술미의 차원에서는 오히려 퇴보를 의미하도록 구성된 이론에 의해, '미'가 아닌 '추'도 새로운 미적 가치로 인정되기 시작한 당시의 상황을 분석할 수 있게 해주었고, 더 나아가 '개념적'인 예술이 등장하는 오늘날의 상황까지 예견할 수 있는 설명력을 제공해 주었다는 것이 글쓴이의 평가입니다.

2. 문항별 선택지 분석

07 정답 ③

① 1문단의 첫 번째 문장에서 살펴보았듯이 헤겔의 미학 이론은 구체적 작품들 즉 개별 작품에 대한 풍부한 진술을 포함하고 있지만, 그럼에도 불구하고 전형적인 철학적 미학으로 평가받습니다. 따라서 일반 개념에 앞선 개별 작품의 파악이 작품 해석에서 가장 중요하다고 보는 것은 헤겔의 입장과 거리가 멉니다.

② 정신사적 발전 과정에 따라 세 단계의 예술적 흐름이 나타난다고 하였으므로, 예술의 단계적 변천이 인간 정신의 보편적 발전에 의해 추동된다는 전반부의 진술은 적절합니다. 하지만 5문단에서 표를 통해 정리해 드렸듯이, 작품들의 미적 수준의 차이는 건축, 조각, 회화/음악/시문학이라는 장르적 상이성과 직결되는 것이므로 후반부의 진술은 부적절합니다.

③ 1문단 중반부에서 확인하였듯이, 헤겔은 예술사의 각 단계를 문명사적 개념과 연동해 분석하였으며, 이러한 문명사적 단계 혹은 지리적 차이는 인간 정신의 발전 정도에 따라 구분된다는 것을 2문단부터 4문단까지의 각 예술 단계에 대한 설명에서 확인하였습니다. 따라서 문명의 모든 단계적 이행이 인간 정신의 발전 논리에 따라 이루어진다는 전반부의 진술은 적절합니다. 또한, 이렇게 예술의 역사적 단계를 정신사와 연계해 분석한다는 점에서 예술의 역사가 다른 영역의 역사와 연계되어 기술되어야 한다는 후반부의 진술도 적절합니다.

④ 헤겔의 미학에서 예술미의 성취 여부는 내용과 형식의 일치 여부에 의해 결정되며, 이에 따라 내용과 형식이 일치한 고전적 단계가 미의 극치로 평가받습니다. 따라서 예술미의 성취 여부가 형식이 아니라 내용에 의해 판단되어야 한다는 진술은 부적절합니다. 이 문장대로라면 내용이 형식을 압도하는 낭만적 단계의 예술이 가장 높은 예술미를 지닌 단계로 평가되어야 합니다.

⑤ 선지 전반부의 진술은 적절하지만, 모든 시대의 작품들이 동등한 가치를 지닌다는 후반부의 진술은 이미 앞선 선지들에서 분석한 것처럼 부적절합니다.

08 정답 ③

5문단에서 정리한 표를 통해 쉽게 해결할 수 있는 문제입니다. 정답인 ③만 살펴보면, 중세의 기독교 회화는 낭만적 단계의 전형적인 예술 가운데 하나입니다.

09 정답 ③

8번 문제와 마찬가지로 앞서 정리한 표를 통해 쉽게 해결할 수 있습니다. 5문단에서도 언급하고 있듯이, 가장 아름다운 예술의 단계는 고전 단계이지만, 가장 지성적인 예술의 단계는 낭만 단계이므로 ③이 정답입니다.

10 정답 ⑤

헤겔의 예술론에 대한 '비판'을 묻는 문제인데, 언어이해의 다른 비판형 문제와는 다르게 논리적, 형식적 접근보다는 내용적 접근에 입각한 비판을 정답으로 설정하고 있습니다.

① 1문단 첫 번째 문장에서 살펴보았듯이 헤겔의 예술론은 구체적 작품들에 대한 풍부하고 수준 높은 진술을 포함하고 있습니다. 따라서 실질적 사례를 언급한 경우가 많지 않다는 비판은 제대로 된 비판이라 할 수 없습니다.

② 5문단에서 살펴보았듯이 순수 미학적 차원과 근본적인 정신사적 차원의 이원적 이행 모델은 이후 시대의 예술적 경향에 대한 예측까지 제공해준다는 평가를 받습니다. 따라서 이후 시대의 예술적 상황에 대해 설명력을 결여하고 있다는 것은 부적절한 비판입니다.

③ 정신사적 차원에서의 발전이 종교사적 차원에서 각 시대별 종교의 특징과 연계되어 있으므로 역시 두 차원의 설명을 분리했다는 진술은 비판으로서 부적절합니다.

④ 예술사의 시대 구분과 각 예술 장르에 대한 설명이 정신사의 발전 논리라는 하나의 관점에 의해 유기적으로 전개되었으므로, 이들에 대한 설명이 서로 무관한 논리와 개념에 의거했다는 진술은 비판으로서 부적절합니다.

⑤ 앞서 헤겔의 예술사 시대 구분에서 살펴보았듯이 헤겔은 정신사의 가장 미성숙한 단계를 태고 오리엔트 문명으로, 정신사의 가장 성숙한 단계는 자신이 살고 있던 근대 서구 유럽으로 설정하고 있습니다. 즉 근대 서구를 우월한 문명으로 놓고 이에 비해 고대 그리스나 태고 오리엔트를 열등한 문명으로 간주한다는 점에서 자기 우월적인 태도가 학문적 이론에 반영된 것이라 할 수 있습니다. 따라서 이를 바탕으로 선지와 같이 비판하는 것은 맥락상 적절합니다.

미학/비평 지문 02	2009학년도 29-31번	상위 테마 - 미학 하위 테마 - 헤겔 미학과 체계이론 미학

문항별 선택지 분석

29 정답 ①

① ㉠은 예술을 진리나 이념의 감성적 현현(顯現)으로 파악하는 헤겔의 관점이 잘 드러난 표현입니다. 여기서 예술의 과제가 진리 매개라 한 것은 진리 매개, 곧 '이념의 감성적 현현'이 예술의 최종적인 목적이라는 의미입니다. 또한 ㉠이 포함된 4문단 후반부에서는 이러한 예술의 이념(진리) 매개 가능성이 인간 정신의 작동 방식이 감성적 단계에 머물러 있던 역사적 유년기에 국한됨을 지적하고 있습니다. 따라서 인간 정신의 작동 방식이 감성적 단계를 넘어선 단계에서는 더 이상 예술의 이념(진리) 매개 기능이 발휘될 수 없게 되는 것이며, 이러한 목적의 실현 가능성 또한 없어지는 것입니다.

② 선지의 '순수한 심미적 가치의 구현'이란 순수하게 아름다움 자체를 드러내려는 의도가 반영된 것으로서, 이는 지문의 3문단에서 헤겔이 강조한 절대적 진리의 구체화라는 이념 중심적 미학 체계와는 오히려 반대되는 진영의 논리라 할 수 있습니다. ㉠은 어디까지나 헤겔의 주장을 결합한 것이므로, 헤겔이 예술의 본질을 순수한 심미적 가치의 구현으로 간주했다는 선지의 진술은 부적절합니다.

③ 헤겔은 예술의 과제를 진리 매개로 삼았다는 점에서 선지 전반부의 진술은 적절합니다. 하지만 헤겔의 두 번째 테마, 즉 예술이 더 이상 진리가 실존하는 최고의 방식이 아니라는 주장으로부터 주제의 다양화가 원천적으로 불가능하게 되었다는 주장까지 이끌어내는 것은 부적절합니다. 회화를 예로 든다면, 주제의 다양화란 종교적 회화가 주를 이루던 시

기를 지나 풍경, 일상 등 다루는 주제가 확장된 것을 생각해 볼 수 있습니다. 3문단 마지막 문장의 인용 부분에서 '물론 우리는 예술이 더 융성하고 완전하게 되기를 바랄 수 있다.'고 한 것처럼, 헤겔은 예술이 자체적으로는 더 융성해지고 더 다양한 주제를 다룰 수 있음을 인정하면서, 다만 진리 매개라는 본연의 역할은 더 이상 수행할 수 없게 되었다는 점을 지적한 것일 뿐입니다.

④ 진리 매개라는 목적을 위해 예술이 매우 난해한 행위로 변했다는 주장을 이끌어낼 만한 정보는 제시되어 있지 않습니다.

⑤ 선지 ③에서 살펴본 것처럼, 헤겔은 예술이 다루는 주제의 다양화나 양식적 융성 자체를 부정한 것은 아닙니다. '예술이 더 융성하고 완전하게 되기를 바랄 수 있다'고 한 것처럼 헤겔은 예술이 양식적으로는 더 발전할 수 있음을 인정하고 있는 것입니다.

30 정답 ①

① 'ⓐ일부 예술가와 예술 애호가들'이 'ⓑ체계 이론 미학'을 절반의 성공에 불과한 것으로 평가하는 원인은 마지막 문단에 직접 제시되어 있습니다. '체계 이론 미학이 헤겔 미학을 전거로 삼으면서 그 원래의 핵심 주제를 방기한 데' 그 원인이 있다고 하였으므로, 이를 정리하면 '체계 이론 미학은 헤겔 미학이라는 고전적인 학설을 활용하였지만 헤겔 미학이 지닌 핵심 주제와 논점(진리 매개)에서 벗어난 것'으로 서술할 수 있습니다.

31 정답 ③

③ 〈보기〉에서 이야기하는 '기존의 모든 예술적 요소를 하나의 장르로 통합한' 오페라의 완전성은, 장르라는 용어에서 확인할 수 있듯 형식적 측면에 관한 것이라 할 수 있습니다. 예술의 내용과 형식 구분에 관한 헤겔의 입장은 본문의 4문단에 구체적으로 드러나 있는데, 이에 따르면 헤겔에게 있어서 내용과 형식은 각각 진리와 감성에 해당하며 또한 예술은 진리 매개가 그것의 과제라 하였으므로 예술의 본래적 가치는 형식이 아닌 내용에 있음을 알 수 있습니다. 따라서 오페라에 대한 헤겔의 평가로 가장 적절한 것은 오페라의 양식적 완성도(완전성)가 예술의 본래적 가치의 구현을 의미하지는 않는다고 지적한 ③입니다.

① 오페라의 양식적 특성과 고대 그리스 비극 사이의 상관성에 대한 헤겔의 입장은 본문에서는 확인이 불가능합니다.

② 선지 ③에서 분석하였듯이, 헤겔에게 중요한 것은 형식적 기법이 아니라 진리 매개라는 내용적 기능이라 할 수 있습니다. 따라서 종합적 기법의 완성도를 더 높이는 것이 절대적 진리의 매개라는 목적을 달성하기 위한 수단이라는 진술은 부적절합니다.

④ ①에서와 마찬가지로, 양식적 발전의 종착지에 대한 헤겔의 입장은 확인할 수 없습니다.

⑤ 4문단에서 확인할 수 있듯이, 헤겔은 근대에 이르러 예술이 더 이상 진리 매개의 기능을 담당하지 못하게 되었다고 판단합니다. 헤겔은 근대에 새롭게 등장한 예술 장르인 오페라 역시 이러한 진리 매개의 기능을 수행하지 못할 것이라 판단할 것이며, 따라서 오페라가 화려한 양식 속에 이성적 사유를 담아내야 한다는 주장은 헤겔의 평가로 부적절합니다.

미학/비평 지문 03	2010학년도 13-15번	상위 테마 - 미학 하위 테마 - 미술사학 VS 신미술사학

문항별 선택지 분석

13 정답 ①

① 1문단에 의하면, 기존의 미술사학은 작품의 형식 분석이나 도상해석학을 이용해 작품의 미적 가치를 평가하면서 미적 보편성에 대한 믿음을 가지고 있었습니다. 이것은 미적 가치를 판단하는 데 고정된 기준을 가지고 있었다는 것을 의미합니다. 따라서 미적 가치의 기준이 상대적이라고 전제했다는 것은 기존의 미술사학에 대한 비판으로 적절하지 않습니다.

② 기존의 미술사학은 예술적 천재에 대한 믿음을 가지고 있었고 기존의 미술사학에서 예술적 천재로 평가 받을 수 있었던 작가들은 백인 남성으로 고정되어 있었습니다. 이로 인해 기존의 미술사학은 백인 남성 외의 다른 정체성 해석에 한계를 가질 수밖에 없었습니다(4문단). 따라서 다층적 정체성에 관심을 기울인 신미술사학의 입장에서 ②와 같은 비판은 적절합니다.

③ 기존의 미술사학은 도상해석학을 이용해 작품을 해석했기 때문에 전통적 상징 체계를 따르지 않는 현대 미술의 해석에 적합하지 않는 한계를 가집니다. 신미술사학은 기존 미술사학의 이런 점을 비판하며 다양한 방법론을 수용하였습니다(4문단). 따라서 ③역시 신미술사학의 입장에서 적절한 비판입니다.

④ 기존의 미술사학은 작품 해석에서 관례적인 상징 체계를 중요하게 여겼기 때문에 '2인의 프리다'처럼 작가 자신의 내면 세계가 투영된 작품을 해석하는 데 한계를 가졌습니다. 이러한 한계를 벗어나기 위해 신미술사학에서는 정신분석학이나 페미니즘 같은 방법론을 수용하였던 것이므로, ④는 적절한 비판입니다.

⑤ 기존의 미술사학은 형식 분석을 통해 작품을 해석했기 때문에 형식의 완벽성이 중요한 평가 기준이 되었습니다. 그런데 이러한 관점은 작가의 자유로운 상상력과 의지가 반영된 현대 미술을 해석하는 데 한계를 가졌습니다. 따라서 현대 미술의 흐름에 맞는 신미술사학의 입장에서는 ⑤와 같은 비판이 가능합니다.

14 정답 ③

① ㉠에 등장하는 성모와 아기 예수, 세례자 요한을 기독교적 도상에 따라 이해하였다고 하였으므로, 종교적 도상이 언급되어 있음을 알 수 있습니다(1문단).

② ㉡에 남편 리베라를 아버지로 대체하려는 프리다 칼로의 심정이 드러나 있다고 해석하였으므로, 작가의 사적인 삶이 언급되어 있음을 알 수 있습니다(2문단).

③ 2문단 마지막 문장에서 ㉡은 기이한 분위기와 생경한 색채로 인해 초현실주의적인 그림으로 주목을 받았다고 하였으므로 ㉡에 대한 당시의 반응은 언급되어 있다고 할 수 있습니다. 그러나 ㉠에 대한 당시의 반응이 어떠했는지는 지문 내에 서술되어 있지 않습니다. ㉠을 종교적 도상에 따라 이해하고 형식의 완벽함을 밝혀 미술사적 의의를 서술하는 것이 기존의 미술사학에 따른 평가의 예라고 서술되어 있을 뿐으로, 이는 당시의 반응이라 보기 어렵습니다.

④ ㉡에서는 남편 리베라가, ㉢에서는 장수 홀로페르네스가 해석이 필요한 남성으로 서술되고 있습니다(2, 5문단).

⑤ ㉠에서는 삼원색의 대비와 보색 대비로 인한 형식의 완벽함이, ㉡에서는 생경한 색채로 인한 초현실주의적인 분위기가, ㉢에서는 색채 대비를 통한 사실적 표현이 나타난다고 서술되어 있습니다(1, 2, 5문단).

15 정답 ②

① 〈보기〉에 따르면 '유디트'가 남성 미술 애호가들이 즐겨 주문한 주제였던 것은 유디트의 아름다움이 주는 시각적 즐거움과 미색의 탐닉으로 인한 파국에 대한 경계 때문이었습니다. 다시 말해 유디트가 이러한 상징성을 가지기 위해서는 아름답게 그려져야 하며(이상화된 표현), 그래야만 기존의 미술사학에서 좋은 평가를 받을 수 있었던 것입니다. 이런 점에서 볼 때, 젠틸레스키가 작품 속의 여성을 아름답게 이상화하지 않았기 때문에 당시 저평가를 받았을 것이라 추측할 수 있습니다.

② 〈보기〉에 따르면 젠틸레스키는 카라바조의 유디트에 등장하는 인물들의 비현실적인 자세와 구도를 비판하며 보다 현장감 넘치는 그림을 그렸습니다. 즉 젠틸레스키의 신체 표현은, 적어도 카라바조의 유디트와 비교했을 때 기존의 작품보다 사실적이라 할 수 있습니다. 따라서 젠틸레스키의 신체 표현이 서툴렀기 때문에 저평가되었다는 판단은 부적절합니다.

③ 기존의 미술사학은 대가로 평가된 기존 작가들의 지위를 고수하면서 예술적 천재에 대한 찬양에 적극적이었습니다(1문단). 이런 점에서 볼 때, 젠틸레스키가 당시 주목받았던 선배 화가의 방식을 따르지 않았기 때문에 당시에 저평가되었을 것이라는 추측은 적절합니다.

④ 젠틸레스키는 유디트를 자신으로, 홀로페르네스를 자신을 겁탈한 개인교사로 그림으로써 남성에 복수하는 능동적 여성을 표현하였습니다. 페미니즘의 관점에서는 이러한 능동적인 여성상을 표현했다는 점에서 젠틸레스키의 작품을 높게 평가했을 것이라고 추측할 수 있습니다.

⑤ 기존의 미술사학은 미술사의 주체를 백인 남성으로 한정했을 뿐 아니라 작가 자신의 자유로운 의지를 반영한 작품을 해석하는 데 한계를 가지고 있었습니다. 따라서 젠틸레스키의 작품은 여성 작가가 자신의 사적 경험을 반영한 작품이라는 점에서 당시에 좋은 평가를 받지 못했을 것입니다. 하지만 신미술사학의 방법론 중 하나인 페미니즘 관점에서는 이러한 점 때문에 새로운 평가를 받았을 것입니다.

미학/비평 지문 04	2011학년도 21-23번	상위 테마 - 미학
		하위 테마 - 선율음악에서 조성음악으로의 변화

문항별 선택지 분석

21 정답 ⑤

⑤ 6문단에 따르면 조성 음악의 선율은 화음에 근거하여 만들어지므로, ⑤에서 말하는 '화음의 개념에 근거한 선율'은 조성 음악의 선율을 지칭하는 것임을 알 수 있습니다. 한편, 7문단에 따르면 조성 음악에서는 5도 관계에 놓인 세 화음이 화성적 맥락을 형성하는 근본적인 역할을 하며 이들 세 화음은 으뜸음이 무엇인지를 알면 바로 확인할 수 있습니다. 그런데 7문단 마지막 문장에서 지적하고 있듯이 세 화음은 으뜸화음으로 향하는 화성 진행을 하므로 선율의 진행 과정을 보면 으뜸화음이 무엇인지를 알 수 있고 이를 통해 나머지 두 주요 화음을 알아낼 수 있는 것입니다. 따라서 화음의 개념에 근거한 선율만으로 곡의 주요 3화음을 알 수 없다는 ⑤의 설명은 부적절합니다.

① 2문단에서 완전음정 가운데 '한 음의 중복'인 완전1도(도-도)가 가장 협화적이라 지적하였습니다. 따라서 〈도-솔〉이 〈도-도〉에 비해 덜 협화적이라는 설명은 적절합니다.

② 4문단에 따르면 중세 시대에는 기본적으로 완전음정만을 협화음정으로 강조하고 불완전음정과 불협화음정은 장식적으로만 사용하였지만, 르네상스 시대에는 불완전음정을 더 적극적으로 사용하기 시작하였습니다. 따라서 르네상스 시대보다 이전인 중세 시대에 협화적인 음정을 더 많이 사용하였다는 설명은 적절합니다.

③ 2문단에 따르면 2도는 불협화음정, 3도는 불완전음정, 1도는 완전음정입니다.

④ 5문단에서 근음 위에 쌓는 3도 음정이 장3도인지 단3도인지에 따라 화음의 성격이 장3화음과 단3화음으로 구별됨을 지적하고 있습니다.

22 정답 ②

① 4문단에서 알 수 있듯이, 선법 음악에도(르네상스 시대) 불협화적 음정이 사용되었습니다.

② 3문단에 따르면 선법 음악에서는 두 개 이상의 선율이 각각 서로 독립성을 유지하면서도 선율과 선율 사이의 조화가 음정에 따라 이루어지는 대위적 개념에 근거한 다성부 짜임새를 사용하였습니다. 그러던 것이, 6문단에서 지적하고 있듯이 조성 음악에 이르면 다성부 구조가 쇠퇴하고 대신 선율과 화성으로 구성된 구조가 등장하게 됩니다. 즉, 조성 음

악 시대에 이르러 기존의 대위적 양식에서 추구하던 선율들의 개별적인 독립성은 약해진 것입니다. 따라서 선지 ②는 적절한 설명입니다.

③ 선법 음악에서는 수평적 선율을(3문단), 조성 음악에서는 수직적인 음향을 강조하였습니다(6문단).

④ 7문단에 따르면, 조성 음악에서는 3도 관계의 화음들이 아니라 5도 관계에 놓인 세 화음이 화성적 맥락을 형성하는 근본 역할을 담당합니다.

⑤ 7문단에 따르면, 조성 음악에서 화성은 화음들의 조화로운 연결을 통해 만들어지는 것입니다.

23 정답 ⑤

〈조건〉에 따르면 '도'가 으뜸음이므로 〈보기〉의 선율에서 딸림음은 '솔', 버금딸림음은 '파'이며 으뜸화음, 딸림화음, 버금딸림화음은 각각 〈도-미-솔〉, 〈솔-시-레〉, 〈파-라-도〉가 됩니다. 한편 지문의 6문단에 따르면 수평적인 선율 안에 화음의 구성음들이 '내재'한다고 하였으므로, 각각의 마디에서 화음의 모든 음이 다 드러나지 않는 경우에도 해당하는 음은 내재되어 있는 것으로 볼 수 있습니다. 이렇게 봤을 때, ㉠은 〈도-(미)-솔〉로 으뜸화음이면서 '미'가 내재되어 있으며(①), ㉡은 〈파-라-도-미〉로 '파'와 '라'와 '도'로 이루어진 기본 버금딸림화음에 미가 더해져 버금딸림 7화음이 된 것입니다(②). 그리고 ㉢은 〈솔-(시)-레-파〉의 구성으로서 ㉠과 마찬가지로 딸림화음의 '시' 음이 내재되어 있으면서 ㉡처럼 하나의 음이 더해져 딸림 7화음이 된 것을 확인할 수 있습니다(③). 한편 마지막 마디 역시 〈도-미-솔〉의 으뜸화음이므로 〈보기〉는 으뜸화음에서 시작해 으뜸화음으로 끝나는 화성 진행을 보입니다(④).

그러나 각 마디의 첫 음은 각각 '솔', '도', '레'로 이들 모두 해당 마디에 사용된 화음의 근음이 아닙니다. 따라서 ⑤는 잘못된 설명입니다.

미학/비평 지문 05	2012학년도 33-35번	상위 테마 - 미학 하위 테마 - 멜로드라마의 등장과 변화

1. 제시문 정보 구조 분석

[1문단 : 화두 제시]

멜로드라마의 기원에 대해 소개하고 있습니다. 18세기의 초기 멜로드라마에 대한 설명이 제시되어 있으므로, 이어지는 문단들에서는 이후 시기별 멜로드라마의 성격, 특징상의 변화 양상에 초점을 맞춰 독해가 이뤄져야 함을 알 수 있습니다.

먼저 초기 멜로드라마는 대중의 관심을 끄는 통속적 이야기로서, 사악한 봉건 귀족에게 핍박받는 선하고 약한 부르주아가 비약이나 우연 같은 의외성에 기대어 사악한 봉건 귀족에 맞서 어떻게든 승리하게 되는 이야기 구조를 취하고 있습니다.

[2문단 : 19세기의 멜로드라마]

19세기에는 산업화 및 자본주의의 발달로 인해 봉건 귀족이 물러난 자리에 악하되 강한 인물이 들어서고, 그에 의해 고통받는 선량하고 가난한 사람이 주인공으로 등장합니다. 주인공이 겪는 고통의 양상은 달라졌지만, 그러한 고통을 겪다가 행복해진다는 점에서 전반적인 극의 구조는 18세기의 멜로드라마와 유사합니다. 또한 19세기 멜로드라마는 과거와는 달리 선악 대립보다는 파토스(감정, 격정)의 조성 즉 약자가 겪는 고통과 슬픔을 과장되게 보여줌으로써 감성을 자극하는 것이 주된 관심사가 됩니다.

[3문단 : 20세기의 멜로드라마 1 : 〈스텔라 달라스〉]

20세기에는 영화를 중심으로 멜로드라마가 전개됩니다. 영화의 클로즈업 기법은 인물에 대한 감정 이입 및 통속성과 스펙터클의 형성에 적절했고, 음악은 과잉된 정서를 표현하기에 효과적이었습니다. 여기서 통속성과 과잉된 정서의 표현은 이전의 멜로드라마에서부터 유지되어 온 특성입니다.

하지만 이때부터 극의 서사 구조는 과거와 달라지게 됩니다. 과거에는 악인(개인)에게 괴롭힘을 당하는 주인공에 초점을 맞췄다면, 20세기 멜로드라마는 사회적 모순(구조)에 따라 고통 받는 약자 특히 여성들에 초점을 맞춤으로써 파토스를 이끌어내게 됩니다. 이를 보여주는 대표적인 작품이 〈스텔라 달라스〉인데, 이 작품의 주인공은 상류 계급의 문화 장벽에 좌절한 하층민 여성입니다. 그녀가 마지막에 내린 결정은 희생적 모성이라는 이데올로기와 타협한 것이라는 점에서 여전히 가족의 가치를 내세우고 있으며 관객 또한 이러한 고통 어린 만족을 선택한 주인공의 모성에 공감의 눈물을 흘림으로써 여전히 감성의 자극이라는 목적에 치중되어 있습니다.

[4문단 + 5문단 : 20세기의 멜로드라마 2 : 〈천국이 허락한 모든 것〉]

하지만 1950년대에 들어 이와 같은 멜로드라마의 흐름, 특징은 변화를 겪게 됩니다. 가족 멜로드라마라 불리는 1950년대의 흐름은 여전히 통속적 서사의 틀을 유지하면서도(유지, 이어짐), 자본이나 가부장제 같은 사회 권력이 작동하는 무대로서 가족 자체에 주목합니다. 이를 대표하는 〈천국이 허락한 모든 것〉이라는 작품은 기존의 멜로드라마의 주요한 특징들을 담고 있으면서도 또 다른 가능성을 제시하는데, 그 핵심은 과거 멜로드라마에서는 볼 수 없었던 행복하지 않은 해피엔딩입니다. 과거의 멜로드라마들처럼 이 작품에서도 근본적인 갈등이 해소되지 않은 결말이 등장하는데, 감독은 이러한 사실 자체에 관객들이 주목하게 함으로써 여주인공이 누리는 삶의 풍요로움이 오히려 중산층의 지배적 가치와 규범으로 인한 억압과 소외의 상황(결과)임을 드러내 보입니다. 이와 같은 "낯설게 하기" 효과는 기존의 멜로드라마가 관객들의 감정 이입을 이끌어내는 데 집중했던 것과 크게 차이가 나며, 이로써 멜로드라마는 단순히 감정적 격정(파토스)을 이끌어내는 데만 혈안이 되는 것이 아니라 보다 이성적인 사고와 판단을 하게 만드는 기능을 갖추게 되는 것이라 할 수 있습니다.

2. 문항별 선택지 분석

33 정답 ②

① 마지막에 소개된 〈천국이 허락한 모든 것〉에서도 근본적인 갈등이 해소되지 않은 결말을 제시했다는 점에서, 멜로드라마가 갈등을 낳은 사회적 모순을 적극적으로 극복하려는 내용은 담지 않았다는 것을 알 수 있습니다.

② 3문단에서 살펴보았듯이, 20세기 초반의 작품에서도 통속성은 계속 유지되었으며 이는 1950년대의 가족 멜로드라마를 대표하는 〈천국이 허락한 모든 것〉에 대해 "시대의 변화 속에서 지속되어 온 멜로드라마의 주요한 특징들을 담고 있으면서도 ~ '행복하지 않은 해피엔딩'을 경험하게 한다는 점에서 그렇다"고 한 문장을 통해서도 통속성이라는 요소는 계속 유지되었음을 확인할 수 있습니다. 따라서 통속성이 점차 사라졌다는 진술은 부적절합니다.

③ 20세기의 멜로드라마 영화는 사회적 모순에 의해 고통 받는 여성 주인공과 가정사에 집중하고 있습니다.

④ 선지 ①에서 살펴본 것처럼, 멜로드라마들은 시대가 달라져도 사회적 모순 또는 근본적인 갈등이 해소되지 못한 상태에서 주인공이 승리하거나 해피 엔딩에 이르는 결론을 보여주고 있습니다. 이러한 모순이나 갈등의 해소 없는 승리와 해피 엔딩은 작위적인 서사를 통해 문제를 해소하려 한 것이라 할 수 있습니다.

⑤ 18세기 멜로드라마가 주인공에 대립되는 악한 인물을 강조하였다면(선악 대립), 19세기 및 20세기의 멜로드라마에서는 선악 대립보다는 주로 사회적 상황에 의해 주인공의 겪게 되는 고통과 슬픔, 희생의 파토스가 강조되었습니다.

34 정답 ⑤

① ㉠과 ㉡은 모두 멜로드라마 '영화'이며, 3문단 전반부에 의하면 멜로드라마 영화에서 음악은 과잉된 정서를 표출하는 데 효과적인 장치로 활용되었습니다. 따라서 ㉠과 ㉡ 모두 음악을 통해 인물의 고통과 슬픔을 극적으로 표현했을 것이라는 진술은 적절합니다.

②, ③ ㉠에서는 마지막 장면을 통해 관객들이 주인공의 선택에 공감의 눈물을 흘리게 됩니다. 하지만 ㉡에서는 관객들로 하여금 자신들이 보고 있는 것이 만들어진 현실이며 영화에서와 같은 행복한 결말은 인위적인 허구 안에서만 가능하다는 것을 생각하게 하고자 하였습니다. 즉 인물에 대한 감정 이입보다는 그를 억압하는 제도와 지배 규범에 보다 집중하도록 하였던 것입니다. 따라서 관객들이 여성 인물과 자신을 동일시하는 정도가 ㉡에 비해 ㉠에서 더 강했을 것이란 진술은 적절하며, 같은 맥락에서 ㉠에 비해 ㉡이 결말에서 관객들에게 더 능동적인 감상을 이끌어내려 했을 것이란 진술 역시 적절합니다.

④ ㉠에서는 상류 계급의 문화 장벽에 좌절한 하층민 여성이 그의 딸은 더 나은 삶을 누리기 바란다는 점에서, ㉡에서는 가족이라는 제도에 억압된 과부가 연하의 정원사를 사랑한다는 점에서, 현실적 억압에도 불구하고 소망을 성취하고자 하는 약자를 그렸다는 진술은 적절합니다.

⑤ 중산층 핵가족의 제도적 속성에 주목한 것은 ㉡일 뿐입니다. 4문단에 의하면 ㉡은 가족이 더 이상 애틋한 유대의 단위가 되지 못하고 개인의 삶을 관리하는 제도가 되어 개인을 억압하고 고통을 주는 점에 주목하는 데, 이는 중산층 가족의 가치가 위기에 빠진 상황을 보여주는 것이라 할 수 있습니다. 그리고 이러한 질곡과 억압의 상황을 보여줌으로써 오히려 위기에 빠진 중산층 가족의 가치를 이전처럼 회복(애틋한 유대가 존재하는 가족으로의 회복)하자는 주제 의식을 보여주는 것이라 할 수 있습니다. 따라서 ㉡에 대한 진술로는 적절하지만 ㉠이 중산층 가족의 가치 회복이라는 주제 의식을 담아내었다는 진술은 부적절합니다.

35 정답 ③

마지막 문단의 ⓐ "현실에 종속되면서도 그 현실을 넘어서려는 절박한 요구"에 주목하라는 것은, 현실의 제도나 가치 규범 등의 구조를 벗어나지는 못하지만 그럼에도 불구하고 그와 같은 종속에 수동적으로만 대응하지 않고 이를 벗어나려는 일탈이나 극복의 노력이 일정 정도는 표출되는 작품을 찾아내라는 것이나 마찬가지입니다. 선지 가운데 이러한 구도를(종속되어 있지만, 어느 정도의 일탈이 존재) 제대로 담고 있는 것은 ③의 사례뿐입니다.

미학/비평 지문 06	2014학년도 14-16번	상위 테마 - 미학 하위 테마 - 재현적 음악의 성립 조건에 대한 논의

1. 제시문 정보 구조 분석

[1문단 : 화두 제시]

재현적 회화가 존재하듯이, 음악에서도 재현적이라 부를 수 있는 음악이 존재할 수 있는지에 대한 조건 분석형 구조를 취한 글입니다. 1문단에서는 회화가 재현적이기 위한 조건들을 음악도 가지는지에 대해 검토할 것임을 제시해 주고 있습니다.

[2문단 + 3문단 : 재현적 회화/음악을 위한 첫 번째 조건]

첫 번째 조건은 '그림의 지각 경험(그림에 대한 경험)'과 '그림에 재현된 대상을 실제로 지각할 때의 경험(현실에 존재하는 사물에 대한 경험)' 사이의 유사성이 존재해야 한다는 것입니다. 음악의 비재현성을 주장하는 견해에서는

(1) 회화의 경우, 사과를 그린 그림처럼 제목을 몰라도 재현된 대상인 사과를 그림 속에서 쉽게 인식할 수 있지만

(2) 음악의 경우, 드뷔시의 〈바다〉라는 작품처럼 제목을 모르면(순수하게 음악적인 부분만으로는) 이 곡이 바다를 재현한 것인지 알 수 없다고 봅니다.

이러한 주장에 대해, 음악도 재현적일 수 있다는 견해에서는 회화의 경우에도 제목을 모르면 그것이 무엇을 재현하려 한 것인지 알 수 없는 경우(〈브로드웨이 부기우기〉와 같은)가 있다고 반박합니다. [〈바다〉가 제목을 몰라도 바다를 재현한 것임을 알 수 있다는 반대 논리의 반박이 아니라, (2)와 같은 경우가 음악에만 나타나는 현상은 아니라는 형태의 반박임에 주의]

이에 대해 음악의 비재현성을 주장하는 견해는 회화적 재현에서 제목을 모르면 묘사한 대상을 떠올리기 어려운 경우는 비전형적이지만(즉 일반적인 경향이라 볼 수 없지만), 음악의 경우에는 이와 같이 제목을 모르고서는 묘사 대상을 알 수 없는 경우가 전형적(일반적)이라고 반박합니다. [즉 (2)의 경우가 회화에서는 드물지만, 음악의 경우에는 비일비재하다는 형태의 재반박] 글쓴이는 이에 대해 제목의 역할에 대한 재고가 필요하다고 봅니다.

[4문단 : 제목을 통한 음악의 재현성 조건 충족]

글쓴이는 많은 학자들이 제목을 음악 작품의 일부로 본다는 것을 강조하며, 음악에 있어서 제목을 포함하는 전체로서의 작품을 대상으로 예술작품의 재현성을 판단한다면 앞서 다룬 첫 번째 조건, 즉 작품에 대한 경험이 작품에서 묘사하고 있는 대상에 대한 실제 현실에서의 경험과 충분히 유사할 수 있다고 봅니다. 즉 재현성을 위한 첫 번째 조건을 음악도 충족한다는 것입니다.

[5문단 + 6문단 : 재현적 회화/음악을 위한 두 번째 조건]

두 번째 조건은 재현된 대상에 대한 인식이 작품 이해를 위해 필수적이라는 것입니다. 즉 작품과 관련된 선행 이해가 있어야 작품 이해를 할 수 있다는 것입니다(달리 말해, 선행 이해가 없으면 작품에 대한 온전한 이해도 불가능하다는 것). 이에 대해 음악의 비재현성을 주장하는 견해에서는 음악 작품은 작품이 재현하고자 하는 것이 무엇인지 몰라도 그 음악의 순수하게 음악적인 측면 즉 음의 조합과 구조를 파악할 수 있기에 음악은 두 번째 조건을 충족하지 못한다고 봅니다.

이에 대해 음악의 재현성을 주장하는 견해에서는 〈환상 교향곡〉의 경우를 예로 들며 작품의 제목, 표제가 무시된 채 순수한 음악적 측면만 고려될 경우 작품의 완전한 이해가 불가능할 수 있다는 점을 들어 음악 역시 두 번째 조건을 충족한다고 봅니다.

결국 이러한 논증적 구도를 거쳐, 본문 내에서 명시적으로 언급하고 있지는 않지만, 글쓴이는 재현적 음악이 존재할 수 있음을 입증한 것입니다.

2. 문항별 선택지 분석

14 정답 ③

① 2문단 분석에서 살펴본 것처럼, 글쓴이도 〈바다〉가 표제적 제목을 참조하지 않을 경우 감상자가 곡을 바다의 재현으로 듣지 못하는 경우에 해당한다는 점에 동의합니다. 따라서 〈바다〉가 표제적 제목 없이는 재현으로 볼 수 없다는 진술은 적절합니다.

② 2문단 후반부에서 재현적 음악이 가능하다고 주장하는 측에서는 〈브로드웨이 부기우기〉가 제목을 알 때에야 재현으로 인식되는 작품으로 간주한다 하였습니다. 이에 대해 반대측 입장은 3문단 전반부에서 〈브로드웨이 부기우기〉가 제목을 몰라도 재현적 작품이 된다고 반박한 것이 아니라, 〈브로드웨이 부기우기〉와 같은 경우가 회화 작품에서는 비전형적이라고 반박하였습니다. 즉 양 측 모두 〈브로드웨이 부기우기〉는 제목과 함께 고려해야 재현으로 볼 수 있다는 점에 동의하는 것입니다. 따라서 선지 ②의 진술은 적절합니다.

③ 3문단에서 〈전원 교향곡〉의 새소리는 제목이 없어도 명백히 재현으로 지각되는 사례로 언급되고 있습니다. 따라서 해당 소리 부분이 제목과 함께 고려해야만 재현으로 볼 수 있다는 진술은 부적절합니다.

④ 4문단에서 〈물레질하는 그레첸〉의 주기적으로 반복되는 반주 음형은 제목과 함께 감상될 때 재현으로 인식된다고 하였습니다.

⑤ 마지막 문단에서 〈1812년 서곡〉은 표제적 제목과 주제를 알지 못할 경우 왜 '프랑스 국가'가 등장하는지 이해할 수 없는 작품이라 하였습니다. 따라서 순수하게 음악적 관점(표제적 제목과 주제를 배제한)에서는 '프랑스 국가'의 등장을 이해할 수 없다는 진술은 적절합니다.

15 정답 ⑤

지문 분석에서 살펴보았듯이, 글쓴이는 제목을 작품의 일부로 포함시킬 경우 음악이 재현성을 갖추기 위한 두 가지 조건을 충분히 충족할 수 있다고 봅니다. 즉 1) 그림의 지각 경험(그림에 대한 경험)과, 그림에 재현된 대상을 실제로 지각할 때의 경험(현실에 존재하는 사물에 대한 경험) 사이의 유사성이 존재하며, 2) 선행 이해가 없으면 작품에 대한 온전한 이해도 불가능한 작품이 존재한다는 것입니다. 선지 ⑤는 이와 같은 글쓴이의 견해에 부합합니다.

① 순수한 음악적 측면만으로 재현 대상에 대한 인식을 불러일으키는 작품은 〈전원 교향곡〉의 새소리 부분 정도라 할 것인데, 글쓴이는 이러한 경우가 드물다는 점을 인정하고 있습니다. 따라서 흔히 존재한다는 진술은 부적절합니다.

② 글쓴이는 회화적 재현을 판단하는 두 가지 기준을 음악 작품도 충족한다는 점을 입증함으로써 재현적 음악이 존재할 수 있음을 주장하였습니다. 따라서 회화적 재현을 판단하는 기준을 대신할 별도의 기준이 마련될 필요는 없습니다.
③ 제목의 도움 없이 재현 여부를 알 수 없는 경우는 회화의 경우에는 〈브로드웨이 부기우기〉와 같은 작품에 해당하는데, 이는 3문단에서 살펴본 것처럼 전형적인 회화가 아니라 비전형적인 회화에서 발견되는 특성입니다.
④ 음악적 재현이 가능하기 위한 두 번째 조건은, 작품의 제목이나 의도를 모를 경우 작품에 대한 충분한 이해가 불가능하다는 것입니다. 그런데 선지에서는 이와 반대로 작품의 의도를 전혀 몰라도 작품을 충분히 이해하는 것이 음악적 재현의 조건인 것처럼 서술하고 있습니다.

16 정답 ⑤

① 〈보기〉의 사례에서 슈만이 자신이 듣고 있는 음악을 〈스코틀랜드〉가 아닌 〈이탈리아〉로 인식했기 때문에 스코틀랜드 전통 음계가 사용된 것은 이해할 수 없었다는 것은 그만큼 제목에 대한 인지가 작품 이해에 결정적 역할을 한다는 것을 보여주는 것이라 할 수 있습니다. 제목을 작품의 일부로 포함해야 한다고 보는 ㉠의 입장에서는 이러한 사례를 예술 작품의 일부로서 제목이 갖는 중요성을 입증하는 사례로 이용하려 할 것입니다.
②, ③ ㉡은 작품이 재현하고자 하는 바를 파악하지 못해도, 음의 조합과 구조를 파악하는 것은 가능하다고 봅니다. 따라서 ㉡은 〈보기〉의 사례에서 슈만이 곡의 의도를 몰랐고 재현 대상을 이해하지 못했더라도 전체적인 조합(및 구조)을 이해하는 것은 가능하다고 볼 것입니다.
④ ㉢은 작품의 제목을 모르는 상태에서는 작품에 대한 완전한 이해가 불가능한 경우가 있다고 보는 입장입니다. 따라서 이러한 입장에서는 〈보기〉의 슈만이 제목을 제대로 인지하지 못했기 때문에 해당 음악에 대한 완전한 이해가 불가능했던 것이라 설명할 것입니다.
⑤ ㉢의 입장에서는 특정 음악에서 어떤 이질적인 요소들이 출현하게 된 이유를 설명해 줄 수 있는 순수하게 음악적인 근거란 없으며, 이는 오로지 음악이 재현하고자 하는 이야기 즉 제목이나 작품 창작의 의도에 의해서만 해명될 수 있다고 봅니다. 따라서 5음 음계라는 음악적 요소로 인해 곡의 음악적 구조 파악에 실패했다는 추론은 ㉢과는 무관한 추론입니다.

미학/비평 지문 07	2016학년도 23-25번	상위 테마 - 미학
		하위 테마 - 컨스터블의 풍경화

1. 제시문 정보 구조 분석

[1문단 : 화두 제시]

오늘날 영국인들에게는 국민 화가로서 사랑을 받는 컨스터블의 풍경화이지만, 컨스터블이 활동하던 19세기 초반까지 평화롭고 평범한 시골 풍경은 풍경화의 묘사 대상이 아니었다는 사실이 제시되어 있습니다. 즉 1문단에서는 기존의 풍경화 흐름과는 다르게 평범한 농촌의 일상 정경을 그린 컨스터블의 풍경화가 왜 국민적 사랑을 받게 되었는가에 초점을 맞춰 이를 해명한 다양한 논의를 소개할 것임을 예고하고 있습니다.

[2문단 : 첫 번째 관점 - 사실적 묘사의 독창성 강조]

컨스터블이 활동하던 당시까지 유행했던 픽처레스크 풍경화는 도식적이고 이상화된 풍경 묘사에 치중했습니다. 이에 비해 컨스터블은 평범한 시골의 전원 풍경을 '사실적으로' 묘사한 것처럼 보이는데(3문단에서 이러한 해석이 부적절하다는 것이 밝혀지기 때문에 그런 것처럼 '보인다'고 진술한 것입니다) 이러한 사실주의적 작품 창작이 당대 유행하던 화풍과 타협하지 않는 독창적 화풍을 추구한 것이라는 점에서 컨스터블의 작품이 의의를 지닌다고 주장하는 첫 번째 해석이 소개되어 있습니다.

[3문단 + 4문단 : 두 번째 관점 - 첫 번째 관점에 대한 비판]

1980년대부터 첫 번째 관점에 대한 비판적 해석이 등장하게 됩니다. 이와 같은 해석에서는 컨스터블의 풍경화가 당시 농촌의 모습을 있는 그대로 전달해준 것이 아니며, 특히 풍경화 속 인물들이 원경으로 포착되어 이들의 구체적인 행동이나 표정이 제대로 그려지지 않았다는 점에 주목합니다. 이에 대해 두 번째 관점은 지주의 아들이었던 컨스터블이 19세기 전반 영국 농촌 사회의 불안한 모습을 애써 외면한 결과 농민들이 적당히 화면에서 떨어져 있도록 배치된 것이라 파악합니다. 즉 컨스터블이라는 인물의 이데올로기적, 계급적 정서가 작품 창작에 반영된 결과가 인물들의 원경화라고 해석하는 것입니다.

[5문단 : 세 번째(글쓴이의) 관점 - 소비자 중심의 접근]

앞선 두 견해는 컨스터블의 작품에 그려진 풍경이 실재와 얼마나 일치하는가를 둘러싼 논쟁이라 할 수 있습니다. 이에 비해 글쓴이는 앞선 두 견해가 모두 작품이 가진 의미의 생산자 = 작가라는 전제 위에서 성립된 것이라 간주하며, 이들 기존 견해가 소비자의 역할에 주목하지 않았음을 비판합니다. 글쓴이에 따르면 소비자는 작품을 수동적으로 수용하기만 하는 존재가 아니라, 이해와 수용의 과정을 통해 특정 작품의 의미를 끊임없이 재생산하는 능동적 존재입니다. 즉 1문단에서 제시되었던 화두였던 왜 평범한 농촌의 일상 정경을 그린 컨스터블이 영국의 국민 화가가 되었는가라는 질문에 대한 해답을 찾기 위해서는 소비자로서의 감상자가 컨스터블의 풍경화 작품에 어떤 기대를 가지고 의미를 부여한 것인지를 검토해야 한다는 것입니다. 5문단 내에서는 이에 대한 정확한 답을 내리고 있지는 않지만, 24번 문제를 위해 미리 추론해 본다면 결국 오늘날의 영국인들은 도식적이고 이상화된 농촌 정경보다는 평범하고 소박한 농촌의 일상 정경으로부터 마음의 위로를 받는 바가 크기 때문에 컨스터블의 풍경화를 사랑하게 된 것이라 할 수 있을 것입니다.

2. 문항별 선택지 분석

23 정답 ②

① 2문단 첫 번째 문장에서 알 수 있듯이, 컨스터블의 풍경화는 목가적인 전원을 담고 있는 탓에 오히려 당대에는 그다지 인기를 끌지 못했습니다.

② 역시 2문단에서 확인할 수 있듯이, 당시 풍경화의 주요 구매자였던 영국 귀족은 도식적이고 이상화된 풍경 묘사에 치중한 픽처레스크 화풍을 선호했습니다.

③ 컨스터블의 풍경화는 픽처레스크 화풍이 아닌 사실주의적 화풍에 해당합니다.

④, ⑤ 3문단과 4문단에서 확인할 수 있듯이 컨스터블은 복잡한 농기구까지 세밀하게 그릴 줄 알았던 화가로서, 인물 표현에 재능이 없었던 것이 아니라 그가 지주 계급의 아들로서 농민들에 대한 거리감을 느낀 결과 인물 표현이 원경 처리로 이루어졌던 것입니다.

24 정답 ⑤

5문단 분석에서 살펴보았듯이 ㉡에 따라 ㉠에 대해 답할 때는 감상자(소비자)의 경험과 기대가 작품에 투사되어 이것이 채워졌기 때문이라는 흐름이 반영되어야 합니다. 이러한 구도를 가장 적절하게 반영한 것은 고향에 대한 향수를 지닌 도시인들이 컨스터블의 풍경화에서 자신이 기대했던 고향의 모습을 발견(채워짐)했기 때문이라는 선지 ⑤입니다.

① 구도 면에서 ㉡에 맞지 않을뿐더러, 컨스터블의 풍경화에 농민의 구체적인 삶이 담겨 있다는 진술 또한 지문의 두 번째 관점에 비추어 볼 때 부적절합니다.

②, ③ 당대 농촌 현실을 비판적으로 그려 내려 했던 의도(②), 화가가 인물과 풍경에 대해 심리적 거리를 제거해 고향 모습을 담아내려 했다는 작품 기획(③) 등은 모두 작가의 의도와 기획을 중심에 놓고 감상자가 이에 공감하는 수동적 감상의 구도를 담고 있습니다.

④ 컨스터블이 구현한 재현의 기법이 감상자가 이해하기 쉽기 때문이라는 분석에는 감상자의 경험과 기대가 투사되어 채워짐이라는 구도가 반영되어 있지 않습니다.

25 정답 ②

ⓐ의 시각에 따른 작품 해석이란 작품 생산자의 이데올로기적, 계급적 경향성이 작품에 투영되어 있다는 분석을 의미합니다. 이에 부합하는 것은 〈타히티의 여인〉이란 작품의 밑바탕에 작가인 고갱의 비서구 식민지에 대한 서구인의 우월적 시각이 자리 잡고 있다고 분석한 선지 ②입니다.

①, ④, ⑤ 작가의 의도가 무엇인지에 초점을 맞춘 해석이지만, 이데올로기적이거나 계급적 정서에 기반을 둔 해석과는 거리가 멉니다.

③ 과학적 원리의 도입 역시 ⓐ의 시각과는 거리가 먼 것입니다.

미학/비평 지문 08	2015학년도 17-20번	상위 테마 – 비평 하위 테마 – 김소월 시의 낭만적 허무주의

1. 제시문 정보 구조 분석

[1문단 : 화두 제시]

김소월의 시에 존재하는 슬픔과 주요한의 시에 드러난 슬픔을 비교하고 있습니다. 주요한의 시에 드러난 슬픔이 생의 잠재적 가능성에 대한 갈망이 강력하게 표현되었다가 사라지는 데 대한 즉 실현되지 않은 가능성의 슬픔이라면, 김소월의 슬픔은 차단되어 버린 가능성을 깨닫는 데서 오는 슬픔입니다. 인용된 시는 이러한 김소월 시의 슬픔을 단적으로 보여주는 작품입니다.

[2문단 : 김소월 시에 드러난 생에 대한 허무주의]

1문단에서 확인한 것처럼, 김소월 시에는 가능성이 차단되어 버린 상황에 대한 슬픔이 드러나는데 이는 허무주의로 이어지게 됩니다. 글쓴이의 판단에 의하면 이러한 허무주의는 그의 시적 발전에 커다란 장애로 작용합니다. 김소월에게 슬픔의 표현은 그대로 슬픔으로부터의 해방이 될 뿐, 더 넓은 세계로 나아가게 하는 생의 에너지로 전환되지 못하고 자기 탐닉의 도구로 떨어지게 됩니다.

[3문단 + 4문단 : 시에 있어서 부정적 감정 표현(슬픔)의 일반적 기능]

2문단에서 확인하였듯이 김소월의 슬픔은 자족적인 것으로서, 슬픔을 표현함으로써 슬픔으로부터 해방되는 것이 목적이었습니다. 3문단 2번째 문장에서 제시한 부정적 감정 표현의 기능 즉 '자기 연민의 감미로움과 체념의 평화로써 우리를 위로'해 주는 것은 김소월 시가 지향한 바를 나타낸 또 다른 표현인 것입니다. 하지만 횔덜린이나 릴케와 같은 시인에게서 슬픔(고통)은 깊은 절망으로 끝나지 않고 절망을 만들어내는 세계에 대한 맹렬한 반항으로 기능하게 됩니다. 즉 김소월의 시는 밖으로 향하는 에너지를 가지고 있지 않았다는 점에서(부정적 감정주의) 횔덜린이나 릴케 등의 시와 대비되는 것입니다.

3문단에서는 이러한 논의의 연장선에서 부정적 감정주의, 다른 표현으로 안으로 꼬여든 감정주의(김소월)의 결과와 밖으로 향하는 에너지를 간직한 감정주의(횔덜린, 릴케, 랭보)의 결과를 '몽롱함 vs 선명함'으로 대비해서 보여주고 있습니다. 안으로 꼬여든 감정주의의 결과는 시적인 몽롱함입니다. 이는 이 감정주의가 밖으로 향하는 에너지(보려는 에너지)를 마비시키기 때문에 나타난 결과입니다. 이에 비해 밖으로 향하는(보려는) 에너지를 가진 시는 인간에 대한 신념을 전제로 바르게 보고자 노력합니다.

[5문단 : 한국 낭만주의와 서구 낭만주의의 차이]

5문단에서는 앞서 대비한 김소월과 서구 시인들의 차이를 보다 일반화하여 한국 낭만주의와 서구 낭만주의의 대비 구도를 다루고 있습니다. 먼저 서구 낭만주의에 존재하는 근원적 충동의 하나로서 '형이상학적 전율'이 제시되고 있습니다. 이 전율은 감정의 침례 즉 감정에 침잠해 들어가는 것을 그 자체로 끝내는 것이 아니라 보다 다양하고 새로운 가능성에 대한 직관(4문단의 맥락으로 보면 밖으로 향하는 보려는 에너지)으로 변용시킵니다. 이에 비해 한국의 낭만주의는 이러한 전율, 사물의 핵심까지 꿰뚫어보려는 형이상학적 충동이 결여되어 있다는 것입니다. 그리고 이러한 전율의 결여는 성급한 허무주의(밖으로 향하는 에너지를 상실하고 슬픔 자체에 침잠해 들어가는)와 불가분의 관계에 있는 것입니다.

[6문단 + 7문단 : 김소월 시의 허무주의의 원천]

글쓴이는 김소월의 시에 드리운 허무주의는 개인적 기질의 문제라기보다는 그가 살았던 시대의 문제 즉 일제 강점에 의한 중압감의 결과로서 바라보고 있습니다. 모든 가능성이 차단되어 있던 시대에 산다는 것이 무엇을 위한 것인가 물어봤자 진정한 물음이 되지 못할 수밖에 없는 것입니다.

2. 문항별 선택지 분석

17 정답 ②

① 김소월은 어둠(슬픔)에 대해 인식하고 파악하려 하기보다는 어둠에 침잠한 상태에 머물러 있습니다. 따라서 그가 어둠에 대해 합리적 인식을 하여 이를 바탕으로 삶의 의미를 탐구하고 있다는 진술은 부적절합니다.

② 6문단과 7문단에서 확인하였듯이 김소월의 허무주의는 시대상황으로 인한 결과물이라 할 수 있습니다. 그리고 이로 인해 그의 시에는 어둠의 세계 바깥으로 나가려는 의지(밖으로 향하는 에너지)가 결여되어 있다고 하였으므로, 시대상황 때문에 어둠의 세계 바깥으로 나가는 것을 포기하고 있다는 진술은 적절합니다.

③ 김소월이 어둠(슬픔) 자체를 지향하고 있다는 진술은 적절하다 할 수 있습니다. 하지만 자기 연민과 체념의 감미로움을 부정했다는 선지 전반부의 진술은 부적절합니다. 3문단 전반부에서 확인하였듯이, 김소월의 시는 자기 연민과 체념의 감미로움을 통해 위로의 기능을 수행합니다.

④ 김소월의 허무주의는 그의 시세계에서 생의 에너지를 결여하게 만든다고 하였습니다.

⑤ 생의 잠재적 가능성을 시적으로 형상화한 것은 김소월이 아니라 1문단에서 대비된 주요한입니다.

18 정답 ③

① ㉠과 달리 ㉡은 내적인 고통과 절망에 머물지 않고(감정이 주는 위안에 만족하지 않고) 밖으로 향하는 에너지를 통해 다양하고 새로운 가능성을 모색한다고 하였습니다.

② ㉠은 성급한 허무주의와 불가분의 관계에 있습니다. 즉 ㉠이 ㉡처럼 성공하지 못한 것은 애초부터 사물의 핵심까지 꿰뚫어보겠다는 형이상학적 충동이 결여되어 있었기 때문이지 목표를 향한 조급한 열정을 가지고 있었기 때문은 아닙니다. 허무주의라는 용어는 열정이라는 개념과는 연결될 수 없는 것입니다.

③ ㉡에 대해 '선명하다'는 직접적 언급은 없었지만, 4문단 및 5문단에 대한 분석을 통해 ㉡은 세계에 대해 분명하게 인식하려 했고(바르게 보려 했고) 이에 따라 리얼리티를 인식할 수 있었다고 하였습니다.

④ 선지 ①에서도 확인하였듯이 ㉡은 ㉠과 달리 허무주의에서 벗어날 수 있는 가능성을 모색하였고 그 결과 리얼리티의 인식에 도달할 수 있었습니다.

⑤ 밖으로 향하는 에너지와 보려는 에너지는 의미상 같은 개념입니다. ㉠은 밖으로 향하는 에너지를 결여하고 있다고 하였습니다.

19 정답 ①

① 이상세계라는 말의 의미를 정확히 파악하여야 합니다. 이상세계는 현실에 존재하는 리얼리티가 아니라 이상 속에 존재하는 세계입니다. 형이상학적 전율은 어디까지나 절망을 만들어내는 세계에 대한 반항으로서 이 세계를 바르게 보려는 충동인 것이지 현실과 유리된 이상세계를 인식하고자 하는 충동과는 다릅니다. 따라서 이상세계에 대한 뚜렷한 전망을 제시한다는 진술은 형이상학적 전율에 대한 진술로 부적절합니다.

② 5문단에서 확인하였듯이 형이상학적 전율은 현실, 리얼리티에 대한 새로운 인식(이성이 아닌 감정과 직관을 통한 인식)을 지향합니다.

③ 서구 낭만주의는 슬픔을 표출함으로써 얻는 자기 연민의 감미로움과 체념의 평화를 넘어서서 밖으로 향하는 에너지를 통해 리얼리티에 대한 새로운 인식으로 나아갈 수 있다고 하였습니다. 따라서 자기 밖으로 향하는 의지는 형이상학적 전율에 이르기 위한 전제라 할 수 있습니다.

④ 5문단에 의하면 형이상학적 전율은 감정의 침례를 보다 다양하고 새로운 가능성에 관한 직관으로 변용시킨다 하였습니다. 따라서 형이상학적 전율이 가능성의 세계에 대한 직관적 통찰을 가능하게 한다는 진술을 적절합니다.

⑤ 선지 ③에서 살펴보았듯이 형이상학적 전율은 자기 밖으로 향하는, 바르게 보려는 에너지를 전제로 하며, 이러한 에너지는 가치의 질서 속에서 인간에 대한 신념을 전제로 이루어지는 것입니다. 따라서 형이상학적 전율이 가치와 의미에 대한 진정한 탐구의 충동을 바탕으로 한다는 진술은 적절합니다.

20 정답 ④

한국 낭만주의에 대비되는 서구 낭만주의를 평가하면서 글쓴이는 사물의 핵심까지 꿰뚫어 보고야 말겠다는 형이상학적 충동의 역할을 강조하고 있습니다. 마지막 문단에서 김소월의 「바라건대는 우리에게 우리의 보습 대일 땅이 있었더면」이란 작품을 언급한 것도 김소월이 그를 짓누르는 절망의 배경에 있는 것을 분명하게 이야기함으로써 그의 다른 시들과는 다른 선명성을 확보할 수 있었기 때문입니다. 따라서 필자가 지향하는 바에 가장 가까운 시는 단순히 현실을 있는 그대로 묘사하는 데 그치는 것이 아니라 현실의 진면모를 파악하려는 노력을 기울이는 시라 즉 선지 ④와 같은 시라 할 수 있습니다.

① 선지 ④와 다르게, 선지 ①에서 일상을 명징하게 표현한다는 것은 겉으로 드러나는 일상의 면모에 대한 외적 분석에 국한된 것입니다.

② 필자가 중요하게 생각하는 것은 세계에 대한 인식의 깊이이지, 그러한 인식이 정치적인 반항으로 이어져야 한다는 필연성을 이야기한 바는 없습니다.

③ 한을 통해 직접적으로 감정을 위로하는 시는 김소월의 낭만주의에 해당하는 것으로서, 이는 필자가 극복해야 할 대상으로 삼은 것입니다.

⑤ 집단적 슬픔으로 개인적 슬픔을 초월한다는 것은 여전히 슬픔의 단계에 머물러 있다는 점에서 글쓴이가 극복의 대상으로 삼은 한국적 낭만주의 단계에 머물러 있는 시라 할 수 있습니다.

미학/비평 지문 09	2016학년도 7-10번	상위 테마 – 비평 하위 테마 – 김춘수와 김수영의 모더니즘 시세계

1. 제시문 정보 구조 분석

[1문단 : 화두 제시]

무의미시론의 김춘수와 참여시론의 김수영의 시세계를 대비하고 있습니다. 두 시인 모두, 개인의 자유와 실존이 위협받던 1960년대의 시대 현실을 비판적으로 인식하면서 실존의식과 윤리관을 예각화했다는 점에서는 공통점을 보이지만, 구체적인 미학적 실험의 양상은 달랐다는 점에서 이러한 미학적 실험의 차이점이 대비될 것임을 예고하고 있습니다.

[2문단 : 김춘수의 시세계 변화 – 1950년대 vs 1960년대]

김춘수 자신의 비판적 평가에 의할 때, 1950년대 그의 시세계에서 시적 언어는 추상적인 관념을 전달하는 이미지, 비유, 상징과 같은 수사에 대한 집착에 사로잡혀 있었습니다. 문학적 기교 측면에서 이들 비유와 상징 등은 원관념을 보조관념을 통해 드러내는 역할을 한다는 점에서, 시어를 대상의 재현과 모방의 수단으로 한정지은 것입니다.

1960년대의 김춘수는 이와 같은 기존 시 창작 경향에 대해 반성하며, 1문단에서 언급한 것처럼 1960년대에 개인의 자유와 실존을 위협하는 이데올로기의 억압으로부터 벗어나고 생의 구원을 이끌어내기 위해 기의 없는 기표의 실험 즉 무의미시를 시도하게 됩니다. 기의 없는 기표, 기의에서 해방된 기표란 결국 시어가 지시하는 현실세계의 대상이 없는 새로운 세계를 만들어내는 것이며, 이러한 방법은 비유와 상징뿐만 아니라 특정 대상을 떠올리게 하는 이미지까지 시에서 배제하는 극단적 경향으로 나아가게 됩니다.

[3문단 : 김춘수 무의미시론의 구체적 방법]

2문단에서 예상할 수 있었듯이, 김춘수의 무의미시론은 이미지를 끊임없이 새로운 이미지로 대체해 의미를 덧씌울 중심 대상을 붕괴시켜 현실세계의 대상이 없는 이미지 자체가 대상이 되도록 하는 방법입니다. 다만, 이러한 과정이 창작자의 '의식과 의도'가 개입된 결과라는 점에서, 인간의 '무의식'을 강조한 초현실주의와는 차이가 있습니다. 한편, 무의미시론은 언어 기호를 음소 단위로까지 분해하거나 주문, 염불 소리 같은 리듬으로 근접시키는 방식을 취하기도 합니다. 「처용단장」 제2부는 이와 같은 무의미시론의 방법론들이 반영된 작품입니다.

[4문단 : 김수영의 참여시론]

김춘수에게 시 쓰기가 현실 도피의 길이었다면, 이와 반대로 김수영에게 시 쓰기는 1960년대 개인의 자유를 억압하는 군사정권과 대결하고 정치적 자유의 이행을 촉구하는 작업이었습니다. '온몸으로 온몸을 밀고나가는 것'이라는 표현으로 대표되는 참여시론은 내용과 형식이 별개가 아니며 시인의 사상과 감성을 생활 속에서 언어로 표현하는 것이 바로 시의 형식이라고 봅니다. 실험적 기법이 아니라 현실에 대해 고민하는 시인의 양심이 시의 현대성을 판단하는 기준이 되는 것입니다.

[5문단 : 김수영과 김춘수의 차이]

김수영은 김춘수가 추구한 무의미시의 의의를 일부 인정하며, 우리 눈에 보이는 것 이상을 보고 세계의 화해 불가능성을 드러내는 것으로서 '무의미'에 대한 추구가 의의가 있다고 봅니다. 하지만 그가 보기에 김춘수의 시작 기법은 의미를 포기하는 길만 알뿐, 의미를 껴안고 그 의미를 구제함으로써도 무의미에 도달할 수 있는 길이 있다는 것을, 그리고 그렇게 시의 의미성을 적극적으로 수용하는 것이 더 바람직한 방법이라는 것을 감안하지 못한 협소한 선택이었다고 비판합니다. 그렇기 때문에 김수영은 김춘수와는 달리 시어의 범위를 적극적으로 확대하고 시와 현실의 접촉을 늘려 세계 변혁을 꾀하는 현실 참여의 길로 나아가게 된 것입니다. 구체적으로는 일상어, 시사어뿐만 아니라 비속어와 욕설까지도 시어로 활용될 수 있다고 봅니다.

[6문단 : 대타의식에서 비롯된 두 시인의 차이점]

김춘수는 김수영의 시세계는 앞서 살펴본 것처럼 큰 차이점을 보이지만, 김춘수가 생각하기에 자신과 김수영의 시와 시론에는 시와 예술에 대한 '공유된 인식'이 있다고 봅니다. 이 공유된 인식이 무엇인지는 6문단에 직접 언급되어 있지 않기 때문에 앞선 내용들로부터 재구성해내야 합니다. 1문단에서 확인한 것처럼 두 시인은 모두 1960년대 개인의 실존을 억압하는 현실 상황에 맞서 시 창작을 했다는 점, 5문단 전반부에서 확인한 것처럼 김수영 역시 무의미시의 의의(시와 세계의 화해 불가능성을 드러내는 것)를 부정하지 않았다는 점, 그리고 의미를 제거하는 방식의 시어 활용을 김수영 역시 긍정했다는 점(물론 더 바람직한 방법이 있다고 보긴 했지만) 등이 공유된 인식의 내용이라 할 수 있습니다.

2. 문항별 선택지 분석

07 정답 ①

① 마지막 6문단에 의하면 ㉠은 자신이 세계에 대한 허무감에서 끝내 벗어날 수 없었다는 점에서 김수영과 자신을 대비하고 있습니다. 따라서 ㉠이 세계에 대한 허무 의식을 극복했다는 진술은 잘못된 것입니다.

② 2문단과 3문단에서 확인하였듯이, ㉠은 의미나 내용을 드러내는 것이 아니라 무의미 자체에 도달하는 방법으로서 기의 없는 기표 등의 기법과 형식을 강조합니다.

③, ④ 1문단에 의하면 해체시 실험은 김춘수의 무의미시론을 지시합니다. ㉡은 이러한 김춘수의 무의미시론을 긍정하면서도, 세계 변혁을 통한 현실 극복을 가능케 하는 것은 시어의 범위를 적극적으로 확대하고 시와 현실의 접촉을 늘리는 방법이라고 봅니다.

⑤ 1문단에서 확인했듯이 ㉠과 ㉡은 모더니스트였던 두 시인이 각자 취한 예술적 방법론과 현실 대응의 방식을 보여주는 개념들입니다.

08 정답 ⑤

① 온몸으로(수단) 온몸을 밀고나가는(대상) 것이므로, ⓐ는 행위의 수단이 곧 행위의 대상인 상태를 의미합니다.
② ⓐ의 방법론은 현실에 대해 고민하고 시어의 범위를 적극적으로 확대해 현실 참여의 길로 나아가는 과정을 관통하는 것입니다.
③ ⓐ의 방법론이 선택된 이유는 1960년대에 개인의 자유를 억압하는 현실적 상황을 극복하고 정치적 자유를 확보하기 위해서였습니다.
④ ⓐ에 바로 이어지는 문장에서 확인할 수 있듯이, ⓐ는 형식과 내용의 구분을 거부하면서 시인의 사상과 감성(내용)을 생활 속에서 언어로 표현할 때 그 자체가 바로 시의 형식이 되는 것을 보여주는 방법론입니다.
⑤ 4문단에서 확인하였듯이, 김수영은 실험적 기법이 아니라 현실에 대해 고민하는 시인의 양심이 시의 현대성을 판단하는 기준이 되어야 한다고 보았습니다. 따라서 김수영은 실험적 기법이 시의 현대성을 성취하는 근본 요건이라는 인식을 갖지 않았을 것입니다.

09 정답 ①

① 개인의 자유를 억압하는 정치적, 이데올로기적 현실 상황에 맞서 자아를 보존하는 것을 목표로 삼았다는 점에서는 김춘수와 김수영은 공통점을 갖습니다. 하지만 그 방법을 공동체적인 삶의 지향으로 즉 현실 참여의 길로 설정한 것은 김수영입니다. 김춘수는 현실 도피의 길을 걸었기 때문에 공동체적 삶을 지향했다고는 볼 수 없습니다.
② 선지 ①에서 언급한 것처럼, 두 시인 모두 1960년대를 개인의 실존을 억압하는 부조리한 현실로 인식했다는 점에서는 공통적입니다.
③, ④, ⑤ 6문단에 대한 분석에서 확인한 사안들입니다.

10 정답 ④

〈보기〉의 작품은 김춘수의 「처용단장」 제2부입니다. 즉 3문단에서 구체적으로 소개한 무의미시론의 실험 기법이 반영된 작품인 것이며, 각 선지는 이를 기반으로 분석하여야 합니다.
① 외래어와 관념어의 사용을 통해 시적 언어를 확장하고 시와 산문의 경계를 허물 수 있다고 본 것은 김수영입니다.
② '사바다는 사바다'와 같은 구절은 염불 소리 같은 청각 영상으로 다가갈 것인데, 김춘수는 이러한 것들이 시적 언어가 다다른 결과물로 간주되길 원했던 것이지 이러한 청각 영상과 리듬감을 통해 고뇌와 공포라는 현실적 의미를 상징하려고 한 것이 아닙니다. 상징을 통한 의미의 드러냄은 그의 1950년대 시세계가 추구했던 것입니다.
③ 김수영은 김춘수의 무의미시론을 현실 회피로, 현실과의 관련성이 절연된 세계로 평가합니다. 따라서 현실 풍자의 의도를 〈보기〉의 작품에서 읽어내는 것은 부적절합니다.
④ 7번 문항의 선지 ③에 대한 설명에서 확인하였듯이, 시어의 의미를 포기하는 방식의 무의미성 추구로는 현실 극복이 불가능하다고 즉 진정한 자유의 이행이 어려울 것이라고 봅니다. 〈보기〉의 「처용단장」 제2부는 시어의 의미를 포기하는 무의미시론을 대표하는 작품이므로 이러한 선지의 평가는 적절합니다.
⑤ 김춘수가 무의미시론을 통해 의도한 것은 현실의 내용 요소를 시에서 배제하는 것입니다. 그런데 선지는 의미를 덧씌울 대상을 붕괴시킨 결과, 새로운 내용적 요소(의미)를 담을 여지가 생겼다고 평가합니다. 이는 무의미시론이 의도하는 바와 상반되는 결과입니다.

미학/비평 지문 10	2018학년도 10-12번	상위 테마 - 비평
		하위 테마 - 황매천, 이육사, 윤동주 시세계에 나타난 비극적 황홀

1. 제시문 정보 구조 분석

[1문단 : 화두 제시]

비극에 대한 동양과 서양의 차이점을 논한 예이츠의 진술과 이에 대한 글쓴이의 반박이 제시되어 있습니다. 예이츠는 서양과 달리 동양에는 언제나 사태와 사건에 대한 해결이 있기 때문에 비극을 모르지만 서양의 작품 속 주인공들은 비극적 상황에 놓이기 때문에 영웅적 절규를 발하게 된다고 봅니다. 하지만 글쓴이는 한국 시사에 있어서도 예이츠가 말한 '비극적 황홀'을 엿볼 수 있는 시인들이 존재한다고 봅니다.

[2문단 : 황매천의 시 세계]

상황에 참여한 방식에 따라 황매천, 이육사, 윤동주가 보여준 비극적 황홀의 순간들이 갖는 성격이 다르단 점을 먼저 언급한 뒤, 황매천의 시 세계의 특징을 보여주고 있습니다. 황매천은 전통적 원칙주의자로서 소극적 저항의 삶을 살다가 절명시를 남기고 자결합니다.

[3문단 : 이육사의 시 세계]

이육사는 혁명가로 인식되며, 「절정」이란 작품에서는 그가 부딪친 식민지 상황이 한계 상황으로 표현됩니다. 이육사가 앞선 황매천이나 이후에 서술될 윤동주와 다른 점은 현실에서의 비극적 삶으로 인해 '비극적 황홀'이 드러나는 것이 아니라, 시인 자신이 놓인 상황에서 거리를 두고 상황을 관조함으로써 비극적 황홀의 순간이 드러난다는 것입니다.

[4문단 : 윤동주의 시 세계]

윤동주 역시 황매천과 유사하게 비극적 종말을 맞이합니다. 민족주의자로서 윤동주는 그리스도와 같은 죽음을 일종의 황홀 가운데서 꿈꾸며 이를 작품 속에 드러냅니다.

[5문단 : 세 시인의 공통점 1]

세 시인이 상황에 참여한 방식은 앞서 살펴본 것처럼 서로 다르지만, 글쓴이가 보기에 이들이 도달한 비극적 비전은 사유와 관조 또는 명상의 산물에 해당합니다. 상황을 동양적 초연함과 달관의 상태에서 객관적으로 바라봄으로써 비극적 비전에 도달하게 된다는 것입니다. 물론 이러한 초연함이나 달관, 관조의 자세는 현실을 외면하는 것과는 다릅니다. 마지막 문장의 표현처럼, 열정적이거나 야단스럽지 않다 뿐이지 현실과 마주하며 그 현실의 본질을 꿰뚫어보려는 응시의 결과물로서 비극적 비전이 만들어진 것으로 보아야 할 것입니다.

[6문단 : 세 시인의 공통점 2]

글쓴이는 다음 공통점으로, 세 시인은 자신이 비극의 주인공이기도 하다는 점을 듭니다. 이는 '언지(言志)' 개념으로 정리되는 바, 동양에서 시는 수양의 일부이자 내면생활의 직접적 음성으로서 외부에 표출된 것에 해당합니다.

[7문단 : 세 시인과 예이츠 비교]

동양에서 비극은 단순히 허구적으로 형상화된 대상이 아니라 시인 자신이 그 비극의 주인공이 되는 실재하는 사실입니다. 예이츠는 이를 시적 계획이자 이상으로서 골몰했다고 하는데, 황매천 등의 우리나라 시인들은 이러한 이상을 이상으로서만 품고 끝난 것이 아니라 그들의 삶과 시에서 실현했다는 점에서 차이를 보입니다.

2. 문항별 선택지 분석

10 정답 ③

① 시대 현실에 초연하다는 것은 일제의 국권 강탈이라는 역사적 현실 자체를 도외시했다는 것일 텐데, 2문단에 의하면 황매천은 이와는 반대로 시대 현실에 정면으로 항거하면서 자신이 성취한 비극적 황홀의 순간을 시적으로 표현해 내었습니다. 5문단에서는 비극의 순간이 드러나는 것은 초연함과 달관의 결과에 해당한다고 하였지만, 이것이 시대 현실 자체에 초연한 덕분이라 할 수는 없습니다.

② 3문단에 의하면 이육사가 인식한 한계상황은 시인 자신이 부딪치게 된 식민지 상황입니다.

③ 7문단에 의하면 예이츠가 추구했던 시적 계획이란 시인 자신이 비극의 주인공이 되는 것이으며, 7문단에서는 우리나라의 세 시인들이 이러한 이상을 그들의 시뿐만 아니라 삶에서도 실현해 낸 인물들로 평가하고 있습니다.

④ 황매천은 능동적으로 죽음을 선택(자결)한 것이 맞지만, 윤동주에 대한 진술로는 부적절합니다.

⑤ 세 시인 모두 일제의 국권 강탈이라는 식민지 상황에 맞섰던 것이므로 종교로 인해 빚어지는 내적 갈등을 담아내려 했다는 진술은 부적절합니다.

11 정답 ①

'언지(言志)'는 '마음속에 있는 바의 발언', 포에시스와는 대립되는 개념으로서 수양의 일부이자 '내면생활의 직접적인 음성'으로 정의되고 있습니다. 그리고 7문단에서는 이러한 '언지'로서의 시 개념에 입각해, 동양에서는 비극이 허구적으로 형상화된 것이 아니라 시인 자신이 주인공이 되는 현실적 개념임을 강조하고 있습니다. 이러한 점에서 봤을 때, '언지'에 대한 설명으로 가장 적절한 것은 자기 수양의 일환으로서 시인의 도야된 인격을 담는 언어적 구성물로서 시를 규정한 선지 ①입니다.

② 허구적 표현물로 본다는 점에서 부적절합니다.

③ 현실을 초월하려는 시인의 의지를 표현했다는 점에서 부적절합니다. 7문단의 맥락에서 보면 언지는 현실을 초월한 허구적 세계의 형상화에 그 목적이 있는 것이 아닙니다.

④ 독자들에게 즐거움을 제공한다는 목적성은 제시되어 있지 않습니다.

⑤ 시인이 살고 있는 현실을 사실적으로 형상화하는 것만으로는 자기 수양이라는 맥락이 제외되어 버립니다.

12 정답 ②

① 한국의 황매천, 이육사, 윤동주의 경우에는 시인의 비극적 삶이 시에서 비극적 황홀에 도달하는 데 결정적인 역할을 한 것이라 볼 수 있으며, 그러한 의미에서 시인의 비극적 삶이 시에서의 비극적 황홀에 도달하기 위한 필수 조건이라 할 여지가 있습니다. 하지만 예이츠가 성취한 비극적 황홀은 인식의 측면에서 이룬 것이지 그의 삶 자체가 비극적이었기 때문이라 볼 근거는 제시되어 있지 않습니다.

물론, 국내 시인들을 엄밀하게 비교한다면 황매천이나 윤동주는 비극적인 최후를 맞이했다는 점에서 이러한 진술에 부합하지만, 이육사에 대한 3문단의 진술만으로는 이육사가 비극적 삶을 통해 시적으로 비극적 황홀을 성취해냈다고 단정할 수는 없다는 점에서도 부적절한 진술이라 할 수 있습니다.

② 2문단에서 글쓴이는 황매천의 절명시가 그가 성취한 비극적 황홀을 시적으로 표현한 것이라 말하고 있습니다. 즉 비극적 황홀은 작품 속 주인공의 삶이 아닌 작품 창작자로서의 시인의 삶에서도 발견할 수 있다고 본 것입니다.

③ 독자들의 현실 참여라는 목적성은 지문에서 언급되지 않았습니다.

④ 5문단에서 글쓴이는 비극적 비전(황홀)이 서양처럼 주인공의 신념에 찬 행위를 통해서만 드러나는 것이 아니라 동양처럼 초연한 관조 속에서 드러나기도 한다고 보았습니다.

⑤ 예이츠에 따르면 서양에서 주인공들은 동양과 달리 해결을 이루지 못하기 때문에 비극적 황홀에 놓이게 됩니다.

MEMO

역사 영역

역사 지문 01	2010학년도 7-9번	상위 테마 - 제도사 하위 테마 - 조선시대 전율 체제의 성립과 변천

문항별 선택지 분석

07 정답 ④

① 〈경제육전〉이나 〈속육전〉은 〈경국대전〉보다 앞서 만들어진 국전입니다. 따라서 〈경제육전〉과 〈속육전〉이 이후에 등장한 〈경국대전〉을 보완하였다는 설명은 적절하지 않습니다.

② 등록 또한 〈경국대전〉의 편찬에 이용된 전대의 국전 중 하나입니다. 따라서 등록에 수록된 수교가 〈경국대전〉에 포함되지 않았다는 진술은 부적절합니다.

③ 〈경국대전〉이 편찬된 이후 수교가 법전 편찬에 사용되었는지 여부가 지문 내에 직접 언급되어 있는 것은 아닙니다. 하지만 국전 가운데 하나인 등록은 '일시 시행되는 수교를 따로 수록한' 것이므로 〈경국대전〉이 편찬된 이후에도 등록은 각 왕의 재위 기간마다 계속해서 발간되었다고 추론하는 것이 타당할 것입니다. 혹은 마지막 문단에서 〈경국대전〉 이외에 〈속대전〉이 언급된 것을 보아, 〈경국대전〉 편찬 이후에 〈속대전〉이 편찬되었다는 점을 알 수 있으며, 이로부터 〈경국대전〉의 편찬 이후에도 수교가 법전 편찬에 사용되었을 것이라 추론할 수 있습니다.

④ 3문단에 의하면, 〈경국대전〉은 〈경제육전〉이나 〈속육전〉, 등록 등의 전대 국전들을 모아서 수정하고 산삭(필요 없는 글자나 글귀를 지움)하여 이들을 대체한 법전입니다. 따라서 전대의 국전에는 포함되어 있지만 경국대전에는 포함되지 않은 수교가 있을 수 있습니다. 즉 기존의 등록에는 수록되어 있던 수교가, '산삭'을 거침으로써 〈경국대전〉에는 수록되지 않은 경우도 있을 수 있는 것입니다.

⑤ 3문단 중반부에서 〈속육전〉은 〈경제육전〉이 편찬된 이후 '그 뒤 새로운 수교가 쌓이자 이 수교들을 모아서' 만들어진 것이라 하였습니다. 즉 〈속육전〉에 포함된 수교는 〈경제육전〉이 편찬된 이후에 새로 만들어진 수교들로만 구성된 것이므로 〈속육전〉에 수록된 수교와 〈경제육전〉에 수록된 수교의 입법 시기는 서로 다르다고 보는 것이 타당합니다.

08 정답 ②

① 1문단에 의하면, 조선의 건국자들은 조선을 성문법에 의하여 전일적으로 통치하고자 하였지만 국전 편찬에는 시일이 걸리므로 형사 사법 체계 혼란이라는 시급한 과제를 해결하기 위해 명나라의 형사법인 〈대명률〉을 수용하였던 것입니다. 따라서 〈대명률〉이라는 외국 형법의 도입은 중앙집권화를 위한 한 방편으로 볼 수 있습니다.

② 1문단에 의하면, 전율 체제는 〈대명률〉과 국전의 양대 지주로 편성된 실정법 체계입니다. 그런데 3문단 전반부에서 확인할 수 있듯이, 국전 편찬에 시일이 걸린 것은 수교를 모아 법전을 편찬하는 조선의 독특한 법전 편찬 과정 때문입니다. 즉 첫 번째 국전인 〈경제육전〉이 편찬되기까지 어느 정도의 수교가 축적되어야 했기 때문에 전율 체제의 출현이 늦어진 것입니다. 국전들 간의 충돌 문제는 3문단 후반부에서 살펴본 것처럼 〈경제육전〉과 〈속육전〉의 충돌과 같은 국전들 사이의 충돌을 의미하므로 전율 체제가 이미 출현한 이후에 나타난 현상이라 보아야 합니다. 따라서 국전들 간의 충돌 문제로 인해 전율 체제의 출현이 지연되었다는 추론은 부적절합니다.

〈이의 제기에 대한 출제기관의 답변〉

본 문항의 목적은 지문에 제시된 정보를 종합하여 조선시대의 법 제도에 대해 추론할 수 있는지를 평가하는 것입니다. 이에 대해 정답으로 제시한 ② '‘국전들 간의 충돌 문제로 전율 체제의 출현이 지연되었다.’-가 정답이 아니라는 이의 제기가 있었습니다. 지문 첫 문단에 따르면 〈대명률〉과 국전의 양대 지주로 구성된 것이 전율 체제입니다. 그런데 첫 문단에서 〈대명률〉의 도입은 태조의 즉위 교서에서 언급되고 있음을 밝히고 있고, 세 번째 문단에서 “‘…… 〈경제육전(經濟六典)〉으로 이것이 최초의 국전”-이라고 밝히고 있습니다. 이를 종합하면, 전율 체제의 출현 시기는 〈대명률〉 도입 후 최초의 국전인 〈경제육전〉이 등장한 때입니다. 〈경제육전〉과 〈속육전〉이 충돌하는 것은 전율 체제 출현 이후의 일이므로 '‘국전들 간의 충돌 문제로 전율 체제의 출현이 지연되었다.’-고 볼 수 없습니다. 따라서 정답에 이상이 없습니다.

③ 조선시대 법전 편찬의 원칙 중 하나는 ‘등록’처럼 별도의 국전을 발간하여 일시 시행되는 수교를 따로 수록한다는 것입니다. 따라서 법 적용 기간을 고려해 법전 종류를 달리하여 편찬하였다는 진술은 적절합니다.
④ 조선 건국자들은 성문법에 의한 통치를 위해 〈대명률〉을 수용하였습니다. 하지만 수용 과정에서, 처제와 형부 간의 간통을 데릴사위제를 취하던 조선의 전통에 따라 〈대명률〉의 규정이 맞추어 적용된 사례처럼, 대명률의 규정이 조선의 실정에 맞추어 적용되기도 하였습니다. 따라서 성문법주의를 취하였으나 관습이 고려되기도 하였다는 진술은 적절합니다.
⑤ 3문단 후반부에서 〈경제육전〉과 〈속육전〉의 충돌 문제가 발생하자 고법인 〈경제육전〉과 모순되는 내용을 삭제하는 것으로 해결하였고, 이 방식을 법전 편찬의 원칙으로 삼았다고 하였습니다. 따라서 법전을 편찬할 때 고법이 존중되고 있었다는 진술은 적절합니다.

09 정답 ①

〈보기〉에 대한 판단 기준은 지문의 마지막 문단에 언급된 “〈경국대전〉에 의하여 〈대명률〉을 쓰되, 〈경국대전〉, 〈속대전〉에 해당하는 규정이 있는 경우에는 이전(二典)에 따른다.”입니다. 즉, 형사 사건이 발생했을 경우, 〈경국대전〉, 〈속대전〉에 해당하는 규정이 있으면 이들 국전의 규정을 따라야 하고, 국전에 해당 규정이 없을 경우에만 〈대명률〉의 규정을 따라야 하는 것입니다.

ㄱ. 대명률과 국전에 모두 관련 규정이 있는 상황이므로 국전의 규정을 따라야 합니다. 또한 2문단에 의하면 지방의 관찰사는 사형 판결을 직접 내릴 수 없도록 국전에 규정되어 있습니다. 따라서 ㄱ의 판단은 타당합니다.
ㄴ. ㄱ과 마찬가지로, 대명률과 경국대전에 관련 규정이 있으므로 경국대전의 규정을 따라야 합니다.
ㄷ. 속대전에 관련 규정이 있음에도 불구하고 대명률을 적용했으므로 타당하지 않은 내용입니다.
ㄹ. 국전에 관련 규정이 없을 경우에는 대명률을 따라야 하므로 타당하지 않은 내용입니다.

역사 지문 02	2013학년도 22-24번	상위 테마 - 제도사 / 하위 테마 - 조선시대 지방 수령 제도의 변천

1. 제시문 정보 구조 분석

[1문단~9문단]

먼저 1문단에서는 조선 태조 때 이뤄진 지방 수령 제도의 변화를 소개하고 있습니다. 태조는 중앙에서 직접 수령을 파견하는 방식을 취하면서, 서울의 이전(吏典)들이 지방 수령으로 지출할 수 있는 통로를 봉쇄하였습니다. 이에 따라 부족해진 수령 자원을 어떻게 마련할지가 이 글의 주된 화두라 할 수 있습니다. 이어지는 문단에서 이전들의 수령 진출 가능성 및 평가 방식등의 변화 양상을 정리하면 다음과 같습니다.

태조	서울의 이전이 지방 수령에 진출할 가능성을 원천 봉쇄	수령 임기는 30개월 + 덕행 항목을 중심으로 수령을 평가
태종	서울의 이전이 지방 수령에 진출할 가능성이 열림	수령 업무의 표준화(수치화된 결과와 실적만으로 평가) + 일 년에 두 번 정기 평가 ☞ 이러한 조치는 성종(경국대전)대까지 지속, 강화
세종	이전들이 수령이 되기 위해 사서, 삼경 등 법전 시험을 봐야 함(☞수령이 되기 위한 문턱이 높아짐)	수령의 임기가 늘어남에 따라(60개월) 발생할 수 있는 부정을 억제하기 위해 평가 방식을 포상 위주로 바꿈 → 하지만 장기 근무로 인해 지방 수령의 자질 저하가 나타남에 따라 여러 가지 대안이 제시됨 ① 공신 및 대신의 자제를 수령으로 파견(☞ 수령직의 열등화만 불러옴) ② 문과 출신의 우수 인재를 파견(☞ 경·외관의 분화 현상 자체를 막을 수는 없었지만, 나름 소기의 성과를 거둠)
세조	이전의 수령 진출 가능성에서 이전과 달라진 것 없음	수령의 임기를 다시 30개월로 단축 파격 승진 + 즉각 징계 등 평가 방식 변화
성종	이전의 수령 진출 가능성에서 이전과 달라진 것 없음	〈경국대전〉의 편찬으로 관련 사항들이 정비됨 서울과 지방 관원의 교류 원칙을 분명히 함(상위직 승진을 위해서는 반드시 외관직을 거치도록 함)

2. 문항별 선택지 분석

22 정답 ⑤

① 태조 때부터 지방 수령을 중앙에서 파견하는 방식을 취했지만, 부족한 수령 자원을 확보하기 위해 지방 사족 출신자들이 적임자로 발탁되는 경우도 있었으므로 지역 출신 수령이라는 진술이 완전히 잘못된 것은 아닐 수도 있습니다. 하지만 태조 때의 평가는 공명이나 염근 등 덕행 항목에 우선권을 두는 방식이었으므로 실적 위주의 평가라는 진술은 명백히 부적절합니다.

② 1문단에서 언급한 관찰사가 지방관을 평가하는 담당자였으므로, 현지 파견 관리에 의한 평가가 태종 때에 이루어졌다는 것은 적절합니다. 하지만 태조 때와 달리 태종 때부터는 덕행이 아닌 실적 위주의 평가가 이루어지게 됩니다.

③ 지방 수령들 사이의 상호 평가 방식은 지문에 나타나 있지 않습니다.

④ 관례와 연공서열에 따른 연도별 평가란 근무 기간이나 나이가 늘어감에 따라 자연스레 상위 직급으로 승진하는 제도라 할 수 있습니다. 세조 때의 파격 승진이나 즉각 징계와 같은 정책은 이러한 연공서열에 따른 연도별 평가 방식에서는 나타날 수 없는 현상입니다.

⑤ 마지막 문단에서 표준화된 고과에 따른 평가가 이루어졌다는 것은 쉽게 확인할 수 있습니다. 문제는 정기 평가인데, 2문단에서 일 년에 두 번의 정기 평가가 실시되는 형태는 이후 경국대전에 명문화될 때까지 지속적으로 강화된 원칙이었다고 하였습니다. 즉 경국대전이 편찬된 성종 대에도 정기 평가는 계속 유지되고 있었던 것입니다. 따라서 선지 ⑤의 진술은 적절합니다.

23 정답 ⑤

① ㉠의 조치(문과 출신의 우수한 인재를 수령으로 파견하는 조치)는 지방 수령의 장기 근무로 인해 나타난 지방 수령의 자질 저하 및 경·외관의 분화를 억제하기 위한 후속 조치입니다. 따라서 선지 ①의 진술은 적절합니다.

②, ③, ④ 6문단 후반부에서 ㉠으로 인해 나타난 긍정적 효과들을 확인할 수 있습니다.

⑤ 6문단 첫 번째 문장은 지방 수령의 자질 저하와 경·외관의 분화를 구분되는 것처럼 서술하였지만, 이어지는 문맥을 살펴보면 결국 지방 수령의 자질이 저하됨에 경(서울)과 외(지방)의 차등화가 나타나게 된 것임을 알 수 있습니다. 즉, 선지의 '서울과 지방 관원의 차별화 현상'이라는 것은 지문의 표현으로는 경·외관의 분화라 할 수 있으며, ㉠ 다음 문

장에서 이러한 조치는 경・외관의 분화 현상 자체를 막을 수는 없다고 하였습니다. 따라서 ㉠이 경・외관의 분화를 해소(완전히 없앰)하였다는 진술은 부적절합니다.

24 정답 ①

① 태조 때까지 이전들은 지방 수령이 될 수 없었다가 태종 때부터 가능해졌고, 세종 때에는 대신들의 자제들 가운데 과거에 합격하지 못한 이들도 수령 진출이 가능해졌으며, 이와 더불어 문과 출신의 우수한 인재가 수령으로 파견되는 등 지방 수령의 출신 배경이 확대되었다고 볼 수 있습니다. 따라서 지방 수령의 출신 배경별 구성이 다양화되었다는 진술은 적절합니다.

② 태종 때부터 중앙의 이전들이 지방관으로 진출하게 되었지만, 이러한 흐름이 이후에도 지속적으로 확대되었다고 볼 직접적 근거는 나와 있지 않습니다. 세종 때에 이르면 수령취재법에 따라 이전들이 사서, 삼경, 법전을 시험 보고 여기서 합격을 해야 수령이 될 수 있었으므로, 오히려 이때에는 이전들이 지방관이 될 수 있는 가능성이 낮아졌다고 보는 게 타당할 것입니다.

③ 6문단에 의하면, 과거에 합격하지 못한 세력가 자제들이 수령이 됨에 따라 수령직의 열등화가 더 분명해졌습니다. 따라서 수령직의 위상이 높아졌다는 진술은 부적절합니다.

④ 지문은 지방 관리인 수령에 대한 인사 제도를 집중적으로 소개하고 있을 뿐, 중앙 관리들에 대한 인사 제도가 지방 수령에 대한 인사 제도와는 별개로 이원화된 구조를 취하고 있었는지 확인할 수 있는 정보는 제시되어 있지 않습니다.

⑤ 1문단 첫 번째 문장에서 조선은 전국을 330여 개의 군현으로 편제하였다고 나와 있는데, 4문단 마지막 문장에서는 이 가운데 80여 곳의 수령 자리가 무관으로 채워져 있다 하였으며 이후에는 이 비율이 어떻게 변했는지 언급되어 있지 않습니다. 따라서 문・무관의 지방관 임명 비율이 균형을 이루게 되었다는 진술은 부적절합니다.

역사 지문 03	2014학년도 17-19번	상위 테마 – 역사학 하위 테마 – 근대 역사학의 역사주의적 사유 방식

1. 제시문 정보 구조 분석

[1문단 + 2문단 : 화두 제시]

글쓴이는 역사학 분야에서 '근대 역사학'이 식민 지배를 정당화하는 도구 역할을 해왔던 점을 먼저 제시한 후, 제국주의가 해체되면서 서구 중심의 역사학에 대해서도 다양한 비판이 가해지고 있지만, 이것이 과연 서구 중심주의를 근본적으로 극복하는 것인지에 대해 문제 제기하고 있습니다. 이를 위해 글쓴이는 문명 담론 및 근대성과 진보라는 개념에 대해 근원적인 재성찰이 필요하다고 강조합니다.

[3문단 + 4문단 : 근대 역사학의 문명 담론(진보와 근대성)]

근대 역사학의 핵심인 역사주의적 사유 방식은 역사가 시간과 함께 진보한다는 '진보' 사관을 기반으로 합니다. 이러한 관점에서 시간은 진행이 될수록 역사적 진보로 채워지기를 기다리고 있는 '동질적이고 비어 있는 시간'으로 설정됩니다. 그리고 근대 역사학은 이러한 진보 개념을 바탕으로, 이질적인 지역의 다양한 역사적 현상들을 동질적인 시간상의 특정 위치에 놓인 것으로 해석하는 '공간의 시간화' 전략을 펼칩니다. 여기서 공간의 시간화 전략이란 비서구의 역사를 전근대(이전)에, 서구의 역사를 근대(지금)에 배치시키는 것이며, 이로부터 서구 사회가 비서구 사회를 문명 상태로 전환할 사명을 가진다는 '문명화 사명' 주장이 파생됩니다.

4문단에서는 이러한 근대 역사학의 관점이 각 국가와 사회 내부의 집단들 간에도 근대적-전근대적 차이가 존재한다는 분석으로 이어지고, 결과적으로 식민지 농민과 같이 후진적 존재로 간주된 이들이 주변화되고 배제됨과 동시에 한편으로는 근대적 시간 안에 편입될 것을 강제당하는 억압을 불러일으키게 되었다고 분석합니다.

[5문단 : 근대 역사학 극복을 위한 방안]

글쓴이는 비서구 공간의 문화적 고유성을 강조하거나, 사회・경제적으로 서구와 같은 진보를 이룰 수 있다는 점을 강조하는 관점은 근대 역사학을 극복하기 위한 본질적 대책이 되지 못한다고 주장합니다. 이에 대해 글쓴이가 강조하는 것은 이질적인 역사적 시간, 근대적 시간으로 포섭할 수 없는 이질성이 역사적으로 현존한다는 점을 그 자체로 인정하고 적극적으로 끌어안아, 서구 중심주의가 강조한 보편성이나 동질성에 균열을 내야 한다는 것입니다.

2. 문항별 선택지 분석

17 정답 ②

① 4문단에 의하면, 한 사회 내부의 전근대적 계층(예를 들어 제국주의 시대의 식민지 농민)을 주변화하고 배제한 것은 근대 역사학에 의한 결과이지, 이 근대 역사학의 한계를 극복하려는 시도(글쓴이가 제시한 이질성을 끌어안는 관점)에 의한 결과가 아닙니다.

② 3문단에서 확인하였듯이, 근대 역사학의 '공간의 시간화' 전략은 전근대와 근대를 진보라는 단선적 시간 개념을 통해 연속시키고, 이를 각각 비서구와 서구의 역사에 대응시키는 전략이었습니다. 따라서 서로 다른 지역의 역사적 사건들을 단선적으로 비교한다는 진술은 적절합니다.

③ 1문단에 의하면, 근대 역사학은 제국주의의 식민지 통치의 일환으로서 서구 중심주의적 이데올로기를 전파하는 기능을 담당하였습니다. 따라서 근대 역사학이 이데올로기와 무관하다는 진술은 부적절합니다.

④ 역사주의적 사유는 근대 역사학의 핵심 사유 방식입니다. 3문단에 의하면 역사주의적 사유는 서구와 비서구와 같은 공간의 차이를 근대와 전근대라는 동질적인 시간상의 위치로 전환해 서술합니다. 따라서 공간의 차이와 시간의 추이를 환원 불가능한 별개의 것으로 상정하는 것이 아니라, 오히려 공간적 차이가 시간의 추이로 환원된다고 보는 입장입니다.

⑤ 역사적 시간을 위계적으로 보는 시각이란 역사주의적 사유에 해당합니다. 문명화 사명은 이러한 역사주의적 사유의 근간에 놓인 정신적 기저이지, 역사주의적 사유를 반성하고 등장한 것이 아닙니다.

18 정답 ③

글쓴이는 서구 중심주의적 근대 역사학을 극복하기 위해서는, 단순히 비서구의 고유성을 강조하거나 비서구도 서구와 동일한 근대화를 수행할 수 있다는 점을 강조하는 것으로는 부족하며, 다양한 지역・문명마다 고유한 문화, 현상의 이질성을 그 자체로 인정하고 끌어안는 시각이 필요하다고 강조합니다. 이러한 관점에서 〈보기〉를 바라본다면, 차토파댜이 이후 인도의 민족주의 역사학이 인도 역사의 보편성을 강조하며 인도가 진보의 과정을 거쳐 근대화할 수 있다는 주장을 펼치는 것은 본질적 대책이 될 수 없으며, 그러한 맥락에서 〈보기〉의 인도 역사학의 주장은 역사주의적 사유를 극복하는 데 성공적이지 않았다(ⓐ)는 평가가 나온 것이라 할 수 있습니다. 따라서 ⓐ의 이유로 가장 적절한 진술은 ③입니다.

① 〈보기〉의 두 번째 문장에서 차토파댜이는 조상의 과거를 과학적으로 연구할 필요성을 제기했다고 하였으므로, 인도 역사에 대한 과학적 연구를 구체화하지 못했기 때문이라는 설명은 부적절합니다.

② 〈보기〉의 첫 번째 문장에서 차토파댜이는 인도인에 의한 과거의 '재현'을 강조하였습니다. 이때의 재현이란 과거를 있는 그대로 드러낸다는 맥락이지, 서구 중심주의의 입맛에 따라 인도의 과거 역사를 '재구성'하는 것과는 다른 것이라 할 수 있습니다.

④ 차토파댜이가 영광스러운 과거를 강조했다는 점에서 인도의 정신적 자주성을 강조하였다는 진술은 적절하다고 볼 수 있습니다. 하지만 인도 역사가 인류의 보편적 진보 과정을 따라왔고 독립이 되면 즉시 자력으로 근대화할 수 있다고 보는 점에서, 인도 문명과 서구 문명을 동일선상에서 보고 있는 것이지 서로 다름을 주장한 것이라 보기는 어렵습니다.

⑤ 〈보기〉의 세 번째 문장에서 차토파댜이는 인도가 서구적 합리성이 결여되었기 때문에 식민지가 되었다고 주장합니다. 따라서 인도 문화의 비합리성을 인정했다고 봐야지, 이를 부정했다는 진술은 부적절합니다.

19 정답 ③

ㄱ. 근대성 담론이 비서구 지역에 대해 강요한 강압적 획일화란 비서구 역시 서구 사회와 마찬가지로 근대화를 이루어야 한다는 문명화 사명의 주장이라 할 수 있습니다. 글쓴이는 이러한 관점에 대해 비판하며, 마지막 문단에서 강조한 것처럼 이질적이며 환원 불가능한 역사적 시간들을 있는 그대로 인정하는 시각이 필요함을 역설합니다. 따라서 ㄱ은 글쓴이의 주장을 적절합니다.

ㄴ. 역시 마지막 문단에서 살펴보았듯이, 글쓴이는 근대적 시간으로 포섭할 수 없는 이질성이 역사적으로 현존함을 인정하고 끌어안아야 한다고 주장합니다. 따라서 전근대적이라고 간주되었던 역사 주체들을 기반으로 하는 역사적 시간을 승인해야 한다는 주장은 글쓴이의 견해에 부합합니다.
만약 '승인'이라는 표현 대신 '대체'라는 표현이 사용되었다면 이는 부적절한 진술이 될 것입니다. 왜냐하면 승인은 있는 그대로 인정해주는 맥락이지만, 대체는 서구 중심주의를 비서구 중심주의로 바꾸어야 한다는 의미를 띠고 있기 때문입니다.

ㄷ. 보편적 기준을 바탕으로 이질적인 역사적 시간들을 치환한다는 것은 3문단에서 살펴본 진보 개념처럼 시간을 역사적 진보로 채워지기를 기다리는 동질적이고 비어 있는 시간으로 만드는 작업이라 할 수 있습니다. 이는 글쓴이가 비판한 역사주의적 관점이 그대로 반영된 것이므로 글쓴이의 주장으로는 부적절합니다.

역사 지문 04	2015학년도 21-23번	상위 테마 - 역사학
		하위 테마 - 아우슈비츠의 일상에 대한 회색 지대 이론

1. 제시문 정보 구조 분석

2014학년도 17번-19번 지문인 역사주의적 사유 vs 탈역사주의적 사유 글에서도 살펴본 바 있듯이, 이 글에서도 역사학 분야의 핵심 화두인 이분법적 역사 분석과 그에 대한 비판적 관점의 대립 구도를 확인할 수 있습니다.

[1문단 : 화두 제시]

나치에 의한 학살이 자행되었던 아우슈비츠 수감소에서도 일상이 존재했다는 주장으로 시작합니다. 첫 번째 대비 구도는 일반적인 역사 서술의 방향 vs 일상사의 서술 방향입니다. 일반적 역사 서술은 주로 사회 전체나 개인을 움직이는 '구조와 힘'에 주목하는 데 비해(하향식 통제), 일상사는 사람들의 구체적인 행동 및 사람들 사이의 상호 작용이 어떤 역사적 구체를 생산하고 변형하는지(상향식 변혁과 변이 발생)에 관심을 기울입니다. 이러한 일상사의 일환에서 프리모 레비의 이론이 언급되고 있는 것입니다.

[2문단 : 회색 지대의 구성 요소들]

프리모 레비는 '가해자 vs 피해자'의 이분법적 구분을 바탕으로 아우슈비츠의 수감자들을 피해자라는 단일체로 파악해서는 안 된다고 보며, 수감자들 내에 존재하는 다양한 일상의 양상을 더욱 세분화해서 살펴봐야 한다는 보며 '회색 지대'라는 개념을 제시합니다. 2문단은 이 회색 지대를 구성하는 세 종류의 수감자들을 구분하고 있습니다.

(1) 대부분의 사람들 : 포기하고 순응한 존재들, 익명의 군중, 대부분 죽음
(2) 특권층 : 나치 친위대의 선택을 받아 권한을 얻은 존재들, 특권을 방어하기 위해 다른 수감자들을 학대함, 생존
(3) 정글에 적응했던 사람들 : 체면과 양심을 돌보지 않고 생존 본능에 의지해 비도덕적 행위도 마다하지 않음, 생존

[3문단 : 회색 지대의 모호성과 그 원천]
2문단에서 살펴본 것처럼 수감자들은 단순히 동일한 피해자로 분류되는 것이 아니라 가해자와 희생자, 주인과 노예의 관계가 얽혀있는 존재들입니다. 예를 들어 특권층은 나치와의 관계에서는 희생자이면서도 같은 수감자 그룹 내부에서는 가해자의 위치에 있는 존재인데, 이러한 다층적 측면이 이들에 대한 판단을 모호하게 만드는 것입니다. 그리고 3문단에서는 이러한 모호성이 나타나게 된 요인을 크게 두 가지로 구분하고 있습니다.
(1) 악과 무고함의 혼재 : 수감자들은 기본적으로 무고하지만, 상황에 따라 자발적으로 다른 이에게 악을 행할 수 있음
(2) 행위자의 동기 : 구역장과 같은 '특권층'은 저항 운동에 참여하여 특권을 행사하는데, 이 저항 운동을 위해 또 다른 무고한 사람을 희생시키기도 함

[4문단 : 회색 지대를 만들어내는 원인]
3문단이 회색 지대가 갖는 모호성이 나타나는 양상을 두 가지로 분류해 설명하고 있다면, 4문단은 이러한 회색 지대 자체가 출현하게 된 원인을 분석하고 있습니다.
첫 번째 원인은 나치의 인력 부족입니다. 나치는 인력 부족으로 인해 피억압자(수감자)의 협력이 어느 정도 필요했으며, 수감자를 더럽혀 공모의 유대를 확립함으로써 수감자들이 적극적으로 협력할 수 있도록 종용했던 것입니다.
두 번째 원인은 피억압자 스스로의 자발적 선택입니다. 억압이 거셀수록 피억압자 사이에서 나치에 기꺼이 협력하려는 사람이 생겨나게 된다는 것입니다.
문제는 이러한 회색 지대의 모호성이 가해자와 희생자를 뒤바꾸고 뒤섞어, 누구에게도 책임의 소재를 묻기 어렵게 만들 수도 있게 된다는 점이며, 레비에 대한 비판 역시 바로 이러한 점을 강조하고 있습니다. 하지만 레비가 의도한 것은 책임 소재를 따지는 것이 아니라 인간과 인간성에 대해 끊임없는 성찰하는 것입니다. 그가 회색 지대 개념을 통해 의도했던 것은 나치는 가해자이자 악이고 수감자는 피해자이자 무고한 존재라는 단순 이분법(통념)을 토대에서부터 문제시하는 것입니다.

2. 문항별 선택지 분석

21 정답 ①
① '특권층'이 신참 수감자들을 폭력적으로 대하고 길들이려 한 것은 특권을 방어하고 보호하기 위한 목적에서이지, 신참이 수용소의 비참한 상황에 적응할 수 있도록 억지로 악인 행세를 한 것(위악적)이라고 보는 것은 부적절합니다.
② 3문단 후반부에서 언급한 '구역장'이 이에 해당합니다.
③ 2문단 마지막에서 언급한 '정글에 적응했던 사람들'이 이에 해당합니다.
④ 생존 투쟁을 포기한 사람들은 2문단에서 첫 번째로 언급한 '대부분의 사람들'에 해당하며, 이들은 침묵 속에서 익명의 군중으로 살아가며 대부분 죽음을 맞이하게 됩니다.
⑤ 3문단 중반부에서 확인할 수 있듯이, 수감자들은 기본적 무고하지만 어느 정도 자발적으로 다른 이에게 악을 행할 수 있는 존재 즉 가해자가 될 수도 있었으며, ②에서 언급한 구역장이 바로 이러한 존재의 대표적인 사례입니다.

22 정답 ①
4문단 후반부에서 레비가 회색 지대 개념을 통해 제기한 화두가 무엇인지만 확인하면 선지 ①이 정답이라는 것은 쉽게 파악할 수 있습니다.
② 책임 소재를 분명하게 하려는 것은 레비의 의도가 아니었다는 점을 4문단 후반부에서 확실하게 확인할 수 있습니다. 따라서 선지의 후반부 진술만으로도 틀린 진술임을 쉽게 알 수 있습니다.
③ 공모의 유대는 4문단에 언급된 개념으로서, 이는 나치와 일부 수감자들(특권층) 사이에 이루어진 것이지 피해자들 간에 이루어진 것은 아닙니다.
④ 일상사 연구가 역사적 구체를 생산하고 변형하는 사람들 사이의 상호작용에 관심을 기울이듯이, 일상사 연구의 하나의 레비의 회색 지대 이론도 역사적 구체들을 분석하고 정의하려 한 측면은 분명 있을 것입니다. 하지만 이를 통해 사회적 합의를 이끌어내려 했다고 보기는 어렵습니다. 레비는 확실한 답변을 얻기 어려운 문제들을 끊임없이 되묻고 통념을 문제시하려 했으므로, 사회적 합의를 이끌어내는 것은 그의 목표가 아니었다고 보아야 합니다.

⑤ 앞서 살펴본 것처럼, 이분법적 분류를 넘어서게 했다는 것은 맞지만 적극적 협력자(특권층)에 대한 능동적 단죄를 요청한다는 것은 부적절합니다.

23 정답 ④

〈보기〉에 제시된 레비에 대한 비판들은 모두 4문단에서 확인한 레비의 회색 지대 개념에 대한 우려, 즉 가해자와 희생자가 뒤바뀌고 뒤섞임에 따라 누구에게도 책임 소재를 묻기 어렵게 된다는 비판에 해당하는 것들입니다. 이러한 비판은 결국 진짜 가해자는 수감자들이 아닌 그 바깥의 나치인데, 수감자 내부에서 가해자와 희생자를 나눔에 따라 진짜 가해자를 보지 못하게 만든다는 우려라 할 수 있습니다. 따라서 이러한 비판의 방향성에 가장 부합하는 것은 선지 ④ "피해자들 내부의 관계에만 주목하게 하여 가해자와 피해자의 관계를 부차적 문제로 만든다."입니다.

① 수감자들 바깥의 진짜 가해자(나치)를 못 보게 만든다는 비판의 맥락만 놓고 보면 '역사를 거시적으로 보지 못하게 한다'는 진술은 관련성이 높다고 할 수 있습니다. 하지만 거시적 관점을 확보하지 못하게 만든 원인 분석이 잘못되어 있습니다. 선지 ①은 수용소 단위에서의 가혹 행위에만 집중했기 때문에 편협한 관점을 취하게 되었다는 것인데, 이를 뒤집어서 생각하면 수용소 단위에서의 가혹 행위에만 집중할 것이 아니라 다른 단위에서의 가혹 행위에 대해서도 다루어야 역사를 거시적으로 본 것이라 할 수 있다는 주장인 셈입니다.

한편, 4문단에 제시된 레비의 관점에 대한 비판의 맥락만 정확하게 파악하였다면 ②, ③, ⑤의 비판은 이러한 맥락(=〈보기〉)과 무관하다는 점에서 쉽게 걸러낼 수 있으며, 진술 내용도 부분적으로 잘못된 것들이 존재합니다.

② 일상사의 주된 관심은 사람의 구체적인 행동 및 사람들 사이의 상호 작용으로 인해 어떤 역사적 구체가 생산되고 변형되는가 하는 것입니다. 이러한 점에서 봤을 때, 비상한 일상 속에서 사람들 사이의 상호 작용으로 인해 인간성이 어떻게 공격당하고 무너져 파멸로 치달아 가는지 분석한 레비의 이론은 충분히 일상사의 목적에 부합하는 것이라 할 수 있습니다.

③ 다층적 차원에서의 분석 및 이로 인해 수감자들에 대한 역사적 평가가 이분법적 구도에서처럼 쉽게 이루어질 수 없게 되었다는 점은 레비에 글에 대한 비판으로 제기될 수 있습니다. 하지만 이는 〈보기〉와 관련된 비판의 맥락과는 궤를 달리하는 것입니다.

⑤ 레비는 오히려 수감자 내부에 집중해 이들을 세분화하였던 것이지, 관리자(나치)와 수감자의 관계로만 접근하는 기존의 이분법적 관점에 대해 거리를 두었습니다.

역사 지문 05	2018학년도 4-6번	상위 테마 - 역사학
		하위 테마 - 폴란드 역사학계의 역사 서술 논의

1. 제시문 정보 구조 분석

[1문단 : 화두 제시]

폴란드의 역사 서술이 1989년 냉전 체제 해체를 전후해 어떤 변화를 겪었는지가 제시되어 있습니다. 전까지는 사회주의 모국으로서 소련에 대한 비판이 금기시되었지만, 벨벳 혁명과 1989년의 사건을 계기로 이러한 금기는 사라지게 되었고 사적 영역에 숨어 있던 기억들이 전면화되었습니다.

[2문단 + 3문단 : 세 분파의 비교 분석]

앞서 살펴본 것처럼 사회주의 모국에 대한 비판이 본격적으로 이루어진 것은 벨벳 혁명으로 촉발된 1989년의 냉전 체제

해체입니다. 하지만 이러한 흐름이 처음 나타난 것은 그보다 이전인 1980년의 전투적 반공주의부터입니다. 2문단과 3문단에는 이들 전투적 반공주의를 중심으로 애국주의 분파와 국제주의 분파까지 세 분파의 공통점과 차이점을 서술하고 있는데 이를 표로 정리하면 아래와 같습니다.

전투적 반공주의	애국주의 분파 (공산당 공식 입장)	국제주의 분파
민족주의		국제주의(사회주의)
반유대주의		유대계(유대주의)
소련 적대시 O	소련 적대시 X (반독일 감정으로 소련에 대한 반감 해소)	
'희생자 의식'이라는 집단 심성은 세 분파가 모두 공유 (이차 대전 시 삼백여만 명의 유대계 폴란드 인이 희생된 사실은 외면함)		

[4문단 : 2000년 이후의 변화]

희생자 의식이라는 코드는 2000년의 스톡홀름 선언을 계기로 흔들리게 됩니다. 동유럽 국가들의 나토와 유럽연합 가입으로 촉발된 정치적 서구화는 문화적 서구화를 낳고, 이에 따라 역사학계에서도 전 유럽적 기억의 공간에 과거를 재배치하는 역사 서술 방법으로서 '트랜스내셔널 역사 서술'이 등장합니다. 이 역사 서술 방법으로 인해 과거 전투적 반공주의 등이 공유하였던 희생자 의식, 즉 폴란드인이 일방적으로 희생되었다는 의식이 재검토되어야 한다는 압박을 받게 됩니다.

[5문단 : 세 분파의 비교 분석]

당연히 외부로부터 가해진 압력이 곧바로 수용된 것은 아니었습니다. 같은 마을에 살았던 유대인들을 폴란드 인 주민들이 학살한 사건을 다뤄 2000년에 출간된 「이웃들」이라는 작품이 거센 비난에 직면했으며, 민족주의적 관점에서 폴란드인 스스로의 자기 성찰을 약화시키는 움직임이 나타나게 되었던 것입니다.

2. 문항별 선택지 분석

04 정답 ③

① 5문단 마지막에 언급된 '민족주의의 적대적 공존 관계'란, 폴란드 입장에서 적대적인 존재인 독일 극우파들이 민족주의를 정당화할 때 이에 맞서 폴란드 내에서도 민족주의적 입장에서 반발함으로써 폴란드인의 유대인 학살이라는 기억을 전면에 드러내는 것(트랜스내셔널 역사 서술)이 어렵게 되어 자기 성찰의 약화가 나타나는 것을 의미합니다.
이에 비해 선지에서 말한 소련에 대한 반감을 반독일 감정을 통해 해소하는 전략은 1968년경 애국주의 분파의 전략으로서 자기 성찰의 약화라는 맥락과는 무관한 것입니다.

② 1989년을 전후로 소련에 대한 비판의 금기시가 사라지긴 했지만, 그렇다고 해서 역사 해석이 일원화되었다고 보기는 어렵습니다. 2000년대 이후로 등장한 트랜스내셔널 역사 서술과 민족주의적 역사학계의 입장이 충돌한 것만 보더라도 역사 해석이 일원화되었다고 볼 수는 없습니다.

③ 본격화되었다는 것과 시작되었다는 것은 늘 주의를 기울여야 하는 표현입니다. 2문단의 정보 구조 분석에서도 언급하였듯이 소련과의 관계 재설정의 시도가 시작된 것은 1980년 민족주의 역사학계에 의해서지만, 본격화된 것은 1980년대 말의 벨벳 혁명 이후부터입니다.

④ 1989년 이후 소련에 대한 신뢰는 무너지게 됩니다.

⑤ '전 유럽적 기억 공간으로의 기억 재배치 작업'은 트랜스내셔널 역사 서술을 의미하는데, 「이웃들」에 대한 폴란드 민족주의자들의 반발 반응은 오히려 이러한 재배치 작업이 쉽게 완료되기 어려운 것임을 보여줍니다.

05 정답 ②

글쓴이는 폴란드의 역사 서술의 변천 양상을 비교적 객관적인 시각에서 서술하는 편이지만, 몇몇 부분에서는 자신의 솔직한 견해를 드러내고 있습니다. 대표적으로 3문단의 마지막 문장('하지만 그 중 삼백여만 명이 유대계였다는 것은 공식적으로 언급되지 않았다.')이나 4문단 후반부의 문장('실제로 아우슈비츠 등지에서의 유대인 희생은 공산 정권 시기에 비판적 자기 성찰의 계기는 고사하고 아예 '말소된 기억'이었다.') 등에서 이를 확인할 수 있습니다. 즉, 글쓴이는 폴란드의 민족주의 역사학계가 '희생자 의식'에서 벗어나 실제 역사적 진실과 마주해야 한다는 관점을 취하고 있는 것입니다. 선지 ①, ③, ④는 이러한 관점을 그대로 보여주는 것입니다. 한편 선지 ⑤는 희생자 의식이 19세기부터 21세기 초까지 폴란드인을 지배한 주도적 정서임을 지적한 3문단의 진술을 통해 쉽게 확인할 수 있습니다.

② 역사서를 지하 출판한 것은 1980년대이며, 이때에도 희생자 의식은 전투적 반공주의 역사가들에게 지배적인 정서였습니다.

06 정답 ③

ⓐ와 ⓑ는 민족주의와 반유대주의를 내세우는 반면, ⓒ는 전 유럽적 관점에서 폴란드인의 유대인 학살 등의 비극을 전면에 드러내야 한다는 관점을 내세웁니다.

① 만약 소련에 대한 대중적 반감을 해소하려는 목적에서라면 ⓐ가 국제주의 분파와 협력하려고 들 수 있지만, 그렇다 하더라도 유대계 폴란드인이 반 나치 투쟁을 선도했다는 식으로 친유대주의적 관점을 취한다고 볼 수는 없습니다.

② 〈보기〉의 ㉡은 ㉠과 달리 유대인의 활약상이 드러나지 않은 사례이므로 ⓑ가 ㉡에 대해 비판적으로 서술했을 것이라 단정하는 것은 부적절합니다.

③ 이미 살펴본 ⓒ의 역사 서술 관점에 부합하는 진술입니다.

④, ⑤ ㉠은 유대인이 반 나치 저항을 주도한 사례이므로 ⓐ나 ⓑ가 정치적인 이유에서 이를 왜곡할 것이란 진술은 맞지만, ⓒ는 ㉠의 사례가 진실이라 보고 이를 사실 그대로 서술할 것입니다.

CHAPTER 6

정치 영역

정치 지문 01	2010학년도 16-18번	상위 테마 - 정치사상사 / 민주주의론 / 국민국가론 하위 테마 - 프랑스 혁명 이후 민주주의와 자유주의의 대립

1. 제시문 정보 구조 분석

▶ 1789년의 프랑스 혁명은 기존의 절대 군주를 시민들의 힘으로 무너뜨리고 민주적 정치체제가 도래하게 된 역사적 사건이었습니다. 하지만 이와 같은 민주적 움직임을 제어하려는 흐름도 곳곳에서 나타나게 됩니다. 이 글은 이와 같이 민주주의에 대한 견제, 통제의 움직임이 프랑스 혁명 과정에서 어떻게 등장했고, 그 결과 최종적으로는 어떠한 정치체제로 귀결되었는지를 시간순으로 보여주고 있습니다.

[1문단 : 화두 제시]
프랑스 혁명 초기에는 조합과 정당 활동을 금지하는 중간집단 금지에 관한 법들이 제정됩니다. 즉 오늘날에는 당연한 것으로 여겨지는 정당 정치가, 프랑스 혁명 초기에는 억눌려 있었던 것입니다. 이러한 제도가 만들어지게 된 이론적 배경에는 루소의 일반의지론이 존재합니다. 루소는 특수의지를 표명하는 부분 집단(조합, 정당 역시 이러한 부분 집단에 속함)을 제거하고 개개인으로서의 시민들이 부분 집단에 의한 의지의 왜곡 없이 이성적 주체로서 자신의 의견만을 표출함으로써 국가 운영의 기본 원칙으로서 일반의지가 형성될 수 있다고 보았습니다. 이러한 루소의 주장을 계승한 프랑스 혁명 초기의 사상가들은 바로 이 맥락에서 중간집단을 금지하였던 것입니다.
하지만 시민들 개개인이 과연 이성적 존재인가에 대한 의문에서부터 시작해 개인들의 산술적 합인 ‘수’에 대한 불신이 여전한 상황에서, 이 ‘수’를 견제하려는 자유주의(‘이성’을 강조)의 움직임이 나타나게 됩니다.

[2문단 : ‘수’에 대한 ‘이성’의 우위 1 - 선거권 제한]
혁명 시기에는 자유주의자들에 의해 ‘수’의 정치적 권리에 대한 제한이 이루어집니다. 이 당시의 자유주의자들에게 선거는 개인의 권리가 아니었으며, 이들은 선거권을 제한함으로써 ‘수’가 갖는 위험을 제거하고자 하였습니다.

[3문단 + 4문단 : ‘수’의 반발과 왜곡]
외국과의 혁명 전쟁 시기에 국민방위대로서 활약한 상퀼로트들은, 자신들의 대표자를 선출하는 것(권한 위임)에 만족하지 않고, 자신들이 승인하지 않은 법을 거부하고 주권을 직접 행사하고자 하였습니다.
하지만 이들 상퀼로트의 힘을 통해 권력을 장악한 로베스피에르는 이들의 민주주의적 실천을 ‘덕성’의 이름으로 제한합니다. 여기서 ‘덕성’이란 조국과 법에 대한 사랑, 개인 이익을 일반 이익에 종속시키는 자기희생으로 표현되는데, 결국 애국심과 같은 덕목이라고 생각하면 될 것입니다.

[5문단 : 토크빌의 분석과 제안 - 중간집단의 부활]
1789년 혁명 이후 프랑스 내 민주와 자유 간 갈등 양상에 대한 토크빌의 분석과 이에 대한 해결책으로서 중간집단의 부활 제안이 소개되고 있습니다. 토크빌에 의하면 프랑스 혁명을 통해 분출된 민주주의는 결과적으로 이성과 덕성이 약화되면서 전제정으로 귀결되고 말았던 것입니다. 토크빌은 이러한 상황을 해결하기 위해서는 혁명 초기에 금지되었던 중간집단을 다시 부활시키고, 이것이 정치적 자유의 실현과 시민적 덕성 함양 그리고 권력에 대한 견제 역할을 수행해야 한다고 주장합니다.

[6문단 : 자유민주주의 체제로서 프랑스 제3공화국의 성립]

토크빌이 제안한 바대로, 프랑스 제3공화국은 자유주의와 민주주의의 갈등을 해소하고 자유민주주의 체제로서 새롭게 등장하게 됩니다. 이러한 흐름에서 핵심은 중간집단의 허용이었으며, 특히 정당체제가 새로운 엘리트 충원 구조로서 그리고 여론의 형성자로서 시민과 국가권력을 매개하는 역할을 수행하게 됩니다.

2. 문항별 선택지 분석

16 정답 ②

① 1문단에서 확인하였듯이, 루소는 부분 집단(중간집단)의 존재를 제거함으로써 일반의지가 자연스럽게 형성되리라 기대하였습니다.

② 2문단에 의하면 혁명 시기(혁명 초기)의 자유주의자들은 민주주의가 갖는 위험을 제거하기 위한 방안으로서 선거권의 제한을 정당화하였습니다. 즉 이들은 대의제를 민주주의 실현을 위한 장치가 아니라 시민들의 의지를 해석하고 일반 이익을 잘 인식할 수 있는 능력 있는 사람들을 지명하는 행위 즉 자유주의의 실현을 위한 장치로 간주하였던 것입니다.

③ 3문단에서 확인하였듯이, 상퀼로트들은 혁명이 급진화되어 외국과의 혁명 전쟁이 시작된 시기에 국민방위대의 일환이 된 후, 주권의 직접 행사를 원하는 형태로 정치적 권리를 요구하였습니다.

④ 4문단에서 확인하였듯이, 상퀼로트들에 의해 권력을 장악은 로베스피에르는 오히려 이러한 민주주의적 실천을 덕성 즉 조국과 법에 대한 사랑과 자기 희생의 덕목으로 제한함으로써 인민의 정치적 실천이 공화국의 제도 안에서만 이루어지도록 한정하였습니다.

⑤ 6문단에서 확인하였듯이, 뒤르켕은 직업 집단이 직업적 도덕을 형성하고 국가와 개인 사이의 의사소통을 위한 대표 기능을 수행해야 한다고 강조하였습니다.

17 정답 ③

①, ② 5문단과 6문단에 의하면, 이성과 덕성이 약화되어 수의 민주주의에 의해 전제정이 등장한 이후, 이에 대한 견제 장치로서 제3공화국이 등장하게 되었습니다. 즉 이성과 덕성이 수를 통제할 장치(정당)를 마련함으로써 자유민주주의 체제로서 제3공화국이 등장하게 된 것입니다.

③ 수가 이성과 덕성을 갖추게 된 시기는 ①에서 살펴본 것처럼 프랑스 제3공화국 시기를 의미합니다. 이때부터는 수의 민주주의가 대표 없이 주권을 직접 행사하는 것이 아니라 정당에 의해 여론이 형성되는 방식으로 간접적인 의사 표출이 이루어지게 됩니다. 대표 없이 주권의 직접행사를 통해 민주주의를 실현하려 한 것은 3문단에서 살펴본 것처럼 상퀼로트들이 정치적 세력으로 성장한 혁명 급진화 시기입니다.

④ 수의 공적 영역 진입을 통제하는 장치는 2문단에서 자유주의에 의한 선거권 제한의 형태로, 4문단에서는 로베스피에르가 제시한 덕성의 형태로 등장하였습니다.

⑤ 덕성을 매개로 수와 이성을 일치시키려 했던 시도는 4문단에서 살펴본 것처럼 로베스피에르의 공포정치 시기에 나타난 것입니다. 이와 같은 시도 즉 덕성의 강조는 결과적으로 민주주의의 제한 및 대표와 국민의 일치를 통한 대표의 절대 권력화를 낳았습니다.

18 정답 ④

㉠의 '민주주의 시대 중간집단'은 해당 문장의 진술처럼 시민적 덕성이 함양되게 함으로써 결과적으로는 권력에 대한 견제 기능을 수행하는 집단입니다. 따라서 이러한 권력 견제 기능을 내포한 집단은 소거하고, 그렇지 않은 집단을 정답으로 선택하면 됩니다.

① 교육 정책에 대한 비판을 한다는 점에서 권력을 견제한다고 볼 수 있습니다.

② 정부에 압력을 행사한다는 점에서 권력을 견제한다고 볼 수 있습니다.

③ 국가 권력에 대한 견제의 역할을 수행하고 있습니다.

④ 문제 해결을 위한 공무원과 전문가들의 집단은 정부의 입장을 대변하는 집단에 가깝지, 권력을 견제하는 기능을 갖추고 있다고 보기는 어렵습니다.

⑤ 권력에 대해 비판하는 역할을 수행하고 있습니다.

정치 지문 02	2011학년도 24-26번	상위 테마 - 정치사상사 / 민주주의론 / 국민국가론 하위 테마 - 프랑스 제3공화국의 수립과 노동자 정당의 체제 내 포섭 과정

문항별 선택지 분석

24 정답 ⑤

① 3문단에 따르면 행정부는 특화된 분야에서의 전문성과 경험을 장점으로 지닌 다양한 자문 위원회의 설치를 통해 사회의 거의 모든 영역을 포괄하는 대표로서 기능하게 되었습니다.

② 2문단에서 행정부가 자신의 역할과 권한을 확대해 나간 사례로 1890년의 노동 위원회 설치를 들고 있습니다.

③ 3문단에 따르면, 행정부는 다양한 자문 위원회를 설치하여 행정부 기능을 확대해 나가면서 대의적 기관으로서의 정당성을 확보해 나갔습니다.

④ 4문단에 따르면, 제3공화국 초기에 정부는 노동자와 사용자 간의 공정한 중재자 역할만 수행하였을 뿐 사회 문제에 적극적으로 개입하지 않았습니다.

⑤ 부조는 제3공화국 초기에 정부가 사회 문제를 해결하기 위해 사용한 정책이었습니다. 그러던 것이 노동자 정당의 세력화 이후 정부는 개인들 간의 자유로운 계약에 앞서 모두가 자유로운 사회 계약 능력을 갖출 수 있도록 하는 연대주의, 곧 복지 국가의 모습을 추구해 갔던 것입니다(4문단). 따라서 복지 국가의 개념이 확립된 이후 부조가 사회 문제를 해결하는 국가의 기본 대책이 되었다는 ⑤의 설명은 부적절합니다.

25 정답 ③

① 사회적 연대를 통해 국가 구성원으로서의 소속감 강화가 이루어졌는지 여부가 지문 내에 직접적으로 나타나 있는 것은 아닙니다. 하지만 4문단에서 서술하고 있듯이 사회적 연대는 복지 국가를 개념화한 것으로서, 국가는 실업과 같은 문제를 개인적 차원의 문제가 아니라 사회적 원인에 의해 만들어진 사회적 실재로 인정하고 관리합니다. 이로 인해 사회 구성원들의 국가에 대한 반감이나 이탈이 줄어들고 이들의 국가에 대한 소속감이 강화되리라고 추론할 수 있습니다.

② 다양한 이익들을 적극적으로 인식하고 수용하기 위해 다양한 위원회를 설치하였다는 것에서 확인할 수 있습니다(3문단).

③ 2문단에서 지적하고 있듯이 제3공화국에서 특정한 집단들의 특수 이익은 입법부가 아닌 행정부에 의해 대표되기 시작하였습니다. 따라서 의회주의를 통해 특수 이익 대표 체계가 강화되었다는 ③의 설명은 부적절합니다.

④ 사회 정의를 위한 정치를 지향하는 맥락에서 연대주의가 제시되었다는 점에서 확인할 수 있습니다(4문단).

⑤ 노동자 정당이 성장함에 따라 복지 정책이 강화되었지만 이는 결과적으로 국가가 노동자 계급을 자신의 구성원으로 포섭하게 만들었다는 점에서 확인할 수 있습니다(6문단).

26 정답 ③

③ 마지막 문단에 나타나 있듯이, 이 글에서는 국가의 역할 변화에 따른 문제점으로 시민들의 삶 자체를 관리하는 거대 권력의 등장을 들고 있다. 따라서 ㉠에서 말하는 민주주의의 새로운 과제도 이러한 거대 권력을 제어할 수 있는 방향으로 설정되어야 합니다. 선택지 ①, ②, ④는 행정부 기능의 전문성이나 기능을 확충하고 정책의 정당성을 확보한다는 점에서 국가 권력의 역할이나 권한을 보다 강화하는 방안들입니다. ⑤는 국가 권력에 대한 제어가 아니라 국가의 자율성을 지향한다는 점에서 역시 ㉠의 과제로는 부적합합니다. 이에 비해 ③은 정부 정책을 감시하는 방법을 강화한다는 점에서 ㉠의 과제에 부합하는 방안이라 할 수 있습니다.

정치 지문 03	2017학년도 11-13번	상위 테마 - 정치사상사 / 민주주의론 / 국민국가론
		하위 테마 - 미국 연방주의자의 공화주의와 헌정주의적 수단

1. 제시문 정보 구조 분석

[1문단 : 화두 제시]

1문단에서는 먼저 공화주의가 시민의 정치 참여에 기초해 자의적 권력에 의한 지배를 배제하고 공동체에서 자치를 실현하고자 하는 사상임을 소개하고 있습니다. 즉, 이 글은 이와 같은 공화주의의 원리가 현실에서 구현되기 위한 조건, 여건을 다룰 것이라는 것을 미리 짐작할 수 있습니다. 그리고 이어지는 문장에서는 이를 실현할 공동체의 규모와 관련해 두 가지 목적이 딜레마적 상황에 놓임을 제시하고 있습니다. 즉, 공화국의 크기와 관련해

(1) 시민적 덕성이 발휘돼 파벌이 통제되려면 크기가 작아야 하지만, 그만큼 외세의 침략에 대응이 취약해지고

(2) 외세의 침략에 대응하기 위해서는 크기가 커야 하지만, 그만큼 내부에 파벌이 형성되기가 쉬워진다는 것이 바로 공화주의의 딜레마입니다. 미국 헌법 제정기의 연방주의자들(공화주의자)은 연방 공화국의 형태가 이러한 딜레마를 해결하는 방안이라 주장하였습니다. 구체적으로는 파벌 지도자의 영향력이 확산되지 못하게 막고(분할의 이익), 한데 뭉쳐 외부의 적에 대항하도록(결집의 이익) 해 줍니다.

[2문단 : 추가적인 헌정주의적 수단들]

1문단에서 언급된 연방 공화국의 형태만으로 모든 문제가 해결된다면 좋겠지만, 이렇게 공동체의 규모가 커지고 시민들 사이의 거리가 멀어질수록 우정과 연대의 공적 정신을 유지하기는 어려워질 수 있다는 것을, 즉 파벌에 대한 통제가 약해질 수 있다는 것을 당시의 공화주의자들 역시 인식하고 있었습니다. 그렇기 때문에 이들은 단순한 국가 형태(연방 공화국)보다 더 강력한 조치로서 대의제와 권력분립 등의 헌정주의적 수단들이 필요함을 역설합니다. 이러한 장치를 통해 이성과 법의 지배가 이루어지게 되고, 자치에 대한 시민들의 열정이 유지됨으로써 파벌과 전제적 다수의 출현을 방지할 수 있다는 것입니다. 결국 이 글의 가장 중심적인 화두는 시민들의 정치의식을 어떻게 고양하고 유지시킬 것인가 하는 문제입니다.

[3문단 : 연방주의자들의 헌법 이해]

3문단에서는 오늘날 일반적으로 통용되는 헌법 개념 이해(법적 의미, 사법적 헌장)와 공화주의자들의 헌법 개념 이해(정치적 의미, 시민의 헌장)가 다르다는 것을 보여주고 있습니다. 오늘날의 헌법 개념은 한 국가의 최고규범으로서 하위 법령들을 구속하는 기능이 강조되는데 비해, 공화주의자들이 이해한 헌법은 법적 의미에서의 최고규범성은 배제되고 어디까지나 권력이 분할되는 방식이나 그러한 방식을 통해 구성된 특수한 정부 형태를 지칭합니다.

[4문단 : 법적 의미의 헌정주의적 수단들에 대한 공화주의자들의 부정적 우려]

4문단에서 ㉠으로 밑줄 친 '헌정주의적 수단들'은 2문단에서 언급되었던 '헌정주의의 요소' 혹은 공화주의자들이 이해한 정치적 맥락에서의 헌법 개념과는 다른 것임을, 즉 법적 의미(사법적 헌장)의 맥락에서 만들어진 헌정주의적 수단임을 분명히 구분해야 합니다. 공화주의자들은 법적 의미에서 제안되는 헌정주의적 수단들, 예를 들어 법률의 헌법 기속 개념이 공동체적 삶의 향배를 시민들의 손에 맡기고자 하는 공화주의의 이상에 반하는 것으로서, 이는 소수의 엘리트에 의한 국가 통치를 긍정하는 자유주의적 사고의 장치에 가깝다고 비판합니다.

[5문단 : 법적 의미의 헌정주의적 수단들에 대한 글쓴이의 긍정적 기대]

글쓴이는 공화주의자들이 강조했던 시민적 덕성의 함양과 시민의 정치 참여가 오늘날과 같은 현대 민주정치에서는 통치자의 선출이나 할당된 지분의 행사처럼 단순히 투표 과정을 중심으로만(정치적 의미의 헌정주의적 수단들로만) 이루어지는 것이 아니라, 공적 토론의 과정을 중심으로도 이루어질 수 있다고 봅니다. 즉, 사법 심사의 장(법률의 헌법 기속 개념)이 토론의 과정을 촉발시킴으로써 공동선에 관한 이성적 숙의를 이끌어내고 이것이 궁극적으로는 시민들의 정치의식 함양을 가능케 한다고 보는 것입니다.

2. 문항별 선택지 분석

11 정답 ⑤

① 1문단에서 공화국의 크기가 클 경우 대외적 방어에 유리하다는 것을 확인하였습니다.
② 공화주의자들이 강조한 것은 사람들이 시민적 덕성을 함양해 공화주의의 이상을 실현해 내는 것이었습니다. 따라서 시민으로서의 삶을 개인으로서의 삶보다 중시했다고 보는 것이 타당합니다.
③ 공화주의자들은 연방 공화국의 형태를 통해 분할의 이익(시민적 덕성을 통한 파벌 억제)과 결집의 이익(외세 침략에 효과적으로 대응)을 동시에 도모하고자 하였습니다. 선지에 언급된 안전은 문맥상 외세의 침략을 방어함으로써 얻는 이익에 해당하며 연대는 파벌 억제에 필요한 시민들 사이의 우정과 연대에 해당하는데, 1문단에서 확인하였듯이 공화주의자들은 이 둘을 모두 추구하고자 연방 공화국 형태를 제시한 것입니다.
물론 지문의 서술 내용 대부분이 시민들 간 우정과 연대를 위한 장치들에 대해 논하고 있다는 점에서 문맥적 비중은 '안전'보다는 '연대' 쪽에 솔려 있는 것으로 보일 수 있습니다. 하지만 이는 그만큼 연대를 이루어내고 유지하기가 어렵기 때문에 추가적인 헌정주의적 요소들이 필요했기 때문이지 안전을 상대적으로 도외시한 결과라 볼 수는 없습니다. 이 점은 12번 문항의 선지 ⑤에서도 다시 한 번 확인할 수 있습니다.
④ 만약 공화주의의 딜레마가 지닌 정치적 함의를 간과했다면 연방주의자들은 이에 대한 해결책으로 연방 공화국 형태를 제안하지도 않았을 것입니다.
⑤ 선지의 '대내적 균형'이라는 표현은 지문 내에서는 언급되지 않았던 것으로서 문맥을 통해 해당 표현의 의미 범주를 파악해야 합니다. 일반적으로 대내/대외의 구분은 어렵지 않을 것인데, 이 글에서 대외적 문제가 타국과의 관계에서 외세의 침략을 효과적으로 방어하는 차원의 문제라면 대내적 문제는 시민적 덕성을 함양하고 파벌을 억제해 국내에서 공화주의를 실현하는 것이라 할 수 있을 것입니다. 이러한 개념 구도에서 본다면, 3문단에 언급된 로마의 혼합정체는 '경쟁적 사회 집단 사이에 이해관계의 균형'을 도모한 사례로 업급되어 있으므로 대내적 균형을 확보해준 장치라 할 수 있습니다.

12 정답 ③

① 헌법의 개념이 변해야 한다는 것은 지문의 의미상 대립 구도에서 봤을 때 정치적 의미의 헌법 이해에서 법적 의미의 헌법 이해로 변하는 것이라 할 수 있습니다. 연방주의자들은 의도적으로 법적 의미의 헌법 이해를 배제하고 정치적 의미에서 헌법을 규정하고 관련된 장치를 구축하고자 하였으므로 적절한 진술입니다.
② '연방이라는 헌정체제'는 두 가지 요소가 결합된 표현임에 주의해야 합니다. 연방주의자들은 연방이라는 공화국 형태와(1문단) 대의제와 권력분립 등의 헌정주의적 요소(2문단)를 통해 파벌과 전제적 다수의 출현을 방지할 수 있을 것이라 보았으므로, 선지의 진술은 적절합니다.
③ 11번 문항 5번 선지에서 분석한 것처럼, 공화국에 대한 내부 위협이란 시민적 덕성이 약해 파벌과 전제적 다수가 출현되는 상황을 의미합니다. 선지 3의 진술처럼 소규모의 파벌이 광대한 영역 기반의 대규모 파벌로 커진 것은 연방 공화국 형태로 인한 분할의 이익이나 권력분립과 같은 헌정주의적 요소들이 제대로 작동하지 않아 파벌이 거대해진 상황을 의미합니다. 이는 공화국에 대한 내부 위협이 늘어난 것으로 보는 것이 타당합니다.
④ 규모가 커진 공화국은 1문단 후반부에 언급된 연방 공화국 형태라 할 수 있습니다. 연방주의자들은 이러한 연방 공화국이 파벌 지도자의 영향력이 확산되지 못하게 막는 '분할'의 이익을 가져다준다고 하였는데, 이는 선지에서 말한 것처럼 구성원들의 사회적 다양성이 커져 정치적 분열이 초래됨으로써 얻게 된 이익이라 할 수 있습니다.
⑤ 인간 본성의 차원에서 파벌의 싹이 존재하는지에 대한 연방주의자들의 견해를 지문에서 명시적으로 언급하진 않았습니다. 하지만 2문단부터 이들이 연방 공화국이라는 공동체 형태만으로 그치지 않고, 시민들로 하여금 사익의 추구를 자제하고 공동선을 지향하도록 하는 강력한 조치들이 필요함을 역설한 것을 보면 그만큼 파벌의 싹이 근절될 수 없는 것이라고 전제했음을 추론할 수 있습니다.

13 정답 ①

4문단 분석에서 강조하였듯이 ㉠은 연방주의자들이 제시한 대의제나 권력분립과 같은 정치적 의미의 헌정주의 수단들이 아니라, 법적인 의미의 헌정주의 수단들을 지시합니다. 그리고 4문단에서 이러한 수단의 예로 제시된 법률의 헌법 기속 개념은 대의제의 핵심 결과물인 의회 및 법률의 권위에 대한 불신과 도전을 보여주고 있습니다. 따라서 선지를 분석할 때는 이러한 대립 구도를 염두에 두고 정오를 판별하여야 하며, 더불어 글쓴이는 ㉠의 수단들이 민주주의의 발전에 충분히 기여할 수 있는 것으로 여기고 있다는 점까지 함께 고려해야 합니다.

① 글쓴이는 시민의 정치 참여라는 공화주의의 핵심 요소가 정치적 대표를 선출하는 투표 과정에 국한될 필요가 없으며 ㉠에 대한 토론이 궁극적으로 법의 지배에 기여하게 된다면 이 역시 민주주의에 기여하는 것으로 간주할 수 있다고 평가합니다. 그런데 선지의 진술 내용은 이러한 공적인 토론의 과정을 배제하고(대체) 정치적 대표를 선출하는 투표 과정이 ㉠의 핵심이라 보는 견해입니다. 이는 헌정주의적 수단에 대한 과거 연방주의자들의 관점에 부합하는 것입니다.

②, ③, ④ 의회의 결정 권한에 대한 제한, 민주주의에 대한 긴장 관계, 의회가 제정한 법률에 대해 대통령이 거부권을 행사할 수 있는 권한을 갖는 것 등은 모두 의회 및 법률의 권위에 대한 불신이나 도전의 맥락에 해당하므로 자유주의적 사고에서 이해된 ㉠에 대한 진술로서 적절합니다.

⑤ ⑤는 추가적인 추론이 필요한 선지입니다. 법의 지배를 그 누구의 지배도 아니라는 관점에서 이해한다면, 시민의 대표들이 다수결로 도출한 법률 역시 자의적 권력의 지배로 전락할 위험성을 내포하고 있습니다. 이러한 위험성을 ㉠의 구체적 예로 제시된 법률의 헌법 기속 개념(장치)을 통해 견제한다면, 이는 공화주의자들이 보여준 거부감이나 비판과는 달리 역으로 자의적 권력에 의한 지배의 거부라는 공화주의의 이념에 이바지할 수 있는 가능성이 생기게 됩니다. 글쓴이가 지문의 마지막 두 문장에서 사법 심사의 장이 궁극적으로 법의 지배에 기여할 수 있다고 한 것은 바로 이러한 전제에서 도출된 것이라 할 수 있습니다.

정치 지문 04	2017학년도 24-26번	상위 테마 - 정치사상사 / 민주주의론 / 국민국가론 하위 테마 - 국민국가 시대의 전쟁과 이후의 전쟁 양상

1. 제시문 정보 구조 분석

[1문단 : 화두 제시]

첫 번째 문장이 보여주고 있듯이, 근대의 민주주의는 국민국가라는 정치 공동체 속에서 특히 민족주의의 모습으로 발전해 온 경향을 강하게 띠고 있습니다. 여기서 언급한 국민국가는 영어로는 'nation state'의 번역어로서 민족국가라는 명칭으로 불리기도 합니다. 말 그대로 동일한 민족이라는 소속감과 동질감을 기반으로 국가 시스템이 형성된 체제라 할 수 있습니다. 하지만 이러한 국민국가 기반의 민주주의는 최근의 세계화 흐름 속에서 변화되고 있으며, 그 일환으로 이 글에서는 '새로운 전쟁'에 주목해 과거 전쟁과의 차이점을 분석하고 이것이 국민국가의 질서를 어떻게 동요시킬지 살펴볼 것임을 예고하고 있습니다.

[2문단 - 5문단 : '새로운 전쟁'의 양상들]

2문단부터 5문단까지는 '새로운 전쟁'을 기존 전쟁과 비교해 구체적인 특징을 밝히고 있습니다. 차례로 살펴보면, 새로운 전쟁은

(1) [2문단] 전후방 구분, 전투원과 민간인의 구분, 공과 사의 구분, 전쟁의 시작과 끝의 구분이 불명확해진 경우가 많습니다. 또한 민간 군사 기업이 거의 모든 군사 서비스를 제공합니다.

(2) [3문단] 전쟁의 발발 원인도 정치적, 이데올로기적 요인에 한정되지 않고 종교, 언어, 문자, 민족 등 다양한 요인으로 확대되었습니다.

(3) [4문단] 아울러 네트워크전, 비대칭전, 게릴라전, 테러 등 전쟁 형태도 다변화되었습니다. 네트워크적은 관료적 명령(수직적 메커니즘)보다 수평적 조정 메커니즘에 의존하고, 게릴라전은 전선이 불분명해 보임에도 불구하고 정교하게 조직되어 이루어집니다.

(4) [5문단] 마지막으로 새로운 전쟁에서는 전쟁 자금이 국가 통제하에 놓이는 공식 경제와 조세를 통한 국가 수입을 넘어 비공식 경제를 통해서도 조달됩니다. 이러한 비공식 경제는 약탈, 납치, 무기거래 등이 있습니다.

이렇게 2문단부터 5문단까지 언급된 '새로운 전쟁'의 구체적 양상들은, 반대로 기존의 전쟁에서는 나타나지 않았던 현상들이라 할 수 있습니다.

[6문단 : '새로운 전쟁'이 새롭지 않다는 비판]

6문단에서는 앞서 언급된 새로운 전쟁의 양상들이 기존 전쟁의 양상과 다를 바가 없다는 비판을 소개하고 있습니다. 예를 들어, 새로운 전쟁을 강조하는 측에서는 국가 대 국가의 전쟁 양상과는 다른 내전이 증가함을 지적하는데 실제로 1992년 이래 내전은 감소했고, '새로운' 현상의 통계적 유의미성도 부족하다는 것입니다.

[7문단 : '새로운 전쟁'의 국제정치적 의의]

글쓴이는 6문단에 소개된 비판을 직접적으로 부정하지 않으면서도, '새로운 전쟁'이 국가를 만드는 것이 아니라 해체하는 경향성에 주목해야 함을 강조합니다. 이 부분부터 1문단에서 논의되었던 국민국가 질서의 동요가 본격적으로 거론되는 것입니다. 구체적으로 살펴보면, 전쟁으로 인해 실패한 국가의 예로 거론되는 소말리아의 경우, 국가라는 공식적 정치체는 붕괴되었지만, 이로 인해 무질서가 나타난 것이 아니라 시민들의 삶이 오히려 이전보다 개선되었으며, 국가가 공급하던 공공재를 국제협력이나 전통 경제 등 국가가 아닌 시스템이 공급하여 사회 질서를 유지시켜 나가는 긍정적 양상이 나타난다는 것입니다. 특히 종교, 부족 등의 요소가 부각된 새로운 민족주의의 양상은 민족주의가 반드시 국가와 결합해야만 하는 것은 아님을, 즉 국민국가라는 모델이 보편적이고 유일한 국가 모델이 아님을 강조합니다.

[8문단 : 민주주의를 위한 새로운 공간의 가능성]

글쓴이는 이렇게 새로운 전쟁이 제시한 다양한 공동체의 양상이 근대 이전의 혼란스러운 모습이 아니라 새로운 공동체의 다양성을 구체화하는 계기가 될 수 있다고 주장합니다. 다중적 정체성을 지닌 세계시민들이 동등한 시민권을 바탕으로 공존하는 글로벌 시티와 다층적 공간이 그동안 민주주의의 활동 무대였던 국민국가 단위를 넘어 새로운 무대로 작용할 수 있다는 것입니다.

2. 문항별 선택지 분석

24 정답 ⑤

①, ②, ③, ④ 2문단부터 5문단까지의 정보를 통해 쉽게 파악할 수 있는 진술들입니다.

⑤ 전후방이 없는 전투는 2문단에서, 게릴라전과 네트워크에 의존하는 전투 양상은 4문단에서 확인할 수 있습니다. 하지만 4문단에 의하면 이와 같은 새로운 전쟁의 양상 가운데 하나인 게릴라전은 정교하게 조직되어 전개됩니다.

25 정답 ④

새로운 전쟁이 실제로는 새로움이 없다는 점에 초점을 맞춰 비판이 이뤄져야 합니다. 시기적으로 새로운 전쟁은 근대 국민국가 시기 이후에 나타난 양상에 해당하므로, 새로운 전쟁을 주장하는 이들이 제시한 새로움이 근대 시기의 전쟁이나 그 이전에도 나타났음을 보여주는 것이 비판으로 적절합니다.

① 현대 사회에서의 용병이라 할 수 있는 민간 군사 기업이 거의 모든 군사 서비스를 제공한다고 하였는데, 용병을 활용한 전쟁이 근대 국가의 경우에도 있었다면 이를 새로움이라 하기는 어렵게 됩니다.

② 6문단에서 ㉠의 견해가 직접 근거로 삼은 것은 1992년 이래로 내전이 감소했다는 것입니다. 이러한 근거가 새로운 전쟁에 대한 비판으로 확실하게 기능하기 위해서는 이전 시기에는(근대뿐만 아니라 그 이전 시기의 국가에서도) 내전이 빈번하게 발생했다는 점이 입증되어야 합니다.

③ 새로운 전쟁의 구체적인 양상 가운데 하나인 게릴라전이 제2차 세계 대전 이전(근대 시기)에 이미 활용되었다면, 이를 새로운 전쟁의 특징으로 삼을 수는 없게 됩니다.

④ 5문단에서는 새로운 전쟁이 국가 통제하의 공식 경제뿐만 아니라 비공식 경제를 통해서도 전쟁 자금이 조달된다고 하였습니다. 하지만 선지에서 말한 국가에 의해 총력전 형태로 수행되는 전쟁은 국가의 통제 하에 놓이는 공식 경제와 조세를 통한 국가 수입으로 전쟁 자금이 조달되는 양상에 해당하며, 이는 새로운 전쟁이 아니라 기존의 전쟁이 지닌 양상에 해당합니다.

⑤ 2문단에서 언급한 경계의 불분명한 양상이 새로운 전쟁에서 나타난다는 주장에 대한 반례에 해당합니다.

26 정답 ④

본문의 [A] 부분에서 가장 핵심적인 키워드는 '공존'입니다. 여기서의 공존은 다양한 존재들의 정체성을 억지로 획일화시키는 것이 아니라 차이를 그대로 인정하면서도 소통이 이루어지는 교류의 양상이라 할 수 있습니다.

① (가)에 제시된 절대적 환대는 타인에 대해 그의 정체성을 따지지 않고 무조건적으로 환대해 주는 것이므로, 이주민의 정체성을 '동화'시키는 것이 아니라 [A]와 마찬가지로 '공존'하는 방식을 보여주는 사례에 해당합니다.

② (가)와 달리 (나)는 이주한 사람이 원래 지녔던 종교적 관습보다는 이주한 국가의 보편적 가치가 더 중요하고 이에 동화되어야 한다고 주장합니다. 따라서 선지에서 진술한 공동체의 구성원들이 단일한 문화적 정체성을 가져야 한다고 판단한 것은 (나)에는 해당하지만, [A]의 주장과는 부합하지 않습니다.

③ (다)는 달리 특정 국가의 가치를 중심에 놓는 것이 아니라 민주주의적 헌정 질서의 가치와 원리가 보편적인 가치 기준이 되어 애국의 대상이 되어야 한다고 봅니다. 따라서 기존에 명확하게 정해져 있는 정치적 규범과 질서를 준수하는 것은 (다)의 입장에서는 오히려 지양해야 할 자세에 해당합니다.

④ 선지 ①에서 살펴본 것처럼, [A]와 (가)는 정체성을 근거로 사람을 차별하지 않고 공존, 절대적 환대의 자세로 차별 없이 대해야 한다는 점에서 공통됩니다. 한편, (다)는 [A]와 비교했을 때 여전히 중심적인 가치 기준이 있고 이를 모든 세계 시민이 따라야 한다는 관점을 취하고 있다는 점에서 [A]와 차이가 있긴 하지만, 기존과는 다른 관점에서 국가를 대해야 한다는 점을 제시하고 있다는 점에서는 [A]와 공통됩니다.

⑤ (나)는 이주민의 종교적 관습을 존중하지 않으며, (다)는 구성원들이 지닌 윤리적 차이를 용납하지 않는 입장에 가깝지만 [A]는 그러한 차이를 인정한다는 입장이라는 점에서 선지의 전반부와 후반부 진술 모두 부적절합니다.

정치 지문 05	2012학년도 9-11번	상위 테마 - 정당정치론 / 입법 전쟁
		하위 테마 - 유권자의 정치적 선택에 관한 이론

1. 제시문 정보 구조 분석

정당은 유권자의 표를 먹고 사는 존재이기 때문에, 정당과 관련된 주제의 한 축으로서 유권자의 정당 선택의 메커니즘을 분석하는 이론이 하나의 화두가 되는 것은 자연스러운 일일 것입니다. 이 글은 그와 같은 맥락에서 유권자의 정서적 요소를 강조하는 이론(사회심리학)과 이성적 이념 선택을 강조하는 이론(합리적 선택 이론)을 대비한 후, 주로 합리적 선택 이론에 초점을 맞춰 그 하위 이론으로서 공간 이론을 다시금 대비하여 소개하고 있습니다.

[1문단 : 화두 제시]

선거에서 유권자가 특정 정당을 선택하는 이유에 대한 심리학적 이론과 합리적 이론의 대비 구도로 시작하고 있습니다. 먼저 초기 사회심리학 이론의 관점에 따르면,

1) 대부분의 유권자는 일관된 이념 체계를 지니고 있지 않지만 (심리 내적 차원)

2) 실제 투표 선택에 있어서는 특정 정당에게 지속적 지지를 보내는 (실제 행위 차원) 현상이 나타나는데, 이를 심리적 일체감 즉 특정 정당을 자신과 동일시하는 심리적 기재가 작동했기 때문이라 분석합니다.

▶ 지문의 해당 문장들은 하나의 대상이 갖는 서로 다른 성질, 방향성을 한 번에 진술한 부분이므로 선택지에서 오답으로 문제화될 가능성이 크다는 것을 첫 번째 독해 시 체크해 둘 필요가 있습니다.

이에 비해 합리적 선택 이론은 유권자가 정당이 제시한 이념이 자신의 사회적 요구에 부응하는 정도를 효용으로 계산해(편익 계산) 합리적 선택을 한다고 주장합니다. 그리고 이러한 합리적 선택 이론은 공간 이론이 대표적이며, 공간 이론은 다시금 '근접 이론'과 '방향 이론'으로 구분됩니다.

[2문단 : 초기 공간 이론]

공간 이론은 이념 공간을 일차원의 공간(선)으로 표시한 후, 유권자가 지닌 이념의 위치(보수 vs 진보)와 특정 정당의 이념 위치를 비교해, 얼마나 가까운지(근접 이론) 혹은 얼마나 이념의 극단에 위치하는지(방향 이론)를 기준으로 지지 정당을 선택한다고 주장합니다. 두 이론에 대한 설명에서 핵심 개념은 '득표 최대화 지점'입니다.

(1) 근접 이론에 따르면 정당 입장에서 득표를 최대화시킬 수 있는 정당의 이념 위치는 유권자 이념 분포의 중간 지점인 중위 유권자의 위치라고 봅니다.

(2) 방향 이론은 이와 달리, 진보와 보수를 구분하는 이념 원점을 설정하고, 이를 기준으로 정당의 이념이 유권자의 이념과 같은 방향(예를 들어 둘 다 진보에 위치)이면서 이념 원점에서 더 먼 쪽에 위치할수록 그 정당에 대한 해당 유권자의 효용이 증가하며, 이념이 다른 방향일 경우에는(예를 들어 유권자는 보수, 정당은 진보) 효용이 감소한다고 봅니다. 따라서 초기 방향 이론에 따른 정당의 득표 최대화 지점은 유권자와 같은 이념 방향의 극단이 됩니다.

[3문단 + 4문단 : 초기 공간 이론의 한계 및 변용 - 후기 공간 이론]

초기 공간 이론은 실제 현실에 존재하는 정당의 이념 위치가 중위 유권자 위치와 다른 경우가 많다거나, 이념적 극단에 위치한 정당이 수권한 경우가 드물다는 비판에 직면합니다. 이에 따라 공간 이론은 심리적 요소를 반영해 초기의 이론 모델에 수정을 가합니다.

(1) 근접 이론은 사회심리학의 핵심 개념인 정당 일체감 개념을 도입합니다. 이에 따라 정당이 정당 일체감을 지닌 유권자로부터 지나치게 멀어진 이념 위치에 놓이면 이들 정당일체자의 지지가 감소할 수 있기 때문에, 현실에서는 중위로부터 다소 벗어난 지점에 정당 이념이 위치하게 된다고 봅니다.

(2) 한편 방향 이론은 유권자들이 심리적으로 허용할 수 있는 이념 범위로서 관용 경계 개념을 도입해, 이 경계 밖에 위치하는 과도하게 이념을 표방하는 정당에 대해서는 유권자의 효용이 감소한다고 즉 지지가 감소하게 된다고 봅니다.

앞서 살펴본 것처럼, 초기의 공간 이론은(근접 이론이든 방향 이론이든) 심리적 요인을 철저히 배제하려 하였습니다. 하지만 이로 인한 현실 설명력 미흡의 문제에 직면하면서, 3문단에 제시된 것처럼 심리학적 개념을 그대로 수용해 이론적 변용을 모색하게 된 것입니다. 여기서 후기 공간 이론이 "정당 일체감이나 그 밖의 심리학적 개념들을 그대로 수용한 결과이기도 하였다"는 진술에 주의해야 합니다. 즉 심리학적 개념을 합리적 선택 이론의 맥락에서 변용하거나 수정을 가해 도입한 것이 아니라 해당 개념의 심리적 성격을 그대로 수용하였던 것이며, 이를 통해 초기 사회심리학 이론에서 부정적으로 바라보았던 '세련된 유권자' 가설을 무리 없이 입증할 수 있게 되었습니다.

[5문단 : 근접 이론과 방향 이론의 현실 설명력에 있어서 경쟁 구도]

앞서 살펴본 것처럼 두 이론은 득표 최대화 지점 예측에서 차이를 보였고, 현실 설명력에서도 적용되는 분야의 차별화를 이루게 됩니다.

ㄱ) 양당제 아래 소선거구제로 치러지는 선거 ☞ 근접 이론이 잘 설명

ㄴ) 다당제 아래 비례대표제로 치러지는 선거 ☞ 방향 이론이 잘 설명

ㄷ) 다당제 아래 소선거구제로 치러지는 선거 ☞ 유권자의 여당에 대한 기대는 근접 이론이, 야당에 대해 기대하는 효용은 방향 이론이 더 잘 설명

▶ 대부분의 정치 제도를 다룬 기출과 마찬가지로, 이 글에서도 왜 양당제+소선거구제 선거에 근접 이론의 설명이 더 잘 들어맞는지 등에 대한 추가 설명은 제시되어 있지 않습니다. 실전에서도 이러한 분류를 있는 그대로 받아들여 선택지를 판단하는 것이 효율적입니다. 물론 언급된 제도들의 특징 차이를 이미 알고 있는 상태라면 보다 내적인 프로세스를 납득하기 쉬울 것입니다. 예를 들어 ㄱ)의 경우, 의회는 진보와 보수의 이념적 대립을 표방하는 두 거대 정당으로 구성되기 때문에 이념적 극단성을 띤 정당이 현실적으로 의석을 차지하기가 어렵습니다. 따라서 방향 이론에 따른 정당 선택의 결과로 수권하거나 유의미한 의석수를 차지하는 정당이 나타나기 어려울 것이며, 따라서 방향 이론보다는 근접 이론에 의한 설명이 설득력이 있는 것입니다. 반대로 비례대표제로 인해 다당제가 일반화된 상황에서는 여러 정당들이 이념적으로 유사한 위치에 놓일 가능성이 높기 때문에 이념적 근접성만으로 특정 정당이 선택된다는 근접 이론의 틀로는 유사한 이념 위치의 정당들이 난립하는 상황을 설명하기 어려울 것이며, 이보다는 다당제 하에서는 이념적 선명성을 드러낸 정당이 유의미한 의석수를 확보할 수 있다는 점에서 방향 이론에 따른 설명이 더 적합할 것입니다.

다시 한 번 말씀드리지만, 실전에서는 이러한 맥락 이해는 하지 않는 것이 시간 관리 측면에서 유리할 것입니다.

2. 문항별 선택지 분석

09 정답 ②

① 1문단 분석에서 살펴본 것처럼, 초기 사회심리학 이론은 유권자들이 심리 내적 차원에서는 일관된 이념 체계를 지니고 있지 않지만, 실제 투표 행위 차원에서는 특정 정당을 일관되게 지지하는 경향을 보인다고 파악합니다. 따라서 투표 선택이 일관성이 없다고 보았다는 진술은 잘못된 것입니다.

② 2문단에서 확인한 두 공간 이론의 기본 메커니즘을 그대로 반영한 선지입니다.

③ 5문단에서 살펴본 것처럼 후기 공간이론으로 성격이 변화한 이후에도 근접 이론과 방향 이론은 서로 이론적 경쟁 관계 및 현실 설명력에 있어서의 차이를 계속 유지하였습니다. 따라서 두 이론 간 이견이 해소되었다는 진술은 잘못된 것입니다.

④ 4문단에서 확인한 것처럼 후기 공간 이론은 유권자의 투표 선택에 있어서 심리학적 요인을 적극 반영하였습니다. 따라서 이념의 비중이 커졌다는 진술은 잘못된 것입니다.

⑤ 4문단 분석에서 살펴본 것처럼, 후기 공간 이론은 정당 일체감과 같은 심리학적 개념을 그대로 수용해 이론을 수정하였습니다. 따라서 정당 일체감을 합리적인 것으로 인정하였다는 진술은 잘못된 것입니다.

10 정답 ③

이 문제는 결국 각 이론별 득표 최대화 지점이 제대로 반영되었는지를 묻고 있습니다. 득표 최대화 지점을 중심으로 초기, 후기 공간 이론을 도식화하여 정리하면 다음과 같습니다.

	근접 이론	방향 이론
초기	중위 유권자 지점	같은 이념 방향에서, 이념적 극단 지점
후기	중위 유권자 지점에서 다소 벗어난 지점	같은 이념 방향에서, 관용 경계 내의 이념적 극단 지점

① ㉠은 근접 이론이 적합합니다. 초기 근접 이론에 따르면 중위 유권자의 위치가 득표 최대화 지점이므로, 지지율 회복을 위해서는 중위 유권자의 위치로 이동해야 한다고 볼 것입니다.

② ㉠은 근접 이론이 적합합니다. 후기 근접 이론에 따르면 정당 일체자의 지지 감소를 막기 위해 중위 유권자의 위치로 이동하기보다는 그로부터 다소 벗어난 지점으로 이동해야 합니다.

③ ㉡은 방향 이론이 적합합니다. 후기 방향 이론은 정당 일체자 개념을 반영한 게 아니라 심리적 허용 가능한 이념 범위라는 관용 경계 개념을 수용한 결과물입니다. 따라서 후기 방향 이론이 정당 일체자의 이탈을 우려해 여당이 이동한다고 한 진술은 잘못된 것입니다.

④ ㉢에서 여당은 근접 이론에 의한 설명이 적합합니다. 선지 ①에서 본 것처럼 초기 근접 이론은 중위 유권자의 위치로 이동해야 한다고 볼 것입니다.

⑤ ㉢에서 야당은 방향 이론에 의한 설명이 적합합니다. 후기 방향 이론은 관용 경계를 의식해 이념적 극단 위치로 이동하지 못한다고 볼 것입니다.

11 정답 ⑤

본선 결과를 예측하기 위해서는 각 정당별로 치러지는 예선에서 누가 후보로 결정될 것인지를 먼저 확정해야 합니다. 〈보기〉의 그림으로도 예상할 수 있지만, ㅂ에서 두 정당의 정당 일체자 분포의 규모가 같다고 했으므로 전체 유권자 분포도 좌우 대칭임을 알 수 있습니다. 한편, 선지 ⑤를 판별할 때는 〈보기〉의 정보 ㄹ에 따라 두 후보자가 '동시에' 관용 경계를 벗어난 위치에 있을 때는 유권자가 기권한다는 점을 반영하여야 합니다.

① B당의 예선에 초기 근접 이론을 적용하면 B당의 정당 일체자 분포도에서 중위 유권자 지점(이념 7)에 위치한 B1 후보가 최대 득표를 얻게 될 것입니다.

② 역시 초기 근접 이론의 관점이므로, 선지 ①에서 살펴본 것처럼 B당에서는 B1이 후보로 본선에 진출하며, A당에서는 A당 정당 일체자의 중위 유권자 위치(이념 3)에 더 가까운 A2(이념 4)가 본선에 진출할 것입니다. 다음으로 본선에서는 A2가 B1 가운데 A2가 전체 유권자 분포에서 중위 유권자 위치에 더 가까우므로 A2가 더 많은 표를 얻어 대표로 선출될 것입니다.

③ 초기 방향 이론을 적용하면, 각 당에서 이념의 극단 위치에 가까운 A1과 B2가 각각 후보로 선출될 것입니다. 이후 본선에서 A1과 B2가 맞붙을 경우, A당의 정당 일체자 가운데 이념 원점인 이념5 위치를 기준으로 왼쪽에 있는 A당 지지자는 A1에게 투표할 것이고 이념 원점의 오른쪽에 위치한 사람들은 자신의 보수 이념과 같은 방향성의 B2 후보로부터 더 큰 효용을 느낄 것이므로 B2에게 투표할 것입니다. 이러한 메커니즘은 B당의 정당 일체자들에서도 똑같이 작동할 것인데, A당과 B당의 정당 일체자 분포의 규모는 같다고 하였으므로(ㅁ) 이들 정당 일체자들의 투표 결과는 A와 B가 동일하게 양분해 가져가는 결과가 나오게 됩니다.
이제 남은 것은 이념 원점(5)에 위치한 유권자들입니다. 2문단 후반부에서 살펴본 방향 이론의 효용 분석 공식에 따르면
A1에 대한 이념 위치 5에 있는 유권자의 효용 = |5-5(x)| × |5-0(A1)| = 0
B2에 대한 이념 위치 5에 있는 유권자의 효용 = |5-5(x)| × |5-9(B2)| = 0
으로, A1과 B2에 대한 효용은 0으로 동일하기 때문에 이들 이념 위치 5에 위치한 유권자들은 기권하게 되며, 따라서 A1과 B2는 동수의 표를 얻어 무승부가 됩니다.

④ 후기 근접 이론은 득표 최대화 지점이 중위 유권자 지점에서 다소 벗어난 지점이라고 주장합니다. 그렇다고 이 '다소 벗어난 지점'이 중위 유권자 지점에서 아주 멀리 떨어진 위치라고 보는 것은 부당할 것이며, 어디까지나 중위 유권자 지점에 가까운 곳에서 득표 최대화가 이루어질 것이라 보는 게 타당합니다. 그렇다면, 선지 ②에서와 마찬가지로 A당은 A2가 후보로, B당은 B1이 후보로 선출될 것이며, 본선에서도 중위 유권자 위치에 더 가까운 A2가 승리할 것입니다.

⑤ 후기 공간 이론을 적용할 때는 득표 최대화 지점뿐만 아니라 관용 경계까지 고려해야 합니다. 일단 A당의 후보 선출 과정에서 유권자가 가장 많이 몰려 있는 이념 3 지점을 중심으로 보면, A1은 관용 경계 +-2를 초과한 위치에 있지만 A2는 관용 경계 내에 위치하므로 이들 유권자들은 A2 후보를 지지할 것입니다. 다음으로 이념 위치 3부터 2 사이에 존재하는 유권자들 역시 관용 경계 내에 존재하는 A2를 지지할 것입니다. 결국 A1을 지지하는 A당의 정당 일체자는 이념 위치 0부터 2까지 존재하는 유권자들일 뿐이므로 예선에서는 A2가 후보로 선출됩니다. 즉 A1은 예선에서 탈락하므로, A1이 본선에서 승리할 것이라는 예측은 잘못된 것입니다.

정치 지문 06	2013학년도 10-12번	상위 테마 - 정당정치론 / 입법 전쟁 하위 테마 - 의회 내 입법 과정에 존재하는 역동성에 대한 세 가지 이론

1. 제시문 정보 구조 분석

[1문단 + 2문단 : 화두 제시 및 미국 하원의 입법 프로세스 소개]

미국 하원에서 발의된 의안의 입법 과정을 크게 상임위원회와 본회의로 나누어 소개하고 있습니다. 각 단계별 흐름을 정리하면 다음과 같습니다.

1단계	본회의 의장 – 의안을 상임위원회에 회부	의장의 자의로 의안 회부를 거부할 수 있음 [문지기 권한]
2단계	소관 상임위원회 – 의안 심사	합의를 거쳐 과반 표결이 되면 의결됨 → 규칙위원회로 전달
3단계	규칙 위원회 – 의안에 수정불가 규칙 또는 수정허용 규칙을 부여	어떤 규칙도 부여되지 않으면 의안은 사장됨
4단계	본회의 – 의안 심사 및 표결	1) 수정불가 규칙 적용 → 상정된 의안에 대한 가부 표결만 진행 2) 수정허용 규칙 적용 → 상정된 의안 이외에 수정안 제출이 허용되며, 최종 수정안부터 역순으로(처음 의안은 가장 마지막에 표결) 가부 표결 진행

문제와 관련해 파악해야 할 것은 3단계에서 수정허용 규칙이 적용되었을 경우 본회의에서의 변화입니다. 수정허용 규칙이 적용되면 심사 활동을 거쳐 처음 발의된 의안에 대한 수정안들이 제출될 수 있으며 이들 수정안부터 가부 표결을 진행하게 됩니다. 이에 따라, 수정안 가운데 통과된 의안이 있을 경우에는 처음 발의되었던 의안은 사장되고 수정안이 입법되는 결과가 나타날 수도 있는 것입니다.

[3문단 : 입법 과정의 역동성]

정치적 대표 체계의 다중성으로 인한 입법 과정의 역동적 성격을 소개하고 있습니다. 소선거구제에서 선출된 의원(지역구 국회의원)은 지역구민의 대표와 정당지지자의 대표 그리고 국민 전체의 대표로서의 성격을 모두 지니고 있으므로, 입법 과정의 각 단계에서 이와 같은 성격이 교차 압력을 가해 입법 결과에 대한 예측을 어렵게 만든다는 것입니다. 4문단부터 등장하는 세 가지 이론은 바로 이들 세 요소 가운데 어느 요소에 중점을 두느냐에 따라 구분된다고 할 수 있습니다.

[4문단~6문단 : 세 가지 이론 비교]

	이익분배 이론 (지역구 대표성)	정보확산 이론 (국민 대표성)	정당이익 이론 (정당지지자 대표성)
상임위의 구성 방식	의원들이 상임위를 자율적으로 선택	정당 간 협의회가 개별 의원들의 상임위 배정을 주도	정당 지도부가 상임위 구성을 주도하고 지속적으로 감독함
	상임위 내 의원 사이에는 강한 정책적 동질성 형성, 상임위 간에는 갈등의 여지 발생	상임위는 본회의의 대리인으로서, 의결할 정책에 대한 구체적 정보 생산자로서 기능	상임위는 다수당의 대리인으로 기능하게 됨
입법 과정	서로 다른 상임위에 소속된 의원 사이에 정책 지지의 약속이 교환되고, 본회의에서 이러한 약속이 실현됨(본회의는 혜택 교환의 약속이 투표 거래로 실현되는 장)	본회의가 진행될 때 소관 상임위는 의안에 대한 전문적 정보를 심사 과정에 제공함(상임위 자체의 목소리가 투표 결과에 미치는 영향력은 이익분배 이론에 비해 상대적으로 미미)	다수당의 정당 지도부는 지역구의 이해관계에 민감하거나 본회의에서 소수당에 동조하는 자당 의원들의 이탈을 방지하여, 계획된 대로 의안이 입법되도록 유도함

위 표를 통해 정리한 것처럼 세 이론은 크게 (1) 상임위원회의 구성에 있어서 개별 의원들이 자율성이 얼마나 강한지, 그리고 (2) 상임위원회가 본회의에서의 표결 과정에 얼마나 큰 영향력을 행사하는지라는 두 가지 기준을 중심으로 차이점을 분석할 수 있습니다.

2. 문항별 선택지 분석

10 정답 ①

① 정보확산 이론에 대한 선지 후반부의 진술은 4문단의 세 번째 문장을 통해 쉽게 확인할 수 있습니다. 문제는 선지 전반부의 진술인데, 3문단에서 확인할 수 있듯이 이익분배 이론은 상임위원회 간, 더 구체적으로는 서로 다른 상임위원회에 소속된 의원들 사이의 이익 교환을 통한 투표 거래를 강조하는 것이지 정당 간의 투표 거래를 강조하는 것이 아닙니다.

② 이익분배 이론에서 각각의 상임위원회는 서로 다른 이해관계를 가지고 있으며, 하나의 상임위원회 소속 의원들은 다른 상임위원회 소속 의원들로부터의 지원을 얻기 위해 혜택 교환을 약속하는 것입니다. 여기서 상임위원회는 타 상임위원회 소속 의원의 지지를 제공받기 원한다는 점에서 일종의 수요자로서 기능합니다. 이에 비해 정보확산 이론에서 상임위원회는 본회의의 대리인이 되어 본회의에서 의결할 정책에 대한 정보 제공자의 역할을 담당합니다. 이는 정책 정보의 공급자 측면이 강조된 것이라 할 수 있습니다.

③, ④ 4~6문단의 세 가지 이론에 대한 분석에서 확인하였습니다.

⑤ 정보확산 이론에서는 상임위원회가 향후 입법될 정책의 불확실성을 줄이기 위해 정책과 관련된 구체적 정보 제공자로서 역할 한다고 봅니다. 이에 비해 정당이익 이론은 정당이 의정 활동 결과를 최대화해 자신의 입법 성과로 지지자들에게 제시함으로써 대표성을 실현하려 하며, 이를 위해 정당 지도부가 상임위원회 구성과 운영에서부터 주도권을 행사하려 한다고 봅니다. 즉 정당이익 이론은 상임위원회의 활동이 결과적으로 정당의 입법 성과를 최대화되도록 하는 규율에 초점을 맞추고 있는 것입니다.

11 정답 ④

이 문제를 해결하기 위해서는 4~6문단의 세 이론에 2문단의 수정허용 규칙과 수정불가 규칙이 적용되었을 때 어떠한 결과 차이가 발생하는지 추론할 수 있어야 합니다.

ㄱ. 이익분배 이론의 관점이 유효하려면, 각 상임위원회 소속 의원들 사이에 지지 교환의 거래가 이루어지고 그러한 거래(약속) 방향대로 본회의에서 법안에 대한 가부 결정이 이루어져야 할 것입니다. 그런데 수정허용 규칙이 적용된다면, 본회의에서는 거래 단계에서 미리 약속하였던 해당 법안을 대상으로 바로 표결하는 것이 아니라 최종 수정안부터 제출된 순서의 역순으로 가부 표결을 하게 되므로 처음 약속과는 다른 법안이 통과될 가능성이 현저히 높아지게 됩니다. 이는 상임위원회 심사 단계에서 약속한 대로 법안 통과가 되지 않게 될 가능성이 높아지는 것이므로, 애초에 상임위원회 간 투표 거래가 활성화되기 어려울 것입니다.

ㄴ. 정보확산 이론의 관점대로 상임위원회가 정책의 불확실성을 줄이고 축적된 전문적 정보를 본회의의 심사 과정에 제공할 수 있으려면 본회의에서 처음 상정된 법안이 아무런 수정도 되지 않고 곧장 가부 표결로 이어지는 것보다는 상임위원회의 조언에 따라 수정이 가능한 시스템 즉 수정허용 규칙이 유리할 것입니다.

ㄷ. 정당이익 이론의 관점대로 상임위원회가 다수당의 대리인으로서 역할하도록 만들어 본회의에서 다수당 지지자들을 위한 정책이 통과되기 쉽도록 하려면, 상임위원회 단계에서는 지역구 이해관계에 민감한 의원이 나타나지 않도록 철저히 규율하고, 본회의 단계에서는 소수당에 의한 수정안 제출 등의 반대 활동을 사전에 차단하거나 수정안이 제출되더라도 부결되도록 만드는 것이 필요합니다. 따라서 이러한 목적성에 부합하려면 처음부터 본회의에서의 수정안 제출을 차단하는 수정불가 규칙이 유리합니다.

12 정답 ④

〈보기〉에 의하면, 현재 정책2가 시행되고 있는 상태에서 의원 갑이 정책1을 발의하였습니다.

(1) 의장이 선호하는 정책은 2인데, 문지기 권한을 행사한다면 의원 갑의 정책1안은 상임위원회에 회부조차 안 되게 됩니다. 따라서 ㉠에는 기존 정책인 정책2가 들어가야 합니다.

(2) 규칙위원회에서 규칙을 미부여 하면 의안은 사장됩니다. 즉 의원 갑이 발의한 정책1안이 사장되는 것이므로, ㉠과 마찬가지로 기존 정책인 정책2가 그대로 유지됩니다.

(3) 수정불가 규칙이 부여되면 본회의에서는 정책1만을 두고 가부 결정 투표를 하게 됩니다. 이 단계는 〈표〉의 본회의 구성 의원별 선호 정책을 따져봐야 합니다. 정책1을 선호하는 의원은 50명인데 비해, 현재의 정책2를 선호하는 의원은 70명입니다. 그리고 정책3(완화)을 선호하는 125명은 〈보기〉의 마지막 문장 정보에 따라 자신의 정책 선호와 가장 가까운 정책2안을 지지할 것이므로, 정책1에 대해 50명이 가결 vs 195명이 부결 표를 행사하여 정책2가 그대로 유지될 것입니다.

(4) (3)과 달리 수정허용 규칙이 부여된다면, 이제는 수정안이 제출될 수 있으므로 정책3을 지지하는 의원들에 의해 수정안(정책3)이 제출될 것입니다. 이 경우에는 최종 수정안부터 제출된 순서의 역순으로 가부 표결을 하게 되는데, 정책3을 선호하는 125명의 찬성표만으로도 과반이 확보되므로 첫 가부 표결에서 정책3이 바로 채택될 것입니다.

정치 지문 07	2016학년도 17-19번	상위 테마 - 정당정치론 / 입법 전쟁 하위 테마 - 책임정당정부 이론과 그 이후의 논의들

1. 제시문 정보 구조 분석

[1문단 + 2문단 : 책임정당정부 이론의 대표적 모형으로서 대중정당]

책임정당정부 이론을 먼저 소개하고 있습니다. 이 이론에 따르면 정당은 1) 자신의 지지 계급과 계층을 대표하고, 2) 정부 내에서 정책결정 및 집행 과정 주도하고, 3) 다음 선거에서 유권자들에게 그 결과에 대해 책임지는 성격을 갖습니다. 그리고 구체적으로 당의 구성과 운영 등을 보면, 당원 중심의 운영 구조를 지향한다는 점에서 대중정당의 모습을 취하게 되었습니다. 이러한 대중정당은

• 당의 정책과 후보를 당원 중심으로 결정한다는 점,
• 당 내부에서 이루어지는 교육과정을 통해 정치 엘리트를 충원한다는 점,
• 정치인들이 정부 내에서 강한 기율을 지닌다는 점에서

앞서 말한 책임정당정부의 대표적인 정당 모형으로 평가받았습니다.

2문단에는 이 연장선에서, 다음과 같이 정당의 세 가지 기능을 소개하고 있습니다.

(1) 정부 속의 정당 기능 : 의회의 정책 결정과 행정부의 정책 집행을 통제
(2) 유권자 속의 정당 기능 : 지지자들의 이익 집약 및 표출
(3) 조직으로서의 정당 기능 : 당원을 확충하고 정치 엘리트를 충원 및 교육

하지만, 언어이해 지문들이 늘 그렇듯이, 이러한 대중정당 모형은 변화되어야 하는 상황에 놓이게 됩니다. 즉 대립 구도가 이어지게 됩니다.

[3문단 : 변화의 양상 1 - 유권자의 변화]

산업 구조 등이 다변화됨에 따라 특정 계층이나 집단의 지지만으로 정당이 집권하기는 불가능해짐에 따라, 보다 광범위한 유권자 집단으로부터 지지를 얻기 위해 특정 계층이 아닌 전체 유권자 집단에 표를 호소하는 포괄정당 체계의 모습으로의 변화가 나타나게 됩니다. 선거 승리의 과정이 험난해진 만큼, 정당 내의 조직 라인이 당조직의 외곽으로 밀려나고 외부 선거 전문가로 당료들을 구성하는 선거전문가정당 체계로의 전환도 나타나게 됩니다.

[4문단 : 변화의 양상 2 - 가치 추구 대상의 다변화로 인한 새로운 정당의 출현]

탈산업사회의 도래와 함께 환경, 인권, 교육 등 탈물질주의적 가치 추구의 흐름이 나타나게 되고, 이는 새로운 정당의 출현에 대한 압박으로 이어지게 됩니다. 당연히 기득권 정당들은 이러한 새로운 정당의 원내 진입을 막기 위한 조치를 취하게 되는데, 이에 따라 등장한 것이 카르텔정당 체계입니다. 비례대표제보다는 다수대표제를 취함으로써 득표 대비 의석 비율을

거대정당에 유리하도록 만들어 정당의 카르텔화를 촉진하는 것이 대표적인 사례입니다.

> ▶ 단순다수대표제와 비례대표제, 소선거구제와 중・대선거구제 등의 제도에 따른 양당제화/다당제화의 흐름은 정치학 지문에서는 기본 전제로 작용하는 경우가 많기 때문에 해당 이론을 미리 숙지해 두는 것이 좋습니다. 2015학년도 홀수형 14~16번 기출로 출제된 행정부와 입법부 사이의 입법 교착 텍스트나, 2018학년도 홀수형 30~32번 기출로 출제된 합의제 민주주의와 다수제 민주주의 텍스트에서도 빈번하게 등장하듯이, 단순다수대표제가 소선거구제와 결합하면, 과반 득표가 아니더라도 단순히 1등을 한 후보만 당선되기 때문에 이미 높은 인지도를 형성한 기존 거대 정당의 후보가 당선될 가능성이 높고, 그 결과 정당 분포는 거대 정당 2개가 대부분의 의석을 차지하는 양당 체제가 출현하기 쉽습니다. 이에 비해 한 선거구에서 2등 이하의 후보도 당선되는 중・대선거구제(주로 소수대표제와 결합됨)나 비례대표제는 군소 후보나 소수당을 지지하는 표가 사표가 되지 않고 의석 비율에 반영이 되므로 소수당에게 유리하며, 이에 따라 다당제가 출현하기 쉽습니다.

[5문단 : 정당 모형의 변화에 따른 정당 기능의 변화]

정당 모형의 변화와 함께, 2문단에서 살펴보았던 정당 기능도 달라지게 됩니다.

- 정치 엘리트의 자율성 증대와 정당 지도부의 권력 강화는 정부 내 자당 소속 정치인들에 대한 통제력을 증가시키는데, 이는 (1) 정부 속의 정당 기능이 강화되는 양상입니다.
- 하지만 평당원의 권력이 약화되고 당원 수가 감소하여지지 계층과의 유대를 잃게 되는 현상은 (2) 유권자 속의 정당 기능과 (3) 조직으로서의 정당 기능이 약화되는 모습입니다.

[6문단 : 또 다른 변화 - 인지적 시민의 증가와 이에 대한 대응]

정치에 관심은 높지만 정당과는 거리를 두는, 즉 당원으로 가입은 하지 않고 정당의 정치적 이념에 동조하는 '인지적' 시민의 증가로 인해 앞서 살펴본 것들과는 또 다른 변화가 나타나게 됩니다. 기존 정당들은 카르텔 구조를 유지하면서도 공직 후보 선출권을 일반 국민에게 개방하는 전략을 취하기도 하고(포스트카르텔정당 전략), 온라인 공간에서 인지적 시민과의 유대를 강화하는 전략을 취하기도 합니다(네트워크정당 전략). 이러한 전략은 당원이 감소되는 상황 자체를 막는 것이 아니라 선출권자나 후보들을 정당 밖에서 충원하는 것이기 때문에 5문단에서 살펴본 (2)와 (3) 기능의 약화 흐름은 계속 이어진 것으로 보아야 합니다.

[7문단 + 8문단 : 변화된 정당 체계에 대한 평가들 - 책임정당정치를 구현하고 있다는 주장 vs 전통적 모형으로 복귀해야 한다는 주장]

6문단까지의 내용이 새로운 환경 속에서 변화된 정당 모형, 기능, 전략 등을 기술적으로 보여준 것이라면, 7문단부터는 이러한 양상이 과연 1문단에서 언급하였던 책임정당정치에 부합하는 것인지를 중심으로 하는 평가를 소개하고 있습니다. 먼저 언급된 견해는 이러한 변화가 여전히 책임정당정치를 일정하게 구현하고 있다고 주장합니다. 이 견해는 정당들이 계급이나 계층 집단을 조직하고 동원하지는 않지만, 인지적 시민들과의 유대 속에서 일반 이념을 매개로 이들 시민들의 정치적 이해를 집권 후에 정책에 반영함으로써 (책임을 진다는 점에서) 정치 영역에서 유권자들을 대표하는 책임정당저부 기능을 강화했다는 점에 주목합니다.

하지만 이에 반대하는 측에서는 정당이 계급과 계층을 조직적으로 대표해야 함을 강조하며, 정당의 전통적인 기능과 역할을 복원해 책임정당정치를 강화해야 한다고 주장합니다. 20세기 중반 이후의 다양한 정당 모형들은 책임정당정치를 제대로 구현하고 있지 못하다는 것입니다.

2. 문항별 선택지 분석

17 정답 ③

①, ②, ③ 5문단 분석에서 확인하였습니다. 선지 ①과 ②는 적절한 진술이지만, 조직으로서의 정당 기능은 약화되었다는 점에서 ③은 부적절한 진술입니다.

④ 6문단 전반부에서 확인하였듯이, 정당이 주도하여 당원들을 정치적으로 동원하는 기능은 시민들의 자기 조직적 참여로 대체되었습니다. 따라서 유권자를 정치적으로 동원하는 기능은 약화되었다고 볼 수 있습니다.

⑤ 7문단에서 확인하였듯이, 구체적인 계급이나 계층 집단을 조직하는 기능이 약화되는 대신 일반 이념을 매개로 유권자들의 정치적 이해를 대표하는 기능은 강화되었습니다.

18 정답 ②

ㄱ. 기존의 진보적 노선을 버리고 중도 유권자도 지지할 수 있는 노선을 채택한 것은 3문단에서 살펴본 특정 계층을 뛰어넘어 전체 유권자 집단에 호소하여 표를 구하는 '포괄정당 체계'로의 전환이라 보는 것이 타당합니다.

ㄴ. 선거보조금을 의석수에 비례해 배분하던 방식에서 절반을 거대 정당에 우선 배분하고 나머지 절반을 의석수에 비례해 배분하는 것은 거대정당에 유리한 제도로 변하는 것입니다. 이는 4문단에서 살펴보았던 카르텔정당 체계와 관련된 정치관계법의 하나라 할 수 있습니다.

ㄷ. 개방형 국민참여경선제는 6문단에서 살펴보았던 포스트카르텔정당 전략의 구체적 방법으로서 공직후보 선출권을 일반 국민에게 개방하는 것에 해당합니다. 따라서 ㄷ의 사례는 네트워크정당모형이 아니라 포스트카르텔정당 모형으로 가장 잘 설명할 수 있습니다.

19 정답 ①

㉠은 책임정당정치로 복귀해야 한다는 주장으로, 20세기 중반 이후 등장한 다양한 변화, 전략이 1문단과 2문단에서 살펴본 책임정당정부 이론의 기능을 제대로 수행하지 못한다는 비판을 가할 것입니다.

① 당원의 자격과 권한을 강화하는 것은 ㉠이 강조하는 것인데, 오히려 이러한 조치가 다변화된 계층적 이해를 제대로 대표하지 못한다는 것은 7문단에 소개된 견해가 ㉠을 비판하면서 제기할 수 있는 문제점입니다.

② 공직후보 선출권의 일반 시민 개방은 포스트카르텔정당 전략으로서, 이것이 당의 노선에 충실한 정치 엘리트의 원활한 충원이라는 책임정당정부의 기능을 약화시킨다는 것은 ㉠의 주장으로 적절합니다.

③ 신생 정당의 원내 진입을 제한하는 규칙은 카르텔정당 체계의 구체적 사례로서, 이것이 유권자 이익의 집약 및 표출이라는 책임정당정부의 기능을 약화시킨다는 것은 ㉠의 주장으로 적절합니다.

④ 일반 이념을 대표하는 것 역시 변화된 양상인데, 이것이 계층적 지지를 확실하게 이끌어내야 한다는 책임정당정부의 원칙을 약화시킨다는 것은 ㉠의 주장으로 적절합니다.

⑤ 인지적 시민과의 유대 강화 역시 변화된 양상인데, 이것이 당원 확충이라는 책임정당정부의 기능을 약화시킨다는 것은 ㉠의 주장으로 적절합니다.

정치 지문 08	2014학년도 23-25번	상위 테마 - 정당정치론 / 입법 전쟁 하위 테마 - 비선출 위임 권력의 발생에 대한 두 가지 이론

1. 제시문 정보 구조 분석

[1문단 : 화두 제시]

국회의원처럼 유권자가 직접 선출한 대표자와 달리, 행정 관료 기구처럼 선출되지 않은 존재에 대한 권력의 위임이 대의 민주주의와 충돌할 소지가 있음에도 불구하고 왜 이와 같은 위임이 발생하는지를 화두로 제시하고 있습니다.

[2문단 : 권력 위임에 대한 첫 번째 이론 - 기능주의 이론]

기능주의 이론은 정치 행위자들이 대리인에게 권한을 위임하는 것이 '거래 비용을 절감하려는 합리적 선택'의 결과라고 설명합니다. 여기서 거래 비용은 다시금 두 가지(정보 비용, 신뢰 비용)로 나뉩니다.

(1) 정보의 논리 : 정치 행위자(주인)들의 지식과 정보 부족을 해결하기 위해 이러한 지식을 갖춘 전문가(대리인)에게 권한 위임이 일어나게 된다는 관점

(2) 신뢰의 논리 : 정치 행위자(주인)들이 장기적 이익을 등한시하고 단기적 이익 추구에만 급급해 합의를 이행하지 않게 되는 상황을 해결하기 위해 제3의 존재(대리인)에게 권한을 위임하게 된다는 관점

[3문단 : 권한 위임에 수반되는 위험성]

권한을 위임받은 대리인은 주인의 이익에 반해 자신만의 이익을 추구할 위험이 있습니다. 이에 대한 대안 역시 두 논리가 서로 상이한 측면을 보입니다.

(1) 정보의 논리 : 주인과 대리인의 선호가 일치할수록(대전제), 그리고 이러한 선호의 일치가 전제된 상황에서 대리인이 더 많은 지식과 정보를 가질수록, 대리인에게 보다 많은 권한을 위임하도록 제도 설계

(2) 신뢰의 논리 : 주인들로부터 독립된 선호를 가진 대리인일수록 보다 많은 권한을 위임하도록 제도 설계

결국 두 논리의 차이는 주인과 대리인의 선호가 일치하느냐 불일치하느냐를 기준으로 대리인에 대한 권한 위임의 정도가 달라지도록 제도가 설계된다는 것입니다.

[4문단 : 기능주의 이론에 대한 비판]

4문단에서는 기능주의 이론에 대한 글쓴이의 비판이 소개되고 있습니다. 먼저, 정보의 논리에서는 대리인의 선호가 주인과 일치할수록 많은 권한을 위임하도록 제도를 설계하는데, 실제 이와 같은 대리인의 선호 및 배반 여부는 설계 단계에서 정확히 파악하는 것이 불가능하다는 점에서 비판을 받습니다. 즉 대리인의 선호가 주인과 얼마나 일치하는지 모르는 상태에서는 얼마나 많은 권한을 위임할지 정확하게 설계하는 것이 어려운 것입니다.

한편, 신뢰의 논리에 대한 비판은 조금 복잡합니다. 신뢰의 논리에서는 주인들이 단기적 이익에만 매몰된다는 것을 대전제로 삼아 대리인에게 권한을 위임하게 된다는 논리를 이끌어 냅니다. 그런데 주인들이 자신들과 독립된 선호를 지닌 대리인을 선임해 그에게 권한을 위임할 수 있다는 것은, 역설적으로 주인들이 단기적 이익에만 매몰된 존재가 아님을 보여주는 것입니다. 즉 전제와 결론의 모순이 발생한다는 비판입니다.

[5문단 + 6문단 : 권력 위임에 대한 두 번째 이론 - 정치적 거래 비용 이론]

4문단 마지막 문장에서 글쓴이는 기능주의 이론의 한계를 분명히 한 후, 5문단에서는 정치적 거래 비용 이론의 관점에서 권한 위임을 정치적 불확실성과 분배의 갈등에 기초한 정치적 경쟁의 산물로 이해해야 함을 강조합니다.

이에 따르면, 민주주의 체제에서는 어떤 정치 행위자도 절대 권력을 갖지 않으므로 특정 공공 정책이 장기간에 걸쳐 지속되기 어려운 태생적 한계를 지닙니다(실제 현실에서 집권당이 바뀌면 행정부의 정책도 바뀌는 것을 떠올리면 이와 같은 정책의 지속성을 확보하기 어렵다는 점을 쉽게 이해할 수 있을 것입니다). 이러한 상황에서 정책의 지속성을 보장하기 위해서

는 해당 정책을 정치 행위자들의 간섭과 각축에서 독립시키는 것이 필요합니다. 이러한 정책의 독립이 이루어지도록 하는 데 작용하는 것이 바로 정치적 거래 비용입니다. 이 비용은 대리인에게 위임된 정책 방향이나 내용의 변경, 대리인 감시 등에 소요되는 모든 비용을 의미하며, 이 비용이 클수록 정치 행위자들은 대리인에게 정치적으로 간섭하기보다는 방임하는 것이 더 합리적이라 판단하게 된다는 것입니다.

이와 같은 이론적 배경 하에서 본다면, 정치 세력들 사이의 정책 선호의 차이가 현저하고 정치 권력의 교체가 빈번하거나 경합을 벌이는 정치 세력이 다수일수록 정책이 바뀔 가능성은 높아질 것이며, 이에 따라 정책의 안정성을 위해 정치적 거래 비용이 증가할 수밖에 없게 됩니다. 그 결과 정치 세력은 증가한 거래 비용을 감당하고서라도 정책에 개입하기보다, 대리인에게 정책 입안 및 집행의 독립된 권한을 위임하는 선택을 하게 된다는 것입니다.

2. 문항별 선택지 분석

23 정답 ④

위임에 대한 글쓴이의 주장을 묻고 있습니다. 따라서 기능주의 이론에 대해 비판적인 시각을 보이거나 정치적 거래 비용 이론에 의한 현상을 설명하는 것이 아닌 선지를 골라야 합니다.

①, ② 5문단 전반부에서 살펴본 정치적 거래 비용 이론에 부합하는 설명입니다.

③ 주인-대리인 모델은 기능주의 이론의 밑바탕인데, 글쓴이는 이러한 이론적 접근이 한계가 있다고 보았습니다.

④ 정치적 거래 비용 이론에 의하면 위임은 정치적 거래 비용이 존재하기 때문에 나타나는 것이며, 정치적 거래 비용이 커질수록 위임되는 권한 및 독립성도 증가하게 됩니다. 따라서 정치적 거래 비용을 절감하기 위해 위임을 선택하게 되었다는 진술은 부적절합니다. 다만, 정치 행위자가 자신들이 감당해야 할 비용을 고려하여 지나친 비용의 지출을 회피하기 위해 선택한 결과가 위임이라는 점에서, 정치적 거래 비용 이론에서도 위임 행위를 합리적 선택의 결과로 볼 것이라는 점은 분명합니다.

⑤ 1문단에서 비선출 관료에 대한 권한 위임은 대의 민주주의와 충돌할 가능성이 있음을 언급하였습니다.

24 정답 ⑤

① 기능주의 이론은 주인과 대리인의 양자 관계를 기본으로 합니다. 따라서 선호하는 결과를 낳기 위한 주인들의 전문 지식이 부족하다는 것은 그만큼 해당 결과를 얻기 위해 대리인이 더 많은 지식과 정보를 가지고 있어야 함을 의미합니다. 정보의 논리에서는 이 경우 대리인에게 보다 많은 권한이 위임된다고 봅니다.

② 신뢰의 논리에 대한 2문단 분석에서 확인하였습니다.

③ 정보의 논리와 신뢰의 논리 모두 거래 비용을 절감하려는 합리적 선택이라는 점에서 합리성과 효율성의 관점에 기초한 이론이라 할 수 있으며, 다만 이들이 주목하는 거래 비용은 각각 정보 비용과 신뢰 비용으로 구분된다는 점에서 선지의 진술은 적절합니다.

④ 글쓴이가 기능주의 이론을 비판하며 내세운 정치적 거래 비용 이론에서는 위임을 정치적 경쟁 속에 놓여 있는 정치 행위자들의 관계 속에서 나타난 산물로 이해합니다. 따라서 기능주의 이론의 ㉠과 ㉡ 모두 이와 같은 정치적 경쟁 속에 놓여 있는 관계를 고려하지 못했다는 진술은 적절합니다.

⑤ 4문단에서 살펴보았듯이, ㉠에서는 대리인의 배반이 사후적으로만 관찰된다는 점에서 위임 설계 후에 배반이 확인된다는 진술은 적절합니다. 하지만 ㉡에서 발생하는 집합 행동의 딜레마는 2문단에서 언급한 것처럼 주인들이 상호 불신으로 인해 공동의 장기적 이익보다 자신의 단기적 이익을 추구함에 따라 합의 이행이 이루어지지 않는 현상을 말하는 것으로, 이는 위임 설계의 기본이 되는 전제이며 이로부터 대리인에게 권한을 위임하는 방안이 모색된 것입니다.

25 정답 ①

정치적 거래 비용 이론의 핵심은 정치적 행위자들 사이의 갈등 상황에서 정책의 독립성과 지속성을 확보하기 위해 대리인이 정치적 간섭으로부터 자유로운 독자적 권한을 갖는 결과가 나타나게 된다는 것입니다. 그리고 이 과정에서 정치 세력들 사이의 정책 선호 차이가 크거나 정치 권력 교체가 빈번하거나 할수록 독립된 권한 위임이 더 강하게 나타납니다.

① 중앙은행이 독립적인 존재로서 통화 정책의 권한을 위임받은 것은 정치적 거래 비용이론에서 강조한 '독립된 권한' 요소에 부합합니다. 하지만 그 이유가 단기적으로 정치적 이익을 극대화하려는 유혹에 빠지는 것을 막기 위해서라는 설명은 오히려 기능주의 이론의 신뢰의 논리에 부합합니다. 따라서 선지 두 번째 문장의 서술은 정치적 거래 비용 이론을 적용한 설명으로 부적절합니다.

②, ③, ④ 초국가적 기구, 일정한 재량권의 항상적 확보, 유럽중앙은행의 전권 행사 등은 독립된 권한에 해당하며, 이러한 권한의 위임이 나타나게 된 이유 역시 정치 행위자들 사이의 정책적 선호의 차이가 큼(②), 의회와 행정부 사이의 정책 선호의 불일치가 증가할 가능성이 있음(③), 정치 행위자들의 간섭 봉쇄라는 목적(④) 등 정치적 거래 비용 이론의 분석에 부합합니다.

⑤ 초국가적 기구는 독립된 권한을 위임받은 존재이므로 정치적 거래 비용 이론에 부합합니다. 또한 협상 의제에 국내 반대자들에 대한 보상 방안이 포함되는 것이 반론으로 인한 논란을 예방하기 위해서라는 이유 설명 또한, 정치적 경쟁 관계로부터 결과적으로 위임이라는 선택이 나타나게 된다는 정치적 거래 비용 이론의 틀에 부합합니다.

정치 지문 09	2015학년도 14-16번	상위 테마 - 정당정치론 / 입법 전쟁 하위 테마 - 행정부와 입법부의 교착

1. 제시문 정보 구조 분석

2018학년도 홀수형 기준 30-32번 지문 '합의제 민주주의와 다수제 민주주의'와 유사한 정보 구조를 취하고 있는 글입니다. 실전에서는 교착이 무엇인지를 숙지한 이후, 이 교착을 증가시키는 요인과 감소시키는 요인을 '동그라미 vs 세모'와 같은 기호로 지문 내에 표시해 두는 방식으로 독해하는 것이 효과적입니다.

[1문단 : 화두 제시]

행정부와 의회가 선호 불일치로 인해 입법에 실패해 기존 정책이 그대로 유지되는 것을 교착으로 정의하고 있습니다. 1문단 말미에서는 교착이 일어나는 주요 원인에 대해 분석할 것임을 예고하고 있는데, 이쯤 되면 다른 정치학 텍스트와 마찬가지로 이 글에서도 교착의 증가와 감소라는 양분 구도를 취하며 글을 읽는 전략을 바로 취하는 것이 좋습니다.

[2문단 : 통치형태별 교착 증/감 요인 - 대통령제]

대통령제는 기본적으로 대통령과 의회 간 마찰 유발 조건으로 작용합니다(즉 교착 증가 방향성). 여기에, 법안발의권 등 대통령의 입법 권한이 강할수록 교착은 증가하게 됩니다. 그리고 이 글에서 반복적으로 등장할 단점정부와 분점정부가 비교되고 있는데, 분점정부는 대통령의 소속 당(여당)이 의회에서 과반 의석을 얻지 못한 경우(여소야대)이므로 단점정부는 여대야소의 국면임을 알 수 있습니다.

▶ 2018학년도 '합의제 민주주의와 다수제 민주주의' 지문과 연동해서 보자면, 단점정부 상황은 다수제 민주주의 체제에 가까운 것으로 다수당의 밀어붙이기 입법이 가능하고, 분점정부 상황은 합의제 민주주의 체제에 가까운 것으로 야당과의 협력 관계를 통한 합의가 이루어져야 입법이 가능한 형태라 할 수 있습니다.

[3문단 : 통치형태별 교착 증/감 요인 - 의원내각제]

의원내각제에서는 의회 다수당이 내각을 구성하고, 의회가 내각 불신임권을 가지기 때문에 대통령제에 비해 교착 발생 가능성이 현저히 낮아집니다. 혹여 다수당이 과반 의석을 얻지 못해도, 연립정부 구성이 가능하다는 점 등으로 인해 내각제는 교착 발생을 피할 수 있습니다.

[4문단 : 대통령제에서 교착 해소를 위한 제도적 변형 - 이원집정부제]

프랑스의 이원집정부제는 기본 골격은 대통령제와 같지만, 대통령의 소속 당이 의회의 과반을 갖지 못한 경우 즉 분점정부 상황에서는 의회에서 선출된 야당 대표가 총리로 임명되어 정국 운영을 주도(이러한 상태를 동거정부라 부르며, 국정 운영은 내각제처럼 이루어집니다)한다는 점이 일반 대통령제와는 다릅니다. 물론 이 경우에도 대통령이 총리의 권한 행사에 반발한다면 교착이 발생할 수 있습니다. 이러한 이원집정부제에서 의회는 원내 양당제를 유도하기 위해 결선투표제로 구성됩니다.

[5문단 + 6문단 : 대통령제에서 교착에 영향을 주는 정당 체계, 선거 제도, 의회제도]

5문단과 6문단에는 대통령제 하에서 교착의 증가/감소에 영향을 미치는 다양한 요인들이 언급되어 있습니다. 여기에서는 이를 다음과 같이 표로 정리하였습니다.

교착 증가 요인	교착 감소 요인
① 비례대표제 (다당제 유도, 의회다수파 형성이 어려워짐) ② 양원제에서 하원 다수당과 상원 다수당이 서로 다를 때 ③ 분점정부 상황에서, 의장의 권한이 강함 ④ 교섭단체 제도가 존재하면, 단점정부 상황에서도 교착이 증가할 수 있음 ⑤ 필리버스터 제도 ⑥ 사회적 합의가 어려운 쟁점이 법안으로 상정됨	⑦ 의회 선거와 대통령 선거의 동시 실시 ⑧ 분점정부 상황에서도, 야당이 대통령의 거부권 행사를 막을 수 있는 의석수를 확보한 경우

[7문단 : 대통령제에서 분점정부 상황의 교착 완화를 위한 제도 1 - 남미 국가의 경우]

남미 국가들의 연립정부 구성안은 대통령제를 내각제처럼 운영하려 한다는 점에서 프랑스의 이원집정부제와 유사합니다. 소수파 대통령이 야당들과의 협상을 통해 공동 내각을 구성함으로써, 의회 과반의 지지를 얻어 교착이 줄어든다는 것이 핵심입니다. 여기에는 추가 요인이 작동하는데, 정당을 기율이 강함, 대통령의 권한이 강함, 의회선거는 비례대표제로 실시하고(다당제 유도) 대통령선거는 결선투표제로 실시할 경우(결선투표 과정에서 정당 간 연합이 이뤄짐) 연립정부 구성이 쉬워집니다. 또한 의회선거와 대통령선거의 동시실시(동시선거)도 정당 난립을 억제해 거대 다수당을 형성시킴으로써 교착을 줄이게 됩니다.

[8문단 : 대통령제에서 분점정부 상황의 교착 완화를 위한 제도 2 - 미국의 경우]

미국처럼 정당 기율이 약하고(의원들의 정치적 자율성이 높아 정당 지도부의 의사에 반하는 결정을 내릴 가능성이 높음), 의회선거 제도가 단순다수 소선구거구제인 경우(양당제가 출현하기 쉬움, 대통령은 반대당의 의원만 설득하면 됨)에는 대통령이 야당 의원들을 설득해 법안마다 과반 지지를 확보하는 방안이 나타나기도 합니다.

2. 문항별 선택지 분석

14 정답 ⑤

㉠의 해결이란 결국 교착 완화라 할 수 있습니다.

① 7문단의 남미 국가들이 취한 교착 완화의 방안에 해당합니다.

② 8문단의 미국이 취한 교착 완화의 방안에 해당합니다.

③ 3문단의 내각제 하에서 다수당이 과반 의석을 얻지 못했을 취하는 교착 완화의 방안에 해당합니다.

④ 역시 3문단의 내각제 하에서 총리가 의회를 해산하고 조기 총선을 치러 새 내각을 구성하는 것도 교착 완화의 방안으로 소개된 것입니다.

⑤ 4문단의 이원집정부제에 의하면, 동거정부 상태에서 대통령이 총리와 대립하며 권한을 둘러싼 분쟁이 발생할 경우 교착이 발생(증가)하게 됩니다.

15 정답 ②

① 갈등 법안이 본회의에 직권상정 되었고, 야당이 소수당에 의한 필리버스터를 종결할 만큼의 의석을 가지지는 못한 상태이기 때문에 6문단의 의회제도에 따라 교착은 완화되는 것이 아니라 오히려 심화될 것이라 추론하는 것이 타당합니다.

② 4문단에 의하면, 의회선거가 비례대표제로 치러지면 다당제가 유도되기 때문에 이 자체로는 분점정부를 유도하게 됩니다. 하지만 이 상황에서 의회선거를 대통령선거와 동시에 치르게 되면, 4문단 후반부의 진술처럼 대통령 당선 유력 후보의 후광효과로 인해 분점정부 발생 가능성이 낮아지게 됩니다.

③ 단순다수 소선거구제로 양원제 의회를 구성할 경우에도 분점정부가 나타날 수는 있습니다. 하지만 단순다수 소선거구제는 양당제를 유도하기 때문에 양원제 하에서 분점정부가 나타날 가능성은 절반입니다. 이에 비해 양원제 의회를 모두 비례대표제로 구성하면 비례대표제는 다당제를 유도하기 때문에 의회다수파 형성이 어려워지고, 그만큼 단순다수 소선거구제 하에서보다 상원이나 하원 다수당을 대통령 소속 당이 차지할 가능성은 더 낮아지게 될 것입니다. 따라서 분점정부가 발생할 확률은 더 높아진다고 추론하는 것이 타당합니다.

④ 4문단 후반부에서 쉽게 확인할 수 있는 진술입니다. 야당이 대통령의 거부권을 막을 수 있는 의석수를 확보하고 있다면 교착이 발생할 가능성이 줄어들게 됩니다. 즉, 교착이 '악화(증가)'되는 것이 아니라 '약화'된다고 보아야 합니다.

⑤ 교섭단체 간 합의 요건을 강화한다는 것은 그만큼 쉽게 합의를 이끌어내기 어렵게 됩니다. 이는 교착을 심화시킬 것입니다.

16 정답 ②

먼저 A국의 상황을 살펴보면,

(1) 양당제 분점 정부 상태 / (2) 대통령의 권한이 강함 / (3) 대통령은 결선투표제로 선출 / (4) 의회는 단순다수 소선구제로 구성 / (5) 정당 기율 강함

지문에 제시된 국가별 교착 완화 방안은 프랑스식 이원집정부제, 남미식 연립정부, 미국식 로비 제도입니다. 각 제도는 의회 선거 방식이 서로 다르다는 점을 이용하면 이 문제를 비교적 쉽게 해결할 수 있습니다. 프랑스는 결선투표제, 남미는 비례대표제, 미국은 단순다수 소선거구제로 의회가 구성됩니다.

㉮ 프랑스식 이원집정부제 모델입니다. 이 모델은 대통령 권한을 축소해 동거정부시 대통령과 총리 간 권한 분쟁을 방지하고, 의회가 결선투표제이고, 동거정부 상태에서 정부가 내각제처럼 운영되기 위해 정당 기율이 강해야 하는데(3문단), ㉮의 모든 항목이 이원집정부제 모델에 부합합니다.

㉯ 남미식 대통령제 모델입니다. 이 모델은 연립정부를 기본으로 하는데, 연립정부 구성이 쉬워지려면 의회선거는 비례대표제로 치러지고 대통령선거는 결선투표제로 치러져야 하며, 정당 기율이 강하고 대통령의 권한이 강할 때 연립정부 유지가 용이합니다. ㉯의 모든 항목이 이 모델에 부합합니다.

㉰ 미국식 대통령제 모델입니다. 이 모델은 정당 기율이 약해야 하고, 의회선거는 단순다수 소선거구제여야 하며, 대통령의 입법 권한이 약하기 때문에 대통령이 의회에 로비를 할 필요성을 더 느끼게 된다고 봅니다. ㉰의 모든 항목이 이 모델에 부합합니다.

따라서 정답은 ②입니다. 물론 실전에서는 의회선거 제도의 변경/유지 항목만 보고 각 모델별로 매칭이 이루어졌는지만 판단해도 쉽게 문제를 해결할 수 있습니다.

정치 지문 10	2018학년도 30-32번	상위 테마 - 정당정치론 / 입법 전쟁
		하위 테마 - 합의제 민주주의와 다수제 민주주의의 긴장 관계

1. 제시문 정보 구조 분석

이 지문은 앞서 살펴본 2015학년도 홀수형 14번~16번 지문(정치 세력 간 교착 상태의 발생 요인)과 매우 유사한 정보 구조를 취하고 있습니다. 두 지문을 함께 정리함으로써, 이와 같은 정보 구조 패턴을 빠르게 대처하는 방법을 익혀 두면 좋을 것입니다.

또한 이 지문에서는 '합의제 vs 다수제'의 대비 구도가 다른 용어들로 변주되어 등장하는데, 대표적으로 '권력의 분산 vs 집중', '원심력 vs 구심력', '대통령과 의회 간 목적의 분리성 vs 일치성'과 같은 대립쌍이 이에 해당합니다.

[1문단 : 합의제 민주주의 vs 다수제 민주주의]

민주주의 체제를 권력의 집중 및 공유 정도에 따라 두 가지 형태로 구분하고 있습니다. 말 그대로 합의제는 다수의 권력 공유를, 다수제는 과반 득표로 집권한 단일 정당 정부에 의한 배타적 국정 운영을 골자로 합니다.

[2문단 : 합의제 민주주의에 대한 레이파트의 분석]

2문단에서는 레이파트가 제시한 합의제 민주주의와 다수제 민주주의의 발생 요인을 정당 체계, 선거 제도, 정부 구성 형태, 법원의 독립성 등을 기준으로 두 제도의 유도 요인을 구분하고 있습니다. 이를 도식화하면 다음과 같습니다.

합의제 유도 요인 – 1	다수제 유도 요인 – 1
① 정당 수 많음 (다당제) ② 의회선거 득표와 의석 간 비례성 높음 ③ 연립정부 비율 높음 ④ 행정부 권한 약함 ⑤ 이익 집단 대표 체계 중앙 집중	① (정당 수 적음 = 양당제) ② (의회선거 득표와 의석 간 비례성 낮음) ③ (연립정부 비율 낮음) ④ (행정부 권한 강함) ⑤ (이익 집단 대표 체계 지방 분산)
⑥ (연방제) ⑦ (양원제 의회) ⑧ (헌법 개정 난이도가 높음) ⑨ (사법부의 권한 강함) ⑩ (중앙은행의 독립성 강함)	⑥ 단방제 = 중앙정부에 권력 집중 ⑦ 단원제 의회 ⑧ 헌법 개정 난이도가 낮음 ⑨ 사법부의 권한 약함 ⑩ 중앙은행의 독립성 약함

▶ 실제 시험에서 이렇게 도표를 활용해 모든 항목을 도식화하는 것은 비효율적일 것입니다. 이 문단부터는 합의제와 다수제라는 두 가지 방향성을 구분해 각 제도를 유도하는 요인들을 '동그라미 vs 세모'와 같이 기호를 활용해 시험지에 곧바로 표시하는 것이 문제풀이에 효율적입니다.

[3문단 : 두 제도의 성과 차이]

합의제는 다수제에 비해 사회경제적 평등이나 정치 참여, 부패 감소 등에서 우월하다는 평가를 받으며, 합의제를 채택하려는 시도는 신생 독립 국가뿐만 아니라 다수제 민주주의로 분류되던 선진국에서도 나타난다는 점이 언급되어 있습니다.

[4문단 + 5문단 : 글쓴이의 추가 요인 분석]

글쓴이는 2문단에서 소개한 레이파트의 이론만으로는 합의제와 다수제를 유도하는 요인이 제대로 설명되지 않는다고 보고, '대통령의 권한'의 크기와 '대통령과 의회 간 목적의 일치/분리' 정도를 추가적인 요인으로 분석해야 한다고 봅니다. 이 역시 2문단에서와 마찬가지의 도식적 비교 구도로 정리될 수 있습니다. 단, 여기서부터는 문맥을 통해 언급된 요인에 따른 결과가 합의제를 유도하는지 아니면 다수제를 유도하는지 잘 파악하여야 합니다.

합의제 유도 요인 – 2	다수제 유도 요인 – 2
⑪ 대통령의 권한 약함 → 의회의 협력을 구하는 과정에서 소수당도 연합의 대상으로 고려됨	⑪ 대통령의 권한 강함 → 대통령이 최후의 정책 결정자가 됨으로써, 소수당은 권력 공유의 대상에서 배제됨
〈대통령과 의회 간 목적의 분리성 증가〉 ⑫ 의회가 비례대표제로 구성됨 ⑬ 분리선거 실시 ⑭ 대통령과 의회의 지역구 규모 상이함 ⑮ 대통령 선거가 단순 다수제	〈대통령과 의회 간 목적의 일치성 증가〉 ⑫ 의회가 단순 다수 소선구제로 구성됨 ⑬ 동시선거 실시 ⑭ 대통령과 의회의 지역구 규모 일치함 ⑮ 대통령 선거가 결선투표제

▶ 2015학년도 기출에서도 확인할 수 있지만, 합의제적 성격이 강해질수록 과도한 권력 분산으로 인해 거부권자 수가 늘어나 교착이 증가할 위험성도 높아지게 됩니다.

(6문단은 추가적인 내용이 없으므로 생략)

2. 문항별 선택지 분석

30 정답 ⑤

㉠(합의제)을 ㉡(다수제)과 비교하는 것이 문제의 요구이므로, 각 선택지의 주어는 합의제로 놓고 분석해야 합니다.

① 다당제는 정당 수가 많다는 것을 의미하며 이는 합의제 유도 요인 첫 번째에 해당합니다. 따라서 이러한 국가일 때 합의제가 더 많이 발견될 것입니다.

② 3문단에서 확인하였듯이 신생 독립 국가뿐만 아니라 선진 국가에서도 합의제를 채택하려는 시도가 동등한 수준으로 나타나고 있습니다.

③ 사회 평등 면에서 합의제가 다수제보다 더 우월(유리)하다는 진술은 맞지만, 경제 성장 면에서 불리하다는 진술은 잘못되었습니다. 역시 3문단에 의하면 경제 성장에서는 두 제도 사이에 의미 있는 차이가 나타나지 않았으므로 불리하다고 말할 수는 없습니다.

④ '권력을 위임하는 유권자의 수'가 무엇을 의미하는지부터 파악해야 합니다. 권력을 위임한다는 것은 권력을 공유하는 주체가 되는 것이 아니라 특정 정당이나 대통령에게 권한을 맡기는 것이므로 이는 다수제의 특징에 해당합니다.

⑤ 5문단 마지막 문장에 언급되어 있듯이, 합의제는 거부권자 수를 늘려 교착이 증가할 위험성을 높입니다.

31 정답 ⑤

31번과 32번 문제는 앞서 정리한 합의제 vs 다수제 유도 요인들에 대한 도식적 구분을 통해 해결하는 문제입니다.

① 대통령에게도 법안 발의권을 부여한다는 것은 대통령의 권한이 그만큼 강해지는 것이므로 이는 다수제 유도 요인 ⑪에 해당합니다.

② 다수제 유도 요인 ⑫에 해당합니다.

③ 다수제 유도 요인 ⑤에 해당합니다.

④ 헌법 개정안 통과 기준이 의회 재적의원 2/3에서 과반으로 줄어드는 것은 헌법 개정이 그만큼 쉬워지는 것을 의미합니다. 이는 다수제 유도 요인 ⑧에 해당합니다.

⑤ 합의제 유도 요인 ⑨에 해당합니다.

32 정답 ⑤

〈보기〉의 상황을 먼저 정리해 보면 초기에는

- A국은 대통령은 단순 다수제로 선출되고 (합의제 유도)
- 의회는 전국 단위의 비례대표제를 통해 구성됩니다. (합의제 유도)

후기가 되면 교착 상태가 일상화되므로, 교착 상태를 완화시키는 것이 주어진 목표라 할 수 있습니다. 30번 문항 5번 선지에서도 확인한 바 있듯이, 합의제는 교착을 심화시키기 때문에 이를 해소하려면 다수제를 유도하는 조치들이 취해져야 합니다.

① 총리에게 내치를 담당하게 하는 조치는 본문에서 구체적으로 언급된 적은 없지만, 해당 총리가 의회의 과반 동의를 거쳐 선출된 것이므로 의회 내 정당과 연합을 유도하기 용이해질 것이고 이를 통해 합의를 쉽게 이끌어낼 수 있게 되어 교착이 완화될 것입니다.

② 대통령에게 더 큰 권한을 부여하는 조치에 해당하며, 이는 다수제를 유도하는 요인입니다.

③ 의회 선거와 대통령 선거의 동시 실시는 다수제를 유도하는 요인입니다.

④ 대통령 결선투표제는 다수제를 유도하는 요인입니다.

⑤ 의회 선거를 비례대표제가 아닌 단순 다수 소선거구제로 치르는 것은 다수제 유도 요인에 해당합니다. 하지만 부족의 거주 지역에 따라 의원을 선출하는 방식은 대통령과 의회의 지역구 규모가 상이해지는 것으로서 이는 합의제를 유도하는 요인입니다. 즉 5번 선지의 상황은 합의제를 유도하는 흐름과 다수제를 유도하는 흐름이 공존하는 상태이므로 목적의 일치성이 증가한다고 단정할 수는 없습니다.

경제 · 사회 영역

경제/사회 지문 01	2010학년도 4-6번	상위 테마 - 경제학 (기업이론)
		하위 테마 - 기업 가치와 주가의 일치성에 대한 논의

문항별 선택지 분석

04 정답 ⑤

⑤ 1988년 미국연방 대법원은 전통적 이론의 관점을 취하고 있습니다. 2문단 중반부를 보면, 연방 대법원은 주식시장이 모든 이에게 열려 있는 상황에서는 사람들이 주가만 가지고도 투자 결정을 내린다고 볼 수 있기 때문에 베이식 사의 합병 과정 미공개가 투자자들로 하여금 재산상 손실을 입게 만든 원인이라 추정할 만한 충분한 합리적 근거가 있다고 보았습니다. 즉 연방 대법원은 사람들이 주식 투자를 함에 있어 공시자료를 근거로 투자를 해왔다는 사실을 굳이 입증하지 않더라도, 주식시장이 모든 이에게 열려 있다는 점만 확인이 된다면 기업의 합병 과정 미공개 행위만으로도 투자자들의 손실 발생을 충분히 입증할 수 있다고 본 것입니다.

[오답해설]

①, ② 연방 대법원에 따르면, 전통적 이론에 따라 진정한 가치에 관한 모든 정보는 주가에 반영되므로 주가와 진정한 가치는 일치하고 이러한 상황에서 사람들은 주가만 가지고도 투자 결정을 내리게 됩니다. 그런데 합병을 부인함으로써 합병이 진행 중이라는 정보가 주가에 반영되지 못했고, 이로 인해 주가가 기업의 진정한 가치를 반영하지 못했기 때문에 이러한 주가에 근거한 투자자들은 잘못된 투자 결정을 내려 손해를 보았다는 것이 연방 대법원의 판단입니다. 그러므로 ①, ②는 ㉠에 담긴 판단 내용으로 볼 수 있습니다.

③, ④ 연방 대법원이 합병 발표 이전에 주식을 처분했던 주주들이 손해를 보았다는 것을 인정했다는 것은, 합병 발표 이후에 주가가 올라갔다는 것을 의미한다. 이것은 인수합병이 진행 중이라는 정보가 주가에 반영되었다면 주가가 올라갔을 것이고(③), 투자자들은 이에 따라 주식을 계속 보유하거나 더 높은 가격에서 처분하는 등의 투자 결정을 했을 것임(④)을 말합니다.

05 정답 ⑤

3문단에 의하면 전통적 이론이 성립하기 위해서는

(1) 진정한 가치에 관심을 기울이는 사람과 그렇지 않은 사람 사이에 끊임없는 매수와 매도의 상호 작용이 있어야 하며,

이를 위해

(2) 진정한 가치에 관심을 갖는 전문적인 주식 투자자들이 정보가 부족한 투자자들을 상대로 미래 주가의 향방에 대한 상반되는 예상 위에서 매매 차익을 얻을 수 있어야 합니다.

⑤는 위의 두 조건 가운데 둘째 조건에 해당하며 이는 ㉡(전통적 이론의 정당성을 약화시킬 논의)이 아니라, 오히려 전통적 이론이 성립하기 위한 요소입니다.

[오답해설]

① 전통적 이론에서는 진정한 가치에 대한 모든 정보가 주가에 반영되므로 진정한 가치와 주가가 일치한다고 봅니다. 그런데 주식 투자자들이 기업에 대한 정보의 진위 여부를 판단하기 어려우면 잘못된 정보가 주가에 반영될 수 있고 그로 인해 진정한 가치와 주가가 불일치할 수 있습니다. 따라서 ①은 전통적 이론의 정당성을 약화시키는 논의로 볼 수 있습니다.

② 전통적 이론에 따라 진정한 가치와 주가가 일치하려면 진정한 가치에 관한 정보가 바로 주가에 반영되어야 합니다. 따라서 진정한 가치에 관한 정보가 신속하게 반영되지 못한다는 것은 전통적 이론의 정당성을 약화시키는 논의로 볼 수 있습니다.

③ 행동경제학은 사람들의 비합리적 특성 때문에 주가와 진정한 가치가 다르다고 확신하더라도 대세에 편승하는 선택을 한다는 점을 들어 전통적 이론을 비판합니다. 기업의 진정한 가치보다 타인의 선택에 더 큰 영향을 받는다는 것은 전통적 이론에 대한 행동경제학의 비판을 지지하는 사례입니다. 따라서 ③은 전통적 이론의 정당성을 약화시키는 논의로 볼 수 있습니다.

④ 전통적 이론이 성립하려면 끊임없는 매수와 매도의 상호작용이 있어야 하기 때문에 전문적인 주식 투자자들이 정보가 부족한 투자자들을 상대로 미래 주가의 향방에 대한 상반되는 예상 위에서 매매 차익을 얻을 여지가 있어야만 합니다. 그러나 대부분의 주식 투자자들이 주가에 대해 같은 방향으로 예상한다면 매매 차익을 얻을 여지가 줄어들기 때문에 매수와 매도의 상호작용도 줄어들어 전통적 이론이 성립되기 어렵게 됩니다. 따라서 ④는 전통적 이론의 정당성을 약화시키는 논의로 볼 수 있습니다.

06 정답 ②

② 행동경제학은 인간이 자신의 미래를 통제할 수 있다고 과신한다고 보기는 하지만, 투자자들이 기업의 진정한 가치에 관한 정보에 무관심하다고까지 주장하지는 않습니다. 행동경제학에 따르면 전문적 투자자들은 주가와 기업의 진정한 가치가 괴리되어 있다는 것을 확신하더라도 대세에 편승하는 선택을 한다는 것이 주가와 진정한 가치의 괴리를 더욱 키우는 요인이라고 분석하였을 뿐입니다. 즉 기업의 진정한 가치에 대한 정보가 투자자들의 선택에 직접적으로 영향을 주지는 못하지만 투자자들이 이러한 정보에 어떤 관심도 기울이지 않는다고 말하지는 않은 것입니다.

[오답해설]

① 행동경제학은 인간이 남들이 성공할 때 자신만 뒤처지는 것을 두려워하는 비합리적 특성을 가지고 있고 이로 인해 대세에 편승하는 선택을 한다고 보고 있으므로 ①에 동의할 것입니다.

③ 행동경제학에 따르면, 투자자는 주가가 진정한 기업 가치와 괴리되어 있다고 확신하더라도 비합리적 특성으로 인해 주가와 진정한 가치의 괴리를 키우는 행동을 합니다. 즉 행동경제학은 기업의 진정한 가치에 대한 많은 정보가 주어져서 투자자들이 이를 인식하더라도, 투자자들이 반드시 이러한 정보를 바탕으로 하여 행동하지는 않는다고 보고 있으므로 ③에 동의할 것입니다.

④ 행동경제학에 따르면, 전문적인 투자자들까지도 주가와 진정한 가치의 괴리를 키우는 역설적인 행동을 하게 됩니다. 주가와 진정한 가치의 괴리를 키울 수 있다는 것은 전문적인 투자자들의 행위가 주가에 상당한 영향을 미친다는 것을 의미합니다. 다시 말해 주식시장의 정보 전달 메커니즘에서, 즉 정보가 주가에 반영되는 과정에서 전문적인 투자자들의 행동이 큰 영향을 미친다는 것입니다. 따라서 전문적인 주식 투자자가 정보 전달 메커니즘에서 주요한 행위자로 참여한다는 설명은 적절합니다.

⑤ 행동경제학에 따르면 전문적인 주식 투자자들도 주가가 어느 시점에서 진정한 가치와 일치할지를 정확하게 알 수 없습니다. 이런 점으로 볼 때, 행동경제학은 전문적인 주식 투자자도 기업의 진정한 가치에 근거한 주식 매매를 하기 어렵다는 데 동의할 것입니다.

경제/사회 지문 02	2012학년도 18-20번	상위 테마 – 경제학 (기업이론) 하위 테마 – 기업 가치와 자본 구조의 관계에 대한 논의

1. 제시문 정보 구조 분석

▶ 기업의 가치에 대한 경제학적 분석글은 이 지문 이외에도 앞서 살펴본 2010학년도 홀수형 4-6번 지문(기업 가치와 주가의 일치성에 대한 이론들)으로도 출제된 바 있습니다. 이러한 성격의 글들에서는 기업의 가치를 어떠한 요소들이 결정한다고 보는지 혹은 결정할 수 없다고 보는지 등에 있어서 여러 견해의 대립 구도가 등장하게 됩니다.

[1문단 : 화두 제시]
기업의 가치와 자본 구조 사이의 관계에 있어서, 자본 구조가 기업의 가치와는 무관하다는, 즉 자본 구조가 어떤 형태를 취하건(후에 등장할 정보에 따르면 부채 비율이 높은지 낮은지 등) 그것이 기업의 가치를 결정하는 데에 아무런 영향을 미치지 않는다는 〈모딜리아니-밀러 이론〉이 먼저 소개되고 있습니다. 이 이론은 '완전 자본 시장 가정' 즉

1) 기업의 영업 이익에 대한 법인세 등의 세금이 없고
2) 거래 비용이 없으며
3) 모든 기업이 완전히 동일한 정도의 위험에 처해 있다면
   기업의 가치는 자기 자본(기업 내부 여유자금이나 주식)을 활용하든 타인 자본(부채 등)을 활용하든 어떤 영향도 받지 않는다는 것입니다. 이후의 문단들에서 다시 언급되겠지만, 이 글은 기업의 자본 구조가 기업의 가치에 영향을 미치지 않는다는 이론과 영향을 미친다는 이론 사이의 대립 구도로 전개될 것임을 예측할 수 있습니다.

[2문단 : 모딜리아니-밀러 이론에 대한 비판]
모딜리아니-밀러 이론의 완전 자본 시장 가정에 대한 비판이 제기됩니다. 이러한 비판의 핵심은 1문단에서 살펴보았던 완전 자본 시장 가정의 세 요소들이 비현실적이라는 것입니다. 이에 따라 세금(법인세가 존재함), 기업 파산에 따른 처리 비용인 파산비용(비용이 존재함), 경제 주체들 사이의 정보 비대칭(모든 기업이 동일한 위험에 처해 있는 게 아님) 등을 감안하는 자본 구조 이론으로서 상충 이론과 자본 조달 순서 이론이 소개됩니다.

[3문단 : 상충 이론]
상충 이론은 부채의 사용에 따른 편익(+)과 비용(−)을 비교해 기업의 최적 자본 구조를 결정할 수 있다고 봅니다. 상충 이론은 편익으로는 법인세 감세 효과만을, 비용으로는 파산 비용만을 가정하여 다음과 같은 기본 흐름을 설정합니다.

1) 편익 요소 : 부채의 증가 → 부채에 대한 이자가 비용으로 처리됨 → 법인세 감세 효과 발생(편익 증가)
2) 비용 요소 : 부채의 증가 → 부채가 증가한 상태에서 파산하게 되면 그만큼 파산에 따른 처리 비용이 증가하므로 기대 파산 비용도 증가(비용 증가)
   상충 이론에서는 이처럼 부채가 증가할 경우 상반된 효과를 일으키는 두 요소가 복합적으로 작용하기 때문에 이러한 상반된 효과를 계산해 기업의 가치를 가장 크게 하는 부채 비율(최적 부채 비율)이 결정된다고 봅니다.

[4문단 : 자본 조달 순서 이론]
자본 조달 순서 이론은 2문단에서 언급된 현실적 요소 가운데 세 번째인 정보 비대칭을 핵심 요소로 삼습니다. 이에 따르면, 정보 비대칭의 정도가 작은 순서대로 자본 조달이 순차적으로 이루어지는데, 내부 여유 자금은 해당 자금에 대한 정보의 확실성이 가장 높으므로(정보 비대칭 정도가 가장 낮으므로) 최우선으로 사용하고, 여유 자금으로도 투자액이 부족하면 그 다음으로 부채를 사용하고, 가장 최후의 수단으로 주식 발행이 이루어진다는 것입니다(주식은 발행가와 실제 행사가 즉 주식시장에서 판매되는 금액이 차이가 나기 때문에 얼마의 자금이 확보될지 불확실성이 높음).

[5문단 : 상충 이론과 자본 조달 순서 이론에 따른 이론적 예측]
두 이론은 기업 규모 및 기업의 성장성이라는 두 요인에 따른 부채 비율의 방향성을 예측합니다. 먼저 상충 이론에서는
• 기업의 규모가 클수록 부채 비율이 높을 것이라 예측하고,
• 기업의 성장성이 높을수록 부채 비율이 낮을 것이라 예측합니다.
반대로 자본 조달 순서 이론에서는
• 기업의 규모가 클수록 부채 비율이 낮을 것이라 예측하고(주식 시장에서 자금 확보하는 게 더 유리하므로),
• 기업의 성장성이 높을수록 더 많은 투자가 필요해 부채 비율이 높을 것이라 예측합니다.

[6문단 : 모딜리아니 - 밀러 이론의 수정]
밀러는 처음의 모딜리아니-밀러 이론을 수정 보완하여 불완전 자본 시장을 가정하는 상충 이론 및 자본 조달 순서 이론의 비판에 대응하고자 합니다. 밀러는 파산 비용은 고려할 필요가 없다고 보았으며, 세금과 관련해 법인세의 감세 효과뿐만 아니라 기업에 투자한 채권자들이 받는 이자 소득에 부과되는 소득세도 함께 고려해야 한다고 봅니다. 이러한 전제하에 행해진 분석의 결과는, 경제 전체의 자본 구조가 최적일 경우 법인세율과 이자 소득세율이 정확히 일치하기 때문에 개별 기업 입장에서는 타인 자본의 사용으로 인한 기업 가치의 변화는 없다는 것입니다.

2. 문항별 선택지 분석

18 정답 ④

① 1문단에 의하면, 법인세와 같은 세금이 없다는 조건, 거래 비용이 없다는 조건, 그리고 모든 기업이 완전히 동일한 정도의 위험에 처해 있다는(정보 대칭) 조건이 모두 충족된 상태라고 보는 것이 완전 자본 시장 가정입니다. 따라서 경제 주체들 사이에 정보 비대칭이 있다는 것만으로도 완전 자본 시장은 존재하지 않는다는, 즉 자본 시장의 불완정성을 논할 수 있게 되는 것입니다.
② 모딜리아니-밀러 이론과 상충 이론 그리고 자본 조달 순서 이론 모두 부채의 비율이 기업의 가치에 미치는 영향을 논하는 것이지(없다 vs 있다), 기업의 가치가 부채 비율에 미치는 영향을 연구하는 것이 아닙니다.
③ 자본 조달 순서 이론에 따른 투자 자금 조달 순서는 내부 여유 자금 → 부채 → 주식입니다.
④ 5문단 분석에서 언급하였듯이 상충 이론과 자본 조달 순서 이론은 기업 규모가 부채 비율에 미치는 효과와 관련해 전자는 비례적 관계가, 후자는 반비례적 관계가 있다고 분석합니다. 따라서 ④가 옳은 진술입니다.
⑤ 모딜리아니-밀러 이론의 이론적 전제는 완전 자본 시장 가정입니다. 상충이론 등은 이러한 완전 자본 시장 가정을 비판하며 모딜리아니-밀러 이론이 주장한 결론의 비현실성까지 비판한 것입니다. 이론적 전제에 동의했다는 진술은 잘못된 것입니다.

19 정답 ⑤

① ㉡에서도 파산 비용은 고려 대상으로 삼지 않았습니다.
② ㉡은 경제 전체의 최적 자본 구조 결정 이론을 제시한 것으로서, 경제 전체의 자본 구조가 최적일 경우 개별 기업의 입장에서는 타인 자본의 사용으로 인한 기업 가치의 변화가 없다고 본 것입니다. ㉡은 개별 기업을 분석 단위로 삼은 것이 아니라 경제 전체를 분석 대상으로 삼아 이론을 도출한 후, 이를 개별 기업의 입장에 유추 적용한 것입니다. 따라서 개별 기업을 분석 단위로 삼는 방식으로 ㉡이 기업의 최적 자본 구조를 분석하였다는 진술은 부적절합니다.
③ ㉠은 기업의 가치 산정에 있어서 법인세에 의한 영향은 없다고 가정하였습니다. 따라서 ㉠이 기업의 가치 산정에 법인세만을 고려하였다는 진술은 부적절합니다.
④ 마지막 부분에서 확인하였듯이, ㉡ 역시 ㉠과 마찬가지로 자본 구조와 기업의 가치는 무관하다고 즉 기업의 가치 산정에 타인 자본의 영향이 없다고 보았습니다.
⑤ ㉡은 ㉠과는 달리 법인세와 소득세라는 세금 요인을 고려 대상으로 삼기는 했지만, 결과적으로는 자본 구조와 기업의 가치는 무관하다고 결론내림으로써 ㉠의 명제를 재확인한 것으로 끝이 났습니다. 따라서 ⑤는 적절한 진술입니다.

20 정답 ③

이 문제를 풀 때는 5문단에 제시된 내용이 두 이론에 따른 예측일 뿐, 현실의 부채 비율과는 다른 방향이 제시될 수도 있다는 점을 분명히 파악해야 합니다. 구체적으로 살펴보면, 〈보기〉에 등장하는 B 기업은 현재 자기 자본 대비 타인 자본 비율이 높은, 즉 부채 비율이 높은 상태입니다. 하지만 상충 이론으로 B기업의 부채 비율을 예측하면, B 기업은 규모는 작고 성장성이 높기 때문에 이 두 요소 모두에 의해 기업의 부채 비율이 낮을 것이라는 예측이 나오게 됩니다. 즉 기업의 규모와 성장성이라는 요소에 의하면 B 기업은 부채 비율이 낮아야 하는 것이 정상인데, 실제 현실은 부채 비율이 높은 상황입니다. 따라서 현재 B 기업의 부채 비율이 높은 이유는 상충 이론으로는 설명할 수 없는 것입니다. 한편 상충 이론에서는 B 기업의 규모와 성장성을 고려했을 때 부채 비율이 낮은 것이 정상이므로, 현재보다 부채 비율을 줄여야 한다고 조언할 것입니다.

① 상충 이론의 예측으로는 B 기업의 부채 비율이 높은 이유를 설명할 수 없습니다.

② 현재 B 기업의 부채 비율은 높은 상태인데, 3문단에서 살펴보았듯이 부채 비율이 높으면(부채의 증가) 법인세 감세 효과가 큽니다. 따라서 B 기업의 이자 비용에 따른 법인세 감세 효과가 별로 없을 것이라는 평가는 부적절합니다.

③ 역시 3문단에서 확인하였듯이 상충 이론에서는 부채 비율이 기업의 가치에 영향을 미친다는 입장을 취하고 있습니다. 따라서 B 기업의 자기 자본 대비 타인 자본 비율이 높은 것 즉 부채 비율이 높은 것이 기업 가치에 영향을 미칠 것이라고 볼 것입니다.

④ 3문단에 의하면 상충 이론은 부채 비율이 높으면 기대 파산 비용도 증가한다고 봅니다. 현재 부채 비율이 높기 때문에 기대 파산 비용도 높다고 볼 것입니다.

⑤ 상충 이론에 따른 예측으로는 부채 비율이 낮아야 하는데, 현재 B 기업의 부채 비율은 높은 상태입니다. 따라서 투자 자금 확보는 타인 자본보다는 자기 자본으로 조달해야 한다고 평가할 것입니다.

경제/사회 지문 03	2018학년도 26-29번	상위 테마 - 경제학 (기업이론) 하위 테마 - 기업의 자체 생산에 대한 논의

1. 제시문 정보 구조 분석

[1문단 : 신고전파 경제학의 기업 이론 소개]

신고전파 경제학의 기업 이론이 갖는 한계가 소개되고 있습니다. 구체적으로는 합리적 경제 주체만을 가정한다는 것과, 규모가 서로 다른 경제 주체(기업과 농부)의 행동을 동일한 것으로 간주한다는 것입니다. 한계가 있으니 당연히 이를 비판, 극복하고자 한 여러 이론들이 대립 구도로 소개될 것입니다.

[2문단 : 신고전파에 대한 첫 번째 비판, 코즈의 이론]

첫 번째 비판자는 코즈입니다. 그는 왜 기업이라는 위계 조직이 필요한가에 초점을 맞추고, 거래 비용 개념을 통해 그 이유를 해명해야 한다고 봅니다.

생산 비용만을 고려하는 신고전파 이론에 의하면 자체 생산보다 외부 구매가 더 합리적이므로 결과적으로는 기업이 존재해야 할 이유를 찾기 어렵게 됩니다. 따라서 코즈는 '거래 비용'에서 기업의 존재 이유를 찾아야 한다고 봅니다.

[3문단 : 코즈의 거래 비용 이론]

코즈는 먼저 거래 비용이란 시장 거래에 수반되는 어려움이라 정의내린 후,

거래 비용 〉 분업에 따른 이득인 조건에서는 기업 내부에서 물품 및 자원을 자체 조달하게 된다고 봅니다. 이는 기업의 권위에 의해 조정이 이루어지는 것으로서, 2문단에 코즈가 가격에 기초한 시장 시스템과 권위에 기초한 기업 시스템이 본질적으로 다르다고 한 이유에 해당합니다.

그러나 코즈의 기업이론은 거래 비용의 발생 원리를 명확하게 제시하지 않았다는 점 등에서 한계가 있습니다.

[4문단 : 윌리엄슨의 거래 비용 이론 - 거래 비용 개념의 보완]
윌리엄슨은 기존의 '합리성' 가정 즉 경제 주체들은 모두 합리적인 존재들이라는 가정을 '기회주의'와 '제한적 합리성'이라는 가정으로 대체해 기업 이론을 전개합니다.(언급된 순서상으로는 기회주의가 먼저이지만, 이는 다음 문단에서 구체화됩니다)
먼저 윌리엄슨은 시장 거래를 현물거래와 계약으로 구분하고, 계약은 현물거래와 달리 거래의 합의와 이행 사이에 간격이 길어 불완전하기 쉽고 이러한 제한적 합리성으로 인해 빈구석이 생길 수밖에 없다고 봅니다.

[5문단 : 윌리엄슨의 거래 비용 이론 - 관계특수적 투자에 따른 속박 문제]
계약 쌍방이 서로를 신뢰해 계약이 원래대로 이행된다면 아무런 문제가 발생하지 않을 것입니다. 하지만 상대방이 계약을 이행하지 않을 경우에는 문제가 발생할 것인데, 5문단에서는 이에 대한 윌리엄슨의 개념화가 이루어지고 있습니다.
관계특수적 투자라는 것은 결국 계약 상대방의 약속 이행을 기반으로 이루어지는 투자라 할 수 있을 것이며, 이러한 관계특수성이 클수록 상대방은 변화된 상황을 기회주의적으로 이용하려 할 것입니다. 즉, 내가 상대방에게 의존하는 바가 크기 때문에 나를 마음대로 휘둘러 이익을 취하려고 할 가능성이 높은 것입니다. 따라서 이와 같이 관계특수성이 큰 투자의 경우에는 복잡한 계약을 통해 안전장치를 강구할 수밖에 없고, 이러한 방식으로도 불완전성이 해결되지 않을 경우에는 자체 조달의 방법을 취하게 된다는 것입니다.

[6문단 : 세 가지 기업 이론의 종합적 비교]
신고전파 경제학 - 안전장치가 필요 없는 거래만 존재한다고 가정 : 즉, 계약을 통해 외부 거래로 다 조달할 수 있다는 입장
코즈 - 안정장치가 충분한 계약을 통해 외부 거래로 조달할 가능성이 있음에도 불구하고 이를 고려하지 않고 자체 조달(생산)만 고려하는 입장
윌리엄슨 - 안전장치가 충분히 마련된 계약을 통한 외부 거래의 방법 + 이것이 불가능할 때의 기업 자체 조달(생산)을 구분하여 코즈의 한계를 극복

2. 문항별 선택지 분석

26 정답 ④
2문단에서 확인하였듯이, 코즈는 신고전파 경제학과 달리 왜 모든 활동이 시장에 의해 조정되지 않고(외부 거래만으로 조달이 이루어지지 않고) 기업이라는 위계 조직을 필요로 하는가를 해명하기 위해 거래 비용 개념을 바탕으로 기업의 자체 조달 논리를 제시하였던 것입니다.
따라서 ㉠ 코즈가 신고전파 기업 이론에 대한 비판을 통해 해결하려 한 의문으로 가장 적절한 것은 선지 ④ 왜 어떤 활동은 기업 내부에서 일어나고 어떤 활동은 외부에서 일어나는가?입니다.

27 정답 ③
① 3문단의 두 번째 문장에서 길게 설명하고 있듯이 거래 비용은 수요자와 공급자 사이의 거래에서 발생하는 과정에서 전반적으로 발생하는 어려움을 그 내용으로 합니다. 따라서 거래량이 증가한다면 이에 부수되는 거래 비용 역시 비례하여 증가할 것이라 볼 수 있습니다.
② 역시 3문단의 두 번째 문장에서 확인할 수 있듯이, 거래 비용은 계약뿐만 아니라 거래 의사와 능력이 있는 거래 상대방을 탐색하거나 서로 가격을 흥정하는 과정에서도 발생하게 되므로, 4문단에서 계약과 다른 것으로 구분한 현물거래에서도 발생한다고 보아야 합니다.
③ 계약의 이행 확인 및 강제 과정에서 겪는 어려움도 거래 비용이 되므로, 계약 제도의 발달을 통해 이러한 어려움을 줄이는 방식으로 거래 비용을 줄이는 것이 가능하다고 볼 수 있습니다.

④ 기업 내부에서 권위의 행사가 이루어지면 외부와의 현물거래나 계약이 아닌 자체 생산, 조달이 이루어지게 됩니다. 즉 이러한 권위의 행사는 거래 비용이 너무 클 경우 이를 대체하기 위한 조치로서 선택된 행위이지 권위의 행사에 의해 거래 비용이 수반된다고 볼 수는 없습니다.

⑤ 본문에는 '재화의 시장 가치'라는 표현이 없으므로 어떤 것을 지칭하는 것인지 약간의 추론이 필요합니다. 일반적으로 시장 가치를 표현하는 수단은 가격이므로 '재화의 시장 가치'는 해당 재화의 가격이라 할 수 있으며, 이러한 가치가 확실하다는 것은 결국 가격 흥정의 여지가 없다는 것을 의미한다고 할 수 있습니다. 3문단에서는 가격 흥정의 어려움이 거래 비용의 내용 가운데 하나라 하였으므로 이러한 가격 흥정의 여지가 없게 되면 거래 비용은 오히려 더 작아진다고 보는 것이 타당합니다(물론 다른 조건들은 다 고정되어 있다는 전제 하에서).

28 정답 ④

① 윌리엄슨의 기업 이론은 '관계특수적 투자에 따른 속박 문제'를 통해 기업이 현물거래나 계약이 아닌 자체 조달을 선택하는 이유에 대해서는 규명하였지만, 그와 같은 자체 조달을 가능케 하는 근본적인 힘인 권위가 어떻게 만들어지는지는 분석의 대상으로 삼지 않았습니다.

② 4문단에서 확인하였듯이, 윌리엄슨은 먼저 신고전파 경제학의 합리성 가정을 대신해 '기회주의'와 '제한적 합리성'이라는 가정을 제시하였습니다.

③ 4문단에서 확인하였듯이, 윌리엄슨은 현물거래와 자체조달 이외의 재화 조달 방식인 계약에 초점을 두고 이러한 계약을 관계특수성의 정도에 따라 안정장치를 많이 요구하는 것과 그렇지 않은 것으로 구분하였습니다.

④ 5문단에 의하면 관계특수성이 큰 거래는 계약의 불완전성으로 인해 복잡한 안전장치가 요구되며, 이러한 안전장치의 증가는 계약의 이행을 확인하고 강제하는 모든 과정에서 겪게 되는 어려움으로서의 거래 비용을 증가시키는 요인이 된다고 할 수 있습니다.

⑤ 4문단 후반부터의 내용에서 쉽게 확인할 수 있습니다.

29 정답 ②

① 윌리엄슨의 이론에 의하면, 자체 조달은 복잡한 계약을 통해서도 해결할 수 없는 상황에서 선택된 결과물입니다. 따라서 ⓐ의 자체 조달 사례는 복잡한 장기 계약으로도 대처하기 어려운 문제에 대한 해결책으로 볼 수 있습니다.

② 〈보기〉에 언급된 장기 계약들의 기간과 비교해 본다면, 1년 미만의 초단기 계약은 거래 합의와 이행 사이의 간격이 짧은 편에 속하므로 오히려 현물거래에 가깝다고 보는 것이 타당합니다(물론 현물거래라고 바로 개념화할 수는 없지만, 장기 계약이 갖는 불완전성이 상대적으로 덜한 거래 방식임에는 분명합니다). 따라서 이러한 초단기 계약을 관계특수적 투자에 따른 속박이 심각한 문제를 초래할 가능성이 가장 높은 경우에 해당한다고 보는 것은 부적절합니다. 이와 반대로 50년 기간의 계약이 이러한 문제를 초래할 가능성이 가장 높은 경우라 보는 것이 타당할 것입니다.

③ 자체 조달이나 복잡한 장기 계약을 통한 조달 방식은 그만큼 관계특수적 투자에 따른 속박이 강한 경우라 할 수 있습니다. 즉 투자의 가치가 떨어질 가능성이 큰 경우에 취하는 방법들인 것이므로, ⓒ의 자체 조달이나 복잡한 장기 계약을 통한 조달은 이러한 가치 하락의 가능성을 우려해 취한 조치라는 설명은 적절합니다.

④ 5문단에 의하면 관계특수성이 클수록 계약 상대방의 기회주의적 활용 가능성에 대한 우려가 커지고, 이로 인해 계약은 복잡해지게 됩니다. 따라서 ⓓ에서처럼 품질 등의 계약 조건이 복잡한 것은 이러한 기회주의적 행동을 우려한 결과라 할 수 있으며, 이는 달리 표현해 기회주의적 행동을 제삼자가 판단하기 어렵다고 우려한 결과라 할 수 있을 것입니다.

경제/사회 지문 04	2017학년도 14-17번	상위 테마 - 경제학 (금융위기론)
		하위 테마 - 금융위기에 대한 4가지 원인 분석

1. 제시문 정보 구조 분석

[1문단 : 화두 제시]

금융위기에 대한 원인을 분석한 연구 가운데, 은행위기를 중심으로 하는 네 가지 시각을 소개할 것임을 예고하고 있습니다. 은행위기를 금융위기의 원인으로 바라보는 관점들이므로 어떤 원인에 의해 은행의 위기(부실화)가 발생하게 되었는지 대립 지점을 비교 분석하는 방향으로 독해의 흐름을 잡아나가는 것이 중요합니다.

[2문단 : 첫 번째 시각(㉠) - 자기 실현적 예상]

첫 번째 시각은 자기 실현적 예상이라는 현상에 입각해 금융위기를 분석하고 있습니다. 즉, 은행의 지불능력이 취약하다고 예상한 예금주들의 예금 인출 쇄도에 의해 은행들이 현금보유량을 늘려야 하는 압박이 가중되고, 이에 따라 은행들이 보유 자산을 앞다투어 매각함에 따라 자산 가격이 하락해 은행의 실제 지불능력이 낮아지게 되는 악순환이 원인이라는 분석입니다.

[3문단 : 두 번째 시각(㉡) - 은행의 과도한 위험 추구]

두 번째 시각은 은행 주주들의 비대칭적 이익 구조로 인해 은행이 과도하게 위험을 추구한 것이 원인이라 분석하고 있습니다. 기본적으로 은행 또한 주식회사인데, 주식회사에서 주주들은 회사의 자산 가치가 부채액보다 더 커질수록 자신에게 더 많은 이익이 되고, 회사가 파산할 경우에는 해당 회사 주식에 투자한 금액만큼만 손실을 입는 것으로 그치게 되는 비대칭적 이익구조를 갖게 됩니다. 그리고 이러한 비대칭적 이익 구조를 바탕으로, 해당 주식회사의 자기자본비율이 낮을수록 주주들은 고위험 고수익 사업을 더 선호하게 됩니다. 은행은 기본적으로 부채비율이 매우 높은 주식회사이므로, 즉 자기자본비율이 매우 낮으므로 이러한 고위험 고수익사업에 투자하는 경우가 훨씬 더 증가하게 되는 것이고, 이는 결국 은행의 위기를 불러오게 된다는 것입니다.

[4문단 : 세 번째 시각(㉢) - 은행가의 은행 약탈]

전통적 경제 이론이 은행가가 은행의 수익률을 높이기 위해 과도한 위험추구에 따른 재무 상태 악화 위험에 주목했던 것에 비해, 최근 대두된 세 번째 시각은 은행가가 은행의 수익률 상승이 아닌 자신의 이익 추구를 위해 은행에 손실을 초래하는 행위를 선택하게 된다고 봅니다. 특히 장기적 전망보다 단기적 성과만을 추구해 자신의 성과급을 높이고자 하는 행위 등이 이러한 약탈적 행위로 거론되고 있습니다.

[5문단 : 네 번째 시각(㉣) - 이상 과열]

앞선 세 시각이 모두 경제 주체의 행동이 합리적으로 이루어진다는 전제에서 형성된 것이라면, 네 번째 시각은 행동경제학적 관점과 유사하게 경제 주체의 행동이 항상 합리적으로 이루어지는 것은 아니라는 전제 하에서 출발합니다. 보다 구체적으로 살펴보면, 자산 가격의 상승이 이루어지는 시기에 경제 주체들은 향후에도 가격 상승이 지속될 것이라 비합리적으로 전망하고, 그 결과 부채가 증가하고 이것이 더 큰 자산 가격 상승(거품의 거대화)을 낳아 경제 주체들의 부채가 과도하게 늘어나도록 만든다는 것입니다.

2. 문항별 선택지 분석

14 정답 ⑤

① 은행 시스템의 제도적 취약성이란 2문단에서 언급한 부분준비제도를 의미하며, ㉠은 이러한 제도하에서 예금주들의 예상이 은행의 지불능력이 취약하다는 방향으로 부정적으로 변하면 예금 인출 쇄도 사태가 발생하게 된다고 봅니다.

② ㉡은 은행의 주주들이 고위험 고수익 사업을 선호하는 것을 은행 부실화의 핵심 원인으로 파악하고 있습니다. 그런데 이러한 주주들의 선호가 있다고 하더라도 실제 은행의 경영자들은 주주 자신과는 다른 인물인 경우가 대부분이며, 주주의 선호를 무시하고 본인의 경영 철학에 따라 은행을 건실하게 운영할 수도 있습니다. 즉, ㉡의 주장이 성립하려면 실제 은행의 경영을 담당하는 이들이 예금주와 같은 채권자보다는 주주들의 선호와 이익을 우선한다는 전제가 필요한 것입니다.

③ ㉢은 지배 주주나 고위 경영자의 자위를 가진 은행가의 사적 이익 추구를 은행권 부실화 및 금융위기의 주요 원인으로 파악하고 있습니다.

④ ㉣은 경제 주체의 행동이 항상 합리적이지만은 않다는 '관찰'에 기초하고 있습니다. 실제 현상에 대한 이러한 관찰을 바탕으로 일정한 이론, 경향성을 이끌어내는 방법은 귀납적 접근이라 할 수 있습니다.

⑤ ㉠의 논리에서, 경제 주체들(예금주들)의 예상은 은행의 지불능력이 부실화되었다는 것이고 이로 인해 예금 인출 쇄도가 나타나게 되면 결과적으로 은행의 지불능력이 실제로 낮아져 은행이 부실화된다고 봅니다. 즉 경제 주체들의 예상이 그대로 실현된 결과가 금융위기라고 보는 것입니다. 하지만 ㉣의 논리에서, 경제 주체들은 자산 가격이 계속 상승할 것이라 예상했는데 최종적인 결과는 거품이 터져 금융 시스템이 붕괴되는 것입니다. 즉 자산 가격상승이라는 예상과 달리 결과는 거품의 붕괴라는 자산 가격 폭락이 나타난 것이므로 예상과 결과 간 괴리가 나타납니다.

15 정답 ⑤

①, ③ 회사가 파산한 경우 주주의 손실은 그 회사의 주식에 대한 투자 금액으로 제한된다고 하였으므로, 파산한 회사의 자산 가치가 부채액에 못 미친다 해도 주주들이 져야 할 책임은 본인이 투자한 금액을 잃는 것만으로 한정된다고 봐야 합니다. 달리 말해, 이러한 경우 에 있어서 아직 갚지 못한 부채의 규모가 크든 작든 주주들은 자신의 투자 금액만큼만 손해를 보면 되는 것이므로 주주들의 이해와 무관한 것입니다.

② 3문단에서 언급한 주주들의 '청구권'은 결국 주주에게 돌아갈 이익에 대한 청구권이라 할 수 있으며, 이러한 청구권은 회사의 모든 부채를 상황하고 남은 자산의 가치에 대한 권리입니다. 따라서 회사의 자산 가치에서 부채액을 뺀 값이 0보다 클 경우에 그 값이 주주의 몫이 된다고 볼 수 있습니다.

④ 고위험 고수익 사업이라는 단어 자체를 통해 쉽게 확인할 수 있는 진술입니다.
다만, 이 선지에서 '회사'라는 주체를 '주주'라는 주체로 바꿀 경우에는 조심해야 합니다. 즉, 주주 입장에서는 역시 비대칭적인 이익 구조가 작용하기 때문에 고위험 고수익 사업에서 성공하면 주주도 큰 수익을 얻게 되지만, 실패하더라도 본인의 투자금만큼만 손실을 보고 끝나기 때문에 주주가 큰 손실을 입을 가능성이 높다고 단정하는 것은 어려울 수 있습니다.

⑤ 주주들이 고위험 고수익 사업을 선호하는 것은 그러한 사업이 성공할 경우 회사에 큰 수익을 안겨주고 결과적으로는 본인의 이익이 커지기 때문이며, 이는 회사의 자산 가치에서 부채액을 뺀 값이 늘어나는 것이기도 합니다. 선지는 이와는 반대로 회사 수익이 증가하는 것을 회사의 자산 가치와 부채액 사이의 차이가 줄어드는 것으로 해석하고 있습니다.

16 정답 ⑤

〈보기〉에 제시된 다섯 가지의 사실들은 개별적으로 지문의 시각들과 연결됩니다. 구체적으로, 두 번째 사실은 ㉣과, 세 번째와 네 번째 사실은 ㉡과, 다섯 번째 사실은 ㉢과 연결됩니다.

① 은행의 고위 경영자들에 대한 비판은 ㉢에서 도출될 수 있는 관점입니다.

② 부동산 가격 상승에 대한 기대가 부채의 증가로 이어진다는 접근은 ㉡이 아닌 ㉣에서 도출될 수 있는 관점입니다.

③ 저축대부조합들이 주식회사로 전환하게 되면 부채비율이 높아지게 되어 주주들로 하여금 고위험 고수익 사업을 선호하도록 만들게 된다는 분석은 ㉢이 아닌 ㉡으로부터 도출될 수 있는 관점입니다. 또한 이는 결과적으로 저축대부조합들의 대량 파산을 낳았으므로, ㉡에 따르더라도 이러한 결정이 궁극적으로 예금주의 이익을 더욱 증가시켰다는 분석 역시 부적절합니다.

④ ㉢은 예금주가 아닌 지배 주주나 고위 경영자의 약탈적 경영을 비판하는 관점입니다.

⑤ 〈보기〉에서 빚을 얻어 차입을 늘린 경제 주체들(투자자들), 저축대부조합에 대한 규제를 완화해준 정부, 그리고 이에 따라 고위험채권에 투자한 저축대부조합들 모두 부동산 가격의 지속적 상승을 믿고 투자 상황을 낙관하여 이와 같은 비합리적 선택을 행한 것이라 할 수 있습니다. 그리고 이는 ㉣이 보여준 관점에 그대로 부합합니다.

17 정답 ②

① ㉠이 은행의 지불능력 약화의 원인으로 주목한 것은, 예금주들이 은행이 지불능력이 취약해질 경우 본인의 예금을 지급받지 못할 것이라 우려해 예금 인출 쇄도가 나타나는 것입니다. 즉 본인의 예금이 안전하게 보호된다는 보장이 없기 때문에 이러한 현상이 나타나는 것인데, 선지의 대책처럼 은행이 파산하더라도 예금 지급을 보장한다면(예금 보험 제도) 예금주들의 예금 인출 쇄도는 억제될 것입니다.

② ①과는 반대로, 일정 금액 이상의 고액 예금은 예금 보험 제도의 보장 대상에서 제외한다면 해당 고액 예금의 예금주들은 2문단에서 제시한 분석처럼 여전히 예금 인출 쇄도를 불러일으킬 가능성이 존재하게 됩니다. 따라서 이러한 정책은 ㉠에 따른 대책으로 부적절합니다.

③ ㉡은 은행의 자기자본비율이 낮고, 이로 인해 고위험 고수익 사업을 선호하는 경향이 강해져 결과적으로는 은행의 부실화를 초래하게 된다고 봅니다. 따라서 은행들의 자기자본비율을 일정 수준 이상으로 유지하게 되면, ㉡이 제시한 논리에 따라 고위험 고수익 사업에 대한 선호도 약해지게 됩니다.

④ 은행 대주주(지배 주주)의 특수 관계인들의 금융 거래에 대해 공시 의무를 강조하게 되면 대주주가 사적 이익을 위해 은행에 대한 지배력을 사용하는 약탈 행위를 함부로 저지르지 못할 가능성이 높아지므로 이는 ㉢의 관점에서 제시될 수 있는 대책에 해당합니다.

⑤ 담보가치 대비 대출 한도 비율을 줄인다는 것은 대출 가능한 금액이 그만큼 줄어드는 것을 의미합니다. 주택 가격이 상승한 상황에서 이러한 정책이 시행된다면 주택 가격이 앞으로도 계속 상승할 것이라 예상해 주택을 구매하려는 투자자들도 현실적으로 가격이 상승한 주택을 구매할 수 있을 만큼의 자금 대출을 받기 어려워지게 되어 부동산 가격의 거품이 커지는 것을 미연에 방지할 수 있게 될 것입니다. 따라서 이러한 정책은 ㉣에 따른 대책으로 적절합니다.

경제/사회 지문 05	2014학년도 1-3번	상위 테마 - 경제학 (금융위기론)
		하위 테마 - 2008년 미국발 금융위기의 원인 분석

1. 제시문 정보 구조 분석

[1문단 : 화두 제시]

2008년 미국발 금융위기의 원인으로서 '증권화'의 역할에 대한 재조명이 이루어지고 있음을 언급하면서, 이러한 증권화의 프로세스를 먼저 제시하고 있습니다. 금융위기가 발생하기 이전까지, 증권화는 새로운 투자 기회로서 각광받았습니다.

[2문단 : 증권화의 부정적 측면]

미국발 금융위기의 도화선으로 일컬어지는 서브프라임 모기지 사태에 대한 분석이 이루어지고 있습니다. 당시 신용 등급이 아주 낮은 사람들을 대상으로 이뤄졌던 비우량 주택담보 대출(서브프라임 모기지)에서 채무 불이행 사태가 본격화되었습니다. 그리고 이러한 비우량 모기지의 규모 자체는 크지 않았지만, 1문단에서 살펴본 것처럼 이로부터 파생된 신종 유가증권들이 대형 투자은행 등 다양한 투자자들에 의해 광범위하게 보유, 유통되었던 탓에 금융기관들의 연쇄 도산 사태라는 최악의 국면이 발생하게 되었던 것입니다.

[3문단 + 4문단 : 증권화 원인론에 대한 반박 – 정부 주범론]

2문단에서 살펴본 분석의 흐름은 결국 증권화를 확대한 금융기관과 이를 허용한 감독 당국이 금융위기 발생의 원인 제공자라는 비판으로 이어집니다. 하지만 이에 대한 반발도 존재하는데, 3문단과 4문단에서는 이를 〈정부 주범론〉이라는 이름으로 소개하고 있습니다.

정부 주범론에서는 소득분배의 불평등 심화 문제를 포퓰리즘으로 해결하려 한 정부의 정책이 금융위기 발생의 원인이었다는 시각을 제시합니다. 즉, 소득 불평등이 심화된 상황에서 저소득층의 불만을 무마하기 위해 대출 조건 완화(특히 지역재투자법과 같은)와 같은 미봉책을 펼친 탓에 주택 가격 거품이 발생했고, 이것이 결국 금융위기로 연결되었다는 것입니다.

[5문단 : 정부 주범론에 대한 반박 : 규제 실패론]

정부 주범론에 대한 반박은 〈규제 실패론〉이라는 이름으로 최근 미국에서 등장하게 됩니다. 규제 실패론은 금융기관들의 무분별한 차입 및 증권화가 이들(금융기관들)의 정부를 상대로 한 적극적 로비의 결과라고 봅니다. 즉 1~2문단에서 살펴본 것과 같이 과도한 증권화가 위기의 원인이라는 관점을 유지하면서 여기에 추가로 이러한 증권화를 불러온 것이 금융기관과 부유층의 탐욕이었다는 원인 분석을 제시하고 있는 것입니다.

2. 문항별 선택지 분석

01 정답 ⑤

① 4문단에 의하면, 정부 주범론에서는 정부의 시장 개입 특히 지역재투자법이 시행되는 과정에서 인해 금융기관들이 지역재투자법과 무관한 대출에 대해서까지도 대출 기준을 전반적으로 완화하게 되었다고 봅니다. 이는 경제 주체들의 판단을 오도한 것이라 볼 수 있습니다.

② 3문단에서 확인하였듯이, 정부 주범론은 정치권이 포퓰리즘 정책으로 저소득층의 불만을 무마하려 했다고 분석합니다. 이러한 포퓰리즘은 사전적 의미처럼 지지층을 넓히려는, 대상 유권자의 표를 얻으려는 목적이 있다는 점에서 정치권이 지역재투자법으로 저소득층의 표를 얻으려 했다고 본다는 선지의 진술 표현은 적절합니다.

③ 5문단에서 확인하였듯이 규제 실패론 금융권의 로비에 의해 정치권이 금융기관들의 무분별한 차입과 증권화를 허용해주었다는 점을 비판을 대상으로 삼습니다.

④ 5문단 마지막 문장처럼, 규제 실패론은 저소득층의 부채가 부유층과 금융권의 자기 이익 극대화 과정에서 늘어난 것이라 분석합니다.

⑤ 소득 불평등 문제를 해결하려는 정부의 개입 과정에서 금융 위기가 발생했다고 보는 것은 정부 주범론으로 국한됩니다. 규제 실패론은 소득 불평등 문제가 심화되는 과정 자체에서, 보다 많은 소득을 얻게 된 부유층이 금융에 대한 투자를 늘리고, 금융기관들이 무분별한 차입 및 증권화를 진행함에 따라 금융 위기가 발생했다고 봅니다.

02 정답 ①

① 2문단에 의하면 서브프라임 모기지에 연계된 증권의 투자자는 대형 투자은행 등 다양한 투자자들에 의해 광범위하게 보유/유통되었습니다. 따라서 이러한 증권의 투자자가 고수익을 추구하는 일부 투자자에 한정되었다는 진술은 부적절합니다.

② 1문단에서 증권화는 경제 전반의 리스크(위험)를 줄이는 금융 혁신으로 평가되었지만, 2문단에서는 이것이 전체 금융권으로 위험을 전가시킨 결과를 낳아 결국 금융기관들의 연쇄 도산이라는 금융위기를 불러일으켰음을 지적하고 있습니다.

③ 2문단 전반부에 의하면, 모기지 채권에 대한 증권화로 인해 모기지 대출기관들은 대출채권을 만기 때까지 보유해야 한다는 제약으로부터 벗어나 대출 기준을 완화했고, 그 결과 비우량 모기지 대출이 늘어났습니다. 즉 증권화로 인해 대출기준이 완화된 탓에 늘어난 대출금이 주택시장에 유입됨으로써 주택 가격 상승이라는 거품을 키우게 된 것입니다.

④ 1문단에서 확인한 것처럼, 증권화는 현금을 미리 확보할 수 있는 수단이자 위험을 분산시킬 수 있는 안전장치로 인식되었으며, 2문단 후반부에서 확인할 수 있듯이 이러한 증권화로 인해 보다 안전해졌다는 과신 속에서 과도한 차입을 통해 투자를 크게 늘리는 상황 즉 증권화가 확대되는 상황이 나타나게 되었던 것입니다.

⑤ 증권화를 과도하게 한 것이 금융위기 발생의 원인이라면 증권화에 대한 규제를 강화해야 할 것입니다. 그런데 정부 주범론에서 주장하는 것처럼 금융위기의 직접적 원인이라고도 할 수 있는 대출기준 완화가 증권화를 확대한 것과는 다른 이유에서(정부의 포퓰리즘 정책) 이루어진 것이라면, 증권화를 비판의 대상으로 삼아 규제해야 한다는 주장을 하기는 어려울 것입니다. 따라서 이를 규제 여부를 판단하기 위해서는 대출기준 완화의 원인이 무엇이었는지에 대한 규명이 선행되어야 할 것입니다.

03 정답 ①

㉠은 정부 주범론을 반박하는 논거들입니다. 앞서 본문 분석에서 살펴본 것처럼 정부 주범론은 정부의 포퓰리즘적 저소득층 대출규제 완화 정책이 금융위기의 원인이었다고 봅니다. 그리고 이러한 저소득층의 대출 증가가 주택 가격 거품을 키웠고, 중산층이나 고소득층에 비해 생계가 안정적이지 않은 저소득층에서 대출 연체가 폭증함에 따라 서브프라임 모기지 사태가 발생했다고 보는 것입니다. 따라서 비판의 방향성은 (1) 저소득층의 연체율이 다른 계층과 큰 차이가 없었다거나, (2) 지역재투자법과 같은 정부 정책이 실제로 주택 가격 거품을 키우는 데 결정적인 역할을 한 것이 아니었다 등으로 잡을 수 있습니다.

① 다른 계층보다 저소득층에 대해 집값 대비 대출 한도를 더 높게 설정하게 되면 저소득층의 대출이 전체 주택 가격 거품 형성에서 더 큰 비중을 차지하게 됩니다. 이는 정부 주범론의 주장에 부합하는 상황을 불러일으키므로 선지 ①은 오히려 정부 주범론의 주장을 뒷받침하는 것이라 할 수 있습니다.

② 정부 주범론은 저소득층에 대한 대출 기준 완화가 문제라고 했는데, 저소득층의 연체율이 다른 계층의 연체율과 비슷한 수준이었다면 이들 저소득층에게 대출을 늘린 지역재투자법이 위기 발생의 원인이라 말하기 어렵게 됩니다.

③, ④ 정부 주범론 역시 2문단의 증권화 원인론과 마찬가지로 서브프라임 모기지 대출의 증가가 부동산 거품을 키웠고 이 것이 금융위기의 도화선이었다는 점에 대해서는 동의합니다. 그런데 선지의 내용처럼 실제 부동산 가격 거품을 가져온 주된 요인이 상업용 부동산 가격의 상승이었다면 이러한 전제가 성립하기 어렵게 됩니다. 한편, 선지 ④처럼 지역재투자법으로 인해 서브프라임 모기지 대출이 크게 늘어난 것이 아니라면 지역재투자법이 서브프라임 모기지 대출의 증가에 미친 영향은 미미한 것이 되므로, 지역재투자법과 같은 정부 정책을 금융위기의 원인이라 말하기 어렵게 됩니다.

⑤ 정부 주범론은 지역재투자법과 같은 정부 정책이 금융위기의 결정적인 원인이라고 주장합니다. 그런데 지역재투자법과 같은 규제가 없는 나라에서도 금융위기가 발생했다는 것은 이러한 정부 정책이 금융위기의 유일한 원인이 아닐 수도 있다는 것을 보여주는 것입니다.

경제/사회 지문 06	2013학년도 7-9번	상위 테마 - 경제학 (국제 경제)
		하위 테마 - 최적통화지역 달성에 필요한 조건들

1. 제시문 정보 구조 분석

[1문단 : 화두 제시]

최적통화지역 개념의 정의를 소개하고 있습니다. 최적통화지역이란

1) 단일 통화가 통용되거나 or 고정환율제가 시행되는 상황에서

2) 대내적으로는 물가 안정과 완전 고용이라는 균형이 이뤄지고

3) 대외적으로는 국제수지의 균형이 이루어지는

최적의 지리적 영역을 지칭합니다.
즉, 최적통화지역이 되려면 변동환율제가 아닌 1)의 조건 속에서, 2)의 물가 안정과 완전 고용이 이뤄지고, 3)의 국제수지 균형까지 달성해야 하는 것입니다. (일종의 '요건' 구조)

▶ 여기서 1)의 두 가지 조건은 1문단에서는 순서상 단일 통화 체제가 먼저 언급되어 있지만, 2문단부터의 서술에서는 고정환율제 하에서의 최적통화지역 달성 조건을 먼저 소개하고 있습니다. 실제로 여러 국가가 각자의 통화를 사용하고 있으면서 환율을 고정하는 것보다는, 단일 통화 체제가 구축되는 경우가 더 드물고 힘들기 때문에 이와 같은 단계적 접근을 한 것이라 생각하면 됩니다.

[2문단 + 3문단 : 고정환율제 하에서 대내외 균형 달성(최적통화지역 달성)을 위한 조건들]
먼저 2문단에서는 변동환율론자들의 주장과 최적통화지역 이론의 초기 주장을 비교하고 있습니다. 변동환율론자들은 가격과 임금의 경직성이 있는 국가에서는 대내외 균형 달성을 위해 변동환율제를 택해야 한다고 주장합니다.
3문단에서는 최적통화지역 초기 이론이 고정환율제 하에서 대내외 균형 달성을 위해 어떤 조건이 필요하다고 보았는지 소개하고 있는데, 이들 이론 역시 2문단에서 변동환율론자들이 설정한 전제 즉 가격과 임금의 경직성이 있는 국가의 경우를 고려한 주장들임에 주의해야 합니다. 즉 국내적으로 가격과 임금이 중앙은행의 통화정책 등을 통해 신축적으로 조정이 될 수 있다면 물가 안정, 완전 고용, 국제수지 균형 등을 손쉽게 이룰 수 있겠지만, 전체주의 국가가 아닌 한 현실적으로 그와 같은 신축적 대응은 어렵기 때문에 다른 조건이 필요하다는 것입니다. 이에 대해 변동환율론자들은 환율 변동이 해결책이라고, 최적통화지역 이론은 환율 변동을 최소화하면서도 다른 조건으로 문제를 해결할 수 있다고 대립하고 있는 것입니다.
이제 3문단에 언급된 세 이론가를 정리하면 다음과 같습니다.
1) 먼델 : 노동의 이동이 자유로울 경우, 외부 충격이 있어도 대내외 균형 유지를 위한 임금 조정의 필요성이 작음 → 환율 변동의 필요성도 작음(즉 고정환율 유지 가능)
2) 잉그램 : 금융시장이 통합되어 있어 자본 이동이 쉽게 이뤄질 경우, 국가 간 경상수지 불균형 발생 시 신속한 자본 이동을 통해 (환율) 조정의 압력이 줄어듦 → 환율을 변동하지 않더라도 국제수지 균형을 이룰 수 있음(즉 고정환율 유지 가능)
3) 케넨 : 초국가적 재정 시스템이 공유된 국가들의 경우, 일부 국가의 경제적 어려움에 재정 지출로 대응 가능 → 해당 국가의 환율을 변동하지 않아도 됨(역시 고정환율 유지 가능)

[4문단 : 단일 통화 체제 하에서의 대내외 균형 달성을 위한 조건들]
4문단은 이 글에서도 가장 어려운 부분이라 할 수 있습니다. 2문단과 3문단이 고정환율제(서로 다른 통화 사용 국가들 간 관계) 하에서 대내외 균형 달성의 조건을 다룬 것이라면, 4문단에서는 그 후속 이론으로서 단일 통화를 사용하는 경제권(유로 지역과 같은)에서 대내외 균형 달성에 필요한 조건을 비용-편익 분석을 통해 검토하고 있는 것입니다.

대부분의 합리적 분석(여기서는 비용 vs 편익 분석)의 틀이 그러하듯이, 후기 이론도 단일 통화 사용에 따른 비용보다 편익이 더 크면(비용<편익) 조건이 충족된다고 설정합니다. 여기서 편익과 비용은
(1) 편익 : 단일 통화를 사용함으로써 화폐의 유용성(환율 계산할 필요가 없으니 거래 비용이 줄고, 환율 변동으로 인한 환차손 등의 위험성도 줄어들고, 가격 비교도 한방에 이루어지니 편리함)이 증대됨. 즉 교환의 이익이 증대됨.
(2) 비용 : 통화정책 독립성의 상실이 가장 큰 문제점. 왜냐하면 국가별 통화가 아닌 단일 통화를 사용하기 때문에 개별 국가별로 통화정책을 시행할 수가 없음. 뒤집어 생각하면, 굳이 국가별로 서로 다른 통화정책을 시행해야 할 필요성이 줄어든다면 이 비용도 없는 것이나 마찬가지가 됨.

그리고 이어지는 문장에 의하면 비용은
(a) 먼저, 가격과 임금이 경직될수록 증가합니다. 2문단에서 살펴본 것처럼 변동환율론자와 최적통화지역 이론가들 모두 가격과 임금이 경직된 국가를 전제로 하기 때문에 이러한 요소는 기본적으로 비용을 증가시키는 요인이 됩니다.

(b) 다음으로, 전체 통화지역 중 일부 지역들 사이에서 서로 다른 효과를 일으키는 비대칭적 충격이 클수록 역시 비용이 증가합니다. 예를 들어 한 국가는 인플레이션이 발생하고 다른 한 국가는 실업이 증가했다면, 두 상황을 해결하는 데 필요한 통화정책도 서로 달라야 하는데(인플레이션은 통화량이 증가했을 때 발생하므로 이때는 통화량을 감소시키는 정책을 펴야 하지만, 실업은 경기가 불황일 때 발생하므로 이때에는 경기를 활성화시키기 위해 통화량을 증가시키는 정책을 펴야 함) 단일 통화 체제에서는 이처럼 지역별로 서로 다른 통화 정책을 펼치는 것이 불가능하기 때문에 어떤 한 국가의 희생이 커질 수밖에 없게 됩니다.

하지만 3문단의 초기 이론가들의 주장에서 살펴본 것처럼, 가격과 임금이 경직되어 있더라도 노동의 이동 등이 자유롭다면, 예를 들어 실업이 발생한 국가의 노동자들이 다른 국가로 이동함으로써 고용 상태가 호전될 수 있게 됩니다. 즉, 인플레이션이 발생한 국가의 문제를 해결할 통화정책을 시행하면서도(하나의 통화정책 시행) 실업이 발생한 국가의 고용 문제까지 동시에 해결할 수 있게 됩니다.

▶ 주의할 것은, '노동의 이동 〈등〉의 조건이 충족되면'이라고 했기 때문에 3문단에서 살펴본 먼델뿐만 아니라 잉그램이나 케넨의 주장에서 제시된 요소들 즉 금융시장 통합이나 초국가적 재정 시스템의 공유 등도 비용을 감소시키는 요인으로 작용할 수 있다는 것을 놓치지 말아야 합니다. 또한, 두 국가에 유사한 충격이 발생한다면 당연히 굳이 노동력을 이동시키거나 자본을 이동시킬 필요도 없이 단일한 통화정책을 취해 문제를 해결하면 되므로 서로 다른 통화정책을 택할 필요성 즉 비용은 줄어들게 됩니다.

[5문단 + 6문단 : 최적통화지역 이론의 적용 - 유로 지역의 경제 위기 분석]

이제 이론적 분석 틀은 정리가 되었으니, 구체적인 현실 속의 상황을 분석할 차례입니다. 5문단에서는 최근 유로지역에서 발생한 경제 위기(2008년 즈음의 금융위기로 인한 그리스와 스페인의 경제 혼란)를 분석합니다. 유로 지역은 유로화라는 단일 통화를 사용하고 있는 지역입니다. 하지만 지역 내에서는 노동 이동이 일국 내에서의 노동 이동만큼 자유롭지 않다는 지적이 계속 있어 왔습니다. 즉 4문단 후반부에서 살펴본 단일 통화 사용에 따른 비용을 감소시킬 수 있는 요소가 미흡한 상태였던 것입니다. 이러한 상황에서 유럽의 '주변국'(예를 들어 그리스)으로 엄청난 자본 이동이 발생해 처음에는 경기가 과열되었다가, 글로벌 금융 위기 이후 자본 이동이 중단되면서 주변국의 경제 상황은 악화되고 실업과 경상수지 적자가 늘어나게 됩니다. 즉 국가 간 비대칭적 충격이 발생하게 된 것인데, 마침 유로 지역 내의 노동 이동이 자유롭지 못했기 때문에 핵심국과 주변국 사이의 불균형을 쉽게 해결하지 못하는(비용을 감소시키지 못함) 결과가 나타난 것입니다.

그리고 6문단에서는 최적통화지역 이론에서 관심을 두지 않았던 다른 요인으로서 은행 문제가 유로 지역의 경제 위기를 가중시킨 요인이라는 분석을 추가로 소개하고 있습니다. 핵심은 국가 부채 즉 공공 부채 비율이 높다는 것도 위기를 가중시킨 요인으로 작용하였다는 분석입니다.

▶ '주변국'에 괄호로 그리스를 예로 들었듯이, 이 부분을 독해하실 때 주의해야 할 것은 지문의 '주변국'이라는 표현은 유로존 바깥의 국가가 아니라, 유로존 전체에서 봤을 때 중심부가 아닌 주변부에 위치한 국가들(특히 그리스와 같은)을 지칭한다는 점입니다.

2. 문항별 선택지 분석

07 정답 ①

① 4문단에서 확인한 것처럼, 시장 통합은 결국 단일 화폐를 사용하는 체제를 말하는 것이며, 시장 통합은 이에 따른 교환의 이익(편익)을 증대시킵니다. 그런데 지문에서는 이러한 편익이 어떤 것인지만 말하고 있을 뿐(거래 비용이 줄어든다는 점 등) 이 편익을 수치적으로 계산하는 방식은 언급한 적이 없습니다. 실제로 4문단의 후반부는 비용을 감소시킬 수 있는 요소만 다루고 있을 뿐입니다. 즉 최적통화지역 이론에서 '편익'은 일종의 고정값으로 설정되어 있는 것입니다.

② 3문단에서 살펴본 잉그램의 이론은 경상수지 불균형이 발생했을 때 국가 간 자본의 자유로운 이동을 통해 환율 변동 없이도 경상수지 불균형을 해소할 수 있다는 것이었습니다.

③ 선지 ①에서도 확인한 것처럼 시장 통합은 단일 화폐 사용을 의미하며, 이는 화폐의 유용성을 증대시킵니다.

④ 단일 화폐 사용에 따른 비용 증가 조건은 4문단 후반부에서 살펴보았습니다. 가격과 임금이 경직될수록, 비대칭적 충격이 발생할수록 비용은 증가합니다.

⑤ 역시 4문단 후반부에서 확인한 내용입니다. 노동 이동이나 금융시장 통합 등의 조건이 충족되면 독립된 통화정책을 시행하지 않고도 서로 다른 국가에서 각각 발생한 인플레이션과 실업 문제를 해결할 수 있게 됩니다. 그리고 이러한 인플레이션과 실업 문제의 해결은 물가 안정과 완전 고용을 이루는 방향이라는 점에서 대내 균형의 달성이라 할 수 있습니다.

08 정답 ⑤

이 문제를 해결하기 위해서는 단일 통화 사용에 따른 편익은 증가시키고, 비용은 감소시키는 요소를 파악해야 합니다.

① 4문단에 의하면 가격과 임금이 경직될수록 '비용'이 증가합니다. 주변국의 임금을 인하한다는 것은 임금의 경직성을 해소하는 것으로서 단일 통화 사용에 따른 비용을 감소시키는 작용을 하게 될 것입니다.
보다 구체적인 작용 흐름을 생각해 본다면, 유로 지역의 경제 위기에서 핵심적인 문제는 주변국의 경제 상황이 악화되어 실업이 발생했다는 것입니다. 즉 대내 균형의 하나로서 완전 고용이 이뤄지지 않는 상황이 문제인 것입니다. 이러한 전제에서 봤을 때 임금을 인하하면, 자본 이동이 원활하지 못한 상황에서도 즉 적은 자본으로도 더 많은 노동자를 고용할 수 있으므로 실업 상태의 해소가 이루어질 수 있게 될 것입니다.

② 6문단에서 추가로 검토된 공공 부채 비율의 증가도 주변국의 위기를 키운 요인으로 거론된 만큼, 장기적으로 해당 주변국의 공공 부채 비율을 줄여 나가는 것은 문제 해결의 방안 가운데 하나라 할 수 있을 것입니다.

③, ④ 4문단에 대한 분석에서 확인하였듯이, 노동 이동뿐만 아니라 금융시장 통합에 의한 자본 이동의 원활화(④), 초국가적 재정 시스템 공유(③) 등도 '비용'을 낮추는 방안으로 볼 수 있습니다.

⑤ 얼핏 보면 지역 내 노동 이동의 자유도를 높이는 진술인 것처럼 보이지만, '유로 지역 외부로부터 핵심국으로'의 노동 이동이기 때문에 주변국과 핵심국 사이의 노동 이동과는 관련이 없는 방안입니다. 5~6문단 분석의 마지막에도 언급하였듯이 이 글에서 주변국은 유로 지역 외부가 아니라 지역 내에서 상대적으로 변방에 있는 국가들을 의미합니다.

09 정답 ②

먼저 표를 통해 〈보기〉의 국가들에 존재하는 '비용' 증대 혹은 감소의 요소를 정리해 보겠습니다.

<table>
<tr><th>A</th><th>B</th><th>C</th><th>D</th></tr>
<tr><td>x통화</td><td>y통화</td><td colspan="2">z통화 (단일 통화)</td></tr>
<tr><td>실업 발생</td><td>인플레이션 발생</td><td>실업 발생</td><td>인플레이션 발생</td></tr>
<tr><td colspan="2">노동 이동 가능</td><td></td><td></td></tr>
<tr><td colspan="4">4개 국가 모두 가격과 임금이 경직되어 있음
금융시장 및 재정 통합 없음</td></tr>
</table>

4문단에서 살펴본 '비용' 감소의 조건 가운데 실제로 작용할 가능성이 있는 것은
1) A국과 B국 사이에 노동 이동이 가능하다는 점과
2) A-C, B-D 국가 간에는 경제적 충격이 서로 유사하다는 점 두 가지입니다.

① A와 B국에는 실업과 인플레이션이라는 비대칭적 충격이 발생하였습니다. 이는 비용을 증대시키는 요인이지만, 4문단 후반부에서 정리한 것처럼 두 국가 사이에는 노동 이동이 가능하므로 비대칭적 충격을 완화하기 위한 독립적 통화정책의 필요성(비용)은 감소해 최적통화지역의 조건을 충족한 것이 됩니다.

② A와 C국에는 실업이라는 서로 유사한 충격이 발생하였습니다. 역시 4문단 후반부에 따르면 유사한 충격이 발생하는 것도 독립적 통화정책을 포기하는 비용을 감소시켜 최적통화지역의 조건을 충족한 것이 됩니다. 즉 노동의 이동 여부와 무관하게 최적통화지역의 조건을 충족한 것이라고 서술되어야 합니다.

③ A와 D국에도 A-B와 마찬가지로 비대칭적 충격이 발생하였으나, 노동의 이동이 불가능합니다. 노동 이동 이외에 최적통화지역의 조건을 충족시켜 줄 다른 요인들은 모두 불가능한 상황(금융시장 및 재정 통합 없음)이므로, 최적통화지역 조건을 충족하지 못한 것이 됩니다.

④ B와 D국에는 인플레이션이라는 서로 유사한 충격이 발생하였으므로, 선지 ②의 상황과 마찬가지로 통화정책의 포기에 따른 비용이 없어 최적통화지역 조건을 충족한 것이 됩니다.

⑤ C와 D국은 단일 통화를 사용하고 있습니다. 하지만 A국과 D국 간 관계에서와 마찬가지로 비대칭적 충격이 발생한 상황에서 이를 독립적 통화정책을 포기하지 않고 해소할 요소(노동 이동 자유 x, 금융시장 및 재정 통합 x)가 없으므로 최적통화지역의 조건을 충족하지 못한 것이 됩니다.

경제/사회 지문 07	2015학년도 4-6번	상위 테마 - 경제학 (국제 경제)
		하위 테마 - 파레토 최적과 차선의 문제

1. 제시문 정보 구조 분석

[1문단 : 화두 제시]

가장 효율적인 자원배분 상태(파레토 최적)가 달성되려면 모든 최적 조건들(본문의 설정상으로는 n개)이 '동시에' 충족되어야 합니다. 이와 관련해, 모든 조건들이 충족되진 않았더라도, n-1개의 조건이 충족된 상황이 그래도 n-2개의 조건 충족 상황보다 낫다고 흔히 생각하기 쉽습니다('차선의 문제' 관점에 대립되는 '기존의 통념'). 이 글에서는 그와 같은 통념과는 달리 1) 파레토 최적이 달성되지 않은 상황에서는 2) 단순히 효율성 조건이 상대적으로 더 많이 충족되었다는 것만으로 경제 전체의 효율성이 더 향상된다고 보장할 수 없다는 '립시와 랭커스터'의 이론을 소개하고 있습니다. 이러한 주장은 일부의 하나의 왜곡(하나의 효율성 조건이 충족되지 않은 상황)을 시정하는 과정에서 오히려 새로운 왜곡이 초래되는 것이 일반적임을 근거로 듭니다. 따라서 노력의 방향은 최대한 많은 효율성 조건이 충족되도록 하는 것이 아니라, 파레토 최적은 애초에 달성할 수 없다는 전제에서 가장 바람직한 자원배분을 위한 새로운 조건을 찾는 쪽으로 향해야 합니다. 이것이 '차선의 문제'입니다.

[2문단 : 차선의 문제가 적용된 경제학적 논의 1 -관세동맹 논의]

차선의 문제가 적용된 첫 번째로 논의는 관세동맹입니다. 자유무역 주장자들은 모든 국가에서 관세가 제거된 자유무역을 최적의 상황으로 보고(파레토 최적 상태), 일부 국가들끼리라도 관세동맹을 맺은 것이 이전에 비해 즉 관세동맹을 맺기 이전에 비해 더 파레토 최적 상황에 근접하는 것이라고 주장합니다.

이에 대해 바이너는 관세동맹의 증가가 오히려 세계 경제의 효율성을 떨어뜨릴 수 있다고 봅니다. 일단 바이너는 관세동맹의 효과를 두 측면으로 나누어 무역창출(동맹국 사이에 새로운 교역 창출)과 무역전환(비동맹국들과의 교역이 동맹국과의 교역으로 전환)으로 구분합니다. 바이너에 따르면 무역창출은 효율을 증대시키지만, 무역전환은 효율을 감소시킵니다. 따라서 관세동맹이 세계 경제의 효율성을 증가시키는지 판단하려면 이들 창출과 전환의 효과를 구체적으로 비교해 보아야 하는 것이지, 단순히 관세동맹이 체결되었다는 것만으로 효율성이 증대된다고 단언할 수는 없는 것입니다.

▶ 여기서 왜 무역전환이 상품공급원을 저생산비용 국가에서 고생산비용 국가로 바꾸는 것에 해당하는지 구체적인 이유는 설명하고 있지 않습니다. 바이너의 주장을 설명하고 있는 부분이므로, 그냥 그렇다고 수용하고 이해하는 것이 편합니다.

[3문단 : 차선의 문제가 적용된 경제학적 논의 2 - 직접세와 간접세의 효율성 논쟁]

두 번째 논의는 소득에 부과되는 '직접세'와 상품 소비에 부과되는 '간접세' 간 상대적 장점을 둘러싼 논쟁입니다. 여기서도 아무런 세금이 부과되지 않는 것을 파레토 최적으로 전제하고, 현실에서는 세금 부과가 불가피하므로 세금을 부과하면서도 시장 왜곡을 줄일 수 있는 방법을 모색하는 이론들이 차선의 문제의 맥락에서 등장하게 됩니다.

(1) 핸더슨 - '직접세'를 부과하는 것(a)이 '한 가지 상품에 간접세가 부과'되는 경우(b)보다는 더 낫다고 봅니다. (직접세는 상품들 사이의 상대적 가격에 왜곡을 발생시키지 않으므로)

(2) 리틀 - 직접세가 여가와 다른 상품들 사이의 파레토 최적 조건 달성을 방해하므로, 단순히 직접세가 더 나은지 아니면 '한 가지 상품에 간접세가 부과'된 것이 더 나은지 판단할 수 없다고 봅니다. 다만, '여러 상품에 차등적 세율을 부과'하는 것(c)은 직접세만 부과하는 것(a)이나 한 상품에만 간접세를 부과하는 것(b)보다 효율성을 높일 수 있다고 주장합니다. (하지만 이렇게 효율성을 높일 수 있는 차등 세율 적용의 구체적인 방법은 설명하지 못함)

(3) 콜레트와 헤이그 - 리틀이 설명하지 못했던 차등 세율 적용의 방법을 제시합니다. 이에 따르면 여가와 보완관계가 높은 상품에는 높은 세율, 여가와 경쟁관계에 있는 상품에는 낮은 세율을 부과하면 됩니다.

즉, 이들 세 이론가는 a, b, c의 세금 부과 방식 간 상대적 장점에 대한 분석을 진행한 것이며,

1) 핸더슨은 a 〉 b

2) 리틀은 c 〉 a, b

3) 콜레트와 헤이그는 c 〉 a, b이면서 c의 차등세율 적용의 구체적 방식까지 설명한 것으로 정리할 수 있습니다.

2. 문항별 선택지 분석

04 정답 ⑤

① 1문단에서 살펴본 것처럼, 기존 통념과 달리 립시와 랭커스터는 파레토 최적 조건이 완벽하게 충족되지 못하는 상황에서는 단순히 상대적으로 충족된 조건의 수가 많다는 것만 놓고 효율성이 더 향상된다고 볼 수는 없다고 주장합니다. 선지에서 '차선의 효율성이 보장되지 못한다'고 한 것은 립시와 랭커스터가 기존의 통념에 대해 비판한 맥락으로서, 파레토 최적 조건 모두가 달성된 상태에 비해 n-1개의 조건이 충족된 것이 가장 효율적인 배분 상태에 비해서는 차선 상태처럼 보이지만, 실제로는 차선의 효율성이 보장되지 못한다고 주장한 것입니다.

② 애초에 모든 최적 조건이 충족될 수 없는 상황이라면, 그 상황에서 가장 바람직한 자원배분(차선의 상황)을 위해 새로운 조건을 찾아야 한다는 것이 차선의 문제의 관점입니다. 새로운 조건이 추가됨으로써 나머지 조건들의 관계도 달라질 것이므로, 이는 선지의 표현처럼 나머지 조건들의 '재구성'을 의미합니다.

③ 선지의 표현에서 경제상황을 개선한다는 것은 모든 최적 조건이 충족된 것이 아니라 조건의 미충족 즉 왜곡이 적어도 하나 이상 존재한다는 것입니다. 그리고 이를 개선하는 과정에서 기존에 최적 상태를 달성했던 부분의 효율성이 저하되는 것은 1문단의 '하나의 왜곡을 시정하는 과정에서 새로운 왜곡이 초래되는 것'이라는 표현을 의미합니다.

④ 선지 ③과 관련해 살펴본 것처럼 하나의 왜곡을 시정하려는 노력이 새로운 왜곡을 초래한다는 것은 그만큼 여러 경제부문들이 서로 긴밀히 연결되어 영향을 주고받기 때문이라 할 수 있습니다.

⑤ 비합리적인 측면들의 제거는 시정의 왜곡 또는 최적 조건이 더 충족되는 것을 의미합니다. 립시와 랭커스터가 주장하는 차선의 문제의 관점은 이러한 조건의 추가 충족에 비례해 경제의 효율성이 증대된다고 단언할 수 없다는 것입니다. 따라서 비례해 경제의 효율성이 제고된다는 진술은 차선의 문제가 아니라 기존의 통념에 해당하는 견해입니다.

05 정답 ②

바이너(ⓐ)의 입장은 관세동맹의 증가가 세계 경제의 효율성을 무조건 증대시키지만은 않는다는 것으로서, 이러한 주장에 핵심 역할을 하는 것은 무역전환으로 인해 발생하는 효율성의 감소입니다. 무역창출로 인한 효율성의 증대는 기존의 견해에서도 기본 전제로 작용한 것이기 때문에 단순히 무역창출로 인한 생산비 감소의 사례만으로는 바이너의 입장을 지지한다고 보기 어렵습니다. 즉, 바이너의 입장을 지지하는 사례는 문제에 주어진 상황에서 무역전환으로 인한 효율성 감소가 나타난 경우여야 합니다.

① 관세동맹 이후에 수입 대상국의 변화가 없으므로 이 상황은 무역창출도 무역전환도 일어나지 않은 경우입니다. 따라서 바이너의 입장을 지지하지도 반박하지도 않는 사례입니다.

② 관세동맹 이전에는 상대적으로 비용이 큰 B국으로부터 X재를 수입하다가 관세동맹 이후 최저비용 생산국인 C국으로부터 X재를 수입하게 된 것이므로 이는 무역전환에 해당하며, 기존보다 생산비가 더 높은 국가로 수입원을 바꾼 것이므로 효율성이 감소한 사례에 해당합니다. 따라서 이 사례는 바이너의 입장을 지지합니다.

③ B국과의 교역이 없던 상황에서 관세동맹 이후로 A국이 B국으로부터 X재를 수입하게 된 것인데 이는 무역창출에 해당합니다. 하지만 A국과 B국의 X재 생산 비용이 C국에 비해 높다는 것만 나와 있을 뿐, 두 국가 사이의 생산비 차이를 정확하게 알 수 없으므로 무역창출로 인해 효율성이 증대된 것인지 감소한 것인지 여부를 단정할 수 없습니다.

④ 선지 ①과 마찬가지로 관세동맹 이후 수입 대상국의 변화가 없는 사례입니다.

⑤ B국의 입장에서, 관세동맹 이전에는 A국과의 교역이 없다가 동맹 이후 A국으로부터 더 비용이 저렴한 X재를 수입하게 된 것이므로 무역창출이자 효율성이 증대된 사례에 해당합니다. 앞서 설명한 것처럼 무역창출로 인한 효율성 증대 사례만으로는 바이너의 입장을 지지한다고 확언할 수 없습니다.

06 정답 ②

㉮	㉯	㉰	㉱
세금이 부과되지 않은 상황	X에만 간접세가 부과된 상황	직접세가 부과된 상황	X, Y에 차등 세율의 간접세가 부과된 상황
X ⇔ Y X ⇔ L Y ⇔ L	X ⇎ Y X ⇎ L Y ⇔ L	X ⇔ Y X ⇎ L Y ⇎ L	X ⇎ Y X ⇎ L Y ⇎ L

3문단의 정보와 〈보기〉를 연동하면, ㉮는 세금이 부과되지 않은 상황으로 모든 상품과 여가 간에 파레토 최적 조건이 모두 성립한 최상의 상태입니다. 이에 비해 ㉯, ㉰, ㉱는 적어도 하나 이상의 최적 조건이 성립하지 않은 상태입니다.

① 리틀(㉡)이 핸더슨(㉠)에 대해 비판한 것처럼, 핸더슨은 직접세가 노동시간과 여가에 영향을 미치지 않는다는 가정 하에 "직접세(㉰) 〉 한 상품에 부과된 간접세(㉯)"라고 주장하였던 것입니다.

② 리틀(㉡)이 대상으로 삼은 것은
1) 일차적으로는 직접세(㉰) vs 한 상품에 부과된 간접세(㉯)의 효율성 차이이고,
2) 결론적으로는 차등 세율이 적용된 간접세(㉱) vs ㉯, ㉰입니다.
핸더슨, 리틀, 콜레트와 헤이그 모두 ㉮의 상황이 최적의 상황이라는 것을 전제로 하면서, 최적 조건 중 일부라도 충족되지 않은 상황들 사이에서 어떤 것이 더 효율성을 제고하는지 분석한 것입니다. 따라서 리틀(㉡)이 ㉮와 ㉰의 효율성 차이를 보여줌으로써 립시와 랭커스터의 주장을 뒷받침했다는 진술은 부적절합니다.

③ 리틀(㉡)은 직접세 부과 상황(㉰)과 한 상품에만 간접세가 부과된 상황(㉯)은 어느 쪽이 더 효율성이 높은지 판단할 수 없다며 핸더슨(㉠)을 비판하였습니다.

④ 1문단에 언급된 기존 통념에 의하면, 적어도 하나의 최적 조건은 달성된 ㉯나 ㉰가 어떤 최적 조건도 달성되지 않은 ㉱보다는 경제 전체의 효율성이 더 높아야 하지만, 3문단에서 살펴본 것처럼 이러한 일률적 판단은 부적절한 것입니다. 특히 리틀(㉡)이나 콜레트와 헤이그(㉢)의 주장에 의하면 최적 조건이 하나도 충족되지 않은 ㉱가 ㉯나 ㉰보다 더 효율성이 높다는 것에서, 이들의 주장은 최적 조건의 충족 정도에 비례해 경제 전체의 효율성이 증가한다고 단정할 수 없다고 한 립시와 랭커스터의 주장을 뒷받침하는 역할을 합니다.

⑤ 콜레트와 헤이그는 상품별로 차등 세율의 간접세가 적용된 것이 직접세만 부과된 것보다 효율적일 수 있는 구체적 방법을 제시함으로써, 결론적으로는 간접세가 직접세보다 효율적임을 보였습니다.

경제/사회 지문 08	2016학년도 26-28번	상위 테마 - 경제학 (경제 일반) 하위 테마 - 미국 소득 불평등도 변화에 대한 '교육과 기술의 경주 이론'

1. 제시문 정보 구조 분석

[1문단 : 화두 제시]

20세기 미국 경제를 소득 불평등이 완화되었던 전반부(1930~1970년대)와 소득 불평등이 급속히 심화되고 경제 성장률도 하락한 후반부(1980년대 이후)로 구분하고, 이러한 변화의 원인을 분석한 첫 번째 이론으로 기술 진보에 주목한 경제학자들을 소개하고 있습니다. 하지만 이러한 기술 진보는 소득 분배를 악화시키고 사회적 안정성을 저해하는 위협 요인으로 비난받기도 하는 등 논란의 소지가 있습니다. 이렇게 1문단에서는 이어지는 내용에서 이러한 기술 진보에 주목하는 이론에 대립되는 관점이 소개될 것임을 예고하고 있습니다.

[2문단 : 기술 진보 이론의 극복 - '교육과 기술의 경주 이론']

'교육과 기술의 경주 이론'(줄여서 경주 이론)은 기술 진보가 중요함을 인정하면서도 이에 상응하여 교육 수준이 뒷받침되었는가가 더 중요하다고 봅니다. 즉 신기술이 도입되더라도 이를 익숙하게 다룰 능력이 있는 노동자들이 존재해야 실질적인 생산성 상승과 경제 성장이 가능하다는 것입니다. 그리고 이러한 능력 즉 숙련성을 기를 수 있도록 하는 것을 이 이론에서는 정규 교육기관(학교)에서의 교육이라고 봅니다. 이와 관련해 '숙련 프리미엄'이라는 새로운 개념이 등장하는데, 이는 학교를 졸업한 노동자가 그렇지 않은 노동자에 비해 더 높은 임금을 받는 것을 의미합니다.

한편, 학교가 제공하는 숙련의 내용은 신기술의 종류에 따라 달라집니다.

20세기 초반	20세기 후반
기본 계산 능력과 문장 해독 능력 (중/고등 교육 이수만으로 충분)	추상적 판단/분석 능력 (대학 학위 취득 필요)

[3문단 : 20세기 초기와 후기의 소득 불평등 정도 변화의 원인 분석 1]

경주 이론에서는 '기술 = 숙련 노동자에 대한 수요', '교육 = 숙련 노동자의 공급'으로 규정하고 이러한 수요와 공급 사이의 균형/불균형을 경주에 비유하여 설명합니다. 이에 따르면

(1) 기술은 끊임없이 발전해 왔기 때문에 숙련 노동자에 대한 상대적 수요는 늘어나는 방향으로 변화해 왔는데 이러한 수요의 증가율 곧 증가 속도는 20세기 내내 대체로 일정합니다. (따라서 변수는 공급의 증가율입니다.)

(2) 이에 비해 공급은 부침이 있었습니다. 즉 20세기 초기와 후기는 바로 이 숙련 노동자의 공급 정도에 있어서 결정적 차이가 있다는 것입니다. 구체적으로 보면, 초기에는 숙련 노동자의 공급이 크게 늘어 공급 증가율이 수요 증가율을 상회했지만, 1980년대(후기)부터는 공급 증가 속도가 크게 둔화되어 대졸 노동자의 공급 증가율이 수요 증가율보다 낮아지게 됩니다.

경주 이론은 이를 숙련 프리미엄 개념으로 설명합니다.

즉, (1)의 시기(1915~1980년)에는 숙련 노동자들의 공급이 수요보다 더 빠르게 늘어나 숙련 프리미엄이 축소되어 소득 불평등이 완화되었던 것이고, (2)의 시기(1980년 이후)에는 대졸 노동자의 공급 증가율이 하락해 대졸 노동자들과 그렇지 않은 노동자들 사이의 임금 격차 즉 숙련 프리미엄이 확대되었던 것입니다. 이제 2문단에서 정리한 표를 확장하여 다음과 같이 정리할 수 있습니다.

20세기 초반	20세기 후반
기본 계산 능력과 문장 해독 능력 (중/고등 교육 이수만으로 충분)	추상적 판단/분석 능력 (대학 학위 취득 필요)
공급(교육) 증가율 〉 수요(기술) 증가율 ⇩ 경제 성장률 상승 + 소득 불평등 완화	공급(교육) 증가율 〈 수요(기술) 증가율 ⇩ 경제 성장률 하락 + 소득 불평등 심화

[4문단 : 20세기 초기와 후기의 소득 불평등 정도 변화의 원인 분석 2]

3문단을 분석한 결과, 결국 교육 정도가 핵심입니다. 그렇다면 다음 화두는 왜 이와 같이 시기별 교육(공급)의 증가율 차이가 발생했냐는 것입니다. 경주 이론은 이에 대해 1910년대부터 본격화된 중・고등학교 교육 대중화 운동의 결과로 공립 중등 교육기관이 많이 신설된 것이 초기의 '공급 증가율 〉 수요 증가율' 구도를 만들어냈다고 봅니다.

한편, 4문단에는 현재의 임금 격차를 해소하는 방안에 대해서는 구체적으로 언급하지 않았지만, 앞선 논리를 근거로 추론한다면, 이들은 지금보다 더 많은 대학을 공교육이 담당하여 대학 졸업자가 보다 많이 배출될 수 있게 된다면 임금 격차가 줄어들 것이라 예상할 것입니다.

[5문단 : 경주 이론의 의의와 한계]

특별한 내용은 없습니다. 다만 경주 이론의 한계가 무엇인지 구체적으로 제시하지 않고 있는데, 이는 28번 문제를 통해 추론해 내어야 하는 과제로 남겨져 있습니다.

2. 문항별 선택지 분석

26 정답 ③

① 4문단에서 확인한 것처럼 20세기 초에는 지방 정부가 공립 중등 교육기관을 신설해 일자리를 얻는 데 필요한 교육을 무상으로 제공하였고, 이에 따라 20세기 초기에 교육 공급 증가율이 수요 증가율을 상회하게 되어(3문단) 경제 성장이 이루어지게 되었던 것(1문단)입니다.

② 2문단에서 확인한 것처럼 20세기 초 숙련에 대한 요구는 기본적인 계산 및 독해 능력에 맞춰져 있었습니다.

③ 2문단에 의하면 20세기 초에는 단순 계산 및 독해 능력을 갖춘 숙련 노동자를, 20세기 후반에는 추상적 판단 및 분석 능력을 갖춘 숙련 노동자를 요구하게 된 것입니다. 선지의 진술처럼 초기에는 미숙련 노동자를 선호하다가 말에는 숙련 노동자를 선호하게 된 것이 아니라, 처음부터 숙련 노동자를 선호하였다고 보는 것이 맞습니다.

④ 역시 2문단 후반부에서 대학 학위 취득이 요구되었다는 점을 확인할 수 있습니다.

⑤ 1문단 중반부에서 확인하였듯이 1980년 이후에는 소득 불평등의 급속한 심화와 경제 성장률 하락이라는 두 가지 현상이 함께 나타났습니다.

27 정답 ⑤

① 숙련 프리미엄 개념에 대한 2문단의 정의로부터 판단할 수 있습니다. 학교를 졸업한 (숙련) 노동자가 그렇지 못한 (미숙련) 노동자에 비해 상대적으로 더 높은 임금을 얻게 되는 것이 숙련 프리미엄이므로, 선지의 진술처럼 이는 숙련 노동자가 상대적으로 생산성 부분에 더 기여한 보상의 성격이라 할 수 있습니다.

② 2문단의 전반부에서 경주 이론이 제시한 대전제입니다. 이들은 기술 향상에 부합하는 숙련 노동자의 공급이 이뤄져야 생산성 상승과 경제 성장이 이루어질 수 있다고 봅니다.

③ 역시 2문단 전반부에서 확인할 수 있습니다. 경주 이론가들은 숙련을 새로운 기계를 익숙하게 다룰 능력으로 보는데, 이를 일반화하면 장비를 능숙하게 다룸으로써 생산성을 높일 수 있도록 연마된 능력이라 할 수 있습니다.

④ 3문단에서 경주 이론은 20세기 초기에는 숙련 프리미엄이 축소되었다가, 20세기 후반부터 확대되었다고 분석하며 이것이 임금 격차의 확대 즉 소득 불평등의 심화와 연동되어 있다고 봅니다. 즉 숙련 프리미엄의 격차 정도가 소득 불평등 정도를 알 수 있는 지표로 작용하는 것입니다.

⑤ 교육의 속도는 공급 증가율을 의미합니다. 경주 이론에서는 20세기 초반에는 공급 증가율이 기술의 속도(수요 증가율)을 상회하였고 이에 따라 소득 불평등이 완화되었다고 봅니다.

28 정답 ③

하나의 핵심 논거에 대한 비판(반례)형 문제라기보다는 다양하게 언급된 전제들을 검토하는 형태의 비판형 문제입니다.

① 2문단에서 경주 이론은 숙련성을 익히는 것이 학교 교육이라고 전제합니다. 숙련이 직장 내에서 이루어지는 경우가 있다는 것은 이와 같은 경주 이론의 전제에 대한 반례이며, 이에 따라 4문단에서 20세기 초기에 공교육의 확대로 인해 숙련 노동자의 공급이 증가하였다는 분석도 힘을 잃을 수 있게 됩니다.

② 2문단에 제시된 숙련 프리미엄의 정의처럼, 경주 이론은 숙련 프리미엄 즉 숙련도에 따른 임금 격차를 발생시키는 원인은 숙련도에 따른 생산성의 차이라고 전제합니다. 임금이 생산성 이외의 요인에 의해서도 결정된다는 것은 이와 같은 경주 이론의 전제에 대한 반례입니다.

③ 4문단 분석에서 살펴본 것처럼, 대학 졸업자가 증가하게 되면 공급 증가율이 상승해 수요 증가율과의 격차가 줄어들게 되고 이에 따라 노동자 간의 임금 격차가 줄어들게 될 것입니다. 그리고 이러한 추론은 경주 이론 자체로부터 도출되는 것입니다. 따라서 선지 ③의 사례는 경주 이론에 대한 반례가 아니라 오히려 경주 이론을 뒷받침하는 강화 사례에 해당합니다.

④ 경주 이론은 대학 졸업자를 동일한 숙련 노동자 집단으로 간주하고, 20세기 후반에는 이러한 대졸 노동자의 공급 증가율 하락에 따라 숙련 프리미엄이 확대되었다고 분석하였습니다. 그런데 직종과 연령대가 유사한 대학 졸업자 간에도 임금 격차가 크게 존재한다면, 대학 졸업자라는 동일 그룹 내에서는 숙련 프리미엄을 크게 얻는다는 경주 이론의 전제가 흔들리게 됩니다.

⑤ 앞선 선지들이 모두 교육 측면에서의 반례들이라고 한다면, 선지 ⑤는 경주 이론의 또 다른 대전제인 기술 측면에 대한 반례입니다. 3문단에 의하면 경주 이론은 숙련 노동자에 대한 수요 증가율 즉 기술의 증가 속도는 20세기 내내 대체로 일정했다고 전제합니다. 그런데 신기술에 의한 자동화로 숙련 노동력에 대한 수요가 줄어든 경우가 있다면 이와 같은 전제가 무너지게 됩니다.

경제/사회 지문 09	2014학년도 20-22번	상위 테마 - 경제학 (경제 일반)
		하위 테마 - 빈곤 산업에 대한 비판

1. 제시문 정보 구조 분석

[1문단 : 화두 제시]

서구 열강의 식민지였던 국가들의 빈곤에 대한 국제적 개입의 양상을 냉전 체제 종식 이전과 이후로 나누어 전자는 '개발 패러다임', 후자는 '글로벌화'라는 핵심 키워드로 대비하고 있습니다. 여기서 '글로벌화'란 빈곤에 대한 개입이 정부 차원을 넘어 대중 수준에서까지 이루어지고 있음을 보여주는 것입니다.

[2문단 : 빈곤에 대한 대응의 글로벌화에 대한 비판1]

글쓴이는 오늘날 빈곤에 대한 대응이 여전히 억압적 증여 관계(비대칭적 증여 관계)를 낳는다고 분석합니다. 여기서 억압적 증여 관계란 빈곤 국가의 주민들이 되갚을 능력을 기르지 못한 채 일방적으로 받기만 하는 관계를 벗어나지 못하는 현상을 의미합니다.

[3문단 : 빈곤에 대한 대응의 글로벌화에 대한 비판2]

글쓴이는 비대칭적 증여 관계가 빈곤 국가의 주민들뿐만 아니라 빈곤에 대한 개입을 담당하는 실무자들에게도 쉽게 단절할 수 없는 것이 되었다고 봅니다. 즉, 빈곤에 대한 개입이 일종의 산업으로 즉 '빈곤 산업'으로 커진 상황에서 해당 실무의 종사자들이 이러한 빈곤 산업을 자신들의 밥벌이 수단으로 삼게 되었고, 이로 인해 애초의 빈민 구제라는 목적을 위해 성립되었던 조직 등이 오히려 자신의 조직을 유지하기 위해 빈민 구제를 내세우게 되었다는 것입니다.

[4문단 + 5문단 : 빈곤 개입에 대한 통념 비판]

빈곤 산업의 무분별한 확대에 대해 비판하는 글쓴이와 달리, 학계나 정부 기관 등은 받는 자의 원조 의존성에 초점을 맞춰 빈곤 산업을 비판할 뿐입니다. 이들의 논의는 빈곤 지역에서 자체적으로 빈곤 문제를 해결할 수 있는 역량을 기를 수 있도록(임파워먼트) 외부 원조의 역할을 부수적인 것으로 국한해야 한다는 주장으로 이어집니다. 하지만 글쓴이가 보기에, 이러한 논의보다 더 중요한 것은 빈곤 산업의 무분별한 확대를 가져온 구조적 문제, 즉 빈민들이 끊임없이 양산되는 구조적이고 근원적인 문제를 고찰하는 것입니다.

2. 문항별 선택지 분석

20 정답 ⑤

① 1문단 마지막 문장에서 인터넷을 통한 국제적 모금활동이 활발해지면서 기존과 달리 일반 대중의 참여도 늘어났음을 언급하였습니다.

② 역시 1문단 후반부에서 쉽게 확인할 수 있습니다.

③ 1문단 두 번째 문장에서 식민본국과 식민지의 관계가 전자의 개발 원조를 통해 후자를 돕는 방식으로 변화했음을 언급하였습니다.

④ 4문단에서 임파워먼트 논의가 빈곤 국가의 원조 의존성을 해결하기 위한 방안으로 제시된 것임을 확인하였습니다.

⑤ 빈곤에 대한 개입의 다각화는 1문단에서 살펴본 빈곤 개입의 '글로벌화'를 의미합니다. 하지만 이러한 빈곤 개입의 글로벌화는 주는 자와 받는 자 사이의 비대칭적 증여 관계를 단절시키지 못했다는 것이 글쓴이의 평가입니다.

21 정답 ④

①, ②, ③, ⑤ 네 선지 모두 마지막 문단에 제시된 글쓴이의 분석 및 주장으로부터 쉽게 확인됩니다.

④ 마지막 문단에서 글쓴이는 빈곤 개입의 글로벌화에 대한 임파워먼트 논의에 대해 '빈민들이 잡을 물고기가 과연 남아 있기는 한가? 자기 어장을 뺏긴 사람들에게 낚싯대를 쥐어 주는 것이 과연 어떤 의미가 있는가?'라고 의문을 제기합니다. 즉 글쓴이가 보기에 빈곤 문제가 끊임없이 발생하는 것은 빈곤한 자의 나태함 같은 것이 아니라 애초에 자력으로 빈곤 문제를 해결할 수 있는 여건을 빼앗긴 구조적 상황 때문인 것입니다. 따라서 빈곤 산업의 글로벌화에 빈곤한 '받는 자'의 책임도 동등한 수준으로 존재한다고 한 선지의 진술은 글쓴이의 문제의식으로 부적절합니다.

22 정답 ①

㉠의 '이러한 원조 방식'은 직전 문장에 구체화되어 있습니다. 즉 1) 빈곤을 해결할 가능성이 있는 빈곤 지역을 선별해 원조하거나, 2) 각 빈곤 지역의 문화적 특성에 걸맞은 원조 방식을 개발하는 것입니다.

① 지역 주민들의 주식이 옥수수임에도 불구하고 수확량이 더 많은 밀을 재배하도록 홍보하고 보급하는 것은 2)에서 말한 지역의 문화적 특성에 걸맞은 원조 방식에 배치되는 것입니다.

②~⑤ 빈곤 퇴치를 위해 사회적 인프라에 투자하는 지역(②), 빈민 구제 활동을 자생적으로 펼쳐 온 지역(③), 회복 가능성이 있는 사람들에게 선별적 금융 지원을 하는 제도가 자리 잡은 지역(④), 빈민을 적극적 경제 활동의 주체가 될 수 있도록 유도하는 개발 사업이 존재하는 지역(⑤)에 선별적으로 지원하는 것은 모두 1)에 해당합니다.

경제/사회 지문 10	2012학년도 24-26번	상위 테마 - 사회학
		하위 테마 - 인간 인지 발달에 대한 비고츠키의 이론

1. 제시문 정보 구조 분석

[1문단 : 화두 제시]
비고츠키는 인간의 인지 발달에 있어서 '고등 정신 기능의 사회적 기원'을 강조합니다. 사회적 기원이라는 말에서 직감할 수 있듯이, 이 이론은 인간의 고등 정신 기능이 내재적, 선험적으로 존재하는 것이 아니라 인간 외부(사회)에 이미 존재하고 있었고, 개개인은 이를 심리적 도구인 기호의 매개를 통해 후험적으로 받아들여 내면화하는 것이라고 봅니다.
이에 따라 고등 정신 기능은 다음과 같이 두 국면에 걸쳐 나타나게 됩니다.

사회적 국면 (심리 간 범주)	심리 내 범주
• 사람 사이의 상호 작용에서 나타남 • 구체적인 사회적 상호작용에서 타인의 도움을 받는 과정	• 인간 내부에서 나타남 • 사회적 국면에서 받은 도움으로 고등 정신 기능을 개인 내부에서 습득

[2문단 + 3문단 : 고등 정신 기능 내면화의 구체적 과정]
[2문단] 비고츠키에 따르면 '심리 간 범주의 상호작용 내용'이 그대로 심리 내 범주로 옮겨가는 것이 아니라, 개인의 자기 조절 과정을 거쳐 이 내용을 스스로 의미 있게 이해해 가게 됩니다.
[3문단] 그리고 이러한 내면화 과정은 근접 발달 영역에서 일어납니다. 이 영역은 실제적 발달 수준과 잠재적 발달 수준 사이의 간격으로 정의되는데, 본문의 내용을 압축해서 정리하자면 성인이나 더 유능한 동료의 도움을 통해 문제를 해결할 수 있는 능력에 의해 잠재적 발달 수준이 결정되고, 구체적인 교수/학습을 통해 잠재적으로만 존재했던 능력(수준)이 실제 능력으로 변화되면서 고등 정신 기능의 내면화가 이루어지는 것입니다. 그리고 비고츠키에 따르면 아동의 발달 수준은 실제적 발달 수준보다 잠재적 발달 수준이 더 잘 보여줍니다.

[4문단 : 근접 발달 영역에서의 구체적인 교수/학습 메커니즘]
이미 앞선 정보들에서 확인하였듯이, 비고츠키 이론에서 인지 능력의 발달은 개인의 외부에 존재하는 더 유능한 존재를 필요로 합니다. 구체적인 발달의 1단계는 이들로부터 도움을 받아 학습 과제를 수행하는 단계입니다. 즉 처음에는 타인의 도움을 받아 과제를 수행하다가 점차 익숙해지면서 교수자의 도움을 필요로 하지 않거나 줄어드는 2단계로 넘어가게 되는 것입니다. 그리고 학습자의 과제 수행이 완수되는 단계로 3단계를 거치면서 이제 학습자는 혼자 힘으로 학습 과제를 수행할 수 있게 됩니다. 4단계는 새로운 1단계로 이어지는 과정으로서, 학습자 혼자서 해결할 수 없는 또 다른 새로운 성취 목표에 직면함에 따라서 다음 근접 발달 영역으로 나아가는 단계입니다.

2. 문항별 선택지 분석

24 정답 ②

① 1문단에 의하면, 비고츠키의 이론에서 사고 발달은 사회적 국면의 고등 정신 기능이 심리 내 범주에서 내면화되는 것이며 이는 심리적 도구인 기호를 매개로 이루어지는 것입니다. 따라서 기호를 매개로 한 심리적 활동이 사고 발달을 견인한다는 진술은 적절합니다.
② 역시 1문단에서 확인하였듯이 인간 심리가 표상하는 대상은 이미 사회적으로 존재하고 있던 것들입니다. 따라서 표상의 대상이 학습 이전에 이미 개인의 내면에 존재하던 것이라는 진술은 부적절합니다.
③, ⑤ 2문단 및 4문단에서 확인하였듯이 교수・학습의 과정은 먼저 심리 간 범주(교수자의 도움)에서 진행되고 이후 해당 고등 정신 기능의 내면화가 심리 내 범주에서 일어나는 흐름으로 이루어집니다. 따라서 인지 발달에서 사회적 국면의 활동이 심리적 국면의 활동으로 전환된다는 선지 ⑤의 진술도 적절한 것입니다.

④ 3문단에서 살펴보았듯이 현재의 잠재적 발달 수준은 구체적인 교수·학습의 과정을 통해 실제적 발달 수준으로 변할 수 있습니다.

25 정답 ④

비고츠키의 인지 발달 이론에서 핵심은 개인의 자기 완결적이고 독자적인 학습이 아니라 더 유능한 타인의 도움을 바탕으로 학습이 이루어지고 그 학습 내용을 개인이 스스로 해결할 수 있을 때 학습의 한 사이클이 완료된다는 것입니다. 따라서 이러한 학습 원리를 가장 잘 반영한 선지는 ④ "교수적 소통을 통한 / 개념의 능동적 형성"입니다.

① 반복적 강화라는 진술 내용을 확인할 수 없으며, 학습을 통해 내면화하는 것은 단순한 사회적 태도가 아니라는 점에서도 잘못된 진술입니다.

② 선지의 내용은 이미 존재하고 있는 선험적 관념을 개인적 경험을 통해 확인한다는 것인데, 비고츠키는 선험적 관념이 아니라 인간 외부에 이미 존재하는 사회적 관념, 고등 정신 기능을 강조합니다.

③ 교수자의 도움이 단계적 설명의 형태라고 간주할 수 있는 정보가 지문 내에 없으며, 사실적 지식의 주입이라는 항목도 과제 수행 능력(고등 정신 기능)의 능동적 체화/학습이라는 비고츠키의 이론과 맞지 않는 것입니다.

⑤ 교수자와의 상호 작용을 전제한다는 점에서 성찰적 숙고 즉 혼자만의 힘으로 이뤄내는 과정의 성격이라 볼 수 없으며, 구체적인 과제 수행을 통해 즉 시행착오 과정을 거쳐 학습이 이루어지는 것이라는 점에서 직관적 통찰이라고도 할 수 없습니다.

26 정답 ③

앞선 문항들에서도 확인하였듯이 비고츠키의 학습 방법론의 핵심은 학습자 개인보다 더 유능한 교수자의 도움을 받는다는 점입니다. 〈보기〉에서 이러한 이론을 검증하는 실험을 수행하려면 현재의 인지 발달 수준은 동일하거나 비슷한 학습자 집단을 유능한 교수자의 도움을 받는 집단과 그렇지 않은 집단으로 구분하고(실험군과 대조군 설정), 이에 따른 학습 수행 정도의 차이를 비교해야 할 것입니다.

하지만 〈보기〉의 실험은 이와 같은 실험군과 대조군의 설정이 제대로 이루어지지 않은 상태입니다. ㄷ의 '학습 방법' 항목을 보면 A, B 집단 모두 협동적 상호 작용을 통한 학습 과제 수행을 지시하였는데, 이는 더 유능한 교수자의 도움 없이 동일한 수준에 있는 학습자들 사이에서의 상호 작용만 이뤄지는 것이므로 유능한 교수자라는 변수가 제대로 반영되지 않은 것입니다.

경제/사회 지문 11	2013학년도 33-35번	상위 테마 - 사회학
		하위 테마 - 대중문화 연구 이론

1. 제시문 정보 구조 분석

[1문단 : 화두 제시]

대중문화를 지배 계급의 이데올로기 전파의 수단으로 간주하고 대중은 이에 수동적으로 당하기만 하는 바보와 같은 존재로 평가한 아도르노의 문화산업론을 먼저 소개한 뒤, 이 이론의 한계를 극복하기 위한 두 가지 흐름이 다음과 같이 등장하였음을 설명하고 있습니다.

(1) 구체적 비평 방법론의 결여 → 의미화 방식의 규명에 초점을 두는 알튀세 및 스크린 학파의 등장

(2) 대중문화에 대한 극단적 부정 → 대중문화의 새로운 가능성을 찾는 피스크

[2문단 : 알튀세와 초기 스크린 학파]

알튀세는 이데올로기가 허위의식이라 규정하고, 특정 이데올로기가 대중문화 텍스트를 통해 주체가 구성되는 데 관여하는 메커니즘을 분석하였습니다. 초기 스크린 학파는 이러한 알튀세의 이론을 수용하여, 대중문화 텍스트의 관점이 이를 수용하는 주체에게 자명한 진리와 동일시되는 이데올로기 효과를 분석합니다. 하지만 이러한 분석은 대중문화 텍스트의 지배적 의미가 대중에게 일방적으로 수용되는 점만 강조할 뿐, 이에 반하는 다양한 해석 가능성은 도외시했다는 비판을 받습니다.

[3문단~5문단 : 피스크의 수용자 중심 연구]

피스크는 알튀세와 초기 스크린 학파가 강조한 정치 미학(이데올로기의 주입을 통해 주체의 정치적 방향성을 유도한다는 맥락에서 정치적 미학)에서 대중 미학으로 초점을 전환합니다. 그는 대중을 사회적 이해관계에 따라 다양한 속성을 지닌 존재로 전제한 뒤, 대중문화에 대한 개념 정의를 새롭게 시도합니다. 텔레비전 방송이나 영화, 사진 등과 같은 대중문화 텍스트는 그 자체로 대중문화인 것이 아니라 자원일 뿐, 대중이 각자가 처한 이해관계에 따라 텍스트로부터 새로운 의미와 쾌락을 생산해 낼 때 비로소 대중문화가 완성된다고 봅니다.

여기서 피스크의 견해는 홀의 견해와 대비됩니다. 홀은 대중이 행하는 해석의 종류를 지배적, 교섭적, 대항적 해석으로 구분해 알튀세 및 스크린 학파가 머물렀던 지배적 해석(문맥상 '선호된 해석')뿐만 아니라 저항적 해석의 가능성을 열어 두었습니다. 하지만 피스크는 홀의 이와 같은 구분에 여전히 지배적 해석이 존재한다는 점을 비판하며, 대중들의 게릴라 전술 즉 대중문화의 힘에 복종하지 않는 창조성을 강조합니다.

피스크는 대중문화 텍스트를 읽는 행위에 대한 문제의식을 "어떻게 읽고 있는가?"로 전환해야 함을 주장하면서 구체적인 예로 〈퀴즈 쇼〉에 대한 여성 방청객의 이중적 면모를 분석합니다. 특히 그가 주목하는 것은 〈퀴즈 쇼〉 방청객이 보이는 카니발적 요소(주류 담론을 수용하는 듯하면서도, 이에 대한 풍자와 비꼼 등으로 일탈을 추구하는)인데, 방청객의 열광은 기존 질서의 유지에 일조하면서도 다른 한편으로는 가부장제 등의 사회 규범의 폭력성을 폭로하는 파괴적 기능을 수행하기도 한다는 것입니다.

[6문단 : 피스크에 대한 켈러의 비판]

켈러는 피스크가 대중적 쾌락을 지나치게 긍정적으로만 바라보는 점을 비판합니다. 그가 보기에 대중문화를 수용하는 수용자 역시 문화 생산 체계의 산물이며 그들이 지닌 선호나 기대 역시 대중문화의 효과를 통해 생겨날 수 있다는 점에서, 피스크가 강조한 저항적이고 비판적인 의미 생산만 기대할 수는 없다는 것입니다.

2. 문항별 선택지 분석

33 정답 ①

① 1문단에서 아도르노의 대중문화 비판을 질적 가치 판단의 일환이라 직접 언급하지는 않았습니다. 하지만 아도르노가 대중문화를 지배 계급의 이데올로기를 전파하는 대중 조작 수단으로 평가한 것이나 대중문화 산물이 더 이상 예술인 척할 필요조차 없게 되었다고 평가한 것 등으로부터 그의 비판이 질적 가치 판단에 해당하며, 대중문화가 더 이상 예술로서의 지위를 가지지 않는다고 간주했음을 알 수 있습니다.

② 2문단 마지막 문장에서 지적하였듯이, 알튀세의 이데올로기론을 수용한 스크린 학파는 텍스트의 지배적 의미가 대중에게 전달되는 기제에만 초점을 맞출 뿐 수용자의 다양한 해석 가능성은 충분히 설명하지 못하였습니다. 따라서 이러한 연구가 일면적 시각을 강조하는 시각을 지양했다는 진술은 부적절합니다. 지양한 것이 아니라 오히려 '지향'한 것입니다.

③ 피스크는 대중문화 텍스트와 이를 소비하는 수용자를 구분하고, 대중문화는 양자 사이에서 새로운 의미와 저항적・도피적 쾌락이 생산될 때 만들어진다고 분석합니다. 이때 대중문화 텍스트는 상업적으로 제작된 것으로서 대중이 스스로 이를 만들어낸 것은 아닙니다. 피스크에 의하면, 대중이 생산하는 것은 자신의 이해에 따른 새로운 의미와 쾌락입니다.

④ 3문단에서 피스크가 홀을 비판한 내용을 보면, 홀은 지배적・교섭적・대항적 해석을 구분하여 대안적 의미 해석의 가능성을 시사했지만 이마저도 텍스트의 지배적 의미를 그대로 수용한 '선호된 해석'이라 비판합니다. 즉, 선호된 해석은 피스크가 강조하는 저항적・회피적 해석이 아니라 대중문화 텍스트에 존재하는 생산자의 이데올로기를 그대로 수용하는

해석 방식에 해당하는 것입니다. 따라서 이러한 선호된 해석이 수용자 중심적 연구의 관점을 보여주는 것이라는 선지의 진술은 부적절합니다.

⑤ 3문단 전반부에서 확인할 수 있듯이 정치 미학에서 대중 미학으로의 발전은 피스크의 수용자 중심적 대중문화 연구의 등장을 의미합니다. 그리고 3문단 후반부에서 피스크는 대중들의 게릴라 전술을 강조했던 드 세르토에 의거해 대중들의 창조적 수용 행위를 강조하였습니다. 즉, 대중문화를 이른바 게릴라 전술로 보는 시각의 연장선상에서 피스크의 이론이 등장한 것이지, 이를 극복하게 된 것은 아닙니다.

34 정답 ①

① 피스크는 여성 방청객의 반응에 주목해 〈퀴즈 쇼〉를 분석합니다. 이에 따르면, 방청객의 열광은 기존 질서의 유지에 일조하지만 이는 또한 가부장제가 규정한 여성다움에서 벗어나고 사회 규범을 폭로하는(기존 질서의 전복) 파괴성을 지니는 것입니다. 따라서 퀴즈 쇼가 기존 질서의 유지와 전복이라는 이중적 기능을 지닐 수 있다는 것은 피스크의 논의로 적절합니다.

② 피스크에 의하면, 〈퀴즈 쇼〉의 여성 방청객은 여성과 관련된 집안일이 갈채를 받고 공적 재미의 대상이 되는 것을 확인하게 됩니다. 따라서 이들이 여성과 관련된 집안일의 하찮음을 깨닫고 이를 부정하려 한다는 진술은 부적절합니다.

③ 5문단 후반부에서 '퀴즈 쇼는 자본주의의 가부장적 담론을 중심 코드로 사용'한다고 하였습니다. 선지의 '퀴즈 쇼에 설정된 중심 코드'란 이와 같이 퀴즈 쇼를 기획하고 제작한 상업자본의 중심 코드(가부장적 담론)입니다. 기존의 여성상을 넘어서는 새로운 여성상은 이러한 중심 코드 자체가 의도했던 것이 아니라, 대중의 소비 과정에서 파생된 것입니다.

④ 5문단의 중반부를 통해 방청객이 일상으로부터의 일탈 욕망을 가상적으로 충족한다는 진술은 적절함을 알 수 있습니다. 하지만 그 결과가 여성 수요자를 정치 변혁에 참여하게 한다는 진술은 부적절합니다. 5문단 마지막 문장에 서술되어 있듯이 피스크는 일상의 진보적 변화와 이후의 급진적 정치 변혁을 시기적으로 구분하고 있는데, 방청객의 저항적 · 회피적 의미 생산은 일상의 진보적 변화에 해당하는 것이지 그 자체를 급진적 정치 변혁이라 할 수는 없습니다. 그런데 선지에서는 여성 수용자가 정치 변혁에 참여하게 한다 단정하고 있으므로 부적절합니다.

⑤ 5문단의 문맥상 카니발적 특성은 선지 ③에서 살펴본 중심적 코드가 아니라 방청객의 저항적 의미 생산으로부터 만들어지는 특성이라 할 수 있습니다. 따라서 이러한 카니발적 특성으로 인해 여성들이 지배적 가치를 내면화하게 된다는 진술은 부적절합니다.

35 정답 ②

① 아도르노는 대중문화가 지배 관계를 은폐하거나 정당화하는 수단이라고 평가하였습니다. 따라서 그는 〈보기〉에 제시된 마돈나의 뮤직 비디오가 대중으로 하여금 지배 관계(현실의 문제)를 회피하게 만드는 기만적 즐거움을 제공하는 수단이라 볼 것입니다.

② 초기 스크린 학파는 대중문화가 다층적인 기호학적 의미 생산하는 것이 아니라, 지배계급이 주입하려는 지배적 의미의 전달 매체로서의 성격만 지닌다고 봅니다. 따라서 스크린 학파가 마돈나의 뮤직 비디오에서 다층적인 기호학적 의미 생산이 이루어진다고 보지는 않을 것입니다.

③, ④ 〈보기〉에서 마돈나의 뮤직 비디오는 수용자의 사회적 위치(남성, 소녀 팬, 페미니스트 등)에 따라 다른 이미지로 받아들여졌습니다. 대중문화 텍스트의 지배적 의미에 대한 수동적 수용이 아니라 다양한 의미 생산 가능성을 강조한 피스크의 관점에서는 이와 같은 점에 주목할 것입니다.

⑤ 켈러는 수용자 자체도 문화 생산 체계의 산물이라 간주하며, 그들의 선호와 기대 역시 대중문화의 효과를 통해 생겨날 수 있다고 봅니다. 따라서 그는 마돈나의 뮤직 비디오에서 수용자들이 느끼는 쾌락이 대중문화의 효과에 의해 생겨난 결과물이라 분석할 것입니다.

경제/사회 지문 12	2015학년도 33-35번	상위 테마 - 사회학 하위 테마 - 고고학의 유형론 vs 개체군론

1. 제시문 정보 구조 분석

[1문단 : 화두 제시]

유물들을 분류함으로써 유물들 사이의 시공간적 관계 및 그 변화 과정을 추정하는 방식으로 유형론과 개체군론이 구분됨을 소개하고 있습니다.

[2문단 : 유형론]

초기 고고학의 기본적 흐름은 유형론이었습니다. 이들은 본질적이고 형태적인 특징(형식) 혹은 중심적 경향을 바탕으로 하나의 유형이 만들어진다고 봅니다. 이러한 작업은 하나의 형식을 공통적으로 가진 여러 유물 가운데 원형이 되는 하나의 유물을 확인합니다. 이런 방식으로 구분되는 여러 유형이 만들어지게 됩니다. 각각의 유형 내에는 개별 유물 간 차이인 '변이'가 있겠지만, 유형론자들은 이것이 새로운 유형을 설정할 정도로 본질적인 것이 아닌 이상 가벼운 편차로만 여겨 무시합니다. 이들에게 유물의 변화는 한 유형에서 다른 유형으로 바뀌는 '변환'입니다.

이러한 유형론적 유물 분류는 시간적 연쇄나 뚜렷한 문화적·공간적 경계를 가진 집단을 구별하는 근거를 마련하는 데 결정적으로 기여하였지만, 여러 가지 한계와 비판에 직면하게 됩니다. 대표적인 것이 자체적이고 내부적인 진화의 과정을 고려하지 않고, 외부로부터의 유입이나 새로운 발명 등에 의해서만 유형의 변화가 나타난다고 보았던 점입니다.

[3문단 : 개체군론]

개체군론은 2문단에서 언급한 유형론의 문제점을 극복하기 위한 시도로서 등장합니다. 개체군론자들은 유형론자들과는 달리 유형 분류의 기준이 되는 유물의 본질적 특징이란 실재하는 것이 아니라고 봅니다. 이들은 유형이 유물 자체에 고유한 본질이 아니라 관찰자에 의해 추론된 경험적 구성물일 뿐이며, 존재하는 것은 사물의 상태(본질이 아닌)를 의미하는 현상과 변이 뿐이라고 봅니다. 따라서 이들은 유형론자와 달리 여러 유물에 공통적으로 존재한다고 가정된 형식, 중심적 경향이 아니라 변이에 관심을 집중하게 됩니다.

여기서 핵심은 변이의 빈도입니다. 변이는 최초로 등장한 이후 점차적으로 많아지다가 서서히 소멸해 가는데, 이처럼 변이의 빈도는 시공간에 따라 다르게 나타납니다. 개체군론자는 유물의 변화는 이 변이들이 시공간에 따라 얼마나 분포되어 있는지에 의해 결정된다고 봅니다. 그리고 이러한 방향성에서 이들은 변이들의 빈도가 변화하는 것을 '유동성'으로, 특정 변이들의 차별적인 지속을 '선택'이라는 개념으로 규정합니다. 즉,

(1) 유동성 : 하나의 유물군 내에서 예측 불가능한 변이들을 가진 유물들이 지속적으로 등장해 변이들의 빈도에서 무작위적 변화가 일어나는 현상

(2) 선택 : 유동성 즉 변이들의 빈도가 변화하는 가운데 특정 환경에 잘 적응한 변이들의 상대적 양이 증가하는 현상

[4문단 : 두 이론의 관계]

4문단에서는 실제 조사 과정에서 이들 두 이론이 어떻게 적용되는지를 살펴보고 있습니다. 두 이론 중에서 어떤 것을 적용할지 문제가 되는 것은 새로 발견된 유물들을 기존의 유형 가운데 하나로 배정하거나 설정하고자 할 때, 대상이 되는 유물이 배정될 수 있는 유형이 둘 이상인 경우입니다.

(1) 만약 연구자가 대상 유물들의 시간적 선후 관계나 사용 집단의 차이를 확인하고 싶을 경우에는 유형의 설정과 배열에 주목하고(유형론적 접근),

(2) 이와 달리 각 유형 간의 변화 과정을 구체적으로 확인하고 싶을 경우에는 시공간 상에 배열된 유형 내 변이들에 주목하여 그 변이들의 빈도와 관련된 분석에 주목합니다(개체군론적 접근).

즉, 유물들을 관통하는 본질적 형식이 존재하느냐 그렇지 않으냐를 중심으로 유형론과 개체군론이 구분되지만, 실제 조사 과정에서는 이들이 상보적으로 활용된다는 것입니다.

2. 문항별 선택지 분석

33 정답 ④

① 2문단에서 확인했듯이, 유형론에서는 본질적이고 형태적인 특징을 바탕으로 하나의 유형을 만듭니다. 즉 유형론적 사고에서는 유형을 본질적인 것이라 생각하는 것입니다.

② 역시 2문단에서 확인했듯이, 유형론에서는 유물의 모든 변화를 한 유형에서 다른 유형으로 바뀌는 것 즉 본질이 바뀌는 것으로 파악합니다.

③ 유형론의 입장에서 유물 간에 존재하는 변이가 새 유형을 설정할 수 있을 정도로 본질적이지 않은 경우에는 이를 편차로 간주해 설명할 가치가 없다고 봅니다. 따라서 편차는 유형을 설정할 때 중요시되지 않는다고 볼 수 있습니다.

④ 개체군론에서는 유물의 본질적 특징은 실재하는 것이 아니라고 봅니다. 따라서 이들이 실재하는 형식을 발견해 내고자 노력한다는 진술은 부적절합니다.

⑤ 3문단에서 확인했듯이, '선택'은 변이들 가운데 특정 환경에 잘 적응한 변이들의 상대적인 양의 증가를 의미하였습니다.

34 정답 ②

① 유형론과 개체군론은 고고학 내에서 유물 분류를 바라보는 시각상의 차이를 견지할 뿐, 이 둘은 어디까지나 수집과 발굴 조사를 거쳐 유물들을 분류한다는 고고학의 기본 성격은 공유하고 있습니다. 2문단과 3문단에서 살펴본 것처럼, 두 관점은 모두 발굴된 유물을 대상으로 유물 분류를 시도하기 때문에 경험적 증거를 중시할 수밖에 없습니다. 따라서 유형론이 개체군론보다 경험적 증거를 더 중시하는 이론이라는 진술은 부적절합니다.

② 마지막 4문단에서 쉽게 확인할 수 있는 진술입니다. 다만 지문에서는 '상보적'이라는 용어를 사용하지 않았는데, 4문단 마지막 문장에서처럼 '자신이 해결하고자 하는 문제에 따라 양자의 방식 중 어느 하나를 선택하거나 적절히 혼용하여 사용'하는 것은 충분히 상보적인 관계로 읽어낼 수 있습니다.

③ 유형론적 사고가 지배적인 연구 태도라면 실제 조사 과정에서 개체군론적 사고는 배제되는 경향이 강하게 나타나야 할 것입니다. 하지만 4문단에서 확인한 것처럼 이 둘은 조사 과정에서 상보적으로 활용되므로 어느 하나의 사고가 지배적이라고 보는 것은 부적절합니다.

④ 양자는 상보적 관계에 있다는 것이 글쓴이의 견해입니다. 선지 ③과 마찬가지로, 개체군론자의 기준이 유형론자의 기준을 포괄하도록 보완된다는 것은 유형론을 개체군론의 관점으로 환원한다는 것, 다시 말해 개체론자의 기준이 유물 분류의 핵심이라는 것인데 이는 역시 글쓴이의 견해로 부적절합니다.

⑤ 논란의 여지가 많았던 선지입니다. 4문단 중반의 '여기서 만약 연구자가 대상 유물들의 시간적 선후 관계나 사용 집단의 차이를 확인하고 싶다면 유형의 설정과 배열에 주목한다. 반면에 각 유형 간의 변화 과정을 구체적으로 확인하고 싶다면~'이라는 구절만 놓고 보면 유물의 시간적 선후관계를 보여주기 위해서는 인용된 부분에서 전자 즉 유형론적 사고를 적용해야 하는 것처럼 파악하기 쉽습니다.

하지만 1문단에서 살펴본 것처럼, 유물들을 분류하고 이들 사이의 시공간적 관계와 그 변화 과정을 추정하는 것은 고고학의 기본 목적이자 기능으로서 이는 유형론과 개체군론 모두의 공통 목표입니다. 이들은 다만 유형을 구분하는 본질적 형식이 있다고 보는지 그렇지 않은지에 있어서 서로 견해가 대립하고 있는 것입니다. 선지의 '대신'이라는 표현은 '대체'라는 표현과 마찬가지로 하나를 버리고 다른 하나를 선택한다는 의미를 함축하고 있습니다. 따라서 유물의 시간적 선후관계를 보여주기 위해 개체군론을 배제하고 유형론적 사고만 적용해야 한다는 주장은 글쓴이가 동의하기 어려운 주장이라 보아야 합니다.

35 정답 ⑤

A 유형 토기	B 유형 토기	새로 발견된 토기
각진 입구	둥근 입구	각진 입구 (=A)
손잡이 없음	손잡이 두 개	손잡이 한 개
편평한 바닥	뾰족한 바닥	둥근 바닥

(A유형에서 B유형으로 변화했다는 것이 통설)

유형론자는 인지 가능한 형태적 특질 가운데 본질적인 것이 있다고 보며, 이를 기준으로 하나의 유형을 설정하고 유물들을 이에 포함시키거나 배제시킵니다. 따라서 유형론자라면 입구의 형태, 손잡이의 유무, 바닥의 형태 가운데 어느 하나를 본질적 형식으로 보고 이를 기준으로 새로 발견된 토기를 A유형으로 분류하거나(각진 입구가 기준), B유형으로 분류하거나(손잡이가 있다는 것이 기준), 바닥의 형태를 본질적 형식으로 설정해 새로 발견된 토기를 완전히 새로운 유형으로 설정하려 할 것입니다. 만약 새로운 토기를 이전과는 다른 새로운 유형으로 설정하려 한다면, 이는 자체적이고 내부적인 진화가 아니라 외부로부터의 유입이나 새로운 발명에 의한 것이라고 설명할 것입니다. 따라서 선지 ①, ②, ③은 유형론의 관점에서 적절한 진술들입니다.

④ 입구의 모양과 손잡이의 유무 그리고 바닥 형태는 A유형에서 B유형으로 갈수록 큰 변화를 겪는데, 새로 발견된 토기에서 각진 입구는 A유형과 공통적인 요소이므로 변이가 아닙니다. 이와 달리 새 토기의 손잡이는 A유형의 '손잡이 없음'과 B유형의 '손잡이 두 개'의 중간 수준이고, 바닥 역시 A유형의 '편평한 바닥'에서 B유형의 '뾰족한 바닥'으로 나아가는 중간 단계에 해당하므로 유형론자들은 이러한 변이에 주목해 새로 발견된 토기를 A에서 B로의 점진적인 변이를 보여주는 사례로 판단할 것입니다.

⑤ 새로운 토기의 발견 빈도수가 충분히 많지 않아 중요한 의미가 없다고 간주하는 것은 2문단에서 살펴본 것처럼 이를 '편차'로 간주해 무시한다는 것입니다. 이는 개체군론자가 아닌 유형론자들의 견해에 해당합니다.

MEMO

생물학 영역

과학(생물) 지문 01	2018학년도 19-21번	상위 테마 - 생물학 (개체의 발달과 세포 분열)
		하위 테마 - 수정란 발달과정에 있어서 생식기관의 성별 발달 과정

1. 제시문 정보 구조 분석

이 지문은 2015년 5급공채 PSAT 언어논리 36번 문제를 풀어본 경험이 있는 수험생에게는 내용 이해가 매우 손쉽게 이루어질 수 있는 글이었습니다. 해당 언어논리 문제에 언급된 주요 개념과 이론이 거의 고스란히 지문에 반영되어 있기 때문에, 태아의 성 발달 과정상 단계별 차이만 제대로 정리하면 비교적 수월하게 풀이가 가능할 것입니다.

[1문단 : 화두 제시]
사람의 성별 성염색체 차이에 대한 일반 지식이 제시되어 있습니다. XX염색체는 여성, XY염색체는 남성이라는 상식적 진술 정도이므로 큰 무리 없이 읽을 수 있는 문단입니다.

[2문단 : 생물 종류별 기본이 되는 성 모델의 차이]
먼저 인간과 같은 포유류는 암컷이 기본 모델이지만, 조류의 경우는 수컷이 기본 모델로서 종에 따라 기본이 되는 성 모델에 차이가 있음을 설명하고 있습니다.
다음으로, 인간의 경우 남성성을 결정짓는 Y 염색체에 의해 조절되는 추가 과정이 없다면 태아는 여성이 된다는 것을 언급함으로써, 남성과 여성의 성 결정 과정을 구분해 설명할 것이며 이러한 과정(성 결정 과정)이 어떻게 진행되는지에 대해 서술해 나갈 것임을 예시하고 있습니다.

[3문단 + 4문단 : (남성) 임신 초기의 성 결정 과정]
임신 6주차 : 단일성선(고환이나 난소로 발달 예정), 볼프관(음경과 음낭 등 남성 생식 기관화), 뮐러관(음핵과 음순 등 여성 생식 기관화)이 생겨남
임신 7주차 : Y염색체의 성 결정 유전자가 단일성선에 고환(남성) 생성을 명령

▶ 3문단과 4문단을 독해하면서 주의할 것은, 단일성선이나 볼프관, 뮐러관은 남녀 구분 없이 공통적으로 생성되는 기관이라는 것입니다.

[5문단 : (남성) 고환 형성 이후의 성 결정 과정]
1단계 : 고환이 항뮐러관형성인자를 분비해 뮐러관을 제거
2단계 : 고환이 테스토스테론을 분비하고, 이것이 볼프관의 수용체와 결합하면 볼프관은 부고환, 정관, 정낭으로 발달함

▶ 이러한 1, 2단계의 작업들은 특정 시기에 이뤄져야 하며, 만약 이 시기를 놓치면 뮐러관이 억제되지 않거나, 볼프관이 임신 14주 이내에 저절로 사라지는 일이 벌어지게 됩니다. 한편 이밖에도, 테스토스테론의 변형 호르몬인 디하이드로테스토스테론은 남성 생식 기관 형성을 지시합니다.

[6문단 : 여성의 성 결정 과정]

여성 태아에서의 성 결정 과정은 상대적으로 짧게 진술되어 있습니다. 난소 생성 시기가 남성 태아보다 늦으며, 남성의 경우에는 고환에서 분비된 항뮐러관형성인자에 의해 뮐러관이 제거(퇴화)된 것에 비해 여성에게서 볼프관의 퇴화는 호르몬 신호 없이도 자연스럽게 이루어집니다. 물론 여성 호르몬 에스트로젠의 적절한 작용은 난소의 발달 등에 필수 요소입니다.

2. 문항별 선택지 분석

19 정답 ④

① 2문단에서 확인하였듯이, 인간을 비롯한 포유류는 Y염색체의 작용이 없을 경우 기본적으로 암컷으로 성장하게 됩니다.
② 3문단에 의하면 고환과 난소 모두 단일성선으로부터 발달한 것입니다.
③ 5문단에 의하면 고환이 뮐러관을 제거하고자 할 때는 항뮐러관형성인자를 분비하고, 볼프관을 발달시킬 때 테스토스테론을 분비하는 것으로서, 두 물질 사이의 직접적 촉진-억제의 영향관계는 나와 있지 않습니다.
④ 6문단에서 확인하였듯이, 여성 태아는 Y염색체가 없기 때문에 성 결정 유전자가 없으며 이에 따라 호르몬 신호 없이도 볼프관이 자연스레 퇴화됩니다.
⑤ 4문단에 의하면 Y염색체의 성 결정 유전자에 의한 고환 생성이 먼저 이루어진 후에 뮐러관의 퇴화가 나타납니다.

20 정답 ①

〈보기〉의 '사람'은 Y염색체를 가지고 있으므로 고환이 만들어지는 과정까지는 정상적으로 진행됩니다(①은 옳음). 그러나 테스토스테론과 다하이드로테스토스테론 수용체는 정상 작동을 못하므로 이들 호르몬에 의한 후속 작용의 결과는 나타나지 않게 됩니다. 즉, 볼프관이 부고환과 정관, 정낭으로 발달하지 못할 것입니다(②는 틀림).
한편, 이 '사람'은 고환 생성 단계까지는 정상적으로 진행된 상태이므로 난소가 생성되었다거나, Y 염색체의 성 결정 유전자가 발현되지 않았다거나, 뮐러관에서 발달한 여성 내부 생식기관을 가지고 있다는 진술은 모두 잘못된 것이 됩니다.

21 정답 ④

㉠ : "기본 모델이 아닌 성은 성염색체 유전자의 지령에 의해 조절되는 일련의 단계를 거쳐, 개체 발생 과정 중에 기본 모델로부터 파생된다."
㉠에 의하면, 포유류의 경우 기본 모델이 암컷이므로 수컷 성은 Y염색체 유전자의 지령에 의해 수컷으로의 성 발달 과정을 거치게 되는 것이 기본 모델이며, 만약 기본 모델인 암컷 성이라 하더라도 인위적으로 Y염색체 유전자의 지령에 의해 조작이 이루어지면 수컷 성으로 발달하는 흐름이 나타날 수도 있습니다. 선택지 가운데 이러한 사례에 해당하는 것은 ④입니다.
① 테스토스테론이 에스트로젠으로 전환되는 기작은 지문에 언급되지 않은 것이며, 선택지의 사례는 이미 암컷으로 성장한 개체가 성 호르몬의 전환을 통해 수컷으로 성 전환이 이루어지는 것으로서 이는 태아의 성 발달 과정 단계와는 무관합니다.
② 온도 차이에 따른 수컷, 암컷의 차별적 출산은 지문의 이론과는 무관한 것입니다.
③ 선택지 ①과 마찬가지로 이미 수컷인 성체가 암컷화하는 사례이므로 지문의 내용과 무관합니다.
⑤ 이미 암컷인 성체에 인위적 조작을 가하는 것이며, 암컷이 수컷처럼 노래한다고 해서 완전히 수컷으로 성 전환이 이루어진 사례라 보기도 어렵습니다.

과학(생물) 지문 02	2016학년도 14-16번	상위 테마 - 생물학 (개체의 발달과 세포 분열)
		하위 테마 - 생명체의 비대칭적 형태발생 원리

1. 제시문 정보 구조 분석

[1문단 : 화두 제시]

생명체에서 특정 세포군이 위치 정보를 획득하고 해석한 후 각 세포가 갖고 있는 유전 정보를 이용해 자신의 운명을 결정하는 방식으로, 생명체는 다양한 구조와 기능을 갖는 기관을 형성하게 됩니다. 1문단에는 그러한 방법 가운데 하나로 형태발생물질의 농도 구배(농도 차이)를 이용하는 방법을 소개하고 있습니다.

이에 따르면, 기본 원리는 형태발생물질이라는 단백질의 농도 구배에 따라 주변의 세포 운명이 결정되는 것입니다. 구체적으로 뇌의 발생 초기 형태인 신경관이 위쪽에서 아래쪽으로 가면서 세포의 종류가 다르게 발생하는 것은, 신경관 아래쪽에 있는 척색에서 분비되는 Shh(형태발생물질)의 농도가 척색으로부터 멀어질수록 점차 낮아져 이 농도 차이에 따라 신경관에 있는 세포의 운명이 결정되기 때문이라는 것입니다.

[2문단 : 농도 구배에 의한 세포 운명 결정의 구체적 원리 - 전사인자 활성도의 차이]

한 개체 내에서 세포들은 모두 동일한 유전자(DNA)를 가지고 있습니다. 그럼에도 1문단에서 설명한 뇌의 경우처럼 각 부위별 세포의 운명이 달라지는 것은 농도 구배에 대응해 활성화되는 전사인자의 종류가 다르기 때문입니다. 즉 형태발생물질의 농도에 따라 활성화되는 전사인자가 달라지고, 이에 따라 부분 설계도라 할 수 있는 mRNA가 다르게 만들어지게 되는 것입니다. 그리고 이러한 전사인자의 종류가 달라지는 원인은 Shh의 농도가 특정 역치 이상인가에 달려 있습니다. 본문의 진술 내용을 좀 더 구체화해본다면, 예를 들어 A 전사인자의 농도 역치는 100인데, Shh의 농도가 100 이상일 경우에는 A 전사인자가 활성화되고, 이보다 낮은 80의 농도일 때는 B 전사인자가 활성화된다는 것입니다. 물론 이 80이라는 농도는 B 전사인자가 활성화되기 위한 특정 역치보다는 높은 농도여야 합니다.

[3문단 : 단순 확산에 의한 농도 구배 형성과는 다른 세포 운명 결정의 메커니즘]

앞서 소개된 농도 구배의 원리는 단순 확산, 즉 형태발생물질이 확산되어 가는 방향이 특정되어 있지 않아서 전방위로 농도 구배가 형성되는 것을 가정하고 있습니다(〈그림 2-2〉와 같은 분포). 하지만 최근의 연구에서는 단순 농도 구배와 달리 특정 형태의 매개체를 통해 형태발생물질이 이동해 농도 구배가 비대칭적인 양상을 띠는 경우를 보여주고 있습니다.

[4문단 : 비대칭적 농도 구배 발생에 대한 두 가지 가설]

여기서는 3문단에서 소개한 비대칭적 농도 구배의 양상이 일어나는 원인을 설명하는 두 가지 가설을 소개하고 있습니다.

(1) 첫 번째 가설은 형태발생물질을 분비하는 세포 옆에 있는 세포(특정 기관으로 성장해 갈 세포)에 수용체가 있고 이 수용체가 형태발생물질을 인식하고 이를 다음 세포에 전달하는 방식으로 특정 전사인자의 활성화가 이루어지는데, 이러한 수용체의 양은 이미 비대칭적으로 분포하기 때문에 〈그림 2-1〉과 같은 비대칭적 농도 구배가 이루어진다고 봅니다.

(2) 두 번째 가설은 형태발생물질들이 소낭(작은 주머니)에 싸여 특정 방향으로만 단계적으로 전달되기 때문에 〈그림 2-1〉과 같은 비대칭적 농도 구배가 이루어진다고 봅니다.

[5문단 : 대칭적 농도 구배와 비대칭적 농도 구배의 관계 - 상보적 관계]

앞서 소개된 두 가지 이론 즉 단순 확산에 의한 대칭적 농도 구배와 두 가지 가설에 의한 비대칭적 농도 구배는 한 개체 내에서도 단계에 따라 각각 작용하는 상보적 관계임을 밝히고 있습니다. 즉 어떤 단계이냐에 따라 단순 확산에 의할지 비대칭적 이동에 의할지가 결정되는 것이지 하나의 개체 내에서 하나의 농도 구배 프로세스만 작동하는 것은 아니라는 것입니다.

2. 문항별 선택지 분석

14 정답 ⑤

① 수정란은 생명체 발생과정의 첫 단계로서, 만약 수정란의 분열과 성장에 단순 확산 형태의 농도 구배만 적용된다면 1문단에 소개된 뇌의 영역 분화 그림처럼 상하 비대칭은 나타나도 좌우나 전후 비대칭이 나타난다고 단정할 수는 없을 것입니다. 하지만 5문단에서 확인한 것처럼 인체의 기관 형성에 있어서는 단순 확산에 의한 농도 구배뿐만 아니라 비대칭적 이동에 의한 농도 구배 형성도 작용하기 때문에 수정란이 성체로 성장해 감에 있어서 전후좌우가 비대칭적인 신체 구조가 만들어지게 된다고 보는 것이 타당합니다.

② 단순 확산의 예는 1문단에 언급된 뇌의 신경관 분화입니다. 이에 따르면 척색(형태발생물질 분비 조직)으로부터 멀어질수록 Shh의 농도가 점차 낮아지게 되므로, 형태발생물질의 농도가 분비 조직과의 물리적 거리에 반비례한다는 진술은 적절합니다.

③ 2문단에서 확인한 것처럼, 모든 세포는 동일한 유전자를 가지고 있지만, 형태발생물질의 농도에 따라 활성화되는 특정 전사인자가 결정되고 이 전사인자에 의해 특정 세포의 형성에 필요한 mRNA와 단백질이 합성됩니다.

④ 4문단에 소개된 두 가지 가설에 따르면 형태발생물질의 비대칭적 확산이 일어나는 데에는 특정 방향으로의 수용체 분포 또는 특정 방향으로만 이동하는 소낭의 역할이 필요합니다.

⑤ 선지 ①에서도 확인하였듯이, 단순 확산과 비대칭적 확산은 한 개체 내에서 발생 단계에 따라 서로 다른 시점에 일어나는 것이지 동물의 종류에 따라 특정 확산만 일어나는 것은 아닙니다.

15 정답 ①

ㄱ. 신경관을 이루는 세포들 가운데 바닥판세포는 척색에서 가장 가까운 거리에 있기 때문에 2문단의 정보를 적용한다면 바닥판세포를 형성하는 데 작용하는 전사인자 활성화의 역치가 가장 높다는 것을 알 수 있습니다. 그런데 이들 세포의 운명이 결정되기 전에 척색을 제거한다면 바닥판세포 주변의 Shh 농도는 아직 해당 역치를 넘어서지 못한 상태일 것이므로 바닥판세포를 형성하는 전사인자의 활성화가 이루어지지 않을 것이며, 이에 따라 바닥판세포도 만들어지지 않을 것입니다.

ㄴ. ㄱ에서 이미 확인하였듯이 척색과 가장 가까운 신경관 부분은 바닥판세포로 성장해 가게 됩니다. 지붕판세포는 척색으로부터 가장 먼 부위에서 형성됩니다.

ㄷ. 분화되지 않은 신경관에 있는 세포들이란 아직 세포 발달의 운명이 결정되지 않은 세포들을 말합니다. 이러한 세포들을 바닥판세포를 형성하는 Shh의 역치보다 높은 농도의 Shh와 함께 배양한다면 바닥판세포를 형성하는 전사인자가 활성화될 것이므로 바닥판세포가 더 많이 형성될 것입니다.

ㄹ. 운동신경세포는 사이신경세포보다 척색에 더 가깝기 때문에 Shh 농도가 더 높은 상태에서 운명이 결정된 것으로 해석할 수 있습니다. 즉 운동신경세포를 결정짓는 Shh 농도의 역치는 사이신경세포를 결정짓는 Shh 농도의 역치보다 높을 것입니다.

16 정답 ⑤

① Wg의 농도 구배가 〈그림 2-1〉과 같이 비대칭적으로 나타나는 것(현상)이 Wg 수용체의 비대칭적 분포 또는 소낭의 작용에 의한 것(원인)이라고 설명해야 합니다.

② 〈그림 2-1〉이 보여주듯이 Wg를 발현하는 세포(Wg 합성 장소)로부터 앞쪽으로 멀어질수록 Wg의 농도가 낮아지는데, 이는 첫 번째 가설에 따르면 수용체의 농도가 낮아 Wg의 인식 정도가 앞쪽으로 갈수록 낮아지기 때문이라고 해야 합니다.

③ 역시 〈그림 2-1〉과 같이 Wg 합성 장소로부터 앞쪽으로 멀어질수록 농도가 낮아지려면 소낭이 앞쪽의 세포들로 전달되면서 안에 담겨 있는 Wg가 각 세포에 전달되는 양이 적어지기 때문이라고 해야 합니다.

④ WG 합성 장소 앞쪽은 Wg 농도 구배가 형성되지만, 뒤쪽은 Wg의 전달 자체가 이루어지지 않으므로, 앞쪽과 뒤쪽으로 같은 거리만큼 떨어진 두 세포의 Wg 농도는 차이가 생기고, 그 결과 두 세포에서 만들어지는 mRNA도 다를 것입니다.

⑤ 〈그림 2-1〉이 직관적으로 보여주고 있듯이 수용체 유전자나 수송을 촉진하는 유전자는 모두 합성 장소 앞쪽에서만 발현해 기능한다고 보는 것이 타당합니다.

과학(생물) 지문 03	2013학년도 25-27번	상위 테마 - 생물학 (개체의 발달과 세포 분열) 하위 테마 - 상실배아 단계에서 속세포덩어리의 분화 메커니즘

1. 제시문 정보 구조 분석

[1문단 : 화두 제시]
수정란으로부터 시작되는 세포 분열의 과정에서, 태아를 이루는 모든 세포로 분화될 다능성을 지닌 속세포덩어리와 이를 둘러싼 영양외배엽 세포가 구분되는 과정을 다룰 것임을 예고하고 있습니다. 핵심은 속세포덩어리의 형성 과정이며, 다른 생물학 지문에서와 유사하게 내부 vs 외부의 대립 구도가 중심에 놓여 있음을 예측하며 독해에 임해야 합니다.

[2문단 : 두 가지 분열 방식]
핵심은 8-세포 상실배아 단계에서 어떤 기전을 통해 속세포덩어리가 될 세포의 분화가 일어나느냐입니다. 8-세포 상실배아는 보존 분열과 분화 분열을 거쳐 16-세포 상실배아가 되는데, 보존 분열로 형성된 두 세포의 성질이 같으며 둘 다 표층을 형성하는 세포들이 되고, 분화 분열로 형성된 두 세포는 1개는 표층 세포로, 나머지 1개는 내부 세포로 구분됩니다. 이러한 과정이 16-세포 상실배아에서 32-세포 상실배아로 넘어가는 과정에서도 반복되어 내부로 모인 세포들이 속세포덩어리 세포들로 분화되는 것입니다.

[3문단 : 분화의 기전 1 : 내부-외부 가설]
2문단에서 보존 분열 및 분화 분열에 의해 영양외배엽이 될 표층 세포와 속세포덩어리가 될 내부 세포들이 구분된다는 것을 확인하였습니다. 문제는 왜 이와 같이 내부 세포들로 구분된 세포들이 이후 속세포덩어리로 분화되느냐는 것입니다. 이에 대한 첫 번째 가설은 '내부-외부 가설'로서 이에 따르면 하나의 세포가
1) 표층 세포보다 주변 세포와의 접촉 정도가 더 크고
2) 바깥 환경과 접촉하지 못했을 경우
속세포덩어리로 분화가 일어나게 됩니다.

[4문단 : 분화의 기전 2 : 양극성 가설]
3문단에서 살펴본 '내부-외부 가설'은 단순히 세포들의 접촉 정도나 외부 노출 정도라는 물리적 요인에 주목한 가설입니다. 이에 비해 '양극성 가설'은 특정 물질의 분포에 따라 한 세포가 성질이 다른 두 부분으로 구분된다는 이론입니다. 보다 구체적으로 살펴보면, 8-세포가 밀집 과정을 거쳐 8-세포 상실배아가 될 때 세포 내에 고르게 분포했던 어떤 물질들(양극성 물질)이 바깥이나 안쪽 중 한쪽으로 쏠리고, 이에 따라 각 세포가 크게 두 부분(양극성 결정 물질이 밀집된 부분과 희박한 부분)으로 구분됩니다. 16-세포 상실배아가 될 때 분열로 만들어진 내부 세포에는 분열 이전에 바깥쪽에 쏠려 분포했던 양극성 결정 물질이 없으며, 이러한 분포 차이로 인해 차후 속세포덩어리로의 분화와 영양외배엽으로의 분화가 구분되어 발생하게 되는 것입니다.
지금까지 내부/외부의 구분에 따른 기전을 정리하면 다음과 같습니다.

내부	분화 분열로 형성된 2개의 세포 가운데 하나	양극성 결정 물질이 없음 → 속세포덩어리로 분화
외부	보존 분열로 형성된 2개의 세포 + 분화 분열로 형성된 2개의 세포 가운데 하나	양극성 결정 물질이 있음 → 영양외배엽으로 분화

[5문단 : OCT4와 CDX2의 분포 차이에 따른 분화 양상의 차이]
5문단에서는 4문단에서 살펴본 양극성 가설과 관련이 깊은 두 물질을 소개하고 있습니다. OCT4는 다능성 유도 물질이므로 속세포덩어리로의 분화를 유도하며, CDX2는 영양외배엽 세포 형성 물질이므로 당연히 영영외배엽으로의 분화를 유도합니다. 이들 물질과 관련한 구체적 기전을 살펴보면,

1) 8-세포 상실배아 단계에서 양극성 결정 물질 중 세포의 바깥 부분에만 있는 물질은 CDX2를 바깥쪽에 집중적으로 분포하게 만들고,
2) 이후 16-세포 상실배아 단계가 되면 표층에서는 CDX2만 남게 되고, 내부에서는 OCT4만 남게 되는 분포 차이가 발생합니다.

이러한 유도 물질 간 분포 차이로 인해 내부 세포는 속세포덩어리로, 외부 세포는 영양외배엽으로 분화된다는 것입니다.

내부	OCT4가 CDX2의 발현 억제 → CDX2 감소 (OCT4↑ CDX2↓)
외부	CDX2가 OCT4의 발현 억제 → OCT4 감소 (OCT4↓ CDX2↑)

2. 문항별 선택지 분석

25 정답 ④

① 2문단에 전체에 걸쳐 8-세포 상실배아의 일부가 속세포덩어리로 분화되는 과정이 서술되어 있습니다.
② 4문단의 양극성 가설에서 표층의 영양외배엽 세포는 양극성 결정 물질이 분포하고, 내부의 속세포덩어리에는 양극성 결정 물질이 없다고 하였습니다.
③ 2문단에서 8-세포 상실배아의 일부가 분화 분열에 의해 내부로 갈라져 분포하게 된다고 한 시점이 속세포덩어리로 분화될 세포가 최초로 형성되는 시기입니다.
④ 2문단에서는 8-세포 상실배아 단계에서 일부 세포가 분화 분열을 거쳐 내부에 분포하게 된다고만 하였을 뿐, 구체적으로 세포의 수가 얼마인지는 나와 있지 않습니다. 4문단에 언급된 양극성 결정 물질도 내부와 외부를 구분하는 역할을 한다는 것만 언급되어 있을 뿐 이로 인해 속세포덩어리가 될 세포의 수가 정확히 몇 개로 결정되는지의 기전은 서술되어 있지 않습니다.
⑤ 2문단에 의하면 보존 분열과 분화 분열 가운데 분화 분열이 속세포덩어리가 될 세포를 형성하는 분열의 방법입니다.

26 정답 ⑤

5문단에서 표층 세포와 내부 세포에서 OCT4와 CDX2의 상대적 증감 분포를 분석한 것을 바탕으로 접근하면 비교적 손쉽게 해결이 가능한 문제입니다.

① 내부 세포에서는 OCT4에 의해 CDX2의 발현이 억제된다고 하였으므로 잘못된 진술입니다.
② 보존 분열에 의해서는 표층 세포만 생성됩니다. 그런데 '히포' 신호 전달 기전은 CDX2를 발현시키는 물질의 기능을 억제하는 기전이므로, OCT4에 의해 CDX2의 발현이 억제되는 내부 세포에서의 작용에 해당합니다. 따라서 표층 세포에서 '히포' 신호 전달 기전이 활성화된다는 진술은 부적절합니다.
③ 표층 세포에서는 CDX2에 의해 OCT4의 발현이 억제됩니다. 따라서 OCT4의 영향력이 증가한다는 진술은 부적절합니다.
④ 분화 분열에 의해 형성된 내부 세포에서는 OCT4가 활성화되고 CDX2의 발현은 억제됩니다. 즉 CDX2의 양에 대한 OCT4 양의 비율이 오히려 증가한다고 보아야 합니다.
⑤ 8-세포 상실배아 단계 때 양극성 결정 물질 가운데 세포의 바깥(표층) 부분에만 있는 특정 물질이 CDX2를 바깥쪽에 집중적으로 분포하게 만들고, 이후 16-세포 상실배아 단계에서 이러한 CDX2의 편중으로 인해 표층 세포와 내부 세포에서 CDX2의 양과 OCT4의 상대적인 양의 차이가 더욱 강화되는 것입니다. 따라서 16-세포 상실배아 때 표층과 내부 간 CDX2의 분포를 결정하는 양극성 결정 물질의 양에 차이가 생긴다는 진술은 적절합니다.

27 정답 ②

3문단의 내부-외부 가설에 의하면 내부 세포는 1) 표층 세포보다 주변 세포와의 접촉 정도가 더 크고 + 2) 바깥 환경과 접촉하지 못했기 때문에 발생하게 됩니다(즉 연언 구조). 즉 이 두 가지 조건이 모두 갖춰져야 내부 세포로의 분화가 나타나게 되는 것이고, 두 조건 가운데 하나라도 충족되지 못하면 내부 세포가 되지 못하는 즉 표층 세포가 되는 것입니다.

㉠ 표층을 옮겨 배양하였으므로 2)의 조건이 충족되지 못한 경우입니다. 따라서 배양된 세포의 유형은 표층에 해당하는 영양외배엽입니다.

㉡ 단독으로 배양하였으므로 1)의 조건이 충족되지 못한 것입니다. 따라서 ㉡ 역시 영양외배엽으로 배양될 것이라 보는 것이 맞습니다.

한편 양극성 가설에 의하면 양극성 결정 물질이 분포하는 쪽이 표층 세포가 됩니다.
㉢ 양극성 결정 물질의 기능을 억제하였으므로 이에 따른 CDX2의 유도가 이루어지지 못할 것이며, 따라서 배양 결과는 속세포덩어리로 나오게 될 것입니다. 단독으로 배양했다는 조작 내용을 내부-외부 가설에서는 유의미한 영향을 미치겠지만, 양극성 가설과 관련해서는 영향을 미치지 않는다고 보아야 합니다.

과학(생물) 지문 04	2017학년도 30-32번	상위 테마 - 생물학 (개체의 발달과 세포 분열) 하위 테마 - 소장의 성체장줄기세포의 분열과 분화

1. 제시문 정보 구조 분석

[1문단 : 화두 제시]
창자의 벽을 구성하는 융모의 기능에 대해 먼저 소개한 후, 융모 및 융모와 융모 사이의 소낭에 존재하는 세포들의 명칭과 위치에 대해 제시하고 있습니다. 지문의 그림에서 확인할 수 있듯이 융모는 상피세포로 구성되어 있는데, 이러한 상피세포는 소낭의 성체장줄기세포로부터 만들어진 것입니다.
생물학 지문의 상당수가 안쪽 대 바깥쪽, 일방향성 대 전방향성 등의 대립 구도를 보여주는 경우가 많듯이, 이 글도 1문단의 마지막 문장의 '성체장줄기세포가 복제'되는 프로세스와 '새로운 상피세포로 분화'되는 프로세스를 구분해 관련된 인과관계 정보를 정리하는 것이 독해의 관건입니다.

[2문단 : 세포의 복제 및 분화와 관련된 일반적 프로세스]
2문단에서는 앞서 다루었던 성체장줄기세포의 복제 vs 분화의 프로세스를 바로 다루는 것이 아니라 동물 일반의 세포 복제 vs 분화의 프로세스를 먼저 소개하고 있습니다. 그 핵심은 세포 내 신호전달의 일종인 Wnt 신호전달입니다. Wnt 신호전달은 Wnt를 분비하는 세포와 이에 반응하는 세포가 서로 다르며, 반응 세포는 Wnt 신호전달에 의해 유전자의 발현을 이끌어 분열과 분화를 조절해 나갑니다. 이러한 분열 및 분화 조절에 핵심 역할을 하는 유전자에 돌연변이가 생길 경우, Wnt 신호전달이 비정상적으로 활성화되면(+) 세포 증식이 왕성해져 암을 유발하고, 반대로 지나치게 불활성화되면(-) 세포 증식이 제대로 되지 않아 뼈의 형성을 저해해 골다공증을 유발하게 됩니다.
여기까지의 진술은 Wnt 신호전달의 활성화와 불활성화라는 큰 대비 구도에서 암(세포증식 왕성) vs 골다공증(세포증식 미흡)의 최종 결과만 소개하고 있으며, 구체적인 Wnt 신호전달의 기작은 다음 3문단에 제시됩니다.

[3문단 : Wnt 신호전달의 구체적 경로]
3문단에 소개된 신호전달 메커니즘의 양분 구도를 도식화하면 아래와 같습니다.

Wnt 자극 없음	→	APC 단백질에 의해 GSK3β가 활성화됨	→	β-카테닌이 인산화됨	→	인산화된 β-카테닌이 분해됨	→	β-카테닌의 농도 낮음
Wnt 자극 있음	→	GSK3β의 활성이 억제됨	→	β-카테닌이 인산화 안 됨	→	β-카테닌이 분해되지 않음	→	β-카테닌의 농도 높음

β-카테닌의 농도가 높으면 β-카테닌이 핵의 여러 유전자들의 발현을 촉진해 세포 증식 즉 분열이 이루어지게 되는데, 그 정도가 과할 경우 암이 발생할 수도 있습니다. 대장암 환자의 경우는 위 도식의 두 번째 단계에서 작동하는 APC 단백질

을 만드는 유전자에 돌연변이가 생겨 APC 단백질의 작용이 제대로 되지 않아 아래쪽의 프로세스가 작동하게 된 결과물입니다.

[4문단 : 성체장줄기세포의 분열 vs 분화의 구체적 흐름]

창자의 소낭에서도 Wnt 신호전달이 일어나며, 이는 3문단에서 살펴본 프로세스에 연결됩니다. 즉,

(1) 판네스세포에 인접한 성체장줄기세포는 Wnt 자극을 바로 받아
→ (3문단에 소개된 구체적 프로세스를 거쳐) 결과적으로 β-카테닌의 농도가 높아지고
→ 이로 인해 자신과 똑같은 세포를 지속적으로 복제하게 됩니다.

(2) 이에 비해 판네스세포로부터 멀어진 성체장줄기세포는 Wnt 자극을 상대적으로 덜 받아
→ (3문단에 소개된 구체적 프로세스를 거쳐) 결과적으로 β-카테닌의 농도가 낮아지고
→ 이로 인해 더 이상 분열은 이뤄지지 않고 상피세포로의 분화가 일어나게 됩니다.

2. 문항별 선택지 분석

30 정답 ④

① 1문단 전반부에서 확인할 수 있듯이, 수많은 융모들은 창자 내부의 표면적을 넓혀줍니다. 따라서 융모의 개수와 창자 내부의 표면적은 비례한다고 보아야 합니다.

② 상피세포는 결과적으로는 성체장줄기세포가 분열되어 만들어진 것이지만, 융모를 구성하는 세포는 성체장줄기세포가 아니라 상피세포로 불립니다. 따라서 성체장줄기세포의 위치가 소낭에서 융모로 바뀐다는 진술은 부적절합니다.

③ 성체장줄기세포가 아니라 판네스세포가 Wnt를 분비합니다.

④ 선지 ②에서 설명한 것처럼 융모를 이루는 상피세포는 성체장줄기세포가 분열을 멈추고 분화함으로써 만들어진 것입니다.

⑤ 소낭에서 만들어진 성체장줄기세포가 융모 쪽으로 이동하면서 상피세포로 전환되는 것입니다.

31 정답 ④

㉠은 새로운 상피세포로 분화하는 과정인데, 이러한 분화를 유도하는 현상은 앞서 분석한 도식의 첫 번째 흐름 즉 Wnt 자극이 없거나 줄어들어 β-카테닌의 농도가 낮아지는 프로세스를 의미합니다.

Wnt 자극 없음	→	APC 단백질에 의해 GSK3β가 활성화됨	→	β-카테닌이 인산화됨	→	인산화된 β-카테닌이 분해됨	→	β-카테닌의 농도가 낮음
Wnt 자극 있음	→	GSK3β의 활성이 억제됨	→	β-카테닌 인산화가 안 됨	→	β-카테닌이 분해되지 않음	→	β-카테닌의 농도가 높음

①에서 Wnt 분비가 중단되는 것, ②에서 판네스세포와 성체장줄기세포의 물리적 거리가 멀어지는 것, ③에서 β-카테닌의 인산화가 활발해지는 것(곧 β-카테닌이 분해되어 β-카테닌 농도가 낮아지는 것), ⑤에서 성체장줄기세포의 Wnt 수용체가 Wnt와 결합하지 못하는 것 모두 첫 번째 도식 흐름에 해당합니다.

하지만 ④에서 GSK3β의 활성이 억제되는 것은 아래쪽 도식 흐름의 두 번째 단계에 해당하므로 이는 결과적으로 β-카테닌의 농도를 높여 세포 복제(증식)을 불러일으킵니다.

32 정답 ②

① 성체장줄기세포의 수가 감소하면 이로부터 생성되는 상피세포도 줄어들게 되어 융모의 크기가 더욱 작아지게 만들 것입니다. 그 결과 창자에서 양분을 효율적으로 흡수하기 위해 필요한 내부 표면적을 갖추지 못하게 될 것이므로 양분의 흡수는 오히려 감소하게 될 것입니다.

② 골다공증은 세포증식이 비정상적으로 불활성화된 상태이므로, 이를 치료하기 위해서는 Wnt 신호전달 프로세스상 β-카테닌의 농도가 높아져야 합니다.

③ APC 단백질에 의해 GSK3β의 활성도가 높아지면 β-카테닌의 분해가 억제되는 것이 아니라 오히려 촉진됩니다.

④ APC에 돌연변이가 일어난 대장암 세포는 β-카테닌의 양이 많아진 상태입니다. 그런데 여기에 Wnt를 처리하면 Wnt 신호전달이 활성화되어 앞서 도식화한 흐름의 아래쪽 경로가 활성화되기 때문에 β-카테닌 단백질의 양은 줄어드는 것이 아니라 오히려 더욱 늘어날 것입니다.

⑤ β-카테닌의 인산화가 되지 않으면 β-카테닌이 분해되지 않아 β-카테닌 농도가 높게 유지되고, 이로 인해 성체장줄기세포는 분열하여 그 수는 오히려 증가하게 될 것입니다.

과학(생물) 지문 05	2010학년도 10-12번	상위 테마 - 생물학 하위 테마 - 생물의 계통유연관계

문항별 선택지 분석

10 정답 ③

① 조류의 경우 파충류와는 계통상 거리가 먼 것으로 보았으나 최근의 계통분류학적 연구 결과들은 공룡의 일족으로부터 조류가 진화했다는 파충류 기원설을 지지하고 있습니다(1문단). 따라서 최근의 연구를 통해 조류의 새로운 계통적 위치가 제시되었다는 설명은 적절합니다.

② 2문단에 의하면, 인접 학문의 발전에 힘입어 새로운 정보들이 추가되면서 계통수 작성 시 이용되는 자료가 양적으로 풍부해지고 질적으로 향상되었습니다.

③ 3문단에 의하면 계통수 작성 과정에서 수리분류학자는 관찰된 모든 형질을 이용하여 분류군 간 형질 차이를 측정할 뿐, 개별 형질의 특성을 잘 드러나도록 하지는 않습니다. 어떠한 형질이 그 개체의 고유한 특성인지 여부는 오히려 '최대 단순성의 원리'를 근거로 하는 분기론자들의 이론에서 더 잘 드러납니다.

④ 4문단에서 확인할 수 있듯이 분기론자들은 공유파생형질만을 계통수 작성에 이용하는데, 어떤 형질이 파생형질인지 확인하기 위해서는 계통진화학적 정보가 필요합니다. 따라서 분기론자는 이전의 계통진화학적 정보에 근거해 얻은 정보를 바탕으로 계통수를 작성합니다.

⑤ 확률 기반의 계통수 작성법은 엄청난 계산 시간이 소요되어 대량의 자료 분석에서는 그 이용에 한계를 드러내는 단점이 있으나 컴퓨터 계산 능력이 향상되면서 점차 그 유용성이 증대되고 있습니다(5문단). 따라서 컴퓨터 과학의 발달로 대량의 자료를 이용한 계통수 작성법이 용이해지고 있다는 설명은 적절합니다.

11 정답 ⑤

ㄱ. 분류군 A와 B에서 1, 4, 5번 형질은 모두 '-'이므로 원시형질입니다. 그런데 분기론자는 원시형질이 계통유연관계 규명에 도움이 되지 않는다고 보았습니다. 즉 원시형질은 분류군을 묶어 주는 역할을 못 한다는 것입니다. 따라서 원시형질인 1, 4, 5번 형질이 분류군 A와 B를 묶어 주는 형질이라는 설명은 분기론자의 입장에서 고려해야 할 내용으로 적절하지 않습니다.

ㄴ. 자가파생형질은 단 하나의 분류군에서만 나타나는 파생형질로서 계통유연관계 규명에 도움이 되지 않는다고 하였습니다. 2번 형질은 분류군 B에서만 나타나는 파생형질이므로 자가파생형질입니다.

ㄷ. 공유파생형질은 두 분류군 이상에서 공통으로 나타나는 파생형질로서, 계통수 작성과정에서 분류군을 묶어 주는 역할을 합니다. 3번 형질은 '+'이므로 파생형질이고, 분류군 B와 C에서 모두 나타나므로 공유파생형질로 볼 수 있습니다.

ㄹ. 분기론자들은 최대 단순성 원리에 근거해 계통수의 신뢰도를 평가합니다. 따라서 ㄹ의 진술은 분기론자가 고려해야 할 내용으로 적절합니다.

12 정답 ④

④ 본문 내용을 바탕으로 '거리 행렬' 기반의 계통수 작성법만 제대로 이해한다면 어렵지 않게 풀 수 있는 문제입니다. 분류군 사이의 거리 값은 '서로 다른 형질의 수 ÷ 모든 형질의 수'이며, 묶인 분류군과 그 외 분류군 사이의 거리 값은 산술 평균값으로 구해야 합니다.

〈보기〉에서 각 분류군 사이의 거리 값을 구하면, A - B는 4/8, A - C는 4/8, A - D는 2/8, B - C는 7/8, B - D는 6/8, C - D는 3/8입니다. A - D의 거리 값이 가장 작으므로 먼저 A와 D를 묶습니다. 다음으로 B와 C 중 A-D와의 거리 값이 작은 것을 찾으면, A - D와 B 사이의 거리는 (4/8 + 6/8) × 1/2 = 10/16, A - D와 C 사이의 거리는 (4/8 + 3/8) × 1/2 = 7/16입니다. 따라서 거리 값이 작은 C를 먼저 A - D와 묶고, 마지막에 B를 묶으면 됩니다.

과학(생물) 지문 06	2012학년도 15-17번	상위 테마 - 생물학
		하위 테마 - 지방의 분해 및 호르몬에 의한 작용 프로세스

1. 제시문 정보 구조 분석

[1문단 : 화두 제시]

첫 번째 문장에서 지방의 저장 및 분해의 메커니즘을 소개할 것임을 알려주고 있습니다. 전체적인 흐름은, 작은창자에서 효소들의 작용에 의해 지방이 중성지방으로 전환된 후, 혈액을 타고 지방 조직으로 이동했다가 여기서 지방 조직(지방세포)에 저장되는 것입니다. 이분법적 대립 구도보다는 단계별 변화 과정에서 나타나는 공통점과 차이점에 대한 분석 중심으로 글이 전개될 것임을 예측할 수 있습니다.

첫 번째 단계인 작은창자에서의 작용은 효소와 리파아제에 의해 일어납니다. 먼저 지방은 작은창자에서 효소들에 의해 중성지방으로 전환되어 흡수되는데, 이 과정에서 '췌장에서 분비된 지방 분해 효소인 리파아제(A 리파아제라고 하겠습니다)'에 의해 지방산과 글리세롤로 분해되어 흡수됩니다.

이렇게 분해된 지방산과 글리세롤은 작은창자의 세포에 흡수된 이후 에스테르화 반응을 거쳐 다시 중성지방으로 합쳐진 후 혈관을 통해 지방세포 근처의 모세혈관으로 이동하게 됩니다. 여기에서는 앞에서와는 다른 '모세혈관 세포의 세포막에 붙어 있는(지방세포에서 분비된) 리파아제(B 리파아제라고 하겠습니다)'에 의해 다시 지방산과 글리세롤로 분해된 후에 지방세포 내로 흡수됩니다.

▶ 이처럼, 이 글에는 리파아제가 여러 번 등장하는데 어느 위치에서 분비된 리파아제인지 정확하게 구분하며 독해해야 합니다. 1문단에서도 두 개의 리파아제가 등장하는데, 첫 번째(작은창자에서의 흡수)는 췌장에서 분비된 것이고 두 번째(지방세포에서의 흡수)는 지방세포에서 분비된 것으로 구분됩니다.

[2문단 : 지방세포에 흡수된 중성지방의 분해 메커니즘]

2문단에서는 앞서 지방세포로 흡수된 지방산과 글리세롤이 다시 에스테르화를 거쳐 중성지방이 되었다가, 다른 신체 기관의 필요에 의해 에너지원으로 공급되기 위한 분해의 과정을 주로 다루고 있습니다.

먼저 '지방세포에서 분비된 리파아제(B)'에 의해 분해되어 지방산과 글리세롤이 지방세포 내로 흡수된 이후에는 작은창자에서와 마찬가지로 에스테르화 반응을 거쳐 중성지방으로 변환되어 저장됩니다. 이렇게 저장된 중성지방은 신체 기관에 필요한 에너지로 활용되어야 할 때에는 다시 지방산과 글리세롤로 분해되어(지방세포 내부로 흡수될 때와 마찬가지로) 지방세포 밖의 혈액으로 분비됩니다. 이러한 지방세포 내부에서의 분해 과정은 두 가지로 구분됩니다.

1) 첫 번째는 앞서 언급된 리파아제들과는 또 다른 '지방세포 내 호르몬-민감 리파아제(C 리파아제라고 하겠습니다)'가 작용하는 '카테콜아민-자극 지방 분해'입니다. 이 분해 방식은 격한 운동을 할 때와 같이 에너지가 많이 필요할 때 일어납니다.

2) 두 번째는 카테콜아민의 작용 없이 평상시에 일어나는 '기초 지방 분해'입니다. 그리고 기초 지방 분해의 속도는 지방세포의 크기가 클수록 빨라집니다.

[3문단 : 체내 지방 축적의 조절 방법 – 성장 호르몬에 의한 조절]

결국 체내 지방의 축적량을 조절하는 것은 지방세포 내로 중성지방이 '저장'되는 양의 조절과 지방세포 내의 중성지방을 분해해 바깥으로 '분비'하는 양의 조절이라는 두 작업의 상호작용을 통해 이루어지는 것입니다. 그리고 이러한 지방 축적 조절에는 성장 호르몬과 성 호르몬이 영향을 끼칩니다.

3문단에서는 먼저 성장 호르몬에 의한 조절 메커니즘을 다루고 있습니다. 성장 호르몬은 앞서 살펴본 리파아제들 가운데 C 리파아제(호르몬-민감 리파아제)를 활성화하여 지방세포 내 지방 축적량을 감소시키고, B 리파아제(지방세포에서 분비된 리파아제)의 활성을 감소시켜 중성지방이 지방세포 내에 저장되는 것을 줄입니다. 즉 성장 호르몬은 체내 지방 축적이 줄어들도록 만드는 것이며, 그렇기 때문에 성장 호르몬의 분비량이 상대적으로 줄어드는 성인기에 체내 지방 축적이 증가하게 되는 것입니다.

[4문단 + 5문단: 성 호르몬에 의한 체내 지방 축적의 조절]

4문단과 5문단에서는 두 번째로 언급되었던 성 호르몬에 의한 지방 축적의 조절 기전을 소개하고 있습니다. 4문단 중반부터 여성과 남성의 차이를 설명하고 있는데, 여성의 경우 둔부와 대퇴부의 피하 지방세포에 지방이 더 많이 축적되고, 남성의 경우는 복부 창자의 내장 지방세포에 지방이 더 많이 축적됩니다.

5문단에서는 왜 이와 같은 성별 차이가 나타나는지 이유를 설명해주고 있습니다.

(1) 성인의 내장 지방 : 카테콜아민-자극 지방 분해 속도는 여성이 남성보다 빨라 지방세포에서 빠져나가는 지방이 더 많고, 지방세포에서 분비된 리파아제의 활성은 여성이 남성보다 낮아 지방세포에 축적되는 지방의 양은 더 적습니다. 그 결과 4문단에서 확인한 것과 같이 남성이 여성보다 복부 창자의 내장 지방세포에 지방이 더 많이 축적되는 것입니다.

(2) 성인의 둔부와 대퇴부 : 카테콜아민-자극 지방 분해 속도는 남성이 여성보다 빨라 지방세포에서 빠져나가는 지방이 더 많고, 명시적인 언급은 없지만 지방세포에서 분비된 리파아제의 활성은 남성이 여성보다 낮아 지방세포에 축적되는 지방의 양은 더 적습니다. 그 결과 4문단에서 확인한 것과 같이 여성이 남성보다 둔부와 대퇴부 피하 지방세포에 지방이 더 많이 축적되는 것입니다.

결과적으로는 여성 호르몬이 성인의 둔부와 대퇴부에서 지방 축적을 더 활성화시키고, 남성 호르몬이 성인의 복부 내장에서 지방 축적을 더 활성화시킴을 알 수 있습니다.

[6문단 : 마무리]

새롭게 추가된 내용은 없기 때문에 설명을 생략합니다.

2. 문항별 선택지 분석

15 정답 ①

① 카테콜아민은 C 리파아제(지방세포 내 호르몬-민감 리파아제)를 활성화하여 지방세포 내에 저장되어 있던 중성지방을 지방산과 글리세롤로 분해하는 작용을 일으킵니다. 카테콜아민의 작용은 에스테르화 반응과는 무관합니다.

② 중성지방이 에너지원으로 작용한다는 것은 지방세포 내에서 분해되어 혈액으로 분비되는 단계를 말합니다. 이를 위해서는 기초 지방 분해 또는 카테콜아민-자극 지방 분해에 의해 중성지방이 지방산과 글리세롤로 분해되어야 합니다.

③ 5문단에서 확인하였듯이, 여성은 남성보다 둔부와 대퇴부에서 지방의 축적이 더 잘 이루어지고 남성은 여성보다 복부 내장에서 지방의 축적이 더 잘 이루어집니다.

④ 1문단에서 확인하였듯이, 음식물 형태로 섭취된 지방은 효소의 작용을 통해 중성지방으로 전환되어야 작은창자에서 흡수될 수 있습니다.

⑤ 2문단 마지막 문장에서 확인하였듯이, 기초 지방 분해 속도는 지방세포의 크기가 클수록 빨라집니다.

16 정답 ②

이 문제를 해결하기 위해서는 각 선지에 언급된 리파아제가 앞서 살펴본 세 종류의 리파아제 중 어떤 것을 지칭하는지 빠르게 간파해야 합니다.

① 3문단에서 살펴본 것처럼, 성장 호르몬은 지방세포 내의 호르몬-민감 리파아제의 활성을 증가시켜 지방의 축적량을 감소시킵니다.

② 지방세포에서 분비된 리파아제(B)는 지방세포 내로 지방의 축적을 촉진시키는 역할을 하는 것이지, 지방세포에서 혈액으로 지방산이 분비되는 데 관여하지는 않습니다.

③ 췌장에서 분비된 리파아제(A)는 작은창자에서 중성지방을 지방산과 글리세롤로 분해해 흡수할 때 작용합니다. 따라서 이 리파아제의 활성이 억제되면 체내로의 지방 흡수 자체가 감소하게 되므로 체내 지방 축적은 감소하게 될 것입니다.

④ 2문단 후반부에서 살펴보았듯이, 신체에서 많은 에너지가 요구될 때는 카테콜아민-자극 지방 분해가 활성화됩니다. 이때에는 지방세포 내의 호르몬-민감 리파아제가 활성화됩니다.

⑤ 모세혈관 세포의 세포막에 붙어 있는 리파아제(B)는 지방세포 내로 흡수/저장되는데 작용합니다. 따라서 이 리파아제의 활성이 증가하면 지방세포 내로 지방산과 글리세롤의 흡수가 증가할 것이며, 그 결과 지방세포 내에서는 이들이 다시 중성지방으로 전환되는 에스테르화 작용이 증가할 것입니다.

17 정답 ①

5문단에서 정리한 것처럼, 여성 호르몬은 성인의 둔부와 대퇴부에서 지방 축적을 더 활성화하고, 남성 호르몬은 성인의 복부 내장에서 지방 축적을 더 활성화합니다. 한편 성장 호르몬은 지방 축적을 감소시킵니다.

ㄱ. 남성의 대퇴부 피하에 여성 성 호르몬을 투여하면 이 호르몬으로 인해 대퇴부 피하 지방세포로의 지방 축적은 증가합니다.

ㄴ. 여성의 내장에 남성 성 호르몬을 투여하면 이 호르몬으로 인해 내장 지방세포로의 지방 축적은 증가합니다.

ㄷ. 남성의 내장에 성장 호르몬을 투여하면 이 호르몬으로 인해 지방세포의 지방 축적은 감소하게 됩니다.

ㄹ. 여성의 내장에 여성 성 호르몬을 투여하면 이 호르몬으로 인해 내장 지방세포로의 지방 축적은 감소합니다.

과학(물리학 · 공학) 영역

물리학/공학 지문 01	2011학년도 15-17번	상위 테마 - 물리학/화학/지구과학 하위 테마 - 고전물리학과 양자역학의 관계

문항별 선택지 분석

15 정답 ⑤

① 5문단에서 혼돈이론은 고전물리학의 토대 위에서만 성립할 수 있다고 하였습니다. 따라서 혼돈 현상을 설명하는 데 양자역학은 적용되지 않는다고 보아야 합니다.

② 4문단에서 원자에 구속되지 않은 자유로운 전자의 운동은 고전물리학으로 설명되는 반면, 원자 안의 전자를 설명하는 데는 양자역학이 필요하다고 하였습니다.

③ 3문단에 의하면, 특수상대성이론의 관점에서 봤을 때 고전물리학의 식들은 대부분의 상황에서 아무 문제가 없지만, 일상의 사물보다 훨씬 빠른 속도를 가정할 경우에는 계산에 뚜렷한 차이가 난다고 하였습니다. 이는 고전물리학에 등장하는 개념이 특정 상황에서는 특수상대성이론에서 유지될 수 없음을 의미하는 것입니다.

④ 2문단 마지막 문장에서, 특수상대성이론에서 속도의 덧셈 법칙은 정확하지 않은 것이 된다고 하였습니다.

⑤ 선지 ③에서도 살펴보았듯이, 음속과 같이 속도가 그리 빠르지 않은 영역에서는 고전물리학의 식이 여전히 유효한 설명을 제공하며, 두 이론에 따른 계산의 결과도 충분히 훌륭한 근사를 보인다고 하였습니다. 따라서 선지 ⑤는 적절한 설명입니다.

16 정답 ④

①, ② 지문에서 양자역학의 등장을 물리학의 진보로 평가한 데에는 양자역학이 고전물리학을 폐기하고 완전히 새로운 이론 체계를 제공했기 때문이 아닙니다. 마지막 문단에서 강조하고 있듯이, 양자역학은 고전물리학으로 설명할 수 없는 영역을 설명해주는 형태로, 즉 전체 물리학을 구성하는 상보적인 부분들로 각자 자리매김 되었기 때문에 물리학의 진보로 평가받는 것입니다. 이러한 관점은 이미 한계를 드러낸 옛 이론(고전물리학)도 여전히 물리학의 한 부분으로서 고려의 대상이 되어야 한다는 관점을 보여주며(①), 기존 물리학으로 설명할 수 없던 미시세계에 대한 설명력의 확장이라는 관점에서 양자역학의 등장을 바라보고 있는 것(②)입니다.

③ 6문단에 의하면, 양자역학과 고전물리학은 각 이론이 설명가능한 영역이 만나는 경계에서 서로 같은 식을 내놓으며, 이것은 두 이론이 매끄럽게 연결되고 있음을 의미합니다. 따라서 영역의 경계에서 두 이론의 식이 일치한다면 두 이론은 하나로 연결될 수 있다는 설명은 지문의 관점에 부합합니다.

④ 양자역학은 고전물리학과 양립 불가능한 전제들을 토대로 만들어졌지만(4문단), 6문단에서 두 이론은 서로 절묘하게 연결된다고 하였습니다. 따라서 두 이론이 양립 불가능한 전제를 기초하고 있다고 해서 서로 매끄럽게 연결될 수 없다고 단언하는 것은 지문의 관점에 어긋납니다.

⑤ 선지 ①과 ②에 대한 분석에서도 확인하였듯이, 지문에서는 양자역학이 기존에 설명할 수 없었던 현상을 설명할 수 있다는 것만으로 물리학의 진보라 평가하는 것은 아닙니다. 마지막 문장의 따옴표쳐진 문장에서도 확인할 수 있듯이, 글쓴이는 서로 다른 이론이 상보적으로 기능하는 것에 초점을 맞춰 물리학의 진보를 평가하고 있습니다. 따라서 옛 이론이 해결하지 못한 문제를 해결했다는 것만으로 과학의 진보로 평가될 수 있는 것은 아니라는 진술은 지문의 관점에 부합합니다.

17 정답 ①

① 〈보기〉의 갈릴레오 법칙과 뉴턴 역학 사이의 관계는 고전물리학과 특수상대성이론 사이의 관계와 유사합니다. 갈릴레오 법칙에서 상수로 가정한 중력가속도가 실은 상수가 아니라는 점에서 뉴턴 역학을 엄밀히 적용하면 갈릴레오 법칙은 정확하지 않은 것이 됩니다. 하지만 우리가 실제로 경험하는 낙하 운동에서는(3문단의 음속 근방에서의 조건의 경우와 비슷하게) 중력의 변화가 아주 적기 때문에 중력을 일정하다고 간주할 수 있게 되는 것입니다. 이러한 관계는 고전물리학이 속도가 그리 크지 않은 범위 내에서 무시할만한 오차를 가지는 것과 같습니다. 따라서 선지 ①의 진술이 가장 적절한 적용 사례입니다.

물리학/공학 지문 02	2010학년도 27-29번	상위 테마 – 물리학/화학/지구과학 하위 테마 – 양자화학을 통해 본 화학과 물리학의 관계

문항별 선택지 분석

27 정답 ⑤

① 5문단에 의하면, ‘보정된 방법’에서 파동함수 ψ가 취할 수 있는 여러 형태 가운데 하나를 택할 때나 근사의 세부 방식을 정한다고 하였는데, 이때 파동함수는 슈뢰딩거 방정식을 통해 구한 결과물입니다. 즉 ‘보정된 방법’도 양자역학의 이론적 도구인 슈뢰딩거 방정식을 활용하고 있는 것입니다.

② 5문단에 의하면 ‘순이론적 방법’은 원자 핵과 전자 한 개로 구성된 수소 원자의 경우에만 해를 구할 수 있으며, 헬륨 원자나 수소 분자 등의 경우에는 근사적 해만 구할 수 있습니다. ‘보정된 방법’은 바로 이와 같은 ‘순이론적 방법’의 한계를 극복하기 위해 활용된 것이므로, ‘순이론적 방법’이 ‘보정된 방법’보다 적용 가능한 범위가 좁다는 진술은 적절합니다.

③ 3문단에서 한 분야가 필요로 하는 이론이나 방법론을 다른 분야가 제공할 때 양자 사이에 일정의 비대칭적 의존 관계가 형성된다고 하였으며, 4문단에서는 양자화학이 바로 이러한 관계임을 언급하고 있습니다.

④ 화학 실험의 결과를 활용하는 것은 ‘순이론적 방법’이 아니라 ‘보정된 방법’입니다. 5문단에 의하면, ‘보정된 방법’에서는 화학 실험의 결과를 다시 이론 쪽에 투입하여 처음에 놓았던 이론적 가정을 수정하는 데 활용하고, 이 과정을 반복하면서 출발점에 놓을 이론을 수정해 갑니다. 따라서 화학 실험의 정밀한 결과 없이는 이론적 예측의 정확도도 높이기 어렵다고 할 수 있습니다.

⑤ 4문단에 의하면, 계의 퍼텐셜 에너지를 고려하여 슈뢰딩거 방정식을 세우고, 그 방정식을 풀어 파동함수ψ를 구하게 됩니다. 다시 말해 ‘퍼텐셜 에너지 → 슈뢰딩거 방정식 세우기 → 파동함수 ψ 구하기’의 순서인 것입니다. 이에 비해 선지 ⑤는 ‘파동함수 ψ 구하기 → 슈뢰딩거 방정식 세우기 → 퍼텐셜 에너지 파악’의 순서를 제시하고 있으므로 지문의 서술 내용에 부합하지 않습니다.

28 정답 ②

㉠의 결론이 도출된 것은 순이론적 방법에서든 보정된 방법에서든 물리학을 통한 화학 현상의 설명과 예측이 불가능하기 때문입니다. 구체적으로 살펴보면, 순이론적 방법에서는 슈뢰딩거 방정식의 정확한 해를 구할 수 없다는 점에서, 보정된 방법에서는 환원하는 이론이 환원될 대상인 화학의 방식으로 산출된 자료에 의지할 수밖에 없음을 보여준다는 점에서 ㉠의 결론이 도출된 것입니다. 따라서 ㉠을 약화시키려면

(1) 물리학 이론을 통해 화학 현상에 대해 충분히 설명하고 예측할 수 있다는 진술이나

(2) 보정된 방법에서 화학의 방식에 의해 산출된 자료에 의지할 필요성이 없다는 진술이 제시되어야 합니다.

ㄱ. 이론이 실험 결과를 반영하여 조정되면 안 된다는 것은 지문에서 보정된 방법을 통한 환원이 이루어질 수 없다는 것을 뒷받침한 근거입니다. 즉 ㄱ은 ㉠을 뒷받침하는 것이지 약화시키는 진술은 아닙니다.

ㄴ. 순이론적 방법에서 슈뢰딩거 방정식을 통해 구한 해의 근사값이 참값에 못지 않은 정확한 설명과 예측을 가능케 한다는 것은 (1)에 해당하는 비판입니다.

ㄷ. 수소 분자나 헬륨 둘 이상의 원자로 이루어진 분자보다 수소 원자에서 해의 근사 값을 구하기가 더욱 쉽다는 것은, 달리 말하면 분자의 구성이 복잡해질수록 슈뢰딩거 방정식을 이용한 근사값 구하기가 어려워질 수 있다는 뜻입니다. 이는 순이론적 방법이 수소 원자의 해는 비교적 정확하게 구해도, 헬륨 원자나 수소 분자의 정확한 해는 구할 수 없다고 한 5문단 전반부의 진술에 부합합니다. 즉 ㄷ 역시 ㉠을 뒷받침하는 것이지 약화시키는 진술은 아닙니다.

29 정답 ②

마지막 문단에서 글쓴이는 양자화학에서 물리학과 화학의 관계에 대해, (1) 물리학을 통한 화학의 환원은 불가능하지만 (2) 불완전한 환원을 완성하려고 애쓰는 과정에서 양자 모두의 이론적 발전이 이루어졌다는 점을 강조합니다. 이러한 두 가지 요소를 모두 갖추고 있는 사례는 선지 ②밖에 없습니다.

① 선지는 생물학이 결국 화학으로 환원될 수 있다는 입장을 취하고 있습니다. 이는 지문의 관점에 부합하지 않는 진술입니다.

③ 생명과학의 전 영역을 DNA의 분자적 구조라는 기반 위에서 설명할 수 있다고 보고 있으므로 이는 생물학을 화학으로 환원할 수 있다는 입장입니다.

④ 유기체의 생활상을 화학으로 환원시킬 수 없다는 점을 확인하는 데 머물 뿐, (2)에 해당하는 이론적 발전의 가능성은 제시되어 있지 않습니다.

⑤ DNA 연구가 생명 현상을 화학적 수준에서 일관성 있게 설명할 수 있는 틀을 만들어 주었다는 언급은 이 글의 입장과 일부 부합한다고도 볼 수 있습니다. 그러나 DNA 연구가 생물학과 화학을 대체하는 새로운 분야를 탄생시킬 것이라는 예측은 환원하는 이론과 환원되는 이론이 유지되는 지문의 구도를 벗어난 전혀 새로운 관점에 해당합니다.

물리학/공학 지문 03	2014학년도 4-9번	상위 테마 - 물리학/화학/지구과학
		하위 테마 - 상전이 이론의 사회학적 응용

1. 제시문 정보 구조 분석

[1문단 : 화두 제시]

상전이 개념에 대한 정의 및 특징을 먼저 소개하고 있습니다. 상전이란 물이 액체에서 기체 상태로 변하는 것처럼, 아주 많은 수의 입자로 구성된 물리계에서 특정 조건에서 계의 상태가 급격하게 변하는 현상을 말합니다. 그리고 이렇게 상전이가 일어나는 특정 조건을 전이점이라고 합니다. 특이한 것은, 불순물이 전혀 없는 순수한 물의 경우, 응결핵 구실을 할 불순물이 없기 때문에 어는점 아래에서도 어느 온도까지는 얼지 않고 액체 상태로 머무르는 과냉각 상태로 존재할 수 있다는 것입니다.

[2문단 : 상전이 현상에서의 이력 특성]

2문단에서는 과냉각과 유사하게 전이점을 지난 온도에서도 상전이가 일어나지 않는 다른 현상으로서 '이력 특성'을 소개하고 있습니다. 이력 특성이란 직전에 어떤 상태에 있었는가 하는 이력이 현재 상태에 영향을 준다는 것으로서, 액체 상태의 우무가 1기압 하에서 온도가 40도씨 이하로 내려가면 응고하기 시작하지만, 고체 상태의 우무는 80도씨가 되어야 녹는 것과 같은 현상을 일컫는 것입니다.

[3문단 : 이력 특성의 사회학적 적용에 내포된 유비적 사고]

캠벨과 오머로드라는 경제학자는 상전이 이론을 유비적으로 적용해 범죄율의 변화 같은 사회 현상을 설명하는 모델을 제시합니다. 유비추론에서 두 모델 사이의 구조적 유사성이 높을수록 유의미한 유비가 이루어지듯이, 사회가 수많은 개체들과 그것들 사이의 상호 작용으로 구성된 계라는 점과 상전이가 나타나는 물리계 역시 수많은 입자들의 상호 작용으로 구성된다는 유사성은 이러한 유비적 사고의 유의미성을 높입니다.

[4문단 + 5문단 : 이력 특성을 이용한 범죄율 추이 분석]

캠벨과 오머로드는 한 사회의 범죄율이 그 사회의 궁핍의 정도와 범죄 제재의 강도라는 두 요소에 의해 좌우된다고 가정하고, 여러 연구 조사를 분석한 결과 사회적, 경제적 궁핍의 정도가 완화되거나 범죄에 대한 제재가 강화된다고 해서 그 사회의 범죄율이 곧장 감소하지는 않는다는 것을 찾아냅니다. 그리하여 이들 두 경제학자는 물질이 고체, 액체, 기체와 같은 특정 상태에 있을 수 있는 것처럼 사회도 높은 범죄율 상태와 낮은 범죄율 상태라는 서로 다른 특정 상태에 있을 수 있다고 가정합니다.

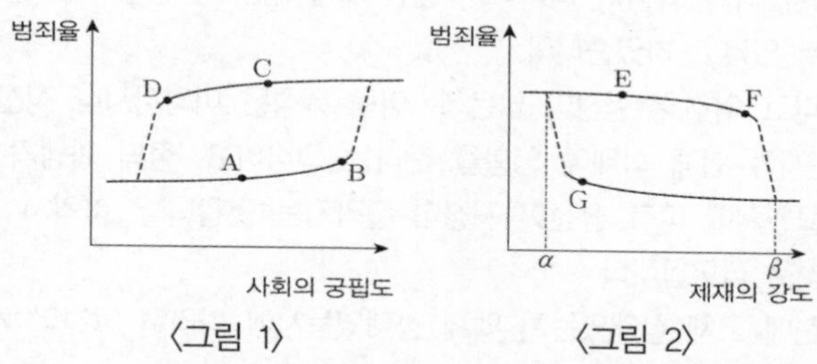

〈그림 1〉 〈그림 2〉

5문단에서는 주로 〈그림1〉에 나타난 사회적 궁핍도와 범죄율 사이의 관계에 초점을 맞춰 설명이 이루어집니다. 이에 따르면, 그림에서 위쪽 실선은 높은 범죄율 상태, 아래쪽 실선은 낮은 범죄율 상태를 나타내며 현재 이 사회가 A점에 해당하는 상태일 때(낮은 범죄율 상태) 사회의 궁핍도가 어느 정도 더 커져도(X축의 오른쪽 방향으로 이동) 범죄율은 별로 증가하지 않습니다. 그러다가 궁핍이 더 심해져 B 지점에 이르면 그 다음에는 궁핍이 조금만 더 심화되어도 범죄율이 급격하게 상승해 〈그림1〉에서 오른쪽 점선 부분에 해당하는 상전이를 거쳐 높은 범죄율 상태(위쪽 실선)로 변화된다는 것입니다. 이러한 이력 특성은 높은 범죄율 상태에 있던 상황에서도 비슷하게 일어나, C의 상황에 있던 사회에서는 사회적 궁핍도를 어느 정도 낮춰도 범죄율이 그다지 낮아지지 않다가 D지점에서부터 상전이가 일어나게 된다는 것입니다. 따라서 범죄율의 변화를 추정하는 데 있어서는 사회의 궁핍도에 정보와 더불어 해당 사회가 직전에 어떤 범죄율 상태에 있었는지에 대한 정보까지 함께 필요합니다.

(여기서 B지점과 D지점은 2문단에서 살펴본 우무의 사례에서는 각각 고체 상태의 우무가 액체로 녹는 전이점과 액체 상태의 우무가 고체로 굳는 전이점에 해당한다고 볼 수 있습니다.)

[6문단 : 범죄 제재 강도와 범죄율의 상관관계]

사회의 궁핍도와 범죄율 사이의 이력 특성적 관계와 마찬가지로, 범죄 제재의 강도와 범죄율 사이의 상관관계에 있어서도 마찬가지로 이력 특성이 나타난다는 것을 제시하고 있습니다. 이러한 이력 특성의 양상은 〈그림 2〉로 나타납니다.

2. 문항별 선택지 분석

04 정답 ④

① 〈그림 1〉에 대한 5문단의 분석에서 살펴보았듯이, B 지점에서는 A 지점과는 달리 범죄율이라는 특성이 상전이와 마찬가지로 급격하게 변화합니다.

② 캠벨과 오머로드의 범죄율 분석은 물리학 이론을 사회 현상에 적용해 유의미한 분석 결과를 도출한 것입니다.

③ 3문단에서 확인한 것처럼 유비가 임의적이지 않고 의미 있는 결론으로 이어지려면 연결되는 두 대상의 구조가 유사해야 합니다.

④ 사회의 궁핍도와 범죄율 사이의 이력 특성적 상관관계를 분석한 5문단에서 확인하였듯이, 한 계의 상태가 어떤 조건에서 급격한 변화(상전이)를 나타낼 것인지 제대로 추정하기 위해서는 사회의 궁핍도라는 요소 이외에 직전의 범죄율 상태라는 요소도 함께 고려해야 합니다. 이와 같은 맥락에서 언급된 것이 1문단 후반부에 제시된 과냉각 상태의 물로서, 불순물이 전혀 없는 순수한 물은 상전이 지점이 0℃보다 아래로 설정됩니다. 이처럼 계를 구성하는 요소의 종류에 따라 상전이 지점이 달라질 수 있으므로, 한 계의 상태가 어떤 조건에서 급격한 변화를 나타낼 것인지는 계를 구성하는 요소의 종류와 무관한 것이 아니라 유관하다고 보는 것이 타당합니다.

⑤ 선지 ④에 대한 분석에서도 살펴보았듯이 현재 계의 특성을 파악하기 위해서는 그것이 지나온 역사적 경로(직전의 범죄율 상태가 높았는지 낮았는지)에 대한 정보도 필요합니다.

05 정답 ③

ㄱ. 2문단 마지막 문장에 의하면 어는점과 녹는점이 사실상 똑같이 0℃인 물은 이력 특성이 나타나지 않는다고 하였습니다. 즉 ㄱ 전반부의 상전이에서 이력 특성이 나타나지 않는 물질이란 곧 물을 의미합니다. 그리고 1문단에서 물은 과냉각 상태의 액체로 존재할 수 있다고 하였습니다.
이 두 문장의 의미가 상충한다고 여긴 수험생이 많은데, 이력 특성은 어디까지나 직전에 어떤 상태에 있었는지 즉 고체 상태였는지 액체 상태였는지가 현재 상태에 영향을 준다는 의미이고, 물의 과냉각 현상은 불순물이 포함되어 있는 물인지 그렇지 않은 순수한 물인지에 따라 상전이 지점이 달라지는 것입니다. 따라서 물은 상전이에서 이력 특성이 나타나지 않는 물질이라 하는 것은 타당합니다.

ㄴ. 2문단의 우무의 사례처럼 직전에 고체 상태였는지 액체 상태였는지에 따라서 상전이 지점이 달라지므로 온도와 압력만으로는 해당 물질의 상태를 알 수 없는 경우가 나타날 수 있습니다.

ㄷ. 이력 특성과 상전이는 다른 개념임에 유의해야 합니다. 불순물이 포함되지 않은 순수한 물은 어는점 아래에서도 어느 온도까지는 얼지 않는 과냉각 상태가 유지될 뿐 더 낮은 온도에서는 얼게 됩니다. 상전이는 이처럼 액체에서 고체로 급격하게 상태가 변화하는 것을 의미하므로 상전이가 일어나지 않는다는 진술은 부적절합니다.

06 정답 ④

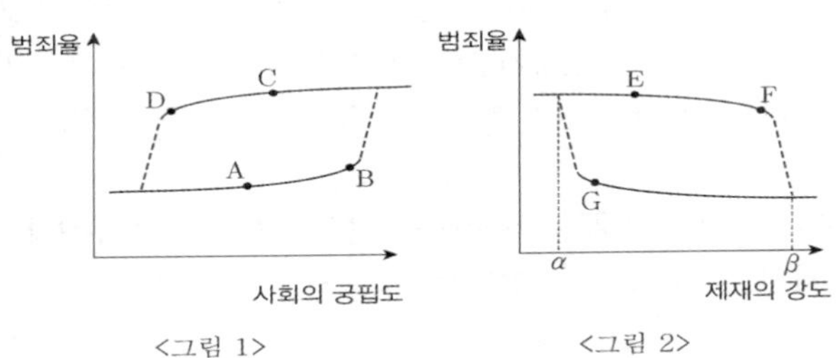

<그림 1> <그림 2>

① E 상태에서 범죄에 대한 제재가 어느 정도 강화되어 X축 상 오른쪽 방향으로 이동하더라도 범죄율의 감소는 미미한 정도로만 나타납니다.

② F 상태에서 범죄에 대한 제재가 조금 더 강화되면 X축 상 오른쪽 방향으로 이동하여 점선을 따라 상전이가 일어나 범죄율이 급감하게 됩니다.

③ G 상태에서 범죄에 대한제재가 조금 더 약해지면 X축 상 왼쪽 방향으로 이동하여 점선을 따라 상전이가 일어나 범죄율이 급증하게 됩니다.

④ 선지 ③에서 살펴본 것처럼, α는 낮은 범죄율 사회에서 높은 범죄율 사회로 변화되는 제재의 강도(전이점)에 해당합니다.

⑤ 직전에 높은 범죄율 상태였건(위쪽 실선) 낮은 범죄율 상태였건(아래쪽 실선), β보다 더 강한 제재가 가해진다면 범죄율은 아래쪽 실선의 오른쪽 방향 연장선상에 존재할 것이므로 계속 낮은 상태를 유지하게 될 것입니다.

07 정답 ②

〈보기〉의 A는 지문의 3문단에서 살펴본 유비적 사고에 의한 상전이 현상의 사회학적 적용이 한계가 있다고 비판하는 입장입니다. 이에 대해 〈보기〉의 B는 출산율의 변화도 이력 특성 모형으로 설명할 수 있다고 반박하는데, 그 핵심은 경제적 유인이 출산율을 증가시키고, 경제적 압박의 심화가 출산율을 감소시킨다는 조건에서 이러한 요인에 따른 출산율의 변화에서도 이력 특성이 나타난다는 것입니다. 이를 비판하기 위해서는 출산율의 변화에 이력 특성이 나타나지 않는다는 것을 보여야 하는데, 이력 특성이 나타나는 사회 현상은 우무나(2문단) 범죄율(5문단)의 경우와 마찬가지로 높은 상태에서 낮은 상태로 변화하는 전이점과 낮은 상태에서 높은 상태로 변화하는 전이점이 서로 다릅니다. 즉 B의 ⓐ 부분을 반박하기 위해서는 이러한 전이점이 같다는 것을 보이면 됩니다. 따라서 저출산율 사회를 탈피하게 하는 지점(저에서 고로 변화하는 전이점)이 고출산율 사회에서 저출산율 사회로 이행하는 지점(고에서 저로 변화하는 전이점)이 일치한다고 한 선지 ②가 정답입니다.

① 〈그림2〉의 F에서 E로의 변화에 대응하는 사례로서 이력 특성으로 설명이 가능한 사례에 해당합니다.
③ 선지 ③의 사례는 긍정적 요인(경제적 유인)과 부담 요인(경제적 압박)이 출산율에 미치는 영향이 동일하다거나 전자가 후자보다 더 큰 영향을 미친다는 주장에 대한 반례는 될 수 있어도, 이들 요인의 변화와 출산율의 변화 사이에 이력 특성이 나타난다는 주장에 대한 반례는 될 수 없습니다. 즉 논점을 제대로 파악하지 못한 비판인 것입니다.
④ 〈보기〉의 B는 자녀 양육 수당'이나' 다자녀 세금 감면 같은 경제적 유인이 출산율을 증가시키면서 이력 특성을 나타낸다고 했을 뿐입니다. 즉 자녀 양육 수당이라는 요인과 세금 감면이라는 요인이 동일한 비중으로 경제적 유인의 구성 요소가 된다고 한 것이 아닙니다('이나'라는 선언적 연결 구조에 주의해야 함). 따라서 선지 ④ 역시 선지 ③과 유사하게 논점을 제대로 파악하지 못한 비판인 것입니다.
⑤ 선지 전반부의 현상은 이력 특성으로 충분히 설명이 가능하며, 후반부에서 변화를 야기한 교육비 수준(전이점)을 명확하게 제시하기 어렵다고 한 것은 이력 특성에 입각한 분석이 정확한 예측까지 보장하는 것은 아니라는 한계를 지적한 것으로서의 의미는 있어도 출산율의 변화가 이력 특성과 관련 없음을 보여준 것은 아닙니다.

물리학/공학 지문 04	2011학년도 33-35번	상위 테마 - 물리학/화학/지구과학
		하위 테마 - 전자기파를 이용한 지표 원격탐사

문항별 선택지 분석

33 정답 ③

① 3문단에서부터 원격탐사에 이용되는 다양한 파장 대역의 전자기파에 대해 서술하고 있습니다.
② 4문단에서 지적하고 있듯이 근적외선을 사용하면 녹색의 잎이 약 50%의 반사를 일으키기 때문에 인공잔디에 비해 위성 영상에서 밝게 보이는데, 이를 활용하여 식물의 분포를 파악할 수 있습니다. 또한 5문단의 설명처럼 중적외선을 이용하여 작물의 생육 상태 정보를 얻는 것도 가능합니다.
③ 5문단 마지막 문장에서 고령토의 중적외선 흡수 패턴으로 인해 분광 반사율이 결정되고, 이를 통해 지표상의 어떤 물체가 고령토인지 아닌지를 판단할 수 있다고 하였습니다. 이는 광물이나 암석의 전자기파 흡수가 분광 반사율의 차이를 발생시키는 원인임을 의미합니다. 따라서 광물이나 암석의 전자기파 흡수는 각 광물이나 암석의 고유한 분광 반사율을 만들어내는 요인으로 작용해 지표 관측 원격탐사가 가능하도록 만드는 원인이라 보는 것이 타당합니다.
④ 7문단에서는 레일리 산란의 영향을 피하기 위해 청색을 배제한 원격탐사가 이루어짐을 지적하고 있으며, 마지막 문단에서는 대기 수분에 의한 전자기파의 흡수를 막기 위해 특정 파장 대역을 제외하거나 특정 파장 대역만을 주로 사용하는 방식으로 원격탐사가 이루어짐을 지적하고 있습니다.
⑤ 2문단에 따르면, 원격탐사에서는 태양 복사 에너지가 지구 대기를 통과하여 지표면에서 반사된 다음 다시 대기를 거쳐 위성 센서에 도달했을 때의 분광 반사율을 측정한다고 하였습니다. 따라서 태양 복사 에너지가 대기를 두 번 통과하여 위성 센서에 도달한다는 진술은 적절합니다.

34 정답 ⑤

먼저 그래프를 살펴보면, 물체 A와 B의 분광 반사율은 가시광선 대역에서 가장 높으며(②) 가시광선 대역과 근적외선 대역에서는 큰 차이를 보이지 않고 유사한 패턴을 보입니다. 그러던 것이 중적외선 대역에서는 물체 A의 분광 반사율이 50% 내외로, 물체 B의 분광 반사율은 10% 내외로 큰 차이를 보이게 됩니다. 따라서 두 물체를 구별하는 데는 중적외선 대역을 측정하는 것이 유리하다는 것을 알 수 있습니다(④). [33번의 선지 ③에서 확인한 것처럼 지표상의 물체를 구분하는 기준은 분광 반사율의 차이인데, 분광 반사율이 비슷하다면 두 물체를 구분하는 것이 어려울 것입니다.]

한편, 중적외선 대역 가운데 파장이 1.4㎛인 영역과 1.9㎛인 영역 주변은 대기 흡수율이 100%에 이르기 때문에 전자기파의 측정 자체가 불가능합니다(①, ③). 따라서 중적외선을 통해 두 물체 A와 B를 구분할 때에는 1.4㎛ 파장 영역과 1.9㎛ 파장 영역은 배제해야 합니다. 그래프상에서 보면 두 물체를 구별하는 데 가장 적합한 파장은 각각 1.6㎛와 2.2㎛로, 대기 흡수율이 0에 가까운 '대기의 창' 구역입니다. 따라서 선택지 가운데 A, B의 위성 영상에 대한 설명으로 올바른 것은 1.4㎛보다 2.2㎛에서 A와 B가 더 효과적으로 구별된다고 한 ⑤입니다.

35 정답 ②

ㄱ. 6문단에 따르면, 물체가 방출하는 복사 에너지의 최대 에너지 파장은 물체의 절대 온도에 반비례합니다. 즉 절대 온도가 800K인 산불의 최대 에너지 파장이 3.62㎛인데 비해 절대 온도가 300K인 지표면 물체의 최대 에너지 파장은 9.67㎛로 산불에 비해 더 깁니다. 만약 행성 표면의 평균 온도가 지구보다 낮다면 최대 에너지 파장은 이에 반비례하므로 행성의 최대 에너지 파장은 지구의 평균적인 최대 에너지 파장보다 더 길게 나타날 것입니다. 따라서 ㄱ은 부적절합니다.

ㄴ. 행성의 대기 밀도가 지구보다 낮다면 레일리 산란을 일으키는 대기 중 입자의 분포도 희박해지므로 레일리 산란은 지구보다 더 약하게 나타날 것입니다. 7문단 마지막 문장에 의하면 레일리 산란의 영향이 큰 것은 청색이므로, 〈보기〉의 외계 행성에서는 청색을 배제하지 않고도 원격탐사를 할 수 있는 가능성이 커질 것입니다. 따라서 ㄴ 역시 부적절합니다.

ㄷ. 8문단의 내용처럼 수증기는 대기 중에서 전자기파를 흡수하는 물질 가운데 하나입니다. 만약 행성의 수증기량이 지구보다 적다면 행성에서 전자기파의 대기 흡수율은 지구보다 낮게 나타날 것이며 전자기파가 효율적으로 통과되는 '대기의 창'도 보다 확대될 것입니다. 따라서 ㄷ은 적절합니다.

물리학/공학 지문 05	2017학년도 18-20번	상위 테마 - 물리학/화학/지구과학 하위 테마 - 성운의 거리에 대한 천문학적 논의들

1. 제시문 정보 구조 분석

[1문단 : 화두 제시]

우주의 크기를 알고자 하는 관심사를 구체적으로 해결하기 위한 방안으로 지구에서 멀리 떨어진 별들의 거리를 측정하려는 노력이 계속되었음을 소개하고 있습니다. 먼저 허셜에 의해 별의 '고유 밝기'와 지구에서 관측되는 '겉보기 밝기'의 관계를 이용해 별들의 대략적인 거리를 측정하는 방식이 밝혀졌고, 이를 바탕으로 우주 공간상 별들의 분포는 가운데가 볼록한 납작한 원반 모양으로 모여 있다는(오늘날 우리가 흔히 알고 있는 은하의 형태) 사실이 밝혀졌습니다. 그리고 이러한 별들의 모임인 '은하' 너머에 또 다른 천체가 존재하는지에 대한 관심의 연장선에서 성운에 대한 관심이 커지게 되었습니다.

[2문단 : 성운의 위치 및 성격에 대한 두 가지 가설의 대립]

1문단에서 확인한 것처럼, 성운과 관련된 논의의 핵심은 성운이 우리 은하 내에 존재하는 것인지 아니면 우리 은하처럼 수많은 별들이 모인 또 다른 은하(즉 은하 외부의 존재)인지입니다. 먼저, 성운이 은하 내에 존재한다는 가설은

1) 성운은 별이 형성되는 초기의 모습인데,
2) 은하의 납작한 면 내부는 이미 별들의 형성이 완료된 상태이므로,
3) 성운이 은하의 납작한 면 바깥에서는 많이 관찰되지만 납작한 면 안에서는 거의 관찰되지 않는다는 점을 성운이 은하 내에 존재함을 뒷받침하는 증거로 제시합니다.

이에 비해 성운이 은하 바깥에 존재한다는 가설은
1) 우리 은하를 비스듬한 방향에서 바라봤을 때 타원형이 되는데
2) 많은 성운들도 타원 모양을 띠고 있으므로 성운 역시 독립적인 은하일 것이라 주장합니다. 그리고 이들은 우리 은하의 납작한 면 내부에 존재하는 수많은 별과 먼지 등에 의해 약한 성운의 빛이 가려졌기 때문에 '성운의 은하 내 존재' 가설의 3)과 같은 현상이 나타나는 것이라고 반박합니다.

[3문단 : 지구와 성운 사이의 거리 측정 1 - 쌍성 변광성과 세페이드 변광성의 차이]
결국 이러한 가설 사이의 논쟁을 해결하는 가장 최선의 방법은 성운까지의 거리를 알아내는 것입니다. 이를 위해서 변광성(밝기가 변하는 별) 연구가 활용되는데, 3문단에 따르면 변광성은 두 종류가 있습니다. 먼저 '쌍성 형태의 변광성'은 밝기가 다른 두 별이 서로의 주위를 돌면서
(1) 밝은 별과 어두운 별이 서로를 가리지 않을 때 가장 밝고
(2) 밝은 별이 어두운 별의 뒤로 갔을 때 가장 어둡고
(3) 어두운 별이 밝은 별의 뒤로 갔을 때 상대적으로 중간 정도의 밝기로
밝기 변화가 나타나게 됩니다. 그리고 이러한 별의 밝기는 시간에 따라 대칭적으로 변화합니다. 즉, 일정한 기간 동안 밝기의 변화 양상을 그래프로 나타내면 20번 문제 〈보기〉 A의 그래프처럼 일정 시간 동안 밝기의 곡선이 대칭적 형태를 취하게 됩니다.
이와는 달리 별의 중력과 복사압 사이의 불균형으로 인해 별이 팽창과 수축을 반복해 변광성의 밝기가 시간에 따라 비대칭적으로 변하기도 하는데 이는 '세페이드 변광성'이라 불립니다.

[4문단 : 지구와 성운 사이의 거리 측정 2 - 세페이드 변광성을 통한 구체적 거리 측정]
구체적인 거리 측정의 방법은 4문단의 두 번째와 세 번째 문장에 제시되어 있습니다. 이에 따르면,
(1) 세페이드 변광성 간에는 최대 밝기가 밝을수록 밝기의 변화 주기가 더 길어지는 수학적 관계가 있는데,
(2) X라는 세페이드 변광성의 거리를 이미 아는 상태에서(즉, X의 고유 밝기를 알 때)
(3) Y라는 다른 세페이드 변광성의 밝기 변화 주기를 알면 X의 밝기 변화 주기와의 수학적 관계를 바탕으로 Y의 고유 밝기를 밝혀낼 수 있게 되고
(4) 이를 1문단에서 확인하였던 겉보기 밝기와 비교해 거리를 도출함으로써 최종적으로 Y라는 세페이드 변광성의 거리를 알 수 있습니다. 하지만 실전에서 이러한(특히 괄호 속에 제가 추가로 반영한) 원리를 100% 파악하고 문제를 푸는 것은 힘들 것이므로 이 부분을 독해할 때에는 세페이드 변광성의 밝기 변화 주기를 알아야 고유 밝기를 도출할 수 있고, 겉보기 밝기는 1문단의 서술처럼 지구에서 관측되는 밝기 정도이므로 변광성 자체의 밝기 변화 주기를 몰라도 직접 도출이 가능하다는 것 정도만 파악해도 무방합니다.
이러한 방법을 통해 결과적으로 안드로메다 성운은 우리 은하 바깥에 존재하는 독립된 은하임이 밝혀지게 되었던 것입니다.

2. 문항별 선택지 분석

18 정답 ②

① 지문에 의하면 결과적으로 두 번째 가설이 옳다는 것이 입증되었습니다. 따라서 2문단에서 언급된 두 번째 가설이 주장한 내용 가운데 하나로서 성운이 우주 전체에 고루 퍼져 있다는 주장은 옳은 것입니다.

② 성운을 별 주위에 행성이 생성되는 초기 모습으로 파악하는 것은 첫 번째 가설의 주장으로서 이는 성운까지의 거리 계산을 통해 잘못된 가설임이 밝혀졌습니다.

③ 2문단 후반부에서 확인할 수 있듯이, 두 번째 가설은 은하수 안보다 밖에서 성운이 더 많이 관찰된다는 사실을 그대로 인정하되, 왜 그러한 현상이 나타나는지를 첫 번째 가설과 다른 이유로 설명합니다. 즉 타당성이 인정된 두 번째 가설에 따르더라도 지구에서 밤하늘을 관찰할 때 은하수 안보다 밖에서 성운이 더 많이 관찰되는 것은 변함이 없습니다.

④ 1문단 후반부에서 확인할 수 있듯이, 은하수는 은하가 원반 모양이고 이 원반의 납작한 면에 별이 밀집되어 있기 때문인데 이러한 원반의 납작한 면과 나란한 방향으로 별이 많이 관찰되며 이는 은하수의 특징과 일치합니다. 즉 은하수가 관찰되는 것은 우리 은하가 납작한 원반 모양이고 이 납작한 면에 밀집된 별들이 밤하늘에 은하수 형태를 취하는 것입니다.

⑤ 2문단 후반부에서 확인하였듯이 타원 모양의 성운은 우리 은하와 그 모양이 유사하다는 점에서 두 번째 가설 즉 성운이 독립된 은하라는 가설을 뒷받침하는 증거로 활용되었습니다.

19 정답 ②

성운과 지구 사이의 거리를 알아내기 위한 원리는 1문단에서, 구체적인 재료로서 세페이드 변광성과 관련된 정보는 4문단에서 확인하였습니다. 원리는 허셜에 의해 정리된 고유 밝기와 겉보기 밝기의 관계입니다. 즉, 겉보기 밝기는 지구에서 직접 측정이 가능하므로, 고유 밝기만 추가로 알아내면 겉보기 밝기가 거리의 제곱에 비례해 고유 밝기로부터 어두워진다는 점을 활용하면 되는 것입니다. 그리고 고유 밝기는 4문단에 의하면 세페이드 변광성의 밝기 변화 주기로부터 알아낼 수 있습니다.

ㄱ. 성운의 모양이 원반 형태라는 것은 두 번째 가설이 내세운 근거일 뿐, 구체적인 거리 측정에 활용되는 정보는 아닙니다.

ㄴ. 1문단에서 겉보기 밝기는 거리의 제곱에 비례해 (원래의 고유 밝기로부터) 어두워진다고 했는데, 단순화하면 거리가 멀수록 어둡다는 것이 됩니다. 이는 거리 측정의 기본 원리이므로 성운과 지구 사이의 거리를 알아내는 데 이용되는 사실입니다.

ㄷ. 밝기가 시간에 따라 '대칭적으로' 변하는 변광성은 쌍성 형태의 변광성인데, 거리 측정에 필요한 것은 세페이드 변광성의 밝기 변화 주기입니다.

20 정답 ③

이 문제를 해결하는 핵심 정보는 3문단에 언급된 쌍성 변광성과 세페이드 변광성의 시간에 따른 밝기 변화의 대칭성 vs 비대칭성입니다. A는 일정한 시간 동안 밝기 변화가 대칭적이므로(그래프를 가로 방향으로 접었을 때 데칼코마니처럼 포개어지기 때문에 대칭적) 쌍성 변광성이고, B는 이와 다른 비대칭적 변화를 보이므로 세페이드 변광성입니다.

①, ② B가 세페이드 변광성이고, A는 크기와 밝기가 비슷한 두 별이 아니라 밝기가 다른 두 별로 이루어진 쌍성입니다.

③ A에서 밝기는 크게 세 부분으로 구분됩니다. 100%로 가장 밝은 시기(두 별이 서로를 가리지 않는 시기)에 비해, ⓐ는 약간 어두운 상태(어두운 별이 밝은 별 뒤로 가 밝은 별만 보이는 시기)이고, 밝기가 40% 아래로 곤두박질 친 구간은 가장 어두운 상태(밝은 별이 어두운 별 뒤로 가 있어서 어두운 별만 보이는 시기)입니다. 따라서 ⓐ는 어두운 별이 밝은 별 뒤로 가 있는, 즉 밝은 별이 어두운 별을 가리고 있는 시기입니다.

④ 변광성까지의 거리 측정이 가능한 것은 세페이드 변광성일 경우입니다. A는 쌍성 변광성이므로 ⓑ에 해당하는 별의 밝기 변화 주기를 밝혀낸다 하더라도 거리 측정에 필요한 고유 밝기를 밝혀낼 수 있는지에 대해서는 지문을 통해 확인이 불가능합니다.

⑤ 겉보기 밝기는 지구에서 측정하는 것입니다. ⓒ는 세페이드 변광성의 밝기 변화 주기인데, 19번 문제에서도 살펴보았듯이 이것을 알면 세페이드 변광성의 고유 밝기를 알 수 있는 것입니다.

물리학/공학 지문 06	2016학년도 29-32번	상위 테마 - 물리학/화학/지구과학
		하위 테마 - 레어저 냉각 기술의 원리

1. 제시문 정보 구조 분석

[1문단 : 화두 제시]
절대 온도 0K까지 물체의 온도를 낮추는 것은 불가능하지만, 그에 근접한 온도를 얻는 방법 중 하나로 레이저 냉각 기술을 소개하고 있습니다. 이제 머리가 지끈거릴 시간입니다!

[2문단 : 온도란 무엇인가?]
온도가 무엇인지를 원자들의 충돌로 정의하고 있습니다. 절대 온도는 원자들의 평균 운동 속도의 제곱에 비례하는 양이라고 되어 있는데, 쉽게 생각해 원자들의 평균 운동 속도가 낮을수록 절대 온도도 낮아지게 되는 것입니다. 이로부터 레이저 냉각 기술의 원리도 쉽게 도출됩니다. 즉 원자들의 평균 운동 속도를 감소시키면 되는 것입니다. 그러나 이게 쉽지가 않다는 것이 다음 문단부터 우리를 괴롭게 만듭니다!

[3문단 : 레이저 냉각 기술의 구체적 원리와 한계]
농구공의 정면으로 야구공을 던지면 농구공의 속도가 느려지듯이, 빠르게 움직이는 원자에 레이저 빛을 쏘면, 레이저는 광자의 연속적인 방출이므로 이 광자가 원자와 충돌해 원자의 속도가 줄어들게 된다는 것입니다. 여기서 몇 가지 공식이 등장합니다.

(1) 운동량 = 속도 x 질량
　빛은 파동이자, 광자라는 입자로서의 성질도 가지기 때문에 운동량을 갖습니다. 이러한 광자의 운동량 또는 에너지는 다음과 같이 파장 또는 진동수와 반비례/비례 관계를 맺습니다.
(2) 광자의 운동량 = 빛의 파장에 반비례
(3) 광자의 에너지 = 빛의 진동수에 비례 (진동수가 높을수록 에너지가 많으므로)

다음 문장에서는 이미 전파와 관련된 다른 기출 지문들에서(특히 2014학년도 홀수형 기준 33-35번 지문) 확인한 바 있듯이 진동수(주파수)와 파장은 반비례 관계임을 언급하고 있습니다. 진동수와 파장은 반비례하므로, (2)와 (3)은 결국 같은 얘기나 마찬가지입니다. 즉, 빛의 파장이 짧으면 진동수가 높은데, 진동수가 높은 빛의 광자는 그만큼 고에너지 상태(운동량이 큰 상태)라는 것입니다. 한편, 레이저 빛은 햇빛처럼 다양한 진동수를 가진 전파들이 혼재되어 있는 것이 아니라 일정한 진동수의 광자로만 이루어져 있습니다(이로 인해 발생하는 문제는 3문단의 후반부에 제시됩니다).
이제 레이저 빛을 원자에 쏘면, 광자가 원자와 충돌해 광자가 원자에 흡수될 때 광자의 에너지만큼 원자의 내부 에너지가 커지면서 광자의 운동량이 원자에 전달됩니다. 이때, 원자와 광자는 서로 충돌하는 방향으로 이동하고 있었기 때문에 광자에서 원자로 전달된 운동량은 원자의 속도를 증가시키는 것이 아니라 반대로 감소시키는 작용을 하게 되며, 이러한 과정이 계속되면 원자를 거의 정지 상태로 만들 수 있게 됩니다. 하지만, 흔히 알고 있듯이 원자 수준의 미시세계는 불확정성의 원리가 적용되기 때문에(본문에서는 '원자를 하나하나 따로 관측할 수 없고'라 진술되어 있습니다) 원자가 정지한 순간을 정확히 포착해 광자 방출을 멈추는 것은 현실적으로 불가능합니다. 이로 인해 원자의 온도를 내리는 것은 간단하지 않게 되는데, 이를 해결하는 방법으로 도플러 효과, 그리고 원자가 빛을 선택적으로 흡수한다는 두 가지 성질을 이용하게 됩니다.

[4문단 : 첫 번째 해결 원리 - 도플러 효과]
도플러 효과란

1) 빛이나 소리와 같은 파동을 발생시키는 파동원과 관측자가 멀어질 때는 관측자가 감지하는 파동의 진동수는 더 작게 느껴지고
2) 파동원과 관측자가 가까워질 때는 파동의 진동수가 더 크게 감지되는 현상입니다.

　그리고 이렇게 원래의 진동수와 감지되는 진동수의 차이는 파동원과 관측자가 서로 가까워지는(원자와 광자의 충돌은

가까워지는 상황이므로 멀어지는 상황은 제외하였습니다) 속도에 비례합니다. 즉, 광자는 진동을 하며 원자에 다가가는데, 이 광자의 속도가 빠를수록 광자의 진동을 관측하는 원자의 입장에서는 광자의 진동수가 더 큰 것으로 감지한다는 것입니다. 따라서 레이저 광원에 다가가는 원자에게 레이저 빛의 진동수는 원자의 진동수보다 더 높게 감지됩니다.

[5문단 : 두 번째 해결 원리 – 빛의 선택적 흡수]

5문단에서 설명하고 있는 원자는 정지해 있는 원자라는 것에 주의해야 합니다. 정지해 있는 특정 원자는 고유한 진동수(공명 진동수)의 빛만을 흡수합니다. 원자가 광자를 흡수하면 광자의 에너지가 원자에 전달되는데, 이렇게 흡수할 수 있는 에너지의 크기에 어떤 제약도 없는 것이 아니라 아래 그림과 같이 전자가 에너지 준위 E1에서 그보다 더 높은 특정 에너지 준위 E2로 옮겨가는 것만 허용되기 때문이라는 것입니다. 쉽게 말해 E2와 E1의 에너지 차이가 ⊿E인데, 에너지가 ⊿E인 진동수의 광자만을 선택해 흡수한다는 것입니다.

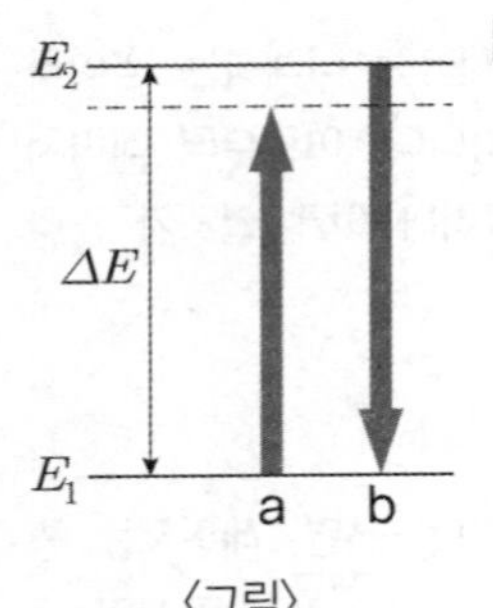

〈그림〉

▶ 그런데, 5문단의 첫 번째 문장에 나와 있듯이, 이러한 선택적 흡수는 어디까지나 정지해 있는 원자를 가정하고 설명된 것입니다. 현실에 존재하는 물체의 원자들은 정지해 있지 않기 때문에 4문단에서 소개한 도플러 효과가 적용되는 존재가 되어버립니다. 예를 들어, 특정 원자의 공명 진동수가 100이라고 해서, 100의 진동수를 갖는 광자를 쏘아봤자 충돌하는 상황에서 원자는 해당 광자의 진동수를 더 큰 값으로 감지할 것이며, 이에 따라 해당 광자를 흡수하지 않는 난감한 상황이 발생하게 되는 것입니다. 그렇기 때문에 다음 문단에 소개되는 것처럼 도플러 효과를 이용한 광자 방출(진동수 조절)이 필요합니다.

[6문단 : 두 원리의 결합을 통한 레이저 냉각]

원자 집단에 레이저 빛을 쏘면, 움직이는 원자들 가운데 레이저 빛의 방향과 반대 방향 즉 충돌 방향으로 움직이는 원자는 도플러 효과에 의해 자신에게 다가오는 레이저 빛의 진동수를 원래보다 더 큰 것으로 감지합니다. 그리고 원자가 충돌 상황에서 특정 광자의 진동수가 자신의 공명 진동수에 해당한다고 판단하면 해당 광자를 흡수하게 됩니다. 여기에 4문단과 5문단의 내용을 종합해서 적용하면, 흡수된 광자의 실제 진동수에 따른 에너지량은 ⊿E보다 작습니다. 그럼에도 불구하고 원자는 도플러 효과로 인해 공명 진동수를 갖는 광자라고 착각해 광자를 흡수한 것이며, 이에 따라 낮은 준위 E1에 있던 전자를 허용된 준위 E2에 올려놓습니다. 이렇게 되면 원자는 불안정해져서 잠시 후에 ⊿E에 해당하는 에너지를 갖는 광자를 방출하면서 전자를 다시 E1으로 내려놓습니다. 즉, 원자가 광자를 흡수하면서 얻은 에너지는 ⊿E보다 작은데, 광자를 방출할 때는 ⊿E의 에너지를 내놓는 것입니다.(흡수된 에너지 〈 방출된 에너지)

이렇게 원자에서 광자를 선택적으로 흡수하고 방출하는 과정이 반복되면 원자의 속도가 줄어들게 되면서 원자 집단 전체의 온도가 내려가는 것입니다.

2. 문항별 선택지 분석

29 정답 ②

① 도플러 효과는 파동원과 관측자가 서로 가까워지거나 멀어질 때 파동의 진동수가 크게 감지되거나 작게 감지되는 현상을 의미하며, 본문에 설정된 원자와 광자의 관계에서는 광자의 진동수가 다르게 감지되는 것입니다. 그런데 선지는 원자의 속도가 도플러 효과로 인해 더 크게 감지된다고 하였으므로 부적절합니다.

② 5문단과 6문단에서 원자가 공명 진동수로 감지된 광자만을 선택적으로 흡수하는 성질을 이용해 레이저 냉각이 이루어진다는 것을 확인하였습니다.

③ 레이저 냉각은 광자가 아니라 원자 및 원자 집단을 냉각시키는 기술입니다.

④ 1문단에서 살펴보았듯이 절대 온도 0K까지 물체의 온도를 낮추는 것은 불가능합니다.

⑤ 3문단 후반부에서 언급하고 있듯이, 원자를 하나하나 따로 관측할 수도 없고 각 원자의 운동 속도에 맞추어 각 원자와 충돌하는 광자의 운동량을 따로 제어하는 것도 불가능합니다. 따라서 개별 원자의 운동 상태를 파악해 각각의 원자마다 적절한 진동수의 레이저 빛을 쏘는 것은 불가능합니다.

30 정답 ①

이 문제를 해결하기 위해서는, 특히 선지 ①, ②, ④를 정확하게 파악하기 위해서는 원자가 운동하는 상태인지 아닌지를 정확히 구분해야 합니다.

① 다가오는 원자이기 때문에 해당 원자에 레이저 빛을 쏘면 도플러 효과가 발생하게 됩니다. 즉 공명 진동수가 100인 원자가 다가오고 있을 때, 그 공명 진동수만큼을 갖는 레이저 빛(광자)을 쏘면 원자는 해당 레이저 빛을 100보다 높은 진동수로 감지해버리게 되므로 광자를 흡수하지 않게 됩니다. 그 결과 에너지 흡수도 일어나지 않으므로 원자 내부에서 전자의 준위 이동도 일어나지 않게 됩니다.

② 선지 ①과는 달리, 이 선지는 도플러 효과를 배제하고 파악해야 합니다. 5문단에 의하면, 어떤 원자가 정지해 있고 해당 원자의 공명 진동수와 동일한 진동수를 갖는 광자를 흡수했을 때 이 흡수된 광자의 에너지는 두 에너지 준위(E1과 E2)의 에너지 값의 차이인 ⊿E에 해당합니다. 그리고 흡수된 광자의 에너지가 ⊿E이라는 것은, 해당 광자(원자의 공명 진동수와 동일한 진동수를 갖는 광자)가 ⊿E의 에너지를 갖는다는 것을 의미합니다.

③ 6문단 후반부에서 확인하였듯이, 원자가 광자를 흡수했다가 방출할 때는 ⊿E에 해당하는 에너지를 갖는 광자를 방출합니다.

④ 선지 ②에서 이미 확인하였듯이, 정지 상태의 원자가 흡수하는 광자의 에너지 크기는 ⊿E에 해당합니다.

⑤ 선지 ③의 근거가 된 6문단의 내용에서 확인하였듯이, 원자가 광자를 방출하면서 전자를 E1에서 E2로 내려놓습니다.

31 정답 ①

〈보기〉의 소리굽쇠와 음파는 지문의 원자와 레이저 빛의 응용판에 해당합니다. 소리굽쇠의 좌우 양쪽에 고정된 두 스피커에서 발생한 음파는 진동수 498이고, 소리굽쇠의 공명 진동수는 500인데, 소리굽쇠가 고정되어 있을 때는 파동원(스피커)과 관측자(소리굽쇠) 사이에 가까워지거나 멀어짐이 나타나지 않으므로 도플러 효과가 발생하지 않아 공명도 일어나지 않을 것입니다. 하지만 〈보기〉의 설정처럼 소리굽쇠를 중앙에서 오른쪽으로 v의 속도로 움직였을 때는 소리굽쇠가 공명하였습니다. 즉 소리굽쇠와 오른쪽 스피커는 서로 가까워지는 상황이 되므로 오른쪽 스피커에서 발생된 음파의 진동수가 소리굽쇠 입장에서는 더 커진 진동수로 감지되는 것이며, 소리굽쇠의 이동 속도가 v일 때 음파의 진동수가 공명 진동수인 500으로 감지된 것입니다. 이로부터, 소리굽쇠가 음원과 충돌하는 방향으로 v의 속도로 움직여야 공명이 일어난다는 것을 알 수 있습니다.

ㄱ. 소리굽쇠를 중앙에서 왼쪽으로 v의 속도로 움직이면, 〈보기〉의 상황과 유사하게 이번에는 왼쪽 스피커에서 발생한 음파가 공명 진동수를 갖는 것으로 감지되어 공명이 일어나게 됩니다.

ㄴ. 4문단의 도플러 효과에 의하면 원래의 진동수와 감지되는 진동수의 차이는 파동원과 관측자가 서로 가까워지는 속도에 비례합니다. ㄴ에서는 공명이 일어났을 때의 속도인 v에 비해 두 배의 속도로 소리굽쇠를 움직였기 때문에, 오른쪽 스피커에서 발생한 음파의 진동수는 500이 아니라 그보다 더 큰 값으로 소리굽쇠에 감지될 것입니다. 즉 공명이 일어나지 않게 되는 것입니다.

ㄷ. 오른쪽 스피커에서 발생한 음파만 왼쪽 방향으로 이동하는 상황인데, 소리굽쇠를 왼쪽으로 움직이면 관측자와 파동원이 서로 멀어지는 것이 되므로 음파의 진동수는 498보다 더 낮은 값으로 감지되어 역시 공명이 일어나지 않게 될 것입니다.

32 정답 ②

3문단에서 살펴본 몇 가지 공식을 활용해야 하는 문제입니다.

(1) 운동량 = 속도 x 질량

(2) 광자의 운동량 = 빛의 파장에 반비례

(3) 광자의 에너지 = 빛의 진동수에 비례(진동수가 높을수록 에너지가 많으므로)

	루비듐	리튬
원자량(원자의 질량)	85.47	6.94
정지 상태의 원자가 흡수하는 빛의 파장	780 nm	670 nm

중요한 것은 표의 두 번째 항목에 언급된 '정지 상태의 원자가 흡수하는 빛의 파장'이 지문의 개념으로는 공명 진동수의 상대적 크기를 나타내는 것임을 빠르게 간파하는 것입니다. 정지 상태의 원자가 흡수하는 빛의 진동수는 공명 진동수를 의미하는데, 빛의 파장은 진동수와 반비례 관계에 있으므로 이러한 파장이 '루비듐 〉 리튬'이라는 것은 반대로 빛의 진동수(공명 진동수)는 '루비듐 〈 리튬'의 관계가 됩니다. 따라서 ①은 옳은 설명입니다.

② 원자가 흡수하는 광자의 운동량은 (2)에 따라 해당 광자의 파장에 반비례합니다. 표의 두 번째 항목이 바로 이러한 공명 진동수를 가진 광자의 파장을 의미하므로, 흡수하는 광자의 운동량은 리튬이 루비듐보다 크다고 해야 합니다.

③ 속도는 (1)에서 운동량에 영향을 줍니다. 두 원자의 속도가 같으므로, 질량이 더 큰 루비듐의 운동량이 리튬보다 더 큽니다. 즉 리튬 원자의 운동량이 루비듐 원자의 운동량보다 작은 것입니다.

④ 두 원자의 이동 속도가 같기 때문에 동일한 레이저 빛을 쏘았을 경우 해당 빛의 광자에 발생하는 진동수의 증/감은 동일한 크기로 이루어지게 됩니다. 그런데 두 원자는 공명 진동수가 다릅니다. 따라서 루비듐 원자에 레이저 냉각을 일으키는 레이저 빛은 같은 속도의 리튬 원자에 대해서는 공명 진동수로 감지되지 않아 냉각 효과가 없을 것입니다.

⑤ 도플러 효과를 이용해 리튬 원자가 광자를 흡수하게 만들려면 해당 공명 진동수보다 더 낮은 진동수를 갖는 광자를 쏘아야 합니다. 그런데 진동수는 파장과 반비례 관계이므로, 670nm보다 더 큰 값의, 즉 670nm의 파장을 갖는 빛보다 더 낮은 진동수의 빛을 쏘아야 합니다.

물리학/공학 지문 07	2015학년도 11-13번	상위 테마 - 물리학/화학/지구과학
		하위 테마 - 남극 대륙 빙붕의 소멸량 측정 방식

1. 제시문 정보 구조 분석

[1문단 : 화두 제시]

남극 대륙을 뒤덮고 있는 얼음을 빙상, 빙붕, 빙산으로 구분하여 각각의 개념을 소개하고 있습니다. 먼저 빙상은 육지를 덮고 있는 얼음 덩어리이고, 빙붕은 빙상 중에서 해안으로 밀려 내려가다가 육지에 걸친 채로 바다 위에 떠 있는 부분에 해당합니다. 즉 빙상은 육지, 빙붕은 바다 위를 덮고 있는 얼음입니다. 마지막으로 빙산은 빙붕에서 조각나 떨어져 나온 얼음 덩어리입니다.

빙상	빙붕	빙산
육지	바다	

이러한 개념 구분 하에, 이 글이 화두로 삼는 것은 빙붕 바닥에서 따뜻한 해수의 영향으로 얼음이 녹아 없어지는 양을 측정하는 방법입니다.

[2문단 + 3문단 : 빙붕 바닥에서 녹는 얼음의 양 측정 방법]

1문단의 언급처럼 빙붕 아래쪽은 접근이 어려워 얼음이 녹는 양을 직접 측정하기가 어렵기 때문에 간접적인 방식으로 해당 녹는 양을 구해야 합니다. 2문단과 3문단에서는 이를 위해 총 5가지 개념의 수치를 설정합니다.

A : 육지에서 흘러내려와 빙붕이 되는 얼음의 질량 (인공위성을 통해 측정한 얼음의 유속과 두께로 측정)

B : 빙붕 위로 쌓이는 눈의 질량 (빙붕 표면에서 시추한 얼음코어와 기후 예측 모델로 측정)

C : 빙산으로 부서져 소멸되는 질량 (보정된 방법으로 구한 얼음의 유속과 두께로 측정)
D : 빙붕의 바닥에서 녹는 질량 (분석의 목표)
E : 빙붕 전체 질량의 변화량 (빙붕의 면적과 두께로 측정)
제시된 진술에 의하면 [A + B - C - D = E]의 식이 성립합니다. 목표는 D를 구하는 것이므로 [D = A + B - C - E]입니다.

[4문단 : D값과 관련된 추가 개념들 및 지역별 차이]

4문단에는 A~E 각 개념의 구체적인 수치가 곧바로 제시되어 있습니다. 4문단에서 새롭게 제시되는 개념은 이러한 D값이 남극 대륙 빙붕의 질량 감소 요인 중에서 차지하는 비율인 R값입니다. 남극 대륙 빙붕의 질량 감소 요인은 앞서 살펴본 것처럼 C와 D이므로, R값은 "D/C+D"의 비율인 것입니다. 이 글에서 가장 어려운 부분은 바로 이 부분부터입니다.

• "남극 대륙 전체의 R값 평균은 52%이지만, 지역에 따라 10%에서 90%에 이르는 극명한 차이를 보인다. 남극 대륙 전체 해역을 경도에 따라 4등분 할 때, 서남극에 위치한 파인 아일랜드 빙붕과 크로슨 빙붕 같은 소형 빙붕들에서 R값의 평균은 74%를 보였고, 그 외 지역에서는 40% 내외였다. 특히 남극에서 빙산의 3분의 1을 생산해 내는 가장 큰 빙붕으로 북남극과 서남극에 걸친 필크너-론 빙붕, 남남극의 로스 빙붕에서 R값은 17%밖에 되지 않았다."

☞ 남극 대륙 전체를 놓고 보면 빙붕 질량 감소의 두 가지 요인이 차지하는 비중은 거의 1:1로 비슷하지만 지역에 따라서는 D값이 차지하는 비중이 극명하게 높은 곳이 존재한다는 것입니다. 이를 남극 대륙을 4등분한 지리적 구획에 적용하면, 서남극에 위치한 소형 빙붕들(파인 아일랜드, 크로슨)에서는 D값이 차지하는 비중이 높고, 그 외 지역 특히 북남극과 서남극에 걸친 빙붕(필크너-론), 남남극의 빙붕(로스)들에서 D값이 차지하는 비중은 매우 낮은 편입니다.

[5문단 : 실제 조사 결과와 기존 연구의 차이 비교]

4문단이 빙붕의 질량 감소 요인 중에서 D값이 차지하는 비중을 중심으로 실제 지역별 차이를 설명하였다면, 5문단에서는 남극 전체의 지리적 구획을 바탕으로 남극 전체의 D값에서 각 지역이 차지하는 비중을 비교하고 있습니다. 첫 번째 문장에 의하면, 남극 전체 면적의 91%를 차지하는 빙붕들에서는 D값이 50% 발생할 뿐이고, 나머지 50%는 남극 전체 면적의 9%밖에 차지하지 않는 소형 빙붕들(수온이 상대적으로 높은 서남극에 위치)에서 발생합니다. 이와 같은 현실상의 비율 차이는 기존의 연구 결과가 오류를 저질렀음을 알려주는 자료이기도 합니다.

• "따라서 <u>대형 빙붕들 위주로 조사한 데이터를 면적 비율에 따라 남극 전체에 확대 적용</u>해 온 기존의 연구 결과에는 남극 전체의 D값이 실제와 큰 오차가 있었을 것이다."

☞ 예를 들어 남극 전체에서 발생하는 실제 D값이 100이라고 한다면, 기존의 연구는 대형 빙붕 위주로 데이터 조사를 했기 때문에 소형 빙붕에서 발생하는 D값이 반영되지 않은 50을 남극 전체의 D값으로 파악하고, 이를 면적 비율에 따라 남극 전체에 적용해 왔을 것입니다. 이렇게 50이 남극 전체에서 발생하는 D값이라 가정하고 이를 단순히 각 빙붕들이 차지하는 면적 비율에 따라 분배한다면, 50의 91%는 대형 빙붕들에서 발생하고, 50의 9%는 주로 서남극에 위치하는 소형 빙붕들에서 발생한다고 결론지었을 것입니다. 즉, 실제로 서남극에 위치한 빙붕들에서 50의 D값이 발생하는데, 기존 연구는 기껏 5 정도의 D값만 발생한다고 파악해 왔던 것입니다. 이러한 자료를 바탕으로 소형 빙붕들의 R값을 산출하면 매우 작은 값이 도출될 것인데, 4문단에서 살펴본 것처럼 실제 이들 소형 빙붕의 R값의 평균은 74%로 D가 차지하는 비중이 매우 높습니다. 이는 심각한 오차로서 두 번째 문제를 해결하는 데 핵심 요소로 작용합니다.

한편 대형 빙붕들의 경우, 특히 필크너-론 빙붕이나 로스 빙붕은 실제 R값이 17%로 매우 낮기 때문에 실제 현실과 기존 연구의 D값이 큰 차이를 보이지는 않을 것입니다.

	서남극	서남극 이외 지역
실제 현실	• 소형 빙붕 위주(파인 아일랜드, 크로슨) • R값 평균 74%	• 대형 빙붕 위주(필크너-론, 로스) • R값 평균이 50%보다 낮음
기존 연구	실제 D값보다 낮은 D값이 발생한다고 간주됨	실제 D값과 비슷한 D값이 발생한다고 간주됨

[6문단 : 단위 면적당 D값인 S값을 기준으로 하는 얼음 감소량의 지역별 차이]

R값과 더불어, D값으로부터 도출되는 두 번째 추가 개념이 등장합니다. 빙붕의 단위 면적당 D값이 S값이며, 서남극의 소형 빙붕에서는 이 값이 매우 큽니다. 하지만 다른 지역의 대형 빙붕은 육지와 맞닿은 곳에서는 얼음이 녹지만(얼음 감소) 육지에서 멀리 떨어진 곳에서는 해수의 결빙(얼음 증가)이 이루어지기 때문에 손실되는 값이 상대적으로 적어 S값 수치가 낮게 나타납니다.

2. 문항별 선택지 분석

11 정답 ④

A~E를 구하는 과정에 대한 진술들이므로 3문단까지의 정보로부터 정답과 오답을 도출하면 됩니다.

① A는 얼음의 두께와 유속을 통해 도출됩니다. 이 가운데 두께는 인공위성 고도계를 통해 물 위에 떠 있는 즉 수면 위의 얼음의 높이 정보를 산출해 구합니다.

② B는 빙붕 표면에서 시추해 얻은 얼음 코어를 통해 구합니다.

③ C는 두 가지 방법이 있는데, 떨어져 나오는 빙산의 면적과 두께를 이용하는 방식은 위치 추적이 어려울 수 있다는 점 등으로 인해 정확한 측정이 쉽지 않다고 하였습니다.

④ D는 직접 측정이 어렵기 때문에 A, B, C, E를 구한 후 간접적으로 D값을 도출하는 방식으로 알 수 있습니다. 따라서 선지 ④는 틀린 진술입니다.

⑤ E는 빙붕의 면적과 두께를 통해 구한다고 하였으므로, 두께 변화에 대한 정보를 얻어야 측정할 수 있다는 진술은 옳습니다.

12 정답 ⑤

4문단부터 6문단까지 제시된 핵심 개념은 D, R, S입니다. 이들이 서로 어떤 관계를 갖는가를 먼저 파악하는 게 중요한데,
R = D/C + D 이므로 D가 커지면 R도 커지고,
S = 단위 면적당 D 이므로 역시 D가 커지면 S도 커집니다. 즉 R값과 S값은 D값과 비례 관계에 놓여 있는 것입니다. 결국 문제를 풀 때는 남극 전체 또는 각 지역의 빙붕별 D값이 실제 수치와 기존 연구에서 파악한 수치 사이에 얼마나 차이가 나는지 알아야 합니다. 이 차이는 앞서 5문단에 대한 분석에서 살펴보았던 실제 수치와 기존 연구의 수치 차이입니다.

① S는 단위 면적당 D입니다. 남극 전체든 각 빙붕별 분석이든 빙붕의 면적은 변동이 없을 것이므로 오차로 인한 차이는 D값의 변화만 불러일으킬 것입니다. 5문단에서 살펴보았듯이, 실제 남극 전체의 D값은 100인데 오차로 인해 기존 연구는 D값이 50이라 파악하였을 것입니다. 따라서 남극 전체의 S값이 실제 값보다 작게(약 절반으로) 파악되는 결과를 초래하였을 것입니다.

② ①과 마찬가지로 오차로 인해 D값이 줄어들면 R값도 비례해 줄어들게 됩니다. 따라서 남극 전체의 실제 R값보다 작게 파악되는 결과를 초래하였을 것입니다.

③ 파인 아일랜드 빙붕은 서남극에 위치한 소형 빙붕입니다. 기존 연구는 이 지역에서 실제 발생하는 D값(50)보다 더 적은 D값(약 5)이 발생한다고 보았던 것이므로, 이 지역의 R값이 실제 값보다 작게 파악된 것과 같은 이유 때문에 오차가 발생했다는 진술은 적절합니다.

④ 크로슨 빙붕은 파인 아일랜드 빙붕과 마찬가지로 서남극에 위치한 소형 빙붕이므로, ③과 마찬가지로 기존 연구에서는 R값과 S값이 실제보다 더 작게 파악되었을 것입니다. 따라서 선지 ④ 역시 적절합니다.

⑤ 로스 빙붕은 남남극에 위치한 빙붕으로서 실제 R값은 17%입니다. 5문단 분석에서 정리하였듯이 이 지역의 D값은 기존 연구와 실제 현실 사이에 큰 차이가 없을 것입니다. 따라서 로스 빙붕의 R값이 실제 값보다 작게 파악된 것으로 보는 것은 부적절합니다.

13 정답 ②

4문단부터 6문단까지의 정보에서 서남극과 그 이외 지역 사이의 차이를 확인하였습니다. 이 문제는 이러한 대립 구도를 바탕으로 접근하면 쉽게 답을 도출할 수 있습니다. 〈보기〉에서는 아문센 해가 위치하고 있다는 점, 빙붕의 진행을 막아 줄 섬이 없어 육지에서 미끄러져 내려오는 빙상을 저지하기 어렵다는 점 등이 서남극의 특징으로 제시되어 있습니다.

	서남극	서남극 이외 지역
실제 현실	• 소형 빙붕 위주(파인 아일랜드, 크로슨) • R값 평균 74%	• 대형 빙붕 위주(필크너-론, 로스) • R값 평균이 50%보다 낮음
기존 연구	실제 D값보다 낮은 D값이 발생한다고 간주됨	실제 D값과 비슷한 D값이 발생한다고 간주됨

① 서남극은 소형 빙붕들 위주이므로 아문센 해 인근 해안에 대형 빙붕들이 많이 분포할 것이란 추론은 부적절합니다.

② 아문센 해가 위치한 서남극의 소형 빙붕들은 빙붕 바닥이 녹아 없어져 빙붕의 두께가 줄어드는 정도가 다른 지역에 비해 매우 크다는 것을 6문단에서 확인하였습니다. 따라서 ②는 정답입니다.

③ 이 선지는 빙붕과 빙상에 대한 정확한 구분을 요구합니다. 1문단에서 확인한 것처럼 빙상은 육지위를 덮고 있는 얼음 덩어리입니다. 본문과 〈보기〉의 정보를 종합하면, 서남극에 위치한 아문센 해 인근의 빙붕 바닥이 빠르게 녹는 것은 맞지만, 그렇다고 해서 육지 위를 덮고 있는 빙상도 같이 녹아 없어진다고 볼 수는 없습니다.

④ 서남극의 해수면 상승 효과가 더 클 것이라 예측하는 것은 맞습니다. 하지만 그 이유는 서남극의 빙붕들에서 얼음이 녹는 양이 타 지역보다 훨씬 많기 때문이지 이 지역의 얼음 총량이 다른 남극 지역보다 더 많기 때문은 아닙니다. 1문단을 보면 남극 대륙의 얼음이 모두 녹으면 해수면이 57미터 높아지게 되는데, 〈보기〉에서는 서남극에는 모두 녹을 경우 해수면을 5미터 상승시킬 얼음이 분포한다고 하였으므로 서남극에 존재하는 얼음의 총량은 전체의 9% 정도에 불과하다는 것을 알 수 있습니다.

⑤ 빙산은 빙붕의 얼음 중에서 바다 쪽으로 조각나 떨어져 나오는 얼음입니다. 이에 비해 빙상은 육지 위를 덮고 있는 얼음 덩어리입니다. 따라서 떨어져 나가는 빙산의 양을 안다 하더라도 이를 통해 빙상의 이동 속도가 증가하는 추세를 알 수 있다고 보기는 어렵습니다.

물리학/공학 지문 08	2012학년도 30-32번	상위 테마 - 기술공학 하위 테마 - 자기 열량 냉장고의 원리

1. 제시문 정보 구조 분석

[1문단 : 화두 제시]

자기 냉각 기술을 활용한 냉장고의 원리를 소개하기에 앞서, 기존에 사용되고 있는 일반 냉장고의 냉각 원리를 먼저 설명하고 있습니다. 일반 냉장고는 가스 냉매가 압축될 때 열을 방출하고 팽창될 때 열을 흡수하는 열역학적 순환 과정을 이용해, 냉장고 내부의 열을 외부로 방출시킵니다. 이러한 과정을 단계별로 정리해보면 다음과 같습니다.

1단계	2단계	3단계	4단계
가스 냉매에 대한 압력 변화	가스 냉매의 부피 변화	가스 냉매의 온도 변화	자기물질과 냉장고 내부/외부 사이의 열출입을 통한 냉장고 온도 변화

[2문단 : 자기 물질의 특징]

일반 냉장고와 달리, 자기 냉장고는 자기 냉각 기술을 이용하며 이를 위해 자기 물질이 사용됩니다. 자기 물질은 자화되는 물질로서 '자화'의 정도는 외부에서 가하는 자기장의 세기에 비례합니다. 그리고 자기 물질은 강자성체와 상자성체로 구분되는데, 강자성체와 달리 상자성체는 외부의 자기장이 제거되면 자기적 성질도 잃어버리는 자기 물질입니다. 이러한 상자성체는 3문단에 등장하는 자기 냉장고의 열역학적 순환 과정에 대한 분석에서 외부의 자기장을 가해줬다가 제거하였을 때 자기 물질이 자기적 성질을 잃어버려 온도가 떨어지는 현상이 나타나기 위해 필요합니다.

[3문단 : 자기 열량 효과를 이용한 자기 냉장고의 열역학적 순환 과정]
세 번째 문장과 네 번째 문장을 잘 파악해야 합니다. 자기 냉장고의 열역학적 순환 과정은 총 네 단계로 구분되는데, 이 가운데 열 출입이 없는 두 개의 열역학적 과정에서는 엔트로피의 변화가 없습니다. (엔트로피는 무질서도를 의미하는 개념이지만, 문제를 풀기 위해서는 개념 자체에 대한 이해보다는 이와 같이 4개의 단계 가운데 어느 단계가 엔트로피의 변화가 없는 단계인지만 파악하면 됩니다.)
이제 총 네 단계의 열역학적 과정을 정리하면 다음과 같습니다.

과정	외부 자기장	자기 쌍극자의 배열	외부와의 열출입	작용물질의 온도
Ⅰ	가함	질서	X	상승
Ⅱ	가함	질서	O	하강 (열 배출)
Ⅲ	차단	무질서	X	하강
Ⅳ	차단	무질서	O	상승 (열 흡수)

[4문단 : 자기 냉장고의 효율 결정 요인 두 가지]
효율이 좋은 자기 냉장고가 만들어지려면 (1) 먼저 특정 온도에서 외부에서 가하는 자기장의 변화에 따른 엔트로피 변화량이 큰 자기물질을 사용해야 합니다. 즉 〈엔트로피 변화량/걸어 준 자기장〉의 값이 큰 자기물질을 사용해야 하는 것입니다.
(2) 두 번째로, 작용물질이 상전이 하는 임계온도가 냉장고의 작동 온도 근처, 다시 말해 실온에 가까운 자기물질이 사용되어야 합니다.

2. 문항별 선택지 분석

30 정답 ①
1문단에서 정리한 것처럼, ㉠의 작용 단계별 내용은 다음과 같습니다.

1단계	2단계	3단계	4단계
가스 냉매에 대한 압력 변화	가스 냉매의 부피 변화	가스 냉매의 온도 변화	가스 냉매와 냉장고 내부/외부 사이의 열출입을 통한 냉장고 온도 변화

3문단을 통해 정리한 내용을 이와 같이 정리하면 다음과 같습니다.

1단계	2단계	3단계	4단계
자기물질에 대한 자기장 변화	자기 쌍극자의 질서도 변화	자기물질의 온도 변화	자기물질과 냉장고 내부/외부 사이의 열출입을 통한 냉장고 온도 변화

① ㉠에서 작용물질의 부피 변화(2단계)는 ㉡에서 자기물질 내에 존재하는 자기 쌍극자의 배열(질서도) 변화에 해당합니다. 작용물질의 온도 변화는 이러한 2단계 과정에 의한 작용의 결과물입니다.
② ㉠에서 압력의 변화와 ㉡에서 자기장의 변화는 모두 1단계로 대응됩니다.
③ ㉠에서 냉매의 부피 변화로 인해 온도 변화가 나타나듯, ㉡에서는 자기물질의 내부 질서도 변화에 의해 온도 변화가 나타납니다.
④ 1문단과 3문단에서 두 냉장고가 모두 열역학적 순환 과정을 이용한다고 하였습니다.
⑤ ㉠에 관해 직접적으로 열펌프의 역할이라는 표현이 나온 것은 아니지만, 냉장고 내부의 열을 외부로 퍼냄으로써 냉각이 이루어진다는 점에서는 ㉠ 역시 열펌프의 기능이 있다고 할 수 있습니다.

31 정답 ③

과정	외부 자기장	자기 쌍극자의 배열	외부와의 열 출입	작용물질의 온도
Ⅰ	가함	질서	X	상승
Ⅱ	가함	질서	O	하강 (열 배출)
Ⅲ	차단	무질서	X	하강
Ⅳ	차단	무질서	O	상승 (열 흡수)

선지 ①~④는 3문단에서 정리한 과정별 작용 내용을 통해 쉽게 확인할 수 있습니다. ③이 정답인데, 과정Ⅲ에서는 외부와의 열 출입이 차단되어 있으므로 엔트로피의 변화는 없습니다.

⑤ 과정 Ⅰ~Ⅳ에서 열(열량)이 방출되는 것은 과정 Ⅱ입니다. 그런데 이 과정에서 방출되는 열은 과정 Ⅰ에서 자기장에 의해 자기물질 내부에서 발생된 열입니다. 과정 Ⅰ에 해당하는 부분의 마지막 문장에 언급되어 있듯이 걸어준 자기장이 강할수록 자기물질에서 더 많은 열이 발생하므로, 과정 Ⅰ에서 가해주는 자기장의 변화 폭이 클수록 과정 Ⅱ에서 방출되는 열량도 큰 것입니다.

32 정답 ③

마지막 4문단에서 확인하였듯이, 실온 자기 냉장고를 만들기 위해서는
(1) 자기물질의 〈엔트로피 변화량/걸어 준 자기장〉 값이 커야 하며,
(2) 자기물질의 임계온도가 실온(20도씨 내외) 근처여야 합니다.
먼저 (2)에 따라 C와 D로 후보가 좁혀지며, 다음으로 (1)에 따라 C로 결정됩니다.

물리학/공학 지문 09	2015학년도 27-29번	상위 테마 - 기술공학 하위 테마 - CPU의 논리상태 저장과 변화

1. 제시문 정보 구조 분석

[1문단 : 화두 제시]

1문단에서는 컴퓨터 CPU의 작업 수행 과정을 논리상태의 변화에 초점을 맞춰 설명하고 있습니다. 우리가 일상적으로 한 번에 수행하는 'X + Y = Z'의 덧셈 작업도 컴퓨터에서는 각각의 정보값 입력 → 사칙연산 → 결과 도출 → 결과 저장 등 각각의 기능이 분절되어 이루어져야 합니다. 그리고 이렇게 CPU가 수행할 수 있는 각 기능은 특정한 CPU의 논리 상태와 일대일로 대응됩니다(CPU의 수행 가능한 특정 기능 = 특정 논리 상태). 즉 특정 논리 상태에서 다음 논리 상태로 전환이 이루어져야 간단한 사칙연산 작업도 매끄럽게 수행될 수 있는 것입니다. 그리고 이를 위해서는 특정 논리 상태(현재의 논리 상태)를 저장하는 기능이 별도로 갖춰져야 합니다. 결국 이 글은 크게 논리 상태의 '저장' 방식과 '변환' 방식을 다루고 있음을 알 수 있습니다.

한편, 논리 상태는 CPU가 수행할 수 있는 기능을 의미하기 때문에, 논리 상태의 개수가 많으면 그만큼 한 번에 처리할 수 있는 기능이 다양해지고, 처리할 데이터의 양이 같을 경우 완료하는 데 드는 시간이 줄어들게 됩니다.

[2문단 : 논리 상태의 저장과 변화를 위한 기본 요소]

상식적으로 알고 계시겠지만 컴퓨터의 정보는 2진수로 처리되며, 논리 상태 역시 2진수(0 또는 1)로 표현됩니다. 이제 지문에 제시된 그림과 연동해 각 부위의 명칭과 기능을 파악해야 합니다. '조합 회로'는 논리 연산은 가능하지만 논리 상태를 저장할 수는 없는 부위입니다. 즉 조합 회로만으로는 논리 상태 저장이 불가능하므로 조합 회로에서 산출된 논리 상태를 전기 신호 상태에서 시간적으로 유지할 수 있는 즉 저장할 수 있는 장치가 필요합니다.

[3문단 : 논리 상태의 저장 – '1비트 저장 회로']

〈그림〉에서 1비트 저장 회로는 두 개의 스위치와 두 개의 인버터로 구성되어 있습니다. 인버터는 입력된 2진수 값과 반대되는 값을 출력하는 논리 소자이고(1이 입력되면 0을 출력), S1과 S2는 전기적 신호를 차단하거나 연결할 수 있는 스위치입니다. 저장 회로 그림에서 위치상 위쪽의 인버터를 '인버터1', 아래쪽의 인버터를 '인버터2'라고 한다면, A 부분에서 1의 논리 상태값이 입력될 경우 S1을 연결하면 인버터1을 거치면서 논리 상태값은 0으로 바뀝니다. 그리고 인버터1 오른쪽의 분기점에서는 B 방향으로 출력되는 0과, 인버터2가 있는 경로로 되돌아가는 0이 분기됩니다. B로 출력된 값은 한 번 출력되고 나면 끝이지만, 인버터2의 회로로 들어간 0은 인버터2를 거쳐 다시 1로 변하고, 이때 S2를 연결하고 S1을 끊으면 이제 인버터2로 들어온 논리 상태값을 뒤집어 다시 인버터1로 되돌려주는 '피드백 회로'가 형성됨으로써 논리 상태값이 저장되는 것입니다.

A에 입력되는 정보가 1 또는 0일 때 저장되는 값은 0 또는 1이 되며, 이러한 1비트 저장 회로가 하나 더 추가되면 첫 번째 저장 회로에서 2개의 선택지가, 두 번째 저장 회로에서도 2개의 선택지가 존재하게 되므로 이를 조합하면 총 4가지 논리 상태(2비트)를 저장할 수 있습니다. 즉 1비트 저장 회로가 n개 있으면 총 2n 가지의 논리 상태 중 한 가지를 저장하는 것이 가능합니다. 만약 1비트 저장 회로가 3개 조합된다면, 000/001/010/100/011/101/110/111의 8가지 논리 상태 중 하나를 저장할 수 있습니다.

[4문단 : 논리 상태의 변화 – 순차 논리 회로]

〈그림〉 전체는 1비트 저장 회로까지 포함하는 '순차 논리 회로'를 의미합니다. 2문단에서 살펴본 것처럼 논리 상태의 변환은 논리 함수의 기능을 가진 조합 회로를 통해 이루어지는데, 1비트 저장 회로에서는 입력이 A이고 출력이 B였다면, 이와는 달리 순차 논리 회로에서는 조합 회로로 입력되는 값이 저장 회로의 출력(B)과 외부 입력(C) 두 가지로 늘어나고, 출력되는 값은 A 하나입니다.

조합 회로는 논리 함수를 가지는데, 4문단에서는 이 논리 함수를 B와 C로 조합 회로에 입력되는 값이 같으면 A로 1을 출력하고, B와 C로 조합 회로에 입력되는 값이 서로 다르면 0을 출력한다고 설정합니다. 본문에서도 예를 들어 설명하고 있는데, 이 부분을 어려워하는 수험생이 많았기 때문에 좀 더 자세하게 설명하도록 하겠습니다.

▶ 물론 문제를 해결하기 위해서 이 모든 내용을 100% 이해할 필요는 없습니다. 핵심은 스위치 조작과 C로 입력되는 값의 조절을 통해 논리상태의 '변화'가 일어나게 된다는 것입니다.

(1) 일단 1비트 저장 회로에 저장되어 B로 계속 출력되고 있는 값이 1(현재의 논리 상태는 1)이고, 회로 외부에서 C로 1을 입력했다고 가정하면, B와 C의 값이 동일하므로 조합 회로를 거쳐 A로 출력되는 값은 1이 됩니다. 이 1은 저장 회로의 S1이 끊겨 있을 때는 피드백 회로를 거치지 못하므로 B로 출력되어 나오는 논리 상태값은 여전히 1입니다. 하지만 S2의 연결을 잠시 끊은(열림) 상태에서(피드백 회로의 작동이 중단되므로 B로 출력되는 값이 없어지게 됨), S1을 연결(닫힘)했다가 바로 끊으면 A로 들어온 1의 값이 피드백 회로로 넘어가 인버터1을 거쳐 0으로 전환됩니다. 그리고 S2을 연결(닫힘)하면 3문단에서 살펴본 것처럼 인버터2를 통한 피드백 회로가 다시 활성화되고 B에는 아까와는 다른 0의 논리 상태가(논리 상태 0으로 변화) 출력(저장)됩니다.

(2) 이제 C에 0을 입력하면 조합 회로에 입력되는 정보가 B와 C 모두 0이 되므로 조합 회로의 출력값은 1로 바뀝니다. 하지만 B로 출력되는 값은 이미 0으로 변한 상태였고, (1)에서와 같이 S1과 S2를 스위치 조작하더라도 B의 값은 여전히 0으로 유지됩니다. 즉 (1)에서 이루어진 논리 상태 변환이 (2)의 단계에서는 나타나지 않습니다.

(3) 이제 마지막으로 C에 다시 1을 입력하면 B는 0, C는 1의 값이 조합 회로로 입력되므로 조합 회로를 거쳐 A로 출력되는 값은 0이 됩니다. 여기에 (1)에서와 같은 스위치 조작을 가해주면, 저장 회로의 인버터1을 거쳐 0이 1로 바뀌고, 인버터2를 통한 피드백 회로로 인해 B에는 1의 논리 상태가(논리 상태 1로의 변화) 출력(저장)됩니다.
이처럼 논리 상태의 변환은 조합 회로에 입력되는 외부 입력값과, S1/S2의 스위치 조작을 통해 이루어집니다.

[5문단 : 저장 회로의 출력 증가 방식]

3문단에서 살펴보았듯이, 1비트 저장 회로의 개수가 늘어나면 저장할 수 있는 논리 상태의 전체 개수도 늘어나게 됩니다. 만약 3문단에서처럼 1비트 저장 회로 2개를 병렬로 두어 출력(B)을 2비트로 확장해 저장 가능한 논리 상태(=B를 통해 조합 회로로 입력되는 정보값)를 4가지로 늘리고, 여기에 조합 회로의 외부입력(C) 역시 2비트로 확장하면(입력 가능한 논리 상태가 4가지) 조합 회로에는 총 4비트가 입력됩니다. 그리고 조합 회로를 거쳐 나오는 출력을 저장 회로의 전체 비트에 맞춰 2비트로 만들어 저장 회로의 입력으로 삼습니다. 5문단 마지막 문장에서 "이와 같이 2비트로 확장된 순차 논리 회로에서"라고 한 것은 조합 회로를 거쳐 출력되는 논리 상태 값이 2비트이기 때문입니다.

[6문단 : CPU의 작동 원리]

2비트로 확장된 순차 논리 회로에 일정 시간 간격으로 외부 입력(C)을 바꾸고 S1/S2의 스위치 동작 신호를 주면 4문단에서 확인한 것처럼 외부 입력에 따라 특정 논리 상태가 순차적으로 출력에 나타납니다. 이런 회로를 단순 2비트 정도가 아니라 N비트로 확장한 것이 CPU입니다. 여기서 다시금 용어를 정확하게 파악해야 하는데, S1/S2의 스위치를 동작시키는 신호는 'CPU 클록'이라 불립니다. 그리고 앞서 회로 외부에서 주어지는 입력을 C로 표시하였는데, 이는 컴퓨터 프로그램의 '명령 코드'로 불립니다. 즉 명령 코드를 주고 스위치를 동작시키면(클록 신호를 줌) CPU의 현재 논리 상태가 특정 논리 상태로 바뀌게 되는 것입니다.

2. 문항별 선택지 분석

27 정답 ③

① 1문단에서 살펴본 것처럼 CPU가 수행할 수 있는 특정 기능과 특정 논리 상태는 일대일로 대응되기 때문에 기능과 논리 상태는 정해져 있다고 할 수 있습니다.
② 3문단에 소개된 인버터 개념에서 확인하였습니다.
③ 4문단 분석의 (1)에서 살펴본 것처럼, 순차 논리 회로에서 저장 회로의 출력(B)은 외부 입력 값에 따라 조합 회로의 출력 상태(A)와 동일할 수도 있지만 다를 수도 있습니다.
④ 마지막 문단에서 살펴보았듯이, CPU는 순차 논리 회로가 N비트로 확장된 사례로서 6문단 첫 문장의 정보처럼 외부 입력(명령 코드)과 스위치 동작 신호에 의해 논리 상태를 변경하고 이를 통해 1문단에서와 같은 작업을 수행합니다.
⑤ 4문단 전반부에서 살펴본 것처럼 조합회로는 B와 C를 통해 입력되는 2진수 정보값에 대해 내부에 구현된 논리 함수를 거쳐 바뀐 논리 상태를 출력하는 기능을 갖습니다.

28 정답 ④

① ㉠에서 피드백 회로를 형성하는 것은 인버터2이고, ㉡에서 피드백 회로를 형성하는 것은 저장 회로로부터 입력된 논리 상태값을 그대로 유지하거나 변경해 다시 저장 회로로 되돌려주는 조합 회로입니다.
② ㉠에서 저장 회로로 입력되는 정보(A)는 1 아니면 0으로 개수는 1개입니다. 하지만 ㉡에서는 조합 회로에 입력되는 정보가 B의 출력값과 C의 외부입력값 2개입니다.
③ ㉠만 판단해도 틀린 진술임을 쉽게 알 수 있습니다. ㉠의 저장 회로에서는 외부에서 입력되는 논리 상태는 A를 의미하고 그 값이 1이면 인버터로 인해 0으로 바뀐 값이 출력(저장)됩니다. ㉡은 조합 회로이고, 외부에서 입력되는 논리 상태는 여기서는 B를 의미합니다. 4문단 분석 및 선지 ①에서 확인한 것처럼 B의 값은 조합 회로를 거쳐 그대로 유지될 수도 있지만 반대로 변경될 수도 있기 때문에, 그대로 저장하는 기능이 있다는 진술은 역시 틀린 것이 됩니다.
④ ㉠은 논리 상태를 회로 속에 시간적으로 가두는 저장 기능을, ㉡은 외부 입력에 따라 논리 상태를 변환하는 기능을 갖는 장치입니다. 따라서 선지 ④는 맞는 진술입니다.
⑤ ㉠에서는 S2가 연결될 때 피드백 기능이 동작합니다. 한편 ㉡에서는 조합 회로가 피드백 기능을 수행하는 것이기 때문에 S2의 연결 여부와 무관하게 피드백 기능이 동작한다고 보는 것이 타당합니다.

29 정답 ④

N의 증가는 순차 논리 회로의 비트수가 늘어나는 것이며, 5문단 후반부에서 확인한 것처럼 저장 회로의 출력이 증가해 저장 가능한 논리 상태가 증가하는 것을 의미합니다.

① 명령 코드는 외부 입력(C)을 의미합니다. 순차 논리 회로의 비트 수가 증가하면 조합 회로에 입력되는 외부 입력의 가짓수도 늘어나므로 명령 코드의 종류가 증가하게 됩니다.

②, ③ 5문단에서 살펴본 것처럼, 순차 논리 회로가 2비트로 확장되었을 때는 조합 회로에서 출력되는 비트수도 2비트로 늘어나고 이는 저장 가능한 저장 회로의 출력값도 2비트로 확장된 상태를 의미합니다. 즉 조합 회로가 출려하는 논리 상태의 가짓수 및 CPU가 가질 수 있는 논리 상태의 가짓수가 증가하는 것입니다.

④ CPU의 상태 변경 속도를 결정하는 것은 순차 논리 회로의 비트수가 아니라 스위치 동작 신호 즉 CPU 클록입니다. CPU 클록은 스위치 S1, S2의 연결과 끊어짐이 일어나는 속도와 관련되는 것이지, 논리 회로 전체의 비트수와는 별개의 개념입니다.

⑤ 1문단 마지막 문장에서 확인한 것처럼, CPU가 가지는 논리 상태가 증가하면 동일한 양의 데이터일 경우 처리에 걸리는 시간이 줄어들게 됩니다. 즉 처리 속도가 증가합니다.

물리학/공학 지문 10	2018학년도 7-9번	상위 테마 - 기술공학
		하위 테마 - DNA 컴퓨팅의 원리

1. 제시문 정보 구조 분석

[1문단 : 화두 제시]

DNA의 기본 구조를 설명하고 있습니다. A, G, C, T는 서로 다른 종류의 '염기'이며, 각 염기는 A와 T가 상보적으로 결합하고 G와 C가 상보적으로 결합하는 특성을 지닙니다.

[2문단 : DNA 염기서열을 활용한 정보과학]

특별한 정보는 없습니다. 네 종류의 염기를 이용해 순서가 정해진 연속된 n개의 빈칸을 채운다면 총 4n개의 정보 표현이 가능하다는 것을 알 수 있습니다.

[3문단 : DNA 컴퓨팅의 역사]

미국의 정보과학자 에이들먼의 논문으로부터 DNA 컴퓨팅이 시작되었음을 알 수 있습니다. 또한 DNA 컴퓨팅의 기본이 된 해밀턴 경로 문제(HPP)의 해결 과정에 사용된 용어들(정점, 간선, 경로 등)의 정의가 제시되어 있습니다. 정점은 점 개념이고, 간선은 점과 점을 이은 선 개념이며, 경로는 이러한 정점과 간선을 연결해 만들어진 흐름을 의미한다고 이해하면 됩니다.

[4문단 : DNA 컴퓨팅의 기본 전략]

DNA 컴퓨팅의 기본 전략은

(1) DNA를 써서 주어진 문제를 표현

(2) 화학 반응을 통해 답의 가능성이 있는 모든 후보 생성

(3) 생화학적 실험 기법을 통해 문제 조건을 만족하는 답 도출입니다.

4문단에서 주의해야 할 정보는 간선의 DNA 코드 표현 방법입니다. 간선은 두 정점을 연결하는 선인데, 앞쪽 정점의 염기서열 8자리 중 뒷자리 4개와 뒤쪽 정점의 염기서열 8자리 중 앞자리 4개를 결합해 8자리의 염기서열을 만든 후, 이에 대해 상보적인 염기들로 구성된 코드로 해당 간선을 표현합니다.

ex) V0 (《CCTTGGAA》) → V1 (《GGCCAATT》) 의 간선은 〈CCTTCCGG〉로 표현됨

한편, 정점이나 간선을 표현하는 염기서열 코드는 '한 가닥' DNA 형태를 취한다는 것은 5문단에 등장하는 이중나선 형태의 경로와 비교되어야 할 정보입니다.

[5문단 : DNA 컴퓨팅을 통한 HPP 해결 과정]

4문단에서 언급한 정점 및 간선의 염기서열 코드를 종류별로 다량 합성하는 과정은 '혼성화 반응'으로 불립니다. 그리고 이렇게 혼성화 반응을 거쳐 만들어진 '경로'는 이중나선 형태 즉 '두 가닥' DNA 구조를 이룹니다.

이상적인 실험을 통해 형성된 '경로'들을 대상으로 HPP를 해결하는 과정은 총 4단계로 이루어져 있습니다. 조건에 부합하지 않는 경로들을 제거하는 방식으로 하나의 결과를 도출하게 됩니다. 이제 4문단에서 설정한 DNA 컴퓨팅의 기본 전략은 다음과 같이 정리될 수 있습니다.

(1) 정점과 간선의 DNA 코드화

(2) 혼성화 반응을 통해 가능한 모든 경로 생성

(3) 1단계부터 4단계까지의 알고리즘을 적용해 부적절한 경로 소거

[6문단 : DNA 컴퓨팅과 기존 컴퓨터 정보 처리 방식의 차이]

DNA 분자들의 결합 즉 정점과 간선들의 결합은 대규모로 일어나며, 에이들먼의 DNA 컴퓨팅은 이러한 점에서 기존 컴퓨터의 순차적 연산 방식과는 달리 대규모 병렬 처리 방식을 통해 HPP의 해결 방법을 제시한 것으로 평가받습니다.

2. 문항별 선택지 분석

07 정답 ⑤

①, ② 3문단에서 쉽게 확인할 수 있는 정보입니다. 창시자라는 표현 자체는 없지만, 에이들먼이 DNA를 이용한 연산에 대한 논문을 발표함으로써 'DNA 컴퓨팅' 분야가 열리게 되었다고 하였으므로 그가 창시자라는 선지 ①의 표현은 적절하며, 선지 ②의 진술 역시 이에 부합합니다.

③ 4문단 초반에 제시된 DNA 컴퓨팅의 기본 전략은 답의 가능성이 있는 모든 후보를 생성한 후, 문제 조건을 만족하는 답을 찾아내는 것입니다.

④ 기존 컴퓨터 기술과의 비교는 마지막 6문단에 제시되어 있습니다. 이에 따르면 DNA 컴퓨팅은 분자생물학적인 방법으로 절차를 구현함으로써 기존 컴퓨터의 순차적 연산 방식과는 다른 대규모 병렬 처리 방식으로 정보 처리 방식을 개선하고자 하였던 것입니다.

⑤ 4문단의 정보 및 〈그림 2〉를 통해 쉽게 판단할 수 있는 선지입니다. 이에 따르면 간선을 나타내는 DNA의 염기 개수와 정점을 나타내는 DNA의 염기 개수는 8개로 동일합니다.

08 정답 ④

① 정점의 개수가 기준으로 경로를 제거하는 것은 2단계의 작업이지만, 그 전에 1단계에서 V0에서 시작해 V4로 끝나는 경로가 아닐 경우 먼저 해당 경로를 제거하므로 (V1, V2, V3, V4)의 경로는 1단계에서 걸러지게 됩니다.

② 두 정점을 지나는 간선의 염기서열을 만드는 방법은 4문단 후반부에 제시되어 있습니다. 앞서 있는 정점 V3의 뒤쪽 절반과 V4의 앞쪽 절반을 붙이면 AAGGAATT가 되고, 이 염기서열의 상보적 코드를 간선을 표시하므로 해당 간선의 염기서열은 〈TTCCTTAA〉가 맞습니다.

③ 4문단만 놓고 보면 정점이나 간선 각각은 한 가닥 DNA 염기서열로 표현됩니다. 하지만 선지 ③의 '정점을 두 개 이상 포함하고 있는 경로'는 5문단에 언급된 정점들의 연속체에 해당하며, 이는 혼성화 반응의 결과로 생성됩니다. 그리고 이러한 혼성화 반응으로 생성되는 경로는 DNA 가닥의 상보적 결합에 의한 이중나선 형태를 취한다고 하였습니다.

④ (0, 1, 2), (0, 1, 3), (0, 2, 3), (1, 2, 3), (1, 3, 4), (2, 3, 4) 총 6개의 경로가 있습니다.

⑤ V0에서 V2 가서는 V1을 지나는 경로를 만들 수 없으므로, 해밀턴 경로에 해당하는 것은 (V0, V1, V2, V3, V4) 한 가지뿐입니다.

09 정답 ③

ㄱ. 반응 과정상의 오류가 발생하지 않았다면, V0에서 V1으로 이동했다가 다시 V0로 이동하는 것과 같은 경로는 만들어지지 않을 것입니다. 따라서 이러한 오류가 없다면 경로에 포함된 정점의 개수가 5인 경로 즉 2단계의 결과 도출된 결과는 (V0, V1, V2, V3, V4) 한 가지 밖에 없으며, 이 경로에는 모든 정점이 포함되어 있으므로 굳이 3단계 과정을 거칠 필요가 없습니다.

ㄴ. 혼성화 반응에서 엉뚱한 분자들이 서로 붙게 되면 (V1, V0, V2, V3, V4)와 같이 원칙이나 조건에 위배되는 경로가 만들어질 수 있으며, 이는 결국 반응 과정상의 오류에 해당합니다. 따라서 이러한 엉뚱한 결합을 방지하는 조치는 반응 과정상 오류를 최소화하기 위한 방법일 할 수 있습니다.

ㄷ. 반응 과정상 오류는 DNA 컴퓨팅 고유의 기술적 문제점으로서, DNA 컴퓨팅 원리를 적용한 소프트웨어를 개발해 대규모 병렬 처리를 하더라도 여전히 나타날 수 있는 문제입니다.